Bischof Ulrich von Augsburg
890–973
Seine Zeit – sein Leben – seine Verehrung

Jahrbuch des Vereins für Augsburger Bistumsgeschichte e.V.
26./27. Jahrgang

Bischof Ulrich von Augsburg
890–973

Seine Zeit – sein Leben – seine Verehrung

Festschrift aus Anlaß des tausendjährigen Jubiläums
seiner Kanonisation im Jahre 993

Herausgegeben
von
Manfred Weitlauff

Anton H. Konrad Verlag
1993

Umschlagbilder
Oberstadion bei Munderkingen (Alb-Donau-Kreis), Herkunftsort des Augsburger Bischofs
der Reformationszeit, Christoph von Stadion, Pfarrkirche St. Martinus.
St. Ulrich, von einem gotischen Altar in der südlichen Querhauskapelle

Straubing, Kirche St. Veit. Johann Caspar Sing,
Seitenaltargemälde: Die heiligen Ulrich, Rupert und Wolfgang.
Fotos: Wolf-Christian von der Mülbe

Vorsatz
Karte der Erzdiözese München–Freising mit Darstellung der Kirchen- und
Altarpatrozinien des hl. Ulrich. Entwurf: Lic.theol. Roland Götz

---

Die Deutsche Bibliothek – CIP-Einheitsaufnahme

Bischof Ulrich von Augsburg : 890–973 ; seine Zeit, sein
Leben, seine Verehrung ; Festschrift aus Anlass des
tausendjährigen Jubiläums seiner Kanonisation im Jahre 993 /
hrsg. von Manfred Weitlauff. – Weissenhorn : Konrad, 1993
 ISBN 3-87437-321-5
NE: Weitlauff, Manfred [Hrsg.]

Erscheint auch als
Jahrbuch des Augsburger Vereins für Bistumsgeschichte e. V.
26./27. Jahrgang 1992/1993
ISSN 0341-9916

© 1993   Anton H. Konrad Verlag   89264 Weißenhorn (Bayern)
Herstellung MZ-Verlagsdruckerei GmbH Memmingen
ISBN   3-87437-321-5

Geleitwort

Dieser Doppelband des Vereins für Augsburger Bistumsgeschichte kann als eine der bedeutendsten Festgaben zur 1000jährigen Jubiläumsfeier der Heiligsprechung unseres Bistumspatrons gewertet werden.

Wie bereits die Festschriften von 1955 »Jubiläumsjahrbuch der Diözese Augsburg 955/1955« und von 1973 »Bischof Ulrich von Augsburg und seine Verehrung, Gabe zur 1000. Wiederkehr des Todestages« befaßt sich auch dieses Jahrbuch wiederum mit dem Leben, dem historischen Umfeld, der bischöflichen und politischen Tätigkeit Ulrichs, aber auch mit seiner Verehrung. Dabei geht es in erster Linie nicht um eine Wiederholung schon bekannter Fakten, sondern um die Veröffentlichung neuer Forschungsergebnisse, vor allem zur Verehrungsgeschichte. Es stellt sich heraus, daß Bischof Ulrich über Jahrhunderte hin bei arm und reich viel tiefere Verehrung erfahren hat, als man es bisher angenommen hat.

Persönlich fühle ich mich als Benediktiner in besonderer Weise mit St. Ulrich verbunden, der seine geistige Ausbildung in der Klosterschule von St. Gallen erhielt und für den die Benediktusregel zeitlebens als Maßstab und Richtschnur seiner bischöflichen Tätigkeit galt. Gerade diese monastische Haltung, die im Grunde zeitlos ist, macht Bischof Ulrich auch heute noch, nach tausend Jahren, glaubwürdig und gibt ihm Vorbildcharakter.

Deshalb begrüße ich das Erscheinen dieses Bandes und danke dem Herausgeber und den zahlreichen Autoren innerhalb und außerhalb der Diözese, der Vorstandschaft des Vereins und dem Anton H. Konrad Verlag in Weißenhorn, der in bewährter Weise dieses Buch ausgestattet hat, nicht zuletzt aber meinem Vorgänger, dem Hochwürdigsten Herrn Erzbischof Dr. Josef Stimpfle, der über 25 Jahre lang die Ulrichsverehrung im Bistum intensiv gefördert und auch die Planung dieses Festbandes angeregt hat.

Ich wünsche diesem Buch weite Verbreitung in den Pfarreien unserer Diözese und darüber hinaus, dem Verein für Augsburger Bistumsgeschichte weiterhin Gedeihen und Erfolg für seine Arbeit, der Kirche von Augsburg aber den Segen des heiligen Ulrich, wie er in einem Augsburger Psalterium des 13. Jahrhunderts formuliert ist: »Pax vobis«, der Friede sei mit Euch.

Augsburg, den 8. März 1993

Dr. Viktor Josef Dammertz
Bischof von Augsburg

Inhalt

Geleitwort des Hochwürdigsten Herrn Bischofs von Augsburg V

Vorwort IX

Verzeichnis der Mitarbeiter XI

I

Karl Hausberger	Der Aufbau des deutschen Königtums im 10. Jahrhundert	1
Manfred Weitlauff	Kaiser Otto I. und die Reichskirche	21
Georg Schwaiger	Das Papsttum im »Dunklen Jahrhundert«	53
Manfred Weitlauff	Bischof Ulrich von Augsburg (923–973). Leben und Wirken eines Reichsbischofs der ottonischen Zeit	69

II

Markus Ries	Heiligenverehrung und Heiligsprechung in der Alten Kirche und im Mittelalter. Zur Entwicklung des Kanonisationsverfahrens	143
Georg Kreuzer	Die »Vita sancti Oudalrici episcopi Augustani« des Augsburger Dompropstes Gerhard. Eine literarkritische Untersuchung	169
Walter Berschin	Über den Ruhm des heiligen Ulrich	179
Franz Xaver Bischof	Die Kanonisation Bischof Ulrichs auf der Lateransynode des Jahres 993	197
Joachim Seiler	Von der Ulrichs-Vita zur Ulrichs-Legende	223

Wolfgang Augustyn	Das Ulrichskreuz und die Ulrichskreuze	267
Manfred Heim	Ulrichspatrozinien im Bistum Regensburg nach der Matrikel des Erzdechanten Gedeon Forster vom Jahre 1665	317
Roland Götz	Ulrichskirchen in den Matrikeln des Bistums Freising, mit besonderer Berücksichtigung der Schmidtschen Matrikel von 1738	329
Hans Ammerich	Ulrichsverehrung in der Pfalz	379
Hans Wicki	Ulrichsverehrung und Ulrichswallfahrt im Kanton Luzern	391
Josef Pilvousek	Zwei katholische Ulrichspatrozinien in den neuen Bundesländern	405
Ulrich Kuder	Bischof Ulrich von Augsburg in der mittelalterlichen Buchmalerei	413
Thomas Balk	Der heilige Ulrich in der spätmittelalterlichen Kunst	483
Mechthild Müller	Bischof Ulrich von Augsburg in der Kunst des Barocks	521
Karl Kosel	Ulrichskirchen und Ulrichsdarstellungen im Bistum Regensburg	549
Elgin Vaassen	Ulrichsdarstellungen in der Glasmalerei vom 15.–20. Jahrhundert	671
Fidel Rädle	Der heilige Ulrich auf dem Jesuitentheater. Mit ausgewählten Partien des Dillinger Ulrich-Dramas vom Jahre 1611	697
Friedrich Dörr Karlheinz Schlager Theodor Wohnhaas	Das Ulrichsoffizium des Udalschalk von Maisach. Autor – Musikalische Gestalt – Nachdichtung	751
Helmut Gier	Neues Schrifttum zum heiligen Ulrich seit 1973	783

Personenregister (von Thomas Groll) 790

Ortsregister (von Thomas Groll) 801

Bildnachweis 811

Vorwort

Die vorliegende Festschrift enthält in ihrem ersten Teil vier Referate, die am 10. und 11. März 1990 im Rahmen einer von der Katholischen Akademie der Diözese Augsburg aus Anlaß der elfhundertsten Wiederkehr des Geburtsjahres des Augsburger Bistumspatrons St. Ulrich veranstalteten Festakademie gehalten worden sind.
Im zweiten Teil folgen Beiträge zur Kanonisation des Augsburger Bistumspatrons im Jahr 993, zur Geschichte seiner Verehrung und zur Darstellung Bischof Ulrichs in der bildenden Kunst und in der Literatur.
Da Herr Prof. Dr. Manfred Weitlauff sich auf vielfältigen Wunsch bereit erklärt hatte, bis zur Tausendjahr-Feier der Kanonisation Bischof Ulrichs für die Publikation der oben genannten Akademie-Vorträge zu sorgen, und andererseits der Verein für Augsburger Bistumsgeschichte es als seine Ehrenpflicht erachtete, zu diesem Jubiläumsjahr eine Festschrift vorzulegen, bot es sich an, beide Vorhaben zu verbinden: die Referate zum Thema »Bischof Ulrich von Augsburg (890–973) und seine Zeit« in die als Doppeljahresband (1992/93) geplante wissenschaftliche Festschrift des Vereins für Augsburger Bistumsgeschichte einzubeziehen und Herrn Prof. Weitlauff die Herausgeberschaft sowie dem Anton H. Konrad Verlag Weißenhorn die verlegerische Betreuung dieses Bandes zu übertragen.
Die Kanonisation Bischof Ulrichs am 31. Januar 993 durch Papst und römische Synode – die erste bekannte Kanonisation dieser Art in der Geschichte der Kirche – war in mehrfacher Hinsicht ein Ereignis von historischer Bedeutung. Sie hat nicht nur Bischof Ulrich selbst, sein hingebungsvolles Wirken im Dienst von Kirche und Reich, sein heiligmäßiges, von benediktinischem Geist ergriffenes Leben in helles Licht gerückt und seine in Augsburg bereits blühende Verehrung im ganzen Heiligen Römischen Reich mächtig gefördert, sondern sie hat – mittelbar – auch zu einem ganz neuen Selbstverständnis des Papsttums beigetragen, wie es sich dann in den folgenden Jahrhunderten entwickelte. Die Beiträge beleuchten im Rahmen der Geschichte des Kanonisationsverfahrens und der damaligen kirchenrechtlichen Entwicklung den Kanonisationsakt von 993 – über dessen Gründe und Hintergründe wir nur mutmaßen können. Sie suchen die Persönlichkeit und das Wirken des

kanonisierten Bischofs und die Zeit der ottonischen Herrschaft, in der »Staat« und »Kirche« aufs engste verbunden waren, überhaupt die »Staat« und »Kirche« umfassende sakrale Idee des ottonisch-salischen Reiches dem heutigen Leser zu erschließen. Sie gehen dem Wandel des mittelalterlichen Ulrichs-Bildes, seiner legendarischen »Überhöhung«, und der Geschichte des »siegzwingenden Kreuzes« Bischof Ulrichs nach. Schließlich lenken sie – mit vielen neuen Forschungsergebnissen – den Blick auf die tausendjährige Geschichte der Ulrichs-Verehrung und auf die mannigfachen Inspirationen, die von ihr seit der Romanik und Gotik die Kunst empfangen hat: in der mittelalterlichen Buch- und Tafelmalerei, in Plastiken und Altarblättern, in der großen szenischen Freskomalerei des Barocks und Rokokos, in der Glasmalerei, in der Musik und auf der Theaterbühne. Dabei geht es nicht lediglich darum, aus Anlaß des Kanonisationsjubiläums eine zweifellos große Vergangenheit wieder zum Leben zu erwecken und verständlich zu machen. Vielmehr soll diese dem Gedächtnis Bischof Ulrichs gewidmete Festschrift auch ein Beitrag sein zum Aufbau der lebendigen Kirche in der Gegenwart und in eine – hoffentlich – von christlichem Geist geprägte Zukunft hinein: ein Aufbau, der bei aller Offenheit für die drängenden Probleme der Zeit ohne stete Rückbesinnung auf die kirchliche Tradition und ohne Verankerung in ihr nicht gelingen kann.

Dem Herausgeber und der Vorstandschaft des Vereins für Augsburger Bistumsgeschichte ist es eine ehrenvolle Pflicht, für alle Mitarbeit und Förderung zu danken: den Autoren der Beiträge, den Mitarbeitern im Institut für Kirchengeschichte der Katholisch-Theologischen Fakultät der Universität München, Frau Carmen Adam und den Wissenschaftlichen Mitarbeitern Dr. Joachim Seiler, Lic. theol. Roland Götz und Dipl. Theol. Thomas Groll, Herrn Verleger Anton H. Konrad und den Mitarbeitern im Verlag und in der Herstellung sowie den Fotografen der Bilder. Besonderer Dank gilt schließlich dem Hochwürdigsten Herrn Bischof Dr. Viktor Josef Dammertz von Augsburg und der gesamten Leitung des Bistums für die stets wohlwollende Begleitung und nachhaltige Förderung des Werkes.

München und Augsburg, den 2. April 1993

PROF. DR. MANFRED WEITLAUFF
Ordinarius für Kirchengeschichte des
Mittelalters und der Neuzeit an der
Universität München

PRÄLAT PROF. DR. PETER RUMMEL
Erster Vorsitzender des Vereins für
Augsburger Bistumsgeschichte e.V.

Verzeichnis der Mitarbeiter

Dr. Hans Ammerich, Archivdirektor i. K., Speyer
Dr. Wolfgang Augustyn, Kunsthistoriker, München
Thomas Balk M. A., Verlagsangestellter, Augsburg
Dr. Walter Berschin, Universitätsprofessor, Heidelberg
Dr. Franz Xaver Bischof, Wissenschaftlicher Mitarbeiter, München
Dr. Friedrich Dörr, Universitätsprofessor, Eichstätt
Dr. Helmut Gier, Bibliotheksdirektor, Augsburg
Lic. theol. Roland Götz, Wissenschaftlicher Mitarbeiter, München
Dipl.-Theol. Thomas Groll, Wissenschaftlicher Mitarbeiter, München
Dr. Karl Hausberger, Universitätsprofessor, Regensburg
Dr. Manfred Heim, Wissenschaftlicher Assistent, München
Dr. Karl Kosel, Diözesankonservator, Augsburg
Dr. Georg Kreuzer, Professor, Kreisarchivar, Ichenhausen
Dr. Ulrich Kuder, Privatdozent, Osnabrück
Dr. Mechthild Müller, Kunsthistorikerin, Augsburg
Dr. Josef Pilvousek, Dozent, Erfurt
Dr. Fidel Rädle, Universitätsprofessor, Göttingen
Dr. Markus Ries, Bischöflicher Archivar, Solothurn
Dr. Karlheinz Schlager, Universitätsprofessor, Eichstätt
Dr. Georg Schwaiger, Universitätsprofessor, München
Dr. Joachim Seiler, Wissenschaftlicher Assistent, München
Dr. Elgin Vaassen, Kunsthistorikerin, München
Dr. Manfred Weitlauff, Universitätsprofessor, München
Dr. Hans Wicki, Professor, Luzern
Dr. Theodor Wohnhaas, Akademischer Direktor, Erlangen-Nürnberg

Karl Hausberger

Der Aufbau des deutschen Königtums im 10. Jahrhundert

Die Rückbesinnung auf die ferne Welt des Augsburger Bistumspatrons Ulrich aus Anlaß seiner Kanonisation vor tausend Jahren erfolgt zu einem Zeitpunkt, da sich zum Streben nach einem geeinten Europa mit besonderer Dringlichkeit noch ein anderer Problemkreis gesellt, nämlich die Frage nach der deutschen Identität.[1] Stellt man diese Frage in historischer Perspektive, also im Sinne dessen, was die Anfänge jener Gemeinschaft ausmacht, der wir als Deutsche angehören, so rückt wie von selber Ulrichs Zeit, die ottonische Epoche des 10. Jahrhunderts, in den Mittelpunkt des Interesses. Die Auffassung, daß mit dem Königtum Heinrichs I. im Jahre 919 die Geschichte des »deutschen« Reiches beginne, wurde weithin zum Gliederungsprinzip für historische Darstellungen, wiewohl ihr schon im 12. Jahrhundert vom damals bedeutendsten Geschichtsschreiber Otto von Freising widersprochen wurde: Das Reich der Deutschen, so der gelehrte Freisinger Bischof und Zisterziensermönch, zu dessen Besitz nun Rom und das Kaisertum gehörten, sei ein Teil jenes ganz Gallien und Germanien umfassenden Frankenreiches Karls des Großen, das zwar unter dessen Enkeln in ein östliches und ein westliches Reich der Franken aufgeteilt wurde, aber auch in Gestalt der »Francia

---

[1] Überarbeitete Fassung eines Vortrags, der am 10. März 1990 im Haus St. Ulrich in Augsburg anläßlich einer Tagung der Katholischen Akademie der Diözese Augsburg zum Thema »Bischof Ulrich von Augsburg (890–973) und seine Zeit« gehalten wurde. – Nachfolgend werden an Siglen verwendet: DA = Deutsches Archiv für (Geschichte) Erforschung des Mittelalters; HJ = Historisches Jahrbuch; HZ = Historische Zeitschrift; MGH = Monumenta Germaniae historica; ZBLG = Zeitschrift für bayerische Landesgeschichte. – An wichtigen neueren Studien zur gesamten Thematik seien genannt: Gerd Tellenbach, Die Entstehung des deutschen Reiches, München ³1947; Albert Hauck, Kirchengeschichte Deutschlands, III, Leipzig-Berlin ⁸1954; Robert Holtzmann, Geschichte der sächsischen Kaiserzeit (900–1024), Darmstadt ⁴1961; Hans-Joachim Bartmuß, Die Geburt des ersten deutschen Staates. Ein Beitrag zur Diskussion der deutschen Geschichtswissenschaft um den Übergang vom ostfränkischen zum mittelalterlichen Reich, Berlin 1966; Josef Fleckenstein, Die Hofkapelle der deutschen Könige, Teil 2: Die Hofkapelle im Rahmen der ottonisch-salischen Reichskirche (Schriften der MGH 16/2), Stuttgart 1966; Carl Erdmann, Ottonische Studien, hg. v. Helmut Beumann, Darmstadt 1968; Josef Fleckenstein, Das Reich der Ottonen im 10. Jahrhundert, in: Bruno Gebhardt, Handbuch der deutschen Geschichte, hg. v. Herbert Grundmann, I, Stuttgart ⁹1970, 217–283; Eduard Hlawitschka (Hg.), Königswahl und Thronfolge in ottonisch-frühdeutscher Zeit (Wege der Forschung 178), Darmstadt 1971; Harald Zimmermann, Das dunkle Jahrhun-

orientalis« und ungeachtet des Wechsels der Herrscherdynastie als ein »Reich der Franken« bestehen blieb.[2]

Wir können hier die These Ottos von Freising und die komplexe Frage nach den Anfängen »deutscher« Geschichte nicht einmal ansatzweise erörtern. Nur so viel soll im Blick auf die jüngere Forschung festgehalten werden:[3] Von einem »Gründungsakt« des deutschen Reiches im Sinne eines punktuellen Ereignisses kann bei allem Dissens in Detailfragen keine Rede sein; die Entstehung dessen, was man seit dem 19. Jahrhundert unter diesem Begriff subsumierte, dabei in aller Regel die Vergangenheit einseitig aus der Gegenwart deutend, stellte vielmehr das Ergebnis eines vielschichtigen, langgestreckten, ja mehrere Jahrhunderte in Anspruch nehmenden Prozesses dar. Den Kernpunkt dieses Prozesses aber machten die Zusammenfügung und das Zusammenwachsen der gentilen Elemente aus, jener als »regna« oder »patriae« bezeichneten Teilreiche (Alemannia, Baioaria, Francia, Saxonia), die vorher ins Frankenreich eingegliedert und im Zuge der Reichsteilungen des 9. Jahrhunderts an das ostfränkische Reich gekommen waren. Oder mit den kompetenten Autoren einer unter dem Motto »Neubeginn auf karolingischem Erbe« sich präsentierenden Biographie Heinrichs I. und Ottos des Großen ausgedrückt: »Unsere Geschichte als Deutsche beginnt also nicht mit einem Deutschen Reich, sondern sie beginnt in einem Reich, das selbst wieder aus mehreren Reichen bestand und mehrere Völker umfaßte. Die deutschen Stämme wachsen im ottonischen Reich zu einem Volk zusammen. Sie erkennen ihre Zusammengehörigkeit und Gemeinsamkeit in einem Staat, der in ihrem ›Reich‹ seine eigentlichen Fundamente hat, in dem sie aber mit anderen Völkern zusammenleben, die ihre Angelegenheiten ebenfalls selbst,

---

dert, Graz-Wien-Köln 1971; Carlrichard Brühl, Die Anfänge der deutschen Geschichte, Frankfurt am Main 1972; Josef Fleckenstein, Grundlagen und Beginn der deutschen Geschichte, Göttingen ²1980; Theodor Schieffer, Die deutsche Kaiserzeit (900–1250), Frankfurt am Main 1981; Karl Ferdinand Werner, Vom Frankenreich zur Entfaltung Deutschlands und Frankreichs, Sigmaringen 1984; Gerd Althoff – Hagen Keller, Heinrich I. und Otto der Große. Neubeginn auf karolingischem Erbe (Persönlichkeit und Geschichte 122/123), Göttingen-Zürich 1985; Friedrich Prinz, Grundlagen und Anfänge. Deutschland bis 1056 (Neue Deutsche Geschichte 1), München 1985 (ausführliche bibliographische Hinweise auf neuere wissenschaftliche Quelleneditionen und Fachliteratur S. 378–421); Tilman Struve, Art. Deutschland. B. Ottonenzeit, in: Lexikon des Mittelalters, III, München 1986, 790–803, bes. 790–797; Joachim Ehlers (Hg.), Ansätze und Diskontinuität deutscher Nationsbildung im Mittelalter, Sigmaringen 1989; Albrecht Graf Finck von Finckenstein, Bischof und Reich. Untersuchungen zum Integrationsprozeß des ottonisch-frühsalischen Reiches (919–1056), Sigmaringen 1989; Carlrichard Brühl, Deutschland – Frankreich. Die Geburt zweier Völker, Wien-Köln-Graz 1990.

[2] Otto Bischof von Freising, Chronik oder die Geschichte der zwei Staaten, übersetzt v. Adolf Schmidt u. hg. v. Walther Lammers (Ausgewählte Quellen zur deutschen Geschichte des Mittelalters XVI), Darmstadt ⁵1990, 456f.

[3] Siehe hierzu zusammenfassend mit einer Fülle von Hinweisen auf weiterführende Literatur Karl Ferdinand Werner, Art. Deutschland. A. Begriff; geographisch-historische Problematik; Entstehung, in: Lexikon des Mittelalters, III, München 1986, 781–789.

bezogen auf ihr italienisches oder burgundisches Reich, mit dem König regeln wollen.«[4]

Dabei wurde der ottonische Reichsbau des 10. Jahrhunderts weder von seinen Herrschern noch von anderen Zeitgenossen als ein »deutsches« Reich angesehen, und er ist, wenn man es genau nimmt, bis zu seiner Auflösung im Jahre 1806 auch nie zu einem »Deutschen Reich« geworden. Zwar hat das von Heinrich I. und Otto dem Großen erneuerte und um Lothringen und das »Regnum Italicum« erweiterte ostfränkische Reich das rasche Zusammenwachsen der sprachverwandten »deutschen« Stämme ermöglicht, doch diese Herrscher haben ihr Imperium von Anfang an zum Träger einer Tradition gemacht, die keine »nationale« werden konnte. Vielmehr stand die Neuintegration des Reiches im Zeichen der Fortführung der fränkischen Tradition, und mit ihr ließ sich seit der Kaiserkrönung von 962 der Anspruch, das Römische Reich zu regieren, um so leichter vereinbaren, als ja auch Karl der Große selbst ein erneuertes »römisches« Reich regiert hatte. Und deshalb wurde fortan von den Herrschern die Königskrönung in Aachen nicht als Krönung zum König der Deutschen empfunden, sie betraf vielmehr die Herrschaft über das weitgespannte, Italien und Rom einschließende »Imperium Romanum«,[5] für das spätestens seit Friedrich Barbarossa der uns vertraute Name »Heiliges Römisches Reich« zur offiziellen Bezeichnung wurde. Und selbst als man im 15. Jahrhundert der Tatsache Rechnung tragen mußte, daß der jeweilige Kaiser eine wirksame Herrschergewalt nur noch im deutschen Teil seines Imperiums ausübte, hielt man an der Vorstellung fest, daß das Gebiet, welches nach der Jahrtausendwende gelegentlich als »Regnum Teutonicum« aufscheint, mehr war als ein Deutsches Reich. Man bezeichnete es jetzt als Heiliges Römisches Reich »deutscher Zunge«, »deutscher Lande«, »deutscher Nation« – und Kaiser des so benannten Imperiums sind alle seine Herrscher geblieben bis herauf ins frühe 19. Jahrhundert.

---

[4] Althoff-Keller (Anm. 1) 39.
[5] Gerd Tellenbach, Von der Tradition des fränkischen Reiches in der deutschen und französischen Geschichte des hohen Mittelalters, in: Der Vertrag von Verdun, hg. v. Theodor Mayer, Leipzig 1943, 181–202; Carl Erdmann, Das ottonische Reich als Imperium Romanum, in: ders., Ottonische Studien (Anm. 1) 174–203; Eckhard Müller-Mertens, Regnum Teutonicum. Aufkommen und Verbreitung der deutschen Reichs- und Königsauffassung im frühen Mittelalter (Forschungen zur mittelalterlichen Geschichte 15), Berlin 1970; Wolfgang Eggert, Das ostfränkisch-deutsche Reich in der Auffassung seiner Zeitgenossen (Forschungen zur mittelalterlichen Geschichte 21), Berlin 1973; Helmut Beumann, Die Bedeutung des Kaisertums für die Entstehung der deutschen Nation im Spiegel der Bezeichnungen von Reich und Herrscher, in: Aspekte der Nationenbildung im Mittelalter, hg. v. Helmut Beumann u. Werner Schröder (Nationes. Historische und philologische Untersuchungen zur Entstehung der europäischen Nationen im Mittelalter 1), Sigmaringen 1978, 317–365; Rüdiger Schnell (Hg.), Die Reichsidee in der deutschen Dichtung des Mittelalters, Darmstadt 1983.

Grundlegung des deutschen Königtums unter Heinrich I. (919–936)

Gar nichts Romantisches und wenig Numinoses lag in dem politischen Klima, in dem die Grundlagen für den ottonischen Reichsbau gelegt wurden. Vielmehr erscheint das Bild ganz Mitteleuropas an der Wende vom 9. zum 10. Jahrhundert bestimmt durch inneren Zerfall und äußere Gefährdung.[6] Seit dem Vertrag von Verdun im Jahre 843 war das karolingische Großreich infolge der Anwendung des fränkischen Erbteilungsprinzips in Teile zerfallen, und aus den Reichsteilen waren immer selbständiger werdende Teilreiche geworden: ein langgestrecktes linksrheinisches Mittelreich für den Kaiser, dem auch Italien zugewiesen wurde, flankiert von einem West- und einem Ostreich. Aber auch diese Reiche wurden je länger, desto heftiger vom fortwirkenden Prinzip der Erbteilungen erfaßt oder von der Auflösung in ein Konglomerat kleinerer Quasi-Königreiche bedroht, wie sie sich etwa nach der Jahrhundertwende auf alter Stammesgrundlage in Alamannien, Bayern und Sachsen zu formieren begannen, nachdem im Februar 900 mit Kaiser Arnulfs Sohn Ludwig ein sechsjähriges Kind nominell die Herrschaft über die Francia orientalis überkommen hatte.

»Wehe dem Volk, dessen König ein Kind ist« (Pred 10,16), stimmte Bischof Salomo III. von Konstanz und Abt von St. Gallen (890–919) um das Jahr 905 ein in den Klageruf des alttestamentlichen Predigers.[7] Und er hatte dabei gewiß nicht nur die innere Zerrissenheit des Reiches vor Augen, sondern auch und vor allem dessen Gefährdung von außen. Denn noch waren im Norden und Westen die schrecklichen Invasionen der Normannen nicht abgeebbt, als im Jahr 900 erstmals vom Südosten her die Ungarn erschienen und sich nun in immer neuen Heerhaufen raubend, mordend und brandschatzend über das Ostreich ergossen. Gleichwohl führte die äußere Bedrohung nicht zu einer Sammlung der Kräfte im Innern. Im Gegenteil: Es hat den Anschein, als sei jetzt beim Fehlen eines die dynastischen Kräfte der einzelnen Stämme koordinierenden und wirksamen Schutz bietenden Königtums ein Kampf aller gegen alle ausgebrochen, der jeder gemeinsamen Aktion im Wege stand und die möglichst weite Ausdehnung adeliger Machtgelüste förderte. Und gerade weil es an einer starken Königsmacht gebrach, mußte sich mit der Bewährung in der Abwehr äußerer Feinde zwangsläufig auch das poli-

---

[6] Siehe hierzu und zum Folgenden: Gerd Tellenbach, Königtum und Stämme in der Werdezeit des Deutschen Reiches (Quellen und Studien zur Verfassungsgeschichte des Deutschen Reiches in Mittelalter und Neuzeit 7/4), Weimar 1939; Hellmut Kämpf (Hg.), Die Entstehung des Deutschen Reiches. Deutschland um 900 (Wege der Forschung 1), Darmstadt ⁵1980.

[7] Salomonis et Waldrammi Carmina, in: MGH, Poetae latini aevi carolini IV/1, 296–314, hier: 302. – Siehe auch Ulrich Zeller, Bischof Salomo III. von Konstanz, Abt von St. Gallen, Leipzig 1910 (Neudruck: Hildesheim 1974); Helmut Maurer, Salomo III., in: Die Bischöfe von Konstanz, I: Geschichte, hg. v. Elmar L. Kuhn, Eva Moser, Rudolf Reinhardt u. Petra Sachs, Friedrichshafen 1988, 364f.

tische Gewicht jener Stämme in besonderer Weise verstärken, die von den Madjareneinfällen am meisten betroffen waren. Dies gilt vor allem für Bayern und Sachsen, wo man die Hauptlast der Invasion zu tragen hatte und wo sich demzufolge auf einer soliden Ausgangsbasis sogenannte Stammesherzogtümer jüngerer Prägung nicht von ungefähr am machtvollsten entwickeln konnten.

Die hier nur mit wenigen Strichen skizzierte Situation kennzeichnete nicht allein das unglückselige Jahrzehnt, da Ludwig das Kind (900–911) an der Spitze des Ostreiches stand, sondern auch die Regierungszeit König Konrads I. von Franken (911–918), der namentlich mit seiner Politik des Kampfes gegen die sich festigenden Stammesherzogtümer völligen Schiffbruch erlitt. Alle Bemühungen Konrads, die karolingische Zentralgewalt in ihrem Bestand zu erhalten und zu verteidigen, schlugen fehl; jedes einzelne Jahr seit seiner Wahl im November 911 ließ ihn die Gemeinsamkeit der Stammesherzöge als eine Front der permanenten Unbotmäßigkeit erleben und machte ihm zunehmend deutlicher, daß selbst die Kirche, der er seine Erhebung maßgeblich verdankte, nicht bereit war, ihre eigenen Interessen denjenigen des Reiches unterzuordnen. So präsentierte sich denn die vormals karolingische Francia orientalis am Ende seiner Regierung als Domäne innerer Zwietracht und erbitterten Bürgerkriegs, darüber hinaus als Beutegebiet der Ungarn und offenbar dazu bestimmt, in nicht mehr allzu ferner Zeit das Terrain ihrer erweiterten Landnahme zu werden. Doch sollte sich just in dieser heillos verfahrenen Lage, da man sich einerseits den ständigen Einfällen plündernder »Heidenvölker« schier wehrlos preisgegeben und andererseits dem zerfleischenden Machtkampf der politisch führenden Familien ohne Aussicht auf wirksame Hilfe ausgesetzt sah, der große Umschwung anbahnen. Denn Konrads unmittelbare Nachfolger, Herrscher aus dem sächsischen Geschlecht der Liudolfinger, verstanden es vortrefflich, die Idee des die dynastischen Kräfte einenden Königtums mit neuem Sinn zu erfüllen und durch wirksame Abwehr äußerer Gefahr die Festigung der inneren Ordnung ihres Reiches voranzutreiben. Die unmittelbaren Voraussetzungen hierzu schuf König Heinrich I., jener Sachsenherzog, zu dessen Gunsten nach Widukind von Corvey und anderen Chronisten König Konrad seinen Bruder Eberhard noch auf dem Sterbebett zum Thronverzicht bestimmt haben soll.[8]

---

[8] Quellen zur Geschichte der sächsischen Kaiserzeit. Widukinds Sachsengeschichte, Adalberts Fortsetzung der Chronik Reginos, Liudprands Werke, hg. v. Albert Bauer u. Reinhold Rau (Ausgewählte Quellen zur deutschen Geschichte des Mittelalters VIII), Darmstadt ³1990, 56f. – Zu Widukind: Helmut Beumann, Widukind von Korvei. Untersuchungen zur Geschichtsschreibung und Ideengeschichte des 10. Jahrhunderts, Weimar 1950; ders., Historiographische Konzeption und politische Ziele Widukinds von Corvey, in: ders., Wissenschaft vom Mittelalter. Ausgewählte Aufsätze, Köln-Wien 1972, 71–108. – Zu König Heinrich I. siehe neben den unter Anm. 1 aufgeführten Arbeiten: Georg Waitz, Jahrbücher des Deutschen Reichs unter König Heinrich I. 919–936 (Jahrbücher der Deutschen Geschichte VIII), Leipzig ³1885 (Darmstadt ⁴1963); Werner Radig-Elbing, Heinrich I. Der Burgenbauer und Reichsgründer, Leipzig

Nach dem Tode Konrads I. am 23. Dezember 918 verstrich fast ein halbes Jahr, ehe sich im Mai 919 die Großen des fränkischen und sächsischen Stammes zu Fritzlar versammelten, um den gut vierzig Jahre alten Sachsenherzog zum neuen König zu wählen. Etwa gleichzeitig erhoben die Bayern im Bunde mit einer anderen fränkischen Fraktion ihren Herzog Arnulf (907–937) aus dem Geschlecht der Luitpoldinger zum König »in regno Teutonicorum«, während sich der vierte Großstamm der Alamannen beiden Wahlakten versagte. Eine ganz wesentlich mit der vorausgegangenen Festigung der verschiedenen Stammesherzogtümer zusammenhängende Doppelwahl markierte somit Heinrichs Herrschaftsantritt, die es völlig offen erscheinen ließ, ob das Ostreich nicht endgültig in jene Teile zerfallen würde, die bei der Königswahl als gesonderte Einheiten gehandelt hatten.[9] Barg damit die Erhebung des Sachsenherzogs für die Reichseinheit ohnedies ein hohes Risiko in sich, so war Heinrichs Legitimation für einen Herrschaftsanspruch über das ganze ostfränkische Reich noch dazu schwach genug. Denn während sich sein bayerischer Widerpart Arnulf auf karolingisches Blut in den Adern berufen konnte, fehlte ihm jegliche verwandtschaftliche Beziehung zum bislang allein zur Königsherrschaft berechtigten Geschlecht. Angesichts dieses Legitimationsdefizits ist es um so erstaunlicher, daß Heinrich auf die Salbung und Krönung verzichtete, die ihm Erzbischof Heriger von Mainz (913–927) als faktischer Primas des Reiches anbot. Lange Zeit tat sich die Forschung schwer, diese höchst persönliche Entscheidung zu erklären. Erst neuere Erkenntnisse über den Regierungsstil des Königs haben deutlich gemacht, daß seine Entscheidung primär nicht als Affront gegen die Reichskirche zu werten ist und inwiefern seinem Verzicht auf die Salbung ein programmatischer Charakter zukam.[10] Heinrich I. hat nämlich seine Herrschaft zeitlebens ganz

    1937; Walter Mohr, König Heinrich I. (919–936). Eine kritische Studie zur Geschichtsschreibung der letzten hundert Jahre, Saarlouis 1950; Wolfgang Metz, Die Abstammung Heinrichs I., in: HJ 84 (1964) 271–287; Eduard Hlawitschka, Zur Herkunft der Liudolfinger und zu einigen Corveyer Geschichtsquellen, in: Rheinische Vierteljahrsblätter 38 (1974) 92–165; Hellmut Diwald, Heinrich der Erste. Die Gründung des Deutschen Reiches, Bergisch Gladbach 1987.

[9] Carl Erdmann, Der ungesalbte König, in: DA 2 (1938) 311–340; Martin Lintzel, Zur Designation und Wahl König Heinrichs I., in: DA 6 (1943) 379–400; Wolfgang Eggert, 919 – Geburts- oder Krisenjahr des mittelalterlichen deutschen Reiches?, in: Zeitschrift für Geschichtswissenschaft 18 (1970) 46–65; Walter Schlesinger, Die Königserhebung Heinrichs I. zu Fritzlar im Jahre 919, in: Fritzlar im Mittelalter. Festschrift zur 1250-Jahr-Feier, Fritzlar 1974, 121–143; Ders., Die Königserhebung Heinrichs I., der Beginn der deutschen Geschichte und die deutsche Geschichtswissenschaft, in: HZ 221 (1975) 529–552; Heinz Thomas, Regnum Teutonicorum = Diutiskono richi? Bemerkungen zur Doppelwahl des Jahres 919, in: Rheinische Vierteljahrsblätter 40 (1976) 17–45.

[10] Siehe vor allem Karl Schmid, Das Problem der »Unteilbarkeit des Reiches«, in: Reich und Kirche vor dem Investiturstreit. Vorträge beim wissenschaftlichen Kolloquium aus Anlaß des achtzigsten Geburtstags von Gerd Tellenbach, hg. v. Karl Schmid, Sigmaringen 1985, 1–15, hier: 4–8 (mit Hinweisen auf weitere Forschungen des Autors zu den »pacta amicitiae« Heinrichs I.); vgl. auch Hagen Keller, Grundlagen ottonischer Königsherrschaft, in: ebenda 17–34, bes. 22 mit Anm. 19 und der Feststellung, daß »erst in jüngster Zeit in vollem

wesentlich auf sogenannte pacta amicitiae, auf Freundschaftsbündnisse mit den Großen, gegründet und damit seine Königsherrschaft bewußt als die eines »primus inter pares« etabliert. Selbst aus der herzoglichen Opposition hervorgegangen, wollte er sich nicht über die Herzöge emporheben, sondern auf sie stützen. Von daher war es nur konsequent, wenn er demonstrativ auf die karolingischen Formen der Herrschaftslegitimation verzichtete, weil es gerade nicht in seiner Absicht lag, an das herrscherliche Selbstverständnis der Karolinger anzuknüpfen, sondern sein Königtum durch das Bündnis mit den Großen auf eine neue Grundlage zu stellen.

Indem nun Heinrich seine Politik von allem Anfang an klar von vorgefundenen Modellen löste und insbesondere die starke, gegen die Herzogsgewalt gerichtete Bindung an die Reichskirche nicht wieder aufnahm, gelang es ihm in zähem Ringen, sich zuerst mit dem Schwabenherzog Burchard I. (917–926), dann mit dem Bayernherzog zu verständigen.[11] Die Anerkennung seines Königtums konnte er von ihnen freilich nur unter Verzicht auf althergebrachte Kronrechte gewinnen. Während er Burchard ein weitgehendes Verfügungsrecht über das Kirchengut und die Besetzung der Bischofsstühle in schwäbischen Landen zubilligen mußte, blieb Arnulf von Bayern, ungeachtet der 921 geleisteten vasallitischen Huldigung, in seiner Herrschaft nahezu selbständig, auch und gerade gegenüber der Kirche. Doch immerhin hatte sich mit Schwaben und Bayern der ganze süddeutsche Raum formell dem Königtum untergeordnet – einem Königtum, das in bewußter Anerkennung der gewachsenen Realitäten »die Herzöge als Mittelgewalten legitimiert und dadurch der Machtstellung und Führungsrolle der Herzogsfamilien den Charakter eines auf das Walten des Königs bezogenen Amtes verliehen« hat.[12] Gestützt auf Erfahrungen, die er selbst als Herzog des Sachsenstammes gesammelt hatte, stärkte Heinrich die deutschen Stämme so weit als möglich, weil er im Unterschied zur uniformen und zentralistischen Konzeption aus karolingischen Tagen das sich formierende Reich als einen Organismus erachtete, dessen Stärke in erster Linie aus der Kraft seiner Glieder resultie-

Umfang sichtbar« werde, »in welchem Maße Freundschaftsbünde unter den Großen die Kräftekonstellationen im Ottonenreich bestimmten«. – Grundlegende Erkenntnisse zur frühmittelalterlichen Herrschaftsordnung und deren »Spielregeln« vermittelt neuerdings Gerd Althoff, Verwandte, Freunde und Getreue. Zum politischen Stellenwert der Gruppenbindungen im frühen Mittelalter, Darmstadt 1990.

[11] Näheres hierzu bei: Kurt Reindel, Herzog Arnulf und das Regnum Bavariae, in: ZBLG 17 (1953/54) 187–252; Heinrich Büttner, Heinrichs I. Südwest- und Westpolitik (Vorträge und Forschungen, Sonderband 2), Konstanz-Stuttgart 1964; Herfried Stingl, Die Entstehung der deutschen Stammesherzogtümer am Anfang des 10. Jahrhunderts (Untersuchungen zur deutschen Staats- und Rechtsgeschichte, Neue Folge 19), Aalen 1974; Helmut Maurer, Der Herzog von Schwaben. Grundlagen, Wirkungen und Wesen seiner Herrschaft in ottonischer, salischer und staufischer Zeit, Sigmaringen 1978; Hans Constantin Faussner, Zum Regnum Bavariae (907–938), in: Sitzungsberichte der bayerischen Akademie der Wissenschaften, phil.-hist. Klasse 426 (1984) 1–33.

[12] Althoff-Keller (Anm. 1) 70.

ren sollte. Oder anders ausgedrückt: »Es gehörte zu seinem politischen Ingenium, die Einheit seiner staatlichen Neuschöpfung durch die Vielfalt zu stützen, das Reich und die Stämme mit fester Hand und losem Zügel zu führen.«[13]

Dieses neue politische Konzept Heinrichs, das die Grundlage abgab für die innere Konsolidierung seiner Königsherrschaft, trat noch deutlicher zutage bei der Rückgewinnung des seit den Verträgen von Meersen (870) und Ribémont (880) zum Ostreich gehörenden, bei der Wahl Konrads I. 911 aber zum Westen abgeschwenkten Lotharreiches.[14] Auch sie erfolgte analog zur Eingliederung Schwabens und Bayerns in einem schrittweisen, erst um das Jahr 928 zum Abschluß kommenden Prozeß, der unter der Devise des »divide et impera« stand. Dabei scheute der König zwar die kriegerische Machtdemonstration nicht, aber wie im Falle der süddeutschen Herzogtümer hat er in dem jahrelangen Ringen um die Positionen jenseits des Rheins nie die militärische Entscheidung gesucht. Zuletzt führte die auf Ausgleich, Friedensstiftung und Freundschaftsbund angelegte Politik auch hier zu dem Ergebnis, daß das ehemalige Lotharreich als eigene Einheit bestehen blieb, indes als Herzogtum Lothringen fest in das ostfränkische Reich eingebunden wurde. Der 928 mit Heinrichs Tochter Gerberga vermählte und als »dux« anerkannte Giselbert († 939) – er war als Urenkel Kaiser Lothars karolingischen Geblüts und das Haupt der reginarschen Sippe, die sich mittlerweile zur bedeutendsten Adelsfamilie des Landes emporgearbeitet hatte – sollte fortan gleichermaßen als Beauftragter Heinrichs im Herzogtum wie als Sprecher Lothringens im Rate des Königs fungieren. Gerade eine so bewerkstelligte Institutionalisierung der Herrschaftsstrukturen, die die Herzöge einerseits als Machthaber bei ihren Stämmen und andererseits als Berater in den Angelegenheiten des ganzen Reiches anerkannte, schuf die Grundlagen für die rasche Stabilisierung des ottonischen Königtums und nicht minder die Voraussetzung für dessen Sicherung nach außen.

Was den außenpolitischen Aspekt angeht, so hat es zweifellos viel zum Ansehen Heinrichs und zur Stärkung des Königsgedankens beigetragen, daß er in der Abwehr der Ungarn entscheidende Erfolge erzielen konnte. Nachdem der König im Spätjahr 925 gegen die Zusicherung eines jährlichen Tributs erreicht hatte, daß die Ungarn seinem Reich einen neunjährigen Waffenstill-

---

[13] Diwald (Anm. 8) 227.
[14] Eduard Hlawitschka, Lotharingien und das Reich an der Schwelle der deutschen Geschichte (Schriften der MGH 21), Stuttgart 1968; Rüdiger E. Barth, Der Herzog in Lotharingien im 10. Jahrhundert, Sigmaringen 1990, bes. 39–82. – Die gegen Hlawitschka und andere Autoren vertretene Position Barths, daß Heinrich I. weder das Herzogtum Lothringen geschaffen noch Giselbert zum Herzog ganz Lothringens erhoben, sondern diesen lediglich als »dux« ohne geographisch-politische Definition anerkannt habe, kann im obigen Zusammenhang außer acht bleiben, da auch Barth bei allem Insistieren auf einem nur kleinräumigen Amts- und beschränkten Funktionsbereich einräumt, daß nach 928 »aus dem Gegenspieler Giselbert ein Mitspieler des Königtums wurde« (vgl. 80–82).

stand versprachen, nutzte er die teuer erkaufte Friedenszeit zu defensiven Vorkehrungen, insbesondere zur Aufstellung eines schwerbewaffneten Reiterheeres, das den militanten Beutezügen der ungarischen Nomaden taktisch gewachsen war. Bereits 932 fühlte sich Heinrich stark genug, die Tributforderungen der Ungarn in provozierender Weise zu verweigern. Und als diese im Jahr darauf mit dem Einfall eines ungewöhnlich großen Heeres antworteten, wurden sie vom rasch zusammengezogenen Aufgebot aller deutschen Stämme am 15. März 933 bei Riade an der Unstrut vollständig besiegt. Auch wenn es keine Vernichtungsschlacht war, da die Ungarn mit ihren schnellen Pferden großenteils entkommen konnten, blieb nun das Reich über Heinrichs Tod hinaus vor weiteren Einfällen verschont.[15] Zudem – und dies war von hoher Bedeutung – hatte die Schlacht von Riade mit dem quälenden Spukbild ungarischer Unbesieglichkeit gründlich aufgeräumt und die deutschen Stämme, deren Widerstand und Selbstwehr hier in ihrer Gesamtheit erfolgreich mobilisiert wurde, von der panischen Angst vor den Reiternomaden befreit. Die Sicherung des Reiches vor den äußeren Gefahren wurde so an jenem Märztag des Jahres 933 zugleich zum Symbol für die vollzogene Einheit seiner Stämme.

Schon Ende der zwanziger Jahre hatte der König in einem mit Herzog Arnulf von Bayern durchgeführten Feldzug die böhmischen Lande tributpflichtig gemacht und war aus weiteren militärischen Unternehmungen gegen die slawischen Daleminzier zwischen Saale und Elbe wie gegen die Heveller bis zu deren Feste Brandenburg erfolgreich hervorgegangen. Nimmt man noch die Feldzüge des Jahres 934 einerseits gegen die Ukrer und Redarier an der Elbe, andererseits gegen die Dänen unter ihrem König Knuba, der sich unterwarf und taufen ließ, hinzu, so kann es nicht verwundern, wenn sich den Zeitgenossen der Eindruck aufdrängte, bei all den Erfolgen zur Sicherung der Grenzen habe sich die Kraft Gottes an Heinrich erwiesen. Die triumphalen Ehrungen in weltlichen und kirchlichen Formen, die man dem König nach dem Ungarnsieg zuteil werden ließ, brachten denn auch dieses Bewußtsein mit aller Deutlichkeit zum Ausdruck. Vom Heer als »pater patriae, rerum dominus imperatorque« gefeiert, trug ihm das siegreiche Unternehmen geradezu internationales Ansehen ein und stärkte gleichzeitig seine Stellung im Innern außerordentlich.[16]

---

[15] Heinrich Büttner, Die Ungarn, das Reich und Europa bis zur Lechfeldschlacht des Jahres 955, in: ZBLG 19 (1956) 433–458; Martin Lintzel, Die Schlacht von Riade und die Anfänge des deutschen Staates, in: ders., Ausgewählte Schriften, II, Berlin 1961, 92–112.

[16] »Nach seiner Heimkehr als Sieger, stattete der König auf alle Weise der Ehre Gottes, wie es sich gehörte, Dank ab für den Sieg, den ihm Gott über seine Feinde verliehen hatte: er gab den Tribut, den er den Feinden zu geben gewohnt war, dem göttlichen Dienste zu eigen und bestimmte ihn zu Schenkungen an die Armen. Das Heer aber begrüßte ihn als Vater des Vaterlandes (pater patriae), großmächtigen Herrn und Kaiser (rerum dominus imperatorque); der Ruf seiner Macht und Tapferkeit verbreitete sich weithin über alle Völker und Könige. Deshalb besuchten ihn auch die Großen anderer Königreiche, und verehrten ihn, da sie

Stand König Heinrich bei seiner Ostpolitik in hohem Maße unter Zugzwang, so hatte er bei der Gestaltung der Westpolitik weithin freie Hand. Wie schon angedeutet, wurde mit der Wiedereingliederung Lothringens in den Jahren 925 bis 928 jene Grenze fixiert, die über weite Strecken bis zur Mitte des 17. Jahrhunderts herauf die staatsrechtliche Grenze zwischen Frankreich und dem Heiligen Römischen Reich bilden sollte. Nicht klar abgegrenzt waren hingegen beim Herrschaftsantritt Heinrichs die Machtbereiche des Herzogs von Schwaben und des Königs von Burgund südlich des Hochrheins. Hier nutzte König Heinrich die günstige Gelegenheit des Amtswechsels im schwäbischen Herzogtum von Herzog Burchard zum Konradiner Hermann (926–949), um mit dem auf dem Wormser Hoftag von 926 erschienenen Burgunderkönig Rudolf II. (912–937) weitreichende Verfügungen zu treffen.[17] Gegen Anerkennung der burgundischen Herrschaft über das schwäbische Gebiet zwischen Jura und Reuß mit Einschluß Basels erhielt Heinrich von Rudolf die »Heilige Lanze«: ein höchst kostbares, wunderkräftiges, weil angeblich mit Nägeln vom Kreuz Christi ausgestattetes Kleinod, das nach Liudprand von Cremona durch die hl. Helena an Kaiser Konstantin den Großen gekommen sein soll.[18] Die Tragweite dieses vielzitierten »Lanzenhandels« kann kaum hoch genug veranschlagt werden. Denn nicht nur, daß Rudolf, indem er Heinrich dieses »Geschenk des Himmels« überließ, die Oberherrschaft des ostfränkischen Königs über Burgund anerkannte: Als Konstantinslanze war das fortan dem Heer vorangetragene Heiltum, welches heute mit den anderen Reichsinsignien in der Schatzkammer der Wiener Hofburg aufbewahrt wird, zugleich politisches Herrschaftszeichen und Sinnbild wie Beleg für den Anspruch auf Italien und das Kaisertum. Auf dem Hintergrund der Burgundpolitik, die Anfang Juni 935 gipfelte im berühmten »Dreikönigstreffen« zu Ivois an der Maas unweit Sedan, wo der ostfränkische König mit dem

---

Gnade vor seinen Augen zu finden suchten und die Treue eines so herrlichen, so großen Mannes erprobt hatten.« Widukindi res gestae Saxonicae I/39, in: Quellen zur Geschichte der sächsischen Kaiserzeit (Anm. 8) 76–79.

[17] Näheres bei Laetitia Boehm, Geschichte Burgunds. Politik – Staatsbildungen – Kultur, Stuttgart-Berlin-Köln-Mainz ²1979, 105–115.

[18] »Die Lanze war anders als die sonstigen Lanzen nach Art und Gestalt etwas Neues, insofern als das Eisen beiderseits der Mitte des Grates Öffnungen hat, und statt der kurzen seitwärts gerichteten Zweige ⟨des lilienförmigen Lanzeneisens⟩ erstreckten sich zwei sehr schöne Schneiden bis zum Abfall des Mittelgrates. Von dieser Lanze nun behauptet man, sie habe einst Constantin dem Großen gehört, dem Sohne der heiligen Helena, die das lebenbringende Kreuz auffand. Und auf dem Dorn, den ich vorher den Grat nannte, trug sie Kreuze aus Nägeln, die durch die Hände und Füße unseres Herrn und Erlösers Jesu Christi geschlagen waren.« Liudprandi antapodosis IV/25, in: Quellen zur Geschichte der sächsischen Kaiserzeit (Anm. 8) 428 f. – Zur Tragweite des »Lanzenhandels«: Hans Walter Klewitz, Die heilige Lanze Heinrichs I., in: DA 6 (1942/43) 42–58; Albert Brackmann, Zur Geschichte der heiligen Lanze Heinrichs I., in: DA 6 (1942/43) 401–411; Walther Holtzmann, Heinrich I. und die Hl. Lanze. Kritische Untersuchungen zur Außenpolitik in den Anfängen des Deutschen Reiches, Bonn 1947; Martin Lintzel, Zur Erwerbung der heiligen Lanze durch Heinrich I., in: HZ 171 (1951) 303–310.

burgundischen und westfränkischen Herrscher einen Friedens- und Freundschaftspakt schloß und von den beiden Monarchen in der Stellung eines Ordners ihrer Zwiste anerkannt wurde, erscheint auch die Nachricht Widukinds von Corvey, Heinrich habe vor seinem Tode einen Romzug geplant, dessen Durchführung lediglich sein letztes Siechtum verhinderte, nicht gänzlich aus der Luft gegriffen.[19] Jedenfalls wurde dem Herrschertum Heinrichs gegen Ende seiner Regierung ein Vorrang vor allen anderen abendländischen Monarchen der Zeit zuerkannt, und seine Würde erschien den Zeitgenossen auch ohne die ausdrücklich vollzogene Bindung an die altrömische Kaiseridee als eine imperiale.

Die Sorge um die Reichseinheit hatte die fränkischen Konradiner 919 zum Thronverzicht zugunsten Heinrichs und zum Bündnis mit den Sachsen bewogen. In welchem Maße der neue König den Erwartungen gerecht geworden ist, sollte sich nicht zuletzt bei seiner Thronfolgeregelung zeigen. Heinrichs Entscheidung für Otto, den Erstgeborenen aus seiner zweiten Ehe mit Mathilde, ist schon 929/30 anläßlich der Vermählung dieses Sohnes mit der angelsächsischen Königstochter Edgith gefallen. Von bahnbrechender Bedeutung dabei war, daß er entgegen fränkischer Königstradition alle anderen Söhne von der Herrschaft ausschloß und somit den Grundstein zur Unteilbarkeit des ostfränkischen Reiches legte,[20] das unter dem Nachfolger zu hegemonialer Stellung in Europa aufstieg. Es ist daher keine bloße Panegyrik, sondern ein durchaus berechtigtes Herrscherlob, wenn der Corveyer Mönch am Schluß des ersten Buches seiner Sachsengeschichte Heinrichs Lebenswerk resümiert mit den Worten: »Als er so sein Testament in aller Ordnung gemacht und alle seine Angelegenheiten gebührlich geordnet hatte, starb er, der großmächtige Herr und der größte unter den Königen Europas, an jeglicher Tugend der Seele wie des Körpers keinem nachstehend, und hinterließ einen Sohn, noch größer als er selbst, und diesem Sohn ein großes, weites Reich, welches er nicht von seinen Vätern ererbt, sondern durch eigene Kraft errungen und das Gott allein ihm gegeben hatte. Es war aber die Dauer seiner Regierung sechzehn Jahre, die seines Lebens ungefähr sechzig. Sein Leichnam wurde von seinen Söhnen in die Stadt Quedlinburg gebracht und begraben in der Kirche des heiligen Petrus vor dem Altar unter dem Jammer und den Tränen vieler Völker.«[21]

---

[19] »Zuletzt, als er ⟨König Heinrich⟩ alle Völker im Umkreise bezwungen hatte, beschloß er nach Rom zu ziehen, unterließ aber, da ihn Krankheit befiel, den Zug.« Widukindi res gestae Saxonicae I/40, in: Quellen zur Geschichte der sächsischen Kaiserzeit (Anm. 8) 78 f.

[20] Siehe hierzu Karl Schmid, Die Thronfolge Ottos des Großen, in: Hlawitschka, Königswahl (Anm. 1) 417–508; ders., »Unteilbarkeit des Reiches« (Anm. 10).

[21] Widukindi res gestae Saxonicae I/41, in: Quellen zur Geschichte der sächsischen Kaiserzeit (Anm. 8) 78–81. – Heinrich I. fand seine Grablege in der Kirche des Kanonikerstiftes St. Jakob und Wigbert auf dem Quedlinburger Schloßberg, welches seine Witwe Mathilde kurz danach in ein mit Nonnen aus Wendhausen besetztes Damenstift umwandeln ließ. In diesem Zusammenhang wurde der Ort seiner Grablege mit einer Klosterkirche zu Ehren des hl. Servatius überbaut und verwandelte sich dadurch in eine Krypta.

Festigung des deutschen Königtums unter Otto dem Großen (936–973)

Bereits fünf Wochen nach Heinrichs Tod – er ist am 2. Juli 936 in der von ihm gegründeten, nordöstlich von Erfurt gelegenen Pfalz Memleben gestorben – kamen die weltlichen und geistlichen Großen am 7. August 936, einem Sonntag, zur Königserhebung seines Sohnes Otto in der alten Kaiserstadt Aachen zusammen.[22] Schon die Wahl des Krönungsortes hatte programmatischen Charakter, symbolisierte sie doch einerseits das Bekenntnis zur Tradition der Karolinger und bekräftigte sie andererseits die Zugehörigkeit Aachens und damit Lothringens zum ottonischen Reich. Im Atrium der karolingischen Pfalzkapelle machen die weltlichen Großen Otto, der bezeichnenderweise nicht in sächsischer, sondern in fränkischer Tracht erschienen war, durch Thronsetzung, Handgang und Treueid »auf ihre Weise«, wie es bei Widukind heißt, zum König. Sodann vollzieht der Erzbischof Hildebert von Mainz (927–937) unter Mitwirkung seines Amtsbruders Wigfried von Köln (923–953) im Innern des Aachener Marienmünsters Salbung und Krönung. Höhepunkt und Abschluß der heiligen Handlung bilden archaisch verwurzelte Akte des Herrscherkultes: eine zweite Thronsetzung auf dem noch heute erhaltenen Karlsstuhl im Obergeschoß, damit der neue König »alle sehen und von allen gesehen werden konnte«, und ein Krönungsmahl in der Pfalz, bei dem die vier Herzöge von Lothringen, Franken, Schwaben und Bayern der Hofämter des Kämmerers, Truchsessen, Mundschenken und Marschalls walten.[23] Alles in allem bietet die Königserhebung vom August 936 ein eindrucksvolles Bild der Einheit und Festigkeit des jungen Imperiums, die in ihrem rituellen Ablauf die Trias von Erbrecht, Wahlrecht und kirchlich sanktioniertem Gottesgnadentum, wie sie in großer Variationsbreite den weiteren Gang der mittelalterlichen Reichsgeschichte bestimmte, sinnenfälliger kaum hätte zum Ausdruck bringen können.

---

[22] Zu Otto dem Großen siehe neben den unter Anm. 1 genannten Werken: Rudolf Köpke – Ernst Dümmler, Kaiser Otto der Große (Jahrbücher der Deutschen Geschichte IX), Leipzig 1876 (Darmstadt ²1962); Festschrift zur Jahrtausendfeier der Kaiserkrönung Ottos des Großen (Mitteilungen des Instituts für österreichische Geschichtsforschung, Ergänzungsband 20), Graz-Köln 1962; Hagen Keller, Das Kaisertum Ottos des Großen im Verständnis seiner Zeit, in: DA 20 (1964) 325–388; Hartmut Hoffmann, Zur Geschichte Ottos des Großen, in: DA 28 (1972) 42–73; Helmut Beumann, Das Kaisertum Ottos des Großen, Sigmaringen 1975; Josef Fleckenstein, Otto der Große in seinem Jahrhundert, in: Frühmittelalterliche Studien 9 (1975) 253–267; Harald Zimmermann (Hg.), Otto der Große (Wege der Forschung 450), Darmstadt 1976; Eckhard Müller-Mertens, Die Reichsstruktur im Spiegel der Herrschaftspraxis Ottos des Großen. Mit historiographischen Prolegomena zur Frage Feudalstaat auf deutschem Boden, seit wann deutscher Feudalstaat? (Forschungen zur mittelalterlichen Geschichte 25), Berlin 1980; Helmut Beumann, Otto der Große (936–973), in: Kaisergestalten des Mittelalters, hg. v. Helmut Beumann, München 1984, 50–72.

[23] Die Schilderung des eindrucksvollen Zeremoniells der Aachener Königserhebung bildet den Auftakt zum II. Buch von Widukinds Sachsengeschichte, in: Quellen zur Geschichte der sächsischen Kaiserzeit (Anm. 8) 84–91.

Indes, so sehr auch die Aachener Vorgänge eine vielschichtige Kontinuität nahelegen: Die Anfangsphase der Königsherrschaft Ottos markiert ganz unzweideutig einen Bruch mit den herrscherlichen Prinzipien seines Vaters. Während die Regierung Heinrichs durch Begriffe wie Frieden und Eintracht, pax und concordia, charakterisiert ist, sind die ersten Regierungsjahre des Sohnes durch Zwietracht und Aufstand, discordia und rebellio, gekennzeichnet. Ottos Unerbittlichkeit bei der Wahrnehmung und Durchsetzung königlicher Gerechtsame manifestierte sich in eklatantem Kontrast zur Herrschaftskonzeption Heinrichs hauptsächlich durch eine rücksichtslose Personalpolitik, die ausgerechnet im eigenen Stammesherzogtum zu einer ersten Konfrontation führte und dann bis zum Jahr 954 in einer folgenschweren Serie von Aufständen schier alle Reichsgebiete mehr oder minder intensiv erfaßte. Ohne auf Einzelheiten einzugehen, kann diesbezüglich festgehalten werden, daß Ottos Versuch, das Verhältnis zwischen Großen und König auf eine neue Grundlage zu stellen, hauptsächlich indem er die Stammesherzogtümer durch Verleihung an Angehörige des Königshauses in »Amtsherzogtümer« umzuwandeln strebte, mehr als einmal in höchster Gefahr stand, am Widerstand ebendieser Großen zu scheitern. Das waghalsige Experiment, die Bande der Freundschaftspakte seines Vaters zu durchschneiden und das Königtum wieder über den Großen zu etablieren, brachte ihn wiederholt in Situationen, in denen, wie Widukind von Corvey sagt, »alle Hoffnung schwand, daß die Sachsen noch ferner den König stellen«.[24]

Zwischen den nicht enden wollenden Verschwörungen, Versöhnungen und neuen Abfällen lagen freilich auch geglückte Initiativen, die sich bereits als Stationen auf dem Weg zu dem abzeichnen, was man »imperiales Königtum« genannt hat. Da ist zunächst die in das Jahr 948 fallende Gründung von nicht weniger als fünf Bistümern im Norden und Osten des ottonischen Reiches zu erwähnen,[25] welche in ihrer missionarischen und kirchenorganisatorischen Dimension ein wesentliches Kennzeichen imperialer Herrschaft des Frühmittelalters darstellte: Im Norden wurden mit Zustimmung des päpstlichen Stuhls die Bistümer Schleswig, Aarhus und Ripen eingerichtet und dem Erzbistum Hamburg/Bremen unterstellt, während im Osten zur Christianisierung der Elbslawen die Bistümer Brandenburg und Havelberg als Suffragane von Mainz ins Leben traten. Noch deutlicher als auf dem Felde der Mission und Kirchenorganisation dokumentierte sich Ottos imperialer Anspruch auf der gleichfalls im Jahr 948 tagenden »heiligen Generalsynode« zu Ingelheim am Rhein, die unter anderem den Streit um die Besetzung des Erzbistums Reims verhandelte und definitiv entschied, sodann bei seinem Eingreifen in die Geschicke des Regnum Italiae, das ihm auf seinem ersten Zug über die Alpen 951 die Langobardenkrone und die Vermählung mit der jungen Kö-

[24] Ebenda (II/24) 110f.
[25] Zur Missionsarbeit und Errichtung einer Kirchenorganisation im »norddeutschen Wendenland« unter Otto I. ausführlich Hauck III (Anm. 1) 91–146.

nigswitwe Adelheid von Burgund – Ottos Gemahlin Edgith war schon 946 verstorben – einbrachte.

Aber kaum aus Oberitalien zurückgekehrt, braute sich eine neuerliche Erhebung zusammen, diesmal angezettelt von dem als Schwabenherzog eingesetzten eigenen Sohn Liudolf,[26] der offenbar ernstlich um die Nachfolge auf dem Königsthron zu bangen begann, als seine Stiefmutter Adelheid Ende 952 einem Sohn das Leben schenkte. Binnen weniger Monate knüpfte Liudolf ein dichtmaschiges Netz von Aufständischen, das auch Herzog Konrad den Roten von Lothringen (944–954) und Erzbischof Friedrich von Mainz (937–954) einbezog und alsbald weite Teile des Reiches überspannte. Selbst in Sachsen fehlte es den Konspiratoren in dem Billunger Wichmann II. († 967) und dem Markgrafen Gero († 965) nicht an Anhängern beziehungsweise Sympathisanten, und schließlich ging auch das unter dem Pfalzgrafen Arnulf († 954) und dem Salzburger Erzbischof Herold (938–967?) gegen Herzog Heinrich I. (947–955), einen Bruder Ottos, sich erhebende Bayern ins Lager der Aufrührer über. Die für den König sich mehr und mehr zuspitzende Lage nahm eine dramatische Wendung erst, als im Frühjahr 954 wieder die Madjaren mit großer Heeresmacht einfielen, vermutlich sogar von den um ihr Herzogtum kämpfenden Luitpoldingern ins Land gerufen, dann aber mit ihrem Vorstoß bis zum Rhein die Sache der Aufständischen auf erschreckende Weise diskreditierend. Letztere unterwarfen sich nun bis zum Herbst 954 nacheinander dem König, schließlich Liudolf selber, der zwar offizieller Thronfolger blieb, aber des Herzogtums Schwaben verlustig ging.

An Weihnachten feierte man auf dem Reichstag zu Arnstadt bei Erfurt Versöhnung und Frieden. Herzog Heinrich erhielt Bayern zurück. Das Herzogtum Schwaben übertrug der König dem durch Heirat fest an das ottonische Haus gebundenen Hunfridinger Burchard II. (954–973). An die Stelle des bereits im Oktober 954 verstorbenen Erzbischofs Friedrich von Mainz trat Ottos illegitimer Sohn Wilhelm (954–968). Das Herzogtum Lothringen aber fiel an Ottos jüngsten und politisch begabtesten Bruder Brun, der schon seit September 953 als Erzbischof von Köln (953–965) fungierte. Mit den beiden letztgenannten Maßnahmen, nämlich der Übertragung des Herzogtums Lothringen an den Kölner Erzbischof und der Besetzung des wichtigen Mainzer Erzstuhls mit einem weiteren Familienangehörigen, greifen wir einen neuen, höchst bedeutsamen Zug ottonischer Innenpolitik, der auf dem Wege stärkerer Heranziehung der Kirche zur Territorialverwaltung und Reichsregierung jenes System begründen sollte, das man als das ottonisch-salische Reichskirchensystem zu bezeichnen pflegt. Unter dem Eindruck schlimmer Erfahrungen selbst mit den nächsten Verwandten und unter Rückgriff auf

---

[26] Näheres bei Gunther Wolf, Über die Hintergründe der Erhebung Liudolfs von Schwaben, in: Zeitschrift der Savigny-Stiftung für Rechtsgeschichte, Germanistische Abteilung 80 (1963) 315–325; siehe auch Schmid, Thronfolge (Anm. 20).

eine alte karolingische Tradition erneuerte Otto I. den Bund des Königtums mit der Kirche, um dadurch den Bestand des Reiches möglichst unabhängig zu halten vom Willen und Wankelmut der weltlichen Großen.[27]

Als der Reichstag zu Arnstadt im Dezember 954 den Schlußstrich unter den liudolfingischen Aufstand gezogen und die innere Einheit des Reiches wiederhergestellt hatte, stand man am Vorabend der Lechfeldschlacht. Gerade noch rechtzeitig konnte sich Otto gegen den neuerlichen Einfall der Ungarn wappnen, die im Sommer 955 mit einem riesigen Aufgebot das oberdeutsche Land bis zur Iller verwüsteten und anschließend das von seinem geistlichen Stadtherrn Ulrich mannhaft gehaltene Augsburg belagerten. Vor den Toren der Stadt kam es dann am 10. August zur berühmten Entscheidungsschlacht, der größten des Jahrhunderts, aus der das acht Legionen umfassende Reichsheer Ottos als überwältigender Sieger hervorging. Die Ungarn wurden vernichtend geschlagen und auf ihrem fluchtartigen Rückzug gen Osten weiter geschwächt. Fortan verschonen sie die Grenzen des Reiches, machten sich allmählich in der Donau-Theiß-Ebene seßhaft und gliederten sich bis zur Jahrtausendwende ein in die christlich-abendländische Kultur.[28] Für König Otto, der in gewohnter Weise mit der Heiligen Lanze ins Feld gezogen war, wurde die Lechfeldschlacht noch in ganz anderer Weise bedeutsam. Die Vorstellung vom »kaiserlichen« Charakter seiner Herrschaft erhielt durch den Ungarnsieg und durch eine noch im Herbst desselben Jahres gewonnene Schlacht gegen die Elbslawen an der Recknitz in den Augen der Zeitgenossen eine Bestätigung, der etwas von einem direkten Fingerzeig Gottes anhaftete. So interpretiert denn auch Widukinds Sachsengeschichte den Ungarnsieg als unmittelbare Vorstufe zum römischen Kaisertum, wenn sie berichtet, Otto sei nach dem triumphalen Geschehen des Laurentiustages von 955 von seinem Heer zum »pater patriae« und zum »imperator« ausgerufen worden.[29]

Wie das Papsttum in ebendiesem Jahrhundert, da sich das deutsche Königtum zu übernationaler Bedeutung aufschwang, schwerste Schädigung erlitten hatte, wird in einem anderen Beitrag dieser Festschrift ausführlich dargelegt.[30] Hier genügt es festzuhalten, daß es das unbestreitbare Verdienst

---

[27] Zur ottonischen Reichskirche siehe unten den Beitrag von Manfred Weitlauff »Kaiser Otto I. und die Reichskirche«.

[28] Die epochale Bedeutung der Lechfeldschlacht für das Reich und vor allem für die Geschichte des ungarischen Volkes würdigt eingehend Thomas von Bogyay, Lechfeld. Ende und Anfang, München 1955.

[29] »Glorreich durch den herrlichen Sieg wurde der König von seinem Heere als Vater des Vaterlandes und Kaiser begrüßt. Darauf ordnete er dem höchsten Gott Preis und würdige Lobgesänge in allen Kirchen an, trug dasselbe durch Boten seiner ehrwürdigen Mutter auf und kehrte unter Jubel und größter Freude als Sieger nach Sachsen zurück, wo er von seinem Volke mit größtem Wohlgefallen empfangen wurde. Denn eines solchen Sieges hatte sich keiner der Könige vor ihm in zweihundert Jahren erfreut.« Widukindi res gestae Saxonicae II/49, in: Quellen zur Geschichte der sächsischen Kaiserzeit (Anm. 8) 158f.

[30] Siehe unten Georg Schwaiger, Das Papsttum im »Dunklen Jahrhundert«.

Ottos I. war, den römischen Mißständen Einhalt geboten und das Papsttum durch die Übernahme der ehedem fränkischen Schutzmacht über Rom und das Patrimonium Petri aus tiefer Ohnmacht befreit zu haben. Konkreten Anlaß bot ein Hilferuf des von Berengar von Ivrea hart bedrängten und gleichzeitig in kriegerische Auseinandersetzungen mit den Fürsten von Benevent und Capua verstrickten Papstes Johannes XII. (955–964), welcher Otto zu Weihnachten 960 in Regensburg erreichte und ihn zur Kaiserkrönung nach Rom einlud. Bevor der König im August 961 von Augsburg aus über den Brenner nach Italien aufbrach, ließ er zur Sicherung der Thronfolge seinen sechsjährigen Sohn Otto – Liudolf war bereits im Spätsommer 957 gestorben – in Worms zum Mitkönig wählen und in Aachen salben und krönen. Am 31. Januar 962 erreichte das deutsche Heer den Monte Mario. Der Einzug in die Ewige Stadt am nächstfolgenden Sonntag, dem 2. Februar, ging reibungslos vonstatten, und noch am gleichen Tag vollzog Johannes XII. in der Peterskirche vor dem Hauptaltar mit bischöflicher Assistenz und unter Akklamation der versammelten Gemeinde an Otto und dessen Gemahlin Adelheid Salbung und Krönung.

Nahezu drei Jahre hielt die politisch instabile Lage den Kaiser nun in Rom und Reichsitalien fest, ehe er im Januar 965 mit seinem infolge einer Seuche stark dezimierten Heer nach Deutschland zurückkehren konnte, ausgerüstet mit einem päpstlichen Dekret zur Gründung des Erzbistums Magdeburg, dem all jene Slawengebiete zugehören sollten, die von Otto und seinen Nachfolgern dem Christentum gewonnen würden. Aber wie schon im Jahre 955 scheiterte die Einrichtung eines Erzbistums für das transelbische Gebiet auch diesmal: damals am energischen Widerstand des Mainzer Metropoliten Wilhelm, jetzt am Einspruch des Bischofs Bernhard von Halberstadt (924–968), der sich der vorgesehenen Gebietsabtretung an die Neugründung hartnäckig verweigerte. In der Tat kam es zu einer endgültigen Regelung der Kirchenverhältnisse zwischen Elbe und Oder erst, nachdem die beiden genannten Oberhirten Wilhelm und Bernhard 968 kurz nacheinander gestorben waren. Nun wurde in Ausführung jener Beschlüsse, die eine Synode zu Ravenna im April des Vorjahres in Gegenwart des Kaisers und des Papstes gefaßt hatte, die Kirchenorganisation im transelbischen Missionsgebiet dergestalt geregelt, daß man das Magdeburger Moritzkloster zur Metropolitankirche erhob und der neuen Kirchenprovinz die bislang zu Mainz gehörigen Bistümer Brandenburg und Havelberg sogleich als Suffragane zuwies, für den weiteren Ausbau des Missionsfeldes aber auch Merseburg, Zeitz und Meißen. Zum Metropoliten bestellte der Kaiser den mit den Aufgaben der Ostmission bestens vertrauten ehemaligen Russenbischof, Kapellan und Abt von Weißenburg Adalbert (968–981).[31]

---

[31] Näheres zum langwierigen Prozeß der Errichtung des Erzbistums Magdeburg bei Hauck III (Anm. 1) 108–130.

Zweifelsohne hatte Ottos zweiter Italienzug ein lange nachwirkendes Ergebnis gezeitigt: Die Königsherrschaft in dem von Heinrich I. erneuerten Reich blieb von nun an für Jahrhunderte mit der Herrschaft über das Regnum Italicum und mit dem römischen Kaisertum verbunden. Doch ließen die wirren Ereignisse der Jahre 962 bis 965 bereits die strukturelle Schwäche der Herrschaft südlich der Alpen erkennen, die in der »deutschen Kaiserzeit« nie dauerhaft überwunden wurde. Namentlich die janusköpfige Natur des Papsttums, nämlich sowohl Stadtherrschaft und damit Kaufobjekt rivalisierender römischer Adelsfamilien als auch geistliche Autorität des Abendlandes zu sein, sollte sich fortan als Hauptproblem der kaiserlichen Italienpolitik erweisen. So machte schon das Spätjahr 966 eine neuerliche Präsenz des Kaisers südlich der Alpen erforderlich, die ihn nahezu sechs Jahre auf der Apenninenhalbinsel festhielt und an deren Ende auch ein Ausgleich mit dem byzantinischen Kaisertum wegen Süditalien zustande kam. Besiegelt wurde er, wie so oft im Ablauf der Geschichte, durch ein nach langwierigen und schwierigen Vorverhandlungen in die Wege geleitetes Heiratsprojekt. Am 14. April 972 vermählte sich Ottos gleichnamiger Sohn, der bereits an Weihnachten 967 zum Mitkaiser gekrönt worden war, in der Peterskirche zu Rom mit Theophanu, einer Nichte des byzantinischen Herrschers Johannes Tzimiskes (969–976), wodurch das westliche Kaisertum nunmehr endgültig als gleichrangig anerkannt wurde.[32]

Die langjährige Abwesenheit Ottos des Großen von den »Kernlanden« seiner Herrschaft hatte dort zu mancherlei kritischen Zuspitzungen geführt. Gleichwohl verstand es der im August 972 zurückkehrende Kaiser vortrefflich, den imperialen Charakter seiner Herrschaft in einer Abfolge von hochoffiziellen Auftritten wieder zur Geltung zu bringen. Den glänzenden Abschluß bildete das Osterfest des Jahres 973, das er zu Quedlinburg feierte. Mit reichen Geschenken waren Gesandte aus aller Herren Ländern herbeigeeilt, aus Byzanz, Unteritalien und Rom, aus Bulgarien, Ungarn, Böhmen, Polen und Dänemark, ja selbst aus Spanien, Afrika und dem russischen Reich. Dieses ebenso weite wie buntfarbene politische Panorama des Quedlinburger Hoftages demonstrierte aufs sprechendste die Macht des Kaisers, der sich »seinen« Sachsen hier zugleich zum letzten Male als »König der Völker«, als »rex gentium«, wie Widukind schreibt, präsentierte. Noch vor dem Pfingstfest ist Otto der Große am 7. Mai 973 zu Memleben im 62. Lebens- und 37. Regierungsjahr gestorben. Schon am nächsten Tag huldigten alle Großen wetteifernd seinem Sohne Otto II. (973–983). Dieser führte sodann den Leichenzug des Vaters nach Magdeburg, wo der Kaiser an der Seite seiner ersten Gemahlin Edgith im Dom seines Lieblingsbistums unter einer schlichten Marmorplatte beigesetzt wurde.[33]

---

[32] Werner Ohnsorge, Die Heirat Kaiser Ottos II. mit der Byzantinerin Theophanu (972), in: Braunschweigisches Jahrbuch 54 (1973) 24–60.

Wenn wir abschließend noch einmal die Frage nach den Prinzipien ottonischer Königsherrschaft aufwerfen, so erscheinen Heinrichs wie Ottos Politik bei allen Unterschieden wesentlich auf dem Willen zu beruhen, die Herrschaften der Großen, der geistlichen und weltlichen Fürsten, als tragende Faktoren der gesamten Reichsorganisation anzuerkennen. Gewissermaßen wie ein die verschiedenen Pfeiler adeliger und kirchlicher Macht überspannendes Gewölbe sollte das Königtum diese Einzelherrschaften in einer Rechts- und Friedensordnung zusammenführen und für das Ganze die ordnende und legitimierende Mitte abgeben. Insofern dürfen wir in beiden Sachsenherrschern, Vater wie Sohn, Integrationsfiguren hohen Ranges für die vielfach noch auseinanderstrebenden Kräfte des jungen deutschen Königtums sehen. In der konkreten Ausformung des Verhältnisses zu den Großen sind Heinrich und Otto freilich unterschiedliche Wege gegangen. Während Heinrich, wie dargelegt, seine Herrschaft durchgängig auf Freundschaftspakte gegründet hat, machte Otto in seinem gesteigerten Herrscherverständnis dieses Instrument nicht zur Basis des Königtums, kehrte aber auch keineswegs zu der auf Amtsgewalt und zentrale Kontrolle gegründeten Herrschaftspraxis Karls des Großen zurück. Vielmehr stützte er nach einer ziemlich glücklosen Familienpolitik und unter maßgeblicher Beteiligung seines äußerst innovativen Bruders Brun die Königsherrschaft verstärkt auf die Reichskirche und begnügte sich im übrigen damit, daß die weltlichen Großen als Vasallen und Lehensträger seinen höheren Rang anerkannten. Diese Preisgabe des karolingischen Anspruchs, daß das Reich ein durch königliche Ämterorganisation flächenhaft erfaßtes Ganzes sei, ermöglichte dem Adel einen raschen Ausbau seiner Herrschaftspositionen und die definitive Durchsetzung des Personenverbandsstaates, das heißt einer Herrschaftsordnung, die auf der personalen Verbindung aller Herrschaftsträger beruhte.
Freilich gestaltete sich unter den Bedingungen des Personenverbandsstaates die Reichsintegration, wie sie vom König zu leisten war, um so schwieriger. Daß sie vorderhand dennoch gelang, wird man zu einem Gutteil dem ideellen Fundament des ottonischen Königtums zuschreiben dürfen, nämlich seiner sakralen Legitimation und Würde.[34] Otto I. und seine Nachfolger begriffen sich dergestalt als Repräsentanten des Hohenpriesters und Priesterkönigs Christus, daß die Ausübung herrscherlicher Gewalt für sie geradezu zum Priesterdienst wurde. Und dieses sakrale Selbstverständnis vermochte in gewisser Weise kompensatorisch überall dort wirksam zu werden, wo es dem Königtum an realen Instrumenten zur Durchsetzung seiner Ansprüche gebrach. Ob man die liturgische Präsentation ottonischer Königsherrschaft im

---

[33] Vgl. zum Ganzen Widukindi res gestae Saxonicae III/75f, in: Quellen zur Geschichte der sächsischen Kaiserzeit (Anm. 8) 180–183.
[34] Hierzu ausführlich Helmut Beumann, Die sakrale Legitimierung des Herrschers im Denken der ottonischen Zeit, in: Hlawitschka, Königswahl (Anm. 1) 148–198; ferner Keller, Grundlagen (Anm. 10) 29–34 (mit reichen Quellen- und Literaturverweisen).

engeren Sinne ins Blickfeld nimmt oder die zu Herrschaftszeichen umgedeuteten Reichsinsignien, ob man die zeitgenössische Geschichtsschreibung in Betracht zieht oder die unerhört kühnen Bildformeln ottonisch-frühsalischer Herrscherdarstellungen: Stetsfort ergibt sich eine kaum noch zu steigernde Auffassung von der sakralen Würde des Königtums, die alles Vorausgehende und Nachfolgende in den Schatten stellt. Der Herrscher wird aus der irdischen Umgebung herausgeholt und auf die Ebene Christi und der Heiligen gehoben. »Was man im Grunde nicht sehen kann, wird in geradezu unerhörten Bilderfindungen wenigstens zeichenhaft sichtbar gemacht: daß der König als Stellvertreter Christi auf Erden unter göttlichem Schutz steht und als Gesalbter des Herrn an der Erhabenheit des Sakralen teilhat.«[35] Indes, die Einbeziehung des Herrschers in die Sphäre Christi und der Heiligen wird auf solchen Bildnissen nicht als Faktum hingestellt; sie will vielmehr, wie die meist in Bittform abgefaßten Beischriften belegen, deutlich machen, was der Herrscher sein beziehungsweise erreichen soll und wofür die dazu unentbehrliche Hilfe Gottes und der Heiligen erfleht wird. Mit anderen Worten: Nicht um Herrschaftspropaganda geht es diesen Darstellungen, sondern um die Veranschaulichung dessen, was auch die Geschichtsschreiber der Epoche immer wieder als die erste und zentrale Herrschertugend herausstellen, nämlich der »humilitas«, der Demut als Bewußtsein menschlicher Ohnmacht und zugleich als unerschütterliches Vertrauen auf die Manifestation des göttlichen Erbarmens. Im Investiturstreit des folgenden Jahrhunderts ist diese ottonische »Herrschaftstheologie« allmählich verblaßt, und mit ihr ging man mehr und mehr auch der Idee des Gottesgnadentums, die beim Aufbau des deutschen Königtums eine so gewichtige Rolle für die Integration des Reiches gespielt hatte, verlustig.

[35] Keller, Grundlagen (Anm. 10) 31.

Manfred Weitlauff

Kaiser Otto I. und die Reichskirche

Im Sommer 1987 fand in Regensburg zum Thema »Regensburger Buchmalerei« eine großartige Ausstellung statt. Ihr Ziel war es, die vor allem in den klösterlichen Skriptorien Regensburgs, der alten Residenzstadt der bayerischen Stammesherzöge und der ostfränkischen Karolinger, zumal in der berühmten Schreibschule der Abtei St. Emmeram, geschaffenen und illuminierten mittelalterlichen Handschriften, soweit sie noch erhalten sind und aufzuspüren waren, wieder einmal am Ort ihrer Entstehung zu vereinigen und so einen Einblick in die hohe kulturelle Leistung der Regensburger Buchmalerei von ihren frühkarolingischen Anfängen bis zum Ausgang des Mittelalters zu vermitteln.[1] Mit der prachtvollste Codex, der hier gezeigt wurde, ist das Bamberger Sakramentar Heinrichs II. (1002–1024), des letzten Königs und Kaisers aus ottonischem Haus, das dieser seiner Lieblingsstiftung, dem Bamberger Dom, geschenkt hat. Da man eine Faksimilierung dieser Handschrift vorbereitete und sie zu diesem Zweck hatte zerlegen müssen, ergab sich die seltene Gelegenheit, sämtliche Prunkseiten des Codex zu zeigen und den Beschauer den ganzen künstlerischen Reichtum einer für einen mittelalterlichen Herrscher geschaffenen Handschrift erleben zu lassen.
Zwei Bildseiten fielen dabei besonders ins Auge: Beide zeigen den Stifter

---

[1] Regensburger Buchmalerei. Von frühkarolingischer Zeit bis zum Ausgang des Mittelalters (= Bayerische Staatsbibliothek. Ausstellungskataloge 39), München 1987.

Abkürzungen:

GVUo:	Gerhardi Vita Sancti Oudalrici Episcopi, ed. G. Waitz, in: MGH.SS IV, Hannover 1841 [Stuttgart-New York 1963], 377–425 (Vita: 383–419, Miracula 419–425);
WRGS:	Widukindi monachi Corbeiensis Rerum gestarum Saxonicarum libri tres, ed. Paul Hirsch. MGH.SS. rer. Germ. in usum scholarum, Hannover ⁵1935;
RVB:	Ruotgeri Vita Brunonis archiepiscopi Coloniensis, ed. Irene Ott. MGH.SS rer. Germ. n. s. X, Köln-Graz 1958;
Kallfelz:	Hatto Kallfelz (Bearb.), Lebensbeschreibungen einiger Bischöfe des 10.–12. Jahrhunderts (= Ausgewählte Quellen zur deutschen Geschichte des Mittelalters. Freiherr vom Stein-Gedächtnisausgabe XXII), Darmstadt 1973 [²1986] (Gerhardi Vita sancti Oudalrici 35–167, Vita sancti Brunonis 169–261; Text beider Viten nach der Edition in den oben genannten Ausgaben der MGH, mit deutscher Übersetzung);

Heinrich II., noch als König bezeichnet, so daß die Entstehung des Codex zwischen 1002 und 1014, dem Jahr der Krönung Heinrichs II. zum Kaiser, anzusetzen ist. Auf dem ersten Bild, das ihn, frontal stehend, mit einem Prunkgewand bekleidet, zeigt, drückt ihm Christus, der Weltenrichter, die Krone auf das Haupt. Zwei Engel schweben vom Himmel herab, um dem neuen »Gesalbten des Herrn« das Schwert und die heilige Lanze zu reichen, und wie einst Aaron und Hur in Rephidim auf dem Gipfel des Hügels die Arme des Mose gestützt haben, damit er den »Gottesstab« hochhalten konnte, bis »Josua die Amalekiter und ihr Kriegsvolk mit der Schärfe des Schwertes besiegte«,² so stützen zwei heiligmäßige Bischöfe, Emmeram von Regensburg und (der erst wenige Jahrzehnte zuvor verstorbene und 993 kanonisierte) Ulrich von Augsburg die Arme des »neuen Mose«. Das zweite Bild zeigt den gekrönten Herrscher unter einer Baldachinarchitektur auf dem Thron sitzend, und über seinem Haupt die geöffnete Hand Gottes. Zwei Waffenträger flankieren den König, dem die Völker des Erdkreises mit Füllhörnern huldigen.³

Die Bilder, in Gold und leuchtenden Farben ausgeführt, haben programmatische Bedeutung, und sie unterscheiden sich deutlich von der Weise, wie noch in karolingischer Zeit der Herrscher dargestellt worden ist.⁴ In den ottoni-

Bauer-Rau: Albert Bauer-Reinhold Rau (Bearb.), Quellen zur Geschichte der Sächsischen Kaiserzeit (= Ausgewählte Quellen zur deutschen Geschichte des Mittelalters. Freiherr vom Stein-Gedächtnisausgabe VIII), Darmstadt 1971 (Widukindi Res gestae Saxonicae 1–183; Text nach der Edition in der oben genannten Ausgabe der MGH, mit deutscher Übersetzung);

Rau: Reinhold Rau (Bearb.), Quellen zur karolingischen Reichsgeschichte I (= Ausgewählte Quellen zur deutschen Geschichte des Mittelalters. Freiherr vom Stein-Gedächtnisausgabe V), Darmstadt 1968;

Weinrich: Lorenz Weinrich, Quellen zur deutschen Verfassungs-, Wirtschafts- und Sozialgeschichte bis 1250 (= Ausgewählte Quellen zur deutschen Geschichte des Mittelalters. Freiherr vom Stein-Gedächtnisausgabe XXXII), Darmstadt 1977;

Jedin, Handbuch:
Hubert Jedin (Hrg.), Handbuch der Kirchengeschichte I–III/1, Freiburg-Basel-Wien 1962–1975;

Spindler, Handbuch:
Max Spindler (Hrg.), Handbuch der bayerischen Geschichte I, München ²1981; III/1–2, München 1971;

Hauck, Kirchengeschichte:
Albert Hauck, Kirchengeschichte Deutschlands I–V, Berlin-Leipzig ⁸1954.

² Ex 17, 8–16. – Siehe dazu die andere Deutung von Ulrich Kuder. In diesem Band S. 413–482, hier 414–424.
³ Regensburger Buchmalerei. Tafeln 6 und 7; erklärender Text 32f. (Clm 4456).
⁴ Zum Folgenden siehe: Hagen Keller, Grundlagen ottonischer Königsherrschaft, in: Karl Schmid (Hrg.), Reich und Kirche vor dem Investiturstreit, Sigmaringen 1985, 17–34, hier 30–34; ders., Herrscherbild und Herrschaftslegitimation. Zur Deutung der ottonischen Denkmäler, in: Frühmittelalterliche Studien. Jahrbuch des Instituts für Frühmittelalterforschung der Universität Münster 19 (1985) 290–311. – Nikolaus Staubach, Rex christianus. Hofkultur und Herrschaftspropaganda im Reich Karls des Kahlen. Teil II: Die Grundlegung der »religion royale« (= Pictura et poesis 2/II), Köln-Weimar-Wien 1993, bes. 221–281.

schen und noch in den frühsalischen Herrscherdarstellungen, die gewiß durch die karolingischen vorbereitet waren, haben wir einen zeitspezifischen Bildtypus vor uns, der bezeichnenderweise auch räumlich dem ottonisch-salischen Imperium und insbesondere seinem deutschen Schwerpunkt zuzuordnen ist. Und von ihm unterscheidet sich dann ganz erheblich der Bildtypus, der uns in Herrscherbildnissen der spätsalischen und staufischen Zeit entgegentritt. Mit Bildtypus ist natürlich die inhaltliche Aussage gemeint, in welcher ganz bestimmte Grundüberzeugungen von der Auffassung des Herrscheramtes zum Ausdruck kommen. Wie immer der einzelne Künstler die Idee gestaltet hat: den ottonisch-frühsalischen Herrscherdarstellungen ist durchgehend *ein* Grundzug eigen. Stets wird der Herrscher aus der irdischen Umgebung – in welcher er auf karolingischen Darstellungen immer verbleibt – herausgenommen und auf die Ebene Christi und der Heiligen emporgehoben. Den Bereich irdischer Herrschaft läßt er unter sich zurück.[5] Es sind bildhafte Deutungen von einzigartiger Symbolkraft, die wenigstens zeichenhaft sichtbar machen, daß der König und Kaiser als Stellvertreter Christi auf Erden unter göttlichem Schutz steht, mehr noch: als »christus domini« – als »Gesalbter des Herrn«[6] – und als »typus« Christi[7] weit über alle Sterblichen erhoben ist und an der Erhabenheit des Sakralen teilhat.

Um die Sakralität des Kaisertums sinnenfällig zum Ausdruck zu bringen, setzte man – in Byzanz und unter byzantinischem Einfluß auch im Westen – das Kaiserbild sogar in das Kreuz, und zwar in das Herzstück des Kreuzes, in den Schnittpunkt der Balken, der durch das Haupt des Erlösers für alle Zeit eine besondere Weihe erhalten hatte. Ein herausragendes Beispiel hierfür

---

[5] Siehe beispielsweise die Darstellung Kaiser Heinrichs II. mit der Taube des heiligen Geistes über dem gekrönten Haupt – eigentlich eine Darstellung des Kaisers »im Kreuz« – im Evangeliar aus Monte Cassino (Biblioteca Apostolica Vaticana. Cod. Ottob. lat. 74). Regensburger Buchmalerei. Tafel 14; erklärender Text 34. – Percy Ernst Schramm, Die deutschen Kaiser und Könige in Bildern ihrer Zeit 751–1190. Neuauflage herausgegeben von Florentine Mütherich, München 1983.

[6] Die Synode von Hohenaltheim 916 hatte – ob in Anwesenheit Konrads I. und mit seiner Billigung? – den König erstmals als »christus domini« (als »Gesalbten des Herrn«) den Bischöfen gleichgestellt und den ihm geleisteten Eid als Sakrament bezeichnet, dessen Bruch ein Sakrileg sei und wie die Auflehnung gegen den Bischof geahndet werden müsse (canones XIX–XXI und XXIII). Diese an alttestamentliche Vorbilder (vgl. 1 Sam 24,7 und 26,16) anknüpfende Auffassung war freilich nicht neu, zumal Königsweihe und Bischofsweihe seit langem (bereits bei den Westgoten) Parallelen aufwiesen. Manfred Hellmann, Die Synode von Hohenaltheim (916). Bemerkungen über das Verhältnis von Königtum und Kirche im ostfränkischen Reich zu Beginn des 10. Jahrhunderts, in: Hellmut Kämpf (Hrg.), Die Entstehung des deutschen Reiches (Deutschland um 900) (= Wege der Forschung 1), Darmstadt ³1971, 289–312, hier 296–302. – Eduard Eichmann, Die Kaiserkrönung im Abendland. Ein Beitrag zur Geistesgeschichte des Mittelalters mit besonderer Berücksichtigung des kirchlichen Rechts, der Liturgie und der Kirchenpolitik I–II, Würzburg 1942, hier I 78–94.

[7] So im Mainzer Ordo um 960: »... cum mundi salvatore, cuius typum geris in nomine, sine fine merearis regnare.« Percy Ernst Schramm, Der Ablauf der deutschen Königsweihe nach dem »Mainzer Ordo« (um 960), in: Ders., Kaiser, Könige und Päpste. Gesammelte Aufsätze zur Geschichte des Mittelalters III, Stuttgart 1969, 59–107, hier 100 (Anhang I).

ist das »Lotharkreuz« mit dem Gemmenporträt des höchstwahrscheinlich Otto III. versinnbildenden Kaisers Augustus im Aachener Münsterschatz, wohl das schönste aller ottonischen Prachtkreuze.[8] Andererseits wiederum erscheint in der ottonischen Kunst – wenn auch selten – Christus mit königlichen Insignien.[9] Die Abbildung des Kaisers im Kreuz – ikonographisch übrigens die früheste Art der Bebilderung eines Kreuzes (die Abbildung Christi am Kreuz taucht erst später auf)[10] – bedeutet aber nicht etwa Anspruch auf Gottähnlichkeit, sondern in ihr drücken sich im Gegenteil Devotion und Untertänigkeit aus: Der Kaiser sucht, vertreten durch sein Bild, Schutz »im Kreuz« beim Herrn des All[11] – und dementsprechend nennt sich beispielsweise Otto III. in nicht wenigen seiner Urkunden »Servus Jesu Christi et Romanorum imperator augustus secundum voluntatem Dei salvatoris nostrique liberatoris«.[12]

Die Einbeziehung des Herrschers in die Sphäre Christi und der Heiligen wird in solchen Darstellungen – und dies zu beachten ist sehr wichtig – nicht einfach als Faktum gezeigt. Vielmehr erweisen die oft als Gebet formulierten Beischriften, daß hier symbolhaft aufgezeigt wird, was der Herrscher auf Grund seiner einzigartigen Erwählung sein bzw. erreichen soll, mit Gottes und der Heiligen Hilfe, die es immerfort zu erflehen gilt.[13] Die Bilder mit den Beischriften sind sozusagen ein immerwährendes Gebet für den Herrscher. Diese Absicht wird auch gleichsam bestätigt durch den Kontext, in den die Darstellungen eingefügt sind: eben in liturgische Bücher – Sakramentare, Evangelienbücher –, die die Herrscher Kirchen und Klöstern schenken. Nicht etwa Herrscherpropaganda ist das Motiv, sondern Frömmigkeit: Christus soll im Gebet – und zwar bei der Feier der Liturgie – an den erinnert werden, den er als seinen Stellvertreter eingesetzt hat, damit der erwählte Herrscher *der* sein könne, der er sein solle. Diese Bilder, die stets den regierenden Herrscher – und zwar immer allein, ohne Anspielung auf seine Dynastie – zeigen, der das kostbare liturgische Buch in Auftrag gegeben und gestiftet hat, waren nicht für die Öffentlichkeit bestimmt. Sie hatten ihren Platz zwischen dem König und Kaiser, dem Liturgen und Gott.

[8] Josef Deér, Das Kaiserbild im Kreuz. Ein Beitrag zur politischen Theologie des früheren Mittelalters, in: Ders., Byzanz und das abendländische Herrschertum. Ausgewählte Aufsätze. Herausgegeben von Peter Classen (= Vorträge und Forschungen 21), Sigmaringen 1977, 125–177, mit Abbildungen (Tafeln 22–33), hier 125f. 144f. 176f.
[9] Ebd. 132. – Michael Hartig, Der Christuskönig in der Kunst, in: Die christliche Kunst 23 (1927) 291–312.
[10] Deér, Das Kaiserbild 162f.
[11] Ebd. 174.
[12] Ebd. 175. – Percy Ernst Schramm, Kaiser, Rom und Renovatio. Studien zur Geschichte des römischen Erneuerungsgedankens vom Ende des karolingischen Reiches bis zum Investiturstreit, Darmstadt ³1962, 144f.
[13] Siehe die Beischriften in den oben genannten Königsdarstellungen im Bamberger Sakramentar Heinrichs II.: Regensburger Buchmalerei 32f. – Keller, Herrscherbild und Herrschaftslegitimation.

Die Auffassung von der Erhabenheit des Herrschers als des »Gesalbten des Herrn«, wie sie in der ottonischen Kunst aufscheint, entspricht dem Herrscherverständnis der ottonischen Geschichtsschreibung, die allerdings von einer gewissen Tendenz zur Propaganda nicht frei ist, wenngleich sie nur einem kleinen, erlesenen Personenkreis in der Umgebung des Königs und Kaisers bekannt wurde. Aber wenn hier in Anklängen an biblische Personen und Ereignisse – beispielsweise an das Wunder des Sieges der Israeliten über die Amalekiter – geschildert wird, wie am Herrscher sich das Erbarmen Gottes vollzieht, Gottes Macht manifest wird,[14] so gilt doch dieses Erbarmen letztlich immer dem Volk, das dem Herrscher anvertraut ist. Dem Volk wird Gottes Erbarmen durch den Herrscher vermittelt, ja durch den Herrscher ist das »Heil« (salus) im Volk,[15] sofern Herrscher und Volk sich ganz in den Dienst Gottes stellen und im Bewußtsein eigener Ohnmacht ganz auf Gottes helfende Gnade bauen. So heben denn auch die Geschichtsschreiber der ottonischen Zeit hervor, daß »humilitas« – Demut vor Gott – die zentrale Herrschertugend sei.[16]

Die Auffassung von der Sakralität des Herrschers und der Herrschaft – diese ottonische »Herrschaftstheologie« – prägte vollends die Herrscherliturgie und die Gestaltung der frühen Reichsinsignien. In den um 960 zusammengestellten Krönungsordines[17] heißt es im Ritus des Aufsetzens der »Krone der Königsherrschaft«, daß der König Teilhaber am »ministerium« der Bischöfe sei, »auf daß du so, wie wir im Innern als Hirten und Lenker der Seelen verstanden werden, auch nach draußen stets erscheinst als wahrer Diener Gottes und gegen alle Widrigkeiten als eifriger Schützer der Kirche Christi und

---

[14] Siehe die Deutung des Sieges König Ottos I. über seinen gegen ihn sich erhebenden Bruder Heinrich 939 durch Liudprand von Cremona und das von ihm gezeichnete Bild des unter Tränen demütig vor den »siegbringenden Nägeln« des Kreuzes Christi in der heiligen Lanze betenden Königs. Liudprandi antapodosis IV c. XXIV. Bauer-Rau 426–428.

[15] So zum Beispiel Ruotger in seiner Vita Brunonis, durchaus in – verchristlichter – Tradition altrömischer Kaiservorstellung: ». . . ita ut quidam satane sotii, invidię spiritu distenti, imperatorem ipsum, per quem salus erat in populo, videlicet lumen orbis terrę conarentur extinguere.« RVB X; Kallfelz 192. – Hagen Keller, Das Kaisertum Ottos des Großen im Verständnis seiner Zeit, in: Harald Zimmermann (Hrg.), Otto der Große (= Wege der Forschung 450), Darmstadt 1976, 218–295, hier 242–248; Helmut Beumann, Die sakrale Legitimierung des Herrschers im Denken der ottonischen Zeit, in: Eduard Hlawitschka (Hrg.), Königswahl und Thronfolge in ottonisch-frühdeutscher Zeit (= Wege der Forschung 178), Darmstadt 1971, 148–198. – Zur ganzen Problematik siehe die grundlegende Studie: Ernst H. Kantorowicz, Die zwei Körper des Königs. Eine Studie zur politischen Theologie des Mittelalters (= dtv 4465), München 1990.

[16] So zumindest dem Sinne nach: WRGS II c. XXVI; Bauer-Rau 120. – Liudprandi antapodosis IV c. XXVI. Ebd. 434. – Lothar Bornscheuer, Miseriae regum. Untersuchungen zum Krisen- und Todesgedanken in den herrschaftstheologischen Vorstellungen der ottonisch-salischen Zeit (= Arbeiten zur Frühmittelalterforschung 4), Berlin 1968.

[17] Weinrich 34–41. – Dazu: Reinhard Elze (Hrg.), Die Ordines für die Weihe und Krönung des Kaisers und der Kaiserin. MGH. Fontes iuris Germanici antiqui in us. schol. IX, Hannover 1960. – Eichmann, Die Kaiserkrönung im Abendland.

des dir von Gott gegebenen Reiches...«[18] Bei der Übergabe des Zepters heißt es schließlich, Gott habe den König gesalbt zum Ebenbild Christi.[19] Es ist bedeutsam, daß die Krönungsordines den Herrscher nachdrücklich auf seine Aufgabe an »dem ihm von Gott anvertrauten Reich« verweisen, wobei die Gebetstexte der einzelnen Riten – der Salbung mit dem heiligen Öl, des Aufsetzens der Königskrone, der Übergabe des Zepters, des Ringes, des Schwertes, der Einsetzung in den königlichen Stand – klar erkennen lassen, daß das Amt des Königs vom transpersonalen Reich her definiert wird.[20]

Dasselbe dokumentieren die frühen Reichsinsignien: die von König Heinrich I. (vom Burgunderkönig Rudolf II. mittels massiver Drohung und gegen Überlassung des schwäbischen Gebiets zwischen Aare, Jura und Reuß) erworbene heilige Lanze, die einst Kaiser Konstantin gehört und auf ihrem Dorn die Nägel vom Kreuz Christi getragen habe,[21] die für Otto I. oder Otto II. (oder doch jedenfalls in ottonischer Zeit) gefertigte Reichskrone,[22] deren Emailplatten – wie schon die Krönungsliturgie – den König an das Vorbild der biblischen Gestalten erinnern, an deren Glauben, Gottergebenheit, Demut. Und wieder erfährt die Königsherrschaft eine christologische Deutung. Den Wandel der Auffassung seit dem Ende der Karolingerherrschaft bezeichnet im besonderen, daß die Reichsinsignien nicht mehr persönliche Attribute

---

[18] »... et per hanc te participem ministerii nostri non ignores, ita ut, sicut nos in interioribus pastores rectoresque animarum intelligimur, tu quoque in exterioribus verus Dei cultor strenuusque contra omnes adversitates ecclesie Christi defensor regnique tibi a Deo dati et per officium nostre benedictionis in vice apostolorum omniumque sanctorum tuo regimini commissi utilis executor regnatorque proficuus semper appareas ...« Weinrich 36.

[19] »... quia propterea unxit te Deus Deus tuus, ad exemplum illius, quem ante secula unxerat oleo exultationis pie participibus suis, Iesum Christum dominum nostrum, qui vivit et regnat.« Ebd. 38.

[20] Hans Beumann, Zur Entwicklung transpersonaler Staatsvorstellungen, in: Das Königtum. Seine geistigen und rechtlichen Grundlagen (= Vorträge und Forschungen 3), Lindau und Konstanz 1956, 185–224.

[21] Liudprandi antapodosis IV c. XXV. Bauer-Rau 428–430. – Albert Brackmann, Die politische Bedeutung der Mauritius-Verehrung im frühen Mittelalter, in: Ders., Gesammelte Aufsätze, Darmstadt ²1967, 211–241, bes. 217–225; Helmut Beumann, Die Ottonen (= Urban-Taschenbücher 384), Stuttgart-Berlin-Köln-Mainz ²1991, 40f.; Gunther Wolf, Die Heilige Lanze, Erzbischof Heribert von Köln und der »secundus in regno« Pfalzgraf Ezzo, in: Zeitschrift für Kirchengeschichte 104 (1993) 23–27.

[22] Percy Ernst Schramm, Herrschaftszeichen und Staatssymbolik. Beiträge zu ihrer Geschichte vom dritten bis zum sechzehnten Jahrhundert (= Schriften der Monumenta Germaniae historica 13/I–III) Stuttgart 1954–1956; Hansmartin Decker-Hauff, Die »Reichskrone«, angefertigt für Kaiser Otto I. Ebd. 13/II, 560–637; Joseph Deér, Kaiser Otto der Große und die Reichskrone, in: Ders., Byzanz und das abendländische Herrschertum 178–195; Herwig Wolfram, Überlegungen zur Datierung der Wiener Reichskrone, in: Mitteilungen des Instituts für österreichische Geschichtsforschung 78 (1970) 84–93; Albert Bühler, Hypothesen zur Entstehung der Wiener Reichskrone, in: Louis Carlen-Fritz Steinegger (Hrg.), Festschrift für Nikolaus Grass. Zum 60. Geburtstag dargebracht von Fachgenossen, Freunden und Schülern II, Innsbruck-München 1975, 117–124; Reinhard Staats, Theologie der Reichskrone. Ottonische »Renovatio imperii« im Spiegel einer Insignie (= Monographien zur Geschichte des Mittelalters 13), Stuttgart 1976.

des jeweiligen Herrschers sind, auch die Herrscherdynastie kein Eigentumsrecht an ihnen besitzt: Sie sind (oder werden) vielmehr in der ottonischen Zeit transpersonale Symbole des Reiches, die die Aufgabe ihres Trägers sichtbar machen und seine Herrschaft legitimieren.[23]

Nicht der Herrscher oder das Königtum stehen im Mittelpunkt dieses Denkens, sondern das Reich und seine Herrschaftsordnung als Teil der göttlichen Ordnung der Welt, an der das Königtum Anteil empfängt durch den persönlichen Einsatz seines Trägers: durch die Sorge des Herrschers für das liturgische Lob Gottes, für die Kirchen, für die Beobachtung der göttlichen Gesetze, für die Ausbreitung des Glaubens. Diese Sorge – das permanente Bemühen um Integration – ist (oder soll sein) Zentrum der königlichen »Politik«. Welche herausragende Rolle im Ordnungsgefüge des Reiches, beim Bemühen des Königs um Integration des Reiches, die Kirche spielte, ist der erwähnten ersten Miniatur des Bamberger Sakramentars Heinrichs II. zu entnehmen: 1 Zwei Bischöfe stützen die Arme des Königs, dem Christus die Krone aufs Haupt setzt: Emmeram von Regensburg,[24] einer der drei »Apostel Bayerns« und der Patron des Klosters, in dem der Codex angefertigt wurde, und Ulrich von Augsburg, vielleicht hier doch verstanden als Prototyp des ottonischen Reichsbischofs:[25] Bischof Ulrich, von dem sein Biograph bestätigt, daß er »in unverbrüchlicher fester Treue dem König niemals Hilfe verweigert« habe.[26] Beide Bischöfe sind wohl nicht so sehr als historische Individuen gemeint, sondern als – heiligmäßige – Vertreter einer Gruppe, als Träger eines bestimmten hohen hierarchischen Amtes: Die Bischöfe erscheinen als *die* Stützen des Königtums und damit des Reiches; der Herrscher stützt sich bei seinem Bemühen um Integration des »ihm von Gott gegebenen Reiches« auf die Kirche und deren vornehmste Repräsentanten, eben die Bischöfe.

Von hier aus ergibt sich ein Zugang zum Verständnis der Besonderheit des Verhältnisses, der Beziehung zwischen König und Kirche in der Zeit der ottonischen Herrscher, vor allem in der Zeit der Grundlegung dieses Verhältnisses unter Otto I. Dabei geht es hauptsächlich um die von Otto I. nicht begründete, aber nunmehr ganz bewußt in den Dienst des Reiches gestellte

---

[23] Gerd Tellenbach, Die Unteilbarkeit des Reiches. Ein Beitrag zur Entstehungsgeschichte Deutschlands und Frankreichs, in: Kämpf, Die Entstehung des deutschen Reiches 110–134; Beumann, Zur Entwicklung transpersonaler Staatsvorstellungen; Peter Classen, Corona imperii. Die Krone als Inbegriff des römisch-deutschen Reiches im 12. Jahrhundert, in: Ders.- Peter Scheibert (Hrg.), Festschrift Percy Ernst Schramm. Zu seinem 70. Geburtstag von Schülern und Freunden zugeeignet, Wiesbaden 1964, 90–101; Hartmut Hoffmann, Die Unveräußerlichkeit der Kronrechte im Mittelalter, in: Deutsches Archiv 20 (1964) 389–474; Keller, Grundlagen 32f.

[24] Marianne Popp, Der heilige Bischof Emmeram (2. Hälfte des 7. Jahrhunderts), in: Georg Schwaiger (Hrg.), Lebensbilder aus der Geschichte des Bistums Regensburg I–II (= Beiträge zur Geschichte des Bistums Regensburg 23/24), Regensburg 1989, hier I 25–37.

[25] Manfred Weitlauff, Bischof Ulrich von Augsburg (923–973). Leben und Wirken eines Reichsbischofs der ottonischen Zeit. In diesem Band S. 69–142.

[26] GVUo X; Kallfelz 96.

Reichskirche, die in ihrer Verfassung und personellen Zusammensetzung zum tragenden Fundament der (immer noch erst im Werden begriffenen) Reichseinheit umgestaltet wurde. Wenn man von der Reichskirche des früheren Mittelalters spricht, so muß man aber zunächst – um dem Phänomen »ottonische Reichskirche« überhaupt gerecht werden zu können – alle Vorstellungen von Kirche, wie sie durch die Dekrete des Ersten und Zweiten Vatikanums geprägt wurden oder von ihnen sich (zu Recht oder zu Unrecht) herleiten, beiseite schieben. Und man muß sich hüten, an diese Reichskirche und ihre Erscheinungen – und das gilt im Grunde für die ganze neunhundertjährige Geschichte der Reichskirche – etwa moralische Kategorien anzulegen, die heute unter grundlegend veränderten politischen und gesellschaftlichen Verhältnissen und in Anbetracht einer dadurch ebenfalls grundlegend veränderten Stellung der Kirche in der modernen, pluralistischen Gesellschaft gewiß ihre Gültigkeit haben, jedoch nicht unbesehen in die Geschichte zurückgetragen werden können.

Die ottonische Reichskirche war – wie das Reich als Ganzes – eine aristokratische Institution feudaler, das will besagen: lehnsrechtlicher Ausprägung, und als solche bildete sie einen integrierenden Bestandteil des Reiches, das seinerseits – wie dargelegt – mit dem König und Kaiser an der Spitze einer sakralen (und missionarischen) Idee verpflichtet war. Der ottonischen Reichskirche kam in ihrer Entwicklung eine die Stämme des »regnum Francorum« verbindende, somit eine – wenn man dies so formulieren darf – betont »staatstragende« Funktion zu, zur Stützung der Zentralgewalt des sakralen König- und Kaisertums, zur Dämpfung zentrifugaler Kräfte, zumal der herzoglichen Gewalten, zur Integration der Stammesregionen, zur Festigung und Bewahrung der Einheit des Reiches und des durch den gesalbten König und Kaiser verkörperten Rechtes sowie des nach außen und innen zu sichernden Friedens.

Daß das Phänomen »Reichskirche« eine innere Zuordnung von Reich und Kirche zur Voraussetzung haben muß, damit die schon im Begriff »Reichskirche« zum Ausdruck kommende Verbindung überhaupt »funktionieren« kann, liegt auf der Hand. Diese Zuordnung aber hatte eine lange Tradition und ist bekanntlich zum erstenmal im alten »Imperium Romanum« aktualisiert worden, als dieses sich nach der sogenannten »Konstantinischen Wende« offiziell dem Christentum zuwandte und Kaiser Konstantin sich in der Kirche, d.h. in den Bischöfen, eine Klammer zur inneren Befestigung des aus vielen divergierenden Völkerschaften bestehenden Römischen Reiches schuf.[27] Indem er sich als »apostelgleich« bezeichnete und damit die Sakrali-

---

[27] Theologische Realenzyklopädie 19 (1990) 489–502. – Jedin, Handbuch II/1; Joseph Vogt, Der Niedergang Roms. Metamorphose der antiken Kultur (= Kindlers Kulturgeschichte), Zürich 1965, 177–343; Thomas Schleich, Konstantin der Große, in: Martin Greschat (Hrg.), Alte Kirche I (= Gestalten der Kirchengeschichte 1), Stuttgart-Berlin-Köln-Mainz 1984, 189–214; Karl Christ, Geschichte der römischen Kaiserzeit von Augustus bis zu Konstantin, München

tät des römischen Kaisertums christlich legitimierte, nahm er zugleich für sich Leitungsbefugnisse in der Kirche in Anspruch. Nicht neben, sondern *in* der Kirche beanspruchte er eine überragende Stellung und nahm diese auch höchst wirkungsvoll und konsequenzenreich ein – bis hin zur Einberufung des ersten allgemeinen Konzils von Nicaea (325), mit dem *er* (nicht etwa der Bischof von Rom!) – gewiß in Anknüpfung an eine in der Kirche bereits ausgebildete Tradition synodaler Tätigkeit[28] – »eine höchste rechtliche Instanz für allgemeingültige Entscheidungen« der Kirche begründete.[29] In ihr konnte er mit Nachdruck seinen Willen zur Geltung bringen, wie ja auch die Entscheidungen des Konzils (einschließlich der dogmatischen!) Rechtskraft erst erlangten durch kaiserliche Bestätigung: durch ihre Verkündigung als Reichsgesetze. Und so blieb es Brauch und Recht in der Alten Kirche![30] Um die Kirche für sich zu gewinnen und für die ihr zugedachte Aufgabe zu befähigen, hat Konstantin sie und ihre obersten Repräsentanten, die Bischöfe, andererseits vielfältig beschenkt und privilegiert sowie letztere mit politischen Aufgaben betraut, man könnte auch sagen: mit staatlichen Vollmachten ausgestattet. Dies alles waren Maßnahmen, die bleibende Wirkung zeitigten. In der Folgezeit unter wechselnden Bedingungen in modifizierter Weise immer von neuem realisiert, bildeten sie die Grundvoraussetzungen der Verbindung von Reich und Kirche. Von welcher Wirkung diese Verbindung war, erhellt aus dem Tatbestand, daß sich Ordnung und Organisation der Alten Kirche nach und nach der Ordnung des Reiches anglichen. Die Kirche machte sich die Provinzen und Diözesen des Reiches für ihre eigene organisatorische Gliederung zu eigen. Und diese auf der Grundlage der Reichseinteilung vollzogene Organisation verlieh der Kirche solchen Halt, daß ihre Gliederung den Untergang des Römischen Reiches weithin überdauerte.[31]

Da das Römische Reich unterging, die Kirche aber, losgelöst vom Reich, im großen ganzen fortbestand, ja nunmehr etwa in der Missionierung der hereingebrochenen und seßhaft gewordenen germanischen Stämme erhebliche Eigenenergien entwickelte, ist natürlich zu fragen, ob man in der römischen Zeit, zumindest mit Blick auf die westliche Reichshälfte, überhaupt von Reichskirche sprechen kann, zumal gerade in der westlichen Kirche um Eigenständigkeit gerungen und gegen eine Einvernahme durch die römische Staatsgewalt hart angekämpft worden ist – man denke an Bischof Ambrosius

---

1988, 762–781. – Josef Fleckenstein, Problematik und Gestalt der ottonisch-salischen Reichskirche, in: Schmid, Reich und Kirche 83–98.

[28] Ignacio Ortiz de Urbina, Nizäa und Konstantinopel (= Geschichte der ökumenischen Konzilien 1), Mainz 1964, 15–33; Hermann Josef Sieben, Die Konzilsidee der Alten Kirche (= Konziliengeschichte. Reihe B: Untersuchungen), Paderborn-München-Wien-Zürich 1979.

[29] Hans Erich Feine, Kirchliche Rechtsgeschichte. Die katholische Kirche, Köln-Graz [4]1964, 69.

[30] Georg Schwaiger, Päpstlicher Primat und Autorität der Allgemeinen Konzilien im Spiegel der Geschichte, München-Paderborn-Wien 1977.

[31] Siehe dazu ausführlich: Jedin, Handbuch II/2; Arnold Angenendt, Das Frühmittelalter. Die abendländische Christenheit von 400 bis 900, Stuttgart-Berlin-Köln 1990, 53–264.

von Mailand († 397).³² Die enge Verbindung von Reich und Kirche hat zweifellos die allmähliche Verchristlichung des »Imperium Romanum« bewirkt, aber trotz allen Übergreifens der Kirche in die politisch-staatliche Sphäre scheint doch zumindest im Westen eine Reichskirche im Sinne eines eigenen Gebildes gleichsam inmitten von Reich und kirchlicher Oikumene nicht entstanden zu sein. Der Begriff »ecclesia imperialis« bzw. »ecclesia imperii« ist der römischen Zeit unbekannt geblieben.³³ Gleichwohl sind damals Grundlagen gelegt worden, auf denen später Reichskirche erwuchs. Insbesondere verschüttete die Völkerwanderungszeit nicht die Erinnerung an das »Imperium christianum«, und diese verband sich mit dem Bewußtsein einer inneren Zuordnung von Reich und Kirche. Im erstarkenden Frankenreich wurde dann die nie erloschene Idee unter veränderten Bedingungen von neuem aktualisiert.³⁴

Seit dem epochalen Ereignis des Übertritts des Merowingerkönigs Chlodwig zum Christentum in seiner katholischen Form (um 500)³⁵ nahmen die fränkischen Herrscher in der Kirche ihres Reiches eine dominierende Stellung ein und machten ihr gegenüber Ansprüche geltend wie zuvor Kaiser Konstantin, in stärkstem Maße seit Karl dem Großen. Er berief und leitete Synoden, nahm massiven Einfluß auf ihre Beschlüsse, er stattete Bistümer und Reichsklöster mit Gütern und Privilegien aus und forderte dafür von den Bischöfen wie von den Äbten Dienste für das Reich.³⁶ Wie bei Konstantin war es die Sakralität des Herrschertums, jetzt in der Gestalt des Gottesgnadentums, die Karls Verhältnis zur Kirche bestimmte und die Bischöfe und Äbte an ihn band. Diese Sakralität erfuhr ihre letzte Überhöhung durch die Krönung Karls zum Kaiser am Weihnachtsfest des Jahres 800. Da seine Herrschaft geheiligt war, umgriff sie ganz selbstverständlich auch die Kirche: freilich nur die Kirche innerhalb des Frankenreiches, die »ecclesia in regno Francorum«, zu der der Kaiser als »patricius Romanorum« allerdings auch die römische Kirche zählte. Übrigens tauchte bei Karl dem Großen auch wieder der Gedanke an den Kaiser als Apostel auf.³⁷ Gleichwohl war die der unmittelbaren Herrschaft Karls unterworfene »ecclesia in regno Francorum« nur

---

[32] Ebd. 68f. – Theologische Realenzyklopädie 2 (1978) 362–386; Claudio Moreschini, Ambrosius von Mailand, in: Martin Greschat (Hrg.), Alte Kirche II (= Gestalten der Kirchengeschichte 2), Stuttgart-Berlin-Köln-Mainz 1984 101–123.

[33] Fleckenstein, Problematik und Gestalt 86.

[34] Gerd Tellenbach, Römischer und christlicher Reichsgedanke in der Liturgie des frühen Mittelalters, in: Ders., Ausgewählte Abhandlungen und Aufsätze II, Stuttgart 1988, 341–410.

[35] Theologische Realenzyklopädie 8 (1981) 1f. – Jedin, Handbuch II/2 102–134; Angenendt, Das Frühmittelalter 170–173.

[36] Jedin, Handbuch III/1 62–118; Angenendt, Das Frühmittelalter 292–360. – Hauck, Kirchengeschichte II.

[37] Siehe zum Folgenden: Fleckenstein, Problematik und Gestalt 87; Karl Hauck, Karl als neuer Konstantin 777. Die archäologischen Entdeckungen in Paderborn in historischer Sicht, in: Frühmittelalterliche Studien 20 (1986) 513–535.

noch Teilkirche, umschlossen von der damals noch die ganze Oikumene im Osten und Westen umfassenden »ecclesia univeralis«, die in ihrer Ausdehnung einst unter Kaiser Konstantin mit dem »Imperium Romanum« zusammengefallen war (jedenfalls dem kaiserlichen Anspruch nach).
Es gilt aber nochmals zu differenzieren: »Ecclesia in regno Francorum« war nämlich nur sehr bedingt die Kirche innerhalb der Grenzen des Frankenreiches. Karl selber erklärte in seinem Testament, daß die Kirche seines Reiches aus 21 Metropolitankirchen bestehe;[38] ihnen stiftete er testamentarisch den Großteil seines Schatzes mit der Weisung an die Metropoliten, daran auch ihre Suffragane zu beteiligen.[39] Die Bischofskirchen also waren es, die dem König und Kaiser – wie es in einer frühen karolingischen Urkunde heißt – »a Deo commissae sunt« (»von Gott anvertraut sind«),[40] die unter seinem besonderen Schutz stehen, in die er als »defensor« und »adiutor«, wo nötig, jederzeit eingreift.[41] Dazu kamen aber noch die großen Klöster, die gerade in der Karolingerzeit wie die Bischofskirchen große Leistungen für das Reich erbrachten. Allerdings unterstanden dem König und Kaiser nicht alle Klöster (im Unterschied zu den Bischofskirchen), sondern nur jene »in nostra potestate et defensione«,[42] womit die Königs- und Reichsklöster gemeint waren. Dabei bildete der Königsschutz das wirkungsvolle Mittel, um diese mächtigen Hochkirchen an König und Reich zu binden. Doch der Königsschutz umfaßte auch Niederkirchen, und zwar auf Grund des Eigenkirchenrechts, das indes neben dem König jeder für sich in Anspruch nehmen konnte, der auf seinem Grund und Boden eine Kirche gründete und ausstattete. So gab es eine beträchtliche Zahl von Klöstern und Niederkirchen, die sich auf Grund des Eigenkirchenrechts der Herrschaft des Frankenkönigs und Kaisers entzogen, wiewohl bezüglich ihrer Rechtsstellung im einzelnen vielfache Stufun-

[38] »... et duarum quidem partium in XX et unam partem facta divisio tali ratione consistit, ut, quia in regno illius metropolitanae civitates XX et una esse noscuntur, unaquaeque illarum partium ad unamquamque metropolim per manus heredum et amicorum suorum eleimosinae nomine perveniat, et archiepiscopus, qui tunc illius ecclesiae rector extiterit, partem quae ad suam ecclesiam data est suscipiens cum suis suffraganeis partiatur, eo scilicet modo, ut pars tertia suae sit ecclesiae, duae vero partes inter suffraganeos dividantur. ... Nomina metropoleorum, ad quas eadem eleimosina sive largitio facienda est, haec sunt: Roma, Ravenna, Mediolanum, Forum Iulii, Gradus, Colonia, Mogontiacus, Iuvavum quae et Salzburc, Treveri, Senones, Vesontio, Lugdunum, Ratumagus, Remi, Arelas, Vienna, Darantasia, Ebrodunum, Burdigala, Turones, Bituriges.« Einhardi vita Karoli Magni XXXIII. Rau 206–210, hier 206.
[39] Ebd.
[40] So in der Schenkungs- und Schutzurkunde König Pippins für das Kloster Prüm vom 13. August 762. MGH. Diplomatum Karolinorum I, Hannover 1906 21–25 (Nr. 16), hier 24 (Hinweis bei: Fleckenstein, Problematik und Gestalt 88).
[41] »Carolus gratia Dei eiusque misericordia donante rex et rector regni Francorum et devotus sancte ecclesie defensor et humilis adiutor.« So die Einleitungsformel in einem Mandat Karls des Großen an Erzbischof Arn von Salzburg (799/800). MGH. Concilia Aevi Karolini I, Hannover-Leipzig 1906, 213 (Hinweis bei: Fleckenstein, Problematik und Gestalt 88).
[42] Siehe Anm. 40.

gen zu unterscheiden sind.[43] Doch wird man davon ausgehen müssen, daß nur die Kirchen »in proprietate regis« königliche Eigenkirchen waren, zum Reichsgut gehörten und den Grundbestand königlicher Macht bildeten. Die Herrschaft des Königs und Kaisers über die Kirche in der Karolingerzeit wurde also begründet durch das *Eigenkirchenrecht*, das sich auf bestimmte Niederkirchen bezog, und durch die *Kirchherrschaft*, die die Hochkirchen, nämlich die Bischofsstühle und Reichsklöster, an den ihnen Schutz gewährenden König band. Man könnte sagen, daß dieser Bestand von Kirchen zusammen die fränkische Reichskirche gebildet habe, obwohl der Begriff als solcher der Zeit noch nicht vertraut war.[44] Was man in der Karolingerzeit »Reichskirche« nennen könnte, war jedenfalls ein rechtlich-herrschaftliches Gebilde, das jene Kirchen umfaßte, die in einer unmittelbaren Beziehung zum König und Kaiser standen, ihn als ihren Herrn anerkannten und ihm auf Grund dieser Bindung vielfältige Dienste leisteten. Diese fränkische Reichskirche mit ihrer Tradition bildete das Fundament für die Reichskirche, wie sie – nach ersten Ansätzen unter Heinrich I. – unter Otto I. und seinen unmittelbaren Nachfolgern Gestalt gewann.

Unter den Ottonen bildete sich jetzt auch formell der Begriff »Reichskirche« aus: »ecclesia regni« oder »ecclesia regalis«, »ecclesia imperii« oder »ecclesia imperialis«.[45] Aber freilich: für diese Begriffe ist es charakteristisch, daß sie sich an je einzelne Kirchen heften, die damit in ihrer rechtlichen Qualität als Reichskirchen bestimmt werden. Eine Kirche wird – mit anderen Worten – »Reichskirche«, wenn sie »in ius regni«, in das Recht des Reiches, aufgenommen wird. Daneben gibt es aber auch (wie schon unter den Karolingern) andere Kirchen, die davon ausgeschlossen sind. Die ottonische wie überhaupt die mittelalterliche Reichskirche hat nichts mit unserer Vorstellung von Nationalkirche zu tun. Es handelt sich bei ihr vielmehr um »die Summe [oder das »Kontingent«] aller im Recht des Reiches stehenden [und man muß gleich hinzufügen: großen und bedeutenden] Kirchen – in der Sprache der spätottonischen und salischen Quellen: ›omnes ecclesiae Romani impe-

---

[43] Theologische Realenzyklopädie 9 (1982) 399–404; Angenendt, Das Frühmittelalter 372–374; Gerd Tellenbach, Die westliche Kirche vom 10. bis zum frühen 12. Jahrhundert (= Die Kirche in ihrer Geschichte. Ein Handbuch II F1), Göttingen 1988, 72–82.

[44] Josef Fleckenstein, Zum Begriff der ottonisch-salischen Reichskirche, in: Erich Hassinger-J. Heinz Müller-Hugo Ott (Hrg.), Geschichte, Wirtschaft, Gesellschaft. Festschrift für Clemens Bauer zum 75. Geburtstag, Berlin 1974, 61–71; ders., Problematik und Gestalt 89.

[45] Beispiele bei: Fleckenstein, Zum Begriff der ottonisch-salischen Reichskirche. – Albrecht Graf Finck von Finckenstein, Bischof und Reich. Untersuchungen zum Integrationsprozeß des ottonisch-frühsalischen Reiches (919–1056) (= Studien zur Mediävistik 1), Sigmaringen 1989, 28–33.

1 *Krönung Heinrichs II.: Engel übergeben ihm Lanze und Schwert, St. Ulrich und St. Emmeram stützen des Königs Arme.*
Sakramentar Heinrichs II.; Regensburg, zwischen 1002 und 1014. München, Bayerische Staatsbibliothek. Clm 4456, fol. 11ʳ

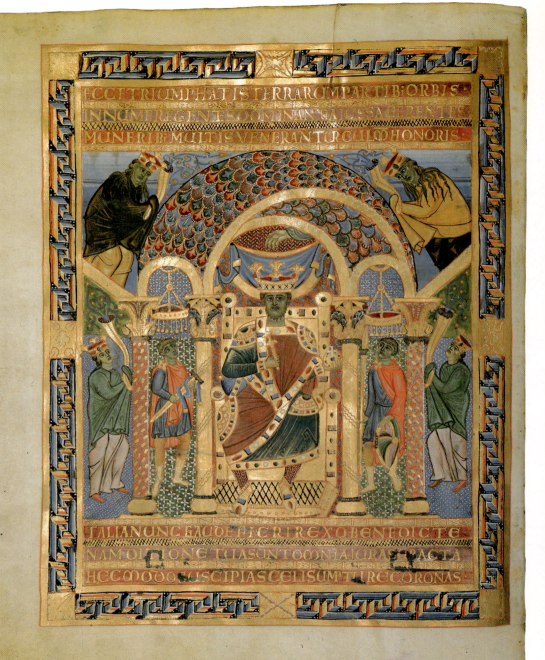

rii‹«.⁴⁶ Über sie übt der Herrscher Schutz und Verfügungsgewalt. Die Reichskirche ist – so noch der Wortlaut des Wormser Konkordats von 1122 – Pertinenz, Zubehör des Reiches, und der König und Kaiser verfügt über sie »ex iure suscepti regni«.⁴⁷ Natürlich gab es zur nämlichen Zeit eine Art Reichskirche zum Beispiel auch im benachbarten (aus dem westfränkischen Reich entstandenen) kapetingischen Frankreich, insofern als auch hier Kirchen den Königsschutz genossen. Aber im Frankreich des 10. und 11. Jahrhunderts vermochten die Könige nur einen kleinen Teil der Kirchen ihres Reiches unter ihre Herrschaft zu bringen, von den 77 Bistümern nur knapp 25, der Großteil von ihnen war in der Gewalt mächtiger Vasallen, nicht wenige Bistümer wurden von diesen als Eigenbistümer genutzt.⁴⁸ In Deutschland dagegen waren sämtliche Metropolitan- und Bischofssitze mitsamt den bedeutendsten Klöstern »ecclesiae regni vel imperii«, das Phänomen des von einer Adelssippe beherrschten Eigenbistums kannte man hier nicht, zumindest vermochte es – trotz gelegentlicher massiver Versuche einzelner Adelssippen – nicht reale Gestalt zu gewinnen (man denke im Gegensatz dazu an die damaligen Zustände in Rom!). Es war eben ein Wesensmerkmal der ottonischen Reichskirche, daß sie im Unterschied zu den benachbarten Königskirchen alle deutschen Bistümer und großen Abteien mit dem Reich verknüpfte. Somit standen in Deutschland zumindest in der hochkirchlichen Sphäre Reich und Kirche miteinander in Deckung. Da aber die unterschiedlichen Entwicklungen im Osten und im Westen – in Deutschland und in Frankreich – beidemale gleicherweise die fränkische Reichskirche zur Voraussetzung hatten, war die ottonische Reichskirche keineswegs ein selbstverständliches Erbe der fränkischen Reichskirche.⁴⁹ Auch die Ottonen hatten ihre Konkurrenten, die mit aller Gewalt die Bistümer und Großklöster unter ihren Einfluß zu bringen trachteten. Insbesondere die durch den Niedergang der Karolinger

---

⁴⁶ Fleckenstein, Problematik und Gestalt 90. – Freilich erscheint dieser Begriff noch nicht bei Otto I., sondern erst, als sich der Titel »imperium Romanum« bzw. »imperator Romanorum« allmählich durchsetzte. Hagen Keller, Das Kaisertum Ottos des Großen im Verständnis seiner Zeit, in: Zimmermann, Otto der Große 218–295, hier 234 262.

⁴⁷ » Ego Calixtus episcopus servus servorum Dei tibi dilecto filio H[e(i)]nrico]. Dei gratia Romanorum imperatori augusto concedo electiones episcoporum et abbatum Teutonici regni, qui ad regnum pertinent, in presentia tua fieri, absque simonia et aliqua violentia.« Wormser Konkordat vom 23. September 1122 (päpstliche Urkunde). Weinrich, Quellen 184. – Adolf Hofmeister, Das Wormser Konkordat. Zum Streit um seine Bedeutung. Mit einer textkritischen Beilage (= Libelli 89), Darmstadt 1962 (Text 84).

⁴⁸ Jedin, Handbuch III/1 222–224; Tellenbach, Die westliche Kirche 43–53; Fleckenstein, Problematik und Gestalt 91.

⁴⁹ Darauf macht Fleckenstein (ebd. 92f.) nachdrücklich aufmerksam. – Tellenbach, Die westliche Kirche 53–64.

2 *Heinrich II. thronend. Waffenträger begleiten den Herrscher: die Provinzen nahen huldigend mit Füllhörnern.*
Sakramentar Heinrichs II.: Regensburg zwischen 1002 und 1014. München, Bayerische Staatsbibliothek. Clm 4456, fol. 11ᵛ

erstarkten Herzöge setzten alles daran, sich die Kirchen in ihren Stammesgebieten zu unterwerfen und in herzogliche Kirchen zu verwandeln. Die Herzöge von Schwaben und von Bayern waren diesem ihrem Ziel bereits sehr nahe gerückt.[50] König Heinrich I., der die große Bedeutung der Reichskirchen für den Aufbau des deutschen Königtums und für die Konsolidierung des noch ungefestigten Reiches klar erkannte, nützte denn auch die erste Gelegenheit des Herzogswechsels in Schwaben, um die schwäbischen Reichskirchen wieder stärker an das Königtum zu binden.[51] Und Otto I. sicherte dann auch in Bayern (zumindest grundsätzlich) die »Reichsunmittelbarkeit« der dortigen Bischofskirchen.[52]

Umfaßte die Reichskirche also beim Herrschaftsantritt Heinrichs I. die Kirchenprovinzen Hamburg-Bremen und Mainz, den östlichen (sächsischen) Teil der Kirchenprovinz Köln (ohne die Metropole) und die Kirchenprovinz Salzburg, deren Episkopat aber (mitsamt dem mainzischen Suffragan Eichstätt) dem Bayernherzog Arnulf »dem Bösen« unterstand, so traten mit der Eingliederung Lothringens in das Reich (928 Erhebung zum Herzogtum) auch der westliche Teil der Kirchenprovinz Köln (mit der Metropole), die ganze Kirchenprovinz Trier und das zur Kirchenprovinz Reims gehörige Bistum Cambrai mit seinen in Reichsflandern liegenden Teilen hinzu. Mit der Beseitigung der herzoglich-bayerischen Sonderrechte durch Otto I. im Jahr 938 reservierte sich schließlich der König auch die Besetzung der Bischofskirchen der Salzburger Kirchenprovinz (und Eichstätts). Im Zuge des Ausbaus der reichskirchlichen Organisation (Gründung der Kirchenprovinz Magdeburg 968 durch Otto I., Einbeziehung des in das Reichsgebiet Elsaß ausgreifenden, zur Kirchenprovinz Besançon gehörigen Bistums Basel unter die Hoheit des Reiches 1006 und Gründung des später exemten Bistums Bamberg 1007 durch Heinrich II.) zählte die Reichskirche schließlich nach der Jahrtausendwende 6 Erzbistümer und 33 Bistümer (bzw. Bischofskirchen), von denen 31 den 6 ostfränkisch-deutschen Kirchenprovinzen, 2 (Cambrai und Basel) auswärtigen Kirchenprovinzen zugehörten.[53] Dazu kamen noch eine ganze Reihe von »reichsunmittelbaren« Großklöstern wie St. Gallen, Reichenau, St. Emmeram, Fulda, Corvey, Hersfeld, Prüm.

[50] Spindler, Handbuch I 279–289, III/2 841–845.
[51] Dies wird deutlich in den Umständen der Erhebung Ulrichs zum Bischof von Augsburg im Jahr 923, die nach Ausweis der Ulrichs-Vita König Heinrich I. vornahm, unter Berücksichtigung allerdings der Empfehlung der örtlichen Gewalten. Albrecht Finck von Finckenstein, Ulrich von Augsburg und die ottonische Kirchenpolitik in der Alemannia, in: Immo Eberl-Wolfgang Hartung-Joachim Jahn (Hrg.), Früh- und hochmittelalterlicher Adel in Schwaben und Bayern (= Regio. Forschungen zur schwäbischen Regionalgeschichte 1), Sigmaringendorf 1988, 261–269; Weitlauff, Bischof Ulrich von Augsburg.
[52] Wohl mit der Erhebung Herolds zum Erzbischof von Salzburg im Jahr 938 (also bereits nach dem Tod Herzog Arnulfs »des Bösen«) durch König Otto I., wie es in den Quellen ausdrücklich heißt. Spindler, Handbuch I 291.
[53] Hauck, Kirchengeschichte III 3–146 391–442; Finck von Finckenstein, Bischof und Reich 30f.

Die konsequente Rückbindung sämtlicher Bischofskirchen im Bereich der ottonischen Herrschaft an das Reich war mit das bedeutsamste Ergebnis des Ringens der ersten ottonischen Könige, vorab Ottos I., mit den herzoglichen Gewalten, was freilich nicht heißt, daß der König seine fortan unbestrittene Kirchenhoheit im konkreten Fall *gegen* den örtlichen Adel hätte ausüben können. Die direkte rechtliche Beziehung dieser Bischofskirchen (und der Großklöster) des Reiches zum Königtum aber wurde ideell unterbaut durch die sakrale Qualität, die die Kirche den Königen traditionell und unverändert zubilligte.

Allerdings tritt darin zunächst nur zutage, daß es der Politik der ersten ottonischen Herrscher – im Gegensatz zu den Kapetingern – gelungen ist, in ihrem Herrschaftsbereich das kirchliche Erbe der Karolinger zur Gänze zu retten. Doch dieses gerettete Erbe war lediglich das – freilich unabdingbare – *Fundament* für den Aufbau der spezifisch ottonischen Reichskirche. Wie schon angedeutet, standen den beiden ersten ottonischen Königen als gefährlichste Rivalen die mächtigen Stammesherzöge gegenüber. Um deren Macht zu bändigen, setzte Otto I., nachdem er die ersten Thronstreitigkeiten in der eigenen Familie 939 für sich entschieden hatte und im nunmehr unangefochtenen Besitz der Krone zu sein schien, seine ganzen Bemühungen darein, die Stammesherzogtümer an die königliche Familie zu binden, durch Bestellung von Mitgliedern der Königsfamilie zu Herzögen oder durch das Instrument der Ehestiftung zwischen dem Inhaber eines Herzogtums und der Königsfamilie. Er schuf damit eine mit der Königsfamilie versippte Adelsgruppe, deren Mitgliedern der Besitz der Herzogtümer vorbehalten blieb oder bleiben sollte.[54] Diese Politik erwies sich im ganzen als durchaus zukunftsträchtig, und tatsächlich bewährte sich die von Otto I. eingeleitete Verbindung der Königsfamilie mit den Herzogsfamilien als Grundlage mittelalterlicher Königsherrschaft. Indes zeigten der offene Aufstand des Königssohnes Liudolf – des Herzogs von Schwaben und designierten Nachfolgers Ottos I. – und der Abfall ganzer Herzogtümer vom König im Gefolge dieser Empörung (welche Ursachen sie immer gehabt haben mochte) in den Jahren 953/54,[55] daß diese Familienpolitik allein die Einheit des Reiches nicht zu gewährleisten vermochte. So begann Otto I. die Bischofskirchen des Reiches stärker als zuvor als stützende Kraft in seine Herrschaft einzubeziehen. Jedenfalls lassen die Quellen in Ansätzen erkennen, daß Otto I. seit 953/54 seinen Einfluß auf die

---

[54] Gerd Althoff-Hagen Keller, Heinrich I. und Otto der Große (= Persönlichkeit und Geschichte 122–125), Göttingen-Zürich 1985, 135–158. – Winfrid Glocker, Die Verwandten der Ottonen und ihre Bedeutung in der Politik. Studien zur Familienpolitik und zur Genealogie des sächsischen Kaiserhauses (= Dissertationen zur mittelalterlichen Geschichte 5), Köln-Wien 1989.

[55] Althoff-Keller, Heinrich I. und Otto der Große 135–158. – Gunter Wolf, Über die Hintergründe der Erhebung Liudolfs von Schwaben, in: Zimmermann, Otto der Große 56–69; Helmut Naumann, Rätsel des letzten Aufstandes gegen Otto I. (953–954). Ebd. 70–136.

Besetzung der Bischofsstühle und auf die Auswahl der Kandidaten entschieden verstärkte. Und mit dieser seiner Bischofs- und Bistumspolitik ging er offensichtlich weit über die Praxis der Karolinger hinaus, ohne daß man deshalb in dieser Politik von Anfang an schon konsequente Planmäßigkeit oder »System« sehen darf.[56] Allerdings hatte sich im Liudolf-Aufstand auch ein Teil der kirchlichen Großen als unzuverlässig erwiesen; es galt folglich zunächst den Reichsepiskopat konsequenter auf den König und den königlichen Hof zu orientieren und in die politische Verantwortung zu ziehen. Und als Beispiel für die Rolle, die Otto I. vermutlich den Bischöfen im Reich zudachte, stand Brun (um 925–965), der jüngste Bruder des Königs.

Brun, seit 941 Kanzler am Hof des Königs, seit 953 Erzkapellan der königlichen Hofkapelle, schließlich Erzbischof von Köln (953–965),[57] verkörperte nach der Überlieferung am markantesten den »Typus« des ottonischen Reichsbischofs, der, hochgebildet, Autorität ausstrahlend und fromm, ein leidenschaftlicher Förderer der Wissenschaft, Kirche und Reich in gleicher Weise diente, indem er mit dem ganzen Einsatz seiner Person seinen geistlichen Hirtenpflichten oblag und zugleich hohe politische Verantwortung im Reich übernahm, entsprechend den Aufgaben, die der König ihm zuwies. Dies als vorbildhaft zu dokumentieren und zugleich zu rechtfertigen, ist die Absicht der zwischen 965 und 969 – also unmittelbar nach Bruns Tod – entstandenen »Vita Brunonis« Ruotgers,[58] vermutlich eines Schülers Erzbischof Bruns (und Mönches von St. Pantaleon zu Köln). Er charakterisiert seinen Helden mit Nachdruck als einen Bischof, der Kirchen- und Reichsdienst harmonisch miteinander verbindet, den der König in einer Stunde höchster Gefahr – nämlich während des Liudolf-Aufstandes – »als Beschützer, Verwalter und, wenn ich mich so ausdrücken darf, als Erzherzog«[59] in den Westen des Reiches (nach Lothringen, dessen Herzog Konrad der Rote, Ottos I. Schwiegersohn, sich mit Liudolf verbündet hatte[60]) entsendet, während er selber eilends nach Osten aufbricht, um »jenen Gebieten Hilfe zu bringen«. »Auf Drängen des Königs übernahm er also ... die Führung der Reichsgeschäfte bei den Lothringern.«[61] Ruotger war sich dessen bewußt, daß in der Einsetzung

---

[56] Rudolf Schieffer, Der ottonische Reichsepiskopat zwischen Königtum und Adel, in: Frühmittelalterliche Studien 23 (1989) 291–301. – Odilo Engels, Der Reichsbischof (10. und 11. Jahrhundert), in: Peter Berglar-Odilo Engels (Hrg.), Der Bischof in seiner Zeit. Bischofstypus und Bischofsideal im Spiegel der Kölner Kirche. Festgabe für Joseph Kardinal Höffner, Erzbischof von Köln, Köln 1986, 41–94; ders., Der Reichsbischof in ottonischer und frühsalischer Zeit, in: Irene Crusius (Hrg.), Beiträge zu Geschichte und Struktur der mittelalterlichen Germania Sacra (= Veröffentlichungen des Max Planck-Instituts für Geschichte 93. Studien zur Germania Sacra 17), Göttingen 1989, 135–175.

[57] Über Brun von Köln siehe: Theologische Realenzyklopädie 7 (1981) 246–249.

[58] Ruotgeri vita Brunonis (RVB). – Kallfelz 169–261 (zu Ruotger siehe die Einleitung 171–177).

[59] »... fratrem suum Brunonem occidenti tutorem et provisorem, et, ut ita dicam, archiducem, in tam periculoso tempore misit ...« RVB XX; Kallfelz 206.

[60] Zum Liudolf-Aufstand siehe Anm. 55. – Weitlauff, Bischof Ulrich von Augsburg.

eines geweihten Erzbischofs in das Amt eines Herzogs oder »Oberherzogs«, wenn auch durch eine äußerst drangvolle Situation bedingt, eine Neuerung lag, die bei manchen Bischöfen des Reiches nicht ohne Widerspruch blieb. Ebendeshalb suchte er sie zu legitimieren, und zwar – zweifellos im Sinne Bruns – mit dem Argument, daß in der Herrschaft König Ottos I. »imperium« und »regale sacerdotium« einander zugeordnet, miteinander verbunden seien.[62] Von daher vermochte Ruotger den Dienst an der Kirche und den Dienst am Reich, weil demselben Ziele dienend, in eins zu setzen. Und es ist bezeichnend, daß Ruotger Reich und Kirche im Begriff der »res publica« zusammenfaßt und schließlich, alle Einwände gegen Bruns doppelten Einsatz abwehrend, formuliert: »Honestum enim et utile nostrę rei publicę omne, quod fecit« – »Ehrenvoll nämlich und nützlich für unseren Staat war alles, was er getan hat.«[63]

Hier tritt aber noch etwas Wesentliches hinzu: Brun stiftete – nach dem Zeugnis Ruotgers – nicht nur durch seinen persönlichen Einsatz Nutzen für den »Staat«, sondern er sammelte auch aus allen Teilen des Reiches Schüler um sich und bildete sie in seinem Geist heran, damit sie, wie er selber, »das Staatswesen, ein jeder auf seinem Platz, mit Treue und Kraft zu schützen vermochten«. Dabei hebt der Biograph hervor, daß der Kölner Erzbischof und »archidux« Lothringens »auch die Großen, die lokalen Gewalthaber und alle anderen, die mit der Landesverwaltung zu tun hatten, ... in den Kreis seiner engsten Mitarbeiter und Freunde« einbezogen habe, sofern sie nur seiner Aufforderung zu einem dem gemeinsamen Wohl aller Guten dienenden Bund in Treue nachzukommen bereit gewesen seien. Und er »verschaffte ihnen auch in hohem Maße die Freundschaft des Königs, seines Bruders«.[64] Aus diesem aristokratischen, offensichtlich aus dem jeweils örtlichen Adel gezogenen Schülerkreis erwuchsen dem Reich Bischöfe, die – soweit die Quellen erkennen lassen – im Sinne ihres Lehrers Brun wirkten.[65]

[61] »Cogente igitur imperiali auctoritate suscepit, ut iam dictum est, tractare negotia regni apud Lotharios.« RVB XXII; Kallfelz 212.

[62] So läßt Ruotger den König zu Brun sprechen: »... et hoc est, quod in acerbis meis rebus me maxime consolatur, cum video per Dei omnipotentis gratiam nostro imperio regale sacerdotium accessisse. In te namque et sacerdotalis religio et regia pollet fortitudo, ut et scias sua cuique tribuere, quod est iustitię, et possis adversariorum sive terrori sive fraudi resistere, quod est fortitudinis et iustitię.« RVB XX; Kallfelz 206.

[63] RVB XXIII; Kallfelz 214.

[64] »Quęsivit interea summa diligentia pius pastor Bruno, veritatis assertor, evangelii propagator, navos et industrios viros, qui rem publicam suo quisque loco fide et viribus tuerentur. His ut neque consilium neque copię deessent, sedulo curavit. Quotquot etiam de principibus et regionariis prioribus cęterisque, quorum dispositio regni intererat, saluberrimis suis admonitionibus ad communis bonorum omnium utilitatis fędus fide plena consenserant, hos ipse inter summos et familiares habebat, eisdem imperatorem, germanum suum, adprime conciliabat ...« RVB XXXVII; Kallfelz 234.

[65] Josef Fleckenstein, Die Hofkapelle der deutschen Könige I–II (= Schriften der Monumenta Germaniae historica 16/I–II), Stuttgart 1959–1966, hier II 56; Finck von Finckenstein, Bischof und Reich 43f. 46 54 59.

Die Bemühungen Bruns erwiesen sich, wie es scheint, als so erfolgversprechend, daß man sie sich – nach seinem Tod – auch in der Hofkapelle, dem geistlichen Hof des Königs, zu eigen machte. Die Kapelläne dieser (zahlenmäßig nicht sehr großen) Hofkapelle,[66] ursprünglich zumeist Mönche, fungierten bislang in der Regel als bescheidene Helfer des Königs. Sie gestalteten den herrscherlichen Gottesdienst, und einige von ihnen standen als Kanzler und Notare für die schriftliche Verwaltungstätigkeit zur Verfügung, um dann wieder in ihre Klöster und Stifte zurückzukehren. Jetzt wandelte sich das Bild der Hofkapelle. Sie wurde zu einer Art »Bischofsschule« umgestaltet, und damit veränderte sich ihre personelle Zusammensetzung. An die Stelle bescheidener, kaum öffentlich in Erscheinung tretender Mönche rückten nunmehr – im Hinblick auf einen möglichen Aufstieg in der Reichskirche – vermehrt vornehme Geistliche, zum Teil aus den bedeutenden Domkapiteln des Reiches, die dank ihrer adeligen Herkunft auch mit höheren, verantwortungsvolleren Aufgaben am Hof betraut wurden. So für den politischen Einsatz gerüstet, stiegen nicht wenige von ihnen durch königliche Gunst in die Reihe der Bischöfe auf, für die Kirchen- und Reichsdienst zur Einheit verschmolzen.

Diese letztlich durch Erzbischof Brun bewirkte Neuorientierung der königlichen Hofkapelle hatte für die Reichskirche erhebliche Konsequenzen; denn zum einen schuf sie eine sehr enge Verbindung oder Verklammerung von Reichskirche und königlichem Hof, und zum andern war sie Ursache für eine Umwandlung des Episkopats. Da sich die Kapelläne der Hofkapelle fortan mehr und mehr aus den großen Domstiften rekrutierten, ergab sich für den König ganz von selbst die Möglichkeit, seinen Einfluß auch auf die Kapitel der Bischofskirchen auszudehnen (wenngleich der Beginn der Königskanonikate in den deutschen Kathedral- und Stiftskapiteln nicht vor der Stauferzeit anzusetzen ist[67]), und die ottonischen Herrscher setzten diese Möglichkeit in steigendem Maße für ihre Ziele ein, am intensivsten freilich erst Heinrich II. und die ersten salischen Herrscher.[68] Es entstand ein wechselseitiges Beziehungsfeld zwischen Königtum, Hofkapelle und Reichskirche. Und war der Episkopat vor Otto I. noch relativ uneinheitlich zusammengesetzt, in der Regel aus der örtlichen Geistlichkeit (adeliger Abstammung) genommen, so bestellten die ottonischen, dann die salischen Herrscher mehr und mehr ihre

---

[66] Über die königliche Hofkapelle und ihre bis in die Merowinger- und frühe Karolingerzeit zurückreichende Geschichte, ihre Verfassungsentwicklung und personelle Zusammensetzung siehe ausführlich: Fleckenstein, Die Hofkapelle I–II; Finck von Finckenstein, Bischof und Reich 65–73. – Hans-Walter Klewitz, Königtum, Hofkapelle und Domkapitel im 10. und 11. Jahrhundert [1939], Darmstadt 1960.

[67] Manfred Groten, Von der Gebetsverbrüderung zum Königskanonikat. Zur Vorgeschichte und Entwicklung der Königskanonikate an den Dom- und Stiftskirchen des deutschen Reiches, in: Historisches Jahrbuch 103 (1983) 1–34.

[68] Schieffer, Der ottonische Reichsepiskopat 293; Finck von Finckenstein, Bischof und Reich 194–272 (Bischofslisten).

Hofkapelläne zu Erzbischöfen und Bischöfen, setzten diese mit den Reichsgeschäften vertrauten und in ihrer Königstreue erprobten Männer vornehmlich auf die bedeutenden und zentralen Bischofsstühle des Reiches und hatten damit zugleich die Gewähr, daß diese am Königshof herangezogenen Reichsprälaten untereinander und mit dem Hof in ständiger Verbindung blieben. Im übrigen festigten diese Bischöfe auch das Band zwischen dem König und der jeweiligen Adelssippe, der sie entstammten.[69] Dem König stand somit (von einigen Ausnahmen abgesehen) ein im ganzen einheitlicher Reichsepiskopat zu Diensten, der dem Reichsoberhaupt in unbedingter Treue ergeben war und im Interesse des Reiches wirkte.

Dies findet seine zeitgenössische Bestätigung in gewissem Sinn etwa im Decretum des Bischofs Burchard von Worms (1000–1025), der maßgeblichen Kirchenrechtssammlung an der Jahrtausendwende.[70] Er kennt natürlich die »ecclesia universalis« als den alles umspannenden großen Rahmen mit dem Papst – dem »Bischof des ersten Sitzes«, dessen Name »in unseren Kirchen genannt werden solle« – als oberster Berufungsinstanz. Aber von rechtlich bestimmender Bedeutung ist für ihn die einzelne »ecclesia episcopalis«. Das kirchliche Leben innerhalb des einzelnen Bistums reguliert sich grundsätzlich unter der Leitung des jeweiligen Bischofs. Daß dieser selber auf den König orientiert sei und dessen Herrschaft allein die verschiedenen »ecclesiae episcopales« zur »Einheit« der Reichskirche verbinde, wird zwar nicht gesagt (ob das von Burchard herangezogene kirchenrechtliche Material überhaupt eine Aussage darüber enthielt?), ist aber wohl vorauszusetzen. Jedenfalls kann von einer Orientierung an Rom nicht die Rede sein. Der Bischof von Rom spielt in diesem Kirchenverständnis kaum eine Rolle. Allerdings verfügten die Päpste, seitdem sie am Ende des 8. Jahrhunderts dazu übergegangen waren, sämtlichen Metropoliten den Titel »Erzbischof« und das Pallium zu verleihen, über ein Instrument, mit dem sie die (Metropolitan-)Erzbischöfe allmählich stärker in die Pflicht zu nehmen vermochten: nämlich durch die zielstrebige Umgestaltung der – ursprünglich lediglich als besonderer Gunsterweis geltenden – Palliumsverleihung in einen rechtsverbindlichen Akt, den die Erzbischöfe schließlich binnen dreier Monate nach ihrer Wahl oder Einsetzung pflichtgemäß und unter Beobachtung bestimmter Auflagen zu erbitten hatten.[71]

---

[69] Denn natürlich konnte der König nicht gegen den hohen Adel im Reich regieren, so wie andererseits ein Bischof des Reiches in aller Regel der adeligen Führungsschicht entstammen mußte, um sich »am Ort« überhaupt durchsetzen zu können. Schieffer, Der ottonische Reichsepiskopat 301.

[70] Burchardi Wormaciensis ecclesiae episcopi Decretorum libri viginti, in: Migne, Patrologia Latina 140, Paris 1880, 538–1380; Burchard von Worms, Decretorum libri XX. Ergänzter Neudruck der Editio princeps Köln 1548, Aalen 1992. – Fleckenstein, Problematik und Gestalt 96; Lexikon des Mittelalters 2 (1983) 946–951, hier 948f. (die Tendenz des »Decretum Burchardi« erfuhr natürlich sehr unterschiedliche Einschätzung).

[71] Jedin, Handbuch III/1 329–331.

Zwar stellte nach Erzbischof Bruns Tod die königliche Hofkapelle – wie schon angedeutet – längst nicht das ausschließliche Reservoir der künftigen Reichsbischöfe dar, wie ja auch seit den endenden sechziger Jahren des 10. Jahrhunderts längst nicht alle Hofkapelläne zu bischöflichen Würden aufstiegen. Es gab auch andere überregionale Ausbildungsstätten, aus denen Bischöfe hervorgingen, etwa die Erzstifte Köln und Magdeburg sowie das in den sächsischen Stammlanden der Ottonen (oder Liudolfinger) gelegene und deshalb ihnen besonders nahestehende Domstift Hildesheim, später auch das Domstift Bamberg, die Gründung Heinrichs II., ferner eine Reihe bedeutender Klöster.[72] Und noch zu Zeiten Ottos I. blieb die Zahl der aus der Hofkapelle genommenen Bischöfe begrenzt: Während seiner Regierungszeit gingen aus der Hofkapelle im ganzen 14 Reichsbischöfe hervor, davon zwischen 967 und 972 (also in den Jahren unmittelbar nach Erzbischof Bruns Tod) allein 10, wobei aber zu beachten ist, daß in Deutschland damals jährlich im Durchschnitt lediglich 2 bis 3 Bistumsvakanzen eintraten. Das heißt aber konkret, daß in den Jahren 967–972 dem Eintritt von 14 Bistumsvakanzen die Promotion von 9 königlich-kaiserlichen Hofkapelländen zu Bischöfen gegenüberstand, und dazu kam noch die Erhebung eines Hofkaplans zum »episcopus coadiutor.«[73]

Nach dem Tod Kaiser Ottos I. (am 7. März 973) wurde die hier sich anzeigende Entwicklung infolge der politischen Wirren der nächsten Jahre nochmals unterbrochen. Ein – allerdings nicht ganz durchsichtiges – Beispiel dafür, wie man zu Beginn der Regierungszeit Kaiser Ottos II. (973–983), des noch jugendlichen Nachfolgers Ottos I., dessen Autorität und Einfluß bei Bischofseinsetzungen von herzoglicher Seite zu unterlaufen suchte, war die Regelung der Nachfolge auf der Augsburger Bischofskathedra nach dem Tod Bischof Ulrichs (am 4. Juli 973). Den beiden miteinander versippten süddeutschen Herzögen Heinrich II. (dem Zänker) von Bayern (955–976 und 985–995) und Burchard II. von Schwaben (954–973) gelang es damals offenbar durch Überlistung des Kaisers und des größeren Teils des Augsburger Domklerus, ihrem gemeinsamen Verwandten Heinrich die Investitur mit dem schwäbischen, aber eben auch über den Lech in bayerisches Gebiet ausgreifenden (und deshalb strategisch bedeutsamen) Bistum Augsburg zu verschaffen: ein Vorgang, der in diesem Sprengel massive Widerstände (von seiten einer wohl von der Sippe Ulrichs angeführten »Partei«, die mit ihrem vom verstorbenen Bischof »designierten« Kandidaten Abt Werinhar von Fulda nicht durchgedrungen war) hervorrief. Doch auch Bischof Heinrich

---

[72] Finckenstein, Bischof und Reich 52–65 (mit statistischen Angaben).
[73] Fleckenstein, Die Hofkapelle 53f. – Bei dem »episcopus coadiutor« handelt es sich um Hermann, der dem altersschwachen, aber nichtsdestoweniger heftig widerstrebenden Bischof Brun von Verden († 976) beigegeben wurde; doch gelangte Hermann, da er vor Bischof Brun starb, nicht mehr in den Besitz des Bistums. Ebd. 41f.
[74] GVUo XXVIII; Kallfelz 152–166. – Siehe dazu: Weitlauff, Bischof Ulrich von Augsburg.

von Augsburg (973–982) suchte schließlich die Königsnähe und erwies sich als treuen Anhänger Ottos II.[74]

In der Folge aber ist bei Bischofspromotionen im Reich wieder eine steigende Berücksichtigung von Mitgliedern der königlich-kaiserlichen Hofkapelle zu beobachten. Nach den Untersuchungen von Josef Fleckenstein und Albrecht Graf Finck von Finckenstein stiegen in den Jahren 919–1056, also in der Zeitspanne von der Wahl Heinrichs I. zum König bis zum Tod Kaiser Heinrichs III., nachweislich 111 Hofkapelläne in den Reichsepiskopat auf: das macht einen Anteil von 36,6% aus. Bei vielen anderen damals zu Reichsbischöfen erhobenen Geistlichen ist aufgrund der spärlichen Quellenlage nicht zu erhellen, ob sie vorher in irgendeiner Beziehung zur Hofkapelle gestanden hatten (oder auch in irgendeiner verwandtschaftlichen Beziehung zum König standen). Dabei ergibt sich das Bild einer durchaus schwerpunktmäßigen Verwendung der Hofkapelläne vor allem in Ostsachsen, Thüringen, Main-Franken und Niederlothringen: in geographischen Räumen, die ihrerseits wiederum als Schwerpunkte der Königspräsenz und der finanziellen Grundlage der Königsherrschaft ausgewiesen werden können. Allein in den diesem offenbar zentralen Gebiet königlicher Herrschaft angehörenden oder ihn berührenden 4 Erzbistümern Mainz, Köln, Trier, Magdeburg und 8 Bistümern Osnabrück, Lüttich, Hildesheim, Worms, Würzburg, Bamberg, Merseburg, Zeitz-Naumburg fanden bei insgesamt 109 Bischofspromotionen sicher 58, möglicherweise 65 Hofkapelläne Berücksichtigung: in Köln bei 10 Erzbischofspromotionen 6 Hofkapelläne, in Mainz bei ebenfalls 10 Erzbischofspromotionen (merkwürdigerweise nur) 2 Hofkapelläne, in Trier bei 9 Erzbischofspromotionen 6 (oder 7) Hofkapelläne, in Magdeburg bei 7 Erzbischofspromotionen 6 Hofkapelläne; in Osnabrück bei 11 Bischofspromotionen 6 Hofkapelläne, in Lüttich bei 15 Bischofspromotionen 5 (oder 6) Hofkapelläne, in Hildesheim bei 10 Bischofspromotionen 5 Hofkapelläne, in Worms bei 9 Bischofspromotionen 7 (oder 8) Hofkapelläne, in Würzburg bei 9 Bischofspromotionen 5 (oder 7) Hofkapelläne, in Bamberg bei 4 Bischofspromotionen 3 Hofkapelläne, in Merseburg bei 9 Bischofspromotionen 5 (oder 6) Hofkapelläne, in Zeitz-Naumburg bei 6 Bischofspromotionen 2 (oder 3) Hofkapelläne; dazu im Erzbistum Hamburg-Bremen bei 7 Erzbischofspromotionen 6 Hofkapelläne, im bayerischen Erzbistum Salzburg dagegen bei 6 Erzbischofspromotionen nur 1 Hofkapellan, im Bistum Augsburg bei 9 Bischofspromotionen wiederum 4 (oder 5) Hofkapelläne. Auf die Stammesregionen bezogen, ergibt sich folgendes Verhältnis: Von den in Bayern zwischen 919 und 1056 insgesamt promovierten 37 Bischöfen waren 8 ehemalige Hofkapelläne, in Schwaben von 38 Bischöfen 14, in Lothringen von 68 Bischöfen 27, in Sachsen von 116 Bischöfen 40 und in Franken von 44 Bischöfen 22.

Was die Herkunft dieser aus der Hofkapelle genommenen Reichsbischöfe betraf, so stammten nachweislich 27 aus Sachsen, 21 aus Bayern (von denen allerdings nur die wenigsten als Bischöfe in der Heimatregion eingesetzt waren, was wohl auf eine verminderte Möglichkeit königlicher Einflußnahme auf die Besetzung der bayerischen Bistümer schließen läßt, jedoch nicht zugleich auf eine schwächere personelle Verbindung des Königs zu dieser Stammesregion), 17 aus Franken, 16 aus Lothringen, 8 aus Schwaben; 1 war dänischer Herkunft. Berücksichtigt man darüber hinaus, daß – soweit quellenmäßig feststellbar – über ein Drittel der Reichsbischöfe jener Zeit nicht aus der Stammesregion ihres jeweiligen Bistums kam, somit nichtindigen (also »ausländisch«) war, so kann aus diesen wenigen statistischen Angaben unschwer geschlossen werden, wie sehr die ottonischen und salischen Herrscher mit ihrer (regional gewiß unterschiedlich intensiven) Reichskirchenpolitik stark integrative Ziele verbanden.[75]

Schon im Hinblick auf das in der Reichskirchenpolitik Ottos I. und seiner Nachfolger zutage tretende Bemühen um Integration der Stammesregionen des immer noch im (zumindest inneren) Aufbau befindlichen deutschen Reiches wäre es verfehlt, in der durch die ottonische, dann salische Königsherrschaft konstituierten Reichskirche nichts anderes zu sehen als ein königliches Machtinstrument oder gar Mißbrauch des kirchlichen Auftrags. Um den Bestand des aus unterschiedlichen Stämmen sich zusammensetzenden Reiches nach innen und außen zu sichern, hat König Otto I., nachdem seine in dieselbe Richtung zielenden familienpolitischen Ansätze sich als nicht genügend tragfähig erwiesen hatten, gewiß damit begonnen, seine königliche Gewalt auf die Bischöfe (und Großäbte) des Reiches zu stützen, indem er die Bischofsstühle mit königstreuen, dann zunehmend im Königsdienst erprobten (durch die »Schule« Erzbischof Bruns und der königlichen Hofkapelle gegangenen) vornehmen Geistlichen besetzte und deren politische Stellung durch Zustiftung von Grundbesitz (von einer Zustiftung ganzer Grafschaften kann allerdings erst später die Rede sein) und Verleihung von Immunitätsprivilegien und Königsrechten (»Regalien« wie Münz-, Markt-, Forst- oder Zollrechte) an ihre Kirche stärkte. Die mit königstreuen Männern besetzten Bischofsstühle bildeten somit ein das ganze Reich abdeckendes Netz von Stützpunkten königlicher Gewalt, das von Otto I. nach Osten und Norden systematisch ausgebaut wurde durch Gründung neuer Bischofssitze.[76] Der einzelne Bischof symbolisierte gleichsam die Präsenz des Königs, und da er mit Gütern und Gerechtsamen reich ausgestattet war, vermochte er dem König jederzeit und in jeder Weise zu Diensten zu stehen. Dabei kam der königlichen Intention am meisten entgegen die Verpflichtung des Bischofs zur Ehelosigkeit, damit dessen Verzicht auf legitime Nachkom-

---

[75] Finck von Finckenstein, Bischof und Reich 65–73 194–272 (Bischofslisten). – Die statistischen Angaben in der Darstellung Finck von Finckensteins stimmen in einigen Punkten mit den Angaben in den von ihm gebotenen Bischofslisten nicht überein. – Fleckenstein, Die Hofkapelle II. – Herbert Zielinski, Der Reichsepiskopat in spätottonischer und salischer Zeit (1002–1125) I, Stuttgart 1984.
[76] Finck von Finckenstein, Bischof und Reich 30f.

menschaft und in der Folge auf die Ausbildung einer Dynastie. Bei jeder Vakanz standen die Bischofsstühle neu zur Disposition des Königs.
Natürlich konnte dieses »System« – wenn man es schon so nennen will – nur funktionieren, wenn der König Herr der Kirche seines Reiches war und über sie freie Verfügungsgewalt hatte. Tatsächlich übten die Könige und Kaiser seit Karl dem Großen diese freie Verfügungsgewalt als ihr selbstverständliches Recht[77] (mochte dieses Recht angesichts des Niedergangs des Königtums an der Wende vom 9. zum 10. Jahrhundert zwischenzeitlich auch von einzelnen Herzögen beansprucht und ausgeübt worden sein), und bis in die Tage des Saliers Heinrich III. blieb das deutsche Königtum darin unangefochten. Der König ernannte den Bischof (auch dann, wenn mit dieser Ernennung irgendeine Art »kanonischer« Wahl verbunden war) und wies ihn durch Überreichung von Stab und Ring in sein Amt und dessen Gerechtsame ein, d.h. der Bischof empfing sein Amt und alles, was daran hing, sozusagen als Lehen aus der Hand des Königs und leistete ihm als dem obersten Lehnsherrn mit der Gebärde des Handgangs den Lehnseid.[78]
Man muß dies im geschichtlichen Kontext zu verstehen suchen: Seit dem Ausgang der Völkerwanderungszeit und dem Übergang der germanischen und slawischen Stämme zum Christentum waren »Staat« und »Kirche« so sehr aufeinander verwiesen und in ihren letzten Zielen eins, daß man für diese Zeit und für das ganze Mittelalter im Grunde beide »Bereiche« gar nicht trennen kann. Man muß vielmehr von der *einen* »Christianitas« sprechen; beide »Bereiche« zusammen bildeten – nach Ruotger – die »res publica«.[79] Wie die kirchliche Missions- und Organisationstätigkeit des Schutzes und der Unterstützung der »weltlichen« Gewalt bedurft hatte, ja zumeist von dieser erst initiiert worden war, so bildete das Christentum das Fundament für das Zusammenwachsen der Stämme zur europäischen Völkerfamilie, aus der sich wiederum das östliche Reich Ludwigs des Deutschen (mit seinem politischen Schwerpunkt in Bayern), schließlich das »Heilige Römische Reich« – mit dem fortan das Kaisertum verbunden blieb – herauskristallisierten. Wenn deshalb der König und Kaiser – wie es seines Amtes war – seine Sorge auf den Bestand, die Einigung, innere Befriedung und äußere Si-

---

[77] Fleckenstein, Problematik und Gestalt 85–94. – Leo Santifaller, Zur Geschichte des ottonisch-salischen Reichskirchensystems (= Sitzungsberichte der Phil.-Histor. Klasse der Österreichischen Akademie der Wissenschaft 229/1), Wien ²1964; Friedrich Prinz, Der fränkische Episkopat zwischen Merowinger- und Karolingerzeit, in: Ders., Mönchtum, Kultur und Gesellschaft. Beiträge zum Mittelalter. Zum sechzigsten Geburtstag des Autors herausgegeben von Alfred Haverkamp und Alfred Heit, München 1989, 199–244.
[78] Zur Entwicklung des Zeremoniells der Übergabe von Stab (nicht vor Ende des 9. Jahrhunderts) und Ring (nicht vor Heinrich II.) bei der Investitur eines Bischofs siehe: Engels, Der Reichsbischof (10. und 11. Jahrhundert) 56f.
[79] Ruotger bekräftigt gegenüber den Einwürfen zeitgenössischer Kritiker, daß sich Erzbischof Brun durch seinen Einsatz im Dienst von Reich und Kirche hohes Verdienst erworben habe: »Honestum enim et utile nostrę rei publicę fuit omne, quod fecit.« RVB XXIII; Kallfelz 214.

cherung des Reiches richtete – auf die Festigung seiner Herrschaft, um dies alles bewirken zu können –, so war in dieser Sorge vorzüglich die Sorge um die Kirche eingeschlossen. Denn sie war die Hüterin des christlichen Gedankens, in welchem die Idee des Reiches wurzelte und die Einheit des Reiches ihre letzte Verankerung hatte. Von hier aus empfingen die von Otto I. neu gestaltete, eng an das Königtum gebundene Reichskirche und die Herrschaft des Königs über sie ihre Legitimation.

Die den Bischöfen zugewiesene Aufgabe beschränkte sich also nicht auf die Verwaltung des geistlichen Amtes, sie bedeutete zugleich Teilhabe an der Ordnung des Reiches und an der Sicherung der »pax« im Reich. Der König mußte somit darauf achten, daß er zu Bischöfen nur tüchtige und treue Männer bestellte: Männer, auf die unbedingter Verlaß war, die Bildung und Verwaltungsfähigkeiten, auch diplomatisches Geschick besaßen, sich Autorität zu verschaffen in der Lage waren (deshalb, um mit Autorität auftreten zu können, von entsprechender äußerer Gestalt sein mußten) und gegebenenfalls auch einen Heerbann anführen konnten. Und natürlich mußten sie nach den Vorstellungen der Zeit und mit Rücksicht auf die feudalgesellschaftlichen Gegebenheiten dem Adel als der sozialen Führungsschicht angehören.[80]

Tatsächlich hat die Reichskirche, solange der König und Kaiser als »dominus« und »advocatus ecclesiae« frei über sie verfügen konnte, die Konsolidierung des Reiches entscheidend gefördert und eine ganze Reihe höchst respektabler Bischöfe hervorgebracht, die eine erstaunliche Weite der Wirksamkeit entfalteten. Neben Brun von Köln seien nur genannt Ulrich von Augsburg, der die »episcopalis potestas« noch von König Heinrich I. empfangen hatte und sich als Muster eines ottonischen Reichsbischofs bewährte, Konrad von Konstanz (934–975), Wolfgang von Regensburg (972–994),[81] Egbert von Trier (977–993),[82] Willigis von Mainz (975–1011),[83] Bernward von Hildes-

---

[80] Wie ein »episkopabler« Geistlicher nach den Vorstellungen der Zeit beschaffen sein mußte, schildert eindrucksvoll beispielsweise die Ulrichs-Vita: GVUo I und XXIV; Kallfelz 56f. 134. – Weitlauff, Bischof Ulrich von Augsburg.

[81] Helmut Maurer-Wolfgang Müller-Hugo Ott (Hrg.), Der heilige Konrad, Bischof von Konstanz. Studien aus Anlaß der tausendsten Wiederkehr seines Todesjahres (= Freiburger Diözesan-Archiv 95, N. F. 27), Freiburg i. Br. 1975; Neue Deutsche Biographie 12 (1980) 507f. – Georg Schwaiger, Der heilige Bischof Wolfgang von Regensburg (972–994). Geschichte, Legende und Verehrung, in: Ders.-Josef Staber (Hrg.), Regensburg und Böhmen. Festschrift zur Tausendjahrfeier des Regierungsantrittes Bischof Wolfgangs von Regensburg und der Errichtung des Bistums Prag (= Beiträge zur Geschichte des Bistums Regensburg 6), Regensburg 1972, 39–60; ders., Der heilige Wolfgang, Bischof von Regensburg (972–994) in: Ders. (Hrg.), Lebensbilder aus der Geschichte des Bistums Regensburg I 93–107.

[82] Lexikon des Mittelalters 3 (1986) 1600f.

[83] Anton Ph. Brück (Hrg.), Willigis und sein Dom. Festschrift zur Tausendjahrfeier des Mainzer Domes 975–1975 (= Quellen und Abhandlungen zur mittelrheinischen Kirchengeschichte 24), Mainz 1975; Friedhelm Jürgensmeier, Das Bistum Mainz. Von der Römerzeit bis zum II. Vatikanischen Konzil (= Beiträge zur Mainzer Kirchengeschichte 2), Frankfurt am Main 1988, 65–70.

heim (993–1022),[84] Burchard von Worms (1000–1025),[85] Meinwerk von Paderborn (1009–1036),[86] Godehard von Hildesheim (1022–1038).[87] Diesen und vielen anderen gebührt nicht nur in der Geschichte des Reiches und der Kirche, sondern auch in der Geschichte der Kunst und Wissenschaft, dank ihrer großzügigen kulturellen Wirksamkeit, ein hervorragender Platz. Und alle ließen sie sich, zumeist inspiriert von der lothringischen Reform, in besonderem Maße die Förderung des Mönchtums angelegen sein – als ob sie damit ein religiöses Gegengewicht zu schaffen suchten zu ihrem politischen Engagement. Sie waren die Erbauer der großen Dome, sie gründeten Klöster als Zentren des Gebets, der christlichen Erziehung und Kultur, sie pflegten das Recht und bemühten sich rastlos, es im Volksempfinden zu verankern und das Volk zu christlicher Sittlichkeit zu erziehen; sie schufen die Voraussetzungen für die Pflege der Wissenschaft und führten in Deutschland die Kunst zu ihrer ersten großen Blüte in der Romanik, ja zuweilen betätigten sie sich selber – wie zum Beispiel Bernward von Hildesheim – als hervorragende Künstler.[88] Nicht selten errangen sich diese ottonischen Reichsbischöfe aber auch ihren festen Platz in der Geschichte der Frömmigkeit. Schon bald nach ihrem Tod verehrte das Volk viele von ihnen als Heilige, und dies wiederum war der eigentliche Grund, daß man ihre Vita verfaßte, zum unvergänglichen Gedächtnis ihrer Persönlichkeit und des von ihnen hinterlassenen Werkes. Sie haben ein neues Kapitel der Heiligkeit heraufgeführt, »ein Ideal, das sich eben im hingebungsvollen Dienst an Kirche und Reich erfüllt«.[89] Man wird in der ganzen mittelalterlichen Kirchengeschichte mit Einschluß der Geschichte des Papsttums, das damals am Boden lag, keine zweite Epoche finden, die wie die ottonisch-frühsalische mit einer ähnlichen Fülle überragender Namen aufwarten kann. Daß aber diese Elite zu geistlichen Führungspositionen aufstieg und hier ihre ganze Kraft entfalten konnte, war ganz entscheidend der politischen Sorge und dem politischen Weitblick der ottonischen Herrscher, insbesondere Ottos I., zu verdanken. Und man sollte nie vergessen, daß es die auf solche geistig und geistlich überragenden Bischöfe gestützte Autorität eines deutschen Königs war, des großen, tieffrommen Sa-

---

[84] Bernwards-Vita (mit Einleitung) in: Kallfelz 263–361. – Lexikon des Mittelalters 1 (1980) 2012–2014; .
[85] Ebd. 2 (1983) 946–951.
[86] Neue deutsche Biographie 16 (1990) 680f.; Lexikon des Mittelalters 6 (1992) 3. Lieferung 475f.
[87] Lexikon des Mittelalters 4 (1989) 1531f.; Josef Fellenberg gen. Reinold, Die Verehrung des Heiligen Gotthard von Hildesheim in Kirche und Volk (= Rheinisches Archiv 74), Bonn 1970; Georg Schwaiger, Der heilige Gotthard, Abt von Niederaltaich und Bischof von Hildesheim (960–5. Mai 1038), in: Ders. (Hrg.), Bavaria Sancta. Zeugen christlichen Glaubens in Bayern III, Regensburg 1973, 111–124.
[88] Rudolf Wesenberg, Bernwardinische Plastik. Zur Ottonischen Kunst unter Bischof Bernward von Hildesheim (= Denkmäler deutscher Kunst 34), Berlin 1955; Walter Pilz, Bernward, Bischof und Künstler, Hildesheim 1962.
[89] Fleckenstein, Problematik und Gestalt 97.

liers Heinrich III., die im Jahre 1046 das seiner geistlichen Sendung zutiefst entfremdete, in entsetzlichem Maße degenerierte römische Papsttum vor dem endgültigen Versinken errettete,[90] daß es ferner durch die »Schule« der königlichen Hofkapelle in ihrem geistlichen Profil geformte deutsche Bischöfe waren, die, nacheinander von Heinrich III. zu Päpsten »designiert«, dem Papsttum wieder Würde verliehen und Weltgeltung verschafften: Suidger von Bamberg als Clemens II. (1046/47),[91] Poppo von Brixen – der jedoch als Hofkapellan nicht nachzuweisen ist – als Damasus II. (1048)[92] und Bruno von Toul als Leo IX. (1049–1054).[93] Wenn man dies alles bedenkt und die hohen Verdienste des auf der ottonischen Tradition aufruhenden frühsalischen Königtums um das römische Papsttum erwägt, erscheinen die sog. »Gregorianische Reform« der zweiten Hälfte des 11. Jahrhunderts, die im Grunde bis heute unsere Kirche prägt, und die Schmach, die Gregor VII. in seinem mönchischen Rigorismus und Fanatismus dem deutschen Königtum angetan hat,[94] zum irreparablen Schaden von Kirche und Reich – Kirche hier durchaus im universalen Sinn verstanden –, in einem erheblich anderen Licht, als man die Dinge für gewöhnlich dargestellt bzw. beleuchtet bekommt.

Freilich, diese in der Geschichte des Christentums einzigartige Hochform der gegenseitigen Durchdringung von Reich und Kirche bildete natürlich auch ein außerordentliches Spannungsfeld, dessen Kräfte zu fruchtbarem Wirken im Dienst eines höheren Daseins zusammengehalten und sozusagen ausbalanciert wurden durch die Sakralität des Königtums und die dadurch legitimierte Autorität seiner Träger. Nur solange Reich und Kirche und ihre Repräsentanten sich in wechselseitiger Zuordnung im Horizont der Heilsgeschichte miteinander verbunden und demselben Ziel verpflichtet wußten,

---

[90] Johannes Haller, Das Papsttum. Idee und Wirklichkeit II, Esslingen am Neckar 1962, 262–283; Heinrich Fichtenau, Das Ansehen des Papsttums im zehnten Jahrhundert, in: Hubert Mordek (Hrg.), Aus Kirche und Reich. Studien zu Theologie, Politik und Recht im Mittelalter. Festschrift für Friedrich Kempf zu seinem fünfundsiebzigsten Geburtstag und fünfzigjährigen Doktorjubiläum, Sigmaringen 1983, 117–124; Gerd Tellenbach, Zur Geschichte der Päpste im 10. und früheren 11. Jahrhundert, in: Lutz Fenske-Werner Rösener-Thomas Zotz (Hrg.), Institutionen, Kultur und Gesellschaft im Mittelalter. Festschrift für Josef Fleckenstein zu seinem fünfundsechzigsten Geburtstag, Sigmaringen 1984, 165–177; Georg Schwaiger, Das Papsttum im »Dunklen Jahrhundert«. In diesem Band.

[91] Finck von Finckenstein, Bischof und Reich 122f.

[92] Ebd. 264f.

[93] Ebd. 240f. – Zu den genannten deutschen Päpsten siehe: Haller, Das Papsttum II 262–310; Franz-Josef Schmale, Die Anfänge des Reformpapsttums unter den deutschen und lothringisch-tuszischen Päpsten. Von Clemens II. bis Alexander II., in: Martin Greschat (Hrg.), Das Papsttum I (= Gestalten der Kirchengeschichte 11), Stuttgart-Berlin-Köln-Mainz 1985, 140–154, hier 140–145; Gustl Frech, Die deutschen Päpste – Kontinuität und Wandel, in: Stefan Weinfurter-Frank Martin Siefarth (Hrg.), Die Reichskirche in der Salierzeit (= Die Salier und das Reich 2), Sigmaringen 1991, 302–332.

[94] Georg Schwaiger, Kirchenreform und Reformpapsttum (1046–1124), in: Münchener Theologische Zeitschrift 38 (1987) 31–51.

nur solange sie in diesem Sinne ihr inneres Gleichgewicht wahrten, konnte die wesentlich von Otto I. begründete Ordnung des Reiches Bestand haben. Tatsächlich aber wurde dieses Gleichgewicht in der zweiten Hälfte des 11. Jahrhunderts bedroht, schließlich zerstört: durch die gregorianischen Reformer. Die Bedrohung war deshalb existentiell, weil die Gregorianer die »Sacra« allein für die Kirche und vor allem für das erst kurz zuvor vom deutschen Königtum aus dem Morast gezogene Papsttum beanspruchten, König und Reich aber gegen jede Tradition in die rein weltliche Sphäre verwiesen und um der Durchsetzung dieses Anspruchs willen in das Reich Kampf und Spaltung trugen.

Der Ausgang dieses gigantischen Kampfes – dessen eingeführte Bezeichnung »Investiturstreit« im Grunde nur seinen äußeren Ablauf benennt[95] – und seine Folgen sind bekannt. Zwar vermochte der König und Kaiser im Kompromiß des Wormser Konkordats von 1122 sich einige bedeutende Rechte über die Reichskirche im ganzen und bei der Besetzung der Bischofsstühle zu reservieren,[96] und diese blieben durch alle Wandlungen der folgenden Jahrhunderte hindurch im wesentlichen erhalten bis zum Ende des Heiligen Römischen Reiches im Jahre 1806 bzw. bis zur Säkularisation von 1802/03. Das ändert aber nichts an dem Tatbestand, daß die Kampfansage der Gregorianer im Augenblick wieder im Reich die zentrifugalen Kräfte weckte: daß das seiner Sakralität entkleidete Reich damals von seiner Höhe zu stürzen begann. Schon unter den Staufern verblaßte die sakrale Idee des Reiches. Als unter dem Stauferkaiser Friedrich II. (1196/1212–1250, Krönung zum Kaiser 1220) schließlich der Kampf zwischen Kaisertum und Papsttum seinem schrecklichen Höhepunkt zutrieb, nutzten die weltlichen und geistlichen Großen des Reiches den Ausfall der königlich-kaiserlichen Zentralgewalt zum Ausbau ihrer eigenen Machtposition. Sie schwangen sich zu Territorialfürsten auf und billigten dem Reichsoberhaupt fortan nicht viel mehr als einen Ehrenvorrang zu. Die Reichskirche aber bildete fortan ein Konglomerat von über das Reich zerstreuten geistlichen Fürstentümern, die sich bald der Übermacht der benachbarten weltlichen Fürstenhäuser ausgeliefert sahen und diesen nach und nach als wohlfeile Versorgungsstätten für nachgeborene Söhne zu dienen hatten.[97]

Gewiß ist diese Entwicklung nicht einfach monokausal zu erklären. In ihr spielten mehrere Faktoren zusammen. Und auch unter den gewandelten politischen Kräfteverhältnissen brach das Reich nicht auseinander, es überstand selbst die Katastrophe des Reformationssturmes im 16. Jahrhundert.

---

[95] Uta-Renate Blumenthal, Der Investiturstreit (= Urban-Taschenbücher 335), Stuttgart-Berlin-Köln-Mainz 1982; Tellenbach, Die westliche Kirche 208–236.
[96] Hofmeister, Das Wormser Konkordat; Weinrich 182–185.
[97] Siehe hierzu als Beispiel reichskirchlicher Bestrebungen eines fürstlichen Hauses: Manfred Weitlauff, Die bayerischen Wittelsbacher in der Reichskirche, in: Römische Quartalschrift 87 (1992), 306–326.

Dennoch kann kein Zweifel bestehen: der tiefeinschneidende Umbruch, der die gregorianische Epoche kennzeichnet, ist bewirkt worden durch das sog. »Reformpapsttum« – erst jetzt, in der zweiten Hälfte des 11. Jahrhunderts, kommt der Begriff »papatus« überhaupt auf![98] –, als dieses von seiner traditionellen (und allgemein anerkannten) Rolle einer ideellen, spirituellen Größe in der Kirche endgültig Abschied nahm, für sich mit Vehemenz über Kirche, Könige und Reiche das oberste Regiment beanspruchte und den König und Kaiser sozusagen »laisierte«.[99]

In der zeitgenössischen, scharf antigregorianischen Streitschrift »De unitate ecclesiae conservanda« eines anonymen Hersfelder Mönches stehen die für sich sprechenden Worte: »Christus sagt: ›Der Größte unter euch soll euer Diener sein. Wer aber sich selbst erhöht, wird erniedrigt werden, und wer sich selbst erniedrigt, wird erhöht werden.‹ Aber während dieser eine Lehrer Christus und ebenso Gott selbst die Zeiten bewegt und die Reiche überträgt, er, der die Herzen der Könige in seiner Rechten hält, lesen wir, Papst Hildebrand [Gregor VII.] habe gelehrt, *er* habe die Gewalt über Könige und Reiche und könne das tun, was nach den Worten des Psalmisten nur durch Gott allein geschehen kann: ›Diesen erniedrigt er und jenen erhöht er.‹«[100] Das neue Selbstverständnis des Papsttums seit Gregor VII. und die dadurch verursachte Zäsur in der Entwicklung der abendländischen Kirche und des Heiligen Römischen Reiches könnten greller als mit diesen Worten nicht beleuchtet werden.

---

[98] Gerd Tellenbach, »Gregorianische Reform«. Kritische Besinnungen, in: Schmid, Reich und Kirche 99–113, hier 109; ders. Die westliche Kirche 152f.

[99] Tellenbach, Gregorianische Reform 111f.; ders., Die westliche Kirche 116–201.

[100] »›Qui enim‹, inquit Christus, ›maior est vestrum, erit minister vester. Qui enim se exaltaverit, humiliabitur, et qui se humiliat, exaltabitur.‹ Sed cum ipse unus magister Christus idemque Deus mutet tempora et transferat regna, tenens corda regum in dextera sua, legimus docuisse Hildebrandum papam, quod potestatem ipse habuerit super reges et super regna, et posse id facere, quod per Deum fieri tantum dicit psalmista: ›Hunc humiliat et hunc exaltat.‹« De unitate ecclesiae conservanda. Liber II c. 1, in: Quellen zum Investiturstreit II (= Ausgewählte Quellen zur deutschen Geschichte des Mittelalters. Freiherr vom Stein-Gedächtnisausgabe 12 b), Darmstadt 1984, 272–579, hier 364.

---

3 *Kaiser Heinrich II. thronend. Evangeliar Kaiser Heinrichs II. aus Montecassino, Regensburg vor 1022.*
Rom, Biblioteca Apostolica Vaticana. Cod. Ottoboniano lat. 74, fol. 193^v

Folgende Seite
4 *Oberstadion bei Munderkingen, Alb-Donau-Kreis, Herkunftsort des Augsburger Bischofs der Reformationszeit, Christoph von Stadion, Pfarrkirche St. Martinus. St. Ulrich von einem gotischen Altar in der südlichen Querhauskapelle*

Georg Schwaiger

Das Papsttum im »Dunklen Jahrhundert«

»Siehe, ein neues Saeculum beginnt, das man eisern nennt wegen seiner unguten Härte, bleiern wegen des entstellenden Überflusses an Bosheit und dunkel wegen des Mangels an Autoren.« Mit diesen Worten etwa begann der gelehrte Kardinal Caesar Baronius 1602 die Behandlung des 10. Jahrhunderts in seinen berühmten »Annales ecclesiastici«.[1] Gerade der Blick auf Rom und den Stuhl Petri, die Vergewaltigung des ersten Sitzes der Christenheit durch die römisch-mittelitalischen Adelscliquen in dieser Epoche, schien dieses düstere Bild zu rechtfertigen. Denn in der abendländischen Kirche insgesamt gab es in diesem »dunklen Jahrhundert« (saeculum obscurum) vielfach erfreuliches Licht: in der Mitte Europas den Aufstieg eines starken deutschen Königtums, das sich in allen politischen Interessen durchaus der vorrangigen christlichen Verantwortung bewußt ist, geübt als Schutz der Kirche und zugleich als mächtige Unterstützung der Ausbreitung und hierarchischen Festigung der jungen Missionskirchen im Norden Europas und noch deutlicher bei den slawischen Völkerschaften des Ostens, im werdenden polnischen Staatswesen, im böhmisch-mährischen Raum und nicht zuletzt bei den Ungarn.

I

Nach dem verbreiteten, nicht allgemeinen Niedergang im 9. und frühen 10. Jahrhundert, bedingt durch den Zerfall übergreifender politischer Ordnungen im Abendland und den Ansturm äußerer Feinde (Sarazenen, Normannen, Ungarn), wurden seit der Mitte des 10. Jahrhunderts nicht nur Klöster, auch der Weltklerus, Kanoniker- und Kanonissenstifte, Kirchenleute und Laien vom mächtigen Streben nach religiöser Erneuerung, nach tieferer Verchristlichung erfaßt. Die Sorge um das ewige Heil trat wie nie zuvor in das

---

[1] »En, incipit annus Redemptoris nongentesimus, quo et novum inchoatur saeculum, quod sui asperitate ac boni sterilitate ferreum malique exundantis deformitate plumbeum atque inopia scriptorum appellari consuevit obscurum.« Caesar Baronius, Annales ecclesiastici, ed. Augustinus Theiner, Bd. 15, Bar-le-Duc 1868, 467. – Harald Zimmermann, Das dunkle Jahrhundert. Ein historisches Porträt, Graz–Wien–Köln 1971, 15, 307.

geschärfte, auch verängstigte Bewußtsein der Menschen. Lothringen und Burgund, Deutschland und Teile Italiens wurden die ersten erkennbaren Schauplätze der religiösen Erneuerung, die seit der Mitte des 11. Jahrhunderts dann alle abendländischen Reiche ergriff. Das benediktinische Cluny in Burgund, benediktinische Klöster der »Lothringer Reform«, Kanonikerreformen in der Erneuerung augustinischer Leitsätze des gemeinsamen Lebens der Kleriker, Eremitengruppen Italiens – in diesen Namen gewinnt die »Kirchenreform« bereits im 10. und frühen 11. Jahrhundert deutliche Konturen, wobei diese Erneuerung zunächst eher von unten aufbricht, aber rasch die Förderung einzelner Fürsten und Bischöfe, der Könige und Kaiser erfährt.[2] Geschützt und gestützt durch die Könige und Kaiser von Otto I. dem Großen (936–973) bis zum Salier Heinrich III. (1039–1056) bietet die vorgregorianische Reichskirche[3] durchaus ein Bild der Ordnung und eifriger Religiosität. In jedem deutschen Bistum kann man für diese Zeit bedeutende, reformeifrige, vielfach auch hochgebildete Bischöfe nennen, die ihr geistliches Amt in apostolischer Auffassung geübt haben, als Reichsbischöfe gleich tüchtig im geistlichen und weltlichen Bereich. Ihre hohe Wertschätzung bei Zeitgenossen und Nachfolgern zeigt sich auch darin, daß nicht wenige dieser Bischöfe

---

[2] Allgemeines Schrifttum: Wilhelm Wattenbach–Wilhelm Levison–Franz-Josef Schmale, Deutschlands Geschichtsquellen im Mittelalter. Die Zeit der Sachsen und Salier, 3 Teile, Darmstadt 1967–1971. – Albert Hauck, Kirchengeschichte Deutschlands III, Leipzig [3.4]1906, [8]1954 (immer noch grundlegend). – Johannes Haller, Das Papsttum. Idee und Wirklichkeit II, Stuttgart 1951. – Franz Xaver Seppelt, Geschichte der Päpste II: Die Entfaltung der päpstlichen Machtstellung im frühen Mittelalter von Gregor dem Großen bis zur Mitte des elften Jahrhunderts, München [2]1955. – Franz Xaver Seppelt–Georg Schwaiger, Geschichte der Päpste. Von den Anfängen bis zur Gegenwart, München 1964, 109–133. – Hubert Jedin (Hg.), Handbuch der Kirchengeschichte III/1: Vom kirchlichen Frühmittelalter zur gregorianischen Reform, Freiburg 1966 (Neudruck 1985). – Georg Schwaiger, Päpstlicher Primat und Autorität der Allgemeinen Konzilien im Spiegel der Geschichte, Paderborn 1977. – Walter Ullmann, Kurze Geschichte des Papsttums im Mittelalter, Berlin–New York 1978. – Harald Zimmermann, Das Papsttum im Mittelalter. Eine Papstgeschichte im Spiegel der Historiographie, Stuttgart 1981. – Uta-Renate Blumenthal, Der Investiturstreit, Stuttgart 1982 (mit QQ. u. Lit.). – Horst Fuhrmann, Deutsche Geschichte im hohen Mittelalter, Göttingen [2]1983 (mit reichem Schrifttum). – Hubert Mordek (Hg.), Aus Kirche und Reich. Studien zu Theologie, Politik und Recht im Mittelalter. Festschrift für Friedrich Kempf, Sigmaringen 1983. – Neue Deutsche Geschichte I: Friedrich Prinz, Grundlagen und Anfänge. Deutschland bis 1056, München 1985; II: Alfred Haverkamp, Aufbruch und Gestaltung. Deutschland 1056–1273, München 1984. – Martin Greschat (Hg.), Das Papsttum I (Gestalten der Kirchengeschichte 11), Stuttgart 1985. Darin v. a.: Georg Schwaiger, Das Papsttum in der Geschichte (7–24); Harald Zimmermann, Die Päpste des »dunklen Jahrhunderts« (129–139); Franz-Josef Schmale, Die Anfänge des Reformpapsttums unter den deutschen und lothringisch-tuszischen Päpsten (140–154); Horst Fuhrmann, Gregor VII., »Gregorianische Reform« und Investiturstreit (155–175). – Horst Fuhrmann, »Der wahre Kaiser ist der Papst«. Von der irdischen Gewalt im Mittelalter, in: Hans Bungert (Hg.), Das antike Rom in Europa (U.R. Schriftenreihe der Universität Regensburg 12), Regensburg 1986, 99–121. – Bernhard Schimmelpfennig, Das Papsttum. Grundzüge seiner Geschichte von der Antike bis zur Renaissance, Darmstadt [2]1987. – Gerd Tellenbach, Die westliche Kirche vom 10. bis zum frühen 12. Jahrhundert (Die Kirche in ihrer Geschichte, Bd. 2, Lieferung F 1), Göttingen 1988 (QQ. u. Lit.). – Manfred Weitlauff–Karl Hausberger (Hg.),

als Heilige Verehrung fanden und als Bistumspatrone gefeiert werden, angefangen von den heiligen Bischöfen Ulrich von Augsburg (923–973) und Wolfgang von Regensburg (972–994) bis zu den hochgefeierten Hildesheimer Patronen Bernward (993–1022) und Godehard (1022–1038).

Spät erst – und von außen kommend – wurde der römische Bischofsstuhl vom neuaufgebrochenen Reformdenken der abendländischen Christenheit stärker erfaßt. Diese »Verspätung« und die unbestreitbaren Greuelbilder aus der römischen Kirche dieser Epoche mochten nicht nur einen Bischof Liutprand von Cremona (961–ca. 972)[4] zu seinen oft tendenziösen Schriften veranlassen: späteren Generationen mußte dieses tief gedemütigte, schier allen Greueln und Verbrechen ausgelieferte Papsttum in grauenvollem Dunkel erscheinen.

Das Urteil der Historiker über die Päpste des saeculum obscurum[5] ist bis in die jüngste Zeit immer noch recht unterschiedlich ausgefallen. Als Harald Zimmermann 1968 ein umfassendes Werk über »Papstabsetzungen des Mittelalters« vorlegte[6] und darin Päpste des »dunklen Jahrhunderts« ein wenig differenzierter und lichter zeichnete, trat ihm sein Mediävistenkollege Hartmut Hoffmann scharf entgegen. Unter Hinweis auf Johannes Hallers impo-

---

Papsttum und Kirchenreform. Historische Beiträge. Festschrift für Georg Schwaiger, St. Ottilien 1990.

[3] Albert Hauck, Kirchengeschichte Deutschlands III, 1–664. – Friedrich Prinz, Klerus und Krieg im früheren Mittelalter. Untersuchungen zur Rolle der Kirche beim Aufbau der Königsherrschaft, Stuttgart 1971. – Herbert Zielinski, Der Reichsepiskopat in spätottonischer und salischer Zeit (1002–1125), Teil I, Wiesbaden–Stuttgart 1984. Hier auch S. 285–307 gute Karten der Reichskirche. – Karl Schmid (Hg.), Reich und Kirche vor dem Investiturstreit, Sigmaringen 1985. – Georg Schwaiger, Bischofsamt in bedrängter Zeit, in: »Diener in Eurer Mitte«. Festschrift für Dr. Antonius Hofmann, Bischof von Passau, zum 75. Geburtstag. Herausgegeben von Rainer Beer, August Leidl u. a. (Schriften der Universität Passau. Reihe Katholische Theologie 5), Passau 1984, 164–184, hier 166–171. – Ders., Kirchenreform und Reformpapsttum (1046–1124), in: Münchener Theologische Zeitschrift 38 (1987) 31–51. – Monumenta Germaniae Historica [MGH]. Concilia VI,1: Die Konzilien Deutschlands und Reichsitaliens 916–1001, Teil 1: 916–960, hg. v. Ernst-Dieter Hehl unter Mitarbeit von Horst Fuhrmann, Hannover 1987. – Albrecht Graf Finck von Finckenstein, Bischof und Reich. Untersuchungen zum Integrationsprozeß des ottonisch-frühsalischen Reiches, 919–1056 (Studien zur Mediaevistik 1), Sigmaringen 1989.

[4] MGH. Scriptores III, ed. Georgius Heinricus Pertz, 1839 (Nachdruck 1986), 273–363. – Jacques-Paul Migne, Patrologia Latina 136, 787–938. – MGH. Scriptores rer. Germ. in usum scholarum 41. Liudprandi Episcopi Cremonensis opera. Hg. v. Joseph Becker, Hannover–Leipzig ^{3}1915 (Nachdruck 1977).

[5] Haller, Papsttum II, 63–261, 527–568. – Seppelt, Geschichte der Päpste II^2, 289–419. – Seppelt–Schwaiger, Geschichte der Päpste. Von den Anfängen bis zur Gegenwart 109–133. – Friedrich Kempf, Abendländische Völkergemeinschaft und Kirche von 900 bis 1046, in: Jedin, Handbuch der Kirchengeschichte III/1, 219–293 (QQ. u. Lit.). – Harald Zimmermann, Das dunkle Jahrhundert. Ein historisches Porträt, Graz 1971. – Ullmann, Kurze Geschichte des Papsttums im Mittelalter, 83–119. – Harald Zimmermann, Das Papsttum im Mittelalter. Eine Papstgeschichte im Spiegel der Historiographie, Stuttgart 1981, 90–108. – Tellenbach, Die westliche Kirche vom 10. bis zum frühen 12. Jahrhundert, 65–72.

[6] Graz–Wien–Köln 1968.

santes Werk über »Das Papsttum – Idee und Wirklichkeit« stellte Hoffmann fest: »Das saeculum obscurum, in dem so Schreckliches geschah, versucht Zimmermann zu rehabilitieren, indem er nicht so sehr auf die ›Fülle der Gewalttaten‹ als vielmehr auf die ›Ordnungsprinzipien‹ und die bloß bedingte Rechtsgeltung der päpstlichen ›Gerichtsimmunität‹ abhebt... Im 10. Jahrhundert folgte auf dem Heiligen Stuhl ein monstrum dem anderen; demgegenüber ist es relativ gleichgültig, ob das Recht immer oder nur häufig mit Füßen getreten wurde.«[7] Als diese harte Kritik 1971 erschien, legte Harald Zimmermann im gleichen Jahr seine Erkenntnisse in dem bis heute grundlegenden Werk »Das dunkle Jahrhundert. Ein historisches Porträt« vor.[8] Er beschränkte sich darin auf das 10. Jahrhundert. Seinen Erkenntnissen und seiner differenzierteren, in jeder Hinsicht stärker erhellenden Darstellung ist die Geschichtswissenschaft weithin übereinstimmend gefolgt.

II

Caesar Baronius hatte unter Saeculum obscurum die Epoche etwa zwischen 880 und 1046 verstanden, zwischen dem Ende des karolingischen Schutzes und dem neuen Aufstieg des Papsttums, beginnend mit dem epochalen Eingreifen König Heinrichs III. auf den Synoden von Sutri und Rom im Dezember 1046. Wie stellen sich Päpste und Papsttum – diese hier besonders notwendige Unterscheidung wird uns noch beschäftigen – in diesem »Dunklen Jahrhundert« der nüchternen historischen Betrachtung dar?
Zunächst die unerläßlichen äußeren Bedingtheiten:[9] Das Schicksal des Papsttums im frühen Mittelalter ist wesentlich bestimmt durch die enge Verbindung von Geistlichem und Weltlichem, wie sie seit der »Konstantinischen Wende« des frühen 4. Jahrhunderts sich entwickelt hatte, mit all ihrer Problematik für beide Seiten. Die Entfremdung zwischen Rom und dem durch Kriege und Religionswirren schwer erschütterten Byzantinischen Reich schritt weiter voran. Der römische Kaiser in Konstantinopel hielt zwar seinen Herrschaftsanspruch über Italien und den tatsächlich verlorenen Westen aufrecht, konnte aber keinen Schutz mehr gewähren. In der Langobardennot des 8. Jahrhunderts suchte und fand das Papsttum Hilfe bei den Franken, der politischen Vormacht des Westens. Vor allem angelsächsische benediktinische Missionare bereiteten diesen Bund des Papsttums mit den Franken vor. Aus diesem Bund wuchs die folgenschwere Verbindung des Papsttums mit dem römisch-fränkischen, dann römisch-deutschen Kaisertum. Im Niedergang der karolingischen Macht gewannen die Päpste des 9. Jahrhunderts zwar den Schein größerer politischer Selbständigkeit, erkenn-

[7] Zeitschrift für Kirchengeschichte 82 (1971) 111 f.
[8] Graz 1971.
[9] Schrifttum wie Anm. 2 und 5.

bar etwa in der beginnenden päpstlichen Vergebung der Kaiserkrone des Westens, sahen sich aber in der zeitweise tödlichen Bedrohung durch räuberische Sarazenen und Normannen schutzlos. Schon im Pontifikat des bedeutenden Papstes Nikolaus I. (858–867) blieb es weithin beim bloßen Anspruch päpstlicher Hoheit, auch in dem schweren Konflikt mit Byzanz unter den Patriarchen Ignatius und Photius.

Ohne kraftvollen kaiserlichen Schutz wurde der Stuhl Petri seit dem ausgehenden 9. Jahrhundert eine Beute römischer und mittelitalischer Adelssippen. Man kann durchaus zutreffend vom römischen Raub- und Raufadel oder auch zeitweilig von der römischen Adelsanarchie sprechen. Der römische Bischofsstuhl und die damit verbundenen Besitztümer – das alte, schwer zerrüttete Patrimonium Petri und der seit dem »Pippinischen Schenkungsversprechen« (754) sich bildende päpstliche »Kirchenstaat« – bildeten höchst begehrte Objekte in den Machtkämpfen der rivalisierenden, völlig skrupellosen Sippen. Diese strebten danach, die wichtigsten Ämter Roms und den kirchlichen Grundbesitz lebenslänglich und fast erblich in der Hand zu behalten. Da seit dem ausgehenden 8. Jahrhundert der Papst formell Herr der Stadt Rom war, wenn auch unter kaiserlicher Oberhoheit, ging es dem römischen Adel bei der Kontrolle des Papsttums letztlich um die Herrschaft über die Stadt, ihre Umgebung, ihre Einkünfte und Finanzen.

Im späten 9. Jahrhundert schien Italien immer mehr Beuteziel aller möglichen Abenteurer und Kriegsleute zu werden, machtloser spätkarolingischer Kleinkaiser, die wechselnde Gefolgsscharen aufboten. Päpstliche Hilferufe über die Alpen fanden zwar noch ein Echo in den spätkarolingischen Teilherrschaften, doch der »natürliche« Beschützer des Papsttums, der weströmische Kaiser, verschwand aus dem zerfallenden politischen Leben, ein zuverlässiger Nachfolger erstand erst wieder im Kaisertum Ottos des Großen (936–973), und auch unter den Kaisern aus sächsischem Haus herrschten in Rom meist nur Ruhe und Ordnung, solange die Kaisermacht nahe war. Ansonsten geboten über Rom und den Stuhl Petri römische Adelsparteien.

In der ersten Hälfte des 10. Jahrhunderts stand die Sippe des Theophylakt im Vordergrund der skrupellos geübten Gewaltherrschaft. Theophylakts Gemahlin Theodora (die Ältere) und ihre Töchter Theodora (die Jüngere) und Marozia, das »Mariechen«, fügten zur Machtgier noch sexuelle Begierde. Die rasch wechselnden Päpste dieser Epoche waren Exponenten, auch direkte Abkömmlinge dieses Adelsregimentes und wurden von diesem neuen Regiment nach dessen Vorstellungen kontrolliert. »Es trug alle Züge jener Art kleinlicher Diktatur, die lokale Adelscliquen kennzeichnet. Nach Theophylakts Tod nahm Marozia mit der für weibliche Tyrannen charakteristischen Zielstrebigkeit und Unbarmherzigkeit die Zügel selbst in die Hand.«[10] In diesem später so genannten »Huren- und Weiberregiment« über das Papst-

---

[10] Ullmann, Kurze Geschichte des Papsttums, 104.

tum schien das saeculum obscurum bis zur äußersten Finsternis der Pornokratie verdunkelt.

Marozias Sohn Alberich ließ aus Protest gegen deren dritte Ehe die Mutter einsperren und war nun von 933 bis zu seinem Tod 954 der wahre Herr und Meister Roms und des Papsttums. Dieser junge Alberich nannte sich »Herzog und Senator der Römer« und nahm alle päpstlichen Ernennungen vor, einschließlich des päpstlichen Dienstpersonals. Er ließ die römischen Senatoren schwören, nach seinem Tod seinen Sohn Oktavian zum Papst zu wählen. Dieser leichtlebige, lasterhafte Jungherr rief als Papst Johannes XII. in schwerer politischer Bedrängnis den deutschen König Otto I. zu Hilfe. In der Kaiserkrönung Ottos des Großen, am Lichtmeßtag 962, erstand das weströmische Kaisertum von neuem und blieb fortan mit dem deutschen Königtum verbunden, bis zum Ende des Heiligen Römischen Reiches (1806). Im Privilegium Ottonianum bestätigte Kaiser Otto am 13. Februar 962 kraft kaiserlicher Vollmacht, im Anschluß an die Schenkungen Pippins und Karls des Großen, das Papsttum im Besitz des Kirchenstaates. Doch wurden die kaiserlichen Hoheitsrechte ausdrücklich festgehalten, besonders bei der Papstwahl.[11] Darüber freilich gingen die Meinungen zwischen Kaiser und Papst beträchtlich auseinander.

Nach dem Tod Alberichs (954) gelangte in der zweiten Hälfte des 10. Jahrhunderts und bis zum Beginn des 11. Jahrhunderts das Geschlecht der Crescentier zeitweilig zu beherrschendem Einfluß über Rom und das Papsttum. Der consul Crescentius (I) war ein Sohn der jüngeren Theodora. Die Crescentier – Vater, Sohn und Enkel gleichen Namens – erscheinen in diesen Jahrzehnten meist als Führer der kaiserfeindlichen Partei in Rom. Dieser Haltung entsprechend agierten sie in den Wirren der Päpste und Gegenpäpste. Wegen wiederholten Treuebruchs ließ Kaiser Otto III. am 29. April 998 den abgesetzten »patricius« Crescentius (II) mit zwölf Genossen enthaupten und öffentlich aufhängen. Hauptstützpunkt der Crescentier in Rom war die Engelsburg, das längst zur Festung ausgebaute Mausoleum Kaiser Hadrians.

Nach dem frühen Tod Kaiser Ottos III. (1002) beherrschte Crescentius (III), wieder als patricius, für ein Jahrzehnt Rom und die Päpste, hielt im allgemeinen jedoch Einvernehmen mit den Päpsten und dem deutschen König Heinrich II. Im Jahre 1012 ging die Vorherrschaft im römischen Adel auf die kaiserfreundlichen Tuskulaner über, die »Grafen« von Tusculum, unterstützt von den Familien der Frangipani und der reichen, ursprünglich jüdischen Pierleoni. Die Tuskulaner stellten nacheinander drei Päpste: Benedikt VIII.

---

[11] MGH. Const. I, n. 12. – Theodor Sickel, Das Privilegium Ottos I. für die römische Kirche, Innsbruck 1883. – Edmund E[rnst]. Stengel, Die Entwicklung des Kaiserprivilegs für die römische Kirche 817–962, in: Historische Zeitschrift 134 (1926) 216–241, überarbeitet in: Edmund E[rnst]. Stengel, Abhandlungen und Untersuchungen zur mittelalterlichen Geschichte, Köln–Graz 1960, 218–248. – Ullmann, Kurze Geschichte des Papsttums, 109f., 328.

(1012–1024), Johannes XIX. (1024–1032) und Benedikt IX. (1032–1045),[12] mit dessen Abtreten und Ausschaltung bereits die neue Epoche des »Reformpapsttums«, wieder durch das Eingreifen des deutschen Königs, verbunden ist. Dahinter stand aber auch das bereits mächtig angewachsene Verlangen nach Erneuerung der Kirche, das in Rom zwar unter Marozias Sohn Alberich zum erstenmal begegnet, aber doch außerhalb des unmittelbaren römischen Bereiches bereits zu einer geistigen Großmacht gewachsen war.

Dies waren, in knappen Strichen gezeichnet, die äußeren Bedingtheiten für Päpste und Papsttum im »Dunklen Jahrhundert«. Nur dadurch werden Personen und Schicksale der Päpste verständlich. Die Quellen fließen spärlich, etwa die knappen Sätze im Liber Pontificalis,[13] sind häufig auch von der Parteileidenschaft gefärbt, ergeben aber im Ganzen doch ein zuverlässiges Bild über das Schicksal der Päpste. Das Bild ist dunkel und bedrückend. Von 880 bis 1046 werden 42 Päpste als rechtmäßig gezählt, 5 als unrechtmäßig. Auffallend sind die große Zahl und die meist kurze Regierung in den rasch wechselnden Pontifikaten. Die Häufigkeit gewaltsamer Eingriffe bei Erledigung und Neubesetzung des ersten Stuhles der Christenheit – Absetzung, Einkerkerung und nicht selten Ermordung – sind eine Spiegelung der römischen Zustände.[14]

Johannes VIII., der erste Papst dieser Epoche, war gebürtiger Römer, in seiner Regierung durchaus tüchtig, wurde aber durch die buchstäblich tödliche Bedrohung durch räuberische Sarazenen zu militärischen Maßnahmen unmittelbar veranlaßt. Er fand keinen ausreichenden Schutz bei den schwachen letzten Karolingern, rüstete selber eine Flotte und errang auch in seiner persönlichen militärischen Führung kleinere Erfolge. Nach dem Bericht der Fuldaer Annalen hat einer seiner Verwandten 882 dem greisen Papst einen Gifttrank gereicht und, als dieser zu langsam wirkte, ihm mit einem Hammer den Schädel eingeschlagen.[15] Es ist der erste Fall der Ermordung eines Papstes im Mittelalter, nicht der letzte.

Zum Nachfolger wurde Marinus (882–884) bestellt, vorher Bischof von Caere in Etrurien. Es war das erstemal, daß ein auswärtiger Bischof auf den römischen Stuhl erhoben wurde. Derartige Translationen von Bischöfen waren durch die alten Canones, besonders den 15. von Nicaea, streng verboten. Man betrachtete die Bindung eines Bischofs an sein Bistum als dem sakramentalen Ehebund vergleichbar. Für Papst Nikolaus I. war es vor kurzem

---

[12] Klaus-Jürgen Herrmann, Das Tuskulanerpapsttum (1012–1046). Benedikt VIII., Johannes XIX., Benedikt IX. (Päpste und Papsttum 4), Stuttgart 1973.

[13] Le Liber Pontificalis. Bearbeitet von L[ouis]. Duchesne, 2 Bände, Paris 1886–1892, Nachdruck Paris 1955. Band 3, hg. v. Cyrille Vogel, Paris 1958.

[14] Vgl. Harald Zimmermann, Papstabsetzungen des Mittelalters, Graz–Wien–Köln 1968. – Ders., Das dunkle Jahrhundert, Graz 1971.

[15] Philipp Jaffé-Paul Ewald, Regesta Pontificum Romanorum I, Leipzig ²1885, 422. – Annales Fuldenses sive Annales regni Francorum orientalis, ed. Fridericus Kurze: MGH. SS rer. Germ. 7, Hannover 1891, 109.

noch ein Hauptgrund gewesen, den Wunsch des Bulgarenfürsten abzulehnen, daß Bischof Formosus von Porto Erzbischof im neubekehrten Bulgarenreich werde. Auch die folgenden Päpste regierten nur kurze Zeit und standen völlig unter dem Druck der wechselnden italischen Gewalthaber Berengar von Friaul, Wido und Lambert von Spoleto. Diese erzwangen auch ihre Kaiserkrönung. Nur Kaiser Arnulf konnte kurzfristig Schutz gewähren, mußte aber nach der Kaiserkrönung durch Papst Formosus (896) als schwerkranker Mann Rom rasch verlassen und nach Bayern zurückkehren. Formosus starb wenige Wochen nach dem Abzug Kaiser Arnulfs. Erneut brachen schwerste Wirren herein. Im Tumult wurde zunächst ein abgesetzter Presbyter, Bonifaz VI. (896), auf den Stuhl Petri erhoben. Schon nach fünfzehn Tagen folgte ihm Stephan VI. (896–897), bisher Bischof von Anagni. Lambert von Spoleto nahm nun furchtbare Rache am toten Papst Formosus, weil er Arnulf von Kärnten zum Kaiser gekrönt hatte. Papst Stephan stellte sich als willfähriges Werkzeug zur Verfügung. Im Januar 897 hielt er auf einer Synode, in einer der römischen Hauptkirchen, schauerliches Gericht über den Toten. Der Leichnam hatte schon neun Monate im Grab geruht und trug alle Spuren der Verwesung. Nun wurde er an den Füßen aus dem Grab gerissen und vor die Versammlung geschleppt. Man bekleidete den Leichnam mit den Pontifikalgewändern und hielt dann drei Tage lang Gericht über den toten Papst. Er wurde für abgesetzt erklärt; alle von ihm erteilten Weihen und alle Amtshandlungen seiner Regierung seien ungültig gewesen. Nach der Verurteilung wurden der Leiche die Gewänder abgerissen und die Schwur- und Segensfinger der rechten Hand abgehauen. Der also geschändete Leichnam wurde zuerst auf den Begräbnisplatz für Fremde, dann in den Tiber geworfen. Der scheußliche Frevel rief Empörung und Widerspruch hervor, nicht nur bei den Presbytern, die von Papst Formosus die Weihe empfangen hatten und sich nun durch die Nichtigkeitserklärung der Weihen in ihren Stellungen bedroht sahen. So wurde wenige Wochen nach der »Leichensynode« Stephan VI. im Gefängnis erdrosselt. Diese schauerlichen Vorgänge beweisen schlagartig, in welche Tiefen die römische Kirche gesunken war.[16]

Dabei gab es unter diesen kurz regierenden Päpsten durchaus würdige Männer, so Romanus und Theodor II. im Jahr 897, Johannes IX. (898–900) und Benedikt IV. (900–903). Papst Formosus wurde rehabilitiert und ehrenvoll bestattet. Aber im Jahr 903 wurde Leo V. schon nach einmonatigem Pontifikat durch den Presbyter und neuen Papst Christophorus (903–904) in den Kerker geworfen und umgebracht; nach wenigen Wochen wurde dem Christophorus durch seinen ehrgeizigen, skrupellosen Nachfolger Sergius III. das gleiche Schicksal bereitet.

Unter Sergius III. (904–911) begann die sichtbare Machtstellung des Theo-

---

[16] Darstellung mit QQ bei: Zimmermann, Papstabsetzungen, 47–76. – Paul Droulers, A propos du Pape Formose du P. Arthur Lapôtre, in: Archivum Historiae Pontificiae 19 (1981) 327–332.

phylakt, seiner Gemahlin Theodora und bald der beiden Töchter Theodora und Marozia. Als grimmiger Gegner des Papstes Formosus hat Sergius III. wieder alle Weihen desselben für ungültig erklärt und dessen Anhänger abgesetzt. Wieder brachen darüber schwere Wirren aus.

Die Machtstellung der Familie des Theophylakt erfuhr eine beträchtliche Festigung, als Marozia sich in erster Ehe mit dem Markgrafen Alberich (I.) von Spoleto verband. Alberich wurde zum mächtigsten Herrn in Mittelitalien, bemühte sich um Abwehr äußerer Feinde und lieh seine Macht dem Theophylakt zur Herrschaft über Rom und das Papsttum. Aber der Stuhl Petri blieb ein halbes Jahrhundert völlig in der Gewalt dieser gewalttätigen Sippe. Die dauernde Gefahr durch die Sarazenen, verheerende Machtkämpfe italischer Regionalherren und neuerdings auch Raubzüge der Ungarn in Oberitalien förderten die Zerrüttung. Päpste dieser Jahrzehnte konnten sich nur einigermaßen behaupten, wenn sie der genannten Sippe gefügig blieben, so der wenig geistlich gesinnte Johannes X., der aber als tatkräftiger Mann erscheint. In der siegreichen Schlacht gegen die Sarazenen am Garigliano (August 915) führte er persönlich die römischen Truppen an. Als er versuchte, größere Unabhängigkeit zu erlangen, zog er sich die Feindschaft der Marozia zu. Zuerst wurde des Papstes Bruder aus Rom vertrieben, schließlich vor den Augen des Papstes erwürgt. Dann wurde Johannes X. ins Gefängnis geworfen, wo er bald starb, wohl auf gewaltsame Weise.

Die Machtstellung der patricia et senatrix Marozia erschien fester denn je, die folgenden, kurz regierenden Päpste Leo VI. (928) und Stephan VII. (929–931) waren ihre Kreaturen, der folgende Papst Johannes XI. (931–935/936) ihr eigener Sohn, der nach dem schmähsüchtigen Bischof Liutprand von Cremona aus der sakrilegischen Verbindung mit Papst Sergius III. gestammt habe. Marozias Sohn Alberich (II.) herrschte bis zu seinem Tod (954) über Rom wie ein Monarch, sorgte aber für äußere Ordnung und zeigte sich auch den von Cluny ausgehenden Reformgedanken aufgeschlossen.[17]

Dennoch befand sich der Stuhl Petri in tiefer Erniedrigung. Aus eigener Kraft hätte sich das Papsttum nicht mehr erheben können. Das stolze Rom war zu einer Provinzstadt abgesunken. Die großartigen Bauwerke der Antike verfielen, wurden als Steinbrüche benutzt, und der Stadtadel verschanzte sich darin. Um das Jahr 400 mochte Rom noch an die 100000 Einwohner gezählt haben. Nach den Stürmen der Völkerwanderung und den Plünderungen durch die Westgoten (410) und Vandalen (455) kann man höchstens noch 30000 oder 40000 Bewohner schätzen, zeitweise mögen es wenig mehr als 10000 Seelen gewesen sein.[18] Wie der Prophet Jeremias über die Zerstörung Jerusalems hatte um 875 Papst Johannes VIII. über das Elend seiner verfallen-

---

[17] Zimmermann, Papstabsetzungen, 59–76.
[18] Ferdinand Gregorovius, Geschichte der Stadt Rom im Mittelalter. Vom V. bis zum XVI. Jahrhundert. Neu hg. v. Waldemar Kampf, I, Tübingen 1953, 103, 239, 549–553, 584f., 631f., 705–707 u. ö.

den Bischofsstadt geklagt: »In Trauer, in Zerstörung sitzt die Herrin der Völker, die Königin der Städte, die Mutter der Kirchen.«[19] In den endlosen Parteikämpfen konnten die tiefen Wunden nicht mehr heilen. Die Machtgrundlagen Alberichs II. waren viel zu schmal, um wirksame Abhilfe zu schaffen. Bischof Liutprand von Cremona mochte als Zeitgenosse unbillig verallgemeinern, als er die bittere Anklage gegen Rom schleuderte: »Wir Langobarden, Sachsen, Franken... verachten die Römer so sehr, daß wir in der Erregung keinen anderen Schimpfnamen finden als: Du Römer! In diesem Wort... fassen wir alles zusammen, was es an Gemeinheit, Feigheit, Geiz, Ausschweifung und Verlogenheit gibt.«[20] Bischof Liutprand steht mit solchen Worten nicht allein. Noch schärfere Anklagen gegen Rom und das vergewaltigte römische Papsttum werden in diesem 10. Jahrhundert auf Bischofssynoden in Frankreich erhoben: Man ist nicht bereit, von Rom irgendwelche Weisungen entgegenzunehmen.

Wie tief war das Ansehen des römischen Bischofs seit den Tagen Leos des Großen, Gregors des Großen, seit der Zeit Kaiser Karls oder auch nur Papst Nikolaus' I. gesunken! Hilfe konnte nur noch von außen kommen. Der deutsche König Otto I., der mächtigste und nach dem Ungarnsieg (955) der glänzendste Herrscher des Abendlandes, war fähig und bereit, diese Hilfe zu leisten.

»Kaiser Otto I. und die Kirche« werden in einem eigenen Beitrag dieses Bandes ausführlich dargestellt.[21] Darauf darf ich verweisen, ebenso auf den bereits eingangs gezeichneten Rahmen der Machtverhältnisse in Rom unter der Vorherrschaft der Adelssippen der Crescentier und Tusculaner. Die Kaiser Otto I., Otto II. und Otto III. haben wiederholt in die Wirren um den Stuhl Petri energisch eingegriffen, Päpste und »Eindringlinge« (invasores) abgesetzt und würdige Männer auf den römischen Bischofsstuhl gebracht. Diese konnten meist nur so lange ihres Amtes walten, als der Kaiser nahe war und sie schützte. Andernfalls brachen immer wieder die schlimmen Zustände des frühen 10. Jahrhunderts herein. Als zum Beispiel der würdige, reformfreundliche Papst Johannes XIV. (983-984) durch den allzu frühen Tod Kaiser Ottos II. (973-983) seinen Schutzherrn verlor, kehrte der abgesetzte Boni-

---

[19] »Sedet [in] tristitia, quin potius in ruina, domina gentium, regina urbium, mater ecclesiarum, consolatio tristantium, portus periclitantium.« Schreiben Johannes' VIII. an Kaiser Karl den Kahlen vom 15. November 876. MGH. Ep. VII: Epistolae Karolini Aevi V, Neudruck München 1978, 19-21, hier 20.

[20] »... quos [Romanos] nos, Langobardi scilicet, Saxones, Franci, Lotharingi, Bagoarii, Suevi, Burgundiones, tanto dedignamur, ut inimicos nostros commoti nil aliud contumeliarum nisi: Romane! dicamus, hoc solo, id est Romanorum nomine, quicquid ignobilitatis, quicquid timiditatis, quicquid avaritiae, quicquid luxuriae, quicquid mendacii, immo quicquid vitiorum est, comprehendentes.« Liudprandi relatio de legatione Constantinopolitana, XII. MGH (Scriptores rer. Germ. in usum scholarum 41). Liudprandi Episcopi Cremonensis opera. Hg. v. Joseph Becker, Hannover-Leipzig ³1915 (Nachdruck 1977), 182f.

[21] Manfred Weitlauff, Kaiser Otto I. und die Reichskirche (in diesem Band).

faz VII., gerufen von den Crescentiern und mit byzantinischer Hilfe, nach Rom zurück und bemächtigte sich wieder des päpstlichen Stuhles. Mitte April 984 ließ er Johannes XIV. in den Kerker werfen, wo dieser nach einigen schrecklichen Monaten an Hunger oder Gift sterben mußte.[22] Kaum ein Jahr später wurde der Unhold selbst durch einen jähen Tod – wohl durch Mord – dahingerafft.[23]

Der nachfolgende Papst Johannes XV. (985–996) wird einerseits wegen seiner Gelehrsamkeit gerühmt, doch auch im Liber Pontificalis wegen Habsucht und Verwandtenbegünstigung getadelt.[24] Seine Abhängigkeit von dem Stadtherrn Johannes Crescentius mit dem Beinamen Numentanus führte zu schwersten Vorwürfen gegen das römische Papsttum auf französischen Synoden. So klagten Bischöfe, sie seien von Johannes XV. schlecht empfangen worden, weil sie dem Crescentius keine Geschenke überbracht hätten. Man könne in Rom kein Recht finden, außer wenn es dem Tyrannen Crescentius beliebe, freizusprechen oder zu verurteilen.[25] Im Streit um die Besetzung des Reimser Erzstuhles wurden 991 auf einer Synode in der Basilika des heiligen Basolus bei Reims schärfste Anklagen der Bischöfe vorgebracht. Den großen, ehrwürdigen Päpsten der Vergangenheit – Gelasius, Innocenz, Leo und Gregor dem Großen – stellte Bischof Arnolf von Orléans in schärfstem Kontrast die würdelosen Päpste der letzten Jahre gegenüber: Alberichs Sohn Johannes Octavianus, als Papst Johannes XII. (955–964), ein lasterhafter Jüngling, der sich im Schlamm der Lüste gewälzt, Bonifaz VII. Franco (974, 984–985), ein verabscheuungswürdiges Ungetüm, der alle Sterblichen an Frevel überboten habe. Aus diesen Zuständen in Rom zog er Schlüsse, wobei er sich mehrmals auf die afrikanische Kirche in den Zeiten der heiligen Bischöfe Cyprian und Augustinus bezog: »Wo stehe es denn geschrieben, daß solchen Ungeheuern, der Schande der Welt, die allen göttlichen und menschlichen Wissens bar seien, all die Bischöfe, die sich durch Wissenschaft und Verdienste auszeichnen, gehorsam sein sollen! In Gallien, Belgien und Deutschland gebe es genug tüchtige Bischöfe, denen man eher eine richterliche Entscheidung überlassen könne als Rom, wo alles käuflich sei und die Urteile nach dem Goldgewicht abgemessen würden.«[26] In Frankreich erhob sich offener Widerstand gegen römische Ansprüche.

Auf einer Synode im Lateran – unter dem Vorsitz Papst Johannes' XV. – wurde am 31. Januar 993 Bischof Ulrich von Augsburg, der zwei Jahrzehnte zuvor fromm verstorben war und vom Volk hoch verehrt wurde, heiligge-

---

[22] Jaffé I² 484 f. – Duchesne, Liber Pontificalis II 259, III Reg.
[23] Jaffé I² 485, II² 707, 747. – Duchesne, Liber Pontificalis II 255–259. – Zimmermann, Papstabsetzungen, 100–103.
[24] Jaffé I² 486–489, II² 707 f. – Duchesne, Liber Pontificalis II 260, III Reg. – Zimmermann, Papstabsetzungen, 104.
[25] Seppelt II² 382.
[26] Ebd. 383 f.

sprochen.[27] Dies war die erste förmliche Kanonisation in feierlicher Form, die ein Papst vorgenommen hat. In die Zeit Johannes' XV. fällt auch die Schenkung Polens an den heiligen Petrus durch den Herzog Mieszko; sie begründete ein besonderes Schutz- und Abhängigkeitsverhältnis der jungen polnischen Kirche, die an der Jahrtausendwende durch Kaiser Otto III. und Papst Silvester II. die kirchliche Selbständigkeit erhielt, wie zur selben Zeit die Kirche Ungarns.[28]

Vor den ständigen Übergriffen des Crescentius Numentanus wich Johannes XV. nach Tuscien aus und rief den jugendlichen deutschen König Otto III. (982–1002) zu Hilfe, bot ihm auch die Kaiserkrone an. Als der König heranrückte, bekam es Crescentius mit der Angst zu tun, söhnte sich mit dem Papst aus und rief ihn nach Rom zurück, wo er bald starb.[29] Eine römische Gesandtschaft bat nun König Otto III., der damals in Pavia weilte, um die Ernennung eines neuen Papstes. Durch Kaiser Otto III. folgten nun nacheinander zwei hervorragende Päpste, der erste deutsche und der erste französische Papst: Gregor V. (996–999)[30] und Silvester II. (999–1003).[31]

In der ersten Hälfte des 11. Jahrhunderts trat in Rom größere Ruhe ein. Die Tuskulanergrafen, seit 1012 in der Vorherrschaft des römischen Adels, stellten nacheinander drei Päpste aus ihrer Familie: Benedikt VIII. (1012–1024), Johannes XIX. (1024–1032) und den jugendlichen Benedikt IX. (1032 bis 1045).[32] Einer späteren Reformergeneration erschien dieser »Familienbesitz« des Stuhls Petri als größtes Übel. Aber die Zeitgenossen empfanden die überkommenen Formen fürstlichen Lebensstils am ersten Sitz der Christenheit offenbar nicht als besonders anstößig. Es fehlte wohl auch an genauerer Kenntnis. Die Kaiser Heinrich II. (1002–1024) und Konrad II. (1024–1039) ließen sich von diesen Päpsten krönen (1014, 1027), vermieden aber klugerweise jetzt eine stärkere Einmischung in die römischen Wahlvorgänge. Unter den Synoden dieser Zeit kam der großen Reformsynode von Pavia 1022 besondere Bedeutung zu. Kaiser Heinrich II. und Papst Benedikt VIII. wohnten ihr an. Die Bestimmungen richteten sich vor allem gegen die weit verbreiteten Klerikerehen. Die treibende Kraft zur Kirchenreform war der Kaiser. Das Eingreifen der sächsischen und salischen Könige in die Wirren um den Stuhl Petri erfolgte regelmäßig in synodaler Form, auch wenn der

---

[27] Jaffé I² 488.
[28] K. von Żmigrod-Stadnicki, Die Schenkung Polens an Johannes XV., Freiburg/Schweiz 1911. – Seppelt II² 381–387. – György Györffy, Zu den Anfängen der ungarischen Kirchenorganisation auf Grund neuer quellenkritischer Ergebnisse, in: Archivum Historiae Pontificiae 7 (1969) 79–113.
[29] Fedor Schneider, Johannes XV. und Ottos III. Romfahrt, in: Mitteilungen des Instituts für österreichische Geschichtsforschung 39 (1923) 193–218. – Seppelt II² 381–387.
[30] Jaffé I² 489–495. – Duchesne, Liber Pontificalis II 261 f. – Seppelt II² 387–392.
[31] Jaffé I² 496–501. – Heinrich Schmidinger, Silvester II., in: Lexikon für Theologie und Kirche IX² (1964) 758.
[32] Herrmann, Das Tuskulanerpapsttum (wie Anm. 12).

königliche Wille entscheidend blieb, so auch auf den die Wende zum »Reformpapsttum« unmittelbar einleitenden Synoden von Sutri und Rom im Dezember 1046. Christliches Verantwortungsbewußtsein und Tatkraft des deutschen Königs Heinrich III. (1039–1056) machten dem kirchlichen Notstand um drei nicht eindeutig legitimierte Päpste (Benedikt IX., Silvester III., Gregor VI.) ein rasches Ende. Es ging dabei keineswegs nur um Gregor VI. Heinrich III. fühlte sich dem mächtig anwachsenden Reformdenken stärker verbunden als sein kaiserlicher Vater Konrad II. Sein notwendiges, erbetenes Eingreifen fand die Billigung, ja das hohe Lob vieler Freunde der Kirchenreform in Rom selbst und im Reich. Nur vereinzelt erhob sich Kritik, so bei Bischof Wazo von Lüttich und im »Gutachten« eines französischen Bischofs über die Vorgänge in Sutri und Rom.[33]

Mit der Würde eines Patricius Romanus erhielt Heinrich III. 1046 von den Römern das Designationsrecht für die nächsten Erledigungen des päpstlichen Stuhles. Ein Wendepunkt in der Geschichte des Papsttums – und der ganzen lateinischen Kirche des Abendlandes – war den Zeitgenossen zunächst noch keineswegs bewußt. Durch Designation Heinrichs III., die faktisch einer Ernennung gleichkam, folgten nacheinander vier deutsche Päpste, tüchtige, reformeifrige Reichsbischöfe: Clemens II. (1046–1047), Damasus II. (1048), Leo IX. (1049–1054) und Victor II. (1055–1057). Mit ihnen begann der Aufstieg eines erneuerten, von der wachsenden Reformbewegung in der Kirche getragenen Papsttums zur abendländischen Weltgeltung. Die Radikalisierung der Forderung nach »Freiheit der Kirche«, was immer die einzelnen darunter verstehen mochten, führte hinein in die sogenannte »Gregorianische Reform«, besser die Gregorianische Revolution: Durch sie wurde die Struktur der abendländischen Kirche tiefgreifend verändert, wie ein Vergleich der Kirchenverfassung des ersten mit der des zweiten Jahrtausends der Kirchengeschichte jedem Geschichtskundigen einsichtig macht.[34]

---

[33] Hans Hubert Anton, Der sogenannte Traktat »De ordinando pontifice«. Ein Rechtsgutachten in Zusammenhang mit der Synode von Sutri (1046) (Bonner Historische Forschungen 48), Bonn 1982, hier auch die Nachbemerkung S. 71.

[34] Georg Schwaiger, Päpstlicher Primat und Autorität der Allgemeinen Konzilien im Spiegel der Geschichte, München–Paderborn–Wien 1977. – Ders., Kirchenreform und Reformpapsttum (1046–1124), in: Münchener Theologische Zeitschrift 38 (1987) 31–51. – Tellenbach, Die westliche Kirche vom 10. bis zum frühen 12. Jahrhundert, 116–272. – Colin Morris, The Papal Monarchy. The Western church from 1050 to 1250, Oxford 1989.

III

Ziehen wir abschließend kurze Bilanz in der Rückschau auf das saeculum obscurum!

Ohne wirksamen Schutz durch verantwortungsbewußte christliche Herrscher war der Stuhl Petri zum Spielball und Schacherobjekt geworden. Dies ist einmal in den Zufälligkeiten und in der mangelnden Kontinuität einer päpstlichen »Wahlmonarchie« im Kirchenstaat begründet. Die große, im Grunde bis 1870 dauernde und zumindest bis zu den Lateranverträgen (1929) nachwirkende Schwierigkeit des Kirchenstaates, man könnte auch mit Johannes Haller von seiner »Unwahrheit im Wesen« sprechen, lag darin: Ein Mittelstaat von mäßiger Ausdehnung, unglücklicher Gestalt, den Unwägbarkeiten einer Wahlmonarchie von ehelosen Klerikern ausgeliefert, und dennoch durch seinen Namen, durch die Erinnerung an das ewige Rom, durch den Apostelfürsten Petrus und seine Nachfolger beständig zu den höchsten Ansprüchen gedrängt![35]

Wie konnte das Papsttum die wahrlich schlimmen einhundertfünfzig Jahre des »Dunklen Jahrhunderts« im Kern ohne schweren Schaden überstehen? Ungeachtet der, selbst nach zeitgenössischem Urteil, charakterlichen Verkommenheit einzelner Päpste blieb das Papsttum als heilige, gottgesetzte Institution verehrungswürdig. Eine Reihe äußerer Umstände kamen dieser Institution zugute:[36]

1. Im ganzen Frühmittelalter gab es nur wenige Rechtsfälle, bei denen eine Zustimmung oder Bekräftigung des Papstes notwendig oder tunlich erschien, so zum Beispiel die Errichtung neuer Bistümer und Kirchenprovinzen. Die einzelnen Landeskirchen regelten ihre Angelegenheiten im Zusammenwirken der Könige, Metropoliten und Bischöfe in eigener Verantwortung. Zentralisation bündelt nicht nur Gutes, sondern auch Gefährliches und Schlimmes. Wirren der römischen Kirche haben die einzelnen Kirchen außerhalb Roms zunächst nicht betroffen. Erst seit der fortschreitenden Zentralisation, seit der sogenannten »Gregorianischen Reform« also, wurden Wirren und Spaltungen der römischen Kirche zu Katastrophen der gesamten abendländischen Kirche. Dies zeigte sich zum erstenmal bereits im Investiturstreit, dann im Papstschisma des Jahres 1130 und in den Spaltungen der Zeit Kaiser Friedrichs I. Barbarossa (1152–1190), mit aller zerstörerischen Kraft aber im Großen Abendländischen Schisma (1378–1417).

2. Der römische Verwaltungsapparat blieb auch im saeculum obscurum stets funktionsfähig, wenn auch die Produktivität in dieser Zeit, gemessen etwa am vorgängigen Pontifikat Nikolaus' I. und an den folgenden »Reformpäpsten«, stark zurückging. Immer wieder gingen Anfragen und Appellatio-

---

[35] Haller, Papsttum II 174f.
[36] Vgl. Ullmann, Kurze Geschichte des Papsttums im Mittelalter, 113–119.

nen nach Rom und wurden dort verbeschieden. Könige, Fürsten und Bischöfe holten für einzelne Kirchen- und Klostergründungen, stets bei der Errichtung neuer Bistümer und Kirchenprovinzen, die päpstliche Bestätigung ein. Bereits gewährte Immunitäten wurden von der päpstlichen Kanzlei bestätigt, neue Gerechtsame im Namen des heiligen Petrus erteilt, Pallien an Erzbischöfe und einzelne bevorzugte Bischöfe zugeteilt. Gerade die Privilegienpolitik wurde ein bevorzugtes Instrument, den päpstlichen Primat zur Geltung zu bringen, am deutlichsten in Frankreich schon im 10. Jahrhundert. Das Amt funktionierte unbeschadet der zweifelhaften Würdigkeit einzelner Amtsinhaber. Der heilige Petrus, Apostelfürst und Himmelspförtner, kann im einzelnen Papst zwar geschändet, aber in seiner unmittelbar gegenwärtigen Heiligkeit grundsätzlich nicht berührt werden. Im Streit um die von Häretikern gespendete Taufe und Weihe hatte die alte Kirche schon zwischen der Heilsgnade des Amtes und der persönlichen Würdigkeit des Amtsträgers, des Spenders der Sakramente, zu unterscheiden gelernt. Dies kam jetzt dem Papsttum zugute. Und schließlich pilgerten Gläubige aus allen Regionen der Christenheit auch im »Dunklen Jahrhundert« nach Rom, zu den glorwürdigen Gräbern der Apostelfürsten, zu den Reliquien schier ungezählter heiliger Märtyrer und Bekenner.

3. Nicht zu vergessen ist schließlich, daß die Krönung des westlichen, des »römischen« Kaisers im wörtlichen Sinn, schon bald nach der Krönung Karls des Großen (25. Dezember 800) zum päpstlichen Vorrecht und noch im 9. Jahrhundert zur päpstlichen Vergabe der Kaiserwürde ausgebaut wurde. Nur der Papst kann den König durch Salbung und Krönung zum Kaiser erheben, und wieder ist es das Amt, das die einzelnen Päpste als Krönungsorgan auswies. Anstößiger Lebenswandel einiger Päpste fand in solchem Zusammenhang nur geringe oder überhaupt keine Beachtung, so schon bei Johannes XII., der 962 Otto I. zum Kaiser krönte. In all dem ist das mittelalterliche Weltbild zu bedenken: Die einzelne Person ist nie im individualistischen Sinn der europäischen Neuzeit seit Renaissance, Aufklärung und Französischer Revolution zu verstehen, sondern stets eingebunden in objektive Gegebenheiten: der Bischof von Rom in das von Christus gestiftete, dem Apostel Petrus und seinen Nachfolgern übertragene oberste Hirtenamt, König und Kaiser in die sakrale Würde ihres Amtes. Diese Achtung vor dem Amt ist unerschütterlich. Nur so ist auch die Ungeheuerlichkeit recht zu verstehen, als Gregor VII. sich unterfing, über den gesalbten König Exkommunikation und Absetzung auszusprechen.

4. Die Bekehrung der Heiden lag im ganzen Frühmittelalter fast ausschließlich in der Hand der Könige. Nur in der Angelsachsenmission ist das Papsttum im späten 6. Jahrhundert von sich aus tätig geworden. Fränkische und später deutsche Könige und Kaiser haben sich in der Mission das größte Verdienst erworben. Die Päpste wurden gewöhnlich erst eingeschaltet, wenn es um die organisatorische Festigung der Missionsarbeit ging. Bereits gegen

Ende des Frühmittelalters allerdings werden die Fälle häufiger, daß Päpste durch Privilegien an einzelne Klöster in die herkömmliche alleinige Zuständigkeit der Bischöfe und Metropoliten einzugreifen beginnen. In all diesen Fällen der noch recht bescheidenen päpstlichen Jurisdiktion steht immer das Amt des Papstes im Vordergrund, nicht der eher zufällige einzelne Amtsträger.

Und den wirklich gläubigen, auf Gottes Barmherzigkeit vertrauenden Christenmenschen des »Dunklen Jahrhunderts« mochte auch das biblische Bild des Apostels Petrus vor Augen stehen, der seinen Herrn dreimal verleugnet hat, ehe der Hahn zweimal krähte, und dennoch den Auftrag erhalten hatte, Schafe und Lämmer zu weiden und nach seiner Bekehrung die Brüder zu stärken.

In der Verehrung des göttlichen Ursprungs des Petrusamtes in der Kirche stand auch die Christenheit des »Dunklen Jahrhunderts« in der ehrwürdigen Überlieferung, die später im wunderbaren Vesperhymnus des Sankt-Peters-Tages[37] ergreifenden Ausdruck fand:

> O Roma felix, quae duorum Principum
> Es consecrata glorioso sanguine!
> Horum cruore purpurata ceteras
> Excellis orbis una pulchritudines.
>
> O selig Rom, geheiligt bist du
> durch das Blut der beiden Fürsten.
> In diesem Purpurglanze überstrahlst
> du einzig alle Schönheit dieser Welt.

---

[37] 3. Strophe. Breviarium Romanum.

Manfred Weitlauff

Bischof Ulrich von Augsburg (923–973). Leben und Wirken eines Reichsbischofs der ottonischen Zeit *

Mitten in der bewegten Epoche des Aufbaus des deutschen Königtums und der Grundlegung des deutschen Reiches durch Heinrich I. (919–936) und Otto I. (936–973) steht die überragende Gestalt Ulrichs von Augsburg, des geborenen Aristokraten und Herrn, des Kirchenfürsten und geistlichen Hirten, des bedeutenden Kirchenpolitikers und unerschrockenen Verteidigers seiner Bischofsstadt gegen die Ungarn, des tieffrommen, vom Geist benediktinischen Mönchtums durchdrungenen Bischofs.

---

* Überarbeitete und erweiterte Fassung des Referates vom 11. März 1990

Abkürzungen:

GVUo: Gerhardi Vita Sancti Oudalrici Episcopi, ed. G. Waitz, in: MGH.SS IV, Hannover 1841 [Stuttgart-New York 1963], 377–425 (Vita: 383–419, Miracula 419–425). – Siehe Anm. 1;

CSG: Ekkehardi IV. Casus sancti Galli, ed. Hans F. Haefele (= Ausgewählte Quellen zur deutschen Geschichte des Mittelalters. Freiherr vom Stein-Gedächtnisausgabe X), Darmstadt ³1991 (mit deutscher Übersetzung);

EVW: Ekkeharti Vita sanctae Wiboradae, in: Vitae sanctae Wiboradae. Die ältesten Lebensbeschreibungen der heiligen Wiborada. Einleitung, kritische Edition und Übersetzung, besorgt von Walter Berschin (= Mitteilungen zur vaterländischen Geschichte 51), St. Gallen 1983, 58–60;

WRGS: Widukindi monachi Corbeiensis Rerum gestarum Saxonicarum libri tres, ed. Paul Hirsch. MGH.SS. rer. Germ. in usum scholarum, Hannover ⁵1935.

RVB: Ruotgeri Vita Brunonis archiepiscopi Coloniensis, ed. Irene Ott. MGH.SS rer. Germ. X, Köln-Graz 1958;

Kallfelz: Hatto Kallfelz (Bearb.), Lebensbeschreibungen einiger Bischöfe des 10.–12. Jahrhunderts (= Ausgewählte Quellen zur deutschen Geschichte des Mittelalters. Freiherr vom Stein-Gedächtnisausgabe XXII), Darmstadt 1973 [²1986] (Gerhardi Vita sancti Oudalrici 35–167, Vita sancti Brunonis 169–261; Text beider Viten nach der Edition in den oben genannten Ausgaben der MGH, mit deutscher Übersetzung);

Bauer-Rau: Albert Bauer-Reinhold Rau (Bearb.), Quellen zur Geschichte der Sächsischen Kaiserzeit (= Ausgewählte Quellen zur deutschen Geschichte des Mittelalters. Freiherr vom Stein-Gedächtnisausgabe VIII) Darmstadt 1971 (Widukindi Res gestae Saxonicae 1–183; Text nach der Edition in der oben genannten Ausgabe der MGH, mit deutscher Übersetzung);

RBDA: Wilhelm Volkert (Bearb.), Die Regesten der Bischöfe und des Domkapitels von Augsburg. Erster Band: Von den Anfängen bis 1152 (= Veröffentlichungen der Schwäbischen Forschungsgemeinschaft bei der Kommission für Bayerische Landesgeschichte. Reihe II b), Augsburg 1985;

Die »Vita sancti Uodalrici episcopi Augustani«

So jedenfalls zeichnet ihn die »Vita sancti Uodalrici episcopi Augustani«, die wichtigste Quelle über sein Leben und Wirken, eine höchst eindrucksvolle Lebensbeschreibung, mit die wertvollste, weil in ihren Schilderungen der historischen Wirklichkeit wohl am nächsten kommende mittelalterliche Bischofsvita: ein zeitgeschichtliches Dokument von lebensvoller Farbigkeit.[1] Ihr Verfasser verschweigt zwar seinen Namen, läßt aber doch im Prolog erkennen, daß er nicht nur ein jüngerer Zeitgenosse Bischof Ulrichs gewesen ist, sondern zumindest in dessen letzten Lebensjahren auch in vertrauter Beziehung zu ihm gestanden hat. Gute Gründe legen die Annahme nahe, daß es sich bei dem Verfasser um einen der ehemaligen bischöflichen »capellani« – somit um einen der ehemaligen engsten Mitarbeiter Bischof Ulrichs – namens Gerhard handelt, der in der Vita selbst als »clericus«, »presbiter« und »praepositus« mehrmals (in durchaus herausgehobener Rolle) begegnet.[2] Eine heute verschollene frühe Handschrift, die aber Markus Welser für die von ihm 1595 besorgte erste gedruckte Ausgabe der Vita noch benützt hat,[3] und eine Handschrift des 11. Jahrhunderts, nämlich ein Codex aus St. Emmeram in Regensburg,[4] schreiben ihm ausdrücklich die Verfasserschaft zu, letztere Handschrift mit der zusätzlichen Bemerkung, daß er, Gerhard, von Bischof Ulrich zum Priester geweiht worden sei.[5] Und Hermann der Lahme von Reichenau (1013–1054) als weiterer früher »Zeuge« nennt in seinem Zusatz zum Martyrologium Notkers des Stammlers von St. Gallen (um 840–912) Gerhard den ersten Biographen Bischof Ulrichs.[6] Daß Gerhard (immer die Identität des »clericus«, »presbiter« und »praepositus« vorausgesetzt) Propst der Augsburger Domkirche St. Marien war und diese Stellung noch zu Lebzeiten Bischof Ulrichs erlangt hatte, ist aus den Angaben in den Kapiteln XXVI und XXVIII der Vita sowie aus den »Miracula sancti Uodalrici epi-

---

Jedin, Handbuch:
    Hubert Jedin (Hrg.), Handbuch der Kirchengeschichte I; Freiburg-Basel-Wien 1962; III/1, Freiburg-Basel-Wien 1966;
Spindler, Handbuch:
    Max Spindler (Hrg.), Handbuch der bayerischen Geschichte I, München ²1981; III/1–2, München 1971;
Hauck, Kirchengeschichte:
    Albert Hauck, Kirchengeschichte Deutschlands I–V, Berlin-Leipzig ⁸1954.

[1] GVUo. – Kallfelz 35–167. – Walter Berschin bereitet zur Zeit eine kritische Neuausgabe der Ulrichs-Vita auf verbreiteter Handschriftengrundlage vor. Leithandschrift dieser neuen Edition wird die bisher noch zu keiner Ausgabe der Ulrichs-Vita herangezogene Augsburger Oettingen-Handschrift sein, die in den ersten Jahrzehnten des 11. Jahrhunderts »in dem von St. Gallen ausstrahlenden Stil, der sog. Hartmut-Minuskel«, geschrieben ist und die vollständigste Überlieferung des Textes enthält. Siehe dazu: Walter Berschin, Unterwegs zu einer neuen Ausgabe der ältesten Ulrichsvita. Ein Zwischenbericht, in: Günter Hägele-Anton Schneider (Bearb.), Vita Sancti Udalrici. Erlesene Handschriften und wertvolle Drucke aus zehn Jahr-

scopi« zu erschließen.⁷ Allerdings scheint man auf die Autorschaft Gerhards jahrhundertelang kaum aufmerksam geworden zu sein (sofern man sich mit dieser Frage überhaupt beschäftigte). Erst der große Maurinergelehrte Jean Mabillon (1632–1707) stellte im Zusammenhang mit seinen Forschungen zu den »Annales ordinis sancti Benedicti« Gerhards Autorschaft nachdrücklich heraus.⁸ Seither gilt Gerhard unbestritten als Verfasser der Ulrichs-Vita.

Auf Grund von Berichten über Wunder am Grab Bischof Ulrichs von vielen, »deren Sinn gleichwohl noch immer Zweifel umfing«, um wahrheitsgemäße Auskunft gebeten und dazu aufgefordert, über alles, was er aus Bischof Ulrichs Leben mit Sicherheit in Erfahrung bringen könne, »ein klares schriftliches Zeugnis« zu geben, sei ihm – so der Verfasser im Prolog der Vita –, da er sich nicht in der Lage gesehen habe, alle Anfragen schriftlich zu beantworten, endlich der Gedanke gekommen, »zuerst in aller Stille Ulrichs Herkunft zu erforschen und dann seine Geburt, sein darauffolgendes Leben und sein Sterben allen gemeinsam, die es wissen und lesen wollen, durch einen wahrheitsgetreuen Bericht bekannt zu machen«.⁹ »Durch Eingebung des Heiligen Geistes ... in angemessener Form« die Verdienste Bischof Ulrichs zu würdigen, Zweifel an seiner Wunderkraft auszuräumen und Verehrung für ihn zu wecken und zu mehren: dies war der erklärte Wunsch, von dem der Verfasser sich leiten ließ. Mit der Niederschrift der Vita und der (an diese sich anschließenden) Berichte über die am Grab Bischof Ulrichs geschehenen »miracula« verfolgte der Verfasser – genauer gesagt – ausdrücklich das Ziel, ein *Heiligenleben* zu schildern, das heißt das Leben eines – in diesem Falle – hochgeborenen und zu höchsten Würden berufenen Menschen, in dem von frühester Kindheit an ein außerordentliches Gnadenwalten Gottes aufscheint, dessen Gottwohlgefälligkeit und Heiligmäßigkeit schon in seinem irdischen Wirken (gleichsam von Fall zu Fall) für seine nächste Umgebung unübersehbar

---

hunderten. Katalog zur Ausstellung der Universitätsbibliothek Augsburg anläßlich der 1000-Jahr-Feier der Kanonisation des Hl. Ulrich, Augsburg 1993, 9–16 (mit Verzeichnis der Handschriften). – Walter Berschin weist auch darauf hin, daß Ulrichs Name in den Handschriften des 10. bis 12. Jahrhunderts paläographisch und sprachgeschichtlich richtig nur in »Uodalricus« aufgelöst werden kann. Walter Berschin, Über den Ruhm des heiligen Ulrich. In diesem Band S. 179–196.

² GVUo XXIII, XXVI, XXVII, XVIII; Kallfelz 130 140 142 146 160 162 164.
³ [Marcus Welser,] De vita S. Udalrici Augustanorum Episcopi quae extant ..., Augustae Vindelicorum 1595. – Manfred Weitlauff, Gerhard von Augsburg, in: Kurt Ruh (Hrg.), Die deutsche Literatur des Mittelalters. Verfasserlexikon II, Berlin ²1980, 1225–1229.
⁴ Kallfelz 37.
⁵ Ebd. 52.
⁶ Ebd. 37.
⁷ Kallfelz 140 164; Miracula c. XXVIII.
⁸ Jean Mabillon, Acta Sanctorum Ordinis Sancti Benedicti in saeculorum classes distributa. Saeculum V, Parisii 1685, 415.
⁹ GVUo Prologus; Kallfelz 46.

zutage tritt und durch himmlische Zeichen an seinem Grab schließlich vor aller Welt wunderbar bestätigt wird. Dies alles aber entsprach der frühmittelalterlichen hagiographischen Tradition, an deren Vorgegebenheiten die Vita eines Heiligen selbstverständlich gebunden war. Denn die Darstellung eines Heiligenlebens hatte den Sinn, als »Beispiel zur [frommen] Erbauung« zu dienen[10] und zur Nachahmung anzuspornen; sie wurde in der Regel verfaßt, um dem Kult eines Heiligen (oder einer für heiligmäßig gehaltenen Persönlichkeit) »aufzuhelfen«, ihn zu stützen und zu verbreiten, weshalb Auftraggeber und Autor darauf achten mußten, daß sich die Darstellung – sollte sie ihren Zweck erfüllen – streng am geltenden Heiligkeitsideal orientierte. »Einen Lebenslauf im Sinne eines dynamischen Reifungsprozesses zu skizzieren«, wäre von daher nicht möglich gewesen, hätte denn ein Hagiograph oder Geschichtsschreiber des 10. Jahrhunderts überhaupt schon die Fähigkeit besessen, ein Lebens- und Persönlichkeitsbild in dieser Weise psychologisch zu konzipieren. »Der Heilige erschien vielmehr von Anfang an als eine von der göttlichen Gnade ausgezeichnete Persönlichkeit, und seine Taten sollten nur die an der heiligmäßigen Person offenbar werdende göttliche Kraft illustrieren« – worin sich im übrigen zweifellos das Gnaden-Verständnis oder die »Gnaden-Theologie« der Zeit widerspiegelt. »Diese von der hagiographischen Gattung vorgegebenen Rahmenbedingungen hinderten einen Autor daran« (sofern er dies – wie eben erwähnt – überhaupt vermocht hätte), »das Bild seines Heiligen von innen her zu zeichnen; er mußte ihm herkömmliche und seinem Stand angemessen scheinende Normen gewissermaßen überwerfen. Wenn der Text für den liturgischen Gebrauch bestimmt war, traten die individuellen Züge, die man für die Lesung im Stundengebet schlecht brauchen konnte, noch weniger in Erscheinung.«[11] Das 10. Jahrhundert kannte aber kein dem Weltpriester oder Bischof vorbehaltenes Ideal; für den Kleriker allgemein gab vielmehr der Mönch das Leitbild ab, von dem er sich nach der Vorstellung der Zeit lediglich durch eine etwas freiere, weil nicht einer Ordensregel unterworfene Lebensweise unterschied. Und so wurde auch die innere Lebensführung eines Bischofs, der sich jedoch in sei-

---

[10] »... ut diligentibus Deum exempla aedificationis anteponant...« Ebd. – Siehe hierzu: Odilo Engels, Der Reichsbischof (10. und 11. Jahrhundert), in: Peter Berglar-Odilo Engels (Hrg.), Der Bischof in seiner Zeit. Bischofstypus und Bischofsideal im Spiegel der Kölner Kirche. Festgabe für Joseph Kardinal Höffner, Erzbischof von Köln, Köln 1986, 41–94. – Ders., Der Reichsbischof in ottonischer und frühsalischer Zeit, in: Irene Crusius (Hrg.), Beiträge zur Geschichte und Struktur der mittelalterlichen Germania Sacra (= Veröffentlichungen des Max-Planck-Instituts für Geschichte 93. Studien zur Germania Sacra 17), Göttingen 1989, 135–175; Rudolf Schieffer, Der ottonische Reichsepiskopat zwischen Königtum und Adel, in: Frühmittelalterliche Studien 23 (1989) 291–301; Manfred Weitlauff, Kaiser Otto I. und die Reichskirche. In diesem Band S. 21–50.

[11] Engels, Der Reichsbischof 43. – Zu den verschiedenen Motivationen hagiographischer Darstellungen des Mittelalters siehe: Friedrich Prinz, Hagiographie als Kultpropaganda. Die Rolle der Auftraggeber und Autoren hagiographischer Texte des Frühmittelalters, in: Zeitschrift für Kirchengeschichte 103 (1992) 174–194.

ner Tätigkeit keineswegs auf die Leitung und Verwaltung seines Bistums beschränken konnte, sondern sich seit den Tagen Karls des Großen vor die komplizierte Aufgabe gestellt sah, Kirchendienst und Reichsdienst, die Pflichten eines geistlichen Oberhirten und die Pflichten eines »Vasallen« des Königs in Politik und Krieg (zur Sicherung und Verteidigung der »pax«) miteinander zu verbinden und in Einklang zu bringen, daran gemessen, inwieweit er sich monastische Ideale zu eigen machte bzw. diese bei ihm »aufschienen«. Alle Bischofsviten des 10. und 11. Jahrhunderts sind in mannigfacher Variation von diesen Idealen geprägt: von der Demut, von persönlicher Bedürfnislosigkeit und Freigebigkeit gegenüber den Armen, von heimlicher Bußfertigkeit und Askese, von einem Übermaß im Gebetsleben. Es versteht sich nach allem wohl von selbst, daß Bischofs- bzw. Heiligenviten dieser Art problematische Quellen sind, wenn es darum geht, die historische Wirklichkeit zu erfassen; indes gewähren sie »einen vorzüglichen Einblick in das Gefüge der Normen, an denen auch die Lebensführung des nicht im Ruf der Heiligkeit stehenden Bischofs gemessen wurde«.[12]

In die Ulrichs-Vita fließen sämtliche genannten Züge ein. Sie ist durchgehend von der Tendenz beherrscht, wie in einem Spiegel das Heiligenideal der Zeit in konkreter Verwirklichung vor Augen zu führen. Die Vita ist von hagiographischen Topoi durchsetzt. Wunderkraft erfüllt den heiligmäßigen Bischof, die Gabe des visionären Sehens ist ihm eigen, wiederholt empfängt er in wichtigen Angelegenheiten Weisung und Weissagung durch die heilige Martyrin Afra, die Patronin des Bistums Augsburg: eindrucksvolle Bestätigung dafür, daß Bischof Ulrichs Wirken himmlischer Eingebung folgt und dementsprechend von himmlischem Segen begleitet ist, und natürlich zieren ihn in höchstem Maße alle Tugenden, die den »vollkommenen« Mönch auszeichnen, obwohl Gott ihn, den adeligen Klosterschüler, – wie ihm geweissagt wird – nicht zum Mönch, sondern »zum Regieren bestimmt« hat[13] und seine rastlose oberhirtliche Sorge für sein weites Bistum wie sein Einsatz im Dienst von Königtum und Reich (den die Vita freilich – übrigens ganz im Gegensatz zur etwas früher entstandenen Vita des Erzbischofs Brun von Köln [953–965] – eher andeutet denn schildert) ihm für eine Hingabe an die »vita contemplativa« eigentlich kaum Raum lassen.

Trotz dieser – von ihrer Zielsetzung her gebotenen – hagiographischen Stilisierung weist die Ulrichs-Vita, in Abhebung von fast allen anderen zeitgenössischen Bischofsviten, eine solche Fülle (kaum erfindbarer) individueller Details auf, daß ihre Schilderungen in der Hauptsache doch den Eindruck großer Wirklichkeitsnähe vermitteln. Am redlichen Bemühen ihres Autors, über Bischof Ulrichs Leben »wahrheitsgetreuen Bericht« zu erstatten, ist jedenfalls nicht zu zweifeln. Gewiß mischen sich in diesem Bericht Nachfor-

---

[12] Engels, Der Reichsbischof 43.
[13] GVUo I; Kallfelz 54.

schung und von tiefer Verehrung geprägte persönliche Erinnerung. Denn daß der Verfasser zumindest über die letzte Lebensphase Bischof Ulrichs auf weite Strecken und vor allem an den entscheidenden Stellen aus eigenem Erleben, als Augenzeuge, und nicht vom Hörensagen, berichtet – auch wenn er im Duktus seiner Schilderung die Ich-Form stets peinlich vermeidet –, ist bei kritischer Lektüre der Vita unschwer zu erkennen. Wo aber seine Nachforschungen offensichtlich nur zu spärlichen Ergebnissen führten, beispielsweise hinsichtlich Ulrichs Herkunft und Jugend, beschränkt er sich auf einige knappe Mitteilungen. Andererseits wiederum kommt er, teilweise ziemlich ausführlich, auf einige Begebenheiten im Leben seines »Helden« zu sprechen, die bemerkenswerte Charakterzüge Ulrichs – des heranwachsenden »clericus« und noch des greisen Bischofs – enthüllen, jedoch sich auch nach den eher großzügigen Vorstellungen der Zeit in das Bild eines Heiligen nicht eben leicht einfügten.

Der Verfasser scheint freilich erhebliche Gründe dafür gehabt zu haben, gerade Begebenheiten dieser Art, die auf den verewigten Bischof einen leisen Schatten werfen konnten, nicht mit Stillschweigen zu übergehen. Er stellt sich nämlich gleichsam schützend vor Bischof Ulrich und sucht dessen Handlungsweise mit Motiven lauterer Frömmigkeit zu rechtfertigen oder doch zu entschuldigen. Damit aber wird in der Tat der Kern der Problematik der »Vita sancti Uodalrici episcopi Augustani« berührt: Während die Bischofsviten des 10. bis 12. Jahrhunderts, meist repräsentative Lebensbeschreibungen, normalerweise (und das gilt weithin bereits für Heiligenviten der »karolingischen Renaissance« und früherer Jahrhunderte) den Auftraggeber, in der Regel einen nachfolgenden Bischof, und häufig auch den Verfasser nennen, fällt bei der Ulrichs-Vita auf, daß weder von einem Auftraggeber die Rede ist, noch sich der Autor mit Namen einführt. Es ist – wie schon erwähnt – lediglich ganz allgemein von Vielen die Rede, die zu ihm, dem Autor, Boten geschickt hätten mit der Bitte um ein klares schriftliches Zeugnis über den verstorbenen Bischof. Man könnte aus dieser Wendung einen Arbeitsauftrag herauslesen; man könnte sie wegen der Anonymität der »Vielen« aber auch als bloßen Topos interpretieren. Nun ist mit der Abfassung der Vita wohl nicht lange nach dem Tod Bischof Ulrichs (am 4. Juli 973) begonnen worden – so zumindest die gängige Annahme. Und es liegt der Konzeption der Vita insofern ein gewisses äußeres Schema zugrunde, als die Anfangsbuchstaben des Prologs und der Kapitel I–XXI dem Alphabet oder »abecedarischer« Ordnung folgen (wobei die mit »M« und »N« beginnenden sehr kurzen Kapitel zu Kapitel XI zusammengefaßt sind);[14] doch schließen sich an das mit dem Buchstaben »Z« einsetzende Kapitel XXI noch sieben weitere Kapitel mit beliebigen Anfangsbuchstaben an, ohne daß man einfachhin sagen könnte,

---

[14] Auf diese »abecedarische« Gliederung der Vita, die Vorbilder in der Bibel und in der lateinischen Spätantike hat, macht erstmals Kallfelz 40f. aufmerksam. – Berschin, Unterwegs zu einer neuen Ausgabe 13f. 16.

bei diesem letzten Teil handle es sich um eine nachträgliche Erweiterung, zumal zwischen den Kapiteln XXI und XXII kein »Bruch« festzustellen ist und den erbaulichen Tod Bischof Ulrichs erst Kapitel XXVII schildert. Das Schlußkapitel XXVIII berichtet dann aber – überraschenderweise – noch, »Wie Heinrich, sein Nachfolger, das Bistum erlangte und welches Ende er fand«.[15] Indes handelt es sich hier um eine scharfe Abrechnung mit Ulrichs unmittelbarem Nachfolger auf der Augsburger Bischofskathedra: mit Heinrich, einem Sohn Burchards, des Markgrafen der Ostmark und Burggrafen von Regensburg (955–976), aus dessen Ehe mit einer (namentlich nicht gesicherten) Tochter Herzog Arnulfs »des Bösen« von Bayern (907–937). Dieser habe sich, beraten vom Schwabenherzog Burchard II. (954–973), von dessen Gemahlin (Hadwig), einer Enkeltochter Herzog Arnulfs »des Bösen«, und »vielen anderen«, »einen fein ausgeklügelten Plan zurechtgelegt, wie er das Bistum an sich bringen könne«,[16] und dieses erschlichen, oder wie es die Vita, in ein Bibelwort gekleidet, drastisch formuliert: »Dieser betrat den Schafstall nicht auf dem rechten Weg, sondern stieg anderswo ein.«[17] Jeder, dem dieser halbe Vers aus dem Johannes-Evangelium (10,1) geläufig war, wußte, daß Bischof Heinrich (dem die Ulrichs-Vita aber ausdrücklich gute Bildung, Eifer in Gottesdienst und Predigt sowie großzügige Gastlichkeit zuerkennt) damit zum »Dieb und Räuber« gestempelt wurde. Denn – so die Begründung – ihm, Heinrich, sei bekannt gewesen, daß Bischof Ulrich im Angesicht seines Todes Abt Werinhar von Fulda (968–982) – wohl einen eigenen Verwandten – zu seinem Nachfolger ausersehen habe und in diesem seinem letzten Willen durch eine himmlische (»prophetische«) Schauung gleichsam bestätigt worden sei.[18] Und so interpretiert der Verfasser, der sich offen als Feind Bischof Heinrichs zu erkennen gibt, auch das jähe Ende dieses »Eindringlings« auf dem Italienzug Kaiser Ottos II. im Jahr 982 (nämlich in der Schlacht gegen die Sarazenen am Kap Colonne in Kalabrien am 13. oder 15. Juli), wiederum gestützt auf ein Bibelwort, bedenkenlos als gerechte Strafe: »Sehr gefährlich ist es, einen Ratschluß zu mißachten, den Gott durch seine Heiligen geoffenbart hat, und Prophetengabe gering zu achten, wie die Schrift sagt: ›Löschet den Geist nicht aus, achtet Prophetengabe nicht gering‹ [1 Thess. 5,19].«[19] Im Lichte dieses Schlußkapitels, das nicht allein das Leben Bischof Ulrichs inhaltlich überschreitet, sondern zudem einem »Heiligenleben« als solchem wenig konform ist, erscheint auch der im Prolog formulierte Wunsch des Verfassers, sein Werk möge mit Hilfe des Heiligen Geistes »denen, die Gott lieben, zum Vorbild und zur Erbauung, denen aber, die sein

---

[15] GVUo Capitula; Kallfelz 52.
[16] GVUo XXVIII; Kallfelz 152.
[17] »... non provide in ovile ovium intrando, sed aliunde ascendendo...« GVUo XXVIII; Kallfelz 152.
[18] GVUo XXVIII; Kallfelz 152–154.
[19] GVUo XXVIII; Kallfelz 166.

Gebot verachten, zu heilsamer Bekehrung oder zu gänzlicher Vernichtung gereichen«,[20] nicht mehr als Topos der Frömmigkeit. Vielmehr wird im Prolog bereits unmißverständlich angekündigt, was nach der durchaus »apologetischen« Darstellung des Lebens Bischof Ulrichs im Schlußkapitel XXVIII folgt: eben die Abrechnung mit Bischof Ulrichs »ungebetenem« Nachfolger und dessen (wohl noch dominierender) Anhängerschaft. Mit anderen Worten: Die »Vita sancti Uodalrici episcopi Augustani« wurde in ihrer überlieferten Form erst nach dem Tod Bischof Heinrichs, also nicht vor Ende 982 (vielleicht eher erst in der zweiten Hälfte der achtziger Jahre), abgeschlossen, und zwar als »gezielte« Propagandaschrift einer gegen Bischof Heinrich und dessen Regierung opponierenden Gruppe. Friedrich Prinz bezeichnet die Ulrichs-Vita als »eine subversive Schrift für die Zeit *nach* Bischof Heinrich, [als] ein Pamphlet also, dessen Auftraggeber eine starke, auf Ulrich eingeschworene Opposition gegen den bis 982 regierenden Bischof Heinrich war«.[21] Und damit hängt wohl auch zusammen, daß die Namen der Auftraggeber und des Autors verschwiegen werden. »Aus Gründen der Vorsicht«[22] – das heißt aus Furcht vor möglichen Repressalien von seiten der wohl noch im Besitz der Macht stehenden Gegenpartei – hielten sich vermutlich die Häupter dieser Oppositionsgruppe, darunter mit an erster Stelle der Autor selbst, »bedeckt«. Zweifellos gehörten zu dieser Oppositionsgruppe auch Bischof Ulrichs Neffen Manegold und Hupald, denen Bischof Heinrich wohl deshalb bischöflich-augsburgische Lehensgüter entzog oder zu entziehen suchte, »ohne deren Verschulden« – wie es in der Ulrichs-Vita heißt –, »nur weil ihm gewisse Leute so rieten«.

Umgekehrt scheint aber auch das Urteil über Bischof Ulrich um 982 (bzw. in den achtziger Jahres des 10. Jahrhunderts) – und hierfür ist die Ulrichs-Vita nicht weniger Beleg – keineswegs schon einhellig gelautet zu haben. Denn er war eben (wie sein Nachfolger Bischof Heinrich seinerseits) Exponent einer zur politischen Dominanz in der Region drängenden Adelssippe oder -gruppe gewesen und hatte (gleich diesem) nicht zuletzt deshalb immer wieder Königsnähe gesucht.[23] Als bedeutende und Ehrfurcht gebietende Persönlichkeit war Bischof Ulrich gewiß allgemein anerkannt, in der Frage aber, ob er auch ein Heiliger gewesen sei und die Wunder an seinem Grab »echt« seien, scheinen noch unterschiedliche Meinungen geherrscht zu haben. Andernfalls bräuchte der Autor nicht gleich in den ersten Sätzen des Prologs zu beteuern,

---

[20] GVUo Prologus; Kallfelz 46.
[21] Prinz, Hagiographie 192.
[22] Ebd.
[23] GVUo XXVIII; Kallfelz 152–166. – Bischof Ulrich ist während seiner fünfzigjährigen Regierungszeit nicht weniger als fünfzehnmal in der Umgebung des Königs nachzuweisen, für einen Bischof der ottonischen Zeit in Anbetracht der spärlichen Quellenüberlieferung ungewöhnlich häufig. Nachweise am bequemsten greifbar in: RBDA 62–89 Nr. 102–159 (Bischof Ulrich); 90–99 Nr. 160–174 (Bischof Heinrich). – Johann Friedrich Böhmer, Regesta Imperii II, neubearbeitet von Emil von Ottenthal, Hildesheim 1967.

daß sein Bemühen einzig von der Absicht geleitet sei, solche Bedenken zu zerstreuen. Dabei ist er sich darüber im klaren, daß Persönlichkeit, Regierung und Regierungsstil Bischof Ulrichs bei vielen noch in lebhafter Erinnerung sind, er folglich – ohne freilich gegen die bei einer Heiligenvita zu beobachtenden Normen zu verstoßen – mit aller »biographischen« Sorgfalt und Umsicht zu Werke gehen müsse, um nicht einen Widerspruch von Zeitzeugen zu riskieren. Wohl nur diese Rücksicht kann ihm nahegelegt haben, beispielsweise in den Kapiteln XXII und XXIII über das anmaßende, nach den Begriffen der Zeit häresieverdächtige Auftreten des von Bischof Ulrich ursprünglich zu seinem »coadiutor in temporalibus« und Nachfolger bestimmten Neffen Adalbero im Bistum Augsburg sowie über die Peinlichkeit des Verhörs, der Rechtfertigung (oder »Reinigung«) und Maßregelung beider auf der Reichssynode von Ingelheim im September 972 – beides höchst delikate, aber reichskündige Vorgänge – zu berichten, selbstverständlich in dem Bestreben, das Verhalten des Bischofs mit dessen Wunsch nach Weltentsagung und benediktinischer Beschaulichkeit zu »salvieren«.[24] Aus der Sicht des Historikers allerdings ist die dem Autor in Anbetracht der damals obwaltenden Umstände zuäußerst gebotene Rücksichtnahme auf Zeitzeugen – die übrigens auch in mancher sprachlichen Nuancierung zum Ausdruck kommt – ein Glücksfall; denn sie verbürgt die größtmögliche Wirklichkeitsnähe seiner Darstellung, deren Einzelheiten ja infolge der spärlichen Quellenüberlieferung der Zeit anderweitig kaum überprüfbar sind.

Freilich, auch die Ulrichs-Vita – sofern sie in der zweiten Hälfte der achtziger Jahre tatsächlich schon abgeschlossen vorgelegen hatte – scheint ihren Zweck zunächst nicht ganz erreicht zu haben. Sosehr nämlich die Verehrung Bischof Ulrichs im süddeutschen Raum, in weiten Teilen des Reiches, in einigen Spuren bereits über dessen Grenzen hinaus Verbreitung fand (ohne daß die erhaltenen Quellen über die Dichte dieser frühen Ulrichs-Verehrung eine Aussage erlauben), sosehr seine mit einem Teppich geschmückte und von einem »ewigen Licht« erleuchtete Grabstätte von nah und fern Pilger anzog, die Vita ihn ausdrücklich als »sanctus« bezeichnet[25] und sein Gedächtnis in der Umgebung des Königs und Kaisers hoch geehrt wurde,[26] hört man in den Quellen merkwürdigerweise nichts von einer offiziellen Bestätigung seines Kultes in der damals üblichen Form: nämlich durch Approbation des Königs bzw. einer Reichssynode und durch die in die Kompetenz des zuständigen Bischofs fallende »elevatio« und »translatio« seiner Gebeine.[27] Doch dann bezeugt ein leider nicht im Original, sondern nur in später Abschrift überliefertes Dokument die »Kanonisation« Bischof Ulrichs durch

---

[24] Siehe S. 133–136.
[25] So gleich im ersten Satz des Prologs u. ö. GVUo Prologus; Kallfelz 46.
[26] Siehe dazu: Franz Xaver Bischof, Die Kanonisation Bischof Ulrichs auf der Lateransynode des Jahres 993. In diesem Band S. 197–221.
[27] Ebd.

eine römische Synode – einen für jene Zeit absolut ungewöhnlichen Vorgang! Es handelt sich um eine an den Episkopat in Gallien und Germanien gerichtete Bulle Papst Johannes' XV. (985–996) vom 3. Februar 993, die in feierlicher Form den einmütigen Beschluß einer am 31. Januar desselben Jahres im Lateranpalast unter päpstlichem Vorsitz versammelten Synode verkündet, daß »das Gedächtnis ... des heiligen Bischofs Ulrich mit frommer Liebe und gläubiger Ehrfurcht zu verehren« sei, und alle, die dieser Anordnung sich zu widersetzen wagen sollten, mit dem Anathem belegt.[28] Das Dokument hebt ausdrücklich hervor, daß die Synode diesen Beschluß gefaßt habe auf Bitten des an ihr teilnehmenden Augsburger Bischofs Liutold (988–996) sowie auf Grund der Vorlage eines – zweifellos mit der Ulrichs-Vita des Propstes Gerhard und ihrem zweiten Teil, dem »Liber de miraculis sancti Uodalrici«, identischen – »libellus de vita et miraculis venerabilis Udalrici, sanctae Augustanae ecclesiae dudum episcopi«, welcher der Synode (schon wegen seines Umfangs sicher nur in ausgewählten Teilen) vorgelesen worden sei.[29] Es bleibt die Frage, warum Bischof Liutold, der dritte Nachfolger Bischof Ulrichs und möglicherweise ein Verwandter der Kaiserin Adelheid († 999),[30] nachdem er am 16. Oktober 992 anläßlich der feierlichen Konsekration des Domes zu Halberstadt in Anwesenheit des königlich-kaiserlichen Hofes einen Altar zu Ehren Bischof Ulrichs, der Martyrin Afra und anderer Heiliger geweiht hatte,[31] die Gelegenheit eines (vielleicht durch einen anderweitigen Auftrag der deutschen Bischöfe bedingten »offiziellen«) Aufenthalts in Rom benützte, um an den Papst und dessen Synode die völlig außergewöhnliche Bitte um die formelle »Kanonisation« Bischof Ulrichs zu richten, deren Vollzug unbestritten seiner eigenen bischöflichen Autorität zugekommen wäre. Ist der Grund für diesen Schritt wirklich – wie häufig angenommen – lediglich ganz allgemein in der wachsenden Verehrung und Anerkennung der Autorität des Bischofs von Rom als des Nachfolgers Petri und Patriarchen des Westens zu suchen, oder in dem Bestreben, dem Akt dieser »Kanonisation« eines Reichsbischofs kraft der »höheren« Autorität des Papstes größere Feierlichkeit und Wirkung zu verleihen? Oder glaubte Bischof Liutold, die bei den Germanenstämmen in der Tat höchstes Ansehen genießende (moralische) Autorität des Nachfolgers Petri »subsidiär« bemühen und in die Waagschale werfen zu müssen, um in seinem Bistum etwa noch vorhandene Zweifler zum Schweigen bringen oder jene Kräfte, gegen

---

[28] Den Text der Bulle siehe: Ebd. (Beilage).
[29] Ebd.
[30] RBDA 102 (Nr. 179: Die »Miracula Adelheidis« nennen Bischof Liutold »Familiaris Adelheide«, was auf Verwandtschaft in leiblicher Beziehung hinweisen könnte). – Zu Adelheid, der zweiten Gemahlin Ottos I., siehe: Winfrid Glocker, Die Verwandten der Ottonen und ihre Bedeutung in der Politik. Studien zur Familienpolitik und zur Genealogie des sächsischen Kaiserhauses (= Dissertationen zur mittelalterlichen Geschichte 5), Köln-Wien 1989, 80 bis 101.
[31] RBDA 105 (Nr. 186).

die sich die Ulrichs-Vita so vehement wandte, endlich brechen bzw. deren letzte Reste niederringen zu können? Die Anathem-Androhung der Bulle Johannes' XV. (muß zwar nicht, aber) könnte vielleicht ein Indiz für letztere Annahme sein. Über eine unmittelbare (diesbezügliche?) Wirkung der formellen »Kanonisation« vom 31. Januar 993 scheint in den zeitgenössischen Quellen nichts aufzuscheinen, es sei denn dies: daß der Ulrichs-Kult alsbald einen mächtigen Aufschwung nahm und sich in der Folge das von der Ulrichs-Vita gezeichnete, konturenreiche Bild des nunmehr »weltweit« als heiliger Schutzpatron in mannigfachen Nöten verehrten Bischofs in die Legende hinein verklärte, beginnend mit der hagiographischen Umarbeitung der Vita durch Bischof Liutolds Nachfolger Geb(e)hard (996–1001).[32] Übrig blieb schließlich eine von allem »Weltlichen« oder als »anstößig« Empfundenen gereinigte, aus ihrem historischen Beziehungsfeld herausgelöste, stilisierte heilige Bischofsgestalt.[33]

Herkunft, Geburt und Jugend

»Ulrich, glücklichen Andenkens, entstammte einem hochadeligen alemannischen Geschlecht und war das Kind frommer und edler Eltern. Sein Vater hieß Hupald und seine Mutter Dietpirch«.[34] Mit diesen knappen Worten beschreibt die Ulrichs-Vita die Herkunft Bischof Ulrichs, und sie erklärt seinen Namen »Uodalricus« (ein Compositum aus »alt uodal« und »rihc«) etymolo-

---

[32] Geb(e)hards »Vita Sancti Udalrici episcopi et confessoris«, eine Revision der Ulrichs-Vita, mit welcher deren Umformung zur Ulrichs-Legende einsetzt, ist nur fragmentarisch überliefert. [Marcus Welser,] De vita S. Udalrici Augustanorum Vindelicorum episcopi quae extant ..., Augustae Vindelicorum 1595, 177–188. – Manfred Weitlauff, Geb(e)hard von Augsburg, in: Ruh, Verfasserlexikon II, Berlin ²1980, 1131 f.
[33] Siehe dazu: Joachim Seiler, Von der Ulrichs-Vita zur Ulrichs-Legende. In diesem Band S. 223–265.
[34] »Bonae memoriae Uodalricus, excelsa prosapia Alamannorum ex religiosis et nobilibus parentibus ortus, patre scilicet Hupaldo et matre Dietpirch nuncupata.« GVUo I; Kallfelz 52. – Literatur über Bischof Ulrich: Friedrich Zoepfl, Das Bistum Augsburg und seine Bischöfe im Mittelalter [I], München-Augsburg 1955, 61–77; Manfred Weitlauff, Der heilige Bischof Udalrich von Augsburg (890–4. Juli 973), in: Bischof Ulrich von Augsburg und seine Verehrung. Festgabe zur 1000. Wiederkehr des Todestages (= Jahrbuch für Augsburger Bistumsgeschichte 7), Augsburg 1973, 1–48 (mit älterer Literatur); Walter Nigg, Der liebe Herr Sankt Ulrich. – Der Heilige in einer unheiligen Zeit. Zwei Vorträge, gehalten im Rahmen der offenen Akademietagung der Katholischen Akademie der Diözese Augsburg »Der Heilige in der Christenheit« am 7./8. April 1973, Augsburg 1973; Joseph Anton Fischer, Das Zeitalter des heiligen Ulrich, in: Beiträge zur altbayerischen Kirchengeschichte 28 (1974) 81–95; Friedrich Prinz, Der hl. Ulrich von Augsburg: Adeliger, Bischof, Reichspolitiker, in: Ders., Gestalten und Wege bayerischer Geschichte, München 1982, 35–48; Werner Goez, Bischof Ulrich von Augsburg (923–973), in: Ders., Gestalten des Hochmittelalters. Personengeschichtliche Essays im allgemeinhistorischen Kontext, Darmstadt 1983, 25–40; Peter Rummel, Ulrich von Augsburg. Bischof, Reichsfürst, Heiliger, Augsburg 1992. – Siehe auch: Helmut Gier, Neues Schrifttum zum heiligen Ulrich seit 1973. In diesem Band.

gisch zutreffend mit »reich an väterlichem Erbe«, deutet ihn aber sogleich, dem Brauch der Zeit entsprechend, allegorisch um in »reich gesegnet an Erbe des ewigen Vaters«,[35] damit von allem Anfang die schon in der Namengebung des späteren Bischofs symbolisch zum Ausdruck kommende göttliche Erwählung hervorhebend. Als Sproß eines nicht näher faßbaren alemannischen Edelgeschlechts (»Hupaldinger«) wohl im Jahr 890 in Augsburg, möglicherweise aber auch in Dillingen, in Wittislingen oder (nach einer neueren, mit scharfsinnigen Argumenten vorgetragenen, Annahme) in Sulmetingen geboren[36] – an den letzteren drei Orten hatten die Eltern Besitz –, gehörte Ulrich jedenfalls einer der vornehmsten Familien Oberschwabens an. Über seine Mutter Dietpirch liefen offenbar verwandtschaftliche Fäden zum alemannischen Adelsgeschlecht der Burchardinger (Hunfridinger), das nach der Entmachtung und Hinrichtung der beiden Alaholfinger Erchanger und Berthold (916/17) mit Burchard I. (917–926) das schwäbische Stammesherzogtum an sich brachte. Durch die 951 geschlossene zweite Ehe König Ottos I. mit Adelheid, der jungen Witwe König Lothars von Italien, einer Enkelin Herzog Burchards I., trat das Geschlecht der Burchardinger und mit diesem auch die Familie Ulrichs in verwandtschaftliche Beziehung zum sächsischen Königshaus. Doch lassen sich diese verwandtschaftlichen Beziehungen im einzelnen nicht näher präzisieren. Selbst die engsten Angehörigen Ulrichs bleiben ziemlich im Dunkel. Erst nach seiner Berufung auf den Augsburger Bischofsstuhl fällt in der Folge auch auf sie mehr Licht. Ulrichs Bruder Dietpald, wie dieser ein treuer Anhänger des Königs, erscheint in der Ulrichs-Vita als »comes«. Als Dietpald in der Schlacht gegen die Ungarn 955 den Tod fand, belehnte König Otto I. dessen Sohn Riwin mit den väterlichen »comitatus« (Brenz- und Augstgau?), und 972 war Graf Riwin im Besitz des »Castellum Dilinga« (Ober-Dillingen).[37] Von Ulrichs zweitem Bruder Manegold überliefert die Ulrichs-Vita nur den Namen, doch bezeichnet sie dessen Sohn Hu-

---

[35] GVUo Interpretatio nominis sancti Uodalrici; Kallfelz 48.
[36] Die Annahme, daß Ulrichs Geburtsort die Stadt Augsburg sei, gründet sich im wesentlichen auf die angebliche Auskunft, die er bei seinem (wohl legendären) ersten Rom-Aufenthalt dem »Papst Marinus« gegeben habe: »De provincia Alamannia et de civitate Augusta oriundus sum ...«. GVUo I; Kallfelz 56. – Peter Rummel, Sankt Udalrich, ein Sohn Augsburgs?, in: Jahrbuch für Augsburger Bistumsgeschichte 8 (1974) 53–65. – Zu Sulmetingen als möglichem Geburtsort siehe: Hans Schantel, Der Heilige Ulrich, seine Zeit und Obersulmetingen, in: Laupheim. Herausgegeben von der Stadt Laupheim in Rückschau auf 1200 Jahre Laupheimer Geschichte 778–1978, Weißenhorn 1979, 374–396, hier 375–380.
[37] Zur Verwandtschaft mit der Königin und Kaiserin Adelheid siehe die Angabe in GVUo XXVIII (»Regina etiam profitebatur, se eorum esse propinquam«); Kallfelz 158. – Heinz Bühler, Die Vorfahren des Bischofs Ulrich von Augsburg (923–973), in: Jahrbuch des Historischen Vereins Dillingen an der Donau 75 (1973) 16–45; Adolf Layer, Die Grafen von Dillingen. Ebd. 46–101. – Zu Dietpald und Riwin siehe die Angaben in: GVUo XII, XXXIV; Kallfelz 106–108 134. – Zur Abstammung Bischof Ulrichs siehe umfassend: Heinz Bühler, Die Herkunft des Hauses Dillingen, in: Die Grafen von Kyburg. Kyburger-Tagung 1980 in Winterthur (= Schweizer Beiträge zur Kulturgeschichte und Archäologie des Mittelalters 8), Olten-Freiburg i. Br. 1981, 9–30 (mit genealogischen Tafeln).

pald als »comes«.³⁸ Ulrichs Schwester Liutgard wurde (vielleicht um 924) mit dem Grafen Peiere vermählt,³⁹ dessen Familie mit einem Geschlecht versippt war, das bis zur Mitte des 10. Jahrhunderts über Generationen hin auf den Bischofsstühlen von Chur, Freising und Konstanz nachzuweisen ist. Von einer zweiten Schwester Ulrichs berichten die »Casus sancti Galli« Ekkehards IV. (um 980–um 1060?), eine Sammlung anekdotischer Geschichten, deren Quellenwert aber heute wieder höher eingeschätzt wird.⁴⁰ Sie sei Nonne (Reklusin?) im Kloster Buchau am Federsee gewesen (dessen Gründerin Adalind wiederum dem Verwandtenkreis Dietpirchs zuzuordnen ist⁴¹) und habe dort, weil sie von einem »Mann aus königlichem Geschlecht … in unzüchtigem Umgang erkannt« worden sei, ein Büßerleben geführt, »da sie denn ihr Bruder, solange er lebte, alljährlich mit neuen Strafen belegte«.⁴² Nach einer späten Überlieferung habe sie »Eleusinia« geheißen. Versuchte man eine Rückübersetzung dieses Namens, so käme man auf »Himiltrud« oder »Hiltrud« und damit auf einen weiblichen Leitnamen der späteren Sulmetinger.⁴³ Aus der Ehe Liutgards mit dem Grafen Peiere gingen – nach den Angaben der Ulrichs-Vita – drei Söhne hervor: Manegold, Adalbero und Reginbald. Manegold, vermutlich der älteste der Söhne, beherbergte 973 den greisen Bischof Ulrich im »castellum Sunnemotinga« (Sulmetingen) und scheint somit der Erbe Sulmetingens gewesen zu sein. Daß Manegold identisch gewesen sei mit jenem Grafen Manegold, der im Jahr 1003 im Duriagau amtete,⁴⁴ mag man ebenso vermuten wie die Identität von Ulrichs Vater Hupald mit jenem Hupold, der nach Ausweis des St. Galler Urkundenbuches zwischen 883 und 899 einige Male bei Rechtsgeschäften der Abtei St. Gallen im Thurgau an vornehmer Stelle unter den weltlichen Zeugen erscheint.⁴⁵ Reginbald, wohl der jüngste der drei Söhne Liutgards, der wie sein Oheim Dietpald in der Ungarnschlacht auf dem Lechfeld 955 fiel, wird in der Ulrichs-Vita »nobilis« genannt.⁴⁶ Doch werden alle diese Verwandten Bischof Ulrichs in der Ulrichs-Vita nur beiläufig erwähnt, mit Ausnahme Adal-

---

[38] GVUo XXIV; Kallfelz 136.
[39] Hermanni Augiensis Chronicon. MGH.SS V 116 (zum Jahr 971).
[40] CSG, 1–12 (Einleitung).
[41] Lore Sprandel-Krafft, Untersuchungen zur Geschichte Bischof Ulrichs von Augsburg, Freiburg i. Br. (phil. Diss. Masch.) 1962, 56. – Arno Borst, Adelinde, Nonne in Buchau, in: Ders., Mönche am Bodensee 610–1525 (= Bodensee-Bibliothek 5), Sigmaringen ²1985, 66–83.
[42] CSG LXI 132.
[43] Schantel, Der heilige Ulrich 382.
[44] Hansmartin Schwarzmaier, Königtum, Adel und Klöster im Gebiet zwischen Oberer Iller und Lech (= Veröffentlichungen der Schwäbischen Forschungsgemeinschaft bei der Kommission für Bayerische Landesgeschichte. Reihe 1: Studien zur Geschichte des Bayerischen Schwabens 7), Augsburg 1961, 49.
[45] Ebd. 49–52; Bühler, Die Vorfahren des Bischofs Ulrich 28 f.; ders., Die Herkunft des Hauses Dillingen 21–23.
[46] GVUo XIII; Kallfelz 108.

beros, der sich der besonderen Fürsorge seines bischöflichen Oheims erfreute: Über ihn berichtet die Ulrichs-Vita ausführlicher.

Im übrigen läßt die Ulrichs-Vita keinen Zweifel daran, daß Ulrich als Bischof von Augsburg in seiner Familie eine beherrschende Stellung einnahm und deren politische Haltung – nämlich ihre unbedingte Königstreue – bestimmte. Mit Vorliebe betraute er seine nächsten Verwandten auch mit der Erledigung wichtiger politischer Aufträge und brachte sie in Königsnähe. Sein Brudersohn Hupald und sein Schwestersohn Manegold hatten bischöflich-augsburgische Lehen inne (die ihnen Ulrichs Nachfolger Heinrich dann streitig machen wollte) und führten als Vasallen Bischof Ulrichs in dessen Vertretung dem König wiederholt bischöfliche »milites« zu.[47] Später ließ sich Bischof Ulrich im königlichen Hof- und Heerdienst durch seinen Neffen Adalbero vertreten. Und die Erhebung von Angehörigen Ulrichs zu »comites« war wohl der königliche Lohn für solche Dienste.[48] Zwar scheint der Tod Bischof Ulrichs und das Fehlschlagen seiner Nachfolgepläne den weiteren Aufstieg der Familie gehemmt zu haben – in Kapitel XXVIII der Ulrichs-Vita klingt das deutlich an –, doch ihre gräfliche Stellung vermochte sie wohl zu behaupten. Denn zwischen den im Jahr 1111 erstmals urkundlich nachweisbaren Grafen von Dillingen, benannt nach der Stammburg (Ober-)Dillingen und begütert hauptsächlich im Gebiet um Dillingen und Wittislingen, und der Familie Ulrichs bestand mit hoher Wahrscheinlichkeit (über Ulrichs Neffen Hupald?) ein direkter genealogischer Zusammenhang.[49] Der letzte männliche Sproß dieses Geschlechts war Graf Hartmann (V.), der 1248 zum Bischof von Augsburg gewählt wurde und vor seinem Tod (1286) sein väterliches Erbe (Burg und Flecken Dillingen, Güterbesitz an der Donau, Vogteien und Patronatsrechte) der Kirche von Augsburg schenkte, deren Hochstiftsbesitz dadurch beträchtlich vermehrend.[50]

Ulrich war als Säugling – obwohl der Bau seines kleinen Körpers keinerlei Defekte aufwies (wie die Ulrichs-Vita ausdrücklich betont) und er »in der üblichen Weise gestillt sowie mit größter Sorgfalt gepflegt wurde« – so kränklich, daß man um sein Leben bangen mußte. In Abwandlung eines Legenden-Topos berichtet die Vita, man habe das Kind auf dringenden Rat eines durchreisenden Geistlichen, von dem ihm überdies eine große Zukunft vorausgesagt worden sei, entwöhnt und seine Ernährung umgestellt, worauf es sich alsbald gesund zu entwickeln begann »und ein so prächtiges Aussehen

---

[47] GVUo XXVIII; Kallfelz 158. – Wie groß zu Ulrichs Zeiten das vom Bischof von Augsburg zu stellende Aufgebot war, ist nicht überliefert; aber im Jahr 981 wurde Ulrichs Nachfolger Bischof Heinrich mit anderen geistlichen und weltlichen Großen aufgefordert, Kaiser Otto II. 100 Panzerreiter (»loricatos«) zuzuführen. RBDA 97f. (Nr. 172).
[48] GVUo XII; Kallfelz 108.
[49] Layer, Die Grafen von Dillingen. – Heinz Bühler, Die Anfänge des Hauses Dillingen 9–30.
[50] Ebd. 96; Zoepfl, Das Bistum Augsburg I 183–221.

erlangte, daß seine Eltern es mit Wonne betrachteten und anderen Leuten zeigten«.[51] Die Errettung ihres Kindes, für die sie Gott Tag und Nacht gelobt hätten, habe die Eltern auch gelehrt, an das zu glauben, was ihnen von jenem Geistlichen im Hinblick auf Ulrichs Zukunft vorausgesagt worden sei. »Sie schauten sich daher um, wo sich ihnen eine Stätte bot, die mit besonderem Eifer der Frömmigkeit und Lehrtätigkeit ergeben war. Auf einen Rat hin übergaben sie den Knaben dem Kloster Sankt Gallen; denn dort lebten damals adelige Diener Gottes in großer Zahl, blühten Frömmigkeit und Eifer im Lernen und Lehren«.[52] Man darf diese legendarisch gefärbte Aussage, in der aber, wie bereits in der allegorischen Deutung des Namens »Ulrich«, wiederum die »Zielrichtung« der Vita zum Ausdruck kommt, dahingehend verstehen: Ulrich, bei seiner Geburt ein schwächliches Kind, gedieh dennoch zur Freude seiner Eltern und unter deren Obhut körperlich und geistig wohl; auf Grund seiner zutage tretenden geistigen Begabung wurde er von ihnen für den geistlichen Stand bestimmt, natürlich in der Hoffnung auf eine dem Rang seiner adeligen Geburt entsprechende und dem Familieninteresse dienende höhere kirchliche Laufbahn. Voraussetzung dafür war zunächst solide Bildung, und diese sollte sich der adelige Jungherr in der Klosterschule von St. Gallen holen. Sofern tatsächlich Ulrichs Vater Hupald mit dem oben erwähnten Hupold identisch war und somit engere Beziehungen zu St. Gallen unterhielt, könnte sich auch von daher die Wahl dieser Schule nahegelegt haben. Um das Jahr 900, im Alter von etwa zehn Jahren, dürfte demnach der Heranwachsende den Mönchen von St. Gallen – in deren »schola canonica« oder »äußere Schule« (im Unterschied zur »schola claustri« oder »inneren Schule« für die Ausbildung der Mönche) – zur Erziehung übergeben worden sein: einem adeligen Kloster, dem damals als Abt der hochgebildete Bischof Salomo III. von Konstanz tatkräftig vorstand (890–919), ein mutiger Verteidiger des zur selben Zeit darniederliegenden Königtums gegen ein Wiedererstarken (zentrifugaler) herzoglicher Gewalt, später (seit 909) Kanzler König Ludwigs des Kindes (900–911), des letzten Karolingers. Die Klosterschule aber, das bedeutendste Bildungszentrum im alemannischen Raum, gleich berühmt durch seine Malerei, Elfenbeinschnitzerei und literarische Produktion, im Rang selbst die Schule des Klosters Reichenau überflügelnd, leitete zur nämlichen Zeit Notker Balbulus (840–912), der Dichter, Musiker und Theologe, geistvolle Lehrer und einfühlsame Pädagoge.[53] Ulrich erlernte hier

---

[51] GVUo I; Kallfelz 52–54.
[52] GVUo I; Kallfelz 54.
[53] Rolf Sprandel, Das Kloster St. Gallen in der Verfassung des Karolingischen Reiches (= Forschungen zur Oberrheinischen Landesgeschichte 7), Freiburg i. Br. 1958; Helvetia Sacra III/I, Bern 1986, 1180–1369; Werner Vogler (Hrg.), Die Kultur der Abtei St. Gallen, Zürich-Stuttgart 1990. – Wolfram von den Steinen, Notker der Dichter und seine geistige Welt I–II, Bern 1948 (Nachdruck 1978); Karl Langosch, Notker Balbulus, in: Ders., Profile des lateinischen Mittelalters. Geschichtliche Bilder aus dem europäischen Geistesleben, Darmstadt 1965,

die »Kunst der Grammatik« und wurde »täglich in der Religion und in den übrigen Schulfächern« unterrichtet.[54] Er eignete sich mit anderen Worten neben Latein die Bildungsgrundlagen der Zeit an: die »septem artes liberales« der Spätantike mit den Fächern Grammatik, Rhetorik und Dialektik im »Trivium«, der ersten Bildungsstufe, und mit den Fächern Musiktheorie, Astronomie, Arithmetik und Geometrie im »Quadrivium«, der zweiten, höheren Bildungsstufe.[55] Als seinen Lehrer nennt die Ulrichs-Vita den Mönch Waninc.[56] Die »Casus sancti Galli« dagegen bezeichnen ihn als Schüler des Mönches Hartmann des Jüngeren und berichten unter anderem, daß er, obwohl (nicht Mönch, sondern nur) »canonicus«, als tadelloser Vorleser sogar im Refektorium des Mönchskonventes häufig habe auftreten dürfen, »wo ein Schnitzer auch nur im geringsten schon ein Hauptvergehen war«. Dieser Vorzug sei ihm »um seiner Ahnen willen« zugebilligt worden.[57]

Spätestens im Jahr 908 kehrte Ulrich zu den Eltern zurück, »mit der zweifachen Speise der Wissenschaft und der Frömmigkeit genährt« und vom St. Galler Mönchskonvent hochgeschätzt. Die St. Galler Mönche hätten ihn gedrängt, ihrer Klostergemeinschaft beizutreten, da sie »mit der Zeit bemerkten, wie der Unterricht in ihm die schönsten Früchte trug« – berichtet die Vita.[58] Und es mag ja sein, daß er in seinen jungen Jahren für das monastische Leben Sympathie gewann. Gleichwohl scheint ihm der Gedanke, als einfacher Mönch, wenn auch in einem adeligen Konvent, zu leben, ferngelegen und im übrigen den Absichten seiner Eltern oder Sippe mit ihm widersprochen zu haben. Die Ulrichs-Vita freilich, bestrebt, Ulrichs schon sehr frühe Neigung zum monastischen Leben zu demonstrieren und sein Ausschlagen der Einladung der St. Galler Mönche als herben Verzicht, als Akt demütigen Gehorsams gegenüber dem Willen Gottes zu interpretieren, läßt den Klosterzögling sozusagen einen »inneren Berufskampf« durchstehen, in dem er sich

---

137–185; ders., Mittellatein und Europa. Führung in die Hauptliteratur des Mittelalters, Darmstadt 1990, 123–127; Hans F. Haefele, Notker I. von St. Gallen, in: Ruh, Verfasserlexikon VI, Berlin ²1987, 1187–1210; Johannes Duft, Der Dichter Notker Balbulus († 912). Notker der Stammler in Sankt-Galler-Manuskripten, in: Ders., Die Abtei St. Gallen II: Beiträge zur Kenntnis ihrer Persönlichkeiten. Ausgewählte Aufsätze in überarbeiteter Fassung, Sigmaringen 1991, 127–135.

[54] GVUo I; Kallfelz 54. – Johannes Duft, St. Ulrich in St. Gallen, in: Bischof Ulrich von Augsburg und seine Verehrung 49–60 (unter dem Titel: »Bischof Ulrich und St. Gallen« überarbeitet in: Ders., Die Abtei St. Gallen II 189–200).
[55] Hauck, Kirchengeschichte II 125–205, III 274–342; Artes liberales, in: Lexikon des Mittelalters I (1980) 1058–1063; Theologische Realenzyklopädie 4 (1979) 156–171.
[56] GVUo I; Kallfelz 54.
[57] CSG LVII 125.
[58] GVUo I; Kallfelz 54.

---

5 St. Ulrich neben der Muttergottes und der wie Ulrich gegen Ungeziefer angerufenen hl. Cutubilla, im Schrein des Bartholomäus-Zeitblom-Altars von 1515. St.-Ulrich-Kapelle im ehemaligen Prämonstratenserkloster Adelberg auf dem Schurwald. Die Diözesangrenze Augsburg/Konstanz verlief zwischen Dorf und Kloster Adelberg

Rat suchend an die Reklusin Wiberat (Wiborada) wendet: seine (geistliche) »Amme«, wie er sie nach den »Casus sancti Galli« noch als alter Mann genannt habe.[59] Und Wiberat eröffnet ihm nach dreitägigem inbrünstigen Gebet, daß er »von Gott zum Regieren bestimmt« sei und »daher keinesfalls geistlicher Vater dieses Klosters« werde. Die Reklusin prophezeit ihm seine künftige Erhebung zum Bischof »in einem östlichen Gebiet, wo ein bestimmter Fluß zwei Landschaften scheidet«, sowie die ihn in diesem Amt erwartende schwere Mühsal, verursacht »von Heiden und von schlechten Christen«.[60] Dasselbe berichtet in fast wörtlicher Übereinstimmung die auf den St. Galler Mönch und Dekan Ekkehart I. († 973) zurückgehende ältere »Vita sanctae Wiboradae«, deren Abfassungszeit man zwischen 960 und 970 ansetzen zu können glaubt[61] (woraus sich in diesem Punkt literarische Abhängigkeit der Ulrichs-Vita von der »Vita sanctae Wiboradae« ergäbe). Doch diese – möglicherweise auf Bischof Ulrichs Anregung entstandene[62] – Vita enthält eine zusätzliche Information: Nach ihr seien die St. Galler Mönche aus Furcht, nach Bischof und Abt Salomos III. Tod wieder fremder Herrschaft unterworfen zu werden, auf dessen Wink »insgeheim« an ihren Schüler Ulrich, den sie »wie einen in ihre Reihen Aufgenommenen« geliebt und in Ehren gehalten hätten, herangetreten mit dem Rat, »das Mönchsgewand zu nehmen und sich in den Dienst Gottes und des heiligen Gallus zu stellen mit der Abmachung, daß er alsbald, wenn er die Stellung eines Vaters angenommen hätte, als Abt nach jenem [Salomo III.] eingesetzt würde«.[63]

Indes, Wiberat, eine alemannische Adelige, bezog – soweit die Quellen erkennen lassen – erst 912 (auf Einladung Bischof und Abt Salomos III.) bei der Kirche des heiligen Georg in St. Gallen eine Zelle, und erst vier Jahre später wurde sie von Salomo III. bei der Kirche des heiligen Magnus als Reklusin eingeschlossen.[64] Als Klosterschüler konnte Ulrich die Reklusin somit gar nicht kennengelernt und – wie die »Casus sancti Galli« erzählen[65] – an Fest-

[59] »Multa sunt, quę de doctrina nutricis suę – sic enim ętiam vetulus eam nominare solebat – patribus ille dixerat...« CSG LVIII 126.
[60] »Cumque ille responsum accepturus advenisset, dixit ille: ›Ultra haesitatio tuam non occupet mentem, quia istius coenobii spiritalis pater a Deo decretus ad regendum nullo modo constitueris. Sed in orientali parte, ubi quidam fluvius duas dividit regiones, in futurum episcopali ministerio Deo militare debebis, et in eodem loco multa talia perpessurus es laboriosa, qualia numquam antecessores tui sustinuerunt a paganis et malis christianis. Quae tamen omnia Deo iuvante in ultimis decentissime superabis.‹« GVUo I; Kallfelz 54.
[61] EVW XX 58–60.
[62] Ebd. XLV 103–107.
[63] Ebd. XX 58. – Helmut Maurer, Salomo III., in: Elmar L. Kuhn-Eva Moser u. a. (Hrg.), Die Bischöfe von Konstanz I, Friedrichshafen 1988, 364f. 469f. (Lit.).
[64] EVW XVII 56.
[65] CSG LVII 124–126.

6 St. Ulrich, Bischof von Augsburg, und St. Konrad, Bischof von Konstanz, als spätgotische Schlußsteinfiguren im Chorgewölbe der 1493 geweihten Dorfkirche von Hundsholz, heute Adelberg, Landkreis Göppingen, ehemals Bistum Augsburg.

tagen, während sich seine Altersgenossen zu Spielen gerüstet hätten, »heimlich« an ihrem Fensterchen besucht haben. Daß Bischof Ulrich die Reklusin Wiberat gekannt und verehrt hat, ist deswegen nicht zweifelhaft. Vielleicht fiel seine erste Begegnung mit ihr in die zweijährige St. Galler Sedisvakanz nach Salomos III. Tod (919), als er selber, zwar »clericus«, aber ohne kirchliches Amt, in einer »Wartezeit« war. Vielleicht machte er sich damals Hoffnungen auf die Nachfolge als (Groß-)Abt von St. Gallen oder wurde tatsächlich zeitweise seine Kandidatur (von welcher Seite immer) erwogen? Die Quellen schweigen hierüber. »Wende deinen Sinn in eine andere Richtung« – habe nach der »Vita sanctae Wiboradae« die Reklusin dem Ratsuchenden geantwortet. »Weder Mönch noch Abt kannst du hier werden. Aber werde nicht traurig und fürchte nicht, daß deine Mühen, durch welche du dich im Dienst an Gott übst, beim Herrn vergessen wären; du sollst Bischof in einer östlichen Gegend werden.« Und der Verfasser dieser Vita kommentiert: »Alles vom heiligen Geist der ehrwürdigen Jungfrau [in Bezug auf Ulrich] Enthüllte, das wir nannten, haben wir erfüllt gesehen.«[66] Man wird den Schluß ziehen dürfen, daß die Wiberat in den Mund gelegte prophetische Auskunft nichts anderes darstellt als eine »vaticinatio ex eventu«.

Immerhin kann man aus dem übereinstimmenden Bericht der »Vita sanctae Wiboradae« und der Ulrichs-Vita herauslesen, daß Ulrich als standes- und selbstbewußter Hocharistokrat sich zu Höherem berufen fühlte. Mönch wollte er nur sein in der Rolle des Abtes, und da hierfür offenbar Aussicht nicht bestand, zog er bzw. zog seine Familie für ihn den Status eines Weltgeistlichen vor. Nach dem Abschluß seiner Ausbildung in St. Gallen hätten seine Eltern – so die Ulrichs-Vita – »den klugen Entschluß« gefaßt, »ihn dem Bischof Adalbero von Augsburg zu unterstellen, der ihnen bekannt war als ein großer Gelehrter seiner Zeit, als außergewöhnlich begabt in der Kunst der Musik und als ein Mann, der fast alle Reichsgeschäfte zusammen mit dem König führte«.[67] In der Tat gehörte der Augsburger Bischof Adalbero (887–909) neben Salomo III. und dem Mainzer Erzbischof Hatto I. (891–913) zu dem Kreis jener geistlichen Großen, in deren Händen die vormundschaftliche Regierung für König Ludwig das Kind lag. Und dieser einflußreiche Kirchenfürst nahm Ulrich (wohl 907/08) »wegen des Adels seiner Eltern, wegen seiner vortrefflichen Anlagen und seines angenehmen Äußeren« in seine Dienste auf und betraute den kaum Achtzehnjährigen unter anderem mit dem Amt des Kämmerers,[68] dessen Aufgabe es war, die Bistumskasse zu ver-

---

[66] EVW XX 58–60.
[67] GVUo I; Kallfelz 54–56. – Zu Bischof Adalbero siehe: RBDA 44–59 (Nr. 52–95); Zoepfl, Das Bistum Augsburg I 55–59; Adalbero, Bischof von Augsburg, in: Lexikon des Mittelalters I (1980) 93.
[68] »Ipse vero propter nobilitatem parentum et bonam eius indolem et formositatem laeto animo suscipiens, ministerium camerarii sibi commendavit. Quo suscepto, et aliis secundum suam dignitatem beneficiis, sicuti praecoquus erat, in omnibus prospere agens, de die in diem proficiebat.« GVUo I; Kallfelz 56.

walten und für alle wirtschaftlichen Belange des bischöflichen Stuhles Verantwortung zu tragen. Nun wurde sicherlich auch damals ein noch sehr junger Mensch nicht einfach auf elterliche Empfehlung hin, oder weil er bei der ersten Vorstellung sympathisch wirkte, in eine so bedeutende Vertrauensstellung am bischöflichen Hof gehoben. Es müssen wohl gewichtigere Faktoren schon im Vorfeld mitgewirkt haben. Vielleicht waren verwandtschaftliche Beziehungen mit im Spiel;[69] vielleicht war auch wirklich der Konstanzer Bischof Salomo III. auf Ulrich aufmerksam geworden und hatte sich für den vielversprechenden »Absolventen« seiner St. Galler Klosterschule bei seinem Augsburger Kollegen, mit dem er in Reichsangelegenheiten eng verbunden war, eingesetzt – die oben zitierte Bemerkung der »Vita sanctae Wiboradae« könnte ein Hinweis darauf sein, daß Ulrich Bischof und Abt Salomo III. nicht unbekannt war.

Jedenfalls stand Ulrich, kaum achtzehnjährig, am Beginn einer glänzenden kirchlichen Karriere. Voraussetzungen dafür waren nach der Feudalauffassung der Zeit Adel der Geburt, gute Begabung sowie entsprechendes Aussehen und die Fähigkeit aufzutreten: Eigenschaften also, die einen tüchtigen, Autorität ausstrahlenden Verwalter erwarten ließen. Von Frömmigkeit ist in diesem Zusammenhang bezeichnenderweise nicht die Rede.[70] Über Ulrichs Tätigkeit im einzelnen und über sein persönliches Verhältnis zu Bischof Adalbero verlautet in der Vita nichts. Doch was Bischofspflicht und Reichsdienst beinhalteten, wie beides miteinander in Einklang zu bringen sei, mag Ulrich in der Lehre und am Beispiel dieses weitgebildeten geistlichen Aristokraten, königlichen Ratgebers und Diplomaten des Reiches erstmals aus nächster Nähe erfahren haben. Die Vielseitigkeit der Aufgaben, die dieser Bischof in der allerletzten Phase der karolingischen Reichsherrschaft zu bewältigen hatte, sollten im Laufe des 10. Jahrhunderts für den Reichsepiskopat insgesamt an Gewicht noch zunehmen.

Als Bischof Adalbero am 28. April 909 starb und in der Grablege der Augsburger Bischöfe in der St. Afra-Kirche beigesetzt wurde,[71] weilte sein Kämmerer nach Auskunft der Ulrichs-Vita in Rom, um dort die Gräber der Apostel Petrus und Paulus zu besuchen.[72] Genaueres über diese Rom-Wallfahrt des Jungklerikers – wenn sie denn überhaupt stattgefunden hat – scheint der Biograph nicht erkundet zu haben. Er berichtet, Ulrich sei »vom ehrwürdigen Papst Marinus« freundlich aufgenommen worden und habe aus dessen Mund die Nachricht vom Tod Bischof Adalberos von Augsburg, seines

---

[69] Albrecht Graf Finck von Finckenstein, Ulrich von Augsburg und die ottonische Kirchenpolitik in der Alemannia, in: Immo Eberl-Wolfgang Hartung-Joachim Jahn (Hrg.), Früh- und hochmittelalterlicher Adel in Schwaben und Bayern (= Regio. Forschungen zur schwäbischen Regionalgeschichte 1), Sigmaringendorf 1988, 261–269, hier 267.
[70] Goez, Bischof Ulrich von Augsburg 27.
[71] RBDA 59 (Nr. 95).
[72] GVUo I; Kallfelz 56.

Herrn, empfangen, mit der Prophezeiung, daß »nach dem Willen Gottes« er »der Hirte dieses Bistums« werden solle. Doch Ulrich habe sich dagegen gesträubt, worauf der Papst in seiner prophetischen Rede fortgefahren sei: Wenn er sich jetzt der »Bestimmung Gottes«, das Bistum Augsburg unzerstört anzunehmen und in Ruhe zu regieren, verweigere, werde er es »zerstört und ausgeplündert in unruhiger Zeit übernehmen und in mühevoller Arbeit regieren und wiederaufbauen« (müssen). Voll Trauer über den Tod seines Herrn habe Ulrich schon andern Tags Rom wieder verlassen, ohne Abschied vom Papst, »um nicht durch dessen Worte noch mehr verpflichtet zu werden«. Man fühlt sich erinnert an das Zurückweichen des jungen Jeremia, als »das Wort des Herrn« an ihn erging und er »zum Propheten für die Völker« bestellt wurde: »Ach, Herr, mein Gott, ich verstehe ja nicht zu reden; ich bin noch zu jung« (Jer 1,4–10). Die Prophezeiung des Papstes deckt sich mit jener der Reklusin Wiberat, und wieder erscheint Ulrich in der Haltung der Demut, die ihn nunmehr vor der ihm von Gott hier und jetzt zugedachten hohen, verantwortungsvollen Aufgabe des Bischofsamtes zurückschrecken läßt (wobei es einigermaßen erstaunlich ist, daß ein Papst als der oberste Hüter der kanonischen Ordnung einen erst neunzehnjährigen »clericus«, der noch längst nicht das für die Übernahme des Bischofsamtes kanonisch vorgeschriebene Alter erreicht hat, auffordert, sich für diese Würde »jetzt« bereitzuhalten). Allerdings hatte im Jahr 909 den römischen Stuhl nicht ein Papst Marinus, sondern Papst Sergius III. (904–911) inne, der seinen Vorgänger Christophorus (903–904) in den Kerker geworfen und beseitigt, ihm damit dasselbe Schicksal bereitet hatte wie dieser seinem Vorgänger Leo V. (903).[73] Päpste mit dem Namen Marinus gab es in jener Zeit wohl, aber ihre Pontifikate fielen in die Jahre 882–884 (Marinus I.) und 942–946 (Marinus II.). Nun mag sich der Verfasser der Vita in Anbetracht der allzu rasch wechselnden Pontifikate jenes »Saeculum obscurum«, in welchem das Papsttum zum Spielball römischer Adelscliquen geworden und Rom zu einer entvölkerten und verwahrlosten Provinzstadt herabgesunken war, im Namen des Papstes geirrt haben. Jedoch in den Mund eines Sergius III., einer Kreatur der tuscischen und spoletanischen Partei – und um ihn müßte es sich gehandelt haben –, unter dem das Papsttum in jahrzehntelange entwürdigende Abhängigkeit von der Sippe des Theophylakt, von dessen Gemahlin (Theodora) und deren Töchtern (Marozia und Theodora) kam, »prophetische« Rede zu legen, erscheint als abwegig (wobei anzunehmen ist, daß der Verfasser der Vita über die damaligen römischen Mißstände unzureichend informiert gewesen sein könnte). Wollte man im übrigen von dieser ersten Romwallfahrt und der an-

---

[73] Franz Xaver Seppelt-Georg Schwaiger, Geschichte der Päpste. Von den Anfängen bis zur Gegenwart, München 1964, 117f.; Harald Zimmermann, Das dunkle Jahrhundert. Ein historisches Porträt, Graz-Wien-Köln 1971, 26–57; Walter Ullmann, Kurze Geschichte des Papsttums im Mittelalter (= Sammlung Göschen 2211), Berlin-New York 1978, 104. – Siehe auch: Georg Schwaiger, Das Papsttum im »Dunklen Jahrhundert«. In diesem Band S. 53–68.

geblichen Begegnung mit einem Papst auf eine bei Ulrich früh sich entwickelnde starke Beziehung zum Apostolischen Stuhl schließen, würde man den Quellentext entschieden überinterpretieren. Und dasselbe gilt von einer auf dieses angebliche Begebnis sich stützenden These, wonach sich hier bereits der Versuch päpstlicher Einflußnahme auf die Besetzung der Bischofsstühle im werdenden »deutschen« Reich artikuliert habe.[74] Der Bischof von Rom, wiewohl als Nachfolger Petri allgemein anerkannt, erhob sich damals, was seine jurisdiktionelle Stellung anlangte, kaum über die Stadt Rom. Und Ulrich erfüllte gewiß eine tiefe Verehrung für die Gräber der Apostelfürsten, zu denen er – nach Angabe der Ulrichs-Vita – auch als Bischof noch dreimal pilgerte, jedoch zweimal vielleicht im Zusammenhang mit einem offiziellen königlichen Auftrag sowie einmal auch in der Absicht, für seine Augsburger Kirche Reliquien zu erwerben. Dennoch kann bei ihm von einer lebenslangen Rom-Bindung im Sinne einer Gehorsamsbindung an den Papst so wenig die Rede sein wie bei anderen nach Rom pilgernden Reichsbischöfen des 10. Jahrhunderts, die selbstverständlich allesamt bei solcher Gelegenheit dem Bischof der Ewigen Stadt ihre Reverenz erwiesen.[75]

Das im folgenden Geschilderte steht dann allerdings zu Ulrichs oben beschriebener Demutshaltung in seltsamem Kontrast. Kein Wort davon, daß man in Augsburg selber an Ulrich als Bischofskandidaten überhaupt gedacht habe. Nachfolger Bischof Adalberos wurde Hiltine, und er leitete das Bistum vierzehn Jahre lang (909–923), ohne daß über seine Herkunft und über die Umstände seiner Erhebung zum Bischof Näheres bekannt wäre oder sich über sein Wirken nennenswerte Nachrichten erhalten hätten. Die Ulrichs-Vita indes stellt lapidar fest: »Hiltine aber war nicht von so hohem Adel, daß Ulrich in seinen Dienst hätte treten mögen.«[76] Der Hocharistokrat, obwohl Kleriker, verließ den Kirchendienst, weil ihm der neue geistliche Vorgesetzte von zu wenig edlem Blut war. Ulrich zog sich, »da inzwischen sein Vater gestorben war«, auf die elterlichen Besitzungen zurück, um sie zu verwalten. Und der Biograph entschuldigt diesen Entschluß mit dem Vierten Gebot: Eingedenk dieses Gebotes habe er die Sorge für seine verwitwete Mutter übernommen.[77] Aber Ulrich hatte wenigstens vier Geschwister, zwei Schwestern und zwei Brüder, und nach dem damaligen Brauch der Namensgebung war der älteste der Brüder wohl Dietpald. Ihm scheint später auch der

---

[74] Bernhard Schimmelpfennig, Das Papsttum. Grundzüge seiner Geschichte von der Antike bis zur Renaissance (= Grundzüge 56), Darmstadt 1984, 138.

[75] Hermann Tüchle, Romfahrten deutscher Bischöfe im 10. Jahrhundert, in: Heinz Fleckenstein-Gerhard Gruber-Georg Schwaiger-Ernst Tewes (Hrg.), Ortskirche – Weltkirche. Festgabe für Julius Kardinal Döpfner, Würzburg 1973, 98–110.

[76] »Tunc Hiltine successor Adalberonis effectus est, qui tamen tantae non fuit celsitudinis, ut suo se vellet applicuisse servicio.« GVUo I; Kallfelz 56. – Zu Bischof Hiltine siehe: RBDA 59–62 (Nr. 96–101); Zoepfl, Das Bistum Augsburg I 59f.

[77] GVUo I; Kallfelz 56.

Familienbesitz zugefallen zu sein.[78] Wäre die Sorge für die Mutter nicht vor allem seine Aufgabe gewesen? Freilich, Ulrich hatte sich Erfahrungen in der Güterverwaltung erworben, und diese kamen nun – so wird man folgern dürfen – dem Familienbesitz (mitsamt den dazugehörigen »Eigenkirchen«) zugute. Gleichwohl war für ihn nach Angabe der Ulrichs-Vita der eigentliche Grund, sich in das Privatleben zurückzuziehen, seine Weigerung, sich einem minder vornehmen Bischof unterzuordnen. So war grundsätzlich die Auffassung der Zeit: Daß der Heiland für alle Menschen, Hoch und Niedrig, gestorben war, bekannte man zwar als Wahrheit des christlichen Glaubens. Dennoch unterschied man die Menschen nach dem »Rang« ihrer Geburt und betrachtete sie als von Natur aus ungleich. So waren beispielsweise die großen Klöster im Bodenseeraum St. Gallen, Reichenau und Einsiedeln adelige Korporationen, das heißt: Vollmönch konnte in ihnen nur werden, wer adeligen Geblüts war, ungeachtet der Tatsache, daß die »Regula sancti Benedicti« solche Exklusivität verbot.[79] Und dieses Denken, das nicht nur das gesamte gesellschaftliche Leben des Mittelalters beherrschte, sondern sich in die Neuzeit herein auch noch verdichtete, blieb in der Reichskirche bestimmend bis zu ihrem Untergang in der Säkularisation von 1802/03: Wer aus bürgerlichem Stand das Glück hatte, in einem Domkapitel des Reiches eines der wenigen nicht dem Adel reservierten Kanonikate zu erlangen, mußte im Gegensatz zu einem adeligen Anwärter, der in der Regel lediglich die Ahnenprobe zu erbringen hatte, einen akademischen Grad vorweisen und blieb doch lebenslang nur ein Domherr minderen Rechts. Die Bischofsstühle des Reiches waren durch alle Jahrhunderte hindurch fast ausnahmslos dem Adel vorbehalten. Bischof Hiltine scheint – aus welchen Ursachen immer – eine dieser ganz seltenen Ausnahmen gewesen zu sein. Der Verfasser der Ulrichs-Vita berichtet von Ulrichs Verhalten gegenüber Bischof Hiltine keineswegs etwa in mißbilligendem Ton; es entsprach dem Empfinden der Zeit. Um so mehr fällt auf, daß er es nicht versäumt, Ulrichs offenbar gekränktem Ausscheiden aus bischöflichen Diensten zusätzlich eine fromme Motivation zu unterlegen.

[78] Goez, Bischof Ulrich von Augsburg 28. – Nach alter Neresheimer Tradition ist Ulrichs Vater Hupald 908 in Frankfurt eines gewaltsamen Todes gestorben und in Neresheim beigesetzt worden. Bühler, Die Vorfahren des Bischofs Ulrich 44. – Schantel (Der heilige Ulrich 380–383) vermutet, Ulrich habe im Zusammenhang mit dem Tod seines Vaters St. Gallen verlassen, um »Familienchef« zu werden, sei dann eine Zeitlang »camerarius« Bischof Adalberos gewesen und habe sich schließlich als »Landjunker« auf »seine Güter« zurückgezogen, für deren Lokalisierung nur (Ober-)Sulmetingen in Frage komme, während seine beiden Brüder Dietpald und Manegold das mütterliche Erbe in Wittislingen und Dillingen erhalten hätten. (Ober-)Sulmetingen, »den eigentlichen Familienstammsitz« aber habe Ulrich mit seinen beiden Schwestern bewohnt. Und erst, als Ulrich den Augsburger Bischofsstuhl bestieg und »Platz machte«, habe seine Schwester Liutgard heiraten können, also um 924, so daß ihre drei Söhne, der Sulmetinger Manegold, Adalbero, Ulrichs Lieblingsneffe, und Reginbald, der später in der Lechfeldschlacht sein Leben ließ, um und nach 925 geboren seien.

Der Bischof

Erst als Bischof Hiltine am 8. November 923 starb,[80] kehrte Ulrich, inzwischen dreiunddreißigjährig, wieder in den »amtlichen« Kirchendienst zurück. »Auf Drängen Herzog Burchards, seines Verwandten, und seiner anderen Verwandten« – so die Vita – »wurde er König Heinrich vorgestellt«, damit dieser ihm die »episcopalis potestas« über das vakante Bistum Augsburg verleihe.[81] Die Bischofserhebung war herrscherliches Reservatrecht. Zwar galt immer noch die kanonische Vorschrift einer »Wahl durch Klerus und Volk«, gemäß dem Brauch der Alten Kirche; aber diese »Wahl« war längst reduziert auf eine bloße Beifallsbekundung. Verleihung der Bischofswürde bedeutete spätestens seit der endenden Karolingerzeit Teilhabe an der Ordnung des Reiches, nicht nur Übernahme geistlicher Hirtenaufgaben. Der König, der bei der Bestellung eines neuen Bischofs natürlich nicht völlig frei schalten konnte, sondern stets auch Rücksicht zu nehmen hatte auf die jeweiligen örtlichen Gewalten, mußte dafür Sorge tragen, daß die Bischofsstühle nur tüchtigen und zuverlässigen Männern anvertraut wurden. Und König Heinrich I. setzte im schwäbischen Stammesgebiet, das erst kurz zuvor seine Herrschaft anerkannt hatte,[82] erstmals einen Bischof ein. Er befand sich dabei in einer politisch delikaten Situation; weder war nämlich sein Königtum schon gefestigt, noch waren Reichsverfassung und Reichskirche – letztere nachmals die fundamentale Stütze des Reiches – voll ausgebildet, geschweige denn die Integration der Kirche in das Reich schon zur Gänze geglückt; es gab auch noch keine Institution (wie die spätere Hofkapelle), die dem König ein Reservoir ausgewählter, für den bischöflichen Dienst im Reich wohlvorbereiteter Kleriker zur Verfügung gestellt hätte.[83] Die Ulrichs-Vita läßt keinen Zweifel daran, daß Heinrich I. bei der Regelung der Nachfolge Bischof Hiltines in Augsburg 923 auf dringende Empfehlung hin handelte, und zwar binnen kürzester Frist. Er mußte politische Rücksichten walten lassen, vielleicht sogar dem Schwabenherzog, um ihn enger an sich zu binden, eine gewisse Mitwirkung einräumen.[84] Doch hebt die Vita ausdrück-

---

[79] Basilius Steidle (Hrg.), Die Benediktusregel. Lateinisch-deutsch, Beuron ³1978, 64 (cap. II 16–18). – Goez, Bischof Ulrich von Augsburg 28.
[80] RBDA 61f. (Nr. 101).
[81] GVUo I; Kallfelz 56–58. – Bühler, Die Herkunft des Hauses Dillingen 17f.
[82] Siehe dazu: Spindler, Handbuch III/2 841–845. – Zu Heinrich I. siehe: Robert Holtzmann, Geschichte der Sächsischen Kaiserzeit (900–1024), München ⁶1979, 68–107; Werner Goez, König Heinrich I. (919–936), in: Ders., Gestalten des Hochmittelalters 3–24; Helmut Beumann, Die Ottonen (= Urban-Taschenbücher 384), Stuttgart-Berlin-Köln ²1991, 32–52.
[83] Josef Fleckenstein, Die Hofkapelle der deutschen Könige I–II (= Schriften der Monumenta Germaniae historica 16/I–II), Stuttgart 1959–1966; Albrecht Graf Finck von Finckenstein, Bischof und Reich. Untersuchungen zum Integrationsprozeß des ottonisch-frühsalischen Reiches (919–1056) (= Studien zur Mediävistik 1), Sigmaringen 1989, bes. 48–101.
[84] Finck von Finckenstein, Ulrich von Augsburg; Helmut Maurer, Der Herzog von Schwaben.

lich hervor, daß der König, ehe er der »Bitte« Herzog Burchards I. und der übrigen Verwandten Ulrichs willfuhr, sich im Gespräch von der Eignung des ihm vorgeschlagenen Kandidaten – von dessen Vertrautheit mit der »doctrina« – überzeugte und daß ferner für seine Entscheidung ausschlaggebend war des Kandidaten »herilitas staturae«: Ulrichs ansehnliche, gebieterische Gestalt.[85] Dagegen ist auch in diesem Zusammenhang von Frömmigkeit – jetzt als einer für das Bischofsamt erforderlichen Tugend – wiederum nicht die Rede. Es wird auch nirgends erwähnt, ob Ulrich zum nämlichen Zeitpunkt bereits Priester war. Nach der Prüfung des Kandidaten »nahm« Heinrich I. – so berichtet die Vita weiter –, »wie es beim König Sitte ist, dessen Handgelöbnis ab und zeichnete ihn mit dem Bischofsamt aus. Darauf kehrten sie« – Ulrich, offensichtlich geleitet vom Herzog und den Verwandten – »frohen Herzens vom König zurück, gelangten nach Augsburg und ließen ihm gemäß dem Befehl des Königs durch die Hand eines Bevollmächtigten die Investitur für das Bistum erteilen«.[86] In der darauffolgenden Weihnachtszeit, am Fest der Unschuldigen Kinder – also am 28. Dezember 923 –, empfing Ulrich, vermutlich aus den Händen Erzbischof Herigers (913–926), des zuständigen Metropoliten, in Mainz, »nach gewöhnlichem Ritus die Weihe«.[87] Den eigentlichen Rechtsakt der Verleihung des Bistums aber hatte in symbolischer Form das Handgelöbnis (die »manumissio«) dargestellt: der »Handgang«, jene eindrückliche lehnrechtliche Geste, die in der Selbstfesselung des Vasallen Ulrich durch das Falten seiner Hände und in der sichtbaren Schutzgewährung durch deren Umschließen seitens des Gefolgschaftsherrn König Heinrich I. bestand (eine symbolische Geste, die sich im Ritus der Priesterweihe beim Gehorsamsversprechen des Neupriesters gegenüber seinem Bischof bis heute erhalten hat).[88] Damit war Ulrich rechtskräftig Herr seiner Bischofsstadt Augsburg und seiner Hörigen, seiner »familia«, auf dem flachen Land geworden, die dem Bischof dienst- und abgabepflichtig waren.[89] Daß in den ganzen Vorgang dieser Bischofserhebung in irgendeiner Form – sei es durch vorausgehende Wahl, Zustimmung oder Anhörung – das Domkapitel bzw. der Domklerus einbezogen worden sei, ist der Vita nicht zu ent-

---

Grundlagen, Wirkungen und Wesen seiner Herrschaft in ottonischer, salischer und staufischer Zeit, Sigmaringen 1978, 153–184. – Siehe auch den Beitrag von Karl Hausberger. In diesem Band S. 1–19.

[85] »Rex vero intuens herilitatem staturae illius, et comperiens doctrinae suae scientiam, petitioni eorum assensum praebens, regio more in manus eum accepit munereque pontificatus honoravit.« GVUo I; Kallfelz 56–58.
[86] »His vero ita peractis, hilari animo de rege revertentes, et ad Augustam pervenientes, secundum regis edictum potestiva manu vestituram episcopatus sibi perfecerunt.« Ebd.
[87] Ebd. – RBDA 66 (Nr. 104).
[88] Siehe Anm. 85. – Finck von Finckenstein, Ulrich von Augsburg 261 f.
[89] Rolf Schmidt, Legitimum ius totius familiae. Recht und Verwaltung bei Bischof Ulrich von Augsburg, in: Hubert Mordek (Hrg.), Aus Archiven und Bibliotheken. Festschrift für Raymund Kottje zum 65. Geburtstag (= Freiburger Beiträge zur mittelalterlichen Geschichte. Studien und Texte 3), Frankfurt a. M.-Bern-New York-Paris 1992, 207–222, bes. 212–215.

nehmen; ebensowenig bietet sie einen Anhaltspunkt dafür, daß Ulrich beim Belehnungsakt Ring und Stab überreicht worden seien.

Der neugeweihte Bischof trat ein schweres Erbe an: Ungarnhorden, die seit dem Tod Bischof Adalberos mehrmals eingefallen waren, hatten die Bischofsstadt, den Domstiftsbesitz und wohl auch weite Teile des Bistums verwüstet. Die Mauern der Domkirche waren eingestürzt und zahlreiche Gebäude zerstört; die »Heiden« hatten einen Großteil der »familia« des Bischofs, der bischöflichen Dienstleute, ermordet, ihre Niederlassungen geplündert und niedergebrannt, der überlebende Rest war völlig verarmt. »Es wogte von Sorgen in seinem Inneren«, schreibt der Biograph, »und er dachte nach, wie er am besten das so gänzlich Zerstörte wiederherstellen könnte«.[90] Und mit der Tatkraft und Umsicht, die er in seiner fünfzigjährigen Regierungszeit – nach dem Bericht der Vita – häufig beweisen sollte, schritt Bischof Ulrich zum Wiederaufbau und suchte, obgleich auch er nur über geringe Mittel verfügte, an allen Orten die schlimmste Not zu lindern.

»So trieb er in aller Sanftmut, obwohl es an Baugerät fehlte, so doch gestützt auf den Beistand Gottes«, die Instandsetzung der (vielleicht beim Ungarneinfall im Jahr 913 zerstörten) Domkirche energisch voran, »gar oft mit scharfen Blicken die einzelnen Teile der Kirche von innen und außen betrachtend«, und stattete sie »mit allerlei Schmuck« aus.[91] Er leitete die Ausbesserung der städtischen Wehranlagen ein und ließ in nüchterner Erwägung künftiger Feindesgefahr anstelle der morsch gewordenen hölzernen Brustwehren vorsorglich eine Mauer aus Stein um die Stadt legen.[92] Als im Frühjahr 926 wiederum Ungarn auf ihren flinken Pferden durch das Land streiften und Augsburg berannten, vermochten sie die Stadt nicht zu nehmen: »dank den Gebeten Bischof Ulrichs, des wohl heiligsten Mannes unter seinen Zeitgenossen« – wie die »Casus sancti Galli« berichten[93] –, aber sicher nicht minder dank den Schutzmaßnahmen, die er vorsorglich getroffen hatte. Die Ungarn gaben ihren Angriff auf und stießen in das Innere Alemanniens vor, bis nach St. Gallen, wo sie, vermutlich beim Durchstöbern der (von den Mönchen verlassenen) Klostergebäulichkeiten nach verborgenen Schätzen, die Reklusin Wiberat in ihrem Gemäuer tödlich verwundeten.[94] Vieles scheint, weil die Zeit drängte und an allen Enden die Mittel fehlten, nur notdürftig repariert worden zu sein, so offenbar auch die Domkirche. Als Bischof Ulrich, »von Verpflichtungen gegenüber dem König beansprucht«, für längere Zeit zu Hof ziehen mußte und die Bauleute ohne seine Aufsicht weiterarbeiteten, stürzte

---

[90] »... nimia tunc mentis anxietate fluctuans, cogitabat, qualiter convenientissime tam poenitus destructa reaedificare potuisset ...« GVUo I; Kallfelz 58 (Übersetzung hier nach Joseph Bernhart).
[91] Ebd.
[92] GVUo III; Kallfelz 68.
[93] CSG LI 114, auch LX 130–132.
[94] EVW XXXIII 84.

der Bau mitsamt der ansehnlicher gestalteten Krypta völlig ein – wie es nach der Vita einem Bruder Rampert, während dieser mit Bischof Ulrich gerade Psalmen gesungen habe, vom verewigten Bischof Adalbero in einem Gesicht vorausgesagt worden sei, mit der Weisung, in Zukunft solider zu bauen. Nach seiner Rückkehr nahm Bischof Ulrich den Wiederaufbau sofort in Angriff. »Und nun ließ er die Fundamente mit größerer Sorgfalt legen und führte den Bau stabiler auf.«[95]

Das Stichwort »Aufbau« kennzeichnet die ganze Regierungszeit Bischof Ulrichs – Aufbau zunächst im materiellen Sinn: Bau und Wiederaufbau von Behausungen für die ihm unmittelbar Untergebenen und seiner Sorge Anvertrauten sowie von Kirchen und Klöstern, wobei es der Bischof nicht für unter seiner Würde hielt, selber mit Hand anzulegen. Die Vita bezeugt: »Niemals aber blieb er untätig, wenn er in einem der vorgenannten Klöster« – nämlich der bischöflichen Eigenklöster Feuchtwangen, Staffelsee, Füssen, Wiesensteig und Habach – »weilte, und wenn er nur an den Kirchen- und Klostergebäuden, an den sonstigen Baulichkeiten oder an der Klostermauer arbeitete, wozu man ihm das Werkzeug schon vorher bereitstellen mußte«.[96] Doch wenn es an einer anderen Stelle der Vita heißt: »Leerem Müßiggang zu frönen, erlaubte er sich keinen Augenblick; irgend etwas Nützliches dachte oder vollbrachte er immer, sei es hinsichtlich der Kirche, die er an allen Ekken und Enden eingefallen vorgefunden hatte, oder ihrer Ausstattung, sei es hinsichtlich der Ausrüstung von Altären und Geistlichen, der Disziplin der Domherren, sei es hinsichtlich der Schule oder des Unterhalts und Wohlergehens seiner Leute«,[97] so ist damit schon angedeutet, daß die aufbauende Tätigkeit Bischof Ulrichs sich auf viele Gebiete erstreckte. So häufig ihn Verpflichtungen gegenüber dem Reich aus seinem Bistum riefen und am königlichen Hoflager hielten, wußte er sich nichtsdestoweniger in erster Linie seiner Augsburger Kirche als Hirte verpflichtet.

Ein tiefer religiöser Grundzug prägte sein Wesen und sein Handeln und verlieh ihm jene heilsame Bedachtsamkeit und Beständigkeit, die nötig waren, um das weithin noch im inneren Aufbau befindliche Bistum mit christlichem Geist zu durchdringen. Wohl war das Bistum längst in überschaubare Pfarrsprengel gegliedert,[98] an den Pfarrkirchen wirkten fest angestellte Seelsorgepriester; Archipresbyter, aber auch schon Dekane – wie die Ulrichs-Vita belegt[99] – übten das Aufsichtsrecht, und die über das Bistum verstreuten Klöster mit ihren Schulen und einem Netz von Außenstellen erfüllten als

---

[95] GVUo I; Kallfelz 58–60.
[96] »Numquam vero in alio praedictorum monasteriorum otiosus manebat, nisi in aedificiis aecclesiae vel claustrorum vel aliorum aedificiorum vel murorum antea praeparatis et collectis suppellectilibus laborasset.« GVUo V; Kallfelz 78.
[97] GVUo III; Kallfelz 66–68.
[98] Zoepfl, Das Bistum Augsburg I 565–590.
[99] GVUo IV; Kallfelz 82.

Stätten des Gebets wie als Zentren der Kultur- und Bildungsarbeit eine wichtige seelsorgerliche Funktion. Doch in der verworrenen politischen Lage an der Wende vom 9. zum 10. Jahrhundert, als es dem ostfränkischen Reich an einer starken, die zentrifugalen Kräfte bindenden Zentralgewalt gebrach und die deutschen Lande auf allen Seiten von äußeren Feinden bedroht waren, wurde die sich mühsam konstituierende kirchliche Ordnung vielfach erschüttert oder wieder aufgelöst. Zumal der süddeutsche Raum war über Jahrzehnte hin den verheerenden Angriffen der Magyaren offensichtlich hilflos ausgeliefert, und diese fielen mit Vorliebe über Kirchen und Klöster her, weil dort die reichste Beute zu erwarten war. Als erschwerender Umstand vor allem für den bayerischen Anteil des Bistums Augsburg mit den Klöstern Benediktbeuern, Polling, Thierhaupten und Wessobrunn kamen hinzu die Säkularisationen von Klosterbesitz durch Herzog Arnulf und andere weltliche und geistliche Große, die den Bestand dieser Klöster zusätzlich schwer schädigten und natürlich auch die klösterliche Disziplin und Seelsorgearbeit in Mitleidenschaft zogen. Freilich darf man bei der Beurteilung dieser Zweckentfremdung von Kirchengut die schwierige Situation des Bayernherzogs, der Mittel brauchte, um ein schlagkräftiges Vasallenheer zur Abwehr der Ungarn unterhalten zu können, gerechterweise nicht außer acht lassen – trotz der nicht gänzlichen »Durchsichtigkeit« seiner Politik.[100] Kirchlichen Besitztums konnte man sich eben zu allen Zeiten am leichtesten bemächtigen, und dies machte sich in seiner Notlage auch Herzog Arnulf – der sich selbstverständlich als Herr der bayerischen »Landeskirche« betrachtete – zunutze. Klösterliche Geschichtsschreiber rächten sich an ihm, indem sie ihm, einem zweifellos tüchtigen und tatkräftigen Herzog, den Beinamen des »Bösen« anhefteten. Daß auch andere kirchliche Kreise die Säkularisationen Herzog Arnulfs als Unrecht brandmarkten, wird durch ein nächtliches Gesicht Bischof Ulrichs dokumentiert, in dem vielleicht noch die Synode von Hohenaltheim (am 20. September 916) und ihre Beschlüsse nachklingen.[101] Die Ulrichs-Vita berichtet, eines Nachts sei Bischof Ulrich von der heiligen Afra auf das Lechfeld geführt worden, wo Petrus, der »princeps apostolorum«, und viele Bischöfe und Heilige, die ganze »ecclesia triumphans«, zu einer Synode versammelt gewesen seien und »in aller Form über Arnulf, den Herzog der Bayern, der damals noch lebte«, zu Gericht gesessen hätten. »Wegen der Verwüstung vieler Klöster, die er Laien zu Lehen gegeben« habe, sei

---

[100] Spindler, Handbuch I 279–289. – Kurt Reindel, Herzog Arnulf und das Regnum Bavariae, in: Hellmut Kämpf (Hrg.), Die Entstehung des deutschen Reiches (Deutschland um 900) (= Wege der Forschung 1), Darmstadt 1971 213–288; Alois Schmid, Das Bild des Bayernherzogs Arnulf (907–937) in der deutschen Geschichtsschreibung von seinen Zeitgenossen bis zu Wilhelm von Giesebrecht (= Regensburger historische Forschungen 5), Kallmünz 1976.

[101] Manfred Hellmann, Die Synode von Hohenaltheim (916). Bemerkungen über das Verhältnis von Königtum und Kirche im ostfränkischen Reich zu Beginn des 10. Jahrhunderts, in: Kämpf, Die Entstehung des deutschen Reiches 289–312.

er »von vielen Heiligen angeklagt« und schließlich verurteilt worden.[102] Auch König Heinrich I., der (aus Gründen, über die man nur mutmaßen kann) die kirchliche Salbung und Krönung abgelehnt hatte,[103] habe von seiten dieser himmlischen Synode herbe Kritik erfahren. Bischof Ulrich seien vom heiligen Petrus selbst »zwei gewaltige Schwerter, das eine mit Knauf, das andere ohne Knauf«, gezeigt worden mit der Weisung: »Sage dem König Heinrich: Dieses Schwert, das keinen Knauf hat, bedeutet einen König, der ohne kirchliche Weihe das Königtum innehat; das andere aber mit dem Knauf bedeutet einen König, der mit göttlicher Weihe die Zügel der Herrschaft hält« – eine »himmlisch autorisierte« kirchliche Zeitkritik, der wohl zu entnehmen ist, daß auch unter den geistlichen Großen das Königtum Heinrichs I. nicht ohne Widerspruch war.

Die verstörte Lage des Bistums zwang im Grunde dazu, auf weite Strecken noch innere Missionsarbeit zu leisten bei Klerus und Volk: im Landvolk die immer noch wuchernden Reste der heidnischen Vergangenheit zu tilgen und es überhaupt zum rechtlichen Denken in christlich geprägtem Sinn zu erziehen sowie in einem weithin noch ungebildeten, nur gerade zum Vollzug der notwendigsten Riten angelernten Klerus, dessen Lebensweise sich von der bäuerlichen nicht unterschied, erst das Bewußtsein für die Verantwortung des übernommenen seelsorgerlichen Amtes zu wecken und zu schärfen.[104] Als Aufgabe stellte sich ferner die Heranziehung eines geistlichen Nachwuchses, bei dem sich neben der liturgischen Fertigkeit wenigstens ein gewisses Maß an Allgemeinbildung und theologischem Wissen mit sittlicher Zucht vereinigte. Nur von solchen Priestern nämlich, deren amtliches Tun zusammenstimmte mit ihrer religiös-sittlichen Haltung, war eine fruchtbare und in ihrem Ergebnis dauerhafte Wirksamkeit zu erhoffen. Bischof Ulrich legte daher großes Gewicht auf einen sorgfältigen Unterricht seiner Kleriker, und ihre Auswahl traf er nicht nach dem Rang der Geburt, sondern nach Eignung und Begabung. Unfreie und Mittelfreie – so gibt die Ulrichs-Vita zu erkennen – waren ihm ebenso willkommen wie Adelige, wenn sie sich nur für das priesterliche Amt als würdig erwiesen. Eignung und Würdigkeit waren für ihn auch der Maßstab für die Verleihung von Ämtern und Pfründen.[105]

Obwohl die Ulrichs-Vita keinen direkten Hinweis darauf enthält, ist zu vermuten, daß Bischof Ulrich in seinem Bemühen um eine Hebung des Bildungsniveaus seines Klerus den Ausbau der Domschule förderte;[106] denn die

---

[102] GVUo III; Kallfelz 62.
[103] Siehe hierzu: Goez, König Heinrich I. 13f.; Beumann, Die Ottonen 32–34.
[104] Zu Seelsorge und Frömmigkeit in frühmittelalterlicher Zeit siehe: Hauck, Kirchengeschichte II 727–805; Jedin, Handbuch III/1 341–364.
[105] GVUo III; Kallfelz 66.
[106] Die Ulrichs-Vita bietet hierzu freilich nur einen allgemeinen Hinweis. GVUo III; Kallfelz 66–68.

Domschule mußte schon deshalb wachsende Bedeutung gewinnen, da die Klöster im Bistum als Bildungsstätten aus den oben genannten Gründen (zumindest für längere Zeit) großenteils ausfielen. Einen Grundstock, auf dem Bischof Ulrich weiterbauen konnte, hatte vielleicht Bischof Adalbero bereits gelegt. Daß aber die Augsburger Domschule tüchtige Lehrer zählte, mag angesichts des spärlichen Flusses der Quellen immerhin daraus geschlossen werden, daß ein für seine Zeit so herausragender Lehrer und reformeifriger Mönch wie Abt Gozbert von Tegernsee (982–1001) Erziehung und schulische Grundausbildung in Augsburg, und zwar wahrscheinlich noch in den Tagen Bischof Ulrichs, erhalten hatte.[107] Auch rühmt ein Brief des Tegernseer Mönches Froumund (um 965–um 1008) den Reichtum der Augsburger Dombibliothek.[108] Und da die Ulrichs-Vita selbst ein Produkt des Augsburger Geisteslebens im letzten Viertel des 10. Jahrhunderts ist und ihr Verfasser, falls er nicht Zögling der Augsburger Domschule gewesen war, wenigstens seit den fünfziger Jahren in ihrem Strahlbereich lebte, wirft nicht zuletzt dieses bemerkenswerte Werk (mitsamt dem Umkreis der Literatur, der dem Verfasser nach Ausweis der Vita bekannt war) helles Licht auf die geistige Höhe und Bildungskraft dieser Schule.

Ein wichtiges Mittel zur Beaufsichtigung einer ordnungsgemäßen Seelsorge und kirchlichen Disziplin war – seit der frühen Karolingerzeit durch verschiedene Capitularia immer wieder vorgeschrieben – die Abhaltung von Diözesansynoden und bischöflichen Visitationen. Bischof Ulrich unterzog sich dieser seiner kanonischen Amtspflicht regelmäßig bis ins hohe Alter.[109] Dem Verfasser der Ulrichs-Vita liegt sichtlich daran hervorzuheben, daß Bischof Ulrich gerade in diesem Punkt mit größter Sorgfalt die kanonischen Vorschriften erfüllte: »... secundum constitutionem canonum ministerium suum adimplendum...« Zweimal jährlich rief er den Klerus des Bistums zur Diözesansynode in die Bischofsstadt, jeweils in der ersten Hälfte der Karwoche, um den zum Teil von weither angereisten Geistlichen Gelegenheit zur Teilnahme am feierlichen Gründonnerstagsgottesdienst und an der Weihe der heiligen Öle zu geben (die er anschließend in der Sakristei persönlich austeilte),[110] sowie Mitte September.[111] Selbstverständlich konnte er auf diesen Synoden kraft seiner Vollmacht als »ordinarius loci« verbindliche Vorschriften erlassen bzw. dort gefaßte Beschlüsse sanktionieren (ohne zuerst

---

[107] Tegernseer Briefsammlung. MGH. Epist. sel. III 34 f. (nr. 32). – Zu Abt Gozbert siehe: Neue Deutsche Biographie VI (1964) 692 f.; Dictionnaire d'Histoire et de Géographie Ecclésiastiques XXI (1986) 990.

[108] Abgedruckt in: Anton Steichele, Das Bisthum Augsburg historisch und statistisch beschrieben III, Augsburg 1872, 344 f.; RBDA 109 f. (Nr. 192). – Siehe auch: Spindler, Handbuch III/1 890–892. – Zu Froumund (um 960–1006/12) siehe: Ruh, Verfasserlexikon II (1980) 978–982; Lexikon des Mittelalters IV (1989) 994 f.

[109] GVUo IV; Kallfelz 70–72. – Jedin, Handbuch III/1 305 351–353.

[110] GVUo IV; Kallfelz 70–72.

[111] GVUo IV; Kallfelz 70.

»höheren Orts« um Überprüfung und Approbation nachsuchen zu müssen). Sodann hielt er, ebenfalls vorschriftsgemäß, alle vier Jahre an verschiedenen Orten seines weiten Bistums Sendgericht und Visitation. Die Vita schildert höchst anschaulich den Ablauf dieser Sendgerichte, »für das Volk« jeweils »ein frohes, aber auch notwendiges Ereignis«:[112] wie der Bischof mit Glokkengeläute, Darreichung des Evangelienbuches und des Weihwassers empfangen wurde, wie er die Messe zelebrierte und danach zum Sendgericht Platz nahm, wie er die Befragung leitete und das Volk belehrte und vermahnte. Oft zogen sich die Verhandlungen bis in die Nacht hin, so daß man Kerzenlicht brauchte, um am Ende noch die kanonischen Bestimmungen verlesen zu können, »auf daß mit dem Riegel der Gerechtigkeit den Widerspenstigen der Mund gestopft und alles durch gerechtes Urteil in Gottes Namen vollständig zum Abschluß gebracht werde«.[113] Wo immer aber »etwas ohne Widerstand anderer von seinen ›ministri‹ ins rechte Lot gebracht werden konnte, überließ er ihnen die Vollendung der Sache« und »beeilte sich..., dem Volk, das hierzu erschienen war, durch die Firmung die Kraft des Heiligen Geistes zu spenden«.

Getrennt vom Send – dem geistlichen Sittengericht, das der alleinigen Kompetenz des Ortsbischofs unterstand (vergleichbar dem weltlichen Rügeverfahren zur Ermittlung von Verbrechen) – und an jeweils anderem Ort, gemäß dem Vorschlag der Archipresbyter, nahm Bischof Ulrich sodann die Visitation des Landklerus vor: einer Priesterschaft, die entsprechend ihren harten Lebensbedingungen oft selber noch von rauher Gesittung war, vom Geist des Christentums gerade angehaucht. Diesen Geistlichen immer von neuem die Grundsätze christlichen Lebens und priesterlicher Pflicht einzuschärfen und mit zäher Geduld gegen die gröbsten Irrungen anzugehen, war deshalb das dringendste Bedürfnis und zumeist die einzige Maßnahme, die getroffen werden konnte. Abt Regino von Prüm († 915) hat in seinem zweibändigen Werk »De synodalibus causis et disciplinis ecclesiasticis«,[114] einem Handbuch der bischöflichen Visitationen und Sendgerichte, im Anschluß an die karolingischen Reform-Kapitularien 96 Visitationsfragen zusammengestellt, von de-

---

[112] GVUo VI; Kallfelz 78–82. – Albert Michael Koeniger, Die Sendgerichte in Deutschland I, München 1907; ders., Quellen zur Geschichte der Sendgerichte in Deutschland, München 1910.

[113] »... luminibus incensis regulas canonicas legere praecepit, ut seris iusticiae ora refragatorum opilarentur, et iustis iudiciis omnia in Dei voluntate consummarentur«. GVUo VI; Kallfelz 80.

[114] Reginonis Abbatis Prumiensis libri duo de synodalibus causis et disciplinis ecclesiasticis iussu Domini Reverendissimi Archiep. Trever. Ratbodi ex diversis sanctorum patrum conciliis atque decretis collecti. Ed. F. G. A. Wasserschleben, Lipsiae 1840. – Jedin, Handbuch III/1 352 f. – In einem in der zweiten Hälfte des 10. Jahrhunderts wohl in Augsburg geschriebenen Kodex (clm 3 853), der bis zum 14. Jahrhundert in der Augsburger Dombibliothek verwahrt wurde, ist eine Sammlung von Rechtstexten erhalten geblieben, die vielleicht noch zu Zeiten Bischof Ulrichs bei Sendgerichten und Visitationen Verwendung fand. Vita Sancti Udalrici. Erlesene Handschriften 42 f. (Nr. 18).

nen einiges Licht auf die damaligen seelsorgerlichen Probleme fällt. Der Bericht der Vita über die Visitationen (»capitula«) Bischof Ulrichs lehnt sich deutlich an Reginos Werk an: ein Zeichen dafür, daß es der Verfasser der Vita kannte, aber wohl auch dafür, daß es schon zu Zeiten Bischof Ulrichs im Bistum Augsburg im Gebrauch gewesen war (bzw. daß sich das von Bischof Ulrich benützte Visitationsformular auf Reginos Fragenkatalog stützte). Ob der Gottesdienst täglich in würdiger Form gefeiert werde; ob dem Volk an Sonn- und Feiertagen gepredigt werde (bei dem zumeist dürftigen Bildungsstand des Landklerus und dem Fehlen geeigneter Handreichungen konnte dies, wenn überhaupt, im allgemeinen nur sehr unzureichend geschehen); ob der vorgeschriebene Taufritus genau eingehalten und die Krankenölung gespendet werde; ob man den Verstorbenen nach kirchlicher Vorschrift die letzte Ehre erweise? Ob die Seelsorger vom (oft schwer einzutreibenden) Zehnten auch den Bedürftigen gäben, den Witwen und Waisen beistünden und das Gastrecht pflegten? Ob sie bei sich Frauen hielten oder dessen verdächtig seien (wobei es hier »in praxi« nur um die Ahndung des Übels der Unzucht gehen konnte, nicht etwa um die Einschärfung der Zölibatsidee, die diesen theologisch und spirituell völlig unzulänglich gebildeten, bäuerlich lebenden und auf frauliche Mithilfe angewiesenen Landklerus entschieden überfordert hätte. Man wird davon ausgehen müssen, daß damals der Klerus aller Länder, und zwar der Landklerus wie der an Stadtkirchen installierte Klerus, in der Regel in ehelichen oder eheähnlichen Verhältnissen lebte, ohne daß das Volk daran Anstoß nahm – sofern es überhaupt für die ehelose Lebensweise eines Geistlichen Verständnis aufbrachte![115] Unter diesen Umständen konnte es sich wohl nur darum handeln, die Landgeistlichen zu einem vorbildlichen Ehe- und Familienleben anzuhalten); ob die Geistlichen sich mit Hunden oder Falken auf der Jagd vergnügten; ob sie Wirtshäuser oder weltliche Hochzeitsfeiern (die in der Regel sehr ausgelassen waren bzw. endeten) besuchten, dem Trunk ergeben seien, in Zank und Streit lebten »oder überhaupt irgend etwas hätten einreißen lassen, was ihres Amtes unwürdig sei«? Ob sie die Kirchengebäulichkeiten pflegten (und das Kirchenvermögen gewissenhaft verwalteten); ob sie nach Brauch die monatlichen Konferenzen zu Gebet und geistlichem Austausch nützten? Über diese und ähnliche Fragen hatten die Archipresbyter und Dekane dem Bischof bei der Visitation Rechenschaft abzulegen. Und der Bischof dankte mit gütigen Worten denen, die »in der Rechtheit standen«, und bestärkte sie, die Pflichtvergessenen und auf Abwege Geratenen dagegen »schreckte er« durch harte Zurechtweisung.[116]

---

[115] Jedin, Handbuch III/1 390f.
[116] »Responsione de interrogatis facta, et ratione veritatis percepta, stantibus in rectitudine dulcissimae consolationis gratia gratificavit, et ut deinceps a normula iusticiae ne deviarent, suavi colloquio ammonuit; erroneos autem et per devia incedentes fratres dignis terruit correptionibus, et ut postmodum consueta vicia omitterent, praecepit.« GVUo VI; Kallfelz 82.

Die Vita überliefert übrigens in Grundzügen, wie Bischof Ulrich gepredigt und gelehrt habe.[117] Dabei hält sich der Verfasser weitgehend an das 4. Kapitel der Benedikt-Regel über die »instrumenta bonorum operum«.[118] Wie diese hebt er das doppelte Liebesgebot, die »goldene Regel« und die Forderung, alle Menschen guten Willens zu ehren, hervor und belegt die Ermahnungen mit passend ausgewählten Bibelzitaten. Die Ermahnungen klingen schließlich aus in der Schilderung des Jüngsten Tages: der Schrecken der Hölle und der Herrlichkeit des Himmels. Die Deutung der Edelsteine, aus welchen nach der Apokalypse des Johannes die Mauern des himmlischen Jerusalem erbaut sind,[119] übernimmt der Verfasser aus der »Explanatio Apocalypsis« des Beda Venerabilis (673/74–735),[120] einem Werk, das somit in der Augsburger Dombibliothek vorhanden gewesen sein muß. Daß der Verfasser aber gerade auf die Benedikt-Regel zurückgreift, ihre Weisungen auf eine Laienhörerschaft – auf das einfache Volk – abstimmt und so Bischof Ulrich im Geist des heiligen Benedikt unterweisen läßt, ist immerhin bezeichnend. Ob er damit nicht doch die Grundgedanken der Predigten Bischof Ulrichs getreulich wiedergibt?

Mit Sorgfalt wachte Bischof Ulrich auch über die seiner persönlichen Leitung unterstehenden bischöflichen Eigenklöster. Als solche zählt die Vita auf: die Klöster Feuchtwangen, Staffelsee (St. Michael auf der Insel Wörth im Staffelsee), Füssen, Habach (als Kloster nur in der Ulrichs-Vita erwähnt) und Wiesensteig (auf konstanzischem Bistumsgebiet an der Ostgrenze zum Bistum Augsburg gelegen). Ausdrücklich wird hervorgehoben, daß er diese bischöflichen Eigenklöster nie an Laien verlieh,[121] sondern selber in der Hand behielt, »damit es voll und ganz in seinem Belieben stünde, sie zu visitieren, dort zu bleiben und, wenn nötig, Verbesserungen zu treffen«. Bischof Ulrich hatte – mit anderen Worten – keinen Anteil an der seit der Merowingerzeit verbreiteten Gepflogenheit vieler Klosterherren, Laien, beispielsweise verdiente Soldaten, in den Genuß klösterlicher Einkünfte zu setzen, zu deren Versorgung und meist zum großen Schaden der betroffenen Mönchskonvente. Frei-

---

[117] GVUo IX; Kallfelz 84–94.
[118] Basilius Steidle, Die Benediktusregel. Lateinisch-deutsch, Beuron ³1978, 70–76 (Caput IV: Quae sunt instrumenta bonorum operum); Hans Urs von Balthasar (Hrg.), Die großen Ordensregeln (= Lectio spiritualis 12), Einsiedeln ⁴1980, 173–259 (Benedikt-Regel), hier 197–199.
[119] Apk. 21, 9–27.
[120] Explanatio Apocalypsis Liber III c. XXI. Migne, Patrologia Latina 93, 197–204. – Sprandel-Krafft, Untersuchungen 28–34 142f. – Zu den moralischen Anweisungen Bischof Ulrichs siehe auch: – Lore Sprandel-Krafft, Eigenkirchenwesen, Königsdienst und Liturgie bei Bischof Ulrich von Augsburg, in: Zeitschrift des Historischen Vereins für Schwaben 67 (1973) 9–38, hier 28f.
[121] »Finita paschali solemnitate, cum alicuius rei necessitas poposcisset, ut ad alia loca vel ad monasteria pertinentia ad episcopatum legitime pergere debuisset, quae sunt nominata Vuhtinwanc, Staphense, Fauces, Wisentesteiga, Hewibahc, quae numquam in beneficium laicorum concessit ...« GVUo V; Kallfelz 76.

Bischof Ulrich von Augsburg (923–973)

lich mußte er zur Sicherung und Verteidigung des Besitztums dieser Klöster jeweils einen (weltlichen) Klostervogt bestellen; und diesen allerdings pflegte er mit einem Teil weitentlegener (und deshalb nur schwer zu schützender) Klostergüter zu belehnen. Der Bischof scheint zur Visitation seiner Eigenklöster, bei der es in gleicher Weise um die Überprüfung der klösterlichen Regeltreue und der ökonomischen Verhältnisse des einzelnen Klosters sowie der Lebensbedingungen und der Rechtsstellung der jeweiligen Klosterhörigen ging,[122] im allgemeinen (und wenn die Notwendigkeit es erforderte) nach der Feier des Osterfestes aufgebrochen zu sein.

Solche »pastoralen« Reisen über Land, auf oft erbärmlichen Wegen, unternahm Bischof Ulrich zumindest in jüngeren Jahren mit seinem Gefolge zweifellos zu Pferd; denn er war nach Auskunft der Vita ein gewandter und wagemutiger Reiter, der auch bei hoher Flut das Durchqueren eines Flusses nicht scheute.[123] Später jedoch pflegte er, vielleicht infolge zunehmender Gebrechlichkeit,[124] auf einem von Ochsen gezogenen zweirädrigen Gefährt zu reisen, umgeben von Hörigen, die die Zugtiere führen und auf seinen Schutz bedacht sein mußten.[125] Stets begleiteten ihn, teils zu Pferd, teils ebenfalls auf Wagen, einige seiner Priester und Kapläne, »damit er täglich den Gottesdienst würdig vollziehen konnte«, sowie etliche sachverständige Vasallen, auf deren Rat er sich bei anstehenden Verhandlungen in geistlichen und weltlichen Angelegenheiten stützte. Ein eigener Wagenzug hatte sodann für die Beförderung der dem Bischof geschuldeten Abgaben zu sorgen. Und diesem offensichtlich großen Gefolge schloß sich von Ort zu Ort immer ein Schwarm von armen Leuten und Krüppeln an, die als eine Art zusätzlicher Leibgarde dem Auftreten des Bischof eine besonders eindrucksvolle Wirkung verliehen. Den zweirädrigen Sesselwagen – und damit die sehr gemächliche Gangart – habe Bischof Ulrich (wie der Biograph schreibt) mit Vorliebe deshalb benützt, um sich, vom »Alltagsgeschwätz« seines Trosses abgesondert, mit einem seiner Kapläne den ganzen Tag dem Gesang der Psalmen hingeben zu können.[126] Natürlich mußte dieses zahlreiche Gefolge auch gebührend

[122] »... et ius familiae dissolvere non concessit.« GVUo V ; Kallfelz 78.
[123] Ebd.; GVUo XVII; Kallfelz 120f. (Überqueren der Wertach bei Hochwasser); GVUo XVIII; Kallfelz 122 (Überqueren des Flusses Taro, eines Nebenflusses des Po, bei Hochwasser auf dem Weg nach Rom). Beide Begebenheiten deutet die Vita als mirakulöse Begebnisse.
[124] Allerdings ist von einem Nachlassen seiner Kräfte erst in den letzten Lebensjahren die Rede. GVUo XXI; Kallfelz 126. – Siehe auch den Beitrag von Walter Berschin. In diesem Band.
[125] GVUo V; Kallfelz 76–78. – Von dieser Art Bischof Ulrichs zu reisen berichten auch die »Casus Sancti Galli«. Der Bischof sei deswegen von jenem vornehmen Mann königlichen Geschlechts namens Hugo, der mit des Bischofs Schwester »unzüchtigen Umgang« gehabt habe, als »carrucarius« (Karrensitzer) beschimpft worden. CSG LXI 132.
[126] »... non ideo, quando in primis tali modo pergere coepit, nisi adhuc in equis caballicare potuisset, sed ut a populis sequestraretur, ne a cantatione psalmorum aliorum colloquiis ineptis impediretur.« GVUo V; Kallfelz 76–78. – Im folgenden Kapitel ist von »colloquiis humanis« die Rede, denen sich der Bischof auf diese Weise zu entziehen gesucht habe, um »den göttlichen Dingen um so näher zu kommen.

verköstigt und untergebracht, mußten die armen Leute beschenkt werden. Die Vita versäumt nicht hervorzuheben, daß diese Leute von Bischof Ulrich selbst »oder von seinen Dienern in seiner Gegenwart jeden Tag so reichlich zu essen bekamen, daß es auch für dreimal so viele gereicht hätte«.[127] Es ist aber wohl anzunehmen, daß die besuchten Eigenklöster und die Kirchen, an denen Bischof Ulrich jeweils Sendgericht oder Visitation hielt, ihr Teil dazu beitragen mußten, und zwar zusätzlich zu den pflichtmäßig dem Bischof zu leistenden Abgaben. Bei den jeweils Betroffenen mag auch aus diesem Grund die Ankündigung eines bevorstehenden oberhirtlichen Besuches nicht nur reine Freude ausgelöst haben.

Eines der schwierigsten Probleme, das sich der geordneten Leitung des Bistums durch den Bischof hindernd in den Weg stellte, war das tief in Kultur und Denken des Frühmittelalters wurzelnde Eigenkirchenwesen, dessen traditionelle rechtliche Handhabe in vielen Fällen ein oft drückendes Abhängigkeitsverhältnis des an der Kirche angestellten Priesters zum Eigenkirchenherrn schuf. Bischof Ulrich beschritt hier in seinem Bestreben um eine praktikable, die grundherrlichen wie die kirchlichen Ansprüche berücksichtigende Lösung den Weg eines klugen Kompromisses: Er erteilte einer neuerbauten Eigenkirche nur dann die Weihe, wenn der Eigenkirchenherr vor Zeugen sich bereit erklärte, die nötige Dotation und damit wohl die Besitzrechte über die Kirche und deren Ausstattung in die Hand des Bischofs zu übergeben; denn Bischof Ulrich – nicht der Grundherr – bestellte daraufhin einen Priester zur Wahrnehmung der Seelsorge, übertrug aber zugleich dem Grundherrn die erbliche Vogtei über die Kirche. Das heißt, die Kirche ging anläßlich ihrer Weihe in bischöfliche Gewalt über, während der Bischof als der neue (und eigentliche) Kirchenherr dem Kirchengründer bzw. -stifter und dessen Erben ein Mitspracherecht bei der Leitung und Verwaltung der Kirche zubilligte.[128] Bischof Ulrich scheint so im Rahmen des herrschenden Eigenkirchenwesens eine nicht unwesentliche Stärkung der bischöflichen Rechtsstellung im Interesse einer geordneten Seelsorge erreicht zu haben und damit der altkirchlichen Forderung nach der vollen Gewalt des Bischofs über die Niederkirchen seines Sprengels ziemlich nahe gekommen zu sein, und zwar offenbar auf der Grundlage gütlicher Übereinkunft.

Wird in solchem Handeln und Verhandeln etwas von der Besonnenheit des geistlichen Sachwalters spürbar, der sich auf die Kunst des Möglichen verstand, so erscheint Bischof Ulrich wieder ganz als der geistliche Hirte, wenn es galt, den selbstlosen Einsatz einer armen Gemeinde für den Bau eines Got-

---

[127] Ebd.
[128] GVUo VII; Kallfelz 82–84. – Sprandel-Krafft, Eigenkirchenwesen 9–21. – Zur Problematik des mittelalterlichen Eigenkirchenwesens siehe: Theologische Realenzyklopädie 9 (1982) 399–404.
[129] »Iesu vero quodam tempore praeceptis obediendo, cum pagum Albegowe nominatum ministerii sui officium implere decrevisset...« GVUo VIII; Kallfelz 84.

teshauses zu belohnen. Als er einst amtlicher Verrichtung halber im Allgäu weilte,[129] suchten ihn Bergbauern aus einer recht abgelegenen Gegend auf, um ihm zu klagen, daß ihre Väter auf dem Grund und Boden, der nun ihr eigen sei, »aus Steinen, Mörtel und Holz« Gott und den Heiligen zu Ehren ein Kirchlein errichtet hätten, sich jedoch bislang kein Bischof habe bewegen lassen, ihm die Weihe zu erteilen; denn der Weg zu ihrer Siedlung sei beschwerlich, und es walte bei ihnen große Armut (so daß die in der Regel geforderte Dotation ihre Kräfte überstieg). Bischof Ulrich hörte sie »mit heiterer Miene« an und fragte sie, ob sie wenigstens »das zur Weihe der Kirche Nötige« beibringen könnten. Als sie dies im Vertrauen auf die Hilfe guter Freunde bejahten, wies sie der Bischof an, vorauszugehen und alles für die Weihe vorzubereiten, ihm aber einen des Weges kundigen Führer zurückzulassen. Andern Tags konsekrierte er das Kirchlein. Die kleinen Geschenke, welche die Bauern ihm zum Dank reichen wollten, lehnte er lächelnd ab: Nicht um Geschenke zu empfangen sei er gekommen, sondern um ihren frommen Wunsch zu erfüllen und den Gottesdienst in dieser Gegend zu mehren. Mit dem Friedensgruß schied er von ihnen, und über die Strapazen des Weges verlor er kein Wort, »höchstens in humorvoller Weise«.

Bischof Ulrichs geistliche Amtsauffassung war gewiß zu einem guten Teil Frucht seiner Erziehung in St. Gallen und seiner Begegnung mit Bischof Adalbero. Die klösterliche Schule und die Persönlichkeit Bischof Adalberos hatten ihm wohl die Maßstäbe vermittelt, an welchen er untrüglich seine praktischen Anordnungen und Entscheidungen ausrichten konnte – wissend um das Widerspiel von Sollen und Sein, das jedes Menschenleben leidvoll durchzieht und den Verständigen zu weiser Bescheidung mahnt. Doch war Ulrichs bischöfliches Wirken ebensosehr Ausfluß seiner ganz persönlichen Frömmigkeitshaltung, und erst von daher erhielt es sein eigentümliches Gewicht. Was Bischof Ulrich anordnete, entsprang nicht nur seinem Bestreben, den Pflichten des übernommenen Amtes gerecht zu werden: es war vielmehr in ihm selbst beispielhaft verwirklicht und wurde so zu einem Anliegen persönlichster Art – gerade darüber läßt die Ulrichs-Vita keinen Zweifel. Wo er ordnend eingriff und die Dinge zum Rechten lenkte, war es nicht so sehr sein autoritatives Wort, das Ordnung schuf – und er wußte die Autorität sowohl seiner aristokratischen Abstammung als auch seiner reichsbischöflichen Stellung, wo nötig, mit Nachdruck zur Geltung zu bringen! –, als vielmehr das bezwingende Vorbild seines Lebens. Was er von seinen Untergebenen forderte, erlegte er sich in größerem Maße zuerst selber auf.

»Innerlich von einer glühenden Liebe zu Gott erfüllt« – so die Vita –, war Bischof Ulrich »eifrigst bestrebt, durch Gebet und Nachtwachen, Fasten und Almosengeben sich mit Gott zu vereinigen«.[130] Auf den ersten Anschein

---

[130] »Haec vero omnia cum exterius suorum consultu pertractaret, aestu tamen interius Dei amoris succensus, vigiliis et orationibus et ieiuniis et elemosinis Deo se sociare studiosissime festinabat ...« GVUO III; Kallfelz 68.

klingt dies gewiß stilisiert. Im Kontext des Berichtes jedoch, in welchem unmittelbar zuvor von seinen vielfältigen Aktivitäten die Rede ist und davon, daß er sich (wie oben bereits zitiert) »leeren Müßiggang keinen Augenblick gestattet«, sondern »immer irgend etwas Nützliches gedacht oder vollbracht« habe, bedeutet dieses Wort gerade nicht asketische Weltflucht. Es ist vielmehr dahingehend zu interpretieren, daß Bischof Ulrich die auf ihm lastenden Aufgaben in Wahrnehmung seiner geistlichen Hirtenpflichten, in der Verwaltung seines Bistums und der bischöflichen Güter sowie im Reichsdienst überhaupt nur zu bewältigen vermochte, weil ihm aus seiner innerlichen Hingabe an Gott die Kraft dazu erwuchs. Richtschnur seines Lebens war ihm eben der wohlausgewogene benediktinische Grundsatz des »Ora et labora«. Und so flossen in seinem Tagewerk Gottesdienst und Dienst am Menschen in eins zusammen: war ihm die Erfüllung seiner vielfältigen Amtspflichten Gottesdienst wie das Gebet. Indes hütete er sich, die Geschäfte des Alltags überhandnehmen zu lassen. Den Raum für das tägliche Gebet wahrte er unerbittlich, auch in Zeiten höchster Not und Gefahr. Täglich nahm er am Chorgebet der Domkanoniker oder, wenn er in einem Kloster sich aufhielt, der Mönche teil. Täglich – wenn es die Zeit erlaubte, bis zu dreimal – feierte er die Messe,[131] zutiefst ergriffen vom Mysterium des Glaubens. Auch die Stunden der Nachtruhe, die er nicht »in einem weichen Federbett, sondern auf einer Strohmatte mit einem groben Stück Tuch oder auf einem Teppich« verbrachte, unterbrach er, sobald das Glockenzeichen zum Stundengebet rief. In Speise und Trank übte er Enthaltsamkeit. Er habe – wie sein Biograph versichert – »insgeheim die Regel der Mönche beobachtet« und auf bloßem Leib stets ein rauhes, wollenes Gewand getragen. Die Schilderung des Biographen läßt genauerhin darauf schließen, daß Bischof Ulrich in vielen Punkten der Kanonikerregel Bischof Chrodegangs von Metz († 766) folgte, sich aber darüber hinaus auch an den strengeren Forderungen der Benedikt-Regel orientierte und hierbei – etwa in seiner Vorliebe für das tägliche Singen des ganzen Psalters – möglicherweise Anstöße der von Gorze ausgehenden lothringischen Klosterreform aufnahm.[132]

In ungewöhnlicher Ausführlichkeit schildert der Biograph gleich in den ersten Kapiteln der Vita, wie Bischof Ulrich »die vierzigtägige Fastenzeit, den Palmsonntag, den Gründonnerstag und die Zeit von da bis zum Ende der Osterwoche feierte«.[133] In diesen Tagen der Einkehr und Zurückgezogenheit summierten sich die Gebete noch mehr als an den übrigen Tagen des Jahres, und des Psalmodierens war kein Ende. Manches hier Berichtete erscheint uns als Ausdruck jenes für das Mittelalter so typischen frommen Leistungsdenkens und mag uns deshalb zunächst befremden. Wenn man aber die

---

[131] GVUo III; Kallfelz 64. – Engels, Der Reichsbischof 49–51.
[132] GVUO III; Kallfelz 68. – Sprandel-Krafft, Eigenkirchenwesen 29–33.
[133] GVUo Incipiunt Capitula; Kallfelz 48. – Ausführliche Schilderung der Feier der Kar- und Ostertage: GVUo IV; Kallfelz 68–76.

Schilderung dessen, »was wir gesehen haben« – wie der Biograph, vom einst Erlebten noch in der Erinnerung spürbar ergriffen, schreibt –, auf sich wirken läßt, erahnt man aus der Inbrunst, mit welcher Bischof Ulrich die Bußzeit der Vierzig Tage beging, in jeder Handlung einen religiösen Ernst von letzter Entschiedenheit. Alles quoll aus demselben lauteren Grund seines Wesens: ob er dem zelebrierenden Priester demütig die Hand küßte, ob er zwischen den Tagzeiten der Terz und der Sext betrachtend im Dom verharrte und nach der Sext, die Bußpsalmen »Miserere mei Deus« und »De profundis« singend, unter Kniebeugungen (»cum venia«) die Altäre umschritt,[134] ob er im Armenspital, seiner Stiftung,[135] zwölf Insassen nach dem Beispiel des Herrn die Füße wusch und sie beschenkte oder anschließend in seinem Haus nochmals Arme bewirtete und »jedem das reichte, was er nach seiner Meinung am liebsten haben wollte«.

Mit größter Feierlichkeit aber zelebrierte Bischof Ulrich die Liturgie der Kar- und Ostertage, in deren Verlauf sich ja auch der Bistumsklerus in der Bischofsstadt zur Synode versammelte. Der hier bei Bischof Ulrich zutage tretende Sinn für das Repräsentative auch in der Gestaltung der Liturgie war vermutlich durch das Erlebnis der feierlichen Gottesdienste während seiner Schulzeit in St. Gallen grundgelegt worden; denn insbesondere die benediktinischen Klöster, allen voran alsbald das am Beginn des 10. Jahrhunderts neugegründete Kloster Cluny in Burgund,[136] wirkten durch ihre betonte Pflege einer eindrucksvollen, sinnenfälligen Liturgie in dieser Hinsicht erzieherisch. Anschaulich berichtet die Vita über die Prozession in der Frühe des Palmsonntags von St. Afra vor den Mauern der Stadt zum Dom, bei welcher neben Evangelienbuch, Kreuzen und Fahnen das »Bildnis des auf einem Esel sitzenden Herrn« (offenbar eine Augsburger liturgische »Spezialität«) mitgeführt wurde und die Teilnehmer vom Bischof geweihte Palmzweige in Händen trugen. Auf dem »Hügel, der Perleihc heißt«, angekommen, hielt Bischof Ulrich an Klerus und Volk (das auch aus den umliegenden Ortschaften herbeiströmte) eine Ansprache über das Leiden des Herrn, oft von solcher Eindringlichkeit, »daß ihm die Tränen kamen und er dadurch viele andere zu Tränen rührte«. Die Karliturgie erreichte ihren ersten Höhepunkt mit dem festlichen Gottesdienst am Gründonnerstag, in dem der Bischof, nach seiner Gewohnheit mit herrlichstem Ornat bekleidet,[137] wiederum predigte und

---

[134] GVUO IV; Kallfelz 68.
[135] RBDA 76f. (Nr. 127).
[136] Kassius Hallinger, Gorze – Kluny. Studien zu den monastischen Lebensformen und Gegensätzen im Hochmittelalter I–II (= Studia Anselmiana 22–25), Rom 1950–1951; Helmut Richter (Hrg.), Cluny. Beiträge zu Gestalt und Wirkung der cluniazensischen Reform (= Wege der Forschung 241), Darmstadt 1975; Jedin, Handbuch III/1 367–375; Sprandel-Krafft, Eigenkirchenwesen 33–36. – Zur Problematik der Augsburger Domliturgie im Mittelalter siehe: Walter Dürig, Zur Geschichte der Augsburger Domliturgie im Mittelalter, in: Jahrbuch des Vereins für Augsburger Bistumsgeschichte 22 (1988) 32–46.
[137] Eo vero die hora tertia omnes clerici solemnissimis paraturis induti venerunt in aecclesiam;

nach dem allgemeinen Schuldbekenntnis Klerus und Volk die Generalabsolution erteilte,[138] ehe er gemeinsam mit den Synodalen in feierlichem Ritus die heiligen Öle weihte. Beim abendlichen Mahl vollzog er im Kreis vieler Gäste unter Antiphonengesang, Gebet und Lesung »an seinen Schülern« die Fußwaschung; danach ließ er allen »vom Besten, was seine Keller bargen, einen angemessenen Trunk« kredenzen.[139] Auch die Feier der Ostervigil, bei der er zur Weihe des Taufwassers in die von ihm erbaute Johanneskirche zog und dort drei Knaben die Taufe spendete, ließ er in einem Mahl ausklingen. Und nach dem Festgottesdienst am Ostermorgen im Dom lud er den Domklerus, den Klerus von St. Afra und einen Kreis ausgewählter Gäste an seine Tafel. Nachdem jede Gruppe an dem für sie vorbereiteten Tisch Platz genommen hatte, sprach Bischof Ulrich das Tischgebet und reichte ihnen Lammfleisch und Speckstückchen, die von ihm in der Ostermesse geweiht worden waren. Die Speisen wurden aufgetragen. Spielleute – so viele, daß sie fast die ganze Empore des Saales füllten – führten drei Singspiele auf. »Immer höher schlugen die Wogen der Freude. Endlich gab der Bischof ein Zeichen, den Domkanonikern den Minne-Trunk [caritatem] zu reichen; während man im Wechsel die Auferstehung des Herrn besang, tranken sich die Domkanoniker am ersten Tisch gegenseitig zu. Und nachdem sie sich so ihre Zuneigung zugesichert hatten, machte es ihnen die Gemeinschaft von St. Afra am anderen Tisch nach. Als der Abend herannahte, ließ der Bischof sich und denen, die mit ihm am dritten Tische saßen, frohgemut die Becher reichen und bat alle, den dritten Minne-Schluck [tertiam caritatem] einander zuzutrinken.« Man stimmte den dritten Wechselgesang an, und unter dem Absingen einer Hymne erhob man sich zur Vesper. Nach dieser bat der Bischof seine Gäste und die Ritter nochmals in den Amtspalast, um sie zu beschenken. Die im Rahmen des Ablaufs der österlichen Zeit mitgeteilten Einzelheiten vermitteln einen lebendigen Eindruck vom Lebensstil und Zeremoniell an einem reichsbischöflichen Hof vor der Jahrtausendwende. Und bei aller (im ganzen doch maßvollen) Askese, die Bischof Ulrich für sich beobachtete: zur hochmittelalterlichen Hofhaltung und Geselligkeit gehörten festliche Freude und stilvolles Feiern. An Bischof Ulrichs ausgeprägtem Sinn für beides wie an seiner fürstlichen Freigebigkeit tritt nochmals die lebenslang wirksame For-

---

et ipse suo more gloriosissime ad Dei servicium paratus, cum eis sacrum mysterium agere devotissime coepit.« GVUo IV; Kallfelz 70–72.

[138] »Perlectoque euangelio, et ammonitione facta ad populum, et confessione populi accepta, indulgentiam humillime eis fecit...« Ebd. – Man verstand diese »Offene Schuld«, bei der die übliche deprecative Lossprechungsformel »Indulgentiam« verwendet wurde, noch über das 11. Jahrhundert hinaus als sakramentale Absolution. Johannes Andreas Jungmann, Missarum Sollemnia. Eine genetische Erklärung der römischen Messe I, Wien-Freiburg-Basel ⁵1962, 631–633; Bernhard Poschmann, Der Ablass im Licht der Bussgeschichte (= Theophaneia. Beiträge zur Religions- und Kirchengeschichte des Altertums 4), Bonn 1948, 31–43.

[139] »... pocula optima in suis cellariis recondita cum magna caritate et humilitate sufficienter porrexit.« GVUo IV; Kallfelz 72. – Berschin (in diesem Band) 186.

mung seiner Persönlichkeit durch hochadelige Geburt und entsprechende Erziehung hervor.

Zum Frömmigkeitsbild eines Bischofs des 10. Jahrhunderts gehörte aber noch ein weiterer Aspekt: nämlich das Bemühen um Vermehrung des Reliquienschatzes seiner Kirche. Die Reliquienfreudigkeit war seit den Tagen Karls des Großen, der diesbezüglich unter dem Einfluß Alkuins zu größter Zurückhaltung gemahnt hatte[140] – da ihm der enge Zusammenhang von Reliquienverehrung und kirchlicher Besitzvermehrung nicht verborgen geblieben war –, mächtig angewachsen. In ihr mischten sich Glaube an die Fürbitte der Heiligen, Wunderglaube und handfester Aberglaube. Eine Kirche, die etwas auf sich hielt, bedurfte eines Heiligenleibes, zumal eine Bischofs- oder Klosterkirche. Konnte man sich des Besitzes eines solchen Heiltums als segenspendenden Unterpfands himmlischer Gnaden nicht rühmen, so setzte man alles daran, ihn zu beschaffen. Es blühte deshalb nicht nur der Reliquienhandel, sondern nicht selten kam es auch zu Reliquienraub, vor allem in Italien, dessen in dieser Beziehung scheinbar unerschöpfliches Reservoir für die ärmeren Regionen des Nordens auszubeuten, sei es auf geraden oder auf krummen Wegen, man wenig Gewissensbedenken trug. Die im 10. Jahrhundert sich häufenden Reisen deutscher Bischöfe »ad limina apostolorum Petri et Pauli«, zu Besuch und Verehrung der Apostelgräber, waren sehr oft, wenn nicht zumeist, vom Wunsch nach Reliquienerwerb motiviert, keineswegs vom Drange, dem Bischof von Rom als dem Nachfolger Petri zu huldigen.[141] Und Bischof Ulrich unterschied sich hierin nicht von seinen Amtskollegen. Als er sich vermutlich gegen Ende der Regierung des Patricius Alberich II. (932–954) nach Rom begab, vielleicht in königlicher Mission – denn die Vita erwähnt seinen ehrenvollen Empfang durch Alberich, den »princeps Romanorum«, nicht aber einen Besuch beim Papst –, benützte er die Gelegenheit dieser Wallfahrt zu den Apostelgräbern[142] zum Erwerb von Reliquien, wobei er der Versuchung, auf dunklem Pfad zum Ziele zu gelangen, nicht widerstand. »Da er während seines dortigen Aufenthalts äußerte, er wolle gern die Gebeine von Heiligen käuflich erwerben« – so berichtet kommentarlos die Vita –, »kam ein Kleriker zu ihm und führte ihn in der Stille der Nacht in eine Kirche, wo das Haupt des heiligen Martyrers Abundus im Altar verschlossen ruhte. Der Kleriker las dessen Leidensgeschichte vor, zeigte ihm den Schädel und schwor auf die Reliquien, die der Bischof vorsichtshalber eigens dazu mitgebracht hatte, daß es sich wirklich um das

---

[140] Hauck, Kirchengeschichte II 771–780; Jedin, Handbuch III/1 361; Stephan Beissel, Die Verehrung der Heiligen und ihrer Reliquien in Deutschland im Mittelalter. Mit einem Vorwort zum Nachdruck 1976 von Horst Appuhn (= Bibliothek klassischer Texte), Darmstadt 1991. – Siehe auch Erzbischof Bruns Sorge um Vermehrung des Kölner Reliquienschatzes. RVB XXVII; Kallfelz 218–220.
[141] Tüchle, Romfahrten deutscher Bischöfe 100.
[142] GVUo XIV; Kallfelz 114.

Haupt dieses Abundus handle, dessen Leidensgeschichte eben vorgelesen worden war. Nach dieser Eidesleistung gab der Bischof dem Kleriker den ausbedungenen Lohn, empfing das Haupt des heiligen Abundus, überführte es nach Augsburg und schloß es hier zum Trost vieler mit höchsten Ehren ein«.[143] Um für seine Domkirche Reliquien zu beschaffen, reiste Bischof Ulrich auch nach Agaunum (Saint-Maurice) in Burgund, dem traditionellen Ort des Martyriums der Thebaischen Legion und ihrer Anführer Mauritius und Innocentius unter Kaiser Diokletian (284–305). Diese (wohl um 940 anzusetzende) Reise scheint diplomatisch vorbereitet worden zu sein; die Vita berichtet nämlich, der Bischof habe zuvor vom König der Burgunder (Konrad 937–993) die Zusicherung empfangen, »daß er als Geschenk von ihm und mit seiner Hilfe einen der heiligen Martyrer nach Augsburg mitnehmen dürfe«.[144] Bei seiner Ankunft in Agaunum fand er das Kloster (genauer: das Kanonikerstift) des heiligen Mauritius von den Sarazenen zerstört und vom Konvent verlassen vor. Doch tauchten dann, während er die Sonntagsmesse feierte, neben »einer Menge Volks« zwölf »clerici« auf, die das Versteck (?) der Martyrerleiber in einer Felsenhöhle kannten. Diesen eröffnete er, indem er sie beschenkte, den Grund seines Kommens. Seine »liebenswürdige Leutseligkeit« und »heilige Frömmigkeit« hätten die »clerici« schließlich bewogen, »ihn nicht enttäuscht davonziehen zu lassen, sondern mit einem großen Teil der heiligen Reliquien zu erfreuen«.[145] Auf dem Heimweg habe ihn auch Abt Alewich von Kloster Reichenau (934–958), »um sein Begehren zu erfüllen, mit einem nicht unbeträchtlichen Teil vom Leib des heiligen Mauritius und mit Reliquien vieler anderer Heiliger« beglückt.[146] So reich sei der auf dieser Reise erworbene Heiltumsschatz gewesen, daß Bischof Ulrich nach Augsburg Boten vorausgeschickt habe, um für einen würdigen Empfang dieser seit der Karolingerzeit hochgeschätzten Mauritius-Reliquien »mit Kreuzen, Weihrauch und Weihwasser« zu sorgen.[147]

»Reliquienkult, Visionen- und Wundergläubigkeit, im Mönchtum institutionalisierte Fürbitte und gesteigerter Ritualismus kennzeichnen das ›archaische‹ Frömmigkeitsleben des frühen Hochmittelalters«,[148] und Ulrichs bischöfliches Leben und Wirken, wie es seine Vita beschreibt, illustriert dies in mannigfacher Weise. Zugleich wußte Bischof Ulrich zu gebieten, und von seinem Klerus und seinen Hörigen verlangte er unbedingten Gehorsam, wie ihn nur ein Feudalherr fordern konnte. Aber ebenso beachtete er die Herren-

---

[143] Ebd. – Zur Abundus-Verehrung im Bistum Augsburg siehe: Franz Anton Hoeynck, Geschichte der kirchlichen Liturgie des Bisthums Augsburg, Augsburg 1889, 263f.
[144] GVUo XV; Kallfelz 116.
[145] Ebd. – Zu Saint-Maurice siehe: Helvetia Sacra III/1, Bern 1986 304–320.
[146] GVUo XV; Kallfelz 116. – Zum Kloster Reichenau siehe: Helvetia Sacra II/1, Bern 1986 1059–1100; Helmut Maurer (Hrg.), Die Abtei Reichenau. Neue Beiträge zur Geschichte und Kultur des Inselklosters (= Bodensee-Bibliothek 20), Sigmaringen 1984.
[147] GVUo XV; Kallfelz 116.
[148] Goez, Bischof Ulrich 33.

pflicht, sich um seine »familia« und deren Schutz zu kümmern. Dem Biographen ist es ein sichtliches Anliegen, gerade in dieser Hinsicht Bischof Ulrichs unbestechlichen Gerechtigkeitssinn zu betonen; denn er stellt fest: Wie er die Geistlichen an seinem Hof ohne Rücksicht auf ihre Abstammung nach Begabung und Verdienst gefördert habe, so sei den seiner Gewalt unterworfenen Laien die Furcht, von ihm etwa getäuscht oder betrogen zu werden, gänzlich unbekannt gewesen. »Denn sie glaubten fest, ja sie wußten genau: was immer er ihnen versprach, erfüllte er, so Gott wollte, reichlich. Und wenn einer seiner Hörigen vor ihn mit der Klage trat, er wäre unterdrückt, beraubt oder in irgendeiner Weise ungerecht behandelt worden, ... so hörte er aufmerksam zu; und wenn er erkannte, daß ihm tatsächlich Unrecht geschehen war, befahl er mit allem Nachdruck unverzüglich, das diesem zugefügte Unrecht schnellstens wiedergutzumachen; und er ließ nicht locker, bis es geschehen war.« Auch habe er (im Gegensatz zu seinem Nachfolger Bischof Heinrich)[149] die unter seinen Vorgängern erworbenen Rechte der bischöflichen »familia« nie angetastet, noch jemals einem, »der seiner Herrschaft unterstand«, erlaubt, ihr darin Abbruch zu tun.[150]

Zu welchen Temperamentsausbrüchen der aristokratische Bischof – den die Ulrichs-Vita stets in der Haltung absoluter Selbstbeherrschung zeigt – fähig war, wenn jemand es wagte, seiner Autorität zu nahe zu treten: davon berichten die »Casus sancti Galli«, und ihrem Verfasser Ekkehart IV. erschien die Szene, in der sich Bischof Ulrich von einem Anflug jähen Zornes hinreißen läßt, offenbar nicht unverträglich mit dem Wesen eines Heiligen. Folgendes war geschehen:[151] Die (adeligen) Mönche von St. Gallen hatten sich gegen ihren Abt Craloh (942–958), »einen Mann von alter Zucht und Strenge und manchmal zu großer Strenge, wie es hieß«, aufgelehnt, so daß dieser die Flucht ergreifen mußte – ein nicht eben seltenes Vorkommnis in mittelalterlichen Klöstern, besonders nach der Einsetzung von Reformäbten. Zwei Jahre hielt er sich als Verbannter am Hof König Ottos I. auf, der schließlich Bischof Ulrich, Cralohs ehemaligen Mitschüler, beauftragte, mit dem Abt nach St. Gallen zu ziehen und ihn dort von Amts wegen (»auctorabiliter«) wieder an die Spitze des Klosters zu stellen. Beider Ankunft versetzte den Konvent in heftigen Aufruhr. Doch war man sich darüber einig, daß der Bischof als Königsbote (wiewohl kein »frater conscriptus«) gebührend empfangen werden müsse; dagegen war man entschlossen, dem verhaßten Craloh den Gruß zu verweigern. Die rebellischen Mönche zogen also, wie es Brauch war, den Ankömmlingen entgegen. Victor, der Widersetzlichste unter ihnen, reichte dem Bischof das Evangelium zum Kusse dar und schritt, ohne den Abt eines Blickes zu würdigen, zurück. Da eilte Bischof Ulrich, empört über dieses ungehörige Verhalten, dem Mönch nach, »ergriff ihn beim Haar und

---

[149] GVUo XXVIII; Kallfelz 158.
[150] GVUo III; Kallfelz 66.
[151] CSG LXXIV 152–154.

drehte ihn herum«. Dieser warf ihm das Evangelium vor die Füße »und ging wutentbrannt hinweg«. Sofort fand Bischof Ulrich seine Beherrschung wieder. Er hob das Buch auf, und Craloh, der es aus seinen Händen entgegennahm und küßte, trug es zum Altar.[152] Die Vermittlung gestaltete sich dann sehr schwierig und war nicht von Dauer, obwohl Bischof Ulrich, um Konvent und Abt miteinander zu versöhnen, die Mönche für seine Handlungsweise um Verzeihung bat und Victor, ihrem Anführer, kniefällig Abbitte leistete.[153]

Der Reichsfürst

Doch die Parteinahme König Ottos I. und Bischof Ulrichs für den wegen seiner Überheblichkeit (»insolentia«) berüchtigten St. Galler Abt Craloh hatte eben auch ihre politischen Hintergründe. Es war andeutungsweise bereits davon die Rede, daß sich das Wirken der hochmittelalterlichen Reichsbischöfe oder Reichsäbte keineswegs in der Erfüllung der geistlichen Hirtenpflichten gegenüber ihrem Bistum oder Kloster erschöpfte, sondern auch eine ganz wesentliche politische Komponente hatte. Sie waren durch Treuegelöbnis und »Handgang« Vasallen des Königs und hatten als solche Königtum und Reich in Treue zu Diensten zu stehen. Dies galt im besonderen in der schwierigen Phase des Aufbaus des deutschen Königtums als einer zentralen Ordnungsmacht unter den sächsischen Liudolfingern, zumal unter Otto I., und der Begründung des ottonischen Reiches. Was Bischof Ulrichs Einsatz im Dienst von Königtum und Reich betrifft, so vermeidet die Ulrichs-Vita zwar eine ausführlichere Darstellung dieser Seite seines Wirkens; nur dort, wo in die politischen und kriegerischen Wirren auch das Schicksal der Stadt und des Bistums Augsburg verwickelt war, hebt sie des Bischofs mannhaftes Eingreifen hervor, nicht ohne diese Auseinandersetzungen als Werk teuflischer Bosheit und Versuchung sowie den heiligen Bischof als unerschrockenen Streiter gegen die teuflischen Anschläge zu charakterisie-

---

[152] »Suscipitur episcopus. Victor ewangelium obtulit ipsi. Quod ubi osculatur, Victor revertitur. At episcopus currax post illum veniens, a capillo hominem capiens regiravit. At ille ewangelium in episcopum reiciens furibundus abscessit. Sed ipse codice suscepto abbati porrigit. Quem abbas osculatum suscipiens per se ipsum ad altare gestavit.« Ebd.

[153] CSG LXXV 156. – Die »Casus sancti Galli« (c. LXXI) berichten zwar, daß Otto I. von Abt Craloh wenig gehalten habe und von ihm nur um seiner Treue Willen auf Fürsprache Bischof Ulrichs als Flüchtling am königlichen Hoflager aufgenommen worden sei; doch erscheint diese Angabe als fraglich, denn am 12. Juni 947 hatte Otto I. Abt Craloh und seinem Kloster das Privileg des Markt- und Münzrechtes in Rorschach verliehen, was auf königliche Wertschätzung des Abtes hinweist. MGH.Diplomata I, Hannover 1879–1884 [München 1980], 172 f. (Nr. 90); Werner Vogel, Kostbarkeiten aus dem Stiftsarchiv St. Gallen in Abbildungen und Texten, St. Gallen 1987, 30 f.

[154] GVUo XII 398–400; Kallfelz 94–96 102. – Zur Rolle der Reichsbischöfe in ottonischer Zeit siehe Anm. 10 (Lit.).

ren.¹⁵⁴ Aber der Biograph bezeugt schon für die ersten Jahre der Regierungszeit Bischof Ulrichs dessen Eifer im Hofdienst;¹⁵⁵ und an anderer Stelle rühmt er, daß Bischof Ulrich »in unverbrüchlich fester Treue dem König niemals Hilfe verweigert« habe.¹⁵⁶ Daß er trotz der spärlichen Quellenüberlieferung des 10. Jahrhunderts während seiner fünfzigjährigen Regierung nicht weniger als fünfzehnmal in königlicher Umgebung nachweisbar ist, mehrmals an sehr entfernten Orten und in allen deutschen Herzogtümern mit Ausnahme Lothringens, und damit die durchschnittliche Zahl der Hofreisen der übrigen ottonischen Bischöfe beträchtlich überschritt, bestätigt für sich schon, welchen Rang er seiner Aufgabe als Reichsfürst zuerkannte.¹⁵⁷ Wohl kann er als Bischof am Hoflager König Heinrichs I. quellenmäßig nur einmal nachgewiesen werden, am 1. Juni 932 auf der Reichssynode zu Erfurt, die sich vor allem mit innerkirchlichen Angelegenheiten befaßte;¹⁵⁸ jedoch war er zu Heinrichs Zeiten der einzige schwäbische bzw. süddeutsche Reichsprälat, von dem bezeugt ist, daß er nach seiner Erhebung zum Bischof so weit gen Norden reiste, um das königliche Hoflager aufzusuchen. Zu diesem häufigen Verweilen in »Königsnähe« – vor allem während der Regierungszeit König und Kaiser Ottos I. – drängte ihn gewiß auch familiäres Interesse; denn zeitlebens war (wie schon erwähnt) Aufstieg und Rangerhöhung seines Geschlechts ein brennendes Anliegen. Gleichwohl wäre es ungerecht, seine Königs- und Reichstreue nur oder vor allem unter diesem familiären Aspekt zu sehen und zu beurteilen. Bischof Ulrich war vielmehr von der sakralen und universalen Idee des Reiches, deren Verwirklichung dem universalen Auftrag der Kirche so einzigartig zu entsprechen schien, zuinnerst durchdrungen; der König war ihm im wahrsten Sinne des Wortes Herrscher »von Gottes Gnaden« (und daher mag ihm wie wohl den meisten Reichsbischöfen das Königtum Heinrichs I., weil nicht durch kirchliche Salbung und Krönung »sakralisiert«, als unvollkommen erschienen sein,¹⁵⁹ ohne daß er allerdings deswegen je in seiner Treue zu Heinrich I. angefochten worden wäre).
Freilich erscheint Bischof Ulrich, wo immer er in der Umgebung des Königs nachweisbar ist, lediglich in der Rolle eines Teilnehmers an einer Reichsversammlung oder -synode, eines Beraters, Zeugen oder Bittstellers. Dennoch ist seine enge Verbundenheit mit Otto I. mehrfach zu erschließen: beispielsweise aus der Tatsache, daß er als einziger schwäbischer Bischof am 21. September 937 bei der Gründung des Moritzklosters in Magdeburg durch Otto I. anwesend war und zusammen mit neun weiteren Erzbischöfen und Bischö-

---

¹⁵⁵ GVUo III; Kallfelz 60 62 f.
¹⁵⁶ »Praefatus autem antistes Uodalricus, cuius fidelitatis firma stabilitas numquam ab adiutorio regis separata est ...« GVUo X; Kallfelz 96.
¹⁵⁷ Siehe hierzu Anm. 23.
¹⁵⁸ RBDA 67 (Nr. 106).
¹⁵⁹ GVUo III; Kallfelz 62.

fen den König bei der Fundierung dieses Klosters als eines hochbedeutsamen missionarischen und kolonisatorischen Vorpostens im Osten des Reiches beriet.[160] Und Bischof Ulrich war wiederum anwesend, als Otto I. am Weihnachtsfest (24./25. Dezember) 960 anläßlich einer großen Reichsversammlung zu Regensburg für seine Magdeburger Lieblingsstiftung feierlich Mauritius-Reliquien empfing.[161]

Auf zwei Ereignisse während der Regierungszeit Ottos I., bei welchen Bischof Ulrich sich in kriegerischem Streit bewährte, geht die Ulrichs-Vita jedoch ausführlicher ein: Es handelte sich um den Liudolf-Aufstand 953/54 und um die Belagerung Augsburgs durch die Ungarn vor der Lechfeldschlacht 955. Beide Male war der Friede und damit die Ordnung des Reiches gefährdet, und dies rechtfertigte – in den Augen seines Biographen – auch einen Waffengang des Bischofs. Beide Ereignisse standen in einem inneren Zusammenhang. Der Liudolf-Aufstand – weit mehr als ein unseliger Zwist in der königlichen Familie – wuchs sich, als in seinem Verlauf drei Stämme des Reiches, Schwaben, Franken und Bayern, vom König abfielen und nur Sachsen und Lothringen auf seiner Seite gehalten werden konnten, zur wohl schwersten Krise des Königtums Ottos I. aus. Die Hintergründe dieser Verschwörung Liudolfs (930–957), des einzigen Sohnes Ottos I. aus dessen Ehe mit der englischen Prinzessin Edgitha († 946), designierten Thronfolgers und Herzogs von Schwaben (seit 949), gegen seinen Vater sind nicht völlig zu klären. Die Ulrichs-Vita nennt als auslösende Ursache »Zank und Streit« zwischen Liudolf und dem Bayernherzog Heinrich I. (948–955), Ottos I. jüngerem Bruder, »wegen der Grenzen ihrer Herzogtümer«.[162] Und in der Tat, als Liudolf im Bündnis mit seinem Schwager Konrad dem Roten, den Otto I. auf dem Hoftag zu Fritzlar (953) eben als Herzog von Lothringen abgesetzt und in diesem Amt durch seinen jüngsten Bruder Brun (925–965), den nachmaligen Erzbischof von Köln und »Organisator« der königlichen Hofkapelle, ersetzt hatte (oder hatte der König Konrad dem Roten als »dux« Brun als »archidux« vor-

---

[160] RBDA 69 (Nr. 111). – Holtzmann, Geschichte der Sächsischen Kaiserzeit 177–182 u. ö.; Beumann, Die Ottonen 56f. (Lit. 185). – Zu Otto I. siehe: Harald Zimmermann (Hrg.), Otto der Große (Wege der Forschung 450) Darmstadt 1976; Helmut Beumann, Otto der Große 936–973, in: Ders. (Hrg.), Kaisergestalten des Mittelalters, München 1984 50–72; Eduard Hlawitschka, Der König einer Übergangsphase und die Herrscher der frühdeutschen Zeit: Konrad I. und die Liudolfinger/Ottonen, in: Karl Rudolf Schnith (Hrg.), Mittelalterliche Herrscher in Lebensbildern. Von den Karolingern zu den Staufern, Graz-Wien-Köln 1990 101–179, hier 124–143.

[161] RBDA 78f. (Nr. 132). – Helmut Beumann (Hrg.), Heidenmission und Kreuzzugsgedanke in der deutschen Ostpolitik des Mittelalters (= Wege der Forschung 7), Darmstadt ²1973.

[162] GVUo X; Kallfelz 96. – Zum Aufstand Liudolfs und seinen mutmaßlichen Hintergründen siehe: Holtzmann, Geschichte der Sächsischen Kaiserzeit 147–156; Beumann, Die Ottonen 72–79; Gunther Wolf, Über die Hintergründe der Erhebung Liudolfs von Schwaben [1963], in: Zimmermann, Otto der Große 56–69; Helmut Naumann, Rätsel des letzten Aufstandes gegen Otto I. (953–954) [1964]. Ebd. 70–136. – Liudolf, Herzog von Schwaben, in: Lexikon des Mittelalters V (1991) 2039; Konrad der Rote. Ebd. 1344.

bzw. entgegengesetzt?),[163] zum offenen Kampf überging, gaben beide vor, nicht gegen den König, nur gegen den Bayernherzog zu handeln. Dennoch resultierte weder dieser Konflikt aus einem bloßen Grenzstreit, noch richtete sich die Kampfansage lediglich gegen den Bayernherzog. Dieser hatte zwar nach der zweiten Eheschließung Ottos I. mit Adelheid von Burgund, der Witwe König Lothars von Italien, im Herbst 951 und nach der vasallitischen »Beugung« König Berengars, des Gegenspielers und Nachfolgers Lothars, unter die Oberhoheit Ottos I. auf der am 7. August 952 zu Augsburg zusammengetretenen Reichsversammlung einen Teil des italischen Königreiches, nämlich die östlichen Marken Trient, Verona, Aquileja und Istrien: das Gebiet des einstigen lombardischen Herzogtums Friaul (zur Sicherung der Brennerstraße als der wichtigsten Verbindung zwischen Deutschland und Italien), erhalten – was Liudolf, der leer ausgegangen war, als Zurücksetzung empfand. Vermutlich fühlte er sich auch von seinem Oheim getäuscht und hintergangen. Darüber hinaus scheint Heinrich, der 941 Otto nach Leben und Krone getrachtet hatte, durch seinen Herrschaftszuwachs in Italien und dank der besonderen Gunst der neuen Königin aber auch wieder verstärkten Einfluß bei Hof gewonnen zu haben. Und als Adelheid zudem im Winter 952/953 ihrem königlichen Gemahl einen Sohn gebar (Heinrich, † um 954), mag Liudolf begonnen haben, ernstlich um sein Thronfolgerecht zu fürchten.[164] Die beträchtliche Anhängerschaft, die sich binnen kurzem aus allen Stämmen um den Königssohn sammelte – darunter nicht wenige Parteigänger, die mitsamt ihren Familien bereits an den ersten Erhebungen gegen Otto I. beteiligt gewesen waren –, ist wohl ein Indiz dafür, daß man in weiten Teilen des Reiches von der Gerechtigkeit der Sache Liudolfs überzeugt war; denn bloßer persönlicher Ehrgeiz und Machtwille waren kaum Anlaß für ein Bündnis. Der König, durch diese Abfallbewegung in größter Bedrängnis, ließ sich vom Mainzer Erzbischof Friedrich im März 953 zunächst zum Abschluß eines Friedenspaktes bestimmen, dessen Inhalt nicht überliefert ist. Als Otto I. wenig später jedoch diesen Pakt für erzwungen und deshalb für nichtig erklärte und auf dem oben genannten Hoftag zu Fritzlar seinen Bruder Heinrich als Ankläger auftreten ließ, brach der Aufstand offen aus. Während Erzbischof Friedrich sich nach Breisach zurückzog, besetzten Liudolf und Konrad der Rote dessen Bischofsstadt Mainz, die Otto I. zwei Monate lang vergeblich belagerte. Da ein erneuter Verhandlungsversuch scheiterte, vermochte der König schließlich auch sein Heer nicht mehr zu halten und mußte die Belagerung von Mainz aufgeben. Die Bayern im Heer gingen zu den Aufständischen

---

[163] Naumann, Rätsel des letzten Aufstandes 84–88; Beumann, Die Ottonen 73f. – Brun I., Erzbischof von Köln, in: Lexikon des Mittelalters II (1983) 753–755.
[164] Ebd. 72; Wolf, Über die Hintergründe 63. – Adelheid (hl.), Kaiserin, in: Lexikon des Mittelalters I (1980) 145f.; Gerald Beyreuther, Kaiserin Adelheid, »Mutter der Königreiche«, in: Erika Uitz-Barbara Pätzold-Gerald Beyreuther (Hrg.), Herrscherinnen und Nonnen. Frauengestalten von der Ottonenzeit bis zu den Staufern, Berlin 1990, 43–79.

über, und Liudolf konnte sich unter ihrem Schutz und mit Hilfe des bayerischen Pfalzgrafen Arnulf der herzoglichen Hauptstadt Regensburg und aller bedeutenden Plätze in Bayern bemächtigen. Mit Arnulf und seiner luitpoldingischen Familie scheint sich auch der übrige bayerische Adel auf die Seite Liudolfs geschlagen zu haben; nur Erzbischof Herold von Salzburg zögerte noch eine Weile. Und auf seiten Liudolfs stand nahezu ganz Schwaben. Unter den schwäbischen Großen hielten lediglich Graf Adalbert von (Ober-)Marchtal und Bischof Ulrich mit seinen Brüdern zum König, außerdem Abt Craloh von St. Gallen, dessen Kloster gespalten war. Sie alle mußten für ihre Königstreue teuer bezahlen: Abt Craloh mit der Flucht, Graf Adalbert mit dem Leben, Bischof Ulrich – für den die Blutsverwandtschaft mit Königin Adelheid vielleicht ein zusätzliches Motiv seiner Königstreue war[165] – mit schwerer materieller Schädigung.

Wohl im September 953 nahm Otto I. die Verfolgung Liudolfs wieder auf und zog mit den ihm verbliebenen Resten seiner Heeresmacht gegen Regensburg, um seinem Bruder Heinrich das Herzogtum Bayern zu restituieren. Bischof Ulrich, vom König zum Kampf aufgeboten, leistete ihm mit seinen Mannen – »jetzt nicht im Wagen, sondern zu Pferd«, wie der Biograph eigens vermerkt[166] – sofort Zuzug, seine Bischofsstadt offensichtlich ohne zureichende Schutztruppen zurücklassend. Er harrte im königlichen Heer aus, bis Otto I. im Dezember auch die Belagerung Regensburgs erfolglos abbrechen mußte. Bei seiner Rückkehr nach Augsburg fand der Bischof die Stadt vom bayerischen Pfalzgrafen Arnulf geplündert vor; die zurückgelassene Mannschaft war teils gefangen, teils abgefallen, der Hochstiftsbesitz an Fremde verteilt. Um nicht selber in die Gewalt Liudolfs und seiner Anhängerschaft zu geraten, wich Bischof Ulrich mit seinen Getreuen auf ein »castellum quod dicitur Mantahinga« aus,[167] womit die Vita wohl Schwabmünchen meint, genauer: die aus der Grabensohle aufsteigende, heute zerfallene Haldenburg bei Schwabegg, einen befestigten Platz, der aber damals »im Innern und nach außen ohne alle Gebäude und völlig verlassen war«. Man mußte Zelte aufschlagen, den Platz ringsum eilig mit Pfahlwerk sichern »und im Innern, so gut wie möglich, geeignete Bauten errichten«.[168] Im Schutz der notdürftig hergerichteten Festung gelang es Bischof Ulrich mit diplomatischem Geschick und durch Austausch von Geiseln, seine ihm – unter Führung Arnulfs, des Sohnes des bayerischen Pfalzgrafen gleichen Namens – nachsetzenden Feinde hinzuhalten, bis ihm im Februar 954 sein Bruder Dietpald und Graf Adalbert von (Ober-)Marchtal mit Kriegsvolk zu Hilfe eilten, in einem unvermuteten Handstreich die Belagerer der Festung überfielen, in die

---

[165] Bühler, Die Vorfahren des Bischofs Ulrich, nach 44 (Genealogie).
[166] »... omisso vehiculo carpenti, equitando in servicium regis in regionem Noricorum sagaciter venit ...« GVUo X; Kallfelz 96.
[167] Ebd.
[168] GVUo X; Kallfelz 98–100.

Flucht schlugen und auf der Flucht überwältigten. »Nur ganz wenige von ihnen vermochten an diesem Tag [wohl am Montag, den 13. Februar 954], zerschlagen und mit Wunden bedeckt, auf dem Rücken ihres Pferdes mit knapper Not gerade noch dem Tod zu entrinnen«.[169] Bei diesem furchtbaren Gemetzel wurde Arnulfs Bruder Hermann gefangengenommen, Graf Adalbert tödlich verwundet. Bischof Ulrich, von Feindesmacht befreit, überführte (»bei klirrender Kälte«)[170] die Leiche Adalberts, »der in Gottes Huld den Tod gefunden hatte«,[171] nach Augsburg und bestattete sie im Dom. Und nun hielt er Strafgericht über alle, die sich an Kirchengut vergriffen hatten und nicht unverzüglich »aus eigenen Mitteln« ihr Unrecht wiedergutmachten – oder wie die Vita formuliert: »die Verzeihung des ehrwürdigen Bischofs sich erkauften«.[172] Bischof Ulrich konnte, wie sich hier zeigt, hart strafen.

Der Liudolf-Aufstand und die durch ihn verursachte politische Unsicherheit lockten indes erneut die Ungarn ins Reich. In den Jahren 948–950 war es dem Bayernherzog Heinrich I. zuletzt mit Mühe gelungen, sie über die Grenzen zurückzudrängen.[173] Jetzt, Anfang 954, erschienen sie unter Anführung des Horka (d.h. des Befehlshabers oder Unterfürsten) Bulcsu, eines gefürchteten Kriegers, wieder und verheerten Bayern, Schwaben, Franken und Lothringen. Die Bevölkerung der von den Ungarn seit dem Jahrhundertbeginn in fast regelmäßigen Abständen heimgesuchten Gebiete mag das Auftauchen dieser blitzschnellen feindlichen Reiterzüge wie eine immer wiederkehrende Naturkatastrophe, der man wehrlos ausgeliefert ist, erlebt haben. Tatsächlich aber handelte es sich bei den Überfällen der Magyaren um wohlvorbereitete und von strategisch erfahrenen Anführern geleitete militärische Aktionen, deren Motive nicht einfach Abenteuerdrang, Raubgier und Zerstörungswut waren. Vielmehr verfolgten die Magyaren, die kurz vor 900 von der südrussischen Steppe nach Pannonien abgedrängt worden waren, mit ihren Vorstößen nach Westen jedenfalls seit 917 eine massive Zermürbungstaktik oder -»politik« mit dem Ziel, sich die westlichen Nachbarn ihres neuen Siedlungsraumes zu dessen Sicherung tributpflichtig zu machen und so ihrer Oberhoheit als Tributherren zu unterwerfen – eine Politik, die in ähnlicher Weise auch die Bayern oder Otto I. in Sachsen gegenüber ihren slawischen Nachbarn im Osten betrieben. Und zumindest zeitweise gelang es den Ungarn, eine ganze Reihe von Gebieten in ihre Abhängigkeit zu zwingen: um Pannonien als Kern ihres Siedlungsraumes in weitem Ausgriff einen Gürtel tributpflichtiger Gebiete zu legen, wie es ja auch seit den Tagen Herzog Ar-

---

[169] Ebd.
[170] »... gelu miserabiliter adstringente ...« Ebd.
[171] »Corpus vero Adalperti, in Dei voluntate occisi, reverendus episcopus ad Augustam civitatem vexit ...« Ebd.
[172] »... nisi qui se suis propriis rebus cum indulgentia reverendi episcopi redimere non distulerunt.« Ebd.
[173] Beumann, Die Ottonen 75.

nulfs »des Bösen« immer wieder einmal zu formellen Verhandlungen und Vertragsabschlüssen mit ihnen (auf der Grundlage von Tributleistungen unter dem verharmlosenden Titel »Geschenke«) kam.[174]

Im Jahr 954 waren die Magyaren gewiß weder von Heinrich I. noch von Liudolf – wie man sich gegenseitig beschuldigte – ins Land gerufen worden; doch ließ Liudolf ihnen, als sie in Bayern einfielen, den Weg nach Franken weisen, und Konrad der Rote paktierte mit ihnen in Lothringen gegen den »archidux« Brun. Beider unheilige Allianz mit den Ungarn bewirkte schließlich einen Stimmungsumschwung, der Liudolf wie Konrad den Roten zum Einlenken nötigte. Die Ulrichs-Vita berichtet von einem Zusammentreffen der Aufgebote des Königs und Liudolfs in Schwaben, nämlich »iuxta flumen quod Hilara vocatur, in campo oppidi quod dicitur Tussa«:[175] also an der Iller, und zwar auf der Feldflur von Tussa, einer (nach dem Gebrauch des Begriffes »oppidum« in der Vita) offensichtlich bedeutenderen – dicht an einer Römerstraße gelegenen – Ansiedlung mit zentralörtlicher Funktion (später »Illertissen«) innerhalb einer Grundherrschaft.[176] In beiden Heeren habe niemand mehr zu hoffen gewagt, daß die Schlacht noch zu vermeiden sei. Da hätten sich Bischof Ulrich und der Churer Bischof Hartpert, die somit beide im königlichen Heer standen, zu einem Vermittlungsversuch zusammengetan, und ihnen sei es in letzter Minute geglückt, den Waffengang zu verhindern, den »harten Sinn« von Vater und Sohn zur Nachgiebigkeit zu wandeln und beide zu einem »pactum pacis« zu bewegen.[177] Jedoch kann es sich in Wirklichkeit nur um einen – durch veränderte politische Situation gebotenen – Waffenstillstand bis zu einem Reichstag gehandelt haben, der dann für Juni 954 nach Langenzenn in Franken ausgeschrieben wurde. Der endgültige Friedensschluß zwischen Vater und Sohn (und Konrad dem Roten) aber wurde – nachdem sich der völlig entmutigte Liudolf Otto I. zuvor im Büßergewand unterworfen hatte – erst am 17. Dezember 954 auf der Reichsversammlung zu Arnstadt besiegelt. Liudolf und Konrad mußten nunmehr auf ihre Herzogtümer feierlich verzichten, durften allerdings ihre Eigengüter behalten. Mit

---

[174] Naumann, Rätsel des letzten Aufstandes 115–127; Heinrich Büttner, Die Ungarn, das Reich und Europa bis zur Lechfeldschlacht des Jahres 955, in: Zeitschrift für bayerische Landesgeschichte 19 (1956) 433–458. – Bogyay, Grundzüge der Geschichte Ungarns (= Grundzüge 10), Darmstadt ²1973, 20–28.

[175] GVUo XII; Kallfelz 102. – WRGS Liber III c. XXX; Bauer-Rau 144.

[176] Siehe hierzu: Hans Peter Köpf-Joachim Feist-Anton H. Konrad, Illertissen. Eine schwäbische Residenz. Geschichte des einstigen Herrschaftssitzes und alten Zentralorts im Illertal. Weißenhorn 1990, 27–29.

[177] GVUo XII; Kallfelz 102. Zu Bischof Hartpert von Chur siehe: Finck von Finckenstein, Bischof und Reich 138 f.

7 Das Leben des hl. Ulrich. Gesamtansicht einer spätgotischen Bildfolge, um 1485, an der Langhauswestwand der Kapelle St. Blasius in Kaufbeuren. Brustbild des Heiligen und Folge von zehn Tafeln aus seinem Leben (vergl. hierzu Abb. 19/20, Klapptafel bei Seite 226)

Und do er zum altar kā *elchin im gottes hand*

dem Herzogtum Schwaben belehnte Otto I. den einheimischen Hunfridinger Burchard II., vermutlich einen Oheim der Königin Adelheid und somit einen Verwandten Bischof Ulrichs[178] (der als Teilnehmer an dieser Reichsversammlung nicht bezeugt ist). Heinrich I. eroberte sich in der ersten Hälfte des Jahres 955 mit Waffengewalt das Herzogtum Bayern zurück und nahm sodann grausame Rache am Salzburger Erzbischof Herold.[179] Durch die Verheiratung seiner Tochter Hadwig († 994) mit dem neuen Schwabenherzog Burchard II. wurde dessen Bindung an das Königshaus verstärkt.[180]

Die Schwächung der Reichsgewalt durch den Liudolf-Aufstand hatte aber nicht nur den Einfall der Ungarn, sondern auch kriegerische Erhebungen slawischer Stämme im östlichen Grenzgebiet des Reiches, an der Elblinie, zur Folge gehabt, und auch hier war es zwischen Anhängern Liudolfs, etwa den Billungern in Sachsen, und Slawenfürsten zu bündnisartigen Absprachen gekommen. In Sachsen jedenfalls dauerten die Kämpfe nach dem Friedensschluß von Arnstadt unvermindert an; an der Bevölkerung wurden – wie Widukind von Corvey in seiner »Sachsengeschichte« berichtet – furchtbare Greuel verübt.[181] Nicht zuletzt die anhaltenden Slawenkämpfe mögen die Ungarn, die nach ihrem Beutezug durch das Reich auch noch Frankreich, Burgund und Italien heimgesucht hatten, im Sommer 955 zu einer neuerlichen Invasion ermuntert haben. Sie brachen, wiederum angeführt vom Horka Bulcsu, in gewaltigem Reiteraufgebot in Bayern ein und verwüsteten das Land mitsamt den angrenzenden Teilen Schwabens bis zur Iller.[182] Auf dem Lechfeld vor den Toren Augsburgs setzten sie sich fest, und nachdem sie die Kirche der heiligen Afra in Brand gesteckt hatten, begannen sie am 8. August die Bischofsstadt, die Bischof Ulrich durch eine niedrige Wehrmauer ohne Türme hatte befestigen lassen, zu belagern. Der Verfasser der Ulrichs-Vita hat die drangvollen Geschehnisse der folgenden Tage in seinem Bericht – vielleicht als Augenzeuge – festgehalten: Der Bischof hatte innerhalb der Stadtmauern in großer Zahl seine »milites«, kampferprobte und kühne Männer, zusammengezogen, unter ihnen Graf Dietpald, sein Bruder, Reginbald, der Sohn seiner Schwester Liutgard, und andere Verwandte.[183] Als nun die

---

[178] Bühler, Die Vorfahren des Bischofs Ulrich, nach 44 (Genealogie).
[179] Der Bayernherzog Heinrich I. ließ den Erzbischof blenden und verbannte ihn nach Säben. Beumann, Die Ottonen 76.
[180] Ebd.
[181] WRGS Liber III c. XLII-XLIII, XLV-XLVI; Bauer-Rau 150 154.
[182] GVUo XII; Kallfelz 104.
[183] Ebd. – Zur damaligen Topographie Augsburgs siehe: Walter Groos, Augsburg zur Zeit Bischof Ulrichs, in: Zeitschrift des Historischen Vereins für Schwaben 67 (1973) 39–46; Georg Kreuzer, Augsburg in fränkischer und ottonischer Zeit (ca. 550–1024). Bischof Ulrich von Augsburg, in: Günther Gottlieb-Wolfram Baer u. a. (Hrg.), Geschichte der Stadt Augsburg von der Römerzeit bis zur Gegenwart, Stuttgart 1984, 117–121.

8 Kaufbeuren, St. Blasius: Erscheinung der Hand Gottes bei der Meßfeier des Heiligen. Aus dem Ulrichszyklus, um 1485

Ungarn zum Sturm auf die Stadt ansetzten und die bischöflichen Ritter sich ihnen vor der Umwallung entgegenwerfen wollten, befahl ihnen der Bischof, der die Verteidigung der Stadt persönlich leitete, innerhalb des Mauerbezirks zu bleiben und nur das Tor, »durch das man am leichtesten eindringen konnte«, zu verbarrikadieren. Die Ungarn aber berannten das dem Lech zugewandte Osttor. Und hier vermochten die Verteidiger den Angreifern eine erste schwere Schlappe zu bereiten. Befehligt vom Bischof, der »in der Stunde des Kampfes, angetan mit der Stola, ohne durch Schild, Harnisch und Helm geschützt zu sein, auf seinem Roß gesessen« habe und gleichwohl »von den Pfeilen und Steinen, die ihn von allen Seiten umschwirrten, unversehrt und unverwundet geblieben« sei,[184] scheinen sie die Ungarn im Augenblick höchster Gefahr durch einen jähen Ausfall überrumpelt zu haben. Es kam zu einem wilden Schlachtgetümmel vor dem Tor, bei dem der Anführer der Ungarn getötet wurde. Als diese ihn durchbohrt vom Pferd sinken sahen, nahmen sie ihn »mit großer Furcht und unter Wehgeschrei« eilig an sich und wichen für diesen Tag in ihr Feldlager zurück.

Nun ist das Bild des lediglich mit der priesterlichen Stola bewehrten, ohne Rüstung und Waffe heldenmütig in das Kampfgewühl sich stürzenden bischöflichen Stadtherrn, wie es der Biograph zeichnet, gewiß von höchster Eindrücklichkeit. Es hat denn auch nachmals die fromme Phantasie mächtig angeregt bis hin zur Legende, daß Bischof Ulrich mit demselben Todesmut und Gottvertrauen auch an der Entscheidungsschlacht auf dem Lechfeld teilgenommen habe und ihm während des mörderischen Ringens ein Engel vom Himmel her mit der »Crux victorialis«, dem »siegzwingenden Kreuz«, zu Hilfe geeilt sei.[185] Aber wie letztere Legende durch die angebliche Kreuzesvision Kaiser Konstantins vor der Schlacht gegen Kaiser Maxentius, seinen Rivalen, an der Milvischen Brücke bei Rom (28. Oktober 312) inspiriert ist,[186] so handelt es sich schon bei der Darstellung des schutzlos den feindlichen Geschoßen preisgegebenen und doch unverwundbaren Bischofs um einen legendarischen Topos, der sich vermutlich aus der »Vita sancti Martini« des Sulpicius Severus herleitet.[187] Der Gedanke, daß ein geweihter Priester und Bischof als Stadtherr und Reichsfürst zur Waffe greift, um seine Untertanen gegen Feindeshand zu verteidigen oder den Frieden im Reich sichern zu hel-

---

[184] »Hora vero belli episcopus super caballum suum sedens, stola indutus, non clipeo aut lorica aut galea munitus, iaculis et lapidibus undique circa eum discurrentibus, intactus et inlaesus subsistebat.« GVUo XII; Kallfelz 104.

[185] Diese Legende, vielfach dargestellt, entstand wohl erst im 15. Jahrhundert. Siehe dazu: Wolfgang Augustyn, Das Ulrichskreuz und die Ulrichskreuze. In diesem Band S. 267–315.

[186] Siehe hierzu: Jedin, Handbuch I 454–462.

[187] Friedrich Prinz, Klerus und Krieg im früheren Mittelalter. Untersuchungen zur Rolle der Kirche beim Aufbau der Königsherrschaft (= Monographien zur Geschichte des Mittelalters 2), Stuttgart 1971, 172; Engels, Der Reichsbischof 53f. – Georg Kreuzer, Die »Vita Sancti episcopi Augustani« des Augsburger Dompropstes Gerhard. Eine literarkritische Untersuchung. In diesem Band S. 169–177, hier 174f.

fen, scheint zur Zeit der Abfassung der Ulrichs-Vita nur noch schwer erträglich gewesen zu sein und zumal der Vorstellung von einem heiligen Bischof gänzlich widerstritten zu haben. Die Ulrichs-Vita beschränkt sich deshalb auch darauf, des Bischofs Teilnahme an Kriegszügen nur gerade andeutungsweise zu erwähnen, und übergeht im übrigen – so muß man wohl folgern – diese Seite im Leben Bischof Ulrichs, wo immer möglich, mit Schweigen. Aber mit der Waffe am Kampf teilnehmende Bischöfe (und auch Päpste) sind damals und im späteren Mittelalter vielfach bezeugt, für die Reichsbischöfe ergab sich solcher Einsatz ganz selbstverständlich aus ihrer Verpflichtung im Dienst des Reiches und der Friedenswahrung. Und hatte Bischof Ulrich nicht zwei Jahre zuvor an der Spitze seines Aufgebots monatelang im Heer des Königs bei der Belagerung Regensburgs mitgewirkt? Sollte er nach dem geglückten Überfall auf seine Gegner aus dem Lager Liudolfs vor dem »castellum quod dicitur Mantahinga« bei deren Verfolgung tatenlos geblieben sein? Hatte er sich nicht im selben Jahr noch »in campo oppidi quod dicitur Tussa« an der Iller im königlichen Heer eingefunden, auch wenn es dann dank seiner und Bischof Hartperts Vermittlung nicht zum Waffengang gekommen war? Es kann wohl kein Zweifel sein, daß er in jenen notvollen Tagen, da seine Bischofsstadt aufs äußerste gefährdet war und zunächst jegliche Hilfe von außen fehlte, als Stadtherr an der Spitze seiner Mannen mit dem Schwert in der Hand die Verteidigung anführte – der Biograph aber diesen seinen Einsatz zur Rettung Augsburgs, der wohl bei vielen in dankbarem Gedächtnis geblieben war und vielleicht später als wunderbare Errettung empfunden wurde, im nachhinein im Sinne der gebotenen hagiographischen Stilisierung »verklärt« hat.

Nachdem so die Bischofsstadt gegen den feindlichen Ansturm des ersten Tages glimpflich hatte verteidigt werden können, inspizierte der Bischof die Umwallung und gab Anweisung zur raschen Ausbesserung der Schäden und zur zweckmäßigen Aufstellung von Wehrhäusern, d. h. wohl von hölzernen, nach der Seite der Stadt offenen Unterständen, was dann die ganze Nacht hindurch geschah. Er selber aber habe die Stunden der Nacht im Gebet verbracht und mit ihm auf seine Weisung die Klosterfrauen in der Stadt, die teils in Bittprozessionen, teils »am Boden ausgestreckt inbrünstig die heilige Gottesmutter Maria um die Errettung des Volkes und die Befreiung der Stadt anflehten«.[188] Bei Tagesanbruch habe Bischof Ulrich nach seiner Gewohnheit das Morgenlob verrichtet und die Messe gefeiert, sodann »nach der heiligen Handlung alle mit der heiligen Wegzehrung gestärkt«, sie ermunternd, ihre Hoffnung auf den Herrn zu setzen, und sie tröstend mit dem Psalmwort: »Und wenn ich auch wandle mitten im Schatten des Todes, ich fürchte kein Unheil, denn du bist mit mir.«[189] Danach rüsteten sich der Bischof und seine

---

[188] GVUo XII; Kallfelz 106.
[189] Ps. 23, 4.

Mannen zur Wiederaufnahme des Kampfes. Die Vita berichtet: »Als sich die ersten Strahlen der Sonne über das weite Land ergossen, umzingelte das Heer der Ungarn in unsagbarer Menge von allen Seiten die Stadt zum Sturmangriff, und sie führten mit sich verschiedene Instrumente zum Niederlegen der Mauern. Da nun [auf Seiten der städtischen Abwehr] alle kampfbereit und alle Bollwerke der Stadt mit Verteidigern gespickt waren, trieben einige der Ungarn die anderen, indem sie ihnen mit Peitschen drohten, zum Kampf an. Diese jedoch sahen die große Zahl der Verteidiger, die ihnen auf den Bollwerken gegenüberstanden, wurden von Gott in Furcht versetzt und wagten sich nicht an die Mauern heran.«[190] Der Kampf war noch nicht losgebrochen, als Berchtold, der Sohn des im Vorjahr bei Regensburg gefallenen bayerischen Pfalzgrafen Arnulf, von der Reisensburg (bei Günzburg an der Donau) herbeieilend, dem »rex Ungrorum« das unvermutete Herannahen König Ottos I. meldete (ein Zeichen dafür, daß zwischen ehemaligen Liudolf-Anhängern und den Ungarn immer noch Verbindungen bestanden). Auf diese Nachricht hin zog der »rex Ungrorum« auf der Stelle seine gesamte Streitmacht zurück, hielt Kriegsrat und beschloß, vom Kampf um die Bischofsstadt abzulassen und dem königlichen Heer in offener Feldschlacht zu begegnen.

Otto I. war nach dem Bericht Widukinds von Corvey[191] auf die Kunde vom neuerlichen Einfall der Ungarn hin von Sachsen, wo er wegen des Slawenkrieges nur wenige Truppen hatte aufbieten können, im Eilmarsch nach Süden aufgebrochen. »Im Bereich von Augsburg«, bei Ulm oder im Raum von Donauwörth, hatte sich um ihn ein Heer aus Franken, Schwaben, Bayern und Böhmen gesammelt. Auch »Herzog« Konrad der Rote (»Cuonradus dux«) war mit zahlreicher Reiterei erschienen, »und durch seine Ankunft ermutigt, wünschten die Krieger nunmehr den Kampf nicht länger zu verschieben; denn er war von Natur kühnen Mutes und, was bei kühnen Männern selten ist, tüchtig im Rat, im Kampfe, mochte er zu Roß oder zu Fuß den Feind angreifen, unwiderstehlich, seinen Genossen im Krieg und Frieden teuer.«[192] So kam es am 10. August 955, am Fest des heiligen Laurentius, zur entscheidenden Schlacht auf dem Lechfeld (und zwar wohl nördlich von Augsburg auf der schwäbischen Seite des Lechs), in die Otto I., »den Schild und die heilige Lanze ergreifend«, an der Spitze seines acht Legionen (Abteilungen von je tausend Mann) aus allen Teilen des Reiches umfassenden Reiterheeres stürmte, »so zugleich die Aufgabe des tapfersten Kriegers und des trefflichsten Feldherrn erfüllend«.[193] Bischof Ulrich verharrte in der Stadt; aber sein

---

[190] GVUO XII; Kallfelz 106.
[191] WRGS Liber III c. XLIV; Bauer-Rau 152–154. – Die wichtigsten Quellen zur Ungarnschlacht 955 sind: WRGS Liber III c. XLIV XLVI–XLIX; Bauer-Rau 153–158. – GVUo XII–XIII 402; Kallfelz 108–110. – Annales Sancti Galli maiores. MGH. SS I, Hannover 1826 [Stuttgart-New York 1963] 79.
[192] WRGS Liber III c. XLIV; Bauer-Rau 152.
[193] WRGS Liber III c. XLVI; Bauer-Rau 156 – Zur Schlacht gegen die Ungarn bei Augsburg siehe: Alfred Schröder, Die Ungarnschlacht von 955, in: Archiv für die Geschichte des Hochstifts

Bruder Graf Dietpald, sein Neffe Reginbald und andere Verwandte hatten in der Nacht zuvor wohl mit einem kleinen bischöflichen Aufgebot Augsburg verlassen und sich dem königlichen Heer angeschlossen.[194] Nach anfänglicher Bedrängnis und schweren Verlusten wurde schließlich – so die Ulrichs-Vita – »König Otto von Gott, dem nichts unmöglich ist, der glorreiche Sieg verliehen«.[195] Die Ungarn, obwohl in erheblicher Überzahl, erlitten eine vernichtende Niederlage. Viele von ihnen, die dem fürchterlichen Gemetzel zu entrinnen vermochten und an der Stadt vorbei in wilder Flucht über den Lech zu setzen oder in den umliegenden Ansiedlungen sich zu verschanzen suchten, wurden, soweit sie nicht der Fluß mit sich fortriß, noch am selben und am folgenden Tag erschlagen, ersäuft oder mitsamt den Gebäuden, in denen sie sich verborgen hielten, verbrannt. »Kein Weg und keine weglose Wildnis war für sie mehr zu finden, wo nicht auf Schritt und Tritt die Rache des Herrn offenkundig über ihnen geblieben wäre« – so der Kommentar des Verfassers der Ulrichs-Vita.[196] Freilich scheint erst ein zweites Gefecht, wohl am 12. August, an der Amper- oder Isarlinie, wo die Fliehenden, ihre Verfolger im Rücken, auf eine böhmische Nachhut stießen, die gänzliche Vernichtung der Ungarn herbeigeführt zu haben.[197] Vermutlich erst jetzt konnten die Anführer der Ungarn, auch der Horka Bulcsu, ergriffen werden. Man brachte sie nach Regensburg, wo (der auf den Tod erkrankte) Herzog Heinrich I. sie nach der Ulrichs-Vita »zur Schande ihres Volkes ... auf die Folter spannen«,[198] nach Widukind von Corvey »durch den Strang hinrichten« ließ.[199] Die Jahrbücher von St. Gallen vermerken zum Jahr 955, daß König Otto I. damals »mit Gottes Hilfe« ein Heer von hunderttausend Ungarn aufgerieben habe;[200] man wird diese Zahlenangabe nicht pressen dürfen, aber eine ungeheure Menge meint sie immerhin. Doch auch im königlichen Heer war der Blutzoll hoch. Und zu den Opfern zählten Konrad der Rote, dem ein feindli-

Augsburg 1(1909/11) 453–492; Bartel Eberl, Die Ungarnschlacht auf dem Lechfeld (Gunzenlê) im Jahre 955 (= Abhandlungen zur Geschichte der Stadt Augsburg. Schriftenreihe des Stadtarchivs Augsburg 7), Augsburg-Basel [1955]; Thomas von Bogyay, Lechfeld Ende und Anfang. Ein ungarischer Beitrag zur Tausendjahrfeier des Sieges am Lechfeld, München 1955; Lorenz Weinrich, Tradition und Individualität in den Quellen zur Lechfeldschlacht 955, in: Deutsches Archiv für Erforschung des Mittelalters 27 (1971) 291–313; – Helmut Beumann, Laurentius und Mauritius. Zu den missionspolitischen Folgen des Ungarnzuges Ottos des Großen, in: Ders. (Hrg.), Festschrift für Walter Schlesinger II (= Mitteldeutsche Forschungen 74/II), Köln-Wien 1974, 238–275.

[194] GVUo VII; Kallfelz 106.
[195] Ebd.
[196] Ebd.
[197] WRGS Liber III c. XLVI; Bauer-Rau 156; Baumann, Die Ottonen 79.
[198] GVUo XII; Kallfelz 108.
[199] WRGS Liber III c. XLVIII; Bauer-Rau 156.
[200] »955. Otto rex cum Agarenis pugnabat in festivitate sancti Laurentii, eosque Deo auxiliante devicit. Et erat numerus eorum 100 milia et multi illorum comprehensi sunt cum rege eorum nomine Pulszi, et suspensi sunt in patibulis.« Annales Sancti Galli maiores. MGH. SS I 79.

cher Pfeil die Kehle durchbohrt hatte,[201] sowie Bischof Ulrichs Bruder Dietpald und Neffe Reginbald.[202] Der König, der die Nacht nach der Lechfeldschlacht in der bischöflichen Pfalz verbrachte, um Bischof Ulrich Trost zuzusprechen und wohl auch zu danken für den glücklich geleisteten Widerstand in der Stadt, der zur nachfolgenden Überwindung der Ungarn nicht unerheblich beigetragen hatte, belehnte Riwin, den Sohn Dietpalds, mit den Grafschaften des gefallenen Vaters (Brenz- und Augstgau?). Vielleicht verlieh Otto I. Bischof Ulrich damals auch das Privileg, Münzen zu prägen.[203] Die Einsetzung Riwins in die väterlichen Grafschaften aber war nicht nur ein Zeichen königlicher Huld; vielmehr respektierte Otto I. mit dieser Verleihung de facto die Erblichkeit des Lehnsbesitzes in der Familie Dietpalds, was wiederum auf die inzwischen erlangte Machtstellung der Ulrichs-Sippe in Schwaben schließen läßt. An der »Königsnähe« Bischof Ulrichs partizipierte ganz selbstverständlich seine Sippe, wie er selber seine engsten Mitarbeiter vorzüglich aus dem Kreis jener auswählte, die seines Blutes waren. Auch hierin war Bischof Ulrich ein typischer Vertreter der Reichs- und Adelskirche des frühen Hochmittelalters.[204]

Am anderen Morgen, als der König die Verfolgung der flüchtenden Ungarn wieder aufnahm, begab sich Bischof Ulrich auf die Walstatt, um unter den Gefallenen die Leichen seiner beiden Verwandten zu suchen. Er fand sie und bestattete sie im Dom vor dem Walburga-Altar.[205] Nachdem dieser Akt schuldiger Pietät vollbracht war, ging er mit seinen Getreuen über die Behebung der Kriegsschäden zu Rate. Der letzte Einfall der Ungarn hatte das in seiner über dreißigjährigen Regierungszeit mühsam Geschaffene weitgehend wieder vernichtet. Obgleich tief getroffen von den erlittenen Widrigkeiten, nahm Bischof Ulrich, wie einst bei der Übernahme des Bistums, unverzüglich das Werk des Wiederaufbaus in Angriff. Er suchte die völlig ausgeplünderte Domgeistlichkeit mit Nahrung und dem notwendigsten Lebensunterhalt zu versorgen, damit sie den täglichen Gottesdienst versehen konnte, und unterstützte sie, »bis ihre Güter nach erneutem Anbau den Unterhalt für sie wieder erbrachten«.[206] Er ließ die hochstiftischen Felder, deren Jahresernte niedergebrannt worden war, wieder bestellen und die Gebäude herrichten, um die Versorgung seiner »familia« zu sichern. Vielleicht fiel in diese Phase des Wiederaufbaus auch die schon erwähnte, freilich erst durch ein Privileg Papst Cölestins II. vom 26. November 1143 belegte Stiftung eines Hospitalgebäudes für zwölf Arme unter der Stadtmauer (»infra murum civi-

---

[201] WRGS Liber III c. XLVII; Bauer-Rau 156.
[202] GVUo XII XIII; Kallfelz 108.
[203] GVUo XII; Kallfelz 108. – Zur Verleihung des Münzprivilegs siehe: RBDA 76 (Nr. 126).
[204] Goez, Bischof Ulrich 37.
[205] GVUo XIII; Kallfelz 108–110. – Holzbauer, Mittelalterliche Heiligenverehrung – Heilige Walpurgis (= Eichstätter Studien Neue Folge 5), Kevelaer 1972, 88–91.
[206] GVUo XIII; Kallfelz 110.
[207] RBDA 76 f. (Nr. 127).

tatis«) mit Zustiftungen für dessen Unterhalt.[207] Für den Wiederaufbau der Kirche der heiligen Afra vor der Stadt fehlten allerdings zunächst die Mittel. Doch hatte man die Inneneinrichtung der Kirche »vor den Barbaren« noch rechtzeitig in Sicherheit gebracht und in der Domkirche deponiert. Nun schützte man wenigstens die Altäre durch ein schlichtes Schindeldach vor Witterungseinflüssen. »In einer Vision gemahnt«, habe Bischof Ulrich schließlich noch das Grab Bischof Sintperts »im Chor an den Altarstufen« mit einem »kunstvoll gezimmerten Holzverschlag« abdecken lassen. Aus der Ulrichs-Vita geht aber hervor, daß der Bischof den Plan faßte, die Wiedererrichtung der Kirche (und Grablege der Augsburger Bischöfe) mit einer prächtigen Neugestaltung, vor allem mit dem Bau einer Krypta in ihrem Ostteil, zu verbinden, und in diesem Zusammenhang nach dem Grab der heiligen Afra forschen ließ, damit nicht durch den beabsichtigten Bau dieser Krypta ihre Grabesruhe gestört würde. Mit seinen Hausgenossen und Priestern habe er durch Gebet und Fasten Gott angefleht, ihm die Stelle des Grabes der Martyrin zu zeigen und zu offenbaren, ob er die Krypta am vorgesehenen Ort anlegen dürfe – so die Vita, und sie fährt fort: Die heilige Afra selbst habe ihm »eines Nachts« ihr Grab gewiesen und ihm den Bau der Krypta im Ostteil der Kirche verboten »mit Rücksicht auf die Gebeine der Heiligen, die dort in Ruhe den Tag des Gerichts erwarten sollten«.[208] Daraufhin habe der Bischof »die zum größten Teil bei der Feuersbrunst eingestürzten Mauern mit großer Eile wiederaufrichten und um eine Elle höher als zuvor ziehen lassen«. Die Krypta wurde im Westteil der Kirche angelegt; dabei habe der Bischof persönlich die Anfertigung des Dachstuhls überwacht, sodann die ganze Kirche mit Ziegeln decken und ihr Inneres mit einer Kassettendecke und möglicherweise mit »leuchtender Malerei« zieren lassen.[209] Daß sich auch draußen im Bistum an Orten, die den Ungarn preisgegeben gewesen waren, wieder neues Leben regte, belegt die urkundliche Nachricht über die Weihe dreier Kirchen durch Bischof Ulrich an einem 25. September nach der Lechfeldschlacht (aber kaum mehr im Jahr 955) beim ebenfalls schwer beschädigten Kloster Benediktbeuern.[210]

[208] GVUo XIII; Kallfelz 110–112. – Der Hinweis auf das Grab Bischof Sintperts (778?–808/09) in der Kirche der heiligen Afra an bevorzugter Stelle und Bischof Ulrichs Sorge für dessen Schutz vor Witterungseinflüssen legen den Schluß nahe, daß dieser zwischen Legende und Historie stehende Bischof der Karolingerzeit bereits verehrt wurde. – St. Simpert, Bischof von Augsburg 778–807. Ein hochverehrter Heiliger und Nothelfer in Stadt und Bistum Augsburg, Augsburg 1978.
[209] »... et interius aedem aecclesiae laqueariis vestivit et lucida decoravit, et ornamenta aecclesiae, quae propter barbaros in civitatem fuerunt deportata et in matrici aecclesia servata, restitui fecit.« Nach cod. 261 (971) Einsiedlensis und Markus Welser wäre zu ergänzen »lucida *pictura*«. GVUo XIII; Kallfelz 112. – Joachim Werner (Hrg.), Die Ausgrabungen in St. Ulrich und Afra in Augsburg 1961–1968 (= Münchner Beiträge zur Vor- und Frühgeschichte 23), München 1977.
[210] Es handelt sich um drei Kirchen zu Ehren der Heiligen Laurentius, Stephanus und Sixtus. RBDA 77 (Nr. 128).

Der Sieg Ottos I. über die Ungarn, oder in der Diktion Widukinds von Corvey: »Der Sieg über ein so wildes Volk«, der »nicht gerade unblutig war«,[211] unmittelbar nach der endgültigen Erstickung des Liudolf-Aufstandes erfochten mit Hilfe aller Stämme des Reiches, mehrte nicht nur den Ruhm des Königs als des Überwinders der Heiden und Befestigers des Friedens – das Heer habe ihn, wie einst schon seinen Vater Heinrich I. nach der Schlacht gegen die Ungarn bei Riade an der Unstrut am 15. März 933,[212] zum »Vater des Vaterlandes und Kaiser« ausgerufen,[213] sondern bannte fortan auch die Ungarn von den Grenzen des Reiches. Sie ließen von ihren Kriegszügen nach Westen ab; ihre Kraft, die der Horka Bulcsu mit seinem Ausgreifen bis nach Frankreich möglicherweise überspannt hatte, scheint gebrochen gewesen zu sein. Die östlichen Grenzmarken, in denen vor allem die bayerische Kirche großartige Missions- und Kolonisationsarbeit geleistet hatte,[214] konnten gesichert und ausgebaut werden. Die Ungarn selber wurden allmählich seßhaft und wuchsen in die abendländisch-christliche Kulturwelt hinein; vor allem von Passau aus missioniert, wandelte sich Ungarn seit dem Ende des 10. Jahrhunderts, unter König Stephan I. dem Heiligen (1000/01–1038), der mit Gisela, der Tochter des Bayernherzogs Heinrich des Zänkers verheiratet war, zu einem nach Westen orientierten christlichen Königreich mit vollständiger kirchlicher Organisation.[215] Als östlicher Vorposten der lateinischen Kirche wurden die Ungarn später zu Verteidigern des christlichen Abendlandes gegen Islam und Osmanen.[216]

Zukunftssorge

Bischof Ulrich hatte, als er Augsburg gegen den Ansturm der Ungarn verteidigte, das 65. Lebensjahr erreicht oder gerade vollendet. Noch 18 Jahre bischöflichen Wirkens sollten ihm beschieden sein, in erstaunlicher geistiger und körperlicher Rüstigkeit bis ins hohe Alter. Selbst weite Reisen scheinen ihm trotz der damit verbundenen Strapazen kaum Beschwer verursacht zu haben. Wenigstens zweimal noch weilte er in St. Gallen, der geliebten Stätte

---

[211] »... sed non adeo incruenta victoria fuit de tam saeva gente.« WRGS Liber III c. XLVI; Bauer-Rau 156.
[212] WRGS Liber I c. XXXVIII; Bauer-Rau 76.
[213] »Triumpho celebri rex factus gloriosus ab exercitu pater patriae imperatorque appellatus est.« WRGS Liber III c. XLVIII; Bauer-Rau 158.
[214] Siehe hierzu: Herwig Wolfram (Hrg.), Conversio Bagoariorum et Carantanorum. Das Weißbuch der Salzburger Kirche über die erfolgreiche Mission in Karantanien und Pannonien (= Böhlau Quellenbücher), Wien-Graz-Köln 1979. – Spindler, Handbuch I.
[215] Bogyay, Grundzüge 32–38. – Zu Königin Gisela siehe: August Leidl, Die selige Gisela, Königin von Ungarn (um 985–um 1060), in: Georg Schwaiger (Hrg.), Bavaria Sancta. Zeugen christlichen Glaubens in Bayern III, Regensburg 1973, 138–155.
[216] Bogyay, Grundzüge 99–118.

seiner Erziehung, und von dort aus besuchte er auch, wie er es sich früher schon zur Gewohnheit gemacht hatte, das Kloster Einsiedeln: nämlich vor 958, als er zum letztenmal mit dessen Gründerabt Eberhard (934–958) zusammentraf und dieser sich in plötzlicher Vorahnung seines baldigen Todes mit Tränen in den Augen von ihm verabschiedete,[217] und nach 964, als er dem Einsiedler Mönch Wolfgang – dem Lehrer der Klosterschule und nachmaligen Bischof von Regensburg – die Priesterweihe erteilte.[218] Am 24. Dezember 960 nahm er an der Reichsversammlung zu Regensburg teil, auf der Otto I. für seine Magdeburger Stiftung Mauritius-Reliquien in Empfang nahm.[219] Möglicherweise spielte sich in diesem Zusammenhang die von der Ulrichs-Vita berichtete Episode ab, wonach Bischof Ulrich für seine Reise zum königlichen Hoftag in Regensburg den Wasserweg gewählt habe und bei einem Schiffbruch auf der Donau mit Mühe vor dem Untergang gerettet worden sei.[220] 963 erschien er – vielleicht gelegentlich seiner zweiten (bzw. dritten) Romreise[221] – im Heerlager zu San Leo di Montefeltre und erbat von Kaiser Otto I. für die ihm übertragene Abtei Kempten das Privileg freier Abtwahl.[222] Im Februar 966 hielt er in Eichstätt die feierlichen Exequien für den verstorbenen Bischof Starchand, mit dem er befreundet gewesen war.[223] Wiederholt waltete er in diesen Jahren auch seines Amtes bei Bischofskonsekrationen.[224] Und an einem 2. Juni zwischen 968 und 972 vollzog er auf Bitten des Abtes Werinhar von Fulda die Weihe der Fuldaer königlichen Kapelle zu Ehren Christi und Johannes' des Täufers.[225]

Der greise Bischof blieb in der Erfüllung seiner Amtspflichten unermüdlich, und bis zur letzten Stunde suchte er die Zügel seines geistlichen Regiments fest in Händen zu halten. Doch mit zunehmendem Alter richtete er, der im Bereich seines Bistums alle geistliche Gewalt in sich vereinigte und möglichst auch keinen selbständigen Abt duldete, sondern an allen Orten in eige-

---

[217] GVUo XIV; Kallfelz 114–116. – Zu Kloster Einsiedeln siehe: Hagen Keller, Kloster Einsiedeln im ottonischen Schwaben (= Forschungen zur oberrheinischen Landesgeschichte 13), Freiburg i. Br. 1964; Helvetia Sacra III/1, Bern 1986, 517–594.

[218] Othloni Vita sancti Wolfkangi episcopi XI. MGH.SS IV 530. – RBDA 80 (Nr. 136). Die Weihe fand zwischen 964 und 972 statt. Kuno Bugmann, Bischof Ulrich in Einsiedeln, in: Bischof Ulrich von Augsburg und seine Verehrung 61–64.

[219] RBDA 78 (Nr. 132).

[220] GVUo XVII; Kallfelz 122.

[221] Auf diese Romreise deutet nur die kurze Bemerkung: »Visitare itaque Romam cum quodam tempore aestuanti animo desideraret, et ad fluvium nomine Tàr cum pervenit ...« GVUo XVIII; Kallfelz 122.

[222] Die Urkunde datiert vom 14. Juni 963. RBDA 79 (Nr. 134).

[223] Ebd. 80 (Nr. 137).

[224] Wohl 968 bei der Weihe Bischof Erchenbalds von Straßburg; zwischen April und September desselben Jahres bei der Weihe Erzbischof Hattos II. von Mainz; am 21. Dezember desselben Jahres bei der Weihe Bischof Hildewards von Halberstadt; nach dem 18. Januar 970 bei der Weihe Erzbischof Ruperts von Mainz; nach dem 13. August 970 bei der Weihe Bischof Balderichs von Speyer. Ebd. 80–83 (Nr. 139, 141, 143, 145, 146).

[225] Ebd. 81 (Nr. 142).

ner Person nach dem Rechten sah, seine Sorge mehr und mehr auf die Zukunft des Überkommenen und durch seine Hand Gewordenen. Die Vermittlung des Privilegs freier Abtwahl für die königliche Abtei Kempten war ebenso Ausdruck dieser Vorsorge wie die Gründung eines großzügig dotierten Kanonissenstifts bei der Kirche des heiligen Stephan zu Augsburg am 23. April 968: eine klösterliche Gründung, der Bischof Ulrich zwar die dort bereits in einer Zelle lebende Ellensind als Leiterin vorsetzte, aber für die Zeit nach deren Tod ebenfalls das Privileg freier Äbtissinenwahl gewährte.[226] Es war dies übrigens die einzige Klostergründung Bischof Ulrichs während seiner fünfzigjährigen Regierungszeit. Und nochmals bestätigte sich diese Vorsorge, als der Bischof noch in den letzten Monaten seines Lebens der königlichen Abtei Ottobeuren, deren Kommendatarabt sein Neffe Adalbero gewesen war, zum Privileg freier Abtwahl verhalf, allerdings dann den Ottobeurer Mönch Roudung, den er für dieses Amt am tauglichsten hielt, autoritativ zum Abt »designierte« und dem Konvent mit äußerster Bestimmtheit nahelegte, diesen und keinen anderen zu wählen.[227] Die hohe Wertschätzung, die der König und Kaiser ihm entgegenbrachte, ermutigte ihn schließlich auch, die Frage seiner eigenen Nachfolge aufzugreifen. Otto I. hatte ihm nach den Angaben der Ulrichs-Vita zum Dank für die vor und in der Lechfeldschlacht geleistete »treue Hilfe« zugesichert, allen seinen Wünschen ein williges Ohr zu leihen.[228] Seit dem Beginn der sechziger Jahre begann Bischof Ulrich nun im Vertrauen auf das kaiserliche Wohlwollen schrittweise seine Nachfolge im Bistum Augsburg einzuleiten. Und niemand anderer schien ihm als Nachfolger vorzüglicher geeignet zu sein als sein Neffe Adalbero, der Sohn seiner Schwester Liutgard. Sorge um das Bistum, Familiensinn, Zuneigung für den Neffen und – wie die Ulrichs-Vita deutlich erkennen läßt – Nachgiebigkeit gegenüber dessen Drängen[229] spielten beim Bischof hier zusammen.

Adalbero war – wie wohl einst Bischof Ulrich selbst –, da gut begabt, schon im Kindesalter für die geistliche Laufbahn bestimmt worden und hatte dank

---

[226] Laut Urkunde von 969. Es handelt sich hierbei um die älteste im Original erhaltene Augsburger Bischofsurkunde. Ebd. 82f. (Nr. 144); Vita Sancti Udalrici. Erlesene Handschriften 115f. (Nr. 77). – GVUo XIX; Kallfelz 124. – Egino Weidenhiller-Anton Uhl-Bernhard Weißhaar (Hrg.), Ad sanctum Stephanum 969–1969. Festgabe zur Tausendjahr-Feier von St. Stephan in Augsburg, Augsburg 1969; Wilhelm Volkert, Die Gründungsgüter des Frauenstifts bei St. Stephan in Augsburg. Die Ulrichsurkunde von 969 und die Entwicklung der Herrschaftsverhältnisse im Gebiet des Landkreises Augsburg, Augsburg (= Beiträge zur Heimatkunde des Landkreises Augsburg 5), Augsburg 1969.

[227] RBDA 86f. (Nr. 154, 156). – GVUo XXV; Kallfelz 138. – Romuald Baurreiß, Ottobeuren und die klösterlichen Reformen, in: Aegidius Kolb-Hermann Tüchle (Hrg.), Ottobeuren. Festschrift zur 1200-Jahrfeier der Abtei, Augsburg 1964, 73–109, hier: 75f.

[228] »Rex autem ... Riwinum filium Dietpaldi comitatibus honoravit, episcopique fido adiutorio, in quibuscumque eius desiderium cognovit, dignam mercedem restituit.« GVUo XII; Kallfelz 108.

[229] GVUo XXVI; Kallfelz 142.

der Fürsorge des Oheims bei einem »Magister Benedikt, einem hochgelehrten Mönch« (vielleicht im Kloster Wessobrunn), eine entsprechende Ausbildung in der »Wissenschaft der Kunst der Grammatik und anderer Bücher« erhalten. Danach war er von seinem bischöflichen Onkel »dem Kaiser vorgestellt und in dessen Hand und Huld übergeben worden«, und Otto I. hatte ihn wohl in die königliche Hofkapelle aufgenommen. Jedenfalls hebt die Ulrichs-Vita hervor, Adalbero habe sich im Königsdienst so trefflich bewährt, »daß dem Kaiser sein Dienst in kirchlichen und weltlichen Dingen allzeit wohlgefiel«.[230] Auch war der hoffnungsvolle junge Mann zur Sicherung seines standesgemäßen Unterhalts – zweifellos wiederum auf Bitten des Oheims – von Otto I. bereits 941 mit der königlichen Abtei Ottobeuren ausgestattet worden, obwohl er keine Mönchsgelübde abgelegt hatte.[231] Hier werden – im Sinne adeliger Familienpolitik – Verfassungszustände sichtbar, wie sie schon für die späte Karolingerzeit vielfach bezeugt sind.[232] Als nun der Bischof mit zunehmendem Alter seine Kräfte schwinden fühlte und ihm die Pflichten der kaiserlichen Heeresfolge wie der Besuch der Hoftage zu anstrengend wurden, er sichtlich auch die ihm noch verbleibende Zeit ungeteilter seinen geistlichen Hirtenaufgaben zu widmen wünschte, erbat er vom Kaiser die Gunst, sich bei Hof- und Heerfahrten, also in Reichsangelegenheiten, künftig von seinem Neffen vertreten lassen zu dürfen. Die Ulrichs-Vita berichtet darüber nur allgemein;[233] aber vielleicht war dieses Anliegen für Bischof Ulrich der eigentliche Grund, Otto I. 963 (ein Jahr nach dessen Kaiserkrönung am 2. Februar 962) im Heerlager zu San Leo de Montefeltre aufzusuchen, und möglicherweise befand sich damals Adalbero selber in der Begleitung des Kaisers, so daß es zugleich des Oheims Absicht gewesen sein könnte, ihn heimzuholen. Der Werdegang des Neffen, der gewiß »clericus« war, von dessen Priesterweihe jedoch in der Ulrichs-Vita nicht die Rede ist, gestaltete sich somit nach den Wünschen des Oheims glücklich, und sollte Adalbero wirklich der königlichen Hofkapelle angehört haben, die sich nach dem Liudolf-Aufstand unter dem maßgeblichen Einfluß Erzbischofs Bruns von Köln mehr und mehr zu einer Ausbildungsstätte für künftige Reichsbischöfe entwickelte, so hätte er in der Tat über die wichtigsten Voraussetzungen für das Bischofsamt verfügt. Bischof Ulrich aber wollte seiner Sache si-

[230] »Tunc vero temporis habebat episcopus Uodalricus filium sororis suae Liutgardae, bonae indolis, Adalberonem nomine, cuidam doctissimo magistro Benedicto monacho ad erudiendum scientiam grammaticae artis et aliorum librorum commendatum. Cumque ille ab eo in omnibus profectibus bonae scientiae et disciplinae doctus atque educatus in virile robur devenisset, statim de scola exemptus, ab avunculo suo episcopo imperatori praesentatus, et in manus eius misericordiae commendatus, regali servicio tam studiose atque decenter insistebat, usque dum imperatori eius ministerium in aecclesiasticis et in saecularibus bene placuisset.« GVUo III; Kallfelz 64.
[231] GVUo XXV; Kallfelz 134–136.
[232] Hauck, Kirchengeschichte II 614–622.
[233] GVUo III; Kallfelz 64.

cher gehen und entschloß sich deshalb, seine Nachfolge zugunsten Adalberos definitiv zu regeln, gewiß in der Überzeugung, sein Lebenswerk durch die Übergabe des Hirtenstabs an den Neffen am besten bewahren zu können, aber nicht weniger in dem Bestreben, die nicht zuletzt durch seinen Aufstieg errungene politische Machtstellung seiner Sippe für die Zukunft zu festigen.

So brach der Bischof, »als er schon von Tag zu Tag das Nachlassen seiner Kräfte spürte«, wohl im Frühjahr oder Herbst 971, begleitet von Adalbero, zu seiner letzten Reise nach Italien auf. Unter schwierigsten Umständen mußte man den über achtzigjährigen Greis in einer Sänfte über die Alpen transportieren. Zunächst ließ er sich nach Rom bringen; denn es war seine erste Absicht, dort nochmals die »limina apostolorum Petri et Pauli« zu besuchen, »um sein Leben zu retten«. Nachdem er »in tiefster Frömmigkeit« alle seine Gelöbnisse erfüllt und »reiche Gnadengaben und Ablässe« gewonnen hatte, »nahm er in Ehren Abschied vom heiligen Petrus und dessen Stellvertreter, dem Papst [et vicario eius pontifice], sowie von allen anderen, die dort Gott und dem heiligen Petrus dienten«. Dann lenkte er seinen Weg nach Ravenna, wo gerade das Kaiserpaar Hof hielt. Otto I. und seine Gemahlin Adelheid bereiteten ihm einen überaus herzlichen Empfang, ja der Kaiser eilte, nur mit einem Schuh bekleidet, dem überraschend ankommenden Bischof voll Freude entgegen, um ihn persönlich in sein Schlafgemach zu geleiten.[234] Man plauderte traulich miteinander und besprach gemeinsam »den Fortgang verschiedener Angelegenheiten«, bis endlich der Bischof, von der Kaiserin sogleich lebhaft unterstützt, mit seinem Anliegen – dem zweiten Grund seiner Reise – herausrückte: mit der »inständigen Bitte, der Kaiser möge die Verwaltung seines Bistums, die Leitung seiner Hörigen und alle den Bischof betreffenden weltlichen Geschäfte fest und unverbrüchlich Adalbero, dem Sohn seiner Schwester, übertragen« und ihm zugleich »den Trost seines hohen kaiserlichen Versprechens zuteil werden lassen, daß er nach seinem [des Bischofs] Tod Adalbero die Kathedra der bischöflichen Gewalt verleihen werde.«[235] Bischof Ulrich begründete diese seine Bitte mit der Erwartung, dadurch mehr Zeit »für das Gebet, die kirchliche Leitung und die Festigung des Christentums« zu gewinnen. Der Kaiser gewährte die erste Bitte und versprach, nach dem Tod des Bischofs, »wenn es Gott wolle«, auch die zweite Bitte einzulösen. Und mit einem Geschenk »von vielen Pfund Gold« verabschiedete er seinen Gast, der mit Adalbero beglückt von dannen zog.[236]

Nach Augsburg zurückgekehrt, ließ sich Adalbero in Gegenwart des Oheims von den bischöflichen Rittern und Hörigen den Treueid (»sacramenta fidelitatis«) schwören. Bischof Ulrich aber legte sich – zum Zeichen, daß er sich

---

[234] GVUo XXI; Kallfelz 126–128.
[235] »... ut post eius discessum cathedram episcopalis potestatis ei donaret ...« Ebd.
[236] Ebd.

von allem Weltlichen zurückziehe – das Kleid der Mönche an, »deren Regel er schon vorher mit vielerlei Tugendübungen befolgt hatte«. Da ließ sich Adalbero zu einem verhängnisvollen Schritt hinreißen: Um der spürbaren Mißgunst einiger Geistlicher, die sich bereits heimlich Hoffnungen auf die Augsburger Bischofskathedra gemacht hatten, entgegenzutreten, maßte er sich – zweifellos mit Wissen und Zustimmung des Oheims – an, in aller Öffentlichkeit den Krummstab, das Herrschaftszeichen des Bischofs, zu führen.[237] Damit jedoch verstieß er nicht nur schwer gegen die kanonische Ordnung, die ihm bei Lebzeiten des Bischofs den Gebrauch der Insignien bischöflicher Gewalt strikt verbot, mochte er im Bereich der Bistumsverwaltung auch die Funktionen eines »bischöflichen Koadjutors« legitim ausüben, sondern er machte sich nach Auffassung der Zeit zugleich auch der »Häresie« schuldig.[238] Unwillen und Ärgernis, die er durch sein anmaßendes Auftreten erregte, scheinen sich in gleicher Weise gegen Bischof Ulrich gewandt zu haben, und die oppositionellen Stimmen blieben nicht auf das Bistum Augsburg beschränkt. Das ganze Mittelalter hindurch und bis weit herein in die Neuzeit war, wie die diesbezüglich selbstverständliche Praxis vieler Päpste und adeliger Bischöfe innerhalb und außerhalb des Reiches belegt, auch »im Raum der Kirche ... die Förderung von Verwandten, selbst krasser Nepotismus, kein Phänomen, das ein schlechtes Gewissen verursachte, wenn man nur subjektiv die Auffassung hegte, daß die Begünstigten die notwendigen Fähigkeiten besäßen und es wert wären«.[239] Aber scheint auch Bischof Ulrich mit seiner allzu massiven »Patronage« zugunsten seines Neffen Adalbero und seiner Sippe selbst für das Empfinden der damaligen Zeit ungewöhnlich weit gegangen zu sein, so war doch nicht schon dieser Tatbestand als solcher – so fremd und fragwürdig er uns heute anmutet –, sondern erst die anmaßliche Übertretung der kanonischen Vorschriften durch den Begünstigten der eigentliche Stein des Anstoßes – und die Ursache eines für den Neffen und den Oheim peinlichen öffentlichen Nachspiels.

Als Kaiser Otto I. und sein 967 zum Mitkaiser gekrönter Sohn Otto II. im Jahr 972 auf ihrem Rückweg von Italien nach Franken kamen und im September in der königlichen Pfalz Ingelheim weilten, beriefen die Erzbischöfe des Reiches ihre Suffragane dorthin zu einer Reichssynode. Auch Bischof Ulrich wurde »ehrenvoll« eingeladen und zugleich aufgefordert, seinen Neffen Adalbero mitzubringen. Zwar erweckt die Ulrichs-Vita den Eindruck, als sei den Reichsbischöfen erst in Ingelheim Adalberos anmaßliches Verhalten bekanntgeworden; sie sucht – mit anderen Worten – dem Eindruck zu wehren, als seien der Bischof und sein »Koadjutor« vor die Reichssynode zitiert wor-

---

[237] GVUo XXII; Kallfelz 128.
[238] Siehe: GVUo XXIII; Kallfelz 128.
[239] Goez, Bischof Ulrich 37. – Wolfgang Reinhard, Nepotismus. Der Funktionswandel einer papstgeschichtlichen Konstanten, in: Zeitschrift für Kirchengeschichte 86 (1975) 145–185.

den, um sich zu verantworten. Doch Bischof Ulrich folgte trotz seiner Altersschwäche der Einladung, und sein Biograph vermag nicht zu verschweigen, daß die in Anwesenheit beider Kaiser versammelten Bischöfe gegen Adalbero – der sich am ersten Tag wohlweislich von der Synode fernhielt – »erzürnten«, ihm »Häresie« vorwarfen und sich wegen seines unverantwortlichen Verhaltens seiner in Aussicht gestellten künftigen Erhebung und Weihe zum Bischof widersetzten.[240] Und der Oheim als der Dienstälteste im Reichsepiskopat, der sich lebenslang um den Aufbau und Wiederaufbau seines Sprengels und um die geistlich-weltliche Harmonie im Reich gemüht hatte, mußte den Vorwurf des Rechtsbruches auch auf sich selbst beziehen. Bischof Ulrich war auf der Synode, um allen Anwesenden sein innerstes Begehren sinnenfähig kundzutun, ostentativ im Mönchshabit erschienen. Da er, als endlich die Verhandlung seiner Sache an die Reihe kam, sich stimmlich zu schwach fühlte, um selber sein Anliegen vorzutragen, rief man »einen seiner Kleriker namens Gerhard« herbei, damit er an seines Herrn Statt der Synode Rede und Antwort stehe. Und der Bischof befahl ihm, die beiden Kaiser und alle Synodalen kniefällig zu bitten, man möge ihm seinen Wunsch erfüllen, die Welt zu veranlassen, den Rest seiner Tage »gemäß der Regel des heiligen Benedikt« zu verbringen und »in Beschaulichkeit« seinen Tod zu erwarten.[241] Der Sinn dieser Bitte war klar: Der greise Bischof wünschte sein Amt niederzulegen, um noch zu seinen Lebzeiten Adalbero mit der Augsburger Bischofskathedra investiert zu sehen. Die Synode, durch Ulrichs Ansinnen vor eine überaus schwierige und konsequenzenreiche Entscheidung gestellt, verlangte daraufhin eine Beratungsfrist bis zum nächsten Tag, und da einige Bischöfe, durch die so dringliche Bitte ihres verdienten Amtsbruders bewegt, sich nun doch dafür einsetzten, Adalbero nicht grundsätzlich jede Hoffnung auf das Bischofsamt zu nehmen, einigte man sich mit Mühe auf folgenden Kompromiß: Adalbero solle sich durch einen feierlichen Eid von dem Verdacht, durch das Tragen des Krummstabs wissentlich eine »Häresie« begangen zu haben, reinigen; andernfalls könne er rechtmäßigerweise nicht Bischof werden.

Am nächsten Tag lud man Adalbero mit seinem Oheim vor die Synode. Seine Versuche, die gegen ihn erhobenen Beschuldigungen »durch allerlei Einwürfe und Reden« zu entkräften, verfingen nicht; daher leistete er schließlich »gemäß dem Beschluß der Bischöfe im Namen des Vaters und des Sohnes und des Heiligen Geistes über den vier Evangelien« den geforderten Eid. Als Bischof Ulrich aber »durch den Mund seines Klerikers« Gerhard die

---

[240] »Illuc vero cum pervenirent, et antistites ibidem congregati Adalberonem baculum episcopalem publice portare cognovissent, irati sunt contra eum, et discebant, ut contra canonicae rectitudinis regulam in heresim lapsus fuisset, et quod pontificalis honorem sublimitatis vivente episcopo sibi plus iusto vendicaret, et ideo ultra eum episcopum ordinari non deceret.« GVUo XXIII; Kallfelz 128–132.

[241] Ebd.

Bitte, seinen Neffen zum Bischof zu weihen, ihn selbst aber ins Kloster ziehen zu lassen, wiederholte und die Synode aus einem Gefühl der Ehrfurcht heraus sich scheute, ihm öffentlich zu widersprechen – denn unverändert galt die altkirchliche Vorstellung, daß Bischof und Bistum ein unverbrüchliches Band verbinde, vergleichbar einer Ehe –, nahmen ihn die weisesten Bischöfe mit dem Einverständnis aller übrigen auf die Seite, um ihm im Vertrauen und mit schonenden Worten sein Begehren auszureden. »Ehrwürdiger Vater« – so wurde nach der Vita Bischof Ulrich im Beisein seiner »verständigsten Kleriker« belehrt –, »dir sind die Vorschriften aller kirchlichen Bücher bekannt; du bist stets den rechten Pfad gewandelt und nie davon abgewichen. Es wäre nicht recht, wenn du jetzt den Weg, den du immer eingehalten hast, verließest und dadurch zum Urheber einer so großen Verirrung würdest, daß bei deinen Lebzeiten ein anderer an deiner Stelle die Weihe empfinge. Denn wenn durch dich dieser Mißbrauch einreißt, werden in Zukunft vielen ehrwürdigen und guten Bischöfen von seiten ihrer Neffen und Geistlichen, die entsprechende Absichten hegen, Schwierigkeiten in großer Zahl erwachsen. Du tätest besser daran, in dem Amt, in welchem du Gott zu dienen begonnen hast, auszuharren, als deiner Neigung zu folgen und dadurch sehr vielen anderen ein Ärgernis zu geben. Denn durch dich sollen doch die Kanoniker, Mönche, Nonnen und alle anderen Christen, die, sich selbst überlassen, so schnell zu Fall kommen, im Stand der Rechtheit befestigt werden; die aber, die leichtsinnig gewandelt und schon gefallen sind, können, so darf man hoffen, durch dich wieder aufgerichtet werden. Was aber deinen Neffen Adalbero betrifft, so erfüllen wir deinen Wunsch und versichern, daß nach deinem Hinscheiden für jenen Ort, an dem du jetzt Hirte bist, von uns kein anderer als er zum Bischof geweiht wird, wenn er noch lebt.«[242] Bischof Ulrich blieb keine andere Wahl, als sich dieser diskreten, gleichwohl sehr ernsten Mahnung seiner Amtskollegen zu fügen. Damit aber scheint er in der Synode einen Stimmungsumschwung erreicht zu haben; denn jetzt gestattete Kaiser Otto I. »mit Einwilligung der anderen Bischöfe« und »in ihrer aller Gegenwart« Adalbero, seinen Oheim zu vertreten und unter dessen Oberaufsicht die Verwaltung des ganzen Bistums Augsburg »auf allen Gebieten« wahrzunehmen.[243] Mit anderen Worten: Adalbero wurde mit Zustimmung der Reichssynode von Ingelheim durch kaiserlichen Spruch im Bistum Augsburg – um eine sehr viel spätere rechtliche Umschreibung seiner Stellung zu verwenden – als »coadiutor cum spe futurae successionis« eingesetzt,[244] allerdings ohne Bischofsweihe.

[242] Ebd.
[243] »His consiliis consentiens sanctus episcopus Uodalricus, cum eis in synodum regrediebatur, et tunc cum consensu aliorum antistitum fecit ab imperatore Adalberoni commendari in eorum praesentia, procurationem sui habere, et sub ipso totius episcopatus cautam dispositionem in omnibus adimplere.« Ebd.
[244] Hans Erich Feine, Die Besetzung der Reichsbistümer vom Westfälischen Frieden bis zur

Dennoch mußten Oheim und Neffe die Reichssynode – bei aller Schonung, die man Bischof Ulrich hatte angedeihen lassen – doch tief gedemütigt verlassen. Freilich, der um den Aufstieg seines Neffen so sehr besorgte Bischof konnte sich endlich am Ziel seines sehnlichsten Wunsches wähnen. Was er für den Bereich des Irdischen unter allen Umständen geregelt wissen wollte, schien nach menschlichem Ermessen endgültig geregelt. Nun hielt ihn auf der irdischen Bahn nichts mehr. Längst hatte er sich mit dem Gedanken an den herannahenden Tod vertraut gemacht. An der östlichen Außenfront der Kirche der heiligen Afra war schon seine Grablege errichtet; dort stand auch der Sarg, der seine sterbliche Hülle aufnehmen sollte. Und jeden Freitag zelebrierte er am Ort seines künftigen Begräbnisses die Messe.[245] Er war bereit zu gehen.

Nach der Feier des Osterfestes 973 folgte er in Begleitung Adalberos einer freundlichen Einladung des Grafen Riwin, des Sohnes seines in der Lechfeldschlacht gefallenen Bruders Dietpald, »ad castellum Dilinga«, um sich dort ein paar Tage im Kreis der Verwandten zu erholen. Während ihres Aufenthalts scheint Adalbero unpäßlich geworden zu sein; jedenfalls ließ er sich nach der medizinischen Gepflogenheit der Zeit zur Ader. Man speiste noch gemeinsam zu Abend, dann zog er sich in sein Schlafgemach zurück. »... eadem nocte subitanea morte Adalbero defunctus est« – in derselben Nacht starb er eines unversehenen Todes (5. April 973).[246] Wie der Dieb in der Nacht entriß der Tod dem Bischof, worauf dessen ganze Hoffnung für die Zukunft des Bistums gegründet gewesen war. Nun mußte der Oheim den Neffen zu Grabe geleiten. Der Bischof persönlich bettete den Leichnam auf den Wagen und überführte ihn nach Augsburg. In St. Afra hielt er unter großer Anteilnahme von Klerus und Volk für den Verstorbenen die feierlichen Exequien und ließ ihn neben seinem eigenen Grab bestatten. »Nachdem sie den Leib der Erde übergeben hatten und der Bischof in Trauer hinweggegangen war, kehrten alle mit Weinen und Wehklagen in tiefer Betrübnis nach Hause zurück. Denn sie hatten einen Mann verloren« – und nun beschreibt die Ulrichs-Vita nochmals, wie ein Geistlicher der ottonischen Zeit beschaffen sein mußte, um »episkopabel« zu sein –, »der aus edlem Geschlecht geboren und schön von Gestalt war, wohlgebildet in der Kunst der Grammatik, eifrig im Dienst Gottes, emsig in guten Werken, bedachtsam in angenehmer Beredsamkeit und freigiebig im Schenken – einen Mann, den fremdes Leid betrübte, dem die Tugenden in großer Fülle eigen waren, der gern den Armen half, den die Güte vielfältig zierte, und der so bald dahingesunken war«.[247]

Säkularisation 1648–1803 (= Kirchenrechtliche Abhandlungen 97/98), Stuttgart 1921 [Amsterdam 1964], 369–399.

[245] GVUo XIV; Kallfelz 112–114.
[246] GVUo XXIV; Kallfelz 134.
[247] »Commendatione autem corporis peracta, et episcopo cum tristitia redeunte, universi fletu et lamentatione et magna moestitia in suas reversi sunt mansiones, pro eo quod ex nobili

Adalbero, der Frühverblichene – er stand bei seinem Tod wohl in der Mitte der vierziger Jahre –, wäre demnach des Bischofsamtes nicht unwürdig gewesen – wenngleich nicht zu übersehen ist, daß Bischof Ulrich über die Nachfolge dieses seines Neffen den Augsburger Bischofsstuhl sozusagen »erblich« an seine Sippe hätte binden wollen.

Aber hatte auch der Tod Adalberos des Bischofs Zukunftsplanung im Augenblick zunichte gemacht, so hätte es doch Ulrichs Charakter gänzlich widersprochen, darüber in Resignation zu verfallen. Unverzüglich richtete er sich auf die veränderte Situation ein. An Kaiser Otto I. entsandte er einen Boten mit der Trauernachricht und mit der Bitte, die durch Adalberos Tod verwaiste Abtei Ottobeuren ihm zu übertragen, damit er dort für die Wiedereinführung der freien Abtwahl sorgen könne. Selber zog sich der Greis, der bereits so gebrechlich war, daß er kaum noch Nahrung aufnehmen konnte, nach Kloster Staffelsee zurück, vermutlich um dort, wie es seiner Gewohnheit entsprach, die nachösterliche Visitation durchzuführen.[248] Hier empfing er die Nachricht, daß der Kaiser seinem Gesuch stattgegeben hatte; hier erreichte ihn wenige Tage später auch die Botschaft vom plötzlichen Tod Ottos I. am 7. Mai 973 in der Pfalz Memleben.[249] Er ließ sich nach Augsburg zurückbringen, suchte aber auf Bitten seiner Neffen Riwin und Hupald alsbald Wittislingen auf, um Anordnungen zu treffen für die Restaurierung und Erweiterung der dortigen Kirche sowie für die Einbeziehung der Grabstätte ihrer beider Eltern in den Kirchenbau.[250] Von Wittislingen aus reiste er weiter »ad castellum Sunnemotinga« (Sulmetingen), den Sitz seines Neffen Manegold, des Bruders des verstorbenen Adalbero.[251] In Amendingen, der letzten Station seiner Heimreise, versammelte er die Mönche von Ottobeuren um sich und regelte mit ihnen in der bereits geschilderten Weise die Wahl ihres Mitbruders Roudung zum Abt, mit der Empfehlung an seine (ihn begleitenden) Neffen und Vasallen, für die kaiserliche Bestätigung des Wahlakts zu sorgen.[252] Man wird im übrigen kaum fehlgehen in der Annahme, daß Bischof Ulrich in Wittislingen und Sulmetingen mit seinem Neffen »Familienrat« gehalten hat, auch in Hinblick auf die wieder offene Frage seiner Nachfolge. Noch im Juni langte er wieder in Augsburg an, müde und des nahen Todes gewiß, niedergebeugt von der Trauer über den Verlust Adalberos und Ottos I., seines Kaisers, »dem er stets in allem die Treue bewahrt hatte und für welchen er in seinem Herzen

---

genere ortum et formosum et grammaticae artis bene doctum et in Dei servicio studiosum et in bonis operibus strenuum et in eloquentia dulcinosa cautum, in donando largum, in adversis aliorum tristem, multarum virtutum opulentia cumulatum, in adiutorio miserorum festinum, multimoda benivolentia ornatum virum, tam cito depositum, omiserunt.« GVUo XXIV; Kallfelz 134.

[248] GVUo XXV; Kallfelz 134–136.
[249] Ebd. – Beumann, Die Ottonen 112.
[250] GVUo XXV; Kallfelz 136.
[251] Ebd.
[252] GVUo XXV; Kallfelz 138.

warme Liebe hegte«.²⁵³ Für ihre Seelenruhe überhäufte er die Armen mit Almosen, »sandte er täglich Gebete und Bitten in großer Zahl zum Herrn empor« und feierte er, solange seine Kräfte es noch zuließen, täglich die Messe. In Psalmengebet und geistlicher Lesung, die ihm der »praepositus« Gerhard, der Vertraute seiner letzten Lebenstage, vortrug, und in geistlichem Gespräch mit diesem suchte er Trost. Doch immer noch war der Dreiundachtzigjährige ganz Herr, der Gäste empfing und mit ihnen Tafel hielt, auch wenn er selber feste Speise nicht mehr vertrug. Dann wieder verbrachte er Tage im Lehnstuhl, sehnsüchtig den Tod erwartend und bedrückt vom Gedanken an die Adalbero gewährte Begünstigung: »Ach, ach, daß ich diesen meinen Neffen Adalbero je gesehen habe!« stöhnte er. »Weil ich ihm zu Willen war, wollen sie mich nicht ungestraft in ihre Gemeinschaft aufnehmen«.²⁵⁴ Er entäußerte sich aller seiner Habseligkeiten, ließ die Barschaft, die er noch in Händen hielt (ganze 10 Silbersolidi) an die Armen, Kleidungsstücke und Tafelwäsche an die Geistlichen der Stadt sowie an den Inklusen Ato in Ottobeuren und an den auf dem Kemptener Klosterfriedhof in einem Holzverschlag hausenden gelähmten Rouzo verteilen. Darüber hinaus befahl er, den dritten Teil der Einkünfte aus den bischöflichen Gütern sofort an die Priester und die Armen zu verschenken.²⁵⁵ Alles streifte er von sich ab – nur die Frage seiner Nachfolge hielt ihn bis zum letzten Atemzug in Unruhe. Abt Werinhar von Fulda (968–982), wohl ebenfalls ein Verwandter, sollte nunmehr seine Nachfolge antreten, und als der Abt ihn in jenen Wochen besuchte, eröffnete er ihm diese seine Willensmeinung. Aus dem Bericht der Ulrichs-Vita ist zu schließen, daß er, um seine Absicht zu erreichen, auch nicht zögerte, seinen – zum Teil offensichtlich widerstrebenden – Domklerus unter Druck zu setzen; denn er habe dem Abt erklärt: »Alle haben dich gewählt, bis auf zwei. Wenn nur diese zwei den anderen noch zustimmten, so wäre deine Wahl ohne Zweifel vollkommen.« Und er habe seinen Vizedom Etzel und seinen Kämmerer Hiltine bei der Hand genommen und beiden Abt Werinhar empfohlen.²⁵⁶ Es scheint auch, daß er deshalb seinen Neffen Graf Riwin auf den Wormser Reichstag (Juni 973) entsandte, um für die Erhebung Abt Werinhars die Zustimmung Kaiser Ottos II. einzuholen. Doch diese seine letzte Bitte – sollte er sie an den Kaiser gerichtet haben – blieb unerfüllt.
Am Fest Johannes' des Täufers ließ er sich, durch ein Traumgesicht dazu ermahnt, von seiner nicht wenig erschreckten Dienerschaft – denn seit Ta-

---

253 GVUo XXVI; Kallfelz 140.
254 »Altera vero vice quadam die quasi de gravi somno expergefactus, ei assidentibus et haec audientibus ait: ›Heu! heu! quod illum nepotem meum Adalberonem umquam vidi, quia pro eo, quod ei consentiebam secundum desiderium suum, nolunt me impunitum in suum recipere consortium.‹« GVUo XXVI; Kallfelz 142.
255 Ebd.
256 Ebd. – In c. XXVIII (Kallfelz 154) wird dieser »Tatbestand«, daß nur noch zwei der »Domherren« den anderen zustimmen müßten, als von Bischof Ulrich »in extasi mentis« erfahren dargestellt.

gen vermochte er sich nicht mehr auf den Beinen zu halten – Kleider, Schuhe und Meßgewänder anlegen und begab sich durch seine Kathedrale zur Johannes-Kirche; hier zelebrierte er zum letztenmal ohne fremde Hilfe »bis zum Ende stehend, andächtig und erhebend« zwei Messen.[257] Als er in der Frühe des 4. Juli die Nähe des Todesengels fühlte, befahl er, Asche in Kreuzesform auf den Boden zu streuen, mit Weihwasser zu besprengen und ihn darauf niederzulegen. So harrte er, von seinen Geistlichen umgeben, der Rückkehr Riwins vom Reichstag. Endlich traf dieser ein und überbrachte ihm eine Botschaft des Kaisers (unbekannten Inhalts), für die der Sterbende, »so gut er konnte, dem allmächtigen Gott dankte«.[258] Hierauf empfahl er Gott seine Seele, und während die Geistlichen eine Litanei sangen, »entschlief er wie in sanftem Schlummer eines glücklichen Todes, und von den Bandes des Leibes befreit, ging er hinüber in die Ruhe, im Jahre 973 nach der Geburt unseres Herrn Jesus Christus, im 83. Jahr seines Alters und 50. Jahr seiner Weihe, am Freitag, den 4. Juli«.[259] Man bekleidete den Toten, dem »ein süßer Wohlgeruch« entströmt sei, mit den Pontifikalgewändern und bahrte ihn in der Domkirche auf. Zwei Tage später überführte man ihn in feierlicher Prozession in die Kirche der heiligen Afra. Bischof Wolfgang von Regensburg, der auf dem Rückweg von der Wormser Reichsversammlung nach Augsburg gekommen war – er hatte die Absicht gehabt, Bischof Ulrich zu besuchen, unterwegs aber war ihm die Todesnachricht überbracht worden –, bettete ihn dort am 7. Juli in der vorbereiteten Gruft zur letzten Ruhe.[260]

Die verwaiste Augsburger Bischofskathedra bestieg nicht des Verstorbenen letzter Wunschkandidat Abt Werinhar von Fulda; sie fiel Heinrich, wohl einem Enkel des Bayernherzogs Arnulf »des Bösen«, zu, den das letzte Kapitel der Ulrichs-Vita (wie bereits erwähnt) als ungebetenen – weil vom verewigten Bischof nicht zum Nachfolger erkorenen – Hirten, als Eindringling, charakterisiert.[261]

In der bereits um 969 – noch zu Lebzeiten Bischof Ulrichs – entstandenen Vita des Kölner Erzbischofs Brun († 965) schreibt ihr Verfasser Ruotger, allen Einwänden gegen Bruns Doppelfunktion als Bischof und Reichsfürst, als geistlicher Hirte und zuweilen das Schwert führender Politiker, entgegentend: »Vielleicht kommen einige, die die göttliche Weltordnung nicht be-

---

[257] GVUo XVII; Kallfelz 144–146.
[258] GVUo XXVII; Kallfelz 148.
[259] »... animam Deo commendans, anni incarnationis domini nostri Iesu Christi 973. aetatis suae 83. ordinationis autem 50. quarto die Iulii, 4. Non. eiusdem mensis, die Veneris, felici obitu, quasi suavi somno soporatus, ergastulo corporis exemtus migravit ad requiem.« Ebd.
[260] GVUo XXVII; Kallfelz 148–150.
[261] »Post obitum sancti Uodalrici episcopi Heinricus, filius Purchardi comitis, successor eius effectus est, non provide in ovile ovium intrando, sed aliunde ascendendo.« GVUo XXVIII; Kallfelz 152.

greifen, mit dem Einwand, wieso ein Bischof Politik und das gefährliche Kriegshandwerk betrieben habe, obwohl er doch nur die Sorge für die Seelen übernommen habe. Denen erteilt, wenn sie nur ein Fünkchen gesunden Verstandes haben, die Sache selbst unschwer hinlängliche Antwort. Sie brauchen nur hinzusehen, wie das so große und gerade in diesen Gegenden so ungewohnte Gut des Friedens durch diesen Schützer und Lehrer des gläubigen Volkes weit und breit hinausgetragen worden ist. Dann werden sie aufhören, sich hieran gleichsam wie in lichtlosem Dunkel zu stoßen... Ehrenvoll und nützlich für unseren Staat war alles, was er getan hat. Doch hat er seine Taten durchaus nicht darauf abgestellt, daß sie, um Gunst buhlend, von Mund zu Mund gingen. Vielmehr lebte er so und bestimmte er so sein Handeln vor den Menschen, daß er den Bösen ein Schrecken, den Guten eine Freude war. Hierdurch zeigte er allen unmißverständlich, daß er im Bischofsamt ein ›gutes Werk‹ [vgl. 1 Tim 3,1] erstrebte, und darin konnten ihm auch seine Neider und Nebenbuhler so leicht nichts anhaben, wenn es nicht überhaupt mehr zu seinem Lob gereichte, daß er ihnen mißfiel. Von solcher bewundernswerter Betätigung ausgefüllt, ein stets wachsamer Arbeiter des höchsten Hausvaters und Hohenpriester, die brennende Lampe, nämlich das Beispiel der guten Tat, in Händen, führte er die Gutwilligen zu dem, was Gottes ist, die Widerstrebenden zog er«.[262]

Diese Charakterisierung Erzbischof Bruns als des »Prototyps« eines ottonischen Reichsbischofs trifft wohl zur Gänze auch auf Bischof Ulrich zu. Wie mit dem geistlichen Bruder Ottos I. war mit Bischof Ulrich ein herausragender Repräsentant der ottonischen Reichskirche wie des – einer sakralen, missionarischen Idee verpflichteten – ottonischen Reiches dahingegangen. Beide waren in einer Zeit schwerster äußerer und innerer Gefährdung des seit Heinrich I. immer noch im Aufbau befindlichen »Heiligen Römischen Reiches« und seines Königtums als zentraler Ordnungsmacht in die Verantwortung des Bischofsamtes gerufen worden. Beide hatten sich, vom König als dem Reichsoberhaupt und anerkannten Herrn der Kirche im Reich in Dienst genommen, in ungeteilter Hingabe an die ihnen übertragene Aufgabe der geistlichen Hirtensorge für ihre Sprengel und des Einsatzes zur Befriedung und Konsolidierung des Reiches bewährt, Bischof Ulrich fünf Jahrzehnte lang. Gewiß war es nicht so, daß das politische, und das hieß in der damaligen Zeit eben allzu oft auch kriegerische Engagement von geweihten Bischöfen – das aber eine lange Tradition hatte – als Selbstverständlichkeit galt. Wenn auch die archaische Adelswelt des früheren Mittelalters solches Engagement im allgemeinen nicht als in direktem Widerspruch zum geistlichen Amt stehend empfand, so wurden doch, als zumal Otto I. den Reichsepiskopat stärker an die Krone zu binden begann, vereinzelt Stimmen laut, die an dieser »Einvernahme« der Bischöfe, damit der Kirche, durch König und Reich,

---

[262] RVB XXIII; Kallfelz 212–214.

durch die »Staatsgewalt«, Anstoß nahmen. Die Vita Erzbischof Bruns ist ihrer ganzen Tendenz nach ein deutlicher Beleg dafür, und auch die Ulrichs-Vita abstrahiert, wo immer möglich, von diesem Aspekt bischöflichen Wirkens (bzw. »schönt« ihn). Gleichwohl mag man an Bischofspersönlichkeiten wie Brun und Ulrich – deren die Reichskirche des 10. und 11. Jahrhunderts nicht wenige zählte – zuversichtlich Hoffnung geschöpft haben, daß das (in seiner ausgeprägten Form letztlich aus der Not des Reiches erwachsene) »Experiment« der strengen Zuordnung von Reich und Kirche in die Zukunft hinein gelingen könnte, da doch beide, zumindest ideell, gemeinsam das eine gleiche Ziel erstrebten: die Verchristlichung der Menschen und ihrer Lebensordnungen.

Einem christlichen Bewußtsein, das den Kern der »sittlichen« Botschaft Jesu im Liebesgebot und im »Programm« der Seligpreisungen der Bergpredigt sieht, wird freilich jener mittelalterliche Versuch »christlicher Weltbewältigung« als ein Widerspruch in sich selbst erscheinen. Dennoch gebietet die Gerechtigkeit, einen historischen Befund, und mag er noch so sehr befremden, aus seiner Zeit heraus, mit »den Augen der Zeit«, zu beurteilen. Und hier gilt, auf Bischof Ulrich angewandt: Die Heiligmäßigkeit seines Lebens wurde in den Augen der Zeitgenossen jedenfalls nicht durch seinen politischen und zuweilen kriegerischen Einsatz im Dienst des Reiches beeinträchtigt. Und wenn die Anfang 993 im Lateran unter dem Vorsitz des Papstes versammelte römische Synode Bischof Ulrich kanonisierte bzw. seinen schon bestehenden Kult bestätigte und als legitim bekräftigte, so nicht, weil er sich etwa durch erstaunliche Wundertaten oder durch heroische Leidensbereitschaft ausgezeichnet hatte, sondern weil sie in ihm das Muster eines frommen, tatkräftigen, in der »Rechtheit« stehenden Bischofs sah. Daß »sein Denken und Handeln« – um Friedrich Prinz zu zitieren – »in vielem dem Priesterkönigtum des Alten Testaments« entsprach, ist wohl wahr. Aber »auch die alttestamentliche Tradition von Melchisedech, Salomon und König David ist genuin christlich. Man sollte das über der radikalen Friedensbotschaft des Neuen Testaments nicht vergessen«.[263]

Zugleich muß man sich freilich auch davor hüten, die oft tragische Verstrickung mittelalterlicher Reichsprälaten in Politik, Krieg und weltliche Geschäfte allzusehr zu harmonisieren oder gar zu bagatellisieren. Bischof Ulrich mußte als Kirchenmann zugleich Politiker oder – wenn man so will – »Staatsmann« sein, und sah er sich schon als »christlichen Staatsmann« – wie letztlich der christliche Staatsmann zu jeder Zeit – vor die ungeheure Herausforderung gestellt, nicht nur die Chaosmächte abzuwehren und Gerechtigkeit und Gewalt in Einklang zu bringen (Blaise Pascal), sondern auch »dem politischen Wesen den Zusammenhang mit der christlichen Wirklichkeit« zu bewahren, »also mit einer Seins- und Lebensordnung, die mit der

---

[263] Prinz, Der hl. Ulrich von Augsburg 46.

natürlichen durchaus nicht identisch ist und sie schlechthin überragt« (Joseph Bernhart),[264] so mußte er wohl die zwischen seiner geistlichen Aufgabe als Priester und Bischof und seiner politisch-kriegerischen als Reichsfürst herrschende Spannung je länger je mehr als tiefe Tragik seines Lebens erfahren. Die Ulrichs-Vita öffnet uns zwar kaum einen Spalt, der uns einen Blick in das Innenleben des Bischofs erlaubt. Sein inneres Fühlen bleibt uns wie bei den meisten Menschen des Mittelalters, die uns in den überlieferten Quellen begegnen, fast gänzlich verborgen. Nur in ganz wenigen Szenen der Vita glaubt man leise einen Herzschlag zu vernehmen oder von ferne eine Gemütsregung zu verspüren. Eine dieser seltenen Szenen spielt auf der Reichssynode von Ingelheim. Gewiß, äußerlich gesehen geht es hier dem Bischof, der fast ein halbes Jahrhundert befehlsgewaltig und mit eisernem Willen regiert hatte, um die verbindliche Zusicherung der Nachfolge seines Neffen. Um diese zu erreichen, bietet er seinen Rücktritt an. Aber spricht aus der inständigen Bitte des alten Mannes im Mönchshabit, ihm die Bürde seines Amtes abzunehmen und zu gestatten, für den Rest seiner Tage noch Gott als Mönch zu dienen, nicht doch mehr?

Das Volk aber bewahrte ihn als den treusorgenden Hirten der Kirche von Augsburg im Gedächtnis. »Ungezählte Menschen hatte er durch Wohltaten während seiner Lebensreise an sich gezogen« – schreibt sein Biograph.[265] Und nun pilgerten diese Menschen vertrauensvoll zu seinem Grab, um des Heimgegangenen Fürbitte bei Gott zu erflehen.

---

[264] Joseph Bernhart, Der Staatsmann im Christentum, in: Max Rößler (Hrg.), Joseph Bernhart. Gestalten und Gewalten. Aufsätze – Vorträge, Würzburg 1962, 415–440, hier 438.
[265] GVUo Interpretatio nominis sancti Uodalrici; Kallfelz 48.

Markus Ries

Heiligenverehrung und Heiligsprechung in der Alten Kirche und im Mittelalter.
Zur Entwicklung des Kanonisationsverfahrens

Entstehung und Ausbreitung des christlichen Heiligenkultes

Die kirchliche Heiligenverehrung reicht zurück ins zweite Jahrhundert und wurzelt im frommen Andenken an Märtyrer – an Menschen, die als Höhepunkt der Liebe zu Christus um des Glaubens willen ihr Leben opferten. Ihr zeugnishaftes Sterben war Anlaß zur vertrauensvollen Zuversicht, daß die Seelen der betreffenden Menschen gerettet waren, weshalb sie zur Fürbitte bei Gott angerufen wurden. Die Gemeinden hielten das Gedenken an solche Blutzeugen in hohen Ehren, was zur inneren Festigung der jungen Kirche wesentlich beitrug. Tradition und Kult waren örtlich gebunden an jene Gemeinschaften, die zum Verehrten in besonderer Beziehung standen. Gefeiert wurde das Gedenken am Tag des Martyriums (dem »dies natalis«), den man beging durch Erwähnung des Namens in der Liturgie[1] – weitergehende Ehrenbezeugungen wie Errichtung eigener Altäre oder ausdrückliche kultische Anrufung innerhalb des Gottesdienstes waren zunächst nicht üblich wegen der notwendigen Abgrenzung der christlichen Frömmigkeit gegen die heidnische Götterverehrung.[2]

Im Bestreben, die Erinnerung an die als Vorbilder stehenden Märtyrer unverfälscht zu erhalten, bemühten Gemeinden sich um die Weitergabe ihres Wissens über das Leben und vor allem über das zeugnishafte Sterben der Verehr-

---

[1] Lexikon des Mittelalters (LexMA) IV, München-Zürich, 1989, 2016.
   Weitere Abkürzungen:
   AASS = Acta Sanctorum
   DHGE = Dictionnaire d'Histoire et de Géographie Ecclésiastiques, Paris 1912ff.
   Mansi = Johannes Dominicus Mansi, Sacrorum conciliorum nova et amplissima collectio I–XXXI, Florenz-Venedig 1757–1798 (Neudruck Paris 1899–1927).
   MGH = Monumenta Germaniae historica, Hannover 1826ff.

[2] Noch Augustinus bemerkte: »Nos autem martyribus nostris non templa sicut diis, sed memorias sicut hominibus mortuis, quorum apud Deum vivunt spiritus, fabricamus; nec ibi erigimus altaria, in quibus sacrificemus martyribus, sed uni Deo et martyrum et nostro; ad quod sacrificium sicut homines Dei, qui mundum in eius confessione vicerunt, suo loco et nomine nominantur, non tamen a sacerdote, qui sacrificat, invocantur«. Augustinus, De civitate Dei XXII, 10. Aurelii Augustini opera XVI,2 (= Corpus Christianorum, Series Latina XLVIII), Turnhout 1955, 828.

ten. Die in diesem Zusammenhang tradierten »Märtyrerakten« stehen am Anfang der hagiographischen Traditionsbildung; in ihnen ist (in vielen Fällen wohl fingiert) in der Art eines Protokolls der Prozeß dokumentiert, im Verlaufe dessen ein Christ wegen seines Glaubensbekenntnisses durch die staatliche Gewalt für schuldig befunden und zum Tod verurteilt wurde.[3] Ihre literargeschichtliche Fortsetzung fanden diese Berichte in den »passiones«, in denen Augenzeugen oder Zeitgenossen in erzählender Form Aburteilung und Hinrichtung des Heiligen schilderten.[4] Aus dem Bedürfnis nach Klarheit und eindeutiger Feststellung, ob jemand zu den verehrungswürdigen Vorbildern zähle oder nicht, legte man systematische, nach dem Kalender geordnete Verzeichnisse an. Die älteste bekannte Zusammenstellung dieser Art in lateinischer Sprache ist das im 5. Jahrhundert in Oberitalien entstandene, fälschlich Hieronymus zugeschriebene »Martyrologium Hieronymianum«, von dem in Bern, Echternach und Weißenburg (Elsaß) drei auf das 8. Jahrhundert zurückgehende Handschriften erhalten sind. Das Verzeichnis, welches mit dem 25. Dezember beginnt, enthält zu den einzelnen Märtyrern Angaben zur passio, zum Grab und allenfalls zum Ort der Verehrung.[5] Für die Entscheidung, wem in ein solches Martyrologium Aufnahme gebühre, wurden schon sehr früh erste Regeln aufgestellt: Eine um 306 in Iliberis (»Elvira«) gefeierte Synode verbot es ausdrücklich, den Märtyrer-Titel einem Menschen zuzuerkennen, der seinen Tod durch Zerstörung von Götterbildern herbeigeführt und damit selbst verschuldet hatte.[6]

Das Ende der Christenverfolgung gab der Heiligenverehrung seit der konstantinischen Zeit eine neue Prägung. Die Gemeinden traten aus ihrer Verborgenheit hervor; Verfolgung und Tod um des Glaubensbekenntnisses willen – bisher ausschließlicher Grund für die Zuerkennung der Heiligkeit – fielen weg. Wurde jetzt einem Christen nach dem Tod Verehrung zuteil, so aufgrund eines besonders glaubwürdigen, in heroischer Weise gelebten Glaubenszeugnisses. Häufig handelte es sich dabei um Bischöfe, die sich in der Abwehr häretischer oder schismatischer Strömungen hervorgetan hatten, wie etwa Patriarch Athanasius von Alexandrien († 373), Patriarch Johannes

---

[3] Die ältesten in der westlichen Kirche erhaltenen Märtyrerakten berichten von der um 180 in Karthago erfolgten Hinrichtung der »Scilitanischen Märtyrer«. LexMA VI 352f.

[4] Beispiele für solche Überlieferungen sind die passiones des Bischofs Polykarp von Smyrna († im 2. Jahrhundert) oder der Märtyrerinnen Felizitas und Perpetua († 202/203).

[5] Vgl. LexMA VI 360f.

[6] »Si quis idola fregerit, et ibidem fuerit occisus, quatenus in evangelio scriptum non est, neque invenitur sub apostolis unquam factum, placuit in numero eum non recipi martyrum«. Concilii Eliberitani Capitula, Can. LX. Mansi II 6–20, hier 15. – Zu dieser Synode siehe: José Orlandis-Domingo Ramos-Lisson, Die Synoden auf der Iberischen Halbinsel bis zum Einbruch des Islam (711) (= Konziliengeschichte Reihe A), Paderborn-München-Wien-Zürich 1981, 3–30; LexMA III 1864.

[7] Zum Aufweis der Tatsache, daß die Bezeichnung »confessor« zuerst für die im Kampf gegen den Arianismus hervorgetretenen Bischöfe Verwendung fand, siehe: Annibale Bugnini, »Confessor«, in: Ephemerides Liturgicae 60 (1926) 169f.

Chrysostomus von Konstantinopel († 407) oder Bischof Augustinus von Hippo († 430). Als »confessores« verehrt, standen sie als Heilige den Märtyrern gleich, indem das unerschrockene Bekenntnis zum Glauben sie verband.[7]

Diese Erweiterung des Bezugsrahmens sowie die Ausbreitung des Christentums ließ die Zahl der Heiligenkulte spürbar ansteigen. Damit wuchs die Gefahr, daß auch Verstorbene als Bekenner verehrt wurden, deren Glaubensüberzeugungen man (möglicherweise erst im nachhinein) für nicht orthodox befand, was nach einer zuverlässigen kirchlichen Aufsicht rief. Eine 401 in Karthago gehaltene Synode hielt die Bischöfe dazu an, in ihren Sprengeln über die Heiligenverehrung zu wachen, und verbot unkontrollierte Kulte.[8] Die geforderte Aufsicht indes bezog sich ausdrücklich auf die Art der Ehrbezeugung und auf die Praxis der Gläubigen – eigene Vorschriften für die Einführung neuer Feste hingegen wurden noch nicht erlassen.

Die Ausbreitung der Kirche veränderte auch den räumlichen Aspekt der Heiligenverehrung. War zunächst jeder Kult Sache einer örtlichen Gemeinschaft, die zum Verehrten einst in direkter Beziehung gestanden hatte, so wirkten seit dem 4. Jahrhundert erste Traditionen über den üblichen, lokalen Rahmen hinaus: Die nordafrikanischen Märtyrer Perpetua, Felizitas und Cyprian wurden zu dieser Zeit im südlichen Italien und selbst in Rom verehrt, und der Kult des römischen Diakons Laurentius verbreitete sich in allen christlichen Gebieten. Das Vordringen der Kirche in ländliche, von der spätantiken Kultur nicht erfaßte Gegenden begünstigte diese Ausweitung. Hier erlangte die Heiligenverehrung, welche in urbanen Verhältnissen in ihrer Bedeutung stets hinter anderen religiösen Äußerungen zurückblieb, ein großes Gewicht, bot sie doch den notwendigen sinnlichen Zugang zu den Geheimnissen des Glaubens. Ereigneten sich Wunder oder fanden Erhörungen statt, so machte dies Kraft und Wirkmächtigkeit des christlichen Gottes als handfeste Realität erfahrbar.[9]

Heiligenkulte entstanden ursprünglich aus der Erinnerung an Märtyrer oder Bekenner am Ort ihres Wirkens oder Sterbens. Gegenständlich anwesend war der Verehrte an seiner Grabstätte, in Reliquien und in anderen Erinnerungsstücken. Diesen Umstand nutzten einzelne Bischöfe, um spontan entstandenen, möglicherweise zweifelhaften Kulten zu begegnen. Sie suchten die Aufmerksamkeit auf möglichst unumstrittene Heilige, vorzugsweise auf Märtyrer aus der zurückliegenden Verfolgungszeit, zu lenken und waren bemüht, für ihre Kirchen Reliquien solch anerkannter Heiliger zu erwerben. Offenbar schuf dies Mißtrauen, denn 386 verbot Kaiser Theodosius die Verle-

---

[8] »Quae per somnia et per inanes quasi revelationes quorumlibet hominum ubique constituuntur altaria omnimodo reprobantur«. Mansi III 971.
[9] André Vauchez, La sainteté en Occident aux derniers siècles du moyen âge d'après les procès de canonisation et les documents hagiographiques (= Bibliothèque des Ecoles françaises d'Athène et de Rome 241), Rom 1988, 17.

gung von Heiligengräbern.¹⁰ Den Bischöfen blieb aber immer noch die Möglichkeit, im eigenen Gebiet nach vermuteten Resten von Heiligen aus vergangenen Zeiten zu graben. Unter Anleitung des Bischofs Ambrosius von Mailand wurden auf diese Weise 383 die Reliquien der heiligen Gervasius und Protasius zutage gefördert; kurze Zeit später veranlaßte Bischof Theodor von Octodurus (Martigny) erfolgreich die Suche nach den Gebeinen der Märtyrer aus der Thebäischen Legion.¹¹ Die Entfernung solcher Reste aus ihrem örtlichen Zusammenhang und deren Übertragung an andere Orte kam damit erst recht in Schwung; erstes bekanntes Beispiel für die Translation eines unzerteilten Heiligenleibes ist jene des Märtyrers Babylas von Antiochia nach Daphne im Jahr 354. Begünstigt wurden solche Unternehmen durch den enger gewordenen Zusammenhang von Reliquien und Altären: Nachdem ursprünglich Gedenkstätten und Grabeskirchen in der Nähe von Märtyrergräbern angelegt worden waren, kam es nun vor, daß Altäre auf Heiligengräbern selbst zu stehen kamen.¹² Auffindung und Translation von Heiligenleibern schufen weitere Möglichkeiten: Neu entdeckte oder transferierte Reliquien wurden – beginnend mit jenen der erwähnten Gervasius und Protasius – unter dem Altar einer bereits bestehenden Kirche beigesetzt.

Erhebung (elevatio) und Übertragung oder Umbettung (translatio) der Gebeine eines Heiligen – die man nötigenfalls zuvor gesucht und aufgefunden hatte (inventio) – wurden mehr und mehr zum Ausgangspunkt jeder offiziellen Verehrung.¹³ Die Translation diente dazu, den Kult an einem bestimmten Ort zu ermöglichen oder zu fördern. Bischof Perpetuus von Tours übertrug 461 die Gebeine seines Vorgängers Martin (um 336 bis 397) in eine eigens erbaute Basilika; die sterblichen Reste des hl. Severin von Noricum wurden 482 »populo exequiis reverentibus occurrente« durch Bischof Viktor nach Neapel überführt.¹⁴ Reliquientranslationen entwickelten sich zu aufwendigen Festen, bei denen ein eigentliches zweites Begräbnis stattfand. Die Anlässe, zu denen auch Nachbarbischöfe und weltliche Größen geladen waren, beging man mit höchster Feierlichkeit, was wiederum die Verehrung des betroffenen Heiligen mächtig förderte. Bald galt der Vorgang als konstitutiv für die Anerkennung der besonderen Verehrungswürdigkeit eines Verstorbenen

---

[10] Zu diesen Einschränkungen sowie generell zu Reliquienfunden und -translationen am Ende der Antike siehe: Berthe Widmer, Der Ursus- und Victorkult in Solothurn, in: Solothurn. Beiträge zur Entwicklung einer Stadt im Mittelalter (= Veröffentlichungen des Instituts für Denkmalpflege an der ETH Zürich 9), Zürich 1990, 33–81, hier 38–40.

[11] Vauchez, La sainteté (wie Anm. 9) 18; Bernhard Kötting, Reliquienverehrung, ihre Entstehung und ihre Formen, in: Trierer Theologische Zeitschrift 67 (1958) 321–334.

[12] Walter Pötzl, Bild und Reliquie im hohen Mittelalter, in: Jahrbuch für Volkskunde 9 (1986) 56–71, hier 57.

[13] Siehe: L. Hertling, Materiali per la storia del processo di Canonizzazione, in: Gregorianum 16 (1935) 170–195, hier 171–173.

[14] Eugippius, Vita Sancti Severini cap. 46. Theodor Nüsslein (Hrg.), Eugippius. Vita Sancti Severini. Das Leben des heiligen Severin, Stuttgart 1986, 120.

und entwickelte sich zum festen Bestandteil einer Heiligenvita. Der Tag selbst erhielt ein jährliches Gedenken, welches das Erinnerungsfest am Todestag bisweilen in den Hintergrund treten ließ. Es entstand das Bestreben, Translationen an einem gegebenenfalls schon bestehenden Gedenktag vorzunehmen, da sonst – wie etwa die Verehrung der 873 transferierten Gebeine des hl. Frodobert zeigt – unter Umständen konkurrierende Feste entstanden.[15]

Welch wichtigen Platz in der Liturgie die Verehrung der Heiligen einnahm, wird sichtbar an der steigenden Bedeutung der Reliquien. Zum einen fanden sie, um den Christen die ersehnte Bestattung »ad sanctos« zu ermöglichen, als Grabbeigaben Verwendung;[16] zum anderen wurde es seit dem 7. Jahrhundert üblich, Reliquien in Meßaltäre einzulassen. Der Vorgang entwickelte sich zum festen Bestandteil der Altarweihe und übertraf an Bedeutung schließlich die noch in nachkonstantinischer Zeit allein im Vordergrund stehende erste heilige Messe; ebenso erhielt jede Kirche ihren eigenen Schutzheiligen (patronus). Auf diese Weise etablierte sich eine zweite Art der Reliquientranslation: Neben die Erhebung und feierliche Wiederbestattung eines Heiligen, dessen Kult damit die offizielle Anerkennung fand, trat der Austausch von Reliquienpartikeln. Den Wünschen der Gläubigen offenbar entgegenkommend, verlieh er dem Umgang mit sterblichen Resten Heiliger einen »gewissen Zug ins Kleine und Kleinliche«.[17] Der Handel mit Reliquien, der schon im frühen Mittelalter begann, hing überdies zusammen mit besonderen, den Heiligen für das alltägliche Leben zugeordneten Funktionen wie etwa Schutz gegen Krankheiten oder Beeinflussung des Wetters. Auf elegante Weise ließen sich so die heidnischen, in der Volksfrömmigkeit jeweils noch lange nach der Christianisierung weiterlebenden Nebengötter ersetzen.[18] Ungezählte Bischöfe und Äbte unternahmen seit dem 9. Jahrhundert ausgedehnte Reisen, um für ihre Kirchen Reliquien zu erwerben. Gerne wandte man sich dafür nach Rom und verband damit eine Wallfahrt zu den Gräbern der Apostelfürsten. Auch Bischof Ulrich von Augsburg sah in diesem Weg eine Möglichkeit, die Heiligenverehrung und wohl zugleich die Bedeutung seiner Bischofskirche zu fördern, und es gelang ihm, während seines zweiten Romaufenthaltes das Haupt des Märtyrers Abundus in seinen

---

[15] Abt Frodobert von Moutier-la-Celle verstarb um das Jahr 673 an einem 1. Januar. Aus Rücksicht auf das Fest der Beschneidung des Herrn führte man 873 die Translation erst am 8. Januar durch, was die Entstehung zweier Erinnerungsfeste – am 1. und am 8. Januar – zur Folge hatte. AASS Januar I (Venedig 1734) 512; DHGE XIX 130f. Vgl. Hertling, Materiali (wie Anm. 13) 172.

[16] Pötzl, Bild und Reliquie (wie Anm. 12) 59; Bernhard Kötting, Der frühchristliche Reliquienkult und die Bestattung im Kirchengebäude, Köln 1956.

[17] Heinrich Fichtenau, Zum Reliquienwesen im frühen Mittelalter, in: Mitteilungen des Instituts für österreichische Geschichtsforschung 5 (1952) 60–69, hier 61.

[18] Vgl. Odette Pontal, Die Synoden im Merowingerreich (= Konziliengeschichte Reihe A), Paderborn-München-Wien-Zürich 1986, 286.

Besitz zu bringen. Ulrichs Biograph Gerhard berichtet – immerhin in der während der Heiligsprechung 993 offiziell verlesenen Vita –, wie die Übergabe der Reliquien geheim und im Schutze der Nacht erfolgte – ein deutlicher Hinweis auf die bisweilen zwiespältigen Umstände des mittelalterlichen Reliquienaustausches, die mit den Gebräuchen späterer Jahrhunderte durchaus vergleichbar sind.[19]

Die Heiligsprechung als päpstliches Reservat

Für die kirchenrechtliche Ausgestaltung des Heiligenkultes markiert die karolingische Epoche eine eigentliche Wende. Unter Karl dem Großen und Ludwig dem Frommen trat eine größere Anzahl von Vorschriften in Kraft mit dem Ziel, die kirchliche Aufsicht über die Heiligenverehrung zu stärken. 794 rief eine in Frankfurt gehaltene Synode in Erinnerung, daß nur anerkannte Heilige verehrungswürdig seien, und 805 forderte das »Capitulare von Diedenhofen« eine sorgfältige Prüfung vorgelegter Heiligenviten. Nach einer »admonitio generalis« jener Zeit sollten die Bischöfe darüber wachen, »ut falsa nomina martyrum et incertae sanctorum memoriae non venerentur«.[20] Nach wie vor galt die feierliche Exhumierung und würdige Neubestattung der Gebeine eines Heiligen als kirchenamtliche Legitimation für einen Kult; diese Handlungen sollten daher einer sorgfältigen Kontrolle unterworfen sein. Die Vorschriften allerdings griffen nicht lückenlos; denn viele Bischöfe begnügten sich mit der Erteilung einer schriftlichen Bewilligung, anstatt wie gefordert der elevatio und translatio persönlich beizuwohnen. Im Verlaufe des 9. Jahrhunderts gewann die Einführung neuer Kulte jedoch so stark an Bedeutung, daß viele Bischöfe sich der Bitten um Transla-

---

[19] »Cumque ibi morando reliquias sanctorum se velle comparare indicasset, quidam clericus ad eum veniens, perduxit eum in silentio noctis, ubi caput sancti Abundi martyris in quadam aecclesia altari inclusum servabatur. Cuius passionem ei ostendens et caput praesentans, sacramento firmitatem fecit super reliquias, quas episcopus secum attulerat, eiusdem Abundi caput esse, cuius passio praesentialiter fuit perlecta. Cum autem sacramentum peractum audisset episcopus, placitam mercedem clerico donavit, caputque sancti Abundi accipiens, ad Augustam secum reportavit, ibique ad consolationem multorum gloriose inclusit«. Vita Sancti Oudalrici Episcopi Augustani auctore Gerhardo, in: Hatto Kallfelz (Hrg.), Lebensbeschreibungen einiger Bischöfe des 10.–12. Jahrhunderts (= Ausgewählte Quellen zur Deutschen Geschichte des Mittelalters XXII), Darmstadt ²1986, 35–167, hier 114. – Vgl. Hansjakob Achermann, Die Katakombenheiligen und ihre Translationen in der schweizerischen Quart des Bistums Konstanz (= Beiträge zur Geschichte Nidwaldens 38), Stans 1979, 30–37.

[20] Capitulum Ecclesiasticum anni 798, in: MGH Leges. Capitularia regum Francorum I, Hannover 1835, 53–67, hier 60. Vgl. Renate Klauser, Zur Entwicklung des Heiligsprechungsverfahrens bis zum 13. Jahrhundert, in: Zeitschrift der Savigny-Stiftung für Rechtsgeschichte. Kanonistische Abteilung 60 (1954) 85–101, hier 88; Vauchez, La sainteté (wie Anm. 9) 22; Karl Hausberger, Heilige/Heiligenverehrung IV, in: Theologische Realenzyklopädie XIV, Berlin-New York 1985, 651–653, hier 652.

tionen sorgfältig annahmen und ihre Entscheidungen oft erst nach Anhörung einer Provinzialsynode fällten.

Diese Versuche zu einer breiten Abstützung sind Zeichen für das Bestreben, bei der Begründung eines (lokalen) Kultes die Verbindung mit den benachbarten Kirchen zu suchen und so die Verehrung gleichsam universal abzusichern. Um der Sache größeres Gewicht zu verleihen oder um einen Entscheid der Diskussion zu entziehen, wurde in einigen Fällen selbst der Papst einbezogen, obwohl dies generell noch nicht als kanonisches Erfordernis galt.[21] Für die Verehrung des hl. Celsus, eines legendären Trierer Bischofs aus der Antike, verordnete Erzbischof Egbert anläßlich der Reliquienauffindung im Jahr 978 ein künftig jährlich zu feierndes Gedenken und tat dies – wie festgehalten wurde – »Apostolica auctoritate«.[22] Ausdrücklich um Zustimmung wurde der Papst angegangen im Hinblick auf die Kanonisation des Bischofs Ulrich von Augsburg – Johannes XV. gab seine Einwilligung durch Erlaß einer feierlichen Bulle am 3. Februar 993. Anlaß dafür war eine formelle Bitte Bischof Luitolds von Augsburg, welcher der Lateransynode jenes Jahres Dokumente über Leben und Wirken des Verehrten vorlegte. Rechtsgeschichtlich begründete der Erlaß dieser Kanonisationsurkunde noch kein von Grund auf neues Verfahren; denn weder wurde dadurch die Approbation durch den Bischof von Rom zur universalen Norm, noch gab es entsprechende explizite Kompetenzansprüche.

Der feierlichen Gutheißung des Ulrichskultes durch Johannes XV. kam hingegen in zweifacher Hinsicht große Bedeutung zu: Luitold richtete seine Bitte nicht an den Papst, sondern an die Synode als ganze. Noch mehr als hundert Jahre danach galten Konzilien und Synoden als kompetente Instanzen für Heiligsprechungen, und als 1146 Eugen III. bei der Kanonisation Kaiser Heinrichs II. das Recht dazu für sich allein in Anspruch nahm, beeilte er sich, dies als Ausnahmefall darzustellen.[23] Er begründete sein Vorgehen mit dem Hinweis, als Papst handle er in diesem Fall »auctoritate tamen sanctae Romanae Ecclesiae quae omnium conciliorum firmamentum est«.[24] Zum anderen macht Bischof Ulrichs Heiligsprechung ein Entwicklungsstadium des Verfahrens beispielhaft sichtbar: Der Vorgang der Anerkennung eines Kultes wurde eingeleitet durch die »petitio« des zuständigen Bischofs. Als Rechtfertigung für das Ansinnen legte der Petent einerseits Zeugnisse über die »miracula« vor, welche sich auf Fürsprache des Heiligen ereignet hatten, andererseits eine ausführliche »vita«.

---

[21] Vgl. Hertling, Materiali (wie Anm. 13) 175.
[22] »... exhortens eos, ... ut in posterum singulis annis eius natalitium diem, qui constat pridie Nonas Januar. summo honore celebrare studerent, Apostolica auctoritate mandavit«. AASS Februar III (Venedig 1736) 400.
[23] »... tametsi huiusmodi petitio nisi in generalibus conciliis admitti non soleat«. Klauser, Zur Entwicklung (wie Anm. 20) 92.
[24] Ebd. – Zur Kanonisation Bischof Ulrichs von Augsburg siehe den Beitrag von Franz Xaver Bischof. In diesem Band.

Aus der nun folgenden Überprüfung von Bitte, Wunderberichten und Lebenserzählung ging später das eigentliche, formelle Kanonisationsverfahren hervor. Diese Untersuchung (»informatio«) war anläßlich der Heiligsprechung Bischof Ulrichs Sache einer Synode, doch auch die Prüfung durch eine größere Versammlung von Geistlichen und Laien kam vor: 986 unterbreitete Bischof Hugo von Würzburg seinen Plan, die Gebeine des hl. Burkard zu erheben, nach Einholung einer entsprechenden päpstlichen Bewilligung einem besonderen, ad hoc gebildeten Gremium.[25] Noch im 12. Jahrhundert wurden einzelne Prozesse nachweislich in dieser Art durchgeführt,[26] und es scheint, daß die Untersuchung nicht zuerst nach der kompetenten Instanz, sondern nach ihrem Ablauf reglementiert wurde. Um 1100 etwa erhob Urban II. die Forderung, es müßten die vorgelegten Wunderberichte durch Aussagen von Augenzeugen bestätigt werden.[27]

Im günstigen Falle führte die Überprüfung eines Antrags auf Verehrung zur Billigung eines neuen Kultes durch eine kirchliche Versammlung und zur nachträglichen Gutheißung durch den Papst. Erst in der zweiten Hälfte des 12. Jahrhunderts gewann letztere so sehr an Gewicht, daß sie die Translation an Bedeutung übertraf. Kanonisationsbitten wurden nun grundsätzlich dem Papst unterbreitet. Dessen Zustimmung, welcher ursprünglich der Charakter einer übergeordneten Konfirmation der bereits erfolgten Heiligsprechung zukam, erhielt ein eigenständiges juristisches Gepräge. Als äußerst bedeutsam für diese Entwicklung erwies sich im nachhinein der Pontifikat Alexanders III. (1159–1181),[28] während dessen zwölf Heiligsprechungen eingeleitet und fünf erfolgreich zu Ende geführt wurden. Ausdrücklich untersagte dieser Papst im Jahr 1171 oder 1172 in einem Schreiben an König Knut von Schweden die öffentliche Verehrung eines Verstorbenen »absque auctoritate Romanae Ecclesiae«.[29] Später, nach der 1234 durch Gregor IX. vorgenommenen Aufnahme des entsprechenden Passus dieses Briefes in die Dekretalensammlung und letztlich im Zuge der Hervorhebung dieses Umstandes durch die römische Kanonistik nach Benedikt XIV. (1740–1758), galt dieser Text als

---

[25] »Electo denique ad huiusmodi negotium competenti tempore anni, convocatis undecumque tam principibus vicinis quam ipsis ecclesiae suae capitaneis, cuncto quoque clero atque populo, praemeditationes suae coram omnibus intentionem exponit«. Egilwar, Vita Burchardi Episcopi Wirziburgensis, in: MGH scriptores XV, Hannover 1887, 50–62, hier 62. Vgl. Hertling, Materiali (wie Anm. 13) 176.

[26] Noch 1131 wurde eine Translation (hl. Gerald in Aquitanien) durch eine Versammlung von Bischöfen, Äbten, Klerikern und weltlichen Fürsten beschlossen. Ebd. 177.

[27] Urban II., Bulle für Furloesius 1098/1099: »Non eadem facilitate potuit concedi. Non enim Sanctorum quisque debet canonibus admisceri, nisi testes adsint, qui eius miracula visa suis oculis testentur«. AASS August V 273.

[28] Vauchez, La sainteté (wie Anm. 9) 28.

[29] »Cum etiamsi signa et miracula per eum plurima fierent, non liceret vobis pro sancto absque auctoritate Romanae Ecclesiae eum publice venerari«. Alexander III. an Knut, Tusculum, 6. Juli 1171/72. Alexandri III Romani Pontificis opera omnia (= Jacques-Paul Migne [Hrg.], Patrologia Latina 200), Turnhout 1968, 1259–1261, hier 1261.

eigentliche Grundlage für die päpstliche Reservation der Heiligsprechung. Diese juristische Regelung stellte insofern den Abschluß einer längeren Entwicklung dar, als ein entsprechender Anspruch der Päpste zuvor schon seit Jahrzehnten etwa im Text von Kanonisationsbullen immer wieder zutage getreten war.[30] Die lokalen Kultbildungen allerdings kamen damit nicht zum Erliegen; denn im ganzen hatten die Päpste bis weit über die Jahrtausendwende hinaus die Verehrung der Heiligen nicht als zentrale Angelegenheit behandelt, sondern sich mit der Bekämpfung von Mißbräuchen begnügt.

Seine juridische Ausgestaltung erfuhr das generelle päpstliche Reservat der Kanonisation erst im 13. Jahrhundert.[31] Nachdem anläßlich der Heiligsprechung der Kaiserin Kunigunde († 1023) im Jahr 1200 das Recht erneut explizit behauptet worden war,[32] fand es auf dem IV. Laterankonzil auch Eingang in einen feierlichen Kanon. Er bestimmte: »Niemand darf sich erlauben, neu aufgefundene Reliquien öffentlich zu verehren, ehe die päpstliche Autorität dies gestattet hat«.[33] Damit trat für die Begründung eines Kultes die Bedeutung der bischöflichen »translatio« endgültig zurück hinter jene der päpstlichen »canonisatio«. Aber obwohl man in Rom nichts unterließ, um auch die feierliche Überführung von Heiligenreliquien unter Kontrolle zu bringen, gab es bis weit ins 16. Jahrhundert Translationen nach lokaler Initiative und partikularem Urteil – ein Verhalten, durch welches besonders die Bischöfe der Mittelmeerländer und die Mendikanten sich hervortaten.[34] Auch nördlich der Alpen entwickelten sich Verehrungstraditionen ohne päpstliches Zutun: Noch im Jahr 1492 gestattete der Fürstbischof von Augsburg, Graf Friedrich von Zollern, die Erhebung und Translation der Gebeine der hl. Radegundis, einer an ihrem Grabe in der Herrschaft Wellenburg verehrten Magd, die nach der Legende (wohl im 14. Jahrhundert) selbstlos Aussätzige gepflegt hatte und in diesem Zusammenhang von Wölfen überfallen und ge-

---

[30] Vgl. Vauchez, La sainteté (wie Anm. 9) 30; García y García, Antonio, A propos de la canonisation des saints au XIIe siècle, in: Revue de droit canonique 18 (1968) 3–15, hier 12; Marianne Schwarz, Heiligsprechungen im 12. Jahrhundert und die Beweggründe ihrer Urheber, in: Archiv für Kulturgeschichte 39 (1971) 43–62.

[31] Siehe dazu: Stephan Kuttner, La réserve papale du droit de canonisation, in: Revue historique du droit français et étranger, 4e série, 17 (1938) 172–228.

[32] Jürgen Petersohn, Die Litterae Papst Innocenz III. zur Heiligsprechung der Kaiserin Kunigunde (1200), in: Jahrbuch für fränkische Landesforschung 37 (1977) 1–25.

[33] »Inventas [reliquias] autem de novo nemo publice venerari praesumat, nisi prius auctoritate Romani pontificis fuerint approbatae«. Concilium Lateranense IV, Can. LXII. Mansi XXII (Venedig 1778) 980–1068, hier 1050; Conciliorum Oecumenicorum Decreta, Bologna ³1973, 268. – Der Text nimmt in bemerkenswerter Art eine Verfügung einer 813 in Mainz gehaltenen Synode auf, welche für die Verehrung neu aufgefundener Reliquien die Zustimmung des »princeps« erforderlich machte. Allerdings war damals – anders als 1215 – nicht der geistliche, sondern der weltliche »princeps« gemeint. Vgl. Hertling, Materiali (wie Anm. 13) 192; Vauchez, La sainteté (wie Anm. 9) 33.

[34] Ebd. 109f.

tötet worden war.³⁵ Beispielhaft wird hier erkennbar, was für das späte Mittelalter generell gilt: Die meisten der damals neu entstandenen Kulte entwickelten sich lokal und ohne Beeinflussung durch eine höhere kirchliche Autorität.

Die Ausformung des Kanonisationsprozesses

Die erwähnte päpstliche Forderung nach sorgfältiger Überprüfung mindestens der berichteten Wundertaten macht das im 12. Jahrhundert zutage tretende Bedürfnis nach »kritischer« Überprüfung behaupteter Tatsachen sichtbar. Die ältesten erhaltenen Akten einer solchen Untersuchung, geführt im Sommer 1181 im Zusammenhang mit der Kanonisation des hl. Galgano († 1181) durch den Erzbischof von Salzburg, Kardinal Konrad von Wittelsbach, zeigen, daß insgesamt 20 vereidigte Zeugen gehört wurden.³⁶ Innerhalb weniger Jahrzehnte schon stieg diese Zahl öfters auf über 100 und erreichte 1330 bei der Heiligsprechung des Priesters Yves († 1303) gar 243.³⁷ Später erließ Innozenz III. für die Untersuchung erste Verfahrensregeln und verlangte nicht nur die exakte Protokollierung der Aussagen und die Durchführung von Einzelverhören, sondern auch die Vereidigung aller Zeugen und deren Auswahl aus allen Schichten des Volkes; zudem mußte der Untersuchung ein dreitägiges religiöses Fasten vorangehen.³⁸

Das Heiligsprechungsverfahren hatte damit am Beginn des 13. Jahrhunderts seine vorläufige Form gefunden. Am Anfang jedes Prozesses stand eine entsprechende Bitte, vorgebracht durch den Bischof zusammen mit bedeutenden geistlichen und weltlichen Persönlichkeiten seines Sprengels. Beigefügt waren die Resultate einer ersten, durch die lokalen Autoritäten geführen Abklärung, eines »diözesanen Informativprozesses«. Hierbei handelte es sich weniger um eine Bescheinigung von Wundertaten, als vielmehr um die Bestätigung der lokalen Verehrung. Wurden die Unterlagen für ausreichend befunden – was seit dem ausgehenden 13. Jahrhundert eine eigene, dreiköpfige Kardinalskommission zu überprüfen hatte³⁹ –, so erhielt eine Anzahl von

---

³⁵ Manfred Weitlauff, Die heilige Radegundis von Wellenburg (um 1300), in: Georg Schwaiger, Bavaria Sancta. Zeugen christlichen Glaubens in Bayern I, Regensburg 1970, 285–311.
³⁶ Fedor Schneider, Der Einsiedler Galgan von Chiusdino und die Anfänge von San Galgano († 1181), in: Quellen und Forschungen aus italienischen Archiven und Bibliotheken 17 (1924) 71–77.
³⁷ In der Regel wurden zum Leben des Heiligen weit weniger Zeugen gehört als zu den Wundern, die sich auf seine Fürsprache hin ereignet hatten. Vgl. Vauchez, La sainteté (wie Anm. 9) 587–589.
³⁸ Innozenz III., Bulle Licet apostolica sedes, 1201, gedruckt: R. Foreville, Un procès de canonisation à l'aube du XIIIe siècle (1201–1202): le Livre de saint Gilbert de Sempringham, Paris 1943, 27f.
³⁹ Vauchez, La sainteté (wie Anm. 9) 50.

9   Ablaßurkunde für die Pfarrkirche St. Ulrich in Aich vom 27. August 1329.
Bischöfliches Zentralarchiv Regensburg

Folgende Doppelseite
10/11   Bartholomäus Kilian, Kopfteil eines Augsburger Hochstiftskalenders unter dem
Augsburger Fürstbischof Alexander Sigismund von Pfalz-Neuburg. Kupferstich, um 1700.
Stift Göttweig/Niederösterreich

Vorhergehende Doppelseite
*12/13 Johann Christoph Storer und Bartholomäus Kilian,
Thesenblatt: Die Ungarnschlacht. Stift Göttweig, Graphisches Kabinett*

*14 Unbekannter Meister, S[anctus] Udalricus. Anonymer Kupferstich.
Bischöfliches Zentralarchiv Regensburg, Sammlung Hartig*

15 Wolfgang Kilian, Überreichung des Siegeskreuzes an den hl. Ulrich. Kupferstich, um 1670. Augsburg, Staats- und Stadtbibliothek

Folgende Seite
16 Matthias Kager und Raphael Sadeler d. Ä., Geburt des hl. Ulrich, aus: Matthäus Rader, Bavaria Sancta, Band 1, No. 35

S. VDALRICVS EPISC. AVGVSTAN. IN BOICA NATVS.

Boica te cælo genuit, pia Rhetia fouit,
   Pontificem rapuit, Vindo Lycúsq; suum.
Nomen VDALRICO est, satis est, iam cætera nouit,
   Teutonico quisquis natus in orbe fuit.

Stant augusta tuis Augustæ munera votis:
   Viuunt et vitæ munera mille tuæ.
Prisca fides, pietásq; vocat te Diue parentem;
   Quos tibi dat natos lux hodierna Pater?

Prälaten den Auftrag zur Führung der »informatio in partibus«. Ziel war es, anhand von Zeugenaussagen das Leben des künftigen Heiligen und die an seinem Grab geschehenen Wunder zu untersuchen – die Kommissare hatten über ihr Vorgehen und die Resultate einen ausführlichen Bericht zu verfassen. Zur Steigerung der Präzision ließ Gregor IX. 1232 im Hinblick auf die Heiligsprechung der Landgräfin Elisabeth von Thüringen (1207–1231) für die Zeugenbefragung ein festes Formular vorgeben.[40] Später versuchten die Päpste gar, die Hauptzeugen zur Wiederholung ihrer Aussagen an der Römischen Kurie zu verpflichten – eine Vorschrift, die sich in der Folge nicht durchsetzen ließ.[41] Die Reglementierung des Verfahrens zeitigte rasch greifbare Folgen: Von den insgesamt 48 durch die Römische Kurie zwischen 1199 und 1276 angeordneten Untersuchungen wurden 18 für formal ungenügend befunden und zur erneuten Behandlung zurückgewiesen, zum Teil versehen mit regelrechten päpstliche Belehrungen; zu einer Heiligsprechung kam es in lediglich 25 dieser Fälle.[42]

Nach Abschluß der Untersuchung »in partibus« prüfte in Rom wiederum eine Kardinalskommission sämtliche Akten. Dauerte dies noch zu Beginn des 13. Jahrhunderts jeweils kaum mehr als einige Tage, so zog es sich mit der Zeit mehr und mehr in die Länge. Die beteiligten Prälaten setzten sich eingehend auseinander mit allen Dokumenten und verfaßten zur Sache eigene »relationes«. In einer nächsten Phase versammelte der Papst die Kardinäle zu einem geheimen Konsistorium, in welchem die Anwesenden ihre Stellungnahmen vorlegten. In einer zweiten solchen Versammlung wurden die an der Kurie anwesenden Bischöfe und Erzbischöfe gehört. Ein drittes, öffentliches Konsistorium schließlich diente der Bekanntgabe des Resultates: Der Papst verkündete die Einreihung des neuen Heiligen in das kirchliche Verzeichnis. Einige Tage später fand in Rom zu Ehren des neu Kanonisierten eine feierliche Liturgie statt; dann ließ der Papst das Ereignis durch eine oder mehrere Bullen allgemein bekanntmachen.[43]

Am Ende des 13. Jahrhunderts war der amtliche Vorgang der Heiligsprechung juristisch definiert und in der Praxis eingeführt. In der Folge kam es quantitativ zu einem Rückgang der durchgeführten Prozesse: Hatte die Zahl der

---

[40] »Testi legitimi, qui super vita, conversatione, ac miraculis quondam E. Lantgraviae Thuringiae sunt recipiendi, prius ab eis praestito iuramento diligenter examinentur, et interrogentur de omnibus, quae dixerant; quomodo sciunt; quo tempore; quo mense; quo die; quibus praesentibus; quo loco; ad cuius invocationem; et quibus verbis interpositis; et de nominibus illorum, circa quos miracula facta dicuntur; et si eos ante cognoscebant; et quot dies ante viderunt eos infirmos; et quanto tempore fuerunt infirmi; et de qua civitate sunt oriundi; et interrogentur de omnibus circumstantiis diligenter; et circa singula capita fiant, ut expedit, quaestiones praemissae: et series testimonii et verba testium fideliter redigantur in scriptis«. [Angani, 13. Oktober 1332]. Bullarium Franciscanum I, Rom 1759, 86.
[41] Vauchez, La sainteté (wie Anm. 9) 59f.
[42] Ebd. 61f.
[43] Bernhard Schimmelpfennig, Die Zeremonienbücher der römischen Kirche im Mittelalter (= Bibliothek des Deutschen Historischen Instituts in Rom 40), Tübingen 1973, 164–174.

päpstlich angeordneten Untersuchungen für den Zeitraum 1198 bis 1304 noch bei 49 gelegen (24 davon mit positivem Ausgang), so ging die Quote für die Jahre 1305 bis 1431 zurück auf 22 (11 Heiligsprechungen); mindestens 38 Bitten blieben (1198 bis 1431) gänzlich erfolglos, indem der Papst es unterließ, überhaupt einen Prozeß zu eröffnen.[44] Ursache für diese Entwicklung war unter anderem die wachsende Dauer der Prozesse, hauptsächlich zurückzuführen auf die längere Behandlungszeit der Akten an der Kurie – mehr und mehr trat zwischen Aufnahme und Abschluß eines Verfahrens mindestens ein Wechsel auf dem Stuhl Petri. Hinzu kam eine steigende finanzielle Last für die Petenten: An ihnen war es, den Unterhalt der zur »inquisitio in partibus« abgeordneten päpstlichen Kommissare und ihrer Notare zu tragen sowie für die Spesen der einvernommenen Zeugen aufzukommen. Auch die anschließende Phase der Behandlung an der Kurie hatte ihre Kosten: Postulatoren und Kardinäle waren zur Beschleunigung der Angelegenheit mit Geschenken bei Laune zu halten, und auch die Feierlichkeiten bei einem erfolgreichen Abschluß schlugen teuer zu Buche. Der Rückgang der Heiligsprechungsprozesse hing ferner zusammen mit einer strengeren Praxis, welche die bischöflichen Kanonisationen zurückdrängen sollte – ein Ziel, das Mitte des 13. Jahrhunderts wenigstens hinsichtlich der geltenden Rechtsauffassung erreicht war.[45]

Einmal im Besitze der alleinigen Kanonisationsvollmacht, bemühten sich die Päpste, die Kulte jener Heiligen, deren Leben ihnen als besonders vorbildlich galt, möglichst rasch und teilweise unter Umgehung der üblichen Regeln anzuerkennen. Deutliches Zeichen einer solchen Favorisierung war eine unterdurchschnittlich kurze Behandlungszeit der Angelegenheit an der Römischen Kurie, wie sie etwa für Franz von Assisi, Dominikus, Antonius von Padua und Klara nachzuweisen ist. In Betracht kamen selbstredend auch theologische Überlegungen sowie solche politischer Natur oder der Opportunität.[46]

Die zahlenmäßige Einschränkung der Heiligsprechungen behinderte im späten Mittelalter das Aufkommen neuer Verehrungstraditionen keineswegs. Nach wie vor entstanden lokale Kulte und gab es Reliquienerhebungen durch Bischöfe. Einzelne Päpste gestatteten noch während laufender Kanonisationsprozesse die offizielle liturgische Verehrung, unter Vorbehalt freilich der definitiven Einfügung eines Namens in den Kalender.[47] Zur Differenzierung zwischen lokal verehrten und offiziell päpstlich anerkannten Heiligen kam im 14. Jahrhundert die Unterscheidung der Prädikate »beatus« und »sanctus« in Gebrauch, ohne daß aber damit eine Abstufung bezüglich der Heiligkeit als solcher gegeben war. Die Differenz zwischen beiden Katego-

---

[44] Vauchez, La sainteté (wie Anm. 9) 71, 82f., 294–300.
[45] Ebd. 79.
[46] Beispiele dafür siehe: Ebd. 86–98.
[47] Hertling, Materiali (wie Anm. 13) 185f.

rien bestand vorerst allein in der Zulässigkeit der öffentlichen Verehrung. Formal wurden erst im 17. Jahrhundert daraus verschiedene Stadien des päpstlichen Heiligsprechungsverfahrens.[48]
Der Rückgang der Anzahl erfolgreich durchgeführter Kanonisationsprozesse sowie die definitive Schaffung des entsprechenden päpstlichen Reservates lenken den Blick auf Probleme, welche in der theologischen Diskussion des 13. Jahrhunderts zur Sprache kamen. Unbestritten galt die Feststellung der allgemeinen Verehrungswürdigkeit eines Heiligen als bedeutsame Angelegenheit, die wegen des Gewichtes einer einmal gefällten Entscheidung ein hohes Maß an Sorgfalt erforderte. Aufgrund des entwickelten Verfahrens aber war die Zuverlässigkeit eines Urteils unter anderem abhängig von der Qualität der Zeugenaussagen, und selbst die Erhöhung von deren Anzahl ließ im Bereich der Heiligsprechung die Möglichkeit eines Fehlentscheides nicht ganz verschwinden. Während in Auseinandersetzung mit diesem Problem Thomas von Aquin die Meinung vertrat, die göttliche Vorsehung werde die Kirche bewahren vor Täuschung durch unechte Zeugnisse, erklärten etwa Bonaventura (1221–1274) und Johannes von Neapel († um 1336), der Papst könne generell im Heiligsprechungsverfahren nicht irren.[49] Auch wenn die Entstehung dieser Theorie und die Festschreibung der päpstlichen Reservation zeitlich weitgehend zusammenfallen, wurde das theologische Postulat zunächst nicht als juristische Begründung verwendet. Immerhin aber stellt die Frage nach der Kompetenz für die Heiligsprechung den ersten Sachbereich dar, für welchen dem Papst nicht nur ein jurisdiktioneller Primat, sondern auch lehramtliche Unfehlbarkeit zugesprochen wurde.

Anerkannte Heiligenverehrung als Abbild gesellschaftlicher und religiöser Zeitumstände

Ein Blick auf den Wandel des Heiligen-Ideals im Verlaufe des Mittelalters läßt Rückschlüsse zu auf die Entwicklung der Frömmigkeit, aber auch auf geistige Veränderungen im Bereich der führenden Gesellschaftsschichten.[50]

---

[48] Im 1661 geführten Prozeß für Franz von Sales lautete in der Vorlage der Ritenkongregation eine Frage: »An censeant, tuto quandocumque definiri posse, vel non posse ad solemnem servi Dei canonizationem, et interim indulgeri ut Beatus nuncupetur«. Zit. ebd. 186.
[49] Siehe: Max Schenk, Die Unfehlbarkeit des Papstes in der Heiligsprechung (= Thomistische Studien IX), Freiburg/Schweiz 1965, bes. 12–18; Ulrich Horst, Die Lehrautorität des Papstes nach Augustinus von Ancona, in: Analecta Augustiniana 53 (1991) 273–303, bes. 285–294. – Bei der Auseinandersetzung im Hinblick auf die Dogmatisation der päpstlichen Lehrunfehlbarkeit auf dem I. Vatikanischen Konzil 1870 entzündete sich die Diskussion nicht mehr am Problem der Irrtumsmöglichkeit bei einer Kanonisation. Vgl. August Bernhard Hasler, Pius IX. (1846–1878), päpstliche Unfehlbarkeit und 1. Vatikanisches Konzil. Dogmatisierung und Durchsetzung einer Ideologie I–II (= Päpste und Papsttum 12,I–II) Stuttgart 1977, hier I 216–316.

Geprägt durch die Minoritäts- und Verfolgungssituation fand in der Antike als ursprünglicher und zunächst einziger Typus des Heiligen der Märtyrer Verehrung. Der Aufstieg aus dem gesellschaftlichen Untergrund ließ im 4. Jahrhundert als zweite Form jene des Bekenners entstehen, dessen Legitimation die gleiche Wurzel hatte; immerhin galt er zunächst gleichsam als verhinderter Märtyrer (»martyr in voto«), der sein Leben nur deshalb nicht geopfert hatte, weil ihm dazu die Gelegenheit gefehlt hatte.[51]

In der Merowingerzeit kam es zunächst zu einer Erweiterung des Märtyrerbegriffs. Blutzeugen im ursprünglichen Sinne gab es lediglich noch im Zusammenhang mit der Heidenmission, doch ihre Zahl war sehr gering.[52] Als neue Typen entstanden daher »politische« Märtyrer, etwa heilige Bischöfe oder Könige, die im Kampf mit den Heiden gefallen waren, sodann unschuldig hingerichtete und schließlich ermordete Menschen. Ein wichtiger Typ war sodann der heilige Mönch oder Abt, der sich durch ein vorbildliches asketisches Leben ausgezeichnet hatte. Entsprechend der innerkirchlichen Entwicklung und dem Ausbau der Führungsstrukturen insbesondere in der gallischen Kirche trat aber hauptsächlich der heilige Bischof in den Vordergrund – er wurde zum wichtigsten Heiligentypus dieser Epoche überhaupt.[53] Der Verständniswandel wird etwa sichtbar bei Martin von Tours, für dessen Verehrung anfänglich der asketische Lebensabschnitt ausschlaggebend war, ehe später sich der Akzent auf das bischöfliche Wirken verschob. Diese Entwicklung macht zudem deutlich, wie stark die Heiligenverehrung in der Adelsschicht Wurzeln gefaßt hatte; denn das Bischofsideal war aristokratisch geprägt. Die adelige Herkunft eines Heiligen ist geradezu ein Kennzeichen merowingischer Hagiographie – ein »sanctus« hatte grundsätzlich auch »nobilis« zu sein.[54] Die von der Tradition herausgestrichenen verehrenswürdigen Eigenschaften machen deutlich, warum in dieser Zeit die heiligen Frauen gegenüber Männern in der Minderheit blieben: Weibliche Heilige gab es als Märtyrerin, als Büßerin, als Jungfrau oder als Witwe, ihr Heiligkeitstitel lau-

---

[50] Hagiographische Texte gelten als bedeutende Geschichtsquellen für die Erforschung von »Geist und Gesellschaft einer Zeit«. Friedrich Prinz, Heiligenkult und Adelsherrschaft im Spiegel merowingischer Hagiographie, in: Historische Zeitschrift 204 (1967) 529–544, hier 529f.

[51] Dictionniare de Spiritualité II (Paris 1953) 82.

[52] František Graus, Volk, Herrscher und Heiliger im Reich der Merowinger. Studien zur Hagiographie der Merowingerzeit, Prag 1965, 95–100.

[53] Ebd. 116; Georg Schwaiger, Der Heilige in der Welt des frühen Mittelalters, in: Beiträge zur Geschichte des Bistums Regensburg 7 (1973) 27–40, hier 34.

[54] Karl Bosl, Idealtypus und Wirklichkeit, Gesellschaft und Kultur im merowingerzeitlichen Bayern des 7. und 8. Jahrhunderts. Gesellschaftsgeschichtliche Beiträge zu den Viten der bayerischen Stammesheiligen Emmeram, Rupert, Korbinian, in: Clemens Bauer-Laetitia Böhm-Max Müller (Hrg.), Speculum Historiale. Geschichte im Spiegel von Geschichtsschreibung und Geschichtsdeutung. Johannes Spörl aus Anlaß seines 60. Geburtstags dargebracht, Freiburg-München 1965, 167–187, hier 168. Vgl. Prinz, Heiligenkult und Adelsherrschaft (wie Anm. 50); František Graus, Sozialgeschichtliche Aspekte der Hagiographie der Mero-

tete »martyr«, »virgo« oder »vidua« – die heilige Ehefrau (»uxor«) ist in der mittelalterlichen Kanonisationsgeschichte nicht bekannt.[55]

Im hohen und späten Mittelalter trat neben die lokale Verehrung die kirchenamtliche, auf dem Weg der formellen Kanonisation anerkannte Heiligkeit. Ein Blick auf die päpstliche Praxis zeigt, daß noch im 13. und 14. Jahrhundert die größte Zahl der Heiliggesprochenen in die Kategorie der Bischöfe gehörte,[56] allerdings so, daß ihr Anteil gegen Ende des Mittelalters deutlich sank. Auffällig ist, daß in dieser Zeit nur ein einziger Priester heiliggesprochen wurde, nämlich im Jahr 1330 der hl. Yves. Erst danach erhielt diese Gruppe – zusammen mit jener der Päpste – ein stärkeres Gewicht. Nahezu ebenso gut vertreten wie die Bischöfe waren die Religiosen, aus deren Reihen in den beiden Jahrhunderten ungefähr ein Drittel der kanonisierten Heiligen hervorging. Bei ihnen zeigt sich jedoch eine bemerkenswerte Verschiebung, indem im 14. Jahrhundert die alten Orden und ihre Lebensform an Prestige einbüßten und sich der Akzent auf die neu entstandenen Mendikantenorden verschob. In steigender Tendenz waren die zur Ehre der Altäre erhobenen Religiosen Bettelmönche – ja es ist für die Zeit nach 1431 im Bereich der Kanonisationen geradezu von einem »Monopol« der Mendikanten zu sprechen.[57] Die zwischen 1198 und 1431 als Heilige anerkannten 35 Laien schließlich waren zu 60% Angehörige des Adels, etwas mehr als die Hälfte (55%) waren Frauen. Dabei ist festzuhalten, daß sie ihre Verehrung durchwegs weniger einer Anhänglichkeit breiter Volksschichten zu verdanken hatten als vielmehr der gezielten Förderung durch geistliche oder weltliche Autoritäten – eine Feststellung, welche besonders deutlich zutrifft für heilige Mystikerinnen und Mystiker.[58] Gerade hier zeigt es sich, daß die Wertschätzung weniger dem Laienstand an sich galt, als vielmehr einer mönchsähnlichen Lebensform innerhalb der Welt. Von daher stellten diese Heiliggesprochenen das im 15. Jahrhundert geförderte, den Bettelorden nachgeformte christliche Lebensideal nicht in Frage, sondern verstärkten es zusätzlich.

Im Hinblick auf die Heiligenverehrung war die Zeit zwischen 1275 und 1450

---

winger- und Karolingerzeit. Die Viten der Heiligen des südalemannischen Raumes und die sogenannten Adelsheiligen, in: Arno Borst (Hrg.), Mönchtum, Episkopat und Adel zur Gründungszeit des Klosters Reichenau (= Vorträge und Forschungen 20), Sigmaringen 1974, 131–176, bes. 159–176; Robert Folz, Les saints rois du moyen âge en occident (VIe – XIIIe siècles) (= Subsidia hagiographica 68), Bruxelles 1984 (hier 23–135 eine ausführliche Beschreibung der heiligen Könige nach den Typen »Märtyrer«, »Bekenner« und »Wundertäter«); Michel Lauwers, Sainteté royale et sainteté féminine dans l'Occident médiéval, in: Revue d'histoire ecclésiastique 83 (1988) 58–69.

[55] Graus, Volk, Herrscher und Heiliger (wie Anm. 52) 117f.
[56] In den Jahren 1198 bis 1431 entfielen 38% der geführten Prozesse und 37,1% der tatsächlich erfolgten Heiligsprechungen auf Bischöfe. Vauchez, La sainteté (wie Anm. 9) 304.
[57] Ebd. 88f., 309.
[58] Johannes Thiele, Die religiöse Frauenbewegung des Mittelalters. Eine historische Orientierung, in: Ders. (Hrg.), Mein Herz schmilzt wie Eis am Feuer. Die religiöse Frauenbewegung des Mittelalters in Porträts, Stuttgart 1988, 9–34.

geprägt durch eine zunehmende Divergenz zwischen kirchenamtlich kanonisierten und lokal durch das Volk verehrten Heiligen – ein Umstand, der etwa in der Unterscheidung zwischen »beati« und »sancti« seinen Niederschlag fand.[59] Während weite Teile der Gläubigen zusammen mit dem niederen Klerus fortfuhren, neue »Märtyrer« – d.h. unschuldig getötete Menschen – religiös zu verehren, lehnte das Papsttum die Approbation solcher Kulte ab und schritt ein gegen Mißbräuche.[60] Zur gleichen Zeit trat die Verehrung von Königen, die beim Volk in Ansehen standen, zurück. Anstelle dieser Heiligentypen gewann für das Papsttum die Gruppe der asketisch, herausragend fromm oder freiwillig arm lebenden Glaubenszeugen an Bedeutung, sofern sie ihr Charisma im kirchlich institutionalisierten Rahmen etwa der anerkannten Bettelorden gelebt hatten. Ihre Verehrung war hauptsächlich in den Gebieten des Mittelmeerraumes beheimatet, was sie der Mentalität der damals vorab aus Italien oder der Provence stammenden Päpste zugänglich machte. Mit dem Armutsstreit und den im Zusammenhang mit häretischen Bewegungen aufkommenden Vorbehalten gegen eine bis zum äußersten praktizierte Besitzlosigkeit trat diese Tugend in den Hintergrund. An ihrer Stelle wurden nun – was die Heiligsprechung der großen Kirchenlehrer Thomas von Aquin oder Bonaventura besonders deutlich zeigt – Gelehrsamkeit und Rechtgläubigkeit zu wesentlichen Zeichen der Verehrungswürdigkeit. Die Diskrepanz zwischen lehramtlich anerkannter Heiligkeit und Verehrung durch das Volk trat deutlicher zutage als noch zuvor. Sie zeigte sich einerseits in der weiteren Entstehung »subversiver« Kulte, die man auch dann pflegte, wenn keinerlei Hoffnung auf päpstliche Anerkennung bestand.[61] Auf der anderen Seite kam es vor, daß offizielle kirchliche Heiligsprechungen ohne Rezeption im Volk blieben oder gar offenen Widerspruch herausforderten, wie dies bei Birgitta von Schweden[62] der Fall war.

[59] Zum Folgenden siehe: André Vauchez, Die Heiligung in der römischen Kirche, in: Michel Mollat du Jourdin-André Vauchez, Die Zeit der Zerreißproben (1274–1449) (= Jean-Marie Mayeur u. a. [Hrg.], Die Geschichte des Christentums. Religion, Politik, Kultur 6), Freiburg-Basel-Wien 1991, 517–545, hier 541–544.

[60] In der Nähe von Lyon wurde im 13. Jahrhundert sogar einem Haustier, dem aus Irrtum unschuldig getöteten Hund Guinefort, quasi-religiöse Verehrung zuteil, was die kirchliche Obrigkeit zum energischen, zunächst aber erfolglosen Einschreiten veranlaßte. Jean-Claude Schmitt, Der heilige Windhund. Die Geschichte eines unheiligen Kults, Stuttgart 1982. – Im Falle des angeblich von Juden getöteten Werner von Oberwesel († 1287) hatte die allein von der Volksfrömmigkeit getragene und päpstlich trotz mehrerer Versuche nicht approbierte Verehrung deutlich antisemitische Züge; erst im 20. Jahrhundert verschwand der Gedenktag aus dem liturgischen Kalender des Bistums Trier. André Vauchez, Les laïcs au moyen âge. Prâtiques et expériences religieuses, Paris 1987, 157–168; ders., La sainteté (wie Anm. 9) 176f. (hier elf weitere Beispiele des gleichen Typs).

[61] Ein besonders auffallendes Beispiel hierfür ist die Verehrung des wohl legendären hl. Rochus, der in ganz Europa zum Schutz gegen die Pest angerufen wurde, bis zu dessen Anerkennung indes zwei Jahrhunderte vergingen. Vgl. Vauchez, Die Heiligung (wie Anm. 59) 544.

[62] Das Echo auf Birgittas Heiligsprechung 1391 durch Bonifaz IX. war so negativ, daß das Verfah-

Die Geschichte der mittelalterlichen Heiligenverehrung ist geprägt vom Wandel des kirchlichen und gesellschaftlichen Selbstverständnisses. Das Ideal, welches der Heilige individuell verkörperte, war grundgelegt vorab in den kirchlichen Zeitumständen: Es wandelte sich vom Blutzeugen in der Epoche der Verfolgungen über den adeligen Stammesheiligen und den heroischen Bekenner in der Merowingerzeit zum Asketen im hohen Mittelalter – eine Entwicklung hin zur »Gruppe derer, die dem Zeitgeist die Alternative boten und in einem Leben asketischer Weltentsagung sich anstemmten gegen das Durchschnittschristentum ihrer Mitwelt« (Karl Hausberger).[63] Die Ausbreitung des Glaubens und die Frömmigkeit des Volkes förderten die Heiligenverehrung mächtig. Das Verlangen nach Schaffung eines materiellen Bezuges für die geistig-glaubensmäßige Wirklichkeit begünstigte den Reliquienkult, was das Bedürfnis nach Ordnung und Disziplin in den Vordergrund rückte. Die Bischöfe suchten die Praxis in geordnete Bahnen zu lenken, indem sie die kirchliche Anerkennung eines Kultes durch Institutionalisierung der »translationes« unter ihre Kontrolle brachten. Die Päpste, deren Zustimmung seit dem 10. Jahrhundert zwecks Beförderung eines Kultes eingeholt wurde, begannen, die Kompetenz zur Kanonisation generell für sich zu beanspruchen. Mit der Durchsetzung eines entsprechenden Reservates im 13. Jahrhundert entwickelte sich für die Heiligsprechung ein festes Verfahren, doch nach wie vor entstanden lokale, nicht amtlich anerkannte Heiligenkulte. Da die Ideale des frommen Volkes und jene der Päpste sich nicht deckten, war das späte Mittelalter geprägt von Gegensätzen zwischen der offiziell geförderten und der tatsächlich praktizierten Heiligenverehrung.

ren 1415 und 1419 wiederholt werden mußte – wahrhaft ein »singulier privilège«! Vauchez, Les laïcs (wie Anm. 60) 271 f., hier 271.

[63] Karl Hausberger, Die Anstöße der Heiligen im Leben der Kirche, in: Wolfgang Beinert (Hrg.), Die Heiligen heute ehren. Eine theologisch-pastorale Handreichung, Freiburg-Basel-Wien 1983, 115–155, hier 116.

Fig. Seite 168
Thronender hl. Ulrich von Ulrichsbrunnen bei Eresing.
Wasserheiligtum vom Anfang des 17. Jahrhunderts. Kupferstich
des 18. Jahrhunderts als Neudruck um 1900

Wahre Abbildung, der bey dem gnadenreichen und weitberühmten in der Füllischen Hof-Marckt Cressing, Oberlands Bayern gelegenen St. Ulrichs=Brunnen, und in der dabey erbauten Capellen im Altar stehenden deß Heil. UDALRICI Augspurgischen Bischoffen und Patroni von Holtz geschnitner, und von Farben gefaßter Bildnus.

Georg Kreuzer

Die »Vita sancti Oudalrici episcopi Augustani« des Augsburger Dompropstes Gerhard.
Eine literarkritische Untersuchung

Die Lebensbeschreibung Bischof Ulrichs von Augsburg (923–973), die nach einhelliger Auffassung Dompropst Gerhard zwischen 983 und 993 verfaßte, ist schon häufig untersucht worden.[1] Der frühere enge Mitarbeiter des 993 Kanonisierten zeichnete ein stellenweise plastisches Bild einer kantigen Persönlichkeit. Da Gerhard wohl bei seiner Darstellung auch auf das sich schon abzeichnende Kanonisationsverfahren[2] Rücksicht nahm, wird er manches Geschehnis moderater dargestellt haben. Die folgende Untersuchung will deshalb stärker als bisherige Darstellungen jene Seite dieser imposanten Bischofsgestalt herausstellen, die Gerhard nur andeutet, mehr der Hagiographie verpflichtete Studien dagegen völlig ausklammern.[3]
Vier zentrale Gesichtspunkte im Rahmen der Biographie des Dompropstes wollen wir dabei herausgreifen: Ulrichs Weg ins Bischofsamt, seine Rolle im

---

[1] Die gesamte einschlägige Literatur dazu ist bis zum Jahre 1985 zusammengestellt bei Wilhelm Volkert/Friedrich Zoepfl (Hg.), Die Regesten der Bischöfe und des Domkapitels von Augsburg Bd. 1, Augsburg 1985, Nr. 102 (mit Nachträgen S. 327f.), [künftig zitiert: Volkert/Zoepfl, Regesten Nr. ...]. S. neuerdings auch Ernst Karpf, Herrscherlegitimation und Reichsbegriff in der ottonischen Geschichtsschreibung des 10. Jahrhunderts (Historische Forschungen 10) Stuttgart 1985, S. 105–114, und Rolf Schmidt, Legitimum ius totius familiae. Recht und Verwaltung bei Bischof Ulrich von Augsburg, in: Aus Archiven und Bibliotheken. Festschrift für Raymund Kottje zum 65. Geburtstag, hg. von Hubert Mordek (Freiburger Beiträge zur mittelalterlichen Geschichte Studien und Texte 5) Frankfurt a.M./Bern/New York/Paris 1992, S. 207–222. Immer noch ist die Ulrichsvita nach der von Georg Waitz für die Monumenta Germaniae Historica Scriptores in Folio (künftig zitiert: MG SS) Bd. 4, Hannover 1841, S. 377–425, besorgten Ausgabe zu benutzen. Hatto Kallfelz fertigte 1973 eine recht gelungene deutsche Übersetzung davon an (Leben des hl. Ulrich, Bischofs von Augsburg, verfaßt von Gerhard, in: Lebensbeschreibungen einiger Bischöfe des 10.–12. Jahrhunderts [Freiherr-von-Stein-Gedächtnisausgabe. Ausgewählte Quellen zur deutschen Geschichte des Mittelalters, Bd. 22] Darmstadt 1973, S. 35–167; künftig zitiert: Leben des hl. Ulrich, S...). Eine Neuedition der Vita auf einer gegenüber der Ausgabe von Georg Waitz verbreiterten Handschriftenbasis bereitet Walter Berschin vor.
[2] Vgl. Volkert/Zoepfl, Regesten, Nr. 187 (mit Nachträgen S. 337) sowie Heinz Wolter, Die Synoden im Reichsgebiet und in Reichsitalien von 916 bis 1056 (Konziliengeschichte, Reihe A: Darstellungen) Paderborn/München/Wien/Zürich 1988, S. 134f.
[3] Hier wäre vor allem Joseph Bernhart, Bischof Ulrich von Augsburg, in: Augusta. Forschungen und Studien zur Kultur- und Wirtschaftsgeschichte Augsburg, hg. von Hermann Rinn, Augsburg 1955, S. 19–52, zu nennen.

sogenannten Liudolf-Aufstand, sein Verhalten während der Lechfeldschlacht und schließlich seine Versuche, zu Lebzeiten seine Nachfolge zu regeln.

I.

Ulrich wurde sehr wahrscheinlich 890 geboren.[4] Der Geburtsort (Dillingen, Wittislingen oder Augsburg) ist strittig. Der schwächliche Säugling wurde auf wunderbare Weise gerettet und der heranwachsende Knabe zur Ausbildung dem Kloster St. Gallen übergeben. St. Gallen war um das Jahr 900 eine blühende Abtei unter dem Abt-Bischof Salomo III. von Konstanz (890–920).[5] Ulrichs Eltern, Hupald und Dietpirch, beide dem alemannischen Hochadel entstammend, hatten diese Ausbildungsstätte sicherlich nicht ohne Bedacht gewählt. Obwohl er von den Mönchen dieses Klosters gedrängt wurde, bei ihnen einzutreten, entschied sich Ulrich, eine andere Karriere einzuschlagen. Daß es allein der Entschluß seiner Eltern war, ihn Bischof Adalbero (Adalpero) von Augsburg (887–909)[6] zu unterstellen, wie Gerhard berichtet, erscheint etwas zu vereinfacht, zumal Adalbero und Salomo III. freundschaftliche Kontakte unterhielten.[7] Der Konstanzer Bischof könnte seinem Augsburger Kollegen den begabten Adeligen aus angesehener Familie empfohlen haben. Freilich ist auch möglich, daß Adalbero mit Ulrich verwandt war.[8] Auf jeden Fall bedeutete die Stellung eines Kämmerers bei diesem Bischof, der eine Schlüsselposition in der Reichsverwaltung unter Arnolf (887–899) und Ludwig IV. dem Kind (900–911) einnahm,[9] ein Sprungbrett für höhere Aufgaben. Um so größer war die Enttäuschung des ehrgeizigen jungen Adeligen, als er nach dem Tode seines Gönners nicht dessen Nachfol-

---

[4] Vgl. zum folgenden MG SS IV (wie Anm. 1) S. 385–387 (c. 1) sowie Leben des hl. Ulrich (wie Anm. 1) S. 52–57 und Volkert/Zoepfl, Regesten (wie Anm. 1) Nr. 102 (mit Nachträgen S. 327 f.).

[5] S. dazu Johannes Duft, Die Abtei St. Gallen, Bd. 2: Beiträge zur Kenntnis ihrer Persönlichkeiten. Ausgewählte Aufsätze in überarbeiteter Fassung, Sigmaringen 1991, S. 68–71.

[6] Zu seinem Wirken am besten Volkert/Zoepfl, Regesten (wie Anm. 1) Nr. 52–95 (mit Nachträgen S. 322–326).

[7] Vgl. Walter Berschin, Das Benedictionale Salomos III. für Adalbero von Augsburg (Cambridge, Fitzwilliam Museum Ms. 27), in: Helmut Maurer (Hg.), Churrätisches und St. gallisches Mittelalter. Festschrift für Otto P. Clavadetscher zu seinem 65. Geburtstag, Sigmaringen 1984, S. 227–236.

[8] S. hierzu besonders Heinrich Fichtenau, Lebensordnungen des 10. Jahrhunderts. Studien über Denkart und Existenz im einstigen Karolingerreich, Teil 1 (Monographien zur Geschichte des Mittelalters 30,1) Stuttgart 1984, S. 268, welcher, gestützt auf ältere Literatur, meinte, Adalbero sei Ulrichs Onkel gewesen, während ders., Vier Reichsbischöfe der Ottonenzeit, in: Kirche und Staat in Idee und Geschichte des Abendlandes. Festschrift zum 70. Geburtstag von Ferdinand Maass, hg. von Wilhelm Baum, Wien/München 1973, S. 85, eine Verwandtschaft zwischen den beiden noch offen ließ. Vgl. dazu auch noch Volkert/Zoepfl, Regesten (wie Anm. 1) S. 322 (Nachträge zu Nr. 52).

[9] Vgl. vor allem Josef Fleckenstein, Die Hofkapelle der deutschen Könige, Teil 1: Grundlegung. Die karolingische Hofkapelle (MG Schriften 16,1) Stuttgart 1959, S. 205, 207, 213.

ger wurde. Moderne Autoren, die aus der Diözese Augsburg stammen, hatten Schwierigkeiten, Gerhards Formulierung, daß Ulrich Hiltine (909–923) deshalb nicht dienen wollte, weil dieser nicht hochgeboren war,[10] zugunsten des späteren Heiligen zu interpretieren.[11] Es war die gekränkte Eitelkeit eines wahrscheinlich erst 19jährigen Hochadeligen, der es mit dem Status seiner Familie nicht meinte vereinbaren zu können, einem Mann niederen Standes sich unterzuordnen.[12] Gerhards anschließende Bemerkung, daß Ulrich sich nach dem Tode seines Vaters auf die Güter seiner Familie zurückgezogen habe, um seine Mutter bei deren Verwaltung zu unterstützen,[13] kann dessen schroff hochfahrendes Verhalten gegenüber Bischof Hiltine nur mühsam kaschieren.

Nach dem Tode Hiltines überließen Ulrich, der mittlerweile schon längst Priester war, und seine Verwandten nichts dem Zufall. Herzog Burchard I. (II.) (917–926), ein Verwandter, präsentierte den nunmehr wohl 33jährigen König Heinrich I. (919–936), welcher ihn wegen seiner stattlichen Gestalt und seiner Gelehrsamkeit durch Handgang zum Bischof erhob. Der Schwabenherzog war es auch, der Ulrich in sein Bistum einführte.[14] Die problematischen Umstände der Erhebung des Sprosses aus der Hubaldingersippe (ohne Mitwirkung des Augsburger Klerus durch die Machenschaften eines Herzogs von einem ungesalbten König erhoben) wollte Gerhard, so eine ansprechende Vermutung, durch die an den Beginn der Vita gestellte Weissagung der hl. Klausnerin Wiborada – Ulrich werde später einmal das Bistum Augsburg erhalten – und eine angebliche Bestätigung durch einen fiktiven Papst Marinus während einer Romreise 908/9 nachträglich legitimieren.[15]

---

[10] MG SS IV, S. 387, Z. 15f.: Tunc Hiltine successor Adalberonis effectus est, qui tamen tantae non fuit celsitudinis, ut suo se vellet applicuisse servicio. S. auch Leben des hl. Ulrich, S. 56f.
[11] So z. B. Friedrich Zoepfl, Das Bistum Augsburg und seine Bischöfe im Mittelalter, Augsburg 1955, S. 63, und Manfred Weitlauff, Der heilige Bischof Udalrich von Augsburg, in: Jahrbuch des Vereins für Augsburger Bistumsgeschichte 7 (1973) S. 18.
[12] Vgl. Fichtenau, Lebensordnungen (wie Anm. 8) S. 268; Georg Kreuzer, Augsburg in fränkischer und ottonischer Zeit (ca. 550–1024). Bischof Ulrich von Augsburg in: Gunther Gottlieb u. a. (Hg.), Geschichte der Stadt Augsburg von der Römerzeit bis zur Gegenwart, Stuttgart ²1985, S. 118, und Siegfried Münchenbach, Bischof Ulrich von Augsburg (890–973) – Skizzen zu Person und Zeit, in: Krumbacher Blätter 9 (1990) S. 42. Der Versuch von Albrecht Graf Finck von Finckenstein, Ulrich von Augsburg und die ottonische Kirchenpolitik in der Alemannia, in: Früh- und hochmittelalterlicher Adel in Schwaben und Bayern (REGIO. Forschungen zur schwäbischen Regionalgeschichte 1) Sigmaringendorf 1988, S. 264, die ablehnende Haltung Ulrichs gegenüber dem Nachfolger Adalberos dadurch zu erklären, »daß Hiltin, der im Frühjahr Bischof von Augsburg wurde, ein Anhänger des seit Januar 909 als Kanzler König Ludwigs des Kindes tätigen Bischofs Salomon III. von Konstanz gewesen ist, der seinerseits Gegner der Hundfridinger, also Burchards I., in der Alemannia war«, entbehrt jeder Quellengrundlage.
[13] MG SS IV, S. 387, Z. 15–19 sowie Leben des hl. Ulrich, S. 56f.
[14] Vgl. Volkert/Zoepfl, Regesten, Nr. 104 (mit Nachträgen S. 328) sowie Karpf (wie Anm. 1) S. 106–111 und Finck von Finckenstein (wie Anm. 12) S. 261f.
[15] So Karpf (wie Anm. 1) vor allem S. 110f.

II.

Die Erhebung Liudolfs von Schwaben (953/4), des Königssohnes, der sich auch Konrad der Rote, des Königs Schwiegersohn, anschloß und welcher Erzbischof Friedrich von Mainz nicht entgegentrat, war eine der schwersten Gefährdungen der Königsmacht zur Zeit Ottos I. (936–972).[16] Der Einfluß des jungen Schwabenherzogs am Hof war nach dem Tod seiner Mutter Edgitha und der Heirat Ottos I. (951) mit der burgundischen Königstochter und Witwe des italischen Königs Lothar, Adelheid, geschwunden, derjenige Herzog Heinrichs von Bayern dagegen, eines jüngeren Bruders des Königs, gestiegen. Sein gutes Verhältnis zur jungen Königin führte dazu, daß Otto seinem Herzogtum auf dem Augsburger Hoftag (7.–9. August 952) Friaul mit Istrien zuschlug. Die Empörung über die harsche Behandlung König Berengars von Ivrea durch den König scheint auch Konrad der Rote geteilt zu haben, der ebenfalls wie Liudolf im italischen Königreich Ambitionen hatte. Als die beiden Herzöge losschlugen, gaben sie freilich vor, nicht gegen den König, sondern lediglich gegen dessen Bruder Heinrich zu handeln.

Bemerkenswert ist, daß Gerhards Kritik an den Aufständischen, darauf wurde zu Recht hingewiesen,[17] relativ zurückhaltend ausfällt. Eine neutrale Position[18] kann man freilich Ulrich in dieser Auseinandersetzung nicht bescheinigen. Des Dompropsts Versuch, Otto als Schiedsrichter im Kampf zwischen seinem Sohn Liudolf und seinem Bruder Heinrich zu stilisieren, läßt sich durch andere Quellen nicht stützen.[19] Aber das steht nicht im Zentrum seiner Darstellung. Er wollte die unbedingte Königstreue Ulrichs demonstrieren. Ulrich zog mit fast seiner ganzen Mannschaft nach Bayern, um den König zu unterstützen, der Heinrich wieder im zu Liudolf übergegangenen Regensburg als Herzog einsetzen wollte. Währenddessen plünderte der auf der gegnerischen Seite stehende Pfalzgraf Arnulf von Regensburg Augsburg und verschleppte gefangene bischöfliche Dienstleute nach Bayern. Ulrich mußte nach seiner Rückkehr in sein Bistum aus Mangel an kampferprobten Leuten Augsburg aufgeben und sich in die Burg Schwabmünchen zurückzie-

---

[16] Die Literatur dazu ist weitgehend vollständig bei Franz-Reiner Erkens, Fürstliche Opposition in ottonisch-salischer Zeit. Überlegungen zum Problem der Krise des frühmittelalterlichen deutschen Reiches, in: Archiv für Kulturgeschichte 64 (1982) S. 315 ff. zusammengestellt. Zu ergänzen sind eigentlich nur Lore Sprandel-Krafft, Eigenkirchenwesen, Königsdienst und Liturgie bei Bischof Ulrich von Augsburg, in: Zeitschrift des Historischen Vereins für Schwaben 67 (1973) S. 24–28, Karpf (wie Anm. 1) S. 111 f.; Gerd Althoff/Hagen Keller, Heinrich I. und Otto der Große. Neubeginn auf karolingischem Erbe (Persönlichkeit und Geschichte 124/125) Göttingen/Zürich 1985, S. 146 ff., und neuerdings auch Winfrid Glokker, Die Verwandten der Ottonen und ihre Bedeutung in der Politik. Studien zur Familienpolitik und zur Genealogie des sächsischen Kaiserhauses (Dissertation zur mittelalterlichen Geschichte 5) Köln/Wien 1989, S. 101–119.
[17] Karpf, S. 112.
[18] Ebd.
[19] So überzeugend Sprandel-Krafft (wie Anm. 16) S. 25 f.

hen, welche er nach entsprechendem Ausbau gegen die Anhänger Liudolfs, die fast die ganze Diözese in Besitz genommen hatten, halten konnte. Das hartnäckige Ausharren des Bischofs in der umsichtig befestigten Burg zeitigte schließlich Erfolg. Als die andrängenden Gegner unter Führung Arnulfs, eines Sohnes des genannten Pfalzgrafen, den von Ulrich gehaltenen festen Platz bedrohten, versuchte dieser sie zunächst durch Geldversprechungen zum Abzug zu bewegen. Als die Belagerer darauf nicht eingingen, mußte sich der Augsburger Bischof allein der Übermacht erwehren. Graf Adalbert (von Marchtal) und Ulrichs Bruder Dietbald konnten schließlich durch einen überraschenden Angriff auf das Lager der Feinde den Augsburger Oberhirten befreien. Durch Ulrichs und Bischof Hartperts von Chur (949–ca. 971) Vermittlung sei schließlich, so Gerhard, bei Illertissen (im Frühjahr 954) ein Friedensvertrag zwischen Otto und seinem Sohn Liudolf geschlossen worden.

Diese Darstellung Gerhards[20] ist freilich zu sehr zugunsten seines Helden geraten. Wenn auch nicht bezweifelt werden kann, daß Ulrich durch seine Standfestigkeit dem König half, sich in Schwaben zumindest im Bereich zwischen Iller und Lech zu behaupten, so war das pactum von Illertissen kein Friedensschluß, sondern lediglich ein Waffenstillstand, der bis zum Hoftag von Langenzenn (16. Juni 954) dauern sollte.[21] Endgültig söhnte sich Otto I. erst am 17. Dezember 954 auf dem Hoftag zu Arnstadt mit seinem Sohn Liudolf und seinem Schwiegersohn Konrad aus.[22]

Ulrichs Verhalten gegenüber dem König war, wie schon erwähnt, von dem Grundsatz der bedingungslosen, ja fast vasallitischen Treue geprägt. Nach der Heirat Ottos mit Adelheid kam ein weiterer Umstand hinzu, der die Bindung des Augsburger Bischofs an den König und dessen Familie noch verstärkte, derjenige der Verwandtschaft. Die Königin und spätere Kaiserin war nämlich sehr wahrscheinlich eine Nichte Herzog Burchards II. (III.) von Schwaben und somit eine Großnichte von Ulrichs Mutter Dietpirch.[23] Familienbande spielten bei Ulrichs Handeln eine entscheidende Rolle.[24] Nur damit ist zu erklären, warum der Augsburger Oberhirte selbst unter schwierigsten Bedingungen unverbrüchlich zum König hielt. Vielleicht wehrten sich die Herzöge von Schwaben und Lothringen stellvertretend für ihre Vasallen und ein Großteil des bayerischen Adels auch gegen eine drohende Dominanz

---

[20] Vgl. MG SS IV (wie Anm. 1) S. 398–401, Z. 11 (c. 10–12) sowie Leben des hl. Ulrich (wie Anm. 1) S. 94–105 und Volkert/Zoepfl, Regesten (wie Anm. 1) Nr. 119–121 (mit Nachträgen S. 330).

[21] So Volkert/Zoepfl, Regesten, Nr. 121 (mit Nachtrag S. 330).

[22] Vgl. dazu neuerdings Michael Gockel, Die Deutschen Königspfalzen, Bd. 2: Thüringen, 1. Lieferung, Göttingen 1984, S. 75.

[23] S. dazu zuletzt Albrecht Graf Finck von Finckenstein, Bischof und Reich. Untersuchungen zum Integrationsprozeß des ottonisch-frühsalischen Reiches (919–1056) (Studien zur Mediävistik 1) Sigmaringen 1989, S. 88 und 283 (Tafel XIV).

[24] Vgl. hierzu besonders Fichtenau, Lebensordnungen (wie Anm. 8) S. 254 f.

und Überfremdung durch »Nordlichter« aus Sachsen, als deren Hauptexponenten sie Heinrich von Bayern und erst in zweiter Linie den König sahen. Auffällig ist schon hier, daß Gerhard seine Schwierigkeiten damit hatte, Ulrichs aktiven Einsatz in den kriegerischen Auseinandersetzungen mit den Anhängern des Königssohnes Liudolf möglichst abschwächend darzustellen. »Denn das kirchliche Recht erlaubte dem Kleriker den Gebrauch der Waffen nicht; und ein Lebensbild, das die Normen der Lebensführung eines Bischofs aufzeigen wollte, konnte sich darüber nicht einfach hinwegsetzen, obwohl das Verbot in der Praxis nur unvollständig beachtet wurde«.[25]

III.

Noch größere Probleme hatte der Verfasser der Ulrichsvita bei der Schilderung von Ulrichs Verhalten während der Lechfeldschlacht (August 955).[26] Der Augsburger Bischof verteidigte seine Stadt, die nur von niedrigen Mauern ohne Türme umgeben war, mit großer Umsicht gegen die anstürmenden Ungarn. Er verhinderte einen Ausfall seiner milites und ließ das Tor, welches am meisten gefährdet war, noch stärker sichern. Den bischöflichen Kämpfern gelang es, vor dem Osttor der Stadtmauer einen Anführer der Gegner zu töten. Daraufhin zogen sich diese in ihr Feldlager zurück. Ulrich sei, so berichtete Gerhard, während des Kampfes auf seinem Pferde, angetan mit der Stola, gesessen, ohne durch Schild, Panzer und Helm geschützt gewesen zu sein. Obwohl ihn Wurfspieße und Steine von allen Seiten umschwirrten, sei er unversehrt und unverletzt geblieben.[27]
Der große Augsburger Bistumshistoriker Friedrich Zoepfl (1885–1973) hielt diese Schilderung von Ulrichs Biographen noch für durchwegs historisch.[28] Zweifel daran wurden allerdings schon im Jubiläumsband zur 1000jährigen Wiederkehr des Todestages des Bistumspatrons geäußert.[29] Mittlerweile ist der historischen Forschung der eindeutige Nachweis gelungen, daß es sich

---

[25] Odilo Engels, Der Reichsbischof (10. und 11. Jahrhundert), in: Der Bischof in seiner Zeit. Bischofstypus und Bischofsideal im Spiegel der Kölner Kirche. Festgabe für Joseph Kardinal Höffner, Erzbischof von Köln, hg. von Peter Berglar und Odilo Engels, Köln 1986, S. 53, mit Verweis auf die Arbeiten von Leopold Auer, Der Kriegsdienst unter den sächsischen Kaisern, in: Mitteilungen des Instituts für österreichische Geschichtsforschung 79 (1971) S. 318–322 und Friedrich Prinz, Fortissimus abbas. Karolingischer Klerus und Krieg, in: Festgabe Kassius Hallinger (Studia Anselmiana 83) Rom 1982, S. 125–144.

[26] Vgl. zu dieser epochalen militärischen Auseinandersetzung Volkert/Zoepfl, Regesten, Nr. 124 (mit Nachträgen S. 330) sowie Bruno Scherff, Studien zum Heer der Ottonen und ersten Salier (919–1056), Bonn (phil. Diss.) 1985, S. 50–97.

[27] S. MG SS IV (wie Anm. 1) S. 401 (c. 12), vor allem Z. 29–32 sowie Leben des hl. Ulrich (wie Anm. 1) S. 104.

[28] Zoepfl (wie Anm. 11) S. 66f.

[29] Vgl. Weitlauff (wie Anm. 11) S. 38, gestützt auf Friedrich Prinz, Klerus und Krieg im frühen Mittelalter. Untersuchungen zur Rolle der Kirche beim Aufbau der Königsherrschaft (Monographien zur Geschichte des Mittelalters 2) Stuttgart 1971, S. 172.

bei der Schilderung des waffenlos siegreichen Bischofs Ulrich um einen Topos handelt, der aus der Vita S. Martini des Sulpicius Severus stammen dürfte.[30] Ob Gerhard bekannt war, daß Bischof Michael von Regensburg (940/944–972) nach eigenem Bekunden während der Lechfeldschlacht von den Ungarn ein Ohr abgehauen wurde,[31] mag dahingestellt sein. Anzunehmen ist jedenfalls, daß Gerhard auch Ulrichs aktive Teilnahme an der Lechfeldschlacht mit Rücksicht auf die anstehende Kanonisation bewußt vernebelt hat.

IV.

Gerhard läßt Ulrich in seinen letzten Lebensjahren auf der Rückkehr von einem Romaufenthalt (April oder Dezember 971)[32] die Regelung seiner Nachfolge in Angriff nehmen. In echtem Familiensinn, wenn man nicht von Nepotismus sprechen will,[33] hatte er seinen Neffen Adalbero, den Sohn seiner Schwester Liutgard, zum Nachfolger aufgebaut. Ulrich hatte ihn von einem gelehrten Mönch in den artes liberales unterweisen lassen. Nach Abschluß dieser Ausbildung wurde der junge Mann von seinem bischöflichen Onkel König Otto I. vorgestellt, der ihn wohl in seine Hofkapelle aufnahm. Auf Bitten Ulrichs erhielt der mittlerweile im Hofdienst bewährte Adalbero vom König die Genehmigung, an seiner Stelle das bischöflich-augsburgische Aufgebot auf Kriegszügen zu führen. Außerdem übernahm der Bischofsneffe die ständige Vertretung seines Onkels im königlichen Hofdienst.[34] Ulrich hatte durch die erwähnten Initiativen schon frühzeitig besser für seinen Neffen vorgesorgt als vor Jahrzehnten sein Mentor Adalbero für ihn. Der Dienst bei Hofe, insbesondere als Mitglied der Hofkapelle, prädestinierte einen jungen Mann geradezu für einen Bischofsstuhl.[35]

---

[30] S. neben Prinz, Klerus und Krieg (wie vorherige Anm.) S. 172, vor allem Fichtenau, Lebensordnungen (wie Anm. 8) S. 281 und Engels (wie Anm. 25) S. 53 f. Die entsprechende Stelle bei Sulpice Sévère, Vie de Saint Martin c. 4.1, ed. Jacques Fontaine, Bd. 1 (Sources chrétiennes 133) Paris 1967, S. 260: At Martinus intrepidus, immo inlato sibi terrore constantior: si hoc inquit, ignauiae adscribitur, non fidei, crastina die ante aciem adstabo et in nomine Domini Iesu, signo crucis, non clipeo protectus aut galea, hostium cuneos penetrabo securus.

[31] Arnold von S. Emmeram, De miraculis S. Emmer., ed. Georg Waitz, in: MG SS IV, S. 554. Diese Begebenheit erwähnten schon Lorenz Weinrich, Individualität und Tradition in den Quellen zur Lechfeldschlacht, in: Deutsches Archiv für Erforschung des Mittelalters 27 (1971) S. 311 und Weitlauff (wie Anm. 11) S. 38. Ein zusätzlicher Beleg für den Kampfesmut dieses Bischofs findet sich bei Prinz, Klerus und Krieg (wie Anm. 29) S. 143 Anm. 95.

[32] Zur Datierung s. Volkert/Zoepfl, Regesten, Nr. 147 (mit Zusatz S. 332).

[33] So Finck von Finckenstein, Ulrich (wie Anm. 12), S. 264f. Vgl. zur Frage der Nachfolgeregelung Ulrichs auch noch Weitlauff (wie Anm. 11) S. 42ff.; Engels (wie Anm. 25) S. 55; ders., Der Pontifikatsantritt und seine Zeichen, in: Segni e riti nella chiesa altomedievale occidentale (Settimane di studio del Centro italiano di studi sull' alto medioevo 33) Spoleto 1987, S. 758f.; Wolter (wie Anm. 2) S. 109–111; Münchenbach (wie Anm. 12) S. 60–62 und Schmidt (wie Anm. 1) S. 217f.

[34] Vgl. MG SS IV (wie Anm. 1) S. 389, Z. 22–36 (c. 3) sowie Leben des hl. Ulrich (wie Anm. 1) S. 64f.

Es ist deshalb nicht weiter verwunderlich, daß Otto I. bei einem Zusammentreffen mit Ulrich und dem ihn begleitenden Neffen Adalbero zu Ravenna (971) bereitwillig auf die Bitten des greisen Augsburger Bischofs einging, zumal auch Kaiserin Adelheid, dessen Verwandte, seine Anliegen unterstützte. Adalbero erhielt auf Wunsch seines Onkels vom Kaiser die gesamte weltliche Leitung des Augsburger Bistums übertragen sowie die Zusicherung, nach dem Tode seines Gönners dessen Nachfolge im bischöflichen Amt verliehen zu bekommen. Ulrich selbst wollte sich künftig allein auf den geistlichen Bereich seines Amtes zurückziehen.

Der ehrgeizige Neffe ließ unmittelbar nach seiner und seines Onkels Rückkehr nach Augsburg sich von der Mannschaft (milites) und den Hörigen (familia) des Bischofs in dessen Anwesenheit den Treueid schwören. Ulrich selbst habe sich daraufhin, so Gerhard, ein Mönchsgewand angelegt.

Da andere Kleriker sich ebenfalls Hoffnungen auf die Nachfolge des Augsburger Bischofs machten, beging Adalbero einen, wie sich später herausstellen sollte, folgenschweren Fehler. Er trug nun kurzerhand öffentlich den Bischofsstab, um möglichen Mitbewerbern jede Zuversicht auf eine Erlangung des Bistums zu nehmen.[36]

Auf der Synode von Ingelheim (September 972),[37] zu der Ulrich und sein Neffe Adalbero geladen waren, wurde Unmut über das Verhalten Adalberos laut. Erst nachdem er beeidet hatte, nicht gewußt zu haben, daß er mit dem Stab auch das bischöfliche Amt okkupiert hatte, wurde ihm der Weg ins Bischofsamt wieder offengehalten. Ulrichs dringender Bitte, sein Neffe solle zum Bischof geweiht, ihm selbst aber gestattet werden, gemäß der Regel des hl. Benedikt in einem Kloster zu leben, wurde nicht entsprochen. Seine Mitbischöfe wollten ihn allerdings durch eine offene Ablehnung seines Gesuchs durch die Synode nicht vor den Kopf stoßen. Deshalb versuchten sie eine Lösung in einem persönlichen Gespräch mit ihm zu erzielen. Sie sparten dabei freilich nicht mit Kritik an seinen Vorstellungen. Mit deutlichem Hinweis auf die kirchlichen Rechtsvorschriften gaben sie ihm zu verstehen, es sei nicht möglich, daß zu Lebzeiten eines Bischofs ein anderer geweiht werde. Im übrigen solle er seinem eingeschlagenen Weg treu bleiben und sich nicht vorzeitig zurückziehen. Sie teilten ihm auch mit, daß sie nach seinem Tod keinen anderen zum Bischof weihen würden, solange Adalbero noch lebe. Mit Einwilligung der Bischöfe gestattete der Kaiser schließlich Adal-

---

[35] S. Fleckenstein, Hofkapelle (wie Anm. 9) Teil 2: Die Hofkapelle im Rahmen der ottonisch-salischen Reichskirche (MG Schriften 16,2) Stuttgart 1966 (passim).
[36] Vgl. MG SS IV, S. 407f. (c. 21–22) sowie Leben des hl. Ulrich, S. 127–129. Es ist freilich durchaus möglich, daß es sich bei der von Gerhard immer wieder erwähnten Neigung Ulrichs zur mönchischen Lebensform auch um einen Topos handelt; vgl. Sprandel-Krafft (wie Anm. 16) S. 30ff.
[37] S. dazu neben Volkert/Zoepfl, Regesten, Nr. 150 (mit Nachtrag S. 332) besonders die Anm. 33 zitierte Arbeit von Wolter.

bero, den Onkel zu vertreten und unter dessen Aufsicht die Verwaltung des Bistums in allen Bereichen zu übernehmen.
Ulrich hatte letztlich für sein Gesuch, sich ganz vom Bischofsamt zurückziehen zu können, keine Zustimmung erhalten. Adalbero konnte sich auch nur auf Grund einer Mehrheitsentscheidung der Synodalteilnehmer weiterhin auf die Nachfolge seines Onkels Hoffnungen machen. Es ist durchaus möglich, daß Gerhard – er war selbst bei der Synode anwesend – durch den Mund der Bischöfe eigene Kritik an Ulrichs Vorstellungen äußerte. Der vom amtierenden Bischof in Szene gesetzte Kooptationsvorgang widersprach ja dem Wahlrecht der Domkanoniker.[38]
Der überraschende Tod Adalberos im Frühjahr 973 in Dillingen[39] machte Ulrichs Planungen zunichte. Obwohl er sich später enttäuscht über Adalbero äußerte,[40] gab er offensichtlich die Hoffnung, daß ein Familienmitglied oder ein sonstiger Verwandter sein Nachfolger werden könne, nicht auf. Abt Werinhar von Fulda (968–982), dessen Verwandtschaftsverhältnis zu ihm nicht ganz klar ist, war gegen Ende seines Lebens sein Wunschkandidat.[41] Nach Ulrichs Tod wurde seinem Wunsche jedoch nicht entsprochen. Herzog Burchard II. (III.) von Schwaben (954–973) gelang es, seinen Verwandten Heinrich (973–982) durchzusetzen.[42]

V.

Wir haben versucht, die Ergebnisse der neuesten historischen Forschung zu wichtigen Inhalten der Vita S. Oudalrici zu resümieren und dort, wo es die Quellen zuließen, noch etwas stärker zu akzentuieren. Das Standesbewußtsein und die kriegserprobte Königstreue des Augsburger Bistumspatrons sowie seine massive Förderung von Verwandten wurden deutlicher als in den bisherigen Veröffentlichungen herausgearbeitet. Seiner kirchlich schon 993 festgestellten Heiligkeit tut dies keinen Abbruch, da die Kriterien dafür damals offensichtlich andere waren als heute.

---

[38] Darauf hat Schmidt (wie Anm. 1) S. 218 zu Recht verwiesen.
[39] Zum Termin von Adalberos Tod vgl. Volkert/Zoepfl, Regesten, Nr. 153 (mit Nachträgen S. 332 f.).
[40] Vgl. MG SS IV, S. 411, Z. 48–412, Z. 1; Leben des hl. Ulrich, S. 142 f.
[41] S. Volkert/Zoepfl, Regesten, Nr. 157 (mit Nachträgen S. 333).
[42] Vgl. Volkert/Zoepfl, Regesten, Nr. 160, 162 (mit Nachträgen S. 335).

Walter Berschin

Über den Ruhm des heiligen Ulrich*

Übersicht: Der 4. Juli 973, ein *natalicium*. S. 179–181. – I Die Anfänge der Ulrichsverehrung nach dem zweiten Buch der *Vita S. Uodalrici*. S. 181–183. – II Ulrichs Kar- und Osterliturgie. S. 184–187. – III Frühottonische Zeitform: Die Mathildenviten zum Vergleich. S. 187–189. – IV Ulrichs Sterbeliturgie und der Beginn der *memoria*. S. 190–192.

»In jener Nacht, noch bevor die Morgenröte des Freitags recht zu sehen war, ließ er Asche in Form eines Kreuzes [auf den Boden] streuen, [das Aschenkreuz] mit Weihwasser besprengen und sich darauf niederlegen. Und so lag er, bis die Morgensonne die ganze Weite des Erdkreises erleuchtete. Da kam Riwin vom Königshof zurück, trat ein und gab die Botschaft des Kaisers vor seinen Ohren kund. Da er ihn gesehen und die Botschaft gehört hatte, hob er die Augen auf und sagte, so wie er konnte, Dank dem allmächtigen Gott, der nach dem Prophetenwort Davids ›den Willen derer, die ihn fürchten, tut und ihr Flehen erhört und sie rettet‹ (Ps 144,19). Riwin aber ging hinaus; und sogleich zur selben Stunde, da die Kleriker ergriffen die Litanei sangen, befahl er Gott seine Seele, im neunhundertdreiundsiebzigsten Jahr der Menschwerdung unseres Herrn Jesus Christus, in seinem dreiundachtzigsten Lebensjahr, im fünfzigsten Jahr seiner Bischofsweihe, am vierten Juli, den vierten Nonen dieses Monats, an einem Freitag; in einem glücklichen Hinscheiden wanderte er wie in einen süßen Schlaf versunken aus dem Gefängnis dieses Leibes befreit zur Ruhe«.[1]
Einer alten biographischen Tradition folgt der Augsburger Dompropst Gerhard, wenn er im vorletzten Kapitel des ersten Buchs seiner *Vita S. Uodalrici*[2] den Sterbetag seines Bischofs eingehend schildert. Man könnte das für

---

* Dieser Beitrag erschien zuerst unter dem Titel *Gloriosissime ad dei servicium paratus*. Über den Ruhm des heiligen Ulrich, meiner Frau gewidmet, als Privatdruck der Papst-Johannes-Burse in Köln, 1973. Er wurde für diesen Druck revidiert und mit Anmerkungen versehen.

[1] Gerhard, Vita S. Uodalrici c. 27, ed. Georg Waitz, MGH Scriptores t. 4, Hannover 1841, p. 384–425, hier p. 414. Eine neue Ausgabe dieser ältesten Ulrichsvita ist in Vorbereitung.
[2] Der störendste Fehler der Waitzschen Ausgabe des Ulrichslebens (siehe n. 1) ist die falsche Wiedergabe der Ligatur ȣ mit dem Diphthong *ou* statt *uo* im Namen Ulrichs. Die paläographisch und sprachgeschichtlich einzig richtige Auflösung der in den Handschriften des X.–XII. Jahrhunderts häufigen Graphie ȣdalricus ist *Uodalricus*. 1) Paläographisch: Die Ligatur ȣ, die im griechischen Schriftwesen verbreitet ist und in karolingischen Kapitalisschriften

einen christlichen Zug der Biographie halten, hat doch das Christentum den Todestag als einen Geburtstag zum ewigen Leben aufgefaßt und seit der Spätantike in einer denkwürdigen Umprägung als das eigentliche *natalicium* (*dies natalicius, dies natalis* »Geburtstag«) eben den Todestag aufgefaßt.[3] Hier hatten die Christen allerdings keine großen Widerstände in der griechisch-römischen Antike zu überwinden. In der antiken Gesellschaft galt die Art und Weise des Abschieds aus diesem Leben viel. Sokrates hat seinen Ruhm durch einen standhaften Tod vollendet,[4] Cicero durch seine panische Flucht vor dem Unausweichlichen die letzte Größe eben doch nicht erreicht.[5]

Im Kontinuum der christlichen Biographie von Spätantike und Mittelalter ist die Todesschilderung der *karolingischen* Biographie eher zurückhaltend.[6] Das gilt freilich nur, wenn man das Karolingische auf die eigentlich klassisch-karolingische Epoche begrenzt, die um 800 beginnt und um 870 endigt. Bald nach dieser Epochenschwelle[7] tritt mit der Biographie der ersten Äbtis-

---

gelegentlich als epigraphische Verdichtung auftaucht, wird zur Bezeichnung des Diphthongs *uo* im alemannischen Bereich spätestens um 880 eingeführt, cf. den Namenseintrag des berühmten Tŏtilo († 913) im »Profeßbuch der Abtei St. Gallen«, St. Gallen, Stiftsarchiv Class. I.Cist. C.3.B.56, p. 13; facs. Paul M. Krieg, Augsburg 1931, tab. 15. Mit diesem neuartigen Lautzeichen wird der Name Ulrichs von der (einzigen erhaltenen) Ulrichsurkunde von 969 (siehe unten n. 40) über die älteren Handschriften der Ulrichsbiographien mindestens bis zur romanischen Deckplatte auf dem Grab des hl. Ulrich (1187) geschrieben, deren Inschrift +SCS· ŎDALRIC'·EPC (*Sanctus Uodalricus episcopus*) noch neuerdings in grotesker Weise fehlgelesen wurde. 2) Sprachgeschichtlich: »Germanisch ō... unterliegt im Althochdeutschen einer Diphthongierung, deren gemeinalthochdeutsche Gestalt *uo* ist. Sie ist um 900 in allen Dialekten durchgedrungen« (Wilhelm Braune/Hans Eggers, *Althochdeutsche Grammatik*, Tübingen [13]1975, p. 38). So wird aus *ōdal-rīh* (ahd. *ōdal*=»[väterliches] Erbgut«) im Lauf des IX. Jahrhunderts *uodal-rīh*. Im Zug der Neuhochdeutschen Monophthongierung entwickelt sich ahd./mhd. *uo* zu *ū* (Ul-rich; zur Etymologie des Namens cf. auch Ernst Förstemann, *Altdeutsches Namenbuch* t. 1, Bonn 1900, col. 1182 und 1190–1192). Ich danke Angelika Häse, M. A., für linguistische Beratung.

[3] Cf. Walter Berschin, *Biographie und Epochenstil im lateinischen Mittelalter* t. 1: Von der Passio Perpetuae zu den Dialogi Gregors des Großen, Stuttgart 1986, p. 45 [Lit.]

[4] Cf. Platon, Phaidon 59A: »Glückselig erschien mir der Mann, o Echekrates, in seinem Benehmen und seinen Reden, wie standhaft und edel er endete, so daß ich vertraute, er gehe auch in die Unterwelt nicht ohne göttlichen Einfluß ...« (übers. v. Friedrich Schleiermacher, in *Platon, Sämtliche Werke*, ed. Erich Loewenthal, t. 1, Heidelberg [8]1982, p. 732).

[5] Cf. Plutarch, Cicero c. 54 (Vergleichung mit Demosthenes c. 5): »Was schließlich dann das Ende der beiden betrifft, so kann man mit dem einen [Cicero] nur Mitleid haben, wenn man sieht, wie er, ein hochbetagter Mann, sich aus feiger Schwäche von seinen Sklaven hin- und hertragen ließ, vor dem Tode floh, sich vor denen zu verstecken versuchte, die der Natur nicht einmal viel zuvorkamen, und endlich doch hingeschlachtet wurde« (übers. v. Konrat Ziegler, *Plutarch. Große Griechen und Römer* t. 4, Zürich/München [2]1980, p. 311).

[6] Cf. Walter Berschin, *Biographie und Epochenstil im lateinischen Mittelalter* t. 3: Karolingische Biographie (750–920 n. Chr.), Stuttgart 1991.

[7] Zu dieser Walter Berschin, *Griechisch-lateinisches Mittelalter. Von Hieronymus zu Nikolaus von Kues*, Bern/München 1980, p. 167–172, und das in n. 6 genannte Buch, p. 337–341.

[8] Agius (von Corvey?), Vita S. Hathumodae, MGH Scriptores t. 4, 1841, p. 166–189. Auf die besondere Qualität dieser Biographie ist u. a. Friedrich Rückert (*Das Leben der Hadumod*,

sin von Gandersheim, der *Vita S. Hathumodae*[8] eine intensive Todesdarstellung auf, die dann auch im X. Jahrhundert häufig begegnet.[9] Ulrichs feierlich-liturgisches Sterben ist insofern epochentypisch und im Stil der Epoche geschildert. Mit dem von Gerhard beschriebenen Tag des Jahres 973 endigt die *vita* als körperliches Leben und beginnt die *memoria* als Gedächtnisfeier, die seitdem nicht mehr unterbrochen wurde. Von diesem Tag an ist kein 4. Juli vergangen, ohne daß Ulrichs von Augsburg gedacht worden wäre. Diese Kontinuität unterscheidet das liturgisch-kommemorative Gedächtnis vom profan-»rememorativen« Jubiläum, das uns gegenwärtig in vielen Centenar- und Millenarfeiern entgegentritt.[10]

I

Die Kontinuität der Ulrichsmemoria wurde entscheidend gefördert durch die päpstliche Heiligsprechung im Jahr 993. Mit dieser Kanonisation geht die alte, aus den Ortskirchen erwachsene und von Bischofssitzen und Klöstern getragene Heiligenverehrung im Abendland über zu dem in Rom geprüften und beschlossenen Kult der Heiligen und Seligen.[11] Es ist sicher eines der bedeutenderen Ereignisse der Ottonenzeit – und nur aus der Romverehrung des X. Jahrhunderts zu erklären –, daß Bischof Liutold von Augsburg im Verlauf einer Synode im Lateran am 3. Februar 993 vom damaligen Papst Johannes XV. eine Bulle »an alle Erzbischöfe, Bischöfe und Äbte in Gallien und Germanien« erlangte, in der verfügt wurde, daß »das Andenken ... an den heiligen Bischof Ulrich mit ehrfürchtiger Liebe und treuer Hingabe« im Gottesdienst zu pflegen sei.[12] Ulrich wurde in kurzer Frist einer der bekann-

---

Stuttgart 1845) aufmerksam geworden. Die eindringendste Interpretation findet sich in der Dissertation von Maria Stoeckle, *Studien über Ideale in Frauenviten des VII.–X. Jahrhunderts*, München 1957, p. 84: »Der Tod als integrierender Bestandteil des ganzen Wesens steigt Stufe um Stufe aus dem Unbewußten, bemächtigt sich in der Tagwelt des Leibes und entrückt, wiederum schrittweise, die ganze Persönlichkeit in eine andere und nun doch die obere Dimension«.

[9] Cf. Ludwig Zoepf, *Das Heiligen-Leben im 10. Jahrhundert*, Leipzig/Berlin 1908, p. 59–61.

[10] Zum Beispiel im Jahr 1973 die »Tausendjahrfeier« des Todes der Dichterin Hrotsvit von Gandersheim. Aus ihrem Leben weiß man kaum mehr, als daß sie unter der Äbtissin Gerberga II. von Gandersheim (949–1001) schrieb.

[11] Renate Klauser, »Zur Entwicklung des Heiligsprechungsverfahrens bis zum 13. Jahrhundert«, Zs. für Rechtsgeschichte Kan.Abt. 40, 1954, p. 85–101; Jacobus Schlafke, *De competentia in causis sanctorum decernendi*, Diss. Rom 1961. Die moderne Form des Heiligsprechungsverfahrens ist erst spät fixiert worden durch den Juristen Prosper de Lambertinis = Papst Benedikt XIV. (1740–1758), *De servorum dei beatificatione et beatorum canonizatione*, Padua 1743.

[12] *decrevimus memoriam illius, id est sancti Udalrici episcopi, affectu piissimo et devotione fidelissima venerandam*..., Kanonisationsbulle vom 3. II. 993, zitiert nach Harald Zimmermann, *Papsturkunden 896–1046* t. 1, Wien 1984, p. 612. – Von der bisher nur aus Drucken bekannten Kanonisationsbulle sind bei unseren Handschriftenforschungen im Zuge der

testen und am meisten verehrten Heiligen Deutschlands. Viele Altäre, Kirchen und Kapellen wurden ihm gewidmet; es scheint, daß der Adel[13] sich für den privateren Bereich der Frömmigkeitsübung gern unter ein Ulrichspatrozinium begab. Man denke an die Ulrichskapelle der salischen Kaiserpfalz von Goslar, die Ulrichsburg im Elsaß, die Ulrichskapelle in Altshausen, in der Hermann der Lahme von der Reichenau begraben wurde, oder das Ulrichspatrozinium kleiner alter Hofkapellen wie der im Glöcklehof bei Bad Krozingen. Es war aber keineswegs so, daß die römische Bulle die Bedingung für den gewaltigen Nachruhm Ulrichs gewesen wäre. Schon zuvor wurde er weit über das Bistum Augsburg hinaus als Heiliger verehrt. Wir können dies u.a. dem bisher wenig beachteten zweiten Buch der *Vita S. Uodalrici* Gerhards von Augsburg entnehmen, das die ersten Wunder am Grab Ulrichs schildert. Dieses Buch war mit der eigentlichen Vita spätestens im Jahr 993 fertiggestellt; denn in diesem Jahr wurden *vita und miracula* in Rom verlesen, und kraft ihrer die päpstliche Bulle erteilt.

Bischof Ulrichs Nachfolger, ein weder von Ulrich designierter noch vom Augsburger Domkapitel gewünschter adeliger bayerischer Kleriker Heinrich, der während der Ereignisse um die Sarazenenschlacht bei Cotrone im Jahr 982 das Leben verlor,[14] scheint sich während seiner neunjährigen Amtszeit wenig um das Andenken an seinen großen Vorgänger gekümmert zu haben. Um so mehr erinnerte sich das Domkapitel an Bischof Ulrich, allen voran der Dompropst Gerhard mit Propst Wicfred von St. Afra vor den Mauern der Stadt, wo Ulrich gemäß Augsburger Bischofstradition seine Ruhestätte gefunden hat. Auch die *familia* des verstorbenen Bischofs hatte Anlaß, seiner zu gedenken. »Obwohl noch keine Wunder öffentlich bekanntgeworden waren«, schreibt Gerhard im zweiten Kapitel des zweiten Buches, »warf sich die zahlreiche Hausgemeinschaft beiderlei Geschlechts an einer seinem heiligen Leib nahegelegenen Stelle ständig zu Boden und bat um Beistand in ihren Anliegen«. Hier scheinen mit »Hausgemeinschaft« die mit dem verstorbenen Bischof rechtlich verbundenen Menschen gemeint zu sein.[15] Das erste Wunder geschieht an einem fiebergeplagten Fremden *de provincia Noricorum,* dem der Propst Wicfred von St. Afra den Rat erteilt: »Geh, nimm dir

---

Neuausgabe der Vita S. Uodalrici Gerhards drei handschriftliche Überlieferungen zutage getreten: Augsburg, Staats- und Stadtbibliothek 4°218, fol. 51ᵛ–52ᵛ, saec. XV ex., München, Bayer. Staatsbibliothek Clm 4353, fol. 14, saec. XV ex., und Stuttgart, Württ. Landesbibliothek HB XIV 8, fol. 37ʳᵛ, saec. XVI².

[13] Ein schaurig-schönes Mirakel, in dem St. Ulrich gar als Totenerwecker auftritt, ist in die Zimmerische Chronik aus dem XVI. Jahrhundert aufgenommen: »Ain sonder capitel, in caput von fraw Ita von Dockenburg anzuhenken«, ed. Karl August Barack, *Zimmerische Chronik* t. 1, Stuttgart 1869, p. 339–346.

[14] Cf. Wilhelm Volkert, *Die Regesten der Bischöfe und des Domkapitels von Augsburg* t. 1, Augsburg 1985, p. 90–99.

[15] Zum Begriff familia in der Ulrichsvita Rolf Schmidt, »Legitimum ius totius familiae. Recht und Verwaltung bei Bischof Ulrich von Augsburg«, in *Aus Archiven und Bibliotheken,* (Festschrift Raymund Kottje) Bern 1992, p. 207–222.

einen Stock und trage ihn für deine Gesundung zum Grab meines Herrn Ulrich.« Der Kranke bringt einen Birkenstab, Wicfred heißt ihn, den Stab auf das Grab zu legen, und »vertrauend auch auf das Gebet der Kleriker und durch ihre Belehrung im Glauben bestärkt, wurde er zur selben Stunde vom Fieber befreit und offenkundig wieder gesund«.[16]

Das Beispiel scheint Schule gemacht zu haben. Propst Wicfred achtet darauf, daß die Stäbe als Zeichen erfolgter Heilung beim Grab zurückbleiben, denn bald schon ist von versuchten Diebstählen an solchen Stöcken oder Stäben zu berichten (II 4–5). Andere unerwünschte Nebenerscheinungen treten auf; manche Leute erleichtern sich mit Hilfe der Stöcke das Stehen während der Messe und nehmen dabei eine wenig liturgische Haltung ein. Sie trifft das Fieber, von dem sie sich nur befreien können, indem sie ihre Hölzer wegwerfen (II 6). Schließlich werden der Stöcke zu viele. Man legt sie ins Gebälk der Grabnische und erlaubt den für die Kirche arbeitenden Wachsziehern, die überzähligen zu verfeuern. Auch Krücken und Nachbildungen geheilter Gliedmaßen finden sich nun beim Ulrichsgrab. Besonders berichtenswert scheint es Gerhard, daß sogar ein Mitglied der *familia* Bischof Heinrichs seine Zuflucht zu Ulrich nimmt. Es ist ein in Ungnade gefallener Bäcker. Nachdem er wunderbare Hilfe erlangt hat, wird dieser ein großer Freund der *caritas S. Uodalrici*, des gemeinsamen Trinkens auf die wundertätige Heiligkeit des Genannten (II 10–11).

Eindrucksvoll ist die Geschichte des verkrümmten Schmiedes erzählt, der sich auf Krücken zum Ulrichsgrab schleppt, mit einer Krücke ausgleitet und so zu Boden stürzt, daß seine Knie wie Hämmer zusammenschlagen, worauf sich seine Beine auf dem Pflaster ausstrecken. Der Schmied steht auf, nimmt ein Kreuz auf den Rücken und läuft, von Klerikern begleitet, kraftvoll zum Mariendom, von wo er nach gemeinsamer Danksagung, immer mit dem Kreuz auf dem Rücken, nach St. Afra zurückkehrt (II 14). Gerhards Realismus stellt es uns hier frei, das Wunder und die gesamte Entstehung des Ulrichskults zu entmythisieren. Der Schmied wurde, wenn man will, durch den Schock des Sturzes geheilt; der Kult entstand, so würde man modern sagen, »aus dem Zusammenspiel« der beiden Pröpste; keine bessere Publizität war zu erreichen, als indem man auf der großen Augsburger Prozessionsstraße von St. Afra zum Dom, oder von einem Propst zum andern, die wunderbare Veränderung allen vor Augen führte. Das ist richtig und doch nicht die ganze Wahrheit; denn in dieser Betrachtungsweise wäre verkannt, wie tief die zeremonielle, liturgisch formalisierte Verehrung des heiligen Ulrich im Leben des Verehrten selbst wurzelt.

---

[16] Gerhard, Vita S.Uodalrici II 2.

II

Jedermann kennt das Bild Ulrichs hoch zu Roß in der Ungarnschlacht. Wer die Ulrichsvita gelesen hat, weiß, daß die Verteidigung Augsburgs im Jahre 955 eine wichtige Stelle in der Lebensbeschreibung seitens des Zeitgenossen darstellt, aber nicht die Summe des Ulrichslebens ist.[17] Vielleicht bezeichnender ist das umfangreiche vierte Kapitel des ersten Buchs der Vita, in dem ausführlich dargestellt wird, wie Ulrich die Fastenzeit begeht. Darin ist die Feier des Palmsonntags so geschildert:
»An diesem Tag ging er früh im Morgengrauen nach St. Afra hinaus, wenn er nicht schon die Nacht dort zugebracht hatte. Er sang die Messe von der heiligen Dreifaltigkeit und segnete Palmzweige und andere grünende Zweige. Dann zog er mit dem Evangelienbuch, mit Kreuzen und Fahnen und mit einem Bildwerk des auf dem Esel sitzenden Herrn, mit Klerikern und einer Menge Volkes, das Palmzweige in Händen hielt, unter Gesängen, die zu Ehren dieses Tages gesetzt waren, in großem Schmuck zu dem Perlach genannten Hügel. Dort kam ihm der Chor der Kanoniker in großer Schönheit entgegen, samt den Bewohnern, die in der Stadt zurückgeblieben waren und denen, die sich ihnen aus den umliegenden Ortschaften dort anschließen wollten, um die Demut der Knaben und der Volksmenge nachzuahmen, die den Weg des Herrn mit Palmzweigen und mit ihren Kleidern bestreuten. Wenn dies geschehen war, hielt der heilige Mann eine passende Ansprache an alle über die Passion des Herrn, oft auf eine Weise, daß ihm Tränen kamen und er durch diese Tränen viele [von denen, die ihm zuhörten,] auch zum Weinen brachte. Nach der Ansprache zogen alle gemeinsam Gott lobend zur Mutterkirche, feierten mit [Ulrich] die Messe und gingen dann nach Hause.«
Wer die Topographie Augsburgs kennt, die immer noch von dem Straßenzug vom Domhügel über den Perlach nach St. Ulrich und Afra beherrscht ist, wird die Inszenierung dieser Palmsonntagliturgie bewundern, in der zum ersten Mal in der Überlieferung der später in Süddeutschland beliebte Palmesel[18] erscheint. Man mag einwenden, es sei doch fraglich, ob in solchen die ganze Stadt einbeziehenden liturgischen Feiern etwas Neues, ein eigener Beitrag Ulrichs zu finden sei. Schließlich hatte Augsburg schon in der späten Karolingerzeit bedeutende Bischöfe gesehen, Witgar († 887), der Erzkaplan Kaiser Karls III. wurde,[19] und Adalpero (887–909), der großen Einfluß auf Kö-

---

[17] Gerhard, Vita S. Uodalrici I 12.
[18] Cf. Johann Baptist Lehner, Art. Palmesel, in *Lexikon für Theologie und Kirche*, t. 7, Freiburg i. Br. 1935, col. 905–907. Der von Hans Multscher geschnitzte spätgotische Palmesel aus St. Ulrich und Afra befindet sich jetzt im Kloster Wettenhausen. Michael Hartig, *Das Benediktiner-Reichsstift Sankt Ulrich und Afra*, Augsburg 1923, p. 85 (Abb.).
[19] Volkert, *Die Regesten* (wie n. 14), p. 37–44.
[20] ib., p. 44–59.
[21] Gerhard, Vita S. Uodalrici I 4.

nig Ludwig (das Kind) hatte.[20] Adalpero hatte Ulrich gefördert. Führte Ulrich nur die Traditionen fort, die er schon unter Adalpero kennengelernt hatte? Man darf solche Bedenken hintanstellen. Die *Vita S. Uodalrici* zeigt einen solchen Erfindungsreichtum in der liturgischen Durchdringung von Raum und Zeit, daß wir hierin wohl etwas Persönliches Ulrichs – natürlich in Einklang mit der Liturgiefreude der ottonischen Zeit – sehen dürfen und uns hier in der Perspektive der Zeitgenossen befinden. Gerhard fährt mit der Schilderung der Karwoche fort:[21]

»Nach [dem Palmsonntag] aber pflegte er während der drei folgenden Tage eine Kirchenversammlung abzuhalten, da die Canones zwei bischöfliche Synoden im Jahr vorschreiben, eine am fünfzehnten Oktober, die andere in der vierten Woche nach Ostern. Er aber beschloß, letztere während der Karwoche durchzuführen, damit sich nicht später etwa ein Hindernis der Durchführung entgegenstelle, und damit am Gründonnerstag mit der [versammelten] Menge der Kleriker und des Volkes in größerer Fülle und Ehre das Chrisam und das Öl geweiht werde.

An diesem [Gründonnerstag] aber kamen zur dritten Stunde alle Kleriker in die feierlichsten Gewänder gekleidet zur Kirche, und er, nach seiner Sitte glorreich zum Dienst Gottes gerüstet, begann mit ihnen in aller Frömmigkeit die Mysterienfeier zu vollziehen... [Das Chrisam und das Öl] ließ er sich in tiefer Ehrerbietung herbeibringen, mit Kreuzen, von Knaben getragen, die unter kleinen Pallien verhüllt waren, mit Kerzen und unter Versen, die zu diesem Dienst verfaßt waren und in großer Anmut gesungen wurden, und mit einer Prozession von zwölf Priestern, die mit ihm bis ans Ende der Messe in ihrem Dienst ausharren mußten. Da ihm also feierlich [das Chrisam und das Öl] überbracht waren, nahm er es demütig entgegen und bat die ganze Synodenversammlung, zusammen mit den Priestern, die an der Prozession teilnahmen und ihm beistanden, vom Segnen nicht abzulassen, während er selbst das Kreuz über [das Chrisam und das Öl] zeichnete; das übrige Volk bat er, das Vaterunser in großer Demut zu singen...

Wenn der langersehnte, hochheilige Ostertag gekommen war, trat er nach der Prim in die Kirche des heiligen Ambrosius, wo er am Karfreitag den Leib Christi unter einem Stein geborgen hatte, und dort las er mit wenigen Klerikern die Messe von der heiligen Dreifaltigkeit. Inzwischen versammelte sich feierlich gekleidet der Klerus in der Laube neben derselben Kirche, und [der Bischof] trat nach der Messe an ihre Spitze, trug mit sich den Leib Christi und das Evangelienbuch, Kerzen und Weihrauch und, begrüßt mit passenden Versen, von Knaben gesungen, gelangte er durch den Hof in die Kirche des heiligen Johannes des Täufers und sang dort die Terz. Von da begab er sich in einer sehr anmutigen Prozession, in der alle nach ihrem Rang, je zwei und zwei, schritten, unter Antiphonen, die zur Ehre des Tages trefflich gesetzt waren, zum Dom, um dort die Messe zu feiern. Wenn diese Messe in aller Frömmigkeit glorreich gesungen war und alle die Sakramente Christi empfangen hatten und nach Hause gegangen waren, begab er sich zur Tafel; dort fand er drei Tische[22] vor, die mit aller Zier gerichtet waren: einer, an dem er mit den von ihm Geladenen saß, ein zweiter für die Domgeistlichen und ein dritter für die Kongregation von St. Afra. Also wurde die Speise gesegnet, und er verteilte unter alle das Fleisch des Osterlammes und Speckstücke, die während der Meßfeier geweiht worden waren, und erst dann nahm er mit ihnen in aller Freude das Mahl ein. Zu bestimmter Zeit kamen Spielleute (*symphoniaci*), deren Menge so groß war, daß sie, nach ihrem Rang aufgestellt, fast den ganzen Raum des Saales eingenommen hätten, und sie vollführten drei Spielweisen.[23] Da die Freude übergroß wurde, ließ der Bischof die Kanoniker die Caritas[24] erbitten und empfangen, während sie ein Responsorium auf die Auferstehung des Herrn sangen. Wenn diese Caritas ausgebracht war, tat am anderen Tisch die Kongregation von St. Afra ebenso. Da aber der Abend nahte, ließ er sich und denen, die bei ihm saßen, fröhlich die Becher reichen und bat sie alle, eine dritte Caritas in Liebe zu trinken; nach Empfang dieser Caritas sang der ganze Klerus zusammen in Fröhlichkeit ein drittes Responsorium. Sobald es gesungen war, standen die Kanoniker zu einem Hymnus auf, um recht vorbereitet zur Vesper zu kommen. Nach der Vesper kehrte der Bischof mit seinen Gästen und mit den Kriegsleuten in sein Haus zurück, um alle zu erheitern.

Am Morgen aber, am Montag, versammelte sich der ganze Klerus bei St. Afra, um den [aus der Stadt] kommenden Bischof in den schönsten Festkleidern ehrenvoll zu empfangen; es war nämlich seine Gewohnheit, daß er an diesem Tag dort mit der Feier der heiligen Messe Gott diente und nach der heiligen Meßfeier die Menge des dort versammelten Volkes mit dem heiligen Chrisam firmte. Wenn das geschehen war, kehrte er zur Stadt zurück und feierte dort die ganze Osterwoche in großer Frömmigkeit.«

Im folgenden fünften Kapitel des ersten Buchs beschreibt Gerhard, wie Ulrich nach der Osterwoche zur Visitation des Bistums ausfährt. Genau ist der

---

[22] Man vergleiche die drei Gedecke mit gestifteten Speisen in den Mathildenviten, unten p. 187 mit n. 27.

[23] *tres modos symphonizando perfecerunt*, Gerhard, Vita S.Uodalrici I 4. Die Stelle ist der älteste Beleg für die Aufführung von *modus* genannten Weisen. Solche *modi* sind erhalten im »Wolfenbütteler Heft« (Wolfenbüttel, Herzog August Bibliothek 56.16 Aug. 8°) aus dem Paderborner Dom, saec. XI, und in der »Cambridger Liedersammlung« (Cambridge, University Library Gg. 5.35), saec. XI. Cf. Helmut Berschin/Walter Berschin/Rolf Schmidt, »Augsburger Passionslied«, in *Lateinische Dichtungen des X. und XI. Jahrhunderts*, (Festgabe Walter Bulst) Heidelberg 1981, p. 251–279, hier p. 272 sq. mit n. 68 und 69.

[24] »eine Feier oder einfache Zusammenkunft, bei der eine nicht alltägliche Spende an Trank oder Speise genossen wird«, Bernhard Bischoff, »Caritas-Lieder«, *Mittelalterliche Studien* t. 2, Stuttgart 1967, p. 56–77, hier p. 57. »Das Minnetrinken, die Anrufung heiliger Namen beim Trinken, in der die Trankopfer für Götter und Verstorbene und germanische Trinksitten in christlichem Gewande fortlebten, war im Mittelalter außerordentlich verbreitet; viel angefeindet, ist sie in der Johannisminne sogar in das kirchliche Brauchtum übergegangen«, ib., p. 65.

Ochsenwagen geschildert, den Ulrich dabei benutzt, nicht weil er nicht hätte reiten wollen oder können, sondern weil er auch auf Reisen die Tagzeiten des Stundengebets einhalten will. So hat er einen Wagen bauen lassen, in dem sein Sitz in eisernen Bändern hängt. Diese seine Reiseeinsamkeit darf mit ihm nur ein Kaplan teilen, mit dem er die Psalmen singt. Es ist bezeichnend für Ulrich, wie für den Geist der großen Bischöfe der Ottonenzeit überhaupt, daß eine mönchische Innenzelle des Daseins durchaus von weltlicher Macht und Pracht umgeben ist. Ulrichs rollende Einsiedelei umringen stets einige Priester, auf deren Rat er setzt, und einige Kapläne, so daß er täglich und überall feierlich Gottesdienst halten kann. Auch erfahrene Vasallen müssen dabei sein, »um immer bereit zu sein, mit ihrem Rat besonnen vorzugehen und zu entscheiden«. Besonderen Wert legt er auf die mitziehende auserlesene Schar aus der *familia*. Nur einer aus ihr darf das Ochsengespann anführen. Diese Leute beobachten den Bischof »von vorn und hinten, zur Rechten und zur Linken«. Ihnen läßt Ulrich in seiner Gegenwart täglich soviel zuteilen, daß es für ihre dreifache Zahl gereicht hätte. Schließlich fehlt nicht der Zug der Armen, der in dieser Zeit jedem mildtätigen Großen folgt. Auch um diese kümmert sich der Bischof täglich selbst. Er duldet es, daß die Ärmsten auf den bischöflichen Fahrzeugen mitfahren.

Verweilen wir bei diesem merkwürdigen Bild; denn wir gehen kaum fehl in der Annahme, daß sich dieser Bischof Ulrich im Ochsenwagen nicht minder seiner Zeit eingeprägt hat als der hoch zu Roß bei der Belagerung Augsburgs durch die Ungarn. Es ist ein archaisches Bild, das den historischen Sinn an die *reges criniti*, »die langhaarigen Könige« der Merowingerzeit, erinnern kann, die im Ochsengefährt durch ihr Reich zogen und Recht, Heil und Segen über das Land brachten.[25] Gerhard spricht aber von einem anderen Vorbild für Ulrichs Reisen psalmenbetenderweise im Ochsenwagen:[26] »Er ahmte den Eunuchen nach, der, den Propheten Isaias lesend auf seinem Wagen saß und dahinfuhr und dem sich auf Geheiß des Heiligen Geistes Philippus beigesellte...«

III

Ulrich von Augsburg verkörpert eine frühottonische Zeitform, deren Gegenbild uns am stärksten vielleicht in der Königin Mathilde, der Frau Heinrichs I. und Mutter Ottos des Großen, des Bayernherzogs Heinrich und Bruns von Köln entgegentritt. In ihren Viten wird unter anderem berichtet: Zweimal am Tag speist sie die Armen. Bevor sie zur Tafel geht, verteilt sie nochmals Speisen an Pilger und Bedürftige; sie nimmt es buchstäblich, daß in Gestalt der Armen Christus selbst entgegenkommt. Ist man einem Kloster

---

[25] Einhart, Vita Karoli c. 1, wo allerdings die Merowinger einen lächerlichen Hintergrund abgeben sollen zu den (kurzgeschorenen und natürlich auf Pferden reitenden) Karolingern.
[26] Gerhard, Vita S.Uodalrici I 6 mit Anspielung auf Act 8,28 sqq.

nahe, so sendet sie drei Gedecke mit Speisen hinein.[27] Sie füttert täglich den Hahn, »der das Licht des Tages ankündigt und die Gläubigen zum Dienst Christi weckt«. Den Vögeln, die im Sommer in den Bäumen singen, läßt sie Brosamen streuen, »damit sie im Namen des Schöpfers Futter fänden«. In ihrem Reisewagen liest sie mit der sie begleitenden Nonne oder singt sie Psalmen — es ist wohl ein ähnlicher Reisewagen wie derjenige, den Ulrich gebraucht. Kein Armer am Wege bleibt ungetröstet. Kerzen werden im Wagen mitgeführt und an die Kirchen unterwegs verteilt. Im Winter läßt sie an ihrem Aufenthaltsort im Freien die ganze Nacht hindurch ein Feuer unterhalten, damit die Ärmsten sich wärmen können und nächtliche Wanderer ein Licht sehen. Besonders teuer ist ihr der Samstag als der Rüsttag der Auferstehung Jesu und Todestag König Heinrichs. An diesem Tag läßt sie den Armen ein Bad bereiten und dient selbst in der Badestube.[28]

Die Wohltätigkeit der Königin ist ein Teil der Verwandlung des Lebens in eine erfindungsreiche Liturgie. Das Wort »Wer nicht arbeiten will, soll auch nicht essen« (II Th 3,10) wird von Mathilde so ernst genommen, daß sie, wenn sie durch das Anhören vieler Reden von der Handarbeit und vom Studium der Schrift abgehalten wurde, noch vor dem Tisch stehend ein kleines Werk verrichtet. Die Königin hält eine Reihe von Gedenktagen an ihren Gemahl. Am 2. Juli, dem Jahrestag des Todes König Heinrichs, strömen die Armen in Quedlinburg zusammen; die Königin freut sich über die Menge und speist sie. Auch den Oktavtag und den dreißigsten Tag feiert sie, dazu jeden Samstag. Als sie den Tod nahen fühlt, begibt sie sich nach Quedlinburg, um an der Seite König Heinrichs die Auferstehung zu erwarten. Sie stirbt am 14. März 968, einem Samstag, zu der Stunde, da sie die Armen zu speisen pflegte.

Dieses Leben wäre mit geschichtsblinden Augen gelesen, wollte man es als eine Flucht in eine überzeitliche Welt verstehen. Mathildes »Wachsamkeit für den Dienst an Gott«[29] zeigt vielmehr eine bestimmte geschichtliche Form. Man erkennt sie, wenn man das Leben der Königin vergleicht, die nach dem Tod Mathildes deren Stelle eingenommen hat: Kaiserin Adelheid († 999), die »Mutter der Königreiche«, wie sie Gerbert von Reims genannt hat.[30] Odilo von Cluny schreibt, daß ihr am Ende »Familienangelegenheiten

---

[27] Vita Mahthildis reginae [älteres Mathildenleben] c. 11, MGH Scriptores t. 10, 1852, p. 575–582, hier p. 578 sq.; Vita gloriosae reginae Mathildis [jüngeres Leben] c. 17, MGH Scriptores t. 4, 1841, p. 283–302, hier p. 294 sq. Das Motiv der drei Gedecke mit gestifteten Speisen findet sich bei Venantius Fortunatus, Vita S. Radegundis c. 17, MGH Scriptores rerum Merovingicarum t. 2, Hannover 1888, p. 364–395, hier p. 370, sowie in der vom X. Jahrhundert an im Abendland wirksamen Vita S. Alexii, Acta SS Iul. t. 4, Antwerpen 1725, p. 251–253, hier c. 1, p. 251. Das Kapitel ist in dem in n. 3 genannten Buch, p. 167 sq., gedruckt und übersetzt.

[28] Älteres Mathildenleben c. 11, jüngeres Leben c. 17, wie vorige n.

[29] *vigilantia erga cultum divinum*, Widukind v. Corvey, Res gestae Saxonicae III 74, edd. Paul Hirsch/H. E. Lohmann, Hannover 1935, p. 150.

lästig« waren.³¹ Hier hat die Askese Natur und Übernatur gespalten. Die Königin Mathilde löste sich durch ihre Frömmigkeit nicht aus ihrer Familie.³² Die Nachfahrin Widukinds sieht ihre Söhne und Töchter über viele Länder Europas herrschen, erlebt Enkel und Urenkel, dankt für jede Geburt und hält in einem *computarium*³³ die Namen von Verstorbenen fest. In ihrer letzten Stunde gibt sie diesen ihren Gedenkkalender an die Äbtissin Mathilde von Quedlinburg, eine Enkelin, weiter. In der ungebrochenen Hingabe an die Königsfamilie hat das Mathildenleben seine eigene Gestalt.

So frühzeitlich wie Mathilde neben den späteren Königinnen der ottonisch-salischen Epoche steht, so altertümlich, wie ein Priesterfürst, wirkt Bischof Ulrich etwa neben seinem Zeitgenossen Brun von Köln. Beide waren dem Mönchsleben zugetan, und doch war es ein großer Unterschied, wie beide ihre Demut zeigten. Brun, der vom lothringischen Reformmönchtum beeindruckte Königssohn und Erzbischof, tat es spontan und wohl auch in schokkierender Weise, indem er »inmitten seiner purpurgekleideten Diener und goldschimmernden Krieger selbst eine unansehnliche Tunika und bäurische Schafpelze trug«.³⁴ Der vom Kloster St. Gallen geprägte Bischof Ulrich demütigte sich vor dem Priester, der sich anschickte, vor seinen Augen zu zelebrieren, indem er ihm die Hand küßte.³⁵ Vielleicht war Ulrichs liturgische Demutsgeste mehr nach dem Herzen Gregors des Großen, des Lehrmeisters der Bischöfe des Mittelalters, der sagt, die Vorgesetzten dürften die Tugend der Demut nicht maßlos üben, um den Gehorsam der Untergebenen nicht zu gefährden. Doch sollten sie »in gebührender Weise durch bestimmte hervorbrechende Zeichen« die ihnen Anvertrauten nicht darüber im Unklaren lassen, daß sie sich niedrig achteten.³⁶

---

³⁰ *mater regnorum*, Gerbert, epist. 74 und 128, ed. Fritz Weigle, *Die Briefsammlung Gerberts von Reims*, Berlin/Zürich/Dublin 1966, p. 105, 155 (app.) und 156.
³¹ *Familiaris rei negotium erat sibi etiam importunum*, Odilo v. Cluny, Epitaphium domne Adalheide auguste I 19, ed. Herbert Paulhart, Graz/Köln 1962, p. 42.
³² Vita Mahthildis reginae [älteres Mathildenleben] c. 15, MGH Scriptores t. 10, p. 581; Vita gloriosae reginae Mathildis [jüngeres Leben] c. 26, MGH Scriptores t. 4, p. 301.
³³ »Kalender« übersetzt das *Mittellateinische Wörterbuch*, t. 2, fasc. 8, München 1985, col. 1127.
³⁴ Ruotger, Vita domni Brunonis c. 30, ed. Irene Ott, Köln/Graz ²1958, p. 31.
³⁵ Gerhard, Vita S. Uodalrici I 4.
³⁶ *Teneamus ergo exterius, quod pro aliorum utilitate suscipimus; teneamus interius, quod de nostra aestimatione sentimus. Sed tamen decenter quibusdam erumpentibus signis tales nos apud nos esse ipsi etiam, qui nobis commissi sunt, non ignorent* ..., Gregor d. Gr., Moralia in Iob XXVI 26, Migne PL 76, col. 377; neue Ausgabe Corpus Christianorum 143 B, Turnhout 1985, p. 1302.

IV

Als Ulrich das achtzigste Lebensjahr überschritten hatte, spürte er, wie seine Kräfte täglich abnahmen. Von da an lebte er ganz auf seinen Tod hin. Er unternahm um des Seelenheils willen eine letzte Romreise, streckenweise auf einer Trage. Wichtig war ihm die Frage der Nachfolge. So ließ er den Umweg über Ravenna einschlagen, um das Kaiserpaar Otto (den Großen) und Adelheid noch einmal zu sehen. Dort erbat und erhielt er die Erlaubnis, daß er die weltlichen Geschäfte des Bischofsamts an seinen Neffen Adalpero übergeben dürfe, und die Zusicherung, daß Adalpero seine Nachfolge antreten würde.[37] In Augsburg wieder angekommen, trug Ulrich nur mehr ein Mönchsgewand. Adalpero aber fühlte sich seiner Sache so sicher, daß er sich nicht nur schwören ließ, sondern auch mit dem Bischofsstab seines Onkels öffentlich auftrat. Das trug dem greisen Ulrich und seinem Neffen die Ladung vor die Synode von Ingelheim (972) ein, wo man viel Mühe hatte, den großen alten Mann, der kaum mehr sprechen konnte, davon zu überzeugen, daß er die Würde und Bürde des Bischofsamtes bis zum Ende tragen müsse. Man sprach Adalpero gegenüber von »Häresie«, zu Ulrich von »Abweichung vom rechten Pfad«, wenn ein Bischof zu seinen Lebzeiten noch einen Nachfolger erhalte, und tröstete Ulrich mit der Versicherung, daß man Adalpero zu seinem Nachfolger wählen werde.[38] Für Ulrich war das bitterer Zwang, denn der Mann, der ein in seiner Zeit seltenes Alter erreichte, hatte das Bedürfnis nach Ruhe, und die Liebe zur mönchischen Lebensform war bei dem Schüler St. Gallens[39] und der Rekluse Wiborada[40] echt. Auch wäre es wohl kaum zum Schaden des Bistums gewesen, wenn die donauschwäbische Ulrichsippe weiterhin den Ton angegeben hätte – so wie die drei Salomone im IX. und frühen X. Jahrhundert kein Schaden für das Bistum Konstanz gewesen waren.

[37] Gerhard, Vita S. Uodalrici I 21.
[38] ib. I 22–23. Die bekannten Vorgänge erzählt nach Horst Fuhrmann, in *Ingelheim am Rhein. Forschungen und Studien zur Geschichte Ingelheims*, Stuttgart 1964, p. 165 sq. – Aus der alten Kirche gab es mindestens *ein* prominentes und bekanntes Beispiel für die Einsetzung eines Bischofs noch zu Lebzeiten des Vorgängers, nämlich die Bischofserhebung des Augustinus im Jahr 391 in Hippo, von der Possidius in Vita S. Augustini c. 8 berichtet. Das Beispiel war allerdings zur Verteidigung von Ulrichs Vorgehen wenig brauchbar, weil der Biograph betont, Augustinus habe dieses Verfahren später entschieden abgelehnt. Letzte Ausgabe der Augustinusvita A. A. R. Bastiaensen, *Vita di Cipriano, Vita di Ambrogio, Vita di Agostino*, [Mailand] 1975.
[39] Cf. Johannes Duft, »Bischof Ulrich und St. Gallen«, *Die Abtei St. Gallen* t. 2, Sigmaringen 1991, p. 189–200.
[40] Cf. Eva Irblich, *Die Vitae Sanctae Wiboradae*, St. Gallen 1970, p. 127–134. Die ältere Wiboradavita erzählt, daß Bischof Ulrich die Sanktgaller veranlaßt habe, das Leben der im Jahr 926 in Ungarn erschlagenen heiligmäßigen Rekluse aufzuschreiben, Vita I. S. Wiboradae c. 45, ed. Walter Berschin, *Vitae Sanctae Wiboradae*, St. Gallen 1983, p. 102–104. Dieses Kapitel stammt allerdings nicht vom Autor der Vita selbst, sondern ist ein Nachtrag, m. E. von Ekkehart IV. von St. Gallen (»Das Verfasserproblem der Vita S. Wiboradae«, *Zs. für Schweiz.*

Im April des Jahres 973 starb Adalpero nach einem Aderlaß. Ulrich begrub ihn neben der für ihn selbst bereiteten Grabstätte. Im Mai folgte die Nachricht vom Tod Ottos des Großen, »dem er immer die Treue wahrte in allem und zu dem auch Liebe fest in seiner Brust eingewurzelt war«.[41] Das waren die Vorzeichen des eigenen Todes. Die tägliche Messe zu feiern, hörte er erst auf, als er nicht mehr stehen konnte. Bei Tisch saß er wie gewohnt, aber er aß nicht mehr. In die Kirche ließ er sich nunmehr tragen. Nach dem Gottesdienst legte er sich keineswegs zur Ruhe, sondern »saß da beschuht auf seinem Sessel«, bis zuletzt im Amt, wie es ihm die Synode von Ingelheim aufgetragen hatte,[42] »und neigte sich bisweilen nach rechts auf dem Kissen, bisweilen nach links und manchmal, wenn er den Rücken anlehnte, dann neigte er sich rückwärts über die Lehne des Sessels, auf dem er saß«. Der Dompropst Gerhard, der ihn so als sterbensmüden Mann erlebte und der Nachwelt überlieferte, las ihm in diesen Wochen vor aus den *Vitas patrum*[43] und dem IV. Buch der *Dialogi* Gregors des Großen, das von den Letzten Dingen handelt. Am achtzehnten Juni ließ sich Ulrich nach der Messe auf einen Teppich vor dem Kreuzaltar im Dom niederlegen. Eine halbe Stunde später erhob er sich und ließ seinen Kämmerer die bewegliche Habe, mit Ausnahme des für die folgenden Tage Nötigsten, in den Dom bringen und an die Armen, die Kleriker und zwei Reklusen in Ottobeuren und in Kempten verteilen. Am Täuferfest des vierundzwanzigsten Juni ließ er sich am frühen Morgen anziehen und feierte mit dem Aufgebot aller Kräfte noch einmal zwei Messen zu Ehren Johannes' des Täufers.

Nun glaubte und hoffte er, an der Vigil von Peter und Paul zu sterben. Er legte sich nieder und war enttäuscht, als man ihn nach der Vesper wieder vom Erdboden aufhob. Gerhard bereitete ihm einen großen Trost dadurch, daß er u. a. eine Geschichte aus den Evangelien-Homilien Gregors des Großen[44] zu erzählen wußte, in denen von der erzieherischen Wirkung solcher Verzöge-

---

Kirchengeschichte 66, 1972, p. 250–270, hier p. 270 sq.). Das vermindert die Glaubwürdigkeit der Nachricht, denn Ekkehart IV. († um 1060) schreibt in großem zeitlichen Abstand. – Eine Beziehung zwischen Ulrichs Augsburg und St. Gallen auf dem Gebiet des Schriftwesens zeigt die einzige erhaltene Ulrichsurkunde, Augsburg, Staatsarchiv Augsburg, Domkapitel Urk. Nr. 1 (facs. in Alfred Schröder, *Alt-St. Stephan in Augsburg*, Augsburg 1928). Die Gründungsurkunde für das Kanonissenstift St. Stephan in Augsburg a. 969 ist von einem Schreiber geschrieben, der entweder in St. Gallen oder in einer Schule unter sanktgallischem Einfluß ausgebildet worden ist. Seine Schrift zeigt ausgesprochene Züge der sanktgallischen Hartmutminuskel (zu ihr Walter Berschin, *Eremus und Insula. St. Gallen und die Reichenau im Mittelalter-Modell einer lateinischen Literaturlandschaft*, Wiesbaden 1987, p. 9, 57 und Abb. 10).

[41] *cui semper fidem servavit in omnibus, cuius etiam amor pectori eius firmiter conglutinatus est*, Gerhard, Vita S. Uodalrici c. 26.

[42] *super sedile suum calciatus consedit et interdum se super pulvillum in dexteram partem reclinavit, interdum ad sinistram, et interdum sedens ad dorsum super posteriora sedilis, in quo sedebat, reclinavit*, ib.

[43] So heißt die Sammlung von frühen östlichen Mönchsleben in Spätantike und Mittelalter, cf. Walter Berschin, *Biographie und Epochenstil* t. 1, 1986, p. 188–191.

rungen die Rede war. Nun wartete er guten Mutes darauf, welchen Tag ihm der Herr bestimmen würde. Aber noch hatte er sich nicht von allen Sorgen gelöst; er wartete auf die Bestätigung der Abtwahl in Ottobeuren, dem Kloster, das Kaiser Otto I. ihm kurz vor seinem Tode übereignet hatte. Ulrichs Neffe Riwin sollte die Bestätigung bei Otto II. einholen. Als er am Morgen des Freitag, dem vierten Juli, mit der erwünschten Botschaft ankam, konnte Ulrich endlich sterben, feierlich auf ein Aschenkreuz gebreitet.

Am Sonntag trug man den Leib in großer Prozession vom Dom nach St. Afra; mitten auf dem Wege, am Perlach, erreichte ein Bote den Zug und meldete, daß der Regensburger Bischof Wolfgang von Nördlingen her auf dem Weg nach Augsburg sei. Am Montag, dem siebten Juli, begrub Wolfgang Bischof Ulrich in St. Afra, wie er es gewünscht hatte, auf der bloßen Erde, nur mit einem Brett über dem Leichnam. Doch kleidete man seinen großen Körper in die ihm so teuren festlichen Gewänder, und der frommen Frau Riwins wurde gestattet, den Leichnam mit einem wachsgetränkten Übergewand zu umhüllen.

Diesem letzten Dienst verdanken wir es, daß wir auch mit den Augen noch ein Stück der Erscheinung des großen Bischofs wahrzunehmen vermögen, nämlich den Manipel, den sein Arm trug. Er zeigt eine von oben kommende mächtige Hand mit der von oben in Spiegelschrift herabsteigenden, verschlüsselten und doch leicht aufzulösenden Umschrift DEX-TE-RA DEI »Die Hand Gottes«.[45] Das alte christliche Zeichen erscheint magisch verfremdet in einer neuen bannenden Gestalt, wie eine Chiffre der rettenden Kraft der »unverbrüchlich festen Treue«,[46] die Bischof Ulrich seinem Herrn im Himmel wie seinem Herrn auf Erden wahrte.

---

[44] Gerhard, Vita S.Uodalrici I 27: Gregor, Homiliae in evangelia II 37,9, Migne PL 76, col. 1279–1281.

[45] Cf. Abb. 1. Beschreibung von Sigrid Müller-Christensen im Ausstellungskatalog *Suevia sacra*, Augsburg 1973, p. 200 sq. Eine Parallele zu dieser Darstellung findet sich auf einem im Westbau der Stiftskirche von Gandersheim eingemauerten Relief der Hand Gottes. Die bisher ungedeuteten Buchstaben sind ebenfalls spiegelschriftlich dargestellt und aufzulösen bzw. zu ergänzen δE<XT>ERA <D>EI; cf. Abb. 2.

[46] *fidelitatis firma stabilitas* ..., Gerhard, Vita S.Uodalrici I 10.

[47] Das »Sakramentar des hl. Wolfgang« in Verona, Biblioteca Capitolare LXXXVII (82) enthält im Kalendarium auf fol. 7ʳ unter dem 4. Juli nach *Translatio sancti Martini episcopi* von anlegender Hand den Eintrag *Natalis sancti Uodalrici episcopi et confessoris*. Das Sakramentar ist unter Wolfgang von Regensburg (972–994) geschrieben worden und war in Verona bereits unter Bischof Otbert von Verona (992–um 1008), cf. *Regensburger Buchmalerei*, [Ausstellungskatalog] München 1987, p. 32 [Lit.; nicht genannt sind die maßgebende Beschreibung von Adalbert Ebner, »Das Sakramentar des hl. Wolfgang in Verona«, in *Der Heilige Wolfgang*, (Festschrift) Regensburg/New York/Cincinnati 1894, p. 164–181, und die neue Ausgabe von Klaus Gamber/Sieghild Rehle, *Das Sakramentar-Pontifikale des Bischofs Wolfgang von Regensburg*, Regensburg 1985].

[48] Bischof Gebehard von Augsburg (996–1000) begann eine neue Fassung der Vita S.Uodalrici zu schreiben. Alle bisherigen Drucke (cf. Volkert, *Die Regesten* [wie n. 14], p. 117 sq., nr. 205) sind abhängig von M. Welser, *De vita S.Udalrici Augustanorum Vindelicorum episcopi quae*

17 »Manipel des hl. Ulrich«, Brettchenweberei des X. Jahrhunderts. Die Inschrift ist konsequent spiegelverkehrt herabsteigend eingewebt und begleitet die Hand von oben nach unten: DEX-TE-RA DEI »Die Hand Gottes«. Augsburg, Kath. Kirchenstiftung St. Ulrich und Afra. Ausschnitt, originale Breite 6,5 cm. Reproduktion nach einer weißgehöhten Tuschezeichnung von Prince, 1973.
© W. Berschin

18 »Hand Gottes«-Relief der ottonischen Epoche vom Westbau der Kanonissen-Stiftskirche Gandersheim. »Der 66 cm breite, 49 cm hohe Stein ... verrät uns nicht, ob er je für diesen Platz gedacht war, noch wie wir die in Spiegelschrift ihm eingeritzten Capitalis-Buchstaben zu deuten haben« (Walter Baumann/Martin Gosebruch, Stift Gandersheim, Königsstein i. T. o. J., p. 38). Das Rätsel löst sich durch den Vergleich mit dem »Manipel des hl. Ulrich«. Die Inschrift begleitet spiegelverkehrt die Zeigerichtung der Hand und ist zu lesen bzw. zu ergänzen δE⟨XT⟩ERA ⟨D⟩EI »Die Hand Gottes«. Zu den altertümlich vexierenden Elementen des Bildwerks gehört auch das Motiv des geflochtenen Seils in einem Teil der kreisförmigen Rahmung. Um die Parallelität der Buchstabenmagie sichtbar zu machen, ist der Stein gegenüber der heutigen Anbringung um 180° gedreht abgebildet. Abb. nach Baumann/Gosebruch (wie oben), p. 1

Bischof Ulrichs Liturgie des Lebens geht nahezu nahtlos in die seines Nachruhms über: als *memoria* bei denen, die von ihm erzählten, sangen oder schrieben – Gerhard von Augsburg, Wolfgang von Regensburg,[47] Gebehard von Augsburg,[48] Bern von der Reichenau[49] mit zwei oder gar drei Werken,[50] Hermann dem Lahmen von der Reichenau,[51] Ekkehart IV. von St. Gallen,[52] Abt Uodalscalc von St. Ulrich und Afra,[53] Albert von Augsburg[54] und manch anderem;[55] als *imitatio* bei denen, die Ulrich nacheiferten – wie Bischof Erkanbald von Straßburg,[56] denen, die die *caritas S. Uodalrici* tranken, und denen, die geheilt den Prozessionsweg zogen; als *commemoratio* bei denen, die das Jahresgedächtnis feierten. Papst Johannes XV. hat es im Jahr 993 »allen Erzbischöfen, Bischöfen und Äbten in Gallien und Germanien« aufgetragen.[57] Ein weiteres tat die Synode von Tribur unter Kaiser Heinrich III. im Jahr 1036, als sie bestimmte, daß des heiligen Ulrich *feierlich* gedacht wer-

extant, Augsburg 1595, p. 177–188. Bei unseren Vorbereitungen zur Neuedition der ältesten Vita ist eine teilweise handschriftliche Überlieferung der Vita (II) S. Uodalrici Gebehards zum Vorschein gekommen: St. Gallen, Stiftsbibliothek 387, p. 310–313, saec. XI¹.

[49] Von den Obliquusformen *Bernonis, Bernoni* etc. hat man einen Casus rectus Berno rekonstruiert. Aber wie die aus dem Reichenauer Skriptorium kommenden prächtigen Widmungsexemplare zeigen, schrieb der Abt seinen Namen im Nominativ Bern, cf. Walter Berschin, *Eremus und Insula* (wie n. 40), tab. 14 (p. 128), lin. 8, und die anderen ib., p. 59 genannten originalen Widmungshandschriften Berns. – Abt Bern v. d. Reichenau (1008–1048) schrieb die dritte Ulrichsvita. Sie ist im Widmungsexemplar für Fridebold, den vierten Abt von St. Afra (um 1019–1031) noch erhalten: Wien, Österr. Nationalbibliothek 573, fol. 26ʳ–106ᵛ. Durch Beifügung der Conversio et passio S. Afrae und weiterer Texte wurde aus diesem Exemplar das »hagiographische Hausbuch« der Abtei. Beschreibung: Walter Berschin, »Uodalscalcs Vita S. Kuonradi im hagiographischen Hausbuch der Abtei St. Ulrich und Afra ⟨Uodalscalc-Studien I⟩«, *Freiburger Diözesan-Archiv* 95, 1975, p. 82–106.

[50] Das zweite Werk Berns zum Ruhme Ulrichs ist eine Offiziendichtung: Historia S. Uodalrici, ed. Martin Gerbert, *Scriptores ecclesiastici de musica sacra potissimum . . .* t. 2, St. Blasien 1784 [repr. Hildesheim 1963], p. 117–120. Danach Theodor Wohnhaas, »Zur Frühgeschichte der Ulrichsliturgie«, *Jb. des Vereins für Augsburger Bistumsgeschichte* 7, 1973, p. 75–81, hier p. 76 sqq. Älteste erhaltene Handschrift ist St. Gallen, Stiftsbibliothek 898, p. 10–16, saec. XI. Weitere sind genannt in *Freiburger Diözesan-Archiv* 95, 1975, p. 114, n. 20. Drittens: In dem eben genannten Codex St. Gallen, Stiftsbibliothek 898 steht auch die älteste Sequenz auf Ulrich, Inc. *Laetare tanta, mater, prole, suavis Suevia*. Sie gilt allgemein als ein Werk Berns, cf. Hans Oesch, *Berno und Hermann von der Reichenau als Musiktheoretiker*, Bern 1961, p. 79 sq.

[51] Hermann der Lahme würdigte den heiligen Ulrich in seinen Martyrologium mit einer schönen biographischen Notiz, ed. E. Dümmler, »Das Martyrologium Notkers und seine Verwandten«, *Forschungen zur Deutschen Geschichte* 25, 1885, p. 197–220, hier p. 209–211.

[52] Für Ekkehart IV. († um 1060) ist Ulrich eine zentrale Figur der sanktgallischen Klostergeschichte. Er kommt in seinen Werken sozusagen auf Schritt und Tritt vor: Casus S. Galli, Liber benedictionum (cf. Duft, wie oben n. 39), Epilog zur älteren Wiboradavita (cf. oben n. 40) und Einleitung zu Notkers Metrum de vita S. Galli (ed. Walter Berschin, in *Florilegium Sangallense*, [Festschrift Johannes Duft] St. Gallen/Sigmaringen 1980, p. 71–121, hier p. 92). Erst teilweise ediert sind die z. T. ausführlichen kritischen Glossen, mit denen Ekkehart IV. das Sanktgaller Exemplar der Vita (III) S. Uodalrici von Bern versehen hat: St. Gallen, Stiftsbibliothek 565, p. 367–420.

[53] Abt Uodalscalc (1124–um 1150) schrieb eine Offiziendichtung auf den hl. Ulrich, die das ältere Werk Berns in den Schatten stellte; ed. Walter Berschin, »Uodalscalc-Studien III: Hi-

den solle:[58] *Missa sancti Udalrici confessoris sollempniter celebretur.* Ein zweites Mal trat das Reich prominent in Erscheinung, als nach einem Brand der Heilige neu beigesetzt wurde. Am Ostermontag des Jahres 1187 trug Kaiser Friedrich Barbarossa mit drei Bischöfen die Gebeine Ulrichs in einem prachtvoll ziselierten romanischen Kupfersarkophag[59] zur wiederhergestellten Grabstätte in der Abtei St. Ulrich und Afra.[60] *Memoria* und *commemoratio* haben seitdem den Ruhm des heiligen Ulrich unvermindert über die Zeiten hinweg getragen.

storia S. Uodalrici«, in *Tradition und Wertung*, (Festschrift Franz Brunhölzl) Sigmaringen 1989, p. 155–164.

[54] Albert von Augsburg schrieb (Berns Vita S. Uodalrici folgend) ein deutsches Ulrichsleben in Versen, das in einer Handschrift um 1200 aus der (Nonnen-)*closen cu sende ulrihche* überliefert ist (seit der Säkularisation in München Bay. Staatsbibliothek Cgm 94), ed. Karl-Ernst Geith, *Albert von Augsburg, Das Leben des Heiligen Ulrich*, Berlin/New York 1971. Vieles spricht dafür, daß der Dichter identisch ist mit dem Prior Adilbert von St. Ulrich und Afra († nach 1240). Über Adilberts Leben und Werk zuletzt Walter Berschin/Joachim Kuhnt, »Adilbert von Augsburg: Vita S. Athanasii«, in *Von der Klosterbibliothek zur Landesbibliothek*, (Festschrift Fulda) Stuttgart 1978, p. 233–256, hier p. 234–237. Über die Handschrift Cgm 94 zuletzt Karin Schneider, *Gotische Schriften in deutscher Sprache* t. 1, Wiesbaden 1987, v. 91–96 mit tab. 42.

[55] Wie dem Lorscher (?) Dichter des Ulrichstropus, Inc. *Hodie beatus Uodalricus*, ed. Walter Berschin/Hartmut Möller, »Ein Dichterblatt des XI. Jahrhunderts aus Lorsch (Heidelberg, Pal. lat. 864)«, *Palatina-Studien*, (Studi e Testi, im Druck), p. 17–30.

[56] Der ehrgeizige Erkanbald, der 965 Bischof von Straßburg wurde, hat sich, wie es scheint, gern dem alten Bischof Ulrich angeschlossen, »mit dem zusammen er zwischen 968 und 973 fünf Bischöfe weihte«, Walter Berschin, »Erkanbald von Straßburg«, *Zs. für die Geschichte des Oberrheins* 134, 1986, p. 1–20, hier p. 3. Es ist ein hübscher Zufall, daß sich ein mit dem »Exlibris« Erkanbalds versehenes Blatt in Augsburg erhalten hat (Augsburg, Stadtarchiv Urk. 5[2]). Es enthält außerdem das »Augsburger Passionslied«, (cf. oben n. 23).

[57] Diese Urkunde soll nach Fuhrmann (wie n. 38, p. 168 sq.) Bischof Liudolf von Augsburg auf eine Synode von Ingelheim an Ostern 993 »mitgebracht« haben, und sie »dürfte den Konzilsmitgliedern in Ingelheim zur Kenntnis gebracht worden sein, und mancher von ihnen ... mag als Teilnehmer jener Ingelheimer Synode von 972 noch Zeuge gewesen sein, wie Ulrich gebeten hatte, sich von der Welt zurückziehen zu dürfen ...«. Diese ebenso phantasievoll wie unkritisch erzählten Geschichten beruhen auf einer Kombination, die zuerst angestellt hat Mathilde Uhlirz, *Jahrbücher des Deutschen Reiches unter Otto II. und Otto III.*, t. 2: Otto III. 983–1002, Berlin 1954, p. 165 und 482. Bischof Liudolf ist aber nicht in Ingelheim, sondern in Worms nachzuweisen, und nicht an Ostern (16. April), sondern erst zwei Wochen später (30. April), cf. Volkert, *Die Regesten* (wie n. 14), p. 107, nr. 189.

[58] MGH Constitutiones t. 1, Hannover 1893 [repr. 1963], p. 89, nr. 44 (zuerst *Archiv der Gesellschaft für ältere deutsche Geschichtskunde* 8, 1843, p. 412).

[59] Die Deckplatte ist erhalten und abgebildet in *Suevia sacra* (wie n. 45), tab. 122. Zur Lesung der Inschrift oben n. 2.

[60] *Huic interfuit dedicationi beate memorie Fridericus imperator cum maxima devotione et cum tribus filiis suis et aliis quam plurimis regni principibus. Cuius auctoritate et ordinatione tota eadem dedicatio patrata est; nam idem imperator cum tribus episcopis sanctum corpus beati Uodalrici cum veneratione magna ad locum repositionis deportavit*, Annales SS. Udalrici et Afrae Augustenses ad a. 1187, MGH Scriptores t. 17, Hannover 1861, p. 430. Auch in Wilhelm Wittwers Catalogus abbatum monasterii SS. Udalrici et Afrae Augustensis, ed. A. Steichele, *Archiv für die Geschichte des Bisthums Augsburg*, 3, 1860, p. 10–437, hier p. 145.

Franz Xaver Bischof

Die Kanonisation Bischof Ulrichs auf der Laternsynode des Jahres 993

Als Ulrich von Augsburg in der Morgenfrühe des 4. Juli 973 starb, war mit ihm einer der großen Reichsbischöfe des zehnten Jahrhunderts und ein geistlicher Oberhirte von seltener Ausstrahlung dahingegangen.[1] Im Selbstverständnis der Zeit erschien Ulrich geradezu als das Musterbeispiel eines vorbildlichen Bischofs. »Juwel unter den Priestern«[2] preist ihn Thietmar von Merseburg (975–1018) in seiner vor 1018 entstandenen Chronik, in welcher der Geschichtsschreiber ein vielgestaltiges Bild der sächsischen Kaiserzeit entwarf. Um 890 aus hochadeligem alemannischem Geschlecht geboren, war Ulrich in St. Gallen im Geiste des heiligen Benedikt – der bei ihm zeitlebens nachwirkte – herangebildet und 923 von König Heinrich I. (919–936) zum Bischof von Augsburg bestellt worden. In seiner starken individuellen Persönlichkeit fanden jene Eigenschaften zu harmonischem Einklang zusammen, die das fünfzigjährige Bischofsleben der nachfolgenden Zeit unvergeßlich machten: sei es als Reichsfürst und Reichsbischof, als welcher er – stets »Königsnähe« suchend – eine verläßliche Stütze des Königtums war; sei es als unermüdlich auf die Erfüllung seiner geistlichen Pflichten bedach-

---

[1] Die vor 1973 erschienene Literatur über Bischof Ulrich von Augsburg ist verzeichnet in: Friedrich Zoepfl, Der heilige Bischof Ulrich in Geschichte und Kunst. Eine Handreichung für die Ulrichsfeiern 1973, in: Jahrbuch des Vereins für Augsburger Bistumsgeschichte 5 (1971) 7–18; Adolf Layer, Neueres Schrifttum über den heiligen Ulrich, in: Bischof Ulrich von Augsburg und seine Verehrung. Festgabe zur 1000. Wiederkehr des Todestages (= Jahrbuch des Vereins für Augsburger Bistumsgeschichte 7), Augsburg 1973, 361–371. – An neuerer Literatur sei in Auswahl genannt: Lore Sprandel-Krafft, Eigenkirchenwesen, Königsdienst und Liturgie bei Bischof Ulrich von Augsburg, in: Zeitschrift des Historischen Vereins für Schwaben 67 (1973) 9–38; Manfred Weitlauff, Der heilige Bischof Udalrich von Augsburg (890–4. Juli 973), in: Bischof Ulrich von Augsburg und seine Verehrung. Festgabe zur 1000. Wiederkehr des Todestages (= Jahrbuch des Vereins für Augsburger Bistumsgeschichte 7), Augsburg 1973, 1–48; Walter Pötzl, Die Anfänge der Ulrichsverehrung im Bistum Augsburg und im Reich, in: Ebd. 82–115; Wolfram Baer, Der hl. Ulrich – Bischof und Reichsfürst. Zur Geschichte des Verhältnisses von Kirche und Staat im Frühmittelalter, in: Zeitschrift für bayerische Landesgeschichte 39 (1976) 251–263; Friedrich Prinz, Der hl. Ulrich von Augsburg: Adeliger, Bischof, Reichspolitiker, in: Ders., Gestalten und Wege bayerischer Geschichte, München 1982, 35–48; Werner Goez, Bischof Ulrich von Augsburg (923–973), in: Ders., Gestalten des Hochmittelalters. Personengeschichtliche Essays im allgemeinhistorischen Kontext, Darmstadt 1983, 25–40; Albrecht Graf Finck von Finckenstein, Ulrich von Augsburg und die ottonische

ter Hirte des ihm anvertrauten Bistums; sei es als Bauherr (auch daran wurde ein Bischof jener Zeit gemessen!³) und Verteidiger seiner Bischofsstadt gegen die Ungarn; sei es nicht zuletzt als hilfreicher Wohltäter der Armen und Bedürftigen. Mit Brun von Köln (953–965), dem jüngeren Bruder Kaiser Ottos I. (936–973), verkörperte er sozusagen den »Idealtypus« eines Reichsbischofs ottonischer Prägung.⁴ Eindrucksvoll festgehalten hat diese Vorstellung die früheste erhaltene Darstellung Ulrichs: Das zwischen 1002 und 1014 in Regensburg entstandene und für dessen Lieblingsstiftung Bamberg bestimmte Sakramentar Heinrichs II. (1002–1024).⁵ Der liturgische Prunkkodex zeigt auf einer ganzseitigen Darstellung den von Christus gekrönten König, dem
1 Engel Lanze und Schwert, die Embleme seiner Macht, überreichen, und dessen Arme zwei Bischöfe stützen: zur Linken der Glaubensbote und Regensburger Bistumspatron Emmeram, zur Rechten Bischof Ulrich. Das Bild reflektiert die Sakralisierung der Königs- und Kaiserwürde, und – alter karolingischer Tradition folgend – die Überzeugung von der untrennbaren Einheit von Imperium und Sacerdotium. Eben dieser mittelalterlichen Einheit von weltlicher und geistlicher Gewalt, wie sie in der ottonisch-salischen Reichskirche Gestalt gewann, hatte Ulrich zeitlebens in nie erlahmender Pflichterfüllung gedient und ist dadurch zum Heiligen geworden.

Kirchenpolitik in der Alemannia, in: Immo Eberl (Hrg.), Früh- und hochmittelalterlicher Adel in Schwaben und Bayern. Sigmaringen 1988, 261–269; Rolf Schmidt, Legitimum ius totius familiae. Recht und Verwaltung bei Bischof Ulrich von Augsburg, in: Hubert Mordek (Hrg.), Aus Archiven und Bibliotheken. Festschrift für Raymund Kottje zum 65. Geburtstag (= Freiburger Beiträge zur mittelalterlichen Geschichte 3), Frankfurt/Main–Bern–New York 1992, 207–222; Peter Rummel, Ulrich von Augsburg. Bischof – Reichsfürst – Heiliger, Augsburg 1992; Vita sancti Vdalrici. Erlesene Handschriften und wertvolle Drucke aus zehn Jahrhunderten. Katalog zur Ausstellung der Universitätsbibliothek Augsburg anläßlich der 1000-Jahr-Feier der Kanonisation des Hl. Ulrich, hrg. von Rudolf Frankenberger, Augsburg 1993.
² »Interim Augustanae pastor aecclesiae Othelricus, gemma sacerdotum, L° ordinationis suae anno excedens a seculo, fructum laboris devoti Christo remunerante percepit IIII. Non. Julii«. Thietmari Merseburgensis episcopi, Chronicon (Kap. III/8), auf Vorlage der kritischen Ausgabe der Monumenta Germaniae Historica lateinisch-deutsch herausgegeben und erläutert von Werner Trillmich (= Ausgewählte Quellen zur deutschen Geschichte des Mittelalters. Freiherr vom Stein-Gedächtnisausgabe 9), Darmstadt ⁴1970, 94. – Zu Thietmar von Merseburg siehe: Ebd. IX–XXVII; Goez 70–83.
³ Wolfgang Giese, Zur Bautätigkeit von Bischöfen und Äbten des 10. bis 12. Jahrhunderts, in: Deutsches Archiv für Erforschung des Mittelalters 38 (1982) 388–438, hier bes. 391–394.
⁴ Zum Bild des Bischofs im 10. und frühen 11. Jahrhundert siehe: Heinrich Fichtenau, Lebensordnungen des 10. Jahrhunderts. Studien über Denkart und Existenz im einstigen Karolingerreich I–II (= Monographien zur Geschichte des Mittelalters 30,1–2), Stuttgart 1984, hier I 248–292; Odilo Engels, Der Reichsbischof in ottonischer und frühsalischer Zeit, in: Irene Crusius (Hrg.), Beiträge zu Geschichte und Struktur der mittelalterlichen Germania Sacra (= Veröffentlichungen des Max-Planck-Instituts für Geschichte 93 – Studien zur Germania Sacra 17), Göttingen 1989, 135–165; Albrecht Graf Finck von Finkenstein, Bischof und Reich. Untersuchungen zum Integrationsprozeß des ottonisch-frühsalischen Reiches (919–1056) (= Studien zur Mediävistik 1), Sigmaringen 1989.
⁵ Norbert Lieb, Der heilige Ulrich in der Kunst. Vortrag anläßlich einer Tagung der Katholischen Akademie Augsburg 2. Mai 1973, als Manuskript herausgegeben von der Katholischen

I

Der starke Eindruck Ulrichs auf die Zeitgenossen spiegelt sich in der alsbald nach seinem Tod anhebenden Verehrung. Schon zu Lebzeiten hatte sich der Bischof bei der Kirche der frühchristlichen Märtyrin Afra († 304) eine Grablege bereitet. Dort war er am 7. Juli 973 von Bischof Wolfgang von Regensburg (972–994), seinem langjährigen Freund, der 1052 gleichfalls Aufnahme in die Schar der Heiligen fand,[6] in der vorgesehenen Gruft beigesetzt worden.[7] Sein heiligmäßiges Leben – und es obliegt keinem Zweifel, daß es so empfunden wurde – gab fortan Grund zu gedenkender Erinnerung und religiöser Verehrung. Erstmals wies der gelehrte Maurinermönch Jean Mabillon (1632–1707) in seinem Kommentar zur Ulrichsvita, die im fünften Band seiner *Acta Sanctorum ordinis sancti Benedicti* Aufnahme fand, auf den Umstand hin, daß Ulrich sogleich nach seinem Tod als Heiliger betrachtet und als *sanctus* auch bezeichnet worden sei.[8] Über seinem Grab war ein Teppich ausgebreitet, und es brannte ein ewiges Licht[9] – ein damals verbreiteter Brauch, der als »Vorbedeutung der Kanonisation des Verstorbenen«[10] be-

---

Akademie Augsburg, Augsburg 1973; Florentine Mütherich, Die Regensburger Buchmalerei des 10. und 11. Jahrhunderts, in: Regensburger Buchmalerei. Von der frühkarolingischen Zeit bis zum Ausgang des Mittelalters (= Ausstellungskatalog der Bayerischen Staatsbibliothek München und der Museen der Stadt Regensburg), München 1987, 23–29.

[6] Zu Leben, Werk und Kanonisation Bischof Wolfgangs von Regensburg siehe: Georg Schwaiger, Die Kanonisation Bischof Wolfgangs von Regensburg (1052), in: Beiträge zur altbayerischen Kirchengeschichte 27 (1973) 225–233; ders., Der heilige Wolfgang. Bischof von Regensburg (972–994), in: Ders. (Hrg.), Lebensbilder aus der Geschichte des Bistums Regensburg I–II (= Beiträge zur Geschichte des Bistums Regensburg 23/24), Regensburg 1989, hier I 93–107 (QQ u. Lit.); Karl Hausberger, Geschichte des Bistums Regensburg I–II, Regensburg 1989, I 55–63; II 279 f. (Lit.).

[7] Vita sancti Oudalrici episcopi Augustani. Auctore Gerhardo, in: Vitae quorundam episcoporum saeculorum X, XI, XII, auf Vorlage der kritischen Ausgabe der Monumenta Germaniae Historica lateinisch-deutsch herausgegeben von Hatto Kallfelz (= Ausgewählte Quellen zur Deutschen Geschichte des Mittelalters. Freiherr vom Stein-Gedächtnisausgabe 22), Darmstadt ²1986, 35–167, hier 148–152 (Kap. 27).

[8] »Ceterum Vdalricus statim a suo ipsius obitu merito sanctus dictus, creditusque est«. – Jean Mabillon, Acta Sanctorum ordinis sancti Benedicti in saeculorum classes distributa. Saeculum V, quod est ab anno Christi CM ad M, Paris 1685, 418. – Zu Leben und Werk Mabillons siehe: Manfred Weitlauff, Die Mauriner und ihr historisch-kritisches Werk, in: Georg Schwaiger (Hrg.), Historische Kritik in der Theologie. Beiträge zu ihrer Geschichte (= Studien zur Theologie und Geistesgeschichte des neunzehnten Jahrhunderts 32), Göttingen 1980, 153–209.

[9] Wunderbericht, unter der Überschrift: »Incipiunt capitula libelli de signis Oudalrici episcopi«, in: Monumenta Germaniae Historica. Scriptores (= MG SS) IV, Hannover 1841 [unveränd. Nachdruck Stuttgart-New York 1963], 419–425, hier 419.

[10] J[oseph]. A[nton]. Endres, Die Kirche der Heiligen Ulrich und Afra zu Augsburg. Beitrag zu ihrer Geschichte hauptsächlich während der romanischen Kunstperiode, in: Zeitschrift des Historischen Vereins für Schwaben und Neuburg 22 (1895) 161–228, hier 179. – Zur Verwendung derartiger *vela mortuorum* oder *pallia ad tumbas* siehe: Fr[iedrich]. Bock, Geschichte der liturgischen Gewänder des Mittelalters oder Entstehung und Entwicklung der kirchli-

trachtet wurde. Und früh schon suchten Hilfesuchende die Stätte seines Begräbnisses auf, um in ihren mannigfachen Nöten zu Ulrichs Fürbitte bei Gott ihre Zuflucht zu nehmen. Gläubiges Vertrauen, vielleicht mehr noch die Kunde über erstaunliche Wunderzeichen an seinem Grab – erstmals für das Jahr 978 bezeugt[11] – mehrten rasch den Ruhm des Verstorbenen und verklärten sein Bild zum Heiligen, zu *unserem lieb herre sant Ulrich*, wie die spätmittelalterlichen volkstümlichen Ulrichsleben – freilich in legendarischer Umgestaltung der geschichtlichen Wirklichkeit – den Bischof nennen.[12]
Gleichzeitig zur frühen Ulrichsverehrung erfolgten erste Aufzeichnungen über sein Leben und Wirken. Angeblich häufige Nachfragen über die Wundertaten des Verewigten gaben den Anstoß zur Abfassung der *Vita sancti Uodalrici episcopi Augustani*. So jedenfalls begründet ihr Verfasser, der Augsburger Kleriker und spätere Dompropst Gerhard, ein Mann aus der unmittelbaren Umgebung des Bischofs, sein Unterfangen. In der Vorrede der Bischofsvita schreibt er: »Gar vielen ist die Kunde von den Wundern, die Christus durch seinen Diener, den heiligen Ulrich, zu Ehren seiner heiligsten Mutter Maria geschehen ließ, oft genug zu Ohren gedrungen. Da aber noch immer Zweifel ihren Sinn umfing, schickten sie Boten zu mir, um aus meinen Antworten die Wahrheit zu erfahren, wobei sie mich baten, ich möchte ihnen über alles, was ich mit Sicherheit in Erfahrung bringen konnte, ein klares schriftliches Zeugnis geben.«[13] Das vom Verfasser ausgewiesene Motiv lag somit in der Absicht, den vorbildlichen Lebenswandel und insbesondere die Wundertaten des verstorbenen Bischofs bekanntzumachen. Die zwischen 982 und 993 abgefaßte Bischofsvita ist die wichtigste Quelle über Ulrichs Leben und Werk.[14] Die Entstehungszeit ergibt sich daraus, daß sie bis zum Ende der Regierungszeit Bischof Heinrichs (973–982) fortgeführt ist

---

chen Ornate und Paramente in Rücksicht auf Stoff, Gewebe, Farbe, Zeichnung, Schnitt und rituelle Bedeutung nachgewiesen I–III, Bonn 1859–1871, hier III 166–171.

[11] Vita sancti Oudalrici (Kap. 28) 160.

[12] Werner Wolf, Von der Ulrichsvita zur Ulrichslegende. Untersuchungen zur Überlieferung und Wandlung der Vita Udalrici als Beitrag zu einer Gattungsbestimmung der Legende, Diss. phil. München 1967. – Josefa Margarete Sauerteig, Die Überlieferung der deutschsprachigen Ulrichslegenden im späten Mittelalter, in: Zeitschrift des Historischen Vereins für Schwaben 67 (1973) 47–94.

[13] Vita sancti Oudalrici (Prolog), hier zitiert nach Kallfelz 47.

[14] Zur Autorschaft Gerhards, der seit den Forschungen Mabillons als Verfasser der Ulrichsvita nachgewiesen ist, sowie zu Quellenlage, Abfassungszeit und Charakteristik des Werkes siehe: Die Regesten der Bischöfe und des Domkapitels von Augsburg. I. Von den Anfängen bis 1152, bearbeitet von Wilhelm Volkert. Mit einer Einleitung von Friedrich Zoepfl (†) (= Veröffentlichungen der Schwäbischen Forschungsgemeinschaft bei der Kommission für Bayerische Landesgeschichte. Reihe II b), Augsburg 1985, 62–65 (Nr. 102); Weitlauff, Bischof Udalrich 8–11; Kallfelz 37–41; Schmidt 207–211; Friedrich Prinz, Hagiographie als Kultpropaganda: Die Rolle der Auftraggeber und Autoren hagiographischer Texte des Frühmittelalters, in: Zeitschrift für Kirchengeschichte 103 (1992) 172–194, hier 191 f. (Charakterisierung der Vita als Verteidigungsschrift einer Ulrichs-Partei gegen den bis 982 regierenden Bischof Heinrich).

(das letzte datierbare Ereignis, von dem die Vita berichtet, fällt auf den 31. Oktober 982) und mit hoher Wahrscheinlichkeit auf der Lateransynode des Jahres 993 vorgelegt wurde. Aufgrund ihrer wahrheitsgetreuen Schilderung ist sie den wertvollsten Quellen des zehnten Jahrhunderts zuzuzählen. Der Verfasser berichtet, was er selbst gesehen und miterlebt hat, wobei Gerhard die Persönlichkeit Ulrichs auch in ihren menschlichen Zügen schildert und seinen Anteil an den Zeitereignissen einbezieht, dagegen die Jahre vor der Bischofserhebung – die er wohl nur aus mündlicher Überlieferung kannte – in wenigen Sätzen abhandelt. Gleichwohl gehört die Vita zur literarischen Gattung der frühmittelalterlichen Hagiographie.[15] Prophezeiung, Wunder und Vision bilden im Verein mit der Schilderung von Werken der Frömmigkeit gleichsam das Gerüst der Erzählung. Durch die St. Galler Reklusin Wiborada († 926) bekommt Ulrich seine spätere Berufung vorhergesagt: nicht zum Abt ist er bestimmt, sondern zum Bischof.[16] Die heilige Afra erteilt ihm in wichtigen Fragen Weisung. Ihm selbst ist Wunderkraft eigen. Er besitzt die Gabe visionären Sehens und wird mit biblischen Vorbildern verglichen. Geschichtstheologisch gesprochen erscheint das Leben und Wirken Ulrichs eingebettet in den Heilsplan Gottes, in dem für den mittelalterlichen Menschen allein Geschichte sich vollziehen konnte. In der treuen Erfüllung des ihm von Gott vorgezeichneten Weges aber gereicht sein Leben – vom Verfasser intendiert – den Frommen »zum Vorbild und zur Erbauung«, den Verächtern der göttlichen Gebote »zu heilsamer Bekehrung oder aber zur Vermehrung ihrer Strafe«.[17]

Der Vita beigegeben ist ein *Libellus de signis Uodalrici episcopi*:[18] eine Aufzählung von insgesamt dreißig Wunderberichten und Gebetserhörungen aus der Zeit zwischen Tod und Kanonisation. Nach deren Inhalt zu schließen, dürfte die Abfassungszeit mit jener der Vita weitgehend identisch sein. Wie Gerhard im Epilog ausdrücklich vermerkt, soll es sich dabei lediglich um eine Auswahl von Beispielen gehandelt haben – ein Argumentationsmuster, das sich auch in der Kanonisationsbulle wiederfindet. Wie immer diese Aussage zu werten ist, so kann sie doch ein Indiz dafür sein, daß der Wunderbericht mit klarer Zielsetzung niedergeschrieben wurde – im Blick wohl auf

---

[15] Stephan Beissel, Die Verehrung der Heiligen und ihrer Reliquien in Deutschland bis zum Beginne des 13. Jahrhunderts, Freiburg i. Br. 1890 [unveränd. Nachdruck Darmstadt 1991]; Ludwig Zoepf, Das Heiligen-Leben im 10. Jahrhundert (= Beiträge zur Kulturgeschichte des Mittelalters und der Renaissance 1), Leipzig-Berlin 1908; Wolf 64–71; Fichtenau 425–436.

[16] Vgl. dazu: Eva Irblich, Die Vitae sanctae Wiboradae. Ein Heiligen-Leben des 10. Jahrhunderts als Zeitbild (= Schriften des Vereins für Geschichte des Bodensees und seiner Umgebung 88), St. Gallen 1970, hier 127–134 (Wiborada und Ulrich von Augsburg); Johannes Duft, Der Bischof Sankt Ulrich († 973). Bischof Ulrich und St. Gallen, in: Die Abtei St. Gallen. II: Beiträge zur Kenntnis ihrer Persönlichkeiten. Ausgewählte Aufsätze in überarbeiteter Fassung von Johannes Duft, Sigmaringen 1991, 189–200, hier 190–194.

[17] Vita sancti Oudalrici (Prolog), hier zitiert nach Kallfelz 47.

[18] MG SS IV 419–425.

eine angestrebte Heiligsprechung. Berichtet wird in der Hauptsache von Krankenheilungen und Errettungen aus Lebensgefahr. Heilung finden vor allem an Beinen oder Armen Gelähmte, Fieberkranke, Blinde, Stumme und Besessene, aber auch von Verfolgungswahn Befallene. Die Wunder ereignen sich in der Regel an der Grabstätte selbst, die ihrerseits durch Wunderzeichen legitimiert wird. Als nämlich eine brennende Kerze von ihrem Leuchter herabfiel und auf dem Teppich, der über der Grablege ausgebreitet war, fortbrannte, blieb dieser unbeschädigt.[19] Die Gehstöcke (bacula) aber, welche die geheilten Kranken über dem Grab niederzulegen pflegten, schienen niemals abzunehmen, obgleich sie ihrer Zahl wegen von Zeit zu Zeit verbrannt werden mußten.[20] Auch auf der Pilgerreise zum Grab konnten sich Heilung oder doch Linderung der Leiden einstellen.[21] Einmal soll in *Francorum provincia* eine besessene Frau allein durch das Berühren eines Schultertuches (Humerale), welches ein dortiger Geistlicher ehedem von Ulrich geschenkt erhalten hatte, geheilt worden sein.[22]

Die Aufzählung der Wunder gibt in manchem etwas Aufschluß über die Art der Verehrung. Ulrichs Fest wurde jährlich an seinem Todestag, dem 4. Juli, begangen. Dem Mirakelbericht zufolge lag darin eine höhere Fügung, habe das Volk doch aus eigenem Antrieb Ulrichs *dies natalis* feierlich begangen.[23] Wer sich dagegen der Verehrung entzog, hatte mit der sicheren Bestrafung zu rechnen. So soll ein Bauer, der an diesem Tag Heu zu Haufen zusammentrug, auf wunderbare Weise gestraft worden sein. Als er anderntags das gesammelte Heu einfahren wollte, fand er nur mehr Aschenhaufen vor. Er habe es seitdem nie mehr gewagt, den Tag des Heiligen zu mißachten.[24] Eine andere Aufzeichnung berichtet von einer Magd, deren Hand sich schmerzhaft verkrampfte, als sie am Ulrichstag ihre Webarbeit verrichtete. Da sich keine Linderung einstellte, sollte sie auf Befehl ihrer Herrin zu Ulrichs Grab geführt werden. Schon auf dem Weg dahin wurde sie beim Überschreiten des Lechfeldes von ihrem Leiden erlöst.[25] Daß das Fest Ulrichs am 4. Juli gefeiert wurde, bestätigen die liturgischen Quellen des späten 10. und des 11. Jahrhunderts. Besondere Beachtung verdient dabei die Nennung Ulrichs in dem zwischen 983 und 994 entstandenen Regensburger Wolfgangssakramentar, was möglicherweise voraussetzt, daß seine Aufnahme in dieses Kalendar

---

[19] Ebd. 419 (Nr. 1).
[20] Ebd. 420 (Nr. 7).
[21] Ebd. 423 (Nr. 23), 424 (Nr. 28).
[22] Ebd. 422 (Nr. 20).
[23] Ebd. 424 (Nr. 27).
[24] Ebd.
[25] Ebd. (Nr. 28).
[26] Adalbert Ebner, Das Sakramentar des hl. Wolfgang in Verona, in: J[ohann]. B[apist]. Mehler (Hrg.), Der Heilige Wolfgang. Bischof von Regensburg. Historische Festschrift zum neunhundertjährigen Gedächtnisse seines Todes (31. Oktober 1894), Regensburg-New York-Cincinnati 1894, 163–181; Klaus Gamber-Sighild Rehle (Hrg.), Das Sakramentar-Pontifikale des Bischofs Wolfgang von Regensburg (= Textus patristici et liturgici 15), Regensburg 1985; Ulrich Kuder, Die Handschriften, in: Regensburger Buchmalerei 30–38, hier 32 (Lit.). – Vgl. Pötzl 84; Volkert-Zoepfl 89 (Nr. 159) (Lit.).

schon vor der päpstlichen Kanonisation anzusetzen ist.²⁶ Auch die Sitte *pro caritate sancti Uodalrici* (Ulrichsminne) zu trinken, in Anlehnung an die Gewohnheit Ulrichs, zu Ostern seinen Freunden dreimal einen Becher »Minne-Wein« zu reichen,²⁷ scheint in den Orten Bobingen und Aitingen bereits verbreitet gewesen zu sein.²⁸

Darüber hinaus geben die Wunder einen Eindruck von der offenbar raschen – dem Mirakelbuch zufolge von seiner *familia* ausgegangenen – Verbreitung der Ulrichsverehrung in den Jahren vor der Heiligsprechung. Erwartungsgemäß konzentriert sich das Einzugsgebiet, aus dem die Pilger zum Grab Ulrichs wallfahren, auf den süddeutschen Raum, also auf das Kerngebiet des Bistums Augsburg und dessen unmittelbaren Ausstrahlungsbereich. Darüber hinaus werden erwähnt: die *Francorum provincia*, das *regnum Lotharii*, Burgund, Churrätien, Bayern (Freising zur Zeit des 993/994 verstorbenen Bischofs Abraham) und die *provincia Noricorum*. Im Osten soll die Ulrichsverehrung bis nach Böhmen und Polen gedrungen sein. Mirakel 21 erzählt, der Böhmenherzog Boleslav II. (967–999) habe sich mit seiner Gemahlin an Ulrich gewandt und ihm reiche Geschenke versprochen, falls ihr auf den Tod erkrankter Sohn gerettet werde. Nachdem der Knabe seine Gesundheit wieder erlangt hatte, bedachten sie Ulrichs Grab mit einer ansehnlichen Menge Silber, Gold, Wachs und Golddenaren. Auch der 992 verstorbene Herzog Mieszko I. von Polen (960–992) habe, durch einen giftigen Pfeil gefährlich am Arm verwundet, Ulrich gelobt, bei Genesung dessen Grab mit einem silbernen Arm zu beschenken. Dem Gelübde folgte alsbald die wunderbare Heilung.²⁹ Es erscheint beinahe wie eine nachdrückliche Bestätigung, wenn um 1050 der Mönch Otloh von St. Emmeram (um 1010–um 1070) schreibt, der »Wohlgeruch« von Ulrichs Heiligkeit ströme über ganz Europa aus.³⁰

Als gesichert gelten darf somit das Faktum eines Kultes, der schon vor der Kanonisation 993 feste Formen ausgebildet hatte. Unmittelbar nach Ulrichs Tod setzte dessen Verehrung ein. Diese erfreute sich insbesondere im Bistum Augsburg bald großer Beliebtheit und verbreitete sich – wohl nur punktuell – über weite Teile des Reiches. Alljährlich wurde am 4. Juli der Todestag Ulrichs gefeiert. Auch Lebensbeschreibung und Wunderbericht dürften schon vorgelegen haben. In beiden Quellen wird Ulrich mit dem Prädikat *sanctus* ausgezeichnet, was zu jener Zeit freilich nicht ungewöhnlich war.³¹ Bei alle-

---

[27] Vita sancti Oudalrici (Kap. 4) 76.
[28] MG SS IV 420f. (Nrn. 10–13). – Vgl. Pötzl 86f.; Winfried Hofmann, Unsere Heiligen als Schutzpatrone. Legenden und Biographien, Regensburg 1987, 207–212, hier 210.
[29] MG SS IV 423f. (Nr. 21f.).
[30] »Eodem tempore beatus antistes Oudalricus, cuius sanctitas per totam redolet Europam, visitandi fratres causa ad illud solito more monasterium devenit«. Othloni, Vita sancti Wolfkangi episcopi, in: MG SS IV 521–542, hier 530. – Zu Othloh siehe: Manfred Heim, Otloh von St. Emmeram (um 1010-um 1070), in: Schwaiger, Lebensbilder aus der Geschichte des Bistums Regensburg I 124–131 (QQ u. Lit.).
[31] Zu Verwendung und Entwicklungsgeschichte der Begriffe *sanctus* und *beatus* siehe: MG SS

dem ist nicht auszuschließen, daß Gerhard, nachweislich ein eifriger Verehrer seines vormaligen Oberhirten, Vita und Miracula nebst der von ihm genannten Bestimmung auch im Hinblick auf eine baldige (bischöfliche) Heiligsprechung geschrieben hat. Daß ursprünglich schon an eine Kanonisation durch den Papst gedacht war, erscheint eher unwahrscheinlich. Dazu fehlte das Vorbild. Vielmehr gelangten heiligmäßige Männer und Frauen in Fortsetzung der Praxis der Alten Kirche (die nur Blutzeugen, nach dem Ende der Verfolgungszeit auch Bekenner als Heilige verehrte) aufgrund der lebendigen Verehrung durch die Gläubigen zur Ehre der Altäre. Diese sogenannte Heiligsprechung *per viam cultus*, also die Heiligsprechung durch tatsächliche Verehrung, war seit den Konzilien des 4./5. Jahrhunderts der Kontrolle des zuständigen Bischofs unterstellt. Diesem stand es zu, die Berechtigung solcher Verehrung zu prüfen und danach einen sichtbaren Akt der Bestätigung zu setzen. In der Regel geschah dies in der Form, daß die Gebeine des Verehrten aus der bisherigen Begräbnisstätte erhoben (Elevation) und in eine Kirche transferiert (Translation) wurden. Dieser Akt der bischöflichen Heiligsprechung (die seit der karolingischen Kirchenreform des 8./9. Jahrhunderts einer strengeren Kontrolle unterlag, indem die vorgelegten Viten einer sorgfältigen Prüfung unterzogen wurden und die Translationen von Reliquien an die Genehmigung des Königs und der Bischofssynode gebunden waren[32]) bedeutete die Approbation eines ursprünglich spontanen, durch das gläubige Volk initiierten Kultes, der auf diese Weise anerkannt und zugleich in kirchliche Bahnen gelenkt wurde.[33] Nach herkömmlicher kirchlicher Lehre hätte im Falle Ulrichs einer förmlichen Heiligsprechung durch den Bischof somit nichts im Wege gestanden.

IV 379 (Anmerkung 12); André Vauchez, La sainteté en occident aux derniers siècles du moyen âge d'après les procès de canonisation et les documents hagiographiques (= Bibliothèque des Écoles françaises d'Athènes et de Rome 241), Rome 1981, 99–120.

[32] Wilfried Hartmann, Die Synoden der Karolingerzeit im Frankenreich und in Italien (= Konziliengeschichte. Reihe A: Darstellungen), Paderborn-München-Wien-Zürich 1989, hier 114, 138.

[33] Zur Geschichte der Heiligenverehrung siehe nebst der in Anm. 34 genannten Literatur: Nicole Herrmann-Mascard, Les reliques des saints. Formation coutumière d'un droit (= Société d'histoire du droit. Collection d'histoire institutionelle et sociale 6), Paris 1975; Martin Heinzelmann, Translationsberichte und andere Quellen des Reliquienkultes (= Typologie des sources du moyen âge occidental 33), Turnhout 1979; Karl Hausberger, Heiligenverehrung, in: Theologische Realenzyklopädie 14 (1985) 646–660 (QQ u. Lit.), sowie den Beitrag von Markus Ries. In diesem Band.

[34] Literatur zur Geschichte des Heiligsprechungsverfahrens und zur Kanonisation Ulrichs: L[udwig]. Hertling, Materiali per la storia del processo di Canonizzazione, in: Gregorianum 16 (1935) 170–195; Eric Waldram Kemp, Canonization and authority in the western church, Oxford 1948; Renate Klauser, Zur Entwicklung des Heiligsprechungsverfahrens bis zum 13. Jahrhundert, in: Zeitschrift der Savigny-Stiftung für Rechtsgeschichte. Kan. Abt. 71 (1954) 85–101; Stephan Kuttner, La réserve papale du droit de canonisation, in: Ders., The History of Ideas and Doctrines of Canon Law in the Middle Ages, London 1980, 172–228 [Erstdruck in: Revue historique de droit français et étranger 17 (1938)]; Vauchez (wie Anm. 31; Lit.); Winfried Schulz, Das neue Selig- und Heiligsprechungsverfahren, Paderborn 1988 (Lit).

II

Da erfolgte – unerwartet, ist man versucht zu sagen – zwanzig Jahre nach Ulrichs Tod dessen Heiligsprechung durch Papst Johannes XV. (985–996) auf der Lateransynode des Jahres 993.[34] Während der Akt selbst durch die darüber ausgestellte Kanonisationsbulle bezeugt ist, bleiben die Beweggründe, die dazu führten, im Dunkeln.

Das Original der Papsturkunde als wichtigster Quelle für diese Heiligsprechung ist verschollen. Zwar hatten schon die *Annales Augustani* als erste historiographische Quelle in der zweiten Hälfte des 11. Jahrhunderts die Kanonisation genannt.[35] Und auch die gleichfalls aus der zweiten Hälfte des 11. Jahrhunderts stammenden sogenannten *Sanctus Ulricus*-Denare der fürstbischöflichen Münzstätte zu Augsburg, die im Avers das Brustbild des Heiligen zeigen, vermochten das Geschehen zu dokumentieren.[36] Der Text der Kanonisationsurkunde dagegen wird erstmals greifbar in einer wohl aus dem späten 15. Jahrhundert stammenden Abschrift aus dem Kloster St. Ulrich und Afra, die sich heute in *Codex latinus* 4353 (folium 14) der Bayerischen Staatsbibliothek in München findet und erst kürzlich wieder bekannt geworden ist.[37] Im Druck überliefert wurde die Urkunde seit dem 16. Jahrhundert, zuerst in dem 1516 in Augsburg erschienenen Werk *Gloriosorum Christi confessorum Vldarici et Symperti necnon beatissime martyris Aphre ... historie*,[38] sodann in der 1595 vom Augsburger Stadtpfleger und Geschichtsschreiber Marcus Welser (1558–1614) herausgegebenen und gleichfalls in Augsburg gedruckten Quellensammlung *De vita sancti Udalrici ... quae extant*.[39] Während das erstgenannte Werk die Bulle nur fragmentarisch überliefert, bildete der Druck Welsers die Vorlage für spätere Abdrucke.[40] Zusammen mit der *Vita sancti Uodalrici* fand die Urkunde Aufnahme etwa in die *Acta Sanctorum* der Bollandisten[41] und in die eingangs erwähnten *Acta*

---

[35] Annales Augustani, hrg. von Georg Heinrich Pertz, in: MG SS III, Hannover 1839 [= unveränd. Nachdruck Stuttgart-New York 1963], 123–136, hier 124. – »Hiemps dura, ita ut arbores multae aridae fierent. Liutoldus episcopus Romam ivit, et per papam Iohannem beati Oudalrici sanctitus probatur. Solennitas conlaudatur et sancitur«. – Vgl. Volkert-Zoepfl 89 (Nr. 159), 106 (Nr. 187).

[36] Dirk Steinhilber, Geld- und Münzgeschichte Augsburgs im Mittelalter, in: Jahrbuch für Numismatik und Geldgeschichte 5/6 (1954/55) 5–142, hier 38. – Volkert-Zoepfl 89 (Nr. 159).

[37] Harald Zimmermann (Bearb.), Papsturkunden 896–1046. I: 896–996 (= Österreichische Akademie der Wissenschaften. Phil.-hist. Klasse. Denkschriften 174 – Veröffentlichungen der Historischen Kommission 3), Wien ²1988, 611–613 (Nr. 315), hier 611; Volkert-Zoepfl 337 (Nachtrag [1985] zu Nr. 187).

[38] Gloriosorum Christi confessorum Vldarici et Symperti necnon beatissime martyris Aphre, Augustane sedis patronorum quam fidelissimorum historie, horarum de eis, pro ut nostro in coenobio percelebri observantur canonicarum insertione, cuilibet easdem devotionis causa persolvere volenti habunde satisfacientis, Augsburg 1516.

[39] [Marcus Welser,] De vita sancti Udalrici Augustanorum Vindelicorum episcopi quae extant, Augsburg 1595.

[40] Eine Auflistung der bisherigen Abdrucke gibt Zimmermann, Papsturkunden I 611 (Nr. 315).

Sanctorum ordinis sancti Benedicti Jean Mabillons.[42] Mitte des vorigen Jahrhunderts hatte auch Georg Waitz (1813–1886) die Urkunde in der von ihm für die *Monumenta Germaniae Historica* besorgten Edition der *Vita sancti Uodalrici* in Fußnote beigegeben.[43] Zuletzt legte Harald Zimmermann in dem von ihm bearbeiteten, 1988/89 in zweiter revidierter Auflage erschienenen Werk *Papsturkunden 896–1046* eine auf der Vorlage des Druckes von Marcus Welser (unter Einbezug der Textvarianten sowohl der handschriftlichen Kopie als auch des nur fragmentarisch erhaltenen Erstdruckes von 1516) basierende Edition der Urkunde vor.[44] Dieser Text wird in der Beilage abgedruckt und um des besseren Verständnisses willen mit einer deutschen Übersetzung versehen.

An der Echtheit der Bulle wird in der Forschung nicht gezweifelt.[45] Der in der Skriptumsformel genannte Notar und Skriniar Stephanus erscheint in Privilegien Johannes' XV. von 987 (2. April) bis 993 (31. Mai). Der in der Datumszeile genannte Bibliothekar Bischof Johannes von Nepi war Datar von 986 (25. Januar) bis 992 (25. Juni). Ein letztes Mal erscheint er in der Kanonisationsurkunde für Bischof Ulrich.[46] Da die Synode nach der *Narratio* der Bulle am 31. Januar (*pridie kalendas februarias*) stattfand, wurde die diesem Sachverhalt widersprechende Datierung *tertio kalendas februarii* (29. Januar) schon von Welser in *tertio nonas februarii* (3. Februar) korrigiert.[47]

Nach dem Wortlaut der Urkunde, die das Geschehen im Stil einer Protokollaufzeichnung überliefert, fand am 31. Januar 993 im Lateranpalast eine Synode (conventus) statt, die vielleicht in den ersten Februartagen weitergeführt wurde. Aufgrund der dürftigen Quellenlage – die Versammlung ist nur durch die vorliegende Kanonisationsbulle bezeugt – läßt sich wenig Sicheres ausmachen. Nach Ausweis der zwischen der Skriptum- und Datumzeile stehenden Unterschriften der Teilnehmer (unterzeichnet haben der Papst, 5 Bischöfe aus der römischen Kirchenprovinz sowie 1 Kardinalerzpriester, 8 Kardinalpriester, 1 Archidiakon und 3 Diakone – Kleriker also wohl aus dem Lateranpalast) handelte es sich um eine rein römische Synode. Eine solche kann im Pontifikat Papst Johannes' XV. auch für das Jahr 990/991 nachgewie-

---

[41] Acta Sanctorum Julii II, Antwerpen 1721, 80.
[42] Mabillon 471 f.
[43] MG SS IV 378 f.
[44] Zimmermann, Papsturkunden I 612 f. (Nr. 315).
[45] J[ohann]. F[riedrich]. Böhmer, Regesta Imperii. II/5: Papstregesten 911–1024, bearbeitet von Harald Zimmermann, Wien-Köln-Graz 1969, 285 (Nr. 714); Volkert-Zoepfl 89 (Nr. 159); Zimmermann, Papsturkunden I 612 (Nr. 315).
[46] Ebd. – Siehe auch: Reinhard Elze, Das »Sacrum Palatium Lateranense« im 10. und 11. Jahrhundert, in: Studi Gregoriani IV, Città del Vaticano 1952, hier 37 f.
[47] Böhmer-Zimmermann, Papstregesten 285 (Nr. 714); Volkert-Zoepfl 89 (Nr. 159); Zimmermann, Papsturkunden I 612 (Nr. 315).
[48] Böhmer-Zimmermann, Papstregesten 271 (Nr. 680).
[49] Friedrich Zoepfl, Das Bistum Augsburg und seine Bischöfe im Mittelalter, Augsburg 1955, 80–83. – Volkert-Zoepfl 102–114.

sen werden.⁴⁸ Außer Bischof Liutold (Liudolf) von Augsburg (989–996),⁴⁹ Ulrichs drittem Nachfolger, scheint kein auswärtiger Bischof an der Zusammenkunft teilgenommen zu haben. Dieser bat in seiner Ansprache (vorausgesetzt sie gibt den ursprünglichen Wortlaut wieder) die unter dem Vorsitz des Papstes versammelten Bischöfe und Priester um die Erlaubnis, das mitgebrachte »Büchlein über das Leben und die Wundertaten des verehrungswürdigen Ulrich, vor kurzem noch Bischof der heiligen Kirche von Augsburg«⁵⁰ vorlesen zu dürfen. Anschließend möge die im Heiligen Geist versammelte Synode – deren göttliche Inspiriertheit durch den Verweis auf das Herrenwort (Mt 18,20): *Wo zwei oder drei in meinem Namen versammelt sind, da bin ich mitten unter ihnen* unterstrichen wird – beschließen, was ihr beliebe. Man wird annehmen dürfen, daß der dabei vorgelegte *libellus* mit Gerhards Lebensbeschreibung und Wunderbericht identisch gewesen ist. Nach Anhören der Vita, die aufgrund ihrer beträchtlichen Länge wohl nur in einzelnen Kapiteln verlesen wurde, kam die Rede auf die vom »heiligsten Bischof« Ulrich gewirkten Wunder, auf welche die Bulle im Gegensatz zur Lebensbeschreibung explizit Bezug nimmt (in Anklang vielleicht an das Schriftwort Mt 11,5): »daß er [Ulrich] nämlich Blinden das Augenlicht gegeben, Dämonen aus Besessenen vertrieben, Lahme geheilt und eine große Menge anderer Zeichen gewirkt habe, die nicht mit Feder und Tinte aufgezeichnet sind«. Hierauf faßte die Synode einmütig (communi consilio) den Beschluß, daß das Andenken (memoria) Ulrichs mit »frömmster Liebe und gläubigster Ehrfurcht«⁵¹ zu ehren sei. Theologisch begründet wird die Entschließung mit einer knappen, doch bemerkenswerten Ausformulierung damaliger kirchlicher Lehre über die Heiligenverehrung: In der Verehrung der Reliquien der Blutzeugen und der Bekenner wird der verherrlicht, dessen Diener sie sind; sie ist also auf Christus ausgerichtet. Und sie gründet im Vertrauen auf die Fürsprache der Heiligen bei Gott.⁵² Zugleich wurde bestimmt – gestützt auf die göttlichen Gebote sowie die Lehre der Kanones und der Kirchenväter –, daß das Andenken Ulrichs im Gottesdienst gepflegt werden soll.⁵³

Ein förmlicher Kanonisationsprozeß, wie er in späteren Jahrhunderten sich allmählich ausbildete und heute genau festgelegt ist, fand nicht statt. Desgleichen wird nichts von einer liturgischen Feier berichtet, wie sie zum ersten Mal für die 1131 erfolgte Heiligsprechung Godehards von Hildesheim (960–1038) nachgewiesen werden kann.⁵⁴ Es erweckt vielmehr den An-

---

⁵⁰ Textnachweis siehe: Urkundliche Beilage.
⁵¹ Ebd.
⁵² Vgl. Paolo Molinari, Die Heiligen und ihre Verehrung, Freiburg–Basel–Wien 1964, 172. – Wolfgang Beinert, Die Heiligen in der Reflexion der Kirche. Systematisch-theologische Grundlegung, in: Ders. (Hrg.), Die Heiligen heute ehren. Eine theologisch-pastorale Handreichung, Freiburg–Basel–Wien 1983, 35.
⁵³ Vgl. Urkundliche Beilage.
⁵⁴ Theodor Klauser, Die Liturgie der Heiligsprechung, in: Heilige Überlieferung. Ausschnitte aus der Geschichte des Mönchtums und des Heiligen Kultes. Festschrift Ildefons Herwegen

schein, das Kanonisationsverfahren habe sich nicht wesentlich von den herkömmlichen bischöflichen Heiligsprechungen unterschieden. Auch im vorliegenden Fall ging dem Ersuchen des Augsburger Bischofs die tatsächliche kultische Verehrung Ulrichs durch das Volk voraus. Nur erfolgte die kirchenamtliche Bestätigung des Kultes nach Vorlage von Vita und Wunderbericht – die lediglich angehört wurden – nicht durch die vom Bischof vorgenommene Elevation, sondern durch den Spruch des Papstes. Weitere Aufschlüsse ergeben sich, wenn man sich das päpstliche Schriftwesen[55] jener Zeit in Erinnerung ruft. Im *Sacrum Palatium Lateranense* – dem Mittelpunkt der päpstlichen Verwaltung in jener Zeit[56] – lag die Leitung des Urkundenwesens ausschließlich in den Händen des Bibliothekars, eines Bischofs, dem je nach Bedarf Notare (Skriniare) zur Niederschrift der Urkunden zur Verfügung standen. Es gab Kanzler, aber keine Kanzlei, wohl aber eine Schreibtradition. Was nun den Geschäftsverkehr betraf, so mußten die Informationen und Dokumente, auf denen die Urkunden beruhten, von denen geliefert werden, die als Bittsteller in Rom erschienen. Letzteren oblag auch der Transport des Schriftstückes an den Empfänger. Eine sachliche Prüfung der Unterlagen war in der Regel nicht möglich, so daß es mitunter auch zu Fehlentscheidungen kommen konnte.[57] Dieser Sachverhalt weist somit den Augsburger Bischof mit großer Sicherheit auch als den tatsächlichen Antragsteller aus. Hätte er in Auftrag – etwa Ottos III.[58] – gehandelt, wäre der Name eines solch bedeutenden Bittstellers gewiß in der päpstlichen Kanonisationsbulle genannt worden. Aus den gleichen Gründen kann ausgeschlossen werden, daß die Kanonisation von seiten des Papstes angeregt wurde.[59] Daß im übrigen auf die Festlegung eines Feiertages verzichtet wurde, mag darin liegen, daß das Fest des heiligen Ulrich längst in Übung war, es daher keiner abermaligen Fixierung bedurfte.

Neu ist dagegen die außerordentliche Feierlichkeit der Publikation. Gerichtet an alle Erzbischöfe, Bischöfe und Äbte Galliens und Germaniens, unterstreicht die Bulle den die Gläubigen verpflichtenden Charakter der angeord-

---

(= Beiträge zur Geschichte des alten Mönchtums und des Benediktinerordens. Supplementband 19a), Münster 1938, 212–233, hier 220f.

[55] Elze 26–54; Friedrich Kempf, Papsttum, Kirchenstaat, Papstkanzlei, in: Hubert Jedin (Hrg.), Handbuch der Kirchengeschichte III/1, Freiburg-Basel-Wien 1966, 319–325; Gerd Tellenbach, Die westliche Kirche vom 10. bis zum frühen 12. Jahrhundert (= Die Kirche in ihrer Geschichte. Ein Handbuch II/1), Göttingen 1988, F 67f. (Lit.).

[56] Elze 36.

[57] Gerd Tellenbach, Zur Geschichte der Päpste im 10. und früheren 11. Jahrhundert, in: Lutz Fenske-Werner Rösener-Thomas Zotz (Hrg.), Institutionen, Kultur und Gesellschaft im Mittelalter. Festschrift für Josef Fleckenstein zu seinem 65. Geburtstag, Sigmaringen 1984, 165–177, hier 168; ders., Die westliche Kirche F 67f.

[58] Bernhard Kötting (Entwicklung der Heiligenverehrung und Geschichte der Heiligsprechung, in: Peter Manns [Hrg.], Die Heiligen in ihrer Zeit I–II, Mainz 1966, hier I 37) nennt Kaiser Otto III. als Bittsteller für die Kanonisation Ulrichs. Dies läßt sich nicht belegen.

[59] Zoepf (211) schließt eine Initiative Roms nicht aus.

neten Verehrung Ulrichs und endet mit der Strafandrohung, daß jeder, der sich diesem Gebot widersetzte, kraft der Autorität des Apostelfürsten Petrus, dessen Stelle Johannes XV. einnehme, mit dem Anathem belegt sei. Daß sie nicht an die Gesamtkirche adressiert ist, braucht nicht weiter zu verwundern. Von den im *Codex Constitutionum* Fontaninis für die Zeit von 993 bis 1175 aufgeführten 14 päpstlichen Kanonisationsbullen verpflichten nur vier die ganze Kirche, nämlich jene des Simeon von Syrakus (1042), des Gerhard von Toul (1050), des Einsiedlers Theobaldinus (1066/73) und des Thomas von Canterbury (1170).[60] Möglicherweise hat hinter der Anrede sogar eine bestimmte Absicht des Antragstellers gestanden. Darüber hinaus ist bereits bei diesem ersten päpstlichen Kanonisationsverfahren der für die Kanonisationsprozesse des Mittelalters klassische Dreischritt grundgelegt: nämlich der *Petitio*, der Bitte eines Antragstellers um Vornahme der Kanonisation einer im Rufe der Heiligkeit stehenden Persönlichkeit unter Vorlage von Vita und Wunderbericht; der *Informatio*, der zunehmend strenger gehandhabten Prüfung des Antrags und der eingereichten Unterlagen (in späterer Zeit auch der Zeugenbefragung) durch die Synode (bzw. durch den Papst oder seine Bevollmächtigten); sowie drittens der *Publicatio*, der feierlichen Verkündigung der päpstlichen Sentenz und der Aufnahme des Betreffenden in das Verzeichnis der Heiligen.[61] Im übrigen hat der Kanonisationsprozeß Ulrichs bei der Heiligsprechung seines Zeitgenossen und Freundes, des Bischofs Konrad von Konstanz (934–975) durch Papst Kalixt II. (1119–1124) im Jahre 1123 nachweislich als Vorbild gedient.[62]

Wenngleich Nachrichten über die Aufnahme der päpstlichen Kanonisation in Augsburg nicht überliefert sind – merkwürdigerweise enthalten die Quellen auch keinen Hinweis auf eine heimatliche Kanonisationsfeier –, darf angenommen werden, daß diese der Ulrichsverehrung und deren Verbreitung starken Auftrieb verlieh. Eine die kultische Verehrung erst auslösende Kraft kann der Heiligsprechung indes nicht zugesprochen werden. Ihre Bedeutung liegt in der kirchlichen Bestätigung des schon Bestehenden. Auch kam es in der Bischofsstadt entgegen der Praxis des 11. und 12. Jahrhunderts im Anschluß an die Kanonisation nicht zu einer feierlichen Erhebung der Gebeine Ulrichs. Diese erfolgte erst 1187 anläßlich der Einweihung der neuerrichte-

---

[60] Jakob Schlafke, Das Recht der Bischöfe in causis sanctorum bis zum Jahre 1234, in: Wilhelm Carsten-Augustinus Frotz-Peter Linden (Hrg.), Die Kirche und ihre Ämter und Stände. Festgabe Seiner Eminenz dem Hochwürdigsten Herrn Joseph Kardinal Frings Erzbischof von Köln zum goldenen Priesterjubiläum am 10. August dargeboten, Köln 1960, 417–433, hier 419.

[61] Zu diesem Dreischritt siehe: Klauser, Zur Entwicklung 91–99; Jürgen Petersohn, Die päpstliche Kanonisationsdelegation und die Heiligsprechung Karls des Großen, in: Stephan Kuttner (Hrg.), Proceedings of the Fourth International Congress of Medieval Law Toronto, 21–25 August 1972 (= Monumenta iuris canonici. Series C: Subsidia 5), Città del Vaticano 1976, 163–206, hier 167.

[62] Renate Neumüllers-Klauser, Zur Kanonisation Bischof Konrads von Konstanz, in: Freiburger Diözesan-Archiv 95 (1975) 67–81.

ten Kirche St. Ulrich und Afra, in Anwesenheit und unter Beteiligung des Kaisers Friedrich I. Barbarossa (1152–1190), der zusammen mit drei Bischöfen den Reliquienschrein trug.[63] Dagegen darf man vielleicht in dem Umstand, daß Bischof Liutold nach dem Zeugnis des Chronisten Thietmar von Merseburg über der Grabstätte Ulrichs eine Kapelle (oratorium) erbauen ließ,[64] eine unmittelbare Auswirkung der Kanonisation und die Notwendigkeit sehen, den Erfordernissen eines gewachsenen Wallfahrtsaufkommens Rechnung zu tragen. Es ist allerdings nicht auszuschließen, daß der Bau, der vor Liutolds Tod 996 fertiggestellt gewesen sein muß, in die Zeit vor der Kanonisation zu datieren ist.[65] Die Stiftung einer goldenen, mit Edelsteinen geschmückten Tafel für dieses Oratorium durch Kaiserin Adelheid (931–999) und die Beisetzung der Eingeweide Kaiser Ottos III. (983–1002) in Ulrichs Grabkapelle im Jahre 1002 zeigen indes in eindrücklicher Weise das Ansehen, welches der Heilige in damaliger Zeit genoß.[66]

III

Formell das Ergebnis einer synodalen Entscheidung unter dem Vorsitz des Papstes, ist die Heiligsprechung Ulrichs die erste historisch nachweisbare päpstliche Kanonisation. Erstmals in der Geschichte der Kirche wurde in ihr eines ihrer Mitglieder durch offiziellen Spruch des Papstes zur Ehre der Altäre erhoben, erstmals die Bewilligung der liturgischen Verehrung eines Heiligen durch den Papst erteilt. Gleichwohl kann nicht von einer neuen Rechtssetzung im strengen Sinne des Wortes gesprochen werden,[67] noch dürfte Bischof Liutold eine Änderung der bisherigen Heiligsprechungspraxis angestrebt haben. Doch war ein Anfang gemacht. Seit dem frühen 11. Jahrhundert haben Päpste denn auch in steigender Zahl Kanonisationen vorgenommen. Das Recht der Bischöfe, selbständig eine Heiligsprechung durchzuführen, blieb indes unangetastet. Und noch in der zweiten Hälfte des 12. Jahrhunderts standen bischöfliche und päpstliche Heiligsprechungen rechtlich gleichberechtigt nebeneinander.[68] Die Reservation der Heiligsprechung durch das Papsttum erfolgte erst im 13. Jahrhundert. Rechtsgrundlage dafür bildete die Aufnahme der aus der Zeit zwischen 1171 und 1180 zu datieren-

---

[63] Zoepfl, Bistum Augsburg 74; Joachim Werner (Hrg.), Die Ausgrabungen in St. Ulrich und Afra in Augsburg 1961–1968 (= Münchner Beiträge zur Vor- und Frühgeschichte 23), München 1977, 119f. (Nr. 52).

[64] Thietmari Merseburgensis, Chronicon (Kap. IV 51) 166; Volkert-Zoepfl 107 (Nr. 188); Werner 105f. (Nr. 17).

[65] Pötzl 94f.

[66] Volkert-Zoepfl 107 (Nr. 188); Werner 106 (Nr. 17).

[67] Beissel 109; Hertling 176f.; Kuttner, La réserve papale 179–182; Kemp 56–81; Herrmann-Mascard 94; Vauchez 25.

[68] Marianne Schwarz, Heiligsprechungen im 12. Jahrhundert und die Beweggründe ihrer Urheber, in: Archiv für Kulturgeschichte 39 (1957) 43–62; Kuttner, La réserve papale 181f.; Schlafke 419; Petersohn, Die päpstliche Kanonisationsdelegation 165.

den Dekretale *Audivimus* Alexanders III. (1159–1181) in den *Liber Decretalium* Gregors IX. (1227–1241) im Jahre 1234 und deren Umdeutung im Sinne einer ausschließlichen päpstlichen Jurisdiktionsbefugnis.[69] Erstmals scheint Innozenz III. (1198–1216) anläßlich der Kanonisation der Kaiserin Kunigunde († 1033) im Jahre 1200 das Recht der Heiligsprechung dem Papste reserviert zu haben.[70] Das IV. Laterankonzil von 1215 unterstützte dieses Bestreben, indem es im Rückgriff auf die Regelung der Mainzer Synode des Jahres 813 die Verehrung neuer Reliquien an die vorausgehende Einholung nunmehr nicht mehr der königlichen, sondern der päpstlichen Approbation band.[71] Ungeachtet der Tatsache, daß das Hochmittelalter die Heiligenverehrung der päpstlichen Kontrolle unterstellt hatte, entstanden auch in der Folgezeit immer wieder Kulte (von in der Regel nur regionaler Verbreitung) ohne ausdrückliche Autorisation durch den Heiligen Stuhl. Erst in nachtridentinischer Zeit konnte das päpstliche Vorbehaltsrecht wirksam in die Praxis umgesetzt werden, als unter Urban VIII. (1623–1644) und Benedikt XIV. (1740–1758) der Heiligsprechungsprozeß einer definitiven Regelung zugeführt wurde.[72]

Im Blick auf die Rechtsentwicklung der nachfolgenden Jahrhunderte ist somit dem Urteil Stephan Kuttners beizupflichten, daß die Kanonisation Bischof Ulrichs von Augsburg zu jener Zeit zweifellos weniger als eine neue Rechtssetzung, die sie in der Tat war, betrachtet wurde, als vielmehr als Kanonisationsakt, der sich von anderen nur durch die besondere Feierlichkeit unterschied.[73] 993 aber war die Beteiligung des Papstes an einer Heiligsprechung zum ersten Mal manifest geworden. »Und die Position, die es damit erreicht hatte, war es allen Rückschlägen zum Trotz nicht bereit, wieder aufzugeben, vielmehr willens, sie gegen die konkurrierende bischöfliche Autorität durchzusetzen und aus erst unregelmäßig geübter Praxis, dann mehr und mehr Gewohnheitsrecht werdender Übung zu genau fixierter Prärogative auszubauen«.[74]

---

[69] Kuttner, La réserve papale 211–220; Schlafke 420–433; Petersohn, Die päpstliche Kanonisationsdelegation 166f.; Schulz 29f.

[70] Zur Diskussion, inwieweit Innozenz III. in der Urkunde über die Heiligsprechung der Kaiserin Kunigunde vom 3. April 1200 erstmals den päpstlichen Vorbehalt ausgesprochen habe, siehe: Jürgen Petersohn, Die Litterae Papst Innocenz' III. zur Heiligsprechung der Kaiserin Kunigunde (1200), in: Jahrbuch für fränkische Landesforschung 37 (1977) 1–25; ders., Die päpstliche Kanonisationsdelegation 166 (Anm. 14); Kuttner, La réserve papale 207 f; Schlafke 426f.; Herrmann-Mascard 100f.; Vauchez 31.

[71] Kuttner, La réserve papale 208–210; Petersohn, Die päpstliche Kanonisationsdelegation 166; Herrmann-Mascard 101 f.; Vauchez 33.

[72] Kemp 107–150; Hausberger, Heiligenverehrung 652f.; Schulz 30–33 (Lit.).

[73] Kuttner, La réserve papale 179. – »La première canonisation papale, celle de saint Ulric d'Augsbourg, prononcée en 993 par Jean XV lors d'un synode romain, a sans doute été considérée en son temps moins comme l'innovation juridique qu'elle était en réalité, que comme un acte de canonisation se distinguant uniquement par sa solennité extraordinaire.«

[74] Klauser, Zur Entwicklung 97.

IV

Komplizierter liegen die Dinge bei der Beantwortung der Frage, was denn Bischof Liutold bewog, in Rom um die Bestätigung eines bestehenden und allem Anschein nach blühenden und rasch sich ausbreitenden Kultes nachzusuchen. Drei Monate zuvor erst hatte er am Fest des heiligen Gallus, am 16. Oktober 992, an der feierlichen Einweihung des Stephansdomes zu Halberstadt teilgenommen, einer glanzvollen Feier, die alles vereinigte, was Rang und Namen im Reiche hatte, und bei der es auch zu einer Festkrönung Ottos III. gekommen war. Liutold selbst war die Aufgabe zugefallen, den nördlichen Seitenaltar des Domes zu Ehren der Heiligen Sebastian, Bonifatius, Liudger, Magnus, Ulrich und der heiligen Afra zu weihen.[75] Die hohe Bedeutung dieses Aktes sollte nicht unterschätzt werden. Ulrich wird gleichrangig in eine Reihe gestellt mit »etablierten«, kirchlich anerkannten Heiligen. Und das nicht etwa in einer abgelegenen Wallfahrtskapelle des Augsburger Sprengels, sondern in einer Domkirche im Stammland der Ottonen! Muß darin nicht eine »Vorwegnahme« der Kanonisation gesehen werden? Jedenfalls: Wäre die selbständige Vornahme der Erhebung der Gebeine Ulrichs (vielleicht im Rahmen einer Synode in Augsburg) somit nicht eher auf der Hand gelegen, als das an Papst Johannes XV. gerichtete Ersuchen um Heiligsprechung, das auch und gerade Liutold als Novum erscheinen mußte? Weshalb der Verzicht auf überkommenes bischöfliches Recht?

Aufgrund der dürftigen Quellenlage lassen sich keine gesicherten Erkenntnisse erzielen. Es kann sich bei den folgenden Ausführungen deshalb nur um eine Interpretation des spärlichen Materials handeln, welches die Befragung sowohl des kirchlichen Umfelds als auch der nachfolgenden Entwicklung im 11. und 12. Jahrhundert ergibt.

So kann zunächst weiterhelfen, die Kanonisation Ulrichs im größeren kirchenpolitischen Kontext zu betrachten: näherhin im Zusammenhang mit der Ingelheimer Reichssynode des Jahres 993, die zusammen mit einem Hoftag wohl an Ostern (16. April) abgehalten worden ist.[76] Ihr wohnten in Anwesenheit des unmündigen Königs Otto III. und der Kaiserin Adelheid, seiner

---

[75] J[ohann]. F[riedrich]. Böhmer, Regesta Imperii. II/3: Die Regesten des Kaiserreiches unter Otto III. 980 (983)-1002, neubearbeitet von Mathilde Uhlirz, Graz-Köln 1956, 550 (Nr. 1074 a); Volkert-Zoepfl 105 (Nr. 186). – Karl und Mathilde Uhlirz, Jahrbücher des Deutschen Reiches unter Otto II. und Otto III., II: Otto III. 983–1002, von Mathilde Uhlirz, hrg. durch die Historische Kommission bei der Bayerischen Akademie der Wissenschaften, Berlin 1954, 160; Zoepfl, Bistum Augsburg 80; Karl Joseph Benz, Untersuchungen zur politischen Bedeutung der Kirchweihe unter Teilnahme der deutschen Herrscher im hohen Mittelalter. Ein Beitrag zum Studium des Verhältnisses zwischen weltlicher Macht und kirchlicher Wirklichkeit unter Otto III. und Heinrich II. (= Regensburger Historische Forschungen 4), Kallmünz 1975, 21–54.

[76] Zur Reichssynode des Jahres 993, deren Datierung und Überlieferung siehe: Böhmer-Uhlirz, Regesten des Kaiserreiches 558 (1085 b); Uhlirz, Jahrbücher 481–483; Horst Fuhrmann, Die Synoden in Ingelheim, in: Johanne Autenrieth (Hrg.), Ingelheim am Rhein. Forschungen und

Großmutter, die die Vormundschaft führte, eine große Zahl geistlicher und weltlicher Fürsten bei, an deren Spitze der überragende Erzbischof und Erzkanzler des Reiches Willigis von Mainz (975–1011) sowie die Erzbischöfe von Trier, Köln, Salzburg und Magdeburg. Unter den Bischöfen befand sich mit hoher Wahrscheinlichkeit auch der eben von Rom zurückgekehrte Bischof von Augsburg, dessen Anwesenheit am Hof durch eine in Worms auf den 30. April 993 ausgestellte Urkunde nachgewiesen werden kann.[77] Es ist mit Sicherheit anzunehmen, daß in diesem Fall den Teilnehmern der Synode auch die päpstliche Kanonisationsbulle zur Kenntnis gebracht worden ist.
Über die Beschlüsse der quellenmäßig schlecht überlieferten Synode ist nur bekannt, daß sie sich mit dem Streit um die Besetzung des Erzbistums Reims beschäftigte.[78] In Reims war im Januar 989 der Erzbischof Adalbero (969–989) gestorben. Um die Anhängerschaft der um ihr Erbe kämpfenden karolingischen Dynastie für sich zu gewinnen, berief König Hugo Capet (987–996) von Franzien in scheinbar klugem Schachzug Arnulf, einen unehelichen Sohn des Karolingerkönigs Lothar (954–986), auf den Reimser Erzbischofsstuhl. Der Herzog von Franzien hatte bei der Königswahl 987 gegen den erbberechtigten Herzog Karl von Niederlothringen (977–991) den Sieg davongetragen und trachtete nun, seine Stellung zu festigen. Dagegen fand Karl, der Vasall des deutschen Königs war, in seinem Kampf um das karolingische Familiengut Unterstützung am Kaiserhof. Kaum war nun Arnulf in sein Amt eingesetzt und hatte – wie es scheint auf Intervention der Kaiserin Theophanu († 991),[79] der Mutter Ottos III., – vom Papst das Pallium verliehen

---

Studien zur Geschichte Ingelheims, Stuttgart 1964, hier 167–169; Heinz Wolter, Die Synoden im Reichsgebiet und in Reichsitalien von 916 bis 1056 (= Konziliengeschichte. Reihe A: Darstellungen), Paderborn-München-Wien-Zürich 1988, 134f.

[77] Uhlirz, Jahrbücher 482. – Zu Willigis von Mainz zuletzt: Werner Goez, Leben und Werk des heiligen Willigis, in: Helmut Hinkel (Hrg.), 1000 Jahre St. Stephan in Mainz. Festschrift (= Quellen und Abhandlungen zur mittelrheinischen Kirchengeschichte 63), Mainz 1990, 15–32 (Lit.).

[78] Zum Streit um die Besetzung des Erzbistum Reims, der wiederholt dargestellt worden ist und hier der Schilderung im Einzelnen nicht bedarf, siehe: Richer. Histoire de France (888–995), éditée et traduite par Robert Latouche I–II (= Les classiques de l'Histoire de France au Moyen Age 12, 17), Paris 1930–1937, hier II 183–333; Uhlirz, Jahrbücher 478–486; Kempf, Die überdiözesane Hierarchie 339f.; Harald Zimmermann, Das dunkle Jahrhundert. Ein historisches Porträt, Graz-Wien-Köln 1971, 236–254, 267–280; ders., Frankreich und Reims in der Politik der Ottonenzeit, in: Immo Eberl – Hans-Henning Kortüm (Hrg.), Harald Zimmermann. Im Bann des Mittelalters. Ausgewählte Beiträge zur Kirchen- und Rechtsgeschichte. Festgabe zu seinem 60. Geburtstag, Sigmaringen 1986, 1–25; Walther Kienast, Deutschland und Frankreich in der Kaiserzeit (900–1270). Weltkaiser und Einzelkönige I–II (= Monographien zur Geschichte des Mittelalters 9/I–II), Stuttgart 1974, 122–136; Helmut Beumann, Die Ottonen (= UTB 384), Stuttgart-Berlin-Köln-Mainz 1987, 133–136; Wolter 131–153.

[79] Böhmer-Zimmermann, Papstregesten 272 (Nr. 684); Uhlirz 120; Zimmermann, Frankreich 21. – Über Theophanu siehe: Anton von Euw-Peter Schreiner (Hrg.), Kaiserin Theophanu. Begegnung des Ostens und Westens um die Wende des ersten Jahrtausends. Gedenkschrift des Kölner Schnütgen-Museums zum 1000. Todesjahr der Kaiserin I–II, Köln 1991 (zu ihrer Biographie besonders den Beitrag von Günther Wolf, Wer war Theophanu?, ebd. II 385–396).

erhalten, spielte der Erzbischof die Bischofsstadt Reims trotz seines dreifach geleisteten Treueeids seinem herzoglichen Onkel in die Hände. Hugo Capet veranlaßte auf der Synode von Senlis 990 dessen Absetzung. Der Papst sollte den Synodalentscheid bestätigen. Nachdem die päpstliche Entscheidung ausgeblieben war (angeblich habe Arnulf Bestechungsgelder nach Rom fließen lassen),[80] erfolgte 991 auf der Synode im Kloster Saint-Basle zu Verzy bei Reims die endgültige Absetzung Arnulfs. An seiner Stelle wurde Gerbert von Aurillac (um 950–1003), vielleicht die gebildetste Persönlichkeit seiner Zeit, zum Erzbischof erhoben. Auf der Synode war es zu einer heftigen Auseinandersetzung zwischen den Anhängern Arnulfs, die sich vor allem aus Vertretern des Mönchtums rekrutierten, und den königstreuen Bischöfen gekommen, unter denen der gelehrte Bischof Arnulf von Orléans (972–1003) das Vorgehen des Königs gegen den Landesverräter verteidigte (Felonie galt »als vollgültiger Absetzungsgrund«)[81] und dabei harte Klage über den Sittenzerfall der römischen Päpste führte.[82] Erst nach dem Tod der Kaiserin Theophanu am 15. Juni 991 und lange nach der Absetzung Arnulfs sandte Johannes XV. im Frühjahr 992 den Abt Leo aus dem Kloster *SS. Bonifacio ed Alessio* auf dem Aventin und Bischof Dominikus von Sabina als päpstliche Legaten über die Alpen. Daß die Legaten an den Hof Ottos III. reisten, mochte dem Verhalten Roms während des Reimser Schismas vor 40 Jahren entsprechen[83] und ein Anzeichen sein, daß der Papst nicht gegen den Willen der Reichsregierung zu handeln beabsichtigte. Es war dennoch ein schwerer Fehler. Seit Otto I. hatten sich die politischen Verhältnisse gründlich geändert. Der 987 erfolgte Übergang der königlichen Gewalt an das Haus der Capetinger hatte ganz im Zeichen der »Nationwerdung Frankreichs« gestanden.[84] Die »französischen« Bischöfe weigerten sich denn auch, an der von den Legaten nach Aachen einberufenen Synode teilzunehmen. Nach deren Rückkehr nach Rom lud Johannes XV. Mitte des Jahres 992 König Hugo mitsamt seinem Sohn und Mitregenten Robert II. (Alleinherrscher 996–1031) und den an der Absetzung des Erzbischofs beteiligten Bischöfen zur Verantwortung nach Rom. In einem von Gerbert abgefaßten Schreiben antwortete der König, die

---

[80] Böhmer-Zimmermann, Papstregesten 274f. (Nr. 691f.); Fuhrmann 168; Wolter 131. – Dagegen sehen Uhlirz (Jahrbücher 134) und Zimmermann (Frankreich 21f.) in der zunächst abwartenden Haltung des Papstes den Einfluß der Kaiserin Theophanu.

[81] Friedrich Kempf, Abendländische Völkergemeinschaft und Kirche von 900 bis 1046, in: Jedin, Handbuch III/1 223.

[82] Acta concilii Remensis ad sanctum Basolum. Auctore Gerberto archiepiscopo, in: MG SS III 658–686, hier 671–676 (Kap. 28). – Uhlirz, Jahrbücher 143f.; Zimmermann, Das dunkle Jahrhundert 243; Kienast 125f.; Beumann 133.

[83] Zum Reimser Schisma von 925, das erst auf der Ingelheimer Synode 948 beigelegt werden konnte, siehe: Fuhrmann, Synoden 159–162; Zimmermann, Frankreich 5–14; Wolter 40–55.

[84] Zimmermann, Frankreich 1–3, 22; Beumann 127–136; Bernd Schneidmüller, Ottonische Familienpolitik und französische Nationsbildung im Zeitalter der Theophanu, in: Von Euw-Schreiner, Kaiserin Theophanu II 345–359 (Lit.).

Sache sei nach dem Beispiel früherer Päpste in Gallien zu verhandeln; der Papst möge ihm bis Grenoble (in Burgund) entgegenziehen und sich selbst überzeugen, daß bei der Absetzung Arnulfs das päpstliche Recht nicht im mindesten angetastet worden sei.[85]

In dieser verfahrenen Situation scheint die Reichsregierung (wie wahrscheinlich schon Ende 991) initiativ geworden zu sein.[86] Dahinter darf wohl der Einfluß des Erzkanzlers Willigis vermutet werden, der die vormundschaftliche Regierung für den jungen König Otto III. maßgeblich bestimmte und die Lösung der Reimser Wirren als Angelegenheit des Reiches betrachten mußte. Tatsächlich läßt die Darstellung des zeitgenössischen Geschichtsschreibers Richer von Reims († nach 998) die Annahme zu, daß der Papst schon vor 995 (als sicher bezeugtem Datum)[87] von Reichsbischöfen um ein Eingreifen in den Streitfall gebeten wurde.[88] Mathilde Uhlirz und Harald Zimmermann vermuten deshalb, daß kein anderer als Bischof Liutold die von Richer in der Reimser Angelegenheit erwähnten Briefe aus Deutschland nach Rom brachte und daß darüber während der Lateransynode verhandelt wurde.[89] Die Richtigkeit dieser Annahme vorausgesetzt, stellt sich die Frage, aus welchen Gründen ausgerechnet der Augsburger Bischof mit dieser Mission betraut wurde. Über ihn ist wenig bekannt. Doch suchte er wie Ulrich »Königsnähe« und gehörte mit Sicherheit zur *familia* der Kaiserin Adelheid.[90] Ihr berichtete Liutold in einem zwischen Mitte Juni 991 und Herbst 994 zu datierenden Schreiben über Umtriebe des Markgrafen Hugo von Tuszien gegen die Anhänger der Kaiserin.[91] Und unmittelbar nach seiner Rückkehr aus Rom nahm der Bischof am Slavenfeldzug Ottos III. teil. Dieser wiederum bedachte auf Fürbitte der Kaiserin und der Äbtissin Mathilde von Quedlinburg (955–999) in einer nicht datierten, doch wohl um 991–994 anzusetzenden Urkunde die Augsburger Kirche mit einem Gut in Schierstein (Stadtkreis Wiesbaden).[92]

Wie dem auch sei: Jedenfalls sandte Johannes XV. Anfang 993 den Legaten Leo neuerlich über die Alpen. Wahrscheinlich ist er in Begleitung Liutolds gereist und hat an der Synode in Ingelheim teilgenommen.[93] Zu welchen Ergebnissen diese gelangte, ist aus den Quellen nicht zu erheben. Vielmehr

---

[85] Vgl. Böhmer-Zimmermann, Papstregesten 281 (Nr. 706), 282 (Nr. 708).
[86] Zimmermann, Das dunkle Jahrhundert 246; Kienast I 126; Wolter 132.
[87] Böhmer-Zimmermann, Papstregesten 920 (Nr. 727).
[88] Richer 302. – Vgl. Böhmer-Zimmermann, Papstregesten 284 (Nr. 713).
[89] Uhlirz, Jahrbücher 165, 482; Böhmer-Zimmermann, Papstregesten 184 (Nr. 713); Zimmermann, Das dunkle Jahrhundert 247.
[90] Zoepfl, Bistum Augsburg 80; Volkert-Zoepfl 102 (Nr. 179), 110 (Nr. 193).
[91] Volkert-Zoepfl 103 (Nr. 183); Mathilde Uhlirz, Die italienische Kirchenpolitik der Ottonen, in: Mitteilungen des Österreichischen Instituts für Geschichtsforschung 48 (1934) 201–321, hier 256, 261.
[92] Böhmer-Uhlirz, Regesten des Kaiserreiches 569 (Nr. 1104); Volkert-Zoepfl 104 (Nr. 184).
[93] Uhlirz, Jahrbücher 165, 482 f.; Fuhrmann, Synoden 168; Zimmermann, Frankreich 22; Wolter 134.

zog sich der Streit um die Besetzung des Reimser Erzbistums hin. Aufgrund vor allem der veränderten politischen Konstellation (durch das Zusammengehen der Capetinger mit Rom war Gerberts Position in Reims unhaltbar geworden) wurde er schließlich zugunsten Arnulfs entschieden, dessen Restitution 997 erfolgte. Gerbert hatte sich schon im September 996 als Lehrer und Berater Ottos III. an den deutschen Hof begeben. Der Kaiser entschädigte ihn 998 mit dem Erzbistum Ravenna. Nur ein Jahr später bestieg er nach dem Willen Ottos III. als Papst Silvester II. (999–1003) den Stuhl Petri. Nunmehr verlieh er seinem ehemaligen Widersacher neuerlich das Pallium (damit seinen Standpunkt wahrend) und erklärte in einem Arnulf ausgestellten Privileg (somit zugleich in auffallendem Gesinnungswandel der Argumentationsweise seiner Vorgänger beipflichtend), daß dessen Absetzung seinerzeit der römischen Zustimmung ermangelt habe.[94]

Aufgrund der bisherigen Schilderung darf angenommen werden, der Augsburger Bischof habe sich in politischer Mission nach Rom begeben. Dies würde auch erklären, weshalb die Reise mitten im Winter unternommen wurde, einem Winter übrigens, der nach Ausweis der *Annales Augustani* von besonderer Härte gewesen ist.[95] Wenn dem so ist, wäre die primäre Veranlassung für Liutolds Romaufenthalt entgegen bisheriger Annahmen nicht das Kanonisationsbegehren gewesen. Es sei denn, die Heiligsprechung Ulrichs müßte in direktem Zusammenhang mit den Reimser Wirren gesehen werden. Sollte etwa im Zeichen des auseinanderstrebenden Reiches (und nicht zuletzt dadurch wurde der Verlauf der Auseinandersetzung bestimmt!) Ulrich von Augsburg als besonders leuchtendes Vorbild im Streben um die Erhaltung der Reichseinheit in Erinnerung gerufen werden? Harald Zimmermann gab denn auch zu bedenken, es sei wohl kein Zufall, daß die päpstliche Kanonisationsbulle gerade an die Bischöfe Galliens und Germaniens gerichtet sei. »Vielleicht sollte die Zusammengehörigkeit der Kirchen diesseits und jenseits der Grenze trotz der Spannungen der letzten Zeit unterstrichen werden.«[96]

Die Frage, was den Augsburger Bischof letztlich bestimmte, anläßlich seines Romaufenthaltes auch um die Heiligsprechung Ulrichs nachzusuchen, läßt sich nicht befriedigend beantworten. Wohl sind Romfahrten deutscher Bischöfe im 10. Jahrhundert gut bezeugt. In den meisten Fällen treten die Bischöfe dabei als Pilger auf. Ihr Ziel ist die mit dem Erwerb von Reliquien verbundene Wallfahrt zu den Apostelgräbern.[97] Aus diesem Grund hat Bi-

---

[94] Friedrich Kempf, Die überdiözesane Hierarchie: Metropoliten, Primaten, Papsttum, in: Jedin, Handbuch der Kirchengeschichte III/1 325–341, hier 340; Zimmermann, Frankreich 23f.
[95] Nachweis unter Anm. 35.
[96] Zimmermann, Das dunkle Jahrhundert 247.
[97] Siehe dazu: Hermann Tüchle, Romfahrten deutscher Bischöfe im 10. Jahrhundert, in: Heinz Fleckenstein-Gerhard Gruber-Georg Schwaiger-Ernst Tewes (Hrg.), Ortskirche-Weltkirche. Festgabe für Julius Kardinal Döpfner, Würzburg 1973, 98–110.

schof Ulrich nach Ausweis seiner Vita dreimal die Reise auf sich genommen. Daß dabei auch dem Nachfolger des heiligen Petrus die Reverenz erwiesen wurde, versteht sich von selbst. Darüber hinaus läßt sich jedoch weder für Ulrich noch für Liutold eine besondere Verbindung zu den Päpsten jener dunklen Epoche des sogenannten *Saeculum obscurum* nachweisen.[98] Das gilt auch für Johannes XV., der ganz vom Willen des römischen Patriziers Crescentius II. Nomentanus († 998) abhängig und nach der Überlieferung des *Liber pontificalis* infolge seiner Geld- und Familienpolitik sowie seiner Rücksichtslosigkeit bei Klerus und Volk verhaßt gewesen war. Vorübergehend mußte er nach Tuszien fliehen und starb, noch ehe Otto III. ihm zu Hilfe eilen konnte.[99]

Dagegen war die hohe Würde des Bischofs von Rom in seiner Eigenschaft als Nachfolger des heiligen Petrus nicht umstritten. Die päpstliche Autorität hatte in der lateinischen Kirche ungeachtet des Niedergangs des Papsttums im 9./10. Jahrhundert aufgrund des Zerfalls übergreifender politischer Ordnungen und des dadurch bedingten weitgehenden Wegfalls der altkirchlichen episkopal-synodalen Tradition seit dem 8. Jahrhundert kontinuierlich an Gewicht gewonnen.[100] Aus der Rückschau der Entwicklung des Kanonisationswesens im Zeitalter der »gregorianischen Reform« liegt es daher nahe, den Grund für Liutolds Handeln in der hohen Verehrung zu suchen, die dem heiligen Petrus und seinem Nachfolger entgegengebracht wurde. Es ist eine Tatsache, daß sich aus bisher nicht genügend geklärten Gründen im Anschluß an die 993 erfolgte erste päpstliche Kanonisation im westlichen Europa des 11. und vor allem des 12. Jahrhunderts die Anschauung durchsetzte, die bisher übliche Erhebung der Gebeine durch den Ortsbischof reiche für eine Kanonisation von allgemeinem Anspruch nicht mehr aus. Mit der Anerkennung durch den Papst glaubte man offenbar dem jeweiligen Kult ein größeres Gewicht und mehr Glanz verleihen und dessen überregionale Verbreitung garantieren zu können.[101]

Inwieweit nun dieser Sachverhalt schon für die Zeit Ulrichs von Augsburg zutrifft, eben daß die *canonisatio per viam cultus* allein für nicht mehr genü-

---

[98] Zum *Saeculum obscurum* siehe: Tellenbach, Zur Geschichte der Päpste im 10. und frühen 11. Jahrhundert 165–177; Zimmermann, Das dunkle Jahrhundert; ders., Die Päpste des »dunklen Jahrhunderts« von Johannes VII. bis Sutri, in: Martin Greschat (Hrg.), Das Papsttum I (= Gestalten der Kirchengeschichte 11), Stuttgart-Berlin-Köln-Mainz 1985, 129–139 (Lit.), sowie den Beitrag von Georg Schwaiger. In diesem Band.

[99] Über ihn: Böhmer-Zimmermann, Papstregesten 256 (Nr. 641); Uhlirz, Jahrbücher 60; Zimmermann, Das dunkle Jahrhundert 227; ders., Papstabsetzungen des Mittelalters, Graz-Wien-Köln 1968, 104.

[100] Friedrich Kempf, Primatiale und episkopal-synodale Struktur der Kirche vor der gregorianischen Reform, in: Archivum Historiae Pontificiae 16 (1978) 27–66; ders., Die überdiözesane Hierarchie 325–341.

[101] Hertling 177; Kuttner, La réserve papale 185–187; Kemp 58–81; Petersohn, Die päpstliche Kanonisationsdelegation 166; Vauchez 25–31.

gend erachtet[102] und die Verehrung des Heiligen um einer größeren Resonanz und Autorität willen von der päpstlichen Kanonisation abhängig gemacht wurde, kann nicht entschieden werden. Es bleibt bei der Mutmaßung. Angesichts der blühenden Ulrichsverehrung (man denke nur an Halberstadt!), die in ottonisch-frühsalischer Zeit durch kaiserliche Gewogenheit einen in ihrer Auswirkung mit der päpstlichen Kanonisation durchaus vergleichbaren Impuls empfing, erscheint die Argumentation nicht unbedenklich. Steht hinter dieser These nicht zu sehr das (u.a. von Pseudo-Isidor beeinflußte) Gedankengut der »Gregorianischen Reform« des 11. Jahrhunderts? Wird so der primär wohl doch politischen Mission Liutolds nicht zu wenig Gewicht beigemessen? Dennoch kann nicht ausgeschlossen werden, daß es so gewesen ist. Wie stark aber muß dann – um mit Friedrich Kempf zu sprechen – der Glaube an den im Papsttum fortlebenden Petrus gewesen sein, »wenn er das Papsttum ausgerechnet zur Zeit seiner tiefsten Erniedrigung zum erstenmal als besonders sicheren Bürgen für neue Heiligenkulte einsetzte!«[103]

---

[102] Volkert-Zoepfl 106 (Nr. 187).
[103] Kempf, Die überdiözesane Hierarchie 337.

Urkundliche Beilage:
Kanonisationsbulle für den hl. Ulrich von Augsburg vom 3. Februar 993[1]

Joannes episcopus, servus servorum Dei, omnibus archiepiscopis, episcopis et abbatibus in Gallia et Germania commorantibus salutem in Domino ac apostolicam benedictionem.

Cum conventus esset factus in palatio Lateranensi pridie kalendas Februarias, residente Joanne sanctissimo papa cum episcopis et presbyteris, astantibus diaconibus et cuncto clero, surgens reverendissimus Luitolfus Augustae episcopus inquit: »Domine sanctissime praesul, si vobis placet et omnibus episcopis et presbyteris hic residentibus, libellus, quem prae manibus habeo, coram vobis legatur, de vita et miraculis venerabilis Vdalrici, sanctae Augustanae ecclesiae dudum episcopi, et quid libitum vobis fuerit, decernatur, quia Spiritus Sancti testatur praesentia et congregatio sacerdotum, certum esse, quod legimus, quia nec potest veritas nostra mentiri, cuius in evangelio ista sententia est: *Ubi duo vel tres congregati* fuerint *in nomine meo, ibi et ego sum in medio eorum*.[2] Quod cum ita sit, nam nec huic tam brevi numero Spiritus Sanctus deest, quanto magis eum nunc interesse credamus, quando in unum convenit turba sanctorum, sanctum namque est pro debita veneratione collegium.«

Cumque perlecta esset vita praedicti sanctissimi episcopi, ventum est ad miracula, quae sive in corpore sive extra corpus gesta sunt, videlicet caecos illuminasse, daemones ab obsessis corporibus effugasse, paralyticos curasse et quamplurima alia signa ges-

Johannes, Bischof, Diener der Diener Gottes, an alle Erzbischöfe, Bischöfe und Äbte in Gallien und Germanien: Gruß im Herrn und Apostolischen Segen.

Als am 31. Januar im Lateranpalast eine Synode stattfand in Anwesenheit des heiligsten Papstes Johannes mit den Bischöfen und Priestern, im Beisein der Diakone und des ganzen Klerus, erhob sich der ehrwürdigste Liutold, Bischof von Augsburg, und sagte: »Herr, heiligster Vater, wenn ihr und alle hier anwesenden Bischöfe und Priester es gutheißt, werde euch das Büchlein vorgelesen, das ich in den Händen halte, vom Leben und den Wundertaten des verehrungswürdigen Ulrich, vor kurzem noch Bischof der heiligen Kirche von Augsburg, und es werde beschlossen, was euch beliebt, bezeugt doch die Gegenwart des Heiligen Geistes und die Versammlung der Priester, daß wahr ist, was wir lesen, weil unsere Wahrheit nicht lügen kann, von der es im Evangelium heißt: *Wo zwei oder drei in meinem Namen versammelt sind, da bin ich mitten unter ihnen*.[2] Da dem so ist – denn auch bei einer so kleinen Zahl fehlt der Heilige Geist nicht – um wieviel mehr dürfen wir glauben, daß er jetzt gegenwärtig ist, wenn eine [ganze] Schar von Heiligen sich versammelt hat? Heilig nämlich ist das Kollegium aufgrund der ihm geschuldeten Ehrerbietung.«

Nachdem nun die Lebensgeschichte des genannten heiligsten Bischofs kundgemacht worden war, kam die Rede auf die Wunder, die sich ereignet haben, sei es zu Lebzeiten, sei es nach seinem Tod, daß er nämlich Blinden das Augenlicht gegeben, Dämonen

---

[1] Der hier vorgelegte lateinische Text der Urkunde ist abgedruckt aus: Zimmermann, Papsturkunden I 612f. (Nr. 315).
[2] Mt 18,20.

sisse, quae nequaquam calamo et atramento illustrata sunt. Quae omnia lepida satis urbanitate expolita recepimus, et communi consilio decrevimus memoriam illius, id est sancti Vdalrici episcopi, affectu piissimo et devotione fidelissima venerandam, quoniam sic adoramus et colimus reliquias martyrum et confessorum, ut eum, cuius martyres et confessores sunt, adoremus, honoramus servos, ut honor redundet in Dominum, qui dixit: *Qui vos recipit, me recipit.*[3] Ac perinde nos, qui fiduciam nostrae iustitiae non habemus, illorum precibus et meritis apud clementissimum Deum iugiter adiuvemur, quia divina saluberrima praecepta et sanctorum canonum ac venerabilium patrum instabant efficaciter documenta omnium ecclesiarum Dei pio considerationis intuitu, immo apostolici moderaminis annisu, utilitatum commoditatem atque firmitatis perficere integritatem, quatenus memoria Vdalrici iam praefati venerabilis episcopi divino cultui dedicata existat et in laudibus Dei diutissime persolvendis semper valeat proficere.

aus Besessenen vertrieben, Lahme geheilt und eine große Menge anderer Zeichen gewirkt habe, die nicht mit Feder und Tinte aufgezeichnet sind. Das alles, in einer recht anmutigen und gepflegten Sprache geschildert, haben wir angehört und einmütig haben wir beschlossen, es sei das Andenken jenes, nämlich des heiligen Bischofs Ulrich, mit frömmster Liebe und gläubigster Ehrfurcht zu verehren. Denn so verehren und ehren wir die Reliquien der Blutzeugen und Bekenner, daß wir den verehren, dessen Blutzeugen und Bekenner sie sind; wir ehren die Diener, damit die Ehre übergehe auf den Herrn, der gesagt hat: *Wer euch aufnimmt, nimmt mich auf.*[3] Und so mögen wir, die wir kein Vertrauen in unsere Gerechtigkeit haben, durch ihre Fürbitten und Verdienste beim gütigsten Gott immerdar Hilfe erlangen; denn die sehr heilsamen göttlichen Gebote und die Lehren der heiligen Kanones und der ehrwürdigen Väter drängten – in frommem Blick auf die Erwägung aller Kirchen Gottes, aber auch durch das Bemühen der apostolischen Leitung – nachdrücklich darauf, die angemessenen Vorteile und das ganze Maß an Festigkeit zu erlangen, damit das Andenken des schon genannten ehrwürdigen Bischofs Ulrich dem Gottesdienst geweiht sei und im ununterbrochenen Lob Gottes immer mehr sich ausbreiten möge.

---

[3] Mt 10,40. – Siehe zu diesem schwer zu übersetzenden Textabschnitt auch: Hieronymus. Epistulae (= Corpus scriptorum ecclesiasticorum latinorum 55 I/2), Wien-Leipzig 1912 [unveränd. Nachdruck: New York-London 1961], 352 (Brief 109). – Allerdings sagt der Kirchenlehrer Hieronymus (um 347–429) in seinem Brief an den Priester Riparius (Hervorhebungen vom Verfasser): »Nos autem *non dico martyrum reliquias*, sed ne solem quidem et lunam, non angelos, non archangelos, non seraphim, non cherubim et omne nomen, quod nominatur et in praesenti saeculo et in futuro, *colimus et adoramus*, ne serviamus creaturae potius quam creatori, qui est benedictus in saecula. *Honoramus autem reliquias martyrum*, ut eum, cuius sunt martyres, adoremus, honoramus servos, ut honor servorum redundet ad dominum, qui ait: qui vos suscipit, me suscipit.« (Wir aber, sage ich, verehren [in antik-kultischem Sinne] die Reliquien der Märtyrer nicht und beten sie nicht an, ja nicht einmal Sonne und Mond, Engel und Erzengel, Seraphim und Cherubim und jeden Namen, der in Gegenwart und in Zukunft genannt wird, damit wir nicht einem Geschöpf mehr dienen als dem Schöpfer, der gepriesen ist in Ewigkeit. Wir ehren aber die Reliquien der Märtyrer, um den anzubeten, dessen Märtyrer sie sind, und wir ehren die Diener, damit die Ehre der Diener übergehe auf den Herrn, der sagt: Wer euch aufnimmt, nimmt mich auf).

Si quis interea, quod non credimus, temerario ausu contra ea, quae ab hac nostra autoritate pie ac firmiter per hoc nostrum privilegium constituta sunt, contraire tentaverit, vel haec, quae a nobis ad laudem Dei pro reverentia iam dicti episcopi statuta sunt, refragari, aut in quoquam transgredi, sciat se autoritate beati Petri principis apostolorum, cuius vel immeriti vices agimus, anathematis vinculo innodatum. At vero qui pio intuitu observator extiterit, benedictionis gratiam a misericordissimo Domino Deo nostro multipliciter consequatur et aeternae vitae particeps efficiatur.

Scriptum est per manus Stephani notarii regionarii et scriniarii sanctae Romanae ecclesiae in mense Februario, indictione[4] sexta, anno nongentesimo nonagesimotertio.

Ego Joannes sanctae Romanae catholicae et apostolicae ecclesiae episcopus huic decreto a nobis promulgato consensi et subscripsi.

Joannes episcopus sanctae Anagninae ecclesiae consensi.

Benedictus episcopus sanctae Piperniensis ecclesiae consensi.

Dominicus episcopus sanctae Ferentinae ecclesiae consensi.

Crescentius episcopus sanctae Silvae Candidae ecclesiae consensi.

Anniso episcopus sanctae Cerensis ecclesiae consensi.

Bonizo archipresbyter et cardinalis sanctae Luciae consensi.

Benedictus presbyter et cardinalis sancti Stephani consensi.

Leo presbyter et cardinalis sancti Nerei consensi.

Joannes presbyter et cardinalis sancti Damasi consensi.

Leo presbyter et cardinalis sancti Sixti consensi.

Sollte indessen jemand – was wir nicht glauben – in Frevelmut dem entgegenhandeln, was kraft unserer Autorität fromm und fest durch dieses unser Privileg angeordnet ist, oder sich dem widersetzen, was von uns zum Lobe Gottes für die Verehrung des schon genannten Bischofs bestimmt worden ist, oder es in irgendeinem Punkt übertreten, dann soll er wissen, daß er kraft der Autorität des seligen Petrus, des Apostelfürsten, dessen Stelle wir ohne unser Verdienst einnehmen, mit der Fessel des [Kirchen-]Bannes gebunden ist. Wer es aber in frommer Meinung beachtet, der empfange Gnade und Segen in reicher Fülle vom allbarmherzigen Herrn, unserem Gott, und werde des ewigen Lebens teilhaftig.

Das wurde geschrieben von Stephanus, dem Regionarnotar und Skriniar der heiligen römischen Kirche, im Monat Februar, im sechsten Jahr der Indiktion,[4] im Jahre 993.

Ich Johannes, Bischof der heiligen römischen, katholischen und apostolischen Kirche, habe diesem von uns erlassenen Dekret zugestimmt und es unterzeichnet.

Ich Johannes, Bischof der heiligen Kirche von Anagni, habe zugestimmt.

Ich Benediktus, Bischof der heiligen Kirche von Priverno, habe zugestimmt.

Ich Dominikus, Bischof der heiligen Kirche von Ferentino, habe zugestimmt.

Ich Crescentius, Bischof der heiligen Kirche von Silva Candida, habe zugestimmt.

Ich Anniso, Bischof der heiligen Kirche von Cerveteri, habe zugestimmt.

Ich Bonizo, Erzpriester und Kardinal von St. Luzia, habe zugestimmt.

Ich Benediktus, Priester und Kardinal von St. Stephan, habe zugestimmt.

Ich Leo, Priester und Kardinal von St. Nereus, habe zugestimmt.

Ich Johannes, Priester und Kardinal von St. Damasus, habe zugestimmt.

Ich Leo, Priester und Kardinal von St. Sixtus, habe zugestimmt.

---

[4] Zur Jahresbezeichnung der Indiktion (Römerzinszahl) siehe: Hermann Grotefend, Taschenbuch der Zeitrechnung des deutschen Mittelalters und der Neuzeit, Hannover [12]1982, 8f., 140.

Joannes presbyter et cardinalis sanctorum apostolorum consensi.	Ich Johannes, Priester und Kardinal von den heiligen Aposteln, habe zugestimmt.
Joannes presbyter et cardinalis sanctorum quattuor Coronatorum consensi.	Ich Johannes, Priester und Kardinal von den Vier Gekrönten Heiligen, habe zugestimmt.
Joannes presbyter et cardinalis sancti Clementis consensi.	Ich Johannes, Priester und Kardinal von St. Klemens, habe zugestimmt.
Crescentius presbyter et cardinalis sancti Calixti consensi.	Ich Crescentius, Priester und Kardinal von St. Calixtus, habe zugestimmt.
Benedictus archidiaconus, Joannes diaconus et oblationarius, Benedictus diaconus, Joannes diaconus. Hi omnes consenserunt et subscripserunt.	Archidiakon Benediktus, Diakon und Oblationar Johannes, Diakon Benediktus und Diakon Johannes: Diese alle haben zugestimmt und unterschrieben.
Data tertio nonas[5] Februarii, per manum Joannis episcopi sanctae Nepesinae ecclesiae et bibliothecarii sanctae sedis apostolicae anno pontificatus domini nostri Joannis, sanctissimi XV. papae octavo, mense dicto et indictione sexta.	Gegeben am 3. Februar durch Johannes, Bischof der heiligen Kirche von Nepi und Bibliothekar des Heiligen Apostolischen Stuhles, im achten Jahr des Pontifikats unseres Herrn, des heiligsten Papstes Johannes XV., im genannten Monat, im sechsten Jahr der Indiktion.

---

[5] Die fälschliche Datierung »tertio kalendas« hat schon Welser korrigiert. – Siehe oben S. 206; Zimmermann, Papsturkunden 612f. (Nr. 315).

Joachim Seiler

Von der Ulrichs-Vita zur Ulrichs-Legende

»Gar vielen ist die Kunde von den Wundern, die Christus durch seinen Diener, den heiligen Ulrich, zu Ehren seiner heiligsten Mutter Maria geschehen ließ, oft genug zu Ohren gekommen.«[1] So beginnt die ein bis zwei Jahrzehnte nach seinem Tod abgefaßte[2] Lebensbeschreibung Bischof Ulrichs, dem für die frühe Zeit der Könige aus dem ottonisch-sächsischen Haus hohe Bedeutung zukommt und dem dann im Laufe der Jahrhunderte ohne Unterbrechung bis in die Gegenwart und auf breitestem Raum Verehrung zuteil werden sollte.[3] Deren Verfasser stellt mit diesem Satz bereits ein Programm auf; ihm geht es nicht um eine profane Biographie, wie sie der moderne Mensch erwarten würde, in erster Linie auch nicht um eine politisch motivierte Apologie,[4] vielmehr um den Erweis: Der in seiner Schrift porträtierte Bischof verdient Verehrung als beipielhafter Zeuge christlichen Lebens; die Geschichte sei-

---

[1] Hatto Kallfelz (Hrg.), Lebensbeschreibungen einiger Bischöfe des 10.–12. Jahrhunderts (= Ausgewählte Quellen zur deutschen Geschichte des Mittelalters. Freiherr vom Stein-Gedächtnisausgabe 22), Darmstadt 1973, ²1986, 46f.

[2] Zur Abfassungszeit zwischen Sommer 973 (unmittelbar nach Bischof Ulrichs Tod), Ende 982 (nach den letzten in der Vita erwähnten historischen Ereignissen) und Ende 992 (da die Schrift ganz oder teilweise auf der römischen Synode des Jahres 993 vorgelegen haben soll) vgl. Kallfelz, Lebensbeschreibungen 38f.

[3] Zur Geschichte der Verehrung des heiligen Ulrich siehe: Peter Rummel, Ulrich von Augsburg. Bischof, Reichsfürst, Heiliger, Augsburg 1992, bes. 90–116.

[4] Oskar Köhler, Das Bild des geistlichen Fürsten in den Viten des 10., 11. und 12. Jahrhunderts (= Abhandlungen zur Mittleren und Neueren Geschichte 77), Berlin-Grunewald 1935, 19. – Friedrich Prinz, Hagiographie als Kultpropaganda: Die Rolle der Auftraggeber und Autoren hagiographischer Texte des Frühmittelalters, in: Zeitschrift für Kirchengeschichte 103 (1992) 174–194, bes. 191f. zur Ulrichsvita Gerhards. Prinz charakterisiert, ausgehend von der negativen Bewertung des Nachfolgers Ulrichs auf dem Augsburger Bischofsstuhl durch Gerhard, die erste Vita Ulrichs hingegen als »eine subversive Schrift für die Zeit *nach* Bischof Heinrich, ein Pamphlet also, dessen Auftraggeber eine starke, auf Ulrich eingeschworene Opposition gegen den bis 982 regierenden Bischof war. Aus Gründen der Vorsicht werden deren Häupter aber nicht namentlich genannt. Diese Gruppe erlebte einen allerdings späten Triumph, als die Vita Ulrichs bei dessen feierlicher Heiligsprechung im Februar 993 verlesen wurde.« Die Anonymität der Auftraggeber (vgl. Kallfelz, Lebensbeschreibungen 46f.) deutet er als Schutzmaßnahme. – Heiliges Marketing. Kultbücher im Mittelalter, in: Frankfurter Allgemeine Zeitung Nr. 52, 3. März 1993, N 6: Besprechung des genannten Beitrags von Friedrich Prinz.

nes Lebens weiter zu verbreiten heißt, den Glauben an das Heilshandeln Gottes durch Vertreter der Kirche zu stärken.[5] Diese hagiographische Absicht schließt die genaue Kenntnis der Lebensgeschichte einer älteren Zeitzeugen noch bekannten Person, auch ihrer problematischen Züge, keinesfalls aus. Die Niederschrift persönlicher Erinnerungen wie auch des Ergebnisses von sachdienlichen Erkundigungen ist von politischer Parteinahme geprägt; der Absicht des Verfassers der Vita wird mit dieser Feststellung allerdings nicht erschöpfend Rechnung getragen. Das Wunderbare des Bischofs Ulrich läßt er dann, um seine zu Beginn geäußerte Absicht wahrzumachen, voll aufleuchten im zweiten Teil seiner Schrift, den an die Vita angehängten »Capitula Libelli de signis Oudalrici Episcopi«. Es handelt sich um einen Anhang von 30 aneinandergereihten, auf Bischof Ulrichs Grab bezogenen Mirakeln, welche für die Anerkennung der Heiligkeit des Bischofs von hoher Wichtigkeit waren, ja in ihrer Entstehung der Vita sogar vorausgehen konnten.[6]
Die Akzente der Hochschätzung des Bischofs beginnen sich freilich sehr bald zu verschieben, und das sich wandelnde Ulrichsbild erforderte eine aktualisierte Darstellung seines Lebens und Wirkens, je weniger überlebende Augenzeugen noch genaue Kenntnis der Person und der historischen Ereignisse besaßen. Diese hagiographischen Neufassungen allerdings gehorchen anderen Gesetzmäßigkeiten als denen moderner Geschichtsschreibung; frömmigkeitsgeschichtliche und literarische Gesichtspunkte bestimmen das Interesse.[7]

---

[5] Joachim Köhler, Die mittelalterliche Legende als Medium christlicher Verkündigung, in: Heiligenverehrung in Geschichte und Gegenwart, herausgegeben von Peter Dinzelbacher und Dieter R. Bauer (= Wissenschaftliche Studientagung der Akademie der Diözese Rottenburg-Stuttgart 8.–12. April 1987 in Weingarten), Ostfildern 1990, 175–200, bes. 179 u. 197.

[6] MGH SS IV 419–425. – Zur Bewertung siehe: Walter Pötzl, Die Anfänge der Ulrichsverehrung im Bistum Augsburg und im Reich, in: Bischof Ulrich von Augsburg und seine Verehrung. Festgabe zur 100. Wiederkehr des Todestages (= Jahrbuch des Vereins für Augsburger Bistumsgeschichte 7), Augsburg 1973, 82–115.

[7] Einen frühen Überblick über »die mittelalterlichen Fassungen der Ulrichsvita« gibt Karl Haupt, Die Ulrichsvita in der mittelalterlichen Malerei, in: Zeitschrift des Historischen Vereins für Schwaben 61 (1955) 101–118. – Zur Definition des Begriffs Legende siehe: Hippolyte Delehaye, Les légendes hagiographiques, Brüssel 1905, 8: »La *légende*...a nécessairement une attache historique ou topographique. Elle rapporte à un personnage réel des faits imaginaires; elle met en scène, dans un endroit déterminé, des histoires de fantaisie.« Ebd. 10f.: Der Bericht über ein historisches Faktum wird durch »l'imagination populaire« verändert, wobei in den einzelnen Heiligendarstellungen Realität und Fiktion unterschiedliches Gewicht besitzen können. Die Beteiligung des »Volkes« an der Legendenbildung wird von František Graus (Volk, Herrscher und Heiliger im Reich der Merowinger. Studien zur Hagiographie der Merowingerzeit, Prag 1965, 260, 280, 290, 300–302, 448f.) gegenüber der älteren Forschung zu Recht differenzierter gesehen. Ungeachtet der in den Legenden anzutreffenden volkstümlichen theologischen Vorstellungen und sozialer Motive sind deren Verfasser und Träger in klerikalen Kreisen, an Bischofssitzen und Klöstern im näheren Umfeld einer Kultstätte des Heiligen zu suchen. – Zur Problematik der Bestimmung der Literaturgattung ›Legende‹ siehe aus neuerer Zeit: Werner Wolf, Von der Ulrichsvita zur Ulrichslegende. Untersuchungen zur Überlieferung und Wandlung der Vita Udalrici als Beitrag zu einer Gattungsbestimmung der

Die Ulrichs-Vita im Kontext des Heiligen-Lebens des 10. Jahrhunderts

Während für das 10. Jahrhundert eine Stagnation des theologischen Schrifttums im Anschluß an den Niedergang der Kultur der karolingischen Epoche beobachtet wurde,[8] erlangte – in einer mit Not und Unsicherheit verbundenen Übergangszeit – die Verehrung der Heiligen erhöhte Bedeutung. Als Fürsprecher des um Schutz ringenden Menschen, als sein Vorbild und Trost, ja als Vollstrecker »ausgleichender Gerechtigkeit«, sollten sie ihre – für die Übeltäter furchterregende – Macht[9] in den zahlreich geschilderten Wundern unter Beweis stellen. Neben den in der Frömmigkeit der Zeit zu suchenden Beweggründen für die Abfassung von Lebensbeschreibungen heiliger Männer und Frauen finden sich noch weitere Motive: Literarische Ambitionen und materielle Interessen bestimmter Verfasser und ihrer Schulen, politische und kirchenpolitische Parteiungen, welche die Autorität »ihres« Heiligen für sich in Anspruch nehmen, nicht zuletzt aber auch die Absicht, einer Person aus freundschaftlicher Verbundenheit nach ihrem Tode ein Denkmal zu setzen. Bei den einzelnen Viten treten die Motive in unterschiedlicher Akzentuierung hervor.[10]

Bei den Lebensbeschreibungen Bischof Ulrichs drückt sich das literarische Interesse besonders in den alsbald auf die erste Vita folgenden Überarbeitungen aus, zumal deren Verfasser sich über die Unzulänglichkeit ihrer jeweiligen Vorlagen äußern.

Der materielle Zweck hagiographischer Literatur darf nicht verengt verstanden werden als finanzielles Privatinteresse ihres dem Kleriker- oder Mönchsstand angehörigen Autors, vielmehr als Legitimation des Kultes an einer Kirche, als Ausweis des rechtmäßigen Besitzes von Gütern und Gerechtsamen einer Kirche oder eines Klosters, deren Zuerwerb oder Sicherung dem Heiligen selbst zugeschrieben wird, letztlich als Prestige einer geistlichen Körperschaft, die mit anderen in Rivalität stehen kann;[11] der Heilige fungiert in quellenarmer Zeit als Schiedsrichter.

Legende, München 1967, 1–8, bes. 4. Wolf setzt sich vom Bestimmungsversuch Ludwig Zoepfs (Ders., Das Heiligen-Leben im 10. Jahrhundert, Leipzig-Berlin 1908) nach historischen Kriterien, dem hier gefolgt wird, ab.

[8] Ludwig Zoepf, Das Heiligen-Leben im 10. Jahrhundert (= Beiträge zur Kulturgeschichte des Mittelalters und der Renaissance 1), Leipzig-Berlin 1908, 5f.

[9] Vgl. die als Strafe für die räuberische Aneignung von Kirchengut gedeuteten, den Gegnern Bischof Ulrichs zugestoßenen Unglücksfälle. Kallfelz, Lebensbeschreibungen 100–103, bes. 101: »Im ganzen Volk verbreitete sich die Kunde von ... vielen ... grauenvollen Dingen, die über die Schuldigen hereingebrochen waren.«

[10] Zoepf, Heiligen-Leben 7–12; Oskar Köhler, Das Bild des geistlichen Fürsten in den Viten des 10., 11. und 12. Jahrhunderts 29f.

[11] Zoepf, Das Heiligen-Leben 12–15; Graus, Volk, Herrscher und Heiliger im Reich der Merowinger 178f., 260f.; Friedrich Prinz, Der Heilige und seine Lebenswelt. Überlegungen zum gesellschafts- und kulturgeschichtlichen Aussagewert von Viten und Wundererzählungen,

Nachdem der Aufstand Herzog Liudolfs gegen seinen Vater, König Otto, welcher zunächst hohe Verluste an Menschen und Gütern auf der Seite des Augsburger Bischofs gekostet hatte, niedergeworfen werden konnte, bemühte sich Ulrich – vorbildhaft für künftige Generationen – um die Sicherung der Güter der Kirche der heiligen Maria, seiner Bischofskirche: »Keiner von denen, die in Augsburg feindlich gegen die heilige Gottesmutter Maria Beute gemacht hatten, kam ungestraft davon, es sei denn, er hätte sich unverzüglich aus eigenen Mitteln die Verzeihung des ehrwürdigen Bischofs erkauft.«[12]

Das gleiche Motiv steht hinter Bischof Ulrichs Sorge um das Gräberfeld im Bereich des Ostchores der Afrakirche. Es soll mehr geschildert werden als nur die tugendhafte Vorbereitung des heiligen Bischofs auf ein christliches Sterben; vielmehr kommt darin das Interesse der Augsburger Geistlichkeit an ihren Heiligtümern zur Geltung.[13] Während bei den Vorarbeiten zum Wiederaufbau der damals noch außerhalb der Stadt gelegenen, durch die Ungarn zerstörten Afrakirche das Grab Bischof Simperts wie auch die Altarstellen sofort durch hölzerne Verschläge gesichert werden können, bedarf es einer visionären Erscheinung der heiligen Afra selbst, damit Ulrich ihr – offenbar verschollenes – Grab finden kann; sie selbst aber untersagt den geplanten Bau einer Krypta, um die anderen in ihrer Nähe befindlichen Grabstätten – von »Heiligen«, wie ohne Umschweife formuliert wird – vor der Zerstörung zu bewahren. Der beabsichtige Kryptenbau wird daraufhin im Westteil der Kirche durchgeführt; die künftige Grabstätte des Bischofs, Keimzelle seiner Verehrung, wird an die bestehende Kirche angebaut.[14]

Die Bestrafung des Gärtners Adalbold, der gegen ausdrückliches Verbot Ulrichs ein als Grabkammer identifiziertes Kellergewölbe als Vorratsraum mißbraucht, ist deutlicher Hinweis auf die unantastbare sakrale Würde des ganzen Areals, auch wenn im einzelnen kein weiteres Heiligengrab lokalisiert werden kann.[15] Sowohl die Kleriker der Marienkirche als auch jene der

---

in: Ders., Mönchtum, Kultur und Gesellschaft. Beiträge zum Mittelalter, zum sechzigsten Geburtstag des Autors herausgegeben von Alfred Averkamp und Alfred Heit, München 1989, bes. 257, 265. – Joachim Köhler, Die mittelalterliche Legende als Medium christlicher Verkündigung 175–200, bes. 179 nennt als Funktion der Legende neben Veränderung des Bewußtseins und der Verhaltensweisen der Gläubigen die Durchsetzung von kirchlichen Machtansprüchen mittels Kultpropaganda.

[12] Kallfelz, Lebensbeschreibungen 94–103, bes. 101.
[13] Zur Bedeutung des Heiligengrabes und seiner Entdeckung, siehe: Graus, Volk, Herrscher und Heiliger im Reich der Merowinger 95f., 178–181, 441.
[14] Kallfelz, Lebensbeschreibungen 110–115; 150–153: Überlieferung der Bestattungsfeierlichkeiten. – Zur regen Bautätigkeit der Bischöfe im 10. und 11. Jahrhundert siehe: Heinrich Fichtenau, Lebensordnungen des 10. Jahrhunderts. Studien über Denkart und Existenz im einstigen Karolingerreich (= dtv 4577), München 1992, 273f.
[15] Kallfelz, Lebensbeschreibungen 112f. – Graus, Volk, Herrscher und Heiliger im Reich der Merowinger 190, 265 führt Beispiele an, in denen römische Grabstätten später als Heiligengräber interpretiert und verehrt wurden.

19/20 Das Leben des hl. Ulrich, Bildfolge eines Kaufbeurer (?) Meisters in der Kapelle St. Blasius auf der Kaufbeurer Stadtmauer (um 1485):
1 Der Heilige wird vom Abt von St. Gallen aufgenommen
2 Priesterweihe des Heiligen
3 Bischofswahl des Heiligen
4 Armenspeisung
5 Der Heilige treibt einen bösen Geist aus
6 Die hl. Afra erscheint dem Heiligen
7 Die hl. Afra offenbart dem Heiligen ihr Grab
8 Engel gebieten dem Heiligen im Traum, die Messe zu lesen
9 Erscheinung der Hand Gottes bei der Meßfeier des Heiligen
10 Tod des Heiligen

Afrakirche können mittels der Ulrichsvita ehrwürdige Traditionen ihrer Gotteshäuser in Form von Gräbern und liturgischen Feiern belegen. Nach Augsburg kommende Wallfahrer besuchen bereits nach dem Zeugnis der *miracula sancti Udalrici* die Kirchen der heiligen Maria und der heiligen Afra mit dem Grab des heiligen Ulrich, Blinde erhalten beim Anrufen der Namen dieser drei Heiligen sofort (»subito«) das Augenlicht wieder.[16]

Politische Stellungnahme[17] durchzieht die früheste Vita Bischof Ulrichs, angefangen von der Betonung der hohen Abstammung Ulrichs,[18] über das entgegengesetzte Urteil über seinen unmittelbaren Vorgänger auf dem Augsburger Bischofsstuhl,[19] seine Risikobereitschaft und persönliche Opfer fordernde Treue zum König – im mittelalterlichen Verständnis durchaus ein Kriterium kämpferischer Heiligkeit[20] – bis hin zur ausführlichen Darstellung des in der Katastrophe endenden Wirkens seines unmittelbaren Nachfolgers Bischof Heinrich.

Heinrich hatte den Augsburger Bischofsstuhl gegen den Widerstand der Partei des Augsburger Klerus, zu der sich auch der Verfasser der ersten Vita Ulrichs zählte, in Besitz genommen, was höchst negative Folgen für das in der 50jährigen Regierung Ulrichs herausgebildete Gefüge unter der Priesterschaft und den weltlichen Dienstleuten heraufbeschwor. Als Hauptfehler wurde ihm jedoch die – durch die fortdauernde Gegnerschaft dieser Kreise provozierte – Auflehnung gegen die königliche Gewalt im Bündnis mit herzoglichen Oppositionskreisen angelastet.[21] Offensichtlich als Wiedergutmachung für die Zurücksetzung der ulrikanischen Partei, die im – letztlich erfolglosen – Versuch gipfelte, den mit dem sächsischen Kaiserhaus versippten Neffen Bischof Ulrichs (»Regina etiam profitebatur, se eorum esse propinquam«) die Lehengüter zu entziehen,[22] hatte Bischof Heinrich nach seiner Freilassung aus schmählicher Gefangenschaft auf Grund der Intervention

---

[16] MGH SS IV 419–424: Mirakel Nr. 14, 19, 21, 25, 26.
[17] Zoepf, Das Heiligen-Leben 24–30; vgl. Prinz, Hagiographie.
[18] Kallfelz, Lebensbeschreibungen 52f.
[19] Kallfelz, Lebensbeschreibungen 56–59.
[20] Ernst Karpf, Herrscherlegitimation und Reichsbegriff in der ottonischen Geschichtsschreibung des 10. Jahrhunderts, Stuttgart 1985, 112 entwertet allerdings die Königstreue des Bischofs als rein hagiographischen Topos und behauptet eine Neutralität Ulrichs im Konflikt zwischen König Otto I. und seinem Sohn Liudolf. Die Gegenposition vertritt Oskar Köhler, Das Bild des geistlichen Fürsten in den Viten des 10., 11. und 12. Jahrhunderts, Berlin-Grunewald 1935, 27. – Graus, Volk, Herrscher und Heiliger im Reich der Merowinger 74–76 sieht in der topischen Darstellung – mit Recht – keinen zwingenden Grund, Historizität von vorn herein auszuschließen. Das Motiv der Treue zum Herrscher (Ebd. 359–361) ist ein seit der Merowingerzeit zu beobachtender und seit dem 8. Jahrhundert verstärkt gebrauchter Topos.
[21] Vgl. den Aufstieg, die gegen die Partei des verstorbenen Bischofs Ulrich gerichtete Bündnispolitik, den militärisch-politischen Niedergang Bischof Heinrichs, das dadurch ermöglichte Erstarken der Position des Domkapitels und das tragische Ende dieses Bischofs in: Kallfelz, Lebensbeschreibungen 152–167 und die Bewertung der Vorgänge bei Prinz, Hagiographie 192.
[22] Kallfelz, Lebensbeschreibungen 158f.

des Augsburger Klerus aus Mitteln seines Hauses eine fromme Stiftung zu errichten. Gewinn aus der Niederlage des Bischofs zog die Kirche der heiligen Maria, näherhin deren Nutznießer, das sich formierende Domkapitel, das die Einfügung der Übergabe von weitab von Augsburg gelegenen Gütern in die Lebensbeschreibung des heiligen Bischofs als Absicherung seiner neuerworbenen Besitztümer wohl nicht ungern sah. Die Einfügung von wesentlichen Teilen der Schenkungsurkunde des Jahres 980 im Wortlaut in die Ulrichsvita durchbricht deren hagiographischen Charakter. Darin erscheint bezeichnenderweise die einzige genaue Datumsangabe, sieht man einmal vom für die liturgische Gedenkfeier wichtigen Todestag Bischof Ulrichs ab.[23]

Auch Kritik an weltlichen Personen hohen Standes wird durch die Heiligenlegende ermöglicht. So werden zwei Zeitgenossen Bischof Ulrichs getadelt: König Heinrich I., welcher auf eine kirchliche Weihehandlung zur Unterstreichung des sakralen Charakters seines Königtums verzichten zu können glaubt,[24] und Herzog Arnulf von Bayern, welcher sich an Kirchengütern vergreift. Tadel von Herrschern wegen Aneignung von Kirchengut erscheint häufig in der hagiographischen Literatur, auch in den Lebensbeschreibungen der Reklusin Wiborada. Im vorliegenden Fall werden die beiden Kritikpunkte zusammen artikuliert: Die heilige Afra entrückt Bischof Ulrich im Traum auf eine vom Apostel Petrus geleitete Synode auf dem Lechfeld. Über Herzog Arnulf, »der damals noch am Leben war«, wird auf die Klage zahlreicher Heiliger hin vom Apostelfürsten förmlich Gericht gehalten.[25]

---

[23] Kallfelz, Lebensbeschreibungen 162–165. – Graus, Volk, Herrscher und Heiliger im Reich der Merowinger 42 zum gegenwartsbezogenen Interesse des Hagiographen. – Was von den unter dem Titel einer ewigen Jahrtagsstiftung dem Domkapitel unter ausdrücklichem Ausschluß der bischöflichen Gewalt übergebenen Eigengüter im bayerischen Geisenhausen noch vorhanden war, wurde 1605 an das Stift St. Martin Landshut veräußert; als gesonderter Pfründetitel überdauerte hingegen das »Domherrenamt Geisenhausen« bis zur Säkularisation. Joachim Seiler, Das Augsburger Domkapitel vom Dreißigjährigen Krieg bis zur Säkularisation (1648–1802) (= Münchener Theologische Studien. I. Hist. Abt. 29), St. Ottilien 1989, 156.

[24] Die Legitimität König Heinrichs und die Rechtmäßigkeit der Einsetzung Ulrichs als Bischof durch ihn sind von dieser Kritik nicht berührt.

[25] Kallfelz, Lebensbeschreibungen 62; Heinrich Günter, Legenden-Studien, Köln 1906, 151; ders., Die christliche Legende des Abendlandes (= Religionswissenschaftliche Bibliothek 2), Heidelberg 1910, 103; ders., Psychologie der Legende. Studien zu einer wissenschaftlichen Heiligen-Geschichte, Freiburg i. Br. 1949, 290: Als Beipiele endzeitlicher Gerechtigkeit bei Angriffen auf Kirchengut erscheinen in anderen Legenden neben Herzog Arnulf von Bayern Karl Martell und Herzog Burchard von Schwaben. – Walter Berschin (Hrg.), Vitae Sanctae Wiboradae. Die ältesten Lebensbeschreibungen der heiligen Wiborada (= Mitteilungen zur Vaterländischen Geschichte 51), St. Gallen 1983, 68–77, 187–191: Der heiligen Wiborada erscheint nachts im Traum der heilige Gallus »wie in zerrissenen und schmutzigen Kleidern«. Auf ihre Frage, wer ihm den Frevel angetan habe, antwortet er: »Der Tyrann Burchard, der kein Herzog ist, sondern ein Plünderer und Verwüster dieses Landes, hat solche Untaten an mir begangen. Er hat alle Orte und Güter ringsum, die mir von meinen Getreuen zugewendet wurden, geplündert und seinen Handlangern zu Lehen gegeben. Ein goldenes Kreuz voller verehrungswürdiger Heiligenreliquien hat er fortgeschafft, die Gemeinschaft hat er veröden lassen, die Mönche, die an diesem Ort in heiliger Berufung Gott und seinen Heiligen dienen

Einen weiteren kirchen- und reichspolitischen Akzent, bei dem Geschichte und legendarische Stilisierung ineinander verwoben werden, bildet die zwischen den Anforderungen des bischöflichen Amtes und asketischen Idealen auftretende Spannung. Sie schlägt sich in der Art und Weise, wie die Bevollmächtigung des Bischofsneffen Adalbero, der bereits für Ulrich den Dienst am königlichen Hof versieht, mit der Führung der Amtsgeschäfte im Bistum begründet wird, nieder: Der heilige Bischof möchte, so wird an verschiedenen Stellen zum Ausdruck gebracht, von der weltlichen Regierung entlastet wie ein Mönch sein Leben führen. Die sich aus dieser – persönlicher Frömmigkeit und geistlichen Funktionen den Vorrang einräumenden – Handlungsweise ergebenden Komplikationen werden allerdings nicht unterschlagen. Wohl noch gut in Erinnerung waren vor allem die Vorgänge um die Designation Adalberos zum Nachfolger im letzten oder vorletzten Lebensjahr Bischof Ulrichs geblieben; die Lebensbeschreibung mußte auf diesen Punkt eingehen. Selbst ein allgemein geschätztes Motiv wie der Wunsch nach mönchischer Lebensweise im Blick auf das eigene Seelenheil kann auch in den Augen des geistlichen Verfassers der Vita den Verstoß gegen das kirchliche Recht nicht rechtfertigen. Ulrichs Bedauern über seine Handlungsweise nach dem Tod seines Neffen Adalbero ist ein deutliches Indiz für die Zweideutigkeit seiner Handlungsweise und ihre gefährlichen Konsequenzen für die Stellung der führenden Teile des Klerus,[26] es ist sicher nicht bloß ein stereotypes Reuemotiv im Angesicht des nahen Todes.[27]

sollen, durch Hunger und Not gequält. Wahrlich, ich sage dir, ›es wäre besser, wenn er nicht geboren wäre‹«. Als wenig später Herzog Burchard in das vom Abt verlassene Kloster kommt, läßt ihn Wiborada zu sich rufen und verpflichtet ihn unter Eid, das entwendete Klostergut zurückzuerstatten als auch weitere Geschenke der Mönche nicht anzunehmen, denn »nicht aus Liebe« zum Herzog, »sondern aus Furcht« hätten sie sich ihm willfährig erzeigt. Burchard vergißt jedoch »Schwur und Gelöbnis« und kommt, wie von der Reklusin als Strafe angekündigt, bald darauf auf einem Italienfeldzug durch einen Sturz vom Pferd ums Leben. Seine Witwe läßt daraufhin für St. Gallen Kultgeräte in geringerem Wert als die entwendeten anfertigen. – František Graus, Volk, Herrscher und Heiliger im Reich der Merowinger. Studien zur Hagiographie der Merowingerzeit, 351f., 356f. zeigt die negative Bewertung von Königen, welche sich nicht an kirchlichen Idealen ausrichten oder sich gar am Kirchengut vergreifen, bereits in Legenden der Merowingerzeit auf. – Zur historisch-kritischen Arbeitsweise des Legendenforschers Heinrich Günter, der ein überreiches, die Epochen von der Antike bis in die Neuzeit übergreifendes, freilich stark schematisiertes Quellenmaterial bietet, siehe: Graus, Volk, Herrscher und Heiliger im Reich der Merowinger 33f., und Joachim Köhler, Heinrich Günters Legendenstudien. Ein Beitrag zur Erforschung historischer Methoden, in: Historische Kritik in der Theologie. Beiträge zu ihrer Geschichte, herausgegeben von Georg Schwaiger (= Studien zur Theologie und Geistesgeschichte des Neunzehnten Jahrhunderts 32), Göttingen 1980, 307–337, bes. 308f., 818–323. – Zoepf, Das Heiligen-Leben 163.

[26] Zoepf, Das Heiligen-Leben 82. – Odilo Engels, Der Reichsbischof (10. und 11. Jahrhundert), in: Der Bischof in seiner Zeit. Bischofstypus und Bischofsideal im Spiegel der Kölner Kirche. Festgabe für Joseph Kardinal Höffner, Erzbischof von Köln. Im Auftrag des Kölner Metropolitankapitels herausgegeben von Peter Berglar und Odilo Engels, Köln 1986, 47f., 53–56. – Fichtenau, Lebensordnungen des 10. Jahrh. 254f. (u. a. am Beispiel der Grafen von Dillingen) zur Sorge des Bischofs für den Aufstieg seiner Sippe, auf die er sich im Konfliktfall stützen kann.

Die freundschaftliche Verbundenheit zwischen dem in der ersten Vita dargestellten Bischof und deren von ihm selbst zum Priester geweihten und wohl auch maßgeblich geprägten Verfasser – nach üblicher Annahme der Augsburger Priester Gerhard[28] – bestätigt auch das zuletzt genannte Motiv für die Entstehung eines Heiligen-Lebens des ausgehenden 10. Jahrhunderts.

Die Ulrichs-Vita zwischen historischer Darstellung und legendarischen Eigenheiten

Heiligen-Vita wird verstanden als Biographie einer historischen Person (freilich nicht nach neuzeitlichen Maßstäben) durch einen aus persönlicher Kenntnis und zuverlässigen Nachrichten schöpfenden, dem geistlichen Stand angehörigen Verfasser unter Hinzufügung von Elementen mittelalterlicher Hagiographie.[29] Das bedeutet: Die Einzelnen aus der Erinnerung bekannten oder durch Nachforschen ermittelten Fakten aus dem Leben Bischof Ulrichs werden eingebunden und gedeutet nach einem vorgegebenen festen Schema, das der Heiligenlegende zugrunde liegt; es ist dem Verfasser wie auch Lesern und Hörern vertraut.[30] Die einzelnen erzählten Begebenheiten werden ausgeschmückt und angereichert mit Wundern, welche schon aus Legenden von bereits allgemein verehrten Heiligen bekannt sind. Sie sind ein untrügliches Signal für die Größe des neuen Heiligen. Übertreibung mit dem Ziel, einen charakteristischen Zug seiner Person zu unterstreichen, gilt als erlaubtes Mittel.[31]

---

[27] Kallfelz, Lebensbeschreibungen 64f., 128–135.

[28] Zu Gerhard siehe: Manfred Weitlauff, Gerhard von Augsburg, in: Die deutsche Literatur des Mittelalters. Verfasserlexikon, herausgegeben von Kurt Ruh, II, Berlin-New York ²1980, 1225–1229. – Kallfelz, Lebensbeschreibungen 37f., 52 zur erst seit Mitte des 11. Jahrhunderts bezeugten Verfasserschaft; ferner zur Identität und Person Gerhards: Zoepf, Das Heiligen-Leben 30f. und Norbert Hörberg, Libri Sanctae Afrae. St. Ulrich und Afra zu Augsburg im 11. und 12. Jahrhundert nach Zeugnissen der Klosterbibliothek (= Veröffentlichungen des Max-Planck-Instituts für Geschichte 74; Studien zur Germania Sacra 15), Göttingen 1983, 152 Anm. 173

[29] Zoepf, Das Heiligen-Leben 85 führt Ruotgers Lebensbeschreibung Erzbischof Bruns von Köln, in der er im Unterschied zur Ulrichsvita »das rein menschliche Moment« bestimmend sieht, als typische Heiligen-Biographie an. Im Unterschied zur Ulrichsvita werden bei Brun auch Leistungen auf wissenschaftlich-geistigem Gebiet gewürdigt. – Franz Brunhölzl, Geschichte der lateinischen Literatur des Mittelalters. II. Die Zwischenzeit vom Ausgang des karolingischen Zeitalters bis zur Mitte des 11. Jahrhunderts, München 1992, 400–404, erkennt die Zuverlässigkeit von Gerhards Vita ungeachtet ihrer unverkennbaren hagiographischen Absichten an; obwohl biographische Züge überwiegen, sieht er nicht eigentliche Begebenheiten dargestellt, vielmehr die Charakterisierung der Persönlichkeit des Bischofs durch die Schilderung seines Verhaltens in verschiedenen Lebenslagen.

[30] Hippolyte Delehaye, Les légendes hagiographiques, Brüssel 1905, 9.

[31] Zoepf, Das Heiligen-Leben 32–34. – Graus, Volk, Herrscher und Heiliger im Reich der Merowinger 74–88, bes. 78f. zur Gestaltung der Wunder nach Vorbildern aus der Bibel und der älteren christlichen Tradition; begründet deren topische Gebundenheit damit, daß die Ent-

Von der Ulrichs-Vita zur Ulrichs-Legende 235

Je größer allerdings der Zeitabstand zwischen Leben und Abfassung der Vita wird, desto mehr verwischen sich auch die Kenntnis seines Wirkens und Umfeldes. Das Interesse am individuellen biographischen Detail und am historischen Umfeld schwindet, typisch-legendarische Züge gewinnen an Gewicht. Der Name des beschriebenen Heiligen wird schließlich zur Verkörperung allgemein christlicher Tugenden; er wird von geistlichen Hagiographen zum vorbildhaften Mönch, zum sein Hirtenamt gewissenhaft ausübenden Bischof,[32] zum mustergültigen Asketen stilisiert, in jedem Fall zu einer idealen Person, deren Nachahmung dringend empfohlen wird, die Antworten geben soll auf Fragen der Epoche, in der der Stoff zur Legende bearbeitet oder neugefaßt wurde; er verkörpert einen theologischen Gedanken. Legenden geben nicht Aufschluß über die historische Person, sofern überhaupt eine solche zugrunde liegt (und es sich nicht um eine um einen Namen gerankte Beispielerzählung handelt), vielmehr über die Denkart der an dieser Darstellung Beteiligten: des Schreibers oder besser der jeweiligen Schreiberschule und deren Auftraggeber.

Die Möglichkeit, Ideen und Interessen der Auftraggeber von Heiligen-Legenden einzubringen, eröffnen besonders Lebensbeschreibungen von schon lange verstorbenen Personen, auf die sich Motive aus bereits vorliegenden Viten problemlos übertragen lassen. Diese Schriften sollen – oft als Ersatz für fehlende Urkunden – Rechte und Besitz einer Kirche sichern, indem sie unter den Schutz eines Heiligen gestellt werden, oder den Ruhm eines Stifts durch eine nachträgliche Gründungsgeschichte erhöhen. Als Beispiel hierfür führt Ludwig Zoepf die nach dem Vorbild von Walahfrids Vita des heiligen Gallus gestaltete, für das Kloster Füssen hochbedeutsame Magnuslegende an.[33] Die Heiligen-Legende im engeren Sinn ist nach einem festen Muster aufgebaut, mit Hilfe von austauschbaren und in Abwandlung oft wiederkehrenden Stoffen, volkstümlichen Traditionen, Motiven aus der Bibel und den wenigen bekannten klassischen Autoren, ausgeschmückt, den Akzent ganz auf das Wunderbare, Überirdische setzend, der Erbauung dienend.[34] »Legende ist die

---

stehungszeit der Legenden »nicht grenzenlos leichtgläubig war und nicht alles als ›Wunder‹ auffaßte‹«.

[32] Graus, Volk, Herrscher und Heiliger im Reich der Merowinger 116f. zur Topik der Tugenden des heiligen Bischofs, welche mit dem Mönchstypus verbunden wird und zur Herausbildung des Adelsheiligen führt. Die hier erarbeiteten Kriterien lassen sich auf Bischof Ulrich übertragen.

[33] Zoepf, Das Heiligen-Leben 70. – Dorothea Walz, Auf den Spuren der Meister. Die Vita des heiligen Magnus von Füssen, Sigmaringen 1989, bes 21. – Gaby Steinbauers Charakterisierung der Lebensbeschreibung Ulrichs aus der Feder des Bern von der Reichenau (Dies., St. Ulrich – Patron des Bistums Augsburg. Untersuchungen zur Ulrichslegende 27f.) zielt auf das ausschließliche Ausbreiten des hier skizzierten uniformen Schemas der Heiligkeit ab.

[34] Zoepf, Das Heiligen-Leben 32–34 und 154f. zur Unterscheidung von Heiligen-Biographie, Heiligen-Vita und Heiligen-Legende. – Graus, Volk, Herrscher und Heiliger im Reich der Merowinger 446f. äußert sich einschränkend zum Unterhaltungswert der Legende, bejaht aber die Funktion religiöser Erbauung.

Darstellung des Lebensganges eines Heiligen ohne Rücksicht auf historische Wirklichkeit und individuelle Vorstellung. Die Legende verhält sich zum historischen Heiligen-Leben wie die Sage zur Geschichte.«[35] Sie ist eine »religiöse Heldensage«, in erster Linie bestimmt für die Lektüre bei klösterlichen Mahlzeiten.[36]

Das Schema der Legende besteht im allgemeinen aus folgenden Teilen: Prolog, in dem der Verfasser die Abfassung begründet, etwa als Auftrag eines hochgestellten Protektors – Geburt, wobei die vornehme Abstammung und Frömmigkeit der Eltern häufig sind und die Vorherbestimmung zu einem besonderen Auftrag bereits angedeutet wird – Kindheit, mit typischen, meist asketischen Zügen des Strebens nach Heiligkeit, welche sich in der Jugend steigern, sofern nicht das Motiv der *conversio* an diese Stelle tritt – beim erwachsenen Heiligen sind verschiedene Varianten zu unterscheiden, die ältere *passio* der Martyrer oder die *vita* eines Mönchs, einer Frau oder Jungfrau, eines Königs, eines Missionars, eines Abtes oder (im 10. Jahrhundert verstärkt auftretend) eines Bischofs. Als feste Topoi bei den letztgenannten hohen geistlichen Amtsträgern beobachtet Zoepf deren anfängliche demütige Weigerung, das angetragene Amt zu übernehmen, die Restauration des darniederliegenden Kirchenwesens, oft konkret im Wiederaufbau einer verfallenen Kirche ausgedrückt, Eifer für Seelsorge und Klosterzucht vor allem durch Spendung der Sakramente, Predigt, Erwerb von Reliquien, Wallfahrt nach

---

[35] Zoepf, Das Heiligen-Leben 62. – Graus, Volk, Herrscher und Heiliger im Reich der Merowinger 277–280 zum Unterschied zwischen Sage und Legende, aber auch zu den Übergängen zwischen beiden Gattungen vor allem in neuzeitlichen Bearbeitungen.

[36] Steinbauer, St. Ulrich – Patron des Bistums Augsburg 13; Hellmut Rosenfeld, Legende (= Sammlung Metzler M9, Abt. E: Poetik), Stuttgart ⁴1982, 1, 32.

[37] Ebd. 40–42.

[38] Max Manitius, Geschichte der lateinischen Literatur des Mittelalters II (= Handbuch der Altertumswissenschaft IX,2,2), München 1923, 206: »... Wenn auch die übliche Asketik ... keine geringe Rolle spielt, so sieht man doch aus der großen Zahl von dargestellten Einzelzügen den weltlich vornehmen, streitbaren und im Gefühl seiner Abstammung und seiner Stellung stolzen Herrn deutlich vor sich, der bei Hofe viel gilt und mit seinen großen Mitteln auch Großes für sein Bistum zu leisten vermag.«

[39] Kallfelz, Lebensbeschreibungen 129–149. – Da in diesem letzten stark historisch ausgerichteten Teil die Kapitelzählung mit Hilfe des Alphabets nicht mehr weitergeführt wird, vermutet Kallfelz (ebd. 40f.), daß diese sieben, von der Ernennung des Ulrich-Neffen Adalbero bis zum Tod Bischof Heinrichs reichenden Kapitel in einer späteren Redaktionsstufe – das Umfeld der Ereignisse des Jahres 993 bietet sich an – zuzuschreiben sind. In die gleiche Richtung geht Ernst Karpf, Herrscherlegitimation und Reichsbegriff in der ottonischen Geschichtsschreibung des 10. Jahrhunderts, Stuttgart 1985, 105–114, bes. 106. – Walter Berschin, (Hrg.): Vitae Sanctae Wiboradae. Die ältesten Lebensbeschreibungen der heiligen Wiborada (= Mitteilungen zur Vaterländischen Geschichte 51), St. Gallen 1983: Diese mit dem Leben Bischof Ulrichs verwobene Vita ist ebenfalls in 28 Kapitel gegliedert.

[40] Vgl. Die Angaben des Verfassers über sich selbst im Prolog der *Vita sancti Oudalrici* (Kallfelz, Lebensbeschreibungen 46f.), in der er die Entstehung der Vita als seine Antwort auf zahlreiche, namentlich nicht genannte Anfragen an ihn begründet. Erst in den späten Kapiteln 23, 26 und 28 fällt der Name des Klerikers Gerhard, der nach der Darstellung der Vita in der Nähe des

Rom, soziale Fürsorge und beispielhaftes Handeln, Dienst in Kriegs- und Friedenszeiten bei Herrschern als besondere Gelegenheit, Feindseligkeiten als Versuchungen des Satans herauszustreichen und die Vermittlung des Friedens als Verdienst des Heiligen hervorzuheben. Das Schema schließt mit der Schilderung eines seligen Todes nach Ermahnung der Schüler und Untergebenen, der Bestattung, den am Grab oder auf Anrufung des Heiligen sich ereignenden Wundern, welche zur allgemeinen Verehrung führen.[37] Alle diese Kriterien werden von der ersten Ulrichs-Vita bereits erfüllt.

Sie ist allerdings, wie viele Heiligenleben ihrer Zeit, eine gemischte Form: Wir haben vor uns die Schilderung einer Person mit individuellen, bisweilen nur schwer in das geläufige Heiligenbild einzuordnenden, ja ihm widersprechenden Charakterzügen, eingebettet in konkrete historische Umstände, durch einen – subjektiv wertenden – Biographen.[38] Diesem waren im Unterschied zu späteren Bearbeitern desselben Stoffes als Vertrauten des greisen Bischofs, zumindest in dessen letztem, in der Darstellung breit angelegten[39] Lebensjahr, die Ereignisse aus persönlichem Erleben vertraut. Er verstand sich als Vollstrecker des geistlichen Testaments Bischof Ulrichs. Ferner war ihm (Kindheit und Jugend angesichts des hohen Alters, das der Bischof erreichte, ausgenommen) noch möglich, bei Zeitzeugen Erkundigungen einzuholen;[40] er hatte wohl manchen noch in Erinnerung gebliebenen problematischen Punkt zu klären.

Auffällig ist freilich: Obgleich gegen Ende der Vita – als keineswegs einmali-

---

alten Bischofs und in den auf dessen Ableben folgenden Wirren im Interesse der Augsburger Kirche eine herausragende Rolle spielt (Ebd. 130–133: Als Ulrichs Anwalt auf der für diesen peinlichen Ingelheimer Synode; ebd. 140–147: Als geistlicher Begleiter des todkranken Bischofs; ebd: 160–165: Als Abgesandter des Augsburger Klerus auf dem Dortmunder Reichstag, um die Freilassung Bischof Heinrichs zu erwirken, und schließlich als Zeuge der daraufhin erfolgten Güterschenkung Bischof Heinrichs an das Augsburger Domkapitel). – Das auf Grund der Traditionsurkunde überlieferte genaue Datum dieser für die Eigenständigkeit des Domkapitels hochwichtigen Handlung, der 4. Oktober 980, ragt – neben der Angabe des 4. Juli 973 als dem Todestag Ulrichs – heraus als eine der wenigen genauen Zeitangaben. Der Einbau des Schlußteils der Urkunde, in dem Gerhard von sich in der ersten Person spricht, in den Text der Vita legt die Verfasserschaft Gerhards nahe. – Die Nähe zum politisch sich stärker profilierenden Klerus an der Marienkirche würde für einen Dompropst Gerhard sprechen, sofern man nicht zwischen zwei verschiedenen Personen, einen *praepositus* und einen *presbiter* Namens Gerhard unterscheidet. Hörberg, Libri Sanctae Afrae 152 Anm. 173.; ebd. 216, 219; Rolf Schmidt, Reichenau und St. Gallen. Ihre literarische Überlieferung zur Zeit des Klosterhumanismus in St. Ulrich und Afra zu Augsburg um 1500 (= Vorträge und Forschungen, Sonderband 33), Sigmaringen 1985, 86–88; Brunhölzl, Geschichte der lateinischen Literatur des Mittelalters II 450: Hermann der Lahme (1013–1954), Sohn des Wolferad von Altshausen, gehört wie Bischof Ulrich einem schwäbischen Grafengeschlecht an und lebt seit etwa 1030, seit 1043 als Professe, in der Reichenau. Er nennt in seiner *Chronica* Gerhard als Augsburger »canonicus et prepositus«, dessen Ulrichsvita durch Abt Bern von der Reichenau in kürzerer Form neubearbeitet wurde. – Manitius, Geschichte der lateinischen Literatur des Mittelalters II 203–210 identifiziert den Verfasser, den Priester wie auch den Dompropst Gerhard als eine Person. – Weitlauff, Gerhard von Augsburg, in: Verfasserlexikon II (²1980) 1225–1229.

ges Verklärungswunder[41] – »süßer Wohlgeruch die Nasen aller erfüllte«, welche der üblichen Waschung und Aufbahrung des verstorbenen Bischofs beiwohnten, und die sich bis zur Ankunft des mit Ulrich befreundeten Regensburger Bischofs Wolfgang hinziehenden Trauerfeierlichkeiten minutiös geschildert werden, folgen weitere Heiligkeit illustrierende Wunderzeichen an Ulrichs Grab, welche der allgemeinen Verehrung Aufschwung verleihen, nicht unmittelbar auf die Verabschiedung Bischof Wolfgangs.[42] Vielmehr sind die bereits angedeuteten unseligen Auseinandersetzungen um Bischof Heinrich eingeschoben. Sagen die bereits zu Lebzeiten gewirkten und nur aus Diskretion verschwiegenen Wunder für den aufmerksamen Leser und Hörer nicht schon allzu Eindeutiges aus, oder soll – noch vor den *miracula sancti Udalrici* – das Unglück des – ungehorsamen – Nachfolgers im Bischofsamt bereits Bestätigung der Geistbegabung seines Vorgängers sein? Gerhards Schlußkommentar zum Kapitel Bischof Heinrich läßt jedenfalls an Deutlichkeit nichts zu wünschen übrig: »Sehr gefährlich ist es, einen Ratschluß zu mißachten, den Gott durch seine Heiligen geoffenbart hat, und die Prophetengabe gering zu achten, wie die Schrift sagt: ›Löscht den Geist nicht aus! Verachtet prophetisches Reden nicht!‹«[43]

Elemente der Legende in der Ulrichs-Vita

Was an Geschehnissen aus Ulrichs Leben, welche dazu dienen sollen, die Person des Bischofs als außergewöhnlich und vorbildlich zu charakterisieren, überliefert ist, wird in einen deutenden Rahmen eingebaut, jenen der Heiligen-Legende. Dies ist mit dem Zweck der Schrift eng verbunden, nämlich im Vorfeld der römischen Synode des Jahres 993 den Antrag auf Gutheißung der öffentlichen Verehrung des 20 Jahre vorher verstorbenen Bischofs zu begründen.[44] In den ausgewählten biographischen Angaben sieht ihr Verfasser Gelegenheiten, geläufige hagiographische Topoi auf Bischof Ulrich zur Bestätigung der Heiligmäßigkeit von dessen Leben zu übertragen.[45]

---

[41] Heinrich Günter, Der Geruch der Heiligkeit, in: Hochland 1 II (1904) 73–77; ders., Legenden-Studien 134f.: Der Topos der Wohlgeruch, der auf heiligmäßiges Leben schließen läßt, ist über die Darstellung des Sterbens von Heiligen der Merowingerzeit, z.B. Gertrud von Nivelles, bis auf Polycarp von Smyrna zurückzuverfolgen, in Anbetracht des Feuertodes dieses Martyrers hier mit einem besonderen, realistischen Akzent. In der von Othloh von St. Emmeram verfaßten Vita des heiligen Wolfgang erscheint dasselbe Motiv: »Bischof Ulrichs sanctitas per totam redolet Europam«. – Steinbauer, St. Ulrich – Patron des Bistums Augsburg 23.

[42] Kallfelz, Lebensbeschreibungen 148–151, bes 148; Migne PL 142, 1204. – Von der Heiligkeit Bischof Wolfgangs ist in den Ulrichsviten Gerhards und Berns nicht die Rede.

[43] Kallfelz, Lebensbeschreibungen 166f.; 1 Thess 5,19f. nach der »Einheitsübersetzung«.

[44] Walter Berschin (Hrg.), Vitae Sanctae Wiboradae. Die ältesten Lebensbeschreibungen der heiligen Wiborada (= Mitteilungen zur Vaterländischen Geschichte 51), St. Gallen 1983, 15.

[45] Karl Haupt, Die Ulrichsvita in der mittelalterlichen Malerei 102.

Dies wird an den drei unmittelbar aufeinanderfolgend erzählten Wasserwundern besonders deutlich: der Durchquerung der Hochwasser führenden Wertach im Winter, bei der nicht einmal die Filzpantoffeln des Bischofs feucht wurden, wie der ihn allein begleitende, bei dieser gefährlichen Angelegenheit bis zum Gürtel durchnäßte Kaplan Herewig nach Ulrichs Ableben dem Verfasser der Vita zu berichten weiß; dem Untergang eines nach einer Havarie an einem Felsen vollgelaufenen Schiffes auf der Donau bei Regensburg, erst nachdem Bischof Ulrich, der zunächst schlafend »vergessen« worden war, es verlassen hat; und der Durchquerung des Hochwasser führenden Flusses Taro anläßlich einer Romwallfahrt, nachdem Bischof Ulrich am Ufer eine heilige Messe gefeiert hat.[46] In der Herrschaft über die Elemente der Natur findet der Heilige Beglaubigung. Gerhard stellt gerade an diesem Punkt Ulrich in die Reihe großer Vorbilder, ohne allerdings nur den Namen eines anderen Heiligen zu nennen, der ihm als Vorlage dient. Bischof Maximinian von Syrakus fährt mit einem lecken Schiff acht Tage über die Adria; erst nachdem er es im Hafen verlassen hat, sinkt es sogleich. »Der große hl. Bischof Daniel, der Assyrer, das Haupt von Ekeghikh im Lande Taron – so erzählt uns um 430 Faustus von Byzanz –, ›ging mit Reiseschuhen über das Wasser der Flüsse, ohne daß jene naß wurden und er hinweggerissen ward...‹« »Der bretonische Priester Ivo sollte über einen angeschwollenen Fluß, dessen Brücke überschwemmt war; er betete, und der Fluß fiel so rasch, daß der Priester ungehindert weiterwandern konnte.« Das weitverbreitete, auf bekannten biblischen Vorbildern ruhende Motiv der unbeschadeten Flußdurchquerung ist – wohl nach dem Vorbild der Ulrichsvita – auch auf Bischof Konrad von Konstanz übertragen worden.[47]

Die Macht des Heiligen zeigt sich auch dadurch daß er – vor allem für Unglauben und Kirchenraub – Strafen, meist in Form von Krankheiten und Unglücksfällen, verhängt, ferner dadurch, daß sie reumütigen Sündern unverzüglich nachgelassen werden.[48] Dies müssen nach der Niederwerfung des Liudolf-Aufstandes die Leute, die an der Plünderung Augsburgs teilgenom-

---

[46] Kallfelz, Lebensbeschreibungen 120–123; Steinbauer, St. Ulrich – Patron des Bistums Augsburg 22f.: Sammlung von drei als Bequemlichkeitswunder eingestuften gefährlichen Flußüberquerungen im 17. und 18. Kapitel.

[47] Günter, Legenden-Studien 166–172, bes. 168f.; ders., Die christliche Legende des Abendlandes (= Religionswissenschaftliche Bibliothek 2), Heidelberg 1910, 75–78 sowie ders., Psychologie der Legende. Studien zu einer wissenschaftlichen Heiligen-Geschichte, Freiburg i. Br. 1949, 39–41, 198–201 mit zahlreichen Beispielen, in denen Heilige durch ihre Macht gefährliche Wassermassen in Schranken halten oder über Wasser schreiten. Das Motiv ist auch aus der nichtchristlichen Mythologie bekannt.

[48] Günter, Legenden-Studien 142–147 sowie ders., Psychologie der Legende 165–171 bringt zahlreiche Beispiele von drastischen Strafen, welche von Heiligen verhängt wurden oder auch nach Entwendung oder unehrenhafter Behandlung von Reliquien und Kultgegenständen eintraten. Bei unbußfertigen Sündern führen sie meist zum Tode. – Graus, Volk, Herrscher und Heiliger im Reich der Merowinger 79f., 258.

men haben, leidvoll erfahren; ein ganzes Kapitel beschäftigt sich mit ihrem Schicksal: Einer von ihnen stirbt im Wahnsinn, nachdem er sich zuerst selbst die Hände zerfleischt hat; der Entwender eines Buches wird von dem schönen Pferd, das er dafür einhandelt, zu Tode getreten; der mit Herzog Liudolf verbündete Arnulf aus dem abgesetzten bayerischen Herzogshaus der Luitpoldinger kommt bei einem Ausfall aus der belagerten Stadt Regensburg im Kampf ums Leben; ein Mann aus dem Bistum Eichstätt wird selbst nach dem Raub eines einfachen Tafeltuches vom Teufel besessen; Heilung und Befreiung erlangt er erst durch einen Bußgang zu Bischof Ulrich nach Augsburg.[49] Die gleiche Erfahrung muß der Gärtner Adalbold, welcher dem ausdrücklichen Verbot Bischof Ulrichs zuwider Grablegen im östlichen Teil der Afrakirche als Vorratskeller mißbraucht, machen; Heilung von der daraufhin ihm – wie durch Bischof Ulrich vorhergesagt – zugestoßenen Blindheit und Taubheit erhält er zusammen mit der priesterlichen Lossprechung erst nach dem Eingeständnis seiner Schuld.[50]

Die Schilderung von Ulrichs Kindheit und Jugend bleibt in Gerhards Vita bis auf die Heilung von lebensbedrohlicher Magersucht und die Begegnung mit der Reklusin Wiborada verhältnismäßig blaß. Ihre Weissagung dient als Rechtfertigung dafür, daß er St. Gallen nach dem Schulbesuch verläßt, obgleich man ihn zum Eintritt ins Kloster drängt, da er nicht zum Abt von St. Gallen berufen sei, vielmehr »in einem östlichen Gebiet, wo ein bestimmter Fluß zwei Länder scheidet«, ihm das Bischofsamt als Aufgabe zugedacht sei.[51] Ebenso wenig Einzelheiten erfahren wir über den »seinem Stand gemäßen« Dienst, unter anderem als *camerarius*, bei Bischof Adalbero von Augsburg, sieht man einmal von der Romwallfahrt ab, welche durch die Beauftragung mit dem Bischofsamt durch einen Papst Marinus ausgeschmückt ist. Es folgt die Zeit des Rückzugs aus dem kirchlichen Dienst unter Bischof Hiltine,[52] begründet mit der neutestamentlichen Auslegung des vierten Gebots: Der Dienst an den Eltern habe Vorrang gegenüber dem Korbán-Gelübde, der

---

[49] Kallfelz, Lebensbeschreibungen 94–103: Kapitel 11. – Zu Besessenheit und Heiligkeit vgl.: Heinrich Günter, Hagiographie und Wissenschaft, in: Historisches Jahrbuch 62–69 (1949) 87f.

[50] Kallfelz, Lebensbeschreibungen 112f.: Kapitel 14.

[51] Kallfelz, Lebensbeschreibungen 54f.; PL 142, 1186. – Diese Weisung erscheint, akzentuiert auf den Wunsch der St. Galler Mönche, ihn in der Nachfolge des Abtes Salomo, welcher zugleich Bischof von Konstanz war, zu sehen, ebenfalls in den beiden Lebensbeschreibungen der St. Galler Reklusin Wiborada. Walter Berschin (Hrg.), Vitae Sanctae Wiboradae. Die ältesten Lebensbeschreibungen der heiligen Wiborada (= Mitteilungen zur Vaterländischen Geschichte 51), St. Gallen 1983, 58–61, 102–107, 168–171: Beide Viten Wiboradas vermelden die Weissagung der Reklusin an den Klosterschüler, daß er nicht Mönch oder Abt in St. Gallen, sondern »Bischof in einer östlichen Gegend werden« würde. Die ältere Vita Ekkehards vermerkt ferner, die Lebensgeschichte der heiligen Wiborada sei auf ernste Mahnung des Bischofs Ulrich, welcher nunmehr bereits als Heiliger verehrt würde, anläßlich einer Wallfahrt »zum Grab seiner einstigen Erzieherin« entstanden.

[52] Kallfelz, Lebensbeschreibungen 54–57.

Reservierung von Gütern für den Gottesdienst.⁵³ Spätere Viten werden diesen heiklen Punkt – wie andere ständisches Denken manifestierende Andeutungen – mit Schweigen übergehen.⁵⁴
Erst mit seiner Bestellung zum Bischof von Augsburg auf Betreiben des Schwabenherzogs Burchard und seiner Verwandten⁵⁵ durch König Heinrich setzt eine breitere Darstellung ein, doch erfährt – im Gegensatz zu den nach Ulrichs Tod sich abspielenden Ereignissen – die Beteiligung der politischen Führungsschicht keine Kritik.⁵⁶ Das hagiographische Motiv der Demut erscheint anläßlich der Weigerung Ulrichs, auf Weisung des Papstes Marinus das durch den Tod Adalberos vakante Bischofsamt anzunehmen. Diese nur scheinbar fromme Haltung wird freilich verurteilt als Weigerung, Verantwortung für die gefährdete Augsburger Kirche zu übernehmen: »Wenn du dich heute weigerst, das unerschütterte und unzerstörte Bistum anzunehmen und in Ruhe zu regieren, wirst du es zerstört und ausgeplündert in unruhiger Zeit übernehmen und in mühevoller Arbeit regieren und wiederaufbauen.«⁵⁷
Seine in den folgenden Kapiteln ausführlich ins Licht tretende persönlich bescheidene Lebensweise, seine Gastfreundschaft, seine gewissenhafte Amtsführung, darunter die vorbildlich gestaltete Liturgie, vor allem in der Fastenzeit und Karwoche,⁵⁸ dürfen als Spiegel für bischöfliches und priesterliches Wirken angesehen werden. Was hier von Ulrich ausführlich, doch in allgemeiner Formulierung berichtet wird, darf als Erwartung der Zeit an einen guten Hirten gewertet werden, seine Predigten dürften dem theologischen Horizont des Augsburger Stadtklerus entsprechen.⁵⁹
Der Aufstand Liudolfs und der Einfall der Ungarn unterbrechen diese breite Schilderung; sie erscheinen nach dem legendarischen Schema der Bekennervita als Versuchungen des Teufels, welcher durch Ulrichs vorbildlichen Wandel herausgefordert wird,⁶⁰ als Prüfung, die der heilige Mann trotz hoher persönlicher Opfer in siegreichem Kampf bestehen kann,⁶¹ nicht zuletzt als

---

⁵³ Ex 20,12; Dt 5,16; Mt 19,19; Mk 10,19; Lk 18,20; Röm 13,9; Eph 6,2–3, bes. aber Mt 15,4 und Mk 7,10.
⁵⁴ Wolf, Von der Ulrichsvita zur Ulrichslegende 78.
⁵⁵ Fichtenau, Lebensordnungen des 10. Jahrhunderts 248–266 zur Bedeutung der Sippe des Bischofs.
⁵⁶ Kallfelz, Lebensbeschreibungen 52–57.
⁵⁷ Kallfelz, Lebensbeschreibungen 56f.
⁵⁸ Kallfelz, Lebensbeschreibungen 64–95.
⁵⁹ Zoepf, Das Heiligen-Leben 79. – Engels, Der Reichsbischof 43: »Das Gefüge der Normen«, an denen Bischöfe gemessen werden, wird in der Heiligenvita sichtbar.
⁶⁰ Vgl. die Einleitung zu Kapitel 10 der Gerhard-Vita, welche von Bern von der Reichenau (Kapitel XI) übernommen wird. Kallfelz, Lebensbeschreibungen 94f.; Pl 142, 1193. – Graus, Volk, Herrscher und Heiliger im Reich der Merowinger 72 über die Gegner des Heiligen als »Werkzeuge Satans«.
⁶¹ Zur kämpferischen Überwindung des Bösen durch den Heiligen vgl. Graus, Volk, Herrscher und Heiliger im Reich der Merowinger 66.

dramatischer Baustein der Vita, welche Gefahr läuft, in eine allgemeine Beschreibung des Lebens- und Regierungsstils des Bischofs abzugleiten. Das Interesse an den zeitgeschichtlichen Ereignissen geht jedoch nicht über den Anteil, den der Augsburger Bischof an ihnen nimmt, hinaus. Als vorbildhaft, ja als wesentlicher Bestandteil seines heiligmäßigen Lebens, wird vor allem seine Königstreue herausgestellt. Als Verwirklichung von Gastfreundschaft getreu den Weisungen des Evangeliums wird geschildert, wie Ulrich für durch sein Bistum reisende »Vasallen« des Kaisers sorgte. Im Verständnis der Zeit umfaßte der Reichsdienst selbstverständlich auch Bereitschaft zur bewaffneten Assistenz.[62]

Nach hagiographischen Vorbildern gestaltet ist das bekannte Auftreten Bischof Ulrichs in der Ungarnschlacht, »auf seinem Roß, angetan mit der Stola, ohne durch Schild, Harnisch und Helm geschützt zu sein«. Er »blieb unversehrt und unverwundet von den Pfeilen und Steinen, die ihn von allen Seiten umschwirrten.«[63] Mehrfach wurde auf das Beispiel des heiligen Martin hingewiesen. Die in diesem Zusammenhang genannte Stelle bezieht sich auf den römischen Soldaten Martin, welcher seinen Abschied von der Armee nehmen will. Das unmittelbar vorausgehende Kapitel handelt über die berühmte Begegnung mit dem Bettler vor der Stadt Amiens, seine Bekehrung und Taufe. Als man ihm unterstellt, er handle nicht aus religiösen Motiven, sondern um dem unmittelbar bevorstehenden Kampf mit den nach Gallien eingedrungenen Barbaren zu entgehen, kündigt Martin zum Beweis seiner wahren, nicht der Feigheit, sondern dem Glauben entspringenden Motivation an, er werde sich am nächsten Tag ohne Waffen vor die Kampflinien stellen »und im Namen des Herrn Jesus, unter dem Schutz des Kreuzzeichens [›signo crucis‹!], jedoch ohne Schild und Helm ohne Schaden in die gegnerischen Kampfeinheiten eindringen«. Um ihn zum Halten seines Wortes zu zwingen, läßt man ihn daraufhin verhaften. Doch Martin muß seine Glaubenskraft nicht auf die beabsichtigte Weise auf die Probe stellen; es kommt nicht – wie im Fall der Lechfeldschlacht – zum blutigen Kampf, denn am nächsten Tag kapituliert der Feind. Durch die Gnade des Herrn soll der Heilige den Sieg ohne blutigen Kampf erlangen. Danach erst wendet sich Martin theologischen Studien und mönchischem Leben zu, um schließlich die bischöfliche Würde zu erlangen; die Szene steht in engem Zusammenhang mit Martins *conversio* und ist kriegerischen Handlungen gegenüber reserviert eingestellt.[64]

---

[62] Kallfelz, Lebensbeschreibungen 66f.; Zoepf, Das Heiligen-Leben 80, 161; Fichtenau, Lebensordnungen des 10. Jahrhunderts 272–279; Engels, Der Reichsbischof 52f.; vgl. Anm. 20.

[63] Kallfelz, Lebensbeschreibungen 104f.

[64] Sulpice Sévère. Vie de Saint Martin I. Introduction, texte et traduction par Jacques Fontaine (= Sources Chrétiennes 133), Paris 1967, 256–263: 3.1.-4.9, bes 260f.: 4.5. – Vgl. in diesem Band Georg Kreuzer, S. 175 (weitere Lit. in Anm.). – Venanti Honori Clementiani Fortunati presbyteri italici opera poetica. Herausgegeben von Friedrich Leo (= MGH Auct. Antiquiss.

Die in Maßen eingestreuten Wunder sollen auf Ulrichs Geheiß – in Anlehnung an das Schweigegebot Jesu – geheim bleiben: Der als Sänger der Ostermesse Ulrichs beiwohnende Priester Heilrich wird dafür, daß er das Erscheinen der rechten Hand Gottes unvorsichtigerweise auch Laien bekanntmacht, mit Blindheit gestraft,[65] und am Ende der Durchquerung der Hochwasser führenden Wertach steht ein weiteres, sich auf Bischof Ulrichs Lebenszeit ersteckendes Schweigegebot, gerichtet an den bischöflichen Kaplan Herewig.[66]

Erscheinungen während der Feier der heiligen Messe zur Unterstreichung der persönlichen Frömmigkeit sind auch in anderen Legenden, vor allem ab der Jahrtausendwende, feststellbar. »Über dem hl. Martinus erscheint beim Meßopfer eine feurige Kugel«. »Bischof Felix von Genua (304–324?) habe eine leuchtende Hand mit seinem Schüler Syrus benedizieren gesehen. Eine himmlische Hand segnete bei der Wandlung mit Bischof Honorat von Amiens (gest. um 600) und mit [Bischof] Romanus von Rouen (gest. 639)«, doch ist das Alter dieser Legenden offen. »Ein weiterer Fall, die Hand des Herrn bei der Messe des Bischofs Evurcius von Orléans (gest. um 340) begegnet erst in St. Jago-Legenden des 12. Jahrhunderts.« In die um 800 entstandene Legende des heiligen Jodoc wurde bei ihren Überarbeitungen um 1000 und um 1025 die segnende Hand eingefügt; in ihrer in den Nachtrag der Legenda aurea eingegangenen Fassung heißt es bei der Angabe seines ersten Gedenktags: »Das Wunder, daß bei der Messe die Hand des Herrn über dem Celebrans erschien, kam öfters vor zur Bewahrheitung des heiligsten Sakraments für gebrechliche Herzen.«[67]

IV,1), Berlin 1881, 293–380, bes. 297f.: Die Martinsvita des Venantius Fortunatus strafft die Stelle (»ante aciem sacer vir fatetur inermis« ... »atque orante uno cecidit furor omnibus armis inermisque acies solus sine sanguine vicit«). – Heinrich Fichtenau, Lebensordnungen des 10. Jahrhunderts 279–282 bietet Beispiele aus dem 10. und 11. Jahrhundert von aktiv an militärischen Aktionen beteiligten Bischöfen und Päpsten; Zurückhaltung war im Einzelfall von politischem Sonderinteresse her bestimmt; in Kontrast zu dieser »bewaffneten Territorialpolitik« stehen die zur gleichen Zeit verfaßten Viten. Odilo Engels, Der Reichsbischof 53f. stellt ebenfalls eine distanzierte Behandlung des Kriegsdienstes der Reichsbischöfe in den Viten des 10. und 11. Jahrhunderts fest. – Zum Topos der bereits in der Merowingerzeit abgeschwächten Unverwundbarkeit von Heiligen in Martyrerlegenden siehe: Günter, Psychologie der Legende 137–140, und Graus, Volk, Herrscher und Heiliger im Reich der Merowinger 54, 242.

[65] Kallfelz, Lebensbeschreibungen 60–63.

[66] Kallfelz, Lebensbeschreibungen 60–63, 122f. – Steinbauer, St. Ulrich – Patron des Bistums Augsburg 22f.

[67] Günter, Psychologie der Legende 109, 257; Jacobi a Voragine Legenda Aurea vulgo Historia Lombardica dicta. Ad optimorum librorum fidem recensuit Dr. Th. Graesse, Vratislaviae ³1890, Nachdruck Osnabrück 1965, 859–861: Die Begründung für die Gnade des Erscheinens der »divina manus« durch himmlische Stimme weist Parallelen zur Ulrichsvita Berns auf. – Wolf, Von der Ulrichsvita zur Ulrichslegende 91f.: Die Geschichte des heiligen Jodoc macht in den verschiedenen Fassungen der Vita eine ähnliche Wandlung von der biographischen Darstellung zur reinen Beispielerzählung durch wie die des heiligen Ulrich. – Odilo Engels,

Bei den theologisch ausgedeuteten Heilungserzählungen ist ebenfalls eine belehrende Absicht[68] unverkennbar: »Mit vielfältigen göttlichen Gnadengaben bedacht, durch einen unbeugsamen Glauben gestärkt, mit einem feinen Ohr für die Absichten des göttlichen Willens, konnte er vielen andern in ihren Nöten ein Helfer sein. Dabei verbarg er aber, so gut er konnte, aus Demut das Ausmaß seiner Macht. So haben viele, die an der Fallsucht litten, die Gesundheit wiedererlangt, nachdem sie seinen heiligen Segen empfangen hatten, vorausgesetzt, daß sie nicht sagten, aus welchem Grund sie um seinen Segen baten. Denjenigen nämlich, die ihr Anliegen offen verkündeten, verweigerte er den Segen und schickte sie aus Demut weg, indem er sagte: ›Ich bin nicht würdig, euch von dieser Krankheit befreien zu können.‹«[69]

Ein eigenes Kapitel ist, gewiß nicht ohne pädagogische Absicht, der heilenden Wirkung des geweihten Krankenöls gewidmet. Der Demonstration der Macht des heiligmäßigen Bischofs gegenüber den Kräften des Bösen dient eine Vielzahl von heilsamen Wirkungen, auch bei ansonsten hoffnungslosen Augenkrankheiten, was der Autor selbst gesehen haben will. Steigerung durch Häufung von Wundern wie auch fingierte Augenzeugenschaft gehören zum Stilrepertoire der Legende,[70] ebenso die glaubwürdige Zeugenschaft, etwa in der Erzählung des Meßwunders des heiligen Ulrich.[71]

Zum gleichen Ziel führt aber auch die an die allgemeine Darstellung der Heilung durch das Krankenöl angeschlossene farbig-heitere Erzählung, wie Ulrich selbst im Kloster Kempten am Vorabend des Pfingstfestes von schwerer Krankheit befreit wurde. Das heilige Öl hatte durch Eilboten aus Augsburg herbeigeschafft werden müssen. Nach dem Gottesdienst, den Bischof Ulrich nur von seinem Gemach aus anhören kann, beten die Mönche und die ihn auf der Reise von St. Gallen nach Augsburg begleitenden Geistlichen in seinem Zimmer für seine Genesung sieben Psalmen und eine Litanei, anschließend nehmen ein frommer Mönch und zwei Priester »gemäß der Weisung des Apostels Jakobus: ›Ist einer von euch krank? Dann rufe er die Ältesten der Gemeinde zu sich.‹[72] usw.« die Salbung vor. Die Besserung seines

---

Der Reichsbischof 48f. sieht im Meßwunder des heiligen Ulrich einen Niederschlag der Ende des 10. Jahrhunderts einsetzenden Kanonikerreform. Zur Kanonikerbewegung siehe auch: Fichtenau, Lebensordnungen des 10. Jahrhunderts 297–311.

[68] Zur »erzieherischen Absicht hagiographischer Texte« und deren Realismus siehe: Prinz, Der Heilige und seine Lebenswelt 257, 260.

[69] Kallfelz, Lebensbeschreibungen 118f.

[70] Günter, Die christliche Legende des Abendlandes 175–178; ders., Die christliche Legende des Abendlandes 74f.

[71] Kallfelz, Lebensbeschreibungen 60f.: »Noch eine Erscheinung, die mir viele Brüder erzählt haben, und von der sie versichern, daß sie sich wirklich zugetragen hat, darf ich nicht der Vergessenheit anheimfallen lassen ...« – Zur Abwehr von Zweifeln durch Betonung von Augenzeugenschaft und Heranziehung glaubwürdiger Zeugen siehe: Günter, Psychologie der Legende 13–15.

[72] Jak 5,14.

Zustands tritt unmittelbar ein. Den Geistlichen, die sich auf sein Geheiß anschließend zum Mahl begeben, läßt Ulrich, »der in der letzten Woche nicht einmal einen Bissen Brot zu sich nehmen konnte«, durch einen Boten ausrichten, daß auch er »durch Gottes Güte« wieder esse. Zur allgemeinen Freude nimmt er an der darauffolgenden Vesper in der Kirche, ohne zu ermüden, bereits »in der ganzen Länge, wie sie bei den Mönchen üblich ist,« teil.[73] Die unerwartet rasche Genesung des Bischofs zur allgemeinen Freude ist nicht irgendeine volkstümliche Episode, sie gibt Auskunft über das Selbstverständnis seines Amtes: »Was der Bischof den andern zur Heilung und zur Vergebung der Sünden bereitet hat, hat Gott ihm selber so schnell zur eigenen Heilung gereichen lassen, auf daß durch seinen vollkommen Glauben der Glaube der vielen andern gestärkt werde!«[74] Sein persönliches Heil findet der Bischof in der rechten Sorge für die ihm Anvertrauten.

»Das Schicksal des Menschen, das auch vor dem Heiligen nicht haltmacht, spricht aus dieser Vita: nach langem arbeitsreichem Leben steht Ulrich« – nach dem Tod seiner Freunde – »vereinsamt in der Welt«,[75] es ist persönliches Empfinden, nicht die allgemeingehaltene Sehnsucht nach dem Tod der Legenden. Ulrich ist »Mensch«, »seine Züge sind nicht erstarrt unter dem Typus, sondern leben«.[76] »Die Darstellung zeitgenössischer Heiliger geht nicht von einem ›Ideal-Typus‹ aus, der lediglich durch schmückende Beiwörter näher charakterisiert wird, sondern sie legt die Einzelerscheinung des Individuums selbst zugrunde, was der Annahme einer allgemeinen Typik des Seins wie des Empfindens dieser Zeit widerspricht.«[77]

Die im Anschluß an die Vita folgenden 30 Mirakel[78] stellen eine Auswahl volkstümlicher Geschichten dar, welche für die Verehrung der Grabstätte Bischof Ulrichs werben sollen; in ihrer unkomplizierten, vergröbernden Art scheinen sie für breitere Kreise bestimmt: Ein trotz einer herabgefallenen

---

[73] Kallfelz, Lebensbeschreibungen 188–121: Kapitel 16. – Zur Typologie der Heilungswunder in der Hagiographie siehe: Graus, Volk, Herrscher und Heiliger im Reich der Merowinger 82–88.

[74] Kallfelz, Lebensbeschreibungen 120f. – Zum »theologisch geprägten Wunderbegriff der Legende«, zur symbolischen Verwendung und Deutung von Wundern und zur Notwendigkeit des Glaubens siehe: Graus, Volk, Herrscher und Heiliger im Reich der Merowinger 53–56.

[75] Zoepf, Das Heiligen-Leben 83.

[76] Zoepf, Das Heiligen-Leben 84. – Franz Brunhölzl, Geschichte der lateinischen Literatur des Mittelalters II 400: »Gerhard schreibt nicht über einen Heiligen, der Bischof gewesen ist; er berichtet von einem großen und von ihm hochverehrten Bischof ...«.

[77] Die in der Vita Gerhards hervortretende plastische Individualität Bischof Ulrichs wird in der Kritik allgemein bejaht. Zoepf, Das Heiligen-Leben 107; Kallfelz, Lebensbeschreibungen 40; Prinz, Hagiographie 191.

[78] MGH SS IV 419–425. – Zum Zeugnis der *miracula sancti Udalrici* über die geographische und ständische Ausbreitung der Verehrung Bischof Ulrichs in den auf seinen Tod folgenden Jahren siehe: Walter Pötzl, Die Anfänge der Ulrichsverehrung im Bistum Augsburg und im Reich, in: Bischof Ulrich von Augsburg und seine Verehrung. Festgabe zur 100. Wiederkehr des Todestages (= Jahrbuch des Vereins für Augsburger Bistumsgeschichte 7), Augsburg 1973, bes. 85–90.

brennenden Kerze heilgebliebener Teppich über dem Grab eröffnet die Serie der Wunder.[79] Es folgt eine Vielzahl von zum Teil nur summarisch berichteten Heilungen von Fieber, Brüchen, Gliederleiden, Lähmungen, Blindheit, Taubheit, Sprachverlust, geistiger Verwirrung und Besessenheit.[80] Mehrere Vergehen an den sich am Ulrichsgrab rasch mehrenden Votivgaben (in erster Linie »baculi«) sowie die Verachtung des Brauches der Ulrichsminne werden vom heiligen Ulrich mit verschiedenen Krankheiten geahndet, reumütige Rückgabe an den Gnadenort erwirkt hingegen sofortige Befreiung von der Strafe. Leute, die Wallfahrer behindern, werden durch das Wirken des Heiligen bekehrt. Das Pilgern von Bewohnern von Augsburg zu den heiligen Stätten ihrer Stadt, aber auch die Wallfahrt nach Augsburg aus dem schwäbischen und bayerischen Umland und bald auch aus entfernteren Regionen vom linksrheinischen Gebiet (»de regno etiam Lotharii«, »de Burgundionum provincia«) bis nach Böhmen und Polen,[81] ersatzweise die Übersendung von Votivgaben, steht im Zentrum der Mirakel. Leute aller Stände, vom Almosenempfänger bis zu Mitgliedern der Herrscherfamilien Böhmens und Polens, erhalten Wohltaten der Heiligen der Stadt Augsburg: der Gottesmutter Maria, der Martyrin Afra und des Bischofs Ulrich.

Ein in einer Kirche in Franken verwahrtes Humerale hatte als früh bezeugte Reliquie dieselbe heilsame Wirkung: »Eine schwerreiche und vornehme Frau ›in Francorum provincia‹ litt überaus unter dämonischer Besessenheit. Um sie davon zu befreien, waren fünf Bischöfe [!] mit sehr vielen anderen Leuten zusammengekommen. Als sie den Teufel durch ihre Gebete und Beschwörungen zwangen, den besessenen Leib freizugeben, rief er unter lautem Heulen: ›Nur wenn irgendein Gegenstand aus dem Besitz des heiligen Ulrich hierhergebracht wird; auf eure Anordnungen hin gebe ich das besessene Gefäß nicht frei.‹ Da er diese Antwort fortgesetzt wiederholte, machten sie sich Gedanken, ob man nicht Boten nach Augsburg schicken solle, um etwas aus den Hinterlassenschaften des Bischofs zu erwerben. Während dieser Überlegungen schrie der Teufel durch den Mund der Frau: ›Weh mir, weh mir! Ganz in der Nachbarschaft wohnt ein Priester, welcher ein Schultertuch besitzt, das früher dem genannten Bischof gehört hat.‹ Wenn auch nicht freiwillig, so doch auf Gottes Befehl hin gab er auch den Namen und Wohnort des Priesters preis. Noch bevor der herbeigerufene Priester das Haus betrat, sagte der Dämon: ›Wehe, wehe, nun kommt das Schultertuch des Bischofs.‹ Nach diesen

---

[79] MGH SS IV 419. – Beispiele von Kerzenwundern (meist Lichter, die sich von selbst entzünden) siehe bei: Günter, Die christliche Legende des Abendlandes 95f.
[80] Prinz, Der Heilige und seine Lebenswelt 256: »Am Schluß vieler Heiligenviten« werden Heilungswunder aneinandergereiht, um für Verehrung zu werben. Heilige werden zu Patronen in bestimmten Gebrechen. – Graus, Volk, Herrscher und Heiliger im Reich der Merowinger 78f.: Die »Typisierung« kommt »bei den Wunderberichten noch stärker zur Geltung ... als bei der Schilderung des Heiligenlebens«.
[81] MGH SS IV 422–424.

Worten verließ er unter schmerzlichen Schreien den vollkommen erschöpften Körper der Frau.
Auf die Frage, wie er zu dem Humerale komme, sagte der Priester: ›Bischof Ulrich kam einmal auf der Reise zum Reichstag an unsere Kirche und bat darum, daß man für ihn ein heilige Messe singe. Als er sah, daß wir die Albe ohne Schultertuch anziehen wollten, sagte er: ›Wo ist euer Humerale?‹ Ich antwortete ihm: ›Ich habe keines.‹ Da ließ er mir dieses Schultertuch übergeben.‹ Die vom Dämon befreite Frau erhielt ihre geistige und körperliche Gesundheit wieder und ließ durch Boten alles, was sie an jenem Tag anhatte, samt der Bekleidung ihrer Füße zum Grab des heiligen Ulrich überbringen. Diese sollten dort auch vermelden, wie sie mit Gottes Gnade durch dessen Verdienst Befreiung erlangt habe. Wicfrid, der Propst an dieser Stätte – er war damals zugleich Custos der Kirche – ließ das Obergewand jener Frau zu einer Dalmatik umarbeiten und bestimmte alle ihre anderen Kleidungsstücke, wie vereinbart, zu gottesdienstlichen Zwecken, damit dieses Zeichen des göttlichen Erbarmens der Nachwelt um so mehr in Erinnerung bliebe.«
Größer konnte der Gegensatz zwischen der Ohnmacht der beträchtlichen Zahl hoher Geistlicher und der Wirkung einer Reliquie des heiligen Ulrich kaum herausgearbeitet werden. Ebenso unverkennbar ist das Interesse an der Hebung der feierlichen Liturgie. Die Bezeugung der Heiligkeit eines Menschen durch Dämonen, von denen manche zuerst den zum Exorzismus berufenen Amtsträgern hartnäckig widerstehen, hat Tradition in der christlichen Hagiographie.[82]
Besonders dramatisch ist die Schilderung eines auf dem Weg nach Augsburg sich ereignenden tragischen Unglücksfalls: Zum Fest Mariä Geburt ist inmitten großer Volksscharen eine Frau mit ihrem kleinen Jungen unterwegs. Beim Überqueren der Wertach stürzt das Kind von der unebenen Brücke und wird vom Wasser mitgerissen, Rettungsversuche von Seiten der zahlreichen Anwesenden bleiben erfolglos. Die verzweifelte Mutter erhält nach dem Besuch der Kirche der heiligen Maria und des Ulrichsgrabes in einer nächtlichen Erscheinung des heiligen Bischofs die Weisung, ihr totgeglaubtes Kind im Ufergebüsch zu suchen. Dort findet sie es am nächsten Morgen unversehrt wieder.[83]
Ein Mirakel soll dem Fest des heiligen Ulrich als Feiertag Geltung verschaffen: Ein Mann aus einem Ort an der Donau findet Heu, das er, während »das ganze Volk freiwillig« diesen Tag feierlich begeht, zu Haufen zusammengerecht hat, anderntags außen prächtig, innen aber zu Asche verwandelt vor.

---

[82] MGH SS IV 422. – Günter, Psychologie der Legende 75–77 zur Bannung von Dämonen durch Heilige; ein ähnlicher Fall: »In Gelona in Aquitanien wollten Mönche am Grab des heiligen Herzogs Wilhelm (gest. 812) einen Teufel austreiben und nahten der Besessenen mit dem heiligen Kreuz; der Teufel lachte sie aus: er gehe nur, weil Wilhelm drohe.« Graus, Volk, Herrscher und Heiliger im Reich der Merowinger 53.
[83] MGH SS IV 423f.

Aus Furcht getraut er sich inskünftig nicht mehr, den Feiertag zu übergehen.[84] Wundererzählungen, um die Heiligung von Sonn- und Feiertagen dem widerstrebenden Landvolk einzuprägen, haben eine feste Tradition.[85]
Unter den Wundern überwiegen mit Abstand Heilungen. Sie werden nicht selten als Bekehrungen interpretiert.

Die Bearbeitungen der Ulrichs-Vita an der Jahrtausendwende

Die nuancenreiche Darstellung individueller Personen unterliegt Zeitströmungen. Rasch aufeinanderfolgende Überarbeitungen von Heiligenleben, welche von den Bedürfnissen der den Kult tragenden geistlichen Gemeinschaften her bestimmt sind, sind häufig anzutreffen.[86] Bereits an der Jahrtausendwende konnte der Augsburger Bischof Gebehard (996–1000),[87] Nachfolger des Bischofs Liutold, in dessen Regierungszeit die römische Kanonisation Bischof Ulrichs im Jahre 993 fiel, den in seinem Empfinden ungenügenden Sprachstil Gerhards als Begründung für seine Neubearbeitung der Vita anführen; näherhin machte er grammatikalische Verstöße und Verwendung von griechischen und deutschen Wörtern geltend. Das an der Augsburger Domschule gelehrte Latein genügte, sofern die Verfasser der ersten und zweiten Ulrichsvita auf Grund ihrer eigenen Ausbildung für das Niveau dieser Schule Zeugnis geben können,[88] den gestiegenen Ansprüchen Bischof Gebehards nicht mehr:[89] Gerhards Vita sei »non solum ... prudentioribus taedium, sed paene videretur puerile ludibrium«.
Doch es ist nicht bloß sprachliches Ungenügen angesichts eines binnen we-

---

[84] Graus, Volk, Herrscher und Heiliger im Reich der Merowinger 259, 440f. zur kirchlichen Integration der Festtage der Heiligen.
[85] Günter, Die christliche Legende des Abendlandes 102f.; Graus, Volk, Herrscher und Heiliger im Reich der Merowinger 481–484.
[86] Als Beispiel seien genannt die Lebensbeschreibungen der 1047 kanonisierten St. Galler Reklusin Wiborada. Auch in diesem Fall hatte die um 1075 entstandene jüngere Vita größere Verbreitung erlangt als ihr ins 10. Jahrhundert datiertes Vorbild. Walter Berschin (Hrg.), Vitae Sanctae Wiboradae. Die ältesten Lebensbeschreibungen der heiligen Wiborada (= Mitteilungen zur Vaterländischen Geschichte 51), St. Gallen 1983, bes. 3–5.
[87] Zu Bischof Gebehard siehe: Wilhelm Volkert (Hrg.), Die Regesten der Bischöfe und des Domkapitels von Augsburg. I. Von den Anfängen bis 1152 (= Veröffentlichungen der Schwäbischen Forschungsgemeinschaft bei der Kommission für Bayerische Landesgeschichte IIb), Augsburg 1985, Nr. 200–206; Manfred Weitlauff, Geb(e)hard von Augsburg, in: Verfasserlexikon II (²1980) 1131–1133; Hörberg, Libri Sanctae Afrae 205–207.
[88] Thorsten Droste, Die Bronzetür des Augsburger Domes. Ihre Geschichte und Stellung unter den Bronzetüren des Mittelalters, in: Jahrbuch des Vereins für Augsburger Bistumsgeschichte 15 (1981) 182–185 über die engen Beziehungen zwischen dem Kloster Tegernsee und der Kirche von Augsburg und das Zeugnis des Abtes Gozbert über seine Ausbildung – zusammen mit Gebehard – in Augsburg. – Norbert Hörberg hingegen (Libri Sanctae Afrae 206) bezieht die Belegstelle aus den Briefen Abt Gozberts nur auf diesen; daß Bischof Gebehard seine Ausbildung ebenfalls in Augsburg erhalten habe, geht für Hörberg nicht zwingend daraus hervor.

niger Jahre gesteigerten Sprachempfindens. Auch die inhaltlichen Schwerpunkte haben sich verschoben: »Gerhard habe zuviel Nachdruck auf die Kriege und Geschichte der Könige gelegt; das Leben Ulrichs sei eher eine Geschichte der Könige: ›Cuius insuper operis increvit adeo diffusa pluralitas, ut potius bellorum eventum, regum caesarumque historiam, quam propositum videretur ordinare negotium.‹«[90] Diesem Vorwurf einer Themaverfehlung (in Bezug auf die Absicht, eine Heiligenlegende zu verfassen) sollte eine Straffung (»abbreviare«) des gesamten Stoffes auf das – im Sinne des Verfassers dieser zweiten Vita – Wesentliche (»superfluis postpositis«) und die Aufhellung sogenannter dunkler Stellen abhelfen, eine Harmonisierung von der Erwartung zuwiderlaufenden Fakten war beabsichtigt. Im Wesentlichen bezweckte er mit diesem Programm der Konzentration auf das Geistliche, in Askese und Frömmigkeit Nachahmenswerte und Erbauliche (»quidquid virtutum Christi confessoris scire vel imitari delectat«) eine Entpolitisierung, eine Entkleidung auch von familiären und freundschaftlichen Bezügen. Notizen, welche dem Historiker wertvoll erscheinen, gehen in diesem literarischen Bild von Heiligkeit verloren.[91]

Gebehards in auffallend sentimentalem Stil verfaßte Vita blieb infolge seines baldigen Todes Fragment und besitzt nur eine schmale Überlieferungsgeschichte.[92] Inzwischen hatten sich an der Grabstätte Bischof Ulrichs folgenschwere Veränderungen ereignet. An die Stelle von nach der Kanonikerregel lebenden Geistlichen war kurz nach der Jahrtausendwende an der Augsburger Afrakirche ein der lothringischen Reformbewegung verpflichtetes benediktinisches Kloster ins Leben getreten.[93] Offensichtlich verspürte man dort

---

[89] Manitius, Geschichte der lateinischen Literatur des Mittelalters II, 206 f.: »Udalrichs Element war gewiß mehr das Schwert als die Feder.« – Hingegen rühmt Gerhard im dritten Kapitel seiner Vita Ulrichs Gastfreundschaft und Aufmerksamkeit hinsichtlich des Wohlergehens seiner Untergebenen und des guten Zustandes seiner Kirche. Inmitten der hierfür verwendeten topisch-allgemeinen Formulierungen taucht auch die Sorge um die Disziplin der Kanoniker und die »Schule« auf. Kallfelz, Lebensbeschreibungen 66 f.

[90] Zoepf, Das Heiligen-Leben 146; Günter, Legenden-Studien 77 f.; Ders., Die christliche Legende des Abendlandes 10; Oskar Köhler, Das Bild des geistlichen Fürsten in den Viten 29.

[91] Manitius, Geschichte der lateinischen Literatur des Mittelalters II 207 f.; Wolf, Von der Ulrichsvita zur Ulrichslegende 71–74, 81–83; Kallfelz, Lebensbeschreibungen 41; Steinbauer, St. Ulrich – Patron des Bistums Augsburg 26: »Eine Typisierung erfolgt vor allem durch die Loslösung des Stoffes vom historischen Hintergrund. Während Gerhard die Wesens- und Charakterzüge Ulrichs durch Handlungen und Ereignisse aufzählt, erscheinen sie bei Gebehard nur aufgezählt und aneinandergereiht.«

[92] Pötzl, Die Anfänge der Ulrichsverehrung im Bistum Augsburg und im Reich, 98 Anm. 57: »Eine handschriftliche Überlieferung [der nur bis zum dritten Kapitel gediehenen Arbeit] fehlt.« – [Markus Welser,] De Vita S. Udalrici Augustanorum Vindelicorum Episcopi quae extant. Pleraque antehac numquam edita, Augsburg 1595, 177–188: Vita Sancti Udalrici Bischof Gebehards.

[93] Weitlauff, Gerhard von Augsburg, in: Verfasserlexikon II (²1980) 1225–1229. – Rudolf Schieffer, Die Entstehung von Domkapiteln in Deutschland (= Bonner Historische Forschungen 43), Bonn 1976, 167–171, 243, 259, über den monastischen oder kanonikalen Charakter der um

ein Ungenügen bei der Lektüre der einzigen vollständig vorhandenen Lebensbescheibung dieses Bischofs.

61 Daher erteilte, wie uns der Prolog der zweiten vollständigen Lebensbeschreibung verrät, Fridebold, vierter Abt in Augsburg (ca. 1020–1030),[94] dem Reichenauer Abt Bern (1008–1048), welcher als maßvoller und königsnaher Vertreter der Gorzer Reform dem Inselkloster nach einer Unruhephase zu neuer literarischer Blüte verhalf,[95] den Auftrag zur Neufassung der Vita »cultiori stilo«, nach den inhaltlichen und stilistischen Erfordernissen des 11. Jahrhunderts. Dieser äußerte sich seinem Auftraggeber gegenüber ebenfalls kritisch über das Werk seiner beiden Vorgänger: »Gebehards Ausdrucksweise sei für das allgemeine Verständnis viel zu hoch; der Stil des ersteren Verfassers [Gerhard] sei aber, seine Wahrheitsliebe in Ehren, derart im Argen, daß ein gebildeter Mann auf den ersten Blick hin auf die weitere Lektüre verzichte«,[96] er selbst suche deswegen einen Mittelweg bei der sprachlichen Neugestaltung.[97] Bezeichnenderweise erwähnt Bern nur den Namen Bischof Gebehards, nicht aber den des Verfassers der von ihm kritisierten ersten Lebensbeschreibung Bischof Ulrichs.[98]

Das negative Urteil Bischof Gebehards und Berns über Gerhards Ausdrucksvermögen wird vom Reichenauer Mönch Hermann dem Lahmen, welcher

---

die Mitte des 9. Jahrhunderts nachweisbaren *fratres canonici* bei der Afrakirche und der Marienkirche in Augsburg. – Hörberg, Libri Sanctae Afrae 205–208 setzt die Umwandlung des Kanonikerstiftes bei der Afrakirche in ein Benediktinerkloster durch die Berufung von Mönchen der Abtei Tegernsee unter dem Abt Reginbald, dessen Herkunft aus St. Gallen erst in der klostereigenen Geschichtsschreibung des beginnenden 18. Jahrhunderts behauptet wird (ebd. 190), gegen die traditionelle Auffassung früher an. Sie sei wahrscheinlich nicht unter dem die Kanoniker am Dom und bei St. Moritz begünstigenden Bischof Brun (1006–1029), sondern bereits durch den selbst dem Mönchtum entstammenden Bischof Gebehard erfolgt. Letzter sei mit dem an der Augsburger Domschule ausgebildeten Abt Gozbert von Tegernsee (seit 982) befreundet und der Tegernseer Reform zugeneigt gewesen. Tegernseer Mönche hatten bereits unter Bischof Liutold einen erfolglosen Versuch unternommen, das bischöfliche Eigenkloster Feuchtwangen wiederzubeleben (ebd. 195). – Die Lebensgeschichte Gebehards, vor Besteigung des Augsburger Bischofsstuhls Abt von Ellwangen, bleibt ansonsten im Dunkeln. Nonnosus Bühler, Die Schriftsteller und Schreiber des Benediktinerstiftes St. Ulrich und Afra in Augsburg während des Mittelalters (Diss. phil. München), Borna-Leipzig 1916, 7; Volkert, Die Regesten der Bischöfe und des Domkapitels von Augsburg I, Nr. 200–206.

[94] Nonnosus Bühler, Die Schriftsteller und Schreiber des Benediktinerstiftes St. Ulrich und Afra in Augsburg während des Mittelalters, Borna-Leipzig 1916, 13; Norbert Hörberg, Libri Sanctae Afrae. St. Ulrich und Afra zu Augsburg im 11. und 12. Jahrhundert nach Zeugnissen der Klosterbibliothek (= Veröffentlichungen des Max-Planck-Instituts für Geschichte 74; Studien zur Germania Sacra 15), Göttingen 1983, 155, 225; Rolf Schmidt, Reichenau und St. Gallen. Ihre literarische Überlieferung zur Zeit des Klosterhumanismus in St. Ulrich und Afra zu Augsburg um 1500 (= Vorträge und Forschungen, Sonderband 33), Sigmaringen 1985, 86–88.

[95] Heinrich Hüschen: Bern (Berno) von Reichenau, in: Verfasserlexikon I (²1978) 737–744; Theodor Klüppel, Reichenauer Hagiographie zwischen Walahfrid und Berno. Mit einem Geleitwort von Walter Berschin, Sigmaringen 1980, 141; Hörberg, Libri Sanctae Afrae 225; Brunhölzl, Geschichte der lateinischen Literatur des Mittelalters II 446: Bern, literarisch hervortretender Mönch der Abtei Prüm, wurde 1008 von Kaiser Heinrich II. als Nachfolger des abge-

als Schüler des Reichenauer Abtes alle drei Lebensbeschreibungen und deren Verfasser kennt, übernommen; gegenteiliger Ansicht ist der vielseitig gebildete Historiograph Hermann freilich, was Gebehards anspruchsvollen Sprachstil und die inhaltlichen Verschiebungen angeht: Berns auf Bitte Abt Fridebolds gewiß glänzend geschriebenes Werk lasse, um Überschaubarkeit zu erreichen, manches aus, »was zu wissen nützlich sei«.[99] Dieses zeitgenössische Urteil macht nochmals deutlich, wie sehr hagiographische Intentionen Ursache für mehrere Überarbeitungen binnen weniger Jahre waren. Das Schicksal der Überlieferung des Lebens Bischof Ulrichs bildet hierin keine Ausnahmeerscheinung.[100]

Gerhards Vita erschien bei weitem zu wenig den Anforderungen an ein Heiligenleben der an professionell verfaßtes hagiographisches Schrifttum gewöhnten Geistlichkeit des 11. Jahrhunderts zu entsprechen. Daher betonte Bern, ohne grundsätzlich von Gerhards Gliederung des Stoffes abzuweichen,[101] mit Hilfe seines theologischen Wissens die dem legendarischen Schema der *imitatio Christi* entgegenkommenden Lebensabschnitte durch konsequentes Ausschmücken mit biblischen Topoi und wörtlichen Zitaten aus der Heiligen Schrift sowie Väterstellen. Dieses Verfahren ist zwar bereits in Gerhards Vita nachweisbar,[102] wird aber nun vermehrt eingesetzt.

---

setzten kämpferischen Abtes Immo von Reichenau eingesetzt. Er ist Förderer Heinrichs des Lahmen.

[96] Zoepf, Das Heiligen-Leben 147. – Ludwig Zoepf zitiert auch (ebd. Anm. 1) aus der gedruckten Ausgabe (Vita Udalrici II, Marci Velseri opera, Prolog, S. 596) Berns Meinung über Gebehards Vita: »... ita tamen verborum ac sententiarum sublivitate se in altum extollit, ut vix aliquis infirmorum exinde aliquid percipere possit.«

[97] Ebd. – Hörberg, Libri Sanctae Afrae 155f. nennt als Parallele zu dieser Neufassung die Überarbeitung der Vita des heiligen Magnus in einem neuen Geist durch Othloh von St. Emmeram; Walz, Auf den Spuren der Meister 21.

[98] PL 142, 1183.

[99] Manitius, Geschichte der lateinischen Literatur des Mittelalters II 208; Hörberg, Libri Sanctae Afrae 216, 219; Rolf Schmidt, Reichenau und St. Gallen 86–88; bes. 86 Anm. 8: Die mit seinem Förderer, Abt Bern von der Reichenau, übereinstimmende Beurteilung beider Viten im Urteil Hermann des Lahmen: »... [Gerhard] plenius quidem, sed rustice sermone descripsit ...« – Über Hermann den Lahmen siehe: Franz-Josef Schmale, Hermann von Reichenau, in: Verfasserlexikon III (²1981) 1082–1090; Franz Brunhölzl, Geschichte der lateinischen Literatur des Mittelalters II 450.

[100] Klüppel, Reichenauer Hagiographie zwischen Walahfrid und Berno 67.

[101] Wolf, Von der Ulrichsvita zur Ulrichslegende 85.

[102] Etwa, wenn berichtet wird, daß Ulrich auf seinen Reisen durch sein Bistum auf einem Wagen sitzend Psalmen betet. »So ahmte er jenen Kämmerer nach, der den Propheten Isaias lesend in seinem Wagen fuhr, und dem sich auf Geheiß des Heiligen Geistes Philippus anschloß, von dem er die Botschaft hörte und die Taufe und den Glauben an die Heilige Dreifaltigkeit empfing.« 78f.; Apg. 8,28f. – Ulrichs Gastfreundschaft wird gerühmt: Keiner seiner Gäste ging »hungrig oder durstig davon, es sei denn, daß dies aus Lässigkeit oder Geiz der Diener gegen den Willen des Bischofs einmal vorgekommen wäre.... Denn er wußte, daß er in ihnen Christus aufgenommen hatte, der da sagt: ›Ich war fremd, und ihr habt mich aufgenommen.‹« Kallfelz, Lebensbeschreibungen 66f.; Mt 25,35.

Die Kindheit und Entwöhnung Ulrichs wagt Bern mit der Kindheit von Mose und Isaak zu vergleichen. Mit seinem Lerneifer erklimmt er in St. Gallen stufenweise den Gipfel der Jakobsleiter der Tugenden. In der Ungarnschlacht erweist er sich als der neue Josue. Die Durchquerung der Wertach, ohne naß zu werden, empfindet Bern als Steigerung des biblischen Zugs des Volkes Israel durch das Rote Meer. Während Gerhard die Vermittlung des Waffenstillstands zwischen Herzog Liudolf und König Otto durch Bischof Ulrich bei Illertissen nur mit wenigen Worten wiedergibt und ihm nur die Warnung, »das Volk, das zu regieren Gott ihnen anvertraut habe, dürfe doch nicht durch ihre Schuld ins Verderben geführt werden«, in den Mund legt, weitet Bern diese Stelle – bezeichnenderweise unter Verzicht auf eine Ortsangabe – auf eine für ihn typische Weise und konstruiert eine dramatische Szene: Ulrich, »athleta Dei«, »weiß, daß die Frieden bringenden Füße selig sind, zumal der Herr selbst im Evangelium gesagt hat: ›Selig sind die Friedfertigen, denn sie werden Söhne Gottes genannt werden.‹ Zusammen mit dem frommen Bischof Hartpert von Chur warf er sich [zwischen die Parteien]. Beide gingen mit solcher Überzeugungskunst an [König Otto und Herzog Liudolf] heran – der Geist des Vaters sprach aus ihnen –, daß sie sie mit Leichtigkeit zum Friedensschluß brachten und die Gabe wahrer Liebe ihnen mit dauerhafter Festigkeit einpflanzten. Ganz wie einst der Vater im Evangelium den zurückkehrenden Sohn, so nahm dann Otto den reumütigen Liudolf wieder auf. Für beide Söhne gilt nämlich: ›Er war tot und lebt wieder; er war verloren und ist wiedergefunden worden.‹[103] Eine ungeheure Freude und Jubel machen sich im ganzen Heer breit. Lob und Dank sind in aller Mund, denn durch seine Diener hat Gott sein Volk befreit.«[104]

Überhaupt weiß Bern – nach über einem Jahrhundert – über dessen Kindheit und Jugend weit mehr zu berichten, für die kritische Forschung freilich keine biographisch wertvollen neuen Informationen, sondern anderswo wiederkehrende, für das Verständnis von Heiligkeit unverzichtbare Motive:[105] Ernst und vergeistigte Würde anstelle kindlicher Unbeschwertheit als Ausdruck von Gottesfurcht.[106] Die klösterliche Ausbildung in St. Gallen erhält breiteren Raum, die im Leben Ulrichs vorkommenden monastischen Züge

---

[103] Lk 15,24.
[104] PL 142, 1185f., 1195, 1198: Alle drei Wasserwunder werden in Kapitel XVIII übernommen. – Graus, Volk, Herrscher und Heiliger im Reich der Merowinger 66f., 367–369 zum geistlichen Kampf und zur *imitatio Christi*. Graus stellt für die Merowingerzeit eine kritische Einstellung der Hagiographie zum Krieg fest; der »heilige Krieger« sei erst im von ritterlichen Idealen geprägten Hochmittelalter ab dem 10. Jahrhundert geprägt worden.
[105] Graus, Volk, Herrscher und Heiliger im Reich der Merowinger 70 zu den stereotypen Tugenden der Heiligen; Steinbauer, St. Ulrich – Patron des Bistums Augsburg 28.
[106] PL 142, 1186: »Incipiebat enim tunc inter coaevulos modeste conversari, timorem Dei habere, honorem parentibus deferre, lasciviam declinare, ac, in quantum possibile tali adhuc erat aetati, in corporis motu, gestu, incessu, foris ostendere, qualis habitus formaretur intus in mente. Videntes autem parentes ejus tantam Dei gratiam in eo fulgere, commendaverunt eum in monasterium sancti Galli fratribus religiosis ...«

finden bei Lesern im klösterlichen Raum Anklang. Bezeichnend sind auch die Motive, welche den Augsburger Bischof Adalbero bewegen, Ulrich in seine Dienste zu nehmen. Kann Gerhard an dieser Stelle, wie auch beim Schulbesuch in St. Gallen, noch unbekümmert auf die adelige Abkunft verweisen, so legt Bern Wert auf die Feststellung der Festigkeit des jungen Klerikers in den christlichen Tugenden: »In übergroßer Freude über seine Fortschritte und voll Dankbarkeit Gott gegenüber übergeben ihn seine Eltern zum zweiten Mal, und zwar an den verehrungswürdigen Augsburger Bischof Adalbero, einen in Glaube und Lebensführung verdienten Mann, welcher gegenüber vielen anderen den Vorzug verdiente.« Adalbero sollte ihn in seiner Nähe auf etwaige Mängel in der Lebensführung prüfen. »Doch der Bischof fand ihn stark im Glauben, unerschütterlich in der Hoffnung und fest verwurzelt in der Liebe, erkannte seine in jeder Beziehung ausgezeichnete Sittlichkeit, zog ihn in seinen engsten Kreis und erwählte ihn zu seinem Ratgeber in allen häuslichen wie äußeren Angelegenheiten. Und durch Ulrichs Klugheit sollten alle öffentlichen wie privaten Geschäfte des bischöflichen Stuhles geregelt werden.« Die Amtsbezeichnung *camerarius* taucht nicht mehr auf.[107]
Ebenso charakteristisch sind die Unterschiede bei der Beförderung Ulrichs auf den Augsburger Bischofsstuhl. Dürfte das von Gerhard kritiklos erwähnte Zusammenspiel seines Vetters, des Schwabenherzogs, und König Heinrichs dem historischen Sachverhalt nahekommen, so versäumt Bern es nicht, in diesem Zusammenhang zu erwähnen, Ulrich hasse die Simonie »wie die Pest«,[108] und in seiner Erzählung von einer »einstimmigen Wahl durch Klerus und Volk«, welche hernach die königliche Bestätigung erlangen sollte, zu sprechen – Reflex der Reformdiskussion im Vorfeld des Investiturstreites.[109]
Des weiteren erfahren klerikale Züge eine Steigerung, so die für das Klosterleben vorbildhafte Askese Ulrichs; ist bei Gerhard von häufigem Verzicht auf Fleischspeisen und auf ein weiches Bett die Rede, nimmt Ulrich nach Bern überhaupt kein Fleisch zu sich, täuscht beim Mahl seine Gäste »religiosa arte« über seine Abstinenz, und schläft nur wenig.[110] Das Meßwunder des heiligen Ulrich, das Erscheinen der Hand Gottes beim Segen über den Opfergaben während des Ostergottesdienstes, wird bei Bern aus theologischem Interesse noch gesteigert. Es wiederholt sich nach einer visionären Ankündigung an einem Gründonnerstag unter Assistenz der Bischöfe Fortunatus[111]

---

[107] PL 142, 1187.
[108] PL 142, 1193.
[109] Odilo Engels, Der Reichsbischof in ottonischer und frühsalischer Zeit 172 setzt in seiner Bewertung der Aussagen der Viten Gerhards und Berns den Anteil König Heinrichs I. bei der Bestellung Ulrichs zum Bischof als dessen ergänzende Zustimmung gering an.
[110] Zoepf, Das Heiligen-Leben 149.
[111] Die Identifikation des Fortunatus ist ungeachtet der Formulierung »binis antecessoribus

und Adalbero, zweier Vorgänger Ulrichs auf dem Augsburger Bischofsstuhl. In beiden Viten hingegen kündigt Bischof Adalbero in einer seiner visionären Erscheinungen dem zusammen mit Bischof Ulrich Psalmen singenden »Bruder Rambert« an, er und Fortunatus würden am nächsten Gründonnerstag erscheinen, um gemeinsam mit ihm das Chrisam zu weihen, und prophezeit bei dieser Gelegenheit auch, daß die schlecht gebaute Krypta der Domkirche einstürzen werde.[112]

Fragwürdige Aspekte seines Lebens werden übergangen, etwa die Weigerung, in den Dienst des Bischofs Hiltine zu treten; die Amtszeit seines unmittelbaren Vorgängers wird mit einem Nebensatz übergangen.[113] Nichts erfahren wir ferner ungeachtet der ausführlichen Schilderung der monastisch geprägten Tugenden Ulrichs[114] über die Bevollmächtigung des Bischofsneffen Adalbero mit der Stellvertretung in den weltlichen Geschäften und dem Dienst am königlichen Hof oder die unglückliche Regierung von Ulrichs Nachfolger, Bischof Heinrich. Andere Teile, wie die für Ulrich und seinen Neffen peinliche Diskussion um die Führung des Bischofsstabes durch Adalbero auf der Ingelheimer Synode, erscheinen in verkürzter Form: Unterschlagen wird, daß Bischof Ulrich die Designation seines Neffen zum Nachfolger mit Kaiser Otto in Ravenna abgesprochen hatte, ferner erfahren wir nur noch das Ergebnis der Ingelheimer Synode, nicht aber die in der ersten Vita ausführlich dokumentierten Verhandlungen um die Rechtfertigung und die Rücktrittsabsichten, welche der Augsburger Priester Gerhard für Bischof Ulrich führte.[115]

Daß Adalbero durch königliche Einsetzung Abt von Ottobeuren geworden war und Bischof Ulrich nach Adalberos Tod diese Abtei sich vom Kaiser selbst übertragen ließ, um dann den Konvent anläßlich der Begegnung in

---

tuis« in Berns Vita (PL 142, 1191) schwierig, zumal er nicht in den mittelalterlichen Listen der Bischöfe von Augsburg auftaucht. So hat man bereits im 17. Jahrhundert auf Venantius Fortunatus, den bedeutenden frühmittelalterlichen Dichter, Vitenverfasser und Bischof von Poitiers (ca. 1535–nach 600), geschlossen. Fortunatus berichtet selbst, daß er auf seiner Wallfahrt von seiner oberitalienischen Heimat (bei Treviso) zum Grab des heiligen Martin von Tours durch Bayern gekommen sei und dabei auch das Grab der heiligen Afra besucht habe. Später steht er in engem Kontakt mit dem merowingischen Königshaus. – Acta Sanctorum Ordinis S. Benedicti in saeculorum classes distributa. Saeculum quintum quod est ab anno Christi CM AD M. Herausgegeben von Lucas d'Achery und Joannes Mabillon, Venedig o. J. [ca. 1735]: Band VII enthält Vorbemerkungen (zu den drei Viten, den Nachrichten Ekkehards sowie zu Kanonisation und Kult, 413–417), eine kommentierte Ausgabe der »Vita Sancti Udalrici Episcopi Augustae Vindelicorum. Auctore Gerardo Presbytero, ejus familiari. Ex editione Velseriana et codicibus mss.« (413–456, bes. 421, Anm. a), den »Liber de miraculis S. Udalrici« (456–465), die Kanonisationsbulle (466f.), Prolog und 10 (bis zur Taufe Ulrichs reichende) Zeilen des Vitenfragments des Bischofs Gebehard (467f.), Prolog und Anfang der Vita Berns (468f.), »De inventione et translatione Corporis S. Udalrici« (469–471), eine »Charta« Bischof Ulrichs, welche dem Kloster Kempten die freie Abtwahl sichert (471f.) und den Katalog der Augsburger Bischöfe (472). – Franz Brunhölzl, Geschichte der lateinischen Literatur des Mittelalters. I. Von Cassiodor bir zum Ausklang der karolingischen Erneuerung, München 1975, 118–128, 525f. (Lit.) zu Venantius Fortunatus.

[112] PL 142, 1190f.: Cap. VII–VIII; Kallfelz, Lebensbeschreibungen 58–61. – Das Erscheinen von

Amendingen den von ihm vorher bestimmten Mönch Rodung zum Abt wählen zu lassen und für dessen reichsrechtliche Bestätigung zu sorgen, fällt in der zweiten, im Reformmönchtum des beginnenden 11. Jahrhunderts beheimateten Vita aus, dagegen aber nicht die in diesen Abschnitt eingebaute Episode um die Nachricht vom Tod des Bischofs Konrad von Konstanz, welche sich als Falschmeldung herausstellt. Bern findet ausschließlich erwähnenswert, daß Bischof Ulrich den Ottobeurer Mönchen das Abtwahlrecht sichert.[116]

In beiden Lebensbeschreibungen wird geschildert, wie Bischof Ulrich vor seinem Tod den »Propst« mit der Verteilung seiner genau aufgezählten persönlichen Habe beauftragt,[117] hingegen entfällt der Name des »Propstes« – Gerhard – in der Vita Berns. Die Kürzungen scheinen sehr gezielt vorgenommen worden zu sein.

Zur Warnung vor dem Gericht und zur Belehrung über das Vertrauen auf die alles vermögende göttliche Gnade ausgebaut wird in der Vita Berns hingegen der bei Gerhard bereits überlieferte Wehruf des sterbenden Bischofs: »Wehe, wehe, daß ich diesen meinen Neffen Adalbero je gesehen habe, denn weil ich seinem Wunsch willfährig war, wollen sie mich nicht ungestraft in ihre Gemeinschaft aufnehmen.« Der Reichenauer Abt findet hier eine Gelegenheit zu einer predigtartigen Erweiterung mit Hilfe von Beispielen aus der Geschichte der Kirche und dem Alten Testament: »Wie aus dem Buch der Dialoge Papst Gregors[118] bekannt sei, sei der römische Diakon Paschasius im Ruf der Heiligkeit verstorben, durch Berührung der Dalmatik, welche er auf der Totenbahre anhatte, sei sogar ein Besessener geheilt worden; dennoch sei er für das Fegefeuer (loco penali) bestimmt worden,« und zwar nur weil er im

---

    Heiligen zu sakralen Handlungen, in Sonderheit zur Feier der heiligen Messe, ist ein verbreitetes, u.a. in den hagiographischen Werken des Gregor von Tours und des Venantius Fortunatus vorkommendes Motiv. Graus, Volk, Herrscher und Heiliger im Reich der Merowinger 223. – Odilo Engels, Der Reichsbischof 48–51; ders., Der Reichsbischof in ottonischer und frühsalischer Zeit 145f.: Engels sieht hinter der Steigerung ein sich im Laufe des 11. Jahrhunderts schärfendes Bild des Priesters, als dessen Hauptaufgabe die theologisch stärker reflektierte Meßfeier, vor allem zum Heil der Verstorbenen, verstanden wird.

[113] Pl 142, 1188: »Bald nachdem Adalbero seligen Angedenkens aus dem Leben geschieden war, folgte ihm Hiltinus im Bischofsamt. Als auch jener nach Ablauf von fünfzehn Jahren von dieser Welt abberufen wurde, wollte Gott in Erfüllung gehen lassen, was er vorher durch seine Gläubigen über seinen Diener Ulrich vorhergesagt hatte ...«
[114] PL 142, 1188–1190: Cap. V–VI: Eine Sammlung von Epitheta mit zahlreichen Vergleichen mit biblischen Gestalten.
[115] PL 142, 1199f. – Kallfelz, Lebensbeschreibungen 128–133: Kapitel 23.
[116] Kallfelz, Lebensbeschreibungen 134–141: Kapitel 24. – PL 142, 1200f.: Cap. XXI.
[117] Zum »Öffentlichen Sterben« und zur Verteilung des persönlichen Besitzes vor dem Sterben siehe: Fichtenau, Lebensordnungen des 10. Jahrhunderts 289–291 unter Hinweis auf Ulrichs Irrtum bezüglich seines Sterbetages nach der Vita Gerhards.
[118] Herbert Grundmann, Geschichtsschreibung im Mittelalter. Gattungen – Epochen – Eigenart (= Kleine Vandenhoeck-Reihe 1209), Göttingen [4]1987, 30f. über die Nachwirkung Papst Gregors I. in der christlichen Hagiographie.

Schisma zwischen Symmachus und Laurentius der Partei des Laurentius angehört und an ihm auch nach dessen Absetzung bis zu seinem Tod festgehalten hatte (»... quod in illa conditione, quae inter Symmachum papam et Laurentium facta est, ad pontificatus ordinem Laurentium eligit, et omnium post unanimitate superatus, in sua tamen sententia usque juxta diem sui exitus perstitit, illum amando atque praeferendo, quem episcoporum judicio praeesse sibi ecclesia refutavit.«). Bis hierher werden die »Dialoge« wörtlich übernommen.[119] Für Bischof Ulrich (»de hoc viro sanctissimo«) »dürfe wohl dasselbe angenommen werden wie für Paschasius, da der Fall ihrer Schuld ähnlich gelagert ist; hatte nämlich Paschasius auch nach der Weihe des Symmachus Laurentius zum Bischof erheben wollen, so wollte auch Ulrich – wenn auch die sittliche Qualität für das schlichte Auge weniger klar zu erkennen ist – gegen die Vorschriften der Väter durchsetzen, daß Adalbero Bischof würde. Denn er sagte Petrus auf die Frage, warum ein Mann nach seinem Tod an den Ort der Buße geführt würde, der solche Heiligkeit besaß, daß das Gewand auf seiner Totenbahre bereits einen bösen Geist aus einem besessenen Menschen treiben konnte: In dieser hochwichtigen Angelegenheit müsse man auf das unerschöpfliche Erbarmen des allmächtigen Gottes setzen; durch dessen Ratschluß müsse Paschasius ›et ipse intus aliquanto tempore‹ sein sündhaftes Verhalten begreifen und dürfe dennoch nach seinem Tod Wunder vor den Menschen tun, die seine frommen Werke bereits zu seinen Lebzeiten erkannt hätten. Denn jene, welche seine guten Taten gesehen hatten, sollten nicht über die Wertschätzung seiner Almosen getäuscht werden, trotzdem solle seine Schuld erst straflos nachgelassen werden, wenn er sie eingesehen hätte; und so wurde sie trotz vieler Bitten nicht ausgelöscht«.[120]

Die zweite Parallele sieht Bern in der Bestrafung des Mose, »jenes großen Führers des Volkes Israel, mit dem der Herr nach dem Zeugnis der Heiligen Schrift von Angesicht zu Angesicht sprach, wie es ein Mensch mit seinem Freund tut,« und seines Bruders Aaron: »›Weil ihr mir nicht geglaubt habt und mich vor den Augen der Söhne Israels nicht als den Heiligen bezeugen wolltet, darum werdet ihr dieses Volk nicht in das Land hineinführen, das ich ihm geben will‹,[121] damit schwächere Menschen bedenken, welche Strafe beim Endgericht der allgemeine Richter denen auferlegt, welche in größerem

---

[119] Grégoire le Grand. Dialogues III (Livre IV). Texte critique et notes par Adalbert de Vogüé, traduction par Paul Antin (= Sources Chrétiennes 265), Paris 1980, 150–153: XLII,1.

[120] LThK² 6, 829; 8, 131; 9, 1217–1219: Im Jahre 498 waren der Diakon Symmachus und der Archipresbyter Laurentius gegeneinander Bischöfen von Rom erhoben worden. Das Schisma endete 506, als der Ostgotenkönig Theoderich Laurentius, welcher von Byzanz nahestehenden Kräften gestützt wurde, zum Rücktritt zwang. Der heiligmäßige römische Diakon Paschasius (gest. 514) gehörte zur Partei des Laurentius und blieb auch nach dessen Rücktritt Gegner des Symmachus.

[121] Num 20,12.

[122] PL 142, 1201f.: Cap. XXII. – Vgl. hierzu: Kallfelz, Lebensbeschreibungen 143. – Zum an der

Maß gefehlt haben, wenn er bereits jene so straft, welche er bereits von Anbeginn für die Schar seiner Erwählten bestimmt hat.«[122]

Diese Beispiele sollen genügen, um die Verschiebung der inhaltlichen Schwerpunkte zu belegen: An die Stelle detailliert geschilderter Episoden tritt theologisch reflektierte Belehrung wohl weniger des gewöhnlichen Volkes, vielmehr des klösterlichen Nachwuchses in christlichem Vollkommenheitsstreben am Beispiel des vorbildhaften Lebenswandels des heiligen Ulrich. Daneben fallen die veränderten Proportionen auf: Das Gewicht der hagiographisch bedeutsamen Kindheit und Jugend ist im Verhältnis zum ganzen Text angewachsen,[123] Ulrichs Geschichte als Erwachsener ist im Vergleich zu Gerhards Erstfassung stark gekürzt.[124] Auf die verkürzende, dafür die Interpretation betonende Nacherzählung des Lebens Bischof Ulrichs durch Bern folgt keine Sammlung von mit seinem Grab verbundenen Mirakeln. Eine Episode, die Heilung des armen Rotbert von einem Nabelbruch auf dem Weg zur Ingelheimer Synode wird in die Lebensbeschreibung eingebaut, dessen spätere Pilgerfahrt zum Grab des Heiligen nur angedeutet (»sicut lector suis locis plenius scriptum invenire poterit«).[125] Die übrigen werden in der Schlußformulierung des Reichenauer Abtes schlichtweg als bekannt vorausgesetzt: »An dem Ort, wo er für sich zu Lebzeiten eine Grabstätte hatte bereiten lassen, geschehen durch seine Verdienste ununterbrochen Wunder, große Wohltaten erhalten Kranke durch die Gnade Christi, der mit dem Vater und dem Heiligen Geist lebt und herrscht in Ewigkeit. Amen.«[126]

Gewiß sucht auch die Lebensbeschreibung des 10. Jahrhunderts den für andere Gläubige vorbildhaften, vollkommenen Menschen zu schildern, dennoch reichen die unverkennbar vorhandenen typisierenden Züge nicht aus, die individuelle Gestalt Ulrichs zu verwischen. Heiligkeit manifestiert sich nicht ausschließlich in Wundertaten, sondern »in einem ethisch vollkommenen Leben, das als Frucht eines ständigen Kampfes mit den Leidenschaften und dem Übel in der eigenen Brust wie in der Welt errungen ist«.[127] Die

---

Jahrtausendwende an Bedeutung gewinnenden Totengedenken in der heiligen Messe siehe: Engels, Der Reichsbischof 50f.: Daß Bischof Ulrich bis zu drei Messen täglich liest, wird in diesen Zusammenhang eingeordnet.

[123] Haupt, Die Ulrichsvita in der mittelalterlichen Malerei 106.
[124] Wolf, Von der Ulrichsvita zur Ulrichslegende 81.
[125] PL 142, 1199. – MGH SS IV 422: 16. Mirakel.
[126] PL 142, 1204. – Die Berno-Vita wurde in Handschriften bisweilen mit *miracula* aus der Gerhard-Vita kombiniert. Geith (Hrg.), Albert von Augsburg. Das Leben des Heiligen Ulrich, Berlin-New York 1971, 77f.: An die von Geith edierte Basler Handschrift der lateinischen Fassung der Vita Berns sind drei Mirakel angehängt, die Heilung der Frau aus Chur (23), die Strafe für Arbeit in der Heuernte am Ulrichsfest (27) und die erzählerisch gelungene Heilung eines jungen Mannes auf der Tragbahre vor dem Dom (30). – Wolf, Von der Ulrichsvita zur Ulrichslegende 133: In späterer Zeit werden in freier Kombination weitere, neuentstandene Mirakel in die Viten und ihre legendarischen Überarbeitungen eingebunden.
[127] Zoepf, Das Heiligen-Leben 151–154, hier 151; Steinbauer, St. Ulrich – Patron des Bistums

größere zeitliche Nähe von Autor und der dargestellten Person bürgt für die Kenntnis der konkreten, mitunter problematischen Vorgänge; werden diese nicht unterdrückt, treten sie in Spannung zu den typischen Hauptzügen des Heiligenschemas.[128]

Umgekehrt kann das Schema bereits in der frühen Lebensbeschreibung Gerhards historische Zusammenhänge verdunkeln. Als Beispiel hierfür seien die Anachronismen bei den beiden an jeweils kritischer Stelle der Biographie eingebauten Weissagungen für Ulrichs bischöfliches Wirken genannt: Wiboradas Aufenthalt als Reklusin und Ulrichs Ausbildungszeit in St. Gallen fallen nicht zeitgleich zusammen, ebensowenig seine erste Romfahrt und der Pontifikat des Papstes Marinus, was bereits im 11. Jahrhundert als Fehldatierung kritisiert wurde.[129] Weissagungen sollen als »übernatürliche Weichenstellungen« Übergänge und Entscheidungsphasen, deren Schwierigkeiten bereits dem ersten, über die Ereignisse noch besser unterrichteten Hagiographen aufgefallen sind, überbrücken.[130] Der zunehmende Abstand von den Geschehnissen, wohl auch volkstümliche Erwartungen an einen Heiligen, dessen Leben als in der Nachfolge Christi stehend dargestellt werden soll, bewirkten, daß die Wunder sich mehrten und die Verehrung von Grab und Reliquien an Bedeutung zunahm; gerade um die Jahrtausendwende ist eine Steigerung zu beobachten. Nicht selten bediente sich die Einrichtung oder Erneuerung des Kultes übernatürlicher visionärer Elemente.[131]

Augsburg 15 erkennt in Gerhards Vita einen »Ausbruch aus der zeitgenössischen Vitenschreibung, indem er das Menschliche im Wesen Ulrichs, seine Persönlichkeit und Arbeitsweise aufgrund eigener Kenntnis darstellt; trotzdem bleibt Gerhard in seiner schematischen Darstellung traditionsgebunden, was sich nicht auf die Persönlichkeit Ulrichs, aber auf den Aufbau des Werkes bezieht.«

[128] Zoepf, Das Heiligen-Leben 155.
[129] Zoepf, Das Heiligen-Leben 161; Max Manitius, Geschichte der lateinischen Literatur des Mittelalters II 208 würdigt die Stellungnahme Hermanns des Lahmen zu dieser Ungenauigkeit der Chronologie. – Berschin (Hrg.), Vitae Sanctae Wiboradae 58–61, 102–107, 168–171.
[130] Zoepf, Das Heiligen-Leben 171.
[131] Zoepf, Das Heiligen-Leben 182–206.
[132] Josefa Maria Sauerteig, Die Überlieferung der deutschsprachigen Ulrichslegende im späten Mittelalter, in: Zeitschrift des Historischen Vereins für Schwaben 67 (= Beiträge zum Ulrichsjahr 1973) 55.
[133] Im Laufe des 11. Jahrhunderts setzte sich das doppelte Patrozinium der – 1064–1071 anstelle des Oratoriums über dem Ulrichsgrab wie auch 1183–1187 zweischiffig erbauten – Kirche durch, während für das Kloster noch bis in die Mitte des 13. Jahrhunderts der Name der heiligen Afra allein Verwendung fand. Hörberg, Libri Sanctae Afrae 14–16 am ausführlichsten. – Walter Pötzl, Die Anfänge der Ulrichsverehrung im Bistum Augsburg und im Reich 107f.; Volkert, Die Regesten der Bischöfe und des Domkapitels von Augsburg I 342; Walter Berschin, Uodalscalcs Vita S. Kuonradi im hagiographischen Hausbuch der Abtei St. Ulrich und Afra, in: Der heilige Konrad – Bischof von Konstanz. Studien aus Anlaß der tausendsten Wiederkehr seines Todesjahres, herausgegeben von Helmut Maurer, Wolfgang Müller, Hugo Ott (= Freiburger Diözesan-Archiv 95), Freiburg i. Br. 1975, 91.
[134] Engels, Der Reichsbischof 43, 47.
[135] Berschin, Uodalscalcs Vita S. Kuonradi stellt eine einstmals im Besitz der Augsburger Abtei

Von der Ulrichs-Vita zur Ulrichs-Legende

Als Bischof Gebehard und der Mönch Bern ihre Version des Lebens des Bischofs Ulrich formulierten, war – im Unterschied zu Gerhards Situation – seine Kanonisation bereits unangefochtener Tatbestand und nicht mehr anzustreben,[132] ebenso auch seine kultische Verehrung – durch das Augsburger Volk wie durch Angehörige des sächsischen und salischen Kaiserhauses. Seine Grabstätte sollte dafür sorgen, daß dem Namen der benachbarten Afra-Kirche sein Name hinzugefügt[133] und die Konsolidierung eines Benediktinerklosters anstelle der bisherigen Klerikergemeinschaft (fratres canonici) begünstigt würde; gewiß wurden, wie auch die Ulrichsvita belegt, Weltgeistliche am monastischen Ideal gemessen,[134] doch nach der Jahrtausendwende hatten Mönche besonderes Interesse an der Verehrung des in ihren Mauern bestatteten Bischofs.

Der Ruhm der jungen Abtei wurde gemehrt durch weitere Heilige aus dem verwandtschaftlichen und freundschaftlichen Umfeld Bischof Ulrichs sowie durch Heilige, welche in Beziehung zur Abteikirche, zur Stadt und zum Bistum Augsburg gebracht werden konnten. Besondere Verehrung genossen neben ihren beiden namengebenden Patronen der aus der Afralegende bekannte Narcissus sowie die Bischöfe Simpert und Adalbero von Augsburg und Konrad von Konstanz.[135] Berns Darstellung der bereits statisch verallgemeinernd verstandenen Heiligkeit des Kloster-, Stadt- und Bistumspatrons gilt als eine Übergangsform, welche im Mittelalter, wie die Überlieferungsgeschichte be-

befindliche, aber bereits im 14. Jahrhundert aus finanziellen Gründen veräußerte und heute in Wien befindliche Sammelhandschrift, ihr »hagiographisches Hausbuch«, vor. Es enthält das Widmungsexemplar von Berns Ulrichsvita und dessen Ulrichsoffizium, die Conversio und Passio der heiligen Afra, dazu eine Reihe von Werken des Augsburger Mönchs und späteren Abts (1127–1151) von St. Ulrich und Afra Uodalscalc: Viten des heiligen Narcissus, der Bischöfe Adalbero von Augsburg und Konrad von Konstanz (Bischöfe im Umkreis Ulrichs), ein weiteres Ulrichsoffizium sowie eine apologetische Lebensbeschreibung des Augsburger Abtes Egino, der, wie der Autor selbst, als Anhänger der päpstlichen Partei im ausgehenden Investiturstreit als Gegner Bischof Hermanns das Bistum Augsburg für einige Jahre verließ. Die genannten Heiligenlegenden sind durch Übertragungen von Gliederung und Motiven der Ulrichsvita des Bern von der Reichenau nachgebildet. Die Vita Konrads entstand auf Veranlassung des Konstanzer Bischofs Ulrich I. aus dem Geschlecht der Grafen von Dillingen, welcher – nicht zuletzt zur höheren Ehre seines Hauses – Uodalscalc nach dem Tod Abt Eginos aufnahm. Als Bischof Ulrichs *capellanus* besorgte Uodalscalc 1123 die Durchführung des römischen Kanonisationsverfahrens Bischof Konrads und verfaßte neben der für diesen Zweck benötigten Heiligenvita das Konradsoffizium für die kultische Verehrung. Die Hervorhebung der Beziehungen zwischen beiden befreundeten Bischöfen Ulrich und Konrad kommt dem Auftraggeber entgegen. Uodalscalcs Ulrichs-Offizium dürfte um 1125 im Zusammenhang mit der Gründung des Augustiner-Chorherrenstifts St. Ulrich und Afra in Kreuzlingen bei Konstanz durch Bischof Ulrich I. entstanden sein. Als hochgeschätzte liturgische Dichtung fand es auch Aufnahme in der Sammelhandschrift des Augsburger Klosters und in der von diesem 1516 veranlaßten lateinisch-deutschen Druckausgabe von Lebensbeschreibungen Bischof Ulrichs. – Renate Neumüllers-Klauser: Zur Kanonisation Bischof Konrads von Konstanz, in: Der heilige Konrad – Bischof von Konstanz. Studien aus Anlaß der tausendsten Wiederkehr seines Todesjahres, herausgegeben von Helmut Maurer, Wolfgang Müller, Hugo Ott (= Freiburger Diözesan-Archiv 95), Freiburg i. Br. 1975, 73–79; Walter

legt,¹³⁶ alsbald die – den vierfachen Umfang erreichende¹³⁷ – Vita Gerhards an Beliebtheit übertreffen sollte.¹³⁸ Nach Tegernsee, dem Herkunftskloster dieser Mönche, kamen schon bald – wie auch an andere Orte – Reliquien Ulrichs.¹³⁹ Die Verehrung wurde ferner ausgebreitet durch den regen Austausch von Abschriften von zur geistlichen Lektüre bestimmten und meist in thematischen Bänden zusammengefaßten Heiligenviten unter monastisch und kollegial organisierten geistlichen Körperschaften, vor allem aber im benediktinischen Raum, gefolgt von den Zisterziensern und Augustiner-Chorherren.¹⁴⁰

>   Berschin, Historia S. Kuonradi, in: Der heilige Konrad – Bischof von Konstanz. Studien aus Anlaß der tausendsten Wiederkehr seines Todesjahres, herausgegeben von Helmut Maurer, Wolfgang Müller, Hugo Ott (= Freiburger Diözesan-Archiv 95), Freiburg i. Br. 1975, 112, 117; Eugen Hillenbrand, Das literarische Bild des heiligen Konrad von Konstanz im Mittelalter, in: Kirche am Oberrhein. Festschrift für Wolfgang Müller, herausgegeben von Remigius Bäumer, Karl Suso Frank, Hugo Ott (= Freiburger Diözesan-Archiv 100), Freiburg i. Br. 1980, 80–103, bes. 83f.; Hörberg, Libri Sanctae Afrae 75–79, 157–161, 248; Rolf Schmidt, Reichenau und St. Gallen 86–88; Walter Berschin, Uodalscalc-Studien III: Historia S. Uodalrici, in: Tradition und Wertung. Festschrift für Franz Brunhölzl zum 65. Geburtstag. Herausgegeben von Günter Bernt, Fidel Rädle, Gabriel Silagi, Sigmaringen 1989, 155–164.
> ¹³⁶ Wolf, Von der Ulrichsvita zur Ulrichslegende 85–87; Hörberg, Libri Sanctae Afrae 155: Die Vita Berns ist allein im mittelalterlichen Kloster St. Ulrich und Afra in mindestens drei Exemplaren vorhanden. – Rolf Schmidt, Reichenau und St. Gallen 77 weist für das 16. Jahrhundert aber auch zwei Handschriften von Gerhards Vita in der Klosterbibliothek nach.
> ¹³⁷ Manitius, Geschichte der lateinischen Literatur des Mittelalters II 207.
> ¹³⁸ Pötzl, Die Anfänge der Ulrichsverehrung im Bistum Augsburg und im Reich 98f. gibt kurz die wichtigsten Unterschiede der beiden Viten wieder. – Steinbauer, St. Ulrich – Patron des Bistums Augsburg 29f.: »Die Berno'sche Fassung gehört zweifellos noch dem Typus ›Vita‹ an, da sie noch zu sehr biographisch und reichhaltig schildernd ist, als daß man sie der Gattung Legende zuordnen könnte. Sie bildet aber die Grundlage für die legendarischen Kurzformen der Folgezeit.« – Brunhölzl, Geschichte der lateinischen Literatur des Mittelalters II 449 charakterisiert die Vita Berns als »für das elfte Jahrhundert wahrscheinlich mustergültige Heiligenlegende. Hagiographisch aufgefaßt von Anfang bis Ende, wird die Lebensgeschichte Ulrichs nach Gerhard erzählt, aber so, daß die einzelnen Begebenheiten selbst unter weitgehender Anlehnung an den ursprünglichen Wortlaut nur stilistisch dem Geschmack der Zeit entsprechend leicht verändert erscheinen, dazwischen jedoch immer wieder die mehr oder minder ausführlich gegebene hagiographische Interpretation der Begebenheiten.«
> ¹³⁹ Zoepf, Das Heiligen-Leben 206–213; über die Verbreitung von Ulrichsreliquien siehe: Pötzl, Die Anfänge der Ulrichsverehrung im Bistum Augsburg und im Reich 111–113.
> ¹⁴⁰ Beispiele von aus der Augsburger Abtei St. Ulrich und Afra stammenden, aber in den Bibliotheken auswärtiger Stifter überlieferten Handschriften bei Hörberg, Libri Sanctae Afrae; Manitius, Geschichte der lateinischen Literatur des Mittelalters II, 207–210: Mitte des 11. Jahrhunderts sind alle drei Fassungen der Ulrichsvita auf der Reichenau (Zeugnis Hermanns des Lahmen) und in St. Gallen bekannt (Zeugnis der Casus Sancti Galli). – Theodor Klüppel, Reichenauer Hagiographie zwischen Walahfrid und Berno 141 verweist auf die Ulrichsvita Berns im Reichenauer Hausbuch. – Eine Übersicht der Viten und Nachweise von Übernahmen aus ihnen bei: Pötzl, Die Anfänge der Ulrichsverehrung im Bistum Augsburg und im Reich 103–107. – Die bisher ausführlichste Studie zur Überlieferung der verschiedenen lateinischen und deutschen Fassungen der Ulrichsvita Gerhards und Berns sowie deren gekürzten Bearbeitungen mit kurzgefaßten Angaben zum heutigen Standort, der Beschaffenheit, Inhaltsbeschreibung und Besitzgeschichte der einzelnen mittelalterlichen Handschriften siehe bei: Werner Wolf, Von der Ulrichsvita zur Ulrichslegende. Untersuchungen zur

Die Ulrichs-Legende bis zum Ausgang des Mittelalters

Die »Wiederauffindung« der Gebeine des heiligen Ulrich nach dem Brand der Kirche im Jahre 1183 und deren feierliche Übertragung und Beisetzung in Anwesenheit Kaiser Friedrichs I. im Jahre 1187 stehen im Zeichen einer Renaissance des Ulrichskultes, welche sich alsbald in der Abfassung einer deutschen Ulrichslegende »nach Spielmannsart« in 1605 mittelhochdeutschen Versen niederschlug, einer popularisierten Form auf der Basis der *Vita Sancti Udalrici* des Bern von der Reichenau. Ein der historischen Wirklichkeit entzogener Bischof Ulrich wurde als volkstümlicher Heiliger des ausgehenden Mittelalters in weiteste Kreise verbreitet, die Vita Berns durch volkstümliche Erweiterungen in unterschiedliche Varianten weiterverarbeitet.[141] Dagegen haben sich erst Ende des 19. Jahrhunderts textgetreue Übersetzer der älteren Vita Gerhards, welcher allerdings – hagiographischen Regeln konform – um 1200 die *Translatio*[142] beigefügt worden war, angenommen.[143] Die deutsche, in der Zeit der Weihe der neugebauten Abteikirche im Jahr 1187 verfaßte und in nur einer Handschrift aus dem frühen 13. Jahrhundert überlieferte Übertragung durch einen – in St. Ulrich und Afra zu vermutenden – Augsburger Priester namens Albert war für von den Mönchen betreute religiöse Gemeinschaften (von Frauen ohne Lateinkenntnisse) bestimmt. Sie fand allerdings keine größere Verbreitung, noch Nachahmung oder Weiterbearbeitung.[144] Bis ins 15. Jahrhundert folgte, im Zeichen wachsender Be-

Überlieferung und Wandlung der Vita Udalrici als Beitrag zu einer Gattungsbestimmung der Legende, München 1967, bes. 22–55, 62f.

[141] Zoepf, Das Heiligen-Leben 217, 238; Sauerteig, Die Überlieferung der deutschsprachigen Ulrichslegende im späten Mittelalter 55.

[142] MGH SS IV 427f.: Translatio S. Udalrici, ein mit Wundern ausgestalteter dramatischer Bericht über die Auffindung des Grabes des Heiligen nach dem Brand von Kirche und Kloster im Jahre 1183 und die Erneuerung seiner Verehrung.

[143] Überblick der älteren Editionen und Übersetzungen der Viten bei Kallfelz, Lebensbeschreibungen 41–43.

[144] Wolf, Von der Ulrichsvita zur Ulrichslegende 51f., 87. – Erster Druck in der Neuzeit auf Grund der einzigen (in der Bayerischen Staatsbibliothek München) erhaltenen, einer durch die Säkularisation von St. Ulrich und Afra in die Bayerische Staatsbibliothek gelangten Handschrift: St. Ulrichs Leben, lateinisch beschrieben durch Berno von Reichenau und um das Jahr 1200 in deutsche Reime gebracht von Albertus. Herausgegeben von Johann Andreas Schmeller, München 1844; kritische neue Edition: Karl Ernst Geith (Hrg.): Albert von Augsburg. Das Leben des Heiligen Ulrich (= Quellen und Forschungen zur Sprach- und Kulturgeschichte der germanischen Völker 163, Neue Folge 39), Berlin-New York 1971. – Ebd. 4–9: Die in der Abtei angefertigte Handschrift enthält auch Teile der Ulrichsvita des Bern von der Reichenau sowie des Ulrichsoffiziums des Abtes Uodalscalc. Der Eintrag des Namens der Nonne Engelbirn in der edierten Handschrift deutet auf den Gebrauch durch eine St. Ulrich und Afra nahestehende Frauengemeinschaft. Ihr Verfasser, der Geistliche Albert, ist wegen der Häufigkeit des Namens nicht identifiziert. – Rosenfeld, Legende 53f. schließt auf einen um 1190 schreibenden Klosterprior dieses Namens. – Zu Albert siehe: Karl Stackmann, ›Ulrichslegende‹, in: Die deutsche Literatur des Mittelalters. Verfasserlexikon, herausgegeben von Karl Langosch, IV, Berlin-New York ¹1953, 626–630; Karl-Ernst Geith, Albertus von Augsburg, in: Verfasserlexikon II (²1978) 114–116.

liebtheit legendarisch-erbaulicher Heiligenverehrung, eine unüberschaubare Fülle lateinischer Fassungen und vereinfachender, auf anspruchsvolle theologische Ausdeutungen verzichtender, dafür bisweilen phantasievoll ausgeschmückter Überarbeitungen der Vita Berns, nunmehr ausschließlich in Prosa, während die Urfassungen bis zur Zeit des Augsburger Klosterhumanismus in den Hintergrund gedrängt wurden.[145] Im 15. Jahrhundert entstanden, daran angelehnt, auch deutsche Übertragungen.[146] Kurzfassungen gingen ab dem 13. Jahrhundert in zunehmend häufiger auftretende Legendensammlungen, darunter in spätere Fassungen der *Legenda Aurea*, ein.[147] Ihnen ist die Betonung von einzelnen sich verselbständigenden volkstümlichen Episoden und Mirakeln – beliebter Predigtstoff – gemeinsam. In diesen Neugestaltungen von Heiligenleben spiegeln sich Fragen, welche die Zeit ihrer Entstehung berühren, etwa den Glauben an das Fegefeuer.[148]

Größere Verbreitung fand eine unter den Titeln »Der Heiligen Leben«, »Prosapassional« oder »Wenzelspassional« bekannte, um 1400 in Nürnberg entstandene, 1472 für breitere Kreise in kürzerer Fassung erstmals im Druck erschienene und in der Folgezeit in unterschiedlichem Umfang mehrmals neu aufgelegte Sammlung verschiedener populärer legendarischer Erzählungen, darunter auch eine vom historischen Hintergrund losgelöste »Auswahl beispielhafter Zeugnisse der Heiligkeit Ulrichs«. Informationen zum Leben des Heiligen konnten darin nur dürftig ausfallen, die theologischen Deutungen des Abtes Bern von der Reichenau entfallen.[149]

---

[145] Wolf, Von der Ulrichsvita zur Ulrichslegende 62, 89–98.

[146] Wolf, Von der Ulrichsvita zur Ulrichslegende 98f.

[147] Jacobi a Voragine Legenda Aurea vulgo Historia Lombardica dicta. Ad optimorum librorum fidem recensuit Dr. Th. Graesse, Vratislaviae ³1890, Nachdruck Osnabrück 1965, 863f., 877–879, 903f.: Im (auf eine Einsiedler Handschrift der *Legenda aurea* von 1288 aufbauenden) Nachtrag (»Sequuntur quaedam legendae a quibusdam aliis superadditae.«) Cap. CLXXXVI (De sancto Conrado): Die heiligen Bischöfe Ulrich und Konrad sehen – in Anlehnung an die Vita sancti Conradi Uodalscals – in Vögeln im Rheinstrudel bei der Burg Laufen Arme Seelen im Fegfeuer und zelebrieren für deren Seelenheil sofort zwei heilige Messen; Cap. CXCI (De nativitate sancti Udalrici episcopi), ein summarisch gerafftes Ulrichsleben: Ulrich, aus alemannischem Adel, gedeiht nach seiner Entwöhnung von der Muttermilch gut, führt typisch heiligmäßigen Wandel, wird dem Kloster St. Gallen zur Erziehung übergeben und erfährt durch die Inkluse »Muberat« von dem für ihn bestimmten Bischofssitz »in plaga orientali ...; ibi quidam fluvius duas dividit regiones ...«; nach mustergültiger Amtsführung und asketischem Lebenswandel stirbt er nach 50jährigem Dienst 973 im 83. Lebensjahr; Cap. CCV (De sancto Udalrico): Noch knapperer Auszug aus der Ulrichsvita; der Akzent der nur kurz genannten Anekdoten liegt auf dem sakramentalen Bereich. Zu Cap. CLXXXVI siehe andere Beipiele von Fegfeuervisionen bei Günter, Psychologie der Legende 293f.; Hillenbrand, Das literarische Bild des heiligen Konrad von Konstanz im Mittelalter 84, 101. – Wolf, Von der Ulrichsvita zur Ulrichslegende 88, 90f.; Sauerteig, Die Überlieferung der deutschsprachigen Ulrichslegende im späten Mittelalter 56; Steinbauer, St. Ulrich – Patron des Bistums Augsburg 30–32; Ingeborg Glier, Die deutsche Literatur im späten Mittelalter 1250–1370 II (= Geschichte der deutschen Literatur III/2), München 1987, 307–310.

[148] Wolf, Von der Ulrichsvita zur Ulrichslegende 94.

[149] Haupt, Die Ulrichsvita in der mittelalterlichen Malerei 115. – Sauerteig, Die Überlieferung

Erst an der Schwelle zur Neuzeit wurde im Zuge erwachenden Interesses an der Geschichte der Stadt Augsburg auch die historische Person Ulrichs wiederentdeckt. Um die Mitte des 15. Jahrhunderts entstand im humanistischen Bildungsumfeld der Abtei St. Ulrich und Afra als freie Übertragung des gekürzten Stoffes der Vita Gerhards die »Augsburger Prosa«. Diese für anspruchsvollere Leser gedachte, stark von Augsburger Lokalkolorit durchsetzte Schrift ist um historische Darstellung bemüht, freilich ohne die Präzision Gerhards zu erreichen.[150] Für breitere Kreise wurde um 1480 eine neue Version, eine Kombination der um ein Viertel gekürzten Augsburger Prosa und der Ulrich behandelnden Teile des Prosapassionals, geschaffen. »In dieser neuen Ulrichslegende werden die Charakterzüge aller vorherigen Fassungen verknüpft. Es wird sowohl der Zeitgeschichte, als auch der Erbaulichkeit Rechnung getragen.«[151] Die abwechslungsreiche Mischung zwischen sachlicher Information mit örtlichem Bezug und den typischen bildhaften Elementen mittelalterlicher Heiligenverehrung begründet den Erfolg der 1480 gedruckt erschienenen populären frommen Unterhaltungsliteratur. Diesem Erstdruck ist das erst gegen Ende des 15. Jahrhunderts als Erzählung vom nächtlichen Gespräch der beiden befreundeten Bischöfe Ulrich und Konrad

---

der deutschsprachigen Ulrichslegende im späten Mittelalter 47, 67–81, bes. 72 u. 76f. mit ausführlicher Charakterisierung. – Gaby Steinbauer, St. Ulrich – Patron des Bistums Augsburg 35f. nennt die Schwerpunkte der Sammlung: Abstammung und Entwöhnung Ulrichs, seine Ausbildung in St. Gallen, die Begegnung mit Wiborada und Papst Marinus, seine vorzüglichen Tugenden, Wunder und Visionen, schließlich seine Vorbereitung auf den Tod, seine Bestattung, Wunder an seinem Grab und ein abschließendes Gebet. – Stackmann, ›Ulrichslegende‹, in: Verfasserlexikon IV ([1]1953) 627f. zur Charakteristik der Kurzfassungen, welche an Berns Lebensbeschreibung anknüpfen, doch in ihrer Verallgemeinerung über ihn hinausgehen, und zu den Schwächen der im Nürnberger Wenzelspassional, welches in gestraffter Form zwischen 1475 und 1478 vier Mal in Augsburg aufgelegt wurde, enthaltenen Version.

[150] Stackmann, ›Ulrichslegende‹, in: Verfasserlexikon IV ([1]1953) 628f.; Wolf, Von der Ulrichsvita zur Ulrichslegende 52f., 99–101: Von der Augsburger Prosa sind drei in Augsburg entstandene, heute in der Bayerischen Staatsbibliothek München befindliche Handschriften nachgewiesen. – Haupt, Die Ulrichsvita in der mittelalterlichen Malerei 52–86, 111–113: Kriterium der Datierung ist die Verwendung des Werkes in der deutschen Fassung der *Chronographia Augustensium* des jungen Sigismund Meisterlin, eines Mönchs bei St. Ulrich und Afra, von 1456/57; der lateinische Text der *Chronographia Augustensium* ist dagegen im Wesentlichen an Gerhards Vita angelehnt. Haupt beschreibt ausführlich die Illustration der Handschriften des 15. Jahrhunderts. – Josefa Maria Sauerteig, Die Überlieferung der deutschsprachigen Ulrichslegende im späten Mittelalter 56–67 legt auf die Feststellung der Abweichungen von der Vita Gerhards und der Einflüsse der Vita Berns unter dem Gesichtspunkt der Erzählkunst des Verfassers Wert. – Über den bewegten Lebensweg Meisterlins, welcher sich nach 1457 meist nur fern von seinem Kloster aufhielt, und seine Kontakte zu Gelehrtenkreisen vor allem in Augsburg und Nürnberg siehe: R. Newald, Meisterlin, Sigismund, in: Verfasserlexikon IV ([1]1953) 345–349; Katharina Colberg, Meisterlin, Sigismund OSB, in: Verfasserlexikon VI [2]1987, 357–366.

[151] Ebd. 39; Sauerteig, Die Überlieferung der deutschsprachigen Ulrichslegende im späten Mittelalter, 49, 81–88 skizziert einen Vergleich der verschiedenen Versionen des Prosapassionals.

bekannte und an dieser Stelle erstmals schriftlich überlieferte Fischwunder zur Erklärung der seit dem 14. Jahrhundert bekannten Abbildungen des Bischofs mit dem für ihn ab dieser Zeit typischen, das Buch ergänzenden Fischattribut beigefügt.[152] Eine weitere popularisierte Bearbeitung des Stoffes der Stadtheiligen Simpert und Ulrich nach der Augsburger Prosa und der von ihr abhängigen *Chronographia Augustensium* Sigismund Meisterlins, nunmehr zielgerichtet als Werbung für die 1440 gegründete Ulrichsbruderschaft, bietet das 1483 gedruckte Ulrichsbüchlein.[153]

Die vorreformatorische Legendentradition schließt 1516 mit einer von der Abtei St. Ulrich und Afra in Auftrag gegebenen lateinisch-deutschen Ausgabe: dem ersten Druck der Vita Berns zusammen mit der beschriebenen, 1480 erstmals nachweisbaren Kombination deutschsprachiger Augsburger Legendentradition mit humanistischer Gelehrtenarbeit, ebenfalls mit der Legende vom Fischwunder sowie von der Übergabe des Ulrichskreuzes vor der Lechfeldschlacht (in der neben der Überlieferung der Schlacht an der Milvischen Brücke auch die Martinsvita nachwirken dürfte). Letztere ist wie jene von der Rattenplage der volkstümlichen Augsburger Überlieferung des ausgehenden Mittelalters zuzurechnen. Der heilige Ulrich als Patron gegen Schädlinge und ungünstiges Wetter ist in der frühen Stufe der Legende nicht bezeugt.[154] Die beigefügten Viten Bischof Simperts und Afras verleihen dem Werk den Charakter eines umfassenden Bildes der Klosterheiligen.[155]

Im Zeichen wiedererwachten katholischen Selbstbewußtseins werden, nunmehr in katechetischer und kontroverstheologischer Akzentuierung der Heiligenverehrung, die Schöpfung neuer kürzerer, erbaulicher, jedoch aus mittelalterlichen Stoffen gespeister Lebensbeschreibungen wieder aufgenommen. Den Anfang macht Petrus Canisius, welcher, die Bedeutung des ersten Stützpunkts der Jesuiten im Bistum Augsburg herausstreichend, als Geburtsort, der weder bei Gerhard noch bei Bern angegeben ist, Dillingen benennt und die Kirche der heiligen Afra bereits mit der zeitgenössischen Abteikirche St. Ulrich und Afra identifiziert. Von hier führt eine Richtung zu

---

[152] Vgl. hierzu Sauerteig, Die Überlieferung der deutschsprachigen Ulrichslegende im späten Mittelalter 90–94. – PL 142, 1204: »Quaedam editio Vitae a Bernone scriptae sequens caput insertum habet, quod etsi neque Surius edidit, et Bernonis esse mihi non constat, quoniam tamen ad historiam pertinet, et speciem imaginis sancti Udalrici explicat, placuit hoc loco adjicere...« – L. Surius, De probatis Sanctorum Historiis, Coloniae 1576.

[153] Stackmann, ›Ulrichsbüchlein‹, in: Verfasserlexikon IV (¹1953) 625. – Zu Meisterlin vgl. Anm. 150.

[154] Zum Gebrauch von Ulrichsreliquien, welche bis zur Erhebung der Gebeine Bischof Ulrichs 1183/1187 zurückzuverfolgen sind, gegen Krankheiten, Rattenplage und Wetterkatastrophen siehe: Peter Rummel, Ulrich von Augsburg. Bischof, Reichsfürst, Heiliger, Augsburg 1992, 101–109.

[155] Haupt, Die Ulrichsvita in der mittelalterlichen Malerei 117; Brunhölzl, Geschichte der lateinischen Literatur des Mittelalters II 624: Titel des beim Augsburger Buchdrucker Silvan Otmar verlegten Werkes: *Gloriosorum Christi confessorum Vldarici et Symperti necnon beatissimę martyris Aphrę ... historię*.

den dramatischen Gestaltungen des Ulrichsstoffes in der Barockzeit. Einen ersten Anstoß für die historisch-kritische Beschäftigung mit Bischof Ulrich gab die 1595 erschienene Edition der Vita Gerhards samt den *Miracula* des heiligen Ulrich, des Fragments der Vita Bischof Gebehards, der erfolgreichen Vita des Bern von der Reichenau und des populären Fischwunders, schließlich der *Translatio* der heiligen Gebeine. Sie wurde besorgt durch den gebildeten Augsburger Patrizier und nachmaligen Stadtpfleger Markus Welser.[156]

---

[156] Zum ganzen Komplex der an der Schwelle zum Buchdruck entstandenen hagiographischen Schriften, des Prosapassionals, der Augsburger Prosa, der um das Prosapassional ergänzten, im biographischen Teil jedoch gekürzten späteren Variante der Augsburger Prosa und den verschiedenen Druckausgaben siehe: Steinbauer, St. Ulrich – Patron des Bistums Augsburg 32–45. – Hörberg, Libri Sanctae Afrae 152: Markus Welser (vgl. Anm. 92) legte teilweise später nicht mehr auffindbare Handschriften aus St. Ulrich und Afra seiner Edition zugrunde. – Verzeichnis der Editionen der Viten Gerhards, Gebehards und Berns aus jüngster Zeit bei: Brunhölzl, Geschichte der lateinischen Literatur des Mittelalters II 617f., 624. – Zu Markus Welser (1558–1614) siehe: Bosls Bayerische Biographie, Regensburg 1983, 834; zum Kaufmannsgeschlecht der Welser: Augsburger Stadtlexikon. Geschichte Gesellschaft, Kultur, Recht, Wirtschaft. Herausgegeben von Wolram Baer u. a., Augsburg 1985, 407f.; Katarina Sieh-Burens, Oligarchie, Konfession und Politik im 16. Jahrhundert. Zur sozialen Verflechtung der Augsburger Bürgermeister und Stadtpfleger 1518–1618 (= Schriften der Philosophischen Fakultäten der Universität Augsburg. Historisch-sozialwissenschaftliche Reihe 29), München 1986. – vita sancti uodalrici. Erlesene Handschriften und wertvolle Drucke aus zehn Jahrhunderten. Katalog zur Ausstellung der Universitätsbibliothek Augsburg anläßlich der 1000-Jahr-Feier der Kanonisation des Hl. Ulrich. Herausgegeben von Rudolf Frankenberger, Augsburg 1993: Enthält Beschreibungen und Abbildungen zu den hier erwähnten Handschriften und frühen Drucken.

Wolfgang Augustyn

Das Ulrichskreuz und die Ulrichskreuze

Zu den seit Jahrhunderten im Schatz der Basilika St. Ulrich und Afra in Augsburg verwahrten Gegenständen, mit denen der Name des hl. Ulrich verbunden ist, gehört die berühmte »crux victorialis«, eine in mehrere kostbare Behältnisse eingeschlossene Kreuzpartikel (I), die aus dem Besitz des heiligen Ulrich stammen soll. An Leben und Wirken des Heiligen erinnernd und als Zeichen der von ihm erhofften Fürbitte im Gedenken an den seinem Eintreten zugeschriebenen Sieg in der Lechfeldschlacht genoß und genießt sie bis zum heutigen Tag die Verehrung der Gläubigen (II). Dies bezeugen verschiedene Formen religiösen Brauchtums, vor allem Gebrauch und weite Verbreitung der nach dem Vorbild der großen »crux victorialis« angefertigten kleinen Ulrichskreuze. Diese kleinen Andenken in Kreuzesform ließen die Benediktinermönche, die vom frühen elften Jahrhundert bis zur Säkularisation die Grablege des hl. Ulrichs hüteten, wohl seit dem späten 16. Jahrhundert herstellen. Nach der Säkularisation wurde der Brauch am Ende des 19. Jahrhunderts wieder belebt und wird – mit Unterbrechungen – bis heute gepflegt (III).

I

Die »crux victorialis« ist ein kleines, aus drei Teilen zusammengesetztes Holzkreuz bisher unbestimmt gebliebenen Alters. Das 1,7 cm breite Mittelstück ist 3,5 cm lang; die beiden seitlich angefügten »Querbalken« von 1,2 cm Länge sind so geschnitten, daß ihr Ansatz am geraden Mittelstück schmäler ist als die jeweilige Außenkante; die so zustandekommende Form erinnert an ein Tatzenkreuz.[1]

Das Holzkreuz liegt, durch Wergstreifen am Verrücken gehindert, in einem wenig größeren Gehäuse aus Silber, das Spuren einer ehedem aufgebrachten, nun großenteils abgegangenen Vergoldung aufweist. Dieses Behältnis hat die

---

[1] Für die freundlich gewährte Erlaubnis einer eingehenden Betrachtung des Ulrichskreuzes und seiner verschiedenen Behältnisse ist der Verfasser dem Stadtpfarrer von St. Ulrich und Afra, Herrn Prälaten Wunibald Hitzler, zu aufrichtigem Dank verpflichtet, ebenso den Mitarbeitern des Pfarrarchivs für bereitwillige Hilfe.

Form eines gleicharmigen Kreuzes, dessen Länge und Breite 4,3 cm beträgt und dessen Balken jeweils 1,7 cm breit sind. Dem Gehäuse ist oben eine leicht gestauchte Kugel aufgelötet, darauf ein schmaler Ring, der ein 0,3 cm breites, zu einem Ring gebogenes Band trägt (damit ergibt sich eine Gesamtlänge von 6,3 cm); so ist es möglich, dieses Reliquienkreuz als Pectorale zu tragen. Daß man von dieser Möglichkeit der Verwendung offenbar häufigen Gebrauch machte, lassen zahlreiche kleine, später ausgebesserte Beschädigungen ahnen. Das 1,1 cm tiefe Gehäuse wird an der Rückseite durch eine Platte verschlossen, die durch ein Scharnier am Gehäuse befestigt ist, das aus zwei Ringen auf dem Gehäuse und einem weiteren auf der Platte besteht; ein Stift hält die Ringe zusammen. Das Gehäuse verschloß man unten mit einem (heute verlorenen) Dorn, der durch die Seitenwände des Gehäuses und eine an der Deckelinnenseite angebrachte Röhre in fast ganzer Breite geführt werden konnte. Die Vorderseite des Gehäuses trägt die, von einer punzierten Linie gerahmte Inschrift: CR / VX / VICTORIALIS +/ S[AN]CTI +VDALRICI / E[PISCO]PI / AV[GVSTENSI]S. Auf der Rückseite, der Deckelplatte, sieht man eine Kreuzigungsdarstellung mit den Büsten von Maria und Johannes, deren Binnenzeichnung nielliert ist, während der sie umgebende, ausgeschrotete Grund mit opakem Email versehen war, das großenteils ausgebrochen ist. Den geringfügig eingezogenen Rahmen des Gehäuses gestaltete man mit einem gitterartigen Ornament, dessen inneren Feldern Vierpässe und verbleibenden Zwischenräumen Dreipässe einbeschrieben sind.

Lange Zeit glaubte man, dieses Gehäuse sei um die Mitte des 13. Jahrhunderts geschaffen worden, wies es dann dem frühen 14. Jahrhundert[2] zu und

---

[2] Während es im ersten Versuch, das Ulrichskreuz unter historischen Gesichtspunkten zu beschreiben, zur Kreuzigungsdarstellung heißt: »Die rohe Zeichnung dieser Figuren verrät die Periode des heiligen Bischofs. Das hohle Gefäß scheint eine spätere Arbeit zu sein« (Placidus Braun, Geschichte der Kirche und des Stiftes der Heiligen Ulrich und Afra in Augsburg, Augsburg 1817, S. 218; zum Verfasser vgl. Anm. 99), und der Autor einer späteren ausführlichen Beschreibung das Rahmenornament als »altdeutsch« bezeichnete, ohne damit einen genaueren Datierungsvorschlag zu verbinden (Al[ois] M.J. Scheuermayer, Das Brustkreuz des heiligen Bischofs Ulrich von Augsburg, in: 21. und 22. combinirter Jahres=Bericht des historischen Kreis-Vereins im Regierungsbezirke von Schwaben und Neuburg für die Jahre 1855 und 1856 [1856], S. 75–80, hier S. 80), nahm später Josef Maria Friesenegger, Kenner und Sammler der kleinen Ulrichskreuze, vorsichtig ein Enstehungsdatum »nicht vor 1183« an – dem Jahr der Reliquientranslation: Die Ulrichskreuze mit besonderer Berücksichtigung ihres religiösen Brauchtums, Augsburg 1937, S. 11; danach noch: Hanns Otto Münsterer, Die süddeutschen Segens- und Heiligenkreuze, in: Bayerisches Jahrbuch für Volkskunde 1954, S. 90–122, wieder in: Ders., Amulettkreuze und Kreuzamulette. Studien zur religiösen Volkskunde, hg. von Manfred Brauneck..., Regensburg 1983, S. 166–219, hier S. 191. Daß man, schlägt man eine Datierung ins späte 12. Jahrhundert mit Berufung auf Friesenegger vor, dessen als »terminus post quem« gemeinte Angabe wohl mißversteht, beweist die von Friesenegger selbst an anderer Stelle geäußerte Meinung, das Kreuz sei zwischen 1280 und 1320 entstanden: J[osef]. M[aria]. Friesenegger, The Ulric Crosses, in: The Art Bulletin 14, 1932, S. 55–58, hier S. 56; danach: Anatole Frolow, La relique de la vraie croix. Recherches sur le développement d'un culte (Archives de l'orient chrétien, 7), Paris 1961, S. 450 (Nr. 580). Ein Entstehungsdatum gegen oder

datierte es zuletzt in die Zeit um 1320/1330.[3] Mangels einschlägiger erhalten gebliebener Werke, deren Entstehung in der ersten Hälfte des 14. Jahrhunderts in Augsburg oder in dessen unmittelbarer Nähe als gesichert gelten oder mit hoher Wahrscheinlichkeit angenommen werden kann, ist man für den Vergleich mit dem Ulrichskreuz auf Beispiele aus einem weiteren Umkreis angewiesen. Stilistische Merkmale erinnern an oberrheinische Arbeiten aus Goldschmiedekunst, Glas- und Miniaturmalerei in der ersten Jahrhunderthälfte, in welchen der Typus des Gekreuzigten mit gestreckten Armen und stark angewinkelten Knien, über die das stoffreiche Lendentuch mit langem, seitlich herabhängenden Gewandzipfel fällt, vor allem von Werken vor der Mitte des 14. Jahrhunderts, bekannt ist.[4] Unerklärt bleibt damit freilich die Wiedergabe von Maria und Johannes, die an ältere Vorbilder denken lassen, und der ungewöhnliche Größenunterschied zwischen Crucifixus und den als Büsten dargestellten Maria und Johannes. Der epigraphische Befund der auf der Vorderseite des Kreuzes angebrachten Inschrift bestätigt eine Datierung des Reliquienkreuzes in die erste Jahrhunderthälfte, genauer: wohl in das zweite Viertel des 14. Jahrhunderts.[5]

Für dieses Kreuz ließ Abt Johannes von Giltlingen[6] ein größeres, ebenfalls

---

um 1300 mutmaßte Martin Weinberger, Kirchliche Kunstschätze aus Bayern, in: Zeitschrift für Bildende Kunst 64, 1930/1931, S. 151–157, hier S. 151 und 154. Die Datierung ins 13. Jahrhundert – so: Norbert Lieb, Jörg Seld, München 1947, S. 22; Joseph Bernhart, Bischof Ulrich von Augsburg, in: Augusta 955–1955. Forschungen und Studien zur Kultur- und Wirtschaftsgeschichte Augsburgs, hg. von Clemens Bauer u.a., Augsburg 1955, S. 19–52, hier Taf. 6, Abb. 4: »nach 1250« – korrigierte Hannelore Müller, Ulrichskreuz und Ulrichskreuze, in: Jubiläums-Jahrbuch. 2. Folge des Jahrbuchs der Diözese Augsburg zum Ulrichsjahr 1955, bearb. von Leopold Schwarz und Götz Frhr. von Pölnitz, Augsburg 1955, S. 48–53: »frühes 14. Jahrhundert«.

[3] Vgl. Johann Michael Fritz, Goldschmiedekunst der Gotik in Mitteleuropa, München 1982, S. 217: »Augsburg (?), um 1320/1330« (freilich nur für die Kreuzigungsdarstellung und Gehäuse; für die Vorderseite mit der Inschrift nahm er – scheinbar Friesenegger folgend – als Entstehungszeit das späte 12. Jahrhundert an).

[4] Vgl. Hans-Jörgen Heuser, Oberrheinische Goldschmiedekunst im Hochmittelalter, Berlin 1970, S. 172, Nr. 70 (Kelch in Kreuzlingen, Konstanz, um 1300) und S. 185, Nr. 99 (Reliquiar in Eriskirch, südliches Schwaben, um 1350), Abb. 538–540 und 594f. Als weiteres Beispiel für die Wiedergabe des Gekreuzigten in diesem Typus sei die Kreuzigungsdarstellung in einem der Felder des hohen Fußes einer Pyxis mit transluzidem Email, gegen Mitte des 14. Jahrhunderts, aus der ehemaligen Benediktinerklosterkirche St. Mang in Füssen genannt (Ingeborg Krummer-Schroth, Ein gotisches Ziborium aus dem Kloster Tennenbach bei Freiburg, in: Jahrbuch des Zentralinstituts für Kunstgeschichte V/VI, 1989/1990, S. 213–226). Ferner sei erinnert an Glasgemälde wie das der Kreuzigung in einem der Chorfenster aus der ehemaligen Dominikanerklosterkirche in Konstanz, um 1320, heute auf Schloß Heiligenberg (dazu: Rüdiger Becksmann, Die mittelalterlichen Glasmalereien in Baden und der Pfalz, Berlin 1979 [Corpus vitrearum medii aevi. Deutschland: Bd. II, Teil 1], S. 144 und Abb. 157) oder Beispiele aus der Wandmalerei, vgl. Jürgen Michler, Gotische Wandmalerei am Bodensee, Friedrichshafen 1992, S. 20, 41 und 47f.

[5] Beschreibt man die epigraphischen Eigentümlichkeiten der Buchstabenfolge, fast durchweg in Capitalis, nur »D« und »E« sind in Uncialis geschrieben, fällt vor allem das in einem Stamm gespaltene »A« ins Auge; eine solche Spaltung ist auch bei der Graphie des »E« zu beobachten.

kreuzförmiges Behältnis aus Gold mit einer Kette anfertigen, das wegen seines aufwendigen Schmucks zu den herausragenden Beispielen Augsburger Goldschmiedekunst aus jener Zeit zählt. Dank den Aufzeichnungen Wilhelm Wittwers[7] ist man über die näheren Umstände der Erwerbung genauer unterrichtet: Der Abt, der das neue Kreuz am 25. September 1494 von Jörg Seld[8] in Empfang genommen hatte,[9] übergab es am 5. Juni 1495, dem Tag des hl. Bonifatius, zusammen mit anderen »clenodia« feierlich dem Custos der Kirche.

Wittwers Bericht überliefert nicht nur das Gewicht des für das kreuzförmige Reliqienbehältnis aufgewendeten Metalls und dessen Preis, 9½ Lot zur Hälfte ungarischen, zur Hälfte rheinischen Goldes für 205 Gulden, sondern auch die Kaufsumme der für dessen Schmuck benötigten Edelsteine und Per-

Für einen Vergleich bleiben, geht man von Augsburg als mutmaßlichem Entstehungsort aus, mangels entsprechender Inschriften auf Goldschmiedearbeiten die Bauinschriften im Dom und Grabinschriften im Domkreuzgang. Gemeinsamkeiten zwischen der Inschrift auf dem Ulrichskreuz und jenen Beispielen im Augsburger Dom sind jedoch überwiegend zeitbedingt, nicht jeweils unmittelbare Analogien zu einzelnen charakteristischen Formen. Genannt seien für diesen Vergleich nur die Inschriften am Portal der Hilariakapelle am Westchor (1329), Bauinschriften an zwei Pfeilern des Langhauses (1334): Volker Liedke, Die Augsburger Sepulkralskulptur der Hoch- und Spätgotik, Teil IV, in: Ars Bavarica 53/54, 1988, S. 1–102, hier: S. 4–7 mit Abb.; vgl. ferner u. a. Grabstein für Burkhard von Bach († 1321) im Westflügel des Kreuzgangs, Doppelepitaph für Kanoniker aus der Familie von Gerenberg (40er Jahre des 14. Jahrhundert), Tumbaplatte für Johannes Herwart († 1356): Liedke a. a. O., S. 63, 66 und 83, mit Abb. 74, 78 und 106; dazu ferner Karl Kösel, Der Augsburger Domkreuzgang und seine Denkmäler, Sigmaringen 1991, S. 348 (Nr. 333), 322 f. (Nr. 305) und 108 (Nr. 108).

[6] Zu Abt Johannes (V.) von Giltlingen (reg. 1482–1496): Wilhelm Liebhart, Die Reichsabtei Sankt Ulrich und Afra zu Augsburg, München 1982 (Historischer Atlas von Bayern, Reihe II, Heft 2), S. 153–156.

[7] Zu Wilhelm Wittwer (1449–1512), 1484 Custos des Klosters St. Ulrich und Afra, seit 1489 Cellerar, Infirmar und Vestiar, von 1502 bis 1506 Prior, vgl. Nonnosus Bühler (O.S.B.), Die Schriftsteller und Schreiber des Benediktinerstiftes St. Ulrich und Afra in Augsburg während des Mittelalters (Diss. phil. München 1916), Leipzig 1916, S. 58–64; Joseph Bellot, Das Benediktinerstift St. Ulrich und Afra in Augsburg und der Humanismus, in: Studien und Mitteilungen des Benediktinerordens und seiner Zweige 84, 1973, S. 394–406, hier: S. 397 f.; Norbert Hörberg, Libri sanctae Afrae. St. Ulrich und Afra zu Augsburg im 11. und 12. Jahrhundert ..., Göttingen 1983 (Studien zur Germania Sacra, 15 = Veröffentlichungen des Max-Planck-Instituts für Geschichte, 74), S. 163–173.

[8] Zu Jörg Seld (um 1448–1527): N(orbert) Lieb, Art. »Seld, Jörg«, in: Allgemeines Lexikon der bildenden Künstler von der Antike bis zur Gegenwart, begr. von Ulrich Thieme und Felix Becker, ... hg. von Hans Vollmer (fortan zit.: Thieme–Becker), Bd. 30, Leipzig 1936, S. 475; Ders., Die Augsburger Familie Seld, in: Götz Frhr. von Pölnitz (Hg.), Lebensbilder aus dem bayerischen Schwaben, Bd. 6, München 1958, S. 38–87, hier: S. 42–61.

[9] »Anno domini 1494 Ipsa die ss. Cosme et Damiani i. e. quinto kal. Octobris. ... presentata est crux a mgro. Jeorio Seld aurifabro dno. abbati Johanni hujus loci pro conservacione thezauri nostri et preciosissime crucis S. Vdalrici, que sibi missa est celitus eodem s. Vdalrico eo tempore, quo Vngari invaserunt hanc civitatem, et eadem crux s. Vdalrici inclusa est in eandem crucem auream per dnm. abbatem Johannem, quam eciam jussit fieri, vt infra amplius dicetur«: P. Wilhelm Wittwer, Catalogus abbatum monasterii SS. Udalrici et Afrae Augustensis (Augsburg, Bischöfliche Ordinariatsbibliothek, Hs. 78), zit. nach Anton Steichele, in: Archiv für die Geschichte des Bisthums Augsburg, Bd. III, Augsburg 1860, S. 10–437, hier: S. 372 f.

len sowie die Höhe des Honorars von 45 fl., das an Jörg Seld ausbezahlt wurde.[10] Von der Gesamtsumme von 412 oder 407 fl. erstattete der Abt 245 fl., den Rest beglich der Custos Petrus Wagner.[11]

Dieses Gehäuse hat die Form eines annähernd gleicharmigen Kreuzes (Länge 12,2 cm; Breite 11,2 cm), dessen kurze Balken in großen, offenen Dreipässen enden. Es ist auf der Vorderseite mit kostbarem Steinbesatz geschmückt und bietet auf der Rückseite eine Darstellung der wunderbaren Verleihung der »crux victorialis« an den heiligen Ulrich während der Schlacht auf dem Lechfeld. Diese rückwärtige Platte, zugleich Deckel des Gehäuses, ist mit einer Öse in ein Scharnier an der oberen Kante des Gehäuses eingehängt und mit vier metallenen Dornen befestigt, die außen durch die Wand des Gehäuses, im Innern durch vier kleine Röhren auf der Deckelinnenseite geführt werden. Ein Ring, oben auf dem Gehäuse, erlaubt, das Kreuz an einer Kette zu tragen und als Pectorale zu gebrauchen. Um im Inneren das Reliquienkreuz aus dem 14. Jahrhundert bergen zu können, trennte man durch drei Wandungen, eine im Längsbalken und zwei als seitliche Begrenzung zwischen Dreipässen und Querbalken, eine Kammer ab, in der seitdem jenes kleinere Kreuz liegt. Auf der Deckelinnenseite brachte der ausführende Goldschmied seine Signatur an:

FABRICATVM EST PER NICOLAVM SELD DE AVG[VSTA].

Auf dem 1,9 cm breiten Rahmen des Gehäuses ist, nicht ganz regelmäßig verteilt, in zwei Zeilen die ausführliche Stifterinschrift eingraviert:

SACROSANCTAM HANC VICTORIAE CRVCEM AB ANGELO COE-
LITVS DIVO VDALRICO PORTATAM ·D· IOHANES DE GILTINGE⟨N⟩ /
MONASTERII S· VDALRICI ET AFRAE ABBAS HIC OCCLVDI ET EXOR-
NARI CVRAVIT DICAVITQ[VE] ANNO ·M· CCC XC IIII τέλως.

---

[10] »Anno Dom. 1495, ipsa die s. Bonifacij ... presentata sunt subscripta clenodia, videl. crux aurea, bacculus argenteus et infula fri. Petro custodi hujus loci a dno. abbate Johanne de Giltingen ...; que omnia prefata clenodia ex jussione ejusdem abbatis et licentia ejus a Priore Conrado Merlin et Sigismundo Lang incepta fuerunt, que tandem sub prefato abbate, priore, sed alio custode sc. fr. Petro facta et consummata sunt«. Nach diesen Angaben berichtet Wittwer den Inhalt der Ansprache, die Conrad Mörlin, der damalige Prior, im Namen des Konvents anläßlich dieser Übergabe im Kapitel hielt, nicht ohne einen gewissen kritischen Unterton angesichts der hohen Kosten: »Sperabat autem conventus, quod omnia illa clenodia prefatus abbas ob honorem sui et admonicionem suorum successorum faceret ac solveret, sicut pluries in capitulo conventui dictum fuit de istis clenodijs a. p. Priore Conrado Merlin, quod multa et magna essent futura ac fienda sub illo abbate; eciam addidit mirabilia, nescio quo spiritu loquebatur; hoc tamen scio, quod tantum solvit, ut infra patebit.« (a.a.O. S. 382). Schließlich folgen die entsprechenden Angaben: »... habetque eadem crux cum cathena duas marcas auri optimi et purissimi et 9½ lott, que omnia faciunt in summa 205 flor. De qua cruce et cathena datum est aurifabro sc. Jeorgio Seld optimo magistro in arte ista xlv flor. Item lapides preciosi cum margaritis in eadem cruce contentis conparati et empti sunt pro centum sexaginta duobus florenis. Summa 412 flor. vel 407 flor. In hac summa pro ista cruce et cathena dns. abbas dedit 245 flor., custos solvet reliquam sumam sc. 162 flor.« (a.a.O. S. 383).

Die Teile der Inschrift auf dem Rahmen um den unteren Dreipaß sind heute meist verdeckt, da diesen ein Schuh umgibt, den man, wie sein Dekor – ein geflügeltes Engelsköpfchen auf der Rückseite – vermuten läßt, wohl im frühen 18. Jahrhundert anfertigen ließ, um das Kreuz in ein größeres Ostensorium einstellen zu können.[12]

Die Vorderseite des Kreuzes bedecken verschieden große Steine in mit kleinen emaillierten Blättchen hinterlegten Fassungen sowie Perlen und goldenes Ast- und Blattwerk. Die Kunstfertigkeit, die an diesem reichen Schmuck offenbar wird, sichert dem Kreuz, neben der Verehrung, die man seinem Inhalt entgegenbrachte und für welchen die kostbare Hülle angemessen erschien, Beachtung als Muster großen handwerklichen Könnens.[13] Am auffälligsten ist die Verwendung verschiedenartiger Diamantrosetten – Formationen aus mehreren, höchst kompliziert zu schleifenden Steinen –, die in Süddeutschland erst seit den achtziger Jahren des 15. Jahrhunderts in Porträts[14] und auf dem Seld'schen Gehäuse als frühestem, erhalten gebliebenen Beispiel nachgewiesen ist.[15] Den Schnittpunkt der Kreuzbalken bedeckt eine große, zehnstrahlige Doppelrosette aus Diamanten in einer Zehnpaßfassung, die in der Mitte durch einen kleinen Rubin in Vierpaßfassung zusammengehalten wird. Jeweils im Zentrum der kleeblattförmigen Kreuzenden sind ein-

---

[11] Zu Petrus Wagner, seit 1467 Mitglied des Konvents, von 1499 bis 1501 Prior, von 1502 bis 1511 Abt von Thierhaupten: Bühler (Anm. 7), S. 56–58.

[12] S. dazu unten S. 305 f.

[13] So gedachte etwa der Augsburger Stadtpfleger und Historiker Paul von Stetten d. J. des Gehäuses aus antiquarischem Interesse und stellte es als Exempel vor, »zu sehen wie die Alten mit Fassen der Edelsteine verfuhren«: Kunst=, Gewerb= und Handwerks=Geschichte der Reichs-Stadt Augsburg, Augsburg 1779, S. 465; wohl aus demselben Grund ist es abgebildet in: Jakob Heinrich Hefner-Alteneck, Kunstwerke und Gerätschaften des Mittelalters und der Renaissance, Bd. 3, München 1865, Taf. 35 und 36 A; ausführliche Äußerungen dazu auch bei Jakob von Falke, Geschichte des deutschen Kunsthandwerks, Berlin 1888 (Geschichte der deutschen Kunst, Bd. V), S. 88; Ernst Bassermann-Jordan, Renaissance-Ausstellung des Bayerischen Museums-Vereins, II. Kunstgewerbe, in: Münchner Jahrbuch der bildenden Kunst 2, 1907, S. 93–100, hier: S. 96–98; vor allem die zusammengesetzten Diamantrosetten, meist »Diamantsterne« genannt, sicherten dem Ulrichskreuz häufige Erwähnung in einschlägigen Untersuchungen, u. a. in: Erna von Watzdorf, Fürstlicher Schmuck der Renaissance aus dem Besitz der Kurfürstin Anna von Sachsen, in: Münchner Jahrbuch der bildenden Kunst N. F. 11, 1934, S. 50–64, hier: S. 57; Walter Holzhausen, Meisterwerke der Juwelierkunst des 16. und 17. Jahrhunderts, in: Jahrbuch der kunsthistorischen Sammlungen in Wien N. F. 9, 1935, S. 167–181, hier: S. 168.

[14] Vgl. Fritz Falk, Edelsteinschliff und Fassungsformen im späten Mittelalter und im 16. Jahrhundert. Studien zur Geschichte der Edelsteine und des Schmuckes (Diss. phil. Tübingen 1973) Ulm 1975, S. 92.

[15] Daß diese Art der Edelsteinbearbeitung sich innerhalb kurzer Zeit großer Beliebtheit erfreute, bezeugen die bei Falk (Anm. 13), S. 92 f., verzeichneten Belege, darunter der gemalte Anhänger der hl. Ursula auf dem 1504 entstandenen Bild der Basilica Santa Croce in Rom von Hans Burgkmair aus dem Kreuzgang des Augsburger Dominikanerinnenklosters (Staatsgalerie Augsburg, Inv. nr. 5338–5340: Gisela Goldberg u. a., Staatsgalerie Augsburg. Städtische Kunstsammlungen, Bd. I: Altdeutsche Gemälde. Katalog, München ²1978, S. 146–151 und Abb. 84).

fache, fünfteilige Rosetten in Fünfpaßfassungen mit Doppelbögen aufgesetzt, auch sie mit einem kleinen gefaßten Edelstein in der Mitte befestigt.[16]

Um die fünf Rosetten sind jeweils acht Perlen angeordnet, bei der großen mittleren Rosette brachte man zwischen den je zwei Perlen vier kleine gefaßte Rubine[17] an, auf den Kleeblattenden der Kreuzbalken sind je drei gefaßte Rubine in den Bogenfeldern eingesetzt. Die kurzen Kreuzbalken belegte man mit vier großen facettierten Saphiren in achteckigen Krallenfassungen. Alle Fassungen sind, immer am Ansatz einer Kralle oder – wie bei den Diamantrosetten – zwischen den Schnittkanten der Pässe mit kleinen beerenförmigen Traubengranulaten versehen, deren Verwendung damals erst seit wenigen Jahren gebräuchlich war und ein weiteres Mal das Können der Seld-Werkstatt unter Beweis stellte.[18] Die Vorderseite des Gehäuses wird durch goldenes Astwerk so begrenzt, als wären einzelne Aststücke gebogen und zu einem, den Umriß des Kreuzes beschreibenden Rahmen zusammengefügt worden. Immer an den jeweiligen Schnittstellen von geradem Stamm und Kleeblattbögen sind Äste »verkreuzt«, so daß zwei Aststümpfe nach innen ragen; ähnlich ist es in den Bogenscheiteln, wo zwei kurze Stümpfe über die Stelle der Verkreuzung hinausreichen. Das Astwerk »verzweigt« sich nach innen und trägt kleine goldene Blätter, welche die zwischen Steinen und Perlen frei gebliebenen Flächen bedecken; von den Eckpunkten ausgehende ungleiche Blätter sind einander regelmäßig zugeordnet.

Ob der überreiche Schmuck der Vorderseite, den man noch um vier große, in die rechtwinkeligen Ecken der Kreuzbalken eingefügte Perlen vermehrte, in seiner Gesamtheit aus der Entstehungszeit stammt, damit dem aufwendigen Dekor an wenig älteren, aus Burgund bekannten Goldschmiedearbeiten verpflichtet wäre,[19] wurde gelegentlich angezweifelt. Man erachtete dann die kleinen Edelsteine, vor allem aber die emaillierten Blättchen, von denen die großen Steinfassungen hinterfangen werden, als spätere Ergänzungen, wohl aus der Zeit um 1600.[20] Die ungewöhnliche Farbigkeit der an den Spitzen eingerollten emaillierten, türkisfarbenen Blätter hinter den Diamantroset-

---

[16] Vgl. Falk (Anm. 14), S. 92; dort sind auch die unzureichenden Angaben zur Doppelrosette von Hellmuth Bethe (Art. »Edelstein«, in: Reallexikon zur Deutschen Kunstgeschichte, Bd. IV, Stuttgart 1958, Sp. 714–742, hier: Sp. 730) richtiggestellt.

[17] Die Benennung der Steine wechselt; nach Müller (Anm. 2), S. 49, handelt es sich dabei um Amethyste.

[18] Das Seld'sche Gehäuse gilt als einer der frühesten, erhalten gebliebenen Zeugen für die Anwendung dieser Art von Granulation: Jochem Wolters, Die Granulation. Geschichte und Technik einer alten Goldschmiedekunst, München 1983, S. 172.

[19] So Theodor Müller, Zur Augsburger Goldschmiedekunst der Reformation, in: Pantheon 18, 1960, S. 16–19, hier: S. 18.

[20] Müller (Anm. 2), S. 48; freilich fehlen genauere Angaben zu Umfang und Art der vermuteten Ergänzungen; vgl. auch Katalog »Augsburger Renaissance...«, Augsburg 1955, S. 80, Nr. 440: »Der Schmuck (Steine, Perlen, Emails) z. T. um 1600 bereichert, z. T. vielleicht noch aus dem frühen 15. Jahrhundert stammend«.

ten, möglicherweise auch die der auf der Unterseite emaillierten grünen, oben weißen Blättchen hinter den Saphiren, schien die Vermutung zuzulassen, es handle sich um später Hinzugefügtes.[21] Daß dabei auch die kleinen Edelsteine zusätzlich auf dem Kreuz angebracht worden sein sollten, setzte voraus, daß man – wenn man nicht das Alter aller Steinfassungen anzweifelt – bei den Fassungen der Rubine die schon an anderen Fassungen vorhandenen Granulate getreu nachgeahmt hätte. Archivalisch ist eine solche Erneuerung im späten 16. Jahrhundert oder in der Zeit um 1600 bisher nicht nachzuweisen.

Die Rückseite des Gehäuses schmückt eine Darstellung der Ereignisse während der Lechfeldschlacht. Die gravierte, vielfigurige Kampfszene ist der Fläche, die durch den Umriß des Kreuzes begrenzt wird, geschickt einbeschrieben: Man sieht in der Mitte, die Fläche der Kreuzvierung einnehmend, den hl. Ulrich. Er sitzt auf einem Pferd, das ein bewaffneter Knecht am Zügel hält, und ist als einziger ausgezeichnet mit großem Nimbus; als Zeichen seiner bischöflichen Würde trägt er die Mitra und ist angetan mit Albe und Pluviale. Er blickt zum Himmel und streckt beide Arme empor, um aus den Händen eines von oben herabkommenden Engels ein Kreuz – die »crux victorialis« – entgegenzunehmen. Ganz oben, über einem Wolkenband, ist Gottvater in halber Figur dargestellt, der, von einem Strahlenkranz umgeben, die Rechte zum Segensgestus erhoben hat und in der linken Hand einen Reichsapfel hält. Sein Bild mit Strahlenkranz und Wolken nimmt die halbe Fläche des oberen Dreipasses ein. Auf dem Schlachtfeld neben dem Bischof reitet ein Geharnischter und führt die Fahne des christlichen Heerbanns; die ihm zuerkannte üppige Helmzier verrät seinen besonderen Rang. Das Fahnentuch zeigt vor gespaltenem Grund ein Bild der gekrönten Muttergottes mit Kind.[22] Hinter dem Fähnrich ist ein weiterer Ritter mit seinem Pferd, dieses

---

[21] Suchte man Beispiele für eine Emaillierung in vergleichbarer Farbigkeit, wären Arbeiten aus der Lotter-Werkstatt wie etwa am Hausaltar von Abraham Lotter d. Ä. für Herzog Albrecht V. von Baiern aus den Jahren 1572/1573 zu nennen (München, Schatzkammer der Residenz; Ulla Krempel, Augsburger und Münchener Emailarbeiten des Manierismus, in: Münchner Jahrbuch der bildenden Kunst 3.F. 18, 1967, S. 111–186, hier: S. 137–148 und 176; Katalog »Welt im Umbruch«, Augsburg 1980, Bd. II, S. 343f.).

[22] Bisher ist nicht geklärt, ob mit diesem Fahnenbild mehr dokumentiert sein sollte als nur die Zugehörigkeit der unter ihr Dienenden zu der dem Schutz der Muttergottes anvertrauten christlichen Streitmacht. Es lag nahe, mit einem besonderen heraldischen Hinweis jenes Heer genauer zu charakterisieren, wie dies schon in Darstellungen der Lechfeldschlacht in verschiedenen illustrierten Handschriften der Meisterlin-Chronik aus der zweiten Hälfte des 15. Jahrhunderts geschehen war. Dort ließ man regelmäßig die beiden Teile der christlichen Truppen unter zwei Fahnen kämpfen: die kaiserlichen Ritter, angeführt von Kaiser Otto, unter der sächsischen (mehrfach geteilt, gewöhnlich mit schräg aufgelegtem Kronreif), die Verteidiger Augsburgs unter der schwäbischen (den drei schreitenden Löwen nach dem Stauferwappen). Vgl. Karl Haupt, Die Ulrichsvita in der mittelalterlichen Malerei, in: Zeitschrift des Historischen Vereins für Schwaben 61, 1955, S. 1–160, hier S. 149–151 mit Abb. 39–41. Da als Wappen des Hochstifts Augsburg ein rot-silber gespaltener Schild gebräuchlich war

Mal in Frontalansicht, wiedergegeben. Das Kampfgetümmel erstreckt sich vor allem über die Fläche des Querbalkens. Dargestellt ist jener Moment der Schlacht, in welchem sich das Kriegsglück offenbar gewendet hat und es den christlichen Kämpfern gelingt, die feindlichen Angreifer in die Flucht zu schlagen dank der auf Fürsprache des Heiligen gewährten und in Gestalt der »crux victorialis« augenscheinlich gewordenen Hilfe des Himmels. So sprengen nach links und nach rechts die Angreifer davon; nur einzelne wenden sich dabei noch um, Gegenwehr zu leisten, oder sind in Einzelgefechte verwickelt, während ihnen die christlichen Ritter nachsetzen. Einzelne Fußsoldaten sind noch in Zweikämpfe verstrickt, doch zeichnet sich die Überlegenheit des christlichen Heeres deutlich ab, etwa bei der auf der unteren Hälfte des Längsbalkens plazierten Schilderung eines Kampfes, bei dem ein gegnerischer Reiter einen Fußsoldaten des christlichen Heeres mit dem Schwert angreift, selbst jedoch schon von einem anderen christlichen Soldaten bedroht ist. Die Berittenen des christlichen Heeres tragen fast alle den schweren Reiterharnisch und als Helm die in der zweiten Hälfte des 15. Jahrhunderts übliche Schaller mit geschobenem Bart. Die meisten kämpfen mit eingelegter Lanze, nur einer führt ein Schwert. Die ihnen zur Seite stehenden Fußsoldaten sind leichter bewaffnet, tragen meist nicht einmal den üblichen Halbharnisch, sondern nur Brustpanzer oder Koller sowie Beinlinge und auf dem Kopf einen Hut mit Federn. Sie kämpfen mit Speeren, Hellebarden und Schwertern, während ihre Gegner mit Lanzen, gekrümmten Säbeln oder Pfeil und Bogen bewaffnet sind. Gerade diese Waffen und die auffälligen Kopfbedeckungen, hohe, kegelförmige Mützen, von deren Spitze ein langer Stoffzipfel nach hinten fällt, oder Fellhauben, lassen erkennen, daß man bei der Wiedergabe jener heidnischen Angreifer aus Ungarn an dem Maß genommen hatte, was von Kleidung und Bewaffnung der seit Mitte des 15. Jahrhunderts wieder stärker vordringenden Türken im Westen bekannt war.[23] An

---

(Johann Siebmachers Großes und allgemeines Wappenbuch, Bd. I, 5. Abt., 1. Reihe: Die Wappen der Bistümer, bearb. von Gustav A[delbert]. Seyler, Nürnberg 1881, S. 1) und man die späteren Festlegungen für graphische Wiedergabe heraldischer Farbigkeit zuwiderlaufende Schraffur hier – der Entstehungszeit wegen – außer Acht lassen kann, handelt es sich bei diesem Fahnenbild wohl um einen Hinweis auf die Verteidiger Augsburgs unter dem Befehl des Bischofs, zumal etliche Augsburger Bischöfe in der zweiten Hälfte des 15. Jahrhunderts die Muttergottes im Siegelbild führen. Dies gilt u. a. für Johann (II.) Graf von Werdenberg, 1484 (reg. 1469–1486) und Friedrich (II.) Graf von Zollern, 1486 (reg. 1486–1505), vgl. Karl Schlagmann, Heraldische Erinnerungen an Füssens Landesherren von 1313–1803, in: Alt Füssen, N.F. [10], 1984, S. 93–110, hier: S. 101 f. Daß man in dieser Darstellung die Kriegsfahne hervorhob, ist wohl als bildlicher Hinweis auf eine weitere, mit der Lechfeldschlacht zusammenhängende Hinterlassenschaft des Heiligen zu verstehen. Man zeigte in dem 1506 wohl von Jörg Seld geschaffenen Rahmen (vgl. Anm. 37) zusammen mit dem Sudarium des Heiligen ein Stück der Kriegsfahne, die der heilige Ulrich gebraucht haben soll, als er sich in die Schlacht begab; im Dom bewahrte man »ein ganz silberner und vergülter Arm ... daran hangt ein zimblicher grosser Thail von dem Rennfähnlein des hl. Uldarici« (Bayerische Staatsbibliothek, cod. germ. 2913, fol. 33 v, Inventar des Augsburger Doms, 1582).

den Ort des Geschehens, das Lechfeld, eine Hochebene im Süden vor der Stadt Augsburg, erinnert der zwischen den Kämpfenden durchscheinende Boden aus Graspolstern und die wegen des Kreuzumrisses mehrmals unterbrochene Gebirgskette im Hintergrund der Schlacht.

Im unteren Dreipaß weist das hier erstmals in dieser Weise kombinierte Kloster- und Abtswappen auf die Stiftung des Kreuzes hin. Zwei Engel fassen an die äbtliche Mitra, die mit den anderen Pontifikalien den Äbten von St. Ulrich seit 1410 zustand;[24] heraldischem Brauch gemäß ist sie als »Mitra preciosa« wiedergegeben und zeigt auf dem einen abgebildeten vorderen der beiden »cornua« zu Seiten des »titulus« die beiden Klosterpatrone Ulrich und Afra. Unter der Mitra stehen drei Wappenschilde, in der Mitte der mit dem persönlichen Wappen des regierenden Abtes Johannes von Giltlingen (drei Adler), flankiert von den Wappen der Heiligen Ulrich und Afra, die, etwa von dieser Zeit an regelmäßig in zwei Schilden, seltener in einem, kombiniert, als Klosterwappen geführt wurden. Auf dem Seld'schen Gehäuse ist die Position der beiden Wappen offenbar seitenverkehrt, somit auch das jeweilige Wappenbild verkehrt wiedergegeben. Gewöhnlich erkannte man die heraldisch bedeutsamere Position, vom Betrachter aus rechts, dem Wappen des hl. Ulrich zu.[25] Es zeigt auf einem durch einen Schrägbalken von rechts oben nach links unten geteilten Feld je zwei schreitende Löwen auf und unter dem Balken und soll der Familie des Heiligen, den Grafen von Dillingen(-Kyburg) gehört haben.[26] Das vermeintliche Wappen der hl. Afra erinnert an ihre le-

[23] Mit der Wiedergabe solcher kegelförmigen Mützen dürfte an die auch in anderen Darstellungen der Zeit um 1500 und aus der ersten Hälfte des 16. Jahrhunderts häufig mißverstandene Janitscharenketsche erinnert sein (zu dieser: Peter Jaeckel, Türkische Kopfbedeckungen in mitteleuropäischen Museen, in: Waffen- und Kostümkunde 12, 1970, S. 1–18). Vgl. etwa die Radierung mit der Wiedergabe dreier türkischer Militärmusiker aus einer Folge von Darstellungen des türkischen Sultans Süleyman und seines Gefolges, die der spätestens seit 1493 in Augsburg ansässige Daniel Hopfer nach Holzschnittvorlagen wohl nach 1529 schuf (The Illustrated Bartsch, Bd. 17: Early German Masters, hg. von Robert A. Koch, New York 1981, 133, Nr. 56 [487]). Blatt II der gleichen Folge zeigt drei »Mamalucke«, deren hohe Fellmützen an jene auf dem Ulrichskreuz gezeigten erinnern (ebd. 134, Nr. 57 [487]).
[24] Vgl. Liebhart (Anm. 6), S. 133. Zu Engeln als Wappenhalter von Stifterwappen: Karl-August Wirth, Art. »Engel«, in: Reallexikon zur Deutschen Kunstgeschichte, Bd. V, Stuttgart 1967, Sp. 341–555, hier Sp. 457.
[25] Dies gilt wohl auch für die Wiedergaben der beiden Heiligen auf der Mitra, denn in frühen Beispielen paarweiser Zusammenstellung ist der hl. Ulrich rechts plaziert. Als Beispiel sei an die von Georg Beck geschaffene Widmungsseite aus dem von Leonhard Wagner im Jahr 1495 für St. Ulrich geschriebenen Psalterium (Augsburg, Staats- und Stadtbibliothek, 2° cod. 49a) erinnert, die als Einzelblatt heute im Victoria and Albert Museum, London, aufbewahrt wird: John Harthan, [Victoria & Albert Museum:] An Introduction to Illuminated Manuscripts, London 1983), S. 44, Abb. 29; zur Handschrift: Erich Steingräber, Die kirchliche Buchmalerei Augsburgs um 1500, Augsburg und Basel 1956 (Abhandlungen zur Geschichte der Stadt Augsburg, 8), S. 21–28.
[26] Das Ulrichswappen führten auch andere Stifte und Klöster, die ihm ihre Gründung verdankten (Adeliges Damenstift St. Stephan in Augsburg) oder ihn als Patron verehrten (Neresheim): E[duard]. Zimmermann, Bayerische Klosterheraldik, München 1930, S. 17–21.

gendäre Herkunft aus Zypern und ist das leicht abgewandelte Wappen der damals dort herrschenden Lusignan, ein gevierter Schild mit stehendem Löwen im ersten und vierten Quartier, ein Kleeblattkreuz im zweiten und dritten.[27]

Obwohl der Bericht Wilhelm Wittwers und die wortreiche Stifterinschrift auf dem Rahmen über das Reliquienkreuz und seine Entstehung beredte Auskunft geben, sind dennoch nicht alle Fragen zweifelsfrei geklärt. Wenn nicht widersprüchlich so doch mindestens einer Erläuterung bedürftig erschien immer, daß Wittwers Bericht zufolge Jörg Seld das Honorar für die fertige Arbeit entgegennahm, die Signatur aber seinen Bruder Nikolaus als Urheber des Werkes nennt. Diese Unstimmigkeit auszugleichen, nahm man oftmals entweder eine – dann meist nicht näher spezifizierte – Beteiligung Jörg Selds am Zustandekommen des Kreuzes an und damit eine Gemeinschaftsarbeit[28] oder wies dem signierenden Nikolaus Seld die Gestaltung der Vorderseite, dem Meister Jörg Seld aber die gravierte Darstellung auf der Rückseite des Gehäuses zu.[29] Diese Zuschreibung begründete man mit verschiedenen Arbeiten in Gravur, die von Jörg Seld überliefert sind, etwa dem signierten, silbernen Tragaltar mit Reliquien der hl. Walburga, den Bernhard Adelmann von Adelmannsfelden 1492 der Kollegiatstiftskirche zu Unserer Lieben Frau in Eichstätt stiftete.[30] Die Vorderseite als Werk Nikolaus Selds anzusehen, lag aufgrund der von ihm bekannten Fertigkeit, Edelsteine und Perlen zu fassen, nahe; sie ist nicht nur mit dem Schmuck des Ulrichskreuzes bezeugt, sondern hatte auch zu weiteren Arbeiten geführt wie dem – nicht erhaltenen – Pontifikalring mit Edelsteinen und einer als Relief ausgeführten Passionsdarstellung[31] für Abt Konrad Mörlin[32] von St. Ulrich im Jahre 1496. Eine solche Spezialisierung, wie sie innerhalb des Goldschmiedehandwerks im Verlauf des 15. Jahrhunderts in Oberdeutschland nicht ungewöhnlich war[33] und gerade innerhalb eines Familienbetriebs – außer dem Bruder Nikolaus arbeitete auch der Sohn Hans in Jörg Selds Werkstatt mit –

---

[27] Vgl. ebd.
[28] So etwa Friesenegger 1937 (Anm. 2), S. 15; Müller (Anm. 2), S. 49.
[29] Vgl. Ingrid Weber, Die Tiefenbronner Monstranz und ihr künstlerischer Umkreis, in: Anzeiger des Germanischen Nationalmuseums, 1966, S. 7–87, hier: S. 56: »in der Werkstatt von Jörg Seld unter Mitarbeit seines Bruders Nikolaus ... geschaffen ... der Anteil der Brüder an dieser Arbeit ist jedoch ungeklärt«; vgl. ferner Johann Michael Fritz, Gestochene Bilder. Gravierungen auf deutschen Goldschmiedearbeiten der Spätgotik (Beihefte der Bonner Jahrbücher, Bd. 20), Köln–Graz 1966, S. 447.
[30] München, Wittelsbacher Ausgleichsfonds, vgl. E[dgar]. Breitenbach, A Silver Reliquiary by Georg Seld, in: Gazette des Beaux-Arts 91 (=6. F., 36), 1949, S. 291–296; Katalog »Hans Holbein der Ältere und die Kunst der Spätgotik«, Augsburg 1965, S. 196–198 (Kat.nr. 270); Weber 1966 (Anm. 29), S. 55.
[31] Wittwer, Catalogus ...: Steichele (Anm. 9), S. 416.
[32] Zu Abt Konrad (II.) Mörlin (reg. 1496–1510): Liebhart (Anm. 6), S. 155–161.
[33] Fritz (Anm. 3), S. 47 f. In Augsburg scheint dies nie eine für das zünftige Goldschmiedehandwerk bedeutsame Frage gewesen zu sein, da offenbar, den erhaltenen umfangreichen Quellen

einvernehmlich geregelt werden konnte, ließ es wohl auch berechtigt erscheinen, daß der jüngere Nikolaus Seld, obwohl noch nicht selbständiger Meister, jenes Werk mit seiner Signatur versah, während sein Bruder dafür entlohnt wurde.[34] Daß man Jörg Seld mit diesem Auftrag betraut hatte, gründete nicht nur auf dem guten Ruf, den er in Augsburg genoß und der ihm verschiedene, teils größere Arbeiten für Domkapitel und Augsburger Stifte wie Hl. Kreuz eintrug, sondern spiegelte auch die engen Beziehungen, die zwischen Abtei und Goldschmied über Jahrzehnte hinweg bestanden und ein Vertrauensverhältnis schufen, dessentwegen Wilhelm Wittwer den Meister »aurifaber noster« nennen konnte.[35]

Einer eingehenderen Erörterung bedarf die Frage, auf wen die Vorlage für die Darstellung der Ungarnschlacht zurückgeht. Daß Jörg Seld selbst den Entwurf dafür geliefert haben könnte[36] – von Nikolaus Seld ist keine gravierte Arbeit bezeugt –, ist angesichts der deutlichen stilistischen Uneinheitlichkeit zwischen den Darstellungen auf dem Walburga-Altar aus Eichstätt, dem

---

zufolge, keinerlei rechtliche Regelung dafür getroffen werden mußte, vgl. August Weiss, Das Handwerk der Goldschmiede in Augsburg bis zum Jahre 1681 (Beiträge zur Kunstgeschichte, N.F., 24), Leipzig 1897, bes. S. 21–39. Eine solche Spezialisierung gab Anlaß, Nikolaus Seld ein mit Edelsteinen und Perlen geschmücktes, um 1470 entstandenes »instrumentum pacis« aus dem Augsburger Dom zuzuschreiben, entstanden um 1490 (Augsburg, Diözesanmuseum, Inv.nr. IV b 5): Hans-Martin Decker-Hauff, Die Rechenberg-Pax mit dem Marientod, in: Neue Beiträge zur südwestdeutschen Landesgeschichte. Festschrift für Max Miller (Veröffentlichungen der Kommission für geschichtliche Landeskunde in Baden-Württemberg, Reihe B., Bd. 21), Stuttgart 1962, S. 103–111; Katalog »Hans Holbein ... [Anm. 30], S. 194 f. [Kat.nr. 268]; Weber [Anm. 29], S. 52 und 54). Freilich ist die Fassung und Bearbeitung der Perlen an der Pax-Tafel von weitaus geringerer Qualität als jener am Ulrichskreuz. Die naheliegende Vermutung, Nikolaus (Klaus) Seld sei auch als »jubelierer« tätig und mit Edelsteinhandel befaßt gewesen (Lieb 1958 [Anm. 8], S. 64) war bisher archivalisch nicht nachzuweisen. Außer Hausbesitz und regelmäßiger Zahlung von Steuern ist über den 1514 Verstorbenen nur wenig bekannt.

[34] Ebd.; Fritz (Anm. 3), S. 184. Spätere gemeinsame Arbeiten sind bezeugt, auch noch, nachdem Nikolaus Seld 1499 Meister geworden war; denn beide quittierten 1506 gemeinsam den Empfang von Silber für das Retabel des Hochaltars im Augsburger Dom (Lieb a.a.O.).

[35] Wittwer, Catalogus ...: Steichele (Anm. 9), S. 411; in Wittwers Aufzeichnungen begegnet Selds Tätigkeit für die Abtei seit den achtziger Jahren an vielen Stellen, oftmals auch als Gutachter. In den Jahren 1494/1495 kam aus seiner Werkstatt nicht nur das neue Gehäuse des Ulrichskreuzes, sondern auch – beides nicht mehr erhalten – ein silberner Abtsstab und eine geschmückte Mitra, außerdem erneuerte Seld die mittelalterlichen, angeblich auf die Äbte Egino und Reginbald zurückgehenden Stäbe. Noch 1504 sind Reparaturarbeiten an einem – verlorenen – Kreuzreliquiar bezeugt (den entsprechenden Eintrag im Zechpflegebuch von St. Ulrich und Afra interpretierte Weber [Anm. 29], S. 80 Anm. 286 irrtümlich als Hinweis auf das Ulrichskreuz). 1506 entstand das nicht signierte, aber aus stilistischen und epigraphischen Gründen sicher zuschreibbare Reliquiar für Sudarium und Vexillum des hl. Ulrich, möglicherweise noch 1509 eine nicht erhaltene Muttergottesstatue (vgl. zusammenfassend Lieb 1958 [Anm. 8], S. 49–52). Außerdem war der jüngere Bruder, Hans Seld, nach dem Tod seiner Frau 1504 in die Abtei eingetreten, wo er bis zu seinem Tod 1533 als Laienbruder lebte (vgl. Alfred Schröder, Der Humanist Veit Bild, Mönch bei St. Ulrich, in: Zeitschrift des Historischen Vereins für Schwaben und Neuburg 20, 1893, S. 173–227, hier: S. 196 und 201).

[36] Fritz (Anm. 29), S. 202, wollte dies zunächst nicht ausschließen.

21
Gehäuse für das Ulrichskreuz, Schwaben, 2. Viertel 14. Jahrhundert, (Augsburg, St. Ulrich und Afra), Vorderseite

22
Gehäuse für das Ulrichskreuz von Nikolaus Seld, Augsburg 1494 (Augsburg, St. Ulrich und Afra), Innenansicht mit der Rückseite des Gehäuses aus dem 2. Viertel 14. Jahrhundert

23–24 *Gehäuse von Nikolaus Seld, Augsburg, 1494, Rückseite und Vorderseite*

25 a 25 b

26 a 26 b

27 a 27 b

28 a 28 b

25
Ulrichskreuz, Augsburg, dat. 1570 (2. Hälfte 17. Jahrhundert?), 4,9 × 4,9 cm (Augsburg Sammlung Friesenegger, Nr. 360), Vorderseite; b: Rückseite

26
Ulrichskreuz, Augsburg, 17. Jahrhundert(?), 4,4 × 4,4 cm (Sammlung Friesenegger, Nr. 13), Vorderseite; b: Rückseite

27
Ulrichskreuz, Augsburg, 1690(?) 3,6 × 3,6 cm (Sammlung Friesenegger, Nr. 165a), Vorderseite; b: Rückseite

28
Ulrichskreuz, Augsburg 1. Hälfte 18. Jahrhundert, 4,3 × 4,3 cm (Sammlung Friesenegger, Nr. 180); b: Rückseite

29
Ulrichskreuz, Augsburg, nach 1698, 4,5 × 4,3 cm (Sammlung Friesenegger, Nr. 345), Vorderseite; b: Rückseite

30
Ulrichskreuz, Augsburg, 17. Jahrhundert oder 1. Viertel 18. Jahrhundert, 4,4 × 4,2 cm (Sammlung Friesenegger, Nr. 312e), Vorderseite; b: Rückseite

31
Ulrichskreuz, Augsburg um 1712, 4,6 × 4,5 cm (München, Bayerisches Nationalmuseum, Inv.-Nr. Kr. 73), Vorderseite; b: Rückseite

29a 29b

30a 30b

31a 31b

32a   *32b*

33a   *33b*

34a   *34b*

32
Ulrichskreuz, Augsburg, um 1671,
6,7 × 6,8 cm (Sammlung Friesenegger,
Nr. 145), Vorderseite;
b: Rückseite

33
Ulrichskreuz, Augsburg, 1. Hälfte
18. Jahrhundert,
4,6 × 4,5 cm (Bayerisches Nationalmuseum, Inv.-Nr. 76/106
[238]), Vorderseite;
b: Rückseite

34
Ulrichskreuz, Augsburg, 1. Hälfte
18. Jahrhundert,
5,6 × 5,5 cm (Bayerisches Nationalmuseum, Inv.-Nr. 76/106
[236]), Vorderseite;
b: Rückseite

35
Ulrichskreuz als Sonnenuhr, Augsburg, wohl Ende 18. Jahrhundert, 4,2 × 4,4 cm (Sammlung Friesenegger, Nr. 365), Vorderseite; b: Rückseite

36
Ulrichskreuzmedaille, Augsburg, 1855 (?), Ø 4,5 cm (Sammlung Friesenegger, Nr. 293), Vorderseite; b: Rückseite

37
Ulrichskreuz aus Filigran, Süddeutschland, 1. Hälfte 19. Jahrhundert, 6,8 × 6,8 cm (Sammlung Friesenegger, Nr. 475), Vorderseite

38
Ulrichskreuz aus Filigran, Süddeutschland, 1. Hälfte 19. Jahrhundert, 6,1 × 6,1 cm (Sammlung Friesenegger, Nr. 450), Vorderseite

35a   35b

36a   36b

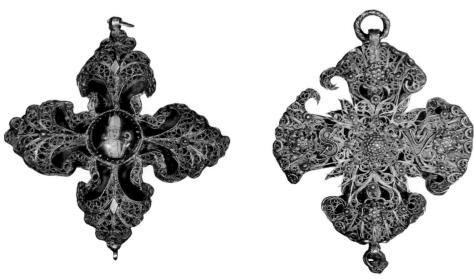

37   38

39

40

41

42

43

44

45

46

39
Ulrichskreuz, Augsburg, 1900, 3,5 × 3,5 cm (Sammlung Friesenegger, Nr. 503), Rückseite

40
Ulrichskreuz, Augsburg, 1904, 3,5 × 3,5 cm (Sammlung Friesenegger, Nr. 505), Rückseite

41
Ulrichskreuz, Augsburg, 1955, 4,4 × 4,5 cm, Vorderseite

42
Ulrichskreuz, Augsburg, 1970, 4,4 × 4,5 cm, Vorderseite

43
Ulrichskreuz, Augsburg, 1973, 5,4 × 4,2 cm, Vorderseite

44
Ulrichskreuz, Augsburg, 1974, 4,4 × 4,5 cm, Vorderseite

45
Ulrichskreuz, Augsburg, 1978, 4,4 × 4,5 cm, Vorderseite

46
Ulrichskreuz, Augsburg, 1985, 4,4 × 4,5 cm, Vorderseite

ihm mit großer Wahrscheinlichkeit zuzuschreibenden Ostensorium für das Sudarium des hl. Ulrich (1506)[37] und eben der Darstellung der Lechfeldschlacht nicht wahrscheinlich. Während man bei der Eichstätter Tafel Motive aus dem Umkreis Holbeins,[38] für die Darstellungen auf dem Ostensorium von 1506 die Serie der Tarocchi aus dem Umkreis Mantegnas[39] als Vorbilder benannte, erinnerte man bei der Gravur auf dem Seld'schen Gehäuse entweder wieder an Hans Holbein d. Ä.[40] oder an Thoman Burgkmair.[41] Zuletzt schrieb man den Entwurf dem Augsburger Buchmaler Georg Beck[42] zu, der mit seinem Sohn und Schüler Leonhard Beck in den Jahren 1494/1495 für St. Ulrich die beiden von Leonhard Wagner geschriebenen Chorpsalterien der Abtei illuminierte,[43] ohne daß der jeweilige Anteil auch nur einigermaßen sicher zu bestimmen wäre.[44] Vergleicht man das Bild der Lechfeldschlacht mit den Schlachtenszenen in den beiden Handschriften, etwa jener in der Initiale »D(eus)« zu Ps 45,1 auf fol. 26v des Exemplars in der Augsburger Staats- und Stadtbibliothek, sind dennoch deutliche Unterschiede erkennbar, die nicht allein aus dem Wechsel der Gattung und mit der Hand des nach einer Vorlage arbeitenden Goldschmieds erklärt werden können; sie lassen auch die Zuschreibung an Georg Beck fraglich erscheinen. Bildaufbau und einzelne Motive sind durchweg anders angelegt. Während die für das Bild zur Verfügung stehende Fläche des Kreuzgehäuses den Bildaufbau bestimmt, der Konzeptor des Bildes den ungewöhnlichen Umriß der Fläche geschickt für die Komposition nutzte, fügte der Illuminator des Psalters eine konventionelle, wenig belebte Kampfszene in die vom Buchstabenkörper umschlossene Fläche der Initiale ein, ohne auf deren Gestalt Rücksicht zu nehmen und ohne eine auch nur annähernd originelle Lösung zu erzielen. Die Variationsbreite der zur Schilderung des Schlachtgetümmels aufgebotenen Szenen ist bei der Lechfeldschlacht ungleich größer, die einzelnen im Bild wiedergegebenen Kampfhandlungen wirken nicht staffagehaft steif, sondern sind als höchst bewegtes Geschehen ins Bild gebracht. Ebenso unverkennbar sind die

---

[37] Vgl. Weber (Anm. 29) S. 54–57.
[38] Vgl. ebd. S. 54f.
[39] Ebd. S. 57 und 80f., Anm. 279–281.
[40] Dies tat Fritz (Anm. 29), S. 202, freilich ohne es näher zu begründen; seine Einschätzung blieb nicht unwidersprochen: Weber (Anm. 29), S. 56.
[41] Ausst.kat. »Augsburger Renaissance ...« (Anm. 20), S. 80.
[42] Manfred Schaaf, Das Ulrichskreuz und Georg Beck, in: Pantheon 29, 1971, S. 505–509. Zu Leben und Werk : H[ermann]. F. Nasse, Art. »Beck, Georg«, in: Thieme–Becker Bd. 3, Leipzig 1909, S. 137f.; Johannes Wilhelm, Augsburger Wandmalerei 1368–1530 (Abhandlungen zur Geschichte der Stadt Augsburg, Bd. 29), S. 129, 411 und 581f.
[43] Augsburg, Staats- und Stadtbibliothek, 2° cod. 49a; München, Bayerische Staatsbibliothek, cod. lat. 4301; vgl. Ernst Wilhelm Bredt, Der Handschriftenschmuck Augsburgs im XV. Jahrhundert (Studien zur deutschen Kunstgeschichte, H. 25), Straßburg 1900, S. 73–82; Erich Steingräber, Die kirchliche Buchmalerei Augsburgs um 1500 (Abhandlungen zur Geschichte der Stadt Augsburg, H. 8), Augsburg 1956, S. 21–27.
[44] Schaaf (Anm. 42), S. 509 gegen Steingräber (Anm. 43), S. 24f.

Unterschiede zwischen Gravur und Psalterillustrationen in der Proportionierung von Menschen und Tieren. Trotz gewisser Übereinstimmungen ist die Individualisierung der Handelnden in der Seld'schen Gravur weit ausgeprägter als in den Szenen der Psalterhandschriften. Die sonst aus dem 15. Jahrhundert bekannten Wiedergaben von Schlachten in Graphik – etwa Kupferstiche des Israhel von Meckenem oder aus dem Umkreis Schongauers[45] – oder Buchmalerei – wie die zahlreichen Illustrationen gerade in den Augsburger Stadtchroniken[46] – kommen als Vorbilder dafür nicht in Frage und geben auch keinen Hinweis auf den Entwerfer der Gravur.

Aus Wittwers Bericht ist bekannt, daß Seld zusammen mit dem Gehäuse eine Kette lieferte,[47] an welcher der Abt und seine Nachfolger das Reliquienkreuz bei feierlichen Anlässen trugen, worauf noch zurückzukommen sein wird. Mindestens seit dem frühen 18. Jahrhundert gab es auch eine (Reliquien-)Monstranz, in der man das Ulrichskreuz den Gläubigen zur Verehrung bot. Um das Gehäuse von 1494 in ein Ostensorium einstellen zu können, fertigte man den – bereits erwähnten – Schuh um den unteren Dreipaß.

47 Die heute noch gebräuchliche Reliquienmonstranz aus vergoldetem Silber stammt von dem Augsburger Silberarbeiter Caspar Xaver Stippeldey,[48] dessen Meistermarke am Rand des Fußes angebracht ist,[49] und entstand dem Augsburger Beschauzeichen zufolge in den Jahren 1795 bis 1797.[50] Die ebenfalls aufwendig geschmückte Monstranz bietet Gelegenheit, sowohl das Gehäuse von 1494 als auch eine größere Körperreliquie auszustellen. Der unten mehrfach abgetreppte Fuß[51] von querovalem Grundriß mit klassizisti-

---

[45] Vgl. die bei Fritz (Anm. 29), S. 206 genannten Beispiele, darunter der Kupferstich eines anonymen Stechers (dazu: Lili Fischel, Die »Große Schlacht«, Analyse eines Kupferstichs, in: Wallraf-Richartz-Jahrbuch 21, 1959, S. 159–172).

[46] Erinnert sei auch an die schon genannten illustrierten Handschriften der Meisterlin-Chronik: Hellmut Lehmann-Haupt, Schwäbische Federzeichnungen. Studien zur Buchillustration Augsburgs im 15. Jahrhundert, Berlin-Leipzig 1929 S. 34–48; Norbert H. Ott, Zum Ausstattungsanspruch illustrierter Städtechroniken. Sigismund Meisterlin und die Schweizer Chronistik als Beispiele, in: Stephan Füssel und Joachim Knape (Hgg.), Poesis et Pictura. Studien zum Verhältnis von Text und Bild in Handschriften und alten Drucken. Festschrift für Dieter Wuttke zum 60. Geburtstag (Saecula Spiritalia, Sonderband), Baden-Baden 1989, S. 77–106, bes. S. 77–84.

[47] Wittwer, Catalogus ...: Steichele (Anm. 9), S. 383.

[48] Caspar Xaver Stippeldey (1735[?]–1808), katholischer Silberarbeiter, Meister 1765, Vorgeher 1783–1786, Geschaumeister 1792–1796, 1798 und 1799. Die zahlreich erhaltenen, meist liturgischen Geräte aus seiner Werkstatt bezeugen seine Bekanntheit weit über Süddeutschland hinaus. Für St. Ulrich und Afra schuf er eine Meßgarnitur mit Pelvicula und Kännchen sowie ein Rauchfaß: Art. »Stippeldey, Caspar Xaver«, in: Thieme–Becker Bd. 32, Leipzig 1938, S. 63–65; vgl. Helmut Seling, Die Kunst der Augsburger Goldschmiede 1529–1868, Bd. III, München 1980, S. 410 f., Nr. 2505.

[49] Marc Rosenberg, Der Goldschmiede Merkzeichen, Bd. I, Frankfurt a. M. ³1922, S. 236, Nr. 1016: das Monogramm »CXS« in ovalem Schild.

[50] Ebd. S. 33, Nr. 286: der Augsburger Pyr auf dem Buchstaben »H« als Basis.

schem Blattwerk- und Girlandenschmuck verjüngt sich nach oben, zweimal unterbrochen durch Verdickungen, die als flache Ringe hervortreten; den oberen ziert ein umlaufendes verschlungenes Band. Auf den Fuß ist ein kurzes zylindrisches Zwischenstück geschraubt, das ein rechteckiges, an drei Seiten verglastes Kästchen trägt. Es ist auf der Vorderseite mit einem aufgeschraubten Band aus Blattranken und in regelmäßigem Wechsel mit gefaßten Brillanten und Saphiren geschmückt. An der Rückseite läßt sich ein mit einem Reiber verriegelter Deckel öffnen, um die auszustellende Reliquie dort einzubringen. Ursprünglich war dies allein eine Fingerreliquie des hl. Ulrich, die der Abt von St. Ulrich und Afra anläßlich der Erhebung und Untersuchung der Gebeine des Heiligen im Jahre 1764 von Fürstbischof Joseph Landgraf von Hessen-Darmstadt zusammen mit einer zweiten Reliquie als Geschenk erhielt.[52] Die heutige Fassung in einem hohlen, länglich geschliffenen Bergkristall ist nicht ursprünglich, sondern wurde 1973 anläßlich der Tausendjahrfeier des Todes des hl. Ulrich im Auftrag des damaligen Augsburger Bischofs Dr. Josef Stimpfle erneuert,[53] dessen Siegel es seitdem trägt.[54] Der Schuh, auf dem der Kristall mit der Reliquie steht, stammt aus dem 18. Jahrhundert und gehört, wie der Steinbesatz auf der vorderen Seite erkennen läßt, ursprünglich zur Reliquienmonstranz von 1795/1797. Diese »Schauseite« besteht aus einer leicht gebogenen Platte mit acht Saphiren sowie zwei größeren und vier kleinen Rubinen, die um einen Brillanten in der Mitte angeordnet sind. Heute wird in das rechteckige Ostensorium an den entsprechenden Festtagen statt der Ulrichsreliquie eine Reliquie der hl. Afra[55] oder

---

[51] Die Gesamthöhe der Reliquienmonstranz beträgt 61,8 cm; der Fuß ist 20,2 cm hoch, das Queroval des Fußes umfaßt 22 × 17,6 cm. Die Höhe des vierpaßförmigen Ostensoriums beträgt 13,1 cm, seine Breite 12,7 cm.

[52] Hilda Thummerer, Urkundlicher Bericht von 1764 über Exhumierung, ärztliche Untersuchung und erneute Beisetzung der Ulrichsreliquien, in: Bischof Ulrich von Augsburg und seine Verehrung. Festgabe zur 1000. Wiederkehr des Todestages (Jahrbuch des Vereins für Augsburger Bistumsgeschichte e. V. 7) Augsburg 1973 (fortan: Festgabe 1973), S. 231–248, hier S. 244. Der Fürstbischof ließ dabei einige wenige Reliquien entnehmen; Dom und Domkapitel von Augsburg erhielten ein großes Teilstück einer Rippe, das in ein Reliquiar von Josef Tobias Herzebrik eingeschlossen wurde (»Aus dem Schatz des Domes«. Ausstellung zur 900-Jahrfeier der Domkirchweihe von 1065, bearb. von Hannelore Müller und Richard Binder, Augsburg 1965, S. 11, Nr. 11 und S. 19 mit Abb.). Ferner erhielt der Abt von Neresheim ebenfalls ein Fingerglied (Thummerer a. a. O. S. 244; P. Paulus Weißenberger OSB, Die St. Ulrichsreliquie in der Abtei Neresheim, in: Jahrbuch des Vereins für Augsburger Bistumsgeschichte e. V. 8, 1974, S. 96–106). Eine weitere Reliquie gelangte 1769 in die Pfarr- und Kollegiatskapitelkirche St. Peter in Dillingen (Andreas Bigelmaier, Der heilige Udalrich und Dillingen, in: Jahrbuch des Historischen Vereins Dillingen 55/56, 1953/1954, S. 11–50, hier S. 49).

[53] Frdl. Mitteilung von Franz Gielsdorf, Pfarrarchiv St. Ulrich und Afra, nach Auskünften des damaligen bischöflichen Sekretärs, Msgr. Simon Eding.

[54] Die wohl ursprüngliche Fassung bestand offenbar aus einem oben mit einem Deckel verschlossenen Glaszylinder, den eine Aufnahme mit der Seitenansicht der Reliquienmonstranz erkennen läßt: Jubiläums-Jahrbuch ... (Anm. 2), Frontispiz (Bischof Dr. Joseph Freundorfer mit dem Ulrichskreuz, wohl 1955).

des hl. Simpert⁵⁶ eingesetzt. Über einem kurzen zylindrischen Zwischenstück ist über diesem Kästchen ein weiteres, auf der Vorderseite verglastes Ostensorium montiert, das den Umriß des gleicharmigen Kreuzes beschreibt und als Behältnis für das Seld'sche Kreuz mit der Ulrichsreliquie dient. Davor ist als Rahmen ein schmales Band aus Silber angebracht, das an der inneren und äußeren Kante jeweils mit einer getriebenen Perlreihe geschmückt ist; den Zwischenraum bedeckt eine Silberranke mit Rubinen und Brillanten im Wechsel. Hintere Wand des Gehäuses ist ein großes, dessen Umriß weit überragendes gleicharmiges Kreuz mit gedoppelt stufigen Enden und Strahlenbündeln, die von den Kreuzungen der Arme ausgehen. In geringem Abstand vor der Rückwand umschließt das Gehäuse des Ostensoriums ein vergoldetes Kreuz mit Durchbrucharbeit und runden Balkenenden, auf welches silberne Ranken montiert sind; auf jedem Balkenende umgeben vier Brillanten und vier Saphire einen großen ovalen Citroin. Die Kreuzenden verbinden jeweils zwei gegossene, gegeneinander geschwungene Rocailleornamente; wo diese zusammentreffen, ist jeweils ein gefaßter Rubin angebracht.

II

Die besondere Verehrung, die das Ulrichskreuz seit alters genoß, hat mehrere Gründe, die mit der Überlieferung seiner angeblichen Herkunft zusammenhängen. Lange Zeit sah man es als die dem Heiligen während der Lechfeldschlacht auf wunderbare Weise verliehene Gabe des Himmels an oder – wie später, als diese jahrhundertelang gültige Erklärung nicht mehr tragfähig schien – als Partikel des Kreuzes Jesu; dabei galt das Ulrichskreuz als persönliche Hinterlassenschaft des Bistumspatrons und damit nicht zuletzt auch als Reliquie »per contactum«.
Ihr genaues Alter ist unbekannt, sicher nachweisbar ist sie bisher nicht vor

---

⁵⁵ Über die Afra-Reliquie, ihre Fassung und die mit ihr verbundenen liturgischen Gebräuche ist wenig bekannt, bei der jetzigen Fassung fehlen Siegel und Authentik. Da nur unter Bischof Embriko 1064 zwei Zehenglieder entnommen wurden, die Kaiser Heinrich IV. dem Dom von Köln und dem von Speyer stiftete, und die Berichte über die Erhebung der Gebeine anläßlich des Afra-Jubiläums 1804 keinen Hinweis auf eine weitere Entnahme von Reliquien enthalten (vgl. Theodor Rolle, Die 1500-Jahrfeier des Martyriums der heiligen Afra im Jahre 1804/1805, in: Jahrbuch des Vereins für Augsburger Bistumsgeschichte e. V. 22, 1988, S. 105–150), ist ungewiß, wann diese Reliquie separiert wurde. Die heutige Fassung erinnert an Goldschmiedearbeiten aus der Zeit um die Jahrhundertwende und könnte anläßlich der 1600-Jahrfeier im Jahre 1904 (vgl. ebd. S. 136) entstanden sein.

⁵⁶ Die Simpertus-Reliquie, ein Mittelhandknochen des fünften Fingers der rechten Hand, wurde am 14. September 1977 bei der Öffnung des alten Schreins mit den Gebeinen des Heiligen entnommen (Hilda Thummerer, Der Reliquienschrein des heiligen Simpert, in: ebendort 12, 1978, S. 151–159, hier S. 158), eigens gefaßt und am 11. März 1980, anläßlich der Versiegelung des neuen Schreins von Bischof Dr. Josef Stimpfle gesiegelt: Dies., Ein neues Grab für die Reliquien des hl. Simpert, in: ebenda 14, 1980, S. 236–239, hier S. 238.

der mutmaßlichen Entstehungszeit des ersten Gehäuses aus dem 14. Jahrhundert. Von der Reliquie ist zuvor weder in der umfangreichen Viten-Literatur noch in den eher spärlichen Nachrichten über die Liturgie im Kanonikerstift und – seit dem frühen elften Jahrhundert – Benediktinerkloster an der Grabstätte des hl. Ulrich die Rede. Bei den Gegenständen, die nach dem Tod des Heiligen als persönlicher Besitz bezeugt sind, verzeichnete man das Kreuz nicht.[57] Ob es sich bei jenen Gegenständen befand, die man bei der Öffnung des Grabes 1183 mit den Gebeinen dort entdeckte[58] – darunter ein Kelch, etliche Paramente und andere Textilien, ein silbernes Gefäß und ein Kästchen mit Reliquien[59] –, ist ungewiß, da das Ulrichskreuz hierbei nicht erwähnt wurde. Dies scheint um so bemerkenswerter, als man den Grabfunden seitdem immer große Aufmerksamkeit widmete; denn mit ihnen war der einzige augenfällige Anhalt für die Verehrung des Heiligen durch die Gläubigen geblieben,[60] da man 1187 bei der Beisetzung der Gebeine im neuen

---

[57] Dabei handelte es sich auch um eine Anzahl von Paramenten, die der hl. Ulrich nach Ausweis der zwischen 983 und 993 entstandenen Vita besessen hatte (Gerhard, Vita Sancti Oudalrici Episcopi, cap. 27, ed. G[eorg]. Waitz, in: Annales, chronicae et historiae aevi Carolini et Saxonici, ed. Georg Heinrich Pertz [Monumenta Gemaniae Historica. Scriptores, T. IV; fortan: MGH SS], Hannover 1841, S. 377–428, hier S. 415). Möglicherweise gehörten zu den liturgischen Gewändern aus seinem Besitz auch die beiden, mit dem Namen des hl. Ulrich verbundenen Kaseln aus dem Augsburger Dom im Diözesanmuseums, entstanden um die Mitte des 10. Jahrhunderts: Katalog »Suevia sacra«, Augsburg 1973, S. 201–203, Kat.nr. 211f.

[58] Die alte, zwischen 1064 und 1071 erbaute Kirche wurde 1183 durch einen Brand zerstört. Nach Wochen entdeckte man unter dem Schutt das weitgehend unversehrte Grab des hl. Ulrich, öffnete es und fand außer den Gebeinen die genannten Gegenstände. Bischof Hartmann ließ die Gebeine sicherstellen. Nach dem Wiederaufbau fand 1187 die Weihe der neuen Kirche statt, aus deren Anlaß man die Gebeine wieder dorthin zurückbrachte: Inventio et translatio s. Udalrici, in: MGH SS IV (Anm. 57), S. 427f.; vgl. Peter Rummel, Besondere Feiern zur Verehrung des hl. Ulrich in Augsburg, in: Festgabe 1973, S. 249–274, hier S. 251f.; Walter Pötzl, Die Ulrichsverehrung in Augsburg während der Stauferzeit, in: Jahrbuch des Vereins für Augsburger Bistumsgeschichte e. V. 8, 1974, S. 66–84, bes. S. 75–79.

[59] Der sog. Ulrichskelch, eine Arbeit aus dem 12. Jahrhundert, umschließt eine ältere Cuppa, bei der es sich wohl um jenen Grabfund handelt (Ausst.kat. »Suevia sacra« [Anm. 57], S. 148f., Kat.nr. 131). Als Grabfunde gelten ferner einige, teils aus kostbaren Seidenstoffen gefertigte Paramente, Kasel (Mitte 10. Jahrhundert), Dalmatik (9./10. Jahrhundert), Stola und Manipelfragment (3. V. 10. Jahrhundert): Sigrid Müller-Christensen, Liturgische Gewänder mit dem Namen des heiligen Ulrich, in: Augusta . . . (Anm. 2), S. 53–60; dies., Die Konservierung der Augsburger Ulrichsgewänder, in: Deutsche Kunst und Denkmalpflege 13, 1955, S. 111–116; Katalog »Suevia sacra« a.a.O. S. 197–201, Kat.nr. 207–210. Zu den textilen Grabfunden zählen auch das Sudarium und Teile des »Vexillum« des hl. Ulrich im Ostensorium von 1506. Der sog. Kamm des hl. Ulrich, heute ebenfalls in St. Ulrich und Afra, angeblich im Grab gefunden, ist eine byzantinische oder süditalienische Elfenbeinarbeit aus dem 12. Jahrhundert (Katalog »Suevia sacra« a.a.O. S. 109f., Kat.nr. 70).

[60] Dies erklärt die Häufigkeit textiler Sekundärreliquien. So verehrte man (seit wann?) in Chur ein Fragment der in Augsburg aufbewahrten Manipel (Müller-Christensen [Anm. 59], S. 56), in Andechs eine weitere Manipel, die jedoch aus dem 11. Jahrhundert stammt, und eine Stola aus dem 12. Jahrhundert als Paramente aus Ulrichs Besitz (Ausst.kat. »Suevia sacra« [Anm. 57], S. 203f., Kat.nr. 213f.), in einem Schweizer Cistercienserkloster ein angeblich von St. Ulrich getragenes Meßgewand – ins Futter einer barocken Kasel eingenäht – (Mechthild

Grab offenbar auf die Entnahme größerer Körperreliquien verzichtet hatte.[61] Ebenso ungewiß ist die Vermutung, das Ulrichskreuz könne, wenn nicht im Grab gefunden, so doch möglicherweise im Schatz des Klosters verwahrt oder vielleicht damals schon, im ausgehenden zwölften Jahrhundert, als Pectorale der Äbte verwendet worden sein,[62] wofür man bisher kein historisches Zeugnis besitzt. Der Brauch, daß ranghohe Würdenträger der Kirche wie Bischöfe und Äbte ein Brustkreuz tragen, in dem oft Reliquien eingeschlossen sind, setzte im Westen erst im zwölften Jahrhundert ein und fand nur zögerlich Verbreitung.[63] Immerhin ist jedoch bereits 1123 erstmals in Süddeutschland die Verehrung eines angeblich vormals einem heiligen Bischof gehörenden Pectorale bezeugt.[64] Nicht bekannt ist, ob es für das jetzige Gehäuse Vorläufer gab und ob man es zu einem besonderen Anlaß anfertigen ließ.[65] Wie lange schon sich die Äbte von St. Ulrich und Afra bis dahin des Ulrichskreuzes als Pectorale bedient haben mochten, weiß man nicht. Mindestens mit dem Vorhandensein des ältesten Gehäuses, um 1320/1340, scheint diese Verwendung gesichert.

Mit der Inschrift auf der Vorderseite des Gehäuses ist erstmals für das Ulrichskreuz die Bezeichnung »crux victorialis« belegt. Nahezu immer gilt sie als Zeugnis für jene Mitteilung in der Legende, wonach der hl. Ulrich

---

Flury-Lemberg, Das Ulrichsgewand aus dem Kloster St. Urban, in: Dies. und Karen Stolleis [Hgg.], Documenta Textilia. Festschrift für Sigrid Müller-Christensen [Forschungshefte. Hg. vom Bayerischen Nationalmuseum München, H. 7], München 1981, S. 163–177). Bei der Altarweihe in der Rottenbucher Pfarrkirche St. Ulrich 1477 schloß man Reliquien von der Dalmatik des Patrons im Altar ein, im dortigen Chorherrenstift verzeichnete man um 1460/1470 Reliquien »De Cingulo, Vexillo, Sede et Casula, de Sella et aliae Sancti Udalrici Episcopi«: Jakob Mois, Die Verehrung des hl. Ulrich von Augsburg im ehemaligen Stift und in der Hofmarks-Pfarrei Rottenbuch, in: Lech-Isar-Land 1973, S. 3–11, hier S. 5.

[61] Vgl. zur Legende vom Verbot der Wegnahme von Reliquien, ihrem angeblichen Raub durch den Bischof und dessen Bestrafung: Friedrich Zoepfl, Das Bistum Augsburg und seine Bischöfe im Mittelalter, Bd. I, Augsburg o. J. [1955], S. 147 f.; Pötzl (Anm. 58), S. 78 f.; auch wenn dieser Bericht nicht historisch zuverlässig ist, wäre das darin mitgeteilte Geschehnis nicht ungewöhnlich, vgl. Patrick J. Geary, Furta sacra. Thefts of Relics in the Central Middle Ages, Princeton ²1990.

[62] So Friesenegger 1937 (Anm. 2), S. 13.

[63] Dazu Joseph Braun S. J., Art. »Brustkreuz«, in: Reallexikon zur Deutschen Kunstgeschichte, Bd. II, Stuttgart 1948 (Ndr. München 1983), Sp. 1319–1324; Theodor Klauser, Art. »Brustkreuz«, in: LThK² Bd. II, Freiburg 1958, Sp. 736.

[64] Im Jahr 1123 wurde in Konstanz anläßlich der erstmaligen Feier des Konradsfestes das »Pectorale des hl. Konrad«, ein kleines Kreuz aus Bein, dem Benediktinerkloster Engelberg übergeben, wo es seitdem verehrt wird und an Festtagen dem Abt als Pectorale dient: Ausst.kat. »Felix mater Constantia«. Die Stadt Konstanz und ihre Heiligen im 10. Jahrhundert, Konstanz 1975, S. 93, Kat.nr. 89, und S. 92 mit Abb.

[65] Da in dieser Zeit das Pectorale noch nicht zu den Insignien gehörte, die kirchlichen Würdenträgern bei der Übertragung der Pontifikalien verliehen wurden, könnte der Brauch eines zu tragen, vielleicht dazu gedient haben, wenigstens so der besonderen Würde des Abtes von St. Ulrich Ausdruck zu verleihen, der damals die Pontifikalien noch nicht besaß. Abt in dieser Zeit war Marquard von Magheln (reg. 1316–1334), der 1323 auch den Titel eines kaiserlichen Kaplans erhielt (vgl. Liebhart [Anm. 6], S. 104; ferner: Zoepfl [Anm. 61], S. 271).

Das Ulrichskreuz und die Ulrichskreuze

während der Schlacht auf dem Lechfeld vom Himmel jenes Kreuz als Zeichen des verheißenen Sieges über das heidnische Heer erhalten habe. Wann die Überlieferung dieses für die spätere Verehrung des Heiligen und seine Ikonographie in nachmittelalterlicher Zeit so bedeutsam gewordenen Motivs einsetzt, mit dem man wohl auf die in der Vita Constantini des Eusebius berichtete Kreuzesvision und die darin ergangene, später meist lateinisch zitierte Aufforderung »In hoc signo vince« Bezug genommen hatte[66], ist bisher nicht ermittelt. Frieseneggers Einschätzung zufolge belegen dieses Motiv schon einige Münzbilder auf bischöflichen Münzprägungen aus Augsburg, die in der zweiten Hälfte des zwölften Jahrhunderts – der Zeit der Reliquientranslation – und um die Mitte des dreizehnten Jahrhunderts entstanden sind.[67] Die sogenannten Ulrichsdenare zeigen oft einen Bischof oder wenigstens den Namen des Heiligen. Folgt man Frieseneggers Erklärungen einzelner Münzbilder, vor allem zu der mehrmaligen Wiedergabe eines Engels mit einem Kreuz in Händen, bleibt doch ungewöhnlich, daß man anscheinend nur auf Münzen dieser in der Legende berichteten Begebenheit gedacht haben sollte. Denn weder in liturgischen[68] noch in hagiographischen Texten gibt es aus dieser Zeit Belege für deren Bekanntsein. Seit wann die Verleihung

[66] Eusebius, Vita Constantini, lib. I, cap. 28. An die Kreuzesvision in der Konstantinsvita erinnerte bei seinen Ausführungen zum Ulrichskreuz schon der Ordenshistoriker und Fürstabt von St. Blasien Martin Gerbert (Iter Alemannicum, accedit Italicum et Gallicum..., St. Blasien 1765, S. 173 f.), freilich ohne an der Kreuzspende in der Ulrichslegende Zweifel zu äußern. Eine Anleihe bei der Konstantinsvita als Grundlage der Legende vermutete man ausdrücklich erst im 19. Jahrhundert, so etwa C. J. Wagenseil, Versuch einer Geschichte der Stadt Augsburg. Ein Lesebuch für alle Stände, Bd. I, Augsburg 1819, S. 46. Eine andere, mit jener in der Ulrichslegende berichteten vergleichbare Kreuzübergabe tradierte man seit dem ausgehenden 15. Jahrhundert für die wohl seit dem ersten Drittel des 13. Jahrhunderts verehrte Kreuzpartikel in Caravaca. Danach hätten Engel die von Kaiserin Helena in Jerusalem zurückgelassene Reliquie an den späteren Ort der Verehrung in Spanien gebracht. Dazu: Hanns Otto Münsterer, Das Caravacakreuz und seine deutschen Nachbildungen, in: Bayerisches Jahrbuch für Volkskunde 1951, S. 32–46, wieder – mit den später veröffentlichten Ergänzungen – in: Ders. 1983 (Anm. 2), S. 69–93.

[67] Friesenegger 1937 (Anm. 2), S. 13, verwies besonders auf einen Denar aus der Zeit Bischof Hartwigs von Lierheim (1167–1184), dessen Vorderseite das Brustbild eines Engels mit einem Kreuz (Kreuzstab?) in Händen zeigt: Katalog »Die Zeit der Staufer«, Stuttgart 1977, Bd. I., hg. von Reiner Haussherr, Stuttgart 1977, S. 177 (Nr. 205.5), und Bd. II, hg. von Christian Väterlein unter Mitarbeit von Ursula Schneider und Hans Klaiber, Stuttgart 1977, Abb. 122.7; vgl. Dirk Steinhilber, Geld- und Münzgeschichte Augsburgs im Mittelalter, in: Jahrbuch für Numismatik und Geldgeschichte 5/6, 1954/1955, S. 6–142, hier S. 112 (Nr. 49).

[68] Mustert man die ungefähr vierzig Texte für das Fest des hl. Ulrich, die in den Bänden der »Analecta Hymnica« aus Handschriften vom 12. bis 15. Jahrhundert versammelt sind, so ist erst in einem Reimofficium aus dem 15. Jahrhundert, enthalten in einem monastischen Brevier (Karlsruhe, Bad. Landesbibl., cod. Geo 51, fol. 71r–80r, aus dem Benediktinerkloster St. Georgen bei Villingen), im Responsorium der dritten Nocturn, darauf angespielt: »Gigas iste nobis, Gigas vere fortis, Currens vie pugilis, Virginalis sortis, Insignitus est tropeo, Totus ambulans cum Deo« (Analecta Hymnica Medii Aevi, Bd. XXVIII: Historiae Rhythmicae. Liturgische Reimofficien des Mittelalters, hg. von Clemens Blume und Guido M. Dreves, Leipzig 1898, S. 227).

des Kreuzes zum Inhalt der Legende gehört, ist trotz der Untersuchungen zum Wandel der Vita Oudalrici und zur Entstehung der Legende[69] – bisher nicht erforscht. Schon die frühesten Viten – jene zwischen 983 und 993 verfaßte des Augsburger Dompropsts Gerhard[70] und eine Vita von Abt Berno von Reichenau (1008–1048)[71] – berichten anläßlich der Schlacht auf dem Lechfeld im Jahr 955[72] von einem Ausritt des hl. Ulrich am Vortag der Schlacht (Gerhard) oder von seiner Anwesenheit mitten im Kampfgetümmel der Schlacht wie Berno. Diesem zufolge habe sich der hl. Ulrich auf dem Schlachtfeld aufgehalten, ohne Rüstung, nur in den bischöflichen Ornat gekleidet.[73] In beiden Texten ist das Kreuz nicht erwähnt. Auch in den lateinischen Fassungen aus dem 13. und 14. Jahrhundert, die dem Text der Vita des Berno folgen und um manche Erzählungen von Wundern erweitert sind[74] –

[69] Haupt (Anm. 22); Werner Wolf, Von der Ulrichsvita zur Ulrichslegende, Diss. phil. München 1967; Josefa Margareta Sauerteig, Die Überlieferung der deutschsprachigen Ulrichslegende im späten Mittelalter, in: Zeitschrift des Historischen Vereins für Schwaben 67, 1973, S. 47–94; vgl. ferner Anm. 79.

[70] Gerhard, Vita Sancti Oudalrici (Anm. 57); vgl. dazu Walter Pötzl, Die Anfänge der Ulrichsverehrung im Bistum Augsburg und im Reich, in: Festgabe 1973, S. 82–115, bes. S. 100–107; Wolf (Anm. 69), S. 64–71; Manfred Weitlauff, Art. »Gerhard von Augsburg«, in: Die deutsche Literatur des Mittelalters. Verfasserlexikon. Zweite völlig neu bearb. Aufl. (fortan: VL²), Bd. 2, Berlin–New York 1980, Sp. 1225–1229. Zu der Fragment gebliebenen Bearbeitung durch den Augsburger Bischof Geb(e)hard (996–1000) zuletzt: Ders., Art. »Geb(e)hard von Augsburg«, in: ebendort, Sp. 1131 f.

[71] Berno von Reichenau, Vita Sancti Udalrici, in: J[acques].-P[aul]. Migne [Hg.], Patrologia latina [fortan: PL], Bd. 142, Paris 1880, Sp. 1183–1204; dazu Wolf (Anm. 69), S. 75–87; Heinrich Hüschen, Art. »Bern (Berno) von Reichenau«, in: VL², Bd. 1, Berlin–New York 1978, Sp. 738–743, hier Sp. 741; Rolf Schmidt, Reichenau und St. Gallen. Ihre literarische Überlieferung zur Zeit des Klosterhumanismus zu St. Ulrich und Afra um 1500 (Vorträge und Forschungen, Sonderband 33), Sigmaringen 1985, S. 86 f. Die Vita Bernos wurde im frühen 13. Jahrhundert von einem Priester Albertus (möglicherweise Prior Adilbertus von St. Ulrich und Afra) in die Form eines deutschen Reimgedichts gebracht: Albert, Das Leben des heiligen Ulrich, hg. von Karl-Ernst Geith (Quellen und Forschungen zur Sprach- und Kulturgeschichte der germanischen Völker 163=N. F. 39) Berlin–New York 1971; vgl. Karl-Ernst Geith, Art. »Albertus von Augsburg«, in: VL², Bd. 1, Berlin–New York 1978, Sp. 114–116.

[72] Zum Hergang der Schlacht: Alfred Schröder, Die Ungarnschlacht von 955, in: Archiv für die Geschichte des Hochstifts Augsburg 1, 1909–1911, S. 453–492; Lore Sprandel, Untersuchungen zur Geschichte Bischof Ulrichs von Augsburg, Diss. phil. Freiburg 1962 (masch.), S. 43, 69 sowie S. 146 f. und 159; Manfred Weitlauff, Der heilige Bischof Udalrich von Augsburg (890–4. Juli 973), in: Festgabe 1973, S. 1–48, bes. S. 38–40.

[73] Während man früher der Vita Gerhards folgend die Teilnahme des Bischofs an der Schlacht gelegentlich anzweifelte (so Friesenegger 1937 [Anm. 2], S. 10; Friedrich Zoepfl, Der heilige Ulrich, Bischof von Augsburg, in: Georg Schwaiger [Hg.], Bavaria Sancta, Bd. 1, Regensburg 1970, S. 199–211, hier S. 203), ist seine Anwesenheit heute gewöhnlich unbestritten, wenngleich die geschilderten Einzelheiten als hagiographische Überformung des historischen Sachverhalts gelten: Wolf (Anm. 69), S. 68 f.; Lorenz Weinrich, Tradition und Individualität in den Quellen zur Lechfeldschlacht 955, in: Deutsches Archiv für Erforschung des Mittelalters 27, 1971, S. 291–313, bes. 310–312; Weitlauff (Anm. 69), S. 38–40.

[74] Vgl. etwa die einschlägigen Texte in den bei Wolf (Anm. 69), S. 44 f. und S. 91 f. genannten Handschriften aus dem 13./14. Jahrhundert in der Bayerischen Staatsbibliothek in München, cod. lat. 14 565 aus Regensburg, St. Emmeram, und cod. lat. 5512 aus Dießen.

darunter sogar Wunder, die sich im Zusammenhang mit dem Ungarneinfall zugetragen haben sollen –, fehlt jeglicher Hinweis. Vergebens sucht man danach im Text der erweiterten Fassung der »Legenda aurea«,[75] in den verschiedenen Fassungen des auf dieser fußenden deutschen Passionale[76] sowie den seit dem 15. Jahrhundert in mehreren Fassungen unterschiedlichen Umfangs verbreiteten deutschen Prosabearbeitungen der Legende.[77] Auch in den im mittleren 13. Jahrhundert einsetzenden Augsburger Stadtchroniken, sofern sie auch vorangegangene Zeiten behandeln, ist zwar die Lechfeldschlacht geschildert, jedoch vor der zweiten Hälfte des 15. Jahrhunderts von der Kreuzesübergabe nicht die Rede. Erst aus dieser Zeit lassen sich literarische Belege[78] und andere Zeugnisse dafür nennen, die wohl auf eine in Handschriften der Vita des Berno mindestens seit dem 15. Jahrhundert enthaltene Interpolation zurückgehen.[79] Eine solchermaßen ergänzte Handschrift lag wohl der Schilderung zugrunde, die 1456 der Augsburger Benediktinermönch Sigismund Meisterlin (um 1420 [um 1435 ?] – nach 1497)[80] in Buch IV seiner

---

[75] Jacobus a Voragine, Legenda aurea vulgo Historia Lombardica dicta, ed. Johann G[eorg]. Th[eodor]. Graesse, Dresden und Leipzig ³1890 (Ndr. Osnabrück 1969), cap. CCV (202), S. 903.

[76] Zum Text: Die Elsässische Legenda aurea, Bd. 1, hg. von Ulla Williams und Werner Williams-Krapp (Texte und Textgeschichte. Würzburger Forschungen, Bd. 3), Tübingen 1980, S. 779 bis 781.

[77] Vgl. Sauerteig (Anm. 69). Es handelt sich dabei um eine vor der Mitte des 15. Jahrhunderts in Augsburg entstandene Prosafassung, die in drei teils illustrierten Handschriften, alle geschrieben von Mitgliedern des Konvents von St. Ulrich und Afra, in der Bayerischen Staatsbibliothek München überkommen ist: cod. germ. 751, fol. 1v–63v, von Johannes Klesatel; cod. germ. 402, fol. 1r–45r, von Johannes Knaus, 1457 (zu den Verfassern: Bühler [Anm. 7], S. 52–54); cod. germ. 568, fol. 152r–177v, von Johannes Edlinger, 1468/1469; zum Text: Albert Hirsch, Die deutschen Prosabearbeitungen der Legende vom Hl. Ulrich (Münchener Archiv für Philologie des Mittelalters und der Renaissance, H. 4), München 1915, bes. S. 17–20; zu den Handschriften: Karin Schneider, Die deutschen Handschriften der Bayerischen Staatsbibliothek cgm 351–500 (Catalogus codicum manu scriptorum Bibliothecae Monacensis, T. V, ed. altera, Pars III), Wiesbaden 1973, S. 162–169, hier S. 163; Dies., Die deutschen Handschriften ... cgm 501–500 (Catalogus ... T. V, P. IV), Wiesbaden 1978, S. 151–158, hier S. 152 f.; Dies., Die deutschen Handschriften ... cgm 691–867 (Catalogus ... T. V, P. V), Wiesbaden 1984, S. 255–258, hier S. 256. Den deutschen Text des »Passional« enthalten Druckausgaben aus dem späten 15. Jahrhundert: Der heiligen leben, Augsburg (Günter Zainer) 1472, ferner die unter dem gleichen Titel von Johannes Bämler, Augsburg 1475 und 1477 gedruckten Ausgaben, vgl. die Angaben bei Ludwig Hain, Repertorium bibliographicum, Bd. II, T. 1, Stuttgart und Paris 1831, S. 247–251 (Nr. 9968–9991); Sauerteig a. a. O., S. 78–81. Dieser Text im Passionale wurde in späteren Ausgaben durch einen wesentlich umfangreicheren ersetzt: Heiligen Leben, Augsburg (Johannnes Bämler) 1480, ebenfalls in den 1488 bei Anton Sorg und 1489 bei Johannes Schönsberger gedruckten Ausgaben (zu diesen und späteren: Haupt [Anm. 22], S. 115 f.; Sauerteig a. a. O. S. 81–88); die ausführlichste Fassung enthält der Druck Anton Kobergers, Nürnberg 1488: ebd. S. 88–90. Vgl. die Nachweise bei Werner Williams-Krapp, Die deutschen und niederländischen Legendare des Mittelalters. Studien zu ihrer Überlieferungs-, Text- und Wirkungsgeschichte (Texte und Textgeschichte. Würzburger Forschungen, Bd. 20), S. 466.

[78] Vgl. Anm. 68.

[79] Vgl. Paul Joachimsohn, Die humanistische Geschichtsschreibung in Deutschland, Heft 1: Die Anfänge. Sigismund Meisterlin, Bonn 1895, S. 54 mit Anm. 3; Haupt (Anm. 22), S. 113.

»Chronographia Augustensium«,[81] ebenso in der geringfügig gekürzten deutschen Übersetzung von 1457[82] von Lechfeldschlacht und Kreuzesübergabe mitteilte. Meisterlin erwähnte die Kreuzesübergabe später noch in seinem »Chronicon ecclesiasticum«[83] und im »Index monasterii SS. Udalrici et Afrae Augustensis« (1484)[84] sowie in der »Descriptio monasterii S. Udalrici et Afrae«.[85] Im »Catalogus reliquiarum SS. Udalrici et Afrae« aus der Zeit um 1470 sind die formelhaften Angaben zur Herkunft[86] ebenso repetiert wie im 1483 gedruckten Ulrichsbüchlein[87] für die Mitglieder der 1440 gegründeten und 1468 erneuerten Bruderschaft, in den Aufzeichnungen Wilhelm Wittwers[88] oder auf dem Rahmen des Seld'schen Gehäuses von 1494. Diese Fas-

[80] Zu Person und Werk: Joachimsohn (Anm. 79); Katharina Colberg, Art. »Meisterlin, Sigismund OSB«, in: VL², Bd. 6, Berlin–New York 1987, Sp. 356–366.
[81] Dazu ebd. Sp. 358–360; Hörberg (Anm. 7), S. 174; gelegentlich ist das Werk anders betitelt: »Chronographia sive Historia Augustana«. Meisterlin berichtet an zwei ähnlich formulierten Stellen, der Bischof habe auf wunderbare Weise das Kreuz erhalten, das noch heute im Kloster verehrt werde (so etwa: »contigit autem dierum vna vt vtrimque pugnantibus visibiliter cunctis videntibus angelus cruciculam ... / de celo diuinitus sibi missam Sancto offerret antistiti in signum et certitudinem future contra hostes victorie ...«, zit. nach der aus St. Ulrich und Afra in Augsburg stammenden Abschrift Leonhard Wagners in cod. lat. 1009, fol. 77rv, der Bayerischen Staatsbibliothek München (zur Hs.: [Carolus Halm, Gulielmus Meyer, Sigismundus Riezler,] Catalogus codicum latinorum Bibliothecae Regiae Monacensis. Ed. altera., T. I, Pars I (Catalogus codicum latinorum Blibliothecae Regiae Monacensis, T. III, Pars II), München 1892, S. 221.
[82] »Da wared ym von hymel ain creutz gesant / als vnsere ellteren sagent / zu ainem zaichen des syges / Das selbig creutz ... zaiget man auch inn / vnnserem closter / mitt vil anderem Erwirdigen hayligtumbe«, zit. nach der von Konrad Bollstatter bearbeiteten Abschrift in der Bayerischen Staatsbibliothek, cod. germ. 213, fol. 163v, 164r (zur Hs.: Karin Schneider, Die deutschen Handschriften ... cgm 201–350 [Catalogus ... T. V, P. II], Wiesbaden 1970, S. 47 f.); der Text wurde 1522 – vgl. Anm. 90 – gedruckt. Vgl. Colberg (Anm. 80), Sp. 358–360; der Bericht über die Ereignisse auf dem Lechfeld wurde aufgegriffen u. a. in einer anonymen Augsburger Chronik, die den Zeitraum von der Stadtgründung bis zum Jahr 1469 behandelt: Die Chroniken der schwäbischen Städte, Augsburg, Bd. 1, hg. von F. Frensdorf und Matthias Lexer (Die Chroniken der deutschen Städte, Bd. 4), Leipzig 1865, S. 265–332, hier S. 296.
[83] »Quo tempore traditur Sancto Vdalrico caelitus crucicula transmissa«, zit. nach: Johannes Pistorius, Rerum germanicarum veteres ... scriptores, VI, Frankfurt 1607, S. 589–614, hier S. 600; zum Text: Colberg (Anm. 80), Sp. 361; Hörberg (Anm. 7), S. 174.
[84] »Crucicula denique stolato non loricato diuinitus sibi destinatio, securus ubique in prelio incedebat. hunos qui et hungeri (!) deuicit«, zit. nach Leonhard Wagners Abschrift von 1516 in cod. lat. 1009, fol. 128r, der Bayerischen Staatsbibliothek; zur Hs. vgl. Catalogus ... (Anm. 81); zum Werk Colberg (Anm. 80), Sp. 362; Hörberg (Anm. 7), S. 174.
[85] Vgl. cod. lat. mon. 23 877, fol. 111r; zur Hs. vgl. Halm u. a. (Anm. 83).
[86] »Item aliud clenodium, merito in summo pretio habendum, et vocatur crux S. Ulrice, quod ipsi missum a Deo, in signum victoriae, quando ipse pugnavit contra infideles ...«, zit. nach: Acta Sanctorum, Julii T. II, Paris und Rom 1867, S. 87 f.
[87] Das wohl für die Bruderschaft (so Haupt [Anm. 22], S. 114) 1483 bei Johannes Bämler in Augsburg gedruckte Ulrichsbüchlein behandelt Ursprung der Stadt Augsburg, die wichtigen Heiligen der Stadt und die Kirche St. Ulrich und Afra (Albert Schramm, Der Bilderschmuck der Frühdrucke, Bd. 3, Leipzig 1921, S. 23, Abb. 712 f.). Dort heißt es auf Bl. d4 im Verzeichnis der im Kloster verwahrten Reliquien: »Item noch ist ein kleinat bey vns ... Das selbig würt genant sant Vlrichs kreütz das jm ist von got gesant worden zů einem zeychen des siges.«

sung der Legende wurde bis ins 18. Jahrhundert fortgeschrieben und bestimmte, nachdem die frühen bebilderten Abschriften der Meisterlin-Chronik noch nicht darauf Bezug genommen hatten,[88] mindestens seit der Gravur auf Selds Gehäuse von 1494 die Ikonographie der Lechfeldschlacht.[90] Bis ins 18. Jahrhundert folgten die meisten Autoren der nach dem Text Meisterlins geschriebenen, gleichsam »offiziellen« Lebensbeschreibung des Heiligen, die der Benediktinermönch und Humanist Veit Bild im Auftrag seines Klosters zusammengestellt hatte und die 1516 bei Silvan Othmar in Augsburg in einer lateinischen und einer deutschen Ausgabe erschienen war. In letzterer heißt es: »Es begab sich aber auff ainen tag /... daz ain engel gots ain creützlin sichtperlich von himel herab bracht / jm von got geschickt /... zů ainem zaichen vnd gewißhait der künfftigen überwindtnuß wider die feind... Dieses creützlin wird biß auff diesen tag noch in dem wirdigen Goteshaus der hailigen sanct Ulrichs zu Augspurg mit sonder sorgfeltigkait vnd andacht behalten / vnd von yedermann für ain hohe vnd gotliche gab geeret«.[91] Der

[88] »Nota, quod prefata crux de auro.. facta est pro conservacione et honore thezauri nostri videl. crucis s. Vdalrici, que sibi fuit missa per angelum a Domino, sicut credimus et non dubitamus, ut incole et antecessores nostri nobis tradiderunt illo tempore... Quam idem s. episcopus Vdalricus omni devocione et leticia accipiens ut decebat, deinde non cogitabat de armis bellicis, sed jam confortatus fide Christi ac signatus cruce sancta non dubitans de adjutorio Dei, assumpsit predictam s. crucem, pendensque eandem ad collum suum pro defensorio...«: Steichele (Anm. 9), S. 383. Ähnlich noch Jacobus Gretser S.J., De sancta cruce..., Ingolstadt 1616, S. 497: »... religiosissimus S. Crucis cultor, habitu Pontificali & cruce ex collo pendente decoratus... S. Vdalricus Crucis virtute vicit«.

[89] Illustrierte Abschriften sind: Württembergische Landesbibliothek Stuttgart, cod. HB V hist. 22, von Georg Mülich, 1457; Staats- und Stadtbibliothek Augsburg., 2° cod. Halder 1, von Hector Mülich, 1457; ebendort, 2° cod. Aug. 60, von Heinrich Pittinger O.S.B., 1457; Bayerische Staatsbibliothek München, cod. germ. 213, von Conrad Bollstätter, 1479–1481; Staats- und Stadtbibliothek Augsburg, 4° cod. Aug. 1, 1480; vgl. zu den Illustrationen Haupt (Anm. 22), S. 74; Ott (Anm. 46), S. 79.

[90] Das zeitlich der Gravur auf dem Gehäuse des Ulrichskreuzes nächststehende Beispiel ist ein Hans Weiditz zugeschriebener, 1520 datierter Einblattholzschnitt mit der Lechfeldschlacht. Man sieht den Heiligen hoch zu Roß mitten im Kampfgetümmel der Schlacht, beim Empfang des Kreuzes (Max Geisberg, Der deutsche Einblattholzschnitt in der ersten Hälfte des XVI. Jahrhunderts, 24. Lieferung, München 1927, Nr. 36; vgl. Heinrich Röttinger, Hans Weiditz der Petrarkameister [Studien zur deutschen Kunstgeschichte, 50. H.], Straßburg 1904, S. 70, Nr. 18). Eine freie Wiederholung durch den Monogrammisten HS mit dem Kreuz enthält die deutsche, bei Melchior Ramminger gedruckte Ausgabe der Meisterlin-Chronik: Eine schöne Chronick und Hystoria..., Augsburg 1522 (dazu: Ausst.kat. »Von der Augsburger Bibelhandschrift zu Bertolt Brecht...« Augsburg 1991, Weißenhorn 1991, S. 201 f., Nr. VIII, 9 [Wolf Gehrt]). Vgl. zur Ikonographie in der Folgezeit: Karl Kosel, Die nachmittelalterlichen Darstellungen der Ungarnschlacht bis zum Ende der Türkenkriege, in: Festgabe 1973, S. 312–338; ders., Die Darstellungen der Ungarnschlacht im 18. Jahrhundert, in: Jahrbuch des Vereins für Augsburger Bistumsgeschichte e.V. 8, 1974, S. 121–164; Mechthild Müller, »In hoc signo vince« – Schlachtendarstellungen an süddeutschen Kirchendecken im 18. Jahrhundert – Funktion und Geschichtsinterpretation (Europäische Hochschulschriften, Reihe XXVIII Kunstgeschichte, Bd. 15 = Diss. phil. Tübingen), Frankfurt 1991, S. 17–41.

[91] Veit Bild, Das leben: verdienen: vnd wundererck der hailigen / Augspurger Bistumbs bischoffen / sant Vlrichs..., Augsburg 1516, Bl. C2v – Bl. C3v; lat. Ausgabe: Gloriosorum christi

Inhalt dieser knappen Angaben begegnet in nahezu allen Lebensbeschreibungen des hl. Ulrich,[92] jedoch auch in den einschlägigen historischen[93] und topographischen[94] Werken zu Geschichte, Bauten und Reliquienschatz der Abtei.

Erst im Verlauf des 18. Jahrhunderts wurden allmählich Zweifel am historischen Gehalt der Legende laut, nachdem schon 1660 die Bollandisten Daniel Papebroch und Gottfried Henschen bei ihrer großen Bibliotheksreise durch Deutschland und Italien über ihren Aufenthalt in Augsburg und eine Besichtigung des Reliquienschatzes im Kloster St. Ulrich zwar notierten, es werde dort ein Kreuz verehrt, das von einem Engel überbracht worden sein solle, aber auch festhielten, es solle sich dabei um eine wahre Kreuzpartikel handeln.[95] Im 1731 erschienenen Band der »Acta Sanctorum« äußerte der Bearbeiter des Textes über den hl. Ulrich seine Bedenken ganz offen.[96] Dennoch

---

confessorum Vdalrici ... historie, Augsburg 1516, Bl. B'4v−C'1v; zu Veit Bild: Schröder (Anm. 35), bes. S. 117; ferner Bellot (Anm. 7), S. 401, und Schmidt (Anm. 71), S. 70.

[92] Als Beispiele seien genannt: Bartholomäus Wagner, Catholische Beschreibung von S. Vlrich ..., Ingolstadt 1589, S. 8; Aegidius Rambeck O.S.B., Heiliges Benediktiner=Jahr ... vermehrt und ins Deutsche gebracht von Carolomannus Vierholz O.S.B., Teil III, Augsburg 1710, S. 10−17, hier S. 14; Reginbald Perckmar O.S.B., Leben- und Wunder=Thaten der drey fürnehmsten Patronen ... der Augsburgerischen Kirche ..., Augsburg 1737, S. 25−29 (zum Verfasser, einem Konventualen von St. Ulrich und Afra: Pirmin Lindner, Memoriale San-Ulricanum ..., in: Diözesan-Archiv von Schwaben 8, 1891, S. 42 und 16, 1898. S. 15).

[93] Carl Stengel O.S.B., Der Weit=berüehmbten Kayserlichen Freyen vnd deß H. Rö: Reichs Statt Augspurg in Schwaben / kurtze Kirchen Chronick / sampt dem Leben und Wunderzeichen der Heyligen / welche daselbsten gelebt / Augsburg 1620, S. 88; ders., Commentarius rerum Augustan. Vindelic. Pars II: Rerum Augustan. Vindel. Comm. Ab vrbe condita ac nostra vsque tempora, Ingolstadt 1647, S. 107; Franciscus Petrus, Suevia ecclesiastica ..., Augsburg und Dillingen 1699, S. 117; Corbinian Khamm O.S.B., Hierarchia Augustana chronologica tripartita ..., Augsburg 1709, S. 135; zu Carl Stengel und Corbinian Khamm, beide Mönche des Reichsstifts St. Ulrich und Afra: Lindner 1891 (Anm. 92), S. 17f. und 38.

[94] O. Verf. [=Carl Stengel O.S.B.], Warhafte Abbildung Aller fürnemen Hailthumbs=Gefässen. Neben kurtzer Beschreibung deren darinn verschloßnen Reliquien: Welliche in dem würdigen Gotteshaus St. Ulrichs und St. Afrae zu Augsburg aufbehalten werden, Augsburg 1630, Taf. XXI zwischen Bl. 27 und 28.; Bernhard Hertfelder O.S.B., Basilica SS. Vdelrici et Afrae, Imperialis monasterii ord. S. Benedicti Augustae Vindel. Historice descripta atque aeneis figuris illustrata, Augsburg 1629, ²1653, ³1657, ben. Ausg.: ²1653, S. 97f.; anläßlich der 700-Jahrfeier der Besiedelung des Klosters durch Benediktinermönche 1712 wurde Hertfelders Werk ins Deutsche übersetzt: Roman Kistler O.S.B., Basilica. Daß ist Herrliche Kirchen des Freÿ= Reichs Klosters St. Ulrich und Afra in Augsburg ..., Augsburg 1712, Bl. 15v; zu den Verfassern: Lindner 1891 (Anm. 92), S. 30 und 37; ders., Memoriale San-Ulricanum, in: Diözesan-Archiv von Schwaben 15, 1897, S. 161−167 und 185−187, sowie ders. 1898 (Anm. 92), S. 14f.

[95] Vgl. die Auszüge aus dem Reisetagebuch (Brüssel, Bibliothek der Societé des Bollandistes, ms. 971), die in Übersetzung veröffentlicht wurden: Hildebrand Dussler O.S.B. (Hg.), Reisen und Reisende in Bayerisch Schwaben (Reiseberichte aus dem bayerischen Schwaben, Bd. 2 = Schwäbische Forschungsgemeinschaft bei der Kommission für bayerische Landesgeschichte. Veröffentlichungen, Reihe 6, Bd. 2), Weißenhorn 1974, S. 106−127, hier 122.

[96] Nach einigen methodischen Erwägungen schrieb er lapidar: »Cruce caelitus S. Udalrico deportata, sit seculo decimo quinto antiquior, satis videtur perspicuum, non multum ponderis

schrieb man die legendäre Herkunft des Ulrichskreuzes noch bis in die zweite Jahrhunderthälfte fort. So veröffentlichte Friedrich Nicolai als Beilage zu seinem Bericht über den Aufenthalt, den er 1781 in der Reichsstadt genommen hatte, eine Broschüre aus dem Jahr 1784 für Wallfahrer, die damals in St. Ulrich vertrieben wurde,[97] und kommentierte bissig: »Hr. Lavater..., der glaubt, daß alle katholischen Mönchlegenden, ob sie gleich gefabelt sind, dennoch ehrwürdig wären, weil sie zu Jesu Ehre gefabelt sind, möchte uns auch wohl unterrichten, ob die Legende vom heiligen Ulrich auch zu Jesu Ehre auf irgend eine Art gereichen könne? Der Küster zu St. Ulrich versichert wenigstens wie am Ende [sc. der Broschüre] zu lesen, sie gereiche: zu größerer Ehre Gottes«.[98] Als im Jahre 1796 der verdiente Archivar und Bibliothekar des Reichsstiftes, Placidus Braun, daran ging, eine neue Lebensbeschreibung des Bistums- und Klosterpatrons zu verfassen, bemühte er sich um eine eingängige und anschauliche Darstellung von Leben und Wirken des Heiligen, in der man nach dem Stand damaliger Kenntnis historisch zuverlässig über diesen informiert werden sollte, und erwähnte die legendäre Kreuzübergabe mit keinem Wort.[99] Erst in seiner 1817 erschienenen Klostergeschichte ging er darauf ein und schloß sich den bereits in den »Acta Sanctorum« vorgebrachten Argumenten gegen die Historizität der Legende an: »Dieses ist also jenes Kreuz, welches, nach der Erzählung einiger spätern Geschichtsschreiber und nach der bisherigen Meynung, der heilige Ulrich im J. 955 in der Schlacht wider die Hungern zum Zeichen des errungenen Sieges durch einen Engel vom Himmel erhalten haben soll. Da aber von einem so wichtigen Ereignisse weder der anonyme gleichzeitige Biograph des heiligen Ulrichs, der doch sonst alles wunderbare von demselben aufzeichnete, noch Berno in

inesse eorum testimoniis, praesertim post silentium omnis, per saecula quinque praegressae antiquitatis«. Und, an die Verteidiger der Historizität des Berichts gewandt, fuhr er fort, wie solle man erklären, daß ausgerechnet der erste Biograph, Gerhard, der alle Personen, Begebenheiten und Örtlichkeiten so anschaulich (»graphice«) beschrieben habe, dieses Ereignis übergangen haben sollte (»et nullo verbulo miraculum, de quo agimus, tam singulare, tam illustre, ac memorabile attigisse?«): Acta Sanctorum, Julii T. II, Antwerpen 1731, S. 87–90 (§ VI. Reliquiae, calix, crux S. Udalrici, terra contra glires), unverändert nachgedruckt im 1867 in Paris und Brüssel erschienenen Band der späteren Ausgabe der »Acta Sanctorum« (Anm. 86).

[97] »Kurtzer Lebensbegriff von dem heiligen Bischoff und besonderen Augsburgischen Patronen Udalrikus samt Gebether«, in: Friedrich Nicolai, Beschreibung einer Reise durch Deutschland und die Schweiz im Jahre 1781, Bd. 7, Berlin und Stettin 1787, Beilage IV. 19, S. 102–111.

[98] Ebd. S. 107, Anm. zu 2.

[99] Placidus Braun O.S.B., Geschichte von dem Leben, Wunderwerken, Erfindung und Uebersetzungen des heiligen augsburgischen Bischofes Ulrich..., Augsburg 1796, S. 46–50; zum Verfasser: August Lindner, Die Schriftsteller und die um Wissenschaft und Kunst verdienten Mitglieder des Benediktiner-Ordens im heutigen Königreich Bayern vom Jahre 1750 bis zur Gegenwart, Bd. I, Regensburg 1880, S. 124–131; Friedrich Zoepfl, P. Placidus Braun (1756–1829), in: Götz Frhr. von Pölnitz (Hg.), Lebensbilder aus dem bayerischen Schwaben, Bd. 8, München 1961, S. 349–376.

seiner Geschichte und andere gleichzeitigen Schriftsteller etwas melden, so ist die Erzählung davon für ein frommes und unschuldiges Märchen späterer Zeiten anzusehen«.[100] Wenn nun auch »dieses Heiligthum an seinem bisherigen hohen Werth etwas zu verlieren scheint«, glaubte er doch etwas mitteilen zu können, »das ihm einen noch weit höhern Werth ertheilt« und berichtete von einer einige Jahre zuvor in Wiblingen stattgefundenen Untersuchung, bei der man die im dortigen Benediktinerkloster aufbewahrte und verehrte Kreuzpartikel mit dem Ulrichskreuz verglichen und als »vollkommen ähnlich« beurteilt hätte; daraus hätten alle damals Anwesenden den Schluß gezogen, es handelte sich bei dem Ulrichskreuz um eine »wahre Kreuzpartikel«. Brauns Vermutung, es sei ganz glaubwürdig, daß der Heilige als hochgeschätzter Bischof bei einer der mehrmals bezeugten Romreisen dort »eine solche anschauliche Partikel mit vielen anderen Reliquien erhalten und bis zu seinem Hinscheiden auf seiner Brust getragen habe«,[101] machten sich viele Autoren in der Folgezeit zu eigen.[102]

Der Gebrauch des Ulrichskreuzes als Pectorale mindestens seit dem 14. Jahrhundert, den – wie schon erwähnt – das erste Gehäuse belegt, blieb lange Zeit üblich. Wahrscheinlich konnte man auch das in den Annalen des Augsburger Benediktinermönchs Johannes Frank erwähnte silberne Kreuz, das 1452 als Gehäuse für jenes kleine ältere Kreuz angeschafft worden war, als Pectorale verwenden.[103] Dafür spricht eine Notiz in Wittwers Aufzeichnungen aus dem Jahr 1484, man habe für das Ulrichskreuz eine neue Kette mit einem das Kreuz haltenden Engel erworben.[104] Was mit diesem Gehäuse geschah, als man es 1494 durch das Seld'sche Kreuz ersetzte, ob man es gar für dessen Herstellung verwendete, ist nicht überliefert. Das Reliquienkreuz aus der Seld-Werkstatt, das mit einer Kette zusammen geliefert worden war,[105] gebrauchten die Äbte noch bis ins 17. Jahrhundert an hohen Festtagen als Brust-

---

[100] Braun (Anm. 2), S. 218; ähnlich später C.J. Wagenseil (Anm. 86): »Es ist bekannt, daß der Bischof Ulrich in dieser Schlacht dem Kaiser mit Gebet und Volk beystund. Daß ihm während derselben ein Engel vom Himmel ein Kreutz gebracht haben solle, gehört als Legende in jene Zeiten, in denen man die lieben heiligen Engel nur gar zu gerne zum Schutz der Sterblichen bemühte...«.

[101] Ebd. S. 218f.; zur Wiblinger Kreuzpartikel: Hanns Otto Münsterer, Die doppelbalkigen Partikelkreuze von Scheyern, Wiblingen und Donauwörth, in: Bayerisches Jahrbuch für Volkskunde 1952, S. 50–64, wieder in: Ders. 1983 (Anm. 2), S. 137–165, bes. S. 150–153.

[102] Vgl. Friesenegger 1937 (Anm. 2), S. 12; Müller (Anm. 2), S. 48.

[103] »Item da man zelt 1452 jar in der vasten da macht man ein silberins kreutz zu sant V̇lrich, das hat V marck vnd viiij lot silbers, darein man das heilig kreutz hat getan ...«: zit. nach Anton Steichele, Fr. Johannes Frank's Augsburger Annalen, 1430–1462, in: Archiv für die Geschichte des Bisthums Augsburg, Bd. II, Augsburg 1859, S. 78–122, hier S. 84.

[104] »Similiter fecit cathenam argenteam deauratam ad crucem s. Vdalrici ep., quam dns. abhas portat in collo et ante pectus cum angelo presentante crucem s. Vdalrico sibi a Deo missam« (Wittwer, Catalogus ...: Steichele [Anm. 9], S. 320).

[105] Ebd., S. 383.

[106] Zuletzt erwähnte dies Carl Stengel 1620 (Anm. 93), S. 89: »... pectoral creutz, welches noch biß hierher die Prelaten im Ambt der H. Meß brauchen«.

kreuz.¹⁰⁶ Außerdem war es bereits im 15. Jahrhundert Brauch, Besuchern des Klosters das Ulrichskreuz zu zeigen und es zur Verehrung auszustellen. Bei Wilhelm Wittwer liest man von einem Besuch polnischer Notabeln, die als Gesandte eines Bischofs auf dem Weg nach Rom durch Augsburg kamen und denen er, damals Custos des Klosters, den Reliquienschatz zeigte. Dabei stellte sich heraus, daß ihnen allen das Ulrichskreuz bekannt war, da man in vielen Kirchen des Königreichs Polen davon Kunde hätte.¹⁰⁷ Da nun das Ulrichskreuz mit den übrigen »Heiligtümern« des Klosters zusammen in der Sakristei aufbewahrt worden zu sein scheint, war zu erwarten, daß man ihm auch in einem Verzeichnis des »gros hochwirdig vnd namhaftig hailtum«, einer aus vier Holzschnitten zusammengesetzten, querformatigen Tafel begegnet. In drei Registern sind hier die Reliquien des Klosters in ihren oft kostbaren Behältnissen wiedergegeben; ausführliche Bildunterschriften informieren den Betrachter, welche Reliquien im jeweiligen Reliquiar enthalten sind. Die aus zwei Holzschnitten zusammengesetzte untere Hälfte des 1520 datierten, im Auftrag des Konvents herausgegebenen und mit dessen Wappen versehenen Heiltumsverzeichnisses¹⁰⁸ zeigt etwa in der Mitte oberhalb der Wiedergabe des geöffneten Grabes der hl. Afra die Gebeine der hl. Digna und zu seiten links das »Sigcreutz« des hl. Ulrich mit einem Engel, rechts den Kelch des Heiligen mit der ausgestreckten Dextera Dei darüber. Ob der Engel nur eine an den Inhalt der Legende erinnernde Zutat im Bilde war oder außerdem auch einen ehedem bei der Kette vorhandenen Engel abbilden sollte, ist ungewiß. Immerhin gehörte zu einem anderen Kreuz, in einem der oberen Register abgebildet, eine Kette, an der zwei Engel so angebracht waren, daß sie zu Seiten des Kreuzes zu knien und es zu halten schienen.¹⁰⁹ Da schon bei der 1484 beschafften Kette ein das Kreuz haltender Engel

48

---

¹⁰⁷ »Qui omnes causa devocionis visitaverunt locum et reliquias, quas ego ... ostendi eis, et easdem magna devocione viderunt. Cum autem perveni ad ostensionem crucis S. Vdalrici sibi celitus missam, omnes obstupuerunt, et aliqui eorum ad fletum provocati sunt pre nimio gaudio, quia in patria et regno Polonie et episcopatibus ejusdem regni legitur de eadem s. cruce s. Vdalrico missa: Steichele (Anm. 9), S. 384. Wittwers Bericht überliefert auch die Namen der Orte, in denen das Ulrichskreuz bekannt war: Gnesen, Krakau, Posen und Lemberg.

¹⁰⁸ »Hie ist verzaichnet vnd wirt angezaigt das gros hochwirdig vnd namhaftig hailtum. So dann ist růn vnd rasten in / dem wirdigen gotzhaus Sant Vlrichs vnd Sant Affren Sant Benedictenordens. gelegen in der kayserlichen stat Augspurg«: Richard Schmidbauer, Einzelformschnitte des 15. Jahrhunderts in der Staats-, Kreis- und Stadtbibliothek Augsburg (Einzelblattdrucke des 15. Jahrhunderts, Bd. 18), Straßburg 1909, Nr. 15. Die obere Hälfte der Tafel abgebildet bei: Michael Hartig, Das Benediktiner-Reichsstift St. Ulrich und Afra in Augsburg... (Germania Sacra, B.I.A), Augsburg 1923, S. 86f.

¹⁰⁹ Engelpaare, die gemeinsam etwas stützen oder halten, sind aus manchen Werken der Goldschmiedekunst aus der zweiten Hälfte des 15. Jahrhunderts bekannt, etwa bei der Lunula für die Monstranz des Sixt Schmuttermaier, Freising, 1472, in Waidhofen/Ybbs, oder am Reliquiar von Thomas Rockenbach für einen der heiligen Nägel, Bamberg, 1484/1496, im Bamberger Domschatz (Fritz [Anm. 3], Abb. 747 und 777). Weitere Beispiele bei: Dietmar Lüdke, Das heiltumsweisende Engelspaar, in: Die Weltkunst 20, 1985, S. 3020–3025.

erwähnt ist, könnte der im Bild wiedergegebene Engel zum Schmuck der von Seld gearbeiteten Kette gehört haben. Ihr Schicksal ist ungewiß: Ob sie bei der Flucht von Abt und Konvent vor den Schweden 1632 verloren ging,[110] ob sie wegen des im Verlauf des 17. Jahrhunderts allmählich unüblich gewordenen Gebrauchs als Pectorale nicht mehr notwendig war[111] oder ob sie bei der Säkularisation verschwand,[112] ist nicht bekannt.

Als man 1698 an der Ostseite der Sakristei die Allerheiligenkapelle anbaute,[113] um einen würdigen Ort für die Verehrung der hl. Digna, einer Gefährtin der hl. Afra, sowie der hl. Bischöfe Wigpertus, Nidgarius, Adalbero und Thosso einzurichten, fügte man in den Aufbau des Altars außer den verglasten Reliquienschreinen in der Mitte der Predella auch einen kleinen Tabernakel für das Ulrichskreuz ein. Corbinian Khamm erklärte in der »Hierarchia Augustana« zum Weihetitel der Kapelle, diese sei allen dort ruhenden Heiligen und dem Heiligen Kreuz geweiht, da an diesem Ort auch das Ulrichskreuz aufbewahrt würde.[114] Die äußere Tür des Tabernakels ist mit der Wiedergabe des Gehäuses von 1494 bemalt, die innere trägt die Inschrift »CRVX VICTORIALIS«.[115]

Während des Jahres blieb die Tür gewöhnlich verschlossen, es sei denn, auswärtige Besucher verlangten das Ulrichskreuz zu sehen.[116] Bezeugt ist, daß dann der mit der Führung der Gäste betraute Mönch Chorrock und Stola anlegte, das Ulrichskreuz dem Tabernakel entnahm, die Besucher damit segnete und ihnen das Kreuz zum Kuß reichte.[117] Während der Ulrichsoktav war

[110] Friesenegger 1937 (Anm. 2), S. 15.
[111] Für Frieseneggers Vermutung, das Ulrichskreuz habe möglicherweise bei feierlichen Anlässen wie den Wahlen zum Römischen König 1653 und 1690 als »instrumentum pacis« gedient, ist bisher kein Hinweis bekannt geworden.
[112] Alfons Maria Scheglmann, Geschichte der Säkularisation im rechtsrheinischen Bayern, Bd. 3, Teil 1 Regensburg 1906, S. 237f.; P. Barnabas Schroeder O.S.B., Die Aufhebung des Benediktiner-Reichsstiftes St. Ulrich und Afra in Augsburg 1802–1806 (Studien und Mitteilungen zur Geschichte des Benediktiner-Ordens und seiner Zweige, 3. Ergänzungsheft), München 1929, S. 126.
[113] Dazu: Georg Dehio, Handbuch der Deutschen Kunstdenkmäler, Bayern III: Schwaben, bearb. von Bruno Bushart und Georg Paula, München–Berlin 1989, S. 98.
[114] Friesenegger 1937 (Anm. 2), S. 16.
[115] Khamm (Anm. 93), S. 89. Auch das im Erbauungsjahr der Kapelle angebrachte und bei der Renovierung der Kapelle im Jahr 1898 erneuerte Chronostichon »CRVCI VICTORIALI SANCTISQVE HIC QVIESCENTIBVS EXORNATVM« nahm darauf Bezug: Friesenegger 1937 (Anm. 2), S. 16.
[116] Vgl. den Bericht Papebrochs und Henschens aus dem Jahre 1660: Anm. 95; Ähnliches berichtete P. Beda Plank aus Kremsmünster, der 1779 im Ulrichskloster Halt gemacht hatte (Dussler [Anm. 95], S. 218–241, hier S. 235), und wenige Jahre später ein Benediktiner aus St. Gallen: Johann Nepomuk Hauntinger, Reise durch Schwaben und Bayern im Jahre 1784, hg. von Gebhard Spahr O.S.B., Weißenhorn 1964, S. 104.
[117] Reisetagebuch des P. Konstantin Stampfer O.S.B. (1750–1787) aus St. Peter in Salzburg, 1784, vgl. Hildebrand Dussler O.S.B. (Hg.), Reisen und Reisende in Bayerisch Schwaben (Reiseberichte aus dem bayerischen Schwaben, Bd. 1 = Schwäbische Forschungsgemeinschaft bei der Kommission für bayerische Landesgeschichte. Veröffentlichungen, Reihe 6, Bd. 1), Weißenhorn 1968, S. 256–274, hier S. 268.

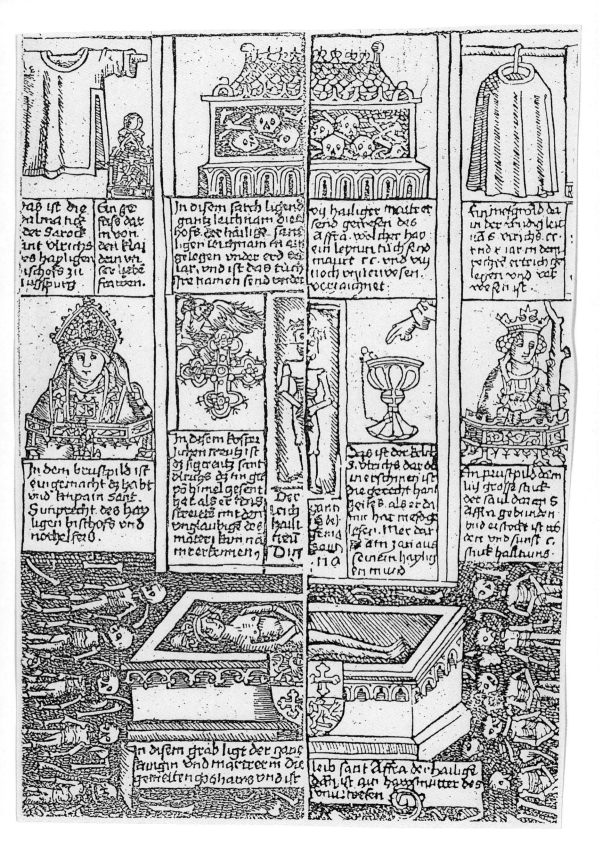

Das Ulrichskreuz und die Ulrichskreuze 305

das Kreuz öffentlich zu sehen. Am Vortag des Ulrichsfestes schloß die von den Domherren gesungene dritte Vesper – die beiden vorangegangenen hatten die Benediktiner selbst sowie die Stiftskanoniker von St. Moritz persolviert – mit dem Segen, den der klösterliche Custos mit dem Ulrichskreuz spendete. Am darauffolgenden Festtag fand vor dem Hochamt, das der Fürstbischof zelebrierte (in seiner Abwesenheit durch Weihbischof oder Dompropst vertreten), eine Prozession mit dem Ulrichskreuz statt. Diese Ordnung blieb das ganze 18. Jahrhundert hindurch im wesentlichen unverändert,[118] Ausnahmen waren besondere Festlichkeiten oder Jubiläen, die man in den Jahren 1698, 1712 und 1762 beging. Während über die liturgische Ordnung anläßlich der zweiten Erhebung der heiligen Bischöfe sowie der hl. Digna im Jahr 1698, zu deren Ehren man die neue Kapelle gebaut hatte, wenige Einzelheiten bekannt sind, ist man über die 700-Jahrfeier der Besiedelung des Klosters durch Benediktinermönche 1712 dank den ausführlichen Berichten darüber gründlich informiert.[119] Abt Willibald Popp[120] ließ anläßlich des Jubiläums einiges im Kircheninneren erneuern und schaffte eine große Monstranz an,[121] die man nicht nur für das Sanctissimum, sondern auch als Reliquienmonstranz für eine Kreuzpartikel und – während der Ulrichsoktav – für das Ulrichskreuz verwendete.[122] Wohl damals versah man das Seld'sche Ge-

---

[118] Dies bezeugen Augsburger »Andachts- und Festkalender« von 1718 und 1730 (Peter Rummel, Katholisches Leben in der Reichsstadt Augsburg [1650–1806], in: Jahrbuch des Vereins für Augsburger Bistumsgeschichte e.V. 18, 1984, S. 9–161, hier S. 100), die Ausführungen Reginbald Perckmars (Anm. 92), S. 62; Gerbert (Anm. 66), S. 173; »Ordentlicher Anzeiger, wie in diesem Löbl. Reichsgotteshause der hl. Ulrich und Afra der tägliche Gottesdienst, wie auch an den Festtägen ... gehalten wird«, 1797 (Archiv des Bistums Augsburg, Hs. 85, vgl. Rummel a.a.O.).

[119] [Joseph Zoller von Zollershausen O.S.B.,] Höchst=schuldig vollbrachtes Jubl= und Danck= Fest oder jüngsthin herrlich angestellte acht=taegige SOLENNItät ..., Augsburg 1712 (zum Verfasser: Lindner 1880 [Anm. 99], S. 119f.; ders., Die Schriftsteller ... Nachträge, Regensburg 1884, S. 55; ders. 1891 [Anm. 92], S. 41); Kistler (Anm. 94); Braun (Anm. 99), S. 93; ders. (Anm. 2), S. 407; vgl. ferner Rummel (Anm. 58), S. 252–255.

[120] Zu Abt Willibald Popp (reg. 1694–1735): Lindner 1891 (Anm. 92), S. 41; Liebhart (Anm. 6), S. 259–265).

[121] Zoller (Anm. 119), S. 9.

[122] Man erfährt dies aus einem »Inventarium Sacristiae oder Ordentliche Beschreibung des gantzen Kürchen=Schatzes ... so in der Löbl. Sacristey« zu St. Ulrich und Afra zu finden. »Zusammengetragen von R. P. J[oseph]. M[aria von] L[angenmantel]. in dem jar 1736« (Stadtarchiv Augsburg, Bibl., AB I 13, 410). Auf Bl. 13r schreibt der damalige Sakristan, P.J.M. v. Langenmantel (Sakristan, Custos, von 1753–1790 Abt; zu seiner Person: Lindner 1891 [Anm. 92], S. 56; Liebhart [Anm. 6], S. 265–273): »ein silbernen vegulten Monstrantz, mit sonderbarnen Reliquien und einem hl. Creuz particl ... welche ... zum drey'fachen Gebrauch dinent, erstlich ... zum einen wahrhaften Monstranz in Festo Corporis Christi gebrauchet wirdt, anderstens in Festis Sanctissimae Crucis wegen des gemeinlich darin ver-

---

Vorhergehende Seite
47 Ostensorium für das Ulrichskreuz, von Caspar Franz Stippeldey,
Augsburg, um 1795/1797 (Augsburg, St. Ulrich und Afra)
48 Heiltumsverzeichnis von St. Ulrich und Afra. Augsburg 1520 (Ausschnitt)

häuse mit einem Schuh, um es in das Ostensorium einbringen zu können und bei Prozession und Messe auszustellen. So bot man das Ulrichskreuz in dieser Monstranz während der Pontifikalämter auf dem Altar stehend der öffentlichen Verehrung.[123] Dies galt auch für die Festlichkeiten aus Anlaß der Erhebung und Translation der Gebeine des hl. Ulrich im Jahre 1762.[124] Nur bei der großen Prozession, bei der die Gebeine am 13. Mai 1762 in den Dom übertragen wurden, verzichtete man wohl aus praktischen Gründen auf den Gebrauch der Monstranz: der Abt von Fultenbach[125] hielt das Seldsche Gehäuse in der einen Hand – vorsichtshalber hing es auch an einer Kette um seinen Hals – und in der anderen Hand den Ulrichskelch.[126]

Als das Reichsstift St. Ulrich und Afra nach dem Übergang der Reichsstadt an Bayern 1806 endgültig säkularisiert wurde, fiel das Ulrichskreuz zusammen mit dem übrigen Kirchengut der Klosteraufhebung anheim und sollte eingeschmolzen werden. Es blieb jedoch vor der Zerstörung bewahrt, da es ein Augsburger Bürger erwarb. Im Jahr 1824 kaufte es der damalige Stadtpfarrer von St. Ulrich und Afra, Benedikt Abbt,[127] der bis zur Säkularisierung selbst Kapitular des Benediktinerstifts gewesen war, um 851 fl. zurück.[128] Seitdem erfolgte bei den großen Wallfahrtsgottesdiensten in der Ulrichsoktav wieder

wahrten hl. creuz particls, 3tens in festo et pro Octava S. Udalrici, ... das hl. Creuz, welches der Hl. Ulrich von dem Himmel empfangen eingesezet wirdt«. Vgl. Wolfgang Augustyn, Ein unbekanntes Inventar des Kirchenschatzes von St. Ulrich und Afra in Augsburg aus dem Jahre 1736 (i. Vorb.).

[123] Zoller (Anm. 119), S. 9.

[124] Johann Leonhard Mayr, Beatissimi Patris Vdalrici translatio altera ... Das ist Des Heiligen Ulrichs Glorreichen Bischofens zu Augspurg zweyte Erhebung, und Beysetzung, Augsburg 1762; Braun (Anm. 2), S. 409; vgl. – mit weiteren Quellen – Rummel (Anm. 58), S. 256–258, und ders. (Anm. 118), S. 126 f.

[125] Abt Michael Schiele von Fultenbach (reg. 1723–1765): Josef Hemmerle, Die Benediktinerklöster in Bayern (Germania Benedictina, Bd. II), Augsburg 1965, S. 108.

[126] Die Angaben bei Mayr (Anm. 124), S. 58 (»Nr. 31 Das Heil. St. Ulrich Creutz über einem kostbaren Kelch getragen von dem Hochwürdigsten Jubilaren Herrn Prelaten zu Fultenbach, Abbt Michaele in Infula«) stimmen mit der Darstellung auf dem Mayrs Buch beigegebenen Kupferstich überein.

[127] Zu Benedikt Abbt: Schroeder (Anm. 112), S. 117.

[128] Dies geht aus einem Brief hervor, den Abbt am 26. Februar 1827 an den damaligen Augsburger Bischof Ignaz Albert von Riegg sandte und worin er um die Rückgabe des Ulrichskelches nach St. Ulrich bat (Archiv des Bistums Augsburg, BO 1684; frdl. Hinweis Doris Bauchrowitz, Augsburg). Der letzte Augsburger Fürstbischof Clemens Wenceslaus hatte 1807 aus der Säkularisationsmasse des Reichsstiftes den Ulrichskelch ausgelöst, der nach dem Tod des Fürstbischofs 1812 im Augsburger Ordinariat verwahrt wurde. Aus diesem Grunde kamen Scheglmann (Anm. 112), S. 238, und Schroeder (Anm. 112), S. 126, offenbar zu dem Schluß, das Ulrichskreuz habe das Schicksal des Kelchs geteilt. Wie es sich tatsächlich verhielt, erfährt man aus dem Brief Abbts: »Während den Stürmen der jüngsten Zeit kamen auch die ehrwürdigen Denkmale des heiligen Bischofs Ulrich in Gefahr, insbesondere das Kreuz und der Kelch des Heiligen. Die sehr kostbare und geschmackvolle Einfaßung des erstern war mit allem überflüßigen Kirchen=Silber bereits für die Schmelze bestimmt, ward jedoch von einem hiesigen Bürger durch Kauf noch glücklich davor gerettet, und von diesem erst vor etwa drei Jahren an meine Kirche wieder zurückgegeben, gegen die von mir ... zusammengebrachte Summe von 851 fl.«

der Segen mit dem Ulrichskreuz,[129] vor allem am Ende des Pontifikalamts am Festtag selbst. Bei Feierlichkeiten, die man im 19. und 20. Jahrhundert zu Ehren des hl. Ulrich beging, etwa in den Jahren 1873[130] und 1955,[131] wurde das Ulrichskreuz wie früher in Prozessionen mitgeführt. Anläßlich des tausendsten Todestages 1973 feierte das Bistum Augsburg ein Jubiläumsjahr, in dem die »crux victorialis« nach dem Wunsch des damaligen Augsburger Bischofs in vielfältiger Weise an den hl. Ulrich erinnern sollte.[132] Bei vielen feierlichen Gottesdiensten stand das Ulrichskreuz weithin sichtbar auf dem Altar,[133] bei der Übertragung der Gebeine in den Dom am 19. Mai 1973 und bei deren Rückführung nach St. Ulrich und Afra am 1. Juli 1973 trug es der Bischof in der Prozession.[134]

III

Die Verehrung des hl. Ulrich fand Ausdruck in vielen Formen der Volksfrömmigkeit und des religiösen Brauchtums. Das ihm seit alters verliehene Fischattribut weist auf die ihm oftmals zuerkannten Patronate für Fischer und Reisende hin,[135] aber auch auf die vielerorts bezeugten Ulrichsbrunnen, mit deren Wasser berührt zu werden gegen Augenleiden helfen sollte.[136] Man rief die Fürbitte des Heiligen »in vielerlei Leibsgebrechen« ebenso wie gegen Unwetter und Ernteschäden an. Ausdeutendes Zeichen war dafür jeweils der einschlägige Gebrauch der Reliquien des Heiligen am Ort seiner Grablege, wozu jedoch Analogien an vielen anderen Orten bezeugt sind. So reichte man nicht nur in St. Ulrich die sogenannte Ulrichsminne,[137] einen Trunk geweih-

---

[129] Vgl. o. Verf., Rituelle Notizen zur Feier des 900jährigen Jubiläums der Heiligsprechung des heiligen Ulrich in der St. Ulrichskirche in Augsburg, Augsburg 1893, S. 4; Joseph Maria Friesenegger, Das 900jährige Jubiläum der Heiligsprechung des hl. Ulrich, Augsburg 1894, S. XXIVf.
[130] Leonhard Hörmann, Jubiläumsbuch, Augsburg 1873.
[131] Vgl. Jubiläums-Jahrbuch (Anm. 2), Frontispiz.
[132] Das große Ulrichslob 1973. Erinnerung und Vermächtnis, hg. von der Diözese Augsburg, Augsburg 1974, S. 28; Bischof Stimpfle hatte die »crux victorialis« bei seinem Amtsantritt 1963 in sein Wappen aufgenommen: Anton Michael Seitz, Die Wappen des 58. Nachfolgers des hl. Ulrich und seiner Weihbischöfe im Amt, in: Festgabe 1973, S. 372–382, hier S. 376.
[133] Das große Ulrichslob (Anm. 132), Abb. 40 nach S. 40 und Abb. 26 vor S. 57.
[134] Ebd. S. 32 und 42f., Abb. 15.
[135] Vgl. Dietrich Heinrich Kerler, Die Patronate der Heiligen, Ulm 1905, S. 80, 111, 121, 214, 244, 253, 347, 363 und 404; F[riedrich]. Zoepfl, Art. »Ulrich«, in: LThK² Bd. 10, Freiburg 1965, Sp. 454–456; Salome Zajadacz-Hastenrath u.a., Art. »Fisch I«, in: Reallexikon zur Deutschen Kunstgeschichte, Bd. IX [Lieferung 97, München 1987], Sp. 18–88, hier Sp. 71.
[136] Zoepfl (Anm. 135); vgl. Ludwig Dorn, St. Ulrich in der Volksüberlieferung des ehemaligen Bistums Konstanz, in: Festgabe 1973, S. 116–133, hier S. 126–129; Ferdinand Grell, Die Verehrung des hl. Ulrich in Österreich und Südtirol, in: ebd. S. 134–162, hier S. 144f.
[137] Dazu Acta Sanctorum (Anm. 86), S. 89; Adolph Franz, Die kirchlichen Benediktionen im

ten Weins aus dem Ulrichskelch gegen Krankheiten, vor allem Fieber und durch Hundebiß verursachte Erkrankungen. Die Ulrichsgewänder stellte man öffentlich aus gegen Ungeziefer und gegen Mäusefraß.[138] Frauen »in einer guten hoffnungen« berührte man, mindestens im 16. Jahrhundert, mit dem großen Ulrichskreuz und hoffte, dadurch Erleichterung während der Schwangerschaft und glückliche Kindsgeburt zu erreichen.[139] Wegen der von der Grabstätte des hl. Ulrich überlieferten Heilungswunder legten häufig Wallfahrer dort Stäbe nieder.[140] Als Wallfahrtsandenken und als Zeichen für den erhofften Schutz nahmen Pilger vom Ziel ihrer Wallfahrt am Grab des Heiligen berührte Erde, sogenannte Ulrichserde,[141] oder für Amulette »Sargholz«[142] mit. Am häufigsten kommen jedoch die am Original berührten kleinen Nachbildungen des Ulrichskreuzes vor, die »Ulrichskreuze« genannt werden. An ihrer weiten Verbreitung, den erkennbaren Spuren und – soweit bekannt – dem jeweiligen Zusammenhang ihres vielfältigen Gebrauchs ist nicht nur die weite Verehrung des Heiligen, sondern auch deren Vielgestaltigkeit und die Verschiedenartigkeit der ihm zuerkannten Patronate ablesbar. Ihrem Gebrauch schrieb man alle Wirkungen zu, die man von Berührung oder Verwendung der Reliquien erwartete und die ehedem die anderen Andenken zu erfüllen hatten. Ulrichskreuze begegnen als Wallfahrtsandenken,[143] Jubiläumserinnerung und Taufgeschenke[144] sowie als Grabbeigaben.[145] Sie dienten als Amulette, die gegen Krankheiten wie die Pest schüt-

Mittelalter, Bd. I, Freiburg 1909, S. 291 f.; Zoepfl (Anm. 135), Sp. 455 f.; zur Ulrichsminne anderenorts: Dorn (Anm. 136), S. 129–132; Grell (Anm. 136), S. 148.

[138] Friesenegger 1937 (Anm. 2), S. 24 f.; Robert Böck, Volksfrömmigkeit und Wallfahrtswesen im Gebiet des heutigen Landkreises Friedberg (Schwaben), in: Bayerisches Jahrbuch für Volkskunde 1969, S. 22–79, hier S. 25.

[139] So nach Bl. d 4 des bei Bämler 1483 gedruckten Büchleins: Anm. 87.

[140] Böck (Anm. 138), S. 25.

[141] Acta Sanctorum (Anm. 86), S. 90; Erwin Richter, Wissenswertes über Sankt-Ulrich-Erde, in: Der Zwiebelturm 1957, S. 294 f.

[142] Vgl. Friesenegger 1937 (Anm. 2), S. 37–39.

[143] Stengel (Anm. 93), S. 89; Friesenegger 1937 (Anm. 2), S. 16.

[144] Beispiele ebd. S. 29, 105 und 107–109.

[145] Die bei Friesenegger 1937 (Anm. 2), S. 24, mitgeteilte Ortsliste ist wegen neuer Grabungsergebnisse zu ergänzen. So sind elf Exemplare aus dem 17. und 18. Jahrhundert als Grabbeigaben in St. Ulrich und Afra gefunden worden: Ilse Fingerlin, Die frühneuzeitlichen Bestattungen im Kreuzgang, in: Joachim Werner (Hg.), Die Ausgrabungen in St. Ulrich und Afra in Augsburg 1961–1968 (Veröffentlichungen der Kommission zur archäologischen Erforschung des spätrömischen Raetiens der Bayerischen Akademie der Wissenschaften = Münchener Beiträge zur Vor- und Frühgeschichte, Bd. 23), München 1977, Textband S. 487–518, hier S. 499–501, Tafelband Taf. 145 f.; ein Beispiel förderte auch die Grabung in der ehemaligen Benediktinerklosterkirche Maursmünster (Marmoutier) im Elsaß zutage: Ausst.kat. »Vivre au Moyen Age. 30 ans d'archéologie médiévale en Alsace«, Straßburg 1990, S. 475 Nr. 432 (E[rwin]. K[ern].,) Zum Patronat des hl. Ulrich für Verstorbene vgl. Grell (Anm. 136), S. 147.

[146] Beispiele für den Gebrauch als Anhänger an Rosenkränzen bei Friesenegger 1937 (Anm. 2), S. 45, 53 und 122; vgl. auch Liselotte Hansmann und Lenz Kriss-Rettenbeck, Amulett und

zen sollten.¹⁴⁶ Man vergrub sie in Äckern zum Schutz gegen Mäusefraß,¹⁴⁷ nagelte sie an Hauswände oder Dachstühle zum Schutz gegen Unwetter,¹⁴⁸ Zauberei¹⁴⁹ und Viehkrankheiten.¹⁵⁰ Daß die Ulrichskreuze im Krieg Schutz vor Gefahren böten, berichtete Corbinian Khamm. Es sei im Stift ein Brief vorhanden, worin ein Soldat den Mönchen mitgeteilt habe, daß ihn sein Ulrichskreuz, um den Hals getragen, in der Schlacht von Höchstädt (1704) davor bewahrt habe, von einer Musketenkugel tödlich getroffen zu werden.¹⁵¹ Gelegentlich trug man Ulrichskreuze auch als Abzeichen einer Bruderschaft.¹⁵²

Die Ulrichskreuze haben gewöhnlich die Form eines gleicharmigen Kreuzes, meist eines Tatzenkreuzes. Bei ganz wenigen Beispielen ging man vom kreuzförmigen Umriß ab und wählte stattdessen die Form einer Medaille. 36
Die selbst bei gleichen Prägungen nicht immer übereinstimmende Höhe der Kreuze kann von 1,5 cm bis ungefähr 7 cm reichen. Aus unterschiedlichen Materialien gefertigt, bei den allermeisten Exemplaren aus Messing oder Silber, gibt es gegossene und geprägte, nahezu regelmäßig mit der Darstellung der Lechfeldschlacht, und um die Wende vom 18. zum 19. Jahrhundert, auf unterschiedlichen Rezipienten, filigrane Ulrichskreuze. 37, 38
Wann die Augsburger Benediktiner damit begannen, solche Nachbildungen herstellen zu lassen und zu verbreiten, ist ungewiß. Die Zuverlässigkeit eines »1570« datierten Beispiels mit der Darstellung der Muttergottes aus der 25
Schneckenkapelle von St. Ulrich, die zusammen mit dem dort aufgestellten ersten Hochaltar der Klosterkirche von Mitgliedern der Augsburger Bildhauerfamilie Mair geschaffen worden war, ist – wohl zu Recht – umstritten.¹⁵³

Talismann, München 1966, S. 155; zu den als Amulett gegen die Pest gebrauchten Ulrichskreuzen: Friesenegger 1937 (Anm. 2), S. 89, 93 und 109; Müller (Anm. 2), S. 51.
¹⁴⁷ Vgl. u. a. Heinrich Otte, Handbuch der kirchlichen Kunst-Archäologie des deutschen Mittelalters, 5. Auflage bearb. von Ernst Wernicke, Bd. 1, Leipzig 1883, S. 467 Anm. 2; Alfred Schröder, Der hl. Ulrich in der Volksüberlieferung, in: Jahrbuch des Historischen Vereins Dillingen 36, 1923, S. 1–21, bes. S. 16; Friesenegger 1937 (Anm. 2), S. 24, 38f. und 79; Georg Albrecht, Ulrichskreuze im nordschwäbischen Brauchtum, in: Nordschwäbische Chronik. Heimatbeilage der »Dillinger Tagespost« Jg. 2, 1949, S. 257; Grell (Anm. 136), S. 146f.; Böck (Anm. 138), S. 39.
¹⁴⁸ »Contra tempestatum malignitates & aereas potestates«: Khamm (Anm. 93), S. 135; ferner Kistler (Anm. 94), Bl. 15v; Otte (Anm. 147), S. 467, Anm. 2; Beispiele für den Gebrauch als Blitzableiter und Schutz gegen Unwetter bei Friesenegger 1937 (Anm. 2), S. 26 (an Stalltüren angenagelte Ulrichskreuze), 95 und 106.
¹⁴⁹ So Kistler (Anm. 94), S. 16.
¹⁵⁰ Um der Erkrankung des Viehs vorzubeugen, legte man Ulrichskreuze gelegentlich auch in Viehtränken (Otte [Anm. 147], S. 467, Anm. 2) oder nagelte sie an Stalltüren (Friesenegger 1937 [Anm. 2], S. 24).
¹⁵¹ Khamm (Anm. 93), S. 135; danach Kistler (Anm. 94), Bl. 15v.
¹⁵² Belegt ist dies für die Wangener Ulrichsbruderschaft: Adolf Layer, St.-Ulrichs-Bruderschaften, in: Festgabe 1973, S. 339–350, hier S. 347.
¹⁵³ Dieses Exemplar trägt neben der Jahreszahl das Monogramm des Abtes Jakob Köplin (reg.

Auf den Kreuzen, die seit der zweiten Hälfte des 17. Jahrhunderts in großer Zahl bekannt sind, blieb die Mitteilung einer Jahreszahl eher Ausnahme. Da häufig große Mengen eines Ulrichskreuzes auf Vorrat geprägt und erst vor ihrer Verwendung mit der Jahreszahl versehen wurden, bezeichnen die entsprechenden Angaben oft nicht den Zeitpunkt der Entstehung, sondern den ihres Gebrauchs.[154] Manche Beispiele erlauben dennoch eine genauere Datierung aufgrund bestimmter zusätzlicher Hinweise, etwa des Monogramms eines Stempelschneiders (1682, 1698, 1715 u. ö.)[155] oder bestimmter topographischer Angaben. Da einige Darstellungen auch auf konkrete historische Ereignisse bezogen sind, läßt sich hier das Jahr ihrer Anfertigung erschließen. Mehrere Male erlaubt ein Abtwappen, den Zeitraum wenigstens auf die Amtszeit dieses Abtes einzugrenzen.[156]

Versucht man, einen Überblick über die zu Hunderten erhaltenen vom 17. bis zum frühen 20. Jahrhundert geschaffenen Ulrichskreuze zu gewinnen, ist man immer noch auf die Arbeiten Joseph Maria Frieseneggers (1854–1937) angewiesen, der zunächst als Stadtpfarrer von St. Ulrich (1887–1911), dann als Domkapitular und Domdekan die bis heute umfangreichste Sammlung von Ulrichskreuzen zusammentrug[157] und ausführlich beschrieb.[158] In der postum erschienenen Monographie über die Ulrichskreuze faßte er zusammen, was ihm zu Entstehung, Verwendung und Verbreitung bekannt war, und gab eine umfangreiche Liste jener öffentlichen oder privaten Sammlungen bei, in denen sich nach seiner Kenntnis Ulrichskreuze befanden.[159] Er ordnete die ihm bekannten Stücke nach den auf ihnen dargestellten Bildmo-

---

1548–1600). Auch mangels einer stichhaltigen Erklärung, warum man Datum und Monogramm angebracht haben sollte, wenn es nicht dem tatsächlichen Entstehungsjahr entsprochen hätte, hielt Friesenegger 1937 (Anm. 2), S. 104, an der Richtigkeit dieser Angaben fest. Vgl. dagegen Müller (Anm. 2), S. 52; dort wird aus stilistischen Gründen eine Datierung in die Zeit um 1700 vorgeschlagen.

[154] Vgl. ders., 1937 (Anm. 2), S. 30.
[155] Ebd. S. 27 f.
[156] Ebd. S. 28 f.
[157] Friesenegger hatte u. a. 1893 die Sammlung des Stiftspropstes Jakob Ritter von Türk in sein 1889 gegründetes »Ulrichsmuseum« eingliedern können und bis zu seinem Tod 1937 eine Sammlung von etwa 350 verschiedenen Ulrichskreuzen zusammengebracht. Dieser Nachlaß Frieseneggers wird derzeit im Archiv des Bistums Augsburg verwahrt. Zur Sammlung: Joseph Maria Friesenegger, Das St. Ulrichskreuz – Die Ulrichskreuze. Die v. Türk-Frieseneggersche Ulrichskreuz-Sammlung, in: Augsburger Rundschau 5, 1926, S. 13–16; ders., Augsburg Ulrichsmuseum, in: Mitteilungen des Schwäbischen Museumsverbandes 1, 1927, Nr. 5, S. 18; ders. 1937 (Anm. 2); Ausst.kat. »Der heilige Ulrich. Seine Darstellung und Verehrung im Bistum Augsburg vom 14. bis zum 19. Jahrhundert«, Augsburg 1973, S. 35–42.
[158] Joseph Maria Friesenegger, Die Ulrichskreuze, Augsburg 1895; ders., Über Ulrichskreuze, in: Mitteilungen der bayerischen Numismatischen Gesellschaft 16/17, 1897/1898, S. 115–124; 24, 1905, S. 69–91; 28, 1910, S. 85–100; 44, 1926, S. 218–314; ders. 1932 (Anm. 2); ders., Die Ulrichskreuze. Entstehung, Bedeutung, Brauchtum, in: Volk und Volkstum. Jahrbuch für Volkskunde 1, 1935 [1936], S. 217–224; ders. 1937 (Anm. 2).
[159] Ebd. S. 19–23.

tiven sowie nach bestimmten Besonderheiten in Ausführung oder Format und teilte sie in verschiedene »Klassen« ein.

Die erste umfaßt jene Ulrichskreuze, die nur durch Inschrift des Namens oder Bild auf den Heiligen verweisen. Friesenegger unterschied weiter zwischen solchen, die diese Aufgabe durch die Inschrift des Namens oder die Wiedergabe des Fischattributs erfüllen, seltener eine Darstellung des Heiligen zu Pferd mit dem Kreuz,[160] und anderen – eine der umfangreichsten Gruppen überhaupt –, die auf dem Avers eine meist gleichlautende, wenn auch verschieden eingekürzte Inschrift (»Crux victorialis Sancti Udalrici episcopi Augustanensis«) und auf dem Revers eine Darstellung der Lechfeldschlacht tragen.[161] Für die Wiedergabe der Lechfeldschlacht wählte man bei den seit dem letzten Viertel des 17. Jahrhunderts bekannten Beispielen dieses Typus (und einigen anderen) verschiedene Formulierungen dieses Themas. Sie bezog man auch aus den Bildern der Lechfeldschlacht, die Wolfgang Kilian wahrscheinlich nach Entwürfen von Matthias Kager und Daniel Manasser geschaffen hatten und die den Werken Hertfelders, Kistlers und Khamms eingefügt sind.[162] So wiederholt das möglicherweise um oder nach 1671 gefertigte Ulrichskreuz die Ansicht Manassers getreu.[163] Der Bildaufbau und die Schilderung des Ereignisses stimmen in den Einzelheiten der Kreuzübergabe mit der des Seld'schen Gehäuses überein: der hl. Ulrich streckt die Arme empor, einem Engel entgegen, der das Kreuz vom Himmel bringt. Eine Variante, nur auf gravierten Kreuzen aus der Zeit ungefähr von 1710 bis etwa 1750 belegt, zeigt ihn ruhig neben dem König reitend, scheinbar ohne den Engel wahrzunehmen. Zwischen 1714 und 1750 sind Ulrichskreuze nachweisbar, auf denen man den Bischof mit dem Kreuz in der erhobenen Hand sehen kann, als wolle er König und Heer segnen. Ein ebenfalls im Verlauf des 18. Jahrhunderts häufig gebrauchter Typus zeigt den Bischof, der das Kreuz erhalten hat und es deutlich sichtbar erhebt, jedoch mit dem gegen die Ungarn stürmenden Heer reitet. Daneben existieren noch weitere Varianten[164] sowie einige Medaillen aus dem 17. Jahrhundert mit der Darstellung der Lechfeldschlacht.[165]

---

[160] Ebd. S. 38–46 (»IA«) und Taf. 1f.

[161] Ebd. S. 47–61 (»IB«) und Taf. 3–6; vgl. ferner Kosel (Anm. 90), S. 336.

[162] Hertfelders Buch (Anm. 94) enthält als Tafel XXI den wohl vor 1624 geschaffenen Stich Kilians, der auch für die anonym erschienene »Wahrhaffte Abbildung ...« Carl Stengels (Anm. 94) 1630, zwischen Bl. 27 und 28, und bei Khamm (Anm. 93), zwischen S. 134 und 135, Verwendung fand. In der deutschen Übersetzung von Hertfelders Werk durch Kistler (Anm. 94) ist dagegen als Taf. XVI ein 1624 dat. Stich von Daniel Manasser (vgl. dazu Kosel [Anm. 90], S. 322–324) eingeschoben.

[163] Friesenegger 1937 [Anm. 2], S. 57–59, Nr. 145. Auf dem Avers befindet sich eine Darstellung der hl. Rosa von Lima; möglicherweise – so Friesenegger – gaben die Benediktiner anläßlich der Kanonisation der Heiligen im Jahre 1671 dieses Kreuz in Auftrag, um es zu verschenken.

[164] Vgl. die bei Friesenegger 1937 (Anm. 2), S. 48, vorgetragene Beschreibung sowie die Modifikation (ebd. S. 56f., Nr. 133–135).

[165] Ebd. S. 54f. und Taf. 4. Daß etwa die Thomasgürtelbruderschaft in Salzburg ihre Medaille

Als zweite Abteilung verzeichnete Friesenegger Ulrichskreuze sehr unterschiedlicher Größe, auf deren Vorderseite nahezu immer eine Darstellung der Schlacht, darunter die Inschrift »CRVX S. VDALRICI«, auf deren Rückseite eine Ansicht der Stadt Augsburg und darunter die Inschrift »EPISCOPI AVGVSTANI« gegeben wird.[166] Die Darstellungen von Schlacht und Kreuzspende folgen den beschriebenen Variationen dieses Themas, Besonderheiten gibt es bei den Stadtansichten, die alle den schon von Kilians Stich her bekannten Blick von Westen bieten und dessen Vorlagen alle nach 1620 entstanden sein müssen, da immer das in diesem Jahr vollendete neue Rathaus zu erkennen ist. Über dem Weichbild der Stadt halten zwei Putti den Pyr, das Wappenzeichen der Reichsstadt, ausnahmsweise einmal eine Mitra, auf anderen Exemplaren hält ein Engel Palme und Kranz oder Spruchband.[167] Auf vielen Prägungen erstrahlt über die Stadt die Sonne oder es stehen Mond und Sterne am Himmel.[168] Die seltenen Beispiele mit einer Kometenerscheinung geben ebenso einen Hinweis auf das mutmaßliche Entstehungsjahr wie auf wenigen Exemplaren die Wiedergabe eines gekrönten Reichsadlers über der Stadt.[169] Eine umfangreiche Gruppe von Kreuzen dieses Typus, wahrscheinlich für das Jubiläum 1712 geprägt, zeigt unter der Ungarnschlacht statt der Inschrift den knienden hl. Benedikt.[170]

Die dritte Gruppe umfaßt alle jene Kreuze, die auf der Vorderseite die Schlacht, auf der Rückseite den hl. Benedikt zeigen. Auch bei diesen Stücken gibt es etliche Varianten: eine größere Anzahl, entstanden möglicherweise schon in der ersten Hälfte des 17. Jahrhunderts, wohl aber auch noch in der Zeit um 1712, bietet den Ordensgründer zwischen Ulrich und Afra,[171] eine geringere Zahl Benedikt allein oder mit Scholastika, bisweilen zwischen Scholastika und Gertrud. Gelegentlich steht sein Bild zwischen Medaillons mit dem Text des »Benedikts-« und »Zachariassegens«.[172]

Der vierten Abteilung gehören die Kreuze an, die auf dem Avers Ungarnschlacht und Kreuzspende, auf dem Revers die in St. Ulrich und Afra verehrten Heiligen Wikterp, Thosso, Nidgar und Adalbero sowie die römische Mär-

---

mit dem Bild eines Ulrichskreuzes versah, dürfte auf den seit 1642 in Salzburg tätigen P. Simpert Fischer zurückgehen, der aus St. Ulrich in Augsburg kam (ebd., Nr. 123).

[166] Ebd. S. 65–74 (»IIA«) und Taf. 7f.
[167] Ebd. S. 67, Nr. 172–180; mit Mitra: Nr. 171 (ebd. S. 66f.); mit einem Engel: ebd. S. 66f., Nr. 167–170.
[168] Ebd. S. 68–71, Nr. 181–200.
[169] Die Darstellung des Kometen (ebd. S. 71, Nr. 200), bezieht sich auf das 1680 oder 1682 zu beobachtende, auch aus Flugblättern bekannte Naturereignis; vgl. Eugen Gebele, Augsburger Kometeneinblattdrucke, in: Schwäbisches Museum 1926, S. 89–94. Prägungen mit dem Reichsadler (Friesenegger 1937 [Anm. 2], S. 65f., Nr. 165f.) stammen wohl aus dem Jahr 1690, als Joseph I. zum Römischen König gewählt wurde.
[170] Ebd. S. 74–78, Nr. 220–246 (»IIB«) und Taf. 9. Zu den Varianten mit Umschrift, Spruchband oder Inschrift (»Salva nos«; »Sancte Benedicte«): S. 74.
[171] Ebd. S. 84–92, Nr. 250–303 (»IIIA«) und Taf. 12.
[172] Ebd. S. 93–96, Nr. 310–325 (»IIIB«) und Taf. 10. Vgl. auch oben Anm. 146.

tyrerin Digna vorstellen, die man 1698 in der neuerrichteten Kapelle beigesetzt hatte.[173] Um an dieses Ereignis zu erinnern, ließ man nicht nur eine Medaille mit der Ansicht des Reliquienaltars prägen, sondern auch ein Ulrichskreuz mit der Altaransicht versehen.[174] Die anderen Kreuze dieser Gruppe, entstanden wohl ebenfalls 1698 oder wenig später und wurden noch einige Zeit verwendet. Unter der Ansicht der Ungarnschlacht zeigen sie den Benediktssegen und auf der Gegenseite nicht den Altar, sondern die heiligen Bischöfe stehend um die in der Mitte liegende Märtyrerin gruppiert.

29a

29b

Andere Kreuze tragen auf der einen Seite das Bild der Schlacht, auf der anderen das der Muttergottes aus der Schneckenkapelle von St. Ulrich; die meisten dürften im 17. Jahrhundert entstanden sein.[175]

Ferner sind Ulrichskreuze erhalten geblieben, wohl vom Ende des 18. Jahrhunderts, die mit Hilfe eines aufmontierten, beweglichen Sektors als Sonnenuhren gebraucht werden können.[176] Aus dem ganzen 18. Jahrhundert sind großformatige Kreuze mit Ulrichsbild oder Schlacht (manchmal auch nur die Inschrift »CRVX...« und das Bild der Muttergottes oder eines Heiligen) auf der einen und umfangreichen Widmungsinschriften auf der anderen Seite, die man als Taufandenken verschenkte, in einigen Beispielen bekannt.[177]

35

Seit der Zeit etwa um 1800 gibt es zahlreiche Ulrichskreuze aus Filigran, die am aufgelöteten Monogram »S. V.« oder einem kleinen Medaillon mit dem Bild des Heiligen kenntlich und als Anhänger an Rosenkränzen, einmal sogar als Miederstecker, verwendet wurden.[178]

37

38

Mit der Säkularisation brach der Brauch ab, Ulrichskreuze fertigen zu lassen und an die Wallfahrer auszugeben. Nur aus Anlaß der 900-Jahrfeier der Lechfeldschlacht im Jahr 1855 scheint eine Medaille mit der Wiedergabe eines Ulrichskreuzes und dem Benediktssegen hergestellt worden zu sein, von der verschiedene Ausführungen (in Silber, Kupfer, Messing, Messing versilbert und in Blei) bekannt sind.[179]

36

Erst 1893 versuchte der damalige Stadtpfarrer von St. Ulrich, Joseph Maria Friesenegger, den Brauch zu erneuern und ließ ein neues kleines Ulrichskreuz als Wallfahrtsandenken gießen. Seitdem wurden bis in die dreißiger Jahre zu vielen wichtigen Ereignissen in Bistum, Stadt und Pfarrei solche Andenken herausgegeben, die in verschiedenen Metallen oder Legierungen angefertigt waren (Silber, Goldbronze, Silberbronze, bisweilen Kupfer, Britannia, Aluminium, ein einziges Mal Gold). Auf der einen Seite ist in der Regel die Darstellung der Lechfeldschlacht auf dem Seld'schen Gehäuse

---

[173] Ebd. S. 97–102, Nr. 330–351 (»IVB«) und Taf. 13f.
[174] Ebd. S. 97f., Nr. 329f.
[175] Ebd. S. 103f., Nr. 357–361 (»V«) und Taf. 14.
[176] Ebd. S. 105f., Nr. 365–369, und Taf. 15.
[177] Ebd. S. 107, Nr. 370–382, und Taf. 15f., u.a. aus den Jahren 1688, 1709, 1710 und 1740.
[178] Ebd. S. 112–124, Nr. 401–500, und Taf. 19f.
[179] Ebd. S. 90, Nr. 293, und Taf. 12.

nach einem Entwurf des Bildhauers Karl Götz repetiert, auf der anderen mit Inschriften, Jahreszahl(en) und Bild auf den aktuellen Anlaß Bezug genommen.[180]

Für das Ulrichsjubiläum 1955 beauftragte der Augsburger Bischof Dr. Joseph Freundorfer den Graphiker Eugen Nerdinger damit, ein neues Ulrichskreuz zu entwerfen. Das danach ausgeführte Kreuz zeigt auf der Vorderseite zwischen den Jahreszahlen 955 und 1955 in Anlehung an die Gravur auf dem Gehäuse der Brüder Seld den Heiligen zu Pferd mit erhobenen Armen, auf der Rückseite die Inschrift des gotischen Gehäuses aus dem 14. Jahrhundert.[181] In gleicher Größe (4,5 × 4,5 cm) folgten in späteren Jahren, herausgegeben vom Stadtpfarramt St. Ulrich und Afra, Ulrichskreuze in Buntmetall mit verschiedenen Motiven, wobei gewöhnlich auf einer Seite Bild (Kreuzigung) oder Inschrift (»CRVX...«) des kleinen gotischen Gehäuses wiederholt wurden.[182] Zum Jubiläum im Jahre 1973 gab neben der Pfarrei auch das Bistum ein besonderes Ulrichskreuz heraus, für dessen Entwurf man den Münchener Bildhauer Max Faller gewonnen hatte. Die mit der Vorbereitung der Feierlichkeiten befaßte Bischöfliche Kommission entschied sich für einen Vorschlag, der auf der Vorderseite den thronenden Pantokrator, auf der Rückseite den stilisierten Lebensbaum und die als Monogramm ausgeführte In-

---

[180] 1893: 900-Jahrfeier der Kanonisation des hl. Ulrich (hergestellt in Britannia, vergoldetem Kupfer und reinem Silber von der Augsburger Prägeanstalt Drentwett: Friesenegger [Anm. 129], S. XXV); 1894: 400-Jahrfeier des Seld'schen Ulrichskreuzes; 1900: Säkularfeier; 1903: Sekundiz Stadtpfarrer Friesenegger; 1904: 1600-Jahrfeier zu Ehren der hl. Afra; 1907: 1100-Jahrfeier des hl. Simpert; (1910) ohne Jahreszahl, als Wallfahrtsandenken für Andechspilger; 1910 für die Mitglieder der Priesterbruderschaft St. Ulrich in Wangen; 1910: 57. Generalversammlung der Katholiken Deutschlands in Augsburg; 1913: Sekundiz Stadtpfarrer Zimmermann; 1923: Ulrichsjubiläum; 1928: 50-Jahrfeier der Wiedereinweihung von St. Afra auf dem Felde; 1928: Goldenes Priesterjubiläum von Jos. M. Friesenegger; 1933: Hl. Jahr und 40-Jahrfeier der neuerlichen Herausgabe von Ulrichskreuzen; 1937: Erhebung der Ulrichskirche zur Päpstlichen Basilica minor: Ebd. S. 125f., Nr. 501–518, und Taf. 18.

[181] Vgl. das große Ulrichslob (Anm. 132), S. 222.

[182] 1970: Vollendung des erneuerten Baldachinvorbaus an der Ulrichskirche (Avers: Baldachin; Revers: Inschrift »CRVX ...«); 1972: (A: Kreuzigung; R: Inschrift »CRVX ...«); 1973: Ulrichsjahr (A: zwischen Jahreszahlen 973 und 1973 das Brustbild des hl. Ulrich nach der Kupferplatte aus dem 12. Jahrhundert im Reliquienschrein; R: Inschrift »CRVX...«); 1974: 500-Jahrfeier der Ulrichskirche (A: zwischen Jahreszahlen 1474 und 1974 eine stilisierte Ansicht der Kirche von Nordosten; R: Kreuzigung); 1978: Simpertsjubiläum (A: zwischen Jahreszahlen 778 und 1978 die hl. Simpert und Ulrich; R: Inschrift »CRVX«; mehrere Exemplare davon wurden in den neuen Simpertschrein eingeschlossen: Thummerer 1980 [Anm. 56], S. 237); 1980: Benedikts- und Albertus-Magnus-Jubiläum (A: Inschrift »HEILIGE BAUEN EUROPA 1980 ST. BENEDIKT 480 ST. ULRICH ST. ALBERTUS 1280« mit den Köpfen der drei Heiligen; R: Inschrift »CRVX ...«); 1982: Orgel der Ulrichskirche (A: Innenansicht der Kirche nach Westen; R: Inschrift »CRVX ...«); 1983: Hl. Jahr (A: zwischen Jahreszahlen 1983 und 1984 Bild des hl. Ulrich wie 1955, darunter »HL. JAHR«; R: Inschrift »CRVX ...«); 1985: Stadtjubiläum (A: in der Mitte der Pyr mit der Jahreszahl 1985; auf den Längsbalken Inschrift »CHRISTE TIBI SIT GLORIA«, auf den Querbalken »2000 JAHRE AUGSBURG«; R.: Kreuzigung).

Das Ulrichskreuz und die Ulrichskreuze 315

schrift C(rux) V(ictorialis) S(ancti) U(dalrici) sowie die Jahreszahlen 973 und 1973 zeigt.[183] Das anläßlich des Jubiläums 1993 von der Pfarrei herausgegebene Kreuz zeigt auf dem Avers das Brustbild des Heiligen nach der Grabplatte aus dem 12. Jahrhundert (Inschrift: »1000 Jahre/HEILIGER ULRICH« und die Jahreszahlen 993/1993), auf dem Revers das Kreuzigungsbild des Gehäuses aus dem 14. Jahrhundert.

---

[183] Zu alternativen Entwürfen und den zusammen mit diesem Ulrichskreuz ausgeführten anderen Erinnerungsstücken – größeres Kreuz und Medaille – vgl. die Ausführungen Josef Kunstmanns in: Das große Ulrichslob (Anm. 132), S. 222–224 und Abb. auf S. 225.

Manfred Heim

Ulrichspatrozinien im Bistum Regensburg nach der Matrikel des Erzdechanten Gedeon Forster vom Jahre 1665[1]

I. Der zeitgeschichtliche Hintergrund

Das 15. Jahrhundert brachte die seit langem geforderte »Reform der Kirche an Haupt und Gliedern« nicht zustande. So kam im folgenden Jahrhundert die religiöse Revolution, am Ende die Spaltung der abendländischen Christenheit. Stadt und Bistum Regensburg wurden von der protestantischen Reformation und der katholischen Reform und Gegenreformation besonders schwer betroffen.[2] Die nicht unter bayerischer Landeshoheit stehenden Gebiete, etwa die Hälfte des mittelalterlichen Bistums, fielen zum größten Teil der protestantischen Reformation in ihrer lutherischen oder calvinischen Ausprägung zu: 1529 die pfalz-neuburgischen Gebiete, 1541/42 die Reichsstadt Regensburg, 1556 die kurpfälzische Oberpfalz mit der Grafschaft Cham und das Stiftsland Waldsassen. Ebenso wurden im Norden des Bistums einige Pfarreien in Sachsen und Ansbach-Bayreuth der Reformation zugeführt. Das Egerland, der Krone Böhmens verbunden, gehörte bis zur kirchlichen Neuordnung am Beginn des 19. Jahrhunderts kirchlich zum Bistum Regensburg. Im 16. und frühen 17. Jahrhundert waren die Stadt Eger und der ganze »egrische Distrikt« fast völlig lutherisch geworden. Seit der Konversion des Pfalzgrafen Wolfgang Wilhelm (1613) wurden Pfalz-Neuburg, später auch zum Teil das davon abgetrennte Herzogtum Pfalz-Sulzbach der alten Kirche wieder zurückgegeben. Nach dem Sieg der Ligatruppen im böhmischen Winterkrieg 1619/20 erhielt Herzog Maximilian von Bayern (1598–1651) außer der Kurwürde seines gegen den Kaiser rebellierenden pfälzischen Vetters die

---

[1] Manfred Heim (Hg.), Des Erzdechanten Gedeon Forster Matrikel des Bistums Regensburg vom Jahre 1665 (Beiträge zur Geschichte des Bistums Regensburg, Beiband 3), Regensburg 1990 [im folgenden zitiert als »Matrikel«]. Die Matrikel ist in drei Exemplaren im Bischöflichen Zentralarchiv Regensburg unter der Signatur BZAR F 18 verwahrt. – Ders., Das Bistum Regensburg im Spiegel der Matrikel des Erzdechanten Gedeon Forster von 1665, in: Münchener Theologische Zeitschrift 42 (1991) 69–74.
[2] Zum Ganzen: Georg Schwaiger, Die Religionspolitik der bayerischen Herzöge im 16. Jahrhundert, in: Ders. (Hg.), Das Bistum Freising in der Neuzeit (Geschichte des Erzbistums München und Freising, Bd. 2), München 1989, 29–53; Karl Hausberger, Geschichte des Bistums Regensburg, I–II, Regensburg 1989, I, 289–314 (Lit.).

lang entfremdete Obere Pfalz mit der einstmals verpfändeten Grafschaft Cham 1628 zu dauerndem Besitz. Der streng katholisch gesinnte Kurfürst führte das ganze neugewonnene Gebiet wieder der katholischen Kirche zu, wobei ihm die Päpste im Rahmen ihrer gegenreformatorischen Politik entgegenkamen.

Nach den gewaltigen Verwüstungen des Dreißigjährigen Krieges (1618 bis 1648) in Stadt und Bistum Regensburg und dem furchtbaren Wüten der Pest in den Jahren 1634 und 1648/49 konnte das darniederliegende Bistum allmählich neu gefestigt werden. Schon 1661 wurden die meisten Klöster der Oberpfalz durch Kurfürst Ferdinand Maria (1651–1679) wiedererrichtet und von den alten Klöstern Bayerns aus besiedelt. Namentlich die Jesuiten,[3] dann auch die Kapuziner und Franziskaner-Reformaten, waren die wichtigsten Träger der tridentinischen Reform im Zuge der katholischen Erneuerung.[4]

II. Erzdechant Gedeon Forster, der Verfasser der Matrikel

Im kirchlich-religiösen Bereich bemühten sich die Bischöfe nach Kräften, der durch Pest, Hunger und Krieg hervorgerufenen Mißstände Herr zu werden. Nach dem Tod des Fürstbischofs Albert von Toerring (1649), der alle Schrecken des Krieges unmittelbar hatte erleiden müssen, wurden durch den tüchtigen Fürstbischof und Kardinal Franz Wilhelm von Wartenberg (1649 bis 1661)[5] die Anstrengungen um den äußeren und inneren Wiederaufbau, die religiös-sittliche Erneuerung in allen Bereichen energisch in Angriff genommen. Dabei konnte sich der Fürstbischof auf die tatkräftige Hilfe zuverlässiger, entschlossener und verantwortungsbewußter Mitarbeiter stützen, zu denen auch der Verfasser der Matrikel, der Pondorfer Erzdechant Gedeon Forster,[6] gehörte.

Wohl im Jahr 1616 zu Regensburg geboren, studierte Forster an der fürstbischöflich-augsburgischen Universität Dillingen. Hier beschloß er die philosophischen Studien mit dem Grad eines Magister artium, die folgenden theologischen mit dem Licentiat der Theologie (1641/42). Um 1642 wurde der

---

[3] Willi Gegenfurtner, Jesuiten in der Oberpfalz. Ihr Wirken und ihr Beitrag zur Rekatholisierung in den oberpfälzischen Landen (1621–1650), in: Beiträge zur Geschichte des Bistums Regensburg [BGBR] 11 (1977) 71–220; Ders., Die Niederlassungen der Jesuiten im Bistum Regensburg, in: BGBR 12 (1978) 385–408; Georg Schwaiger, Die Jesuiten im alten Bayern, in: Stimmen der Zeit 209 (1991) 663–674.

[4] Friedrich Lippert, Geschichte der Gegenreformation in der Oberpfalz, Freiburg i. Br. 1901; Hausberger (Anm. 2) 346–355.

[5] Georg Schwaiger, Kardinal Franz Wilhelm von Wartenberg als Bischof von Regensburg (1649–1661) (Münchener Theologische Studien, I. Hist. Abtlg., Bd. 6), München 1954.

[6] An Literatur sei hier lediglich genannt: Johann Gruber, Gedeon Forster (1616–1675). Erzdekan von Pondorf, in: Georg Schwaiger (Hg.), Lebensbilder aus der Geschichte des Bistums Regensburg (Beiträge zur Geschichte des Bistums Regensburg, Bde. 23/24), Regensburg 1989, I, 294–302; Heim, Matrikel (Anm. 1) XI–XVI (Lit.).

sichtlich begabte junge Mann zum Priester geweiht. Schon zwei Jahre später wurde ihm eine der großen und wichtigen Pfarreien im Bistum anvertraut, Pondorf an der Donau, die er auch bis zu seinem Tod am 7. Januar 1675 behalten sollte. Der Pfarrer von Pondorf war zugleich einer der vier Erzdechanten im Bistum: Eine ausgezeichnete Anerkennung für den achtundzwanzigjährigen Priester, ein Beleg für das große Vertrauen, das man seitens der Bistumsleitung in ihn setzte – noch dazu, wenn man die äußerst schwierigen Zustände in Deutschland, so besonders auch im Bistum Regensburg, während des schrecklichen Krieges und unmittelbar danach bedenkt.
Erzdechant Gedeon Forster mußte infolge der Kriegswirren zeitweise seine Pfarrei verlassen. Aus eigener leidvoller Erfahrung wußte er von dem Grauen der letzten Kriegsjahre zu berichten. In seiner Chronik schreibt er über die Schicksale des Wörther Landes, zum fürstbischöflichen Hochstift gehörig, unter anderem: »Die ruin und das damnum, so die herrschafft Wörth dißmahls erlitten, ist fast unbeschreiblich... Anno 1647 ist in der rebellion der churbayrischen völcker nach Pfingsten die mittlere und undere herrschafft Wörth wiederumb geblündert worden... Die Leibs- und Lebensgefahr, Trangsalen und Ungelegenheiten, so ich bei Tag und Nacht ausgestanden, seind nit zu beschreiben.«[7]
Die Reformbestrebungen des Fürstbischofs Franz Wilhelm von Wartenberg für das schwer erschütterte Bistum fanden einen ersten sichtbaren Ausdruck in der Diözesansynode, die vom 5. bis 7. Juli 1650 im Regensburger Dom abgehalten wurde. Erzdechant Gedeon Forster fungierte dort als Sekretär der Versammlung.[8] Zudem wurde ihm die »Überwachung der Christenlehre im ganzen Bistum« und die »Neuordnung und Beaufsichtigung des gesamten Bruderschaftswesens« übertragen. Daß Gedeon Forster großes pädagogisches Geschick und Wissen besaß, belegen auch die vielen aszetisch-katechetischen Schriften und religiösen Kleinschriften, die er »als ein geistliches Allmoßen« zur Unterweisung gerade der Jugend unter das Volk hatte verteilen lassen. Auch den Druck finanzierte er selber. Des weiteren ernannte man Forster zum Kommissar für die kirchlichen Gebäude, eine um so wichtigere Aufgabe, berücksichtigt man die trostlosen Zustände fast allerorts durch viele eingeäscherte, verfallene oder zumindest vernachlässigte Kirchen und Pfarrhöfe.
Auch bei der zweiten Synode zehn Jahre später (1660) bekleidete Forster das Amt des Sekretärs und war einer der Synodalprediger. Zu dieser Synode sollten die Dekane Beschreibungen der einzelnen Pfarreien, welche in ihrem Zuständigkeitsbereich lagen, vorlegen. Diese bildeten dann den Grundstock für eine Matrikel, die Forster erstellte. Weil er aber bei verschiedenen Visitationen, die der Pondorfer Erzdechant in den Jahren 1662 bis 1664 durch das ganze Bistum durchführte, gelegentlich Unstimmigkeiten und Ungenauig-

---

[7] Zit. nach Schwaiger, Wartenberg (Anm. 5) 3.
[8] Ebd. 103.

keiten in den Angaben der Dekane und Pfarrer feststellte, verfaßte er im Jahre 1665 »mit grosser Muehe und Arbeit« eine neue Matrikel, die er durch einen Schreiber in dreifacher Ausfertigung und auf eigene Kosten erstellen ließ. »Diese akribisch erarbeitete Diözesanmatrikel Gedeon Forsters stellt heute eine der wertvollsten Quellen zur Geschichte des Bistums Regensburg und seiner Pfarreien dar.«[9]

III. Kurze Beschreibung der Matrikel

Die Matrikel mit ihren gut 400 Seiten (die nicht ganz korrekte Folio-Zählung reicht bis 199^v) ist die erste umfassende Beschreibung des ganzen Bistums Regensburg, mit der genauen Gliederung der Diözese in die vier Archidekanate Regensburg, Pondorf/Donau, Cham und Donaustauf mit den jeweils zugehörigen Dekanaten und Pfarreien, mit allen Filialkirchen und Kapellen – diese waren besonders zahlreich in der Stadt Regensburg vor dem Luthertum vorhanden, wie ein Blick auf den »Status ecclesiarum, capellarum et altarium in civitate Ratisbonae ante Lutheranismum« zeigt. Darüber hinaus sind alle Patrozinien, Haupt- und Nebenaltäre der Kirchen und Kapellen, oft die Kommunikantenzahlen, bisweilen auch der bauliche Zustand der Kirchen, Kollationsrechte, Einkünfte und weitere Informationen festgehalten. Auch schriftlich nicht fixierte, aber ortsgebundene alte Überlieferungen sind genannt.

Forster stützte sich auf Berichte über das, »was in München, wegen der Geistlichen Beschwerten gegen Cammerer und Rath zu Regenspurg anno 1583 gehandlet worden«, die er im bischöflichen Archiv vorfand.[10] Auch in einem alten Steuerregister fand er eine kurze Beschreibung einiger Benefizien. Überhaupt verwendete Forster größtmögliche Genauigkeit in der Beschreibung der einzelnen Benefizien: Er faßt diejenigen zusammen, »welche widerumb mit Mühe und Arbeith, grossen Uncossten von den uncatholischen Burgern zu der catholischen Religion gebracht« worden sind,[11] um in einer weiteren Unterteilung die Benefizien und Kapellen in der Stadt Regensburg aufzuführen, die gestiftet worden seien und keine Einkommen hätten. Jedoch habe es sich bei diesen um solche gehandelt, die im Jahr 1524 alle besetzt gewesen seien und Einkommen gehabt hätten, »sie sonsten nit hätten steuren können«.[12] Auch verzeichnet der Pondorfer Erzdechant die Inhaber der Benefizien und die Höhe der abzuführenden Steuer für das Jahr 1524.

Eine weitere Untergliederung nennt die Kapellen und Benefizien, deren Einkommen zwar nicht festgesetzt gewesen sei, deren Kapläne im nämlichen Jahr aber dennoch Steuern hätten abführen müssen.

[9] Gruber (Anm. 6) 297.
[10] Matrikel 7.
[11] Ebd. 9.
[12] Ebd. 11.
[13] Ebd. 15, fol. 9.

Den Abschluß bildet ein Verzeichnis von Kapellen und Benefizien, über deren Einkünfte und Abgaben keine Angaben vorlägen, und eines von Benefizien, deren Nutznießer Kämmerer, Räte und andere Bürger der Reichsstadt seien.

Insgesamt elf Seiten des Editionstextes nimmt alleine diese Beschreibung nur der Kapellen und Benefizien in der Stadt Regensburg ein. Daß Gedeon Forster noch Kapellen und Gebäude benennt, die 1552 »sub praetextu defensionis urbis«, unter dem Vorwand der Stadtverteidigung also, abgebrochen worden waren, macht diese Aufzählung um so wertvoller.

Mit der Darstellung des »Status ecclesiarum in archi-decanatu civitatis Ratisbonensis« wird auch die Folio-Zählung wieder aufgenommen und fortgeführt.[13] Zum Erzdekanat Regensburg gehören die Dekanate Bettbrunn, Elsendorf, Essing, Geisenfeld und Kelheim, zum Erzdekanat Pondorf an der Donau die Dekanate Altheim, Deggendorf-Frontenhausen, Loiching, Otzing, Ottering und Feldkirchen bei Straubing, zum Erzdekanat Donaustauf (Thumstauf) die Dekanate Hemau, Schwandorf, Rainertshausen und Schierling, zum Erzdekanat Cham die Dekanate Amberg, Kastl bei Kemnath, Hirschau, Luhe, Nabburg und Tirschenreuth mit dem Egerland. Der Beschreibung des Distriktes Eger[14] widmet Forster einen eigenen Abschnitt und stellt ihr die Feststellung voran, daß in der Stadt Eger und im ganzen egrischen Distrikt die Religion völlig darniederliege und der Zustand der Kirchen trostlos sei; die Sorge um das ewige Seelenheil und die Jugend würden überall vernachlässigt: »Status religionis et ecclesiarum in civitate Egra et toto districtu Egrensi est afflictissimus, animarum salus aeterna et iuventus ubique negligitur.«[15]

Die Dekanatseinteilung in der Matrikel folgt noch derjenigen, die von Bischof Wartenberg auf der Diözesansynode des Jahres 1650 bindend festgelegt worden war. Danach gliederte sich das Bistum in 27 Sprengel, eben in die vier Erz- und in 23 Ruraldekanate. Die Dekanate werden in dieser Zeit vorwiegend nach dem jeweiligen Pfarrsitz des Dechanten benannt, aber es finden sich auch Benennungen nach dem Hauptort. In den vier Erzdechanten begegnen uns vielleicht die »Nachfolger« der mittelalterlichen Archidiakone (oder Archipresbyter), denen ursprünglich je ein Viertel des Bistums unterstand.[16] Der bischöfliche Statusbericht von 1654 an die Kurie nennt für das ganze Bistum mehr als 457 Pfarreien. Die Matrikel Gedeon Forsters zählt 430 Pfarreien, von denen nur 46 durch den Bischof besetzt werden. Für die große Zahl der übrigen Pfarreien und der meisten Benefizien bestehen anderweitige Besetzungsrechte.[17]

---

[14] Johannes B. Lehner, Beiträge zur Kirchengeschichte des Egerlandes, in: Jahresbericht des Vereins zur Erforschung der Regensburger Diözesangeschichte 13 (1939) 79–211; Heribert Sturm, Die Reformation in und um Eger, in: Zeitschrift für bayerische Kirchengeschichte 42 (1973) 156–167; Ders., Districtus Egranus (Historischer Atlas von Bayern, Altbayern II/2), München 1981.

IV. Ulrichs-Patrozinien im Bistum Regensburg gemäß den Aufzeichnungen Gedeon Forsters

Schon ein Blick in das Register der Kirchen- und Kapellenpatrozinien in der Matrikel zeigt deutlich, daß Sankt Ulrich ein beliebter Patron im Bistum Regensburg ist.[18] Der heilige Bischof Wolfgang von Regensburg (gest. 994) hatte unmittelbar nach der Heiligsprechung seines Freundes Ulrich dessen Fest in den Diözesankalender aufgenommen. Kurz darauf wird diesem in Regensburg wohl die erste Kapelle erbaut worden sein.[19] Rund sechseinhalb Jahrhunderte später, als Gedeon Forster seine Aufzeichnungen für die Matrikel fertiggestellt hat, tragen insgesamt vierzig Kirchen und Kapellen den Namen St. Ulrich: elf Pfarrkirchen (darunter die Regensburger Dompfarrkirche), zehn Filialkirchen und 19 Kapellen (oft Burgkapellen).

Die nachfolgende Aufzählung der Orte (in heutiger Schreibung) ist alphabetisch angeordnet, in Klammern sind Dekanats- und (bei Filialen und Kapellen) Pfarrzugehörigkeit, gegebenenfalls auch die Hofmarks- oder Gerichtszugehörigkeit gemäß der Matrikel angegeben. Danach folgt die deutsche Wiedergabe der Beschreibung des jeweiligen Patroziniums, mit Benennung der konsekrierten oder entweihten Altäre, der Kommunikantenzahlen und des Census (in Gulden), soweit diese Angaben vorliegen.[20]

---

[15] Matrikel 113, fol. 153. – Siehe zum ganzen auch den Beitrag von Karl Kosel. In diesem Band.

[16] Schwaiger, Wartenberg (Anm. 5) 8 f.

[17] Dazu: Übersichtlicher Auszug aus der Diözesan-Matrikel von 1666, in: Matrikel des Bisthums Regensburg, Regensburg 1863, XXII–XXX.

[18] Matrikel 160. Dazu auch das Register II, ebd. 153. – Allgemein: M. Fastlinger, Die Kirchenpatrozinien in ihrer Bedeutung für Altbayerns ältestes Kirchenwesen. Eine kulturgeschichtliche Skizze, in: Oberbayerisches Archiv 50 (1897) 339–440; Matrikel der Diözese Regensburg, Regensburg 1916; Johannes B. Lehner, Die mittelalterlichen Kirchen-Patrozinien des Bistums Regensburg, Teil 1, in: Verhandlungen des Historischen Vereins für Oberpfalz und Regensburg 94 (1953) 5–82; Paul Mai/Marianne Popp, Das Regensburger Visitationsprotokoll von 1508, in: Beiträge zur Geschichte des Bistums Regensburg [BGBR] 18 (1984) 7–316; Paul Mai, Das Regensburger Visitationsprotokoll von 1526, in: BGBR 21 (1987) 23–314; Hans J. Utz, Wallfahrten im Bistum Regensburg. Neubearb. von Karl Tyroller, München-Zürich ²1989.

[19] Lehner, Patrozinien (Anm. 18) 55. – Genaue historische Angaben zur Pfarrgeschichte des Bistums Regensburg zu machen ist, von wenigen Ausnahmen abgesehen, oftmals nicht möglich. Mit Sicherheit wird die neue Diözesanmatrikel, die in Vorbereitung ist, in vielerlei Hinsicht Klärung bringen (die letzte Matrikel stammt aus dem Jahre 1916). Aus diesem Grunde verzichtet auch die vorliegende Darstellung auf die Angabe von Daten, die über die in der Matrikel Forsters vorhandenen hinausreichen würden.

[20] Verzeichnis der häufigsten Abkürzungen: S. = Sanctus, SS. = Sancti oder Sanctissimus, D. = Dominus, B. V. = Beata Virgo (Maria), H./Hl. = Heilig, Heilige, NB. = Nota bene, Ser. = Serenissimus; Münzbezeichnung: fl = florenus.

[21] Aich. Im Landtgericht Vilsbiburg. Titulus ecclesiae parochialis S. Udalricus. Altaria 4 consecrata: primum eiusdem tituli, secundum S. Annae, tertium S. Martini, quartum S. Crucis et S. Sebastiani. Census ecclesiae universim 50 fl. Matrikel 57, fol. 69.

Pfarrkirchen

Aich (Dekanat Loiching, Landgericht Vilsbiburg): Vier konsekrierte Altäre (Ulrich, Anna, Martin, Hl. Kreuz und Sebastian), Census insgesamt 50 fl. Kommunikantenzahl für die ganze Pfarrei: 950.[21]

Ainau (Dekanat Geisenfeld, Hofmark Rittersworth): Ein konsekrierter Altar, Census insgesamt 100 fl, 15 Kommunikanten. Die Patronatsrechte hat der Herr von Rittersworth inne.[22]

Hohenfels (Dekanat Schwandorf, Herrschaft Hohenfels): Drei entweihte Altäre (Ulrich, B. V. und Johann Evangelist, Anna und Vierzehn Nothelfer). Kommunikantenzahl für die ganze Pfarrei: 650.[23]

Kemnath b. Fuhrn (Dekanat Nabburg, Landgericht Neuburg): Ein entweihter Altar, Census insgesamt 20 fl, 200 Kommunikanten. Die Patronatsrechte hat der Kurfürst inne.[24]

Konzell (Erzdekanat Pondorf, Kurfürstliches Landgericht Mitterfels): Titel der Pfarrkirche: St. Martin und St. Ulrich. Drei entweihte Altäre (nur der zweite Altar ist genannt: B. V. mit einer Rosenkranzbruderschaft), Census insgesamt 616 fl. Zur gesamten Pfarrei gehören 751 Seelen (153 Familien, 146 Gefirmte, 193 Minderjährige), die Kommunikantenzahl beläuft sich auf 558 (1630: 600). Die Pfarrei ist dem Benediktinerkloster Oberalteich inkorporiert.[25]

Lam (Erzdekanat Cham, Landgericht Kötzting): Drei konsekrierte Altäre (Ulrich, Hl. Kreuz, B. V. Maria), Census insgesamt 600 fl, 700 Kommunikanten. Das Patronatsrecht hat das Benediktinerkloster Roth inne.[26]

---

[22] Ainau. In der Hofmarch Rittersworth. Titulus ecclesiae parochialis S. Udalricus, altare unum consecratum. Census ecclesiae universim 100 fl. Communicantes 15. Patronus parochiae dominus in Rittersworth. Matrikel 129, fol. 174.

[23] Hohenfels Marckht. In der Herrschafft alda. Titulus ecclesiae parochialis S. Udalricus. Altaria 3 violata: primum eiusdem tituli, secundum B. V. et S. Joannis Evangelistae, tertium S. Annae et 14 Auxiliatorum. Matrikel 86, fol. 118.

[24] Hochenkemnath. Im obigen Landtgericht [Neuburg]. Titulus ecclesiae parochialis S. Udalricus, altare unum violatum. Census ecclesiae universim 20 fl. Communicantes 200. Patronus parochiae Ser. elector. Matrikel 105, fol. 143.

[25] Conzell. Im churfürstl. Landtgericht Mitterfels. Titulus ecclesiae parochialis SS. Martini et Udalrici. Altaria 3 violata, secundum B.V., in quo erecta fraternitas S. Rosarii. Census ecclesiae universim 616 fl ... Status animarum: Familiae 153, communicantes 558, confirmati 146, minorennes 193. Animae universim 751. Anno 1630 communicantes fuerunt 600. Parochia haec incorporata monasterio in Ober Altach ordinis S. Benedicti. Matrikel 20 f., fol 16.

[26] Lamb. Im Landtgericht Közting. Titulus ecclesiae parochialis S. Udalricus. Altaria 3 consecrata: primum eiusdem tituli, alterum S. Crucis, tertium B. V. Mariae. Census ecclesiae universim 600 fl. Communicantes 700. Patronus parochiae monasterium Rothense ordinis S. Benedicti. Matrikel 30, fol. 29. – Lehner, Patrozinien (Anm. 18) 55.

Michldorf (Dekanat Luhe, Landgrafschaft Leuchtenberg): Drei entweihte Altäre (Ulrich, Hl. Kreuz, B. V. Maria), Census insgesamt 500 fl, Kommunikantenzahl der gesamten Pfarrei 850. Das Patronatsrecht hat der Landgraf inne.[27]

Niederumelsdorf (Dekanat Kelheim, Pfleggericht Vohburg): Drei Altäre (im Chor der geweihte Ulrichsaltar, B. V. Maria, Katharina), Census insgesamt 70 fl, Kommunikantenzahl der gesamten Pfarrei 300. Das Patronatsrecht hatte das nunmehr erloschene Benediktinerkloster Biburg inne, jetzt liegt es beim Kolleg der Gesellschaft Jesu in Ingolstadt.[28]

Regensburg, Dompfarrkirche (Erzdekanat Regensburg): Fünf konsekrierte Altäre (im Chor Hl. Kreuz und Leiden des Herrn, B. V. Maria, Ulrich mit gleichnamigem Benefizium, Sebastian, Anna). Zur Pfarrkirche gehören auch sechs Benefizien (darunter ein Ulrichs-Benefizium). Die Kommunikantenzahl beläuft sich auf 1500.[29] Vor dem Übertritt der Reichsstadt Regensburg zum Luthertum zählte die Dompfarrkirche noch zehn Altäre.[30]

Treidlkofen (Dekanat Loiching,, Landgericht Vilsbiburg): Zwei konsekrierte Altäre (Ulrich, Martin), Census insgesamt 200 fl. Kommunikantenzahl der gesamten Pfarrei: 250. Das Patronatsrecht hat der Kurfürst inne.[31]

Treunitz/Egerland (Dekanat Tirschenreuth, unter der Verwaltung der Stadt Eger): Drei entweihte Altäre (Ulrich und B. V. Maria, Michael, Stephan). Ein Frühmeßbenefizium wurde durch die Häresie [in den reformatorischen Wirren] ausgelöscht. 850 Kommunikanten. Das Patronatsrecht hat der Landkomtur der Ballei Thüringen des Deutschen, nunmehr Malteser Ordens inne.[32]

---

[27] Micheldorf. Im obigen Landtgrafthumb [Leuchtenberg]. Titulus ecclesiae parochialis S. Udalricus. Altaria 3 violata: primum eiusdem tituli, alterum S. Crucis, tertium B. V. Mariae. Census ecclesiae universim 500 fl ... Communicantes 850. Patronus parochiae Ser. Landtgravius. Matrikel 101, fol. 136.

[28] Umbelstorf. Im Pfleggericht Vohburg. Titulus ecclesiae S. Udalricus. Altaria 3: primum eiusdem tituli in choro consecratum, secundum B.V., tertium S. Catharinae. Census ecclesiae universim 70 fl ... Communicantes 300. Patronus parochiae monasterium Biburg, nunc collegium Societatis Jesu Ingolstadii. Matrikel 139, fol. 186.

[29] Thumb-Pfarr. Titulus ecclesiae parochialis S. Udalrici. Altaria 5 consecrata: primum in choro SS. Crucis et Passionis Domini, secundum B.V., tertium S. Udalrici, in quo fundatum beneficium sub titulo S. Udalrici, quartum S. Sebastiani, quintum S. Annae. In dicta parochiali fundata sunt beneficia: primum SS. Corporis Christi, secundum B.V., tertium Trium Regum, quartum S. Udalrici, quintum SS. Virginum, sextum [fehlt]...Communicantes 1500. Matrikel 15, fol. 9. – Lehner, Patrozinien (Anm. 18) 55.

[30] Matrikel 4, fol. 5.

[31] Treitlkhouen. Im Landtgericht Vilsbiburg. Titulus ecclesiae parochialis S. Udalricus. Altaria 2 consecrata: primum eiusdem tituli, secundum S. Martini. Census ecclesiae universim 200 fl ... Communicantes 250. Patronus parochiae Ser. elector. Matrikel 62, fol. 79.

[32] Treyniz. Sub iurisdictione der Stadt Eger. Titulus ecclesiae parochialis S. Udalricus. Altaria 3 violata: primum eiusdem tituli et B.V., alterum S. Michaelis, tertium S. Stephani. Beneficium

Filialkirchen

Berghausen (Pfarrei Sollern, Dekanat Bettbrunn, Hofmark Hexenagger): Ein konsekrierter Altar, Census insgesamt 200 fl.[33]

Dietrichstetten (Pfarrei Oberviehbach, Dekanat Loiching, Landgericht Teisbach): Ein entweihter Altar.[34]

Engelberg (Pfarrei Vilsbiburg, Dekanat Loiching, Landgericht Vilsbiburg): Titel der Filialkirche: St. Ulrich und St. Margaretha. Zwei Altäre (Ulrich und Margaretha, Hl. Kreuz), Census insgesamt 1800 fl.[35]

Gisseltshausen (Pfarrei Rottenburg, Dekanat Rainertshausen, Hofmark Gisseltshausen): Drei konsekrierte Altäre (Ulrich, Hl. Kreuz und Schmerzhafte Muttergottes, Sebastian und Rochus), Census insgesamt 400 fl.[36]

148-15

Greißing (Pfarrei Geiselhöring, Dekanat Ottering, Pfleggericht Kirchberg/Ndby.): Zwei Altäre (Ulrich, B. V. Maria [entweiht]). In dieser Filialkirche wird eine Samstagsmesse gehalten.[37]

Heißprechting (Pfarrei Taufkirchen, Dekanat Frontenhausen, Landgericht Eggenfelden): Ein Altar, Census insgesamt 100 fl.[38]

Schwarzach (Pfarrei Altendorf, Dekanat und Pflegamt Nabburg): Ein entweihter Altar, Census insgesamt 800 fl.[39]

Ulrichsried (Pfarrei und Dekanat Rainertshausen, Pflegamt Moosburg): Titel der Filialkirche: St. Martin und St. Ulrich. Zwei Altäre (Martin und Ulrich, Leonhard [entweiht]), Census insgesamt 100 fl. In dieser Filialkirche wird eine Wochenmesse gehalten.[40]

---

primissariae per haeresin extinctum. Census ecclesiae universim [fehlt]. Communicantes 850 ... Patronus parochiae commendator provincialis Baliuae Thuringiae hospitalis B. V. ordinis Jerosolymitani Teutonicorum etc., nunc Melitensium. Matrikel 115, fol. 154. – Lehner, Patrozinien (Anm. 18) 55.

[33] Filialis S. Udalrici zu Perckhausen in der Hofmarch Höxenackher, altare unum consecratum. Census ecclesiae universim 200 fl. Matrikel 124, fol. 166.

[34] Filialis S. Udalrici zu Dietrichsstetten im obigen Landtgericht [Teisbach], altare unum violatum. Census ecclesiae universim [fehlt]. Matrikel 61, fol. 77.

[35] Filialis SS. Udalrici et Margarethae zu Englberg im obigen Pfleggericht [Vilsbiburg], altaria duo: primum eiusdem tituli, secundum S. Crucis. Census ecclesiae universim 1800 fl. Matrikel 63, fol. 80.

[36] Filialis S. Udalrici zu Gisslshausen in der Hofmarch alda, altaria 3 consecrata: primum eiusdem tituli, secundum S. Crucis et B. V. Dolorosae, tertium SS. Sebastiani et Rochi. Census ecclesiae universim 400 fl. Matrikel 143, fol. 191.

[37] Filialis S. Udalrici zu Greissing im Pfleggericht Kürchberg, altaria duo: primum eiusdem tituli, secundum B. V. violatum. Habetur ibidem missa sabbathina. Matrikel 64, fol. 82.

[38] Filialis S. Udalrici zu Heusperchting im obigen Landtgericht [Eggenfelden], altare unum. Census ecclesiae universim 100 fl. Matrikel 56, fol. 67.

[39] Filialis S. Udalrici zu Schwarzach im obigen Pflegambt [Nabburg], altare unum violatum. Census ecclesiae universim 800 fl. Matrikel 103, fol. 140.

171, 173 Unterempfenbach (Pfarrei Sandelzhausen, Dekanat Elsendorf, Pfleggericht Mainburg): Ein entweihter Altar, Census insgesamt 300 fl.[41]

Wetterfeld (Pfarrei Roding, Erzdekanat Cham, Pfleggericht Roding): Ein entweihter Altar.[42]

Kapellen

Amberg (Pfarrei St. Georg, Dekanat Amberg): Friedhofskapelle, ein Altar mit Benefizium. Die Patronatsrechte hat der Stadtmagistrat inne.[43]

158 *Bogenberg* (Pfarrei Bogenberg, Erzdekanat Pondorf, Landgericht Mitterfels): Kapelle am Abhang des Berges, ein profanierter Altar (Ulrich).[44]

Buchhausen (Pfarrei Ascholtshausen, Dekanat Ottering, Pfleggericht Kirchberg/Ndby.): Ein Altar, Census insgesamt 150 fl.[45]

Deggendorf (Heilig-Grab-Kirche, Dekanat Deggendorf): Kapelle der Bäcker (Ulrich und Antonius) mit Benefizium, genannt »Peckhen Mess«.[46]

Ebenhausen (Pfarrei Niederhornbach, Dekanat Rainertshausen, Hofmark Niederhornbach): Ein geweihter Altar.[47]

Etterzhausen (Pfarrei Nittendorf, Dekanat Hemau, Hofmark Etterzhausen): Ein Altar.[48]

Griesham (Pfarrei Engelbrechtsmünster, Dekanat Geisenfeld, Hofmark Münchsmünster): Kapelle »ufn Moss« (auf dem Moos), ein geweihter Altar.[49]

[40] Filialis SS. Martini et Udalrici zu Ried im Pflegambt Mospurg, altaria 2: primum eiusdem tituli, secundum S. Leonardi violatum. Census ecclesiae universim 800 fl. Habetur ibidem missa hebdomadalis. Matrikel 140, fol. 187.
[41] Filialis S. Udalrici zu Niderempfenbach im Pfleggericht Mainburg, altare unum violatum. Census ecclesiae universim 300 fl. Matrikel 127, fol. 170.
[42] Filialis S. Udalrici zu Wetterfeld im obigen Pfleggericht [Roding], altare unum violatum. Census ecclesiae universim [fehlt]. Matrikel 32, fol. 32.
[43] Capella S. Udalrici in coemeterio, altare unum, in quo beneficium. Patronus idem [magistratus civicus]. Matrikel 90, fol. 121.
[44] Pogenberg ... Capellas adiacentes habet 5 omnes sine dote, et praeter oblationes exiguas proventus non habent ... Quinta [capella] in ripa montis S. Udalrici. Quaelibet harum [capellarum] habet altare prophanatum eiusdem tituli cum capella. Matrikel 23, fol. 19f.
[45] Capella S. Udalrici zu Buehausen im Pfleggericht Kürchberg, altare unum. Census capellae universim 150 fl. Matrikel 64, fol. 81.
[46] Ecclesia Sepulchri Domini vulgo zum H. Grab in civitate. Altaria 12 consecrata ... Undecimum [altare] in capella pistorum SS. Udalrici et Antonii, in quo beneficium vulgo der Peckhen Mess. Matrikel 43, fol. 47.
[47] Underhornbach ... Capella S. Udalrici zu Ebenhausen in obiger Hofmarch [Niederhornbach], altare unum consecratum. Census capellae universim [fehlt]. Matrikel 143, fol. 191.
[48] Capella S. Udalrici zu Edertshausen in der Hofmarch alda, altare unum. Census capellae universim [fehlt]. Matrikel 81, fol. 110.

Großaich (Pfarrei Aufhausen, Dekanat Feldkirchen bei Straubing, Hofmark 161–170
Eitting): Ein geweihter Altar, Census insgesamt 50 fl.[50]

Guttenberg (Pfarrei und Dekanat Kastl bei Kemnath, Landgericht Waldeck):
Ein entweihter Altar, Census insgesamt 400 fl.[51]

Haidstein (Pfarrei Runding, Erzdekanat Cham, Herrschaft Runding): Zwei
Altäre (der zweite B. V. Maria). Die Karmelitermönche zu Straubing zelebrieren an den Marienfesttagen das Sonntagsamt, wofür sie 50 fl. erhalten.[52]

Karlstein (Pfarrei Kirchberg/Opf., Dekanat Schwandorf): Kapelle in der Burg
Karlstein, ein entweihter Altar.[53]

Kleinweichs (Pfarrei und Dekanat Otzing, Landgericht Natternberg): Ein geweihter Altar, Census insgesamt 1070 fl.[54]

Mainbach (Pfarrei Oberdietfurt, Dekanat Frontenhausen, Landgericht Eggenfelden): Ein Altar, Census insgesamt 70 fl.[55]

Sparr (Pfarrei Hunderdorf, Dekanat Deggendorf, Hofmark Sparr): Kapelle in
der Hofmark, zwei Altäre (Ulrich, Barbara [entweiht]).[56]

Tiefenthal (Filialkuratie Hofdorf, Pfarrei und Erzdekanat Pondorf, Reichs- 151, 174
herrschaft Wörth a.d. Donau): Hauptpatron St. Wolfgang, Nebenpatron St.
Ulrich. Zwei entweihte Altäre, Census insgesamt 383 fl. Census, Zehnt und
die übrigen Erträge dieses Kuratbenefiziums erhält im Jahre 1630 der Hochwürdigste Herr Bischof von Regensburg. Der Benefiziumsverwalter residierte am Ort, als Entlohnung erhielt er vom bischöflichen Pfleger zu Wörth
jährlich 150 fl. Jetzt aber hat er Kost und Wohnung beim Erzdekan in Pondorf,
darüberhinaus aus dem Ertrag bestimmter Kirchen 50 fl.[57]

---

[49] Capella S. Udalrici zu Grieshaimb ufn Moss in der Hofmarch Münchsmünster, altare unum consecratum. Census capellae universim [fehlt]. Matrikel 129, fol. 174.
[50] Capella S. Udalrici zu Grossenaich in der Hofmarch Eytting, altare unum consecratum. Census capellae universim 50 fl. Matrikel 76, fol. 102f.
[51] Capella S. Udalrici zu Guttenberg im obigen Landgericht [Waldeck], altare unum violatum. Census capellae universim 400 fl. Matrikel 95, fol. 129.
[52] Capella S. Udalrici zu Hayzstain in obiger Herrschaft [Runding]. Altaria duo: alterum B. V. PP. [Patres] Carmelitae Straubingae peragunt officium divinum in festis B.V., inde percipiunt 50 fl. Census praeter oblationes non habet. Matrikel 33, fol. 33.
[53] Capella S. Udalrici in castro Carlsta[in], altare unum violatum. Matrikel 87, fol. 119.
[54] Capella S. Udalrici zu Klainweix im obigen Landgericht [Natternberg], altare unum consecratum. Census capellae universim 1070 fl. Matrikel 70, fol. 91.
[55] Capella S. Udalrici zu Mainbach im obigen Landgericht [Eggenfelden], altare unum. Census capellae universim 70 fl. Matrikel 50, fol. 59.
[56] Capella S. Udalrici in der Hofmarch Sparr, altaria 2: primum eiusdem tituli, secundum S. Barbarae violatum. Matrikel 45, fol. 50.
[57] Capella zu Tieffenthal: Superioris titulus S. Wolfgangus, inferioris S. Udalricus. Altaria 2 violata in utraque. Census capellae universim 383 fl. Census, decimas et reliquos proventus huius beneficii curat. Percipit Reverendissimus et Illustrissimus Dominus ordinarius Ratis-

Ulrichsberg (Filialkuratie Sarching, Pfarrei Illkofen, Erzdekanat Donaustauf, Hofmark des Deutschen Ordens): Kapelle in der Burg Sarching, ein entweihter Altar mit Benefizium St. Ägidius. Verpflichtung zu einer Wochenmesse.[58]

Ulrichsberg (Filialkuratie Grafling, Pfarrei, Dekanat, Land- und Pfleggericht Deggendorf): Kapelle bei der alten Burg auf dem Berg, zwei profanierte Altäre (Ulrich, Katharina, Barbara und Margaretha). Der Pfarradministrator in Grafling ist verpflichtet, von Georgi bis Michaeli [24. April bis 29. September] die Woche hindurch eine Messe zu feiern. Census insgesamt 8611 fl.[59]

Ulrichschwimmbach (Filialkuratie Marklkofen, Dekanat Frontenhausen, Landgericht Teisbach): Ein entweihter Altar, Census insgesamt 4830 fl.[60]

Unterröhrenbach (Pfarrei Moosthann, Dekanat Ottering, Landgericht Rottenburg): Titel der Kapelle: St. Ulrich und St. Martin. Ein Altar, keine Census.[61]

---

bonensis 1630. Provisor beneficiatus in loco residebat, is pro salario 150 fl. annuos a domino praefecto episcopali in Wörth percipit, nunc victum et habitationem apud archi-decanum in Pondorf, insuper ex pensione certarum ecclesiarum habet 50 fl. Matrikel 19, fol. 14.

[58] Parching [sic]... Capella S. Udalrici in arce ibidem, altare unum violatum. Fundatum ibidem beneficium sub titulo S. Egidii. Obligatio ad missam hebdomadalem. Redditus [fehlt]. Matrikel 36, fol. 37. – Lehner, Patrozinien (Anm. 18) 55.

[59] Capella S. Udalrici bey der alten Burg ufn Berg, altaria 2 profanata: primum eiusdem tituli, secundum S. Catharinae, S. Barbarae et S. Margarethae. Obligatur provisor in Gräffling [Grafling] a festo S. Georgii usque ad festum S. Michaelis per septimanam sacrum celebrare. Census ecclesiae universim sunt 8611 fl. Matrikel 44, fol. 49.

[60] Capella S. Udalrici zu Schwimbach im obigen Landtgericht [Teisbach], altare unum violatum. Census capellae universim 4830 fl. Matrikel 50, fol. 58.

[61] Capella SS. Udalrici et Martini zu Rörnbach im Landgericht Rottenburg, altare unum. Census nulli. Matrikel 67, fol. 87.

Roland Götz

Ulrichskirchen in den Matrikeln des Bistums Freising, mit besonderer Berücksichtigung der Schmidtschen Matrikel von 1738

*Karte im
Satz hinten*

Im Jahr 1955, zur tausendsten Wiederkehr der Schlacht auf dem Lechfeld, veröffentlichte die »Münchener Katholische Kirchenzeitung« einen kleinen Beitrag, der sich unter dem Titel »Sankt Ulrich in unserer Erzdiözese« mit den Ulrichspatrozinien im Erzbistum München und Freising befaßt.[1] Er hebt die starke Verehrung hervor, die der Augsburger Bistumspatron in der östlichen Nachbardiözese erfahren hat, und nennt als Indiz die 36 hier dem heiligen Ulrich geweihten Kirchen – gegenüber nur 12 Patrozinien des eigenen Bistumspatrons Korbinian. Diese Zahlen entsprechen etwa einem 1940 angelegten Patrozinienverzeichnis für die Erzdiözese.[2] Über die Anzahl hinaus wird auch darauf verwiesen, daß sich die Ulrichspatrozinien nicht nur im Westteil der Diözese finden, wo möglicherweise Beziehungen zum Augsburger Bistum die Wahl des Kirchenpatrons beeinflußt haben könnten, sondern sich recht gleichmäßig über das ganze Bistumsgebiet verteilen, wofür »die große Verehrung des Volksheiligen Ulrich« ausschlaggebend gewesen sei. Eine Auflistung der Ulrichspatrozinien im Erzbistum München und Freising bringt der Beitrag nicht.

Dafür verzeichnet die Kartenbeilage »Sankt Ulrich als Kirchenpatron in Süddeutschland und den angrenzenden Ländern« in der Festgabe zur 1000. Wiederkehr des Todestages Bischof Ulrichs[3] 35 Patrozinien auf dem Gebiet des Erzbistums.

Vorliegender Beitrag nun will versuchen, eine möglichst vollständige Übersicht der Ulrichspatrozinien im alten Bistum Freising wie in der heutigen

---

[1] »L. H.«, Sankt Ulrich in unserer Erzdiözese, in: Münchener Katholische Kirchenzeitung, Jahrgang 48 (1955), Nr. 26 vom 26. Juni 1955, S. 418.

[2] Das maschinenschriftliche Patrozinienverzeichnis mit Stand 1940 im Archiv des Erzbistums München und Freising (AEM) führt insgesamt 39 Ulrichspatrozinien auf, davon jedoch zwei (Biberg und Reichersdorf) zusammen mit einem anderen Heiligen und eines (Eiselfing) mit dem Zusatz »Translatio«.

[3] Jahrbuch des Vereins für Augsburger Bistumsgeschichte [JVABG] 7 (1973). – Eine Zusammenstellung von Ulrichspatrozinien in Europa, die in maschinenschriftlicher Form Teil einer Materialmappe zum Ulrichsjubiläum 1973 war (»St. Ulrich 973–1973«), geht für die Erzdiözese München und Freising (S. 7–9) nur in der Nennung der Ulrichskirche von Wolfersberg über die Angaben der Karte hinaus. Sie wird deshalb im folgenden in den Anmerkungen nicht eigens aufgeführt. – Vgl. jüngst: Rummel 151–156.

Erzdiözese München und Freising zu geben. Als Hauptquellen dienen dafür die Bistumsmatrikeln und ähnliche Übersichten, die zu einem bestimmten Zeitpunkt jeweils das gesamte Bistumsgebiet erfassen und so »Querschnitte« ermöglichen.

Eine herausragende Stellung kommt dabei – wie unten näher erläutert – der Matrikel des Freisinger Stiftskanonikers Franz Joseph Anton Schmidt aus dem Jahr 1738 zu, die neben den Patrozinien auch sämtliche Altartitel verzeichnet und so einmalig vollständig den Stand der Ulrichsverehrung im frühen 18. Jahrhundert dokumentiert.[4] Dies ließ die im folgenden gewählte getrennte Darstellung der aus der Schmidtschen Matrikel und der aus den übrigen Quellen gewonnenen Ergebnisse empfohlen scheinen.

Über das Patrozinium hinaus soll an den einzelnen Orten auch der »materiellen« Seite der Ulrichsverehrung nachgespürt werden, wie sie sich in den Kirchenbauten und den bildlichen Darstellungen des Heiligen niedergeschlagen hat. Grundlage hierfür war neben den einschlägigen kunsthistorischen Publikationen insbesondere die Kunsttopographie des Erzbistums München und Freising, die seit 1982 bis jetzt in mehr als der Hälfte der Pfarreien der Diözese alle Kunstgegenstände in kirchlichem Besitz dokumentiert hat.[5] Daneben halfen vielfach die freundlichen Auskünfte Kundiger »vor Ort«.

I. Die Matrikeln und Beschreibungen des Bistums

Der um die Geschichte des Bistums vielfach verdiente Münchener Dompropst Martin von Deutinger[6] hat in den Jahren 1849–1850 die »älteren Matrikeln des Bisthums Freysing« in drei Bänden ediert[7] und damit der Bistumsgeschichte wertvollste Quellen erschlossen.

Am Anfang steht als älteste Matrikel des Bistums Freising die sogenannte Konradinische Matrikel.[8] Im Jahr 1315 von Bischof Konrad dem Sendlinger (1314–1322) in Auftrag gegeben, verzeichnet sie Klöster, Kollegiatstifte und

---

[4] Ähnlich detaillierte Angaben bieten die gesammelten Pfarrbeschreibungen der Jahre 1817 und 1818 (AEM FS 16–21), die auch die bei der Neuordnung der bayerischen Bistümer 1817 neu zur Erzdiözese gekommenen Gebiete erfassen. Dieses Material wurde, wohl wegen seines Umfangs, bislang nie vollständig ausgewertet und konnte auch im Rahmen dieses Beitrags nur punktuell benutzt werden.

[5] Vgl. Peter Steiner, Kunstinventare im Auftrag der Kirche. Die Kunsttopographie des Erzbistums München und Freising als Beispiel, in: Schönere Heimat, 77. Jahrgang (1988), Heft 3, S. 433–436. – Für die Erlaubnis zur Benutzung der Kunsttopographie danke ich Diözesanarchivar Prälat Dr. Sigmund Benker und dem Kunstreferat des Erzbischöflichen Ordinariats.

[6] Sigmund Benker, Dompropst Martin von Deutinger (1789–1854). Ein Leben für Kirche, Staat und Geschichtswissenschaft (mit Porträt), in: Beiträge zur altbayerischen Kirchengeschichte 39 (1990), 9–20.

[7] Im folgenden zitiert als Deutinger I, II, III.

[8] Deutinger I, S. V–X. – Deutinger III, 207–235. – Stahleder I, Karte nach S. 160, II, 7–69. – Geschichte des Erzbistums München und Freising I, 245, II, 16f. – Katalog Freising 434.

alle 233 Pfarr- und 564 Filialkirchen sowie weitere 22 Kapellen des Bistums samt den an den Bischof zu entrichtenden Abgaben. Die hier erstmals sichtbar werdende Einteilung des Bistums in 18 Dekanate hatte – unter wechselnder Benennung der Dekanate – bis zum Ende des alten Bistums Freising Bestand. Für viele Kirchen stellt die Konradinische Matrikel den ersten Nachweis ihres Bestehens dar, doch sind die Patrozinien darin nicht angegeben.

Dies ist dann erstmals in der Matrikel der Fall, die in der Regierungszeit des Bischofs Philipp Pfalzgrafen bei Rhein (1499–1541) der Freisinger Generalvikar Dr. Stephan Sunderndorfer bei einer von ihm im Herbst 1524 vorgenommenen Visitation des Bistums zusammenstellte.[9] Mit Ausnahme des Archidiakonats Rottenbuch sind alle Dekanate (mit 249 Pfarreien) erfaßt, neben den Rechtsverhältnissen und Einkünften der Kirchen werden auch die Namen der Pfarrer und Benefiziaten, die Zahl der Kommunikanten und der Zustand der Gebäude vermerkt. Für das Thema dieses Beitrags ist von Bedeutung, daß die Sunderndorfer-Matrikel als erste die Patrozinien nahezu aller Kirchen des Bistums angibt. Die meisten Kirchenpatrozinien finden so 1524, also oft erst recht lange nach der Entstehung der Kirchen, erstmals Erwähnung. Da Helmuth Stahleder bei einem Vergleich der für die Zeit bis 811 belegten Patrozinien mit den Angaben Sunderndorfers bei 40% Patrozinienwechsel feststellte,[10] ist – obwohl Ulrichspatrozinien natürlich viel weniger weit zurückreichen können – bei Rückschlüssen größte Vorsicht geboten.

Ebenfalls aus Visitationen hervorgegangen sind die folgenden Quellen, die als Bistumsbeschreibungen ausgewertet werden können: In den Jahren 1558–1560 fand, vom Landesherrn Herzog Albrecht V. und den Bischöfen gemeinsam organisiert, die große Generalvisitation aller zum Herzogtum Bayern gehörenden Gebiete des Erzbistums Salzburg und der Bistümer Passau, Regensburg und Freising statt. Die Visitationsprotokolle für die Gebiete, die heute den Sprengel der Erzdiözese München und Freising bilden, sind ediert,[11] ebenso das umfangreiche Interrogatorium.[12] Nur wenige Kirchen wurden bei der Visitation nicht erfaßt,[13] bei den visitierten ist stets das Patrozinium mit angegeben.[14]

Als unzweifelhaft wertvollste Beschreibung des Bistums Freising ist die Schmidtsche Matrikel[15] seit ihrer Edition durch Deutinger anerkannt. Franz

---

[9] Deutinger I, S. X–XII. – Deutinger III, 327–429. – Geschichte des Erzbistums München und Freising II, 17–19. – Katalog Freising 436.
[10] Stahleder I, 176.
[11] Siehe die Arbeiten von Anton Landersdorfer und Reiner Braun.
[12] Landersdorfer 43–53. – Braun 431–440.
[13] Landersdorfer 79–84. – Braun 5.
[14] Register der Patrozinien des Bistums Freising: Landersdorfer 809f.
[15] AEM FS 7–12. – Deutinger I, S. XIV–XIX. – Deutinger I, 1–III, 124. – Geschichte des Erzbistums München und Freising II, 17, 376. – Katalog Freising 426, 436. – Benno Hubensteiner, Die Geistliche Stadt. Welt und Leben des Johann Franz Eckher von Kapfing und Liechteneck,

Joseph Anton Schmidt, 1689 in Freising geboren, nach Studien in Salzburg und Ingolstadt Lizentiat der Rechte, erhielt als kaiserlicher Precist schon 1705 ein Kanonikat des Kollegiatstifts St. Andrä in Freising. 1713 wurde er als wirklich frequentierender geistlicher Rat in die Geistliche Regierung des Bistums aufgenommen. 26 Jahre, bis zu seinem Tod, übte er dieses Amt aus, arbeitete daneben in verschiedenen Funktionen im Stift St. Andrä, dessen Chronik er schrieb, und veröffentlichte 1727/28 auch einen erbaulichen Roman. Im Jahr 1732 wurde er als Convisitator dem Generalvisitator des Bistums, Dr. Philipp Franz Lindtmayr, zur Seite gestellt.

Die jährliche Visitation der Pfarreien hatte ja schon das Konzil von Trient den Bischöfen aufgetragen.[16] Bischof Joseph Clemens von Bayern (1685 bis 1694) hatte 1693 durch den Generalvikar und Weihbischof Johann Sigmund Zeller von Leibersdorf für sein Bistum einen »Modus visitandi ecclesias, earumque res & personas« im Druck veröffentlichen lassen.[17] Dieser sehr detaillierte Fragenkatalog war Grundlage für die besonders seit der Regierung Johann Franz Eckhers von Kapfing und Liechteneck (1695–1727) eifrig geübte Visitationstätigkeit.[18]

Auf einer dreijährigen Visitationsreise durch die Freisinger Diözese wurde Franz Joseph Anton Schmidt die Unzulänglichkeit der alten Sunderndorfer-Matrikel von 1524 deutlich. So machte er sich daran, aus den Visitationsakten des Geistlichen Rats und den Ergebnissen der eigenen Visitationstätigkeit eine neue, vollständige und genaue Bistumsbeschreibung zusammenzustellen. Am Beginn des Bischof Johann Theodor von Bayern (1727–1763) dedizierten Werkes steht eine ausführliche Darstellung der Verfassung und der Institutionen des Bistums Freising, sodann aller Stifte und Klöster.[19] Den Hauptteil bilden die Beschreibungen sämtlicher Pfarreien, Benefizien, Pfarr- und Filialkirchen sowie Kapellen in den 18 Dekanaten der Diözese. Nach stets gleichem Schema werden Patronatsrechte, Erträge und Lasten der Pfarrei, Zustand des Pfarrhofs und Zahl der Kommunikanten angegeben. Alle Pfarr-, Filial- und Nebenkirchen und Kapellen sind mit Patrozinium, Bauzustand, Zahl und Titel der Altäre, zu haltenden Gottesdiensten, bestehenden Bruderschaften, Stiftungen und Benefizien, Ausstattung und Vermögen auf-

---

Fürstbischofs von Freising, München 1954, 196, 209f. – Für die freundliche Überlassung biographischen Materials danke ich Manfred Feuchtner, der Leben und Werk Schmidts in seiner Dissertation über das Freisinger Kollegiatstift St. Andrä im 17. und 18. Jahrhundert behandelt.

[16] Sessio XXIV, Decretum de reformatione, Canon III.

[17] »Modus visitandi ecclesias, earumque res & personas: in tres partes, ac diversos paragraphos, omnia visitationis episcopalis puncta clare distinguentes, compendiosa methodo distributus; atque authoritate et jussu Reverendissimi & Sereniβimi Principis, ac Domini, Domini Josephi Clementis (...) pro meliori visitationum executione in lucem editus«, München 1693.

[18] Geschichte des Erzbistums München und Freising II, 376. – Hubensteiner (wie Anm. 15) 195f.

[19] Deutinger I, 9–286.

geführt. Wo nötig, werden auch geschichtliche Erläuterungen und besondere Merkwürdigkeiten angefügt. Am Ende des Werks steht eine Gesamtübersicht über den Stand der Diözese im Jahr 1740, der unter anderem 1613 Kirchen und Kapellen und 3710 für die Meßfeier geeignete Altäre aufweist.[20] Schmidts Aufzeichnungen schrieb in den Jahren 1738–1740 der siebzigjährige Freisinger Hofmusikant Anton Vogler[21] in sechs Foliobänden mit 3905 gezählten Seiten ins Reine. Kurz nach Vollendung des Werks starb Franz Joseph Anton Schmidt plötzlich am 16. April 1740. Durch seine im Vorwort der Matrikel geäußerte Absicht, »perfectam rerum dioecesanarum notitiam lectori communicare«,[22] liefert Schmidt auch für die Erforschung der Ulrichsverehrung wertvollstes Material, indem er neben den Patrozinien auch Altartitel und historische Notizen bietet.

Mit Schmidt etwa gleichzeitige, wenn auch recht knappe Organisationsübersichten existieren für die damals noch salzburgischen, später an das Erzbistum München und Freising gefallenen Archidiakonate Gars (von 1706) und Baumburg (von 1710).[23]

Für das 19. Jahrhundert unternahm es der Münchener Dombenefiziat Anton Mayer, aus amtlichen Quellen – vornehmlich Visitationsakten und Pfarrbeschreibungen – eine »Statistische Beschreibung des Erzbisthums München-Freising« zusammenzustellen, die – von Georg Westermayer fortgesetzt und vollendet – 1874, 1880 und 1884 in drei Bänden erschien. Sie erfaßt das in den Jahren 1817–1821 stark erweiterte Gebiet der nunmehrigen Erzdiözese.[24] Die Beschreibungen der Pfarreien in nun 36 Dekanaten enthalten die Patrozinien aller Kirchen und Kapellen, und ihnen sind auch umfangreiche historische Anmerkungen beigegeben.

Der gegenwärtige Bestand an Ulrichspatrozinien ist teilweise dem Schematismus der Erzdiözese und der laufend aktualisierten Computerdatei des Fachbereichs Pastorale Planung im Seelsorgereferat des Erzbischöflichen Ordinariats zu entnehmen. Das bereits eingangs genannte Patrozinienverzeichnis des Jahres 1940 und ein Schreiben von Generalvikar Dr. Gerhard Gruber, München, an Bischof Dr. Josef Stimpfle vom 3. April 1990[25] bieten hilfreiche Zusammenstellungen von Gotteshäusern, die dem heiligen Ulrich geweiht sind.

---

[20] Deutinger III, 120f.
[21] Siehe das dem ersten Band der Reinschrift lose beiliegende Blatt, das »Diser ganz Neu=Erricht=Freysingischen Matriculen teutsch=Michlisch= Poëtische Zueschrifft deß Schreibers« enthält.
[22] Deutinger I, 8.
[23] Uttendorfer 130–135, 140–142.
[24] Geschichte des Erzbistums München und Freising II, 579–585.
[25] Im folgenden zitiert als Schreiben Gruber 1990.

II. Ulrichspatrozinien in der Schmidtschen Matrikel

Die im folgenden den Namen der Kirchen angefügte Dekanats- und gegebenenfalls Pfarreizugehörigkeit bezieht sich auf den gegenwärtigen Stand. Angaben über die historische Zugehörigkeit erscheinen im Lauf der Darstellung bei der ersten Nennung in einer Matrikel.

a) Pfarr- und Filialkirchen sowie Kapellen

Anzhofen (Pfarrei Maisach, Dekanat Fürstenfeldbruck)[26]
Die kleine Kirche der Einöde Anzhofen – im Umkreis der Grundherrschaft des Klosters St. Ulrich und Afra gelegen – ist in der Konradinischen Matrikel als Filiale ohne Friedhof von Einsbach im Dekanat Günzlhofen aufgeführt. Schmidt bezeichnet die Kapelle als alten Bau, gelegen auf dem Grund eines Bauern, ohne Friedhof und Sakristei, mit einem Altar, auf dem nur am Patrozinium Gottesdienst gefeiert wurde. Das Besetzungsrecht an der Pfarrei Einsbach stand monatlich wechselnd dem Landesherrn und dem Freisinger Bischof zu. Im 19. Jahrhundert war das Kirchlein »Eigenthum zweier Bauern daselbst«.
Der spätmittelalterliche, auf einem Hügel gelegene Bau birgt auf seinem Altar eine Figur St. Ulrichs aus der Zeit um 1500.

Biberg (Pfarrei Schönau, Dekanat Bad Aibling)[27]
Biberg – wie Berganger, Grasbrunn, Sonnenhausen und Wolfersberg im an Ulrichspatrozinien reichen Gebiet des ehemaligen Landgerichts Schwaben gelegen[28] – wird erstmals in der Sunderndorfer-Matrikel als Filialkirche von Schönau, Dekanat Grafing, greifbar. Seit 1425 war die Pfarrei Schönau dem

---

[26] Deutinger II, 280, III, 218, 323. – Mayer/Westermayer I, 281, 284, III, 673. – Kunstdenkmäler Oberbayern 448. – Patrozinienverzeichnis 1940. – Karte 1973. – Stahleder II, 26, 46, 59. – Denkmäler Oberbayern 304. – Schreiben Gruber 1990. – Schematismus 1991, 190. – Datei 1991. – Bayerisches Statistisches Landesamt (Hg.), Heimatbuch Fürstenfeldbruck. Geschichte und Leben eines oberbayerischen Kreises, Fürstenfeldbruck 1952, 156, 308. – Pankraz Fried, Die Landgerichte Dachau und Kranzberg (Historischer Atlas von Bayern, Teil Altbayern, Heft 11/12), München 1958, 36. – Ders., Herrschaftsgeschichte der altbayerischen Landgerichte Dachau und Kranzberg im Hoch- und Spätmittelalter sowie in der frühen Neuzeit (Studien zur bayerischen Verfassungs- und Sozialgeschichte, Arbeiten aus der historischen Atlasforschung in Bayern, Band 1), München 1962, 114.
[27] Deutinger II, 353f., III, 411. – Mayer/Westermayer I, 70. – Patrozinienverzeichnis 1940. – Karte 1973. – Denkmäler Oberbayern 580. – Landersdorfer 621. – Dehio Oberbayern 138. – Schematismus 1991, 239. – Gottfried Mayr, Ebersberg. Gericht Schwaben (Historischer Atlas von Bayern, Teil Altbayern, Heft 48), München 1989, 58, 139, 158, 264, 287f.
[28] Mayr (wie vorige Anm.) 58, 97, 115. – Mayr sieht darin, daß die Grafen von Ebersberg »ja wohl mit Bischof Ulrich von Augsburg verwandt gewesen sind«, den Grund für das in seinem Untersuchungsgebiet »auffallend häufige Ulrichspatrozinium«. Für Graf Ulrich von Ebersberg, der 1013 in Ebersberg ein Benediktinerkloster stiftete, fungierte der heilige Ulrich als Taufpate. (MGH Scriptores XX, 12). – Volkert 78 (Nr. 131).

Augustinerchorherrnstift Beyharting inkorporiert. Die Visitation 1560 verzeichnet zwei, Schmidts Matrikel drei Altäre – zu Ehren Ulrichs, der Wetterheiligen Johannes und Paul und des heiligen Leonhard. Letzterer wird in neuerer Zeit zusammen mit Ulrich als Patron genannt.

Die kleine, im Kern spätgotische Kirche wurde 1686 und nochmals im 19. Jahrhundert umgestaltet und besitzt heute neugotische Altäre mit Figuren der Heiligen Leonhard, Ulrich, Quirin, Maria und Joseph.

Dürnseiboldsdorf (Pfarrei Mauern, Dekanat Moosburg)[29]
In der Konradinischen Matrikel wie Priel als Filiale von Gammelsdorf, Dekanat Bruckberg, genannt, war die Kirche später Filiale der Pfarrei Priel, die dem Stift St. Kastulus in Moosburg, dann dessen Nachfolger St. Martin und Kastulus in Landshut inkorporiert war. Schmidt beschreibt sie als klein und ruinös, mit zwei Altären, Friedhof und Beinhaus, ohne Sakristei und Turm. Die wohl im 12. Jahrhundert entstandene Kirche stellt sich heute als gotischer, mehrfach vergrößerter und umgestalteter Bau dar. Der neugotische Hochaltar von 1861 enthält eine gleichzeitige Figur des Kirchenpatrons. An der Nordwand des Chors zeigt ein Mitte unseres Jahrhunderts erneuertes Wandgemälde St. Ulrich mit der Kirche von Dürnseiboldsdorf. Das 1670 datierte, 1813 renovierte ehemalige Hochaltarbild stellt Ulrich zu Pferd vor dem Hintergrund der Stadt Augsburg und der Lechfeldschlacht dar.

Englertshofen (Pfarrei Aufkirchen, Dekanat Fürstenfeldbruck)[30]
Seit 1315 ist Englertshofen als Filiale der Pfarrei Aufkirchen, damals Dekanat Günzlhofen, belegt. Für die Pfarrei besaß nach Schmidt der Landesherr das Präsentations- und der Bischof das freie Verleihungsrecht. Zwar sind Friedhof, Beinhaus, Sakristei, drei Altäre und die nötige Ausstattung vorhanden, die Kirche selbst wird von Schmidt als klein und ruinös bezeichnet.
So wurde im 18. Jahrhundert ein Neubau der Kirche vorgenommen, die zeitgleiche Einrichtung beinhaltet im Hochaltar eine Skulptur des Kirchenpatrons.

Fußberg (Kuratie Überacker, Dekanat Fürstenfeldbruck)[31]
Die Konradinische Matrikel verzeichnet die kleine Kirche des bereits 819

---

[29] Deutinger II, 248, III, 224. – Mayer/Westermayer I, 514 f. – Patrozinienverzeichnis 1940. – Karte 1973. – Stahleder II, 32. – Kunsttopographie. – Denkmäler Oberbayern 282. – Landersdorfer 757. – Schreiben Gruber 1990. – Schematismus 1991, 209. – Datei 1991. – Karl Weber, Geschichte des Pfarrbezirkes Gammelsdorf, Teil 1: Seelsorgsgeschichte, Moosburg 1958, 120 f.

[30] Deutinger II, 270, III, 218, 318. – Mayer/Westermayer I, 254 f. – Patrozinienverzeichnis 1940. – Karte 1973. – Denkmäler Oberbayern 300. – Landersdorfer 344. – Dehio Oberbayern 250. – Schreiben Gruber 1990. – Schematismus 1991, 185. – Datei 1991. – Fried (wie Anm. 26), Landgerichte 37, Herrschaftsgeschichte 113.

[31] Deutinger II, 169, III, 221, 304. – Mayer/Westermayer I, 172. – Patrozinienverzeichnis 1940. – Karte 1973. – Stahleder II, 30. – Denkmäler Oberbayern 304. – Landersdorfer 322. – Dehio Oberbayern 337. – Schreiben Gruber 1990. – Schematismus 1991, 192. – Heimatbuch Für-

erwähnten Fußberg als mit einem Friedhof versehene Filiale von Kreuzholzhausen im Dekanat Bergkirchen (Dachau). 1442 ist mit der Ortsbezeichnung »Ulreichsperg« auch der erste Hinweis auf das Kirchenpatrozinium gegeben, das wohl aus der nahen Grundherrschaft des Klosters St. Ulrich und Afra erklärlich ist. Wiewohl mit allem Nötigen ausgestattet, wird Fußberg 1560 als »ain arm gotshauß« bezeichnet. Schmidt berichtet, daß die Besetzung der Pfarrei dem Bischof, die Präsentation dem bayerischen Landesherrn zustehe, und daß die Kirche zwar klein, doch mit drei Altären ausgestattet und vor nicht sehr langer Zeit renoviert worden sei. Nachdem bei Mayer/Westermayer Gottesdienste nur am Patrozinium und am Fest der Unschuldigen Kinder erwähnt sind, werden die Unschuldigen Kinder im Schreiben des Generalvikars von 1990 als Mitpatrone aufgeführt. Eine frühere Wallfahrt zu St. Ulrich und den Unschuldigen Kindern ist heute erloschen.

Der Fußberger Kirchenbau, eine Chorturmanlage, datiert von der Wende des 12. zum 13. Jahrhundert und wurde in der Frühgotik verändert. Eine Ulrichsfigur um 1500 befindet sich heute in einem neoromanischen Hochaltar.

Gebensbach (Pfarrkirche, Dekanat Geisenhausen)[32]
Als Filiale der Pfarrei Velden, Dekanat Dorfen, für die das Präsentationsrecht des Regensburger Bischofs schon 1315 verzeichnet ist, wird Gebensbach erstmals in der Sunderndorfer-Matrikel namentlich aufgeführt. Das Visitationsprotokoll berichtet 1560 von Friedhof, Taufstein und drei Altären in der Kirche, einer Bruderschaft und von 80 Talern Schulden vom Kirchenbau. Schmidt bezeichnet den Bau als alt und stabil. 1884 wurde Gebensbach zur Expositur, 1924 zur Pfarrei erhoben.

Der heutige Kirchenbau wurde 1524 einheitlich als spätgotische Wandpfeilerkirche errichtet. Ebenso wie die neugotischen Altäre ist eine zeitgleiche Ulrichsfigur derzeit ausgelagert.

Grasbrunn (Pfarrei Putzbrunn, Dekanat Ottobrunn)[33]
Als Filiale der seit 1311 dem Freisinger Andreasstift inkorporierten Pfarrei

stenfeldbruck (wie Anm. 26) 156, 308. – Gottfried Weber, Die Romanik in Oberbayern. Architektur – Skulptur – Wandmalerei, Pfaffenhofen 1985, 160 f. – Fried (wie Anm. 26), Landgerichte 36, Herrschaftsgeschichte 114.
[32] Deutinger II, 162, III, 225, 371. – Mayer/Westermayer III, 494, 499 f. – Kunstdenkmäler Oberbayern 1246. – Patrozinienverzeichnis 1940. – Karte 1973. – Kunsttopographie. – Denkmäler Oberbayern 270. – Landersdorfer 649. – Dehio Oberbayern 351 f. – Schreiben Gruber 1990. – Schematismus 1991, 194. – Datei 1991.
[33] Deutinger II, 508 f., III, 212, 278. – Mayer/Westermayer II, 626, 630. – Patrozinienverzeichnis 1940. – Karte 1973. – Ramisch/Steiner 229. – Denkmäler Oberbayern 462. – Landersdorfer 727 f. – Dehio Oberbayern 371. – Schreiben Gruber 1990. – Schematismus 1991, 157. – Datei 1991. – Mayr (wie Anm. 27 u. 28) 41, 58, 93, 97, 189 f., 282, 348–353.

49 Schaftlach, Gemeinde Waakirchen (Landkreis Miesbach), Heilig-Kreuz-Kirche (ehemals zu Kloster Tegernsee gehörig): Gotische Altarflügel St. Ulrich und St. Emmeram

50/51 Rott am Inn, Benediktinerabtei-, jetzt Pfarrkirche: Hochaltar von Ignaz Günther 1760/61: St. Ulrich mit St. Korbinian – Mühldorf bei Hohenkammer, Wallfahrtskirche St. Ulrich. Hochaltar von Konstantin Pader, 1658/59: St. Ulrich

Hohenbrunn im Dekanat Egmating ist die Kirche von Grasbrunn in der Konradinischen Matrikel genannt. Der Ort wird schon Mitte des 11. Jahrhunderts in den Traditionen des Hochstifts Salzburg erwähnt. Es besteht ein Friedhof, dazu werden Taufwasser und die heiligen Öle hier verwahrt. Sind für 1560 zwei »schlecht altär« verzeichnet, so heißt es bei Schmidt, die Kirche sei vor 40 Jahren neu erbaut worden und besitze drei Altäre.

Dieser barocke Saalbau, der noch gotische Teile einschließt, wurde nach einem Brand 1834 teilweise neugestaltet. Im barocken Hochaltar befindet sich eine Statue des Kirchenpatrons vom Ende des 15. Jahrhunderts.

Grub (Pfarrei Poing, Dekanat Ebersberg)[34]

In Grub tradierte um das Jahr 1015 Graf Ulrich von Ebersberg Besitz an das »Familienkloster« Ebersberg. Möglicherweise war er es auch, der hier seinem Taufpaten und Namenspatron eine Kirche errichtete. 1315 verzeichnet die Konradinische Matrikel in Grub eine Kirche ohne Friedhof als Filiale von Nansheim, Dekanat Egmating. Der Pfarrsitz wurde später in den Ort Schwaben verlegt, seit 1438 war die Pfarrei dem Freisinger Domkapitel inkorporiert. Bei der Visitation von 1560 übergangen, schildert Schmidt die auf dem Grund eines Bauern gelegene Kirche als »perpaucula ... et humilis, angusta et madida«. Sie besitze einen Altar, doch weder Sakristei noch eigene Paramente. Gottesdienst finde nur am Weihetag statt und am Patrozinium, an dem die Kirche auch von den Nachbarn in einer Prozession besucht werde.

Auf einer Votivtafel des Jahres 1712 in der Kirche von Landsham[35] ist die Gruber Kirche zu sehen. Der Bau verfiel nach der Säkularisation dem Abbruch, später wurde an seiner Stelle eine neue Ulrichskapelle errichtet. Zwar besitzt diese kein Bild des Heiligen, doch wird ihr Patrozinium von der Pfarrei Poing alljährlich festlich begangen.

Hohenbachern (Pfarrei Freising-Vötting, Dekanat Freising)[36]

Der Ort Bachern ist im Jahr 763 erstmals belegt, um 1200 als Ober- oder

---

[34] Deutinger II, 522, III, 212, 276. – Mayer/Westermayer III, 134, 683. – Stahleder II, 37. – Mayr (wie Anm. 27 u. 28) 14, 58, 97, 114, 309. – Für freundliche Auskünfte danke ich dem Pfarramt Poing und Dr. Alfons Gottschalk, Leiter der Bayerischen Landesanstalt für Tierzucht in Grub, der eine Veröffentlichung zur Geschichte Grubs vorbereitet.

[35] Kunstdenkmäler Oberbayern 1376. – Dehio Oberbayern 582.

[36] Deutinger I, 331 f., III, 221, 251, 461. – Mayer/Westermayer I, 473. – Karte 1973. – Stahleder II, 40. – Kunsttopographie. – Denkmäler Oberbayern 296. – Landersdorfer 80. – Geschichte des Erzbistums München und Freising III, 444. – Dehio Oberbayern 447. – Schreiben Gruber 1990. – Schematismus 1991, 183. – Datei 1991. – Fried (wie Anm. 26), Landgerichte 185, 219, Herrschaftsgeschichte 157. – August Alckens, Landkreis Freising. Aus Vergangenheit und Gegenwart des heutigen Kreisgebietes, Freising 1962, 213. – Peter Steiner, Gnadenstätten zwischen München und Landshut (Gnadenstätten im Erzbistum München und Freising II), München-Zürich 1979, 61.

52 Erding, Friedhofskirche St. Paul. Seitenaltar (nördlich): Zum Altarblatt der Unbefleckten Empfängnis von Johann Degler das Auszugsbild, um 1730: St. Ulrich

Hohenbachern. Die hier gelegene Kirche verzeichnet die Konradinische Matrikel unter den Filialen der Weihenstephaner Klosterkirche St. Stephan und notiert auch einen Friedhof. In den Visitationen von 1524 und 1560 ist die Klosterpfarrei nicht erfaßt. Allein ein Freisinger Patronatsregister aus der Mitte des 16. Jahrhunderts führt Hohenbachern als vom Kloster versehene Pfarrei mit dem Patrozinium St. Margaretha auf. In der Schmidtschen Matrikel nun ist Hohenbachern als Filiale der Pfarrei St. Jakob »Weichenstephan seu Voetting« und frühere Pfarrkirche genannt, in der jeden dritten Sonntag im Wechsel mit St. Jakob Messe gehalten werde. Die Kirche zähle zu den frühesten in der ganzen Diözese errichteten, sie sei schicklich erneuert und besitze drei Altäre, von denen der Hauptaltar dem – hier erstmals erwähnten – Patron Ulrich geweiht sei. Besondere Verehrung erfuhr in Hohenbachern jedoch der heilige Silvester, zu dem vom 17. bis zum 19. Jahrhundert eine lebhafte Wallfahrt bestand. Im Jahr 1929 wurde in Hohenbachern eine Expositur errichtet.

Der mittelalterliche Kirchenbau wurde mehrfach erneuert, zuletzt das Langhaus im Jahr 1906. Der nördliche der spätbarocken Seitenaltäre trägt als Oberbild eine Darstellung St. Ulrichs aus der zweiten Hälfte des 19. Jahrhunderts.

Holzhausen (Kuratie Sünzhausen, Dekanat Scheyern)[37]
Die Konradinische Matrikel nennt die Kirche in Holzhausen als Filiale (mit Friedhof) der vom Freisinger Bischof vergebenen Pfarrei Wolfersdorf, Dekanat Attenkirchen. Sunderndorfer gibt als Patrozinium St. Ulrich an, das Visitationsprotokoll von 1560 bei zwei Nennungen einmal »s. Steffanus« und einmal »s. Udalricus«. Bei Schmidt schließlich wird für die einige Jahre zuvor renovierte und erweiterte Kirche mit zwei Altären ein Doppelpatrozinium Stephanus und Ulrich angeführt, bei Mayer/Westermayer dagegen allein Ulrich.

Der heutige Kirchenbau besteht aus spätgotischem Chor und im 18./19. Jahrhundert verändertem Langhaus. Der um 1680 entstandene, schwarz-golden gefaßte Hochaltar birgt die drei Schreinfiguren der Heiligen Paulus, Ulrich und Stephanus aus der Zeit um 1470.

---

[37] Deutinger II, 447 f., III, 223, 272. – Mayer/Westermayer I, 22 f., 25. – Patrozinienverzeichnis 1940. – Karte 1973. – Stahleder II, 28. – Kunsttopographie. – Denkmäler Oberbayern 515. – Landersdorfer 741. – Schreiben Gruber 1990. – Schematismus 1991, 224.

[38] Deutinger III, 85, 227, 385. – Mayer/Westermayer III, 113, 117. – Kunstdenkmäler Oberbayern 1254 f. – Patrozinienverzeichnis 1940. – Karte 1973. – Stahleder I, 121, 138, II, 33. – Kunsttopographie. – Denkmäler Oberbayern 266. – Landersdorfer 82, 602. – Dehio Oberbayern 499. – Schreiben Gruber 1990. – Schematismus 1991, 163. – Datei 1991. – Helmuth Stahleder, Hochstift Freising (Freising, Ismaning, Burgrain) (Historischer Atlas von Bayern, Teil Altbayern, Heft 33), München 1974, 321–323, 353 f. – Weber (wie Anm. 31) 267. – Peter Steiner/Georg Brenninger, Gnadenstätten im Erdinger Land (Gnadenstätten im Erzbistum München und Freising III), München-Zürich 1986, 40 f. – Gemeinde Lengdorf (Hg.), Lengdorf 1090–1990, Lengdorf 1990, 282 f.

Innerbittlbach (Pfarrei Isen, Dekanat Dorfen)[38]
Die in der Freisingischen Herrschaft Burgrain gelegene Kirche von Innerbittlbach tritt erstmals 1315 als mit einem Friedhof ausgestattete Filiale der Pfarrei Pemmering im Dekanat Buch (Wasserburg) auf. Diese war ab 1383 dem Freisinger Stift St. Johann Baptist inkorporiert. Schmidt bezeichnet die Kirche als alten Bau mit zwei Altären zu Ehren St. Ulrichs und der Gottesmutter. Die heilige Agathe, an deren Fest schon Schmidt einen Gottesdienst verzeichnet, erscheint bei Mayer/Westermayer als zweite Patronin. So kann auch nicht sicher gesagt werden, ob die bei der Säkularisation eingeschmolzenen Silbervotive der Ulrichsverehrung entsprangen oder Maria oder Agathe geweiht waren.
An das im Kern romanische Langhaus der Kirche wurde um 1480 ein gotischer Chor angebaut. Im 19. Jahrhundert erfolgte eine neugotische »Restaurierung« und Neuausstattung. In den neuen Choraltar von 1961 ist die Standfigur St. Ulrichs aus der Zeit um 1550, wohl vom spätgotischen Hochaltar, eingefügt.

Irschenhausen (Pfarrei Icking, Dekanat Wolfratshausen)[39]
Das kleine, nahe Irschenhausen auf einsamem Feld zwischen Bäumen gelegene Ulrichskirchlein wird allein in der Schmidtschen Matrikel erwähnt. Es gehörte zur Pfarrei Schäftlarn, Dekanat Tölz, die von Chorherren des Schäftlarner Prämonstratenserklosters versehen wurde, das hier auch Hofmarksherr war. Die Kirche besaß eine Sakristei, doch keine eigenen Paramente, und drei Altäre. Den Visitationsakten des Jahres 1707 zufolge wurden hier jährlich 52 Messen gelesen. Das Kirchlein erfuhr – wie bei Mayer/Westermayer berichtet – »am 13. April 1804 das Schicksal der Demolirung«.
Die Verehrung des heiligen Ulrich hat sich auf die im Ort Irschenhausen gelegene Kirche St. Anian verlagert: Im 19. Jahrhundert finden hier Gottesdienste an den Sonntagen nach den Festen des heiligen Anian und des heiligen Ulrich statt. An der Südwand des Langhauses befindet sich eine »derbe«, überarbeitete Sitzfigur St. Ulrichs vom Ende des 15. Jahrhunderts.[40]

Kleinnöbach (Pfarrei Fürholzen, Dekanat Weihenstephan)[41]
Die Kirche, erstmals erwähnt anläßlich eines Zehnttausches 972/976, fehlt in der Konradinischen Matrikel. Der Ort Kleinnöbach gehörte zur Herrschaft Massenhausen, die ab 1499 Freisinger Hochstiftsbesitz war. Sunderndorfer

---

[39] Deutinger II, 595 f. – Mayer/Westermayer III, 650, 655.
[40] Kunstdenkmäler Oberbayern 880. – Dehio Oberbayern 502.
[41] Deutinger I, 310, III, 157, 244. – Mayer/Westermayer I, 447. – Stahleder II, 13, 42, 61. – Landersdorfer 198–202. – Johann Baptist Prechtl, Beiträge zur Chronik der Pfarrei Fürholzen bei Freising, in: Oberbayerisches Archiv 44 (1887), 111–246, hier 243–245. – Fried (wie Anm. 26), Landgerichte 201, Herrschaftsgeschichte 177. – Alckens (wie Anm. 36) 216. – Steiner (wie Anm. 36) 62. – Georg Brenninger, Kirchenabbrüche im Gebiet des Amperlandes als Folgen der Säkularisation von 1803, in: Amperland 28 (1992), Heft 1, 258–266, hier 260.

nennt 1524 unter der Pfarrei Fürholzen im Dekanat Freising nur eine »capella« in »Obernnebach«. Sie kann erst durch eine alphabetische Pfarreienübersicht, die Ende des 17. Jahrhunderts auf Grundlage der Sunderndorfer-Matrikel angefertigt wurde, als die Ulrichskirche in Kleinnöbach identifiziert werden. Bei der Visitation der Pfarrei Fürholzen 1560 wird sie nicht erfaßt. Die Kirche, die in einem Obstgarten auf einem Hügel des nur zwei Bauernhöfe umfassenden Weilers stand, besaß weder Sakristei noch Friedhof. 1723 ließ sie der Pfarrer von Fürholzen barockisieren und schaffte auch ein neues »Altärl S. Udalrici« an, »weil vorhin nur eine alt geschnitzte Bildnuß von einem unbekannten Bischofe vorhanden war, die als Altaraufsatz diente«. Schmidt berichtet, daß zum Gottesdienst am Ulrichsfest die Gemeinden Massenhausen und Fürholzen einen Bittgang nach Kleinnöbach anstellten. Nach der Säkularisation wurde die Kirche abgebrochen.

Königswiesen (Pfarrei Gauting, Dekanat München-Aubing/Pasing)[42]
An dem im Jahr 934 erstmals erwähnten Ort verzeichnet erst die Sunderndorfer-Matrikel eine Ulrichskirche mit Friedhof als Filiale der Pfarrei Gauting im Dekanat München. Von der Visitation 1560 wurde sie nicht erfaßt. Zu Schmidts Zeit stand die Vergabe der Pfarrei monatlich wechselnd dem Landesherrn – der Ort war im Besitz der Wittelsbacher – und dem Freisinger Bischof zu. Schmidt schildert die Kirche als kleinen, altertümlichen Bau mit einem Altar. Gottesdienste finden zu Kirchweih und zum Patrozinium statt. Das mit Latten eingezäunte Gelände dient nicht als Friedhof, doch befinden sich in der Kirche Gräber der Herren von Hörwarth. Nachdem die Hofmark Königswiesen 1824 in staatlichen Forstbesitz übergegangen war, wurde der Ort zwecks Aufforstung aufgegeben, 1864 alle Gebäude außer der Kirche abgebrochen. 1880 bezeichnen Mayer/Westermayer das Kirchlein als »ganz herabgekommen und ohne Gottesdienst«. Heute dient es als Nebenkirche der Pfarrei Gauting.
Der kleine einschiffige Bau der Zeit um 1500 wurde wohl im 18. Jahrhundert überarbeitet. Das nazarenische Altarbild zeigt den Kirchenpatron mit Hilfesuchenden.

Lanzenhaar (Pfarrei Sauerlach, Dekanat Hachinger Tal)[43]
Beim 1003/13 erstmals genannten, ursprünglich nur aus zwei Bauernanwesen bestehenden Ort verzeichnet die Konradinische Matrikel eine Kirche ohne Friedhof als Filiale der ab 1356 dem Freisinger Andreasstift inkorporier-

---

[42] Deutinger I, 414, III, 376. – Mayer/Westermayer II, 536, 540. – Patrozinienverzeichnis 1940. – Karte 1973. – Kunsttopographie. – Ramisch/Steiner 230. – Denkmäler Oberbayern 597. – Landersdorfer 428–431. – Dehio Oberbayern 558. – Schematismus 1991, 98. – Datei 1991.
[43] Deutinger II, 459, III, 211. – Mayer/Westermayer II, 658, 660. – Kunstdenkmäler Oberbayern 787. – Patrozinienverzeichnis 1940. – Karte 1973. – Stahleder II, 51. – Corpus der barocken Deckenmalerei III/1, 142f. – Kunsttopographie. – Ramisch/Steiner 230. – Denkmäler Ober-

ten Pfarrei Oberhaching, Dekanat Ismaning. St. Ulrich als Patron nennt erst das Visitationsprotokoll von 1560. Schmidt bezeichnet die Kirche mit nur einem Altar als reparaturbedürftig. Da keine Sakristei vorhanden ist, werden die nötigen Paramente in der Kirche aufbewahrt. Im 19. Jahrhundert bestanden Bittgänge nach Lanzenhaar am Ulrichsfest und am Fest der Wetterheiligen Johannes und Paul.

Das einsam im Wald gelegene Gotteshaus, ein Bau des 15./16. Jahrhunderts, besitzt ein Fresko der Heiligen Ulrich und Martin an der Nordseite des Chors (16. Jahrhundert) und an der Decke des Langhauses eine Darstellung St. Ulrichs über der Lechfeldschlacht vom Ende des 18. Jahrhunderts. Im frühbarocken Hochaltar, bis vor kurzem mit einem Gemälde des Patrons ausgestattet, befindet sich nun eine Ulrichsstatue der Zeit um 1500.

Mühldorf (Pfarrei Hohenkammer, Dekanat Weihenstephan)[44]
Die Ulrichskirche von Mühldorf gehört zu den bedeutendsten Verehrungsstätten des heiligen Bischofs im alten Bistum Freising. Mühldorf, ein Weiler von drei Bauernhöfen, ist 1080 zuerst erwähnt, später mehrfach in Besitzverzeichnissen der bayerischen Herzöge aufgeführt. In der Konradinischen Matrikel noch nicht genannt, wurde die Kirche Ende des 15. Jahrhunderts errichtet, »sicherlich von Anfang an als Wallfahrtskirche bestimmt« (R. Goerge). In einer Urkunde vom 28. März 1502 ist die Kirche »bey S. Ulrich zu Mülldorf« erstmals erwähnt. Die Sunderndorfer-Matrikel führt Mühldorf im Dekanat Hebertshausen auf, als Filialkirche ohne Friedhof in der Pfarrei Hohenkammer. Für Hohenkammer besaßen im monatlichen Wechsel der Freisinger Bischof und der bayerische Landesherr das Besetzungsrecht. Schmidt beschreibt die Kirche als hohen und festen Bau mit drei Altären, doch ohne Friedhof, und nennt mit 9000 Gulden ein sehr hohes Kirchenvermögen.

Seit dem 17. und bis ins 19. Jahrhundert gibt es zahlreiche Belege für Wallfahrten nach Mühldorf. So entnahmen im 17. Jahrhundert Pilger einer Grube hinter dem Hochaltar Erde gegen »allerley gebräch der schenkhl«. Eine wei-

---

bayern 473. – Landersdorfer 442. – Dehio Oberbayern 585. – Schreiben Gruber 1990. – Schematismus 1991, 153. – Datei 1991. – Karl Hobmair, Hachinger Heimatbuch, Oberhaching 1979, 318–320.

[44] Deutinger II, 189, III 314, – Mayer/Westermayer I, 156, 166f., III, 673. – Patrozinienverzeichnis 1940. – Karte 1973. – Kunsttopographie. – Denkmäler Oberbayern 174. – Landersdorfer 309f. – Dehio Oberbayern 652f. – Schreiben Gruber 1990. – Datei 1991. – Prechtl (wie Anm. 41) 144. – Fried (wie Anm. 26), Landgerichte 190, Herrschaftsgeschichte 171f. – Steiner (wie Anm. 36) 65. – Rudolf Goerge, Die Kirchen der Pfarrei Hohenkammer, München-Zürich 1981, 10, 16f. – Ders./Peter Steiner, Der Landkreis Freising in historischen Ansichten, Freising 1987, 72f., 150f. – Robert Böck, Wallfahrt im Dachauer Land (Kulturgeschichte des Dachauer Landes, Band 7), Dachau 1991, 165–167. – Kath. Pfarramt St. Johannes Hohenkammer (Hg.), Filial- und Wallfahrtskirche St. Ulrich Mühldorf (Faltblatt, Text: Rudolf Goerge), 1991. – Rudolf Goerge, Zur Renovierung der Filial- und Wallfahrtskirche Mühldorf an der Glonn, in: Amperland 28 (1992), Heft 1, 222–226 (mit Quellen und Literatur).

tere Grube soll sich außerhalb der Kirche »im Freidthoff« – der aber nach Aussage der Matrikel nicht bestand – befunden haben. Für das 18. Jahrhundert ist der Brauch von Wallfahrten gegen Mäuseplage auf den Feldern erwähnt, bei denen die Wallfahrer ihre Haselnußstecken als Opfergabe am Altar niederlegten.[45] Beim sogenannten »Steckenkreuzgang« der Pfarrei Fürholzen sollen die Pilger ihre Stöcke in einen hölzernen Behälter im Friedhof (!) geworfen haben. Im späten 19. Jahrhundert erlosch der Wallfahrtsbetrieb, Mayer/Westermayer erwähnen nur noch den Kreuzgang der Pfarrei Kollbach am Ulrichsfest ins benachbarte Mühldorf. Heute unternimmt alljährlich die Pfarrei Hohenkammer am ersten Julisonntag eine Bittprozession.

Die Wappendarstellungen auf Schlußsteinen lassen auf die Erbauung der Kirche um 1470/80 schließen. Der einschiffige Bau wird mit der Münchener Bauschule in Verbindung gebracht. Im 17. Jahrhundert erfolgte eine Neuausstattung. Den Hochaltar mit einer überlebensgroßen Standfigur des Kirchenpatrons im bischöflichen Ornat schuf 1656/58 der Münchener Bildhauer Konstantin Pader. Eine umfassende Restaurierung wurde kürzlich abgeschlossen.

München-Laim (Pfarrkirche, Dekanat München-Laim)[46]
Der Ort Laim ist seit der Mitte des 11. Jahrhunderts bekannt. 1315 wird eine Kirche hier als Filiale der Pfarrei Aubing, Dekanat München, genannt. Auch ein Friedhof ist vorhanden. Für Aubing besaß nach Schmidts Angaben der bayerische Landesherr das Präsentations-, der Freisinger Bischof das Verleihungsrecht. 1433 wird beurkundet, daß aus dem Besitz der Kirche St. Ulrich eine Hube und eine Hofstatt zu Untermenzing an Agnes Bernauer – Baderstochter aus Augsburg und bayerische Herzogin – verkauft wurde. Schon 1560 hat die Laimer Kirche drei Altäre. Schmidt findet, sie sei reparaturbedürftig, und erwähnt einen Bittgang, der am Veitstag nach Laim kommt. Im 19. Jahrhundert geht die Gemeinde Aubing nach St. Ulrich. Ab 1880 Filiale der Pfar-

---

[45] Robert Böck erinnert für diesen Brauch an das Steckenopfer Fiebernder am Ulrichsgrab, wie es Gerhards »Miracula S. Oudalrici episcopi« in Kapitel 2 bis 7 (MGH Scriptores IV, 419f.) überliefern. Vgl. dazu: Walter Pötzl, Die Anfänge der Ulrichsverehrung im Bistum Augsburg und im Reich, in: JVABG 7 (1973), 75–115, hier 86f.

[46] Deutinger I, 398, III, 217, 344. – Mayer/Westermayer II, 487, 491. – Patrozinienverzeichnis 1940. – Karte 1973. – Stahleder II, 52. – Ramisch/Steiner 229. – Denkmäler München 170. – Landersdorfer 420. – Geschichte des Erzbistums München und Freising III, 444. – Dehio Oberbayern 733f. – Schreiben Gruber 1990. – Schematismus 1991, 122. – Datei 1991. – Münchener Stadtanzeiger, Jahrgang 1950, Nr. 8, S. 10. – Fried (wie Anm. 26), Landgerichte 59, Herrschaftsgeschichte 77. – Norbert Lieb/Heinz-Jürgen Sauermost (Hg.), Münchens Kirchen, München 1973, 294. – Lothar Altmann/Michael Hartig, St. Ulrich München-Laim, München-Zürich ²1979. – Matthias L. Auer, Laimer Chronik I, München 1983, 17, 92, 137, 147, 262f. – Karl Pörnbacher, Ein Exempel für die Nachwelt. Agnes Bernauer in Geschichte und Dichtung, in: Unser Bayern. Heimatbeilage der Bayerischen Staatszeitung, Jahrgang 34, Nr. 10 (Oktober 1985), 73–76, hier 75.

rei Maria Geburt in Pasing, wird Laim im Jahr 1918 zur selbständigen Pfarrei erhoben.

Matthias Auer datiert den ersten Kirchenbau in Laim auf das Jahr 1147. Der Kirchenbau der Spätgotik wurde im 19. Jahrhundert erneuert und erweitert. Das starke Anwachsen der Bevölkerung erforderte schließlich eine größere Kirche. Ab 1912 wurde ein historisierender Neubau errichtet, der die alte Kirche als Annex einbezieht. In der alten Kirche trägt ein Schlußstein des Chorgewölbes St. Ulrichs Bild, an der Südwand befindet sich eine Ulrichsstatue vom neugotischen Hochaltar des Jahres 1865. Eine lebensgroße Sitzfigur des Kirchenpatrons aus vergoldeter Bronze (geschaffen 1913), die einst im Hochalter des neuen Kirchenraumes thronte, ist derzeit in der Loggia an der Südseite der Kirche aufgestellt. Im Zug der letzten Umgestaltung der Kirche schuf Fritz Brosig 1975 ein großes Apsiskreuz, das dem mittelalterlichen Reliquiar des Ulrichskreuzes nachgestaltet ist. Den Kirchenpatron zeigt auch eine lebensgroße Steinfigur hoch oben am Haus des Bayerischen Eisenbahnerverbandes am Laimer Platz.

Oberbach (Pfarrei Langenbach, Dekanat Moosburg)[47]
In Oberbach, wo der Freisinger Bischof Egilbert (1005–1039) eine Kirche samt Zehnt an den Propst des Domkapitels vertauschte, meldet die Konradinische Matrikel eine Filiale der Pfarrei Oberhummel im Dekanat »inter aquas« (Freising). Sunderndorfer nennt 1524 das Doppelpatrozinium St. Ulrich und St. Stephan, während im Visitationsprotokoll 1560 nur vom heiligen Stephanus die Rede ist. Die Pfarrei Oberhummel gehörte dem Freisinger Andreasstift zu, Grundherr in Oberbach war das Domkapitel, das dort einen Maierhof hatte. 1715 erklärte sich der Maier bereit, für einen Neubau der baufälligen Kirche Grund näher an der Straße bereitzustellen, »damit alßdan ab denen Landt raißenten Persohnen ain grössers opfer in Stockh fallen : und sonsten die Ehr Gottes mehrers befördert, sohin auch dißes arme Gottshauß zu einem bessern aufnemmen gebracht werden mechte«. Die neue Kirche wurde am 31. August 1724 konsekriert. So kann Schmidt eine neuerbaute Kirche mit einem Altar zu Ehren der heiligen Stephan und Ulrich, einer Sakristei ohne die nötigsten Paramente und einem Turm mit zwei Glocken verzeichnen. 1811 wurde sie – so Mayer/Westermayer – »auf Abbruch verkauft und auch ganz demolirt«. An ihrer Stelle errichtete 1840 der Obermairbauer eine Kapelle, in der allerdings heute nichts mehr an den heiligen Ulrich erinnert.

---

[47] Deutinger I, 336, III, 222, 249. – Mayer/Westermayer I, 463f. – Stahleder II, 42, 61. – Denkmäler Oberbayern 281. – Landersdorfer 211f. – Katalog Freising 439. – Fried (wie Anm. 26), Landgerichte 192, Herrschaftsgeschichte 168. – Brenninger (wie Anm. 41) 261, 263. – AEM Akt Domkapitel Grundherrschaft Oberbach. – Freundliche Auskünfte gab der Freisinger Kreisheimatpfleger Rudolf Goerge.

Obergangkofen (Kuratiekirche, Dekanat Geisenhausen)[48]
Die Kirche mit Friedhof in Obergangkofen wird 1315 unter den Filialen von Altfraunhofen im Dekanat Lern (Landshut) aufgeführt, 1524 mit St. Ulrich als Patron. Für die Pfarrei, zuvor vom Bischof frei verleihbar, hatten zu Schmidts Zeit die Freiherren von Altfraunhofen das Präsentationsrecht. Schon 1560 besaß die Obergangkofener Kirche drei Altäre.
Der spätgotische Bau, dessen Langhaus um die Mitte des 18. Jahrhunderts barockisiert wurde, erhielt im 19. Jahrhundert teilweise eine neugotische Ausstattung. Dazu kommt das Mittelfenster von 1920 im Chor, das St. Ulrich bei den Armen zeigt. 1934 schuf I. Kappel, München, an der Langhausdecke eine Darstellung der Lechfeldschlacht. Die Ulrichsstatue von ca. 1735 an der Nordwand des Chors könnte vom Vorgänger des retabellosen neugotischen Hochaltars stammen.

Oberndorf (Pfarrkirche, Dekanat Waldkraiburg)[49]
Die Konradinische Matrikel führt unter den 14 Filialen der Pfarrei Kirchdorf, Dekanat Buch (Wasserburg), in der Grafschaft Haag auch die Kirche von Oberndorf samt Friedhof auf. Nennt die Sunderndorfer-Matrikel 1524 noch St. Ulrich als alleinigen Patron, so zitieren Mayer/Westermayer eine Notiz von 1649, in der von der Filialkirche St. Katharina die Rede ist. Schmidt notiert für die kleine Kirche mit einem Altar ein Doppelpatrozinium Ulrich und Katharina. Zum Präsentationsrecht für die Pfarrei Kirchdorf berichtet er, es sei nach dem Aussterben der Grafen von Haag an die Wittelsbacher gefallen und 1738 dem Kollegiatstift St. Wolfgang in der Schwindau übertragen worden. Seit dem 19. Jahrhundert wird als Oberndorfer Patronin allein die heilige Katharina genannt.
Von der Kirche des späten 15. Jahrhunderts ist der Chor als Sakristei des 1867 errichteten neugotischen Neubaus bewahrt worden. Der Hochaltar birgt spätgotische Schnitzfiguren der Heiligen Ulrich, Maria und Barbara.

Oberumbach (Pfarrei Pfaffenhofen, Dekanat Indersdorf)[50]
Als Filiale mit Friedhof der Pfarrei Sulzemoos, Dekanat Günzlhofen, ist Oberumbach 1315 und 1524 in den Matrikeln erwähnt, bei Sunderndorfer mit dem heiligen Ulrich als Patron. Daß das Kloster St. Ulrich und Afra von ca. 1130 bis ins 15. Jahrhundert in Oberumbach begütert war, mag das Patro-

---

[48] Deutinger I, 468f., III, 224, 362. – Mayer/Westermayer I, 668, III, 678. – Kunstdenkmäler Niederbayern II, 176–178. – Patrozinienverzeichnis 1940. – Karte 1973. – Stahleder II, 54. – Kunsttopographie. – Denkmäler Niederbayern 199. – Landersdorfer 679. – Schreiben Gruber 1990. – Schematismus 1991, 196. – Datei 1991.
[49] Deutinger III, 73, 226, 381. – Mayer/Westermayer III, 531, 536. – Denkmäler Oberbayern 420. – Landersdorfer 83. – Dehio Oberbayern 909. – Schematismus 1991, 228.
[50] Deutinger II, 308f., III, 218, 323. – Mayer/Westermayer I, 329, 332. – Patrozinienverzeichnis 1940. – Karte 1973. – Stahleder II, 45. – Denkmäler Oberbayern 175. – Landersdorfer 337. – Dehio Oberbayern 928. – Schreiben Gruber 1990. – Schematismus 1991, 201. – Datei 1991. –

zinium erklären. Die Pfarrei Sulzemoos vergaben monatlich wechselnd der Landesherr und der Freisinger Bischof. Schmidt sieht die 1560 als baufällig bezeichnete Kirche in gutem Zustand, mit einem Altar, Turm und allem Nötigen ausgestattet.

Denn Ende des 17. Jahrhunderts war der spätgotische Bau – beherrschend auf einer Anhöhe gelegen – barockisiert und neu ausgestattet worden. Der Choraltar birgt eine große Schnitzfigur des Patrons vom Anfang des 17. Jahrhunderts.

Pesenlern (Pfarrei Wartenberg, Dekanat Erding)[51]
In der Konradinischen Matrikel fehlen Angaben zu Filialen von Wartenberg, Dekanat Reichenkirchen, wofür die Äbtissin von Obermünster in Regensburg das Präsentationsrecht besaß. So ist für Pesenlern erstmals 1524 eine Ulrichskapelle erwähnt, gleichzeitig ist hier Wartenberg als Filiale der Pfarrei Langenpreysing genannt. Schmidt bezeichnet Pesenlern als Filialkirche des Pfarrvikariats Wartenberg, klein und ruinös, auf dem Grund eines Bauern gelegen, ausgestattet mit einem Altar, ohne Friedhof und Sakristei. Gottesdienste finden nur zur Kirchweih und zum Patrozinium statt.

Das frei auf einer kleinen Anhöhe westlich der Höfe von Pesenlern gelegene Kirchlein zählt zu den ältesten Kirchenbauten, die dem heiligen Ulrich geweiht sind. Der romanische Bau mit halbrunder Apsis entstand wohl Ende des 12. Jahrhunderts. Der klassizistische Hochaltar besitzt in seiner rundbogigen Retabelnische eine spätgotische Standfigur des Patrons. An der Nordwand des Langhauses befindet sich eine etwas jüngere Sitzfigur St. Ulrichs. Die Einwohner von Pesenlern stifteten im Jahr 1870 anläßlich einer Viehseuche eine große Votivtafel, die eine Ansicht des Ortes zeigt.

Pulling (Pfarrkirche, Dekanat Freising)[52]
Für den Ort Pulling, 1024/31 anläßlich eines Gütertausches zwischen dem Bischof von Freising und dem Abt von Weihenstephan zuerst erwähnt, verzeichnet schon die Konradinische Matrikel eine Kirche, als Filiale zur Pfarrei

Wilhelm Liebhart, Die Reichsabtei Sankt Ulrich und Afra zu Augsburg. Studien zu Besitz und Herrschaft (1006–1803) (Historischer Atlas von Bayern, Teil Schwaben, Reihe II, Heft 2), München 1982, 566.

[51] Deutinger I, 516, III, 228, 260. – Mayer/Westermayer I, 404, 408. – Kunstdenkmäler Oberbayern 1282f. – Patrozinienverzeichnis 1940. – Karte 1973. – Kunsttopographie. – Denkmäler Oberbayern 272. – Landersdorfer 703. – Dehio Oberbayern 955. – Schematismus 1991, 180. – Georg Brenninger, Von der Romanik zum Barock. Kirchliche Kunst in der Pfarrei Wartenberg, in: Alfred Dreier (Hg.), Wartenberg und die Wittelsbacher, Wartenberg 1980, 97–118, hier 104. – Weber (wie Anm. 31) 262f. – Steiner/Brenninger (wie Anm. 38) 55. – Peter Steiner, Die Kirchen der Pfarrei Wartenberg, München-Zürich ³1987, 12.

[52] Deutinger I, 344, III, 221, 344. – Mayer/Westermayer I, 441. – Kunstdenkmäler Oberbayern 427f. – Patrozinienverzeichnis 1940. – Karte 1973. – Stahleder II, 41. – Kunsttopographie. – Denkmäler Oberbayern 296. – Schematismus 1991, 184. – Datei 1991. – Fried (wie Anm. 26), Landgerichte 195, Herrschaftsgeschichte 166. – Alckens (wie Anm. 36) 220.

Eching im Dekanat »inter aquas« (Freising) gehörend. Diese Pfarrei inkorporierte Bischof Konrad I. (1230–1258) dem Kloster Weihenstephan. Sunderndorfer und das Visitationsprotokoll von 1560 geben als Kirchenpatron den Benediktinerheiligen St. Ägidius an. Bei Schmidt ist der Wechsel zum Ulrichspatrozinium vollzogen, doch ist der Hochaltar beiden Heiligen geweiht, und das Patrozinium wird am Ulrichs- und am Ägidientag gefeiert. Die mit drei Altären ausgestattete Kirche besitzt zu dieser Zeit einen Friedhof, doch keine Sakristei. Im 19. Jahrhundert ist Pulling Filiale der Freisinger Stadtpfarrei St. Georg, heute selbst Pfarrei.

Die alte Ulrichskirche, bestehend aus spätgotischem Chor und 1867 errichtetem neugotischem Langhaus, wurde um 1960 abgetragen und durch einen Neubau von Hans Hofmann ersetzt. Von der alten Ausstattung ist auch eine Skulptur des Kirchenpatrons aus dem beginnenden 16. Jahrhundert übernommen worden.

Reichersdorf (Pfarrei Gammelsdorf, Dekanat Moosburg)[53]

Taucht der Ort Reichersdorf 1024/31 in den Freisinger Traditionen auf, so ist eine »ecclesia richersdorf« zwischen 1200 und 1230 in den Traditionen an das Kollegiatstift Moosburg erwähnt. Die Konradinische Matrikel nennt Reichersdorf als Filiale ohne Friedhof in der Pfarrei Gündlkofen, Dekanat Bruckberg. Auf die Pfarrei präsentierte – so Sunderndorfer – die Äbtissin des Zisterzienserinnenklosters Seligenthal in Landshut. Während 1524 St. Laurentius als einziger Patron genannt ist, verzeichnet Schmidt das Doppelpatrozinium Laurentius und Ulrich. Beiden ist auch der einzige Altar der Kirche geweiht, doch wird das Kirchweihfest am Laurentiustag begangen.

Die Kirche, 1730 – wie Schmidt meldet – fast gänzlich neu gebaut und noch 1874 bei Mayer/Westermayer verzeichnet, wurde später abgebrochen. In der 1912/13 als Ersatz vom Wirt und Bürgermeister Johann Selmair aus eigenen Mitteln errichteten Privatkapelle findet sich kein Zeugnis der Ulrichsverehrung mehr. Jedoch besitzt die Gammelsdorfer Filiale Katharinazell zwei spätgotische Schnitzfiguren der Heiligen Ulrich und Wolfgang, die von Gammelsdorf in diese Kirche gekommen sein sollen und möglicherweise aus Reichersdorf stammen.

Rottenbuch (Pfarrei und Dekanat Rottenbuch)[54]

Der Propst des im Jahr 1073 vom Bayernherzog Welf I. und seiner Gemahlin Judith errichteten Augustinerchorherrnstifts erhielt vom Freisinger Bischof

---

[53] Deutinger II, 229, III, 223, 296. – Mayer/Westermayer I, 495f. – Patrozinienverzeichnis 1940. – Karte 1973. – Kunsttopographie. – Denkmäler Oberbayern 277. – Schreiben Gruber 1990. – Weber (wie Anm. 29) 7–9, 14, 120, 134f., Abbildung nach S. 128.

[54] Deutinger I, 164–168, III, 228. – Mayer/Westermayer III, 27, 29–31. – Landersdorfer 84. – Schreiben Gruber 1990. – Heinrich Wietlisbach, Album Rottenbuchense, Selbstverlag 1902, 81 Anm. 1. – Jakob Mois, Das Stift Rottenbuch in der Kirchenreform des XI.–XII. Jahrhun-

Otto I. (1138–1158) die Würde eines Archidiakons mit weitgehenden Rechten verliehen. Bis zur Säkularisation nahm so der von Augsburger Bistumsgebiet fast eingeschlossene Rottenbucher Archidiakonatsbezirk, zugleich 18. Freisinger Dekanat, eine Sonderstellung im Bistum ein. Schon aus Rottenbuchs Lage an der alten Nord-Süd-Straße ergaben sich Verbindungen zu Augsburg. Viele Pröpste und Chorherren stammten aus der Augsburger Diözese, und hier hatte das Stift zudem eine Reihe inkorporierter Pfarreien.

Vom Stift aus versehen wurde auch die Rottenbucher Pfarrei. Eine eigene Pfarrkirche bestand wohl seit der 1. Hälfte des 14. Jahrhunderts. Sie lag westlich der Stiftskirche (mit dem Patrozinium Maria Geburt) und war dem Augsburger Bistumspatron Ulrich geweiht. Zur Pfarrei gehörten – laut Schmidt – fünf Filialen. Für 1477 ist die Konsekration eines vergrößerten Neubaus der Pfarrkirche, für 1722 eine barocke Erneuerung überliefert. Schmidt verzeichnet drei Altäre. Nach der Säkularisation wurde – wie häufiger geschehen – 1804 in Rottenbuch die Pfarrkirche abgebrochen, dafür die bisherige Stiftskirche zur Pfarrkirche gemacht. Das Schreiben des Münchener Generalvikariats von 1990 nennt für diese St. Ulrich als Nebenpatron.

Sonnenhausen (Pfarrei Glonn, Dekanat Ebersberg)[55]
Der Ort Sonnenhausen, früher nur aus einem einzigen Anwesen bestehend, ist um 1080 als Adelssitz, später als Sitz eines Freisinger Ministerialen bezeugt. Als Filiale der Pfarrei Glonn im gleichnamigen Dekanat, auf die das Freisinger Domkapitel präsentierte, ist die Sonnenhausener Ulrichskirche zuerst bei Sunderndorfer genannt. Von der Visitation 1560 wurde sie nicht erfaßt. Schmidt bezeichnet sie als kleinen, alten Bau mit einem Altar. Ein Friedhof besteht nicht; eine Sakristei gibt es zwar, doch müssen für die zwei Gottesdienste im Jahr die Paramente aus der Kapelle der Burg Zinneberg herbeigebracht werden. Nach der Säkularisation verfiel das Kirchlein dem Abbruch.

Thann (Pfarrei Großhartpenning, Dekanat Miesbach)[56]
Für Thann, einen Weiler mit drei Höfen, früher im Besitz des Klosters Te-

---

derts. Ein Beitrag zur Ordens-Geschichte der Augustiner-Chorherren (Beiträge zur altbayerischen Kirchengeschichte 19), München 1953. – Ders., Das Stift Rottenbuch im Mittelalter, in: Hans Pörnbacher (Hg.), Rottenbuch. Beiträge zur Geschichte, Kunst und Kultur, Weißenhorn 1980, 9–25, hier 20. – Albert Köbele, Rottenbuch nach der Säkularisation, ebenda 170–188, hier 171, Farbtafel 3. – Jakob Mois, Die Kirchen und Kapellen des Augustinerchorherrenstiftes Rottenbuch. Band II: Die ehemaligen Nebenkirchen und Kapellen, Rottenbuch 1992, 12–20.

[55] Deutinger II, 337, III, 411. – Mayer/Westermayer III, 255. – Mayr (wie Anm. 27 u. 28) 38 f., 58, 157, 222, 334.
[56] Deutinger III, 26, 216, 389. – Mayer/Westermayer III, 295, 297. – Patrozinienverzeichnis 1940. – Karte 1973. – Stahleder II, 47. – Kunsttopographie. – Denkmäler Oberbayern 381. – Denkmäler Miesbach 188 f. – Landersdorfer 520. – Dehio Oberbayern 1164. – Schreiben Gruber 1990. – Schematismus 1991, 269. – Datei 1991.

gernsee, ist eine eigene Kirche 1315 zuerst bezeugt, als Kapelle in der Pfarrei Hartpenning im gleichnamigen Dekanat. Auf die Pfarrei präsentierte der Abt von Tegernsee. Die kleine Kirche besaß keinen Friedhof. Schmidt verzeichnet einen Altar; regelmäßige Gottesdienste finden statt an Kirchweih und am Patrozinium sowie – im jährlichen Wechsel mit der Filiale Sufferloh – an den sogenannten »Nachfeiertagen«.

Der heute bestehende Kirchenbau entstand Anfang des 16. Jahrhunderts und wurde später barockisiert, weswegen wohl Schmidt von einem »neuen« Bau spricht. Der schlichte Hochaltar (um 1740) birgt eine Sitzfigur des Patrons aus der Erbauungszeit der Kirche.

Thann (Pfarrei Zolling, Dekanat Moosburg)[57]
Neben Mühldorf liegt ein weiterer Ulrichs-Wallfahrtsort des Bistums in der Umgebung der Bischofsstadt Freising. Der kleine, schon 1024 urkundlich bezeugte Ort Thann gehört zur Pfarrei Zolling, die bis zur Säkularisation dem Freisinger Domkapitel inkorporiert war. Über die Entstehung von Wallfahrt und Kirche berichten die Aufschriften auf fünf 1762 entstandenen Leinwandgemälden, die an der Empore der Kirche angebracht sind.

Danach war Ende des 16. Jahrhunderts auf einem Eichbaum, der am Nordrand des Dorfes bei einem Acker stand, eine kleine Ulrichsstatue aufgestellt. Der Bauer Hans Stöttner ärgerte sich über den Schatten, den der Baum auf sein Feld warf, wollte ihn fällen und brachte deshalb die Heiligenfigur in die Pfarrkirche nach Zolling. Doch bei des Bauern Heimkunft stand die Statue wunderbarerweise wieder an ihrem Platz. Obwohl dies mehrfach so ging, fällte Stöttner schließlich den Baum samt Ulrichsfigur. Sofort ward er mit Blindheit geschlagen, die erst verschwand, als er den Bau einer hölzernen Kapelle gelobte. Es setzte eine Wallfahrt ein, Gebetserhörungen ereigneten sich. So veranlaßte im Jahr 1597 der Besitzer der Hofmark Thann, Heinrich von Flitzing zu Haag, den Bau einer steinernen Kirche.

Auch die späteren Hofmarksherren, die Grafen von Lodron zu Haag, erwiesen sich als Förderer von Kirche und Wallfahrt. So erwarb Guidobald Albrecht Joseph Graf von Lodron Reliquien von Inful und Sarg des heiligen Ulrich für die Kirche. Auch die genannten fünf Gemälde tragen das Stifterwappen der Lodron.

---

[57] Deutinger II, 428. – Mayer/Westermayer I, 27. – Kunstdenkmäler Oberbayern 431 f. – Patrozinienverzeichnis 1940. – Karte 1973. – Kunsttopographie. – Denkmäler Oberbayern 289. – Landersdorfer 733. – Schreiben Gruber 1990. – Schematismus 1991, 212. – Datei 1991. – Michael Wening, Topographia Bavariae, III: Rentamt Landshut, München 1723 (Nachdruck München 1976), 52. – Die Ulrichskirche zu Thann bei Zolling und die Emporgemälde dortselbst, in: Frigisinga 1 (1924), 375–381. – Alckens (wie Anm. 36) 159–164. – Steiner (wie Anm. 36) 68 (mit weiterer Literatur). – Goerge/Steiner (wie Anm. 44) 106–108. – Josef Bogner, Wallfahrtskirchen im Landkreis Freising, in: Amperland 23 (1987), Heft 1, 374–381, hier 378 f. – Rudolf Goerge, 1250 Jahre Glaube und Leben im Freisinger Land, Ausstellungskatalog, Freising 1989, 36, 48, 72, 81, 94, 99.

Zum Wallfahrtsgeschehen berichtet Schmidt, daß am Sebastianstag sowie an allen Donnerstagen zwischen der Fronleichnamsoktav und dem Fest des Apostels Jakobus (25. Juli) Prozessionen abgehalten werden. Die Kirche beschreibt er als alten Bau mit drei Altären. Sie sei umfriedet, besitze aber keinen Friedhof. Die Einnahmen würden vom Zollinger Pfarrvikar und dem Hofmarksherrn zu Haag verwaltet. Im 19. Jahrhundert scheint die Wallfahrt erloschen zu sein. Mayer/Westermayer erwähnen sie nicht mehr. Bis in die 1930er Jahre führten regelmäßig Bittgänge der Pfarreien Zolling und Haag a. d. Amper sowie der Ortschaft Gerlhausen nach Thann. Bis heute gehalten hat sich davon die Wallfahrt der Pfarrgemeinde Zolling (im Mai und am Ulrichstag); seit einigen Jahren gibt es überdies einen eigenen Bittgang der Zollinger Frauen (im Oktober).

Die 1597 erbaute Kirche liegt auf einer Anhöhe am Nordrand des Dorfes. Der nachgotische Bau besitzt einen hochbarocken Choraltar (um 1675), dessen gleichzeitiges Blatt den heiligen Ulrich zu Pferd in der Lechfeldschlacht zeigt. Auf dem Altar steht ein Rokoko-Glasschrein: Er birgt das Gnadenbild, eine »etwas grob geschnitzte«, bekleidete Figur St. Ulrichs. Im Postament befinden sich neben einem »Agnus Dei« die beiden Reliquien von Inful und Grab Ulrichs, gefaßt in reiche Klosterarbeit. Die bereits genannten fünf Leinwandbilder von 1762 an der Empore zeigen den Ursprung der Wallfahrt, den Bau der Kirche und die in Unwetternöten 1661 erfolgten Kreuzgänge der Pfarreien Zolling und Haag nach Thann. Zeugnisse der Wallfahrt sind neben einer hölzernen Sammelbüchse mit den Darstellungen der Heiligen Ulrich und Sebastian einige Votivbilder vom 17. bis zum 19. Jahrhundert (zum Teil heute im Diözesanmuseum Freising). Eine Gedenkplatte markiert den Ort, an dem man 1977 bei Renovierungsarbeiten unter dem Pflaster einen morschen Baumstumpf fand: »EICHREIS DES HL. ULRICH 1581«.

Tiefenbach (Kuratie Ast, Dekanat Geisenhausen)[58]
Die Tiefenbacher Ulrichskirche, in der Konradinischen Matrikel noch nicht genannt, erscheint 1524 als Filiale der dem Landshuter Martinsstift inkorporierten Pfarrei Eching, Dekanat Landshut. Schmidt verzeichnet hier drei Altäre, Friedhof, Sakristei und – dank eines frommen Vermächtnisses – recht häufige Gottesdienstfeier.

Die auf einer bewaldeten Anhöhe beherrschend über dem Ort gelegene Kirche wurde Ende des 15. Jahrhunderts erbaut. Die Weihe des Choraltars zu Ehren des heiligen Ulrich erfolgte 1483. Einer barocken Umgestaltung entstammt der Hochaltar des 17. Jahrhunderts. Sein Blatt zeigt Ulrich vor dem Hintergrund der Lechfeldschlacht. Der Patron ist auch auf einer Kirchenfahne aus der zweiten Hälfte des 19. Jahrhunderts dargestellt.

[58] Deutinger I, 475 f., III, 224, 359. – Mayer/Westermayer I, 680 f. – Patrozinienverzeichnis 1940. – Karte 1973. – Kunsttopographie. – Denkmäler Niederbayern 208. – Landersdorfer 678. – Dehio Niederbayern 721. – Schreiben Gruber 1990. – Schematismus 1991, 193.

Unterschleißheim (Pfarrei Unterschleißheim, Dekanat München-Feldmoching)[59]
Anfang des 11. Jahrhunderts erhielt das Kloster Weihenstephan ein Gut in Unterschleißheim geschenkt. Die Konradinische Matrikel führt eine Kirche hier ebenso wie Garching unter den Filialen der vom Abt zu Weihenstephan zu vergebenden Pfarrei Mallershofen im Dekanat München auf. Sunderndorfer meldet das Ulrichspatrozinium und die Zugehörigkeit zur Pfarrei Garching, die nach Aussage des Pfarrverwesers dem Weihenstephaner Kloster inkorporiert sei. Die enge Verbindung zum Stephanskloster dürfte der Grund sein, weshalb das Visitationsprotokoll von 1560 Ulrich und Stephanus als Patrone angibt. Die hier bereits erwähnten zwei Altäre verzeichnet auch Schmidt. Zudem berichtet er von einer Benefiziumsstiftung durch Abt und Konvent von Weihenstephan im Jahr 1518 und von den jüngst geschehenen Auseinandersetzungen zwischen Kloster und Freisinger Ordinariat, ob dem Kloster die Pfarrei inkorporiert sei, oder ihm nur das Präsentationsrecht zustehe. Als Kuratbenefizium wird Unterschleißheim bei Mayer/Westermayer geführt. 1986 wurde das stark angewachsene Unterschleißheim zur Pfarrei erhoben, als eine neue Ulrichskirche – Nachfolgerin einer hölzernen Behelfskirche – geweiht werden konnte. Seitdem ist die alte Ulrichskirche Nebenkirche der Pfarrei.
Auf Grundlage eines spätgotischen Baus vom Anfang des 16. Jahrhunderts wurde eine barocke Kirche errichtet. 1856 und nach einem Brand 1951 fanden Erneuerungen statt. Der Hauptaltar birgt Figuren der Heiligen Ulrich und Stephan vom Anfang des 16. Jahrhunderts.

Vilslern (Pfarrkirche, Dekanat Geisenhausen)[60]
Vilslern wird schon 1315 als Pfarrei im Dekanat Lern (Landshut) mit der Filiale Hinterskirchen geführt. Ihre Vergabe erfolgte durch den Bischof von Freising, später in monatlichem Wechsel mit dem bayerischen Landesherrn. Die Pfarrei lag in der reichsunmittelbaren Herrschaft der Freiherren von Fraunhofen, deren Reichsunmittelbarkeit zwar von den bayerischen Herzögen und Kurfürsten bestritten und angefochten wurde, die sich aber bis zum

---

[59] Deutinger I, 407 f., III, 217, 347. – Mayer/Westermayer II, 504, 506 f. – Patrozinienverzeichnis 1940. – Karte 1973. – Stahleder II, 53. – Ramisch/Steiner 230 f. – Denkmäler Oberbayern 476. – Landersdorfer 433. – Geschichte des Erzbistums München und Freising III, 446. – Dehio Oberbayern 1215. – Schreiben Gruber 1990. – Schematismus 1991, 108. – Datei 1991. – Fried (wie Anm. 26), Landgerichte 56, Herrschaftsgeschichte 74. – Gemeinde Unterschleißheim (Hg.), 1200 Jahre Unterschleißheim 785–1985. Eine Orts-Chronik, Unterschleißheim 1985, 93–96.
[60] Deutinger I, 495, III, 224, 363. – Mayer/Westermayer III, 500–503. – Patrozinienverzeichnis 1940. – Stahleder II, 54. – Kunsttopographie. – Denkmäler Niederbayern 210. – Landersdorfer 83. – Dehio Niederbayern 732. – Schreiben Gruber 1990. – Schematismus 1991, 197. – Datei 1991. – Georg Schwarz, Vilsbiburg. Die Entstehung und Entwicklung der Herrschaftsformen im niederbayerischen Raum zwischen Isar und Rott (Historischer Atlas von Bayern, Teil Altbayern, Heft 37), München 1976, 45 f., 499.

Ende des alten Reiches behaupten konnte.[61] Georg Schwarz schreibt die Herkunft des 1524 zuerst erwähnten Ulrichspatroziniums von Vilslern – ebenso wie mehrerer Ulrichspatrozinien im nahe angrenzenden Teil des Bistums Regensburg[62] – dem Einfluß der Propstei zu, die das Augsburger Domkapitel bis zum Jahr 1605 im benachbarten Geisenhausen unterhielt. Schmidt verzeichnet neben der Filialkirche in Hinterskirchen mit drei Altären noch eine den 14 Nothelfern geweihte Kapelle im Friedhof von Vilslern. Die Pfarrkirche, die ebenfalls drei Altäre besitzt, erscheint ihm nicht groß und zu wenig gepflegt.

Ursprünglich eine Chorturmanlage des 13. Jahrhunderts, wurde das Langhaus der Kirche 1753 erneuert. Gleichzeitig entstand die Freskenausstattung – an der Decke des Chors die Glorie des heiligen Ulrich, im großen Mittelbild des Langhauses die Schlacht auf dem Lechfeld, in acht Stichkappenbildern Szenen aus der Ulrichslegende (Ulrich wird dem Kloster St. Gallen übergeben; er wird Bischof von Augsburg; er speist Arme an seiner Tafel; er heilt Kranke; er besucht Gefangene; er verachtet das Fleisch; er söhnt Kaiser Otto I. mit seinem Sohn Liudolf aus; sein Grab wird von ihnen verehrt). Aus der zweiten Hälfte des 19. Jahrhunderts stammt das Hochaltargemälde, das den Kirchenpatron zeigt. Von 1913 datiert das rückwärtige Bild der Langhausdecke, St. Ulrich als Fürbitter auf Wolken über einer Ortsansicht. Ein Buntglasfenster (um 1940) auf der Südseite des Chors zeigt Ulrich zusammen mit dem Freisinger Bistumspatron Korbinian. Unter der Empore ist ein spätgotischer Gewölbeschlußstein mit dem Brustbild St. Ulrichs eingemauert. Die Monstranz der Kirche aus dem Jahr 1716 trägt eine Widmungsinschrift an den Kirchenpatron und seitlich des Schauglases sein silbergetriebenes Bild.

Wangen (Kuratiekirche, Dekanat Wolfratshausen)[63]

Für Wangen, nahe der Grenze zum Bistum Augsburg gelegen, als Ort 1225 erstmals genannt, verzeichnet die Konradinische Matrikel 1315 eine Kirche mit Friedhof, der Pfarrei Aufkirchen am Starnberger See im Dekanat Wolfratshausen als Filiale zugehörig. Das Besetzungsrecht für die Pfarrei, laut Sunderndorfer beim Freisinger Bischof, später monatlich zwischen Bischof und Landesherr wechselnd, kam 1677 durch Tausch ganz an den bayerischen Kurfürsten; 1688 wurde die Pfarrei der bayerischen Provinz der Augustinereremiten übergeben. 1524 ist für Wangen das Ulrichspatrozinium belegt. Bezeichnete das Visitationsprotokoll von 1560 die Kirche als »durchaus paufellig«, so meldet Schmidt einen noch nicht fertiggestellten Neubau mit »pro

---

[61] Vgl. hierzu Schwarz (wie vorige Anm.) 120–128, 473–500.
[62] Siehe die Beiträge von Manfred Heim und Karl Kosel. In diesem Band.
[63] Deutinger II, 564, III, 211, 417. – Mayer/Westermayer III, 615, 618. – Patrozinienverzeichnis 1940. – Stahleder II, 56. – Kunsttopographie. – Denkmäler Oberbayern 607. – Landersdorfer 481, 483. – Dehio Oberbayern 1245. – Schematismus 1991, 312. – Datei 1991.

nunc« einem Altar. Gottesdienste finden an Kirchweih und am Patrozinium statt.
Im 1734–1738 errichteten Kirchenbau zeigt das Oberbild des Hochaltars den Kirchenpatron. Außerdem birgt der nördliche Seitenaltar seine Sitzfigur vom Anfang des 17. Jahrhunderts. Ein Brustbild Ulrichs ziert einen Kredenztisch im Stil des Rokoko.

Wolfersberg (Kuratie Oberpframmern, Dekanat Ebersberg)[64]
Wie Berganger, Biberg, Grasbrunn, Grub und Sonnenhausen lag Wolfersberg im Herrschaftsbereich der Grafen von Ebersberg, die – wie Gottfried Mayr darlegt – zur Zeit des heiligen Ulrich in engen Beziehungen zum Augsburger Bischofsstuhl standen. So ist der Ort erstmals kurz nach 1100 erwähnt, als der diesem Grafengeschlecht entstammende Abt Rotbert von Ebersberg hier seinem Neffen Ulrich (!) ein Gut in Aussicht stellte, wenn er nach Wunsch der Mutter eine Ehe einginge. Die Wolfersberger Kirche ist erstmals 1315 als Filiale ohne Friedhof in der Pfarrei Zorneding, Dekanat Egmating, verzeichnet, 1524 dann mit Nennung Ulrichs als Patron. Die Pfarrei konnte nach Sunderndorfer der Freisinger Bischof frei verleihen, später war sie eine zwischen Bischof und Landesherr wechselnde Monatspfarrei. Die Kirche in Wolfersberg besaß 1560 keinen eigenen Kelch. Schmidt berichtet, die kleine, aber hübsche Kirche, die mit drei Altären ausgestattet war und am Patrozinium von den Pfarrangehörigen in einer Prozession besucht wurde, sei am 27. April 1728 von einem Blitz getroffen worden und liege nun völlig zerstört da; es bestünde 1737 aber Hoffnung auf einen Wiederaufbau.
Dieser erfolgte tatsächlich, und so stellt sich das Kirchlein heute als kleiner Bau mit Dachreiter und »liebenswerter« (Dehio) Ausstattung des 18. Jahrhunderts dar. Der Hochaltar birgt ein Bildnis des Kirchenpatrons.

---

[64] Deutinger II, 506, III, 212, 276. – Mayer/Westermayer III, 278. – Patrozinienverzeichnis 1940. – Stahleder II, 37. – Denkmäler Oberbayern 197. – Landersdorfer 722. – Dehio Oberbayern 1295. – Schreiben Gruber 1990. – Schematismus 1991, 172. – Datei 1991. – Münchener Katholische Kirchenzeitung 26. Juni 1955 (wie Anm. 1). – Mayr (wie Anm. 27 u. 28) 58, 96 f., 115, 208, 322.

[65] Deutinger II, 513 f., III, 212, 275. – Mayer/Westermayer III, 91–95. – Kunstdenkmäler Oberbayern 1337. – Stahleder II, 36. – Denkmäler Oberbayern 183. – Landersdorfer 714–716. – Dehio Oberbayern 52. – Schematismus 1991, 167. – Weihetagebuch des Freisinger Weihbischofs Johann Kaspar Kühner für die Jahre 1674–1682, AEM FS 123, fol. 98^v–99^v. – Pfarrbeschreibung vom 15. November 1817, AEM FS 18, S. 529–536. – Otto Thoma, Anzing – Pfarr- und Wallfahrtskirche St. Maria Geburt, Passau 1989.

b) Ulrichsaltäre

Anzing Maria Geburt (Pfarrkirche, Dekanat Ebersberg)[65]
Die Pfarrei Anzing, schon um 1219 dem Kollegiatstift St. Veit bei Freising inkorporiert, ist in der Konradinischen Matrikel im Dekanat Egmating aufgeführt. Seit 1625 auch Ziel einer Marienwallfahrt, wurde die Pfarrkirche 1677–1681 neu erbaut. 1681 weihte in ihr der Freisinger Weihbischof Johann Kaspar Kühner mehrere Altäre, darunter am 25. September den rechten vordersten Seitenaltar zu Ehren der Heiligen Ulrich und Rochus. So wird er auch bei Schmidt unter den insgesamt sechs Seitenaltären verzeichnet, während 1817 der Altartitel bereits St. Sebastian ist. Das Altarbild zeigt entsprechend heute Sebastian; eine bildliche Darstellung Ulrichs findet sich in der Anzinger Kirche nicht.

Ascholding St. Leonhard (Pfarrkirche, Dekanat Bad Tölz)[66]
Die bereits im 8. Jahrhundert bestehende Kirche in Ascholding, 1315 als Filiale der Pfarrei Königsdorf genannt, später mit einem vom Königsdorfer Pfarrer präsentierten Pfarrvikar besetzt, besaß wohl schon im 16. Jahrhundert einen Ulrichsaltar; denn eine bei Mayer/Westermayer zitierte Pfarrbeschreibung von 1585 erwähnt eine auf einen Seitenaltar gestiftete Messe, die am Ulrichsfest gehalten wurde. Sicher belegt ist der Ulrichsaltar bei Schmidt. Die heutige Kirche, 1869–1870 unter Einbeziehung des gotischen Chorturms im neoromanischen Stil erbaut, besitzt als Seitenfigur des Hochaltars die Statue eines Bischofs mit Buch (um 1660) – vielleicht ein heiliger Ulrich?

Eichtling St. Martin (Pfarrei Bruck, Dekanat Ebersberg)[67]
1524 als Filiale der vom Freisinger Bischof verliehenen Pfarrei Bruck, Dekanat Grafing, zuerst genannt, war die Eichtlinger Kirche in dem kleinen Weiler auf einem Hügel gelegen. Schmidt beschreibt sie als alten Bau mit hölzernem Turm, deren einziger Altar den heiligen Bischöfen Martin, Korbinian, Nikolaus und Ulrich geweiht war. Obwohl schon bei Mayer/Westermayer nicht mehr erwähnt, bestand die Kirche im 19. Jahrhundert noch. 1901 als baufällig bezeichnet, wurde sie bald darauf abgebrochen.

Erding St. Paul (Pfarrei und Dekanat Erding)[68]
Wann der erste Bau der Friedhofskapelle St. Paul errichtet wurde, ist unbe-

---

[66] Deutinger II, 557f., III, 211, 421. – Mayer/Westermayer III, 609–611. – Kunsttopographie. – Denkmäler Oberbayern 89. – Landersdorfer 474–476. – Dehio Oberbayern 59. – Schematismus 1991, 241.
[67] Deutinger II, 349, III, 414. – Mayer/Westermayer III, 227–230. – Landersdorfer 626. – Herrn Ametsbichler, Verwaltungsgemeinschaft Glonn, sei für seine Bemühungen herzlich gedankt.

kannt. Die Sunderndorfer-Matrikel erwähnt 1524 bei der Beschreibung der seit 1309 dem Freisinger Stift St. Johann Baptist inkorporierten Pfarrei Altenerding die Kapelle St. Paul »extra oppidum«. 1699 wurde ein Neubau errichtet, der 1707 geweiht und mit drei barocken Altären ausgestattet wurde. Der nördliche Seitenaltar ist Maria und dem heiligen Ulrich geweiht, der auf dem vom Münchener Hofmaler Johann Degler geschaffenen Auszugsbild dargestellt ist. Nach Schmidt fand unter anderem am Ulrichstag hier ein Gottesdienst statt. Die Kirche dient auch heute ihrem ursprünglichen Zweck als Friedhofskirche.

Ergertshausen Maria Himmelfahrt (Pfarrei Egling, Dekanat Wolfratshausen)[69]
Die Ergertshausener Kirche gehörte 1315 als Filiale zur Pfarrei Wolfratshausen, zu Schmidts Zeit war sie dem Wolfratshausener Pfarrvikariat in Thanning angegliedert. Schmidt nennt unter den drei Altären auch einen Ulrichsaltar. Die heutige Kirche, ein barockisierter spätgotischer Bau, besitzt auf dem südlichen Seitenaltar eine Sitzfigur St. Ulrichs der Zeit um 1510.

Freising St. Andrä (ehemals Stifts- und Pfarrkirche, Dekanat Freising)[70]
Für die Kirche des im Jahr 1062 vom Freisinger Bischof Ellenhard (1052 bis 1078) begründeten Stifts St. Andrä ist schon 1376 eine Ulrichskapelle mit einem Ulrichsaltar bezeugt. Schmidt führt diesen unter den zehn Seitenaltären der Kirche auf und berichtet von der 1714 an diesem Altar errichteten Dreifaltigkeitsbruderschaft, derenthalben der Altar privilegiert war und gemeinhin auch Dreifaltigkeitsaltar genannt wurde. Ferner wurden im 18. Jahrhundert zwei Benefizien mit zahlreichen Meßfeiern gestiftet. Auch nach der im Rokoko erfolgten Umgestaltung der romanischen Stiftskirche blieben Kapelle und Altar bestehen. Im Jahr 1802 wurde das Andreasstift aufgehoben, die Stiftskirche verfiel dem Abbruch, ihre Ausstattung ging bis auf geringe Reste verloren.

Landshut St. Jodok (Pfarrkirche, Dekanat Landshut)[71]
Bei der Landshuter Stadtpfarrei St. Jodok listet Sunderndorfer 1524 die Altäre und Benefizien der Kirche auf. An 17. und letzter Stelle nennt er dabei den

---

[68] Deutinger I, 528, III, 227, 263. – Mayer/Westermayer I, 343 f. – Kunsttopographie. – Denkmäler Oberbayern 261. – Dehio Oberbayern 1062. – Schematismus 1991, 176.
[69] Deutinger II, 555 f., III, 211, 417. – Mayer/Westermayer III, 628, 631. – Kunsttopographie. – Denkmäler Oberbayern 93. – Landersdorfer 463–465. – Dehio Oberbayern 259 f. – Schematismus 1991, 308.
[70] Deutinger I, 92–100, 304–307, III, 221. – Stahleder I, 123, II, 40. – Katalog Freising 135–139. – Manfred Feuchtner, dem ich für Hinweise herzlich danke, wird die Geschichte von Stift und Kirche vom 17. Jahrhundert bis zur Säkularisation in seiner Dissertation darstellen.
[71] Deutinger I, 441–447, III, 224, 366–368. – Mayer/Westermayer I, 619–626. – Kunsttopographie. – Landersdorfer 669–672. – Dehio Niederbayern 302–304. – Schematismus 1991, 204 f.

»Capellanus s. Udalrici« und ein von den Webern gestiftetes Benefizium. Schmidt nennt den Ulrichsaltar zwar nicht, zitiert aber Sunderndorfers Auflistung. Mayer/Westermayer lokalisieren den Ulrichsaltar in der früheren Weberkapelle im rechten (südlichen) Seitenschiff. Im Gegensatz zu den meisten anderen Altären ist hier noch keine Erneuerung des Altars im neugotischen Stil vermerkt. Heute befindet sich in der Eckerkapelle des nördlichen Seitenschiffs der neugotische Josephsaltar, der als linke Assistenzfigur eine Statue St. Ulrichs besitzt.

Mittbach St. Urban (Pfarrei Pemmering, Dekanat Dorfen)[72]
Die Konradinische Matrikel nennt Mittbach als Filiale der Pfarrei Burgrain im Dekanat Buch (Wasserburg), bei Sunderndorfer ist das Verhältnis umgekehrt. Seit 1449 war die Pfarrei dem Stift St. Zeno in Isen inkorporiert. Der spätgotische Kirchenbau von Mittbach wurde um 1700 stark verändert, so daß Schmidt von einer neu wiederaufgebauten Kirche sprechen konnte. Für den von Schmidt erwähnten Ulrichsaltar hat sich eine Weihetafel vom 21. September 1721 erhalten. Durch das Gnadenbild des Heilands am Kreuz und der schmerzhaften Gottesmutter ist später wohl eine barocke Ulrichsskulptur von ihrem Platz auf dem Altar verdrängt worden. Sie befindet sich heute an der Nordseite des Langhauses, im Chor ist auch ihre spätgotische Vorgängerin erhalten.

München Zu Unserer Lieben Frau (Metropolitan- und Pfarrkirche, Dekanat München-Altstadt)[73]
Im Jahr 1271 wurde die Frauenkirche zur zweiten Stadtpfarrkirche Münchens erhoben. 1407 ist erstmals eine Benefizienstiftung der Familie Sendlinger zum Altar der 10000 Märtyrer »hinten« in der Kirche erwähnt. Nach dem 1468–1488 durchgeführten vergrößerten Neubau der Kirche befand sich der Sendlinger-Altar in der Kapelle unter dem Südturm. Sunderndorfer bezeichnet ihn als Ulrichsaltar. Nach der barocken Umgestaltung der Frauenkirche erwähnen verschiedene Beschreibungen hier Darstellungen der Kreuzigung und der Heiligen Ulrich, Magdalena und Achatius.[74] Schmidt nennt als Altartitel Achatius, Ulrich und Maria Magdalena und berichtet, daß auch die Bezeichnung als Altar der 10000 Märtyrer üblich war. Der im

---

[72] Deutinger III, 79f., 226, 382. – Mayer/Westermayer III, 122, 124. – Kunstdenkmäler Oberbayern 2019. – Stahleder II, 33. – Kunsttopographie. – Denkmäler Oberbayern 264. – Landersdorfer 82, 603. – Schematismus 1991, 164. – Steiner/Brenninger (wie Anm. 38) 54f.
[73] Deutinger I, 108–132, III, 216, 335–341. – Mayer/Westermayer II, 188–206. – Kunstdenkmäler Oberbayern 977, 983f. – Stahleder II, 53. – Anton Mayer, Die Domkirche zu Unserer Lieben Frau in München, München 1868, 81, 260, 338. – Christl Karnehm, Die Münchner Frauenkirche. Erstausstattung und barocke Umgestaltung (Miscellanea Bavarica Monacensia 113), München 1984, 98f, 226–228.
[74] Das barocke Altargemälde mit den Heiligen Ulrich und Magdalena wird mit dem Maler Johann Andreas Wolff in Verbindung gebracht.

19. Jahrhundert aufgestellte neugotische Altar hatte in seinem Schrein Figuren der Heiligen Maria Magdalena, Ulrich und Achatius. Im Zuge der Erneuerungsarbeiten zum Weihejubiläum 1994 kehrt das barocke Altargemälde in die Frauenkirche zurück.

München St. Peter (Pfarrkirche, Dekanat München-Altstadt)[75]
In der alten Münchener Pfarrkirche St. Peter ist die Verehrung des heiligen Ulrich schon 1330 bezeugt; denn in diesem Jahr erhielten Marquart Drächsel und sein Schwiegersohn Nikolaus Schrenk das Patronat über den Altar der Heiligen Martin, Ulrich und Ursula im nördlichen Seitenschiff, auf den sie eine tägliche Messe gestiftet hatten. Da die Stiftung 1407 von der Familie Schrenk erneuert wurde, ist dafür die Bezeichnung Schrenksches Benefizium üblich geworden. Das um 1407 geschaffene Steinretabel des Altars ist, nachdem es im 17. und 18. Jahrhundert durch neuere Altaraufbauten verdeckt war, seit dem 19. Jahrhundert wieder sichtbar. Es zeigt das Weltgericht, den Gekreuzigten zwischen Maria und Johannes und die Heiligen Petrus, Martin und Ulrich.

Ramerberg St. Leonhard (Kuratiekirche, Dekanat Wasserburg)[76]
Obwohl bei der Rückerstattung entfremdeten Besitzes an das Kloster Attel im Jahr 1087 auch die Kirche von Ramerberg aufgeführt ist, fehlt sie in der Konradinischen Matrikel. Erst Sunderndorfer verzeichnet sie 1524 als Filiale von Attel. Schmidt nennt zwei Seitenaltäre zu Ehren der Heiligen Augustinus und Ulrich. Auch fand am Ulrichstag hier ein Gottesdienst statt. In der unter Einbeziehung romanischer Teile im 15. Jahrhundert errichteten, im 17. und 18. Jahrhundert neu ausgestatteten Leonhardskirche sind die bei Schmidt genannten beiden Titelheiligen heute in den Auszugsbildern der Spätrokoko-Seitenaltäre »präsent«.

Rott am Inn St. Peter und Paul, Marinus und Anianus (Pfarrkirche, Dekanat Wasserburg)[77]
Schon vor 1260 hatte das zwischen 1081 und 1085 gestiftete Benediktinerkloster Rott am Inn das Patronatsrecht über die auf Chiemseer Bistumsge-

---

[75] Deutinger I, 353–371, III, 182, 216, 329–333. – Mayer/Westermayer II, 249–298. – Kunstdenkmäler Oberbayern 1050–1052. – Stahleder II, 53. – Landersdorfer 398. – Dehio Oberbayern 726–729. – Schematismus 1991, 90f. – Ernest Geiß, Geschichte der Stadtpfarrei St. Peter in München, München 1868, 63f., 272–274, 411f. – Lieb/Sauermost (wie Anm. 46) 44f.
[76] Deutinger III, 62, 383. – Mayer/Westermayer III, 512, 519–521, 524. – Denkmäler Oberbayern 569. – Landersdorfer 82. – Dehio Oberbayern 1002. – Schematismus 1991, 300. – Weber (wie Anm. 31) 100.
[77] Deutinger I, 195–197, III, 209, 382f. – Mayer/Westermayer III, 555–561. – Landersdorfer 82, 583–585. – Dehio Oberbayern 1034–1037. – Schematismus 1991, 300. – Engelbert Wallner, Das Bistum Chiemsee im Mittelalter (1215–1508) (Quellen und Darstellungen zur Geschichte der Stadt und des Landkreises Rosenheim 5), Rosenheim 1967, 37–39, 139–143. –

biet liegende Pfarrei St. Ulrich am Pillersee inne. Die Rotter Klosterkirche war zu Schmidts Zeit im Kern noch die im 12. Jahrhundert errichtete romanische Basilika, weshalb er von einem alten, doch sehr elegant geschmückten Bau sprechen konnte. An ihr südliches Seitenschiff war die Marienkapelle angebaut, die unter ihren sieben Altären auch einen zu Ehren St. Ulrichs zählte. Im Zuge des 1759–1763 vorgenommenen Neubaus der Klosterkirche wurde diese Kapelle am 19. Februar 1759 niedergelegt. Doch schuf man bei der Ausstattung der neuen Kirche für den verlorenen Ulrichsaltar dadurch Ersatz, daß auf dem Hochaltar rechts des Gemäldes, gegenüber dem Bistumspatron Korbinian, eine Statue Ulrichs von Ignaz Günther aufgestellt wurde.

Schaftlach Hl. Kreuz (Pfarrkuratiekirche, Dekanat Miesbach)[78]
In der Schaftlacher Kirche, 1315 erstmals als Filiale der vom Abt des Klosters Tegernsee besetzten Pfarrei Gmund aufgeführt, verzeichnet Schmidt neben dem Hochaltar auch einen dem heiligen Ulrich geweihten Seitenaltar sowie einen am Ulrichsfest gefeierten Gottesdienst. Meßfeier und Bittgang am Ulrichstag waren schon Teil einer Gottesdienstordnung, die der Tegernseer Abt 1523 für Schaftlach festgelegt hatte. Die Pfarrbeschreibung des Jahres 1817 lokalisiert den Ulrichsaltar auf der Evangelienseite, geziert mit einer Sitzfigur des Heiligen. Diese, zu datieren um 1510, hat sich an der Südwand des Langhauses erhalten. Zudem besitzt die 1497 fertiggestellte Kirche ein gotisches Tafelbild St. Ulrichs, ebenso wie sein Gegenstück mit der Darstellung des heiligen Emmeram wohl ursprünglich Flügel eines Altars.

Tölzkirchen St. Michael (Kuratie Baumgarten, Dekanat Moosburg)[79]
Die wohl ebenfalls recht alte Kirche im 837 zuerst genannten Tölzkirchen ist

---

Ferdinand Grell, Die Verehrung des heiligen Ulrich in Österreich und Südtirol, in: JVABG 7 (1973), 134–162, hier 142. – Robert Stalla, Der »Renovatio«-Gedanke beim Neubau der Benediktiner-Klosterkirche von Rott am Inn, in: Willi Birkmaier (Hg.), Rott am Inn. Beiträge zur Kunst und Geschichte der ehemaligen Benediktinerabtei, Weißenhorn 1983, 105–122, hier 107f. – Die Diskussion, ob die rechte Bischofsfigur des Hochaltars St. Ulrich oder St. Benno darstellt (vgl. Norbert Lieb, Ignaz Günther in Rott am Inn, in: Jahrbuch des Vereins für christliche Kunst IX, München 1976, 172–183, hier 181f.), ist hinfällig, da ältere Photographien (z.B.: Adolf Feulner, Bayerisches Rokoko, München 1923, Abb. 196) deutlich ein Ulrichskreuz in der Hand des über dem Bischof schwebenden Putto zeigen.

[78] Deutinger III, 20, 216, 388. – Mayer/Westermayer III, 334–336. – Stahleder II, 47. – Kunsttopographie. – Denkmäler Oberbayern 401. – Denkmäler Miesbach 436f. – Landersdorfer 516. – Dehio Oberbayern 1068f. – Schematismus 1991, 273. – Kath. Pfarramt Heilig Kreuz Schaftlach (Hg.), 500 Jahre Kirche Heilig Kreuz in Schaftlach 1476–1976, Schaftlach 1976, 30, 41–45. – Weber (wie Anm. 31) 112. – Kath. Pfarramt Waakirchen (Hg.), 250 Jahre Kirche St. Martin Waakirchen 1739–1989, Waakirchen 1989, 44.

[79] Deutinger II, 242, III, 223, 299. – Mayer/Westermayer I, 499. – Stahleder II, 31, 60. – Kunsttopographie. – Denkmäler Oberbayern 286. – Landersdorfer 748f. – Schematismus 1991, 207. – Sebastian Hiereth/Siegfried Massier, Geschichte des Marktes Nandlstadt (hg. vom Markt Nandlstadt), 1981, 208f., 220f.

1315 als Filiale der vom Freisinger Bischof besetzten Pfarrei Hörgertshausen aufgeführt. Das 1524 erstmals genannte Patrozinium Johann Baptist und Johann Evangelist änderte sich wohl erst im 19. Jahrhundert zu St. Michael. Unter den schon 1560 erwähnten drei Altären verzeichnet Schmidt einen Ulrichsaltar. In der heutigen, 1924 unter Beibehaltung des spätromanischen Turms neu erbauten Kirche trägt kein Altar ein Ulrichsbild, doch besitzt die Kirche die Skulptur eines Bischofs mit Stab und Buch (auf dem wohl ehemals ein weiteres Attribut angebracht war) vom Ende des 19. Jahrhunderts, mit der möglicherweise St. Ulrich dargestellt ist.

Unterschwillach St. Stephan (Pfarrei Forstinning, Dekanat Ebersberg)[80]
Der im 11. Jahrhundert belegte Ort ist 1315 mit einer Kirche als Filiale der Pfarrei Forstinning, Dekanat Buch (Wasserburg), verzeichnet. 1524 wird als Patron St. Stephanus angegeben. Auf bestehende Ulrichsverehrung läßt wohl schließen, daß das Visitationsprotokoll von 1560 bei zwei Nennungen als Patrozinium einmal St. Stephan und einmal (fälschlich) St. Ulrich aufführt. Schmidt sah schon die 1735 neugebaute Kirche und erwähnt unter den drei Altären einen zu Ehren Ulrichs, an dessen Fest hier auch Gottesdienst gehalten wurde. Heute finden sich Skulpturen der Heiligen Ulrich und Stephan an einem der um 1680/90 entstandenen Seitenaltäre.

Wall St. Margaretha (Pfarrkirche, Dekanat Miesbach)[81]
Für die Anfang des 16. Jahrhunderts neuerrichtete Kirche in Wall, Filiale der vom Kloster Tegernsee besetzten Pfarrei Westerwarngau, verzeichnet schon das Visitationsprotokoll von 1560 drei Altäre. Schmidt gibt für die heutigen, um 1725 aufgestellten beiden Seitenaltäre Maria und Ulrich als Titelheilige an. Der südliche Seitenaltar zeigt in seiner Mitte eine etwa gleichzeitige Statue St. Ulrichs.

Watzling St. Nikolaus (Kuratiekirche, Dekanat Dorfen)[82]
Nachdem die Konradinische Matrikel beim Dekanat Dorfen nicht für alle Pfarreien die Filialen namentlich aufführt, ist die Watzlinger Kirche erstmals bei Sunderndorfer 1524 in einer Matrikel verzeichnet – als Filiale der vom Freisinger Bischof besetzten Pfarrei Lengdorf mit dem Patrozinium St. Nikolaus. Wie bei Unterschwillach gibt auch hier das Visitationsprotokoll von 1560 bei zwei Nennungen einmal St. Ulrich als Patrozinium an. Wie schon 1560 finden sich auch zu Schmidts Zeit in der bis 1713 neuerbauten Kirche drei Altäre, von denen einer nun ausdrücklich als Ulrichsaltar benannt wird. Zudem findet unter anderem am Ulrichstag hier ein Gottesdienst statt. Im 1766 errichteten Rokokoretabel des nördlichen Seitenaltars zeigt ein gleichzeitiges Gemälde den sitzenden Bischof.

III. Weitere Ulrichspatrozinien

Die hier versammelten 28 weiteren Ulrichskirchen, die in der Schmidtschen Matrikel keine Erwähnung finden, setzen sich aus unterschiedlichen Gruppen zusammen:[83] Möglicherweise aus Versehen fehlt bei Schmidt die Kirche von Mühltal. In fünf Fällen hat sich ein früher bezeugtes Ulrichspatrozinium oder -nebenpatrozinium nicht bis ins 18. Jahrhundert gehalten (Aiglsdorf, Berganger, Mittenkirchen, Notzing, Roggersdorf), bei Blainthal scheint es vorübergehend verdrängt worden zu sein. Sieben Kirchen wurden erst nach 1738 errichtet (Grafing, Heimstetten, München-Laim, Siglfing, Stumpfenbach, Unterschleißheim, Unterstrogn). Die größte Gruppe stellen die 14 erst durch die Neuordnung der bayerischen Bistümer 1817/21 zur Erzdiözese gekommenen Ulrichskirchen auf ehemals Salzburger Bistumsgebiet dar.

Aiglsdorf (Pfarrei Attenkirchen, Dekanat Moosburg)[84]
Im Ort Aiglsdorf, der Ende des 10. Jahrhunderts in den Freisinger Traditionen auftaucht und wo von 1147 bis ins 15. Jahrhundert das Kloster St. Ulrich und Afra begütert war, verzeichnet erstmals die Konradinische Matrikel eine Kirche als Filiale der Pfarrei Attenkirchen im gleichnamigen Dekanat. 1502 wurde die Pfarrei dem Freisinger Stift St. Johann Baptist inkorporiert. Die Sunderndorfer-Matrikel, ebenso das Visitationsprotokoll von 1560, nennt als Kirchenpatron den heiligen Ulrich. Dagegen wird ab der Schmidtschen Matrikel bis zur Gegenwart der Apostel Jakobus als Patron angegeben. Der neugotische Neubau der Jahre 1875–1880, der eine gotische Kirche ersetzte, besitzt kein Ulrichsbild.

Berganger (Kuratiekirche, Dekanat Ebersberg)[85]
Die Kirche von Berganger zählt zu den ältesten im Bistum Freising bekann-

---

[80] Deutinger III, 65, 227, 385. – Mayer/Westermayer III, 105–107. – Stahleder II, 33, 62. – Denkmäler Oberbayern 267. – Landersdorfer 606f. – Dehio Oberbayern 1216. – Steiner/Brenninger (wie Anm. 38) 74f.
[81] Deutinger III, 10f., 216, 392. – Mayer/Westermayer II, 66–68. – Stahleder II, 47. – Kunsttopographie. – Denkmäler Oberbayern 404. – Denkmäler Miesbach 466. – Landersdorfer 533f. – Dehio Oberbayern 1240. – Schematismus 1991, 274.
[82] Deutinger II, 102f., 225, 374. – Mayer/Westermayer I, 208, 210, III, 673. – Kunsttopographie. – Denkmäler Oberbayern 258. – Landersdorfer 657f. – Geschichte des Erzbistums München und Freising III, 444. – Dehio Oberbayern 1254f. – Schematismus 1991, 166. – Steiner/Brenninger (wie Anm. 38) 76.
[83] Die im Patrozinienverzeichnis von 1940 mit dem Zusatz »Translatio« unter die Ulrichskirchen eingereihte Pfarrkirche von Eiselfing, Dekanat Wasserburg, ist hier nicht aufgeführt, da es sich bei dieser Angabe um eine Verwechslung mit dem tatsächlich am Translationstag des heiligen Bischofs Rupert (!) gefeierten Patrozinium handeln dürfte. Vgl. u.a. Pfarrbeschreibung vom 27. Februar 1818, AEM FS 19, S. 527–533.
[84] Deutinger II, 432, III, 222, 269. – Mayer/Westermayer I, 6, III, 670. – Stahleder II, 27. – Kunsttopographie. – Denkmäler Oberbayern 285. – Landersdorfer 739f. – Schematismus 1991, 207. – Hiereth/Massier (wie Anm. 79) 205f., 218f. – Liebhart (wie Anm. 50) 316.

ten Kirchen: 776/778 wurde sie anläßlich ihrer Weihe durch Bischof Arbeo (764–783) an die Freisinger Kirche tradiert. 1315 führt die Konradinische Matrikel Berganger als Filiale der dem Augustinerchorherrnstift Beyharting inkorporierten Pfarrei Schönau im Dekanat Glonn. Das 1524 erstmals, dann auch 1560 genannte Ulrichspatrozinium kann die Kirche ja nicht ursprünglich schon getragen haben. Gottfried Mayr sieht als möglichen Grund für den Patroziniumswechsel den Einfluß der Grafen von Ebersberg. Bei Schmidt hat das Patrozinium erneut gewechselt, nun zu Maria Geburt. Ulrich ist auch kein Nebenaltar geweiht, doch wird unter anderem an seinem Fest hier Gottesdienst gefeiert. 1895 kam der mit der Jahreszahl 1666 bezeichnete Hochaltar aus Berganger in die damals »moderne« Kapelle des Huberbauern im nahen Gailling. Er birgt dort eine Ulrichsstatue aus der ersten Hälfte des 16. Jahrhunderts.

Blainthal (Pfarrei Hofkirchen, Dekanat Dorfen)[86]
Während die Konradinische Matrikel bei der Pfarrei Hofkirchen keine Filialen aufführt, verzeichnet Sunderndorfer 1524 die Ulrichskirche des Weilers Blainthal unter der Ortsbezeichnung Daxmating. Schmidt gibt dagegen St. Martin als Patron an, dem beide (!) Altäre der Kirche errichtet waren. Immerhin findet hier am Ulrichsfest ein Gottesdienst statt. Laut der Pfarrbeschreibung vom 25. November 1817 wurde nun am Ulrichstag das Patrozinium gefeiert, und die Kirche hat »2 Altäre, mit den Bildnissen der Hl. Ulrich und Corbinian auf dem Hochaltar, und dem von U. L. Herrn in der Wies auf dem Seiten-Altare«. Bei Kenntnis dieser Aussagen geben Mayer/Westermayer 1874 wieder Martin als Patron an. Dies findet sich auch heute noch in Publikationen, wogegen alle neueren Patrozinienverzeichnisse einhellig St. Ulrich aufführen.
Die Blainthaler Kirche stellt sich heute als spätgotischer Backsteinbau mit Ausstattung des 18. Jahrhunderts dar. Ein Schlußstein des Chorgewölbes trägt das Brustbild des heiligen Ulrich. Ihm sind auch die Wandfresken von 1732 gewidmet. Im Blatt des 1754 aufgestellten Hochaltars ist er vor dem Hintergrund der Lechfeldschlacht dargestellt. Der »Konkurrent« St. Martin erscheint als Büste im Auszug.

---

[85] Deutinger II, 353, III, 213, 410. – Mayer/Westermayer I, 70f. – Kunstdenkmäler Oberbayern 1338f., 1362. – Stahleder I, 125, 151, 176. – Denkmäler Oberbayern 184. – Landersdorfer 621f. – Dehio Oberbayern 119. – Schematismus 1991, 167. – Mayr (wie Anm. 27 u. 28) 52, 55, 58.
[86] Deutinger II, 105f., III, 225, 377. – Mayer/Westermayer I, 205. – Kunstdenkmäler Oberbayern 1214. – Patrozinienverzeichnis 1940. – Karte 1973. – Kunsttopographie. – Denkmäler Oberbayern 270. – Landersdorfer 663f. – Schreiben Gruber 1990. – Schematismus 1991, 163. – Datei 1991. – Georg Brenninger, Franz Albert Aiglstorffer (um 1675–1741) und Franz Josef Aiglstorffer (1713–1790), in: Fritz Markmiller (Hg.), Barockmaler in Niederbayern. Die Meister der Städte, Märkte und Hofmarken, Regensburg 1982, 104–115, hier 109.
[87] Mayer/Westermayer II, 669, 674. – Uttendorfer 140. – Joseph Lechner, Versuch einer beurkundeten Darstellung des Kirchenwesens in Baiern, Salzburgischen Dioezese-Antheiles,

Blickenberg (Pfarrei und Dekanat Baumburg)[87]

Die ehemals bei einem einzelnen Anwesen in Blickenberg gelegene Kirche wurde wohl im Jahr 1058 zu Ehren der Heiligen Jakobus und Ulrich geweiht. Um 1120 tradierten hier Edelfreie Besitz an das Augustinerchorherrnstift Baumburg. 1710 erwähnt die Beschreibung des Archidiakonats Baumburg im Bereich der Baumburger Georgspfarrei die »capella S. Jacobi in Plikenberg«. Joseph Lechner nennt 1810 St. Ulrich als alleinigen Patron und berichtet: »Das Kirchlein Blickenberg ist zur Demol. bestimmt.« Ausführlicher äußert sich die Beschreibung der Pfarrei Baumburg 1817: »Es befand sich auch im hiesigen Pfarr-Sprengel noch ein kleines auf einem Berg erhabenes Kirchlein zum heil. Jakob, Plickenberg genannt, wohin sowohl die hiesigen als auch benachbarte Pfarrgemeinden vorzüglich in allgemeinen Anliegenheiten häufige Bittgänge anstellten: Dieses Kirchlein wurde nach Auflösung des Stiftes geschlossen, und an den Wirth von Altenmarkt Georg Lapök verkauft, von dessen Nachfolger Michael Widl aber wieder an die Wasserbau-Inspektion käuflich überlassen, von dieser demolirt, und zu Wasserbauten verwendet.«

Grafing (Pfarrei Königsdorf, Dekanat Bad Tölz)[88]

Die Ulrichskapelle in der Einöde Grafing ist in keiner Bistumsbeschreibung erwähnt, doch berichtet eine Inschrift innen über dem Eingang von ihrer Entstehung: »Ao. 1780 / Ist dise Capelen zu Ehren des / Heil-VLERICH durch den Ehrbahren Joseph gerbl bauern zum / gräffinger genant Erbaut worden.« Das Deckenfresko des kleinen Zentralbaus zeigt einerseits St. Ulrich zu Pferd in der Lechfeldschlacht, gegenüber drei Beter – wohl der Stifter, der Grafinger Bauer Joseph Gerbl, mit seinen beiden Frauen.

Hampersberg (Pfarrei Erharting, Dekanat Mühldorf)[89]

In der Beschreibung des Archidiakonats Gars von 1710 ist als Patron für die

---

Salzburg 1810, 307. – Pfarrbeschreibung Baumburg vom 17. November 1817, AEM FS 20, S. 121–129. – »Notae Baumburgenses«, ed. Philippus Jaffé, MGH Scriptores XVII, 437 f. – Richard van Dülmen, Traunstein (Historischer Atlas von Bayern, Teil Altbayern, Heft 26), München 1970, 27 f., 115.

[88] Mayer/Westermayer III, 438. – Kunstdenkmäler Oberbayern 873. – Corpus der barocken Deckenmalerei II, 183 f. – Denkmäler Oberbayern 102. – Mechthild Müller, »In hoc vince« – Schlachtendarstellungen an süddeutschen Kirchendecken im 18. Jahrhundert: Funktion und Geschichtsinterpretation (Europäische Hochschulschriften: Reihe 28, Kunstgeschichte; Band 115), Frankfurt am Main-Bern-New York-Paris 1991, 126.

[89] Mayer/Westermayer II, 99, 101. – Uttendorfer 132. – Kunstdenkmäler Oberbayern 2172. – Denkmäler Oberbayern 413. – Dehio Oberbayern 260. – Braun 358 f. – Pfarrbeschreibung vom 16. November 1817, AEM FS 19, S. 733–740. – Das Mühlrad. Lokalgeschichtliche Gratisbeilage zum Mühldorfer Stadt- und Landboten, Nr. 33 vom 11. August 1911, S. 2. – Helmuth Stahleder/Annelie Eckert-Eichhorn, Mühldorf am Inn. Die Landgerichte Neumarkt, Kraiburg und Mörmoosen und die Stadt Mühldorf (Historischer Atlas von Bayern, Teil Altbayern, Heft 36), München 1976, 310.

Filialkirche der ehemals salzburgischen Pfarrei Erharting St. Kilian angegeben. Dagegen wird für die nahe, 1806 profanierte (Stephans-?)Kirche auf dem Dornberg Ulrich als Patron verzeichnet. Liegt eine Verwechslung vor, oder ist hier ein Patrozinium »gewandert«? 1817 jedenfalls wird in Hampersberg am Ulrichsfest Patrozinium gefeiert, auch wenn der einzige Altar Maria geweiht ist, der auch eine kleine Wallfahrt gilt. War die Kirche nach der Säkularisation »Eigenthum des dortigen Bauers«, so ist dieser einzige Hof inzwischen verschwunden; die Kirche, ein kleiner spätgotischer Bau des 16. Jahrhunderts, liegt einsam auf einer waldigen Anhöhe. Ein Ulrichsbild besitzt sie nicht.

Haunertsholzen (Pfarrei Niedertaufkirchen, Dekanat Mühldorf)[90]
Auch für die Filiale der Pfarrei Niedertaufkirchen ist das Ulrichspatrozinium erst 1817 bezeugt, noch 1710 trug sie – schon 788 als Salzburger Besitz belegt – ein Marienpatrozinium. Die in einem Weiler gelegene Kirche ist ein barock umgestalteter Backsteinbau des 14. Jahrhunderts. Das barocke Hochaltargemälde zeigt einen Bischof, wohl Ulrich.

Heimstetten (Pfarrei Kirchheim bei München, Dekanat München-Trudering)[91]
Die neugotische Ulrichskapelle mit Dachreiter wurde im Jahr 1895 errichtet. Eine gleichzeitige Ulrichsstatuette befindet sich in einer verglasten Nische über dem Portal. Auch das nazarenische Gemälde im linken Seitenteil des Hochaltars zeigt den Kirchenpatron.

Jolling (Pfarrei Bad Endorf, Dekanat Chiemsee)[91a]
Um 1180 wird der sechs Höfe umfassende Weiler Jolling erstmals urkundlich erwähnt als Sitz eines Ministerialen der Grafen von Falkenstein. Aus einem grundherrschaftlichen Maierhof des Mittelalters ging das erhöht gelegene Bauernanwesen »zum Mayer« hervor. So dürfte die um 1415 erstmals genannte Kirche in dessen Hofraum ihren Ursprung in einer Maierhofkapelle des 11./12. Jahrhunderts gehabt haben. Das Jollinger Kirchlein war als einfache Nebenkirche mit geringem Vermögen eine von zehn Filialen der Pfarrei

---

[90] Mayer/Westermayer II, 579, 581. – Uttendorfer 133. – Kunstdenkmäler Oberbayern 2172f. – Patrozinienverzeichnis 1940. – Karte 1973. – Denkmäler Oberbayern 441. – Dehio Oberbayern 408f. – Schreiben Gruber 1990. – Schematismus 1991, 217. – Datei 1991. – Braun 399f. – Pfarrbeschreibung vom 24. November 1817, AEM FS 20, S. 51–58. – Stahleder/Eckert-Eichhorn (wie vorige Anm.) 59, 118, 237.
[91] Patrozinienverzeichnis 1940. – Karte 1973. – Kunsttopographie. – Ramisch/Steiner 230. – Denkmäler Oberbayern 465. – Schreiben Gruber. – Schematismus 1991, 150. – Datei 1991.
[91a] Mayer/Westermayer I, 595–597. – Peter von Bomhard, Die Kunstdenkmäler der Stadt und des Landkreises Rosenheim, III. Teil (Quellen und Darstellungen zur Geschichte der Stadt und des Landkreises Rosenheim 2/3), Rosenheim 1964, 244–247, 356f. – Burkard (wie Anm. 101) 39, 95, 274f.

Eggstätt, für welche das Augustinerchorherrenstift Herrenchiemsee das Besetzungsrecht besaß. Seit dem späten Mittelalter hatte der Kooperator bzw. Kurat von Endorf hier jährlich sechs Gottesdienste zu halten. Der einzige Altar war den beiden Heiligen Ulrich und Vitus geweiht, deren Feste gleichrangig als Patrozinium begangen wurden, doch wurde die Jollinger Kirche allgemein nur »St.-Ulrichs-Gottshaus« genannt. Der spätgotische Hochaltar der im 15. Jahrhundert neuerbauten Kirche besaß Schnitzfiguren der beiden Patrone und Marias. Im späten 17. Jahrhundert wurde er durch einen frühbarocken Säulenaufbau ersetzt. Nachdem um 1730 noch eine Renovierung erfolgt war, untersagte 1776 der kurfürstliche Geistliche Rat die nötige völlige Dacherneuerung, deren Kosten aus dem Kirchenvermögen nicht bestritten werden konnten. Damit war das Schicksal des »entbehrlichen« Nebenkirchleins entschieden. Die vom Geistlichen Rat 1785 angeordnete Demolierung wurde 1788 vollzogen. Von der Einrichtung blieb allein die Ulrichsfigur des frühbarocken Altars erhalten.

Mittenkirchen (Pfarrei Weyarn, Dekanat Miesbach)[92]
Erstmals erwähnt die Sunderndorfer-Matrikel die Ulrichskirche von Mittenkirchen als Filiale der seit 1373 dem Augustinerchorherrnstift Weyarn inkorporierten Pfarrei Neukirchen. Erst 1506 war sie als Hofkapelle des zum Kloster Fürstenfeld gehörigen, 1529 dann aber an das Weyarner Stift vertauschten Oswaldhofes erbaut worden. Das Visitationsprotokoll von 1560 verzeichnet – bei einem Altar – ein Doppelpatrozinium St. Veit und St. Ulrich. Seit der Schmidtschen Matrikel ist stets allein der heilige Vitus als Kirchenpatron genannt, doch ist in der Liste des Münchener Generalvikariats von 1990 wieder das Doppelpatrozinium aufgeführt.
Der spätgotische Tuffsteinbau besitzt einen Barockaltar des 17. Jahrhunderts mit Figuren St. Veits, St. Ulrichs und des Neukirchener Pfarrpatrons Dionysius.

Mühltal (Pfarrei Großdingharting, Dekanat Wolfratshausen)[93]
Ausgrabungen haben ergeben, daß in Mühltal eine der ältesten Kirchen des Bistums Freising stand. Sie war wohl mit einer 762 an das Kloster Schäftlarn geschenkten Eigenkirche identisch. Im Mittelalter erfuhr sie verschiedene Neu- und Umbauten, bis sie Anfang des 17. Jahrhunderts durch den Neubau

---

[92] Deutinger III, 30, 390. – Mayer/Westermayer II, 70, 72. – Denkmäler Oberbayern 406. – Denkmäler Miesbach 502. – Landersdorfer 526f. – Dehio Oberbayern 636. – Schreiben Gruber 1990. – Schematismus 1991, 274. – Datei 1991.
[93] Mayer/Westermayer III, 633, 635. – Kunstdenkmäler Oberbayern 891. – Patrozinienverzeichnis 1940. – Karte 1973. – Stahleder I, 121, 140, II, 58. – Denkmäler Oberbayern 475. – Pfarrbeschreibung Deining vom 18. November 1817, AEM FS 19, S. 327–340. – Hermann Dannheimer, Auf den Spuren der Baiuwaren. Archäologie des frühen Mittelalters in Altbayern, Pfaffenhofen 1987, 144–164.

der heutigen Ulrichskapelle an anderer Stelle am rechten Isarufer ersetzt wurde. Den Hochaltar stiftete dazu Abt Leonhard Klotz von Schäftlarn. In keiner der älteren Matrikeln des Bistums findet die Kirche Erwähnung. Nach der Säkularisation »zum destruiren bestimmt«, entging sie jedoch diesem Schicksal. Für das 19. Jahrhundert bezeugen Mayer/Westermayer einen Bittgang der Pfarrei hierher. Heute finden jährlich zwei Gottesdienste statt, am Patrozinium und eine »Flößer-Messe« im Mai. Die Kapelle befindet sich in Besitz und Obhut eines Energieversorgungsunternehmens, das in Mühltal ein Elektrizitätswerk betreibt. Die Ausstattung, darunter eine Ulrichsstatue, ist ausgelagert.

München-Laim (Pfarrei St. Ulrich, Dekanat München-Laim)[94]
Das Schreiben des Münchener Generalvikariats führt 1990 unter den Ulrichspatrozinien noch die Hauskapelle der Niederlassung von Don-Bosco-Schwestern an, die in der Pfarrei St. Ulrich einen Kindergarten betreiben. Sie wurde kürzlich im Zuge eines Neubaus des Kindergartens abgebrochen. Der Neubau soll wieder eine Kapelle enthalten.

Neukirchen am Teisenberg (Pfarrkirche, Dekanat Teisendorf)[95]
Wie aus seinem Namen zu schließen, besaß der Ort Neukirchen – an der alten Grenze des Erzstifts Salzburg zu Bayern gelegen – vom Anfang seines Bestehens an eine Kirche. Diese ist schon vor 1200 als Filiale der Pfarrei Teisendorf nachweisbar, das Ulrichspatrozinium jedenfalls im 18. Jahrhundert belegt. Ein Vikariat wurde hier 1769, im Jahr 1876 eine Pfarrei errichtet.
Bischof Friedrich III. von Chiemsee weihte 1424 die heute bestehende, später mehrfach veränderte Kirche. Auf dem Hochaltar, einer neueren Zusammenstellung mit Maria im Zentrum, findet sich der heilige Ulrich als Seitenfigur.

Notzing (Pfarrei Aufkirchen, Dekanat Erding)[96]
Der 981/984 belegte Ort, seit dem 11. Jahrhundert Edelsitz, ist zuerst in der Konradinischen Matrikel mit einer Kirche erwähnt, als friedhofslose Filiale der Pfarrei Aufkirchen im Dekanat Erding zugeordnet. Während Sunderndorfer 1524 St. Nikolaus als Patrozinium angibt, erscheint im Visitationsprotokoll von 1560 bei zwei Nennungen einmal der heilige Ulrich als Mitpatron. Alle folgenden Beschreibungen bieten dagegen allein St. Nikolaus.
Doch dauerte die Verehrung St. Ulrichs hier an, denn Schmidt verzeichnet

---

[94] Schreiben Gruber1990. – Schematismus 1991, 122, 833.
[95] Mayer/Westermayer III, 351–353. – Kunstdenkmäler Oberbayern 2776f. – Patrozinienverzeichnis 1940. – Karte 1973. – Denkmäler Oberbayern 152. – Schreiben Gruber 1990. – Schematismus 1991, 287. – Datei 1991. – Braun 5. – Helga Reindel-Schedl, Laufen an der Salzach. Die altsalzburgischen Pfleggerichte Laufen, Staufeneck, Teisendorf, Tittmoning und Waging (Historischer Atlas von Bayern, Teil Altbayern, Heft 55), München 1989, 110f., 567, 793.

1738 einen Gottesdienst am Ulrichstag. In der spätgotischen Kirche, die einen älteren Turm einbezieht, steht ein Hochaltar der Zeit um 1670, der die Schnitzfiguren seines spätgotischen Vorgängers übernommen hat – die drei Bischöfe Nikolaus, Wolfgang und Ulrich. 1734 schließlich stellte der Erdinger Maler Johann Michael Rieder im Deckengemälde des Chors neben Nikolaus, Wolfgang und Korbinian auch wieder den heiligen Ulrich dar.

Odelsham (Pfarrei Babensham, Dekanat Wasserburg)[97]
Das Salzburger Visitationsprotokoll von 1558 nennt unter den Filialen der Pfarrei Babensham auch die – damals baufällige – Ulrichskirche in Odelsham. Gleiches geschieht bei der Visitation des Archidiakonats Baumburg im Jahr 1706.
Die Kirche, ein spätgotischer Bau, wurde im 18. Jahrhundert neu ausgestattet. Der Hochaltar trägt als Seitenfigur eine barocke Ulrichsstatue.

Roggersdorf (Pfarrei Holzkirchen, Landkreis Miesbach)[98]
Möglicherweise gehörte die Kirche des Weilers Roggersdorf zu den im Jahr 804 zwischen dem Kloster Tegernsee und dem Freisinger Bischof umstrittenen »ecclesiae baptismales«. Sicher ist sie 1315 als Filiale samt Friedhof der Pfarrei Osterwarngau, Dekanat Hartpenning, bezeugt. Gleich die erste Nennung bei Sunderndorfer gibt als Patrone die Heiligen Ulrich und Margaretha an. Dagegen ist 1560 zweimal allein von Ulrich die Rede. Bei Schmidt und allen folgenden Beschreibungen ist nur von St. Margaretha die Rede. Nur das Patrozinienverzeichnis von 1940 führt Roggersdorf unter den Ulrich geweihten Kirchen auf.
Roggersdorf zählt zu den ältesten bestehenden Kirchenbauten der Gegend. Im Kern spätromanisch (um 1200), wurde das Gotteshaus Anfang des 18. Jahrhunderts barockisiert. Eine nazarenische Statue rechts am Chorbogen zeigt den segnenden Ulrich.

Schnabling (Pfarrei Engelsberg, Dekanat Baumburg)[99]
Der bis in unser Jahrhundert »Schnablern« genannte Ort war wohl Sitz eines

---

[96] Deutinger I, 536f., III, 227, 256. – Mayer/Westermayer I, 355, 357–359. – Stahleder II, 38. – Kunsttopographie. – Denkmäler Oberbayern 267. – Landersdorfer 695f. – Dehio Oberbayern 889. – Schematismus 1991, 174.
[97] Mayer/Westermayer I, 83. – Uttendorfer 141. – Kunstdenkmäler Oberbayern 2020. – Patrozinienverzeichnis 1940. – Karte 1973. – Denkmäler Oberbayern 528. – Dehio Oberbayern 931. – Schreiben Gruber 1990. – Schematismus 1991, 299. – Datei 1991. – Braun 306. – Lechner (wie Anm. 87) 328.
[98] Deutinger III, 36, 216, 391. – Mayer/Westermayer III, 311, 314. – Patrozinienverzeichnis 1940. – Stahleder II, 47. – Kunsttopographie. – Denkmäler Oberbayern 380. – Denkmäler Miesbach 186. – Landersdorfer 529f. – Dehio Oberbayern 1025. – Schematismus 1991, 270. – Weber (wie Anm. 31) 110f.
[99] Mayer/Westermayer II, 677, 679. – Uttendorfer 140. – Patrozinienverzeichnis 1940. – Karte

in der zweiten Hälfte des 12. Jahrhunderts auftretenden »Udalricus Snabel«. Möglicherweise war er es auch, der hier eine Eigenkirche errichtete. Mit dem Ulrichspatrozinium ist die Kirche im Visitationsprotokoll von 1558 unter den Filialen der vom Salzburger Erzbischof verliehenen Pfarrei Engelsberg verzeichnet, desgleichen 1706 bei der Visitation des Archidiakonats Baumburg.

Das auf einer Anhöhe gelegene Gotteshaus, eine spätgotische Saalkirche mit Veränderungen des 17. und 18. Jahrhunderts, besitzt als Rest des barocken Hochaltars eine Schnitzfigur des Kirchenpatrons. An den Langhauswänden zeigen zwölf Holztafelgemälde vom Ende des 17. Jahrhunderts Szenen aus der Ulrichslegende: »Wie S. Ulrich noch in seiner zarten Jugent in S. Gallen Closter bevolchen wardt.« – »Anno 923 wirdt S. Ulrich seines Alters 33 Jar Bischoff zu Augspurg.« – »Die Handt Gottes erscheint ob S. Ulrich und consecriert mit Ihm.« – »Wie S. Ulrich wunderbahrlich gen Leibsig komen das MCXXXIX Jahr.« – »Ein Vatter unser ist werdt eines gülden Ring der umb die ganze Welt und in himel gieng.« – »Wie S. Ulrichs Leichnamb in S. Afra Kirchen von den H. Wolfgang begraben wordten.« – »Von den großen Einfahl der Hungarn und wie dieselbe vor Augspurg erlegt worden.« – Wie ein Podte aus Bayern ein Stückh Fleisch in Fisch verwandelt worden.« – »Von einen Ritter der enthäupt gewesen und durch Ulrich vorbitt wider lebendig worden.« – »S. Affra erscheint dem H. Ulrich und Offenbahrt ihn Wunderliche Ding.« – »Von Straff der Kirchenräuber einer so die handt zerissen und von Roß todt geschlagen.« – »S. Ulrich versöhnet den Kayser Otto mit seinen Sohn herzogen Ruedolphen.« Aus dem 19. Jahrhundert zeugen einige Votivtafeln von Wallfahrten zu St. Ulrich und Maria.

Siglfing (Pfarrei und Dekanat Erding)[100]
Die kleine Dorfkapelle in Siglfing wurde, wie eine Inschrifttafel am Giebel angibt, im Jahr 1900 von der Ortsgemeinde Siglfing erbaut. Der neuromanische Altar zeigt im Zentrum Maria, als Seitenfiguren die heiligen Antonius und Ulrich. Genutzt wird die Kapelle heute zum Rosenkranzgebet.

1973. – Denkmäler Oberbayern 37. – Dehio Oberbayern 1081. – Schreiben Gruber 1990. – Schematismus 1991, 246. – Datei 1991. – Braun 300. – Lechner (wie Anm. 87) 304. – Karl Kosel, Die nachmittelalterlichen Darstellungen der Ungarnschlacht bis zum Ende der Türkenkriege, in: JVABG 7 (1973), 312–338, hier 333f. – Herrn Fritz Demmel danke ich herzlich für Material zur Schnablinger Kirche, das er ausführlicher in seiner Ortsgeschichte von Garching an der Alz bringen wird. – Siehe den Beitrag von Mechthild Müller. In diesem Band.

[100] Denkmäler Oberbayern 261. – Schreiben Gruber 1990. – Datei 1991. – Wolfgang Schierl, Die Kapellen des Landkreises Erding (Erdinger Land, Heft 12), 1991, 79f.

[101] Mayer/Westermayer II, 698, 702. – Uttendorfer 141. – Kunstdenkmäler Oberbayern 2060. – Patrozinienverzeichnis 1940. – Karte 1973. – Denkmäler Oberbayern 528. – Dehio Oberbayern 1120. – Schreiben Gruber 1990. – Schematismus 1991, 301. – Datei 1991. – Braun 281. – Lechner (wie Anm. 87) 326. – Tertulina Burkard, Landgerichte Wasserburg und Kling (Historischer Atlas von Bayern, Teil Altbayern, Heft 15), München 1965, 43, 251f. – Weber (wie Anm. 31) 100.

Stadlern (Pfarrei St. Leonhard am Buchat, Dekanat Wasserburg)[101]
Das Ulrichspatrozinium für die Schnaitseer Filiale Stadlern ist den Salzburger Visitationsprotokollen von 1558 und 1706 entnehmbar. Weiter zurück reicht ein bildliches Zeugnis: Die um die Mitte des 15. Jahrhunderts unter Beibehaltung des romanischen Turms (um 1200) erbaute Kirche besitzt im südlichen Fenster des Chors ein Glasgemälde der Zeit um 1450, das St. Ulrich in grünem Ornat mit Bischofsstab und Fisch zeigt. Der Hochaltar (um 1660) birgt Figuren der thronenden Muttergottes und der Heiligen Ulrich, Rupert und Barbara.

Steinkirchen (Pfarrei Obertaufkirchen, Dekanat Mühldorf)[102]
Das – schon dem Ortsnamen nach zu schließen – recht alte Steinkirchen ist 1288 erstmals sicher belegt. Im Visitationsprotokoll von 1558 fehlt unter den Obertaufkirchener Filialen bei Steinkirchen das Patrozinium. Die Beschreibung des Archidiakonates Gars gibt 1710 St. Ulrich an.
Die bestehende Kirche wurde 1672 errichtet, zu Anfang unseres Jahrhunderts vergrößert und neu ausgestattet. Daher rührt das Deckengemälde, das Ulrich zu Pferd vor dem Hintergrund der Lechfeldschlacht zeigt; ebenso das Bild des barocken Hochaltars, auf dem Ulrich kniend dem thronenden Christus den Ort Steinkirchen empfiehlt.

Stumpfenbach (Pfarrei Altomünster, Dekanat Indersdorf)[103]
Die Dorfkapelle von Stumpfenbach wurde 1887 zu Ehren der Heiligen Ulrich und Leonhard errichtet. Der neugotische Schnitzaltar besitzt Figuren der beiden Patrone. Auch heute findet am Ulrichsfest hier ein Gottesdienst statt. Von zwei neuen Glocken wurde eine St. Ulrich geweiht.

Ulrichshögl (Pfarrei Ainring, Dekanat Teisendorf)[104]
Ist eine Erbauung der Kirche im 11. Jahrhundert nicht sicher nachweisbar, so hat St. Ulrich doch sicher schon früh der Anhöhe mit dem Sitz hochstiftischer Lehensinhaber den Namen gegeben. Obwohl Ainring Pfarrsitz war,

---

[102] Mayer/Westermayer II, 154. – Uttendorfer 134. – Kunstdenkmäler Oberbayern 2287. – Patrozinienverzeichnis 1940. – Karte 1973. – Kunsttopographie. – Denkmäler Oberbayern 445. – Dehio Oberbayern 1136. – Schreiben Gruber 1990. – Schematismus 1991, 218. – Datei 1991. – Braun 356. – Stahleder/Eckert-Eichhorn (wie Anm. 89) 134.
[103] Denkmäler Oberbayern 167. – Schreiben Gruber 1990. – Wilhelm Liebhart/Birgitta Schwarzbach, Altomünster – eine Chronik in Bildern, Altomünster 1989, 185.
[104] Mayer/Westermayer III, 341 f. – Kunstdenkmäler Oberbayern 2836. – Patrozinienverzeichnis 1940. – Karte 1973. – Denkmäler Oberbayern 118. – Dehio Oberbayern 1199 f. – Schreiben Gruber 1990. – Schematismus 1991, 285. – Datei 1991. – Braun 5. – Münchener Katholische Kirchenzeitung 26. Juni 1955 (wie Anm. 1). – Reindel-Schedl (wie Anm. 95) 566, 791. – Georg Hunklinger, Die Kirchen der Pfarrei Ainring im Rupertiwinkel, Ainring 1984, 7–10, 12–14. – Weber (wie Anm. 31) 47.

diente mindestens vom 16. Jahrhundert an bis 1957 die Kirche von Ulrichshögl als Pfarrkirche.
Wohl auf romanischer Grundlage wurde die heutige Kirche um 1460/70 errichtet. Von der gotischen Ausstattung hat sich am Chorbogen links die Schnitzfigur des Kirchenpatrons erhalten. Im Hochaltar von 1712 zeigt das Altarblatt St. Ulrich in bischöflichem Ornat. Ebenso ist er auf dem Hochaltarantependium dargestellt. Votivkerzen zeugen von Wallfahrten nach Ulrichshögl. Als Patron der Pfarrkirche ist Ulrich auch in der spätgotischen Chorausmalung der Filialkirche Perach vertreten.

Umrathshausen (Pfarrei Frasdorf, Dekanat Chiemsee)[104a]
In einer Schenkung an das Hochstift Salzburg im Jahr 958 ist Umrathshausen erstmals belegt. Mitte des 12. und Anfang des 13. Jahrhunderts Sitz Salzburger Ministerialen, kam das Dorf bald darauf unter Hohenaschauer Gerichtsbarkeit. Die ebenfalls alte, wohl aus einer grundherrschaftlichen Eigenkirche erwachsene Umrathshausener Kirche wird 1365 erstmals erwähnt. Zunächst Filiale der 1202 an das Augustinerchorherrenstift Herrenchiemsee geschenkten Pfarrei Prien, gehörte sie ab 1680 zur Expositur Frasdorf der neuerrichteten Pfarrei Niederaschau. Seit 1806 ist sie Filiale der Pfarrei Frasdorf. Das ursprüngliche Ulrichspatrozinium wurde seit Anfang des 16. Jahrhunderts durch das Patrozinium Heilig Blut verdrängt, da seit dem späten 15. Jahrhundert in Umrathshausen eine Wallfahrt zu einer Heilig-Blut-Reliquie bestand. Doch wurde das Ulrichsfest weiterhin als Patrozinium begangen.
Im spätgotischen Schnitzaltar der im späteren 15. Jahrhundert neuerbauten Kirche flankierten Statuen der Heiligen Ulrich und Simon eine Figur des Schmerzensmannes. Auch der 1699 im Zuge einer Barockisierung aufgestellte neue Hochaltar besaß einen heiligen Ulrich als Seitenfigur, geschnitzt vom Reichenhaller Bildhauer Johann Schwaiger. Sie wurde auch in den Neurenaissance-Hochaltar von 1872/73 übernommen. Die mittelalterliche Ulrichsstatue ist ebenfalls noch erhalten.

Unterschleißheim (Pfarrkirche, Dekanat München-Feldmoching)[105]
Für die im 20. Jahrhundert stark anwachsende Bevölkerung von Unterschleißheim reichte die oben beschriebene alte Ulrichskirche, Filiale von Garching, bald nicht mehr aus. Der zunächst errichteten Kuratie Unterschleißheim diente ab 1973 eine hölzerne Behelfskirche »Im Klosterfeld« als

---

[104a] Mayer/Westermayer III, 196–203. – Kunstdenkmäler Oberbayern 1678f. – Dehio Oberbayern 1200. – Peter von Bomhard, Die Kunstdenkmäler der Stadt und des Landkreises Rosenheim, II. Teil (Quellen und Darstellungen zur Geschichte der Stadt und des Landkreises Rosenheim 2/2), Rosenheim 1957, 269–280, 485f. – Schematismus 1991, 258.
[105] Schreiben Gruber 1990. – Schematismus 1991, 107f. – Datei 1991. – 1200 Jahre Unterschleißheim (wie Anm. 59) 93–96. – Münchener Katholische Kirchenzeitung, Jahrgang 79 (1986), Nr. 30 vom 27. Juli 1986, S. 11.

Gottesdienstraum. Die Erhebung zur Pfarrei erfolgte am 13. Juli 1986 gleichzeitig mit der Konsekration des Neubaus von Kirche und Sozialzentrum St. Ulrich durch Erzbischof Kardinal Friedrich Wetter. Im Altar der Kirche wurden unter anderem Ulrichsreliquien eingeschlossen, im Innenhof des Baukomplexes zeigt eine moderne Bronzeplastik (von Josef Hamberger) den Heiligen zu Pferd mit dem Kreuz in der Hand.

Unterstrogn (Pfarrei Bockhorn, Dekanat Erding)[106]
Von einer bereits 815 und 822 in den Freisinger Traditionen erwähnten »ecclesia« bzw. »basilica« zu »Stroga« findet sich schon in den ältesten Freisinger Matrikeln keine Spur mehr. Erst 1781 wurde vom Maierbauern kurz vor der Brücke über die Strogen am Weg eine Kapelle errichtet, die – wohl nach einem Umbau – am 12. Juli 1868 benediziert wurde. 1977 ruinös, erfuhr sie bis 1980 eine umfassende Renovierung. Das Altärchen zeigt heute eine Altöttinger Madonna. Eine frühere Ulrichsstatue ist nicht mehr vorhanden.

Urtl (Pfarrei Gars, Dekanat Waldkraiburg)[107]
Eine Ulrichskirche als Filiale der Pfarrei Gars nennt das Visitationsprotokoll von 1558, ebenso 1710 die Beschreibung des Archidiakonats Gars: »S. Udalrici Ep. Conf. in der Urtl«. Wie aus einer Note der Regierung von Oberbayern vom 29. April 1903 hervorgeht, wurde »in jüngster Zeit« das »beim Volke in großen Ehren« stehende barocke Ulrichskirchlein, das »zur Pestzeit« auch zum Gottesdienst genutzt worden sein soll, »wegen Baufälligkeit abgebrochen und aus freiwilligen Spenden neu erbaut und eingerichtet«. Das Kirchlein entstand am Weg von Gars nach Ramsau und Haag auf dem Grund des Bauern Johann Oswald, der es der Pfarrkirchenstiftung schenkte.

Vogging (Pfarrei Ampfing, Dekanat Mühldorf)[108]
Neben einem alleinstehenden großen Vierseithof – im Besitz des Dominikanerinnenklosters Altenhohenau – wurde 1607 auf einer kleinen Erhebung eine Ulrichskirche erbaut, die 1710 als Filiale der Pfarrei Lohkirchen aufgeführt ist. Die Kirche besitzt einen Altar der Zeit um 1740 mit einer Schnitzfigur des Patrons. Vogging war Ziel von Wallfahrern. Im 19. Jahrhundert wurde hier Gottesdienst gefeiert am Ulrichstag, am Patrozinium (am Sonntag nach Ulrich) und am zweiten Tag der Bittwoche.

---

[106] Mayer/Westermayer I, 364. – Stahleder II, 40, 59. – Denkmäler Oberbayern 254. – Schierl (wie Anm. 100) 32f.
[107] Uttendorfer 131. – Patrozinienverzeichnis 1940. – Karte 1973. – Denkmäler Oberbayern 417. – Schreiben Gruber 1990. – Datei 1991. – Braun 313. – AEM Pfarrakten Gars 63 (Den freundlichen Hinweis auf dieses Material gab Dr. Sigmund Benker.).
[108] Mayer/Westermayer II, 568, 573. – Uttendorfer 133. – Denkmäler Oberbayern 410. – Dehio Oberbayern 1229. – Schematismus 1991, 213. – Pfarrbeschreibung Lohkirchen vom 20. November 1817, AEM FS 20, S. 29–37. – Stahleder/Eckert-Eichhorn (wie Anm. 89) 252.

Unterhalb der Kirche befindet sich ein Ulrichsbrunnen – wohl heute der einzige in der Diözese – in einer achteckigen Kapelle, die ihre jetzige Gestalt im 19. und 20. Jahrhundert erhalten hat.

Wurmsham (Pfarrei Seifriedswörth, Dekanat Geisenhausen)[109]
In Wurmsham, als Ort im 12. Jahrhundert belegt, verzeichnet 1558 das Visitationsprotokoll eine Ulrichskirche als Filiale der Pfarrei Oberbergkirchen. Die Beschreibung des Archidiakonats Baumburg gibt 1710 das Doppelpatrozinium »S. Ruperti et Udalrici« an. Mayer/Westermayer und viele weitere Quellen nennen St. Nikolaus als Patron, dagegen alle neueren Patrozinienzusammenstellungen den heiligen Ulrich.
Der spätgotische Kirchenbau besitzt eine neugotische Ausstattung. Der Hochaltar von 1869 birgt jedoch drei große Schnitzfiguren vom Ende des 15. Jahrhunderts; in der Mitte Maria, ihr zur Seite St. Nikolaus und eine Bischofsgestalt, die gewöhnlich als Benno bezeichnet wird, bei der es sich aber doch wohl um einen heiligen Ulrich handeln dürfte.

IV. Eine Bruderschaft

Für den Bereich der heutigen Erzdiözese München und Freising ist nur eine einzige Ulrichsbruderschaft bekannt – und dies an keinem der Orte, für die Ulrichskirchen oder -altäre nachgewiesen werden konnten.
In der Marienkirche von Elsenbach[110] – Gründungsort des 1171 nach St. Veit bei Neumarkt verlegten Benediktinerklosters, danach Filiale von St. Veit – bestand seit 1465 eine Bruderschaft Unserer Lieben Frau und aller Seelen. Ihr Hauptfest feierte sie, so 1817 die Pfarrbeschreibung, am Ulrichstag. Für das 19. Jahrhundert heißt es bei Mayer/Westermayer, sie werde »jetzt auch St. Ulrichs-Bruderschaft genannt«. Einzig sichtbares Zeugnis der Ulrichsverehrung in Elsenbach ist eine gotische Standfigur des Heiligen aus der Zeit um 1470, heute links am Chorbogen des spätgotischen Kirchenbaus.

---

[109] Mayer/Westermayer II, 584, 586. – Uttendorfer 134. – Kunstdenkmäler Niederbayern IV, 307–312. – Patrozinienverzeichnis 1940. – Karte 1973. – Kunsttopographie. – Denkmäler Niederbayern 216. – Dehio Niederbayern 788. – Schreiben Gruber 1990. – Schematismus 1991, 197. – Datei 1991. – Braun 333.
[110] Mayer/Westermayer II, 599f., 605. – Kunsttopographie. – Denkmäler Oberbayern 438. – Dehio Oberbayern 245f. – Schematismus 1991, 216. – Braun 364f. – Pfarrbeschreibung St. Veit vom 17. November 1817, AEM FS 20, S. 103–114. – Martin Lechner, Neumarkt St. Veit, München-Zürich 1973, 20–24. – Josef Krettner/Thomas Finkenstaedt, Erster Katalog von Bruderschaften in Bayern, München-Würzburg 1980, 172.
[111] Vgl. Anm. 27 u. 28.

V. Zusammenfassung

Wenn versucht werden soll, aus den dargebotenen Angaben zu 61 Ulrichskirchen und 17 Altären zusammenfassend Ergebnisse abzuleiten, dann ist stets der schon eingangs gemachte Vorbehalt zu beachten: Bei den meisten Kirchen ist das Patrozinium erst mehrere Jahrhunderte nach ihrer Entstehung erstmals überliefert – in der Regel in der Sunderndorfer-Matrikel von 1524. Man kann nicht ausschließen, daß bis dahin ein Ulrichspatrozinium bereits wieder verschwunden ist oder aber St. Ulrich an die Stelle oder an die Seite eines älteren Kirchenpatrons trat, wie dies ja auch in späterer Zeit beobachtet werden konnte.

Nicht ursprünglich sein kann das Ulrichspatrozinium für die bereits im 8. und 9. Jahrhundert existierenden Kirchen von Berganger, Haunertsholzen und Mühltal. Eine nicht geringe Zahl von Ulrichskirchen reicht ihrem baulichen Bestand nach in das 11. bis 13. Jahrhundert zurück, wenn sich ihre erste Erwähnung auch erst in der Konradinischen Matrikel von 1315 findet. Diese Matrikel ist für nicht weniger als 20 der 33 später bei Schmidt verzeichneten Ulrichskirchen im alten Bistum Freising das älteste schriftliche Zeugnis.

Nicht wenige gerade der frühen Ulrichskirchen dürften, besonders wenn sie bei Einzelanwesen oder in Weilern liegen, durch den Grundherrn gestiftet worden sein. Gottfried Mayr hat auf diese Weise Entstehung und Patroziniumswahl für eine ganze Gruppe von Ulrichskirchen im Herrschaftsbereich der St. Ulrich besonders verbundenen Grafen von Ebersberg zu erklären versucht.[111] Am klarsten liegt der Grund für ein Ulrichspatrozinium natürlich dort, wo – wie in Oberumbach und Aiglsdorf – das Kloster St. Ulrich und Afra Herrschaftsträger war. Zumindest wahrscheinlich ist Augsburger Einfluß bei Vilslern und am Westrand des Freisinger Bistums. Überhaupt haben ja die Benediktinerklöster Ulrich als einen ihrer Ordensheiligen betrachtet und seine Verehrung gefördert. So finden sich Ulrichskirchen und -altäre im Einflußbereich der Klöster Attel, Ebersberg, Rott, Tegernsee[112] und Weihen-

---

[112] Das hier beispielhaft herausgegriffene Kloster Tegernsee – in dessen Einflußbereich die Ulrichskirchen von Thann (Pfarrei Großhartpenning) und Roggersdorf sowie die Altäre von Schaftlach und Wall lagen – hatte schon um die Jahrtausendwende enge Beziehungen zum Bistum Augsburg: Der in Augsburg ausgebildete Gozbert brachte als Abt (982–1001) in Tegernsee die Gorzer Reform zur Blüte und sandte von hier Mönche (darunter Froumund) zu einer versuchten Wiederbelebung des Klosters Feuchtwangen. Möglicherweise kamen unter Bischof Bruno (1006–1029) auch die ersten Benediktinermönche für St. Ulrich und Afra aus Tegernsee. Abt Ellinger (1017–26 und 1031–41) erwarb für Tegernsee aus anderen Klöstern u.a. eine Reliquie »de stola sancti Uodalrici«. Aus dem Anfang des 11. Jahrhunderts besaß die Klosterbibliothek eine heute als maßgebend angesehene Handschrift von Gerhards Vita S. Uodalrici und in einem Kalendareintrag zu Ulrichs Todestag eines der frühesten Zeugnisse für seine Verehrung außerhalb des Bistums Augsburg. Im 15. Jahrhundert gab es im Zuge der Melker Klosterreform erneut verstärkte Kontakte zum Kloster St. Ulrich und Afra, mit dem Tegernsee 1448 eine (am 11. Juli 1476 erneuerte) Gebetsverbrüderung schloß. Der Andreasaltar in der 1471–78 neugebauten und -ausgestatteten Tegernseer Klosterkirche

stephan. Auch an Orten mit Freisinger Besitz und Rechten sind sie nicht selten.

Um Patron vieler Pfarrkirchen zu werden, dazu kam St. Ulrich im Bistum Freising wohl »zu spät«. Von den Pfarrkirchen der mittelalterlichen Bistumsorganisation haben nur Rottenbuch und Vilslern ihn zum Titelheiligen; auf früher salzburgischem Gebiet kann man allein Ulrichshögl hinzufügen. Dagegen sind Ulrich eine große Zahl kleiner bis kleinster Gotteshäuser geweiht, die sich nicht auf bestimmte Teile des Bistums beschränken, sondern fast »flächendeckend« verteilt sind, weniger dicht nur im Süden und Südosten. Hier kann nur in wenigen Fällen die Patroziniumswahl mit einiger Sicherheit aus den obengenannten Einflußlinien begründet werden. Die Verehrung St. Ulrichs war dafür zu verbreitet. So entstanden neue Ulrichskirchen bis in unser Jahrhundert herein.

Bischof Ulrich galt unter anderem als Flurpatron und Helfer in Wassernöten. Deshalb wurden ihm Feldkapellen und Kirchen an Wasserläufen (z.B. Mühltal und Unterstrogn) geweiht. In Vogging besitzt auch die Erzdiözese München und Freising einen »Ulrichsbrunnen«; zugleich war die Vogginger Kirche Ziel von Wallfahrern. Bittgänge und Prozessionen aus den Nachbarortschaften führten zu zahlreichen Ulrichskirchen. Ausgesprochene Wallfahrtsorte waren Mühldorf und Thann (Pfarrei Zolling).

Diese Art der Ulrichsverehrung ist heute an den meisten Orten erloschen, zumeist im Verlauf des 19. Jahrhunderts. Zwar war auch früher in einigen Kirchen das Ulrichspatrozinium zeitweise oder endgültig durch ein anderes verdrängt worden, doch hatte allein die Säkularisation von 1803 die Zerstörung von sieben »unnötigen« Ulrichskirchen zur Folge (Grub, Irschenhau-

---

barg u. a. eine Ulrichsreliquie, ebenso der 1472 geweihte Altar zu Ehren aller heiligen Bekenner. Bei einer Heiltumsweisung 1635 wurden zwei Reliquien von »Levitenrock« bzw. »Dalmatik« des heiligen Ulrich gezeigt. Schließlich wird unter den Titelheiligen eines im Jahr 1706 Bekennern und Jungfrauen geweihten Altars der barockisierten Klosterkirche St. Ulrich mit genannt. Dieser Altar ist nicht erhalten; die Tegernseer Kirche besitzt heute kein Ulrichsbild.

Volkert Nr. 183, 191f., 194, 196, 198, 202, 204, 225. – Rummel 154. – »Notae Tegernseenses«, in: MGH Scriptores XV/2, 1066–1068. – »Annotatio consecrationis ecclesiae Tegernseensis et altarium, in quorum honore sanctorum consecrata et reliquiae ibidem reconditae sunt«, in: Bernhard Pez, Thesaurus anecdotorum novissimus, III/3, Augsburg 1721, 573–590, hier 579, 585. – »Praeambulum reliquiarum monasterii S. Quirini regis et martyris Tegernseensis MDCXXXV«, Handschrift in Tegernseer Privatbesitz. – P. Roman Krinner, Florilegium sacrum, Handschrift von 1736 (Bayerische Staatsbibliothek clm 27148), 151. – Virgil Redlich, Tegernsee und die deutsche Geistesgeschichte im 15. Jahrhundert (Schriftenreihe zur bayerischen Landesgeschichte 9), München 1931 (Nachdruck Aalen 1974), 58, 162–167. – Die Feuchtwanger Briefe des Mönches Froumund aus dem 10. Jahrhundert (Feuchtwanger Heimatgeschichte 1), Feuchtwangen 1988. – Vita sancti Udalrici, Ausstellungskatalog, Augsburg 1993, 12, 20–22, 24, 45.

[113] Das bislang kaum ausführlicher behandelte Thema der Kirchenabbrüche als Folge der Säkularisation hat jüngst Georg Brenninger (wie Anm. 41) am Beispiel des Amperlandes untersucht und ist dabei auf eine erschreckend große Zahl von Zerstörungen gestoßen.

sen, Kleinnöbach, Oberbach, Rottenbuch, Sonnenhausen, Blickenberg).[113] Nur in Grub und Oberbach wurde später ein Ersatzbau errichtet.
Nicht wenige Pfarrgemeinden jedoch begehen heute noch oder auch wieder das Fest des Patrons ihrer Pfarr- oder Filialkirche auf besondere Weise – mit Bittgängen, Feldgottesdiensten und Pfarrfesten. Nicht zuletzt ist St. Ulrich in zahlreichen Bildwerken ganz unterschiedlichen künstlerischen Ranges vom 15. bis zum 20. Jahrhundert im Erzbistum München und Freising »gegenwärtig«.

Quellen und Literatur

Franz Joseph Anton Schmidt, Matricula seu Plena Descriptio Dioecesis Frisingensis, 6 Bände, 1738–1740, AEM FS 7–12 (alt: B 636–641).
Pfarrbeschreibungen der Jahre 1817 und 1818, AEM FS 16–21 (alt: B 657–662).
Martin von Deutinger (Hg.), Die älteren Matrikeln des Bisthums Freysing I–III, München 1849–1850.
Anton Mayer/Georg Westermayer, Statistische Beschreibung des Erzbisthums München-Freising I–III, München 1874, Regensburg 1880, 1884.
Emil Uttendorfer, Die Archidiakone und Archipresbyter im Bistum Freising und die Salzburgischen Archidiakonate Baumburg, Chiemsee und Gars, Mainz 1890.
Bayerisches Landesamt für Denkmalpflege (Hg.), Die Kunstdenkmäler von Bayern; I. Regierungsbezirk Oberbayern, München 1895–1905; IV. Regierungsbezirk Niederbayern, München 1912–1936; Reprint München-Wien 1982.
Patrozinien in der Erzdiözese München-Freising, Stand vom Jahre 1940 (maschinenschriftlich), AEM.
»L.H.«, Sankt Ulrich in unserer Erzdiözese, in: Münchener Katholische Kirchenzeitung, Jahrgang 48 (1955), Nr. 26 vom 26. Juni 1955, S. 418.
Sankt Ulrich als Kirchenpatron in Süddeutschland und den angrenzenden Ländern, Kartenbeilage zu JVABG 7 (1973).
Die Verehrung des heiligen Ulrich (maschinenschriftlich, 27 Seiten), in: St. Ulrich 973–1973 (Materialmappe zum Ulrichsjubiläum 1973).
Helmuth Stahleder, Bischöfliche und adelige Eigenkirchen des Bistums Freising im frühen Mittelalter und die Kirchenorganisation im Jahre 1315; I.Teil: Bischöfliche und adelige Eigenkirchen bis zum Tod des Bischofs Atto im Jahr 811, in: Oberbayerisches Archiv 104 (1979), 117–188; II. Teil: Die Kirchenorganisation nach der Konradinischen Matrikel von 1315, in: Oberbayerisches Archiv 105 (1980), 7–69.
Hermann Bauer/Bernhard Rupprecht (Hg.), Corpus der barocken Deckenmalerei in Deutschland, Band II: München 1981, Band III/1: München 1987.
Seelsorgereferat des Erzbischöflichen Ordinariats München (Hg.), Karte »Erzdiözese München und Freising«, Stand 1981.
Kunsttopographie des Erzbistums München und Freising, 1982ff., AEM.
Hans Ramisch/Peter B. Steiner (Hg.), Katholische Kirchen in München (Stadt München, Seelsorgsregion München, Stadt Freising), München 1984.
Wilhelm Volkert, Die Regesten der Bischöfe und des Domkapitels von Augsburg, Augsburg 1985.
Bayerisches Landesamt für Denkmalpflege (Hg.), Denkmäler in Bayern; Band 1.1 (Landeshauptstadt München), München ²1985; Band 1.2 (Oberbayern), München 1986; Band 2 (Niederbayern), München 1986; Band I.15 (Landkreis Miesbach), München-Zürich ²1987.
Anton Landersdorfer, Das Bistum Freising in der bayerischen Visitation des Jahres 1560 (Münchener theologische Studien, I. Historische Abteilung, 26. Band), St. Ottilien 1986.

Geschichte des Erzbistums München und Freising; I: Josef Maß, Das Bistum Freising im Mittelalter, München 1986; II: Georg Schwaiger (Hg.), Das Bistum Freising in der Neuzeit, München 1989; III: Georg Schwaiger (Hg.), Das Erzbistum München und Freising im 19. und 20. Jahrhundert, München 1989.

Georg Dehio, Handbuch der Deutschen Kunstdenkmäler; Bayern II (Niederbayern), München 1988; Bayern IV (München und Oberbayern), München 1990.

Friedrich Fahr/Hans Ramisch/Peter B. Steiner (Hg.), Freising. 1250 Jahre Geistliche Stadt (Kataloge und Schriften des Diözesanmuseums für christliche Kunst des Erzbistums München und Freising 9), Freising 1989.

Schreiben von Generalvikar Dr. Gerhard Gruber, München, an Bischof Dr. Josef Stimpfle vom 3. April 1990.

Erzbischöfliches Ordinariat München, Schematismus der Erzdiözese München und Freising 1991, Stand vom 1. Februar 1991.

Computerdatei des Fachbereichs Pastorale Planung im Seelsorgereferat des Erzbischöflichen Ordinariats München, Stand 1991.

Reiner Braun, Die bayerischen Teile des Erzbistums Salzburg und des Bistums Chiemsee in der Visitation des Jahres 1558 (Studien zur Theologie und Geschichte 6), St. Ottilien 1991.

Peter Rummel, Ulrich von Augsburg. Bischof, Reichsfürst, Heiliger, Augsburg 1992.

Hans Ammerich

Ulrichsverehrung in der Pfalz

Bereits zwanzig Jahre nach seinem Tod wurde der Augsburger Bischof Ulrich im Jahr 993 heiliggesprochen. Die mit der Heiligsprechung einsetzende Verehrung insbesondere im schwäbisch-alemannischen Raum hat sich weit über die Grenzen des Bistums Augsburg verbreitet und im Westen auch Straßburg und Speyer erreicht. Als Kirchenpatron und als Helfer in vielen Nöten wurde der hl. Ulrich auch in der Pfalz bald ein beliebter Volksheiliger, dessen Verehrung sich auch nach der Reformation bis in unsere Tage hinein verfolgen läßt.

I

Ein bedeutender Träger des Ulrichskults in der Speyerer Diözese war sicherlich der erste Abt des Klosters St. Ulrich zu Augsburg und spätere Bischof von Speyer, Reginbald, ein Verwandter des Heiligen.[1] Als Abt des berühmten Reichsklosters Lorsch ließ er dort eine Ulrichskapelle erbauen, und nach seiner Berufung auf den Speyerer Bischofsstuhl (1032–1039) – Kaiser Konrad II. erschien der »kunstsinnige Abt als der geeignete Förderer des Speyerer Dombaues und des Limburger Klosterbaues«[2] – förderte er wohl auch in seinem neuen Wirkungskreis die Ulrichsverehrung. So wird verständlich, daß in dem linksrheinischen, dem pfälzischen Teil der alten Speyerer Diözese, eine Reihe von Ulrichskirchen anzutreffen sind, während in den Gebieten der übrigen Pfalz, die früher zu den Bistümern Metz, Worms und Mainz gehörten, der Ulrichskult kaum Fuß gefaßt hat.[3]

---

[1] Johannes Emil Gugumus, St. Ulrichsverehrung in der Pfalz, in: Der Christliche Pilger. Kirchenzeitung für das Bistum Speyer, 105. Jg. 1955, S. 545; ders., Reginbald, Abt von Lorsch und Bischof von Speyer (gest. 1029), in: Die Reichsabtei Lorsch, Teil 1, Darmstadt 1973, S. 325–334.

[2] Gugumus, Reginbald (wie Anm. 1) S. 328.

[3] Gugumus, Ulrichsverehrung (wie Anm. 1). – Übersicht über die Ulrichskirchen im rechtsrheinischen Sprengel der alten Diözese Speyer bei: Alois Seiler, Studien zu den Anfängen der Pfarrei- und Landdekanatsorganisation in den rechtsrheinischen Archidiakonaten des Bistums Speyer (Veröffentlichungen der Kommission für geschichtliche Landeskunde in Baden-Württemberg Reihe B; Forschungen, 10. Band), Stuttgart 1959, S. 238.

Ausgangs- und Mittelpunkt der Ulrichsverehrung war im Mittelalter zweifelsohne der Speyerer Dom. Wenn vermutet werden darf, daß Bischof Reginbald die Ulrichsverehrung auch im Dom förderte, so spielt sicherlich noch ein anderes Moment mit: Zwischen 1090 und 1100 ließ Kaiser Heinrich IV. zu Ehren der hl. Afra eine Seitenkapelle am salischen Dom errichten. Mit dem Afra-Kult dürfte auch die Verehrung des hl. Ulrich von Augsburg nach Speyer gekommen sein, denn zwischen beiden Bischofsstädten bestanden insbesondere unter den Saliern enge Beziehungen.[4] Wie das Ulrichsfest im Dom begangen wurde, wird im »Liber Ordinarius Spirensis« – die Handschrift ist zwischen 1438 und 1470 entstanden – eindrucksvoll beschrieben:[5]

»Item in festo sancti Udalrici, das komet infra octavam visitationis, das begeet man als es fellt und in der ersten vesper, metten und messe hat man sieben glocken, und man sol eine gele Duch machen fur den fronealtare das nye gele durch, do das Richswappen ansteet und man sol gele anthun nämlich das büchels (beste gele) cappen caseln und rocke und der lychter und die Kertzen umb den fronealtare sollent brenne in der ersten vesper, mette und messe. Item wan die erste vesper us ist, so soll man ein Benedicamus singen und der senger soll uf das Benedicamus anheben das Respons Justum deducit, mit dem sol man geen mit der procession in sanct Johannes chore fur sant Johanns altare und soll der senger den verse singen und noch dem Respons sollent zween schuler singe das versiculum und darnoch das magnificat und noch dem magnificat ein antifen und daruf ein collect, und darnoch sollent zwen schuler singen das gross benedicamus. Item under des dass die procession geet in sant Johanns chore, so sol man compledt ludten die erste und die ander und darnoch sol man widder geen mit der procession in den chore und man sol nicht singen, dan es ist dem chore zu nahe. Item man sol metten zu hauf lutten zu funfen und man hat zwene senger in der ersten vesper, metten und messe und nun letzen, und das lesen in der mette heisset also: Egregius Christi confessor, das steet in dem passionale de sanctis, und die Omely heisset also: Sint lumbi vestri praecincti, die steet in dem buche der summer omely. Item das Kyrie eleison heisset als vorgeschrieben in octava corporis Christi. Item in der andern vesper hat man sechs glocken und brennet zwo Kertzen uf dem fronealtare, und man soll suffragieren de visitatione und man gypt auch ein rauch in der ersten vesper, mette und in der andern vesper.«

Der Domkustos Ebold von Bohel (Böhl) († 1488) besserte vermutlich kurz vor seinem Tod eine bereits bestehende Stiftung auf, so daß der Ulrichstag im Chor des Doms mit zwei Kantoren feierlich begangen werden konnte.[6] Noch zu Beginn des 17. Jahrhunderts – so wird berichtet – wurden im Dom ein Kleidungsstück (möglicherweise ein Mantel) und eine Stola des Heiligen aufbewahrt.[7]

II

Die Diözese Speyer besitzt vier Ulrichskirchen, die alle aufgrund der mittelalterlichen Ulrichsverehrung entstanden sind. Es sind dies die Pfarrkirchen von Deidesheim, Kapsweyer, Haßloch und die Ulrichskapelle in Fischbach bei Dahn.
Als Patron der Deidesheimer Pfarrkirche wird der hl. Ulrich zusammen mit der Muttergottes erstmals bei einer Meßstiftung am 5. Oktober 1467 genannt.[8] Der Vorgängerbau, eine Kapelle, hatte wohl nur Maria als Patronin: die seit 1362 sicher nachweisbare älteste Pfründe war eine Marien-Frühmesse; des weiteren wird die Kirche später gelegentlich Liebfrauenkirche genannt.[9] Im Laufe der Zeit trat der hl. Ulrich immer stärker in den Vordergrund – in den Visitationen von 1701 und 1718 wird er als einziger Kirchenpatron genannt[10] –, so daß er heute als der eigentliche Schutzherr des Gotteshauses gilt. Aber noch in der Pfarrbeschreibung von 1747 heißt es: »die Pfarrkirch zu Deydesheimb ist zu ehren b[eatae]. M[ariae]. v[irginis]. in coelum assumpt[ae]., deren heiligen Udallerici et Sebastiani erbauet und consecrirt«.[11] Die Beweggründe, die zur Wahl Ulrichs zum Patron der Deidesheimer Kirche führten, sind nicht mehr feststellbar. Sie könnte auf den Speyerer Domkustos Ebold von Bohel zurückgehen, ohne daß es hierfür Belege gäbe.[12] Ebold von Bohel galt als Verehrer des hl. Ulrichs, hatte er doch – wie bereits erwähnt – eine Stiftung im Speyerer Dom aufgebessert zur Feier des Ulrichstages. Es bestanden aber auch Beziehungen des Domkustos zur Deidesheimer Pfarrkirche, die sich nicht auf die Verehrung des hl. Ulrichs bezogen. So stiftete er beispielsweise mit Unterstützung des Ritters Georg von Bach zwischen ca. 1470 und 1477 als Pfründe die Kaplanei s. Trinitatis.[13]
Eine besondere Verehrung Ulrichs in Deidesheim läßt sich allerdings nicht

---

[4] Anton Doll, Entstehung und Entwicklung der Pfarreien der Stadt Speyer, in: 900 Jahre Speyerer Dom. Festschrift zum Jahrestag der Domweihe 1061–1961. Im Auftrage des Domkapitels herausgegeben von Ludwig Stamer, Speyer 1961, S. 260–291, hier S. 276.
[5] Generallandesarchiv Karlsruhe (abgekürzt GLA KA), 67 Nr. 452.
[6] Chorregel und jüngeres Seelbuch des alten Speierer Domkapitels, herausgegeben von Konrad von Busch und Franz Xaver Glasschröder, 2 Bde. (Hist. Museum der Pfalz: Veröffentlichungen 1–2), Speyer 1923–1926, S. 329 u. S. 157 Anm. 3.
[7] Berthold Schnabel, Die Kirchenpatrone, in: Pfarrkirche St. Ulrich Deidesheim, Deidesheim 1987, S. 135–137, Anmerkungen 168f., hier 135 (nach Handschrift 225: G. Helwich, Syntagma Monumentorum in der Bibliothek des Priesterseminars Mainz).
[8] Palatia Sacra. Kirchen- und Pfründebeschreibung der Pfalz in vorreformatorischer Zeit, hrsg. von L. Anton Doll, Teil I: Bistum Speyer, Bd. 5: Der Landdekanat Böhl, bearb. von Renate Engels, Mainz 1992, S. 23, Anm. 1.
[9] Ebenda.
[10] Schnabel (wie Anm. 7) S. 135 mit Anm. 4, S. 168.
[11] Zitiert nach Schnabel (wie Anm. 7) S. 135.
[12] Ebenda.
[13] Palatia Sacra I, Bd. 5 (wie Anm. 8) S. 29f.

nachweisen. Als Namenspatron kommt der Heilige in der Volkszählung von 1530 nicht einmal vor.[14] Der Festtag wurde nur mit »einem singenden amt« begangen.[15] Reliquien des hl. Ulrichs sind in der Pfarrkirche nicht nachzuweisen.

Statuen des hl. Ulrichs befanden sich in der Pfarrkirche am barocken und neugotischen Hochaltar; sie sind heute nicht mehr vorhanden.[16] Stattdessen befindet sich an der linken Seite des Triumphbogens eine Plastik, die im Jahr 1940 gestiftet wurde; der Kirchenpatron wird in bischöflichem Ornat mit Stab und Buch, auf dem sein Attribut, der Fisch, liegt, dargestellt.

In der Diözesanvisitation von 1584 läßt sich für Kapsweyer (damals Filiale von Steinfeld) eine Ulrichskapelle nachweisen.[17] Die Kapelle wurde wohl frühestens am Ende des 15. Jahrhunderts vom Kloster Weißenburg erbaut, da sie in der Diözesanmatrikel von 1470 nicht genannt wird.[18] 1714 wird die Ulrichskapelle als in baufälligem Zustand geschildert. Doch erst 1854 wurde anstelle der Kapelle mit dem Bau einer Kirche begonnen, die 1860 zu Ehren des hl. Ulrichs geweiht wurde. 1945 wurde die Kirche zerstört und 1950 wieder aufgebaut.[19]

In Haßloch wurde wohl im 14. Jahrhundert eine Ulrichskapelle erbaut, die allerdings erst 1501 bzw. 1542 urkundlich nachweisbar ist.[20] Ihr Chor bildet das Erdgeschoß des Turms der im 18. Jahrhundert erbauten oberen protestantischen Kirche. Nach einem Bericht aus dem 18. Jahrhundert bestanden in Haßloch in vorreformatorischer Zeit zwei »beneficia simpla«: ein Ulrichs- und ein Margarethenbenefizium; das Ulrichsbenefizium wird sonst nirgends erwähnt. Die neue St. Ulrichskirche wurde 1957 erbaut und im folgenden Jahr konsekriert.[21]

Die bedeutsamste Verehrungsstätte für den hl. Ulrich in der Pfalz ist die St. Ulrichskapelle südlich von Fischbach.[22] Der spätgotische Bau mit eingezogenem Chor steht an der Straße nach Petersbächel inmitten des Friedhofs. Über der Mitte des Kirchenschiffes befindet sich ein Dachreiter mit einer geschweiften Haube. Im »Zinßbuch geyn Wegelnburg« (vom 15. oder 16. Jahr-

---

[14] Schnabel (wie Anm. 7) S. 135.
[15] Ebenda.
[16] Dazu und zum folgenden Schnabel (wie Anm. 7) S. 135.
[17] GLA KA 61 Nr. 11262 S. 606.
[18] Franz Xaver Glasschröder, Die Speyerer Bistums-Matrikel des Bischofs Mathias Rammung, in: Mitteilungen des Historischen Vereins der Pfalz 28 (1907) S. 75–126, hier S. 113 (Anhang); vgl. auch: Die Kunstdenkmäler der Pfalz, Bd. IV: Bezirksamt Bergzabern. Bearbeitet von Anton Eckardt, München 1935 (Nachdruck 1976), S. 249.
[19] Handbuch des Bistums Speyer. II. Ausgabe im Jahre 1991, herausgegeben vom Bischöflichen Ordinariat Speyer. Speyer 1991, S. 332.
[20] Dazu und zum folgenden Palatia Sacra (wie Anm. 8) S. 78.
[21] Handbuch des Bistums Speyer (wie Anm. 19) S. 139f.
[22] Fred Weinmann, Kapellen im Bistum Speyer, Speyer 1975, S. 39f.; Clemens Jöckle, Wallfahrtsstätten im Bistum Speyer, München/Zürich S. 93–95; Handbuch des Bistums Speyer (wie Anm. 19) S. 19.

hundert) wird die »sant Ulrichs capell« erwähnt.[23] Im 16. Jahrhundert wurde die Kapelle zeitweise vom Pfarrer von Fischbach betreut, der dafür den Zehnt im St. Ulrichsbann – es war dies ein eigener Zehntbezirk, dessen Zehnteinkünfte für die Versehung der Kapelle verwandt wurden – erhielt.[24] Der heutige Bau ist wohl in der ersten Hälfte des 16. Jahrhunderts entstanden.[25] 1576 wurde er von pfalz-zweibrückischen Soldaten ausgeraubt und teilweise zerstört. Schwer gelitten hatte die Kapelle auch während der Kriege des 17. Jahrhunderts. 1694 wurde sie aufgrund der Initiative von Pfarrer Valentin Wilhelmi († 1704) instandgesetzt, worauf die Jahreszahl und die Initialen V(alentin) W(ilhelmi) am Nordeingang hinweisen.[26] Da die Kapelle während des Zweiten Weltkrieges in der Kampflinie lag, wurde sie wiederum schwer beschädigt. In den Jahren 1947 bis 1951 wurde sie wieder hergerichtet und 1972 nochmals restauriert.[27]

Die Ulrichskapelle zu Fischbach ist zu einer Wallfahrtskirche geworden. Leider fehlen genaue Hinweise auf die Entstehung der Wallfahrt. In der Pfarrbeschreibung von 1747 wird vermerkt: Am 4. Bittag »gehen die fischbacher in die nahe am dorffe gelegene St. Ulrichß capell und von daraus umb den Bann«.[28] Die Pfarrchronik berichtet, daß seit 1848 der Ulrichstag mit einer Prozession feierlich begangen werde, um den Gemeindemitgliedern eine besondere Gelegenheit zum Sakramentenempfang zu geben.[29] In zeitgenössischen Berichten heißt es, daß am Ulrichstag die Häuser in Fischbach mit Fahnen geschmückt seien. Von der Fischbacher Pfarrkirche zog man zur Ulrichskapelle, wo von der Kanzel zu den Wallfahrern gepredigt wurde. Anschließend fand in der Kapelle ein Festgottesdienst statt. Danach kehrte die Prozession in feierlichem Zug wieder in die Pfarrkirche zurück. Damit war das Wallfahrtsfest zu Ende; die Einwohner gingen am Nachmittag wieder an ihre Arbeit.[30]

Am Ulrichstag des Jahres 1870 hatte der Fischbacher Pfarrer Ludwig Rudolf Schaufert das Bischöfliche Ordinariat Augsburg gebeten, ihm eine Reliquie des hl. Ulrichs zu überlassen. Am 8. Oktober des gleichen Jahres schrieb der Augsburger Generalvikar an das Bischöfliche Ordinariat Speyer: »Seine Bischöflichen Gnaden, unser Hochwürdigster Ordinarius, nehmen keinen Anstand, diesem Bittgesuche stattzugeben, zumal, wie der Bittsteller schreibt,

---

[23] Palatia Sacra. Kirchen- und Pfründebeschreibung der Pfalz in vorreformatorischer Zeit, herausgegeben von L. Anton Doll, Teil I: Bistum Speyer, Bd. 3: Der Landdekanat Herxheim, bearb. von Renate Engels, Mainz 1988, S. 249.
[24] Ebenda.
[25] Ebenda.
[26] Dazu und zum folgenden Weinmann (wie Anm. 22) S. 40 und Jöckle (wie Anm. 22) S. 93f.
[27] Handbuch des Bistums Speyer (wie Anm. 19) S. 102.
[28] Landesarchiv Speyer (abgekürzt LA Sp) D 2 Nr. 359 fol. 463v.; freundlicher Hinweis von Herrn Berthold Schnabel, Deidesheim.
[29] Jöckle (wie Anm. 22) S. 94.
[30] Ebenda.

die Gemeinde Fischbach und Umgegend zu dem hl. Ulrich, unserem hl. Bistums- und Stadtpatron, eine große Verehrung trägt, und wir übersenden dieser in der Anlage eine hl. Reliquie des hl. Ulrichs, mit unserem Ordinariatssiegel versehen, mit dem ergebensten Ansuchen, diesselbe in das Pfarramt Fischbach gefälligst gelangen zu wollen«.[31] Wegen der Übertragung der Reliquie in die Ulrichskapelle wurde das Ulrichsfest des Jahres 1871 besonders festlich begangen.

Bis 1912 wurde das St. Ulrichsfest am Tag selbst, ab 1913 überwiegend am darauffolgenden Montag gefeiert, mit Beichtgelegenheit und hl. Messe in der Pfarrkirche; um 10 Uhr begann die Prozession zur Kapelle. Seit 1980 wird das Fest am Sonntag nach dem Ulrichstag in der folgenden Weise gefeiert: 9.30 Uhr Eröffnung mit dem Morgenlob (Laudes) in der Kapelle, anschließend Prozession mit der Ulrichsreliquie zur Pfarrkirche in Fischbach, wo eine Eucharistiefeier mit Predigt stattfindet.[32]

III

Vor der Reformation war der Ulrichskult in der Pfalz noch stärker verbreitet. In Steinweiler war im ehemaligen Selzer Klosterhof dem hl. Ulrich eine Kapelle geweiht. Diese Kapelle wird 1338 erstmals urkundlich erwähnt, muß aber längere Zeit vor diesem Zeitpunkt errichtet worden sein. Von Abt Peter Sebach von Selz wurde am 9. September 1338 eine Kaplanei gestiftet, die 1556/57 nicht mehr besetzt war.[33] Das Ulrichspatrozinium geriet in Steinweiler zunehmend in Vergessenheit.

In der Spitalkirche St. Jakobus in Dürkheim war der linke Seitenaltar zu Ehren des hl. Ulrichs geweiht.[34] Dieser Altar wird zwar erst 1391 urkundlich erwähnt, doch scheint die Ulrichsverehrung in Dürkheim älter zu sein. Der Kaplan des St. Andreasaltars im Kloster Limburg, Ulrich d. Ä. von Wilgartswiesen, stiftete am 29. Juni 1391 ein ewiges Licht, das über seinem Grab im St. Jakobsspital in Dürkheim brennen sollte. Ein Rückvermerk auf der Stiftsurkunde besagt aber, daß die Ampel »bi sant Ulrichs Altar« aufgestellt werden sollte.[35] An diesem Altar wurde vom Edelknecht Johann Kopp von Saulheim zwischen 1396 und 1398 eine Priesterpfründe (Kaplanei) gestiftet. Der Junker hatte am 29. Dezember 1396 Güter in Ellerstadt erworben; am 9. September 1398 bekannte er, daß diese Güter nicht mehr ihm und seinen Erben zustehen würden, sondern »gegeben sint zu egner ewigen messen uber sant

---

[31] Archiv des Bistums Speyer, Pfarrfaszikel Fischbach I.
[32] Freundliche Mitteilung von Herrn Pfarrer Walter Pfaff, Kath. Pfarramt Fischbach b. Dahn.
[33] Palatia Sacra (wie Anm. 23) S. 259f.
[34] Zum folgenden Palatia Sacra (wie Anm. 8) S. 46.
[35] Ebenda S. 46 Anm. 105; Franz Xaver Glasschröder, Neue Urkunden zur Pfälzischen Kirchengeschichte im Mittelalter, Speyer 1930, S. 38f. Nr. 67 mit Anm. 1.

Ulrichs altare yn dem spital« zu Dürkheim.³⁶ Ulrich d. Ä. von Wilgartswiesen war (Mit-)Stifter dieser Kaplanei; nach den Anordnungen der Seelwärter Ulrichs wurde die Kaplanei vom Dompropst Heinrich von Helmstatt am 13. November 1408 kanonisch bestätigt.³⁷ Der jeweilige Pfründeinhaber war verpflichtet, wöchentlich drei Messen vor dem Zusammenläuten zur Hauptmesse zu lesen und an jedem Samstag mit drei weiteren Priestern, zwei vom Spital und einem von der Pfarrkirche, und drei Schülern die der Zeit entsprechende Marianische Antiphon mit Kollekte und ein Amt des Beata zu singen.³⁸ Nach der Einführung der Reformation in der Grafschaft Leiningen-Hartenburg (wohl seit 1563) wurden die Einkünfte der Ulrichspfründe mit den Spitaleinkünften vereinigt.³⁹

Durch Patroziniumswechsel ging manche Ulrichskirche verloren, so z. B. in Dörrenbach bei Bad Bergzabern. Die Ende des 13. oder zu Beginn des 14. Jahrhunderts erbaute Kirche zu Dörrenbach war zunächst dem hl. Ulrich geweiht. Von diesem Gotteshaus, das mit einem befestigten Kirchhof ausgestattet war, ist nur noch der im Untergeschoß des Turmes der Kirche befindliche Chor vorhanden. Nach 1500 muß sich der Patroziniumswechsel vollzogen haben: Patron der Pfarrkirche war nun der hl. Martin.⁴⁰

Es zeigt sich aber auch am Beispiel Dörrenbach, daß der hl. Ulrich als Schutzpatron einer Kirche auch andere Heilige »verdrängt« hat. Möglicherweise im 11. Jahrhundert war in Dörrenbach ein wohl nur hölzernes Bethaus errichtet worden, von dem der hl. Ulrich kaum Schutzherr gewesen war, da das Ulrichspatrozinium frühestens im 11. Jahrhundert entstanden sein kann.⁴¹ Dies gilt gleichermaßen für die Ulrichskirche zu Winzingen (heute Stadtteil von Neustadt/Weinstraße); das ursprüngliche Patrozinium der vielleicht schon in spätkarolingischer Zeit erbauten Kirche ist nicht bekannt.⁴² Auch für die Kirche von Winternheim vor den Toren Speyers – das Dorf dürfte aus der Landnahmezeit stammen und wurde Wüstung – kann der hl. Ulrich kaum

---

³⁶ Palatia Sacra (wie Anm. 8) S. 46, Anm. 108.
³⁷ Ebenda S. 46 u. S. 46 Anm. 107 u. 109. Da der Stiftungsbrief verloren gegangen war, bestätigte der Dompropst Ulrich von Helmstatt am 22. März 1454 die Pfründe neu (Glasschröder, wie Anm. 35, S. 78 Nr. 130).
³⁸ Palatia Sacra (wie Anm. 8) S. 46.
³⁹ Franz Xaver Glasschröder, Urkunden zur Pfälzischen Kirchengeschichte. München und Freising 1903, S. 75 f., Nr. 180; Palatia Sacra (wie Anm. 8) S. 46 Anm. 109; Theodor Kaul, Die Einführung der Reformation in der Grafschaft Leiningen-Hartenburg und die Entwicklung der religiösen Verhältnisse bis zum dreißigjährigen Krieg. Grünstadt 1942, S. 98/99.
⁴⁰ Hans Ammerich, Kirche und Pfarrei in Dörrenbach bis zur Reformation, in: 1000 Jahre Dörrenbach. Chronik eines südpfälzischen Dorfes. Herausgegeben von der Gemeinde Dörrenbach. Dörrenbach 1992, S. 269–278, hier S. 271.
⁴¹ Ebenda. – Für die ebenfalls im 11. Jahrhundert erbaute Kirche der Pfarrei Altenstadt-St. Ulrich (bei Weißenburg/Elsaß) war der hl. Martin der ursprüngliche Schutzheilige. Nach 1234 muß es zum Patroziniumswechsel gekommen sein (LA Sp Y 8 [Nachlaß Glasschröder] Nr. 44).
⁴² Palatia Sacra (wie Anm. 8) S. 238 Anm. 1.

der ursprüngliche Schutzheilige gewesen sein.[43] Die St. Ulrichskapelle wurde im Spätmittelalter von einem Kaplan – wohl im Auftrag des Dompförtners, in dessen Amt die ehemalige Pfarrpfründe vermutlich einverleibt worden war[44] – versehen. Die Änderung des Patroziniums dürfte wohl in salischer Zeit erfolgt sein.[45] Die Frage nach dem ursprünglichen Patron muß für Winternheim ebenso wie für Dörrenbach und Winzingen offen bleiben.

IV

An den hl. Ulrich als Helfer in Notsituationen erinnern auch die Ulrichsbrunnen. Für den pfälzischen Raum ist lediglich ein Brunnen nachzuweisen, der den Namen Ulrichs trägt: Es handelt sich um eine seit dem 14. Jahrhundert nördlich von Dürkheim beim Annaberg entspringende Quelle.[46] Am 14. Dezember 1372 wird der »St. Ulrichs-Brunnen« erstmals urkundlich erwähnt, als es sich um die Ausstattung der Pfründe für den Katharinenaltar der Pfarrkirche zu Dürkheim handelte.[47] Nach dem Dreißigjährigen Krieg verlieren sich die Hinweise auf die Quelle. Über die Entstehung dieser Quelle sind wir zwar nicht orientiert, doch ist die Erklärung im Sinne der Legendensprache für deren Ursprung immer die gleiche: St. Ulrich sei auf seinen Reisen durstig gewesen und betete zu Gott um Wasser, worauf jedesmal an dem Ort, wo er sich befand, eine klare Quelle hervorgesprudelt sei.[48] Vielfach war der Glaube verbreitet, daß das Wasser des Ulrichsbrunnens bei Dürkheim bei Augenleiden heilend wirke oder, wenn man es trinke, bei inneren Beschwerden helfe.[49]

Als Patron des Ulrichsaltars in der Dürkheimer Spitalkirche sollte der Heilige das Fieber beseitigen helfen.[50] Man hat ihm aber auch überirdische Kräfte zugeschrieben. Nach einer volkstümlichen Überlieferung[51] ließ ein Graf zu Leiningen einen vermeintlichen Liebhaber seiner Frau enthaupten und ihr das Haupt um den Hals hängen als Zeichen ihrer Schuld. Ulrich, der zum

---

[43] Doll (wie Anm. 4) S. 275f.
[44] Ebenda S. 276; Die Kunstdenkmäler der Pfalz. Bd. III: Stadt und Bezirksamt Speyer. Bearbeitet von Bernhard Hermann Röttger, München 1934, S. 544.
[45] Doll (wie Anm. 4) S. 276. – Die Kapelle stand noch im 17. Jahrhundert; sie wurde wohl erst 1689 durch französische Truppen zerstört (Kunstdenkmäler Speyer, wie Anm. 44, S. 544).
[46] Ernst Zink, Der Dürkheimer Sankt Ulrichsbrunnen, in: Die Rheinpfalz vom 13. Januar 1959. Freundliche Mitteilung von Herrn Johannes Endl, Neustadt.
[47] Glasschröder (wie Anm. 39), S. 56 Nr. 132.
[48] Zur Entstehung der Ulrichsbrunnen: Ludwig Dorn, St. Ulrich in der Volksüberlieferung des ehemaligen Bistums Konstanz, in: Bischof Ulrich von Augsburg und seine Verehrung. Festgabe zur 1000. Wiederkehr des Todestages (Jahrbuch des Vereins für Augsburger Bistumsgeschichte 7, 1973) Augsburg 1973, S. 116–133, hier S. 126–129.
[49] Zink (wie Anm. 46).
[50] Ebenda.
[51] Ebenda.

Schloß des Grafen gekommen sei, habe aufgrund des Gebets der Gräfin das Haupt zum Sprechen gebracht, wobei die Unschuld des Enthaupteten erwiesen worden sei. Daraufhin habe der Heilige den Leichnam ausgraben lassen; das Haupt habe sich – so wird berichtet – an den Körper von selbst angefügt. Der Ermordete sei wieder lebendig und seine Güter ihm zurückgegeben worden. Die Gräfin soll ihrem Mann die schreckliche Tat verziehen haben.[52] Berichte, daß vom St. Ulrichsbrunnen oder vom St. Ulrichsaltar Hilfe gekommen sei, sind uns nicht überliefert; es wird aber deutlich, daß im Dürkheimer Raum der Ulrichskult verbreitet war und daß der Heilige lange Zeit nicht nur kirchliche Verehrung erfuhr. Beide Verehrungsstätten für den hl. Ulrich haben die Reformation allerdings nicht überdauert.

Anscheinend war um 1500 der Höhepunkt der Ulrichsverehrung in der Pfalz ähnlich wie in anderen Regionen schon überschritten, denn sonst hätte die Kirche in Dörrenbach das Ulrichspatrozinium behalten. Bei den Stiftungen von Kaplaneien und Altarmessen wurde der hl. Ulrich seit der zweiten Hälfte des 15. Jahrhunderts nicht mehr bedacht; er hatte um 1500 seine Bedeutung als Volksheiliger verloren. So haben die beiden Verehrungsstätten des Heiligen im Dürkheimer Raum – der Ulrichsbrunnen und der Ulrichsaltar in der Spitalkirche zu Dürkheim – die Reformation nicht überdauert. Nur bei den Pfarrkirchen Deidesheim, Haßloch und Kapsweyher ist das Patrozinium bis heute erhalten geblieben. War im Mittelalter der Dom zu Speyer der Mittelpunkt der Ulrichsverehrung, so ist heute die Ulrichskapelle bei Fischbach die wichtigste Stätte der Ulrichsverehrung in der Pfalz; hier entstand eine Wallfahrt zu Ehren des Heiligen. Die Ulrichsverehrung wird auch durch die 1961 erfolgte Namensgebung des neuen Fischbacher Schulgebäudes betont. Neuerdings trägt auch in Neustadt/Weinstraße das Altenheim Ulrichs Namen.

---

[52] Siehe auch: Fidel Rädle, Der heilige Ulrich auf dem Jesuitentheater. Mit ausgewählten Partien des Dillinger Ulrich-Dramas vom Jahre 1611. In diesem Band S. 697–749.

53 Fischbach bei Dahn (Pfalz), St.-Ulrich-Kapelle.
Hl. Ulrich. Erste Hälfte 18. Jahrhundert

Folgende Seite
54 Deidesheim (Pfalz), Stadtpfarrkirche St. Ulrich.
Hl. Ulrich, 1940 gestiftet: Statue nach barocker Vorlage

Hans Wicki

Ulrichsverehrung und Ulrichswallfahrt im Kanton Luzern

I. Die Ulrichsverehrung in ihrem mittelalterlichen Umfeld

Wie heute noch aus einer ansehnlichen Zahl von Kirchen-, Kapellen- und Altarpatrozinien und aus verschiedenen Kultgegenständen ersichtlich ist, war dem St. Ulrichskult im einstigen katholischen »Vorort« Luzern – im Vergleich etwa zur übrigen katholischen Innerschweiz – eine auffallend dichte Verbreitung beschieden. Anteil daran hatten fast alle Gegenden des Kantons, wobei der geographische Schwerpunkt in der alten Grafschaft Willisau und ihrer unmittelbaren Umgebung lag.[1]
Der Ulrichskult im Kanton Luzern steht ohne Zweifel im inneren und äußeren Zusammenhang mit seiner Zugehörigkeit zum ehemaligen Bistum Konstanz, das im süddeutschen Raum nördlich des Bodensees nicht weniger als 25 Ulrichs-Pfarreien zählte.[2] Die Luzerner Landschaft hatte Anteil an der Ulrichsverehrung im alemannisch-schweizerischen Raum. Ulrich war der einzige alemannische Heilige, der auch im ehemaligen Archidiakonat Aargau in größerem Umfang als Kirchen- und Kapellenpatron Anklang fand. Der älteste Nachweis eines Ulrichs-Patronats im Kanton Luzern betrifft die Pfarrkirche Neuenkirch, beziehungsweise das dortige Reuerinnenkloster, dem die Herren von Küssnacht 1282 das Gotteshaus vergabten.[3] Der im Jahre 1123 heiliggesprochene Bischof Konrad von Konstanz war der persönliche Freund von Bischof Ulrich. Auf dem Christi-Himmelfahrts-Altar in der Stiftskirche Luzern werden beide nebeneinander im Bilde vorgeführt.[4] Auch unter den Schutzpatronen der Ulrichskirche in Neuenkirch erscheint der heilige Ulrich an der Seite seines Freundes Bischof Konrad von Konstanz. Daneben werden mehr als ein Dutzend weitere Heilige aufgeführt, die allesamt als Bauernpatrone beim Landvolk in hohem Ansehen standen.[5] Das-

---

[1] Kunstdenkmäler Luzern, Bde 1–7 (1948–1987).
[2] Bischof Ulrich von Augsburg (1973), 128.
[3] Jean-Jacques Siegrist, Pfarreien des Kantons Luzern (1977), 118, 150, 157, 170.
[4] Kunstdenkmäler Luzern, Bd. II (1953), 166.
[5] Kunstdenkmäler Luzern, Bd. IV (1956), 277.

selbe Bild wiederholt sich bei den Schutzheiligen der Ulrichs-Altäre in der Sakramentskapelle Ettiswil und in der Heiligblutkapelle Willisau.[6]

Der heilige Ulrich wurde 890 als Sohn eines alemannischen Edelmannes in Augsburg geboren. Seine theologische Ausbildung holte er sich in der Benediktinerabtei St. Gallen. 923 wurde er zum Bischof von Augsburg bestellt. Er zeichnete sich in gleich vorbildlicher Weise als Reichsfürst und als Oberhirte seines Bistums aus. Er verteidigte die Stadt Augsburg erfolgreich gegen die Ungarneinfälle, die die Ostgrenze der damaligen Christenheit bedrohten. Er hat wesentlich zum historischen Sieg auf dem Lechfeld im Jahre 955 beigetragen. Ulrich starb am 4. Juli 973. Die letzte Ruhestätte fand er in der Klosterkirche zu St. Afra. Seine Kanonisation im Jahre 993 war die erste feierliche Heiligsprechung durch den Papst.[7]

Im Zentrum der mittelalterlichen Ulrichsverehrung stand nicht so sehr der vorbildliche Kirchenfürst und umsichtige Seelenhirt. Seine große Beliebtheit beim Volk verdankte der Heilige seinem Ruf als Wundertäter und Schutzpatron in den vielfältigen Anliegen des täglichen Lebens. Er wurde als Helfer bei Unwetterkatastrophen, gegen Mäusefraß und Hundebisse, bei Augenleiden und anderen Leibsgebrechen angerufen.[8]

Auch der Ulrichskult im Kanton Luzern war im weiten Umkreis der Vierzehn Heiligen Nothelfer und der seit Jahrhunderten erprobten und verehrten Bauernheiligen angesiedelt. Den Jahrzeitbüchern unserer ältesten Pfarreien kann entnommen werden, daß es im Mittelalter kaum einen Männernamen gab, der so häufig begegnete wie Ulrich. Er war einer der beliebtesten Schutzpatrone, der erst im 16. Jahrhundert durch Johannes den Täufer auf den zweiten Platz verwiesen wurde. Ulrich wurde mit Mitra und Bischofsstab dargestellt. In seiner Rechten trug er ein Buch und auf dessen Deckel einen Fisch als Symbol der Mäßigkeit. Wie die Legende berichtet, soll er eines Tages in der Fastenzeit – zur Demütigung eines Verleumders – ein Stück Fleisch in einen Fisch verwandelt haben. Sein Kult läßt sich im Kanton Luzern schon seit dem frühen 13. Jahrhundert nachweisen.[9]

In der mittelalterlichen Volksfrömmigkeit genossen vor allem solche Schutzpatrone hohe Verehrung, über deren Lebensumstände man wenig Genaues wußte, so daß sich um ihr Bild ein bunter Kranz von frommen Legenden bilden konnte. Die äußeren Kultformen gingen zumeist am christlichen Kern der Sache vorbei. Heiligenverehrung hatte weniger mit Christusnachfolge als mit einer Art von unbewußtem Fetischismus, mit religiösem Abwehrzauber gegen allerhand leibliche und seelische Gebrechen zu tun. Dabei ist an der Tatsache kaum zu zweifeln, daß das Vertrauen, das sich an dieser

---

[6] Kunstdenkmäler Luzern, Bd. V (1959), 81 ff., 257 ff.
[7] Bischof Ulrich von Augsburg, 19 ff.
[8] Bischof Ulrich von Augsburg, 82 ff., 116 ff.
[9] Josef Zihlmann, Sie rufen mich beim Namen (1982), 183–188.

Form von Heiligenkult entzündete, für die Existenzbewältigung der damaligen Menschen eine große Hilfe bedeutete.[10]

Die Heiligenverehrung der vergangenen Jahrhunderte wurzelte tief in den geistigen Strukturen, die die Vorstellungskraft unserer bäuerlichen Vorfahren bestimmten. Ihr Universum war noch keineswegs von rational erkennbarer Gesetzlichkeit geprägt. Sie fühlten sich einer bedrohlichen Umwelt ausgeliefert, die sie nicht mit natürlichen Mitteln zu meistern vermochten. Für den vorindustriellen Menschen waren die Heiligen nicht in erster Linie Vorbilder, sondern mächtige Helfer in der Not. Wozu die heiligen Patrone »gut« waren, wußte der Bauer dank jahrhundertealter Überlieferung. Sie hatten für Heilung bei Krankheiten zu sorgen, sie hatten das Vieh vor Seuchen und das Haus vor Feuer zu bewahren, gutes Erntewetter zu bewirken und die Feldfrüchte vor Unwetter und Hagelschlag in Schutz zu nehmen. Zu allen Zeiten spielten Heiligengestalten aus dem Umkreis der Vierzehn Nothelfer – Georg, Nikolaus, Rochus, Christophorus sowie »die drei heiligen Madeln«, Barbara, Katharina und Margaretha – eine herausragende Rolle in der Volksfrömmigkeit; ebenso der heilige Abt und Einsiedler Antonius, der Patron der Landleute und Haustiere; Eligius, der Schutzheilige der Schmiede, Wagner und Fuhrleute; Fridolin, der Wettermacher und Helfer bei Viehseuchen; der Apostel Jakobus der Ältere, der Beschützer der Pilger und Reisenden, der Hutmacher und Apotheker; St. Jost, zuständig bei Blitzschlag, und St. Martin, der Patron der Armen und Bettler, dessen Gedenktag am 11. November ein wichtiger Rechts- und Zinstermin im bäuerlichen Wirtschaftsleben war.[11]

In diesem auserlesenen Kreis der ländlichen Schutzpatrone war auch der heilige Bischof Ulrich von Augsburg heimisch. Von drei seiner bevorzugten Kult- und Wallfahrtsstätten im Kanton Luzern soll im folgenden die Rede sein.

II. Die Wallfahrtskapelle St. Ulrich in Ruswil

Die im Herzen der Luzerner Landschaft gelegene St. Ulrichskapelle, ein schlichter spätgotischer Bau mit eingezogenem Chor und spitzem Dachreiter, darf als älteste der vielen Kapellenstiftungen der großen Bauerngemeinde Ruswil angesprochen werden. Sie ist in einer Urkunde von 1468 erstmals schriftlich bezeugt. Darin wird dem Leutpriester von Ruswil der dritte Teil der Einkünfte aus dem Opferstock zu St. Ulrich zugesprochen. Damals muß die Wallfahrt zum heiligen Bischof Ulrich in voller Blüte gestanden haben, so daß sie zu einer namhaften Einnahmequelle geworden war. Anläßlich des

---

[10] Hans Wicki, Staat, Kirche, Religiosität (1990), 230 ff., 242 ff.
[11] Otto Wimmer/Hartmann Melzer, Lexikon (1988).

Bauernaufstandes von 1514 fand in St. Ulrich eine große Landsgemeinde statt, auf der die unzufriedenen Untertanen ihre Beschwerden an die Luzerner Stadtherren formulierten.[12]

1591 fand ein Neubau der Kapelle statt. Sie wurde zwei Jahre später durch den Weihbischof von Konstanz konsekriert und wies drei kunsthistorisch wertvolle Altäre auf. Während der dem heiligen Ulrich geweihte Hochaltar 1664 neu errichtet wurde, blieben die beiden Nebenaltäre im erhöhten Kirchenschiff bis in unsere Zeit erhalten. Der Marienaltar auf der Evangelienseite und der Nikolausaltar auf der Epistelseite stellen zwei »seltene Beispiele von Renaissanceretabeln« dar. Im Marienaltar dominiert die von vier Engeln umgebene Statue der Muttergottes. Das Obergeschoß ist den Figuren der Heiligen Agatha, Urban und Rochus vorbehalten. Der hagiographisch und kunsthistorisch bedeutendste der drei Altäre ist der Nikolausaltar. Er übertrifft die beiden anderen an Ausmaß und Reichtum der Ausstattung und dürfte vor dem Neubau von 1591 im damals wohl höheren Chor gestanden haben. Er ist mit seiner großen Zahl von Heiligengestalten charakteristisch für das geistige Umfeld, in dem der mittelalterliche Ulrichskult verwurzelt war. In der Predella sind auf zwei spätgotischen Hochrelief-Tafeln die Vierzehn Nothelfer dargestellt. Ein noch ganz »der spätgotischen Tafelmalerei verpflichtetes Temperabild« zwischen den beiden Nothelfer-Gruppen führt dem Betrachter in naturalistischer Manier die Marter der Zehntausend Ritter vor Augen. Im Hauptgeschoß stehen in drei Nischen nebeneinandergereiht die Figuren des Apostels Andreas, des heiligen Bischofs Nikolaus und des Einsiedlers Antonius. Das Obergeschoß ist den heiligen Frauen Barbara und Verena vorbehalten. Das ganz dem religiösen Empfinden des Landvolkes verpflichtete Kultprogramm ergänzen die in kleinerem Format gehaltenen Nebenfiguren von St. Theodul, St. Fridolin, St. Anna selbdritt und St. Jakob, der Wallfahrtsheilige von Compostela.

Der etwas niedrigere frühbarocke Hochaltar von 1664 steht in bewußtem inneren und äußeren Gegensatz zum überdimensionierten Nikolausaltar. Er veranschaulicht den missionarischen Geist der von der römischen Amtskirche propagierten tridentinischen Reform. Das dem Wirken des heiligen Ulrich als vorbildhaften Kirchen- und Reichsfürsten gewidmete Altarbild läßt nichts mehr vom mittelalterlichen Bauernheiligen spüren. Im Vordergrund steht der kraftvolle Verteidiger der Interessen der zu neuem Selbstbewußtsein erwachten Kirche der Gegenreformation. Vor dem in lichten Tönen gehaltenen Hintergrund des die alte Reichsstadt Augsburg beherrschenden St.-Ulrichs- und Afra-Münsters wird dem Betrachter eine legendäre Episode aus dem Ulrichs-Leben vor Augen geführt. Eines Nachts soll der Bischof von der Augsburger Stadtpatronin Afra auf die historische Walstatt auf dem Lechfeld entrückt worden sein, um im Beisein des »Apostelfürsten« Petrus sowie ei-

---

[12] Kunstdenkmäler Luzern, Bd. IV, 351 ff. – Ruswil (1987), 389 ff.

ner großen Zahl von Bischöfen, unter Assistenz der ganzen himmlischen Heerschar, Gericht zu halten über den mächtigen Bayernherzog Arnulf, der sich im Abwehrkampf gegen die Ungarn zu wiederholten Malen an Kirchen- und Klostergut vergriffen hatte.[13] Der kirchenpolitische Grundgedanke des »heiligen« Bischofsgerichtes, vor dessen Schranken sich auch die weltlichen Großen des Reiches zu verantworten hatten, wird durch folgende Inschrift verdeutlicht: »Sanct Afra auffs Lechfeld thatt füren im schlaff Ulricum / anzuhören wie Sanct Petrus und Bischöff mehr wider Arnulfum klagten sehr / Weil er Kirchen und Clöster thatt zerstören / Hielten strengen rath den z'tilgen auss durch ein kriegsmacht vom lehen Reych / hochmuth und pracht.«[14]

Das Geschehen, das auf dem Hochaltarbild festgehalten ist, verfolgt pädagogische Absichten. Die nachtridentinische Amtskirche propagierte nicht bloß ein antilutherisches, streng hierarchisch-klerikales Kirchenbild; sie suchte ebenfalls den volksfrommen mittelalterlichen Heiligenkult mit einem neuen theologischen Leitbild zu erfüllen. Im Mittelpunkt der kirchlichen Lehre von der Communio Sanctorum standen nicht heilige Nothelfer, sondern Vorbilder eines christlichen Lebens, Männer und Frauen aus dem engeren Lebens- und Wirkungskreis des menschgewordenen Gottessohnes, deren Aufgabe es sein sollte, das Erlösungsgeheimnis verdeutlichen zu helfen. Aber die alten, vertrauten Lieblinge des Volkes konnten durch ihre nachtridentinischen Konkurrenten nicht verdrängt werden. Die Heiligen aus dem Umkreis der Vierzehn Nothelfer verloren kaum etwas von ihrer magischen Anziehungskraft beim katholischen Volk. Das theologische Programm des tridentinischen Heiligenkultes wurde nur unter weitestgehender Bewahrung der bereits seit Jahrhunderten vorgegebenen Glaubens- und Lebensmuster akzeptiert.[15]

Auch in der Wallfahrtskapelle St. Ulrich vermochte der neue Hochaltar von 1664 den älteren Nikolausaltar im Kirchenschiff mit seinem mittelalterlichen Heiligenprogramm zu keiner Zeit aus seiner Beliebtheit beim gläubigen Landvolk zu verdrängen. Ein ansprechendes Beispiel für die große Traditionsverbundenheit der nachtridentinischen Volksfrömmigkeit ist die 1613 erbaute Kapelle St. Katharina in Herrenweg (Pfarrgemeinde Ruswil), die im Jahre 1625 mit den fast lebensgroßen Gestalten der Vierzehn Heiligen Nothelfer ausgemalt wurde.[16] Aber auch anderswo im Kanton Luzern blieb das Volk der alten geistigen Tradition verhaftet, wie unter zahlreichen anderen Zeugnissen das Andachtsbild von 1672 in der kleinen Wegkapelle Bursthof (Gemeinde Wilihof) im luzernischen Surental anschaulich illustriert. Das heilsgeschichtlich zentrale Kreuzigungsgeschehen, das im Mittelpunkt des

---

[13] Bischof Ulrich von Augsburg, 20f.
[14] Kunstdenkmäler Luzern, Bd. IV, 351.
[15] Hans Wicki, Staat, Kirche, Religiosität, 234ff.
[16] Ruswil (1987), 394ff.

auf Holz gemalten Ölbildes steht, ist von einer Vielzahl alter Bauernheiligen umrahmt. Im Vordergrund knien St. Ulrich und St. Aegidius, seitlich sind die Heiligen Jakobus, Mathias und Wendelin dargestellt, und über der Kreuzigungsszene schweben Margaretha und Agatha. Ein typisches barockes Andachtsbild, das in friedlicher Symbiose vor- und nachtridentinische Elemente der Volksfrömmigkeit vereinigt, und gleichzeitig ein Beweis dafür, wie großzügig die damalige Amtskirche den theologisch nicht immer einwandfreien Andachtsbräuchen des Volkes entgegenkam.[17]

III. Die Abtei St. Urban, überregionaler Mittelpunkt der Ulrichs-Wallfahrt

a) Geschichtlicher Überblick

Die ältesten Spuren des St. Ulrichskultes in der 1194 gegründeten Zisterzienserabtei St. Urban weisen ins späte Hochmittelalter zurück. Bereits 1236 ist in der Klosterkirche ein Altar zu Ehren des heiligen Ulrich erwähnt.[18] Spätestens im 14. Jahrhundert stand vor den Toren der Klosteranlage eine dem Heiligen Urban geweihte Pfortenkapelle, die 1375, im Guglerkrieg, entweiht wurde. Sie machte 1412 einem Neubau Platz. Fortan hieß das nach Ordensbrauch dem Gottesdienst der Laien vorbehaltene Heiligtum nicht mehr St. Urbans-, sondern St. Ulrichskapelle.[19] Über die näheren Umstände, denen der Patronatswechsel zu verdanken war, ist nichts bekannt. Wir wissen nur, daß sich der Ulrichskult beim gläubigen Volk schon längere Zeit großer Beliebtheit erfreute.

Nach 1680 mußte das kleine spätgotische St. Ulrichsheiligtum vor den Toren der Abtei, das inzwischen zu einer vielbesuchten Wallfahrtsstätte geworden war, einer umfassenden Neuanlage weichen; diese wurde am 24. September 1690 durch den päpstlichen Nuntius in Luzern feierlich konsekriert.[20] Der kreisrunde Zentralbau, auf dessen Dach sich eine das ganze Bauwerk dominierende Tambourkuppel mit Laterne erhob, wies drei Altäre auf. Der Hauptaltar war dem heiligen Kreuz, Maria, Ulrich, Josef, Christophorus, Katharina, Barbara und Agatha geweiht. In der Konsekrationsurkunde wird der Neubau als »Ecclesia parochialis« bezeichnet, was wohl angesichts der zisterziensischen Ordenstradition, die keine eigentlichen Pfarrkirchen kannte, als Volks- oder Wallfahrtskirche zu deuten ist.[21] Ziel der St. Urbaner

---

[17] Kunstdenkmäler Luzern, Bd. IV, 485.
[18] Robert Ludwig Suter, Ulrichs-Kaseln (1981), 48.
[19] Ernst Kaufmann, Geschichte der Cisterzienserabtei St. Urban im Spätmittelalter (Freiburg CH 1956), 101.
[20] Kunstdenkmäler Luzern, Bd. V, 310ff. – Über die Luzerner Nuntiatur siehe: Hans Wicki, Staat, Kirche, Religiosität, 74ff.

Ulrichswallfahrt, um deretwillen der stattliche Neubau errichtet worden war, bildete das sogenannte St. Ulrichs-Meßgewand, von dem es im Volksmund hieß, der heilige Ulrich von Augsburg habe es dereinst getragen. 1588 hatte Nuntius Paravicini anläßlich einer Visitation in St. Urban angeordnet, die St. Ulrichs-Kasel sei zusammen mit anderen Reliquien in einem goldenen Schrein würdig aufzubewahren.[22]

Das 1690 geweihte St. Ulrichs-Heiligtum hätte in seiner großzügigen architektonischen Ausgestaltung unter den Zentralbauten der schweizerischen Kunstgeschichte einen hervorragenden Platz beanspruchen dürfen; es mußte indessen schon 1711 dem barocken Neubau der Klosterkirche geopfert werden, die nun an Stelle der Ulrichskapelle die Funktion als Wallfahrtskirche übernahm. Das eigentliche Ziel der Ulrichsverehrung bildete fortan der St. Ulrichsaltar, der heute noch vorne rechts beim Chorgitter, zusammen mit seinem Pendant, dem Kreuzaltar, den kulissenartigen Abschluß des Laienschiffes gegen den Chor hin bildet. Das 1716 entstandene Altarbild stellt die Erteilung des Kindersegens mit dem St. Ulrichs-Meßgewand dar: »Ein Priester breitet die Kasel baldachinartig aus, ein Kind steht betend darunter. Im Vordergund Pilger; rechts im Hintergrund eine Szene aus dem St. Ulrichs-Leben, die Schlacht auf dem Lechfeld. In den Wolken der segnende Heilige selbst«, umgeben von Engelputten.[23]

Im 17. und 18. Jahrhundert lockte die Wallfahrt zum wundertätigen St. Ulrichs-Meßgewand Jahr für Jahr Hunderte von hilfesuchenden Pilgern nach St. Urban. Kinder, die an Magersucht, an Räude, an Magenkrankheiten oder sonst an einem Gebrechen litten, pflegte man vertrauensvoll zum heiligen Ulrich nach St. Urban zu führen. Dort wurden sie jeweils am Freitag zu Ehren der heiligsten Dreifaltigkeit dreimal unter dem Ulrichs-Meßgewand hindurchgetragen, »worüber sie durch die Fürbitt des heiligen Bischofs und zum Trost der Eltern wunderlich gleich entweder von allerhand solcher Krankheiten genasen oder starben«.[24] Der alte Brauch des Kindersegens ist in St. Urban erst nach der Mitte des 20. Jahrhunderts aufgegeben worden.

b) Die Ulrichs-Kasel von St. Urban

Es stellt sich dem Historiker noch die Frage nach der Herkunft und Authentizität der St. Urbaner Ulrichs-Kasel. Was sagt die wissenschaftliche Forschung vom »Meßgewand des heiligen Bischofs Ulrich«, das als kostbare Reliquie in hohen Ehren stand? Die erste schriftliche Erwähnung der Ulrichs-Kasel stammt – wie wir bereits wissen – aus dem Jahre 1588. 1652 ist

---

[21] Kunstdenkmäler Luzern, Bd. V, 311.
[22] Wolfram Limacher, Geschichte der Zisterzienserabtei St. Urban im Zeitraum von 1551 bis 1627 (Freiburg CH 1970), 135.
[23] Kunstdenkmäler Luzern, Bd. V, 362 f.
[24] Caspar Lang, Historisch-Theologischer Grund-Riss (1692), 741.

erstmals von der »Wunderkraft« und vom Wallfahrtsritus des Ulrich-Segens die Rede. Am 2. August 1652 schrieb der kranke Pfarrer von Emmen an Abt Edmund Schnyder, er hoffe zuversichtlich, kraft der Gnade Gottes und des heiligen Bischofs Ulrich, durch dessen Meßgewand er sich »mit großer Andacht habe durchziehen lassen«, seine Gesundheit wiederzuerlangen.[25] Dieser im Spätmittelalter auch in der Benediktinerabtei Einsiedeln gepflegte Brauch[26] dürfte in noch viel frühere Jahrhunderte zurückweisen. »Daß beim Brand der Klosterkirche St. Urban im Jahre 1513 mit der Sakristei der ganze Paramentenbestand in Flammen aufging, die Ulrichskasel aber gerettet wurde«, läßt vermuten, daß diese schon damals als altes kostbares »Heiltum« gehütet wurde.[27]

Der häufige Gebrauch der Ulrichs-Kasel zu dem an den Pilgerscharen vollzogenen Segensritus führte mit der Zeit zu schwerwiegenden Schäden an den feinen Seidengeweben. 1708 wurde die als »Ulrichs-Meßgewand« verehrte Reliquie nachweislich in eine neue, barocke Seidenstoff-Kasel eingenäht. 1750 ist in den Akten der Abtei eine weitere, ähnliche Ausbesserung bezeugt. Umfassende Restaurierungsarbeiten durch die Schweizerische Abegg-Stiftung in Riggisberg (Kanton Bern) legten den desolaten Zustand des Ulrichs-Gewandes offen an den Tag.[28] Trotzdem gelang es den Bemühungen der Fachleute, aus kleinsten, erhalten gebliebenen Fragmenten eine mittelalterliche Kasel »von hoher Qualität« zu rekonstruieren. Das überraschende wissenschaftliche Ergebnis war der Nachweis einer rund tausend Jahre alten Glokkenkasel »in prächtig dunkler, violettartiger Purpurseide«.[29]

Obgleich sich die Ulrichs-Kasel von St. Urban somit dem Alter nach ohne Schwierigkeit in die Lebensdaten des großen Augsburger Kirchenfürsten einfügen ließe, ist nach Ansicht der Fachleute nicht anzunehmen, daß es sich um eine Originalkasel des heiligen Ulrich handelt. Die Frage nach der Authentizität des St. Urbaner Ulrichs-Gewandes ist negativ zu beantworten. Der heilige Bischof Ulrich erfreute sich zwar in St. Urban schon früh hoher Verehrung. Doch liegen zwischen der Entstehung der Abtei und dem Tod des Bischofs Ulrich mehr als 200 Jahre. »Daß eine so kostbare Reliquie, wie sie eine Originalkasel des heiligen Bischofs darstellt«, veräußert worden wäre, ist schwer denkbar. Weder in Augsburg noch in St. Urban gibt es Zeugnisse

---

[25] E. A. Stückelberg, Geschichte der Reliquien in der Schweiz, Teil I, 154 Regest 848 (Zürich 1902).
[26] Bischof Ulrich von Augsburg, 61–65.
[27] Robert Ludwig Suter, Ulrichs-Kaseln, 44/45.
[28] Mechthild Flury-Lemberg, in: Documenta textilia (1981), 163–177.
[29] Robert Ludwig Suter, Ulrichs-Kaseln, 46/47.

55/56 *Ruswil, Kanton Luzern: Wallfahrtskapelle St. Ulrich. Innenausstattung (1664) mit drei Altären, rechts der Nikolausaltar*

von einer solchen Translation. In den mittelalterlichen Kirchen war es vielfach Brauch, daß jeder Altar seine eigenen Paramente hatte, die mit der Zeit nach dem Patron des betreffenden Altars benannt wurden. So dürfte auch die Bezeichnung »Ulrichs-Meßgewand« entstanden sein.[30] Es darf angenommen werden, daß die Ulrichs-Kasel einstens zum schon 1236 erwähnten St. Ulrichs-Altar in der Klosterkirche von St. Urban gehörte und so zu ihrem Namen kam. Ein anderer Deutungsversuch scheint mir hingegen weniger überzeugend zu sein. Da zwei der Äbte aus der frühen Geschichte des Klosters, die von 1246 bis 1263 amteten,[31] den Namen des großen Augsburger Bischofs trugen, darf wohl kaum geschlossen werden, daß die Kasel »von einem dieser ersten, vielleicht hochverehrten Aebte« getragen worden sei und so als »Ulrichs-Kasel« in die Geschichte des Gotteshauses eingegangen wäre.

Wie dem auch sei, in Wirklichkeit wissen wir nichts Genaues darüber, wann und wie das »wundertätige« St. Ulrichs-Meßgewand nach St. Urban kam. Es muß jedoch ausgeschlossen werden, daß es sich hier um jenes Meßgewand gehandelt haben soll, mit dem der heilige Ulrich bei seiner Grablegung zu St. Afra in Augsburg bekleidet wurde und das man 1183 – anläßlich der ersten Öffnung des Grabes – unversehrt gefunden habe.[32]

IV. Der Ulrichskult in der Pfarrei Luthern

Die Pfarrkirche von Luthern am Fuß des Napf wird 1275 erstmals schriftlich erwähnt.[33] Das Ulrichspatrozinium ist für 1413 bezeugt. Damals gelangte der Kirchensatz der Ulrichskirche Luthern an das Benediktinerkloster Trub im Kanton Bern. Zur Zeit der Reformation (1529) fiel das Patronat an die Obrigkeit von Bern, 1579 ging es durch Abtausch von kirchlichen Rechten im reformierten Bernbiet an die Abtei St. Urban über. Unter dem Patronat St. Urbans wurde die Pfarrkirche in den Jahren 1751/52 im barocken Baustil neu errichtet. Seither gilt sie als eine der schönsten Landkirchen des Kantons Luzern. Im September 1752 wurde das Gotteshaus vom päpstlichen Nuntius geweiht.

Ähnlich wie St. Urban war auch die Pfarrkirche Luthern »von altersher« im Besitz eines Ulrichs-Meßgewandes. Auch hier kannte man den alten kirchlichen Brauch der Erteilung des Ulrichssegens, im Volksmund »underen Uele-

---

[30] Robert Ludwig Suter, 47/48.
[31] Alfred Häberle, Mittelalterliche Blütezeit des Cisterzienserklosters St. Urban (Luzern 1946), 164.
[32] Josef Zihlmann, Sie rufen mich beim Namen, 187. – Siehe aber: Gerhardi Vita sancti Oudalrici episcopi. Cap. XXVII (Schluß). MGH. SS IV, Hannover 1841, 415.
[33] Kunstdenkmäler Luzern, Bd. V, 128–137.

57 *St. Urban, Kanton Luzern. Ehemalige Zisterzienserabteikirche (1711). Altarbild des Ulrichsaltars (1716): Erteilung des Wallfahrtssegens mit dem Ulrichsmeßgewand*

rech go« (unter den Ulrich gehen) genannt.[34] Das Hauptblatt des barocken Ulrichsaltars auf der Epistelseite des Kirchenschiffes stellt den Kult des Ulrichs-Meßgewandes dar, wie wir ihn bereits aus St. Urban kennen. Das Oberblatt des Altares führt dem Betrachter die bekannten mittelalterlichen Gefährten des heiligen Ulrich vor Augen: St. Mauritius, den Einsiedler Antonius, Jakobus den Älteren, Eligius und St. Beat.[35] Berichte aus dem wundergläubigen 17. Jahrhundert wollen wissen, daß auch in Luthern mit dem Ulrichs-Meßgewand viele Wundertaten geschahen. Wie in St. Urban, so wurde ebenfalls in Luthern der heilige Ulrich insbesondere für kranke Kinder um Hilfe angerufen. Doch waren die Kinder, die von ihren Eltern in großer Zahl zum Ulrichssegen mitgenommen wurden, selbstverständlich nicht alle krank. Man bat den Heiligen nicht nur um Genesung, sondern auch um Schutz vor Krankheiten aller Art. Im Barockzeitalter galt Ulrich ganz allgemein als hilfreicher Schutzherr der Kinder. Weniger als im süddeutschen Raum scheint man ihn in unseren Gegenden als Nothelfer bei Mäuseplagen angerufen zu haben. Dies mag damit zu erklären sein, weil hier der heilige Magnus als Schutzpatron gegen schädliches Gewürm in hohem Ansehen stand.[36]

In welchem geschichtlichen Zusammenhang die St. Ulrich-Kaseln von Luthern und St. Urban zueinander stehen, ist nicht bekannt. Nur so viel ist gesichert, daß sie sich in »Größe, Schnitt, Stoffart, Farbe, Dekor und vor allem im Alter« sehr stark voneinander unterscheiden.[37] Auch die Kasel von Luthern wurde 1973 in der Stiftung Abegg in Riggisberg einer eingehenden Untersuchung unterzogen.[38] Während das etwa tausendjährige St. Ulrichs-Meßgewand der Abtei St. Urban aus kostbarem Seidenstoff aus dem vorderasiatisch-islamischen Raum gefertigt ist, stammt die jüngere, aus Wollstoff geschneiderte Ulrichs-Kasel von Luthern aus dem 14. Jahrhundert; sie illustriert, wie man sich im Spätmittelalter die Meßgewänder der einfachen Landkirchen vorzustellen hat, als die nachtridentinische Verpflichtung zum Gebrauch von teuren Seidenstoffen noch nicht bestand. Das Ulrichs-Gewand von Luthern stand wie jenes von St. Urban in keinem direkten Zusammenhang mit dem Augsburger Bischof Ulrich. Wann und unter was für näheren Umständen der Segensbrauch mit dem Ulrichs-Meßgewand nach St. Urban und nach Luthern kam, bleibt ungeklärt. Tatsache ist, daß heute noch Jahr für Jahr am 4. Juli, am Festtag des heiligen Ulrich, in der Pfarrkirche Luthern mit dem Ulrichs-Meßgewand in der von »altersher« tradierten Form der Ulrichssegen gespendet wird.

---

[34] Josef Zihlmann, Sie rufen mich beim Namen, 183 ff.
[35] Kunstdenkmäler Luzern, Bd. V, 134.
[36] Josef Zihlmann, Sie rufen mich beim Namen, 188.
[37] Robert Ludwig Suter, Ulrichs-Kaseln, 48–51.
[38] Brigitta Schmedding, Mittelalterliche Textilien (1978), 142–144.

Literatur

Caspar Lang, Historisch-Theologischer Grund-Riss der alten und jeweilig christlichen Welt. Erster Teil, Einsiedeln 1692.
Die Kunstdenkmäler des Kantons Luzern, Bde 1–7, Basel 1946–1987.
Bischof Ulrich von Augsburg und seine Verehrung. Festgabe zur 1000. Wiederkehr des Todestages (= Jahrbuch des Vereins für Augsburger Bistumsgeschichte 7), Augsburg 1973.
Jean-Jacques Siegrist, Die spätmittelalterlichen Pfarreien des Kantons Luzern. In: Luzerner Historische Veröffentlichungen Bd. 7, Luzern – München 1977.
Brigitta Schmedding, Mittelalterliche Textilien in Kirchen und Klöstern der Schweiz (= Schriften der Abegg-Stiftung 3), Bern 1978.
Documenta textilia. Festgabe für Sigrid Müller-Christensen, München 1981.
Robert Ludwig Suter, Die »Ulrichs-Kaseln« von St. Urban und Luthern, In: Heimatkunde des Wiggertales Bd. 39, Willisau 1981.
Josef Zihlmann, Sie rufen mich beim Namen. Hitzkirch 1982.
Ruswil. Geschichte einer Luzerner Landgemeinde, von Prof. Dr. phil. Berthe Widmer, mit Beiträgen von 15 weiteren Autoren, Ruswil 1987.
Otto Wimmer – Hartmann Melzer, Lexikon der Namen und Heiligen, bearbeitet und ergänzt von Josef Gelmi, Innsbruck – Wien 1988.
Hans Wicki, Staat, Kirche, Religiosität. Der Kanton Luzern zwischen barocker Tradition und Aufklärung (= Luzerner Historische Veröffentlichungen 26), Luzern – Stuttgart 1990.

*Burkard Schramman (Entwurf) und Bartholomäus Kilian (Kupferstich):
Titelblatt des Rituale Ratisbonense (zu Kosel, Seite 640)*

Josef Pilvousek

Zwei katholische Ulrichspatrozinien in den neuen Bundesländern

Patrozinienforschung gilt ähnlich wie Regionalgeschichtsforschung heute als eines der Stiefkinder der ehemaligen DDR. Während letzteres ideologisch bedingt war, hat Patrozinienforschung für die katholische Kirche wegen ihrer Diasporasituation kaum eine Rolle gespielt. Sieht man von den wenigen katholischen Gebieten ab, deren Kirchenpatrozinien in verschiedensten Werken bereits vor dem Krieg verzeichnet wurden, so stand nach dem Zusammenbruch angesichts der großen Anzahl katholischer Flüchtlinge aus den ehemaligen deutschen Ostgebieten zunächst der Aufbau von Gottesdienststationen im Vordergrund. Erst allmählich, nachdem sich die seelsorgliche Lage entspannt hatte, wurden in den Schematismen der jeweiligen Kommissariate, Generalvikariate und Bistümer neue Kirchen und Kapellen aufgenommen, die seit 1945 gegründet worden waren.
Für die evangelischen Kirchen ist es evident, daß Patrozinien und Kirchenpatrone vor der Reformation, wenn es Dorfkirchen oder kleinere Kirchen betraf, kaum mit deren Patron verzeichnet wurden und werden. Auch das »Pfarrer-Jahrbuch der Provinz Sachsen« gibt keine Patrozinien an. Einige private Untersuchungen von Forschern, die nicht im Druck vorliegen und noch nicht zugänglich sind, scheinen diese Lücke schließen zu wollen.[1]
Festzuhalten, daß es bisher keine flächendeckende Untersuchung über Patrozinien in der ehemaligen DDR gibt, und dennoch ehemalige und bestehende Ulrichspatrozinien aufzufinden heißt so schon von vornherein, nur fragmentarisch Ulrichpatrozinien nennen zu können, auch wenn ein Weg aufgezeigt werden kann, wie man durch intensive Forschung zu einem endgültigen Ergebnis gelangen könnte.
Zunächst sind es die Kunstführer der DDR, die einen ersten Überblick über ehemalige und bestehende Ulrichpatrozinien geben:
Magdeburg St. Ulrich, im Zweiten Weltkrieg zerstört; Halle St. Ulrich, heute Konzerthalle; Sangerhausen St. Ulrich, heute evangelische Pfarrkirche; Mücheln St. Ulrich; Bad Lauchstädt, Kirche ist nicht mehr existent.

---

[1] Freundliche Mitteilung von Herrn Dr. Velten, Leiter der Bibliothek und des Archivs des Evangelischen Ministeriums Erfurt, 3. 2. 1992.

Eine weitere Quelle sind die für fast alle deutschen Gebiete seit Ende des vorigen Jahrhunderts entstandenen Reihen der »Bau- und Kunstdenkmäler«. Für Thüringen lassen sich aus ihnen folgende Ulrichspatrozinien nachweisen: Asbach bei Gotha;[2] Obermehler nördlich von Körner;[3] Triptis Ulrichskirche und Gottesackerkirche.[4] Doch auch diese Quellen reichen nicht aus, um auch nur annähernd die vorreformatorischen Ulrichspatrozinien aufzuzählen. Einzeluntersuchungen über mittelalterliche Kirchenstrukturen, wie die von Martin Hannappel,[5] können weitere Aufschlüsse über Ulrichspatrozinien geben: Achelstädt St. Ulrich und Martinus;[6] Alach;[7] Büchel;[8] Hochdorf;[9] Hemleben;[10] Urbich;[11] Vikarie St. Ulrich an der Pfarrkirche Rettgenstedt.[12]

Die einzige Untersuchung über Patrozinien im Gebiet der ehemaligen DDR, den südthüringischen Anteil der Diözese Würzburg betreffend, stammt von Otto Alfred Fritz.[13] In folgenden Orten findet er Ulrichspatrozinien: Vachdorf;[14] Stetten v. d. Rhön;[15] Heinrichs.[16]

In der katholischen Kirche auf dem Gebiet der ehemaligen DDR gibt es heute eine Pfarrvikarie und eine Seelsorgestelle, deren Kirche bzw. Kapelle den hl. Ulrich als ihren Patron haben. So sehr beide auch in ihrer Entstehung und Bedeutung verschieden sind, so offenkundig ist es, daß sie typisch für den mitteldeutschen Diasporakatholizismus sind.

I. Die Pfarrvikarie St. Ulrich in Merseburg-Süd[17]

Die 1960 errichtete Pfarrvikarie St. Ulrich ist in ihrer Entstehung kennzeichnend für die wirtschaftliche und politische Lage in der damaligen DDR, bzw. ist als eine in dieser Form neu entstandene Gemeinde nur auf dem Hintergrund der DDR-Situation zu verstehen. Der Stadtteil Merseburg-Süd war entstanden, weil Ersatzwohnungen für die Menschen gesucht wurden, die wegen

---

[2] Bau- und Kunstdenkmäler Thüringens, bearbeitet von P. Lehfeld, Heft VIII, Jena 1891, 7.
[3] AaO., Heft X, Jena 1891, 249.
[4] AaO., Heft XXIV, Jena 1897, 237.
[5] Martin Hannappel, Das Gebiet des Archidiakonates Beatae Mariae Virginis Erfurt am Ausgang des Mittelalters (= Arbeiten zur Landes- und Volksforschung 10), Jena 1941.
[6] Ebd. 233.   [10] Ebd. 73.
[7] Ebd. 54.   [11] Ebd. 180.
[8] Ebd. 71.   [12] Ebd. 257.
[9] Ebd. 243.
[13] Otto Alfred Fritz, Mittelalterliche Kirchenpatrozinien in Südthüringen: Würzburger Diözesangeschichtsblätter 34 (1972) 79–112.
[14] Ebd. 97.
[15] Ebd. 98.
[16] Ebd. 108.
[17] Danken möchte ich Herrn Pfarrer Helmut Langos für Informationen und überlassenes Archivmaterial.

eines der größten Braunkohlevorkommen Europas aus ihren Orten vertrieben worden waren.[18] Braunkohle galt als der wichtigste Rohstoff. Ganze Ortschaften oder Teile von diesen mußten dem Bergbau weichen. Die Katholiken dieser Ortschaften, aus Nieder- oder Oberschlesien, Bayern, Westfalen, dem Rheinland, Ostpreußen oder dem Sudetenland, kamen in diese »Neustadt«. Die Ansiedlungssituation wurde bald zu einem ernsthaften pastoralen Problem für die Merseburger Stadtgemeinde St. Norbert. Dem damaligen Pfarrer von St. Norbert, Josef Gerwin, gelang es am 1. Oktober 1956, in einer Baracke die erste Hl. Messe in dem neuen Stadtteil zu feiern. Der Anfang der Gründung einer neuen Gemeinde war gemacht. Am 1. November 1957 konnte der Grundstein für ein zweites Gotteshaus, eine Kapelle, gelegt werden. Vorausgegangen waren schwierige Verhandlungen mit dem Rat des Kreises Merseburg wegen der Übereignung eines Kirchenbaugeländes und schließlich der Baugenehmigung »zum Bau einer Notkapelle und eines Unterrichtsraumes«.[19] Nach weiteren schikanösen staatlichen Maßnahmen wie Baustopp, Androhung von Zwangsgeld und Verweigern der staatsaufsichtlichen Genehmigung zum Kaufvertrag, da »ein kirchliches Interesse am Erwerb des Grundstückes nicht anerkannt werden könne«,[20] konnte nach kirchlichem Protest erst Ende des Jahres 1958 der Baustopp aufgehoben werden. Die Benediktion der Ulrichskapelle erfolgte am 25. Januar 1959 durch Weihbischof Rintelen, Magdeburg.[21] Weitere Schritte zur Verselbständigung von der Mutterpfarrei St. Norbert waren 1960 die Errichtung der Kuratie St. Ulrich Merseburg-Süd, die Errichtung der Filialkirchgemeinde 1965 und schließlich 1968 die Eintragung der Eigentumsänderung des Kirchengrundstückes von St. Norbert auf St. Ulrich im Grundbuch.[22]

Die Patrozinienwahl geht auf ein Gelübde des Merseburger Pfarrers aus dem Jahre 1955 zurück. Wenn es möglich werden sollte, eine Kirche in Merseburg-Süd zu errichten, dann solle sie den Namen des Bischofs Ulrich tragen. In bewußter Anspielung auf die Gründung des Bistums Merseburg, die Schlacht auf dem Lechfeld und die Rolle des hl. Ulrich dabei ist die Urkunde des Grundsteines verfaßt.[23] Heute gehören zur Pfarrvikarie St. Ulrich etwa 600 Katholiken.

[18] Vgl. Chronik der Pfarrvikarie St. Ulrich. Besitz der Pfarrvikarie.
[19] Zur Geschichte des Kirchenbaus St. Ulrich in Merseburg-Süd – Daten und Fakten. Besitz der Pfarrvikarie.
[20] Ebd.
[21] Friedericus M. Rintelen, divina miseratione et Sanctae Sedis Apostolicae gratia episcopus titularis Chusierensis, Auxiliaris Paderbornensis Magdeburgi, S. Theologiae Doctor.
Hisce notum sit omnibus, Nos anno Domini millesimo nongentesimo quinquagesimo nono die 25 mensis Januarii ecclesiam filialem in Merseburg-Süd, in honorem S. Udalrici, secundem formam in rituale Romano praescriptam benedixisse. Datum Magdeburgi, die 25 mensis Januarii 1959. Urkunde im Besitz der Pfarrvikarie.
[22] Vgl. Zur Geschichte des Kirchbaus St. Ulrich.
[23] »Gottes Huld ließ uns 1955, am Festtage des Hl. Laurentius zugleich mit dem Tausend-Jahr-

II. Die St. Ulrichskapelle in Weischlitz[24]

Weischlitz, unweit von Plauen gelegen und zur Pfarrei Herz Jesu, Plauen, gehörend, hat seit 1931 eine Ulrichskapelle. Ähnlich wie in vielen Diasporagegenden Mitteldeutschlands, waren infolge der großen Arbeitslosigkeit auch in protestantische Gebiete Katholiken gekommen, um Arbeit zu finden.[25] In Weischlitz waren es vor allem Katholiken aus Bayern, die sich hier ansiedelten.[26]

Darf für St. Ulrich in Merseburg-Süd gelten, daß pastorale Notwendigkeit, gepaart mit gesamtgemeindlicher Initiative, die Gründung zustande brachten, so ist in Weischlitz das seelsorgliche Erfordernis vor allem von einem Mann bis zur Gründung einer Kapelle forciert worden: Albert Erdle.[27] Über dieses Ulrichspatrozinium darstellend zu berichten heißt so vor allem, über den Augsburger Diözesanpriester zu schreiben, der dem »Hl. Ulrich als seinem Bistumspatron die Ehre erweisen und ein Zeichen des Dankes für die Spenden zum Bau der Kapelle geben« wollte.[28]

Erdle bittet seinen Diözesanbischof sofort nach seiner Weihe 1925, ihn in die erst 1921 neugegründete und noch schwer mit ihrem Aufbau ringende Diasporadiözese Meißen zu entlassen, und im gleichen Jahr wird er Kaplan in der sächsischen Spitzen- und Gardinenstadt Plauen.[29] In der schwierigen Situa-

---

Gedächtnis der Schlacht auf dem Lechfelde, die Weihe des Erweiterungsbaues unserer Pfarrkirche St. Norbert festlich begehen. Bischof Wilhelm Weskamm von Berlin weilte in unserer Mitte. Damals reifte der Plan, eine zweite katholische Kirche dem Hl. Bischof Ulrich von Augsburg zu weihen. St. Ulrich trug durch sein vertrauensvolles Beten wesentlich zur Abwehr der gefährlichen Bedrohung des Christentums 955 bei und half mit, den Grundstein zu legen für das Bistum Merseburg, das Kaiser Otto I. zum Dank für den Sieg auf dem Lechfeld gelegt hatte.« Vgl. Chronik der Pfarrvikarie St. Ulrich. Zur Entstehung des Bistums Merseburg vgl. E. Quiter, Untersuchungen zur Entstehungsgeschichte der Kirchenprovinz Magdeburg, Paderborn 1969, 50–52, 68, 74f., 106f.

[24] Für schriftliche Mitteilungen danke ich Herrn Dekan Rudolf Birner, Plauen.
[25] Für den Bereich des Bischöflichen Amtes Erfurt-Meiningen gibt es eine Zusammenstellung über die Neugründungen von Pfarreien und Seelsorgestationen nach der Reformation von B. Opfermann, Das Bischöfliche Amt Erfurt-Meiningen und seine Diaspora, Leipzig 1988.
[26] Schriftliche Mitteilungen von Dekan Birner, 5. 4. 1992.
[27] Prälat Albert Erdle, Apostolischer Protonotar, geboren am 11. 8. 1901 in Frauenriedhausen, Priesterweihe 12. 7. 1925 in Augsburg, 1925–1931 Kaplan in Plauen, 1931–1941 bayerischer Landessekretär des Bonifatiuswerkes, 1941–1962 Generalsekretär des Bonifatiuswerkes, 1962–1971 geschäftsführender Vizepräsident des Bonifatiuswerkes, gestorben am 17. 2. 1983 in Paderborn. Vgl. Prälat Albert Erdle, in: Der Dom (27. 2. 1983).
[28] Schriftliche Mitteilung von Dekan Birner, Plauen, 5. 4. 1992. Der Bau der Kapelle hatte 30 000 Mark gekostet. 13 000 Mark hatte Erdle in der Diözese Augsburg gesammelt. 7 000 Mark kamen vom Bonifatiusverein in Paderborn.
[29] Archiv des Bonifatiuswerkes Paderborn. H. Butterwegge, Der neue Vizepräsident und Geschäftsführer des Bonifatiuswerkes (Manuskript).

---

58 Merseburg-Süd (Sachsen-Anhalt): Pfarrvikarie St. Ulrich, geweiht 1959

tion der Diaspora gelingt es ihm, den Bau eines Kolpinghauses zu initiieren und schließlich in der »Außenstelle« Weischlitz ein großes Grundstück zu erwerben, auf dem 1931 die Ulrichskapelle errichet wurde.[30]

Der erste katholische Gottesdienst war in Weischlitz bereits am 20. Juli 1925 in einem Gasthof gehalten worden.[31] Die Grundsteinlegung des Gotteshauses erfolgte am 10. Mai 1931, die Benediktion durch Pfarrer Kurze am 30. September 1931.[32]

Die Kapelle wurde »gleichsam zum Vorläufer von Hunderten Diasporakirchen, an deren Bau Erdle dann später, als er ganz in die Dienste des Bonifatiusvereins getreten war, mitwirken sollte«.[33] Seine sechsjährige Kaplanszeit in Plauen hat in vielfältiger Weise Spuren hinterlassen.

Prälat Erdle wird, nachdem er 1962 zum Geschäftsführer des Bonifatiusvereins berufen wurde, vor allem die Diaspora der DDR ein »Herzensanliegen« sein. Die materielle und finanzielle Unterstützung der mitteldeutschen Kirche, die einen caritativen und seelsorglichen Dienst erst ermöglichte, wird er in neuer Weise organisieren.[34] So ist eine Ulrichskapelle Ausgangspunkt des Wirkens eines Augsburger Diözesanpriesters geworden, dem die katholische Kirche in der ehemaligen DDR unendlich viel verdankt.

Die Ausstattung der Kapelle ist einfach, und lediglich ein »monstranzartiges Reliquiar des Hl. Ulrich« bildet den »einzigen Reichtum« des Gottesdienstraumes.[35] »Eine kleine Glocke, mit Hand zu läuten, ruft zum Gottesdienst«, zu dem sich jeden Sonntag um 10 Uhr 15 bis 20 Gläubige versammeln.[36] Zum Gemeindefest, am ersten Sonntag im Juli (Ulrichsfest), treffen sich die Gemeindeangehörigen auf dem großen Grundstück vor der Kapelle, um den Patron ihres Gotteshauses feiernd zu ehren.[37]

Die zwei Ulrichspatrozinien der katholischen Kirche in den neuen Bundesländern sind in ihrer Entstehung, wenn auch aus unterschiedlichen Gründen, eng mit der Diözese Augsburg verbunden. Die Gemeinden, die sich in diesen Gotteshäusern versammeln, sind typische Diasporagemeinden – Kirche in Bewegung –, die in ihrer Seelenzahl und auch Struktur wohl kaum mit

---

[30] Ebd.
[31] Freundliche Mitteilung von Herrn Archivdirektor Dr. Siegfried Seifert, Bautzen, 16. 3. 1992.
[32] Ebd.
[33] Archiv des Bonifatiuswerkes Paderborn, H. Butterwegge, Der neue Vizepräsident und Geschäftsführer des Bonifatiuswerkes (Manuskript).
[34] Archiv des Bonifatiuswerkes Paderborn. H. Butterwegge, Prälat Albert Erdle (zum Gedenken) (Manuskript).
[35] Schriftliche Auskunft von Dekan Birner, Plauen, 5. 4. 1992.
[36] Ebd.
[37] Ebd.

59 Merseburg-Süd (Sachsen-Anhalt): Pfarrvikarie St. Ulrich, Innenraum

Gemeinden der Diözese Augsburg zu vergleichen sind. Die politischen, wirtschaftlichen und sozialen Veränderungen nach dem »Fall der Mauer« haben Zahlen und Strukturen bisher kaum verändert. Ob es irgendwann einmal weitere Gotteshäuser oder Gemeindezentren auf dem Gebiet der neuen Bundesländer geben wird, die dem hl. Ulrich geweiht sind, der Diözese Augsburg besonders verbunden, wird mit dem Zusammenwachsen, Mitfühlen und Mitverstehen der Gläubigen in »Ost und West« zu tun haben.

Ulrich Kuder

Bischof Ulrich von Augsburg
in der mittelalterlichen Buchmalerei

Mit einer vergleichsweise dichten Folge von Ulrichsbildern dokumentiert die Buchmalerei die Wandlungen der Ulrichsverehrung vom 11. bis zum 16. Jahrhundert. Darüber hinaus ist das älteste erhaltene Bild des hl. Ulrich eine Miniatur. Er erscheint nämlich auf dem Krönungsbild im Sakramentar Heinrichs II. (München, Bayer. Staatsbibliothek, Clm 4456 fol. 11ʳ), einer im Regensburger Kloster St. Emmeram hergestellten Handschrift. Dieses Bild ist zu einer Zeit entstanden, als Heinrich noch König war, also zwischen 1002 und 1014, wahrscheinlich aber, da es die besonderen Umstände der am 7. Juni 1002 in Mainz vorgenommenen Krönung Heinrichs II. reflektiert, nicht lange nach dieser.[1] Erst gut anderthalb Jahrhunderte später gibt es erhaltene Ulrichsbilder auch außerhalb der Buchmalerei: im letzten Drittel des 12. Jahrhunderts eine Stickerei auf einer Glockenkasel, südwestdeutsch, aus St. Blasien in St. Paul im Lavanttal, wo Ulrich mit dem hl. Konrad von Kon-

1

Für freundliche Hinweise danke ich Jutta Held, vor allem dafür, daß sie mir Einblick in das Manuskript ihres Aufsatzes »Das Krönungsbild im Sakramentar Kaiser Heinrichs II. Zur Rekonstruktion seiner Bedeutungssysteme«, der demnächst in den »Aachener Kunstblättern« erscheinen wird, ermöglicht hat. Ebenso danke ich Herrad Spilling, Helmut Gier und Felix Heinzer für hilfreiche Gespräche.

[1] Gerd Bauer, »Neue« Bernward-Handschriften. In: Martin Gosebruch–Frank N. Steigerwald (Hrsg.), Bernwardinische Kunst (Schriftenreihe der Kommission für Niedersächsische Bau- und Kunstgeschichte bei der Braunschweigischen Wissenschaftlichen Gesellschaft. Bd. 3). Göttingen 1988, S. 211–235 hält das Krönungsbild im Sakramentar Heinrichs II. für »sicher bald nach Heinrichs II. Amtsantritt« entstanden (ebd., S. 217). Zur Handschrift s. den Ausstellungskatalog ›Regensburger Buchmalerei. Von frühkarolingischer Zeit bis zum Ausgang des Mittelalters‹. Ausstellung in Regensburg 16. 5.–9. 8. 1987. München 1987, S. 32 f. (Nr. 16).

[2] Marie Schuette–Sigrid Müller-Christensen, Das Stickereiwerk. Tübingen 1963, S. 32. Das Feld mit Ulrich und Konrad ist unter dem der Erschaffung Evas, s. ebd., Taf. VI und Abb. 106. S. auch Ausstellungskatalog ›Romanische Kunst in Österreich‹. 21. 5.–25. 10. 1964 Minoritenkirche Krems-Stein. Krems 1964, S. 201 f. (Nr. 175), Karl Ginhart, Die Kunstdenkmäler des Benediktinerstiftes St. Paul im Lavanttal und seiner Filialkirchen (Österreichische Kunsttopographie. Bd. XXXVII). Wien 1969, S. 251–258 (dort die Frühdatierung: 2. Viertel des 12. Jhs.), Ausstellungskatalog ›Das tausendjährige St. Blasien. 200jähriges Domjubiläum‹. 2. 6.–2. 10. 1983 im Kolleg St. Blasien. Karlsruhe 1983, Bd. I, S. 172 f. (Nr. 153), ebd., S. 173 Farbabb. des Feldes mit den heiligen Ulrich und Konrad.

stanz auf einem Feld vereint ist,² und, vor 1187, die gravierte und gepunzte Kupferplatte seines Sarges.³

Daß ein vor der Jahrtausendwende verstorbener Heiliger schon etwa eine Generation nach seinem Tod in einem erhalten gebliebenen Bild als Heiliger auftritt, ist singulär. Gewiß gibt es von Karl dem Großen (768–814; 1165 kanonisiert) zeitgenössische Münzbilder. Auch lassen sich Mosaiken, die ihn zu Lebzeiten darstellten, durch Nachzeichnungen erschließen,⁴ doch zeigen ihn diese nicht als Heiligen, sondern als Herrscher. Entsprechendes gilt von den heiligen Päpsten Leo III. (Papst 795–816) und Leo IV. (Papst 847–855), deren zeitgenössische Bilder sie als Päpste oder auch als Stifter, nicht aber als Heilige zeigen.⁵ Selbst von einem so beliebten Heiligen wie dem hl. Wenzeslaus (geb. um 910, ermordet 929 oder 935) gibt es Bilder erst etwa 70 Jahre nach seinem Martyrium.⁶ So bald nach dem Tod wie Ulrich wurde kein anderer heiliger Bischof des 10. Jahrhunderts dargestellt, weder Konrad von Konstanz (um 901–976; 1123 kanonisiert), Ulrichs Freund,⁷ noch Wolfgang von Regensburg (um 924–994; 1052 feierliche Erhebung der Gebeine und Approbation der Verehrung)⁸ noch Erzbischof Bruno I. von Köln (925–965), der Bruder Ottos des Großen,⁹ noch Adalbert von Prag (um 956–997), der Märtyrer.¹⁰

Das frühe Bildzeugnis hat im Fall des hl. Ulrich seinen Grund gewiß in der frühen Verehrung und in der frühen, schon zwanzig Jahre nach seinem Tod erfolgten Kanonisation dieses Heiligen, doch kommen spezifische Gründe, die sich aus dem Bild selbst erschließen lassen, hinzu. Denn der hl. Ulrich erscheint auf dem Krönungsbild Heinrichs II. in einem für die politische Iko-

---

³ Michael Hartig, Das Benediktiner-Reichstift Sankt Ulrich und Afra in Augsburg (1012 bis 1802). Augsburg 1923, S. 30, Abb. einer Nachzeichnung (Kupferstich) auf S. 74, Ausstellungskatalog ›Suevia Sacra. Frühe Kunst in Schwaben‹. Augsburg 1973, S. 150 f. (Nr. 132; Hannelore Müller).

⁴ Percy Ernst Schramm, Die zeitgenössischen Bildnisse Karls des Großen (Beiträge zur Kulturgeschichte des Mittelalters und der Renaissance. Hrsg. v. Walter Goetz. Bd. 29). Leipzig/Berlin 1928 (Nachdruck Hildesheim 1973); ders., Karl der Große im Lichte seiner Siegel und Bullen sowie der Bild- und Wortzeugnisse über sein Aussehen. In: Karl der Große. Lebenswerk und Nachleben. Unter Mitwirkung von Helmut Beumann, Bernhard Bischoff u. a. hrsg. von Wolfgang Braunfels. Bd. I: Persönlichkeit und Geschichte. Hrsg. von Helmut Beumann. Düsseldorf 1965, S. 15–23.

⁵ Gerhart B. Ladner, Die Papstbildnisse des Altertums und des Mittelalters. Bd. I: Bis zum Ende des Investiturstreites. Città del Vaticano 1941, S. 113–128, 146–154.

⁶ Wolfenbüttel, Herzog August Bibliothek, Cod. Guelf. 11.2 Aug. 2° (Gumpold von Mantua, Vita des hl. Wenzel; vor 1006) mit drei Miniaturen. S. dazu Wolfgang Milde, Mittelalterliche Handschriften der Herzog August Bibliothek. 120 Abbildungen, ausgewählt und erläutert. Frankfurt/Main 1972, S. 64–71 und Bauer, (wie o. Anm. 1), S. 216 f., 231, Abb. 13–16.

⁷ Die ältesten Bilder des hl. Konrad sind die Zeichnung auf der November-Bildseite zum Martyrolog Stuttgart, Württ. Landesbibliothek, Cod. hist. 2° 415 (Zwiefalten, um 1162) fol. 77r (Karl Löffler, Schwäbische Buchmalerei in romanischer Zeit. Augsburg 1928, Taf. 31; zur Handschrift s. Sigrid von Borries-Schulten, Die romanischen Handschriften der Württembergischen Landesbibliothek Stuttgart (Katalog der illuminierten Handschriften der Württembergischen

nographie des frühen Mittelalters hochbedeutenden Zusammenhang. Er steht zur Rechten, der hl. Emmeram von Regensburg zur Linken des Königs, der, in der Mitte des Bildes, die beiden Heiligen um mehr als Haupteslänge überragt. Gekrönt wird Heinrich II. von Christus, der über ihm auf einem Bogenthron in einer Mandorla sitzt und der seine Rechte segnend über Heinrich erhoben hat. Zwei von oben herabfliegende Engel bringen mit verhüllten Händen zwei Reichsinsignien, die Heinrich mit seinen bloßen Händen ergriffen hat, mit der Rechten die heilige Lanze, mit der Linken das Reichsschwert. Der untere Bildbereich, aus dem Heinrich herausragt, ist vom oberen, aus dem sich Christi Mandorla, die Lanze und das Schwert hinabsenken, durch eine ornamentierte Leiste abgetrennt, die auf zwei goldenen Säulen und auf zwei Schriftleisten aufruht. Heinrich steht auf dem Boden des durch diese Bildelemente angegebenen irdischen Raums. Außerhalb hingegen befinden sich Ulrich und Emmeram, deren Füße vor dem äußeren Rahmen schweben. Als Verstorbene gehören die beiden Heiligen einer anderen zeitlichen und räumlichen Dimension an als der König.

Goldene Inschriften umschließen in goldenen Rahmenleisten die Figuren, mit denen zusammen sie den Sinnzusammenhang dieses Bildes konstituieren. Es handelt sich um zweimal vier leoninische Hexameter. Die ersten vier, mit ›Ecce‹ eingeleitet, auf abwechselnd grünem und blauem Grund, beginnen bei Heinrichs Füßen und umgeben König Heinrich und die beiden Engel, die zweiten vier, auf purpurfarbenem Grund, in der Spitze des Mandorlarahmens beginnend, Christus und die beiden Heiligen. Der Beginn dieser

---

Landesbibliothek Stuttgart. Bd. 2: Die romanischen Handschriften). Teil 1: Provenienz Zwiefalten. Stuttgart 1987, S. 97–111, Nr. 64) und die Stickerei auf der o. S. 413 erwähnten Kasel in St. Paul im Lavanttal. Über die bildlichen Darstellungen des hl. Konrad s. Joseph Clauß, Der heilige Konrad. Bischof von Konstanz. Freiburg/Br. 1947, S. 102–125.

[8] Das älteste Bild des hl. Wolfgang ist im Evangeliar Heinrichs IV. oder Heinrichs V. Krakau, Bibliothek des Domkapitels, Ms. 208 (Regensburg, zwischen 1099 und 1106 oder zwischen 1106 und 1111) fol. 16r; s. Ausstellungskatalog ›Regensburger Buchmalerei‹, (wie o. Anm. 1), S. 38 (Nr. 26) und Taf. 105. Zu den bildlichen Darstellungen des hl. Wolfgang s. Johannes Ev(angelista) Seitz, Ikonographie der heiligen Bischöfe der Kirchenprovinz München-Freising mit Salzburg bis etwa 1500. Bearbeitet: Salzburg und Regensburg. München 1928.

[9] Peter Bloch, Erzbischof Bruno in Darstellungen des frühen Mittelalters. In: Jahrbuch des Kölnischen Geschichtsvereins, Bd. 40, 1966, S. 41–50.

[10] Zu den bildlichen Darstellungen des hl. Adalbert von Prag s. Emanuel Poche, Adalbert (Vojtěch) von Prag (von Gnesen). In: Lexikon der christlichen Ikonographie. Hrsg. von Wolfgang Braunfels, 5. Bd., 1973, Sp. 25–28. Das Relief auf dem Marmorbrunnen in Rom, S. Bartolomeo dell'isola wird bei Percy Ernst Schramm, Die deutschen Kaiser und Könige in Bildern ihrer Zeit 751–1190. Neuaufl. hrsg. von Florentine Mütherich. München 1983, S. 209 f. in Auseinandersetzung mit der Frühdatierung (um 1000) überzeugend ins 12. Jahrhundert datiert.

[11] Da diese Verse oft in anderer Reihenfolge wiedergegeben werden (s. z. B. Monumenta Germaniae historica. Poetae latini medii aevi, Tom. V. Hrsg. von Karl Strecker. Berlin 1939, S. 434), war es notwendig, genauer auf ihre Anordnung im Bildzusammenhang, die sehr bewußt vorgenommen wurde und den Sinn nicht unberührt läßt, einzugehen.

beiden Vierzeiler wird jeweils durch ein Kreuz markiert. Beide durchziehen die gesamte Höhe und Breite des Bildes.[11] Sie lauten:

† *Ecce coronatur divinitus atque beatur*
Rex pius Heinricus proavorum stirpe polosus.
Propulsans curam sibi convert angelus hastam.
Aptat et hic ensem cui praesignando timorem.

(Sieh, von Gott wird gekrönt und gesegnet der fromme,
durch den Stamm seiner Ahnen hochberühmte König Heinrich.
Ein Engel bringt ihm die Lanze und wehrt dadurch ängstliche Sorge von ihm ab.
Dieser übergibt ihm das Schwert, damit er mit ihm Furcht verbreite.)

† *Clemens Christe tuo longum da vivere christo.*
Ut tibi devotus non perdat temporis usus.
Huius Uodalricus cor regis signet et actus,
Emmerammus ei faveat solamine dulci.

(Christus, gib deinem Gesalbten[12] gnädig ein langes Leben.
Dir ergeben, möge er den Gebrauch der Zeit nicht versäumen.
Ulrich segne das Herz und die Taten des Königs,
Emmeram beglücke ihn mit süßem Trost.)

Der erste Bildtitulus thematisiert die Königsweihe Heinrichs II. Dieser ist von königlichem Geblüt, er erhält das Königtum aber nicht von Menschen, sondern von Gott. Diese zentrale Aussage über das Gottesgnadentum König

---

[12] Das inhaltlich bedeutsame Wortspiel ›*Christus / christus* (Gesalbter)‹ geht im Deutschen verloren. Die mit diesem Wortspiel angedeutete Titulierung Heinrichs II. bezeichnet die Christus-Ähnlichkeit des Herrschers und erinnert an die Formulierung »*cum redemptore ac salvatore Iesu Christo, cuius nomen vicemque gestare crederis*« (mit dem Erlöser und Retter Jesus Christus, dessen Namen zu tragen und dessen Stelle zu vertreten du glauben sollst) im Mainzer Krönungsordo, der der Königsweihe Heinrichs II. zugrunde lag. Zum Mainzer Ordo s. Percy Ernst Schramm, Der Ablauf der deutschen Königsweihe nach dem »Mainzer Ordo« (um 960). In: Ders., Kaiser, Könige und Päpste. Gesammelte Aufsätze zur Geschichte des Mittelalters, Bd. III. Stuttgart 1969, S. 59–107; die zitierte Stelle ebd., S. 100 (§ 22); zum König als *vicarius Christi* und *christus Domini* ebd., S. 84.

[13] Florentine Mütherich, Die Regensburger Buchmalerei des 10. und 11. Jahrhunderts. In: Ausstellungskatalog »Regensburger Buchmalerei« (wie o. Anm. 1), S. 23–29, bes. S. 26. Die Gebärde der Heiligen Ulrich und Emmeram wurde verschiedentlich nicht als ein Geleiten Heinrichs II., sondern in Analogie zu der Gebärde Aarons und Hurs verstanden, die Moses Arme stützten, während Josua mit ausgewählten Männern des Volkes Israel die Amalekiter besiegte, wobei Israel die Oberhand gewann, wenn Mose seine Hand hochhielt, Amalek aber, wenn er sie sinken ließ (Exodus 17,8–13). »Wie Aaron und Hur den Moses (Exodus 17,12), so stützen die heiligen Bischöfe Ulrich Heinrichs rechten und Emmeram den linken Arm« (Albert Bühler, Die heilige Lanze. Ein ikonographischer Beitrag zur Geschichte der deutschen Reichskleinodien. In: Das Münster, 16, 1963, S. 85–116, bes. S. 95; vgl. bereits ders., Die heilige Lanze und der heilige Ulrich auf dem Widmungsbild des Heinrichsakramentars. In: Zeitschrift des historischen Vereins für Schwaben, 61. Bd. (Bischof Ulrich und der Augsburger Religionsfriede. Neue Quellenforschungen zum Augsburger Gedenkjahr 955 + 1555 +

Heinrichs II. wird auch im Bild dargestellt. Der zweite Bildtitulus formuliert, in der Form einer an Christus gerichteten Anrufung, die Wünsche, die den König bei seiner Weihe begleiten: Christus ergeben, möge er mit dem Beistand der Heiligen Ulrich und Emmeram lange und glücklich regieren.
»Die Krönung des Königs durch Christus selbst ist ein byzantinisches Motiv... Die beiden Heiligen zu seiten des Königs aber folgen der abendländischen Tradition, die den Herrscher von zwei Bischöfen geleiten läßt, wie es auch in anderen Handschriften dargestellt ist«,[13] vor allem im Pontifikale Heinrichs II. (Bamberg, Staatsbibliothek, Msc. Lit. 53; Seeon, 1012–14).[14]   60
Daß jemand einen anderen geleitet, indem er mit beiden Händen – wie im Sakramentar Heinrichs II. – oder auch nur mit einer Hand – wie im Pontifi-

1955). Augsburg 1955, S. 179–192, bes. S. 180). Daß die beiden Bildtituli in keiner Weise eine Analogie zwischen Moses – Aaron – Hur und Heinrich II. – Ulrich – Emmeram andeuten, würde, für sich genommen, eine solche nicht ausschließen, wenn die Aussage des Bildes in diesem Punkt eindeutig wäre. Dies ist jedoch nicht der Fall, denn die Moses-Aaron-Hur-Szene unterscheidet sich in sämtlichen erhaltenen Beispielen von dem Heinrich II.-Ulrich-Emmerams-Bild im Sakramentar Heinrichs II. gravierend dadurch, daß Mose mit nach oben geöffneten Händen betet, während Heinrich II., dessen Hände im übrigen nur knapp bis zur Höhe seiner Schultern erhoben sind, keinen Gebetsgestus zeigt. Für die Mose-Aaron-Hur-Szene sei, um nur wenige Beispiele anzuführen, verwiesen auf die Homilien Gregors von Nazianz in Paris, Bibliothèque Nationale, ms. grec 510 (um 881) fol. 424v (Omont, Henri, Miniatures des plus anciens manuscrits grecs de la Bibliothèque Nationale du VIe au XIVe siècle. Paris 1929, pl. LV), die Rodabibel in Paris, Bibliothèque Nationale, ms. lat. 6 Vol. I (1. Hälfte 11. Jh.) fol. 1r und die Bibel aus Ripoll (Farfabibel) in Rom, Biblioteca Vaticana, Cod. Vat. lat. 5729 (1. Hälfte 11. Jh.) fol. 82r (Wilhelm Neuß, Die katalanische Bibelillustration um die Wende des ersten Jahrtausends und die altspanische Buchmalerei (Veröffentlichungen des romanischen Auslandsinstituts der rheinischen Friedrich-Wilhelms-Universität Bonn, Bd. 3). Bonn–Leipzig 1922, Taf. 1 Fig. 1 und Taf. 4 Fig. 7); s. auch die Beispiele bei Rosalie Green u. a., Herrad of Hohenbourg, Hortus deliciarum (Studies of the Warburg Institute. Ed. by J. B. Trapp, Vol. 36). London–Leiden 1979, Reconstruction, S. 73 (Fol. 40r, Pl. 26, No. 56) und Commentary, Figs. 62, 63. Im übrigen ist die vermeintliche Analogie zwischen dem Gestus Heinrichs II. im vorliegenden Bild und Moses Verhalten während der Amalekiterschlacht auch insofern nicht stimmig, als Heinrich nicht lediglich betend seine Arme erheben, sondern selbst kämpfen, also nicht Moses, sondern Josuas Aufgabe übernehmen soll.

[14] Für die von Schramm (wie o. Anm. 10), S. 95 geäußerte Vermutung, es könne sich bei den beiden Bischöfen, die dort Heinrich geleiten, um Heilige handeln, gibt es keinen Anhaltspunkt. Das Pontifikale Heinrichs II. ist sicher später entstanden als das Sakramentar, da seine Texte »für den Gebrauch der Kirche von Bamberg zusammengestellt sind« (Ausstellungskatalog ›Das Evangeliar Heinrichs des Löwen und das mittelalterliche Herrscherbild‹ [Bayerische Staatsbibliothek. Ausstellungskataloge. 35]. München 1986, S. 46 [Nr. 11; Florentine Mütherich]), das Sakramentar Heinrichs II. hingegen keinen Hinweis darauf enthält, daß es im Hinblick auf die Gründung des Bistums Bamberg und die damit verbundenen Stiftungen geschaffen worden sein könnte. Die bei Schramm (wie o. Anm. 10), S. 96 in Betracht gezogene Möglichkeit, das Bild Heinrichs II. zwischen zwei Bischöfen im Pontifikale (Abb. 60) könnte für das Krönungsbild im Sakramentar (Abb. 1) die Vorlage abgegeben haben, scheidet also aus. Doch könnte die dortige Heinrich II.-Ulrich-Emmeram-Gruppe auf eine Vorlage in einem illustrierten Krönungsordo zurückgehen, die ähnlich aussah wie das Bild im Pontifikale aus Seeon in Bamberg, unter dessen Texten sich ja ebenfalls der Krönungsordo befindet. S. auch u. Anm. 26.

kale – dessen Arme oder Hände stützt, ist im frühen Mittelalter eine geläufige Vorstellung. Im Stifterbild des Liller Evangelistars (Reichenau oder Umkreis, um 1100)[15] geleitet Irmingard ihren verstorbenen Gemahl Wenher zu Christus, wobei sie Wenhers Arm stützt, im Perikopenbuch Heinrichs III. und der Kaiserin Gisela (Echternach, zwischen 1039 und 1043)[16] geleiten jeweils zwei Äbte die Mutter Heinrichs III., Kaiserin Gisela (fol. 3r), und den Kaiser selbst (fol. 3r), indem sie diese an den Händen und an den Handgelenken stützen, und schließlich geleiten im Perikopenbuch Heinrichs II. (Reichenau, um 1007 oder 1012) die Apostelfürsten Petrus und Paulus König Heinrich II. und seine Gemahlin Kunigunde zu Christus, der das Herrscherpaar krönt.[17] Petrus schiebt dabei mit seiner Rechten Heinrich II. am rechten Ellbogen und Unterarm zu Christus hin, mit derselben Intention, doch etwas vorsichtiger berührt Paulus den linken Arm Kunigundens.

In unserem Zusammenhang interessiert vor allem die Frage, warum gerade die heiligen Ulrich und Emmeram ausgewählt wurden, den König zu Christus zu geleiten, damit er von diesem gekrönt werde. Albert Bühler hat die Frage so gestellt, »warum hier nicht (und hier besonders!) der heilige Mauritius, Heinrichs ›Reichspatron‹, anstelle des hl. Ulrich dargestellt ist«.[18] Die Frage führt zu einem genaueren Verständnis der Miniatur und ihres historisch-politischen Zusammenhangs. Für einen modernen Betrachter wäre in der Tat der hl. Mauritius neben der hl. Lanze, die vielleicht schon damals als Lanze des hl. Mauritius galt,[19] zu erwarten gewesen, zumal Heinrich II. ein

---

[15] Lille, Bibliothèque des Facultés Catholiques, ms. 1 fols. 253v/254r. Farbige Abb. bei Karl Schmid, Das Stifterbild im Liller Evangelistar des 11. Jahrhunderts. In: Frühmittelalterliche Studien, 16. Bd., 1982, S. 143–160, Taf. IV, Abb. 8, 9. Zur Auseinandersetzung mit Schmids Frühdatierung in die 60er Jahre des 11. Jahrhunderts s. meine Bemerkung in: Zeitschrift für Kunstgeschichte, 49. Bd., 1986, S. 413.
[16] Bremen, Universitätsbibliothek, Ms. b. 21 fols. 3r und 3v; s. die Faksimileausgabe: Das Evangelistar Kaiser Heinrichs III. Hrsg. von Gerhard Knoll, Wiesbaden 1981.
[17] München, Bayer. Staatsbibliothek, Clm 4452 fol. 2r; s. Percy Ernst Schramm–Florentine Mütherich, Denkmale der deutschen Könige und Kaiser. I. Ein Beitrag zur Herrschergeschichte von Karl dem Großen bis Friedrich II. 768–1250. 2. Aufl. München 1981, Nr. 110, Abb. auf S. 326, farbige Abb. im Ausstellungskatalog ›Evangeliar Heinrichs des Löwen‹, (wie o. Anm. 14), Taf. 16.
[18] Bühler, 1963 (wie o. Anm. 13), S. 95.
[19] Als Beleg für die Verehrung der hl. Lanze als Mauritiuslanze schon zu Beginn des 11. Jahrhunderts gilt die – in diesem Punkt keineswegs eindeutige – Stelle in dem Schreiben des hl. Erzbischofs Brun von Querfurt an Heinrich II. aus dem Jahre 1008, in dem er ihn dafür tadelt, daß er dabei ist, im Bündnis mit den heidnischen Lutizen einen christlichen Fürsten zu bekriegen: »*Quomodo conveniunt Zuarasi vel diabolus et dux sanctorum vester et noster Mauritius? Qua fronte coeunt sacra lancea et, qui pascuntur humano sanguine, diabolica vexilla?*« (Wie versammeln sich Zuarasi oder der Teufel und der Herzog der Heiligen, euer und unser Mauritius? In welcher Schlachtordnung vereinigen sich die heilige Lanze und die teuflischen Feldzeichen, die mit menschlichem Blut genährt werden?) Abdruck des ganzen Briefs bei Wilhelm v. Giesebrecht, Geschichte der deutschen Kaiserzeit, 2. Bd., 4. Aufl. Braunschweig 1875, S. 689–692 (die zitierte Stelle ebd., S. 691). Die Stelle ist zitiert bei Adolf Hofmeister, Die heilige Lanze, ein Abzeichen des alten Reiches (Untersuchungen zur Deut-

großer Verehrer des hl. Mauritius war. Barfuß trug er im Jahre 1004 die Reliquien dieses Heiligen vom Kloster Berge in den Magdeburger Dom, um sich für seinen ersten Feldzug nach Italien dessen Fürsprache zu erbitten.[20] Ebenso bat er, als er 1015 gegen Boleslaw Chrobry ins Feld zog, um die Hilfe des Mauritius.[21] Doch ist im vorliegenden Krönungsbild kein Platz für den Soldaten und Kriegsheiligen Mauritius. Mit den beiden Bischöfen zur Rechten und Linken des Königs wird es der Tatsache gerecht, daß die Königsweihe mit der Einholung des Königs beginnt, wobei ihn zwei Bischöfe in die Mitte nehmen, ihn an der Rechten und der Linken stützen und ihn zur Kirche führen.[22] Dies ist um 960 im Mainzer Ordo, der auch der Königsweihe Heinrichs II. zugrunde lag, so festgelegt,[23] dürfte aber auf einen älteren Brauch zurückgehen. Das Bild im Sakramentarfragment Karls des Kahlen Paris, Bibliothèque Nationale, ms. 1141 (Hofschule Karls des Kahlen, um 870) fol. 2v, das einen von einer Hand Gottes gekrönten Herrscher zwischen zwei Bischöfen, alle drei nimbiert, zeigt,[24] spielt, wie immer die dargestellten Personen identifiziert werden mögen, auf das Krönungszeremoniell an.[25] Auch enthielt ein verlorenes, nur über erhaltene Kopien rekonstruierbares illustrier-

---

schen Staats- und Rechtsgeschichte. Hrsg. von Otto Gierke. 96. Heft). Breslau 1908, S. 65 Anm. 2 und bei Albert Brackmann, Die politische Bedeutung der Mauritiusverehrung im frühen Mittelalter (1937). In: Ders., Gesammelte Aufsätze. Weimar 1941, S. 211–241, hier: S. 227. Der letztere zieht aus ihr sogar den kühnen Schluß, »daß schon im Jahre 1008 Brun von Querfurt die deutsche heilige Lanze als Mauritius-Lanze bezeichnet« (ebd., S. 229). Hermann Fillitz meint, sagen zu können, daß »spätestens seit Konrad II. ... die heilige Lanze als die Lanze des hl. Mauritius verehrt« wurde (Ders., Die Schatzkammer in Wien. Symbole abendländischen Kaisertums. Salzburg/Wien 1986, S. 167), obwohl doch die Inschrift auf dem unter Kaiser Heinrich IV. angefertigten, um das Lanzenblatt gelegten Silberband der älteste Beleg für die Bezeichnung der hl. Lanze als Mauriuslanze ist. Weitere, spätere Belege (Hugo von Flavigny und der sog. Gallus Anonymus) bei Brackmann, a. a. O., S. 226. Die These von Percy Ernst Schramm, Herrschaftszeichen und Staatssymbolik, Bd. II. Stuttgart 1955, S. 511, die heilige Lanze sei »sicher am Ende des 10. Jahrhunderts, vielleicht sogar schon zu dessen Beginn, mit dem ritterlichen Heiligen verknüpft worden«, entbehrt einer stichhaltigen Begründung. Ebenso unhaltbar ist die Meinung von Romuald Bauerreiss, die heilige Lanze sei bereits »durch Rudolf von Burgund an Kaiser Otto I.« als Reliquie des hl. Mauritius geschenkt worden (Ders., Kirchengeschichte Bayerns, 2. Bd., St. Ottilien 1950, S. 107). Im übrigen gab Rudolf von Burgund die heilige Lanze nicht an Otto I., sondern an Heinrich I. Zur Datierung dieser Übergabe (Juni 935) s. Walther Holtzmann, König Heinrich I. und die heilige Lanze. Kritische Untersuchungen zur Außenpolitik in den Anfängen des Deutschen Reiches (Wissenschaft der Zeit). Bonn 1947, bes. S. 54.

[20] Brackmann (wie o. Anm. 19), S. 236.
[21] Ebd.
[22] Das Geleit durch zwei Bischöfe stimmt mit dem Ordo der Bischofsweihe überein (Carl Erdmann, Forschungen zur politischen Ideenwelt des Frühmittelalters. Berlin 1951, S. 65).
[23] Schramm, 1969 (wie o. Anm. 12), S. 88, dazu die Erläuterung ebd., S. 62f.
[24] S. die Faksimileausgabe: Sakramentar von Metz. Fragment. Einführung Florentine Mütherich (Codices selecti, Vol. XXVIII) Graz 1972 und Schramm–Mütherich (wie o. Anm. 17), Nr. 51, Abb. auf S. 258.
[25] S. dazu Rudolf Ferdinand Lauer, Studien zur ottonischen Mainzer Buchmalerei. Diss. phil. Bonn 1987, S. 214 Anm. 285.

tes Mainzer Exemplar des Mainzer Ordo aus den 60er oder 70er Jahren des 10. Jahrhunderts mindestens ein Bild des Herrschers zwischen zwei Bischöfen.[26]

Die Frage, warum gerade Ulrich und Emmeram und nicht anderen Heiligen im vorliegenden Krönungsbild die Aufgabe zufiel, Heinrich II. zur Krönung durch Christus zu geleiten, findet somit darin eine erste Antwort, daß dafür von vornherein nur Bischöfe in Betracht kamen, weil diese bei der Königsweihe selbst diese Aufgabe hatten und weil es für das Bild eines Herrschers zwischen zwei Bischöfen, der von diesen geleitet wird, möglicherweise bereits eine Bildtradition gab. Nun bildet aber das Krönungsbild im Sakramentar Heinrichs II. nicht etwa einen Vorgang ab, es stellt vielmehr dessen wesentlichen Inhalt dar. Daß hier nicht Erzbischof Willigis von Mainz, sondern Christus selbst den König krönt, findet seine Entsprechung darin, daß er nicht von zwei Bischöfen, die bei seiner Krönung in Mainz anwesend waren, sondern von den längst verstorbenen heiligen Bischöfen Ulrich und Emmeram geleitet wird.

In einem übertragenen Sinn allerdings konnte Heinrich auf deren Geleit vertrauen und darin, daß er dies konnte, liegt der Grund, aus dem heraus gerade diese beiden heiligen Bischöfe und nicht andere in das Krönungsbild dieses Sakramentars gelangten. Heinrichs II. Erzieher war der hl. Wolfgang von Regensburg gewesen. Wolfgang, ein jüngerer Freund des hl. Ulrich, der diesen bestattet hatte,[27] dürfte seinem Zögling Heinrich die Verehrung des hl. Ulrich nahegelegt haben. Dafür sprechen Heinrichs Bindungen an das Kloster der heiligen Afra, in dem Ulrichs Gebeine ruhen, und an den Augsburger Bischofsstuhl. Als nach dem frühen Tod Kaiser Ottos III. im Februar 1002 Heinrich sich in Polling des kaiserlichen Leichnams bemächtigte, ließ er dessen Eingeweide in der Ulrichskapelle bei St. Afra bestatten.[28] Während die anderen Teilnehmer des Zuges, der den Leichnam Ottos III. über die Alpen geleitet hatte, vor allem aber Erzbischof Heribert von Köln, Heinrichs Wahl

---

[26] Zur Rekonstruktion des illustrierten Mainzer Ordo s. Lauer, ebd., S. 71, 88–92. Lauer weist nach, daß die drei im Pontifikale Schaffhausen, Stadtbibliothek, Cod. Min. 94 (2. Hälfte 11. Jh.), das den Wortlaut des Mainzer Ordo überliefert, enthaltenen Illustrationen, darunter die eines von zwei zu seinen Seiten stehenden Bischöfen gekrönten Königs (fol. 29r), auf ein verlorengegangenes illustriertes Mainzer Exemplar des Ordo aus dem 10. Jahrhundert zurückgehen. Dieses illustrierte Exemplar könnte außerdem ein Bild enthalten haben, das dem im Pontifikale aus Seeon Bamberg, Staatsbibliothek, Msc. Lit. 53 fol. 2v (Abb. 60) als Vorlage diente; vgl. o. Anm. 14.

[27] Vita Sancti Oudalrici episcopi Augustani auctore Gerhardo, 27. In: Vitae quorundam episcoporum saeculorum X, XI, XII. Ed. Hatto Kallfelz (Ausgewählte Quellen zur deutschen Geschichte des Mittelalters. Freiherr vom Stein-Gedächtnis-Ausgabe, hrsg. von Rudolf Buchner, Bd. XXII). Darmstadt 1973, S. 152.

[28] Thietmari Merseburgensis episcopi Chronicon. Editionis quam paraverat R. Holtzmann textum denuo imprimendum curavit Werner Trillmich (Ausgewählte Quellen zur deutschen Geschichte des Mittelalters. Freiherr vom Stein-Gedächtnisausgabe. Hrsg. von Rudolf Buchner, Bd. IX). Darmstadt 1966, S. 166 (IV, 51).

zum König zu verhindern suchten, unterstützte ihn Bischof Siegfried von Augsburg (1001–06).[29] Nach dem Tod dieses Bischofs besetzte Heinrich II. den Augsburger Bischofsstuhl mit seinem eigenen Bruder Bruno (1006 bis 1029).

Aber auch zum hl. Emmeram hatte Heinrich II. enge Bindungen, und auch dieser Heilige spielte im Zusammenhang seiner Königsweihe eine bedeutsame Rolle. Als Heinrich II. im Juni 1002 nach Mainz zog, um sich zum König wählen und weihen zu lassen, befanden sich sämtliche bayerischen Bischöfe bei seinem Heer,[30] darunter auch Gebhard I. von Regensburg (995–1023). Das Kloster St. Emmeram, für das Heinrich II. mehrfach eintrat, dem er Eigenbesitz und Selbstverwaltung seiner Güter gewährleistete,[31] war das Hauskloster seiner Familie, der Herzöge von Bayern. Nicht zuletzt bezeugt die Handschrift selbst, das Sakramentar Heinrichs II., wie auch sein Evangeliar,[32] beide von Heinrich II. in St. Emmeram in Auftrag gegeben, seine enge Verbindung zu diesem Kloster, in dessen Kirche der hl. Emmeram bestattet ist.

Es waren also die persönlichen Bindungen Heinrichs II. an die Heiligen Ulrich und Emmeram und die Unterstützung, die Heinrich von deren Nachfolgern Siegfried und Gebhard I. im Jahre 1002 bei seinen Bemühungen um die Thronnachfolge erhielt, die dazu führten, daß gerade diese beiden heiligen Bischöfe für das Geleit Heinrichs II. im Krönungsbild seines Sakramentars ausgewählt wurden.

Romuald Bauerreiss wollte darin, »daß gerade St. Ulrich die die Lanze haltende Rechte des Königs stützt«, »eine Anspielung auf den großen Sieg am Lechfeld sehen«.[33] Gewiß ist überliefert, daß König Otto I. 955 auf dem Lechfeld den Schild und die heilige Lanze ergriff und sich als der vorderste dem Feind entgegen warf,[34] daß aber der hl. Ulrich dabei seinen rechten Arm gestützt haben sollte, wäre eine vollkommen neue Version. Bischof Ulrich nahm an der Lechfeldschlacht gar nicht teil. Er blieb, während sie tobte, in der Stadt Augsburg und empfing dort Otto I., der die Nacht nach der Schlacht des 10. August im Palast des Bischofs verbrachte.[35] Dem Krö-

---

[29] Ebd., S. 166 (IV, 50 [31]); s. auch Friedrich Zoepfl, Das Bistum Augsburg und seine Bischöfe im Mittelalter. Augsburg 1955, S. 82.
[30] Ferdinand Janner, Geschichte der Bischöfe von Regensburg, 1. Bd., Regensburg 1883, S. 439.
[31] Rudolf Budde, Die rechtliche Stellung des Klosters St. Emmeram in Regensburg zu den öffentlichen und kirchlichen Gewalten vom 9. bis zum 14. Jahrhundert. In: Archiv für Urkundenforschung, 5. Bd., Leipzig 1914, S. 153–238, bes. S. 175.
[32] Rom, Biblioteca Apostolica Vaticana, Cod. Ottob. lat. 74; s. dazu den Ausstellungskatalog ›Regensburger Buchmalerei‹ (wie o. Anm. 1), S. 34 (Nr. 18).
[33] Bauerreiss (wie o. Anm. 19), S. 108; zustimmend angeführt bei Bühler (wie o. Anm. 13), 1955, S. 180.
[34] Rudolf Köpke–Ernst Dümmler, Kaiser Otto der Große (Jahrbücher der Deutschen Geschichte). Leipzig 1876, S. 258.
[35] Vita Sancti Oudalrici (wie o. Anm. 27), 12, S. 108; Manfred Weitlauff, Der heilige Bischof

nungsbild, auf dem er nicht den Arm Ottos I., sondern den Heinrichs II. stützt, einen Hinweis auf die Lechfeldschlacht zu entnehmen, dürfte daher schwierig sein.

Gewiß war der hl. Ulrich ein großer Verehrer des hl. Mauritius,[36] es ist jedoch nicht sicher, daß die heilige Lanze bereits zur Zeit der Herstellung dieses Krönungsbildes als die Lanze des hl. Mauritius galt.[37] Die Beziehungen Ulrichs zur heiligen Lanze sind so entfernter, abgeleiteter Art, daß es nicht sinnvoll ist, sie zur Beantwortung der Frage heranzuziehen, »warum Ulrich auf der Seite der heiligen Lanze« dargestellt ist.[38] Diese Frage kann einfacher und schlüssiger damit beantwortet werden, daß beide auf dieselbe Seite gelangten, weil beide durch Plazierung zur Rechten des Königs hervorgehoben werden sollten: die heilige Lanze, wegen ihrer hohen Bedeutung bei Heinrichs Königsweihe, gegenüber dem Reichsschwert, und der hl. Ulrich, der vom Papst vor nur etwa einem Jahrzehnt kanonisierte Heilige, gegenüber dem hl. Emmeram, dessen Kult im 10. Jahrhundert an Bedeutung verloren hatte.[39]

Die große Wichtigkeit, die die heilige Lanze für Heinrich II. und auch für seine Gegner im Zusammenhang seiner Königserhebung hatte, ergibt sich daraus, daß Erzbischof Heribert bei der Rückführung des Leichnams

---

Udalrich von Augsburg (890–4. Juli 973). In: Bischof Ulrich von Augsburg und seine Verehrung. Festgabe zur 1000. Wiederkehr des Todestages (Jahrbuch des Vereins für Augsburger Bistumsgeschichte e. V., 7. Jg., Augsburg 1973, S. 1–48, hier S. 40; vgl. auch Köpke–Dümmler (wie o. Anm. 34), S. 259.

[36] Der hl. Ulrich besuchte St. Moritz, den Ort des Martyriums des hl. Mauritius und seiner Gefährten, um dort Reliquien zu erwerben, was ihm, obwohl das Kloster gerade erst von den Sarazenen niedergebrannt worden war, gelang; einen nicht unbeträchtlichen Teil vom Leib des hl. Mauritius aber bekam er auf der Reichenau geschenkt (Vita Sancti Oudalrici [wie o. Anm. 27], 15, S. 116). Diesem Besuch in St. Moritz, der um 941 zu datieren ist, folgte ein weiterer, und es war im Jahre 910 ein früherer vorausgegangen. Auch machte der hl. Ulrich den Weg nach Magdeburg, um mit mehreren anderen Bischöfen Zeuge zu sein, als Otto I. dort das Mauritius-Kloster gründete und mit Gütern ausstattete (Brackmann [wie o. Anm. 19], S. 215 Anm. 23; Friedrich Zoepfl, Die gesicherten Aufenthaltsorte des heiligen Udalrich. In: Jubiläums-Jahrbuch. 2. Folge des Jahrbuchs der Diözese Augsburg zum Ulrichsjahr 1955. Augsburg 1955, S. 33–38, bes. S. 36).

[37] S. dazu o. Anm. 19.

[38] Diese Frage bei Bühler, 1955 (wie o. Anm. 13), S. 180, der nicht nur Exodus 17,12 (s. dazu meine Kritik o. Anm. 13), sondern auch Bischof Ulrichs Gebete während der Lechfeldschlacht in diese Krönungsminiatur hineinliest: »Im Kriege seines Volkes wird des Moses Gebet durch Aaron und Hur gestützt (2. Moses 17,12). Aber hier sind es Emmeram, der Lokalpatron von Regensburg, und der heilige Ulrich von Augsburg. Warum Ulrich, und warum Ulrich auf der Seite mit der heiligen Lanze? Wie Ulrich am Entscheidungstag der Lechfeldschlacht nicht mit der Waffe Seite an Seite mit Otto I. kämpfte, so will auch hier sein und der Seinen Gebet als das Wesentliche seiner Hilfe, wohl aber auch seine Königstreue zum Ausdruck gebracht werden.« Ähnlich argumentiert ders., 1963 (wie o. Anm. 13), S. 95. Demgegenüber muß darauf hingewiesen werden, daß in diesem Krönungsbild weder Ulrich noch Emmeram noch Heinrich II. mit einem Gebetsgestus dargestellt sind.

[39] S. dazu Christine Rädlinger-Prömper–Susanne Stolz, Artikel ›Emmeram‹. In: Lexikon des Mittelalters, III, 1986, Sp. 1888f.

Ottos III. und der Reichsinsignien die heilige Lanze dem Zug vorausgeschickt hatte, um sie nicht in die Hände Heinrichs fallen zu lassen, daß aber Heinrich ihn daraufhin in Polling gefangennehmen ließ, um dadurch die Herausgabe der heiligen Lanze zu erzwingen, was ihm auch gelang.[40] Bei der Königsweihe in Mainz stand sie dann zur Verfügung und konnte dem König überreicht werden. Mit ihr empfing er die Herrschaft und die königliche Gewalt. Sie diente als Ersatz dafür, daß er zur Krönung nicht auf den Thron Karls des Großen gesetzt werden konnte,[41] – Grund genug, ihr auf dem Krönungsbild gegenüber dem Reichsschwert den besseren Platz zu geben.

Die Meinung, Ulrichs Nähe zur heiligen Lanze sei auf diesem Bild durch eine besondere Beziehung dieses Heiligen zu ihr motiviert, wird im übrigen der Beobachtung nicht gerecht, daß hier nicht nur Ulrichs Nimbus den Schaft der heiligen Lanze berührt, sondern daß auch der Nimbus Emmerams von der Parierstange und dem Gehänge des Reichsschwerts überschnitten wird. Nun gibt es aber keinerlei historischen Zusammenhang zwischen dem Reichsschwert und dem hl. Emmeram, umgekehrt aber sind die Beziehungen des hl. Emmeram oder genauer die seiner in St. Emmeram ruhenden Gebeine zur heiligen Lanze wenigstens ebenso eng, wenn nicht noch enger als die indirekten, über Otto I. und die Lechfeldschlacht vermittelten des hl. Ulrich zu derselben. Denn die heilige Lanze war, wie Mathilde Uhlirz dargelegt hat, unter Heinrich dem Zänker, dem Vater Heinrichs II., in St. Emmeram aufbewahrt worden.[42] Kaiserlicher Sitte gemäß (*more imperatorum*) begab sich schon Otto III., als er im Februar 996 nach Rom aufbrach, erst nach St. Emmeram, »um seine Andacht vor den sterblichen Überresten des Heiligen zu verrichten«; bei seinem darauffolgenden Auszug aus Regensburg wurde ihm die Lanze vorangetragen.[43] Wahrscheinlich war Heinrich, wie schon sein Vater, Träger und Verwahrer der heiligen Lanze und er verwahrte sie, wenn sie nicht von Otto III. selbst benötigt wurde, im Hauskloster seiner Familie, in St. Emmeram in Regensburg.[44] Daher wäre es – wenn es überhaupt in diesem Bild intendiert gewesen wäre, einen der beiden Heiligen der heiligen Lanze zuzuordnen – mindestens ebenso angebracht gewesen, den hl. Emmeram in ihre Nähe zu rücken wie den hl. Ulrich. Ulrich aber wurde, wie gesagt, auf die

---

[40] Thietmar (wie o. Anm. 28), S. 166 (IV, 50 [31]); weitere Quellenangaben bei Siegfried Hirsch, Jahrbücher des Deutschen Reiches unter Heinrich II., 1. Bd., Berlin 1862, S. 194f. Anm. 5.
[41] Percy Ernst Schramm, Die Königskrönungen der deutschen Herrscher (961–1050). In: ders., (wie o. Anm. 12), S. 117: »Diese wunderkräftige Waffe, dieses Verehrung heischende Heiltum, das durch den Nagel Christi in seinem Blatt schwerer wog als alle anderen Königszeichen, wurde jetzt als Ersatz für den Thron Karls benutzt. Nach der Wahl und vor der Krönung, in der für sie kein Platz gelassen war, empfing Heinrich mit ihr regimen et regiam potestatem. Er wurde also mit ihr genau so in die Herrschaft eingewiesen, wie es bisher durch die Thronsetzung in Aachen geschehen war«.
[42] Mathilde Uhlirz, Zur Geschichte der Mauritiuslanze, der sacra lancea imperialis. In: Ostdeutsche Wissenschaft, Bd. V, 1958, S. 99–112, bes. S. 104f.
[43] Ebd., S. 103f. (nach dem Bericht des Mönches Arnoldus von St. Emmeram).
[44] Ebd., S. 112.

Seite zur Rechten des Königs, die auch die Seite der heiligen Lanze ist, plaziert, weil ihm gegenüber Emmeram ein Vorrang gegeben werden sollte.
Im übrigen sind die beiden Bischöfe kaum unterschieden. Sie tragen die gleiche Gewandung: Pontifikalstrümpfe und -schuhe, als Untergewand eine in grüner Farbe wiedergegebene Albe, die unter der kurzen Dalmatik zum Vorschein kommt und deren enge Ärmel nur teilweise von der weiten, purpurfarbenen Kasel bedeckt werden. Über der Albe wird das Ende einer Stola oder eines Zingulums sichtbar, das, wie auch der Manipel, in bogenförmigen, silbern gesäumten Zieransätzen endet. Weil die Stola ein unverzichtbarer Teil der liturgischen Gewandung und wichtiger ist als das Zingulum, dürfte hier eher das Ende einer Stola gemeint sein. Die Dalmatik hat einen breiten Saumbesatz und zwei Längsstreifen (*clavi*) mit Fransenbüscheln (*fimbriae*). Golden glänzen die Schuhe, die Stola, der Manipel, die *clavi* und der Saum der Dalmatik. Man hat sich diese Gewandteile in der Wirklichkeit als mit Goldlahn durchwirkt vorzustellen. Nur das Haar unterscheidet Ulrich von Emmeram und charakterisiert den in hohem Alter Entschlafenen zutreffend als den Älteren gegenüber Emmeram, der sein Martyrium in vergleichsweise jungen Jahren erlitten haben muß. Auch blickt Ulrich höher hinauf, zu Christus, während Emmeram seine Augen nur bis zu dessen Gesalbtem, König Heinrich, erhebt.
Dieses älteste Bild Bischof Ulrichs von Augsburg ist auch, jedenfalls im Bereich der Buchmalerei, das bedeutendste. Nie wieder wurde eine Ulrichsminiatur in königlichem Auftrag geschaffen. Nur wenige spätere erreichen vielleicht ihr künstlerisches, keine aber ihr gedankliches Niveau.
Auf vielen Repräsentationsbildern ist der hl. Ulrich entweder allein oder zentral in der Mitte zwischen Begleitern oder auch, wie in dem eben betrachteten Krönungsbild, selbst als Begleiter dargestellt. Diese Repräsentationsbilder sollen im folgenden, zusammen mit den Darstellungen des hl. Ulrich im Zusammenhang einer Reihe von Heiligen oder Bischöfen, zuerst besprochen werden, dann die narrativen Ulrichsbilder, also die mit Bildszenen aus seinem Leben. Von den Ulrichsbildern beider Gattungen sind nicht wenige in oder für Augsburg entstanden und haben eine nachweisbare Beziehung zum Kloster St. Ulrich und Afra oder zum Dom, auch zur Stadt, zumindest zur Diözese.
Auf dem zeitlich nächsten Bild des hl. Ulrich, Wien, Österreichische Nationalbibliothek, Cod. 573 fol. 26v,[45] ist er ins Zentrum gerückt, zu seiner Rech-

---

[45] Bildgröße 14 × 11,5 cm. Zur Handschrift, s. Hermann Julius Hermann, Die deutschen romanischen Handschriften (Beschreibendes Verzeichnis der illuminierten Handschriften in Österreich. Neue Folge. Hrsg. von Julius Schlosser und Hermann Julius Hermann. II. Bd., der ganzen Reihe VIII. Bd.: Die illuminierten Handschriften und Inkunabeln der Nationalbibliothek in Wien. II. Teil). Leipzig 1926, S. 8–10 (Nr. 5) Ausstellungskatalog »Suevia Sacra« (wie o. Anm. 3), S. 174f. (Nr. 166; Florentine Mütherich), Walter Berschin, Ŏdalscalcs Vita S. Kŏnradi im hagiographischen Hausbuch der Abtei St. Ulrich und Afra. In: Freiburger Di-

ten Abt Fridebold von St. Ulrich und Afra in Augsburg (1020–30), zu seiner Linken Abt Berno von der Reichenau (1008–48), die drei Personen vor Goldgrund, von dem unten und oben horizontal grüne Streifen abgesetzt sind. Die auf der Reichenau in der Nachfolge der Liuthargruppe hergestellte Miniatur ist durch den Abbatiat Fridebolds datiert. Sie steht vor Bernos Ulrichsvita, die fast allen späteren Fassungen des Ulrichslebens und der -legende als Vorlage diente.[46] Berno widmete dieses Werk dem Abt Fridebold, von dem er den Auftrag erhalten hatte, die *Vita Udalrici* neu zu schreiben. Höchstwahrscheinlich ist die vorliegende Handschrift sogar das Widmungsexemplar, das Berno Fridebold übereignete.[47] Der Autor der Ulrichsvita und der Auftraggeber stellen sich unter die segnenden Hände des hl. Ulrich, der beide weit überragt und der seinerseits von einer Hand Gottes gesegnet wird, die sich aus einem Himmelssegment auf ihn herabsenkt. Auch in den beiden leoninischen Hexametern, die als Bildtitulus auf der vorhergehenden Seite (fol. 26r) stehen, wird Bischof Ulrich als Mittelsmann zwischen Gott und den beiden Äbten angerufen:

Presul summe dei regnantis culmine caeli,
Suscipe servorum clementer vota tuorum.
Bern peccator. Frideboldus abbas.

(Erhabenster Bischof Gottes, des in der Himmelshöhe Regierenden,
nimm die Wünsche deiner Diener gnädig an.
Der Sünder Berno. Abt Fridebold.)

Berno nennt sich selbst mit einer Demutsformel *Bern peccator*, seinen Freund Fridebold aber *Frideboldus abbas*.
Nach Karl Haupt[48] bezieht sich die dextera Dei über Ulrichs Haupt auf die Stelle der Ulrichsvita, die davon berichtet, daß einmal, als Ulrich die Wandlung vollzog, eine rechte Hand erschien und zusammen mit seiner Rechten die Sakramente weihte.[49] Haupts These findet eine Bestätigung darin, daß die

özesan-Archiv, 95. Bd., 1975, S. 82–106, bes. S. 85–90 und Ausstellungskatalog: Vita Sancti Udalrici. Erlesene Handschriften und wertvolle Drucke aus zehn Jahrhunderten. Katalog zur Ausstellung der Universitätsbibliothek Augsburg anläßlich der 1000-Jahr-Feier der Kanonisation des Hl. Ulrich. Bearbeitet v. Günter Hägele und Anton Schneider. Mit einem Beitrag v. Walter Berschin. Hrsg. v. Rudolf Frankenberger. Augsburg 1993, S. 22–24 (Nr. 3; Günter Hägele).

[46] Werner Wolf, Von der Ulrichsvita zur Ulrichslegende. Untersuchungen zur Überlieferung und Wandlung der Vita Udalrici als Beitrag zu einer Gattungsbestimmung der Legende. Phil. Diss. München 1967, S. 75.

[47] Adolf Merton, Die Buchmalerei in St. Gallen vom neunten bis zum elften Jahrhundert. Leipzig 1912, S. 84, 86 vertrat die Auffassung, die in Wien befindliche Handschrift sei eine in Augsburg hergestellte Kopie. Die Forschung ist zu Recht von dieser These, für die es keinen Anhaltspunkt gibt, abgerückt.

[48] Karl Haupt, Die Ulrichsvita in der mittelalterlichen Malerei. In: Zeitschr. d. hist. Vereins f. Schwaben, 61. Bd. (wie o. Anm. 13), S. 1–159, bes. S. 18–20.

[49] Haupt, ebd., S. 19 spricht von »Ulrichs Gründonnerstagsmesse«, doch war sowohl nach Ger-

dextera Dei im frühen Mittelalter zwar häufig über Herrschern erscheint, über einem Heiligen in einem nicht-narrativen Bild jedoch so ungewöhnlich ist,[50] daß ihr Vorkommen einer besonderen Erklärung bedarf, die mit der angegebenen Wundergeschichte aus der Vita gegeben wäre. Diesem Repräsentationsbild, das den hl. Ulrich im Modus der Erhabenheit (*modus gravis*) darstellt, wäre demnach ein narratives Element aus seiner Vita integriert. Um einen Stilbruch zu vermeiden, ragt die Hand Gottes nicht, wie sonst oft (vgl. Abb. 85), von der Seite herein, sie ist vielmehr auf die Mittelachse gesetzt und wird achsensymmetrisch von Strahlen umgeben.

Die Gewandung des hl. Ulrich unterscheidet sich nicht wesentlich von der, die er im Sakramentar Heinrichs II. trägt, doch werden, da er von vorn zu sehen ist, beide Enden der Stola und das eine Ende des Zingulums sichtbar. Alle drei Enden sind rot und münden in bogenförmigen Zieransätzen. Die Albe ist hellblau, die ockerfarbene Dalmatik ist mit roten *clavi* und *fimbriae* versehen, die Kasel ist dieselbe wie im Sakramentar Heinrichs II.; Ulrich wird auch hier durch das Grau seiner Haare als gealtert charakterisiert.

Das Sakramentar London, British Library, Harley ms. 2908 wurde im zweiten Viertel des 11. Jahrhunderts in Augsburg oder in Seeon für den Augsburger Dom geschaffen.[51] Der Bischof, der im Dedikationsbild (fol. 8r) das Buch

hards Vita Sancti Oudalrici (wie o. Anm. 27), 2, S. 60 wie auch nach Berno (Migne, Patrologia latina, T. CXLII. Paris 1880, col. 1191 A [Cap. VIII]) das Ereignis an einem Ostersonntag. Die deutschen Prosabearbeitungen der Ulrichslegende in München, Bayer. Staatsbibliothek, Cgm 751, 402 und 568 hingegen verdoppeln das Ereignis, lassen »unsers herren gerechte hand« sowohl in der Gründonnerstags- wie auch in der Ostersonntagsmesse erscheinen (Albert Hirsch, Die deutschen Prosabearbeitungen der Legende vom hl. Ulrich (Münchener Archiv für Philologie des Mittelalters und der Renaissance. Hrsg. von Friedrich Wilhelm. H. 4). München 1915, S. 8–10).

[50] S. aber das Dedikationsbild des Hartker-Antiphonars St. Gallen, Stiftsbibliothek, Cod. 390 (St. Gallen, letztes Viertel 10./Anf. 11. Jh.) pag. 11 die auf den hl. Gallus gerichtete dextera Dei (Faksimile: Paléographie musicale. Les principaux manuscrits de chant grégorien, ambrosien, mozarabe, gallican publiés en fac-similés phototypiques. 2ième série (monumentale). I. Antiphonaire de Hartker. Nouv. éd. par Dom Jacques Froger. Bern 1970).

[51] Zur Handschrift s. Alfred Schröder, Die ältesten Heiligenkalendarien des Bistums Augsburg. In: Archiv für die Geschichte des Hochstifts Augsburg, I. Bd., 1909–11, S. 241–331, bes. S. 252–255 und die Ergänzungen und Berichtigungen ebd., S. 740, Merton (wie o. Anm. 47), S. 84f., E(rnst) F(riedrich) Bange, Eine bayerische Malerschule des XI. und XII. Jahrhunderts. München 1923, S. 55, Joachim Prochno, Das Schreiber- und Dedikationsbild in der deutschen Buchmalerei. I. Teil. Bis zum Ende des 11. Jahrhunderts (800–1100) (Die Entwicklung des menschlichen Bildnisses. Hrsg. von Walter Goetz. II.). Leipzig–Berlin 1929, S. 40 und Hartmut Hoffmann, Buchkunst und Königtum im ottonischen und frühsalischen Reich. Textband (Schriften der Monumenta Germaniae Historica, Bd. 30, I). Stuttgart 1986, S. 410f. Schon Schröder hat erkannt, daß der Kalender dieses Sakramentars »für die Domkirche in Augsburg bestimmt« war (Ders., a. a. O., S. 253), im Sakramentarteil selbst ist das Fest des hl. Ulrich durch eine goldene O-Initiale mit dem Brustbild des Heiligen ausgezeichnet (Abb. 63). Aus paläographischen Gründen und mit dem Hinweis auf die Hervorhebung des Fests des hl. Lambert von Maastricht im Kalender am 17. 9. hat Hoffmann, a. a. O., die Handschrift nach Seeon lokalisiert. Doch kann diese Hervorhebung auch durch die Bestimmung für den Augsburger Dom veranlaßt worden sein, da dieser bereits im 11. Jahrhundert Reliquien des hl.

60 Bamberg, Staatsbibliothek, Msc.Lit. 53 fol. 2ᵛ:
Heinrich II. wird von zwei Bischöfen geleitet

61 Wien, Österreichische Nationalbibliothek, Cod. 573 fol. 26ᵛ: Der hl. Ulrich
    segnet die Äbte Berno von der Reichenau und Fridebold von St. Ulrich und Afra

62 London, British Library, Harley ms. 2908 fol. 8ʳ: Dedikation des Sakramentars an einen heiligen Bischof, wahrscheinlich an den hl. Ulrich

Eodē die ōdalrici cf̄

OMPS MITISSI
me & clementissime dś pater
æterne· qui nos annua recur
sione depositionis sc̄i ōdalrici glorio
si confessoris tui lętificas· eius suffragan
tibus meritis concede propitius· ut abim
minentibus periculis liberemur· & æternis
gaudiis pfrui meramur· P̄· Sec̄·
Hec munera qs dn̄e clementer suscipe· &
intercedente sc̄o ōdalrico confessore tuo·
nobis salutaria cc concede· P̄· Ad c̄·
Gustu salutaris hostię recreati· omnipoten
tiam tuam dn̄e suppliciter exoramus· ut
intercedentibus sc̄i ōdalrici confessoris
tui meritis· nos interius exteriusq́; ab om̄i
aduersitate custodias· P̄· Al·
Populum tuū qs dn̄e benedictionis tuę
imbre pfusum· & exauditis deprecationibus

63 London, British Library, Harley ms. 2908 fol. 112ʳ:
Der hl. Ulrich in der O-Initiale zu seinem Fest

INCIPIT VITA SCI ODALRICI EPISCOPI

Egregius Χρisti confessor ε͂ e͂p̄s atq̄

GREGIUS χ̄p̄ī CFES
SOR ODALRICVS: EX ALAMANNO₃
p̄sapia extitit oriundus;
Cuius parentes hupaldus
scilicet acdietpirga. am
bo quidem secundum
sęculi huius dignitatem,
clari œ nobiles. Sed fide
atq̄ diuina religione, multo clariores fu
erunt atq̄ nobiliores. Qui talis ac tantę
plis fecunditate diuinitus dītātī: mox
eandem cuidam fideli adalendū ut mos ē
comendauer̄ nutrici: ubi inter ipsa nati
uitatis primordia celestia n̄ defuere auspi
cia. nā licet blando nutriret̄ affectu, sed a
tamen macies quedam apparebat in uul
tu. Qua ex causa, dum nimiū tristes eius
efficerentur parentes, ac in angustiis illorū
pectoribus cure uersarentur: ingentes.
quidam hospes p̄egrinus officio clericus.
sed in qd illorum ostium semp̄ uiatori pa
tuit benigne ab ipsis suscipitur; p̄ aliqd

64 München, Bayerische Staatsbibliothek, Clm 11328 fol. 25ʳ:
Der hl. Ulrich in der E-Initiale zu Beginn seiner Vita

65 *Augsburg, Staats- und Stadtbibliothek, 2° Cod. 36 fol. 1ᵛ: Der hl. Hieronymus, darüber thronender Christus zwischen den Heiligen Ulrich und Afra*

66 München, Bayerische Staatsbibliothek, Clm 28565 fol. 8ʳ: Zwei Bischöfe oder Äbte, nachträglich als die heiligen Ulrich und Notker bezeichnet

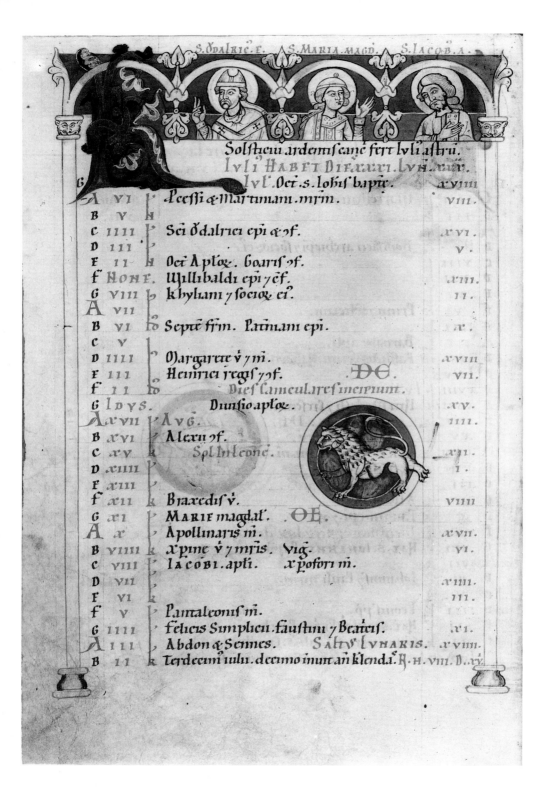

S. ODALRIC. E.   S. MARIA. MAGD.   S. IACOB. A.

Solsticium ardens capit fert Iulius astru.
IVLI HABET DIES XXXI. LVNA XXX.
Iul. Oct. s. Iohis bapte.

G				xviii
A	VI	f	Pcessi & Martiniani mrm.	viii
B	V	g		
C	IIII	p	Sci Odalrici epi & cf.	xvi
D	III			v
E	II	h	Oct Aploz. Goaris cf.	
f	NONE		Willibaldi epi 7 cf.	xiii
G	VIII	b	Kyliani 7 socioz ei.	ii
A	VII			
B	VI	Id	Septe ffm. Patriam epi.	x
C	V			
D	IIII	p	Margarete v 7 m.	xviii
E	III		Henrici regis 7 cf.	vii
f	II	Id	Dies caniculares incipiunt.	
G	Idus		Diuisio aploz.	xv
A	xvii	k Aug.		iiii
B	xvi	f	Alexii cf.	
C	xv	k	Sol in Leone.	xii
D	xiiii	p		i
E	xiii			
f	xii	k	Praxedis v.	viii
G	xi	p	MARIE magdal.	
A	x	p	Apollinaris m.	xvii
B	viiii	k	Xpine v 7 mris. vig.	vi
C	viii	p	IACOBI. apli. Xpofori m.	
D	vii	p		xiiii
f	vi	k		iii
f	v	p	Pantaleonis m.	
G	iiii	p	Felicis Simplicii. faustini 7 Beatricis.	xi
A	iii	p	Abdon & Sennes. SALTVS LVNARIS.	xviii
B	ii	k	Ter decimi Iulii. decimo nu̅ a̅ klenda. H. H. viii. D. ay

68 München, Bayerische Staatsbibliothek, Cgm 94 fol. 26ʳ: Der hl. Ulrich:
Erstes Titelbild zur Ulrichsvita

69 München, Bayerische Staatsbibliothek, Cgm 94 fol. 26ᵛ: Der hl. Ulrich:
    Zweites Titelbild zur Ulrichsvita

70 Augsburg, Universitätsbibliothek, Cod. I.2.4° 19 fol. 67ᵛ:
Die heiligen Ulrich und Nikolaus

71 Wolfenbüttel, Herzog August Bibliothek, Cod. 1.5.1 Aug. 2° fol. 1ʳ:
S-Initiale mit dem hl. Ulrich

72 Wolfenbüttel, Herzog August Bibliothek, Cod. 1.5.1 Aug. 2° fol. 12ᵛ:
S-Initiale mit dem hl. Ulrich

73 München, Bayerische Staatsbibliothek, Clm 4302 fol. 77ᵛ:
U-Initiale mit dem hl. Ulrich

do stigen In die Cristen nach vnd sluegen ne vemt vil zu tod Wann yn halff der lieb herr sand loruz Do fluhen die andn vnd also wurden sy von den haiden erlöst mit der hilff gots vnd sand loruzgen Nu pitt den Ritter gotes das er vns behütt vor allen vnseren vemten sichtig vnd vnsichtig vnd helff vns das wir mit freiden dahin komen do er nu ist vnd got mit ym ewigclich loben Amen· Von dem lieben herren Sand vlreich dem Bischoff ꝛc·

[D]er lieb herr sand vlreich ist von deutschen lantden geporn von gar edlem geslecht sein vat[er] hies hubaldus vnd [sein m]ueter die wurd[e] [...] vnd warn reich vnd edel vnd nach dem gelauben vnd nach Keystleichem leben warn sy vil chlarer vnd edler vor got Do gab yn got das kind sand vlreich Nu das lieb kind emphalichen sy amer Ammen vnd wie

74 München, Bayerische Staatsbibliothek, Cgm 6834/1 fol. 86ᵛ:
D-Initiale mit dem hl. Ulrich

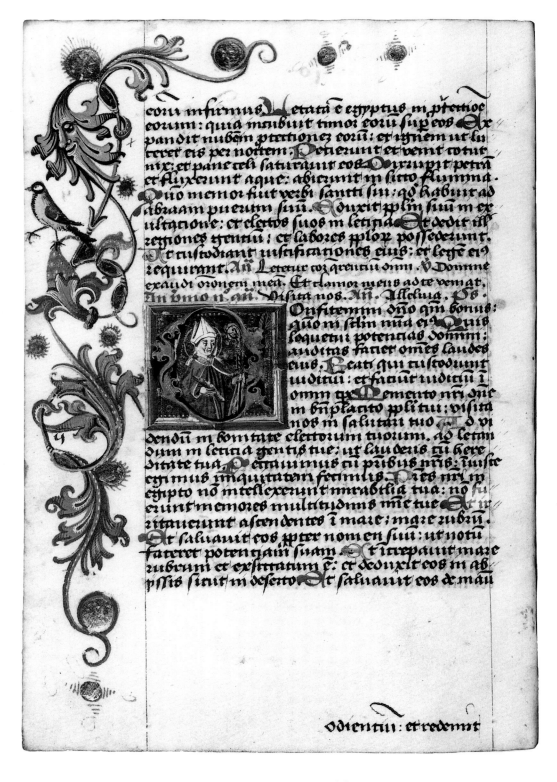

75 München, Bayerische Staatsbibliothek, Clm 23161 fol. 50ᵛ:
C-Initiale mit dem hl. Ulrich

76 München, Bayerische Staatsbibliothek, Clm 23161 fol. 427ᵛ:
U-Initiale mit dem hl. Ulrich

77 Augsburg, Staats- und Stadtbibliothek, 2° Cod. 49a fol. 179ᵛ:
G-Initiale mit dem hl. Ulrich

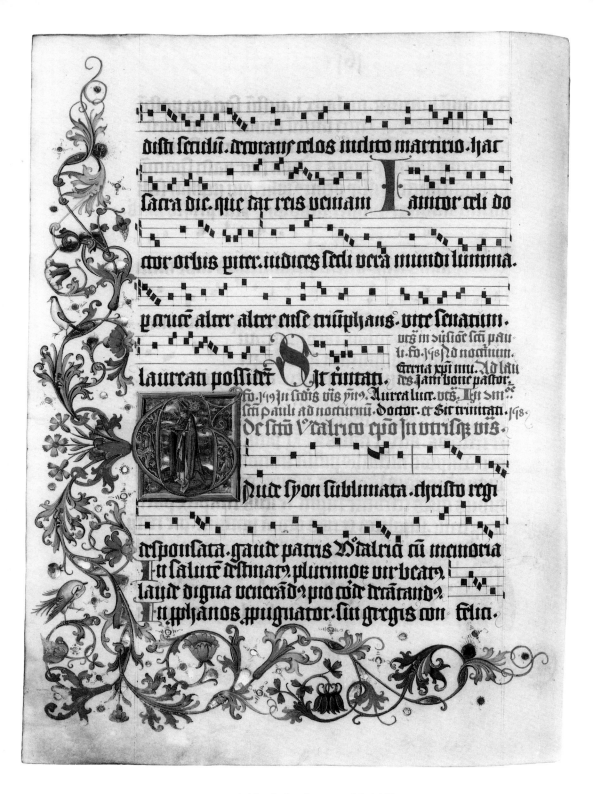

78 München, Bayerische Staatsbibliothek, Clm 4301 fol. 161ᵛ:
G-Initiale mit dem hl. Ulrich

79 Sigmaringen, Fürstlich Hohenzollernsche Hofbibliothek, Hs. 24 fol. 90ʳ: Der hl. Ulrich

80 Kopenhagen, Kongelige Bibliotek, Gl.Kgl.Saml. 3449, 8° Vol. IX fol. 179ᵛ: S-Initiale mit dem hl. Ulrich

Nun helff vnns Pro
tessus vnd marcianus
vmb got erwerben das
wir komen zu den ewige
freuden Amen

Von dem lieben herren
sant Ulrich

Erlieb herr
sant Ulrich
ist von teutsch

81 Augsburg, Staats- und Stadtbibliothek, 2° Cod. 154 fol. 148va: Der hl. Ulrich

82 Augsburg, Staats- und Stadtbibliothek, 4° Cod.Aug. 1 fol. 268ᵛ:
    Die Augsburger Bischöfe Hiltine und Ulrich

83 London, Victoria & Albert Museum, D. 86–1892 Ms. 425: Dedikationsbild zu dem Psalterium Augsburg, Staats- und Stadtbibliothek, 2° Cod. 49a

84 Augsburg, Bistumsarchiv, Hs. 24a, vor fol. 1: Titelminiatur
des Evangelistars aus dem Augsburger Dom

85   Einsiedeln, Stiftsbibliothek, Cod. 261(971) pag. 140: Ulrichsmesse

86 Stuttgart, Württembergische Landesbibliothek, Cod. bibl. 2° 58 fol. 3ᵛ:
Das Wertachwunder des hl. Ulrich

87 Stuttgart, Württembergische Landesbibliothek, Cod. hist. 2° 415 fol. 51ʳ:
Die Heiligen des Monats Juli

Es warent in tütschen landt
zwei edele gemeckde von edele
eltern und tugende Hucpaldus und
Dietburga do den wart ein kint
geben Ulrich genant das kint
ward in tugenden ferzu in ſin iugent
das ſich die ſtetent die by ime

worent do die ſine frúnd gnomen
do empfulhent ſy das kint gar ernſt
hafften lúten in dem cloſter zu ſu gallē
das ſy das kint ziechent und lernē
ſoltent In dem cloſter empfing das
kint ſoliche volkomenheit das es in den
warken begunde volbringen alles das

88 Heidelberg, Universitätsbibliothek, Cod.Pal.germ. 144 fol. 13ʳ:
    Der hl. Ulrich reitet über eine Brücke auf eine Stadt zu

der Richter sine schultern mit
spiezzen gestochen zer hauwen
Darnach hiez er in werffen vo[n]
der brucken in das wasser ame=
fin da knüwette er nider vff
brucken und sprach herr von
himel entpfach mine sele da kam
ein Jüngeling und warff in von
der brucken in das wasser dem
vielent zú stunt sine ougen für
sin haubet Also enpfing das
wasser den heiligen und fúrten
in einen steinin sarck daz an
trucken kam da hielt sich ein adel=

ob dem lichame und behúte den
so lange biz daz der heilige[n]
frowen Valerig von ame bischo[f]
die ermante er das sÿ sinen lichame[n]
solte nemen und in iren garten
begraben Also fúr sÿ us und
nam den lichamen in groime us
Also obe sÿ das solte zú einer
brucken und fúrte den lichame[n]
dann und begrúb den also sÿ ye
kúndet was ob dem grabe be
geschehent das grosse zeichen tet
der sant úlrich

89 Heidelberg, Universitätsbibliothek, Cod.Pal.germ. 144 fol. 222ᵛ: Tod des hl. Ulrich

Darnach an der nacht des grüne
Donrstags In dem schlaff hüet
sant Ulrich ain stim die sprach
Bischoff Ulrich wyhest das du heüt gest
würdest habñ Vnd als sant Ulrich an

Darnach an der nacht des grünen donrstags in dem schlaff hort sant Ulrich ain stim die sprach Bischoff wiß das du heut gest wirdest haben vnd als sant ulrich an der stim ward ererwekt betrachtet er mit im selbe wer die gest solten sein vnd ward wider schlaffen da kom wider ain stim vnd sprach Adalrice dem pet vnd dem almusen sind got wolgefallen der that zwayen dem der sagen dem fortunato vnd Adelberon benottigen das sy die heut vnd darnach In disen hailigen festen beysten dig sehen vnd mit dir die hailigen sacrament segnen Am morgen an dem hailigen donrstag da Sant ulrich die hailigen meß wolt versprengen vnd

den raisem segen Erstymen allen gaistlichen vnd weltlichen menschen die des wirdig waren ze sehen vnsers lieben Herren ihesu xpi. gerechte hand vnd machet mit den drey bischoffen vber die hailigen sacrament zaichen deß hailigen creutz Vnd als sant ulrich sein vndertan gaystlich vnd weltlich mit den sacramenten berichtet wer in dann bedaucht das er die zaichen gesehen het So er Im dem vnsern herren In den mund gab So tet er Im sein vinger für den mund Zu zaichen das er solich gesicht nit sagen solte Vnd als das ampt vollbracht was saget sant ulrich allen wirdigen haimlichen was vnd wie Im In der nacht vergangen die erscheinung besscheen wär vnd verpot In allen ob sy anders leben wolten das sy solichß nit sagen solten die weil er lebt das hulff kapitel Darnach an dem hailigen ostertage do der hailig bischoff sant ulrich meß het da erschain aber vnsers lieben herren hand vnd segnet vnd machet creutz mit sant ulrich vber das hailig sacrament Do die meß vollbracht ward

92 Sankt Gallen, Stiftsbibliothek, Cod. 602 pag. 320: Der heilige Ulrich bei der hl. Reklusin Wiborada

Vnd des hailigen pischoff Sant Simprechts der sein hailikait durch
emsige zaichen ist bezaiget Von dem singen wir vnd lesen merck
als des tagkaus. den selben singen wir als ain getreuer nothelf
an ruffen vnd sprechn O aller wirdiger hailig Sete Simpte er-
wirb das vns durch dein gepet alzeit sey auf getan die port
des lebens vnd die fräd des himels O du fürst der eingemischet bist
dem himlischen heer wend vo vns all sünd vnd verleich bewer-
ung vnsers gepetes Versikl Got der her hat in lieb gehebt vn hat
in gezieret Vnd hat im angelegt ain stoll der glory Oro Almech-
tiger got der erzaigt hast das verdienst sant Simprechts des
hailigen bischofs mit grossem wunder zaiche verleich vns durch
sein verdienen gesuntheit an leib vnd an sel vnd das wir seiner
exempel nach volgen Vnd erlöst werden vor allem übel vn zu
die säliclichen kumen durch ppum vnsero herrn Amen rubrica
hie sagt von sant vlrichs leben vnd von seiner hailikait
kirchlichen

bernhardus zů der zeit machet apt joachim sein prophetzij, vnd
ach hiltigardis, in dem iar als cůnradus gestarb, da starb ach
vnser apt vdalscalcus, vnd ward hezilo apt ain weis frum man,
vnd was ailf iar apt, ober nach dem vnd bischof heerma, der
den zehenden gem hailigen creüz gaben hat gestarb, da ward
waltherus bischof, der ains vnd dreissigest. Nach dem ward cůn
radus bischof, ain frum gaistlich andethtig man, der ward ain
můnich in vnserm closter, als man nach xpi gepurt ailf hun
dert vnd sechs vnd fünfftzig iar zalt, er hat vnserem gotzhaus
vil gůtes getan, vnd ist in vnserm capitel begraben, vnd ward
nach im bischof hartwig, ober nach kaiser cůnrat, ward
erwelt herzog fridrich von schwaben, von karolus geschlecht,
püritig, der macht mit der teütgschen hilf, grossen feid es

95 Augsburg, Staats- und Stadtbibliothek, Cod. Halder 1 fol. LXXXIIII^r:
Der heilige Ulrich heilt Kranke, Ulrichsmesse

96 München, Bayerische Staatsbibliothek, Cgm 213 fol. 159ᵛ: Ulrichsmesse

ward geweicht vnnd das Gotzhauß von dem
Ertzbischone Conradus von Mentz vnd Valstalco Bischone zu Augspurg. Otto vom
Freysingen der auch Sant Bartholomeus
Capell weyhet. Vnd auch Hermannus
Bischone zu Munster vnd Otto der Bischone
von Eystatt. Dabey was auch der vorgenant
Cayser Friderich mit grosser andacht mit
sampt seinen dreyen sunen vnd vil andern fursten

98 Augsburg, Staats- und Stadtbibliothek, 4° Cod. Aug. 1 fol. 213ʳ: Begräbnis des hl. Ulrich

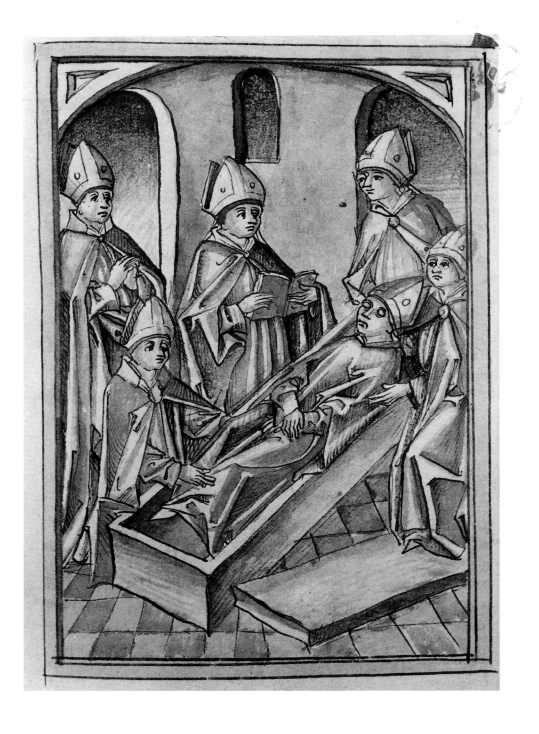

99 *Augsburg, Staats- und Stadtbibliothek, 4° Cod. Aug. 1 fol. 250ʳ: Erhebung des hl. Ulrich*

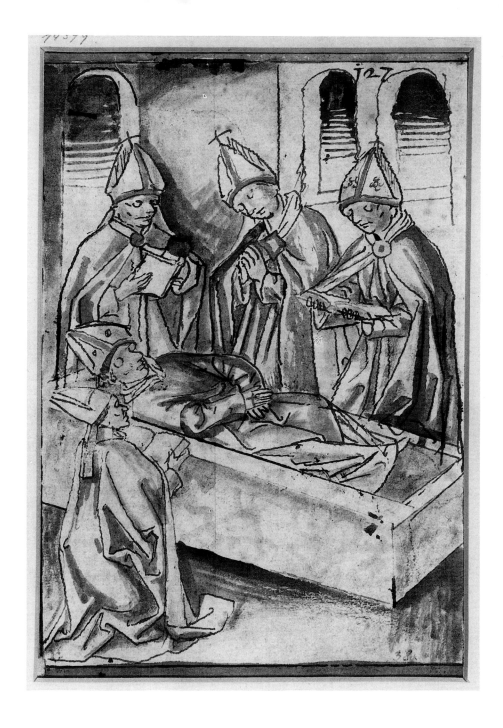

100 Frankfurt/Main, Städelsches Kunstinstitut, Inv. 14399: Begräbnis des hl. Ulrich

aus der Hand eines Abtes entgegennimmt, ist wahrscheinlich, da er einen Nimbus trägt, der hl. Ulrich. Es wäre dann die erste Darstellung, die ihn mit einem Pallium zeigt. Im Nacken bildet die Kasel einen Bausch, der nicht für eine Kapuze gehalten werden sollte.[52] Für die Identifikation dieses Heiligen mit dem hl. Ulrich spricht auch das Brustbild dieses Heiligen in der goldenen O-Initiale zu seinem Fest in derselben Handschrift (fol. 112r). Auch dort ist er graubärtig und gealtert, jugendlich hingegen in dem unzialen E zu Beginn von Bernos Ulrichsvita München, Bayer. Staatsbibliothek, Clm 11328 (Bistum Augsburg, 2. Viertel 12. Jh.) fol. 2r.[53] Seine Figur wurde teilweise mit Tinte nachgezogen.

In Augsburg entstand um die Mitte des 12. Jahrhunderts die Handschrift Augsburg, Staats- und Stadtbibliothek, 2° Cod. 36, der Jeremiaskommentar von Hieronymus,[54] dem ein Hieronymus- (fol. 1v) und ein Jeremiasbild (fol. 2r) vorangestellt sind, über Jeremias die Belagerung und Zerstörung Jerusalems durch Nebukadnezar. Dem brennenden Jerusalem steht, über Hie-

---

Bischofs und Märtyrers Lambert besaß (Alfred Schröder, Die Schatz- und Heiltumsverzeichnisse der Augsburger Domkirche. In: Archiv für die Geschichte des Hochstifts Augsburg, IV. Bd., 1912–15, S. 495–498; ebd., S. 498: De corporibus et reliquiis sanctorum mart. ... Lantperti, ...). Auch lassen sich die Miniaturen des Harleianus 2908 nicht mit anderen für Seeon im 11. Jahrhundert gesicherten verbinden.

[52] Zu diesem Bausch s. Joseph Braun, Die liturgische Gewandung in der Gegenwart und Vergangenheit nach Entwicklung, Symbolik und der Verwendung beim Gottesdienst. Freiburg i. Br. 1907, S. 177, 183.

[53] Zur Handschrift s. Elisabeth Klemm, Die romanischen Handschriften der Bayerischen Staatsbibliothek. Teil 2. Die Bistümer Freising und Augsburg, verschiedene deutsche Provenienzen (Katalog der illuminierten Handschriften der Bayerischen Staatsbibliothek in München, Bd. 3, Teil 2). Textbd. Wiesbaden 1988, S. 185 (Nr. 275) und Ausstellungskatalog ›Vita Sancti Udalrici‹ (wie o. Anm. 45), S. 26f. (Nr. 6; Günter Hägele).

[54] Zur Handschrift s. Ausstellungskatalog: Ars sacra. Kunst des frühen Mittelalters (Bayerische Staatsbibliothek München). Juni–Oktober 1950. München 1950, S. 118 (Nr. 260; Albert Boeckler; dort: Augsburg, 1. Hälfte 12. Jh.), Ausstellungskatalog: Bayerns Kirche im Mittelalter. Handschriften und Urkunden. Ausstellung veranstaltet von den Bayerischen Staatlichen Bibliotheken in Verbindung mit den Staatlichen Archiven Bayerns. Juni–Oktober 1960. München 1960, S. 14f. (Nr. 47, Abb. 34: fol. 2r; Wolfgang Hörmann; Datierung dort: 1. Hälfte 12. Jh.), Ausstellungskatalog ›Suevia Sacra‹ (wie o. Anm. 3), S. 180f. (Nr. 178, Abb. 167: fol. 2r; Florentine Mütherich; dort: Augsburg, 1. Hälfte 12. Jh.), Herrad Spilling, Die Handschriften der Staats- und Stadtbibliothek Augsburg 2° Cod 1–100. Wiesbaden 1978, S. 59 (dort: Augsburg?, 1. Hälfte 12. Jh.), Peter Conrads, Hieronymus – scriptor et interpres – Zur Ikonographie des Eusebius Hieronymus im frühen und hohen Mittelalter. Phil. Diss. Berlin. Würzburg 1990, S. 166–168 (Nr. 55; dort: 2. Hälfte 12. Jh.) und Ausstellungskatalog: Vita Sancti Udalrici (wie o. Anm. 45), S. 30–32 (Nr. 9; Günter Hägele). Zur Datierung s. auch Klemm (wie o. Anm. 53), S. 121, wo die Verwandtschaft der Initialen dieser Handschrift mit denen in Clm 3737 (Augsburg, Mitte 12. Jh.) notiert wird.

---

101 Berlin, Staatliche Museen zu Berlin, Kupferstichkabinett, Min. 4077: Erhebung des hl. Ulrich

ronymus, ein festes Haus, die Kirche Christi und seiner Heiligen Ulrich und Afra gegenüber. Obwohl dieses Gebäude kein Kreuz trägt, ist mit ihm zumindest auch die Kirche des Klosters St. Ulrich und Afra gemeint. Zweifellos wurde die Handschrift für dieses, wahrscheinlich aber auch in diesem Kloster geschaffen. Sie trägt den alten Besitzvermerk: *L[iber]. S. Afre* (fol. 3r).[55] Christus, Ulrich und Afra halten offene Schriftrollen. Die Christi trägt die Inschrift: *Ego dabo vob(is) os et sapie(n)tia(m)* (Ich werde euch Mund und Weisheit geben; Lukas 21,15). Afra und Ulrich wenden sich mit ihren Spruchbändern Christus zu; sie haben den Spruch Proverbia 3,19 untereinander aufgeteilt; Afra: *D(omi)n(u)s sap(ient)ia fu(n)dav(it) terra(m)*, Ulrich: *stabiliv(it) celos prude(n)tia* (Der Herr hat die Erde durch Weisheit gegründet und durch seine Einsicht die Himmel befestigt). Mit diesem Bibelzitat fassen die Patrone der Abtei St. Ulrich und Afra die Lehre des folgenden Kommentars zum Propheten Jeremia zusammen. Durch die Gegenüberstellung zur Zerstörung Jerusalems, die der Prophet auf seinem Schriftband mit Jeremia 34,2 kommentiert, bekommen ihre Worte den Charakter einer Mahnung: Nur die Weisheit des Herrn garantiert die Sicherheit des Klosters und der Stadt.

Der hl. Ulrich hält hier in der Rechten einen Bischofsstab mit Pannisellus. Seine Mitra hat die für das 12. Jahrhundert charakteristische Form mit einer Vertiefung in der Mitte und den stumpf abschließenden Bäuschen zu beiden Seiten.[56] Der Circulus, der ringförmige Besatz am unteren Rand, ist ebenso erkennbar wie die beiden Infuln. Die weite Kasel ist grün, die Dalmatik mit vielen *clavi* und *fimbriae* dicht besetzt. Der Manipel liegt über dem linken Unterarm, die Stola über der Albe.

Der im Kloster St. Vinzenz in Metz im dritten Viertel des 12. Jahrhunderts entstandenen Handschrift München, Bayer. Staatsbibliothek, Clm 28565 (olim Gotha, Herzogl. Bibliothek, Mbr. I 61)[57] mit den Annales Sancti Vincentii Mettensis und hagiographischen Texten sind 30 Seiten mit Federzeichnungen vorangestellt (fols. 1v–16r), darunter fünf mit je zwei stehenden Bischöfen oder Äbten (fols. 6v–8v). Wesentlich später, wohl erst im 17. Jahrhundert wurden die beiden Figuren auf fol. 8r mit den Namen der heiligen Ulrich und Notker versehen. Ursprünglich dürften nicht diese heiligen Bischöfe gemeint gewesen sein, da die beiden Heiligen weder Pallium noch Mitra tragen. Das Pallium des als *S. Vdalricus ep(iscopu)s* Bezeichneten ist nicht in der üblichen Y-Form, sondern in der im 6.–8. Jahrhundert gebräuchlichen Weise um die Schultern gelegt.[58]

---

[55] Spilling (wie o. Anm. 54), S. 59.
[56] Zu dieser Form der Mitra s. Braun (wie o. Anm. 52), S. 459.
[57] Zur Handschrift s. Dieter Kudorfer, Katalog der Lateinischen Handschriften der Bayerischen Staatsbibliothek München Clm 28461–28615 (Catalogus codicum manu scriptorum Bibliothecae Monacensis, Tomus IV, Pars 9 Codices latinos 28461–28615 continens). Wiesbaden 1991, S. 174–178.

Im Kalender des sog. »Breviars aus Michaelbeuren«, München, Bayer. Staatsbibliothek, Clm 8271 (Salzburg, um 1175–80)[59] wurden jeweils die wichtigsten Heiligen des betreffenden Monats oben unter den Rahmenarkaden dargestellt. Auf dem Juliblatt (fol. 5v) sind das der hl. Bischof Ulrich, mit Mitra, Inful und Pallium und mit segnend erhobener Hand, die hl. Maria Magdalena und der hl. Apostel Jacobus. Die beiden Bäusche von Ulrichs Mitra haben sich hier zu oben spitz endenden Hörnern entwickelt.[60]

Zu Beginn der ersten deutschen Übertragung von Bernos Ulrichsvita, die Albertus (wohl identisch mit dem nach 1240 verstorbenen Adilbert, dem Prior des Klosters St. Ulrich und Afra) anfertigte, München, Bayer. Staatsbibliothek, Cgm 94 (Augsburg, um 1210–30),[61] befindet sich ein Blatt (fol. 26),[62] das

---

[58] Zu dieser Form des Palliums s. Braun (wie o. Anm. 54), S. 643 f., 649 und Bild 297.

[59] Zur Handschrift s. Klemm (wie o. Anm. 53), Teil 1. Die Bistümer Regensburg, Passau und Salzburg. Wiesbaden 1980, S. 164–166 (Nr. 275) und Ausstellungskatalog: Vita Sancti Udalrici (wie o. Anm. 45), S. 29 f. (Nr. 8; Günter Hägele).

[60] Zu dieser seit 1125 häufigen Mitrenform s. Braun (wie o. Anm. 52), S. 463 f.

[61] Zur Handschrift s. Joh[ann]. Andr[eas]. Schmeller (Hrsg.), St. Ulrichs Leben, lateinisch beschrieben durch Berno v. Reichenau, und um das Jahr 1200 in deutsche Reime gebracht von Albertus. München 1844, Erich Petzet, Die deutschen Pergament-Handschriften Nr. 1–200 der Staatsbibliothek in München (Catalogus codicum manu scriptorum Bibliothecae Monacensis, Tomi V Pars I Codices germanicos complectens). München 1920, S. 163–165, Hanns Swarzenski, Die lateinischen illuminierten Handschriften des XIII. Jahrhunderts in den Ländern an Rhein, Main und Donau. Textbd. Berlin 1936, S. 58 Anm. 3 (dort um 1200 datiert und der Augsburger Buchmalerei zugeordnet), Edward Schröder, Der »Heilige Ulrich« des Albertus. In: Nachrichten von der Gesellschaft der Wissenschaften zu Göttingen. Phil.-hist. Klasse. N. F. Fachgruppe IV. Nachrichten aus der Neueren Philologie und Literaturgeschichte, 2. Bd., 1937–39, S. 139–146, Haupt (wie o. Anm. 48), S. 35–37, 109 f., Ausstellungskatalog: Bayerns Kirche (wie o. Anm. 54), S. 16 (Nr. 56; Wolfgang Hörmann), Karl-Ernst Geith, Albert von Augsburg: Das Leben des Heiligen Ulrich (Quellen und Forschungen zur Sprach- und Kulturgeschichte der germanischen Völker, N. F. 39 [163]). Berlin–New York 1971, ders., Artikel »Albertus von Augsburg«. In: Die deutsche Literatur des Mittelalters. Verfasserlexikon, 2. Aufl., Bd. 1. Berlin-New York 1978, Sp. 114–116, Ausstellungskatalog: Literatur in Bayerisch Schwaben. Von der althochdeutschen Zeit bis zur Gegenwart (Beiträge zur Landeskunde von Schwaben, Bd. 6). Text von Hans Pörnbacher. Augsburg, Rathaus 28. 9.–4. 11. 1979. Weißenhorn 1979, S. 6 (Nr. 16; ebd., S. 7 Farbtafel: fol. 26v), Karin Schneider, Gotische Schriften in deutscher Sprache I. Wiesbaden 1987, S. 92–96, Klemm (wie o. Anm. 53), S. 127 (Nr. 178; dort: Augsburg oder Würzburg. 1. Viertel 13. Jh.) und Ausstellungskatalog: Vita Sancti Udalrici (wie o. Anm. 45), S. 32–34 (Nr. 10; Günter Hägele). Die Argumentation von Geith, a. a. O., der für die Identität des Autors Albertus mit Adilbert, dem Prior des Klosters St. Ulrich und Afra (bezeugt unter Abt Heinrich IV. (1204–16) und zuletzt 1240; s. auch ders., Artikel »Adilbert von Augsburg«. In: Verfasserlexikon (wie o.), Bd. 1, Sp. 63 f.), und damit für Augsburger Ursprung des Textes eintritt, wird durch die Beobachtungen von Schneider, a. a. O., nicht erschüttert. Albertus-Adilbert muß nicht in Augsburg aufgewachsen sein und auch die Schreiber(innen) der Nachträge können von auswärts nach Augsburg gekommen sein. Die Handschrift wurde 1806 von B. J. Docen, der die Versetzung der Bibliothek von St. Ulrich und Afra »nach München besorgte, unter deren gedruckten Büchern gefunden« (Schmeller, a. a. O., S. IV). Aus dem Eintrag am Rand von fol. 26v: *Diz buh horet in die closen zu sende Vlrihche* (Abb. 11) ergibt sich, daß es im Besitz einer St. Ulrichsklause war. Eine solche ist für das St. Ulrichskloster in Augsburg auch durch das aus den Jahren 1500–14 stammende Nekrolog bezeugt (Otmar Doerr, Das Institut der Inclusen in

auf Recto und Verso ganzseitige Bilder des hl. Ulrich enthält.[63] Das erste zeigt
ihn sitzend und lesend. Die Buchstaben A S (spiegelverkehrt) und C Z in
seinem Buch konnten noch nicht gedeutet werden. Höchstwahrscheinlich
liest er in einem Gebetbuch. Das hinter Ulrich aufragende Gebäude, in (nicht
etwa vor) dem wir uns ihn lesend vorzustellen haben, trägt kein Kreuz und
entbehrt auch anderer Charakteristika einer Kirche wie Langhaus, Vierung,
mehrere Türme. Es handelt sich wohl um einen Wohnturm als Teil der bischöflichen Pfalz.[64] Ulrich wird dem Betrachter als vorbildlicher Bischof vor
Augen geführt. Dies entspricht der Ulrichsvita Bernos (und entsprechend der
des Albertus), die das Bild des Heiligen dem Ideal eines »tugendhaften Lebens« anpaßt:[65] »*Gebetes er stětechlichen phlac*«.[66] Auch auf dem zweiten
Bild, das ihn stehend darstellt, hält er ein Buch in der Hand. Auf beiden Bildern trägt er einen Bart. Seine Gewandung unterscheidet sich in manchen
Punkten von der der Ulrichsbilder des 13. Jahrhunderts. Die *clavi* und *fimbriae* sind von der Dalmatik verschwunden, die mit roten Rauten gemustert
ist. Das Pallium ist auf dem Weg von der Y- zur T-Form schon weit vorge-
schritten.

Nicht viel später, um 1230, und wahrscheinlich ebenfalls in Augsburg dürfte
das Doppelbild der Heiligen Ulrich und Nikolaus in dem Psalter der Universitätsbibliothek Augsburg, Cod. I. 2. 4° 19 fol. 67v entstanden sein.[67] Als
Bischöfe und als Wasserpatrone sind die Heiligen Ulrich und Nikolaus miteinander verbunden.[68] Das ganzseitige Bild gehört zu zwei weiteren Doppel-
bildern in diesem Psalter, nämlich zu dem zweier weiblicher Heiliger, wahrscheinlich Walburga, mit brennender Ampel, und Maria Magdalena, mit
Palmzweig (fol. 7v),[69] und dem der heiligen Johannes und Jakobus (fol. 68v).[70]
Daß allen diesen Heiligen im Augsburger Dom Altäre geweiht waren,
spricht, wie auch der Kalender, dafür, daß der Psalter für diese Kirche be-

Süddeutschland [Beiträge zur Geschichte des alten Mönchtums und des Benediktinerordens, Heft 18]. Münster 1934, S. 74). Der Umweg, den Schneider, a.a.O., S. 95f., die Handschrift über die Würzburger Klause St. Ulrich nehmen lassen will, erscheint konstruiert.

[62] Vorgebunden ist Bernos Ulrichsvita, ohne Anfang und Schluß (fols. 1r–23v), in einer Abschrift aus der 2. Hälfte des 12. Jahrhunderts.

[63] Die erste Miniatur (12,7 × 9 cm) ist etwas größer als die zweite (11,9 × 8 cm).

[64] Die Angabe bei Petzet (wie o. Anm. 61), S. 165: »St. Ulrich vor der Kirche sitzend« ist zu korrigieren.

[65] Dazu ausführlich Wolf (wie o. Anm. 46), S. 75–87.

[66] Albertus, Vita Sancti Ulrici, 329 (Geith [wie o. Anm. 61]), 1971, S. 33.

[67] Zur Handschrift s. Swarzenski (wie o. Anm. 61), S. 58, 136f., Ausstellungskatalog: Suevia Sacra (wie o. Anm. 3), S. 190 (Nr. 198; Florentine Mütherich), Ausstellungskatalog: Wertvolle Handschriften und Einbände aus der ehemaligen Oettingen-Wallersteinschen Bibliothek. Universitätsbibliothek Augsburg. Wiesbaden 1987, S. 54f. (Nr. 9; Thomas Raff) und Ausstellungskatalog ›Vita Sancti Udalrici‹ (wie o. Anm. 45), S. 27–29 (Nr. 7; Günter Hägele).

[68] Über den hl. Ulrich als Wasserpatron s. Friedrich Zoepfl, Das Fischattribut des hl. Ulrich. In: Christliche Kunstblätter, 81. Jg., 1940, S. 24–31, bes. S. 27–31.

[69] Abb. bei Swarzenski (wie o. Anm. 61), Tafelbd., Taf. 130 Abb. 705.

[70] Abb. ebd., Taf. 130 Abb. 706.

stimmt war und daß er dort gebraucht wurde. Die Handschrift selbst ist, mit dem Kalender und dessen Tierkreiszeichen und Monatsbildern und mit den anderen Miniaturen, etwa ein bis zwei Jahrzehnte älter als die Doppelbilder der Heiligen, also um 1210–20.[71] Die Blätter, die die Miniaturen tragen, stehen auf gesonderten Lagen, die nicht mit denen des Kalenders und des Psaltertexts identisch sind. Die drei Zweiergruppen von Heiligen haben keinen spezifischen Bezug zum Psaltertext, sie tragen aber, zusammen mit den anderen Miniaturen, dazu bei, die Dreiteilung des Psalters zu markieren. Ihr Bild in einem liturgischen Buch des Augsburger Doms zeigt an, daß sie in dieser ihrer Kirche präsent sind.

Wie schon im sog. Breviar aus Michaelbeuren hat Ulrich hier seine Hand segnend erhoben. Die Worte *Pax vobis* auf dem geöffneten Buch in seiner Linken entsprechen dem Sinn seiner Gebärde. Er ist bärtig, ein Mann mittleren Alters. Sein Pallium hat nunmehr, wie das des hl. Nikolaus, die T-Form, statt mit Kreuzen ist es mit Edelsteinen besetzt.

Daß Repräsentationsbilder des hl. Ulrich erst wieder aus dem 15. Jahrhundert erhalten sind, dürfte nicht nur an den Zufällen liegen, denen Erhalt und Zerstörung mittelalterlicher Handschriften ausgesetzt waren. Einer der Gründe für das Fehlen solcher Bilder im 14. Jahrhundert ist gewiß der Rückgang von Kunst und Wissenschaft im Kloster St. Ulrich und Afra, das, wie wir sahen, an der literarischen und künstlerischen Pflege des Ulrichsbildes nicht unwesentlich beteiligt war. Dieser Niedergang setzte mit dem Tod eben jenes Priors Adilbert ein, dem wir wahrscheinlich die erste deutsche Übertragung von Bernos Ulrichsvita verdanken.[72] Daß Abt Marquard von Hageln (1315–33) wertvolle Bücher an die Dominikaner gab,[73] beleuchtet den kulturellen Verfall. Zwischen dem Wiederauftreten bedeutender illuminierter Handschriften mit Bildern des hl. Ulrich und der Einführung der Melker Reform in St. Ulrich und Afra (um 1450)[74] besteht eine nicht nur zeitliche Parallelität.

Die Handschrift Wolfenbüttel, Herzog August Bibliothek, Cod. 1. 5. 1 Aug. 2° (Augsburg, um 1430–50)[75] enthält auf fols. 1r–16v und 12r–27v das *Offi-*

---

[71] Händescheidung bei Swarzenski (wie o. Anm. 61), S. 58, 136 f.
[72] S. dazu Haupt (wie o. Anm. 48), S. 48.
[73] Anton Steichele, Fr. Wilhelmi Wittwer Catalogus Abbatum monasterii SS. Udalrici et Afrae Augustensis. In: Archiv für die Geschichte des Bistums Augsburg, III. Bd., Augsburg 1860, S. 10–437, hier S. 164 und Haupt (wie o. Anm. 48), S. 43 mit Anm. 14. Über Wilhelm Wittwer (1449–1512) s. Steichele, a.a.O., S. 11–15 und Nonnosus Bühler, Die Schriftsteller und Schreiber des Benediktinerstiftes St. Ulrich und Afra in Augsburg während des Mittelalters. Phil. Diss. München. Borna-Leipzig 1916, S. 58–63.
[74] Haupt (wie o. Anm. 48), S. 48.
[75] Zur Handschrift s. Otto von Heinemann, Die Handschriften der Herzoglichen Bibliothek zu Wolfenbüttel. 2. Abtheilung. Die Augusteischen Handschriften. I. Wolfenbüttel 1890, S. 25 f. (Nr. 1588; Datierung dort: 14.–15. Jh.), Haupt (wie o. Anm. 48), S. 129 Abb. 9 (Datierung dort: um 1430), Wolf (wie o. Anm. 46), S. 40 (Datierung dort: S. XIV/XV) und Adolf Layer, Der hl. Ulrich in der Musik- und Theatergeschichte. In: Bischof Ulrich von Augsburg

cium in festo S. Udalrici episcopi Augustani, dazwischen auf fols. 17r–23v
Bernos Ulrichsvita.⁷⁶ Auch das Ulrichsoffizium geht auf Berno zurück.⁷⁷ Ulrich ist in beiden S-Initialen auf fols. 1r und 12v mit dem Oberkörper leicht nach rückwärts gebeugt, er blickt nach rechts, dorthin, wo Text und Melodie fortfahren. In der Hand trägt er hier und auch auf den künftigen Repräsentationsbildern den Fisch. Dieser erscheint als Attribut des hl. Ulrich seit dem 14. Jahrhundert.⁷⁸ Ursprünglich charakterisierte er den Heiligen als Wasserpatron. Erst aufgrund des Attributs wurde, wie Friedrich Zoepfl überzeugend dargelegt hat,⁷⁹ um nachträglich eine ätiologische Erklärung für dasselbe zu schaffen, die Legende von dem in einen Fisch verwandelten Stück Fleisch entwickelt, ein Wandlungswunder, das außerdem die korrekte Lebensführung des heiligen Bischofs unter Beweis stellte, indem es ihn als einen auswies, der freitags stets fastete.⁸⁰ Die liturgische Gewandung hat sich seit dem 13. Jahrhundert verändert: Dalmatik und Kasel sind kürzer geworden, die Dalmatik ist seitlich geschlitzt. Auf die Albe ist eine prächtige quadratische Parura genäht, ein seit dem 12. Jahrhundert bezeugter Zierbesatz,⁸¹ der im Bild des hl. Ulrich hier zum ersten Mal erscheint. Vom Knauf des Bischofsstabes weht ein langer Pannisellus. Vor allem aber ist das neue Ulrichsbild des 15. Jahrhunderts dadurch charakterisiert, daß der Eindruck, es handle sich um einen gealterten Mann, vermieden wird. Er erscheint hier und auf den künftigen Repräsentationsbildern bartlos, niemals alt, allenfalls im reiferen Mannesalter.

Die weiteren Bilder des hl. Ulrich als Einzelfigur in einer Initiale seien im folgenden aufgelistet:
Augsburg, Staats- und Stadtbibliothek, 2° Cod. 152 (Der Heiligen Leben (Sommerteil); Papier; Augsburg?, Mitte 15. Jh.)⁸² fol. 117v,
München, Bayer. Staatsbibliothek, Clm 4302 (Proprium Sanctorum; Augsburg, 1459)⁸³ fol. 77v,

---

und seine Verehrung (wie o. Anm. 35), S. 275–299, bes. S. 282 (Datierung dort: Ende 14. Jh.). Die Handschrift stammt aus dem Augsburger Dom.

⁷⁶ Heinemann (wie o. Anm. 75), S. 25.
⁷⁷ S. dazu Theodor Wohnhaas, Zur Frühgeschichte der Ulrichsliturgie. In: Bischof Ulrich von Augsburg und seine Verehrung (wie o. Anm. 35), S. 75–81.
⁷⁸ Ältestes Beispiel ist nach Zoepfl (wie o. Anm. 68), S. 24 eine Ulrichsstatue am Norportal des Augsburger Doms, um 1343.
⁷⁹ Ebd., S. 27–31.
⁸⁰ Die deutsche Fassung der Legende ist abgedruckt bei Hirsch (wie o. Anm. 49), S. 151.
⁸¹ S. dazu Braun (wie o. Anm. 52), S. 81–92.
⁸² Zur Handschrift s. Karl Firsching, Die deutschen Bearbeitungen der Kilianslegende unter besonderer Berücksichtigung deutscher Legendarhandschriften des Mittelalters (Quellen und Forschungen zur Geschichte des Bistums und Hochstifts Würzburg, Bd. 26). Würzburg 1973, S. 71 (Nr. 1) und Herrad Spilling, Die Handschriften der Staats- und Stadtbibliothek Augsburg 2° 101–250. Wiesbaden 1984, S. 83 f.
⁸³ Zur Handschrift s. Ernst Wilhelm Bredt, Der Handschriftenschmuck Augsburgs im XV. Jahrhundert (Studien zur deutschen Kunstgeschichte, 25. Heft). Straßburg 1900, S. 58–63.

München, Bayer. Staatsbibliothek, Cgm 6834, 1. Band (Legendensammlung; Augsburg?, zweite Hälfte 15. Jh.)[84] fol. 86v: D-Initiale mit dem hl. Ulrich,   74

München, Bayer. Staatsbibliothek, Clm 23161 (Breviarium; Augsburg, Ende 15. Jh.)[85] fols. 50v (hl. Ulrich in der C-Initiale von Psalm 106) und 427v (hl. Ulrich in U-Initiale),   75 / 76

Augsburg, Staats- und Stadtbibliothek, 2° Cod. 49a (Psalterium; Augsburg, 1495)[86] fol. 179v,   77

München, Bayer. Staatsbibliothek, Clm 4301 (Psalterium; Augsburg, 1495)[87] fol. 161v,   78

Kopenhagen, Kongelige Bibliotek, Gl. Kgl. Saml. 3449, 8° (Breviarium; Augsburg?, 1. Hälfte 16. Jh.)[88] Vol. IX fol. 146r (hl. Ulrich in S-Initiale).   80

Abgesehen von Augsburg, Staats- und Stadtbibliothek, 2° Cod. 152 sind diese Handschriften sämtlich Pergamenthandschriften. Über die Herstellung der beiden Psalterien in Augsburg und München sind wir durch Wilhelm Wittwers *Catalogus Abbatum* unterrichtet.[89] Die Bildinitialen mit dem hl. Ulrich, demnach und aufgrund stilkritischer Überlegungen wohl vom jungen Leonhard Beck,[90] stehen im Hymnar dieser Psalterien und markieren den Beginn des Hymnus zur Vesper am Ulrichsfest: *Gaude Syon sublimata*. Ulrich trägt ein Pluviale, das in dem in Augsburg aufbewahrten Psalterium von zwei vierpaßförmigen Pluvialschließen zusammengehalten wird.

Das weitverbreitete Legendar ›Der Heiligen Leben‹ enthält gelegentlich Bilder vor den Legenden der betreffenden Heiligen. Beispiele für selbständige, nicht in die Initiale integrierte Bilder vor der Ulrichslegende sind:

Sigmaringen, Fürstlich Hohenzollernsche Hofbibliothek, Hs. 24 (Papier; Füssen, 1464)[91] fol. 90r und   79

Augsburg, Staats- und Stadtbibliothek, 2° Cod. 154 (Papier; Augsburg?, zweite Hälfte 15. Jh.)[92] fol. 148va.   81

---

[84] Zur Handschrift s. Firsching (wie o. Anm. 82), S. 78 (Nr. 73; dort: 15. Jh., ev. aus Augsburg).

[85] Zur Handschrift s. Bredt (wie o. Anm. 83), S. 69–71.

[86] Zur Handschrift s. Bredt, ebd., S. 73–83, Erich Steingräber, Die kirchliche Buchmalerei Augsburgs um 1500 (Abhandlungen zur Geschichte der Stadt Augsburg. Schriftenreihe des Stadtarchivs Augsburg, Heft 8). Basel o. J., S. 21–28, 62f. (Nr. 28), Clytus Gottwald, Die Musikhandschriften der Stadt- und Staatsbibliothek Augsburg (Handschriftenkataloge der Staats- und Stadtbibliothek Augsburg, Bd. I). Wiesbaden 1974, S. 2–4. Die Handschrift stammt aus dem Benediktinerstift St. Ulrich und Afra in Augsburg.

[87] Zur Handschrift s. Bredt (wie o. Anm. 35), S. 73–83 und Steingräber (wie o. Anm. 86), S. 21–28, 62 (Nr. 27).

[88] Zur Handschrift s. Theodor Wohnhaas, Zur Handschrift Gl. Kgl. Saml. 3448, 8° der Königl. Bibliothek in Kopenhagen. Ein Beitrag zur Geschichte der Augsburger Liturgie. In: Jahrbuch des Vereins für Augsburger Bistumsgeschichte e.V., 5. Jg., 1971, S. 59–62.

[89] Steichele (wie o. Anm. 73), S. 372, 394; Bredt (wie o. Anm. 83), S. 82 hat als erster die beiden Psalterien in Augsburg und München mit den von Wilhelm Wittwer genannten identifiziert; s. auch Steingräber (wie o. Anm. 86), S. 47.

In der Reihe der Bischöfe im letzten Teil der Papierhandschrift Augsburg, Staats- und Stadtbibliothek, 4° Cod. Aug. 1 (Augsburg, 1480),[93] die auch Sigismund Meisterlins Chronik enthält, erscheint der hl. Ulrich als 20. Bischof neben seinem Vorgänger Hiltine (fol. 268v).

Das bedeutendste Repräsentationsbild des hl. Ulrich im 15. Jahrhundert aber ist die Titelminiatur auf dem Einzelblatt London, Victoria & Albert Museum, D. 86–1892 Ms. 425, das dem Psalter aus dem Jahr 1495, Augsburg, Staats- und Stadtbibliothek, 2° Cod. 49a,[94] entnommen wurde. Die Miniatur ist ein Werk von Georg Beck.[95]

Hier thronen die beiden Patrone des Benediktinerstifts St. Ulrich und Afra, für das diese Handschrift bestimmt war, nebeneinander auf einem Gestühl. Auf Ulrich ist, wie schon auf der Reichenauer Miniatur aus den Jahren 1020–30, entsprechend der in seiner Vita berichteten Ulrichsmesse eine Hand Gottes gerichtet. Unten überreicht der Schreiber dieses Psalteriums, Leonhard Wagner, gestützt und herangeschoben von seinem Namenspatron, die fertige Handschrift dem Abt des Klosters, Johannes von Giltlingen (1482–96).[96] Dieser zeigt nach oben, zum hl. Ulrich, und gibt damit als den Bestimmungsort dieses Psalteriums die Benediktinerstiftskirche St. Ulrich und Afra an. Durch seine Position zur Rechten der dextera Dei und durch die auf ihn gerichteten Hände – Gottes und des Abtes – ist Ulrich gegenüber Afra hervorgehoben. Oben links und rechts die Wappen des Bistums, unten das des Abtes.[97] Ulrich ist mit Albe, Dalmatik und Pluviale bekleidet, er trägt eine Mitra mit langen Infuln und Pontifikalhandschuhe. Die Krümme seines

---

[90] Steingräber (wie o. Anm. 86), S. 25 schreibt nur das nach London gelangte Dedikationsbild (Abb. 25) Georg Beck zu, »während der als Mitarbeiter genannte Sohn wohl die Hauptarbeit leistete«.

[91] Zur Handschrift s. Firsching (wie o. Anm. 82), S. 75 (Nr. 38). Das Kolophon enthält die Angabe: *per manus Magni muratoris de fuessen*.

[92] Zur Handschrift s. Hellmut Lehmann-Haupt, Schwäbische Federzeichnungen. Studien zur Buchillustration Augsburgs im XV. Jahrhundert. Berlin/Leipzig 1929, S. 106, 182 (Nr. 2), Firsching (wie o. Anm. 82), S. 71 f. (Nr. 12), Spilling (wie o. Anm. 82), S. 87 f. und Ausstellungskatalog: Von der Augsburger Bibelhandschrift zu Bertolt Brecht. Zeugnisse der deutschen Literatur aus der Staats- und Stadtbibliothek und der Universitätsbibliothek Augsburg. Ausstellung anläßlich des Deutschen Germanistentags 1991. Augsburg 4. 10.–10. 11. 1991. Hrsg. von Helmut Gier und Johannes Janota. Weißenhorn 1991, S. 60 (Nr. II, 5; Wolf Gehrt).

[93] Zur Handschrift s. Bredt (wie o. Anm. 83), S. 45–47, Lehmann-Haupt (wie o. Anm. 92), S. 43–46, 153f., 183–185 (Nr. 3) und Ausstellungskatalog: Von der Augsburger Bibelhandschrift zu Bertolt Brecht (wie o. Anm. 92), S. 194–196 (Nr. VIII, 4).

[94] Zur Handschrift s. o. Anm. 86.

[95] Über Georg Beck s. Steingräber (wie o. Anm. 86), S. 21–28.

[96] Über Leonhard Wagner s. Carl Wehmer, Augsburger Schreiber aus der Frühzeit des Buchdrucks (Beiträge zur Inkunabelkunde). 1938, S. 91, 106; über Johannes von Giltlingen s. Bühler (wie o. Anm. 73), S. 55.

[97] Dieselben drei Wappen wurden auf der Rückseite des Gehäuses des Ulrichskreuzes von Nikolaus Seld (1494) eingraviert; abgebildet bei F[riedrich]. Zoepfl, Ulrich (Udalricus) von Augsburg. In: Lexikon der christlichen Ikonographie. Hrsg. von Wolfgang Braunfels. 8. Bd. Rom–Freiburg–Basel–Wien 1976, Sp. 507–510, Sp. 509 Abb. 1.

Bischofsstabes – dieser mit langem Pannisellus – trägt reichen figürlichen Schmuck.

Wieder zusammen mit der hl. Afra ist St. Ulrich auf dem Stifterbild des Evangelistars des Augsburger Doms aus dem Jahre 1581 (Augsburg, Archiv des Bistums, Hs. 24 a) dargestellt. Das Blatt, vor fol. 1, ist nicht foliiert, die Miniatur steht auf verso.[98] Ulrich steht zur Rechten, Afra zur Linken einer thronenden Muttergottes. In einem Kolophon (fol. 205v) sind als Auftraggeber dieses Evangelistars *Wolfga(n)gus Andreas Raem à Kötz Praeposit(us)* und *Joannes Otto a Gemmingen(n) Decanus* genannt, doch ist nicht, wie Erich Steingräber meinte,[99] einer dieser beiden unten kniend dargestellt, sondern der im selben Kolophon als Empfänger der Handschrift genannte Marquard vom Berg, Bischof von Augsburg (1575–91). Die Mozzetta, die er trägt, ist »ein Privileg der Kardinäle und Bischöfe«.[100] Die Wappen des Bistums sind auch hier, wie auf dem Dedikationsbild in London, angebracht, sie werden von zwei Engeln gehalten. Dem hl. Ulrich reicht ein Engel das Ulrichskreuz vom Himmel herab. Genau senkrecht ist mit seiner rechten Hand Gottvater über dem Heiligen. Ob diese Anordnung, wie im Fall der Miniaturen in Wien und London, an die Ulrichsmesse erinnern soll, ist jedoch fraglich.

Die Reihe der narrativen Bildszenen zum Ulrichsleben hat Karl Haupt 1955 ausführlich behandelt.[101] Es genügt, einige Ergänzungen nachzutragen und auf neuere Forschungsergebnisse zu verweisen.

Die Ulrichsvita des Propstes Gerhard in Einsiedeln, Stiftsbibliothek, Cod. 261 (971) (Regensburg?, Mitte 11. Jh.)[102] hat an ihrem Beginn eine Ulrichsmesse (pag. 140).

Die Bilder in den beiden Zwiefaltener Handschriften, in dem Passionale Stuttgart, Württ. Landesbibliothek, Cod. bibl. 2° 58 (Zwiefalten, um 1130–35, vor 1140) fol. 3v und in dem Martyrolog derselben Bibliothek, Cod. hist. 2° 415 (um 1162) fol. 51r bringen, gewiß eingedenk der Bedeutung des hl.

---

[98] Blattgröße: 32,2 × 22 cm, Größe der Miniatur: 27,3 × 18,8 cm.
[99] Zur Handschrift s. Benedikt Kraft, Die Handschriften der Bischöfl. Ordinariatsbibliothek in Augsburg. Augsburg 1934, S. 84 und Steingräber (wie o. Anm. 86), S. 68. Dort ist das vorletzte Wort des Kolophons unrichtig als *Brice*, statt richtig *U(dal)rice* transkribiert. Der ganze Satz heißt also: *Liber*. [gemeint ist: Das Buch sagt:] *Johannes Hernlein nitido me gram(m)ate pinxit, Qui fuit et Monachus mitis U(dal)rice tuus*. Die Handschrift dürfte demnach in St. Ulrich und Afra hergestellt worden sein.
[100] Braun (wie o. Anm. 52), S. 357.
[101] Haupt (wie o. Anm. 48), S. 1–159.
[102] Zur Handschrift s. Linus Birchler, Die Kunstdenkmäler des Kantons Schwyz, Bd. I: Einsiedeln, Höfe und March (Die Kunstdenkmäler der Schweiz, Bd. 1). Basel 1927, S. 184, Wolf (wie o. Anm. 46), S. 23, Kuno Bugmann, Bischof Ulrich in Einsiedeln. In: Bischof Ulrich von Augsburg und seine Verehrung (wie o. Anm. 35), S. 61–64 (ebd., S. 63 irrtümlich als cod 281 angegeben), Anton von Euw–Joachim M. Plotzek, Die Handschriften der Sammlung Ludwig, Bd. 1. Köln 1979, S. 296 und Ausstellungskatalog: Vita Sancti Udalrici (wie o. Anm. 45), S. 19f. (Nr. 1; Günter Hägele).

Ulrich als eines Wasserheiligen, sein Wertachwunder.[103] Im Unterschied zu seinem Begleiter, dem Kaplan Herewig, können dem hl. Ulrich die Fluten nichts anhaben. Auf dem Julibild des Martyrologs ist Ulrich, wie Maria Magdalena, doch über ihr, in die Mitte des Bildfeldes gerückt und damit, seiner Position auf dem Julikalenderblatt des Clm 8271 vergleichbar, als einer der wichtigsten Heiligen des Monats Juli gekennzeichnet worden.

Die nach dem gegenwärtigen Stand der Forschung einzigen Bilder des hl. Ulrich in der Buchmalerei des 14. Jahrhunderts sind die im Krumauer Bildercodex Wien, Österreichische Nationalbibliothek, Cod. 370 (Krumau, um 1358) fols. 150v–155r.[104] Auch diese Folge von Ulrichsbildern stellt den hl. Ulrich unter anderem als Wasserheiligen vor Augen: er gelangt über den Rhein wie über eine Brücke (fols. 150v/151r). Sie hat außerdem die Tendenz, die Heiligen Ulrich und Wenzeslaus, die einander in Wirklichkeit bestimmt unbekannt geblieben sind, als Freunde erscheinen zu lassen. Daß der hl. Wenzeslaus in der Ulrichslegende auftritt, ist singulär. Die Erweiterung der Ulrichslegende durch Bildszenen, die Ulrich zusammen mit dem hl. Wenzeslaus darstellen (und dies ist bei sämtlichen Bildszenen auf fols. 152v–155v oben der Fall), erklärt sich aus dem Ort, an dem dieser Bildercodex entstanden ist, Krumau, und aus der hohen Verehrung des hl. Wenzeslaus in Böhmen und Mähren. Daß der Bildkommentar Ulrich irrtümlich als *episcopus Ratisponensis* (Bischof von Regensburg) bezeichnet, ist wohl in der Absicht begründet, Ulrich und Wenzeslaus einander räumlich näherzurücken, um eine Kontaktaufnahme beider zu ermöglichen.

88
89   Die elsässische Legenda Aurea, Heidelberg, Universitätsbibliothek, Cod. Pal. germ. 144 (Papier; Straßburg, 1419)[105] enthält auf fols. 13r und 222v zwei

---

[103] Vita Sancti Oudalrici (wie o. Anm. 27), 17, S. 120/122. Zu den beiden Handschriften s. von Borries-Schulten (wie o. Anm. 7), S. 56–70 (Nr. 34–36), 97–111 (Nr. 64); zu Cod. bibl. 2° 58 auch Ausstellungskatalog: Vita Sancti Udalrici (wie o. Anm. 45), S. 25f. (Nr. 5; Günter Hägele).

[104] S. die Faksimileausgabe: Krumauer Bildercodex. Österreichische Nationalbibliothek Codex 370. (Codices phototypice impressi, Vol. XIII.). Facsimile-Band und Textband zu der Facsimile-Ausgabe. Einführung Gerhard Schmidt. Transcription und deutsche Übersetzung Franz Unterkircher. Graz 1967. Nach freundlicher Mitteilung von Prof. Dr. G. Schmidt kann neuerdings eine Datierung in die 40er Jahre des 14. Jahrhunderts nicht ausgeschlossen werden.

[105] Zur Handschrift s. Hans Wegener, Beschreibendes Verzeichnis der deutschen Bilder-Handschriften des späten Mittelalters in der Heidelberger Universitäts-Bibliothek. Leipzig 1927, S. 13–17, Wolf (wie o. Anm. 46), S. 51, Konrad Kunze, Überlieferung und Bestand der elsässischen Legenda Aurea. Ein Beitrag zur deutschsprachigen Hagiographie des 14. und 15. Jahrhunderts. In: Zeitschrift für deutsches Altertum und deutsche Literatur, 99. Bd., 1970, S. 265–309, bes. S. 267, 270, Die »Elsässische Legenda Aurea«, Bd. I: Das Normalcorpus. Hrsg. von Ursula Williams und Werner Williams-Krapp (Texte und Textgeschichte. Würzburger Forschungen. 3). Tübingen 1980, S. XX und Werner Williams-Krapp, Die deutschen und niederländischen Legendare des Mittelalters. Studien zu ihrer Überlieferungs-, Text- und Wirkungsgeschichte (Texte und Textgeschichte. Würzburger Forschungen. 20). Tübingen 1986, S. 42.

narrative Ulrichsbilder. Auf dem ersten reitet Ulrich mit einem geistlichen Begleiter und zwei Laien über eine Brücke auf eine Stadt zu, vielleicht über den Lech nach Augsburg auf der Rückkehr von einer seiner Visitationsreisen. Das zweite Bild bringt den Tod des hl. Ulrich, der mit seiner Mitra auf dem Haupt im Bett liegt. Hinter dem Kopfkissen ist sein Bischofsstab zu sehen. Ein Engel ergreift seine Seele, die seinem Mund entweicht. Der Tod des hl. Ulrich war bereits im Krumauer Bildercodex dargestellt gewesen, ebenfalls mit der von einem Engel in Empfang genommenen Seele des Heiligen.
Reich illustriert sind die beiden Ulrichsviten in München, Bayer. Staatsbibliothek, Cgm 751 (Augsburg, in St. Ulrich und Afra von Bruder Johannes Klesatel[106] geschrieben, 1454)[107] und Cgm 568 (Augsburg, von Johannes Erlinger geschrieben, datiert 1468/69),[108] beides Papierhandschriften; Cgm 751 enthält 22, Cgm 568 23 Illustrationen zum Ulrichsleben. Die Bildthemen sind in beiden Handschriften dieselben. In Cgm 751 fehlt das erste Bild, der neugeborene Ulrich in der Wiege liegend, daneben seine Mutter und hinter dem Tisch ein Pilger, auf dessen Rat hin der Knabe wieder gesund wird (Cgm 568 fol. 152ra). Die Unterschiede der beiden Bilderserien werden durch die Gegenüberstellung der beiden Bilder zur Ulrichsmesse, Cgm 751 fol. 8v und Cgm 568 fol. 155r exemplarisch deutlich. Cgm 751 gibt einen Innenraum, der in Cgm 568 wegfiel. Cgm 568 reduziert das Bildgeschehen auf wenige Elemente, bringt diese aber in einen dichten, lebendigen Bildzusammenhang.[109] Ulrich beugt sich hier vor zum Altar und zur Hand Gottes, während er in Cgm 751 aufrechtstehend, fast zurückgelehnt die Hostie weiht. Obwohl in Cgm 568 die figürlichen Motive im Vergleich zu Cgm 751 reduziert sind, steht dort ein Kelch auf dem Altar, der auch in der gemeinsamen Vorlage enthalten gewesen sein dürfte. Die Beobachtung, daß Cgm 568 trotz seiner generellen Tendenz, sich auf weniges zu konzentrieren, doch in Cgm 751 fehlende Bildelemente enthält, die dem Text sehr genau entsprechen, spricht dafür, daß die beiden Bildserien eher auf eine gemeinsame, verlorene Vorlage zurückgehen, als daß Cgm 568 unmittelbar Cgm 751 als Vorlage benutzt hat.

[106] Über Johannes Klesatel s. Bühler (wie o. Anm. 73), S. 52f.
[107] Zur Handschrift s. Bredt (wie o. Anm. 83), S. 56, Lehmann-Haupt (wie o. Anm. 92), S. 198 (Nr. 17), Haupt (wie o. Anm. 48), S. 50, 53–87, 111, Karin Schneider, Die deutschen Handschriften der Bayerischen Staatsbibliothek München. Cgm 691–867 (Catalogus codicum manu scriptorum Bibliothecae Monacensis, T. V, editio altera. Pars V. Codices germanicos 691–867 complectens). Wiesbaden 1984, S. 255–258 und Ausstellungskatalog: Vita Sancti Udalrici (wie o. Anm. 45), S. 34f. (Nr. 11; Günter Hägele).
[108] Zur Handschrift s. Bredt (wie o. Anm. 83), S. 56f., Lehmann-Haupt (wie o. Anm. 92), S. 105f., 202 (Nr. 20), Haupt (wie o. Anm. 48), S. 50–84, Schneider (wie o. Anm. 107), Cgm 501–690 (T. V, editio altera. Pars IV. Codices germanicos 501–690 complectens). Wiesbaden 1978, S. 151–158 und Ausstellungskatalog ›Vita Sanci Udalrici‹ (wie o. Anm. 45), S. 35–37 (Nr. 12; Günter Hägele).
[109] Weitere Beobachtungen zur Reduzierung und zur »Belebung der Figuren« in Cgm 568 bei Haupt (wie o. Anm. 48), S. 57f.

Zeitlich zwischen Cgm 751 und Cgm 568 liegt die Sammlung der Viten der vier St. Galler Ortsheiligen Gallus, Magnus, Otmar und Wiborada: St. Gallen, Stiftsbibliothek, Cod. 602 (Papier; St. Gallen, von Konrad Sailer geschrieben, 1460).[110] Die mit 53 kolorierten Federzeichnungen geschmückte Wiboradavita zeigt auf pag. 320 den jungen Ulrich, unnimbiert, bei der hl. Klausnerin Wiborada.

Verschiedene Handschriften der Chronik der Stadt Augsburg von Sigismund Meisterlin enthielten eine Reihe von Bildern,[111] darunter auch Bilder zum Leben des großen Augsburger Stadtpatrons. Diese Meisterlin-Chroniken sind ausnahmslos Papierhandschriften. Sie wurden sämtlich in Augsburg und für Augsburg geschaffen. Die älteste und künstlerisch qualitätvollste dieser Handschriften, Stuttgart, Württ. Landesbibliothek, Cod. HB V 52 (1457 von dem Augsburger Kaufmann Georg Mülich geschrieben, mit 13 Federzeichnungen von anderer Hand),[112] enthält Bilder der Ulrichsmesse (fol. 67r) und der Erhebung des Leichnams des hl. Ulrich (fol. 84r). Im selben Jahr schrieb und illustrierte Georg Mülichs Bruder Hektor die Meisterlin-Chronik: Augsburg, Staats- und Stadtbibliothek, Cod. Halder 1,[113] darin ein Bild, das links die Ulrichsmesse und rechts Krankenheilungen durch den hl. Ulrich darstellt (fol. LXXXIIIIr). Die 1479–81 von Konrad Boll-

---

[110] Zur Handschrift s. Heinrich Jerchel, Spätmittelalterliche Buchmalereien am Oberlauf des Rheins. In: Oberrheinische Kunst. Jahrbuch der Oberrheinischen Museen, 5. Jg., Freiburg/Br. 1934, S. 17–82, bes. S. 66, 76, Johannes Duft, Der Bodensee in Sankt-Galler Handschriften. Texte und Miniaturen aus der Stiftsbibliothek St. Gallen. (Bibliotheca Sangallensis, 3. Bd.), 4. Aufl., St. Gallen/Sigmaringen 1982, S. 59–64 und ders. (Hrsg.), Die Lebensgeschichte der Heiligen Gallus und Otmar. (Bibliotheca Sangallensis, 9. Bd.) St. Gallen 1988, S. 73.

[111] S. dazu Lehmann-Haupt (wie o. Anm. 92), Dieter Weber, Geschichtsschreibung in Augsburg. Hektor Mülich und die reichsstädtische Chronistik des Spätmittelalters. (Abhandlungen zur Geschichte der Stadt Augsburg. Schriftenreihe des Stadtarchivs Augsburg, Bd. 30). Augsburg 1984 (mit Abbildungen sämtlicher Zeichnungen in Stuttgart, Württ. Landesbibliothek, Cod. HB V 52 (ebd., Nrr. 105–117) und in Augsburg, Staats- und Stadtbibliothek, Cod. Halder 1 (ebd., Nrr. 73–104)) und Norbert H. Ott, Zum Ausstattungsanspruch illustrierter Städtechroniken. Sigismund Meisterlin und die Schweizer Chronistik als Beispiele. In: Poesis et pictura. Studien zum Verhältnis von Text und Bild in Handschriften und alten Drucken. Festschrift für Dieter Wuttke zum 60. Geburtstag (Saecula spiritalia. Sonderbd.) Hrsg. von Stephan Füssel und Joachim Knape. Baden-Baden 1989, S. 77–106.

[112] Zur Handschrift s. Bredt (wie o. Anm. 83), S. 34, Lehmann-Haupt (wie o. Anm. 92), S. 35 f., 209 f., Die Handschriften der ehemaligen Hofbibliothek Stuttgart 2,2. Codices historici (HB V 1–105). Aufgrund der Vorarbeiten von Ulrich Sieber beschrieben von Wolfgang Irtenkauf und Ingeborg Krekler (Die Handschriften der Württembergischen Landesbibliothek Stuttgart 2,2,2). Wiesbaden 1975, S. 59 f., Weber (wie o. Anm. 111) und Die datierten Handschriften der Württembergischen Landesbibliothek Stuttgart 1: Die datierten Handschriften der ehemaligen Hofbibliothek Stuttgart. Bearbeitet von Herrad Spilling auf Grund der Vorarbeiten von Wolfgang Irtenkauf (Datierte Handschriften in Bibliotheken der Bundesrepublik Deutschland. Hrsg. v. Johanne Autenrieth. Bd. III). Stuttgart 1991, S. 35.

[113] Zur Handschrift s. Bredt (wie o. Anm. 83), S. 30–34, Lehmann-Haupt (wie o. Anm. 92), S. 36–43, 181 f. (Nr. 1), Weber (wie o. Anm. 111), bes. S. 59–61 und Ausstellungskatalog: Von der Augsburger Bibelhandschrift zu Bertolt Brecht (wie o. Anm. 92), S. 198–200 (Nr. VIII, 6; Wolf Gehrt).

statter geschriebene Meisterlin-Chronik: München, Bayer. Staatsbibliothek, Cgm 213[114] hat 20 kolorierte Zeichnungen, davon drei Ulrichsbilder: die Ulrichsmesse (fol. 159v), die Afravision (fol. 160v) und die Erhebung des hl. Ulrich (fol. 197r). Etwa gleichzeitig, um 1480, wurde die bereits erwähnte (vgl. Abb. 82) Meisterlin-Chronik: Augsburg, Staats- und Stadtbibliothek, 4° Cod. Aug. 1 mit 46 ganzseitigen Bildern, unter ihnen zwei mit Ulrichsthemen, geschaffen: Begräbnis (fol. 213r) und Erhebung des hl. Ulrich (fol. 250r). Um 1490 entstand schließlich eine vierte Meisterlin-Chronik, die jedoch im 19. Jahrhundert in einzelne Blätter auseinandergerissen wurde. Auch aus diesem Codex discissus haben sich zwei Blätter mit Ulrichsszenen erhalten: Frankfurt/Main, Städelsches Kunstinstitut, Inv. 14399: Begräbnis des hl. Ulrich, und Staatl. Museen zu Berlin, Kupferstichkabinett, Min. 4077: Erhebung des hl. Ulrich. Diese illuminierten Meisterlin-Chroniken enthielten auch Bilder der Lechfeldschlacht (das des Codex discissus ging verloren),[115] doch ist auf diesen Bildern der hl. Ulrich, historisch zutreffend,[116] nicht unter den Teilnehmern,[117] obwohl Sigismund Meisterlin die Legende, ein Engel habe während der Lechfeldschlacht Ulrich das Ulrichskreuz übergeben, in seine Chronik aufgenommen hat.[118] Die erste Darstellung dieser Legende – und damit des hl. Ulrich bei der Schlacht auf dem Lechfeld – ist die Gravierung von Nikolaus Seld auf der Rückseite des Ulrichskreuzes.[119] In die Buchmalerei ist die Übergabe des Ulrichskreuzes an den hl. Ulrich erst im Jahre 1581 mit dem Stifterbild des Evangelistars aus dem Augsburger Dom eingegangen. Sie findet sich auch in einer der Miniaturen des für den Augsburger Dom bestimmten Processionale aus dem Jahre 1620 (Augsburg, Archiv des Bistums, Hs. 31 a).[120]

Norbert H. Ott hat erkannt, daß die Illustrationen in Hektor Mülichs Manuskript von denen der anderen Meisterlin-Chroniken stärker abweichen als diese untereinander.[121] Hektors Illustrationen sind von den künstlerisch be-

---

[114] Zur Handschrift s. Lehmann-Haupt (wie o. Anm. 92), S. 39–44, 126f., 207f. (Nr. 23), Haupt (wie o. Anm. 48), S. 51f. und Schneider (wie o. Anm. 107), Cgm 201–350 (T. V, editio altera. Pars II. Codices germanicos 201–350 complectens). Wiesbaden 1970, S. 47f., Weber (wie o. Anm. 111), S. 44f., 60f. und Ausstellungskatalog: Vita Sancti Udalrici, S. 37f. (Nr. 13; Günter Hägele).

[115] Stuttgart, WLB, HB V 52 fol. 70v (Weber [wie o. Anm. 111], Abb. Nr. 115), Augsburg, SSB, Cod. Halder 1 fol. 88r (Weber, ebd., Abb. Nr. 92), München, BSB, Cgm 213 fol. 162v (Haupt [wie o. Anm. 48], Abb. 41), Augsburg, SSB, 4° Cod. Aug. 1 pag. 217r.

[116] S. o. Anm. 35.

[117] Auch auf den Bildern der Lechfeldschlacht in den illustrierten Ulrichsviten Cgm 751 fol. 16v und Cgm 568 fol. 158ra fehlt der hl. Ulrich; beide Bilder sind bei Haupt (wie o. Anm. 48), S. 137, Abb. 22 abgebildet.

[118] Haupt, ebd., S. 113.

[119] Siehe Abb. S. 280.

[120] Zur Handschrift s. Kraft (wie o. Anm. 99), S. 86 und Ausstellungskatalog: Vita Sancti Udalrici, S. 86f. (Nr. 54; Anton Schneider).

[121] Ott (wie o. Anm. 111), S. 80–84.

deutenderen in der Handschrift seines Bruders Georg unabhängig. Diese Beobachtung wird auch durch den Vergleich der Ulrichsbilder bestätigt. Hektor Mülich stellt auf dem einzigen Ulrichsbild seiner Handschrift nicht nur wie die anderen illustrierten Meisterlin-Chroniken die Ulrichsmesse, sondern auch den hl. Ulrich als Krankenheiler dar. Diese in den Meisterlin-Chroniken singuläre Bildszene dürfte ebenso wie Hektors Ulrichsmesse auf der rechten Bildhälfte von der gemeinsamen Vorlage der Legendenbilder Cgm 751 fols. 8v / Cgm 568 fol. 155r und Cgm 751 fol. 33r / Cgm 568 fol. 165ra abhängig sein.[122]

Die Bilder der anderen vier illustrierten Meisterlin-Chroniken sind hingegen unabhängig von den bebilderten Ulrichsviten. Die in diesen Meisterlin-Chroniken stets illustrierte Erhebung des hl. Ulrich kommt in den Ulrichsviten, die mit einem Bild der Einsegnung des Leichnams des hl. Ulrich durch den hl. Wolfgang enden, nicht vor. Diese Einsegnungsszene[123] unterscheidet sich deutlich von dem Begräbnis des hl. Ulrich in den beiden späten Meisterlin-Chroniken. Aber auch Ulrichsmesse und Afravision weichen in den genannten vier Meisterlin-Chroniken deutlich von denen der Ulrichsviten ab. Die Ulrichsbilder von Georg Mülichs Handschrift der Meisterlin-Chronik wurden genuin für diesen Text geschaffen. Darum geht es bei der Ulrichsmesse nicht zuletzt darum, die Nähe des hl. Ulrich zu den Bürgern Augsburgs, die ganz dicht bei ihm knien, vor Augen zu stellen. Nicht einmal bei der Erhebung des hl. Ulrich ist die Geistlichkeit unter sich; auch Augsburger Bürger treten in die Szene (vgl. Abb. 97).

Ulrichs Verbindung zu Augsburg ist jedoch nicht nur in den illustrierten Chroniken der Geschichte Augsburg von Sigismund Meisterlin von Bedeutung. Von Ausnahmen wie dem Krumauer Bildercodex abgesehen, sind nicht nur viele Ulrichsbilder in oder zumindest für Augsburg geschaffen worden, die Verbindung zu Augsburg ergibt sich, wie etwa bei dem frühen Bild Ulrichs zwischen Bern und Fridebold, oft auch anschaulich aus dem Bild selbst. Schon König Heinrich II. hat sich im Bild der Hilfe des heiligen Bischofs von Augsburg und damit auch der seines Nachfolgers versichert.

---

[122] Haupt (wie o. Anm. 48), S. 141, Abb. 27. Auch Cgm 751 fol. 33r (Haupt, ebd.) stellt unter den vom hl. Ulrich geheilten Kranken einen Mann mit einer großen senkrechten Bauchwunde dar.

[123] Haupt, ebd., S. 144, Abb. 34.

Thomas Balk

Der heilige Ulrich in der spätmittelalterlichen Kunst

Einleitung

Die Person und das Leben des Bischofs Ulrich von Augsburg sind bald nach seiner Heiligsprechung im Jahre 993 Gegenstand künstlerischer Darstellungen geworden. Die ältesten erhaltenen Abbildungen des Heiligen finden wir in der ottonischen Buchmalerei: auf dem Widmungsbild des Sakramentars Heinrichs II., zwischen 1002 und 1014 im Regensburger Kloster St. Emmeram gefertigt (Bayerische Staatsbibliothek München, clm 4456) und am Anfang einer Lebensbeschreibung des Augsburger Bischofs durch den Abt Berno von der Reichenau, geschaffen zwischen 1020 und 1030 (Österreichische Nationalbibliothek Wien, Cod. Vindob. 573).[1] Zahlreiche frühe handschriftliche Überlieferungen der Ulrichsviten – sowohl der Urfassung des Augsburger Dompropstes Gerhard als auch der Berno'schen Neufassung – zeugen von der weiten Verbreitung der Ulrichsverehrung noch im 11. Jahrhundert über die Grenzen des Augsburger Diözesanbereichs hinaus.[2]

Während im Hochmittelalter Adel und Klerus die wesentlichen kulturellen Kräfte bildeten, machten die Stadtgründungen des 12. und 13. Jahrhunderts eine umfangreiche Kunsttätigkeit möglich, so daß im späten Mittelalter, also dem hier zu behandelnden Zeitraum von der Mitte des 13. Jahrhunderts bis zur Reformation, neben dem Fürstenstand und der Geistlichkeit auch das Bürgertum als wichtiger Auftraggeber hervortrat. Der Höhepunkt des vielgestaltigen Kunstschaffens dieser Epoche liegt in den Jahrzehnten von etwa 1450/60 bis 1510/20, der Zeit der Spätgotik. Die unzähligen Ulrichsdarstel-

---

[1] Ausstellungskatalog »Regensburger Buchmalerei«, Regensburg 1987, S. 32 f., Tafel 6: Krönung Heinrichs II. mit den Hll. Ulrich und Emmeram; Karl Haupt Die Ulrichsvita in der mittelalterlichen Malerei, in: Zeitschrift des Historischen Vereins Schwaben, 61, 1955, S. 18, Abb. 1: Der hl. Ulrich zwischen den Äbten Berno von der Reichenau und Friedebold von Augsburg (= Widmungsbild aus dem Wiener Codex).

[2] Eine Zusammenstellung der Tradition der Ulrichsviten gibt Werner Wolf in seiner Dissertation »Von der Ulrichsvita zur Ulrichslegende«, München 1967; vgl. auch: Walter Pötzl, Die Anfänge der Ulrichsverehrung im Bistum Augsburg und im Reich, in: Jb. des Vereins f. Augsburger Bistumsgeschichte, 7, 1973, S. 82–115.

lungen aus dieser Zeit weisen auf die große Beliebtheit des schwäbischen Bistumsheiligen hin.

Der vorliegende Beitrag, der die Vielfalt der künstlerischen Darstellungen des hl. Ulrich im späten Mittelalter aufzeigen soll,[3] gliedert sich in drei Teile: Zu Beginn (I) werden an ausgewählten Beispielen in nicht streng chronologischer Reihenfolge Abbildungen des Heiligen aus verschiedenen Bereichen der Kunst vorgestellt. Der darauffolgende Abschnitt (II) gibt eine erste Übersicht über die spätmittelalterlichen Ulrichsdarstellungen im Raum des heutigen Bistums Augsburg. Den Schluß (III) bildet eine kurze Betrachtung über den Wandel des Ulrichsbildes.

I. Ulrichsdarstellungen von der Hochgotik bis zum Ausgang des Mittelalters

1. In der um ca. 1250 entstandenen Wandmalerei der Pfarrkirche St. Michael in den Radstädter Tauern (Österreich, Erzbistum Salzburg)[4] zeigt sich uns der hl. Ulrich wie fast immer bei allen späteren Darstellungen in bischöflicher Gewandung. Der Heilige trägt eine Albe (langes Untergewand), darüber eine Dalmatik (weites Obergewand) und eine Kasel (mantelartiges Meßgewand) sowie Schuhe und – auch möglicherweise hier – Handschuhe. Sein Haupt bedeckt eine Mitra und in der linken Hand hält er das Pedum (Krummstab) als Abzeichen seiner bischöflichen Gewalt. Der damaligen Mode entsprechend ist Ulrich bebartet wiedergegeben (bei den späteren Darstellungen wurde dann meistens auf den Bart verzichtet). Die segenspendende Gestalt des Bischofs wird in dem gemalten Bildrahmen oben als heiliger ODALRICUS bezeichnet. Ohne diese Inschrift wäre der heilige Bischof gar nicht namentlich zu benennen, denn ihm wurde von dem unbekannten Künstler kein individuelles Attribut beigegeben, das ihn als eine bestimmte Person aus dem Kreis der heiligen Bischöfe kennzeichnet.

2. Nicht ganz ein Jahrhundert später erhielt der hl. Ulrich als ständiges Attribut einen Fisch, den er in der Hand oder auf einem Buch hält.[5] Soweit

---

[3] Im folgenden werden vereinzelt auch Kunstwerke aus der 2. Hälfte des 16. Jahrhunderts erwähnt, so daß zum Beitrag von Frau Dr. Mechtild Müller kunstgeschichtlich keine Lücke auftritt.

[4] Norbert Lieb, Der heilige Ulrich in der Kunst, in: Akademie-Protokolle, Katholische Akademie Augsburg, 1973, S. 1f. Der als Manuskript herausgegebene Vortragstext von Norbert Lieb sowie Friedrich Zoepfls zusammenfassender Aufsatz »Der heilige Ulrich in Geschichte und Kunst. Eine Handreichung für die Ulrichsfeiern 1973«, veröffentlicht im Jb. des Vereins f. Augsburger Bistumsgeschichte, 5, 1971, S. 7–18, bilden die wichtigste Grundlage dieses Abschnittes. Abb. 8 bei Haupt.

[5] Zur Bedeutung des Fischattributs siehe Teil III.

102 Kaufbeuren, Stadtpfarrkirche St. Martin, Holzfigur, Michel Erhart zugeschrieben, um 1480

103 Wald (Landkreis Ostallgäu), Pfarrkirche St. Nikolaus, Holzfigur, Ende 15. Jahrhundert
104 Rechtis (Landkreis Oberallgäu), Pfarrkirche St. Georg und Florian, Holzfigur, dem Meister des Imberger Altars zugeschrieben, um 1480

105 Füssen, Hohes Schloß, Steinrelief, Jörg Lederer zugeschrieben, 1503
106 Füssen, Hohes Schloß, Holzrelief, um 1500

107
Füssen, Hohes Schloß, Steinrelief im Treppenturm, Jörg Lederer zugeschrieben, 1503

108
Seeg (Landkreis Ostallgäu), Pfarrkirche St. Ulrich, Holzfigur, um 1500/10

Folgende Seite:
109
Roßhaupten (Landkreis Ostallgäu), Pfarrkirche St. Andreas, Tafelbild, Anfang 16. Jahrhundert

bisher bekannt ist, erscheint das Fischattribut zum ersten Mal bei der 1343 (?) gestalteten Ulrichsstatue aus Stein am Nordportal des Augsburger Domes (heute im Kircheninnern aufbewahrt).[6] Nebenbei sei erwähnt, daß Ulrich nicht der einzige heilige Bischof ist, der in der Kunst mit einem Fisch dargestellt wird. Dennoch lassen sich die geistlichen Würdenträger mittels der Attribute voneinander unterscheiden, denn der Fisch des hl. Arnulf hat einen Ring im Maul und der des hl. Benno einen Schlüssel. Zu Ulrichs Kennzeichen sei abschließend gesagt, daß den verschiedenen Fischarten, die ihm beigegeben wurden, ihrerseits keinerlei gesonderte Bedeutung zukommen.

3. Zu Beginn der zweiten Hälfte des 15. Jahrhunderts tritt in Augsburg das Leben des hl. Ulrich wiederholt als Thema der Malerei auf.[7] Damals setzte ein neu erwachtes geschichtliches Interesse für den Bistumsheiligen ein (1455 Fünfhundertjahrfeier der Lechfeldschlacht). Die 1454 geschriebene Handschrift des Bruders Johannes Klesatel vom Kloster St. Ulrich und Afra (Bayerische Staatsbibliothek München, cgm 751) schmücken 22 Bilder, die den gesamten Lebenslauf Ulrichs illustrieren: angefangen von seiner Heilung als Neugeborener durch den Rat eines fremden Geistlichen bis zur Einsegnung seines Leichnams durch den hl. Bischof Wolfgang. Berühmt geworden sind die drei Jahre später gemalten »Meisterlin-Illustrationen« der Brüder Georg und Hektor Mülich.[8] Sigmund Meisterlin hat 1457 seine lateinisch geschriebene Chronik der Stadt Augsburg, in die er auch das Ulrichsleben nach Berno eingetragen hat, ins Deutsche übersetzt. Dieses Werk schrieben noch im gleichen Jahr die bibliophilen Kaufleute Mülich eigenhändig ab und statteten ihre Exemplare mit Bilderzyklen aus. In beiden Abschriften erscheinen zur Ulrichsvita je zwei Bilder: die Ulrichsmesse (mit der wunderbaren Erscheinung der segnenden Hand Gottes während der Meßfeier) und die Lechfeldschlacht.[9] Während auf den Mülich'schen Bildern der Schlacht gegen die Ungarn auf dem Lechfeld aber nur die gegeneinander kämpfenden Heere zu sehen sind, taucht in der 1522 von Melchior Raminger in Augsburg gedruckten Meisterlin-Chronik inmitten des Kampfgetümmels der hl. Ulrich auf und empfängt von einem Engel das Siegeskreuz.[10]

4. Im frühen 16. Jahrhundert war Augsburg, das bereits in den 1470er Jahren zur Metropole der Buchillustration aufgestiegen ist, eines der bedeutendsten Kunstzentren der Dürerzeit.[11] Kaiser Maximilian I. zog hier für seine Buch-

---

[6] Friedrich Zoepfl, Das Fischattribut des hl. Ulrich, in: Christliche Kunstblätter, 81, Heft 11, 1940, S. 24.

[7] Haupt, S. 47–52.

[8] Georg Mülichs Abschrift: Württembergische Landesbibliothek Stuttgart, H.B.V. hist. 22; Hektor Mülichs Abschrift: Staats- und Stadtbibliothek Augsburg, Cod. Halder 1.2°.

[9] Abbildungen bei Haupt S. 132–151. Karl Haupts Beschreibungen der Bilder der Buchillustrationen bei Klesatel und Mülich (S. 59–87) sind lesenswert.

[10] Walter Pötzl, Bischof Ulrich und seine Zeit 890–973, Augsburg 1973, S. 62.

[11] Dieter Kuhrmann, Graphik der Spätgotik und Dürerzeit, in: Ausstellungskatalog »Bayern. Kunst und Kultur«, München 1972, S. 95.

unternehmungen neben anderen Künstlern oft Leonhard Beck (um 1480–1542) zur Verwirklichung seiner Projekte heran. Dieser schuf zwischen 1516 und 1518 die Holzschnitte für das Buch der »Heiligen aus der Sipp-, Mag- und Schwägerschaft Kaiser Maximilians«. Die Aufnahme Ulrichs in den Kreis der kaiserlichen Sippschaftsheiligen rührt daher, daß Maximilian den schwäbischen Bistumspatron als Angehörigen des Grafenhauses von Dillingen in der Schar seiner Verwandten führte.[12]

Ein beachtlicher Holzschnitt mit dem hl. Ulrich existiert auch von dem namengebenden Künstler dieser Zeit, dem Nürnberger Albrecht Dürer (1471–1528). Die um 1503/05 entstandene Graphik stellt den hl. Ulrich und seine Amtskollegen Nikolaus und Erasmus als monumentale Bischofsfiguren vor, die zu einer »heiligen Unterhaltung« versammelt sind.[13]

5. Die wichtigste bildkünstlerische Aufgabe der Spätgotik war der Flügelaltar, bei dem sich der raumhaltige Schrein in der Mitte, die beweglichen Flügel an den Seiten sowie Predella (unten) und Auszug (oben) zu einem vielgliedrigen Ganzen verbinden. Die Möglichkeit, mehrere Bildthemen darzustellen und diese je nach liturgischer Notwendigkeit (z.B. an Wochen- oder Sonn- bzw. Festtagen) zur Ansicht zu bringen, machten diesen Altartypus zu einem geradezu idealen Instrument für den Gottesdienst. Flügelaltäre entstanden in allen Größen und wurden sowohl in Domen und Klosterkirchen als auch in Stadt- und Dorfkirchen errichtet.[14] Nur wenige dieser Altarwerke haben jedoch den ganzen Reichtum ihres Erscheinungsbildes bewahrt, wie etwa der 1493/94 von Gregor Erhart (um 1470–1540) geschaffene Hochaltar in der Benediktiner-Abteikirche von Blaubeuren. Der Blaubeurer Hochaltar, von Georg Dehio als »das Vollkommenste, was die schwäbische Kunst in dieser Gattung hervorgebracht hat«[15] hoch gerühmt, zeigt auf der Rückseite seines Schreins in großen Standfiguren links die hll. Päpste Urban und Silvester, rechts die hll. Bischöfe Konrad und Ulrich, sowie in ihrer Mitte vier Heilige aus dem benediktinischen Mönchstum. Die Malereien schuf 1494 die Werkstatt des Ulmer Malers Bartholomäus Zeitblom (um 1455–1520).[16] Das Württembergische Landesmuseum Stuttgart besitzt zwei weitere schwäbische Flügelaltäre mit Ulrichsdarstellungen. Im Hausener Altar, den

---

[12] Lieb, S. 9; Abb. in: Altdeutsche Bilder der Sammlung Georg Schäfer Schweinfurt, Schweinfurt 1985, S. 62 unten.

[13] Karl-Adolf Knappe, Dürer. Das graphische Werk, Wien-München 1964, Abb. Tafel 223.

[14] Zum Flügelaltar vgl. Alfred Schädler, Deutsche Plastik der Spätgotik, Königstein im Taunus 1962, S. 3; Walter Paatz, Süddeutsche Schnitzaltäre der Spätgotik, Heidelberg, 1963, S. 11; Michael Baxandall, Die Kunst der Bildschnitzer, München 1984, S. 78–81. – Herbert Schindler, Meisterwerke der Spätgotik. Berühmte Schnitzaltäre, Regensburg 1989.

[15] Zit. nach Paatz, S. 36.

[16] Alfred Stange, Kritisches Verzeichnis der deutschen Tafelbilder vor Dürer, Band 2, hrsg. v. Norbert Lieb, München 1970, S. 135; Johannes Wilhelm, Der Chor der Blaubeurer Klosterkirche als spätgotisches Gesamtkunstwerk, in: Hansmartin Decker-Hauff/Immo Eberl (Hrsg.), Blaubeuren. Die Entwicklung einer Siedlung in Südwestdeutschland, Sigmaringen 1986, S. 839.

ein unbekannter Ulmer Bildhauer »uff michaheli 1488« datierte, erhielten die geschnitzten Altarfiguren Ulrich und Konrad im Schrein zu Seiten der Muttergottes ihren Platz, als Patrone der Nachbarbistümer Augsburg und Konstanz. Bei dem im gleichen Jahr gefertigten Altar aus Stetten im Remstal ist eine motivische Besonderheit zu beobachten: der zusammen mit dem hl. Jodokus auf den rechten Flügel gemalte Ulrich hat – in seiner rechten Hand das Pedum und in der Linken den Fisch haltend – das Evangelienbuch unter die Achsel geklemmt.

6. Von mehreren namhaften Künstlern sind uns museal eine Reihe meisterlicher Tafelbilder mit dem Bild des hl. Ulrich überliefert. In den Jahren 1505/06 schuf Bernhard Strigel (1460–1528) aus Memmingen im Auftrag der Barbara von Frundsberg, geborener Rechberg, das hervorragendste Malwerk der Stadt Mindelheim aus der Zeit nach 1500: den Frundsbergischen Sippenaltar für die ehemalige St.-Anna-Kapelle in der Stephanskirche.[17] Sämtliche 14 Tafeln dieses Flügelaltars sind zwar noch erhalten, aber nicht als Ganzes, sondern einzeln getrennt und auf das Germanische Nationalmuseum Nürnberg und das Ulmer Museum verteilt. In Ulm befinden sich zur Zeit die vier Stiftertafeln des Altars als Leihgabe des Grafen von Rechberg. Eine der Tafeln zeigt Ulrich von Frundsberg und den hl. Ulrich. Den im Vordergrund knienden Stifter, mit zum Beten gefalteten Händen, berührt der hinter ihm thronende hl. Bischof mit seiner Rechten an der Schulter, was als Zeichen dafür interpretiert werden kann, daß der Namenspatron sich seines Schützlings annimmt. Die sorgsam gestalteten Gesichter des Heiligen und des Stifters sind bezeichnend für Bernhard Strigel, der als einer der bedeutenden Porträtisten des 16. Jahrhunderts gilt.[18]

Für einen Altar des Augsburger Dominikanerinnenklosters St. Katharina malte 1512 Hans Holbein d. Ä. (um 1465–1524) ein Flügelbild mit der Szene des Nachtmahls der heiligen Bischöfe Ulrich und Konrad (Staatsgalerie Augsburg).[19] Das Bild stellt die Legende vom Fischwunder des hl. Ulrich dar: Ulrich soll spät in der Nacht von Donnerstag auf Freitag einem Boten des bayerischen Herzogs Arnulf für das Überbringen eines Schreibens zur Belohnung ein Stück Gänsebraten gegeben haben. Als der arglistige Bote am anderen Tag den Augsburger Bischof bei seinem Herrn der Übertretung des Fastengebotes beschuldigte und zum Beweis den Braten vorzeigen sollte, war das Stück Fleisch in einen Fisch verwandelt. Auf dieser Tafel für den Katharinenaltar hat Holbein dem hl. Ulrich die Züge des Benediktinerpaters Leonhard Wagner gegeben, einem kunstreichen Kalligraphen des Klosters St. Ul-

---

[17] Erwin Holzbaur, Betrachtungen zur Kunst, in: Andreas Haisch (Hrsg.), Der Landkreis Mindelheim in Vergangenheit und Gegenwart, Mindelheim 1968, S. 477.

[18] Gerald Jasbar, Bernhard Strigel »Ulrich von Frundsberg und der Hl. Ulrich«, Informationsblatt des Ulmer Museums, Nr. 26, Ulm 1981. Abb. in: Ulmer Museen, Bildhauerei und Malerei vom 13. Jahrhundert bis 1600 (= Katalog I), Ulm 1981, S. 146.

[19] Stange 1970, S. 172f; Katalog Staatsgalerie Augsburg, Städtische Kunstsammlungen, Band 1: Altdeutsche Gemälde, München 1978, S. 84, Abb. 37.

rich und Afra; für das Haupt des hl. Ulrichs — so wird vermutet — bildete möglicherweise der Weinhändler Ulrich Schwarz das Modell.[20]
Fragmente von zerstörten und größtenteils verlorenen Flügelaltären sind auch die zwei Ulrichstafeln in der Sammlung Georg Schäfer, Schweinfurt, und in der Gemäldegalerie Berlin. Beide Male ist der hl. Ulrich überaus eindrucksvoll als einzelne Standfigur zu sehen. Das Gemälde in Schweinfurt wird aufgrund der Verwandtschaft mit den Holzschnitten des maximilianeischen Buches der Sippschaftsheiligen Leonhard Beck zugeschrieben und um 1510 datiert;[21] das Bild in Berlin, zeitlich um 1518 eingeordnet, wird dem Augsburger Hans Burgkmair d. Ä. (1473–1531) zugewiesen.[22]
Eine für uns heute absonderliche Form der Ulrichsverehrung des späten Mittelalters ließ im fernen Köln eine ikonographisch rare Ulrichsdarstellung entstehen. Als Hinweis auf den Kult, Erde von der Grabstätte des hl. Ulrichs zum Schutz gegen Ratten und Mäuse aufzubewahren, malte um 1550 der Niederländer Barthel Bruyn d. Ä. (1493–1555) auf dem linken Flügel des Hochaltars in der St. Andreaskirche anstelle des Fischattributes drei Ratten zu Füßen des Heiligen.[23] In Süddeutschland ist eine vergleichbare künstlerische Darstellung des hl. Ulrich als Schutzpatron gegen Ratten und Mäuseplage nicht bekannt. Dieses Patronat kommt anschaulich im Bereich des Augsburger Bistums am ehesten noch in dem auf 1511 datierten Altar der Ulrichskapelle des ehemaligen Prämonstratenserklosters Adelberg (Kreis Göppingen) zum Ausdruck. In dem fünffigurigen Schrein nimmt Bischof Ulrich den Platz neben der hl. Cutubilla (Kakubilla) ein, die von der ländlichen Bevölkerung bei Rattenplage und Mäusefraß um Hilfe angerufen wurde.[24]
7. Füssen war als Grenzstadt des Hochstifts Augsburg gegen Tirol und Bayern für die Augsburger Bischöfe von besonderer Bedeutung. Das dortige St. Mangkloster hat schon der hl. Ulrich selbst immer wieder bei seinen Visitationen der Pfarreien und Klöster des Bistums besucht.[25] Von ca. 1490 bis 1503 ließ Fürstbischof Friedrich II. von Hohenzollern den mittelalterlichen Bau des Füssener Hohen Schlosses zu einer großartigen Sommerresidenz umbauen. Bei der Ausgestaltung der vergrößerten Anlage schuf der Allgäuer Bildhauer Jörg Lederer (um 1475–1550) eine Anzahl von Steinreliefs mit fi-

---

[20] Bruno Bushart, Hans Holbein der Ältere, Augsburg 1987, S. 114.
[21] Sammlung Schäfer, S. 62.
[22] Wilhelm H. Köhler, Deutsche Malerei des 13. bis 16. Jahrhunderts, in: Gemäldegalerie Berlin. Geschichte der Sammlung und ausgewählte Meisterwerke, bearb. von Henning Bock u. a., London 1986, S. 88.
[23] Zoepfl 1971, S. 13. Für die Besorgung von Fotos zur eigenen Anschauung danke ich herzlich meiner Studienkollegin Andrea Furch, geb. Wagner, und ihren Eltern in Köln.
[24] Heribert Hummel, Adelberger Kunst, in: Walter Ziegler–Karl-Heinz Rueß (Hrsg.), Gotik an Fils und Lauter, Weißenhorn 1986, S. 175–184, Abb. 87–89. Für den freundlichen Hinweis auf Adelberg danke ich herzlich Herrn Anton H. Konrad.
[25] Aegidius Kolb–Ewald Kohler (Hrsg.), Ostallgäu. Einst und Jetzt, Band 2, Kempten 1984, S. 1083; Friedrich Zoepfl, Udalrich Bischof von Augsburg, in: Lebensbilder aus dem Bayerischen Schwaben, hrsg. v. Götz Freiherr von Pölnitz, Band 1, München 1952, S. 44f.

gürlichem und heraldischem Schmuck. Lederer, der in die Kunstgeschichte vor allem als virtuoser Holzschnitzer eingegangen ist, wird das schöne Relief über dem Portal des Treppenturms mit den Figuren der Hll. Maria, Ulrich und Afra zugeschrieben. Die Jahreszahl 1503 am Ende der Stifterinschrift dürfte den Zeitpunkt der Vollendung des Bauwerks bezeichnen.
Einige Jahre später, vielleicht zwischen 1505 und 1510, ist das Brüstungsrelief im Treppenturm entstanden, das die Diözesanheiligen Ulrich und Afra zu Seiten des Bischofswappens Friedrichs II. zeigt.[26] Die spätgotische Holzkassettendecke des Rittersaals im Obergeschoß des Nordflügels, die mit Halbfigurenreliefs der Muttergottes, der Augsburger Bistumspatrone Ulrich, Afra und Simpert und fünf weiteren heiligen Bischöfen geschmückt ist, fertigte ein unbekannter Künstler wohl gegen 1500.[27]
8. Zu den feinsten Steinreliefs der Spätgotik gehört das Mörlin-Epitaph im Augsburger Maximilianmuseum. Konrad Mörlin hatte 1497, ein Jahr nach seiner Wahl zum Abt des Benediktinerklosters St. Ulrich und Afra, dem Konvent seine Bitte vorgetragen, sich ein »einfaches und prunkloses Grabmal« errichten lassen zu dürfen. Dieses Grabmal findet unter anderem deshalb besondere Beachtung, weil seine ursprüngliche farbige Fassung weitgehend erhalten ist (es stand gut geschützt vor Witterungseinflüssen im Kapitelsaal des Klosters). Das von einem unbekannten Bildhauer zwischen 1497 und 1500 aus Sandstein geschaffene Epitaph zeigt in einer flachen Nische den vor der thronenden Muttergottes knienden Abt Mörlin, empfohlen durch den hl. Bartholomäus. Daneben stehen in zwei Reihen vorne die Hll. Ulrich, Hieronymus und Simpert, hinten die Hll. Afra, Benedikt und Scholastika.[28]
Vom gleichen Stein- und Holzbildhauer, der in Augsburg im späten 15. und frühen 16. Jahrhundert tätig war, befindet sich im Bayerischen Nationalmuseum München eine Schnitzgruppe unter dem ihm von den Kunsthistorikern verliehenen Notnamen »Meister des Mörlin-Epitaphs«. Das Thema der vielfigurigen Darstellung ist die Verlobung der hl. Katharina von Alexandrien. Die ursprünglich im Augsburger St. Katharinenkloster beheimatete Gruppe entstand um 1510. In der Mitte thront die Muttergottes mit Christus in Gestalt eines kleinen Kindes auf dem Schoß, der sich der links stehenden Katharina zuwendet. In einer anmutigen Bewegung streckt die Heilige dem Kinde ihren rechten Arm entgegen, um den Verlobungsring zu empfangen. Rechts steht der hl. Ulrich und empfiehlt die vor dieser Szene kniende Stifterin. Bei der Stifterin könnte es sich nach Alfred Schädler möglicherweise um

[26] Albrecht Miller, Nachträge zum Werk des Jörg Lederer, in: Der Schlern, 49, Heft 6/7, 1975, S. 270 f.; ders.: Mittelalter – Renaissance, in: Aegidius Kolb – Ewald Kohler (Hrsg.), Ostallgäu. Einst und Jetzt, Band 1, Kempten 1984, S. 313 und 332.
[27] Hildebrand Dussler, Jörg Lederer. Ein Allgäuer Bildschnitzer der Spätgotik, Kempten 1963, S. 80.
[28] Bruno Bushart, Kostbarkeiten aus den Kunstsammlungen der Stadt Augsburg, Augsburg 1967, S. 44 und 152 f. Abb. S. 45; Hannelore Müller, Maximilianmuseum Augsburg, München-Zürich 1986, S. 11.

Veronika Welser handeln, die von 1503 bis 1530/31 Priorin des Katharinenklosters in Augsburg war.[29] Die Legende von der mystischen Vermählung der hl. Katharina spielte damals besonders in den Frauenklöstern eine große Rolle, da die Nonnen sich selbst häufig als die Bräute Christi sahen und oftmals Ringe trugen als Zeichen ihrer Verlobung mit dem Herrn.

9. Außer in der Buch-, Wand- und Tafelmalerei finden wir auch Ulrichsdarstellungen in der spätgotischen Glasmalerei. Im Hochchor der St. Jakobskirche zu Straubing sind in das große Glasbildfenster über der Mariahilf- (oder Prächsen-)Kapelle zwei Szenen aus der Ulrichslegende einkomponiert.[30] Die um 1500 entstandenen Glasgemälde, wahrscheinlich von Hans Holbein d. Ä. entworfen, behandeln links das Fischwunder des hl. Ulrich und rechts die Ulrichsmesse. Sie sind eine Stiftung des Augsburger Domherrn Ulrich von Winterstetten und Katzenstein, der in Straubing die Pfarrpfründe von St. Jakob besaß.[31]

Ein anderes Beispiel ist in Nürnberg zu nennen. Es ist eine Gedächtnisscheibe aus dem Hallerfenster in der St. Sebalduskirche, gestiftet von Wolfgang und Condrad Haller zur Erinnerung an den Stifter des Vorgängerfensters Ulrich III. Haller (gest. 1358). Das zwischen 1515 und 1520 gemalte Glasbild, den hl. Ulrich mit dem knienden Stifter Ulrich Haller darstellend, ist wohl auf einen Entwurf Hans von Kulmbachs (um 1480–1522) zurückzuführen.[32]

10. Im Jahre 1494 ließ der Abt von St. Ulrich und Afra, Johann von Giltlingen, für ein schlichtes Kreuzlein aus dem späten 12. oder 13. Jahrhundert, das man damals als das »Siegeskreuz« des hl. Ulrichs verehrte, ein größeres, überaus kostbares Kreuzgehäuse aus Gold und Edelsteinen anfertigen. Dieses Juwel im Kirchenschatz von St. Ulrich und Afra schuf der Augsburger Goldschmied Nicolaus Seld (gest. 1514). Die Rückseite des spätgotischen Ulrichskreuzes schmückt eine meisterhafte Gravierung der Schlacht gegen die Ungarn auf dem Lechfeld, in der erstmalig die legendäre Schilderung der Überreichung des Siegeskreuzes an Bischof Ulrich durch einen Engel dargestellt wurde.[33] Zwölf Jahre später (1506) fertigte vielleicht Nicolaus Selds Bruder Jörg für zwei textile Reliquien des hl. Ulrich einen neuen silbernen Schaurahmen. Das Rahmenreliquiar enthält hinter verglasten Feldern ein Stück vom Schweißtuch (sudarium) des Heiligen und einen angeblichen Teil

---

[29] Ausstellungskatalog »Hans Holbein d. Ä. und die Kunst der Spätgotik«, Augsburg 1965, S. 189f; Ausstellungskatalog »Julius Böhler 1880–1980. Deutsche Skulptur der Gotik«, München 1980, S. 24, Abb. S. 25.

[30] Lieb, S. 8; Rudolf Kracher, Straubing St. Jakob, neu bearb. v. Hermann Reidel, München-Zürich 1988, S. 12 und 24.

[31] Haupt, S. 96–98, Abb. 47/48; Zoepfl 1971, S. 11.

[32] Ausstellungskatalog »Meister um Albrecht Dürer«, Nürnberg 1961, S. 119.

[33] Josef M. Friesenegger, Über Ulrichskreuze, in: Mitteilungen der Bayerischen Numismatischen Gesellschaft, 24, 1905, S. 69; Johann M. Fritz, Goldschmiedekunst der Gotik in Mitteleuropa, München 1982, S. 184.

der Lanzenfahne (des »Rennfähnleins«) der Lechfeldschlacht (in Wirklichkeit wohl eher das Tuch des Bischofsstabs). Im Giebelaufbau dieses Reliquiars steht unter einer Ädikula die Statuette des hl. Ulrich.[34]

11. Eine Kostbarkeit aus dem Bereich der kirchlichen Textilkunst ist das Pluviale (d. i. ein großer, offen getragener Chormantel) aus grünem italienischen Samt im Bayerischen Nationalmuseum. Den zwischen 1450 und 1475 angefertigten Mantel schmückt eine figurale Stickerei aus farbiger Seide und sogenanntem Häutchengold (rheinländische [!] Nadelmalerei). Der Zierbesatz an den Vordersäumen zeigt jeweils drei untereinander angeordnete Heiligenfiguren unter Baldachingewölben. Der hl. Ulrich ist im bischöflichen Ornat vom Betrachter aus oben rechts zu sehen.[35]

12. Das abschließende Beispiel ist bereits ein Kunstzeugnis aus der Renaissancezeit. Auf einem prächtigen Bildteppich von 1560 (Maximilianmuseum Augsburg) erscheint in der Mitte Maria mit dem Kind in einer Strahlenglorie, umgeben von dem Augsburger Heiligenpaar Ulrich und Afra. Die Figuren sind eingebettet in eine dichte Fülle von Blumen und Früchten vor dunklem Grund, dazwischen mancherlei Getier (der Garten Eden?). Der fein gewirkte Teppich hat möglicherweise früher an festlichen Tagen einem Altar als Antependium gedient.

II. Spätmittelalterliche Ulrichsdarstellungen im Bistum Augsburg

Im nachfolgenden Verzeichnis sind alphabetisch nach Orten geordnet die spätmittelalterlichen Ulrichsdarstellungen[36] in den Gotteshäusern des Bistums Augsburg zusammengestellt. Für die katalogartig knappen Einträge zu den einzelnen Objekten dienten als Basis die Inventarbände »Bayerische Kunstdenkmale« (Schwaben und Oberbayern)[37] sowie die Bände Bayern I, III, und IV aus der Reihe »Handbuch der Deutschen Kunstdenkmäler«.[38] Die zweite wichtige Grundlage bildeten die Heimatbücher über die jeweiligen Landkreise, Städte und Ortschaften. Schließlich wurden die Daten aus den zahlreichen Kirchenführern und diversen Fachbüchern herangezogen. Ein solcher möglichst umfassender Überblick kann im einzelnen nicht erschöp-

---

[34] Lieb, S. 10; Fritz, S. 287, Abb. 733, 734.
[35] Saskia Durian-Ress, Meisterwerke mittelalterlicher Textilkunst aus dem Bayerischen Nationalmuseum, München-Zürich 1986, S. 39f., Abb. S. 41.
[36] Siehe Anmerkung 3.
[37] Die Kunstdenkmäler von Schwaben, ab 1938; Die Kunstdenkmäler von Oberbayern, ab 1895.
[38] Georg Dehio, Handbuch der Deutschen Kunstdenkmäler. Bayern I: Franken, bearb. v. Tilmann Breuer u. a., München-Berlin 1979; Georg Dehio, Handbuch der Deutschen Kunstdenkmäler. Bayern III: Schwaben, bearb. v. Bruno Bushart u. Georg Paula, München-Berlin 1989; Georg Dehio, Handbuch der Deutschen Kunstdenkmäler. Bayern IV: München und Oberbayern, bearb. v. Ernst Götz u. a., München-Berlin 1990.

fend sein. Eingehendere Angaben zu den genannten Kunstwerken und Künstlern wie auch zur jeweiligen Orts- und Kirchengeschichte geben meist die Publikationen, auf die dieser Abschnitt zurückgeht.[39] Diese Liste beansprucht für sich nicht, komplett und völlig sicher zu sein.

An dieser Stelle möchte ich allen Pfarrern und Pfarramtsangestellten, vor allem den Mesnerinnen und Mesnern, für ihre freundliche Mithilfe vor Ort herzlich danken. Mein besonderer Dank gilt den Herren Franz Gielsdorf und Paul Glück vom Pfarrarchiv St. Ulrich und Afra in Augsburg, sowie Dr. Albrecht Miller, Anton H. Konrad, Dr. Karl Kosel und Peter Sprandel für ihre Hinweise und Auskünfte.

Aichen (Lkr. Günzburg), Kath. Pfarrkirche St. Ulrich
Holzfigur, um 1450/60.
Lit.: Ausstellungskatalog »Der Heilige Ulrich. Seine Darstellung und Verehrung im Bistum Augsburg vom 14. bis zum 19. Jahrhundert«, Augsburg 1973, S. 17, Abb. 3.

Altensteig (Lkr. Unterallgäu), Kapelle St. Franziskus und Georg
Holzfigur, Hans Ruland zugeschrieben (freundliche Mitteilung von Herrn Dr. Albrecht Miller), Ende 15. Jh.
Lit.: Matthäus Mair – Hugo Schnell – Heribert Denzle – Sebastian Hiereth, 600 Jahre Pfarr- und Wallfahrtskirche Dorschhausen, München-Zürich 1986, S. 12.

Augsburg, Dom Mariä Heimsuchung
Steinstatue vom Nordportal (Kircheninneres, südliche Wand des Nordturmes), von einer Bildhauergruppe der Parler, 1343 (?).
Die fragmentierte, stark verwitterte Monumentalplastik ist vermutlich die früheste Darstellung des hl. Ulrich mit Fischattribut.
Lit.: Norbert Lieb – Werner Schnell, Der Dom zu Augsburg, München-Zürich 1992, S. 27.

Holzfigur (Ostchor), etwa 1350.
Attribut nicht original.
Lit.: Dehio, Schwaben, S. 54.

Tafelbild (Antoniuskapelle, Flügelaltar), Gumpolt Giltinger (?), um 1500.
Lit.: Tilmann Breuer, Die Stadt Augsburg (= Bayerische Kunstdenkmale, Band 1), München 1958, S. 7. – Alfred Stange, Deutsche Malerei der Gotik. Band 8: Schwaben in der Zeit von 1400–1450, München-Berlin 1957, S. 56f.

Relieffigur (Gertrudkapelle, Epitaph für Bischof Friedrich von Hohenzollern), Hans Beierlein, um 1490.
Bei dem Grabmal aus rotem Salzburger Marmor stehen seitlich auf gedrunge-

---

[39] Bei den knappen Literaturhinweisen werden bevorzugt die weitverzweigten Schriften genannt.

nen Säulen links der hl. Ulrich und rechts die hl. Afra. Der Bedeutung der Persönlichkeit des Verstorbenen entspricht die Monumentalität der Grabplastik. Ihr Schöpfer, Hans Beierlein, war um 1500 der führende Sepulkralbildhauer Augsburgs.

Lit.: Philipp Maria Halm, Studien zur süddeutschen Plastik, Band 1, Augsburg 1926, S. 102–128, Abb. 98.

Tafelbild (Wolfgangskapelle, ehemaliger Hochaltar des Domes), Christoph Amberger, 1554.
Amberger schuf das Gemälde nach einem im Bildersturm des 16. Jahrhunderts zerstörten Tafelbild von Hans Holbein d. Ä.

Lit.: Tilmann Breuer, Die Stadt Augsburg (= Bayerische Kunstdenkmale, Band 1), München 1958, S. 8.

Relieffigur (Domkreuzgang/Nordflügel, Epitaph für Ulrich von Frundsberg), 1488.

Lit.: Karl Kosel, Der Augsburger Domkreuzgang und seine Denkmäler, Sigmaringen 1991, Abb. 80, Nr. 180.

Relieffigur (Domkreuzgang/Westflügel, Tympanon der Blasiuskapelle), 1484.
Thronende Muttergottes mit Jesuskind, flankiert von den Hll. Ulrich und Afra.

Lit.: Karl Kosel, Der Augsburger Domkreuzgang und seine Denkmäler, Sigmaringen 1991, Abb. 42.

Relieffigur (Domkreuzgang/Westflügel, Epitaph für Wilhelm Peuscher), um 1500.
Stehende Muttergottes von Engeln bekrönt, an den Seiten hl. Georg mit dem Verstorbenen und hl. Ulrich.

Lit.: Karl Kosel, Der Augsburger Domkreuzgang und seine Denkmäler, Sigmaringen 1991, Abb. 98, Nr. 292.

Relieffigur (Domkreuzgang/Westflügel, Epitaph für Ulrich von Rechberg), Gregor Erhart zugeschrieben, errichtet 1501.
Die Hll. Ulrich und Katharina empfehlen der thronenden Muttergottes mit Kind den Stifter und zwei Mitglieder der Familie.

Lit.: Gertrud Otto, Gregor Erhart, Berlin 1943, Abb. 72. – Karl Kosel, Der Augsburger Domkreuzgang und seine Denkmäler, Sigmaringen 1991, Abb. 126 und 129, Nr. 381 und 384, Tafel 32.

Augsburg, Kath. Stadtpfarrkirche St. Ulrich und Afra
Zwei Tafelbilder (vor der Sakristei), unbekannter Maler, nach diesen Tafeln »Meister der Ulrichslegende« benannt, gegen 1455.

Die großen, querformatigen Gemälde sind stark von der niederländischen Malerei (z. B. Rogier van der Weyden) beeinflußt. Jede Tafel ist dreifach unterteilt und zeigt drei Szenen aus der Ulrichslegende. 1. Links: Im Traum erscheinen dem todesnahen Bischof Ulrich zwei Engel mit Opferkelch und Hostienschale und fordern ihn zur Zelebration der Messe auf; Mitte: beim Meßopfer zeigt sich wundersamer Weise über dem konsekrierenden Ulrich die segnende Hand Gottes; rechts: der hl. Ulrich heilt Kranke. 2. Links: In einer Vision kommt die hl. Afra zum hl. Ulrich, um ihn auf das Lechfeld zu führen, wo der hl. Petrus eine himmlische Synode gegen den bayerischen Herzog Arnulf hält; rechts: der hl. Ulrich übergibt dem Kurier des Bayernherzogs ein Stück Gänsebraten als Botenlohn; Mitte: das Gänsefleisch hat sich in einen Fisch verwandelt.

Lit.: Alfred Stange, Deutsche Malerei der Gotik. Band 8: Schwaben in der Zeit von 1400–1450, München-Berlin 1957, S. 40–42. – Alfred Stange, Kritisches Verzeichnis der deutschen Tafelbilder vor Dürer, Band 2, hrsg. von Norbert Lieb, München 1970, S. 149. – Karl Haupt, S. 87–95, Abb. 42, 43.

Holzfigur (Marienkapelle über der Sakristei, Flügelaltar), Augsburger Werkstatt der Familie Mair, 1570/71.
Gewollte künstlerische Retrospektive; der Altar ist eine Nachschöpfung des verlorenen Kaufbeurer Hochaltars von Michael Erhart (um 1480).

Lit.: Tilmann Breuer, Die Stadt Augsburg (= Bayerische Kunstdenkmale, Band 1), München 1958, S. 50. – Albrecht Miller, Der Kaufbeurer Altar des Michael Erhart, in: Münchner Jahrbuch der Bildenden Kunst, 3. Folge, Band 22, 1971, S. 53.

Bollstadt (Lkr. Donau-Ries), Kath. Pfarrkirche St. Ulrich
Holzfigur, um 1480/90.
Die Plastik gehört zu den verhältnismäßig seltenen Darstellungen des hl. Ulrich als Sitzfigur (s. Eresing, Kicklingen, Weißenhorn).

Lit.: Adolf Layer, Zeugnisse der Ulrichsverehrung in Nordschwaben, in: Nordschwaben. Zeitschrift für Landschaft, Geschichte, Kultur und Zeitgeschehen, Heft 3, 1973, S. 12–15, Abb. S. 12.

Dinkelsbühl, Münster St. Georg
Holzfigur (vor der Sakristei), um 1490/1500.
Die Figur stammt von dem Wallfahrtskirchlein St. Ulrich bei Dinkelsbühl.

Lit.: August Gebeßler, Stadt und Landkreis Dinkelsbühl (= Bayerische Kunstdenkmale, Band 15), München 1962, S. 27. – Jahrbuch des Vereins für Augsburger Bistumsgeschichte, Band 7, 1973, Abb. 4.

Donauwörth, Kath. Stadtpfarrkirche Unsere Liebe Frau
Fresko (südliche Chorwand), 1449.
Die Hll. Ulrich und Afra waren die ehemaligen Kirchenpatrone der Donauwörther Stadtpfarrkirche.

Lit.: Daniel Keßler, Stadtpfarrkirche Donauwörth (neu bearbeitet von Lore Grohsmann und Wilhelm Schmid), München-Zürich 1987, S. 6.

Dorschhausen (Lkr. Unterallgäu), Kath. Pfarrkirche Mariä Heimsuchung
Holzfigur, Ivo Strigel zugeschrieben, Ende 15. Jh.
Lit.: Matthäus Mair–Hugo Schnell–Heribert Denzle–Sebastian Hiereth, 600 Jahre Pfarr- und Wallfahrtskirche Dorschhausen, München-Zürich 1986, S. 10, Abb. S. 6.

Ehingen (Lkr. Augsburg), Kath. Wallfahrtskirche Unsere Liebe Frau
Holzfigur, um 1470/80.
Fischattribut fehlt.
Lit.: Johann Drohner, Frauenkirche in Ehingen, Selbstverlag o. J., S. 9.

Ehingen am Ries (Lkr. Donau-Ries), Simultankirche St. Stephanus und Ulrich
Holzfigur, Ende 15. Jh.
Lit.: R. J. Busch, Kirchenführer für die Simultan-Kirche in Ehingen am Ries – St. Stephanus und St. Ulrich, Selbstverlag 1990, Abb. S. 10.

Emmenhausen (Lkr. Ostallgäu), Kath. Pfarrkirche St. Ulrich
Holzfigur, 2. Hälfte 15. Jh.
Lit.: Ausstellungskatalog »Der Heilige Ulrich. Seine Darstellung und Verehrung im Bistum Augsburg vom 14. bis zum 19. Jahrhundert«, Augsburg 1973, S. 16, Abb. 2.

Eresing (Lkr. Landsberg a. Lech), Kath. Pfarrkirche St. Ulrich
Holzfigur, 1. Hälfte 15. Jh.
Die sitzende Ulrichsfigur wurde jahrhundertelang in der St. Ulrich-Wallfahrtskapelle mit Brunnenhaus südlich von Eresing als Gnadenbild verehrt.
Lit.: Heidemarie und Peter Strauss, Heilige Quellen zwischen Donau, Lech und Salzach, München 1987, S. 71–73. – Hans Pörnbacher, Eresing, Weißenhorn ²1992, Abb. S. 29.

Eresried (Lkr. Aichach-Friedberg), Kath. Pfarrkirche St. Georg
Holzfigur, Ende 15. Jh.

Erkheim (Lkr. Unterallgäu), Kath. Pfarrkirche Mariä Himmelfahrt
Holzfigur, Christoph Scheller zugeschrieben (freundliche Mitteilung von Herrn Dr. Albrecht Miller), um 1510.
Kopf- und Brustpartie stark überarbeitet.

Ettenbeuren (Lkr. Günzburg), Kath. Pfarrkirche Mariä Himmelfahrt
Relieffigur, um 1490.
Die flache Holzfigur dürfte ursprünglich an einem Altarflügel angebracht gewesen sein (die Flachfigur des hl. Simpert von der gegenüberliegenden Langhauswand wohl das Pendant).

Ettlishofen (Gde. Bibertal, Lkr. Günzburg), Kath. Expositurkirche St. Ulrich und Leonhard
Holzfigur, um 1470/80.

Lit.: Oskar Grambihler–Anton H. Konrad–Josef Matzke, Silheim Ettlishofen Raunertshofen, Weißenhorn 1971, S. 14, Abb. S. 15 (am Hochaltar links).

Füssen, Kath. Krippkirche St. Nikolaus
Holzfigur, um 1500.

Lit.: Albrecht Miller, Allgäuer Bildschnitzer der Spätgotik, Kempten 1969, S. 52, Abb. S. 127.

Hainhofen (Lkr. Augsburg), Kath. Pfarrkirche St. Stephanus
Fresko (in der Sakristei, Ostwand), Ende 14. Jh.
Dr. Kosel würdigt die gut erhaltenen Wandmalereien des späten 14. Jahrhunderts als »das bedeutendste mittelalterliche Kunstwerk auf dem Gebiet der Gemeinde Neusäß«.

Lit.: Karl Kosel, Ein unbekanntes Denkmal Augsburger Malerei: Der Hainhofer Passionszyklus, in: Manfred Nozar–Walter Pötzl (Hrsg.), Neusäß. Die Geschichte von acht Dörfern auf dem langen Weg zu einer Stadt, Neusäß 1988, S. 355, Abb. S. 343.

Hopfen am See (Lkr. Ostallgäu), Kath. Pfarrkirche St. Peter und Paul
Fresko (südliche Langhauswand), Anfang 15. Jh.
Unter der großen Darstellung des hl. Georg beim Drachenkampf läßt ein schmaler Bildstreifen vier Heilige erkennen, die ab Brusthöhe unten abgeschnitten sind. Ein Schriftband über ihren Köpfen bezeichnet diese als Hll. Erasmus, Ulrich, Ludolph und Wikterp.

Lit.: Reinhold Böhm, St. Peter und Paul Hopfen am See, München-Zürich 1991, S. 12.

Horgauergreut (Lkr. Augsburg), Kath. Filialkirche St. Maria Magdalena
Holzfigur, frühes 16. Jh.

Kaufbeuren, Kath. Stadtpfarrkirche St. Martin
Holzfigur (Chor), Michel Erhart zugeschrieben, um 1480.
Das von innerer Spannung erfüllte, energisch vorwärts blickende Gesicht des hl. Ulrich soll die Aktionsbereitschaft des Augsburger Bischofs zum Ausdruck bringen.

Lit.: Albrecht Miller, Der Kaufbeurer Altar des Michel Erhart, in: Münchner Jahrbuch der Bildenden Kunst, 3. Folge, Band 22, 1971, S. 47–62, Abb. S. 48. – Heinrich Salm, St. Martin Kaufbeuren, München-Zürich 1982, Abb. S. 13.

Kaufbeuren, Kapelle St. Blasius
7   Holzfigur (Flügelaltar), wohl 1436.
19/20 Die Schreinfiguren St. Blasius, Ulrich und Erasmus wurden von einem älteren Altar in den berühmten Flügelaltar von Jörg Lederer (1518) übernommen.

Lit.: Albrecht Miller, Mittelalter – Renaissance, in: Aegidius Kolb–Ewald Kohler (Hrsg.), Ostallgäu. Einst und Jetzt, Band 1, Kempten 1984, S. 316, Abb. S. 317. – Hugo Schnell – Richard Wiebel, Kaufbeuren St. Blasius, München-Zürich 1991, S. 9f., Abb. S. 3 und 16.

Tafelgruppe (Westwand links), Kaufbeurer Meister (Josef Koler?), um 1485.
Der Ulrichszyklus gehört in die Serie der fünf Folgen mit Heiligenlegenden, dem Hauptwerk der Kaufbeurer Malerei der Spätgotik. Die langgestreckte Tafelgruppe besteht aus zehn Bildern in zwei Reihen und darüber in der Mitte ein Brustbild des Heiligen. Das Oberbild mit der Darstellung des im Evangelienbuch lesenden Augsburger Bischofs trägt die Inschrift: »hie ist sant Ulrich und sin leben«. In den folgenden Tafeln schildert der Maler das Ulrichsleben – zur Hälfte je Historisches und Legendäres – in lebendiger und phantasievoller Erzählkunst. Mittels Bildüber- bzw. Bildunterschriften werden die Szenen präzisiert. Obere Reihe: »hie wirt S. ulrich dem apt von S. gallen empfohlen – darnach dem bischoff zu augspurg zugefiert – hie wirt er mit gemain wal zum bischoff gewelt – All tag spiset er hundert armer mentschen – Ain closterfrawen erledigt er vom besen gaist«; untere Reihe: »hie erscheint im S. afra in ainer gesicht – hie offenbart sy im wa ir lib begraben waer – hie gebutten im zwo engel das er messe lest – Und do er zum altar kam erschin im gottes hand – Und glich nach dem opfer verschied er zur ewigen fraid.«

Lit.: Alfred Stange, Deutsche Malerei der Gotik, Band 8: Schwaben in der Zeit von 1400–1500, München-Berlin 1957, S. 124–126. – Alfred Stange, Kritisches Verzeichnis der deutschen Tafelmalerei vor Dürer, Band 2, hrsg. von Norbert Lieb, München 1970, S. 188. – Karl Kosel, Der heilige Ulrich in der bildenden Kunst, in: Ausstellungskatalog »Der Heilige Ulrich. Seine Darstellung und Verehrung im Bistum Augsburg vom 14. bis zum 19. Jahrhundert«, Augsburg 1973, S. 10–12.

Kicklingen (Lkr. Dillingen a. d. Donau), Kath. Wallfahrtskirche Unsere Liebe Frau im Moos
Relieffigur, um 1500.

Kissing (Lkr. Aichach-Friedberg), Kath. Pfarrkirche St. Stephan
Fresko (Turmkapelle, linke Fensterlaibung), um 1400.
Gegenüber die hl. Afra. Beide Wandfresken in sehr schlechtem Erhaltungszustand.

Kleinreichertshofen (Stadt Pfaffenhofen), Kath. Filialkirche St. Ulrich
Holzfigur, um 1420/30.

Kloster Maria-Medingen (Lkr. Dillingen a. d. Donau), Klosterkirche Mariä Himmelfahrt
Holzfigur (unter der Empore), um 1480.

Lit.: Julius Schöttl, Kloster Maria-Medingen, München-Zürich 1979, S. 12. – Der Landkreis Dillingen an der Donau. Ehedem und heute, Dillingen 1982, Abb. 97.

Langenneufnach (Lkr. Augsburg), Kath. Pfarrkirche St. Martin
Holzfigur, Umkreis von Michel Erhart, um 1480.

Langerringen (Lkr. Augsburg), Kath. Pfarrkirche St. Gallus
Büste (rechter Seitenaltar), um 1500.

Lauben (Lkr. Oberallgäu), Kath. Pfarrkirche St. Ulrich und Afra
Fresko (Südostportal des Friedhofs, links), um 1520.
Die weitgehend erneuerten Wandmalereien werden heute von modernen Kopien auf Metallplatten überdeckt.
Lit.: Fritz Ege, Chronik der Gemeinde Lauben, Kempten 1983, S. 81 f., Abb. S. 79.

Lindenberg (Lkr. Ostallgäu), Kath. Pfarrkirche St. Georg
Relieffigur, um 1510/20.

Maria Rain (Lkr. Oberallgäu), Kath. Wallfahrtskirche Maria Rain
Holzfigur (im Auszug des Hochaltars), Hans Kels d. Ä. zugeschrieben, 1519.
Lit.: Albrecht Miller, Mittelalter – Renaissance, in: Aegidius Kolb–Ewald Kohler (Hrsg.), Ostallgäu. Einst und Jetzt, Band 1, Kempten 1984, S. 342. – Pfr. Rosenberger, Wallfahrtskirche Maria Rain im Allgäu, Selbstverlag o. J., S. 4, Abb. S. 5. – Hans Pörnbacher, Wallfahrtskirche Maria Rain, München–Zürich 1992, S. 6, Abb. S. 16.

Neuhäder (Lkr. Augsburg), Kath. Wallfahrtskirche Mariä Himmelfahrt
Tafelbild (Chor, kleiner Flügelaltar), spätes 15. Jh.
An den Außenseiten der Flügel sind die Augsburger Bistumspatrone Ulrich (links) und Afra (rechts) gemalt.

Neusäß (Lkr. Augsburg), Kapelle St. Ägidius
Holzfigur, um 1500.
Fischattribut fehlt.
Lit.: Karl Kosel, Kunst aus der Stadt in einer neuen Stadt. Versuch einer »Neusässer« Kunstgeschichte, in: Manfred Nozar–Walter Pötzl (Hrsg.), Neusäß. Die Geschichte von acht Dörfern auf dem langen Weg zu einer Stadt, Neusäß 1988, S. 355, Abb. S. 334.

Oberfinningen (Lkr. Dillingen a. d. Donau), Kath. Pfarrkirche St. Johannes Baptist
Holzfigur, um 1500.

Oberthürheim (Lkr. Dillingen a. d. Donau), Kath. Pfarrkirche St. Nikolaus
Holzfigur, um 1500.

Pestenacker (Lkr. Landsberg a. Lech), Kath. Pfarrkirche St. Ulrich
Tragfigürchen, Mitte 15. Jh.
Lit.: Landkreis Landsberg a. Lech (Hrsg.) Heimatbuch für den Landkreis Landsberg am Lech, Landsberg 1982, S. 631–633.

Pfuhl (Lkr. Neu-Ulm), Evang. Pfarrkirche St. Ulrich
Fresko (Chorostwand, rechte Fensterlaibung), spätes 14. Jh.
Die ältesten Malereien – im Chor und am Triumphbogen – sind datiert 1394.
Lit.: Anton H. Konrad (Hrsg.), Zwischen Donau und Iller. Der Landkreis Neu-Ulm in Geschichte und Kunst, Weißenhorn 1972, S. 71.

Rechbergreuthen (Lkr. Günzburg), Kath. Pfarrkirche St. Nikolaus
Holzfigur, Ende 15. Jh.
Lit.: Franz Reißenauer–Josef Weizenegger–Anton H. Konrad u. a., Der Landkreis Günzburg. Ein Porträt seiner Geschichte und Kunst, Weißenhorn 1966, S. 110.

Rechtis (Lkr. Oberallgäu), Kath. Pfarrkirche St. Georg und Florian
Holzfigur, Meister des Imberger Altars zugeschrieben, um 1480.
Der sog. »Imberger Meister« war etwa zwischen 1470 und 1500 in Kempten tätig.
Lit.: Albrecht Miller, Mittelalter – Renaissance, in: Aegidius Kolb–Ewald Kohler (Hrsg.), Ostallgäu. Einst und Jetzt, Band 1, Kempten 1984, S. 329. – Albrecht Miller, Allgäuer Bildschnitzer der Spätgotik, Kempten 1969, S. 18–20 und 47, Abb. S. 107.

Remshart (Lkr. Günzburg), Kath. Pfarrkuratiekirche St. Leonhard
Holzfigur, Ende 15. Jh.
Lit.: Franz Reißenauer–Josef Weizenegger–Anton H. Konrad u. a., Der Landkreis Günzburg. Ein Porträt seiner Geschichte und Kunst, Weißenhorn 1966, S. 110f.

Roßhaupten (Lkr. Ostallgäu), Kath. Pfarrkirche St. Andreas
Tafelbild (unter der Orgelempore), Anfang 16. Jh.
Das Bild stellt den Kirchenpatron Andreas flankiert von den Bistumsheiligen Ulrich und Afra dar.
Lit.: Albrecht Miller, Mittelalter – Renaissance, in: Aegidius Kolb–Ewald Kohler (Hrsg.), Ostallgäu. Einst und Jetzt, Band 1, Kempten 1984, S. 347.

Schlingen (Lkr. Unterallgäu), Kath. Pfarrkirche St. Martin
Holzfigur, Ende 15. Jh.
Der nach oben gerichtete, weltabgewandte Blick des hl. Ulrich soll die visionäre Natur des Diözesanpatrons veranschaulichen.
Lit.: Markus Ziegler, Pfarrkirche St. Martin in Schlingen, Selbstverlag o. J., S. 12.

Schongau, Kath. Stadtpfarrkirche Mariä Himmelfahrt
Holzfigur, um 1500.

Seeg (Lkr. Ostallgäu), Kath. Pfarrkirche St. Ulrich
Holzfigur, um 1500/10.
Wohl beim Brand der Seeger Pfarrkirche im Jahre 1635 beschädigt und danach überarbeitet.

Lit.: Albrecht Miller, Mittelalter – Renaissance, in: Aegidius Kolb–Ewald Kohler (Hrsg.), Ostallgäu. Einst und Jetzt, Band 1, Kempten 1984, S. 326. – Annemarie Schröppel – Hugo Schnell (überarbeitet von Paul Ganal), Seeg im Allgäu, München-Zürich 1987, S. 8, Abb. S. 14.

Silheim (Gde. Bibertal, Lkr. Günzburg), Filialkirche St. Apollonia
Holzfigur, um 1500.
Vier Heiligenfiguren aus der Zeit um 1500 – vermutlich die Überreste des einstigen spätgotischen Schnitzaltars – stehen heute im Chor auf einer Konsole aneinandergereiht: (von links) hl. Ulrich, hl. Gregor, hl. Nikolaus und hl. Urban (ursprünglicher Kirchenpatron).
Lit.: Oskar Grambihler–Anton H. Konrad–Josef Matzke, Silheim Ettlishofen Raunertshofen, Weißenhorn 1971, S. 6, Abb. S. 3.

Steindorf (Lkr. Aichach-Friedberg), Kath. Pfarrkirche St. Stephan
Holzfigur, Ende 15. Jh.

Unterbissingen (Lkr. Dillingen a. d. Donau), Kath. Filialkirche St. Ulrich
Holzfigur, Ende 15. Jh.

Büste, Umkreis von Gregor Erhart, um 1490.
Lit.: Ausstellungskatalog »Der Heilige Ulrich. Seine Darstellung und Verehrung im Bistum Augsburg vom 14. bis zum 19. Jahrhundert«, Augsburg 1973, S. 17, Abb. 4.

Tonfigur (außen über dem Eingang), um 1500.

Unterknöringen (Lkr. Günzburg), Kath. Pfarrkirche St. Martin
Holzfigur, um 1484.
Die Figuren der Hll. Ulrich und Konrad am rechten Seitenaltar standen ursprünglich im Hochaltar.
Lit.: Martin Stankowski, St. Martin Unterknöringen, München-Zürich 1987, S. 10.

Wald (Lkr. Ostallgäu), Kath. Pfarrkirche St. Nikolaus
Holzfigur, Ende 15. Jh.
Lit.: Albrecht Miller, Mittelalter – Renaissance, in: Aegidius Kolb–Ewald Kohler (Hrsg.), Ostallgäu. Einst und Jetzt, Band 1, Kempten 1984, S. 326, Abb. S. 327.

Wasserburg (Stadt Günzburg), Filialkirche St. Martin
Holzfigur, um 1400.
Lit.: Franz Reißenauer–Josef Weizenegger–Anton H. Konrad u. a., Der Landkreis Günzburg. Ein Porträt seiner Geschichte und Kunst, Weißenhorn 1966, S. 75, 76 und 115, Abb. 37.

110   *Pestenacker (Landkreis Landsberg a. L.), Pfarrkirche St. Ulrich, Tragfigürchen, Mitte 15. Jahrhundert*
111   *Westernach (Landkreis Unterallgäu), Pfarrkirche St. Andreas, Holzfigur, Ende 15. Jahrhundert*
112   *Ehingen (Landkreis Augsburg), Wallfahrtskirche Unsere Liebe Frau, Holzfigur, um 1470/80*

111

Weißenhorn (Lkr. Neu-Ulm), Ehem. Kath. Spitalkirche Hl. Geist
Holzfigur, ca. 1450–1475.
Die Sitzfigur des hl. Ulrich wurde 1934 mit einem Frühbarockaltar für die
Hl.-Geist-Kirche erworben (freundliche Mitteilung von Anton H. Konrad).

Westernach (Lkr. Unterallgäu), Kath. Pfarrkirche St. Andreas
Holzfigur, Ende 15. Jh.
Beachtenswert: Auf dem Gesicht dieser Ulrichsfigur zeigt sich durch die
leicht nach oben gezogenen Mundwinkel ein Anflug von Lächeln.

Ziemetshausen (Lkr. Günzburg), Kath. Pfarrkirche St. Peter und Paul
Holzfigur, um 1500.
Die Ulrichsfigur bekrönt den linken Seitenaltar.
Lit.: Josef Kuhn, St. Peter und Paul Ziemetshausen, München-Zürich 1990, S. 7 und 9, Abb.
S. 10.

III. Das Ulrichsbild im Wandel

Zwischen 983 und 993 schrieb Dompropst Gerhard, ein enger Vertrauter des
Augsburger Bischofs, auf Drängen des Volkes eine ausführliche Lebensbe-
schreibung des hl. Ulrich. Da Gerhard vieles aus eigener Wahrnehmung und
Erfahrung kannte, schilderte er überaus anschaulich Ulrichs heiligmäßige
Lebensführung und – dem Stil der Zeit gemäß – dessen Visionen sowie die
Wundergeschehnisse um ihn. Im Gegensatz dazu bleibt das Erscheinungsbild des Heiligen völlig im dunkeln; an einer Stelle ist lediglich abstrakt von
Ulrichs »angenehmem Äußeren«[40] die Rede. Das Wort *Ulrichsbild* bedeutet
daher im folgenden in einem ambivalenten Sinne einerseits das mit künstlerischen Mitteln geschaffene *Gebilde* des Heiligen, andererseits wegen der
stellvertretenden Funktion dieses Gebildes, das auf den Heiligen hinweist,
das *geistige Bild* von jenem.
Die hochgotischen Darstellungen des hl. Ulrich als monumentaler Bischofsfigur (z. B. in St. Michael/Radstädter Tauern) vermitteln in ihrem künstlerischen Ausdruck noch etwas von der ursprünglichen Auffassung des Bischofs

---

113 *Schlingen (Landkreis Unterallgäu), Pfarrkirche St. Martin, Holzfigur, Ende 15. Jahrhundert*
114 *Kleinreichertshofen (Stadt Pfaffenhofen), Filialkirche St. Ulrich, Holzfigur, um 1420/30*
115 *Kicklingen (Landkreis Dillingen a. D.), Wallfahrtskirche Unsere Liebe Frau im Moos, Relieffigur, um 1500*
116 *Langerringen (Landkreis Augsburg), Pfarrkirche St. Gallus, Büste, um 1500*
117 *Oberfinningen (Landkreis Dillingen a. D.), Pfarrkirche St. Johannes Baptist, Holzfigur, um 1500*

als geistigen und geistlichen Mitträgers des König- und Kaisertums, wie wir dies im frühen 11. Jahrhundert auf dem Widmungsbild des Heinrichssakramentars finden. Als mit der Neufassung der Ulrichsvita durch den Reichenauer Abt Berno (um 1030) das mittelalterliche Ulrichsbild dem Zeitgeschmack entsprechend durch mehr Legendenerzählungen, Wunderberichte und Vergleiche mit großen biblischen Vorbildern geprägt wird, »neigt sich die erhabene Gestalt des Reichsbischofs und Edel-Heiligen zu Volkstümlichkeit« (Lieb).[41] Der hl. Ulrich ist nun nicht mehr wie bei Gerhard von seiner umfassenden Tätigkeit her zu begreifen, sondern erscheint idealisiert als von vorneherein rein begnadete Heiligengestalt.[42] Die früheste Darstellung dieses neuen Bildes vom hl. Ulrich ist höchstwahrscheinlich die Steinfigur mit Fisch vom Nordportal des Augsburger Domes, die gegen 1343 entstanden sein dürfte.

Das Fischattribut wies wohl ursprünglich den hl. Ulrich als Wasserpatron aus.[43] Nach der Legende besaß der Bischof die Wundermacht, über wilde Wasser zu gebieten. Bereits Gerhard erzählt in seinem Ulrichsleben gleich drei Wasserwunder hintereinander (Kap. 17 u. 18):

17. Hier will ich noch eine andere Begebenheit berichten, die ich von seinem Kaplan Herewig erfahren habe. Eines Tages mußte der Bischof aus irgendeinem triftigen Grund mit seinem Pferd die Wertach überqueren. Weil aber der Fluß Hochwasser führte, wagten sich seine Begleiter nicht durch die Furt, die auf direktem Weg lag, sondern suchten nach einer anderen, besser geeigneten Übergangsstelle. Nur eben jener Herewig blieb bei ihm zurück. Da ritt Ulrich ohne Zagen durch die Furt, die die anderen gemieden hatten. Weil es Winter war, trug er Filzschuhe gegen die Kälte. Als sie den Fluß durchquert hatten, war Herewig, obwohl er auf einem größeren Pferd saß als der Bischof, bis zum Gürtel hinauf durchnäßt. Als er aber auf die Kleider des Bischofs schaute, ob auch sie naß geworden wären, konnte er nicht einmal an den Schuhen auch nur ein einziges feuchtes Haar erblicken. Da sagte er zu ihm: »Ich triefe vor Nässe, und dir, Herr, ist nicht einmal ein Haar an den Schuhen naß geworden.« Darauf entgegnete Ulrich: »Hüte dich, solange ich lebe einem anderen zu erzählen, was du gesehen hast!«

Ein andermal fuhr der Bischof in einem Schiff auf der Donau zu einem Hoftag König Ottos nach Regensburg. Durch die Unachtsamkeit der Schiffer stieß das Schiff so unglücklich an einen Balken, daß es sich mit Wasser füllte und mit Mann und Maus unterzugehen drohte. In höchster Angst und Aufregung beeilte man sich, das Schiff an Land zu bringen. Endlich erreichten sie das Ufer und luden alles, was im Schiff war, aus. Nur an den Bischof, der im hinteren Teil des Schiffes saß, dachten sie

---

[40] Hatto Kallfelz (Übersetzer), Lebensbeschreibungen einiger Bischöfe des 10.–12. Jahrhunderts (= Ausgewählte Quellen zur deutschen Geschichte des Mittelalters, Band 22), Darmstadt 1973, S. 57.
[41] Lieb, S. 6.
[42] vgl. Josefa Margarete Sauerteig, Die Überlieferung der deutschsprachigen Ulrichslegende im späten Mittelalter, in: Zeitschrift des Historischen Vereins Schwaben, 67, 1973, S. 47–94.
[43] Zoepfl 1940, S. 24–31.

nicht. Einen Kleriker aber, namens Mesi, fuhr plötzlich ein fürchterlicher Schreck durch alle Glieder, und er rief: »Wehe, wir Elenden, wir haben unserm Herrn in dieser Gefahr nicht geholfen!« Und sogleich lief er durch das tiefe Wasser, das sich schon im Schiff gesammelt hatte, ergriff den Bischof an den Armen und trug ihn auf dem Rücken aus dem Schiff. Als nun alles in Sicherheit gebracht war, und jener gerade als letzter das Schiff verlassen hatte, versank der rückwärtige Teil des Schiffes in den Fluten. Man muß sich wundern, wenn das Schiff nicht sinken konnte, so lange solche Last es beschwerte, sondern daß es sich über Wasser hielt auf Befehl dessen, der dem heiligen Apostel Petrus die Wogen des Meeres so fest gemacht hat, daß er darauf wandeln konnte? Nicht seine eigene Beschaffenheit, sondern die Verdienste dessen, der in ihm saß, zwangen das Schiff, noch eine Zeitlang auf dem Wasser zu schwimmen, bis es um alle Fracht und Last erleichtert wäre. Dann erst ging es unter.

18. Ein andermal, als ihn brennende Sehnsucht trieb, Rom zu besuchen, führte ihn der Weg an den Fluß Taro. Der Fluß führte ein so gefährliches Hochwasser, daß keiner von denen, die an den beiden Ufern eintrafen, hoffen konnte, am gleichen oder am nächsten Tag hinüberzukommen. Der heilige Bischof aber vertraute auf Gott, legte die Meßgewänder an und feierte mit seinen Gefährten am Ufer des Flusses andächtig eine Messe. Nach der Messe durchquerte er den Fluß mit solcher Leichtigkeit, daß keinem einzigen seiner Gefährten ein Mißgeschick zustieß. So zogen sie heil und wohlbehalten, Gott lobend fröhlich ihres Wegs.[44]

Späteren Generationen war anscheinend die Bedeutung des Fischattributes (nämlich als Hinweis auf die Wundermacht Ulrichs in Wassernot) nicht mehr verständlich. Zur Erklärung erfand daher ein Anonymus zu einem unbekannten Zeitpunkt eine Deutungslegende in der Art eines Verwandlungswunders, die bildlich und literarisch seit der Mitte des 15. Jahrhunderts nachweisbar ist.[45] Die Geschichte lautet folgendermaßen:

> Item sant Ulrich saß an einem donnerstag über das nachtmal mit sant Cuonrat. do redeten sy von got die gantzen nacht. ze morgens am freytag stuond der tisch also gericht. da gab sant Ulrich einem poten ein diech von einem proten hon. das behielt der pot und wolt es zaygen. do er das aus seinem säcklin zog, do was es ain visch, darumb malet man ihm ain visch jn sein hand.[46]

Diese volkstümlich-legendäre Erfindung, die in einige jüngere Handschriften der Berno'schen Ulrichsvita aufgenommen und vom Ulrichsmeister und Holbein d. Ä. so großartig ins Bild umgesetzt wurde, ist bis in unsere Zeit die gebräuchliche Erklärung für das Fischattribut des hl. Ulrich geblieben.[47]
Gegen Ende des 15. Jahrhunderts kam das vielleicht bekannteste Thema der

---

[44] Kallfelz, S. 121 und 123. Vom Wertachwunder gibt es eine Federzeichnung aus dem 2. Viertel des 12. Jahrhunderts (Abb. 4 bei Haupt).
[45] Zoepfl 1940, S. 25.
[46] Haupt, S. 95.
[47] vgl. Hilda Thummerer, Der heilige Ulrich, die heilige Afra und der heilige Simpert – die Patrone des Bistums Augsburg, in: August Leidl (Hrsg.), Bistumspatrone in Deutschland, München-Zürich 1984, S. 144.

Ulrichsikonographie auf: die Überreichung des Siegeskreuzes an Bischof Ulrich in der Lechfeldschlacht. Die für spätere Ulrichsdarstellungen bedeutsame thematische Veränderung trat 1494 ein, als Abt Johann von Giltlingen dem Goldschmied Nicolaus Seld die Gestaltung des neuen Gehäuses für das Ulrichskreuz übertrug. In der auf der Rückseite eingravierten Kampfszene »wird durch die Überreichung des Siegeskreuzes an den heiligen Ulrich mitten in der Schlacht das legendäre Moment in die Schilderung des historischen Ereignisses einbezogen«.[48] Das Bild vom hl. Ulrich als »Retter des christlichen Abendlandes«, der als Reichsfürst politisch verantwortungsvoll handelnd Hilfe aus dem Jenseits erhält, zeigt wohl weniger seine gewandelte Verehrung beim einfachen Volk als vielmehr seine unter zeitgeschichtlichen Gesichtspunkten aktualisierte Vorbild-Funktion bei Adel und Klerus auf. Norbert Lieb hat 1973 bei seinem Vortrag in der Katholischen Akademie Augsburg dieses neue Ulrichsbild der Aristokratie so zusammengefaßt: »Aus dem das Kaisertum als Bischof mittragenden Ulrich des Heinrichs-Sakramentars ist 500 Jahre später ein *miles christianus* im Sinn Kaiser Maximilians geworden«.[49]

Am Beispiel der beiden berühmten Themen vom Fischwunder und der Lechfeldschlacht wird klar, wie stark im späten Mittelalter die Vorstellung vom hl. Ulrich bei den Menschen von der Legende bestimmt wurde. Für seine Darstellung in der Kunst gilt die Beobachtung, daß die vielen namhaften wie unbekannten Meister in ihren Werken diesen Wechsel vom historischen Ulrichsbild Gerhards zum typisierten Bild des Heiligen nach Berno mitvollzogen haben. Eine beeindruckende Verbindung von biographischer Wirklichkeit und volkstümlicher Verklärung zeigt der Ulrichszyklus in der Kaufbeurer Blasiuskapelle.[50] Daß die Künstler immer mehr aus der Heiligenlegende schöpften, machen Bilder wie die Ulrichsmesse mit der Erscheinung der Dextera Dei (diese Szene galt von frühester Zeit an als Symbol für die Erwähltheit des hl. Ulrich)[51] und die Afravision deutlich. Zugleich heben Motive wie die Armenspeisung[52] und Krankenheilung seine Fürsorge gegenüber den Nächsten besonders hervor. Aber ob in repräsentativer Erhabenheit oder in glorifizierter Überhöhung – der Vielzahl der Ulrichsdarstellungen ist eines gemeinsam: sie alle sind Zeugnisse der Verehrung des Augsburger Bischofs, auch wenn sich im Laufe der Zeit das geistige wie das künstlerische Bild vom hl. Ulrich gewandelt hat.

---

[48] Karl Kosel, Der heilige Ulrich in der bildenden Kunst, in: Ausstellungskatalog Augsburg 1973, S. 13.
[49] Lieb, S. 13.
[50] Kosel, S. 10–12.
[51] Haupt, S. 69. Früheste Darstellung der Ulrichsmesse in: Cod. 261, Stiftsbibliothek Einsiedeln, 11. Jahrhundert; Abb. 2 bei Haupt.
[52] Eine lesenswerte Bildanalyse der Tafel mit der Armenspeisung aus dem Kaufbeurer Ulrichszyklus schrieb P. Damasus Zähringer in dem kurzen Beitrag »St. Ulrich im Bilde«, in: Benediktinische Monatsschrift, 31, Heft 9/10, 1955, S. 388f.

Mechthild Müller

Bischof Ulrich von Augsburg in der Kunst des Barocks

In keiner anderen Epoche waren die Darstellungen des heiligen Ulrich von Augsburg im Verhältnis zum Entstehungszeitraum so zahlreich und so vielgestaltig wie im Barock. Hiermit habe ich schon drei Prämissen angesprochen, die in dieser Einleitung näher erörtert werden sollen: Das Problem der zeitlichen Eingrenzung steckt in dem Begriff »Barock«, die räumliche Ausdehnung spielt eine Rolle in Bezug auf die Vielzahl der Darstellungen, und schließlich hat die Vielgestaltigkeit zunächst einmal mit der Frage, in welchem Bereich der bildenden Kunst überall Ulrichsabbildungen vorkommen, zu tun.
Die zu behandelnde Zeitspanne, die in der Überschrift summarisch als »Barock« bezeichnet wird, reicht in dieser Abhandlung vom Anfang des 17. Jahrhunderts bis zum Ende des Rokoko, um 1770/80. Dennoch werden nicht alle Jahrzehnte dieses genannten Zeitraums gleichrangig behandelt: Die meisten Beispiele stammen aus der zweiten Hälfte des 17. Jahrhunderts und vor allem aus dem 18. Jahrhundert – in der ersten Hälfte des 17. Jahrhunderts war die Kunstproduktion in Süddeutschland aufgrund des Dreißigjährigen Krieges stark eingeschränkt.
Die örtliche Ausdehnung läßt sich weniger strikt eingrenzen. Naheliegenderweise finden sich auch in der Barockzeit – wie im Mittelalter – die meisten Ulrichsdarstellungen im Bistum Augsburg. Daß der heilige Ulrich jedoch weitaus mehr als nur ein Bistumspatron war, spiegelt auch die Kunst der Barockzeit wider. Über die benachbarten Bistümer hinaus geht seine Verehrung und somit auch seine Darstellung. Die Beziehungen zum heutigen Österreich und zu Südtirol, die diese Kultausbreitung ermöglichten, waren vielfältiger Art. Genannt werden können hier zum Beispiel die Einwanderung vieler Schwaben nach Tirol oder die weitverstreuten Besitztümer des Bistums und Hochstifts Augsburg.[1] Ulrichs Verbindungen nach St. Gallen und Einsiedeln erklären u. a. seine Verehrung in der Schweiz.[2] So werde ich im Folgenden auch Beispiele aus diesen Gebieten bringen.

An dieser Stelle möchte ich zuerst einmal dem Augsburger Diözesankonservator Dr. Karl Kosel meinen Dank für seine großzügige Unterstützung aussprechen. Er hat mich nicht nur auf interessante Kunstwerke hingewiesen, sondern mir auch zahlreiche Fotos zur Verfügung gestellt.

Schließlich kommen wir mit der Vielgestaltigkeit zu weitaus komplexeren Kriterien – diese waren für die Gliederung des vorliegenden Aufsatzes ausschlaggebend: Die Ulrichsthematik taucht in zahlreichen Bereichen der Kunst auf: in der Malerei (Altar- und Deckenbilder), in der Plastik (Altar- und Wandfiguren), in der Goldschmiedekunst (Vasa sacra und Reliquienbehälter) und in der Graphik (Illustration von Geschichtsschreibung und Erbauungsliteratur). Die Unterteilung sakraler und profaner Kunst soll nur im Kapitel über die Graphik eine Rolle spielen.

Ein bedeutendes frühes profanes Kunstwerk, bei dem die Ulrichsthematik in einen Kaiser Otto gewidmeten Zyklus eingebunden ist, möchte ich hier in diesem Vorspann gesondert behandeln, da es wiederum einer eigenen Gattung angehört: der Fassadenmalerei. An der um 1607 von Matthias Kager freskierten, durch August Brandes' Temperabild überlieferten Fassade des Augsburger Weberhauses war die Darstellung der Lechfeldschlacht auf einem Fries, der sich unterhalb des Giebels über die gesamte Fassadenbreite erstreckte, zu sehen.[3] Den Mittelpunkt bildete der in der Schlacht mitreitende Bischof Ulrich mit dem Siegeskreuz in der erhobenen Rechten, ein Motiv, das uns im Zusammenhang mit der kirchlichen Malerei genauso beschäftigen wird, wie die zentrale Stellung des Schlachtenthemas.

Die beiden kleineren Bildfelder zeigten den Einzug Ottos I. mit dem siegreichen Heer in Augsburg und die Überreichung des Zunftschildes an die Augsburger Weber durch den Kaiser, den Anlaß der gesamten Darstellung. Links von der Portalbekrönung war Bischof Ulrich als Standfigur auf einer Konsole abgebildet, als Pendant dazu rechts die heilige Afra.

Aufgrund der Fülle des Materials werden in diesem Aufsatz nicht alle Bereiche, in denen Ulrichsdarstellungen vorkommen, erfaßt. So ist beispielsweise die Volkskunst weitgehend ausgeklammert. Aber auch innerhalb der einzelnen Kapitel kann die Vielfalt der Ulrichsdarstellungen nur durch einige Beispiele schlaglichtartig beleuchtet werden.

---

[1] Karl Kosel, St. Ulrich und die Schwaben in Österreich, in: Jahrbuch des Vereins für Augsburger Bistumsgeschichte 4 (1970) 39–45. – Ferdinand Grell, Die Verehrung des heiligen Ulrich von Augsburg in Österreich und Südtirol, in: Bischof Ulrich von Augsburg und seine Verehrung. Festgabe zur 1000. Wiederkehr seines Todestages (= Jahrbuch des Vereins für Augsburger Bistumsgeschichte 7), Augsburg 1973, 134–162.

[2] Adolf Reinle, Die Kunstdenkmäler des Kantons Luzern VI: Das Amt Hochdorf. Nachträge zu den Bänden I–V. Kunsthistorischer Überblick (= Die Kunstdenkmäler der Schweiz 47), Basel 1963, 515.

[3] Das Bild wurde 1903 zusammen mit einer ganzen Reihe weiterer dokumentarischer Häuseraufnahmen von Brandes im Auftrag der Stadtverwaltung von Augsburg angefertigt. Es ist im Besitz der Städtischen Kunstsammlungen Augsburg (Inventarnummer 9443).

[4] Karl Kosel, Die nachmittelalterlichen Darstellungen der Ungarnschlacht bis zum Ende der Türkenkriege, in: Bischof Ulrich von Augsburg und seine Verehrung. Festgabe zur 1000. Wiederkehr seines Todestages (= Jahrbuch des Vereins für Augsburger Bistumsgeschichte 7), Augsburg 1973, 319–321 und Abbildung 17.

Darstellungen des heiligen Ulrich auf Altarbildern

Die auf zahlreichen Hochaltarblättern in Kirchen mit Ulrichspatrozinien vorkommenden Darstellungen des heiligen Bischofs Ulrich sind in ihrer Ausgestaltung sehr vielfältig.

Nicht nur verschiedene Themen, sondern auch eine Vielzahl von ikonographischen Ausprägungen innerhalb einer Themengruppe sowie sehr unterschiedliche Körperhaltungen und Gesichtstypen sind hier festzustellen.

Zunächst zur Thematik: Neben den spezifischen Altarblatt-Themen wie »Glorie«, »Verherrlichung«, »Fürbitte« oder »Messe« des Heiligen, spielen auf barocken Altarblättern das Gebet und die Messe vor bzw. während der Lechfeldschlacht eine herausragende Rolle. Das Thema der Schlacht zieht somit an die zentrale Stelle des sakralen Raumes ein und breitet im 17. Jahrhundert – als attributive Erzählung zur Heiligendarstellung – den Boden für die monumentalen Schlachtenbilder, die im 18. Jahrhundert häufig an Langhausdecken von Ulrichskirchen vorkommen.

Auf den frühen Altarblättern ist die Schlacht noch im Hintergrund zu sehen. So zum Beispiel auf dem im frühen 17. Jahrhundert entstandenen Hochaltarblatt aus St. Stephan in Augsburg, das sich heute in St. Ulrich in Burgberg, Lkr. Sonthofen, befindet.[4] Die der irdischen Sphäre gewidmete untere Bildhälfte zeigt im Vordergrund links den betenden Bischof Ulrich. Rechts kniet König Otto I. Somit wird Ulrichs Verbindung mit König und Reich hergestellt.[5] König Otto deutet auf die Kirche St. Stephan im Mittelgrund. Hierin besteht ein konkreter Hinweis auf die Verknüpfung der Geschichte der Stiftskirche St. Stephan mit der des Reiches: An der Stelle, wo König Otto 955 das ungarische Heer besiegt haben soll, wurde 968 von Bischof Ulrich das Kanonissenstift St. Stephan (im 18. Jahrhundert »hochadeliges, frei weltliches« Damenstift, 1806 säkularisiert, 1834 als Benediktinerabtei neu errichtet) gestiftet. Im Bildhintergrund sieht man die Schlacht, an der Horizontlinie die Silhouette der Stadt Augsburg. Die obere Bildhälfte führt das progressive Stufensystem weiter. Auf den siegreichen Ausgang der Schlacht, um den Bischof Ulrich betet, weist der Putto mit dem Siegeskreuz hin. Über Ulrich ist Maria zu sehen, die vor Christus für den heiligen Bischof Fürbitte leistet, über Otto der Kirchenpatron Stephan. Es handelt sich bei diesem Gemälde um eine überaus vielgestaltige Altarblattdarstellung des Themas. Spätere Bilder, die den während der Lechfeldschlacht betenden Ulrich zeigen, sind meist thematisch weniger komplex und vor allem stärker auf die Gestalt des Heiligen konzentriert. Der Darstellungstypus des Bischofs mit den weißen Haaren und dem langen, wallenden Bart findet sich jedoch häufig auf Altarblättern des 17. und 18. Jahrhunderts wieder. Zum Beispiel auf den Gemäl-

---

[5] Norbert Lieb, Der Heilige Ulrich in der Kunst. Vortrag bei einer Tagung der Katholischen Akademie Augsburg [am 12. Mai 1973] (= Akademieprotokolle [1]), Augsburg 1973, 1.

den von Johann Georg Schmidt in der Stadtpfarrkirche in Ebenfurth (Niederösterreich), von Johann Anwander in der Pfarrkirche von Rettenbach (Lkr. Günzburg), oder auf dem Hochaltarblatt in St. Ulrich in Buchdorf (Lkr. Donau-Ries).[6] Allerdings gibt es, was die Körperhaltung des betenden Heiligen betrifft, eine große Variationsbreite. Die schlichte, demütige Gebetshaltung, die den Bischof mit gefalteten Händen zeigt, wird mehr und mehr von theatralischen Gebärden abgelöst.

Auch der Gesichtsausdruck wirkt bewegter. Darüber hinaus vermittelt die Körperdrehung den Eindruck von Spannung und Ereignis. Stets wird auf die von oben gelenkte Geschichte hingewiesen. Oft erscheint über Ulrich ein Putto mit dem Siegeskreuz oder – wie in Ebenfurth beispielsweise – die Heilige Dreifaltigkeit.

Ulrich wird jedoch auf diesen Bildern nicht nur als Betender und als Mittler gezeigt, sondern gleichzeitig, als Wiederholung und Konkretisierung seines Heilsverhaltens, als Mitreiter bzw. Mitstreiter in der Schlacht. In Ebenfurth geht das sogar so weit, daß der Bischof selbst einem gegnerischen Reiter eine Lanze in die Brust stößt. Doch in der Regel ist der Bischof unbewaffnet dargestellt.

Auf einigen Altargemälden des 18. Jahrhunderts steht die Ungarnschlacht mit Bischof Ulrich zu Pferd sogar im Mittelpunkt der Darstellung. Zum Beispiel auf dem Altargemälde in der Pfarrkirche St. Ulrich in Zell bei Eggenfelden (Lkr. Rottal-Inn), um 1712 entstanden, und auf dem Altarblatt der Wallfahrtskirche in Vilgertshofen (Lkr. Landsberg am Lech), um 1718.[7]

An dieser Stelle möchte ich darauf hinweisen, daß Bischof Ulrich am Tag der Entscheidungsschlacht, am 10. August 955, nicht an der Schlacht teilgenommen hat, sondern betete.

Dies war im 18. Jahrhundert durchaus bekannt. Am Tag zuvor war er jedoch auf dem Schlachtfeld dabei, hatte er ja als Reichsfürst und Inhaber von Reichslehen die Verpflichtung zum Dienst am Reich und eine Streitmacht sowie eine Anzahl gepanzerter Krieger zu stellen.[8] Auf die Art und Weise der Darstellung des in der Schlacht mitreitenden Bischofs werde ich im Zusam-

---

[6] Jahrbuch des Vereins für Augsburger Bistumsgeschichte 8 (1974) 143–157 und Abbildung 12. – Vergleiche auch das Hochaltarblatt in der ehemaligen Stiftskirche Habach, Landkreis Weilheim. Karl Kosel, Die Darstellungen der Ungarnschlacht im 18. Jahrhundert, ebd. 124f., 140, 154 und Abbildung 4.

[7] Kosel, Die nachmittelalterlichen Darstellungen der Ungarnschlacht bis zum Ende der Türkenkriege, in: Bischof Ulrich von Augsburg und seine Verehrung, 333–337 sowie Abbildungen 26 und 27. – Ders., Die Darstellungen der Ungarnschlacht im 18. Jahrhundert, in: Jahrbuch des Vereins für Augsburger Bistumsgeschichte 8 (1974) 127, 140.

[8] Mechthild Müller, »In hoc vince«. Schlachtendarstellungen an süddeutschen Kirchendecken im 18. Jahrhundert. Funktion und Geschichtsinterpretation (= Europäische Hochschulschriften, Reihe 28: Kunstgeschichte 115), Frankfurt am Main–Bern–New York–Paris 1991, 23. – Hans Kohl, Bischof Ulrich. Ein Lebensbild mit einem Bericht über die neugeschaffene Krypta in der Basilika St. Ulrich und Afra, Augsburg ²1963, 13.

menhang mit den Deckenbildern, die das Thema sehr stark in den Mittelpunkt stellen, ausführlicher eingehen.

Weitere beliebte Ulrichsthemen auf Altarblättern zeigen die Fürbitte, die Glorie, die Verherrlichung oder die Verehrung des Heiligen. Auch hier sind die Ausprägungen innerhalb der einzelnen Themengruppen sehr vielfältig.

Aus dieser Gruppe möchte ich zwei Beispiele herausgreifen, die Ulrich wieder als Vermittler zeigen. So sieht man auf Bartolomeo Altomontes[9] Altarblatt in Haitzendorf (BH. Krems) von 1780 einen Pilger mit Pilgerhut, Tasche und Stab, der sein Haupt neigt und auf den Fisch in seiner Rechten schaut. Nur dieses Ulrichsattribut und die nach oben weisende Gebärde seiner Linken stellen eine Verbindung zu dem über ihm auf Wolken thronenden Bischof her. Zwei Engel flankieren den Heiligen, der die Hände ausgebreitet hält und nach oben blickt.

156

Heiligendarstellungen, welche die Gläubigen mit einbeziehen, waren in der Rokokozeit ganz besonders beliebt. Das Anliegen, eine konkrete Verbindung zum persönlichen Leben des Gläubigen herzustellen, bekam mit den Verbürgerlichungstendenzen des späten 18. Jahrhunderts eine um so größere Bedeutung.

Im Mittelpunkt eines kleinen Entwurfes für ein Gemälde mit dem Thema »Verehrung des heiligen Ulrich als Helfer der Notleidenden«, entstanden im späten 18. Jahrhundert, sieht man eine Gruppe von Wallfahrern am Grab des heiligen Bischofs. Die unterste Bildzone spielt auf die Lechfeldschlacht an: Rechts liegen Gefallene, links steht König Otto I. mit einem Szepter in der erhobenen Rechten. Er schaut über die Wallfahrer hinweg, hinauf zu dem auf Wolken knienden Ulrich. Der Bischof seinerseits blickt auf die Dreifaltigkeit, symbolisiert durch ein Dreieck, von dem ein Gnadenstrahl auf Ulrich fällt.

Zwei Aspekte sind bei dieser aus Ochsenhausen stammenden, jetzt in der Pfarrei St. Ulrich und Afra, Augsburg, befindlichen Ölskizze von besonderer Bedeutung: Der großartige Sieg über die Ungarn auf dem Lechfeld scheint im Zusammenhang mit dieser Wallfahrtsdarstellung ein besonderer Ausweis für Ulrichs Wirken zu sein, dies kann jedoch wiederum nur durch die göttliche Vorsehung in Kraft treten.[10]

121

---

[9] Das Bild ist nicht erwähnt bei: Brigitte Heinzl, Bartolomeo Altomonte, Herausgegeben von der Kulturverwaltung der Stadt Linz, Wien–München 1964.

[10] Auf der Rückseite des Bildes findet sich eine ausführliche Erläuterung. Der interessanteste Aspekt ist dabei der Hinweis auf die Bollandisten, die auf Quellen beruhende Gründe dafür anführten, daß Bischof Ulrich nicht an der Entscheidungsschlacht teilnahm. Von Stadtpfarrer Prälat Wunibald Hitzler, St. Ulrich und Afra in Augsburg, in einem Antiquariat in Ochsenhausen erworben.
Eine Wallfahrtsdarstellung zeigt auch das Deckenbild von Johann Michael Zinck in Dehlingen bei Neresheim. Das Thema lautet hier: Der heilige Ulrich verleiht dem Ulrichsbrunnen Wunderkraft. Ein Entwurf für das Fresko, 1732 (?) entstanden, befindet sich in der Graphischen Sammlung der Städtischen Kunstsammlungen Augsburg (Inventarnummer G 12407).

118 Ulrichs Rolle als Werkzeug Gottes kommt auch auf den Altarbildern in Eresing von Johann Georg Melchior Schmidtner (1687)[11] und in Eisingersdorf von Ignaz Paur (1754) zum Tragen. In St. Ulrich in Eresing zeigt das Altarblatt die Fürbitte des Heiligen. Er steht betend vor einem Altar, über dem die Hand Gottes ihm erscheint. Interessanterweise stellt Schmidtner den heiligen Ulrich hier bartlos dar, er wählt also nicht den sonst in der Malerei üblichen und verbreiteten Ulrichstypus. Auf dieses Problem werde ich im Kapitel über die Plastik eingehen. Auch Ignaz Paurs zelebrierender Ulrich steht vor dem Altar. Er hält in seiner Rechten den Kelch. Verhalten schaut er nach oben, wo ihm aus Wolken die Hand Gottes erscheint; von dieser geht ein Lichtstrahl auf den Kelch nieder. Das Bild ist auf wenige, große Figuren konzentriert.

Zu den wiederum legendären Szenen der Heilsdarstellung gehört die Totenerweckung durch den heiligen Ulrich, thematisiert auf Balthasar Riepps Hochaltarblatt von 1732 in der Ulrichskirche in Unterpinswang. Das Bild besitzt einen feierlichen Charakter. Im Mittelpunkt steht der heilige Ulrich im Bischofsornat, den Hirtenstab in der Linken. Seine Rechte liegt auf dem Haupt des Toten, wobei die Finger wie bei einem Segensgestus leicht abgespreizt sind. Ulrich schaut jedoch nicht auf den jungen Mann, der mit entblößtem Oberkörper neben ihm sitzt, seine nur halb geöffneten Augen drücken Konzentration und Willensstärke aus. Der Legende nach wurde dem Bischof ein Enthaupteter gebracht. Auf dem Gemälde ist noch die Trennlinie zwischen dem aufgesetzten Kopf und dem Hals zu sehen. Auf das sich gerade ereignende Wunder weisen die umstehenden Frauen und Männer mit Mienen, Gesten und Gebärden hin. Die über dem Geschehen schwebenden, nach oben deutenden Engel machen Ulrichs Mittlerrolle klar.[12]

55/56 Ein anderes Motiv aus der Ulrichslegende handelt von Ulrich und Afra vor
119 der Bischofsversammlung. Das frühbarocke Hochaltarblatt in St. Ulrich in Ruswil (Kanton Luzern), 1664 datiert, zeigt links Ulrich als jungen Mann im Bischofsornat, er wirkt wie eine Statue.[13] Neben ihm steht die heilige Afra mit der Märtyrerpalme in der Linken. Sie schaut auf Ulrich und deutet gleichzeitig auf die rechts sitzenden Bischöfe hin. Die Bildinschrift erklärt die Darstellung. »Sanct Afra auff's Lechfeld thatt füren / Im schlaff Ulricum anzuhören / Wie Sanct Petrus vnd Bischöff mehr / wider Arnolffum klagten

---

– Zu den Ulrichsbrunnen siehe: Adolf Layer, Ulrichsbrunnen in Süddeutschland und Österreich. Ein Beitrag zur religiösen Volkskunde, in: Zeitschrift des Historischen Vereins für Schwaben 67 (1973) 95–115.

[11] Karl Kosel, Der heilige Ulrich in der bildenden Kunst, in: Ders. – Hilda Thummerer (Hrg.), Der Heilige Ulrich. Seine Darstellung und Verehrung im Bistum Augsburg vom 14. bis zum 19. Jahrhundert. Katalog zur Ausstellung im Ulrichssaal am Domkreuzgang vom 15. Juni bis 29. Juli 1973, Augsburg 1973, 9 f.

[12] Kosel, Jahrbuch des Vereins für Augsburger Bistumsgeschichte 8, 1974, 127.

[13] Adolf Reinle, Die Kunstdenkmäler des Kantons Luzern IV: Das Amt Sursee (= Die Kunstdenkmäler der Schweiz 35), Basel 1956, 351 f. (Abbildung).

sehr. / Weil er Kirchen vnd Closter thatt / zerstören, hielten strengen rath / Den z'tilgen auß durch ein kriegsmacht / vom lehen Reych, hochmuth vnd pracht.«

Der Legende nach soll Petrus damals Ulrich auf dem Lechfeld zwei Schwerter gezeigt haben mit den Worten: »Sage dem König Heinrich: Dieses Schwert, das keinen Knauf hat, bedeutet einen König, der ohne kirchliche Weihe das Königtum innehat; das andere mit dem Knauf aber bedeutet den König, der mit göttlicher Weihe die Zügel der Herrschaft hält«.[14]

Insgesamt betrachtet, nimmt unter den Szenen aus der Vita des Heiligen auf Altarbildern der Barockzeit die mit der Lechfeldschlacht in Zusammenhang stehende Thematik den weitaus größten Raum ein. Nicht auf den Altarblättern, sondern in anderen Bereichen der bildenden Kunst der Barockzeit tauchen zahlreiche weitere Themen aus dem Leben des Heiligen in mehr oder minder großen zyklischen Zusammenhängen auf. Einen solchen Ulrichszyklus möchte ich im folgenden Kapitel behandeln.

Der Ulrichszyklus von Schnabling bei Garching, Lkr. Altötting

In der Ulrichskapelle in Schnabling befindet sich ein Tafelbildzyklus mit Szenen aus dem Leben des heiligen Ulrich, entstanden um 1700. Unter jedem Bild steht ein zweizeiliger, kommentierender Text in deutscher Sprache.[15]

Ich möchte im folgenden einige dieser Darstellungen aufgrund ihrer ikonographischen Besonderheit etwas näher erklären, andere hingegen nur nennen.

Das erste Bild zeigt, wie Ulrich »noch in seiner zarten Jugend« – so der untenstehende Kommentar – ins Kloster St. Gallen kommt, wo er bekanntlich erzogen wurde. Zu sehen ist ein kleiner Bub, der vor den sitzenden Abt tritt. Begleitet wird Ulrich von einem Pilger – dieser soll dazu geraten haben, das Kind nach St. Gallen zu schicken. Hinter Ulrichs blondgelocktem Köpfchen ist der Heiligenschein als Scheibe zu sehen – ein Hinweis auf seine große Zukunft.

Im Mittelpunkt des Bildes der Inthronisation als Bischof von Augsburg (923) sitzt der jugendlich aussehende Ulrich. Er faltet seine Hände und senkt den Kopf. Die Bischöfe, die rechts und links von ihm stehen, halten die Mitra

---

[14] Vita Sancti Oudalrici Episcopi Augustani Auctore Gerhardo. Das Leben des heiligen Ulrich, Bischofs von Augsburg, verfaßt von Gerhard, in: Lebensbeschreibungen einiger Bischöfe des 10.–12. Jahrhunderts. Übersetzt von Hatto Kallfelz (= Ausgewählte Quellen zur deutschen Geschichte des Mittelalters. Freiherr vom Stein-Gedächtnisausgabe 22), Darmstadt 1973 (²1986), 62.

[15] Kosel, Die nachmittelalterlichen Darstellungen der Ungarnschlacht bis zum Ende der Türkenkriege, in: Bischof Ulrich von Augsburg und seine Verehrung 333f. – Die Bilder sind auf Holz gemalt und messen 72 × 53 cm.

über sein Haupt. Durch die stark symmetrische Anordnung der Dreiergruppe erinnert dieses Bild an Darstellungen der Marienkrönung.

Eine weitere Szene ist in ähnlicher Hinsicht von Interesse, die Versöhnung König Ottos I. mit seinem Sohn, dem Herzog Rudolf (Liudolf). Ulrich steht rechts im Meßgewand, begleitet von einem Meßdiener, neben dem Altar und erinnert in Aussehen und Haltung an Christusfiguren. Er schaut auf König Otto, der seinem Sohn gerade die Hand reicht, als Zeichen der Versöhnung. Der König blickt wiederum Ulrich an: Dieser hält in seiner Rechten die Hostie für ihn bereit. Somit wird die Versöhnung durch die Heilige Kommunion besiegelt.

An den Schluß dieses Kapitels stelle ich das Vater-Unser-Bild, das aus dem Zyklus etwas herausfällt. Einmal, da es einen weniger erzählerischen Charakter besitzt, vor allem aber, weil es sich als einziges Bild in diesem Zyklus direkt an den Betrachter wendet. Bischof Ulrich schaut aus dem Bild heraus. Er weist mit seiner Rechten auf das Spruchband mit den Worten »Vatter Unser«, das der neben ihm stehende Putto hält. Mit der erhobenen Linken deutet der Bischof währenddessen auf einen großen, am Himmel erscheinenden Ring: »Ein Vatter unser ist werdt eines gülden Ring, der umb die ganze welt und in den himel gieng.« Diese Darstellung soll den Kirchenbesucher zum Vater-Unser-Gebet auffordern – der Ring kann mit dem Glauben, der um die ganze Welt ging, gleichgesetzt werden, der Stein mit Christus, der ja häufig als der wahre Diamant bezeichnet wird.[16] Ulrich übernimmt so eine ganz unspezifische Rolle, die auch ein anderer Heiliger vertreten könnte, wäre das Bild nicht in einen Zyklus integriert.

Weitere Themen sind: Ulrich und der Kirchenräuber, der zur Strafe durch einen Pferdetritt zu Tode kommt; Ulrichs Fahrt nach Leipzig; das Fischwunder; die Erscheinung der heiligen Afra; die Ungarnschlacht; die Erweckung des Enthaupteten; die Ulrichsmesse; das Begräbnis. Dieser Bilderzyklus erinnert in seiner einfachen und schematischen Malweise an Bilder aus dem Bereich der Volkskunst, insbesondere an Votivtafeln.

Bischof Ulrich an Kirchendecken

Ein neues Bildfeld bietet in der Barockzeit das Deckenfresko. So wurden zahlreiche Kirchen im 18. Jahrhundert mit Ulrichsdarstellungen oder ganzen Ulrichszyklen ausgestattet.[17] Dabei handelt es sich häufig, aber nicht ausschließlich, um Kirchen mit Ulrichspatrozinien. Manchmal waren aber auch kultische Zusammenhänge für eine Ulrichsdarstellung ausschlaggebend. So

---

[16] Dorothea Forstner, Die Welt der christlichen Symbole, Innsbruck-München ³1977, 137.
[17] Jahrbuch des Vereins für Augsburger Bistumsgeschichte 8 (1974) Abbildungen 5–9, 15–17: Deckenfresken mit Darstellungen der Lechfeldschlacht aus den Kirchen von Unterpinswang, Seeg, Eresing, Hohenfels, Gundelsheim, Obertilliach, Warmisried und Seedorf.

zum Beispiel in der Heilig-Kreuz-Kapelle in Kreuzberg (Lkr. Schongau), wo das große Langhausfresko der Lechfeldschlacht mit Bischof Ulrich im Zentrum gewidmet ist. Hier kann wohl der traditionelle Ulrichsritt von Steingaden zur Kreuzbergkapelle als Grund für diese Themenwahl gesehen werden.

Hiermit sind wir beim Hauptthema von Ulrichsdarstellungen an Kirchendecken: Die schon seit dem Mittelalter häufig vorkommende Lechfeldschlacht stellt andere Szenen aus der Ulrichsvita resp. -legende, wie zum Beispiel das Fischwunder, durchaus in den Schatten. Die Schlacht kommt nicht nur sehr häufig vor, sondern nimmt oft auch die ganze Langhausdecke in Anspruch – so in Kreuzberg, Unterpinswang (BH. Reutte), Gundelsheim (Lkr. Weißenburg-Gunzenhausen), Burgberg (Lkr. Sonthofen), Eresing (Lkr. Landsberg am Lech), Rechtis (Lkr. Oberallgäu) – hauptsächlich also im Bistum Augsburg.

Das erste bislang bekannte Bild der Lechfeldschlacht an einer Kirchendecke findet sich allerdings nicht im Bistum Augsburg, sondern in der Filialkirche St. Andreas in Pfalzpaint, Pfarrei Gungolding, Bistum Eichstätt. Es entstand um 1707/10 und besitzt noch den Charakter der Altarblätter: Der heilige Ulrich thront auf Wolken, umgeben von Putten, die seine Attribute Fisch, Siegeskreuz und Buch halten. Ulrich deutet mit seiner Rechten auf die Kirche St. Ulrich und Afra, die der Architekturkulisse an der Horizontlinie angehört. Vor diesem Prospekt der Stadt Augsburg spielt sich die Schlacht auf dem Lechfeld ab. Am Ende des Reiterzuges ist der heilige Ulrich im Bischofsornat auf dem Schimmel reitend zu sehen.

Die großen Darstellungen der Lechfeldschlacht an Langhausdecken nehmen den heiligen Ulrich ganz in die untere, irdische Ebene auf – als Mitreiter in der Schlacht an zentraler Stelle und gleichzeitig als Empfänger des Siegeskreuzes. Somit fungiert er wiederum als Vermittler zur himmlischen Ebene, die meist aus Engeln besteht. Als Zwischenzone ist auf diesen Schlachtenbildern häufig die Silhouette der Stadt Augsburg zu sehen. Die Verbindung von Kreuzesübergabe und Lechfeldschlacht soll, wie Karl Kosel schon 1974 konstatierte, die geschichtliche Dimension der Ungarnschlacht aufheben und den heilsgeschichtlichen Aspekt, der in der Vermittlung zwischen himmlischer und irdischer Ebene seinen Ausdruck findet, in den Vordergrund stellen.[18]

Auf manchen Darstellungen hat Bischof Ulrich seine Hände erhoben, wie zum Gebet; auf anderen, beispielsweise in Eresing, ist er im Begriff, das Siegeskreuz gerade in Empfang zu nehmen. Auf allen Wiedergaben des Themas schaut er als Einziger zum Himmel und zeichnet sich somit als Auserwählter aus. Die ihn umgebenden Reiter richten ihre Blicke hingegen nie nach oben, sie bleiben ganz im irdischen Geschehen verhaftet. Der stets neben Bischof

---

[18] Kosel, Die Darstellungen der Ungarnschlacht im 18. Jahrhundert, in: Jahrbuch des Vereins für Augsburger Bistumsgeschichte 8 (1974) 136.

Ulrich reitende König Otto wendet sich in der Regel dem Bischof zu. Sie bilden zusammen ein Reiterpaar – vergleichbar Papst und Kaiser zu Pferd.[19] Dabei wird dem Bischof eine eindeutige Vorrangstellung eingeräumt. Er reitet auf der ehrenvolleren Seite, nämlich rechts und auf dem Schimmel, der mit Vollkommenheit, Reinheit und schließlich mit dem Sieg zu assoziieren ist. Ulrich wird stets im bischöflichen Ornat und ohne Waffen gezeigt und somit ebenfalls als Auserwählter ausgewiesen, der in seiner Heiligkeit unverwundbar ist. Die Bereiche Beten und Kämpfen werden so klar zugewiesen.
Interessant ist hier noch folgender Aspekt: Auf manchen Bildern der Lechfeldschlacht wird eine Beziehung zur Schlacht an der Milvischen Brücke, wo Kaiser Konstantin 312 den Gegenkaiser Maxentius besiegt hatte, hergestellt. So halten in Kreuzberg und in Eresing die Engel neben dem Siegeskreuz eine Schriftrolle, auf der die Worte »In hoc signo vinces« zu lesen sind – »in diesem Zeichen wirst du siegen«. So lautete die Verheißung an Kaiser Konstantin bei seiner nächtlichen Kreuzesvision. Die Lechfeldschlacht steht damit in einer Reihe mit der ersten im Zeichen des Kreuzes siegreichen Schlacht.
Andererseits findet aber auch eine Aktualisierung der Lechfeldschlacht auf vielen Bildern an Kirchendecken statt: Die Ungarn werden mit ihren Turbanen und Krummschwertern als Türken wiedergegeben.
Ein weiteres großes Thema der Deckenmalerei des 18. Jahrhunderts, die sich mit Ulrichszyklen befaßt, ist die Kommunion vor der Lechfeldschlacht. Sie tritt teils als eigenständiges Thema neben dem Bild der Schlacht auf – wie in Unterpinswang (BH. Reutte), Gundelsheim (Lkr. Donauwörth) und Burgberg (Lkr. Sonthofen), teils aber auch als Hauptbild mit der Lechfeldschlacht im Hintergrund – so auf dem Ulrichsberg (Lkr. Deggendorf), Warmisried (Lkr. Mindelheim) und Graben (Lkr. Schwabmünchen). In der Wallfahrtskirche zur Schmerzhaften Muttergottes in Vilgertshofen (Lkr. Landsberg am Lech) kommt die Ulrichsmesse ohne Zusammenhang mit der Schlacht vor.
Andere, seltener auftauchende Ulrichsthemen an Kirchendecken sind »Lamm Gottes über dem heiligen Ulrich«, »Ulrich feiert das Meßopfer«, »Ulrich erweckt einen Toten«.

Der heilige Ulrich im Allerheiligenhimmel

Ulrichsdarstellungen an Kirchendecken beschränken sich jedoch nicht allein auf Bilder, die ausschließlich ihm gewidmet sind. Der Augsburger Bistumspatron nimmt auch eine vorrangige Stellung im Allerheiligen- bzw. Benediktinerhimmel ein. So in Andechs, Münsterschwarzach, Rott am Inn, Ettal, Ottobeuren und Neresheim – um nur einige Beispiele zu nennen.
Als Anführer einer Gruppe von Bischöfen ist Ulrich in Ettal an exponierter Stelle plaziert: Vor dem Freisinger Bistumspatron Korbinian kniet Bischof Ulrich auf Wolken, breitet seine Arme aus und folgt mit dem Blick seiner

erhobenen Linken, die auf eine weitere Gruppe von Bischöfen weist. In der Rechten hält er ein Band, an dem das Siegeskreuz hängt. Vor ihm liegen der Bischofsstab und das aufgeschlagene Buch, darauf der Fisch.[20] Als eine Hauptfigur fungiert Ulrich von Augsburg im Allerheiligenhimmel der Abteikirche St. Ulrich und Afra in Neresheim (Härtsfeld). Unverdeckt von anderen Heiligen, wiederum mit weit ausgebreiteten Armen, bildet er zur Rechten des Ordensgründers Benedikt das Pendant zur heiligen Afra. Neresheim gehörte bis zum Beginn des 19. Jahrhunderts zur Diözese Augsburg.

Alle diese Darstellungen des Allerheiligenhimmels zeigen Ulrich als Greis mit weißem Haar und wallendem Bart – dadurch sollte wohl seine Ehrwürdigkeit in den Vordergrund gestellt werden.

Plastische Darstellungen des heiligen Ulrich

Skulpturen zeigen Bischof Ulrich in verschiedenen Zusammenhängen. Meist handelt es sich um Standfiguren, die zu einem Altar gehören. Darüber hinaus ist Ulrich auch als Wandfigur oder als Wandbüste zu finden.

Szenische Darstellungen, die sich auf den Heiligen beziehen, wie am Ulrichsaltar von 1607 in St. Ulrich und Afra in Augsburg, sind hingegen nicht verbreitet.[21] Das hat wohl damit zu tun, daß Barockaltäre in der Regel eine Kombination von Plastik und Malerei aufweisen.

Auch als Fassadenfigur trifft man Ulrich nicht gerade häufig an. Da für eine mit Skulpturen versehene aufwendigere Fassadengestaltung in der Hauptsache Klosterkirchen oder bedeutende Wallfahrtsstätten in Frage kommen, wird der Kreis somit sehr eng gezogen. Ein frühes Beispiel ist die Sandsteinfigur an der Ostfassade der ehemaligen Zisterzienserkirche St. Urban (Amt Willisau, Kanton Luzern). Sie bekrönte wohl ursprünglich den Fassadengiebel der Ulrichskapelle, die 1711 dem Neubau der Klosterkirche weichen mußte. Adolf Reinle hat diese polychrome Figur auf 1690 datiert.[22]

Eine weitere Steinfigur des heiligen Ulrich befindet sich an der Fassade der Benediktinerklosterkirche St. Ulrich und Afra in Neresheim, zusammen mit ihrem Pendant, der heiligen Afra.

Da es sich bei diesen Beispielen jedoch eher um Besonderheiten handelt, wird

---

[19] Jörg Traeger, Der reitende Papst. Ein Beitrag zur Ikonographie des Papsttums (= Münchener Kunsthistorische Abhandlungen 1), München-Zürich 1970, 59–62.
[20] Hermann Bauer–Bernhard Rupprecht (Hrsg.), Corpus der barocken Deckenmalerei in Deutschland II: Freistaat Bayern. Regierungsbezirk Oberbayern. Die Landkreise Bad Tölz-Wolfratshausen, Garmisch-Partenkirchen, Miesbach, München 1981, 304.
[21] Lieb, Der Heilige Ulrich in der Kunst 15.
[22] Adolf Reinle, Die Kunstdenkmäler des Kantons Luzern V: Das Amt Willisau (= Die Kunstdenkmäler der Schweiz 42), Basel 1959, 311–339. – Das Ziel der Ulrichswallfahrt war eine mittelalterliche Ulrichskasel, die in ein barockes Meßgewand eingenäht war. – Siehe den Beitrag von Hans Wicki. In diesem Band.

im folgenden schwerpunktmäßig von Holz- bzw. Stuckfiguren, die ihren Platz im Kircheninnern haben, die Rede sein. Dabei sind diese plastischen Darstellungen durchaus nicht nur auf Kirchen mit Ulrichspatrozinien beschränkt, häufig tritt eine Ulrichsfigur in einer Kirche des Bistums Augsburg neben den jeweiligen Kirchenpatron. Er fungiert also doppelt: als Kirchen- und Bistumspatron. Aber wie die Gemälde, so finden sich auch die Skulpturen mit Ulrichsthemen aufgrund der weitverbreiteten Verehrung des Heiligen weit über die Grenzen der Diözese Augsburg hinaus. Außerdem ist ebenfalls eine Vielfalt der Ausprägungen zu beobachten. Verständerlicherweise stößt jedoch im ikonographischen Bereich die Variationsbreite der vollplastischen Ulrichsdarstellung wesentlich schneller an ihre Grenzen als in der Malerei.

So liegen die Hauptunterschiede in der künstlerischen Ausgestaltung. Hierbei spielen wiederum die sehr unterschiedlichen Auftraggeber eine Rolle: Diese waren einmal bedeutende Stifte und Klöster, die berühmte Künstler beauftragten – so St. Stephan in Augsburg 1757/59 Placidus Verhelst, Kloster Ettal 1757/62 Johann Baptist Straub, oder Ottobeuren um 1763 Joseph Christian – und auf der anderen Seite kleine Dorfkirchen, für die eher handwerkliche Figuren von oft unbekannten Bildhauern hergestellt wurden.

So variieren die Skulpturen vor allem bezüglich ihrer Proportionen, Körperhaltungen und Standmotive, der Gewandbehandlung und des Faltenwurfes, der Mimik und der Wahl des Gesichtstypus sowie der Verteilung der Attribute.

Bei der Ulrichsfigur aus der Pfarrkirche St. Ulrich in Ellgau (Lkr. Donauwörth), aus der ersten Hälfte des 17. Jahrhunderts, handelt es sich nicht nur um ein sehr frühes Beispiel – typisch dafür ist seine ruhige Ausstrahlung –, sondern auch um eine künstlerisch sehr einfache Arbeit. Die Figur wirkt unproportioniert, der Körper ist gedrungen, die Hände sind übergroß. Ebenfalls unverhältnismäßig groß ist der Bischofsstab. Auch die wenig differenzierte Gewandbehandlung, die nahezu parallele Beinstellung, die nur ganz leichte Kopfneigung ohne jeglichen Ansatz einer Drehung sowie der unbewegte Gesichtsausdruck lassen die Plastik fast bäuerlich oder volkstümlich erscheinen.

Daß die Figur Handschuhe trägt, ist durchaus nicht außergewöhnlich – wenn uns auch dieser Bestandteil des bischöflichen Ornats von den malerischen Ulrichsdarstellungen her weniger bekannt vorkommt; in der Plastik, wo der Heilige nicht als Handelnder gezeigt wird, liegt der Fall anders.[23]

Der Ellgauer Skulptur verwandt ist die kleine Ulrichsstatuette aus der Leon-

---

[23] Kosel, Die nachmittelalterlichen Darstellungen der Ungarnschlacht bis zum Ende der Türkenkriege, in: Bischof Ulrich von Augsburg und seine Verehrung 315, 319–321 sowie Abbildung 17: Das Altarblatt von Burgberg (früher in St. Stephan in Augsburg) zeigt den betenden Ulrich mit Handschuhen, ebenso das Altargemälde aus St. Ulrich in Tiefenthal bei Regensburg, wo Ulrich als Standfigur dargestellt wird.

HL. ULRICH
bitt für uns

S. Ulrich noch in seiner Zarten Jugent in
S. Gallen Closter beÿ ansehen wardt

Ein Gattes vnheil werdt eines gülden Rin-
gs vmb die ganze welt vnd in himel gieng

Ao 923 wirdt S. Ulrich seines alters im
Jahr Bischoff zu Augsburg

S. Ulrich Versöhnet den Kaÿser Otto n[?]
seinen Sohn herzogen Rüedolph[?]

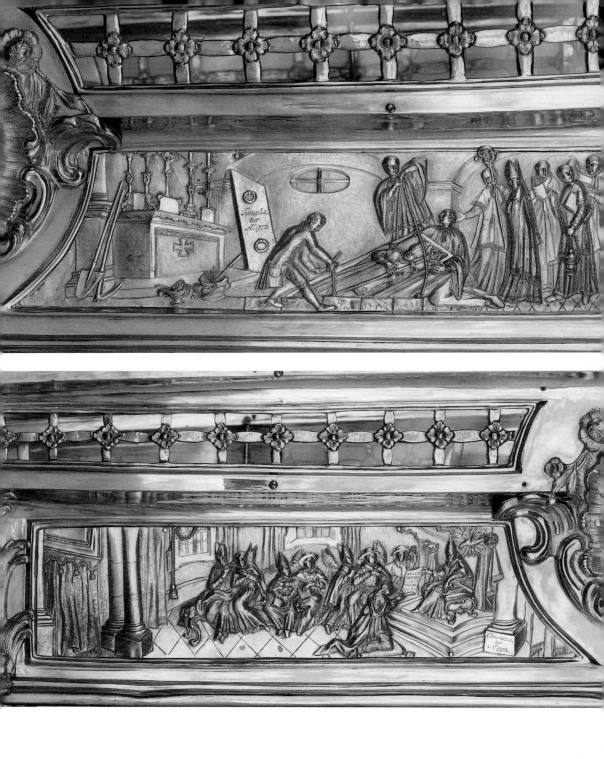

123a   Beisetzung des hl. Ulrich
123b   Heiligsprechung des hl. Ulrich
124   Deckplatte des Schreins

118
Eresing, Landkreis Landsberg (Lech), Pfarrkirche St. Ulrich. Hochaltarblatt von Johann Georg Melchior Schmidtner, 1687: Fürbitte des hl. Ulrich

119
Ruswil, Kanton Luzern, Kapelle St. Ulrich. Hochaltarblatt, 1664: Bischof Ulrich wird von St. Afra zu dem legendären Konzil auf das Lechfeld geführt. Im Hintergrund Augsburg mit dem Ulrichsmünster

120
Schnabling, Pfarrei Engelsberg, Landkreis Altötting, Kapelle St. Ulrich. Szenen aus dem Leben des hl. Ulrich. Tafelbilder, um 1700

121
Verehrung des hl. Ulrich als Helfer der Notleidenden. Entwurf für ein Gemälde, spätes 18. Jahrhundert. Augsburg, Pfarrei St. Ulrich und Afra

122
Ottobeuren, Benediktinerabteikirche St. Alexander und St. Theodor. Hochaltar von Joseph Christian, um 1763: St. Ulrich, Detail

123–124
Augsburg, ehemalige Benediktinerabteikirche St. Ulrich und Afra. Reliquienschrein des hl. Ulrich. Kupfer, vergoldet. Entwurf: Placidus Verhelst; Ausführung: Johann Karl Zeckel, 1763–1765

125
Eresing, Landkreis Landsberg (Lech), Pfarrkirche St. Ulrich. Bischof Ulrich empfängt in der Schlacht auf dem Lechfeld das Siegeskreuz. Deckenfresko von Franz Martin Kuen aus Weißenhorn, 1757, Detail

hardskapelle der Stadtpfarrkirche St. Martin in Gundelfingen[24] (drittes Viertel des 17. Jahrhunderts).
Auch sie wirkt gedrungen und zeigt den Bischof in mittleren Jahren mit dunklen, halblangen Haaren und Vollbart, den Bischofsstab in der Rechten, die Attribute Fisch und Buch in der Linken. Allerdings macht die Figur keinen so steifen Eindruck: Während der heilige Ulrich aus Ellgau nur eine geringe Neigung nach links besitzt, beschreibt die Gundelfinger Plastik einen leichten Bogen – einmal durch das Kontrapoststandmotiv und zum andern durch den stärker geneigten Kopf bedingt. Außerdem ist der Faltenwurf kleinteiliger ausgestaltet. Hinzu kommt, daß auch die Hände und der Bischofsstab nicht so unverhältnismäßig groß sind.
Gemein hat die Figur mit der Ellgauer noch die Handschuhe. Ihre proportionale Überbetonung des Oberkörpers weist auf einen erhöhten Anbringungsort hin, als Wandfigur auf einem Sockel.
Als Beispiel für eine große Hochaltarstandfigur in einer Klosterkirche des Bistums Augsburg, wo Ulrich als Bistumspatron fungiert, möchte ich die oben schon erwähnte Plastik von Ottobeuren herausstellen. Das Hochaltarblatt von Johann Jakob Zeiller zeigt den Erlösungsratschluß im Schoße der Dreifaltigkeit »durch das Blut Christi erkauft« und bezieht sich auf das Erlösungsprogramm des Kuppelbildzyklus. Flankiert wird das Gemälde von den Apostelfürsten Petrus (links) und Paulus (rechts). Neben Petrus ist Ulrich plaziert. Bischof Ulrich wendet sich nach links, also Petrus und somit dem Geschehen auf dem Hochaltarbild zu. Eine leichte Neigung seines Körpers unterstreicht diese Ausrichtung. Im linken, angewinkelten Arm hält er das Buch, auf dem der Fisch liegt, in der Rechten den Bischofsstab.
Das Pendant zu Ulrich von Augsburg bildet der Konstanzer Bistumspatron Bischof Konrad. Bekanntlich war er ein guter Freund von Ulrich. Darüber hinaus wurden allgemein gerne die Patrone benachbarter Bistümer zusammen dargestellt – damit sollte ihr gutes Einvernehmen demonstriert werden.[25]
Auch am Hochaltar der Pfarr- und Wallfahrtskirche zum Hl. Kreuz in Bergen (Lkr. Neuburg an der Donau) findet eine solche Gegenüberstellung statt. Das Pendant zu Ulrich bildet hier der heilige Willibald, der Patron der Diözese Eichstätt. Der Dillinger Bildhauer Johann Michael Fischer schuf für den Hochaltar zwei einander sehr verwandte Statuen: Beide Patrone sind bartlos wiedergegeben, nehmen eine ähnliche Haltung ein und lassen ihre Bischofsstäbe neben sich lehnen.
Der bartlose Bischof entspricht übrigens der historischen Richtigkeit – zu

---

[24] Die Figur ist zusammen mit ihrem Gegenstück, der heiligen Afra, die ebenfalls 60 cm mißt und neu gefaßt ist, abgebildet bei: Werner Meyer, Der Landkreis Dillingen an der Donau (= Die Kunstdenkmäler von Bayern. Regierungsbezirk Schwaben VII), München 1972, 313 Abbildung 278.

[25] Lieb, Der Heilige Ulrich in der Kunst 7.

Ulrichs Lebzeiten galt die Bartlosigkeit als Vorrecht der Geistlichen. Im 11. Jahrhundert befolgten dann auch die Geistlichen die Mode, und so hält sich der Typus des bärtigen Bischofs bis zur Mitte des 15. Jahrhunderts. Die meisten barocken Darstellungen von Bischöfen, die im Mittelalter lebten, richten sich nach dieser Vorgabe. Bartlose Bildnisse gehen wohl jedoch weniger auf das Anliegen einer geschichtsgetreuen Wiedergabe zurück als auf eine Bezugnahme zur aktuellen Mode: Im 18. Jahrhundert trugen Bischöfe und Herrscher üblicherweise keine Bärte.[26]

Was die Körperhaltung des Heiligen betrifft, so kann man feststellen, daß bei den Ulrichsfiguren des 18. Jahrhunderts – der allgemeinen Stilentwicklung entsprechend – Kontrapostmotive und starke Körperdehnungen das Aussehen prägen. Im letzten Viertel des Jahrhunderts gehen allerdings die Ausgestaltungen in ganz unterschiedliche Richtungen. So hat der heilige Ulrich vom Hochaltar der Spitalkirche in Bärenweiler/Kißlegg, um 1780 entstanden, wiederum nur eine leichte Körperneigung nach rechts, jedoch überhaupt keine Drehung. Ein Eindruck von Bewegung entsteht hier hauptsächlich durch das großlinig angelegte, stark zerklüftete und ausladende Gewand.[27] Auch bei dieser Figur ist eine Besonderheit zu beachten – ein Reif, d. h. ein Nimbus, hinterfängt den Kopf des Bischofs.

Im Unterschied zu dieser statisch wirkenden Figur kennzeichnet die ungefähr gleichzeitig von Johann Richard Eberhard für den südlichen Seitenaltar der Pfarrkirche St. Blasius in Vorderburg (Lkr. Sonthofen) geschaffene polychrome Holzfigur eine außergewöhnliche Leichtigkeit. Der stark ausgeprägte Kontrapost mit dem weit vorgestellten rechten Spielbein, die leichte Körperdrehung, das schräg angeordnete, in der linken Hand ruhende und gleichzeitig an die Taille gestützte Buch, der darauf geschwungen liegende Fisch und der nur ganz locker mit der Rechten umfaßte Bischofsstab vermitteln diesen Eindruck.

Bei der Wahl der Gesichtstypen lassen sich bei den plastischen Ulrichsdarstellungen mehr Varianten ausmachen als in der Malerei der Barockzeit. Gesichter aller Altersklassen vom Jugendlichen bis zum Greis sind vertreten. Als junger Mann ist Ulrich sowohl mit als auch ohne Bart zu finden, ebenso wechseln kurze und lange Haartracht einander ab. Der greise Bischof trägt in der Regel einen wallenden Bart.

Abschließend möchte ich noch auf die Gemeinsamkeiten der Ulrichsstatuen hinweisen: Alle tragen den Bischofsornat und den Bischofsstab. Als Attribute treten in der Regel der Fisch und das Buch auf, wobei in ganz seltenen Fällen – wie zum Beispiel bei der Wandbüste aus der Pfarrkirche St. Georg in Augsburg-Haunstetten – das Buch auch einmal fehlen kann.

[26] Zum Bart bei Bischöfen, Päpsten und Herrschern vgl. J. Träger, Raffaels Stanza d'Eliodoro und ihr Bildprogramm, in: Römisches Jahrbuch für Kunstgeschichte 13, Tübingen 1971, 36, Anm. 16. Mark J. Zucker, Raphael and the Beard of Pope Julius II, in: Art Bulletin 59, New York 1977, 524–533. »Bart«, in: Reallexikon zur deutschen Kunstgeschichte I, Stuttgart 1937, 1471.

Der Reliquienschrein des heiligen Ulrich

Bei dem Reliquienschrein des heiligen Ulrich (in der Basilika St. Ulrich und Afra zu Augsburg) handelt es sich um eine 1763–65 von dem Goldschmied Johann Karl Zeckel ausgeführte vergoldete Kupferarbeit, nach Entwürfen des Bildhauers Placidus Verhelst.[28]

Aufbewahrt ist dieser Schrein, der die Gebeine des heiligen Ulrich birgt, in der Ulrichstumba. In der Ulrichswoche (vom 4.–11. Juli) wird er feierlich zur Schau gestellt.

Der an allen Schauseiten verzierte Schrein besitzt die Form einer Tumba. Auf der Deckplatte ist der liegende Bischof Ulrich dargestellt. Das Relief wirkt mit seinem strengen Aufbau etwas befremdlich für ein Werk der Barockzeit. Die damals neu wiederaufgefundene Schreinplatte von 1187, die in die Innenseite des oberen Teils des neuen Behälters zum »unzweifelbaren Zeugnis für die heiligen Reliquien« aufgenommen wurde, hat wohl diese Konzeption beeinflußt, um der Wahrung der Kontinuität willen.[29] Keineswegs kann sie jedoch als Vorbild im engeren Sinne betrachtet werden. Dafür sind nicht nur eine Reihe von Details zu verschieden – wie das fehlende Buch oder der auf der anderen Seite angebrachte Bischofsstab –, sondern auch der Darstellungsmodus: Die Gravierung der Deckplatte von 1187 steht in der Tradition der Sarkophage, die den verstorbenen Herrscher als Lebenden zeigen. Auf der barocken Schreinplatte jedoch wird der Tote als Ruhender, liegend, mit geschlossenen Augen wiedergegeben.[30]

Die vier Reliefs an den Langseiten zeigen Darstellungen, die vorwiegend mit der Geschichte des Ulrichsgrabes zu tun haben.

Die Szene der Beisetzung des heiligen Ulrich durch Bischof Wolfgang von Regensburg 973 macht durch die große, glatte Mittelfläche hinter dem Sarg des Bischofs (diese Fläche entspricht dem Mitteljoch der Krypta) einen sehr nüchternen Eindruck. Norbert Lieb hat schon auf die stilisierte Komposition dieses Reliefs hingewiesen. In der Tat existiert eine strenge Dreiteilung: Die Gruppe der Bischöfe und Geistlichen, die Bischof Wolfgang folgen, rechts;

---

[27] Klaus Schwager, Bildhauerwerkstätten des achtzehnten Jahrhunderts im schwäbischen Voralpengebiet, Teil II: Die Werkstätten von Felizian, Johann Wilhelm, Johann Michael und Konrad Hegenauer (= Tübinger Forschungen zur Kunstgeschichte 14), Tübingen 1963, 50, Abbildungen 97–98.

[28] Vergleiche hierzu: Dagmar Dietrich, Aegid Verhelst 1696–1749. Ein flämischer Bildhauer in Süddeutschland, Weißenhorn 1986, 202f.

[29] Zur Deckenplatte des Sarges von 1187 siehe: Suevia Sacra. Frühe Kunst in Schwaben. Katalog der Ausstellung im Rathaus vom 30. Juni bis 16. September 1973, Augsburg 1973, 150f., Abbildung 122.

[30] Zur »representacion au vif« und »representacion de la mort« vgl. Erwin Panofsky, Grabplastik. Vier Vorlesungen über ihren Bedeutungswandel von Alt-Ägypten bis Bernini. Herausgegeben von Horst W. Janson. Deutsche Übersetzung von Liselotte Möller, Köln 1964, 71–81.

der offene Sarkophag, der gerade in die Tiefe hinabgelassen wird, in der Mitte; und schließlich links der Altar, an dem eine Schaufel und eine Hacke lehnen. Die Gewandbehandlung zeichnet sich durch ihren schlichten, spröden Charakter aus.

Ebenfalls in drei Sinnabschnitte eingeteilt, jedoch mit fließenden Übergängen, ist das Relief, das die Heiligsprechung Bischof Ulrichs zum Thema hat: Rechts kniet der Postulator vor dem Papst und nimmt das Dekret in Empfang. Der neben dem Haupt des Papstes schwebende Heilige Geist versinnbildlicht, daß die Kanonisation im Auftrag Gottes erfolgt. In der Mitte sitzen die Kardinäle und Bischöfe in sehr bewegter Anordnung. Ihre Gesten drücken Erstaunen, Ehrerbietung und Andacht aus. Der linke Bildabschnitt zeigt eine Säulenarchitektur und den von einem Vorhang verhangenen Eingang. Räumlichkeit und Bewegung prägen dieses Relief.

Wieder steifer und kühler wirkt die Darstellung der Überführung der Gebeine des heiligen Ulrich durch Friedrich Barbarossa 1187. Der Kaiser trägt zusammen mit drei Bischöfen den schmucklosen Kupfersarkophag. Auch hier wurde mittels stilistischer Ausgestaltung – wie zum Beispiel durch die sehr schlicht fallenden Bischofsgewändern – auf die weit zurückliegende Zeitepoche verwiesen. Der Vergleich mit dem Relief der Neuübertragung der Gebeine 1762 macht dies um so deutlicher: Hier sind die Figuren räumlich angeordnet, besitzen mehr Körpervolumen sowie locker und fließend fallende Gewänder. So zeigt dieser Reliquienschrein nicht nur sehr selten dargestellte historische Ereignisse, die für die Ulrichsverehrung von großer Bedeutung sind, sondern bezieht diese in ganz unterschiedlichen Epochen spielenden Szenen mit jeweils verschiedenen Stilmitteln in ihren geschichtlichen Rahmen mit ein.

Die Darstellung des heiligen Ulrich im Programm von Monstranzen

Barocke Monstranzen, vornehmlich im Bistum Augsburg, zeigen häufig die Figur des heiligen Bischofs Ulrich von Augsburg. Dabei ist er oft in dieselben programmatischen Zusammenhänge eingebunden wie im Falle der Hochaltäre. Zunächst einmal meist an zentraler Stelle, häufig in der Nähe der Dreifaltigkeit. Sein Pendant bildet teils die heilige Afra, teils der entsprechende Kirchenpatron.

So zeigt die Monstranz aus der Pfarrkirche St. Martin in Stiefenhofen, Lkr. Sonthofen, am Strahlenkranz oben Gottvater und den Heiligen Geist, an der Seite links den heiligen Ulrich kniend, rechts den Kirchenpatron Martin.

Mit diesem Motiv des knienden, betenden Bischofs tritt im Unterschied zur Altarplastik, wo ja Standfiguren das Feld beherrschen, noch ein zusätzlicher, stärker szenisch geprägter Figurentypus in Erscheinung.

Darstellungen in der graphischen Kunst

Die graphischen Darstellungen, die in der Barockzeit Ulrichsthemen gewidmet sind, setzen sich hauptsächlich aus folgenden Bereichen zusammen: aus der Illustration historischer Werke, der Bebilderung von Erbauungsliteratur und Festschriften sowie aus Andachtsbildern.

Wenden wir uns zunächst einem Beispiel aus der profanen Graphik zu. Eine der bekanntesten Ulrichsdarstellungen auf diesem Gebiet ist die Ungarnschlacht in der Stadtgeschichte von Augsburg von 1743, einem Werk des Protestanten Paul von Stetten d. Ä. Der Stich stammt von Jakob Andreas Friedrich d. Ä.; er zeigt Bischof Ulrich – wie er uns von zahlreichen Wiedergaben des Themas in der religiösen Kunst bekannt ist – als Mitreitenden in der Schlacht. In seiner erhobenen Rechten hält er das Siegeskreuz. Allerdings hat Friedrich König Otto I. genau in die Bildmitte als zentrale Figur hineinkomponiert. Ulrich reitet außerdem zur Linken Ottos I., also nicht auf der ehrenvolleren Seite. So wird das legendäre Motiv des in der Schlacht präsenten Bischofs, der durch den Empfang des Siegeskreuzes den Sieg vermittelt, in diese Historienillustration eingebracht – jedoch mit einer anderen Gewichtung als in der Kirchenkunst.[31]

Die zentrale Stellung, die hier der weltlichen Macht zugewiesen wird, betont außerdem die Bildunterschrift: »Kayser Otto schlagt die Hunnen bey Augspurg« – Bischof Ulrich findet hier keine Erwähnung, verständlich, da es sich ja um das Werk eines protestantischen Geschichtsschreibers handelt.

Daß der Bischof dennoch eine nicht ganz unbedeutende Rolle auf diesem Stich spielt, läßt sich wohl eher vom Künstler als vom Auftraggeber her erklären: Friedrich hat einen ähnlichen Stich schon 1707 geschaffen, allerdings in einem völlig anderen Zusammenhang. Auf seinem Titelkupfer für das Schauspiel der Studenten von St. Salvator »Miles in toga sive S. Udalricus Episcopus Augustanus urbis et orbis patrii olim servator. Das ist: Der heilige Udalricus Augspurger Bischoff diser Stadt und gantzen Vatter-Lands Erretter«.[32] Bischof Ulrich und König Otto I. sind auf diesem Stich als Reiterpaar viel enger zusammengerückt. Zwar reitet auch hier der König auf der ehrenvolleren Seite, doch das Erscheinen des Engels mit dem Siegeskreuz stellt die Rolle des Bischofs in den Mittelpunkt der Handlung.[33] Ulrich schaut und deutet auf das Siegeskreuz – Otto hingegen blickt auf den Bischof.

[31] Diese Illustration *Jakob Andreas Friedrichs* findet sich bei Paul von Stetten d. Ä., Geschichte der Heil. Röm. Reichs Freyen Stadt Augsburg, Frankfurt und Leipzig 1743, und die folgenden Illustrationen finden sich in: Bischof Ulrich von Augsburg und seine Verehrung (Abbildungen 18–23).

[32] Die Einführung in den Inhalt des Stückes stellt einen aktuellen Bezug her. Es heißt dort: »Bey disen allgemeinen Kriegsempörungen soll uns erlaubt seyn / auch einen Soldaten auf die Bein und Bühn zu bringen / nit gewaffnet mit Dolch und Degen / sonder mit Priesterlichen Stolen umbgeben.« – Siehe auch den Beitrag von Fidel Rädle. In diesem Band.

[33] Vgl. Anm. 19.

Über der gerahmten Darstellung sind die Worte der konstantinischen Kreuzesvision »in hoc signo vinces« – »in diesem Zeichen wirst du siegen« – zu lesen. Unter dem Bild findet sich ein Hinweis auf dessen Affinität zum Ulrichskreuz: »Origo SS: Crucis Udalricianae« – »Der Ursprung des allerheiligsten Ulrichskreuzes«.

Diese beiden ersten Beispiele haben gezeigt, wie zwei sehr ähnliche Bilder durch entsprechende Unterscheidungen in ganz verschiedene Gattungen eingefügt werden können. Außerdem ist an dieser Stelle festzuhalten, daß auch in der Graphik der Barockzeit das Thema der Lechfeldschlacht verhältnismäßig häufig vorkommt.[34]

Die der Basilika St. Ulrich und Afra gewidmeten Festschriften zeigen nicht nur Szenen aus dem Leben bzw. der Legende des Heiligen, sondern weisen auch mit verschiedenen Darstellungen auf die mit ihm in Verbindung stehenden verehrungswürdigen Gegenstände – wie zum Beispiel das Ulrichskreuz, den Kelch, die Stola oder die Dalmatica hin.

In Bernhard Hertfelders Werk »Basilica SS. Udalrici et Afrae« von 1627, dessen Stiche von Matthias Kager entworfen und von Wolfgang Kilian gestochen wurden, bildet die Lechfeldschlacht die einzige szenische Darstellung.[35]

Romanus Kistlers »Basilica« von 1712 zeigt weitgehend dieselben Abbildungen, doch darüber hinaus noch Szenen aus dem Leben der drei Bistumsheiligen Afra, Simpert und Ulrich. Im zweiten Teil des Werkes finden sich folgende Ulrichsdarstellungen: Ulrich wird zum Abt von St. Gallen gebracht; das Fischwunder; die Kommunion vor der Schlacht; die Beisetzung des heiligen Ulrich.

Der Stich mit dem Thema »Kommunion vor der Lechfeldschlacht« wurde Vorbild für Deckenbilder verschiedener Regionen: Für das Langhausdeckenbild von Joseph Wilhelm Seidl in der Wallfahrtskirche St. Ulrich auf dem Ulrichsberg bei Deggendorf (1753/54)[36] und für Johann Baptist Enderles Chordeckenbild in der Pfarrkirche St. Ulrich und Afra in Graben (Lkr. Schwabmünchen) von 1789.

Im 3. Teil von Romanus Kistlers »Basilica« taucht dann die Lechfeldschlacht, die ja nicht unter den Ulrichsdarstellungen des zweiten Teils zu finden war, in einer aus jedem zyklischen Zusammenhang herausgelösten Form auf: Daniel Manassers Kupferstich von 1624 zeigt über dem Prospekt der Stadt Augsburg das Innehalten in der Schlacht, während der Engel dem Bischof mit dem Siegeskreuz erscheint. Nur der Text der beinahe hundert Jahre alten Darstellung wurde verändert.[37]

---

[34] Vgl. Anm. 31.
[35] Darüber hinaus finden sich hier Ansichten der Basilika und des Klosters sowie der Hoch- und Nebenaltäre.
[36] Ernst Guldan, Wolfgang Andreas Heindl, Wien–München 1970, 162. Dort wird darauf hingewiesen, daß Hans Greindl 1963 bei der Renovierung die Signatur »W. Seidl pinxit 1754« entdeckte. Im Inventar steht also fälschlicherweise »W. Haindl«.

Eine ganz besondere Stellung innerhalb der Druckgraphik nimmt der Stich von Aegidius Verhelst ein, der die von seinem Bruder Placidus Verhelst entworfene und ausgestaltete Grabkapelle mit dem Sarkophag des heiligen Ulrich zeigt. Ein paar kleine Abweichungen sind hier allerdings festzustellen – so die Anordnung des Bischofsstabes, die Handhaltung und die Gewandgestaltung. Das Blatt erschien anläßlich der Einweihung der Kapelle und der Überführung der Gebeine am 13. Mai 1762.[38]

Während die illustrative Graphik häufig äußerst vielfigurige Szenen aus dem Leben des heiligen Ulrich zeigt, konzentrieren sich viele Andachtsbilder ganz auf den Heiligen und seine Attribute. Ich möchte hier einige Darstellungen anführen, die verschiedene Motive einerseits und unterschiedliche Ausführungen andererseits repräsentieren.

Bei meinem ersten Beispiel handelt es sich um eine kleine, hochovale, aquarellierte Federzeichnung aus dem 17. Jahrhundert. Sie stammt aus der Sammlung Hofrat Röhrer und befindet sich heute in der Graphischen Sammlung der Städtischen Kunstsammlungen Augsburg.[39] Bischof Ulrich hält auf dieser Darstellung die Linke vor seine Brust – der Schmuckstein auf seinem Handrücken macht deutlich, daß er Handschuhe trägt. Vor ihm liegen die Attribute Fisch und Buch. Zu dem Bildchen existiert auch ein Pendant, das die heilige Afra zeigt.

Ebenfalls aus dem 17. Jahrhundert stammt die lavierte Federzeichnung von Caspar Strauss. Sie zeigt nicht den heiligen Ulrich, ist jedoch eindeutig ihm gewidmet: Ein Engel mit dem Fisch, dem Hauptattribut des Heiligen, tritt stellvertretend auf.

Der von Christian Vogt entworfene und von Johann Michael Motz gestochene Kupferstich aus dem 18. Jahrhundert gehört in eine Serie von Heiligenbildchen.[40] Bischof Ulrich kniet auf Wolken, umgeben von Putten. Er breitet seine Arme aus und schaut auf zu dem von einer Gloriole umgebenen Siegeskreuz. Dieses Kreuz, das er der Legende nach während der Schlacht auf dem Lechfeld empfangen haben soll, schwebt nun als verehrungswürdiger Gegenstand über dem Heiligen, der hier in keine szenische Darstellung eingebunden ist.

Diese Beispiele zeigen, daß auch bei den kleinen Andachtsbildern und dazu noch in einem eingeschränkten Motivbereich eine breite Fächerung der Darstellungsarten besteht.

---

[37] In der Inschrift des Blattes von 1624 wird darauf hingewiesen, daß es für Abt Johannes Merk von St. Ulrich und Afra in Augsburg entstand.

[38] Ein Exemplar davon befindet sich in der Graphischen Sammlung der Städtischen Kunstsammlungen Augsburg (Inventarnummer G 1097–49).

[39] Inventarnummer G 13347, 100 × 79 mm; wohl nicht von Johann Rieger (Biedermann, Anmerkung auf der Inventarkarte). – Bei Adolf Feulner (Die Sammlung Hofrat Röhrer, Augsburg 1926, 78) wird der Heilige fälschlicherweise noch als »Heiliger Benno« geführt.

[40] Graphische Sammlung der Städtischen Kunstsammlungen Augsburg (Inventarnummer G 11450), 140 × 85 mm. Provenienz: Max Hofmann.

Schlußbetrachtung

In der Einleitung zu diesem Aufsatz schickte ich voraus, daß Ulrichsdarstellungen in der Barockzeit zahlreich und vielgestaltig sind. Die Untersuchung von Beispielen aus verschiedenen Gattungen hat nun darüber hinaus auch die große Variationsbreite innerhalb der einzelnen Themenbereiche offengelegt. Dennoch lassen sich übergreifend auch wieder eine Reihe von Gemeinsamkeiten feststellen. Diese möchte ich abschließend hier nochmals herausheben.

1. Ein besonders bevorzugtes Ulrichsthema ist in der Barockzeit die Lechfeldschlacht. Der heilige Bischof Ulrich wird dabei als unbewaffneter Mitreiter im Kampfesgetümmel gezeigt, meist schaut er gerade auf das Siegeskreuz, das er in Empfang nehmen soll.

Dieses Motiv findet sich in verschiedenen Bereichen: auf Altarblättern, Illustrationen profaner und religiöser Literatur, und schließlich auf monumentalen Deckenbildern als ganz großes Thema. Warum gerade die Lechfeldschlacht so stark im Mittelpunkt der Ulrichsdarstellungen der Barockzeit stand, läßt sich auf folgendes zurückführen: Schon im Mittelalter – u. a. bedingt durch die Legende des Ulrichskreuzes – wurde der Sieg über die Ungarn des öfteren abgebildet.[41] Mit dem Bischof in der Rolle des »Vaterlandsretters« wurde dieses Thema mehr und mehr von zentraler Bedeutung und Bischof Ulrich zum Beispiel »patriotischer Liebe«.[42] Gleichzeitig stellte man aktuelle Bezüge her.

Hinzu kommt das im 18. Jahrhundert sehr starke Interesse, Geschichte als Heilsgeschichte zu verdeutlichen. So wurden auch andere Schlachten, deren Sieg man im Zusammenhang mit göttlicher Hilfe gesehen hat, mit dieser Intention an Kirchendecken thematisiert.

2. Zahlreiche Ulrichsdarstellungen haben, unabhängig von ihrem Thema, eine Gemeinsamkeit in Bezug auf den Typus. Obwohl – vor allem im Bereich der Plastik – sich eine große Typenvielfalt feststellen läßt, herrscht das Bild des ehrwürdigen, bärtigen Greises vor.

3. Schließlich bleibt festzuhalten, daß Ulrich in größeren Programmzusammenhängen, sei es bei einem Altar, einem Allerheiligenhimmel oder einem kultischen Gefäß, stets eine wichtige Position einnimmt.

So spiegelt sich die große Bedeutung von Bischof Ulrich von Augsburg in der Barockzeit nicht nur in der Vielzahl der Darstellungen, sondern auch in der Art und Weise ihrer Anbringung und Gewichtung wider.

---

[41] Vgl. Thomas Balk, Der heilige Ulrich in der spätmittelalterlichen Kunst. In diesem Band.
[42] Vgl. Sebastian Sailer, Das Urbild eines weisen Schwaben in dem heiligen Udalrich, dem großen Bischofe zu Augsburg erwiesen, da eine hochlöbliche Landesgenossenschaft ihr jährl. Gedächtnisfest in der kaiserl. Hofkirche der wohlerwürdigen P.P. Augustiner Barfüßer in Wien hochfeyerlich beging. Den 12.ten heumonats 1767, S. 6.

Karl Kosel

Ulrichskirchen und Ulrichsdarstellungen im Bistum Regensburg

Die Wirkungsgeschichte großer Heiliger gleicht in ihren historischen Erscheinungsformen häufig den Gegensätzlichkeiten der kirchlichen und politischen Geschichte, denen sie zu ihren Lebzeiten ausgesetzt waren. Aus diesem Spannungsfeld von Heils- und Weltgeschichte treten ihre persönlichen Wesenszüge und Charaktereigenschaften in Erscheinung, die ihr Bild in der großen Geschichte und ihre ganz persönliche Ausstrahlung prägen. Mit diesem Erscheinungsbild verbindet sich die geschichtliche und religiöse Wirkmächtigkeit ihrer Persönlichkeiten, d. h. ihr öffentliches Wirken als politisch und kirchlich Handelnde sowie nach ihrem Tod die fortdauernde Erinnerung an ihre christlichen Tugenden in der volkstümlichen Heiligenverehrung. Die Spannweite dieser Persönlichkeitsbilder, die uns aus den Heiligenviten und Chroniken des hohen Mittelalters entgegentritt, umfaßt daher ihr Wirken als Seelsorger, als Träger der politischen Macht im Heiligen Römischen Reich und die Darstellung der Wunder nach ihrem Tod, die den Ruf ihrer Heiligkeit begründeten. Im Rahmen dieser drei Grundkonstanten, der durch die mittelalterliche Hagiographie vorgegeben ist und sich in der volkstümlichen Heiligenverehrung lebendig weiterentwickelte, sind auch die Voraussetzungen für die künstlerische Gestaltung der Heiligenleben und der vielfältigen Entwicklung ihrer Ikonographie gegeben.

Außerhalb der Diözese Augsburg gibt es im deutschen Sprachraum kein Gebiet, das sich mit dem Bistum Regensburg auch nur annähernd hinsichtlich der Anzahl seiner Ulrichskirchen und -darstellungen vergleichen könnte. Die Ursache dafür ist in der persönlichen Freundschaft der beiden Bistumspatrone, St. Ulrich und St. Wolfgang, zu erblicken: »Wolfgang wird von Anfang an zu den Verehrern des hl. Ulrich gezählt haben« (Walter Pötzl).[1] Die mit Regensburg verbundenen monumentalen, bildlichen und schriftlichen Denkmäler der Ulrichsverehrung aus deren Frühzeit sichern dem Bistum des hl. Wolfgang in kunstgeschichtlicher und hagiographischer Hinsicht eine herausragende Stellung. An dieser Stelle sei nur kurz auf die wichtigsten

---

[1] Walter Pötzl, Die Anfänge der Ulrichsverehrung im Bistum Augsburg und im Reich, in: JVAB 7, 1973 (= Bischof Ulrich von Augsburg und seine Verehrung, Festgabe zur 1000. Wiederkehr seines Todestages), S. 84 (zitiert als: Ulrichsjb.).

Denkmäler hingewiesen: Die älteste bestehende Ulrichskirche in Wolfgangs niederösterreichischem Besitz Wieselburg;² die im Kloster St. Emmeram entstandenen Buchmalereien, das Krönungsbild mit den Hll. Emmeram und Ulrich im Sakramentar Kaiser Heinrichs II. (München, Bayerische Staatsbibliothek, Clm. 4456)³ und die Darstellung der Ulrichsmesse in der Handschrift der Ulrichsvita des Dompropstes Gerhard (Stiftsbibliothek Einsiedeln, Cod. 261);⁴ die rühmende Erwähnung der Heiligkeit Ulrichs durch Othloh von St. Emmeram in seiner »Vita Sancti Wolfkangi Episcopi«.⁵ Auch wenn die früheste urkundliche Erwähnung erst aus dem Jahre 1263 stammt, so ist das Ulrichspatrozinium der ehemaligen Regensburger Dompfarrkirche als ein Hinweis auf die Verehrung des Augsburger Bistumspatrons seit seiner Kanonisation in zweifacher Hinsicht zu verstehen:⁶ 1. Die Existenz der Dompfarrei und ihrer Pfarrkirche mit dem Ulrichspatrozinium um oder kurz nach der Jahrtausendwende, möglicherweise im Zusammenhang mit der Domerweiterung unter dem Nachfolger des hl. Wolfgang, Bischof Gebhard I. (995–1023).⁷ 2. Die mögliche Übertragung des Ulrichspatroziniums von der herzoglichen Pfalzkirche auf die nachmalige Dompfarrkirche.⁸ Die quellenmäßig nicht belegbare Existenz eines Ulrichspatroziniums der Pfarrkirche wäre unter dem bayerischen Herzog Heinrich IV., dem Schüler des hl. Wolfgang und späteren heiligen Kaiser Heinrich II. (1002–1024), durchaus denkbar, nachdem seine Ulrichsverehrung allein schon durch das Krönungsbild des Heinrichssakramentars eindrucksvoll belegt ist (Abb.).⁹ Schließlich wurden bei der Weihe des Nikolausaltars in der Wolfgangskrypta von St. Emmeram am 7. Oktober 1052 auch Reliquien des hl. Ulrich eingeschlossen.¹⁰ Der historische und ikonographische Zusammenhang der Verehrung und Darstellung der Regensburger und Augsburger Heiligen Emmeram, Ulrich und

---

² Ferdinand Grell, Die Verehrung des Heiligen Ulrich von Augsburg im heutigen Österreich und in Südtirol, Salzburg 1963, S. 81 f. – Karl Hausberger, Geschichte des Bistums Regensburg I: Mittelalter und frühe Neuzeit, Regensburg 1989, S. 168 (zitiert als: Hausberger, Bistum Regensburg I).
³ W. Pötzl: Ulrichsjb., S. 97. – Ders., Bischof Ulrich und seine Zeit (890–973), Augsburg 1973. Abb. 1 (zitiert als: Pötzl, Bischof Ulrich).
⁴ Kuno Bugmann, Bischof Ulrich in Einsiedeln, in: Ulrichsjb., S. 63. – Pötzl, Bischof Ulrich, Abb. 2.
⁵ Pötzl: Ulrichsjb., S. 100.
⁶ Achim Hubel und Genoveva Nitz, Diözesanmuseum St. Ulrich Regensburg (= Schnells Kunstführer 1587), München–Zürich 1986, S. 2 (zitiert als: Hubel-Nitz). – A. Hubel, Die Ulrichskirche in Regensburg. Gestalt – Geschichte – Funktion, in: Regensburger Almanach 1986, S. 60 (zitiert als: Hubel, Ulrichskirche).
⁷ Hausberger, Bistum Regensburg I, S. 68. – Georg Dehio, Handbuch der Deutschen Kunstdenkmäler, Bayern V: Regensburg und die Oberpfalz. Bearb. v. Jolanda Drexler und Achim Hubel unter Mitarbeit v. Astrid Debold-Kritter u. a., München 1991, S. 432 (zitiert als: Dehio Regensburg–Oberpfalz).
⁸ Hubel, Ulrichskirche, S. 68.
⁹ Wie Anm. 3.
¹⁰ W. Pötzl: Ulrichsjb., S. 112.

Wolfgang ist daher seit dem hohen Mittelalter als grundlegende Konstante ihrer künstlerischen Darstellungen in den späteren Jahrhunderten zu betrachten.

Als ältestes monumentales Denkmal der Ulrichsverehrung aus der Regierungszeit des hl. Bischofs Wolfgang darf der um 980 entstandene Chorbau der Pfarrkirche St. Ulrich in Wieselburg (N.Ö.), das ihm durch Kaiser Otto II. mit Urkunde vom 14. Oktober 979 als Platz für einen Burgbau verliehen wurde, einen hervorragenden Rang beanspruchen.[11] Dieser zentralisierte Kernbau, der im Jahre 1101 Pfarrkirche wurde,[12] blieb mit Ausnahme einer Verkürzung beim Anbau des spätgotischen Langhauses unverändert erhalten. Der Innenraum erhebt sich über einem quadratischen Grundriß mit ursprünglich vier – heute drei – kurzen, kreuzförmig angesetzten Armen, der über Ecktrompen mittels Abschrägungen in ein Achteck mit einer steilen, achteckigen Kuppel übergeht (Abb.). Mit diesem Kirchenbau Wolfgangs in Gestalt eines Baptisteriums, der zunächst Hofkirche und Burgkapelle war, wurde ein kirchlicher Mittelpunkt zur Sicherung und Wiederbesiedlung dieses von den Ungarneinfällen verwüsteten Gebietes geschaffen.[13] Die damit verbundene missionarische Zielsetzung und diejenige der Kolonisation durch bayerische Siedler macht mindestens seit Wolfgangs Zeit die Funktion der Wieselburger Kirche als Urpfarrei mit der zugehörigen Taufkirche wahrscheinlich, die dann mit der Schenkung von Wieselburg und Steinakirchen an das Kloster Mondsee im Jahre 1107 durch Bischof Hartwig I. von Sponheim (1105–27) endgültig vollzogen wurde.[14] Im Hinblick auf diese Funktion als Pfarr- und Taufkirche kann hier von einer Parallele zum Bau der Johanneskirche auf dem Fronhof in Augsburg (956–60) durch den hl. Bischof Ulrich gesprochen werden.[15]

Eine unmittelbare Parallele finden wir wenig später im Westen des Heiligen Römischen Reiches, dem Elsaß: Das dem hl. Ulrich geweihte Baptisterium von Avolsheim (Bas-Rhin), das um 1000 erbaut wurde und die Taufkirche der Pfarrei Dompeter war.[16] Die erste nachweisbare Pfarrkirche von Dompeter entstand im 7. Jahrhundert und ist die erste bekannte Kirche des Elsaß,[17] deren Entstehung die Legende in die Zeit des hl. Maternus, des Apostels des Elsaß und der Rheinlande, d. h. in das 4. Jahrhundert zurückverlegt.[18] Der zweite Kirchenbau von Dompeter, dessen Langhaus erhalten blieb, wurde von dem aus dem Elsaß gebürtigen Papst Leo IX. (1049–54) im Jahre 1049

---

[11] F. Grell (wie Anm. 2).
[12] F. Grell (wie Anm. 2).
[13] Hausberger, Bistum Regensburg I, S. 168.
[14] Hausberger, Bistum Regensburg I, S. 77.
[15] Friedrich Zoepfl, Das Bistum Augsburg und seine Bischöfe im Mittelalter, München–Augsburg 1955, S. 6.
[16] Rudolf Wesenberg, St. Ulrich zu Avolsheim (Elsaß), in: Das Münster 2, 1949, Heft 9/10, S. 257–262, Grundriß S. 260. – Sigrid Metken, Avolsheim-Dompeter (= Schnells Kunstführer 898), München–Zürich 1968, S. 14–23.
[17] S. Metken (wie Anm. 16), S. 2.
[18] S. Metken (wie Anm. 16), S. 3.

geweiht.¹⁹ Die gesicherten Daten der Bauzeit von Baptisterium und Pfarrkirche um die Jahrtausendwende und in der ersten Hälfte des 11. Jahrhunderts weisen auf die Frühzeit der Ulrichsverehrung in der Diözese Straßburg. In drei Kalendaren des 11. Jahrhunderts aus dieser Diözese ist die Feier des Ulrichsfestes belegt.²⁰ Bei der Weihe der Kirche in Burgheim (Bas-Rhin), unweit von Avolsheim in der ehemaligen Herrschaft Barr gelegen, am 25. Juli 1035 durch Bischof Walther von Straßburg werden Ulrichsreliquien genannt.²¹ Die früheste Nachricht über Ulrichsreliquien im Elsaß bezieht sich auf eine Schenkung der Kaiserin Adelheid anläßlich der Einweihung der Benediktinerabteikirche von Selz im Jahre 996. Die heilige Kaiserin hatte diese Reliquien vom Augsburger Bischof Gebehard (996–1001) erhalten.²²

Der vierpaßförmige Grundriß der Avolsheimer Ulrichskapelle, der auf Vorbilder und Parallelen in Osteuropa, Armenien und im Mittelmeerraum verweist,²³ unterscheidet sich zwar erheblich von der Wieselburger Ulrichskirche. Doch in unserem Zusammenhang ist die Verbindung des Ulrichspatroziniums mit der Taufkirche als liturgisch geprägtem Bautypus wesentlich, die für die kirchliche und politische Konsolidierung des Reiches nach der Überwindung der Ungarngefahr charakteristisch ist. Dieser Zusammenhang von Ulrichspatrozinium, Taufkirche und St. Johannes dem Täufer als Kirchen- und Altarpatron ist für den Regensburger Dombezirk von besonderer Bedeutung. Die Matrikel des Erzdechanten Gedeon Forster belegt das Vorhandensein eines Altars des hl. Johannes des Täufers in der Regensburger Dompfarrkirche vor der Reformationszeit, danach – zum Zeitpunkt der Niederschrift der Matrikel im Jahre 1665 – nicht mehr.²⁴ Der Altar »S. Joannis Baptistae« erscheint an dritter Stelle neben den Altären des hl. Ulrich und der Muttergottes. Der Ulrichsaltar an erster Stelle war daher ohne Zweifel der Hochaltar, der dem Kirchenpatron geweiht war. An seine Stelle trat im 16. Jahrhundert, spätestens seit der Ausmalung von 1571, der Kreuzaltar »SS. Crucis et Passionis Domini«.²⁵ Die Fresken an den östlichen Schildwänden mit der Grablegung und Auferstehung Christi beziehen sich auf diesen Kreuz- und Passionsaltar,²⁶ der auf der Ostempore vor dem gotischen Mittelfenster stand (Abb.). An zweiter und dritter Stelle sind hier die Altäre der Muttergottes und des hl. Ulrich genannt, deren Lokalisierung durch die beiden Gewölbeschlußsteine des frühen 14. Jahrhunderts in den Ostjochen der Seitenschiffe festgelegt ist.

Regensburg

Das Auftreten des hl. Johannes d. T. als Altarpatron in der Ulrichskirche bis

---

¹⁹ Wie Anm. 18.
²⁰ W. Pötzl: Ulrichsjb., S. 110.
²¹ W. Pötzl: Ulrichsjb., S. 112.
²² R. Wesenberg (wie Anm. 16), S. 257.
²³ R. Wesenberg (wie Anm. 16), S. 258 ff.
²⁴ Manfred Heim, Des Erzdechanten Gedeon Forster Matrikel des Bistums Regensburg vom Jahre 1665 (= Beiträge zur Geschichte des Bistums Regensburg, Beiband 3), Regensburg 1990, S. 4 (zitiert als: Heim, Matrikel).
²⁵ Heim, Matrikel, S. 15.
²⁶ Hubel-Nitz, Abb. S. 4.

zur Reformationszeit stellt eine unzweifelhafte Beziehung zur Taufkirche westlich des Domes, der nachmaligen Chorherren- und Kollegiatstiftskirche St. Johann, dar. Der daraus sich ergebende zwingende Schluß auf eine Patroziniumsübertragung kann nur in dem Sinne gedeutet werden, wie dies Achim Hubel formuliert: »Als bisherige Pfarrkirche ist nämlich die westlich des Domes gelegene Stiftskirche St. Johann zu vermuten; beispielsweise war der von 1229 bis 1263 als Dompfarrer nachweisbare Ulrich von Dornberg gleichzeitig Stiftspropst von St. Johann. Gerade die Stiftskirche dürfte in den Jahren um 1212/14 eine Entlastung ihrer Funktionen erfahren haben, da Bischof Konrad IV. damals das neben St. Johann gelegene und wohl in irgendeiner Form mit dem Stift verbundene Johannesspital nach Stadtamhof verlegte.«[27] Die Verbindung der Patrozinien St. Johannes Baptista und St. Ulrich kann daher nur auf die gemeinsame Funktion von Tauf- und Pfarrkirche bezogen werden, die auch für Augsburg, Wieselburg und Avolsheim gesichert ist. Zieht man außerdem die Nachricht aus einer Stadtbeschreibung in Betracht, wonach St. Johann um die Mitte des 11. Jahrhunderts nicht mehr als Taufkirche diente,[28] so liegt der Schluß nahe, daß damit in der Zeit der Domerweiterung zu Beginn des 11. Jahrhunderts oder kurz danach die Trennung ihrer ursprünglichen Funktionen als Tauf- und Pfarrkirche vollzogen wurde. Unter dieser Voraussetzung wäre die spätere Übertragung des Patroziniums St. Johannes Baptista auf den genannten Altar in der Dompfarrkirche zu verstehen. Ungelöst bleibt vorerst die Frage nach dem Standort der Dompfarrkirche St. Ulrich vor dem heute bestehenden Bau des 13. Jahrhunderts. Die Verbindung des Ulrichspatroziniums mit demjenigen des hl. Johannes d. T. als typische Erscheinungsform der Einheit von Tauf- und Pfarrkirche, die sich aus der frühmittelalterlichen Missionszeit und aus der kirchenrechtlichen Organisation des hl. Bonifatius entwickelte, kann für Regensburg aufgrund der dargestellten Parallelen aus dem 10. Jahrhundert als Ergebnis der persönlichen Freundschaft der Hll. Wolfgang und Ulrich mit großer Wahrscheinlichkeit angenommen werden.

Die Angaben zu den Altarpatrozinien der Ulrichskirche vor der Reformation in Gedeon Forsters Matrikel bieten eine sichere Grundlage zur thematischen Bestimmung der Wandgemälde aus der Erbauungszeit um 1240 an der östlichen Stirnwand. Den Themenangaben Hubels muß hier leider entschieden widersprochen werden. Dies bezieht sich vor allem auf die Kreuzigung und Predigt des Apostels Andreas sowie die Almosenspende des hl. Nikolaus in der nördlichen Abseite der Ostempore und auf den hl. Jakobus d. Ä. in der südlichen Abseite.[29] Die Unhaltbarkeit dieser Themenangaben ist vor allem in der Tatsache begründet, daß kein Altar-, Kapellenpatrozinium oder Bene-

---

[27] Hubel, Ulrichskirche, S. 69.
[28] Lothar Altmann, Die Stiftskirche St. Johann in Regensburg (= Schnells Kunstführer 1114), München–Zürich 1977, S. 2.
[29] Achim Hubel, Rezension »Gabriela Fritzsche, Die mittelalterlichen Glasmalereien im Re-

fizium unter dem Titel der genannten Heiligen in der Dompfarrkirche nachweisbar ist. Selbst in Anbetracht einer möglichen Patroziniumsübertragung läßt sich im Falle des hl. Nikolaus die Unwahrscheinlichkeit beweisen. Die an der Südseite der Stiftskirche St. Johann angebaute Nikolauskapelle wurde im Jahre 1325 eigens vom Abbruch wegen des Domneubaus ausgenommen, der dann erst vor 1341 erfolgte.[30] Das Fehlen des Nikolauspatroziniums und einer entsprechenden Darstellung in der Dompfarrkirche um 1240 erklärt sich aus der zu diesem Zeitpunkt unangefochtenen Existenz dieser Kapelle bei St. Johann, zumal die Ämter des Dompfarrers und des Stiftspropstes durch Ulrich von Dornberg in Personalunion ausgeübt wurden.

Der Vorname Ulrichs von Dornberg als Pfarrherrn der Dompfarrkirche während ihrer Bauzeit gibt vielleicht einen Hinweis auf den Stifter und die Thematik der Wandgemälde in der nördlichen Abseite der Ostempore (Abb.). Als ein völlig unzweifelhafter Anhaltspunkt für die Themenbestimmung ist die unmittelbare Nachbarschaft zum Gewölbeschlußstein am Ostende des nördlichen Seitenschiffes mit der Darstellung des thronenden hl. Ulrich zu bezeichnen,[31] der auch für die Lokalisierung des Ulrichsaltars maßgeblich sein dürfte. Daraus ergibt sich die zwingende Notwendigkeit, für das untere Wandgemälde ein Ulrichsthema in Betracht zu ziehen (Abb.). Die Komposition des querrechteckigen Gemäldes zeigt eine sehr klare und ausgewogene Anlage, die sich über einem Rahmenstreifen aufbaut. Angel- und Ausgangspunkt der Bildkomposition ist eine hochragende männliche Gestalt im Bischofsornat, deren ausgestreckter rechter Arm durch die Öffnung des anschließenden Gebäudes eine Segensgeste über dem Haupt eines Liegenden vollzieht und damit die Horizontalachse der Komposition betont. Parallel zum Bildvordergrund nimmt das Bett mit dem Liegenden fast die ganze Breite des Gebäudes ein, das nach oben mit einem dreijochigen Gewölbe über rundbogig umrahmten Schildwänden abschließt. Rechts neben der abschließenden Stütze ist eine Quadermauer zu sehen, die an den Rahmenstreifen anschließt. Die bildparallele Anordnung der Figuren, die von der in reiner Profilansicht dargestellten Bischofsgestalt ausgeht, wird nur im unmittelbaren Anschluß an diese durch die perspektivischen Elemente der Schrägen von Tür- und Bettpfosten durchbrochen. Der Zweck dieser Einführung eines tiefenräumlichen Darstellungselements ist die Anhebung des Oberkörpers und des Kopfes des Liegenden in einer diagonalen Draufsicht, die durch den aufgestützten rechten Arm betont wird. In der vordersten Bildebene nimmt die am Fußende des Bettes sitzende gebeugte Gestalt dieses tiefenräumliche Darstellungselement durch ihre Beinstellung auf und leitet durch ihre stark rhythmisierte Körperhaltung und Gewandbehandlung zu den drei Figuren in

---

gensburger Dom«, in: Kunstchronik 42, 1989, Heft 7, S. 364f., Abb. 5–7. – Dehio Regensburg–Oberpfalz, S. 551.

[30] L. Altmann (wie Anm. 28), S. 4.
[31] Dehio Regensburg–Oberpfalz, S. 550.

der rückwärtigen Bildebene über. Auch bei diesen Figuren ist eine starke Rhythmisierung der Körperhaltungen, Gesten und Gewandbehandlung zu beobachten, die aber durch ihre kompositionelle Beziehung zur statuarischen Monumentalität der Bischofsgestalt Maß und Ordnung erhalten.

Der so im harmonischen Gleichgewicht gehaltene Gegensatz zwischen der Ruhe des Bischofs und des Liegenden einerseits und der lebhaften rhythmischen Gestaltung der Begleitpersonen andererseits ermöglicht Rückschlüsse auf den Ausdruckscharakter der dargestellten Szene und ihre thematische Bestimmung. Dies bezieht sich vor allem auf den kompositionellen Schwerpunkt des Bildes mit dem im Heranschreiten begriffenen Bischof, der seinen rechten Arm über dem Haupt des Liegenden ausgestreckt hält (Abb.). Die ausgestreckte rechte Hand vollführt eindeutig eine Segensgeste, die durch die direkte kompositionelle Beziehung zum Kopf des Liegenden bestätigt wird. Die Segensgeste und ihre Stellung über dem Kopf schließen daher die Deutung als Almosenspende des hl. Nikolaus mit dem Hineinwerfen der Goldkugeln völlig aus. Die Haltung und Gestik der vier Begleitpersonen drückt unmißverständlich Trauer und Schmerz aus. Die Tatsache, daß in der Nikolauslegende nur von drei armen Mädchen – meistens im Bett schlafend dargestellt – die Rede ist, spricht ebenfalls gegen Hubels Deutung. Das Wandgemälde stellt daher die Aussegnung eines Verstorbenen und die um ihn Trauernden dar.

Nachdem mit Sicherheit ein Zusammenhang mit der Legende des hl. Nikolaus ausgeschlossen werden kann, bleibt als Alternative nur noch die Darstellung einer Szene vom Lebensende des hl. Ulrich. Die segnende Bischofsgestalt gibt hier den eindeutigen Hinweis, daß es sich um die Ankunft des hl. Wolfgang vor der Bestattung des hl. Ulrich am 6. Juli 973 in Augsburg handelt. Ob die gebeugte Gestalt am Fußende der Bahre als die Gräfin Hildegard, die Gemahlin von Ulrichs Neffen Riwin, die den Leichnam mit einem in Wachs getränkten Gewand bekleidete,[32] bezeichnet werden kann, muß dahingestellt bleiben. Das aufgestützte Haupt des Verstorbenen, der in der Tat wie schlafend daliegt, erscheint unwillkürlich wie eine Veranschaulichung der Stelle aus Gerhards »Vita Sancti Uodalrici Episcopi«: »...entschlief er wie in einem süßen Schlummer, und von den Banden des Leibes befreit ging er ein in die Ruhe.«[33] Die Einzigartigkeit dieser Darstellung, die in dieser thematischen Form besonders charakteristisch für Regensburg und die Freundschaft der beiden Bistumspatrone ist, sichert diesem Gemälde einen hervorragenden ikonologischen Rang, dem der künstlerische nicht im geringsten nachsteht.

Wesentlich schwieriger gestaltet sich die thematische Bestimmung des zweiten Wandgemäldes (Abb.). Angesichts des Altarpatroziniums St. Johan-

---

[32] Vita sancti Uodalrici XXVII. Hatto Kallfelz, Lebensbeschreibung einiger Bischöfe des 10.–12. Jahrhunderts, Darmstadt 1973, S. 150–152.

[33] Ebd. S. 148.

nes der Täufer könnte eine Szene aus dessen Leben als Bildthema in Betracht gezogen werden. Die Predigergeste der größtenteils verlorenen Gestalt im Bildzentrum könnte auf die Predigt des Täufers am Jordan bezogen werden. Doch dieser Deutung widerspricht nicht nur die Unstimmigkeit mit dem Ulrichsthema des unteren Wandgemäldes, sondern auch der Ausdruckscharakter und die Kleidung der beiden seitlichen Figurengruppen. Die linke Gruppe zeigt nämlich in ihrem Gesichtsausdruck und den Gesten ihrer Hände Bereitwilligkeit und Aufgeschlossenheit für die Worte des Predigers, während die Personen der rechten Gruppe in trotziger Verschlossenheit verharren. Die Haltung der Arme und die Gesten der Hände der jeweils vordersten Personen beider Gruppen bringen diese gegensätzliche Einstellung deutlich zum Ausdruck. Ein weiterer wesentlicher Anhaltspunkt ist die vornehme Kleidung, die vor allem bei den zwei vordersten Figuren der beiden Gruppen zu beobachten ist. Der Bortenschmuck ihrer Kleider kennzeichnet unzweifelhaft ihren aristokratischen Rang. Ein präziser Hinweis auf die Predigt Johannes' d. T. oder eine vergleichbare Szene, z. B. Johannes vor Herodes, ergibt sich aus dem erhaltenen Bildbestand nicht. Als gesicherter thematischer Bestand läßt sich nur eine Predigt oder eine Ansprache vor einem sehr unterschiedlich gesinnten Publikum feststellen.

Wenn wir im Leben des hl. Ulrich Umschau halten, so begegnen wir einem Ereignis von eminenter reichspolitischer Bedeutung, das zudem mit der Geschichte Regensburgs in engstem Zusammenhang steht: dem Aufstand Liudolfs gegen seinen Vater, König Otto I., der Belagerung Regensburgs durch den König mit Unterstützung von seiten Ulrichs und dem Waffenstillstand zwischen Vater und Sohn bei Illertissen durch dessen Vermittlung.[34] Der feindselige Charakter des Gegenüberstehens beider Parteien läßt sich bei der rechten Gruppe, vor allem am Gesichtsausdruck und an der Gestik der vordersten Figur, feststellen. Die Geste des Predigers bzw. Redners mit den weit ausgespannten Armen wäre dann als eindringliche und beschwörende Aufforderung zur Versöhnung an die verfeindeten Parteien zu verstehen. Die Erinnerung an diese Großtat der Friedensstiftung durch Bischof Ulrich, welche die Voraussetzung für den Sieg über die Ungarn in der Lechfeldschlacht und damit auch für das fürchterliche Ende der Ungarnführer vor dem Regensburger Ostentor schuf,[35] ist auch im 13. Jahrhundert gerade wegen des Ulrichspatroziniums der Dompfarrkirche als selbstverständlich vorauszusetzen. Die Idee der Versöhnung und ihre Verwirklichung wird in den beiden Jahrzehnten zwischen 1230 und 1250, als Regensburg unter der Regierung von Bischof Siegfried (1227–46) in die dramatischen Spannungen der Reichs-, Kirchen- und Landespolitik am Ende der Stauferzeit geriet,[36] dem Bischof, seinem Domkapitel und den Gläubigen ein Herzensanliegen gewe-

---

[34] H. Kallfelz (wie Anm. 32), S. 94–104.
[35] Hausberger, Bistum Regensburg I, S. 42.
[36] Hubel, Ulrichskirche, S. 66 ff. – Hausberger, Bistum Regensburg I, S. 121 ff.

sen sein. Nimmt man diese kirchen- und stadtgeschichtlichen Ereignisse in Regensburg als die eigentlichen Ursachen für die Umplanung der Ulrichskirche während ihrer Bauzeit an, wie Hubel sehr überzeugend dargelegt hat,[37] so kann aus denselben geschichtlichen Gründen die bildliche Vergegenwärtigung dieser Friedenstat des Kirchenpatrons als Erinnerung und Mahnung eine historische Berechtigung für sich in Anspruch nehmen. Das hiermit vorgeschlagene Bildthema, die Versöhnung zwischen Otto I. und seinem Sohn Liudolf durch den hl. Ulrich, gehört zwar zu den selten dargestellten Szenen aus der Ulrichsikonographie, doch fällt immerhin die Tatsache auf, daß die Pfarrkirche von Nals (Südtirol) im Jahre 1814, als Napoleon I. gestürzt wurde, ein Wandgemälde dieses Themas erhielt.[38] Auch wenn die Versöhnung Ottos I. mit Liudolf zu den Nebenthemen der Ulrichsikonographie zählt, so weist sie doch auf den Zusammenhang mit dem großen Themenkomplex der Ungarnschlacht auf dem Lechfeld hin,[39] der im 17. und 18. Jahrhundert für die Entwicklung der Ulrichsikonographie in der Diözese Regensburg von zentraler Bedeutung ist.

Das Wandgemälde in der südlichen Abseite der Ostempore ist trotz seines stark fragmentierten Zustandes aufgrund der Figur und ihrer Überlebensgröße eindeutig mit dem hl. Christophorus zu identifizieren. Die Nachbarschaft zum Portal an der Südseite, das aufgrund seiner Christus-Salvator-Darstellung im Tympanon mit Sicherheit als ursprünglicher Haupteingang bezeichnet werden kann,[40] bestätigt diese Identifizierung. Die Position des Christophorusfreskos stimmt mit derjenigen im Augsburger Dom an der Westwand des südlichen Querarmes überein (13. Jahrhundert/1491).[41]

Die Vervollständigung dieses Bildprogramms im Westteil der Ulrichskirche erfolgte erst um 1300 mit dem Thema des Jüngsten Gerichts, das bei der Ausmalung von 1571 an der Westwand des Mittelraumes beibehalten wurde.[42] Die in der nördlichen Emporenabseite freigelegte Darstellung der Deesis knüpft mit der Gestalt des thronenden Christus als Weltenrichter thematisch und typologisch an die Darstellung des Pantokrators über den Ulrichsfresken der Ostwand an. Die zur Deesis gehörige Gestalt Johannes'

[37] Hubel, Ulrichskirche, S. 72 f. – Dehio Regensburg–Oberpfalz, S. 549.
[38] F. Grell (wie Anm. 2), S. 93 f. – Karl Kosel, Die nachmittelalterlichen Darstellungen der Ungarnschlacht bis zum Ende der Türkenkriege, in: Ulrichsjb., S. 314 (zitiert als: Kosel, Ungarnschlacht 1).
[39] Kosel, Ungarnschlacht 1: Ulrichsjb., S. 312–338. – K. Kosel, Die Darstellungen der Ungarnschlacht im 18. Jahrhundert, in: JVAB 8, 1974, S. 121–161 (zitiert als: Kosel, Ungarnschlacht 2). – Mechthild Müller, »In hoc vince« – Schlachtendarstellungen an süddeutschen Kirchendecken im 18. Jahrhundert. Funktion und Geschichtsinterpretation (= Europäische Hochschulschriften XXVIII/115), Frankfurt a. M.–Bern–New York–Paris 1991, S. 17–41, 95 f., 109–130 (zitiert als: Müller, Schlachtendarstellungen).
[40] Dehio Regensburg-Oberpfalz, S. 550.
[41] Georg Dehio, Handbuch der Deutschen Kunstdenkmäler, Bayern III: Schwaben. Bearb. v. Bruno Bushart und Georg Paula, München 1989, S. 54 (zitiert als: Dehio Schwaben).
[42] Hubel-Nitz, Abb. S. 5.

des Täufers bezieht sich auf das entsprechende Altarpatrozinium der Ulrichskirche, desgleichen die Muttergottes. Die damit bewiesene Beziehung des Bildprogramms zwischen dem Ost- und Westteil der Ulrichskirche und seine Übereinstimmung mit den bei Gedeon Forster genannten vorreformatorischen Altarpatrozinien ergeben daher den zwingenden Schluß auf die Ulrichsthematik der oben behandelten Wandgemälde. Ihre überragende Bedeutung für die Ulrichsikonographie als älteste erhaltene szenische Darstellungen aus dem Leben des Augsburger Bistumspatrons braucht nicht betont zu werden. Die hochmittelalterliche Bildtradition der in Regensburg entstandenen Ulrichsdarstellungen erreicht mit diesen Wandgemälden einen Höhepunkt, der den Rückschluß auf künstlerisch bedeutende Vorläufer zuläßt, aber wegen des lückenhaften Denkmälerbestandes leider völlig isoliert dasteht.

Die Nachwirkungen dieser Bildtradition lassen sich bis in die Gotik hinein beobachten. Diese belegt der Gewölbeschlußstein am Ostende des nördlichen Seitenschiffes der Ulrichskirche, der den thronenden hl. Ulrich darstellt (Abb.). Die völlige stilistische und typologische Übereinstimmung mit dem thronenden Christus des Deesisgemäldes beweist die Gleichzeitigkeit ihrer Entstehung zu Beginn des 14. Jahrhunderts. Die Weiträumigkeit der Bildtradition wird durch die Tatsache veranschaulicht, daß eine unmittelbar verwandte thronende Ulrichsfigur sich in der Ulrichskapelle des Afrahofes von Thaur bei Innsbruck befindet, der im Besitz des Hochstiftes Augsburg war.[43] Die Übereinstimmung der Thaurer Ulrichsfigur mit der Regensburger reicht bis in Details der bischöflichen Kleidung (Abb.). Über das Zustandekommen dieser engen Verwandtschaft gibt die physiognomische Charakterisierung der Thaurer Ulrichsfigur Aufschluß, die eindeutig vom Kopf des hl. Ulrich auf der gravierten Kupferplatte des Sarkophags (vor 1187) abhängig ist,[44] der am 31. März 1187 in die romanische Benediktinerabteikirche St. Ulrich und Afra zu Augsburg übertragen wurde.[45] Die Existenz derartiger gemeinsamer Vorbilder ist gerade wegen der weiträumigen Ausbreitung der Ulrichsikonographie unbedingt vorauszusetzen, wenn auch die Verifizierung in der Frühzeit nur noch selten möglich ist. Die nur noch lückenhaft belegbare ikonographische Kontinuität erlaubt bei den Darstellungen des hl. Ulrich an der Wende vom Hoch- zum Spätmittelalter hinsichtlich des Auftretens seines Fischattributs nur noch eine annähernde zeitliche Präzisierung. Walter Pötzl formuliert dies mit der gebotenen Vorsicht: »Zwischen 1240 und 1340 etwa muß sich das Wasserpatronat im Fischattribut verdichtet haben.«[46] Um so wertvoller ist der Beleg, den uns der Schlußstein mit dem

---

[43] F. Grell (wie Anm. 2), S. 63.
[44] Ausstellungskatalog »Suevia Sacra«, Augsburg 1973, S. 150f., Nr. 132, Abb. 122.
[45] Peter Rummel, Besondere Feiern zur Verehrung des heiligen Ulrich in Augsburg, in: Ulrichsjb., S. 251 f.
[46] Pötzl, Bischof Ulrich, S. 60.

hl. Ulrich in der Regensburger Dompfarrkirche bietet. Der trotz des fragmentarischen Erhaltungszustandes eindeutig erkennbare Fisch, den er in seiner linken Hand hält, ermöglicht nun eine Vordatierung in die Zeit um 1300. Diese Attributform mit dem Fisch in der Hand, d.h. ohne Buch, hält sich bis weit ins 15. Jahrhundert hinein.

Wenn man die Verbreitung der Ulrichsverehrung und -darstellungen von Regensburg aus weiterverfolgt, so bietet sich unter Berücksichtigung des lückenhaften Denkmälerbestandes aus der Frühzeit der Rückgriff auf die ältesten kirchlichen Institutionen an. Hier nimmt selbstverständlich die Benediktinerabtei St. Emmeram in Regensburg schon aufgrund des Krönungsbildes im Sakramentar Kaiser Heinrichs II. eine Schlüsselstellung ein. Drei Orte mit Ulrichspatrozinien bzw. mit der Verehrung und Darstellung des hl. Ulrich unterstanden der Patronatsherrschaft des Klosters St. Emmeram: Vogtareuth (Lkr. Rosenheim), Oberlauterbach bei Wolnzach (Lkr. Pfaffenhofen a.d. Ilm) und Großaich (Pfarrei Aufhausen, Lkr. Straubing-Bogen).

Die Pfarrei Vogtareuth war seit 953 dem Regensburger Benediktinerkloster zugehörig.[47] Der spätgotische Bau der Pfarrkirche St. Emmeram erhielt am Ulrichstag des Jahres 1480 seine Weihe.[48] Am Hochaltar (1664/65) flankieren zwei Figuren der Hll. Ulrich und Wolfgang, die 1665 vom Wasserburger Bildhauer Adam Hartmann geschaffen wurden, das Gemälde.[49]

In Oberlauterbach waren die Andreaskirche und viele Güter, die zum nahen Benediktinerkloster Engelbrechtsmünster gehörten, durch dessen letzten Abt Siegfried bereits im Jahre 821 an St. Emmeram übergegangen.[50] Die Inkorporation der Pfarrei an das Stift erfolgte am 21. November 1379 unter Bischof Konrad VI. von Haimburg (1368–81).[51] Im Jahre 1685 entstand dort ein Meß- oder Hirtenpakt zu Ehren des hl. Wendelin, dessen Seitenaltar in der Pfarrkirche bereits im Jahre 1660 erwähnt wird.[52] Das um 1680 erbaute Langhaus der Pfarrkirche umschließt in der nördlichen Seitenkapelle den Wendelinsaltar, der offensichtlich in der Zeit um 1680–85 entstanden ist (Abb.). Außer der Figur des Altar- und Bruderschaftspatrons St. Wendelin in der Mittelnische schmücken die Büsten der Hll. Ulrich und Nikolaus den

134

---

[47] Peter Astner, Kath. Pfarrkirche St. Emmeram Vogtareuth (= Schnells Kunstführer 1490), München–Zürich 1985, S. 2.

[48] P. Astner (wie Anm. 47), S. 3.

[49] P. Astner (wie Anm. 47), S. 4, Abb. S. 6.

[50] Max Hofmeier, 300 Jahre Bruderschaft zu Ehren des hl. Wendelin in der Pfarrei Oberlauterbach, Oberlauterbach 1985, S. 7. – Mein herzlicher Dank gilt H.H. Pfarrer Max Hofmeier für seine liebenswürdige Hilfsbereitschaft.

[51] Georg Dehio, Handbuch der Deutschen Kunstdenkmäler, Bayern IV: München und Oberbayern. Bearb. v. Ernst Götz, Heinrich Habel, Karlheinz Hemmeter, Friedrich Kobler, Michael Kühlenthal, Klaus Kratzsch, Sixtus Lampl, Michael Meier, Wilhelm Neu, Georg Paula, Alexander Rauch, Rainer Schmid und Florian Trenner, München 1990, S. 906f. (zitiert als: Dehio München–Oberbayern).

[52] M. Hofmeier (wie Anm. 50), S. 1.

Altar. Die Ulrichsbüste weist darauf hin, daß die Feier des Hauptfestes der Wendelinsbruderschaft als »Ulreichsfest« am Sonntag nach dem 4. Juli begangen wird.[53] Die Ursache für diese einzigartige Verbindung der Wendelins- und Ulrichsverehrung liegt bis jetzt im dunkeln. Jedenfalls dürfte die Ulrichsverehrung in Oberlauterbach wesentlich weiter zurückreichen als die Gründung der Wendelinsbruderschaft. Außer der Tradition der Ulrichsverehrung im Stift St. Emmeram als Hofmarksherrschaft ist die Nähe zur Bistumsgrenze zwischen Regensburg und Augsburg zu berücksichtigen. Die zahlreichen Ulrichspatrozinien im Donau- und Ilmgebiet nahe der Bistumsgrenze und ihre geschichtlichen Zusammenhänge lassen den Schluß als nicht unbegründet erscheinen, daß die Ulrichsverehrung in Oberlauterbach schon im 11. Jahrhundert aufblühte.

Die Ulrichskapelle in Großaich gehört zu den zahlreichen dem Augsburger Bistumspatron geweihten Kirchen im Kerngebiet der Diözese Regensburg, deren Ursprünge ins hohe Mittelalter zurückreichen. In der unmittelbaren Nachbarschaft befinden sich die Ulrichskirchen von Buchhausen (Pfarrei Ascholtshausen, Lkr. Regensburg) und Greißing (Pfarrei Geiselhöring, Lkr. Straubing-Bogen).[54] Großaich wird urkundlich erstmals im Jahre 1150 erwähnt, als Ortwin von Aufhausen das Landgut zu »Eich« seinem Bruder Rupert und seinem Neffen Pilgrim zur lebenslangen Nutzung unter der Bedingung übergibt, daß das Anwesen nach deren Tod dem Altar des hl. Emmeram in Regensburg übereignet werde.[55] Im Jahre 1267 wurde die Pfarrei Aufhausen dem Stift St. Emmeram inkorporiert, was auch aus der Matrikel Gedeon Forsters hervorgeht.[56] Die Bauzeit der Ulrichskapelle wurde bei ihrer Sanierung in den Jahren 1983/84 festgestellt, als in ihrem Westteil Bruchsteinmauerwerk zum Vorschein kam, das aus der Zeit der ersten urkundlichen Erwähnung um 1150 stammen dürfte.[57] Auf den außerordentlich schönen spätbarocken Ulrichsaltar und seine reiche Ikonographie wird später einzugehen sein.

Großaich

Die Ausbreitung der Ulrichsverehrung und die damit verbundene Gründung von Ulrichspfarreien und -kirchen im Donaugebiet des Bistums Regensburg während des 11. und 12. Jahrhunderts steht häufig in unmittelbarem Zusammenhang mit bedeutenden kirchen- und reichspolitischen Ereignissen. Besondere Bedeutung kommt dabei der Übereignung von Straubing, d.h. des

Straubing

---

[53] Wie Anm. 52.
[54] Dehio Regensburg–Oberpfalz, S. 84. – Georg Dehio, Handbuch der Deutschen Kunstdenkmäler, Bayern II: Niederbayern. Bearb. v. Michael Brix, m. Beiträgen v. Franz Bischoff, Gerhard Hackl und Volker Liedke, München 1988, S. 179 (zitiert als: Dehio Niederbayern).
[55] Josef Wiedemann (Hg.), Die Traditionen des Hochstifts Regensburg und des Klosters St. Emmeram (= Quellen und Erörterungen zur bayerischen und deutschen Geschichte, N.F. 8), München 1943, Nr. 855.
[56] Heim, Matrikel, S. 76.
[57] Hans-Josef Bösl, Zur Wiedereröffnung der Nebenkirche Sankt Ulrich in Großaich am 8. Juli 1984, Aufhausen 1984, S. 7.

Bereichs um die alte Pfarrkirche St. Peter, an das Augsburger Domkapitel im Jahre 1029 zu.[58] Bischof Bruno von Augsburg (1006–29) aus dem Geschlecht der Herzöge von Bayern, Bruder Kaiser Heinrichs II., war an Ostern 1029 in seiner Geburtsstadt Regensburg von einer tödlichen Krankheit befallen worden. Auf dem Sterbebett übergab er in Anwesenheit und mit Zustimmung des Kaisers Konrad II. sein Besitztum Straubing seinem Verwandten Udalschalk von Elsendorf (a. d. Abens) mit dem Auftrag, es der Domkirche zu Augsburg zur Nutznießung der Kanoniker zu übereignen, was dieser anläßlich der Beerdigung des Bischofs in Augsburg tat.[59]

Mit Straubing als Besitz des Augsburger Domkapitels war eine Generation nach der Kanonisation Ulrichs die Voraussetzung für die Ausbreitung der Ulrichsverehrung im Donaugebiet rund um den Gäuboden und im Bayerischen Wald geschaffen. Fast alle Ulrichskapellen zwischen Regensburg und Deggendorf gehen auf die romanische Bauperiode zurück und standen in Verbindung mit Burganlagen. Die abgegangene Ulrichskapelle in Sarching (Lkr. Regensburg) nennt Gedeon Forster mit dem Zusatz »in arce ibidem«.[60] Die Kirche auf dem Ulrichsberg bei Grafling (Lkr. Deggendorf) erscheint bei Forster mit der Ortsangabe »bey der alten Burg ufn Berg«.[61]

Tiefenthal Als ein besonders gut erhaltenes Beispiel einer romanischen Burgkapelle, die den Augsburger und Regensburger Bistumspatronen geweiht ist, sei hier die Kapelle von Tiefenthal (Lkr. Regensburg) ausgewählt, die auf dem Gebiet der ehemaligen fürstbischöflichen Reichsherrschaft Wörth a. d. Donau liegt und durch ihre Lage auf steiler Anhöhe über der Donau ihre ursprüngliche Bestimmung als Burgkapelle zu erkennen gibt (Abb.). Ihr Patrozinium lautet *174* nicht, wie das Kunstdenkmälerinventar und das Dehio-Handbuch angeben,[62] St. Ulrich und Wolfgang, sondern laut Angabe in Forsters Matrikel korrekt »St. Wolfgang und Ulrich«: »Superioris titulus S. Wolfgangus, inferioris S. Udalricus«.[63] Der mit Ausnahme des barocken Turmaufsatzes und der Oculi unverändert erhaltene Außenbau des 12. Jahrhunderts weist durch die Rundbogenfenster in zwei Geschoßhöhen an der Apsis auf die ursprüngliche doppelgeschossige Anlage hin. Diese romanischen Doppelkapellen, die stets mit einer Burg oder einem Edelsitz verbunden waren, sind in der Diözese Regensburg mehrmals vertreten: Gasselshausen (Lkr. Kelheim), Breitenstein (Lkr. Amberg-Sulzbach) und Wilchenreuth-St. Ulrich (Lkr. Neustadt a. d. Waldnaab).[64] Daraus ergibt sich für diese frühen Ulrichskirchen im

---

[58] Wilhelm Störmer, Frühmittelalterliches Herzogs- und Königsgut im Raume Straubing, in: Karl Bosl (Hg.), Straubing, das neue und das alte Gesicht einer Stadt im altbayerischen Kernland. Festschrift aus Anlaß des 750. Gründungsjubiläums, Straubing 1968, S. 51 (zitiert als: Festschrift Straubing).
[59] F. Zoepfl (wie Anm. 15), S. 88.
[60] Heim, Matrikel, S. 36.
[62] Dehio Regensburg–Oberpfalz, S. 732.
[61] Heim, Matrikel, S. 44.
[63] Heim, Matrikel, S. 19.
[64] Dehio Niederbayern, S. 157f. – Dehio Regensburg–Oberpfalz, S. 79f., 810ff.

Bistum Regensburg eine gewisse Einheitlichkeit des Bautyps, der durch die Auftraggeber aus der hohen Geistlichkeit und dem Adel geprägt ist.

Noch früher als in Straubing und im Donaugebiet hatte das Augsburger Domkapitel im Süden des Bistums Regensburg Fuß gefaßt. Der Nachfolger des hl. Ulrich, Bischof Heinrich I. (973–982), schenkte am 4. Oktober 980 den Kanonikern des Domkapitels den größeren Teil seines väterlichen Erbes in Geisenhausen (Lkr. Landshut), das bis 1605 in ihrem Besitz blieb.[65] Die zahlreichen Ulrichskirchen in diesem Gebiet zwischen Isar, Vils und Rott konzentrieren sich in auffälliger Weise an oder nahe bei der Straße von Landshut zum Inn und nach Altötting, an der auch Geisenhausen liegt. Die bedeutendste Ulrichskirche an dieser Straße befindet sich in Aich (Lkr. Landshut), die seit der Mitte des 17. Jahrhunderts als bischöfliche Tafelpfarrei einen quasi inkorporierten Status innehatte.[66] Ihre Bedeutung für die Ulrichsverehrung wird durch die Tatsache betont, daß ihr Papst Johannes XXII. (1316–34) in Avignon unter dem 27. August 1329 einen vollkommenen Ablaß verlieh, dessen Originalurkunde im Bischöflichen Zentralarchiv Regensburg aufbewahrt wird (Abb.).[67]

In diesem Zusammenhang darf auch nicht das Auftreten der hl. Afra, Mitpatronin des Bistums Augsburg, bei der Gründung der Landshuter Zisterzienserinnen-Abtei Seligenthal im Jahre 1232 durch Herzogin Ludmilla unbeachtet bleiben.[68] Die Afrakapelle als erste Klosterkirche darf durch ihr Patrozinium und durch ihre gleichzeitige Entstehung wohl mit Sicherheit in einem besonderen geschichtlichen Zusammenhang mit der Regensburger Ulrichskirche gesehen werden, der im Stifterpaar, Herzog Ludwig I. dem Kelheimer und seiner Gattin Ludmilla, begründet ist. Der Baubeginn der Regensburger Dompfarrkirche in der Zeit der gemeinsamen Stadtherrschaft von Bischof und Herzog und die Gründung Seligenthals als Sühnekloster nach dem Mord an Herzog Ludwig I. einerseits und die Wahl der beiden Augsburger Bistumspatrone, Ulrich und Afra, als Kirchenpatrone andererseits legen den Schluß auf einen ursächlichen Zusammenhang beinahe zwingend nahe.[69] Der Besitz des Augsburger Domkapitels um Geisenhausen und das Afrapatrozinium der ersten Seligenthaler Klosterkirche können daher als wesentliche Vorausset-

[65] H. Kallfelz (wie Anm. 32), S. 160–164. – F. Zoepfl (wie Anm. 15), S. 78 f. – Dehio Niederbayern, S. 162 ff.
[66] Hausberger, Bistum Regensburg I, S. 162.
[67] Bischöfliches Zentralarchiv Regensburg (BZAR), Pfarrakten Aich, Signatur 3. – An dieser Stelle möchte ich Herrn Archivdirektor Msgr. Dr. Paul Mai meinen herzlichsten Dank für die großzügige Unterstützung meiner Forschungen im Bischöflichen Zentralarchiv zum Ausdruck bringen.
[68] P. Felix Vongrey O. Cist., Studien zur mittelalterlichen Klosteranlage der Zisterzienserinnenabtei Seligenthal, in: Zisterzienserinnenabtei Seligenthal 1232–1982. Beiträge zur Geschichte des Klosters, Landshut/Bayern 1982, S. 54 ff. (Afrakapelle nicht gleichzeitig mit der Klosteranlage). – Für die liebenswürdige und schnelle Hilfe bin ich Ehrw. Mater Desideria Riha zu herzlichem Dank verpflichtet.
[69] Vgl. Hubel, Ulrichskirche, S. 64–68.

zungen für die Ausbreitung der Ulrichs- und Afraverehrung im Süden des Bistums Regensburg bezeichnet werden. Als eines der Wahrzeichen des damit verbundenen Augsburger Einflusses auf künstlerischem Gebiet sei hier der Turm der Stadtpfarrkirche von Vilsbiburg (Lkr. Landshut) genannt.[70] Seine Erhöhung im Achteck mit bekrönender Zwiebelkuppel im Jahre 1671 durch Domenico Cristoforo (II.) Zuccalli steht in eindeutiger Abhängigkeit vom Turm der ehemaligen Benediktinerabteikirche St. Ulrich und Afra zu Augsburg.[71]
Die Erwähnung des Udalschalk von Elsendorf bei der Übereignung von Straubing an das Augsburger Domkapitel weist in den Westen der Diözese Regensburg, wo im 4. Jahrzehnt des 11. Jahrhunderts mit der von St. Emmeram ausgehenden Klosterreform und mit Unterstützung des Grafen Eberhard von Ebersberg die Ulrichsverehrung einen kräftigen Aufschwung nahm.[72]

Gisseltshausen Die älteste belegbare Spur der Ulrichsverehrung in diesem Gebiet verbindet sich mit Gisseltshausen, dem ursprünglichen Pfarrsitz von Rottenburg a. d. Laaber (Lkr. Landshut).[73] Die dortige Ulrichskirche dürfte bald nach der Heiligsprechung als grundherrliche Eigenkirche des ortsansässigen Adels, der vom 12. bis zum 14. Jahrhundert nachweisbar ist, gegründet worden sein.[74] Der erste Pfarrsitz befand sich in Münster bei Rottenburg, einem der Urklöster der Diözese Regensburg, das vielleicht eine Gründung Herzog Tassilos III. war.[75] Die Verlegung der Pfarrei von Münster nach Gisseltshausen veranlaßten die bayerischen Herzöge; dort verblieb sie bis ins 15. Jahrhundert.[76] Auffallend und charakteristisch zugleich für die Ulrichskirchen im Gebiet der Donau und ihrer Nebenflüsse Laaber, Abens und Ilm ist ihre Lage an diesen Flüssen.

Die entscheidende Bedeutung für die Ausbreitung der Ulrichsverehrung im Einzugsgebiet der Donau und für ihre Verbindung mit dem angrenzenden Augsburger Bistumsgebiet kommt im 11. Jahrhundert ohne Zweifel dem Regensburger Emmeramskloster zu. Die Stiftung des Benediktinerinnenklosters in Geisenfeld an der Ilm im Jahre 1037 durch Graf Eberhard II. von Sempt-Ebersberg – nahe bei der schon seit dem 8. Jahrhundert bestehenden Pfarrkirche St. Emmeram – war mit zahlreichen gräflichen Gütern im Landkapitel Hohenwart der Diözese Augsburg ausgestattet.[77] Für die Zeit um

---

[70] Dehio Niederbayern, S. 740.
[71] Fritz Markmiller, Katholische Stadtpfarrkirche Mariä Himmelfahrt in Vilsbiburg (= Schnells Kunstführer 1652), München–Zürich 1987, Abb. S. 1.
[72] Hausberger, Bistum Regensburg I, S. 61.
[73] Josef Mayerhofer, Die Kirchen der Pfarrei Rottenburg a.d. Laaber (= Schnells Kunstführer 1402), München–Zürich 1983, S. 2.
[74] J. Mayerhofer (wie Anm. 73), S. 9–12.
[75] Hausberger, Bistum Regensburg I, S. 44.
[76] Wie Anm. 73.
[77] A. Klinger, Geisenfeld a.d. Ilm (Hallertau). Ehemalige Abteikirche der Benediktinerinnen, jetzt Stadtpfarrkirche der Emmeramspfarrei (= Schnells Kunstführer 1240), München–Zürich 1980, S. 3f. – Hausberger, Bistum Regensburg I, S. 61.

Bildlegenden zu:
Karl Kosel, Ulrichskirchen und Ulrichsdarstellungen

126 Wieselburg (Niederösterreich), Pfarrkirche St. Ulrich. Blick in den Chorraum

127 Thaur (Tirol), Afrahof, Kapelle St. Ulrich.
     Skulptur des thronenden hl. Ulrich

128 Regensburg, ehemalige Dompfarrkirche St. Ulrich. Schlußstein im nördlichen Seitenschiff: Thronender hl. Ulrich

129 Regensburg, ehemalige Dompfarrkirche St. Ulrich. Wandgemälde in der nördlichen Abseite der Ostempore

130 Regensburg, ehemalige Dompfarrkirche St. Ulrich (jetzt Diözesanmuseum), Innenansicht mit Hochaltar

131 Regensburg, ehemalige Dompfarrkirche St. Ulrich. Wandgemälde: Aussegnung des hl. Ulrich durch den hl. Wolfgang

132 Regensburg, ehemalige Dompfarrkirche St. Ulrich. Wandgemälde: Versöhnung König Ottos I. mit seinem Sohn Liudolf

133 Marzill, Kirche St. Wolfgang. Hochaltar

134 Oberlauterbach bei Wolznach, Pfarrkirche St. Andreas (links Büste des hl. Ulrich)

135 Ainau, Kirche St. Ulrich. Portal: Thronender Christus

136 Ainau, Kirche St. Ulrich. Portal. Relief: Einzug Christi in Jerusalem

137 Ainau, Kirche St. Ulrich. Portal

138, 140 Parma, Baptisterium. Benedetto Antelami, Der Frühling

139 Ainau, Kirche St. Ulrich, Portaltympanon: Thronender Christus

141 Parma, Baptisterium. Benedetto Antelami: Monat Dezember

142 Deggendorf, Stadtpfarrkirche St. Martin.
     Werkstatt von Martin Kriechbaum, hl. Ulrich vom Hochaltar

143 Deggendorf, Stadtpfarrkirche St. Martin. Hochaltar (1624) mit spätgotischen Plastiken

144 St. Kastl bei Langenbruck, Wallfahrtskirche St. Kastulus, Marienaltar mit Figuren der Heiligen Ulrich und Wolfgang

145 St. Kastl bei Langenbruck, Wallfahrtskirche St. Kastulus. Stilkreis von Hans Leinberger: hl. Ulrich, Detail

146 Kleinreichertshofen, Filialkirche St. Ulrich. Stilkreis von Hans Leinberger: Hl. Ulrich, Detail

127 Thaur (Tirol), Afrahof, Kapelle St. Ulrich.
Skulptur des thronenden hl. Ulrich

128 Regensburg, ehemalige Dompfarrkirche St. Ulrich. Schlußstein im nördlichen
Seitenschiff: Thronender hl. Ulrich

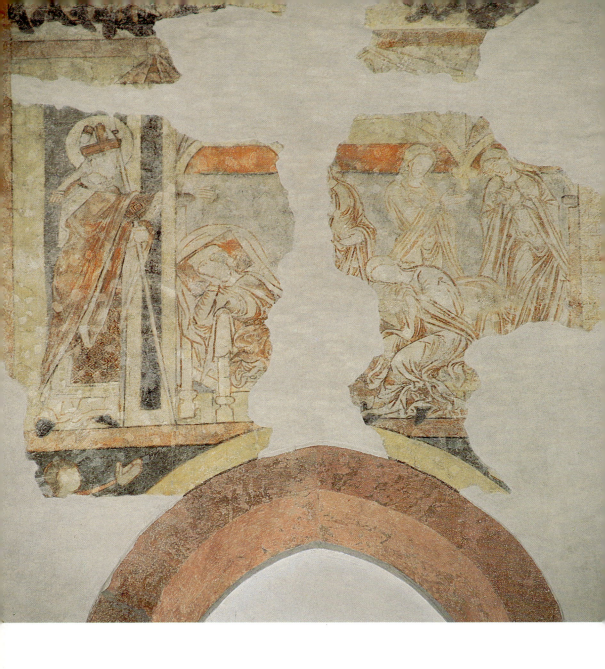

131 Regensburg, ehemalige Dompfarrkirche St. Ulrich. Wandgemälde: Aussegnung des hl. Ulrich durch den hl. Wolfgang

132 Regensburg, ehemalige Dompfarrkirche St. Ulrich. Wandgemälde: Versöhnung König Ottos I. mit seinem Sohn Liudolf

135–137
Ainau, Kirche St. Ulrich, Portal:
Thronender Christus und Einzug Christi in Jerusalem

139

140, 141

142
143

146 Kleinreichertshofen, Filialkirche St. Ulrich. Stilkreis von Hans Leinberger: Hl. Ulrich, Detail

1500 nennt Antonius v. Steichele fünf Pfarreien dieses Landkapitels, die dem Patronat von Kloster Geisenfeld unterstanden: Euernbach, Feilenbach, Gundamsried, Hög, Kleinreichertshofen.[78] Letztere war bis 1809 eine selbständige Pfarrei, deren Kirche dem hl. Ulrich geweiht ist.[79] In der unmittelbaren Umgebung sind die Pfarrkirchen von Ehrenberg und Lindach dem Augsburger Bistumspatron geweiht. Das Regensburger Kloster St. Emmeram hatte das Patronatsrecht über die Pfarrei Puch inne.[80] Die Klostergründungen der Grafen von Sempt-Ebersberg und ihrer Zweige im 11. Jahrhundert erscheinen bereits vor der Gründung von Geisenfeld im Paartal. Im Jahre 1011 gründet Graf Adalbero von Kühbach (ein Seitenzweig der Ebersberger Grafen) das Benediktinerinnenkloster in Kühbach (Lkr. Aichach-Friedberg).[81] Das letzte Glied in dieser Kette von Klostergründungen im Ilm- und Paargebiet, die mit Benediktinerinnen besiedelt wurden, ist Hohenwart (Lkr. Pfaffenhofen a.d. Ilm). Die Umwandlung der Hohenwarter Burg in ein Benediktinerinnenkloster im Jahre 1074 erfolgte durch Graf Ortolf und seine Schwester Wiltrudis, deren Onkel Bischof Gebhard II. von Regensburg (1023–36) gewesen sein soll.[82] Für die Ausbreitung der Verehrung von Regensburger Heiligen im Bistum Augsburg ist von Bedeutung, daß Kloster Hohenwart bis zum Jahre 1316 das Patronatsrecht über die Pfarrei Taiting (Lkr. Aichach-Friedberg) innehatte, wo sich eine dem hl. Emmeram geweihte romanische Kapelle befindet.[83] Das Emmeramspatrozinium in Taiting gewinnt zusätzliche Bedeutung durch die Tatsache, daß im nahen Gersthofen (Lkr. Augsburg) sich ebenfalls eine dem Regensburger Heiligen geweihte Kapelle befindet. Ihre erste urkundliche Erwähnung im Jahre 1604 besitzt nur geringe Aussagekraft hinsichtlich des Alters der örtlichen Emmeramsverehrung, nachdem die Feier seines Festes in den Augsburger Domstiftskalendarien des 11. Jahrhunderts belegt ist.[84] Die Gründung der Benediktinerinnenklöster Kühbach, Geisenfeld und Hohenwart im 11. Jahrhundert veranschaulicht in ihrem zeitlichen und räumlichen Zusammenhang die wechselseitige Beziehung der Bistümer Regensburg und Augsburg, die in den Emmerams- und Ulrichspatrozinien ihren Niederschlag findet.

[78] Antonius v. Steichele, Das Bistum Augsburg, historisch und statistisch beschrieben, 4. Band: Die Landkapitel Friedberg, Füssen, Höchstädt, Hohenwart; Augsburg 1883, S. 774f. (zitiert als: Steichele, Bistum Augsburg 4).
[79] Steichele, Bistum Augsburg 4, S. 840f.
[80] Steichele, Bistum Augsburg 4, S. 775, 958.
[81] Wilhelm Liebhart, Die Wittelsbacher und das Benediktinerinnenkloster Kühbach im Mittelalter, in: Toni Grad (Hg.), Die Wittelsbacher im Aichacher Land. Gedenkschrift der Stadt Aichach und des Landkreises Aichach-Friedberg zur 800-Jahr-Feier des Hauses Wittelsbach, Aichach 1980, S. 173f. (zitiert als: Grad, Wittelsbacher).
[82] Steichele, Bistum Augsburg 4, S. 862ff.
[83] Steichele, Bistum Augsburg 4, S. 252ff.
[84] Franz Machilek, Aus der Geschichte der katholischen Pfarrei, in: Johannes Krauße, Gersthofen 969–1969. Festschrift zur Tausendjahrfeier und Stadterhebung 1969, Gersthofen 1969, S. 42.

Die Konzentration der Ulrichspatrozinien im Gebiet der Ilm und Abens ist durch ihre geographische Lage und kirchengeschichtlich auf die Benediktinerklöster des Donaugebietes ausgerichtet. Die Pfarrei Niederumelsdorf (Lkr. Kelheim) – nahe bei Elsendorf, der Heimat Udalschalks, dem Verwandten des Bischofs Bruno von Augsburg, gelegen – unterstand der Patronatsherrschaft des 1132 durch Bischof Otto von Bamberg gegründeten Benediktinerklosters Biburg bei Abensberg, das 1597 an das Jesuitenkolleg in Ingolstadt überging.[85] Die Stifter und Förderer des Klosters Biburg, Konrad und Arbo von Sittling-Biburg und ihre Mutter Bertha von Ratzenhofen, waren in Sittling bei Bad Gögging beheimatet. Die Pfarreien Gögging und Sittling – letztere mit den Kirchenpatronen St. Ulrich und St. Wolfgang – wurden um 1128 der Benediktinerabtei Weltenburg inkorporiert.[86] Die kirchen- und familiengeschichtlichen Zusammenhänge erweisen sich so als die Ursachen der Ulrichs- und Wolfgangspatrozinien.

Dieselben Zusammenhänge lassen sich auch im Süden dieses Gebiets an der Straße von Mainburg nach Wolnzach beobachten, welche die Dekanate Elsendorf und Geisenfeld verbindet und direkt zur Grenze des Bistums Augsburg im Ilmtal führt. Laut Forsters Matrikel stand Unterempfenbach mit seiner Filialkirche St. Ulrich durch seine Pfarrzugehörigkeit zu Sandelzhausen unter der Patronatsherrschaft von Kloster Biburg.[87] – Im unmittelbar benachbarten Marzill (Lkr. Kelheim) verleiht die dem hl. Wolfgang geweihte spätgotische Kirche dem stattlichen Edelsitz durch ihren zinnenbekrönten Sattelturm einen monumentalen Akzent.[88] Bedeutsam im Zusammenhang mit unserem Thema sind die drei Heiligen, die am barocken Hochaltar (um 1680) dargestellt sind: der Kirchenpatron St. Wolfgang im Gemälde, flankiert von den Plastiken der hll. Bischöfe Rupert und Ulrich (Abb.). Die Regensburger Lokaltradition, wonach der hl. Rupert der Gründer des Klosters St. Emmeram war,[89] und das Freundespaar der beiden Bistumspatrone St. Wolfgang und St. Ulrich finden im Marziller Hochaltar eine repräsentative Gestaltung, die in der zweiten Hälfte des 17. Jahrhunderts eine ikonographische Tradition von besonderer Eigenart angenommen hat. Diese aus der frühen Geschichte des Bistums Regensburg erwachsene Tradition erweist ihre Wirksamkeit auch in den kunstgeschichtlichen Zusammenhängen, die in diesem Gebiet zwischen Mainburg und Wolnzach festgestellt werden können. In der Pfarrkirche des benachbarten Oberlauterbach – dem Regensburger Emmeramskloster inkorporiert[90] – zeigt der gleichzeitig um 1680 entstandene Wendelinsaltar im Architektonischen und Figürlichen eine unmittelbare

Marzill

---

[85] Heim, Matrikel, S. 139.
[86] Hausberger, Bistum Regensburg I, S. 87. – Lothar Altmann und Fr. Rupert Thürmer OSB, Benediktinerabtei Weltenburg a.d. Donau (= Großer Kunstführer 86), München–Zürich 1981, S. 6.
[87] Heim, Matrikel, S. 127.
[88] Dehio Niederbayern, S. 396.
[89] Hausberger, Bistum Regensburg I, S. 24.
[90] Wie Anm. 50.

Abhängigkeit vom Marziller Hochaltar, die auf seine Entstehung in der gleichen Werkstatt schließen läßt. Die Verehrung der Bistumspatrone von Salzburg, Regensburg und Augsburg, der Hll. Rupert, Wolfgang und Ulrich, sowie des hl. Emmeram in diesem Grenzgebiet der Diözesen Regensburg und Augsburg kann daher als besonders charakteristisch für die dortige kirchengeschichtliche Entwicklung bezeichnet werden. Gedeon Forsters Matrikel nennt in der Pfarrkirche St. Emmeram von Eschelbach an der Ilm zwei Altäre, die den Hll. Rupert und Wolfgang geweiht sind.[91] Die Kuratiekirche in Geisenhausen (Lkr. Pfaffenhofen a. d. Ilm) ist ebenfalls dem hl. Emmeram geweiht.[92] Dieselbe Quelle belegt Altäre zu Ehren des hl. Rupert in den Pfarrkirchen von Gosselshausen und Wolnzach.[93] Es ist daher nicht verwunderlich, daß auf der Augsburger Seite des Ilmtales in der Ulrichskirche von Kleinreichertshofen die Figur des hl. Rupert am Hochaltar auftritt.[94]

Ainau Den künstlerischen Höhepunkt der mittelalterlichen Ulrichskirchen im Westen des Bistums Regensburg stellt die Kirche von Ainau bei Geisenfeld (Lkr. Pfaffenhofen a. d. Ilm), lange Zeit die kleinste Pfarrei der Diözese, dar.[95] Die Gründung der Einsiedelei in der »Au des Freien Egino«, d. i. Ainau, um 1037 durch Adalbero, den Sohn des geächteten Herzogs Adalbero von Kärnten,[96] in der unmittelbaren Nachbarschaft von Geisenfeld und gleichzeitig mit dem dortigen Benediktinerinnenkonvent weist eindeutig auf den Zusammenhang mit dem Regensburger Kloster St. Emmeram bzw. mit dessen Filialgründung Engelbrechtsmünster bei Geisenfeld hin.[97] Der Ainau benachbarte Ort Zell – heute ein Ortsteil von Geisenfeld – war im Besitz von St. Emmeram.[98] Nachdem Adalbero Bischof von Bamberg († 1057) geworden war, erscheint um 1060 sein Bruder Uodalrich als Seelsorger in Ainau. Ist dies als Hinweis auf die Wahl des hl. Ulrich als Kirchenpatron zu verstehen? Die versteckte Lage der Ulrichskirche in einem Wäldchen nahe der Ilm macht auch heute noch den Ursprung aus einer Einsiedelei anschaulich, worauf der Name der zur Pfarrei Ainau gehörigen Ortschaft Zell hinweist. Die aus der Einsiedelei hervorgegangene Wasserburg ist längst verschwunden und die Selbständigkeit der Pfarrei, die erstmals am 19. Juni 1400 urkundlich genannt ist,[99] erfuhr mehrmals Unterbrechungen, die sich an den Entwicklungsphasen des Baues ablesen lassen. Der Turm über der Apsis dürfte erst im 2. Drittel des 16. Jahrhunderts entstanden sein, wahrscheinlich nach 1534, als die Pfarrei wieder mit einem Pleban besetzt wurde.[100] Von 1639 bis

[91] Heim, Matrikel, S. 130.
[92] Wie Anm. 91.
[93] Heim, Matrikel, S. 131 f.
[94] Dehio München–Oberbayern, S. 545.
[95] Dehio München–Oberbayern, S. 4.
[96] Matrikel der Diözese Regensburg. Hrsg. im Auftrag Sr. Exzellenz des H. H. Bischof Dr. Antonius v. Henle vom Bischöfl. Ordinariate Regensburg, Regensburg 1916, S. 268.
[97] Hausberger, Bistum Regensburg I, S. 44.
[98] A. Klinger (wie Anm. 77), S. 4.
[99] Wie Anm. 96.
[100] Peter Leuschner, Romanische Kirchen in Bayern, Pfaffenhofen a. d. Ilm 1981, S. 13, Abb. S. 28 (Turm Anfang 16. Jahrhundert). – Dehio München–Oberbayern, S. 4 (Turm gotisch).

1709 war wieder die Selbständigkeit der Pfarrei aufgehoben.[101] Nach ihrer Wiederherstellung im Jahre 1709 dürfte die Sakristei an der Nordseite angebaut worden sein.[102] Im Jahre 1858 wurde die Kirche nach Westen verlängert. Aufgrund von Bauforschungen konnte festgestellt werden, daß die Kirche ursprünglich zwei Geschosse besaß und so den mit Edelsitzen oder Burgen verbundenen Kapellen, wie z.B. Tiefenthal und Wilchenreuth, entsprach.[103]

Der bemerkenswerteste Teil des um 1220/30 entstandenen Kirchenbaus ist das Portal an der Südseite des Langhauses (Abb.).[104] Das dreistufige Portal sitzt in einer rechteckigen Profilumrahmung, über der der lehrende Christus thront. Die beherrschende Erscheinungsform der Portalanlage ist daher die umfassende Türumrahmung als Thron des lehrenden Christus. Als Hauptthema des Portals ist damit Christus als die Tür ausgewiesen, wie es im Johannesevangelium geschrieben steht: »Ich bin die Tür; wer durch mich hineingeht, wird gerettet werden« (Joh. 10,9). Das Thema der Tür erfährt im Relief rechts neben der Portalumrahmung, das den Einzug Christi in Jerusalem darstellt, eine Erweiterung im Sinne der feierlichen Repräsentation der Herrscherwürde Christi, die sich mit dem herrscherlichen lehrenden Christus über der Umrahmung zusammenschließt: Christus als Lehrer und Herrscher (Abb.). Die Unterteilung der Umrahmung und des Gewändes durch das Gesims kennzeichnet die Unterscheidung zwischen irdischem und himmlischem Bereich: Der Einzug Christi in das irdische Jerusalem, der thronende Christus im himmlischen Jerusalem.

Die Vision des »Himmlischen Jerusalem« verbindet sich im hohen Mittelalter häufig mit dem Bild von Abrahams Schoß im Gleichnis des reichen Mannes und des armen Lazarus (Lk 16, 19ff.), z.B. im »Hortus deliciarum« der Herrad von Landsberg (1159–75).[105] In Verbindung mit dem Jüngsten Gericht erscheint Abrahams Schoß beim Mosaik an der Westwand der Kathedrale von Torcello (Ende 11. Jahrhundert–2. Hälfte 12. Jahrhundert).[106] Die geretteten Seelen im Schoß Abrahams sind dort zusammen mit der Muttergottes, dem guten Schächer Dismas und der Paradiesespforte, die von einem Seraph und dem hl. Petrus bewacht wird, dargestellt.[107]

Das Ainauer Portaltympanon mit der Darstellung des Schoßes Abrahams

---

[101] Wie Anm. 96.
[102] P. Leuschner (wie Anm. 100), Abb. S. 28.
[103] P. Leuschner (wie Anm. 100), S. 13. – Dehio Regensburg-Oberpfalz, S. 732f., 810ff.
[104] P. Leuschner (wie Anm. 100), S. 13f., Abb. S. 29, 30. – Dehio München–Oberbayern, S. 4. – Die Bibelzitate im nachfolgenden Text entnommen aus: Neue Jerusalemer Bibel, Einheitsübersetzung, Freiburg–Basel–Wien 1985.
[105] Hiltgart L. Keller, Reclams Lexikon der Heiligen und der biblischen Gestalten. Legende und Darstellung in der bildenden Kunst, Stuttgart 1968, S. 14.
[106] Terisio Pignatti, 1000 Jahre Kunst in Venedig, München 1989, S. 32, Abb. S. 28 (rechts).
[107] Carl Arnold Willemsen, Das Rätsel von Otranto. Das Fußbodenmosaik in der Kathedrale. Eine Bestandsaufnahme. Hg. v. Magnus Ditsche und Raymund Kottje, Sigmaringen 1992, Abb. 60.

(Abb.) besitzt in derselben Szene des Verduner Altars in Stift Klosterneuburg bei Wien, den der Goldschmied Nikolaus von Verdun im Jahre 1181 vollendete, einen Vorläufer von erstaunlich enger Verwandtschaft.[108] Die in Emailtechnik ausgeführte Darstellung des Verduner Altars zeigt den Schoß Abrahams zusammen mit der Vision des »Himmlischen Jerusalem«.[109] Unterhalb dieser Darstellung befindet sich der thronende Christus als Weltenrichter.[110] Die typologische Gegenüberstellung des alttestamentarischen Bildes vom Schoß Abrahams und der endzeitlichen Vision des »Himmlischen Jerusalem« veranschaulicht die zwei thematischen Ebenen, die auch für das Bildprogramm des Ainauer Portals maßgeblich sind. Die Übereinstimmung der beiden Darstellungen mit den Seelen der Verstorbenen in Abrahams Schoß ist ohne weiteres zu erkennen. Im Ainauer Tympanon erscheinen drei Engel zu Häupten Abrahams, jedoch in einer anderen Bildebene, die durch den Perlstab von derjenigen Abrahams getrennt ist. Es ist daher zweifelhaft, ob es sich um die Engel handelt, welche die Seele des Armen in Abrahams Schoß trugen (Lk 16,22). Der Vergleich mit der Darstellung am Verduner Altar zeigt vielmehr eine Parallele mit den drei Engeln, welche die Mauer des himmlischen Jerusalems bewachen. Zudem sind die beiden Sitzfiguren, die der Bildebene der drei Engel zugeordnet sind, mit dem erwähnten Text aus dem Lukasevangelium nicht in Verbindung zu bringen. Die thematische Beziehung des Ainauer Tympanons zur Vision des »Himmlischen Jerusalem« (Offb 21–22) kommt unzweifelhaft in der Zwölfzahl seiner Figuren – einschließlich der beiden Köpfe hinter den Sitzfiguren – zum Ausdruck, die sich auf die zwölf Tore der himmlischen Stadt beziehen. Die Figuren dieser Bildebene, welche die Darstellung des Schoßes Abrahams umrahmt, sind daher dem oberen Teil der Portalumrahmung zugeordnet, über der Christus als Lehrer und Richter thront. Der Text in der Geheimen Offenbarung spricht von der »heiligen Stadt Jerusalem, wie sie von Gott her aus dem Himmel herabkam«, und »Die Stadt war viereckig angelegt« (Offb 21, 10 u. 16). Der Oberteil der rechteckigen Portalumrahmung, den das Gesims des Portalgewändes zum Viereck ergänzt, entspricht daher völlig der Beschreibung der aus dem Himmel herabkommenden heiligen Stadt Jerusalem. Die von der rechten Sitzfigur ausgehende Wellenlinie, welche die drei Engel umfaßt und mit stilisierten Blättern besetzt ist, schließt vor der linken Sitzfigur ab. Die stilisierten Blätter wiederholen sich im Tympanonfeld um den Schoß Abrahams, wo sie die Bedeutung des unvergänglichen blühenden Lebens tragen. Der strömende Charakter dieser Wellenranke im oberen Teil legt den Vergleich mit fließendem Wasser nahe und läßt sich in diesem Sinne auf folgende Stelle in der Geheimen Offenbarung beziehen: »Und er zeigte mir einen Strom, das Was-

---

[108] Floridus Röhrig, Der Verduner Altar, Wien–München ²1955, S. 18, 84 f. (zitiert als: Röhrig, Verduner Altar). – Vgl. Hubel (wie Anm. 29), S. 364.
[109] Röhrig, Verduner Altar, Abb. 50.
[110] Röhrig, Verduner Altar, Abb. 51.

ser des Lebens, klar wie Kristall; er geht vom Thron Gottes und des Lammes aus. Zwischen der Straße der Stadt und dem Strom, hüben und drüben, stehen Bäume des Lebens« (Offb 22, 1–2). Die trinitarische Anspielung dieser Stelle, welche die Ströme des lebendigen Wassers als Symbol des Heiligen Geistes ausweist, bezieht sich auf folgende Stelle des Johannesevangeliums: »Am letzten Tag des Festes, dem großen Tag, stellte sich Jesus hin und rief: Wer Durst hat, komme zu mir, und es trinke, wer an mich glaubt. Wie die Schrift sagt: Aus seinem Inneren werden Ströme von lebendigem Wasser fließen. Damit meinte er den Geist, den alle empfangen sollten, die an ihn glauben; denn der Geist war noch nicht gegeben, weil Jesus noch nicht verherrlicht war« (Joh 7, 37–39). Der trinitarische Charakter dieser Anspielung, die im Symbol des lebendigen Wassers zum Ausdruck kommt, erscheint in der Dreizahl der Engel, die in achsialer Beziehung zum thronenden Christus stehen und auf der dritten Stufe des Portalgewändes angebracht sind. Der ambivalente Charakter, der aus den Bildern des lebendigen Wassers und der Lebensbäume spricht, verbindet sich in der folgenden Stelle mit dem Symbol des Tores zur himmlischen Stadt: »Selig, wer sein Gewand wäscht: Er hat Anteil am Baum des Lebens, und er wird durch die Tore der Stadt eintreten können« (Offb 22,14). Damit ist das Portal insgesamt als Tor zum »Himmlischen Jerusalem« gekennzeichnet, das von Gott her aus dem Himmel herabkommt. Die drei Gestalten im Scheitel des Tympanons sind daher Selige, die ihre Gewänder gewaschen und dadurch Anteil am Baum des Lebens haben, der sie und die Seelen in Abrahams Schoß umgibt. Die einzelnen Elemente dieser Vision vereinen sich im Bild der Knechte Gottes und des Lammes: »Der Thron Gottes und des Lammes wird in der Stadt stehen, und seine Knechte werden ihm dienen. Sie werden sein Angesicht schauen, und sein Name ist auf ihre Stirn geschrieben« (Offb 22,3–4). Der Blick zum Antlitz Gottes richtet sich bei den beiden flankierenden Büsten auf die mittlere Büste, die ein reich geschmücktes Gewand trägt und mit weit geöffneten Augen leicht nach rechts blickt. Der Aufblick dieser priesterlich bzw. bräutlich geschmückten Gestalt richtet sich stellvertretend auf den thronenden Christus. Diese stellvertretende Gestalt erscheint als Bote Christi und ist in diesem Sinne als sein Engel zu bezeichnen, der über den Toren der himmlischen Stadt steht. Von ihm als dem Stellvertreter Gottes und des Lammes geht das Wasser des Lebens aus, an dessen Ufern die Lebensbäume stehen. So erscheint der priesterlich und bräutlich geschmückte Engel als Bote Christi, der dem Seher von Patmos die Vision des »Himmlischen Jerusalem« offenbart: »Ich, Jesus, habe meinen Engel gesandt als Zeugen für das, was die Gemeinden betrifft. Ich bin die Wurzel und der Stamm Davids, der strahlende Morgenstern. Der Geist und die Braut aber sagen: Komm! Wer hört, der rufe: Komm! Wer durstig ist, der komme. Wer will, empfange umsonst das Wasser des Lebens« (Offb 22,16–17).
Ohne Zweifel ist in dieser Stelle der Geheimen Offenbarung (Offb 22,14,

16–17) das zentrale Bild für das Programm des Ainauer Portals gegeben: Der Engel, der Geist und die Braut – der Bote Gottes, der Geist Gottes und die Kirche als Braut Christi, die als Spiegelbild der Dreifaltigkeit erscheinen. Die Lebensbäume sind zugleich das Symbol für Christus als Wurzel und Stamm Davids. Dadurch ist die Verbindung zum Relief mit dem Einzug Christi in Jerusalem geknüpft, welche die Begrüßung Jesu als Sohn Davids (Mt 21,9) beinhaltet. Außerdem verbindet sich damit die Identifikation der rechten Sitzfigur als David, von dem die Wurzel und der Stamm ausgehen. Die thematische Ebene des Alten Testaments, die auch aus dem Bild des Schoßes Abrahams spricht, und ihre Verschmelzung mit der Heilsbotschaft des Neuen Testaments findet in der endzeitlichen Vision der Geheimen Offenbarung ihre Vollendung. Diesem endzeitlichen Themenbereich ist daher die linke Sitzfigur zuzuordnen, die ohne Zweifel den Evangelisten Johannes darstellt. Das Antlitz mit den weit geöffneten Augen, wodurch es dem Engel im Scheitel des Tympanons völlig gleicht, ist daher der Engel als Offenbarer der Vision des »Himmlischen Jerusalem«, die dem Evangelisten im 21. und 22. Kapitel der Geheimen Offenbarung zuteil wird.

Der auffällige physiognomische Unterschied zwischen den beiden Sitzfiguren und dem Gesichtsausdruck der zugehörigen Köpfe betont die heilsgeschichtliche Bedeutung und Rangordnung der thematischen Ebenen des Tympanons. David und das zugehörige Gesicht sind mit gesenktem Blick und halb geschlossenen Augen dargestellt. Auch die Augen des Evangelisten sind halb geschlossen, doch seine Kopfhaltung ist etwas mehr aufgerichtet als bei David. Seine Charakterisierung als Visionär erfolgt durch das erhobene Antlitz des Engels mit den weit geöffneten Augen. Der damit zum Ausdruck gebrachte Unterschied der heilsgeschichtlichen Rangordnung findet in der typologischen Gegenüberstellung ihre bildliche Vergegenwärtigung im Hinblick auf die endzeitliche Vollendung, wie sie folgende Stelle der Geheimen Offenbarung veranschaulicht: »Gott, der Herr über den Geist der Propheten, hat seinen Engel gesandt, um seinen Knechten zu zeigen, was bald geschehen muß« (Offb 22,6). Die drei Büsten im Scheitel des Tympanons – der Engel als Bote Gottes, der Geist Gottes und die Kirche als Braut Christi – erscheinen als Träger und Empfänger der vollen heilsgeschichtlichen Offenbarung. David und der Evangelist Johannes empfangen als Knechte Gottes die prophetische Offenbarung, jedoch in unterschiedlicher Klarheit der Erkenntnis. David schaut die Wurzel Jesse als zeichenhaftes Vorbild für das Kommen des Erlösers aus seinem Stamm. Johannes schaut ihn in der endzeitlichen Erfüllung als Lebensbaum in der Mitte der himmlischen Stadt. Das gleichnishafte Bild des Schoßes Abrahams verbindet die zeitlichen Ebenen des Alten und des Neuen Testaments zum typologischen Vorbild der Vollendung im »Himmlischen Jerusalem«. Diese heilsgeschichtliche Zielsetzung der mittelalterlichen Typologie stellt Floridus Röhrig folgendermaßen dar: »Die heiligmachende Gnade bedeutet in gewissem Sinn schon eine Vorwegnahme, zumindest ein Unterpfand der künftigen Verklärung, so wie auch die beiden vorausgegangenen Zeitabschnitte Unterpfand des Kommenden waren. Daher geht die Typologie unmerklich in die Eschatologie über, in die Darstellung der Letzten Dinge. Erst das Ende der Zeiten bringt die letzte Vollendung der Heilsgeschichte.«[111] Der hierarchisch geordnete Zeitablauf der Heilsgeschichte, den die aus der Scholastik entwickelte mittelalterliche Typologie darstellt, gliedert das Alte und Neue Testament in drei Perioden: 1. Ante legem – Vor dem Gesetz: Die Zeit von der Weltschöpfung bis zu Moses; 2. Sub lege – Unter dem Gesetz: Die Zeit von der Gesetzgebung auf dem Sinai bis zum Ende des Alten Testaments; 3. Sub gratia – Unter der Gnade: Das messianische Zeitalter des Neuen Testaments.[112] Der Schoß Abrahams stellt die Zeit vor dem Gesetz dar, David die Zeit unter dem Gesetz und der hl. Evangelist Johannes die Zeit unter der Gnade. Abrahams Schoß als Gleichnis für das »Himmlische Jerusalem« bedeutet die Rückkehr zum Ursprung der Schöpfung, wie es die Inschrift der entsprechenden Darstellung des Verduner Altars ausdrückt: »SANCTIS SVMMA QVIES O PACIS VISIO FIES« – »Den Heiligen wirst du die höchste Ruhe, o Schau des Friedens«.[113] Die Vollendung der Heilsgeschichte am Ende der Zeiten stellen daher die drei Gestalten im Tympanonscheitel dar, die in der Tat die höchste Ruhe und die Schau des Friedens unmittelbar sinnfällig machen. Das Bild der verklärten Kirche im »Himmlischen Jerusalem«, das hier als Spiegel der Dreifaltigkeit erscheint, stellt die Erfüllung und Vollendung dessen dar, was sie in ihrer zeitlichen Erscheinungsform war. Die heilsgeschichtliche Rangordnung, die vom Schöpfer ausgeht, tritt durch die Vermittlung des Geistes und der Boten Gottes in die Zeitlichkeit ein und wird in Bildern und Zeichen geoffenbart. Die Gestalt der Braut weist auf die Personifikationen der Kirche im Alten und Neuen Testament, im Hohenlied und in der Geheimen Offenbarung, hin: Ecclesia und Synagoge. Am Ainauer Tympanon erscheinen sie zwar nicht in den bekannten Gestaltungen der Kathedralplastik (Bamberg und Straßburg), sondern stellvertretend in Gestalt des Evangelisten und Davids. Doch die physiognomische Charakterisierung der beiden zugehörigen Köpfe trägt unverkennbar die Züge dieser klassischen Gestalten in Bamberg und Straßburg.[114] Die Anspielung auf die Kirchenthematik insgesamt – d. h. Ecclesia und Synagoge – im Rahmen der Gegenüberstellung von Altem und Neuem Testament und in Beziehung zur Brautsymbolik ist in die hierarchische Dreigliedrigkeit der Heilsgeschichte eingebettet.

Der hohe theologische Anspruch des Ainauer Portalprogramms wird durch den Vergleich mit gleichzeitigen Bildzyklen in Bamberg und Regensburg be-

---

[111] Röhrig, Verduner Altar, S. 54.
[112] Röhrig, Verduner Altar, S. 53 f.
[113] Wie Anm. 109.
[114] Hans Jantzen, Deutsche Plastik des 13. Jahrhunderts, München 1941, Abb. S. 6, 7, 88, 89.

tont. Das Fürstentor des Bamberger Domes (um 1230–37) zeigte mit dem ursprünglichen Figurenschmuck der Archivoltenzone und an deren Stirnfront eine unmittelbare thematische Übereinstimmung mit dem Ainauer Portal: Ecclesia und Synagoge an der Stirnseite, der Gerichtsengel mit Posaune und Abrahams Schoß vor den Archivolten, bezogen auf das Tympanonrelief mit dem Jüngsten Gericht.[115] Die Bedeutung des Themas der Kirche als Braut und immerwährende Jungfrau für die Hochromanik im Regensburger Kunstkreis wird durch die Gewölbemalerei im Chor der ehemaligen Benediktinerabteikirche von Prüfening (zweites Viertel 12. Jahrhundert) hervorgehoben.[116] Die Klostergründung durch den hl. Otto, Bischof von Bamberg, verdeutlicht auch die kirchengeschichtlichen Zusammenhänge, aus denen die Ainauer Ulrichskirche und das Bildprogramm ihres Portals entstanden sind.

In der gleichzeitigen Regensburger Kunst lassen sich unmittelbare thematische und stilistische Zusammenhänge mit dem Ainauer Tympanon beim Wurzel-Jesse-Fenster des Regensburger Domes (um 1220/30) nachweisen.[117] Die enge Verwandtschaft der Kopftypen und der Haarbehandlung bei Abraham, David und dem hl. Johannes Evangelist mit den Propheten- und Königsköpfen des Wurzel-Jesse-Fensters beweist die gleichzeitige Entstehung und macht die Regensburger Herkunft dieser Stilrichtung mindestens sehr wahrscheinlich.[118] Der Vergleich des Gesichtes Abrahams mit demjenigen Arams im Wurzel-Jesse-Fenster veranschaulicht die völlige Übereinstimmung des zeichnerischen Stils.[119] Die Gesichtszüge der drei symbolischen Gestalten im Scheitel des Tympanons haben in den Mariendarstellungen der Verkündigung und der Geburt Christi des Wurzel-Jesse-Fensters ihre unmittelbaren Parallelen.[120] Der enge stilistische Zusammenhang zwischen dem Wurzel-Jesse-Fenster des Domes und den Fresken an der Ostwand der Ulrichskirche, der von Hubel zutreffend festgestellt wurde,[121] deutet auf programmatische und kunstgeschichtliche Verbindungen innerhalb des Regensburger Kunstkreises hin, die aus der Entstehung dieser Ulrichskirchen in der 1. Hälfte des 13. Jahrhunderts erwuchsen.

Das Thema der Wurzel Jesse bzw. der Wurzel und des Stammes Davids zählt zu den ikonographischen Grundlagen der Glasmalerei und Monumentalplastik an den Kathedralen des 12. und 13. Jahrhunderts. In der Glasmalerei stehen die Wurzel-Jesse-Fenster in Saint-Denis (vor 1144) und in der Kathedrale von Chartres (um 1150–55)[122] am Beginn der Entwicklung, und die Dar-

---

[115] Wilhelm Pinder, Der Bamberger Dom, Königstein im Taunus 1949, Abb. S. 13.
[116] P. Leuschner (wie Anm. 100), Abb. S. 112. – Dehio Regensburg–Oberpfalz, S. 502.
[117] Achim Hubel, Die Glasmalereien des Regensburger Domes, München–Zürich 1981, S. 15–17 m. Abb.
[118] A. Hubel (wie Anm. 117), Farbtafeln 5 u. 6.
[119] A. Hubel (wie Anm. 117), Farbtafel 6.
[120] A. Hubel (wie Anm. 117), Farbtafeln 2 u. 3.
[121] A. Hubel (wie Anm. 117), S. 16. – A. Hubel (wie Anm. 29), S. 364f.

stellungen dieses Themas in der Portalplastik der französischen Kathedralen sind zahlreich.[123] Sehr interessant, nicht nur wegen des Materials, ist die Darstellung auf einer der jüngeren Platten der Bronzetüren von S. Zeno in Verona (um 1200),[124] deren Bildaufbau nicht vom gebräuchlichen System der Wurzel Jesse, z.B. beim Fenster in Chartres, abweicht. Die Verwandtschaft mit dem Ainauer Tympanon ist vielmehr durch das kompositionelle und rhythmische Verhältnis von Ornament und Figur gegeben. Dies findet in der Gemeinsamkeit des Zeitstils und im bekannten lombardischen Einfluß auf die donaubayerische Steinmetzhütte seine Erklärung.

Die Spur nach Oberitalien an der Wende vom 12. zum 13. Jahrhundert zu den ikonographischen und stilistischen Voraussetzungen der Ainauer Portalplastiken führt nach Parma als einem der Hauptzentren romanischer Plastik in Italien. Das Baptisterium von Parma mit seiner großartigen plastischen Dekoration am Außenbau und im Innenraum, die Benedetto Antelami und seine Gehilfen zwischen 1196 und 1216 schufen,[125] zeigt an den drei Portalen und an den Schrägseiten des Oktogons ein außerordentlich reiches Bildprogramm, das hier nur in seinen Grundzügen skizziert werden kann:[126] 1. Das Nord- und Hauptportal, das der Muttergottes geweiht ist, mit der Anbetung der Könige und dem Traum Josephs in der Lünette des Tympanons; darüber in der Archivolte zwölf Propheten mit den Medaillons der zwölf Apostel, umgeben von einer Blattranke. Im Architrav die Geschichte des Kirchenpatrons St. Johannes des Täufers. Auf den Türpfosten des Portalgewändes die Genealogie Jakobs und die Wurzel Jesse; beide mit Blattranken eingefaßt.[127] An der Stirnseite der Nischen über dem Portalbogen zwei Engelsfiguren, wahrscheinlich die Erzengel Michael und Gabriel. – In den Nischen der beiden flankierenden Schrägseiten die Figurenpaare des Königs David und des Propheten Jesaja bzw. des Königs Salomon und der Königin von Saba.[128] 2. Das Westportal mit dem Jüngsten Gericht in der Lünette des Tympanons; in der Archivolte die Apostel, von einer Blattranke umgeben. Im Architrav die Auferstehung der Toten.[129] Auf den Türpfosten die Werke der Barmherzigkeit und das Gleichnis von den Arbeitern im Weinberg. 3. Das Südportal

---

[122] Georges Duby, Die Kunst des Mittelalters, Band II: Das Europa der Kathedralen 1140–1280, Genf–Stuttgart 1985, S. 30, Abb. S. 33.
[123] Émile Mâle, Die Gotik. Kirchliche Kunst des XIII. Jahrhunderts in Frankreich, Stuttgart–Zürich 1986, S. 376, Anm. 133.
[124] Marino Adami, Die Bronzetüren von San Zeno in Verona, Verona 1985, Abb. S. 93.
[125] Georg Kauffmann, Emilia-Romagna, Marken, Umbrien (= Reclams Kunstführer Italien, Band IV), Stuttgart 1971, S. 406. – Arturo Carlo Quintavalle, Il Battistero di Parma, Parma 1988.
[126] Ausführlich bei Gg. Kauffmann (wie Anm. 125), S. 407–410.
[127] A.C. Quintavalle (wie Anm. 125), Abb. 21–23.
[128] A.C. Quintavalle (wie Anm. 125), Abb. 42. – Arturo Carlo Quintavalle, Benedetto Antelami, Milano 1990, Farbtafeln VI u. VII.
[129] A.C. Quintavalle (wie Anm. 125), Abb. 29.

mit der Geschichte von Barlaam und Josaphat aus der »Legenda aurea« im Tympanon.[130]

Die thematische Übereinstimmung der Wurzel Jesse bzw. des Stammes Davids am Marienportal des Baptisteriums mit den zugehörigen Nischenfiguren Davids und Jesajas, die sich auf die Prophezeiung (Jes 11,1) beziehen, und am Ainauer Tympanon ist völlig offenkundig. Dieses Thema der Wurzel Jesse und des Lebensbaumes aus dem Alten Testament bzw. der Geheimen Offenbarung umfaßt alle drei Portale des Baptisteriums bis zum Jüngsten Gericht und zur märchenhaften Legende von Barlaam und Josaphat. Die typologische Gegenüberstellung der Propheten und Apostel und die integrierende Funktion der Blattranke auf der Archivolte veranschaulicht die hierarchisch gegliederte Bildeinheit und organisch strömende Lebendigkeit von Figur und Ornament, die ikonographisch und stilistisch am Ainauer Tympanon ihre Entsprechung finden. Die Einheit des bildräumlichen und ikonographischen Aufbaus an den drei Portalen des Baptisteriums wird durch die Vereinheitlichung von Architrav, Tympanonlünette und Archivolte in einer Bildebene verursacht, wodurch sie sich von den frühesten gotischen Kathedralportalen, wie z.B. dem Königsportal von Chartres,[131] unterscheiden. Diese Vereinheitlichung kennzeichnet auch den Bildaufbau des Ainauer Tympanons, wobei dem Blattornament des Lebensbaumes thematisch und kompositionell die integrierende Funktion zufällt. Die bildräumliche Betonung der beiden flankierenden Sitzfiguren, David und hl. Johannes Evangelista, durch ihre vollplastische Ausarbeitung und ihre raumübergreifende Beziehung zum thronenden Christus über der Portalumrahmung entspricht völlig derselben übergreifenden Disposition zwischen den Portaltympana und den Nischenfiguren an den Stirnfronten des Baptisteriums von Parma,[132] die wie die Ainauer Portalanlage die bildliche Darstellung der Tür und die Betonung der Fassadenbildung beinhalten. Das einigende Band, das die Bildprogramme von Parma und Ainau verbindet, ist das Thema des »Wassers des Lebens« in Zusammenhang mit den »Bäumen des Lebens«. Das lebensspendende Wasser als Symbol der Gnade, die durch die Taufe mit dem Heiligen Geist (Joh 1,33) erteilt wird, und der Lebensbaum als naturhaftes Symbol des Lebens aus der Gnade des Taufsakraments, das in der Wurzel Jesse bzw. dem Stamm Davids vorgebildet ist und im »Himmlischen Jerusalem« seine Vollendung findet, erweisen sich daher als gemeinsame Grundlage der Bildprogramme von Taufkirchen, wie sie am Baptisterium von Parma und am Portal von Ainau in Erscheinung treten. Der Bautyp des Baptisteriums bei den ältesten Ulrichskirchen in Wieselburg und Avolsheim findet daher in Ainau seine bildliche Weiterentwicklung auf der Ebene des Portalprogramms.

---

[130] A.C. Quintavalle (wie Anm. 125), Abb. 30.
[131] Willibald Sauerländer, Das Königsportal von Chartres (= Piper-Bücherei 166), München 1962, Abb. 3.
[132] A.C. Quintavalle (wie Anm. 125), Abb. 11.

Die stilistischen Verbindungen, die im Zusammenhang mit den thematischen Gemeinsamkeiten auftreten, sind vor allem in der französischen Frühgotik nachweisbar. Bezüglich des Themas der Wurzel Jesse weist Georg Kauffmann auf die Vorbildlichkeit der Glasgemälde in Saint-Denis und Chartres hin.[133] Sein Hinweis auf das ikonographische Vorbild für die Szene mit Salomon und der Königin von Saba am Klosterneuburger Altar des Nikolaus von Verdun für dieselbe Darstellung am Baptisterium von Parma kennzeichnet die Übereinstimmung hinsichtlich der Grundlagen der mittelalterlichen Typologie,[134] die auch für das Ainauer Portal maßgeblich ist.

In Anbetracht der behandelten theologischen und ikonographischen Übereinstimmungen zwischen den Bildprogrammen in Parma und Ainau ist es kaum verwunderlich, daß sich der Einfluß Benedetto Antelamis auf die Ainauer Portalplastiken nachweisen läßt. Aus seinem berühmten Figurenzyklus der Monate und Jahreszeiten im Baptisterium von Parma seien hier nur die Darstellungen des Frühlings und des Monats Dezember herausgegriffen (Abb.).[135] Die physiognomische Identität des Frühlings mit dem Gesicht hinter dem Evangelisten und diejenige des Dezembers mit dem Antlitz Abrahams ist so vollständig, daß sie keiner Erläuterung bedarf. Diese stilistische Abhängigkeit darf aber nicht allzu eng gesehen werden, z. B. im Sinne eines direkten Stilimports von Oberitalien nach Bayern durch einen Schüler Antelamis. Wir finden diese Voraussetzungen für die Ainauer Portalplastiken gleichermaßen am Königsportal der Kathedrale von Chartres um die Mitte des 12. Jahrhunderts. Der thronende Christus über dem Ainauer Portal weist in der physiognomischen Charakterisierung seiner Gesichtszüge wesentliche Gemeinsamkeiten mit dem apokalyptischen Christus im Tympanon des Chartreser Mittelportals auf.[136] Desgleichen läßt sich für das Gesicht Abrahams im Ainauer Tympanon eine geradezu frappante Übereinstimmung mit den Archivoltenfiguren des Pythagoras und Priscian des rechten Chartreser Portals feststellen.[137] Unschwer ist zu erkennen, daß diese Figuren als Vertreter der Artes liberales auch dem Ainauer Bildhauer bei der Gestaltung Davids und des Evangelisten direkt oder indirekt vorbildlich gewesen sein könnten. Der »gemeinsame Nenner« dieser Übereinstimmungen zwischen Chartres, Parma und Ainau ist in der typologischen Struktur der Themen und Darstellungen zu suchen, die aus der Scholastik dieser Kathedralschulen entstanden sind. Das Thema der Zeit im heilsgeschichtlichen Sinne nimmt hier als verbindendes Element biblischer und »profaner« Darstellungen eine beherrschende Stellung ein. Die Synthese von Theologie und Naturerkenntnis und die Funktion der freien Künste als Regulativ der Erkenntnis von

---

[133] Gg. Kauffmann (wie Anm. 125), S. 409.
[134] Wie Anm. 133. – Röhrig, Verduner Altar, Abb. 13.
[135] A. C. Quintavalle (wie Anm. 128), Abb. 271 u. 27 m.
[136] W. Sauerländer (wie Anm. 131), Abb. 17.
[137] W. Sauerländer (wie Anm. 131), Abb. 59.

Schöpfung, Mensch und Natur hat bei Thierry von Chartres im Genesiskommentar »De sex dierum operibus« ein Bild von der Entwicklung des Kosmos geschaffen,[138] das die Fülle der Naturerkenntnis mit einer Schöpfungstheologie verband. Die Bilderfülle dieser Schöpfungstheologie und Naturforschung, die Thierry in seiner »philosophischen Theologie« ausgebreitet hat,[139] bildet die Voraussetzung für die enorme thematische Vielfalt der Bildwelt an der Kathedrale von Chartres und ihren ikonographischen Neuerungen, wie z. B. den Darstellungen der sieben freien Künste. Das Thema der Zeit findet in den Darstellungen der Monate, der Tierkreiszeichen und der Tätigkeit des Menschen ein weitgespanntes Feld von einer Vielfalt der Gestaltungsmöglichkeiten, die in der Portalplastik und Glasmalerei von Chartres auf überwältigende Weise gegenwärtig ist. Der unmittelbare Einfluß der Monatsbilder in den Archivolten des linken Königsportals von Chartres auf Benedetto Antelamis Darstellungen im Baptisterium von Parma wird aus der engen physiognomischen Verwandtschaft des Parmenser Dezember und des Chartreser Januar ersichtlich.[140] Die Gesamtanlage der Chartreser Monatsbilder und Tierkreiszeichen in den Archivolten des linken Königsportals bildet mit ihrer rhythmisierten Linienführung des Figürlichen und des pflanzlichen Ornaments eine unmittelbare Voraussetzung für das Verhältnis von Figur und Ornament beim Ainauer Tympanon.[141] Die thematische und stilistische Dreiecksverbindung von Chartres, Parma und Ainau ist auf jeden Fall gegeben, wie auch immer sie zustande gekommen sein mag.

Den Grundlagen der typologischen Struktur im thematischen Aufbau des Ainauer Tympanons kommt man durch den Vergleich mit dem Bildprogramm der Archivoltenplastiken am Mittelportal der Kathedrale von Chartres näher. In drei Bogenläufen umrahmen die 24 Ältesten der Geheimen Offenbarung und 12 Engel den thronenden Christus mit den Evangelistensymbolen im Tympanon.[142] Die vier Ältesten in der unteren Reihe sind stehend dargestellt, während die übrigen Ältesten als Sitzfiguren erscheinen. Den stehenden Ältesten sind beidseitig je zwei halbfigurige Engel zugeordnet, während den sitzenden Ältesten oberhalb je ein Engel beigegeben ist. Daraus entsteht bei den sitzenden Ältesten mit den zugehörigen Engeln eine Gruppierung, die mit den Archivoltenbüsten und den beiden flankierenden Sitzfiguren des Ainauer Tympanons vergleichbar ist. Vor allem ist aber die unmittelbare Übereinstimmung in der physiognomischen Gestaltung des visionären Aufblicks der drei Ainauer Büsten und des Gesichts hinter dem hl.

---

[138] W. Sauerländer (wie Anm. 131), S. 73. – Kurt Flasch, Das philosophische Denken im Mittelalter. Von Augustin zu Machiavelli (= Reclams Universal-Bibliothek Nr. 8342), Stuttgart 1986, S. 231–235.
[139] K. Flasch (wie Anm. 138), S. 230.
[140] W. Sauerländer (wie Anm. 131), Abb. 42.
[141] E. Mâle (wie Anm. 123), Abb. 93.
[142] W. Sauerländer (wie Anm. 131), Abb. 4, 19, 20.

Johannes Evangelist mit den vier stehenden Ältesten und den zugehörigen Engeln in Chartres zu beobachten. Die physiognomische Verwandtschaft der Ainauer Engelsgesichter mit den Chartresern ist so eng, daß mindestens von einer Übereinstimmung aufgrund desselben Bildprogramms gesprochen werden kann. Die Einheit der Theologie, des heilsgeschichtlichen Weltbildes und der Naturerkenntnis tritt hier mit dem Vordringen der gotischen Kathedralkunst auf den Gebieten der Monumentalplastik und Glasmalerei in Erscheinung. Die Transzendenz der Zeit in ihrem heilsgeschichtlichen Ablauf findet am Portal von Ainau eine Darstellung, die den Blick auf die erste Ankunft des Erlösers aus der »Wurzel Jesse«, auf die Erscheinung seiner Braut, der Kirche, und auf seine Wiederkunft mit der Vollendung im »Schoß Abrahams« und im »Himmlischen Jerusalem« eröffnet. Die Klarheit, womit die heilsgeschichtliche Perspektive der mittelalterlichen Typologie im Bildprogramm des Ainauer Portals verwirklicht wird, findet in der Klassizität der Formgebung, vor allem in der Gestaltung des visionären Ausdrucks, ihre völlige Entsprechung. Die Rezeption der Stilquellen in Chartres und Parma am Ainauer Portal beweist durch die Umsetzung programmatischer Grundzüge, wie sie am Baptisterium von Parma auftreten, daß hier in den Stilformen der Romanik ein Portalprogramm der französischen Frühgotik verwirklicht wurde. Der eindeutigste Beweis für die Übertragung eines gotischen Portalprogramms nach Ainau ist das Auftreten des Schoßes Abrahams. Bei keinem Gerichtsportal der großen französischen Kathedralen fehlt seine Darstellung: Laon, Chartres, Paris, Reims und Bourges.[143] Höchst aufschlußreich ist die Darstellung dieses Themas im Tympanon des Hauptportals der Kathedrale von Bourges (um 1270/80) als dem spätesten dieser Gerichtsportale.[144] Der Schoß Abrahams wird hier von einer Baldachinarchitektur eingefaßt, die von Engeln mit Kronen in ihren Händen bekrönt wird. Daher erscheint hier das architektonische Symbol des »Himmlischen Jerusalem« mit den Engeln, die seine Tore bekrönen, in typologischer Übereinstimmung mit den Darstellungen am Klosterneuburger Altar des Nikolaus von Verdun (1181) und am Ainauer Portal (um 1220/30). Entscheidend ist hier trotz der zeitlichen Unterschiede die Übereinstimmung in der typologischen Struktur, womit die thematischen und zeitlichen Ebenen im Hinblick auf die heilsgeschichtliche Vollendung unterschieden werden. Die bildliche Ordnung und ihr symbolisches Verständnis im Sinne der Typologie wird bei den Darstellungen des Schoßes Abrahams in Ainau und Bourges durch dasselbe Symbol ausgedrückt: die Tür und der Thron. Die Tür, durch welche die Geretteten Eingang in das Reich des ewigen Friedens, das himmlische Jerusalem, finden und vor den Thron ihres Erlösers treten. Tür und Thron erscheinen daher im typologischen Verständnis als symbolische Zeichen der heilsgeschichtlichen

---

[143] E. Mâle (wie Anm. 123), S. 334; 394, Anm. 110.
[144] E. Mâle (wie Anm. 123), Abb. 155.
[145] H. Kallfelz (wie Anm. 32), S. 70.

Zeit- und Rangordnung in der Gegenüberstellung von Altem und Neuem Testament, Abraham und Christus, die diesen königlichen Weg im Zeichen des Gehorsams gegangen sind. Dieser königliche Weg des Gehorsams, der Demut und der Friedfertigkeit offenbart sich beim Einzug Christi in Jerusalem und durch das Zitat der Prophezeiung des Sacharja in den Evangelien: »Sagt der Tochter Zion: Siehe dein König kommt zu dir. Er ist friedfertig, und er reitet auf einer Eselin« (Mt 21,5; Joh 12,15). Der typologische Charakter dieses Evangelienberichts mit dem Hinweis auf das Vorbild im Alten Testament macht nun begreiflich, warum das Relief mit dem Einzug Christi in Jerusalem in Ainau ganz unten neben dem Portal auf der Höhe der Türschwelle angebracht ist. Der königliche und friedfertige Einzug des Erlösers in das irdische Jerusalem bildet gleichnishaft den Einzug der Geretteten in den ewigen Frieden des himmlischen Jerusalems, in den »Schoß Abrahams«, vor. Durch seine Stellung auf gleicher Höhe mit der Türschwelle weist der Einzug Christi auf die liturgische Funktion des Portals und der Kirche am Palmsonntag hin. Der Einzug des Priesters und der Gläubigen bei der Prozession am Palmsonntag in die Kirche ist Vorbild des Einzuges der Geretteten in die ewige Seligkeit am Ende der Zeiten. Abrahams Schoß, die Tür und der thronende Christus weisen auf die Erfüllung dessen hin, was Christus als gehorsamer Gottesknecht und friedfertiger König bei seinem Einzug in Jerusalem vorgebildet hat.

Das Portal der Ainauer Ulrichskirche ist ein Palmsonntags-Portal. Christus, als Sohn Davids begrüßt, reitet auf die Tür, die er selbst ist, zu und erhebt diese, über ihr als König und Richter thronend, zum Vorbild seines ewigen Thrones im »Himmlischen Jerusalem«. Die unmittelbare Beziehung des Reliefs mit dem Einzug Christi in Jerusalem zur Liturgie des Palmsonntags und die typologische Vorbildlichkeit des Portalprogramms im Hinblick auf die endzeitliche Vollendung veranschaulichen die seelsorgliche und gottesdienstliche Funktion des Ainauer Portals als bildliche Vergegenwärtigung der Palmprozession und die heiligmachende Gnade, die im Bild des segnenden Erlösers dargestellt ist, als Vorwegnahme der künftigen Verklärung. Die Verbindung mit der Liturgie und der Hinweis auf das Endziel der Erlösung am Ainauer Portal macht daher anschaulich und begreiflich, was den hl. Ulrich veranlaßte, die Prozession am Palmsonntag durch die bildliche Darstellung des auf dem Palmesel reitenden Christus zu bereichern.[145] Es ist zwar nicht direkt belegbar, aber auch keineswegs auszuschließen, daß die Erinnerung an diese liturgische und bildkünstlerische Neuerung des hl. Ulrich der unmittelbare Anlaß für diese Darstellung am Ainauer Portal war.

Der bereits betonte theologische Rang des Ainauer Portalprogramms, dem auch die künstlerische Qualität der Plastiken entspricht, hat selbstverständlich die Frage nach den theologischen Voraussetzungen und deren Urhebern zur Folge. Auch wenn diese Frage nicht eindeutig beantwortet werden kann, so ist doch die Feststellung berechtigt, daß diese Portalanlage in programma-

Bildlegenden zu:
Karl Kosel, Ulrichskirchen und Ulrichsdarstellungen

147 Kleinreichertshofen, Filialkirche St. Ulrich. Seitenaltar mit Figuren der Heiligen Urban, Ulrich und Wolfgang

148 Gisseltshausen, Kirche St. Ulrich, Hochaltar

149 Gisseltshausen, Kirche St. Ulrich. Johann Franz Raimund Scherrich, Hochaltargemälde: St. Ulrich

150 Gisseltshausen, Kirche St. Ulrich. Martin oder Joseph Bader der Jüngere, Stukkatur des Chorgewölbes

151 Tiefenthal, Kapelle St. Wolfgang und Ulrich. Johannes Selpelius (?), Hochaltargemälde

152 Straubing, Kirche St. Veit. Johann Caspar Sing, Seitenaltargemälde: Die Heiligen Ulrich, Rupert und Wolfgang

153 Tiefenthal, Kapelle St. Wolfgang und Ulrich. Hochaltargemälde: St. Ulrich, Detail

154 Sittling, Kirche St. Ulrich und Wolfgang. Johann Gebhard, Hochaltargemälde: Die Heiligen Ulrich, Wolfgang und Markus

155 Ebenfurth an der Leitha, Stadtpfarrkirche St. Ulrich. Johann Georg Schmidt, Hochaltargemälde

156 Haitzendorf, Pfarrkirche St. Ulrich. Bartholomeo Altomonte, Hochaltargemälde

157 Ulrichsberg, Kirche St. Ulrich. Hochaltargemälde: Kommunion, Ottos I. im Hintergrund die Ungarnschlacht

158 Hutterhof (Stadt Bogen), Kapelle St. Ulrich. Altargemälde: Hl. Ulrich in der Ungarnschlacht

159 Ulrichsberg, Kirche St. Ulrich. Hochaltar

160 Hohenfels (Oberpfalz), Pfarrkirche St. Ulrich. Cosmas Damian Asam, Deckenfresko: Hl. Ulrich in der Ungarnschlacht

161 Großaich, Kapelle St. Ulrich. Franz Mozart und Joseph Anton Merz, Ulrichsaltar

162–170 Großaich, Kapelle St. Ulrich. Joseph Anton Merz: Neun Medaillongemälde: Szenen aus dem Leben des hl. Ulrich

171 Unterempfenbach, Kirche St. Ulrich. Anton Wiest, Hochaltar

172 Straubing, Kirche St. Veit. Johann Caspar Sing, Seitenaltargemälde: St. Ulrich, Detail

173 Unterempfenbach, Kirche St. Ulrich. Anton Wiest, hl. Ulrich vom Hochaltar

174 Tiefenthal, Kapelle St. Wolfgang und Ulrich. Außenansicht

150 Gisseltshausen, Kirche St. Ulrich. Stukkatur des Chorgewölbes
151 Tiefenthal, Kapelle St. Wolfgang und Ulrich. Johannes Selpelius (?), Hochaltarbild

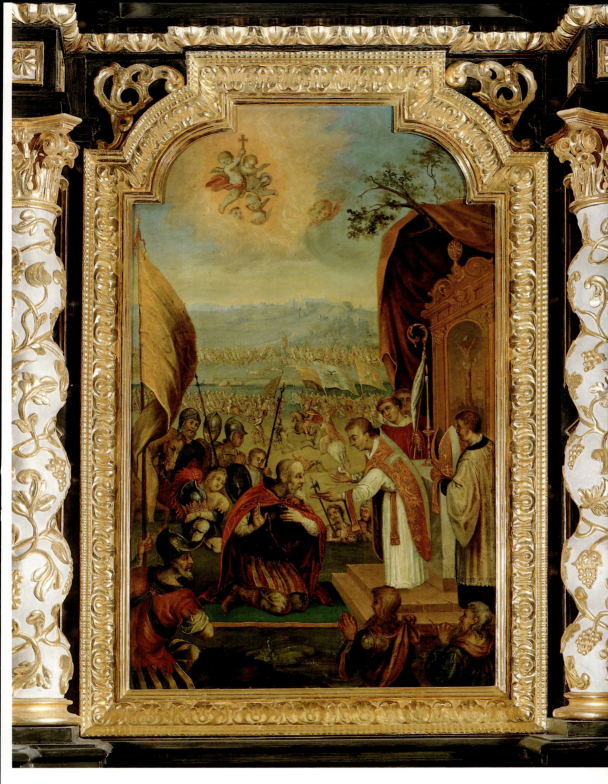

156 Haitzendorf, Pfarrkirche St. Ulrich. Bartolomeo Altomonte, Hochaltargemälde
157 Ulrichsberg, Kirche St. Ulrich. Hochaltargemälde: Kommunion Ottos I.
   im Hintergrund die Ungarnschlacht

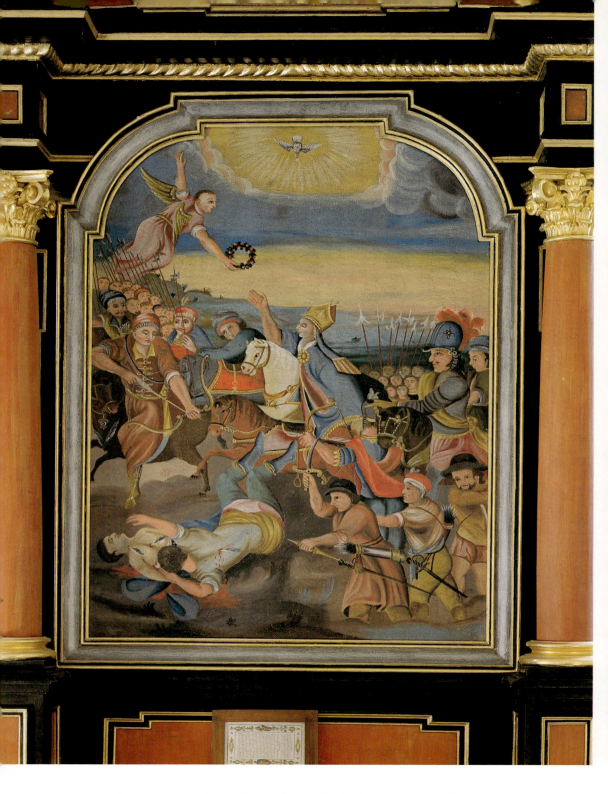

158 Hutterhof (Stadt Bogen), Kapelle St. Ulrich. Hl. Ulrich in der Ungarnschlacht
159 Ulrichsberg, Kirche St. Ulrich. Hochaltar

160 Hohenfels (Oberpfalz), Pfarrkirche St. Ulrich. Cosmas Damian Asam, Deckenfresko: Hl. Ulrich in der Ungarnschlacht
161 Großaich, Kapelle St. Ulrich. Franz Mozart und Joseph Anton Merz, Ulrichsaltar

162 Großaich, Kapelle St. Ulrich. Medaillon: Die Geburt Ulrichs

163 Großaich, Kapelle St. Ulrich. Medaillon: Ulrich vor dem Papst

164 Großaich, Kapelle St. Ulrich. Medaillon: Predigt des hl. Ulrich

165   Großaich, Kapelle St. Ulrich. Medaillon: Ulrich in der Ungarnschlacht

166 Großaich, Kapelle St. Ulrich. Medaillon: Ulrich deckt die Unschuld auf

167 Großaich, Kapelle St. Ulrich. Medaillon: Die Fürbitte Ulrichs vertreibt Ratten

168 Großaich, Kapelle St. Ulrich. Medaillon: Ulrich vor einem offenen Grab

169 Großaich, Kapelle St. Ulrich. Medaillon: Ulrich segnet Kranke

170 Großaich, Kapelle St. Ulrich. Medaillon: Die hl. Afra zeigt dem schlafenden
Ulrich ihre Grabstätte

Bildlegenden zu:
Karl Kosel, Ulrichskirchen und Ulrichsdarstellungen

147 Kleinreichertshofen, Filialkirche St. Ulrich. Seitenaltar mit Figuren der Heiligen Urban, Ulrich und Wolfgang

148 Gisseltshausen, Kirche St. Ulrich, Hochaltar

149 Gisseltshausen, Kirche St. Ulrich. Johann Franz Raimund Scherrich, Hochaltargemälde: St. Ulrich

150 Gisseltshausen, Kirche St. Ulrich. Martin oder Joseph Bader der Jüngere, Stukkatur des Chorgewölbes

151 Tiefenthal, Kapelle St. Wolfgang und Ulrich. Johannes Selpelius (?), Hochaltargemälde

152 Straubing, Kirche St. Veit. Johann Caspar Sing, Seitenaltargemälde: Die Heiligen Ulrich, Rupert und Wolfgang

153 Tiefenthal, Kapelle St. Wolfgang und Ulrich. Hochaltargemälde: St. Ulrich, Detail

154 Sittling, Kirche St. Ulrich und Wolfgang. Johann Gebhard, Hochaltargemälde: Die Heiligen Ulrich, Wolfgang und Markus

155 Ebenfurth an der Leitha, Stadtpfarrkirche St. Ulrich. Johann Georg Schmidt, Hochaltargemälde

156 Haitzendorf, Pfarrkirche St. Ulrich. Bartholomeo Altomonte, Hochaltargemälde

157 Ulrichsberg, Kirche St. Ulrich. Hochaltargemälde: Kommunion, Ottos I. im Hintergrund die Ungarnschlacht

158 Hutterhof (Stadt Bogen), Kapelle St. Ulrich. Altargemälde: Hl. Ulrich in der Ungarnschlacht

159 Ulrichsberg, Kirche St. Ulrich. Hochaltar

160 Hohenfels (Oberpfalz), Pfarrkirche St. Ulrich. Cosmas Damian Asam, Deckenfresko: Hl. Ulrich in der Ungarnschlacht

161 Großaich, Kapelle St. Ulrich. Franz Mozart und Joseph Anton Merz, Ulrichsaltar

162–170 Großaich, Kapelle St. Ulrich. Joseph Anton Merz: Neun Medaillongemälde: Szenen aus dem Leben des hl. Ulrich

171 Unterempfenbach, Kirche St. Ulrich. Anton Wiest, Hochaltar

172 Straubing, Kirche St. Veit. Johann Caspar Sing, Seitenaltargemälde: St. Ulrich, Detail

173 Unterempfenbach, Kirche St. Ulrich. Anton Wiest, hl. Ulrich vom Hochaltar

174 Tiefenthal, Kapelle St. Wolfgang und Ulrich. Außenansicht

tischer und künstlerischer Hinsicht den meisten anderen romanischen Portalen des ober- und niederbayerischen Donaugebiets, die in diesem stilgeschichtlichen Zusammenhang immer genannt werden,[146] erheblich überlegen ist. Die Komplexität des Bildprogramms und die Klarheit seiner künstlerischen Gestaltung lassen den Schluß auf einen städtischen Ursprung der programmatischen Konzeption und der Steinmetzhütte als naheliegend erscheinen. Es kommt daher nur Regensburg als theologischer und kunstgeschichtlicher Ausgangspunkt des Ainauer Portals in Frage. Ein Jahrhundert vor seiner Entstehung lebte von 1126 bis 1137 einer der geistigen Väter der Typologie im Regensburger Schottenkloster: Honorius Augustodunensis [von Autun].[147] Seine »kunstgeschichtliche« Bedeutung charakterisiert Floridus Röhrig folgendermaßen: »Es ist bezeichnend, daß Honorius Augustodunensis in der Vorrede zum ›Speculum Ecclesiae‹ die Kirchenväter Ambrosius, Augustinus, Hieronymus und Gregor, auf denen seine Typologie aufbaut, als ›Maler‹ (pictores) bezeichnet und damit gleichsam das Stichwort liefert, seine Gedankengänge im Bild zu konkretisieren.«[148] Im »Speculum Ecclesiae« gibt Honorius homiletische Anleitungen und bietet volksnahe, an Liturgie und Kirchenjahr orientierte Predigten.[149] Was daraus ersichtlich wird, sind die hochmittelalterlichen Anfänge der Predigtliteratur, die bis in die Barockzeit Grundlage und Hauptquelle der Programmatik und künstlerischen Inspiration der kirchlichen Ikonographie bleiben sollten. Sein populärstes Werk, das »Elucidarium«, eine Art Katechismus in Dialogform,[150] wurde in mehrere Sprachen übersetzt und hatte eine enorme Auswirkung auf die Bildwelt der gotischen Kathedralen. Dies trifft vor allem für den dritten Abschnitt des Werkes zu, in dem das Weltende und das Jüngste Gericht geschildert werden. Émile Mâle befaßt sich ausführlich mit den Details der Schilderung des Honorius und ihren Auswirkungen auf die Portalplastiken und Glasgemälde der französischen Kathedralen.[151] Ein besonders anschauliches Beispiel ist das Bild des Leviathan an der Angelschnur Gottes, die von den fleischlichen Vorfahren des Heilands gebildet wird, aus dem »Speculum Ecclesiae« des Honorius.[152] Die Darstellung dieser symbolischen Szene, die den Sieg Christi über den Satan beinhaltet, beherrscht den Bildaufbau des Wurzel-Jesse-Fensters im Regensburger Dom, wo in der Kreuzigung die speerförmige Spitze des Seiles den Drachen am Fuß des Kreuzes tötet.[153] Nimmt man den thronenden Christus als Richter in der Bekrönung dieses Fensters an,[154] so entsteht daraus eine auf die Vollendung ausgerichtete typologische Bildstruktur, die thematisch und kompositionell mit dem Ainauer Portal eng

---

[146] Wie Anm. 95.
[147] K. Flasch (wie Anm. 138), S. 203–207. – Hausberger, Bistum Regensburg I, S. 90f.
[148] Röhrig, Verduner Altar, S. 56.
[149] Hausberger, Bistum Regensburg I, S. 91.
[150] Wie Anm. 149.
[151] E. Mâle (wie Anm. 123), S. 320–333.
[152] E. Mâle (wie Anm. 123), S. 332.
[153] A. Hubel (wie Anm. 117), S. 15, Farbtafel 4.
[154] A. Hubel (wie Anm. 117), S. 15, Abb. S. 16.

verwandt ist. Die Verbindung mit Honorius Augustodunensis, die mindestens als eine mittelbare bezeichnet werden kann, und der Zusammenhang mit dem klassischen Stil, der die staufische Spätromanik und die Ausstrahlung der französischen Kathedralgotik in das Heilige Römische Reich nördlich und südlich der Alpen umfaßt, sichern dem Ainauer Portal zusammen mit den gleichzeitigen Wandgemälden der Regensburger Ulrichskirche den Rang eines kirchen- und kunstgeschichtlich bedeutenden Denkmals der Ulrichsverehrung.

Die Spätgotik bringt eine räumlich wie zahlenmäßig große Verbreitung der Ulrichsdarstellungen, für das Bistum Regensburg gleichermaßen wie für Ulrichs Heimatdiözese und in Österreich. Die große Anzahl der spätgotischen Plastiken im Bistum Regensburg, die den hl. Ulrich darstellen, zu behandeln, wäre pure inventarmäßige Statistik, da sie größtenteils aus ihrem ursprünglichen Zusammenhang, nämlich den gotischen Flügelaltären, herausgerissen sind. Bemerkenswert in unserem Zusammenhang ist das gemeinsame Auftreten der Darstellungen beider Bistumspatrone St. Ulrich und St. Wolfgang. Die beiden spätgotischen Schnitzfiguren in der Kirche von Sittling (Lkr. Kelheim), um 1460/70, erklären sich aus dem gleichnamigen Patrozinium.[155] In der Ulrichskirche von Greißing bei Geiselhöring tritt zu den beiden Plastiken der Hll. Wolfgang und Ulrich (um 1500) die gleichzeitige Schnitzfigur der hl. Afra hinzu,[156] was außer der Zusammengehörigkeit mit dem hl. Ulrich auch als eine Parallele zum Afrapatrozinium in Kloster Seligenthal aufgefaßt werden kann. Die Schnitzfiguren der beiden Bistumspatrone (um 1480/90) in der Pfarrkirche von Michlbach (Lkr. Landshut)[157] sind aus der Lage im Süden des Bistums Regensburg in der unmittelbaren Nachbarschaft der Ulrichspfarreien von Aich und Treidlkofen zu verstehen. Die Ausstrahlung der Darstellungen beider Bistumspatrone in der Spätgotik erfährt eine Ergänzung durch die Tatsache, daß auf dem Gebiet der ehemals unmittelbar benachbarten Erzdiözese Salzburg in der ehemaligen Benediktiner-Klosterkirche von Neumarkt-St. Veit (Lkr. Mühldorf/Inn) zwei Plastiken der Hll. Ulrich und Wolfgang (um 1500) vorhanden sind.[158]

Deggendorf Eine authentische Vorstellung vom ursprünglichen Zusammenstand der Ulrichs- und Wolfgangsfiguren in den spätgotischen Flügelaltären geben ihre plastischen Darstellungen, die in barocken Retabeln Aufstellung gefunden haben. Ein sehr frühes und eindrucksvolles Beispiel bildet der ehemalige Hochaltar der Stadtpfarrkirche zu Deggendorf von 1624 (Abb.), der 1690 in

---

[155] Dehio Niederbayern, S. 665.
[156] Willibald Hirsch und Martin Ortmeier, Geiselhöring – Filialkirche St. Ulrich, Greißing (= Schnells Kunstführer 1438), München–Zürich 1983, S. 14.
[157] Dehio Niederbayern, S. 408.
[158] Martin Lechner, Die Pfarr- und ehem. Benediktinerklosterkirche Neumarkt-St. Veit (= Schnells Kunstführer 948), München–Zürich 1973, S. 12.

die Johanneskirche von Schaching übertragen wurde und seit 1953 in der Deggendorfer Stadtpfarrkirche St. Martin eine Bleibe gefunden hat.[159] Die fünf Figuren des um 1500 entstandenen Retabels – drei im Schrein und zwei Schreinwächter – stehen ohne Zweifel unter dem direkten Einfluß des Kefermarkter Altars aus der Passauer Werkstatt des Martin Kriechbaum (um 1490–97):[160] Im Schrein die Muttergottes mit dem Jesuskind, flankiert von den beiden Evangelisten St. Johannes und St. Lukas;[161] als Schreinwächter die Hll. Georg und Ulrich (oder Wolfgang?). Die Frage nach der Identität der Bischofsfigur (Abb.), St. Wolfgang oder St. Ulrich, scheint nach den Angaben Gedeon Forsters über die Altarpatrozinien der Stadtpfarrkirche B.V. Assumpta eindeutig beantwortet: »Altaria 8, ...: primum eiusdem tituli, alterum S. Wolfgangi, tertium S. Andreae, quartum S. Georgii ...«[162] Nach dem zweiten Altarpatrozinium zu schließen, müßte die Bischofsfigur mit dem hl. Wolfgang identifiziert werden. Die beiden Evangelisten sind mit dem Patrozinium SS. Apostolorum des siebten Altars zu verbinden.[163] Die Ulrichsverehrung in Deggendorf ist aber mit dem Altarpatrozinium »SS. Udalrici et Antonii« in der Bäckerkapelle der Hl.-Grab-Kirche nachgewiesen.[164] Was vor allem der Identifizierung mit dem hl. Wolfgang entgegensteht, ist das Fehlen des Kirchenattributs und die Unmöglichkeit, dieses an der vorhandenen Figur zu ergänzen. Es könnte allerdings die Axt als zweites Attribut des hl. Wolfgang in Frage kommen. Die Haltung der linken Hand mit dem gestreckten Unterglied des Daumens als Verlängerung des Unterarmes kann eigentlich nur als Unterlage für ein Buch gedacht werden, auf dem das Fischattribut des hl. Ulrich lag. Außerdem fehlt am bischöflichen Ornat das nur den Bischöfen von Regensburg zustehende Rationale. In Anbetracht der stilistischen Abhängigkeit vom Kefermarkter Altar muß es als auffällig bezeichnet werden, daß die Deggendorfer Bischofsfigur in ihrer physiognomischen Charakterisierung ganz erheblich vom hl. Wolfgang in Kefermarkt abweicht.[165] Vielmehr hat sie ihre unmittelbaren Voraussetzungen in den Gestalten der beiden heiligen Diakone Stephanus und Laurentius an den Schreinflanken des Kefermarkter Altars.[166] Obwohl keine endgültige Sicherheit erreicht werden kann, spricht doch mehr für eine Identifizierung mit dem hl. Ulrich.

---

[159] Lothar Altmann, Erich Kandler und Fritz Markmiller, Katholische Stadtpfarrkirche Mariä Himmelfahrt in Deggendorf (= Schnells Kunstführer 177), München–Zürich ²1979, S. 10.
[160] Herbert Schindler, Der Schnitzaltar. Meisterwerke und Meister in Süddeutschland, Österreich und Südtirol, Regensburg 1978, S. 193–199, Abb. S. 153.
[161] Dehio Niederbayern, S. 83 (Evangelistenfiguren im Schrein vergessen!).
[162] Heim, Matrikel, S. 42.
[163] Wie Anm. 162.
[164] Heim, Matrikel, S. 43.
[165] Karl Kaltwasser, Der Kefermarkter Altar, Königstein im Taunus–Leipzig 1942, Abb. S. 10 bis 12.
[166] K. Kaltwasser (wie Anm. 165), Abb. S. 40, 41.

Zwei eindrucksvolle Figurengruppen mit den Augsburger und Regensburger Bistumspatronen befinden sich jenseits der Westgrenze der Diözese Regensburg, in St. Kastl bei Langenbruck und in der Ulrichskirche von Kleinreichertshofen (beide Lkr. Pfaffenhofen a. d. Ilm).[167] Beide zählten aber zu den Pfarreien an der Ostgrenze der Diözese Augsburg, die dem Patronat des Benediktinerinnenklosters Geisenfeld unterstanden,[168] und dürfen daher kirchen- und kunstgeschichtlich dem Regensburger Bereich zugerechnet werden. In St. Kastl bei Langenbruck haben die spätgotischen Schnitzfiguren der thronenden Muttergottes mit dem Jesuskind und der flankierenden Bistumspatrone Aufstellung in einem zweisäuligen Barockretabel von 1698 gefunden (Abb.).[169] Der hl. Kastulus als Kirchenpatron weist selbstverständlich auf die Verbindung mit Moosburg und dem Hochaltar von Hans Leinberger (1511–14) hin,[170] von dessen Schnitzstil die beiden Bischofsfiguren in ihrer Gewandbehandlung ohne Zweifel abhängig sind. Doch die abgeklärte Ruhe ihres Gesichtsausdrucks und die Gruppenkomposition der Muttergottes mit dem Jesuskind haben mit Leinberger nichts zu tun. Diese lyrisch gestimmte Verhaltenheit, wie sie z. B. beim hl. Ulrich in Erscheinung tritt (Abb.), verrät schwäbischen Einfluß, der in Landshut mit dem Chorbogenkruzifix Michel Erharts im Martinsmünster (1495) zusammenhängt.[171] Die Muttergottes dürfte aufgrund der tiefer unterschnittenen Schnitzweise des Mantels etwas älter sein als die Bischofsfiguren, d. h. um 1500/10.[172] Sie gehört zu der Stilrichtung der Landshuter Plastik in der Generation vor Hans Leinberger, die mit dem Heiligenstädter Altar (1480) beginnt.[173] Die »Schwester« der Muttergottes von St. Kastl ist die großartige Mariengestalt in der Pfarrkirche von Rogglfing (Lkr. Rottal-Inn),[174] die beide aus der gleichen Landshuter Bildschnitzerwerkstatt hervorgegangen sind. Das sanfte Oval der Gesichtsform beider Mariendarstellungen und die völlige Identität beider Jesuskinder beweisen dies eindeutig.

Die Ausstrahlung des Leinbergerstils ins nördliche Oberbayern, in die Hallertau und ins Donaugebiet um Ingolstadt, die Herbert Schindler zutreffend festgestellt hat,[175] belegen auch die drei Schnitzfiguren der Hll. Urban, Wolf-

---

[167] Dehio München–Oberbayern, S. 545, 1057.
[168] Steichele, Bistum Augsburg 4, S. 827f., 840f.
[169] Georg Brenninger, Wallfahrtskirche St. Kastl bei Langenbruck (= Schnells Kunstführer 1256), München–Zürich 1981, S. 8ff.
[170] Gg. Brenninger (wie Anm. 169), S. 2ff. – H. Schindler (wie Anm. 160), S. 184–193, Abb. S. 142.
[171] Anja Broschek, Michel Erhart. Ein Beitrag zur schwäbischen Plastik der Spätgotik (= Beiträge zur Kunstgeschichte, Band 8), Berlin–New York 1973, S. 40–43, 171f., Abb. 8.
[172] Gg. Brenninger (wie Anm. 169), S. 8, Abb. S. 16.
[173] H. Schindler (wie Anm. 160), S. 233. – Erich Eder und Adolf Hochholzer, Der Landkreis Rottal-Inn, Passau 1975, Abb. 56.
[174] H. Schindler (wie Anm. 160), S. 235. – E. Eder und A. Hochholzer (wie Anm. 173), Abb. 64.
[175] H. Schindler (wie Anm. 160), S. 235.
[176] Dehio München–Oberbayern, S. 545.

gang und Ulrich in Kleinreichertshofen (Abb.).[176] Der Vergleich mit den Bischofsfiguren von St. Kastl läßt mit aller Eindeutigkeit erkennen, daß sie aus der gleichen Schnitzerwerkstatt kommen. Die Übereinstimmung in der Charakterisierung der Gesichtszüge und in den Details der Gewandbehandlung geht, wie der Vergleich der Ulrichsfiguren in beiden Kirchen deutlich macht (Abb.), so weit, daß der Schluß auf ihre gleichzeitige Entstehung beinahe zwingend naheliegt. Offenbar waren in dieser Bildschnitzerwerkstatt Figurenmodelle – in Holz oder Ton bzw. Zeichnungen – vorhanden, nach denen serienmäßig Figuren für Altarretabel angefertigt wurden. Belege für eine derartige Arbeitspraxis in vielbeschäftigten Bildhauerwerkstätten finden wir z.B. bei Tilman Riemenschneider, worüber Michael Baxandall schreibt: »Seine Werkstatt fertigte nicht bloß gleichartige, serienmäßig hergestellte Objekte, wie Kruzifixe und kerzentragende Engel, sondern eine ganze Reihe einzigartiger Figurenensembles für Altarretabel und andere Aufstellungsorte. Sein Verfahren der Arbeitsdelegierung muß sehr gut entwickelt gewesen sein; zumindest muß es eine Reihe austauschbarer Standardvorbilder für wiederkehrende Einzelformen von Köpfen und Händen gegeben haben, vielleicht auch einige Muster für die Faltengebung bei weniger wichtigen Figuren. Vermutlich waren einige davon in Zeichnungen oder als Holzmodelle – vielleicht sogar als Tonmodelle – verfügbar.«[177] Den augenfälligsten Beweis für diese Verfahrensweise bietet das Attribut der beiden Wolfgangsfiguren in St. Kastl und Kleinreichertshofen: beide Kirchenmodelle sind völlig identisch. Die Auftragsvergabe für die Altarretabel in St. Kastl und Kleinreichertshofen, die vermutlich gleichzeitig oder höchstens in kurzem zeitlichem Abstand an die gleiche Bildschnitzerwerkstatt erfolgte, wird wahrscheinlich von der Patronatsherrschaft, d.h. dem Kloster Geisenfeld, ausgegangen sein. Die hier erkennbaren Verfahrensweisen der Schnitzerwerkstätten bei der Bewältigung der zahlreichen Ausstattungsaufträge veranschaulichen aber auch den Entstehungsprozeß des Zustandekommens der ikonographischen Tradition. Diese ikonographischen und künstlerischen Komponenten der Bildtradition dürften im wesentlichen durch die hagiographischen Vorstellungen von seiten des Auftraggebers und durch das figurale Musterangebot der Schnitzerwerkstatt bestimmt worden sein.

Die Entstehung einer derartigen Bildtradition wird beim Marienaltar in St. Kastl durch die überraschende Tatsache beleuchtet, daß die Faltengebung der Gewänder der Hll. Ulrich und Wolfgang unmittelbar von Hans Leinbergers Gnadenbild der »Schönen Maria« (um 1519/20) abhängig ist, die sich heute in St. Kassian zu Regensburg befindet.[178] Die Übereinstimmung bis in De-

---

[177] Michael Baxandall, Die Kunst der Bildschnitzer. Tilman Riemenschneider, Veit Stoß und ihre Zeitgenossen, München 1984, S. 191 f.
[178] Bernhard Decker, Das Ende des mittelalterlichen Kultbildes und die Plastik Hans Leinbergers (= Bamberger Studien zur Kunstgeschichte und Denkmalpflege, Band 3), Bamberg 1985, S. 274 ff., Abb. 126.

tails des Faltentwurfes ist so weitgehend, daß beinahe von Identität gesprochen werden kann. Von den Holzschnitten Albrecht Altdorfers mit den ganzfigurigen Darstellungen der »Schönen Maria« – die Schöne Maria in der Kirche (um 1520) und der Altar der Schönen Maria (um 1520/21)[179] – zeigt vor allem die Darstellung im Kirchenraum alle wesentlichen Charakteristika der Gewandbehandlung, die bei den Ulrichs- und Wolfgangsfiguren in St. Kastl zu beobachten sind. Ihr unmittelbarer Zusammenhang mit Leinbergers Regensburger Muttergottesfigur läßt nicht nur den Schluß auf ihre Herkunft aus einer Landshuter Schnitzerwerkstatt zu, die unter dem Einfluß des großen Meisters stand,[180] sondern wirft auch die Frage nach dem Grund dieser offenbar bewußten Anlehnung der beiden Bischofsfiguren an das geschnitzte Gnadenbild auf. Den Schlüssel zur Beantwortung dieser Frage liefert die thronende Muttergottes mit dem Jesuskind in St. Kastl. Der Vergleich mit Leinbergers »Schöner Maria« beweist eindeutig das höhere Alter der Muttergottes von St. Kastl und damit auch ihre Entstehung vor den Figuren der beiden Bistumspatrone. Die Übernahme der drei Figuren – Maria, hl. Ulrich und hl. Wolfgang – aus einem spätgotischen Retabel in den Barockaltar vorausgesetzt, was durch die maßstäbliche Kongruenz der Plastiken bestätigt wird, kann hier nur die Schlußfolgerung gezogen werden, daß man um oder kurz nach 1520 in der Wallfahrtskirche St. Kastl einen Marienaltar aufstellte, der bewußt an die berühmte Wallfahrt zur »Schönen Maria« in Regensburg anknüpfte. Das bei den Bischofsfiguren von St. Kastl so prägnant ausgebildete Y-förmige Faltenmotiv erscheint zwar auch bei den Ulrichs- und Wolfgangsfiguren in Kleinreichertshofen, doch bei weitem nicht mit jener räumlichen Betonung, sondern mehr in die parallelisierte Faltenführung eingebunden. Man könnte einwenden, daß auch Hans Leinbergers Muttergottesfigur im Hochaltar des Moosburger Münsters (1511–14) dieses stark verräumlichte Y-förmige Faltenmotiv aufweist und daher als Vorbild für die Bischofsfiguren in St. Kastl gelten könnte.[181] Ihre unleugbare Vorbildlichkeit für die Gewandgestaltung von Leinbergers »Schöner Maria« ist nur als genetische und stilistische Tatsache von Belang, berücksichtigt aber nicht den kultischen und andachtsbildlichen Aspekt im Zusammenhang mit einer Wallfahrt. Die Muttergottesverehrung in St. Kastl belegt Steicheles Mitteilung, daß dort die Vormittagsgottesdienste an allen Marienfesten mit Ausnahme von Lichtmeß zelebriert wurden.[182] Die Berücksichtigung dieser wallfahrtskultischen und andachtsbildlichen Gesichtspunkte bei der Aufstellung des spätgotischen Marienaltars in St. Kastl ist hier als vorrangig gegenüber einer rein ästhetischen Sicht zu betrachten. Die kultische Tradition dieser alten Wallfahrt an der Grenze der Diözesen Augsburg und Regensburg, die in Gestalt

---

[179] B. Decker (wie Anm. 178), S. 277, Abb. 120 und 125.
[180] H. Schindler (wie Anm. 160), S. 67 f.
[181] B. Decker (wie Anm. 178), S. 253 f., Abb. 93 und 94.
[182] Steichele, Bistum Augsburg 4, S. 828.

ihrer Bistumspatrone erscheinen, hat offenbar aufgrund geschichtlicher Ereignisse und besonderer Beziehungen zum Bistum Regensburg zu dieser Verbindung mit der Wallfahrt zur »Schönen Maria« geführt. Den kirchengeschichtlichen Hintergrund kennzeichnet die Weihe der Wallfahrtskirche durch den Augsburger Weihbischof Wilhelm Mader am 8. September 1447, d. h. am Fest Mariä Geburt.[183] Die besonderen Beziehungen zum Bistum Regensburg finden ihre Erklärung in der Stellung des für St. Kastl zuständigen Pfarrers von Fahlenbach (= Feilenbach) als Ehrenkaplan der Äbtissin von Geisenfeld.[184] Die Dichte dieser kirchen- und herrschaftsgeschichtlichen Wechselbeziehungen an der Grenze zwischen den Bistümern Regensburg und Augsburg, die in der Wallfahrtskirche St. Kastl bildlich und künstlerisch vergegenwärtigt wird, macht die Wirksamkeit der geschichtlichen Voraussetzungen aus dem hohen Mittelalter deutlich, die oben dargestellt wurden. Die Wirksamkeit dieser kirchen- und kultgeschichtlichen Faktoren auch im Spätmittelalter läßt unmittelbar vor dem Ausbruch der reformatorischen Krise eine volkstümliche Kulttradition entstehen, die in der Bildwelt der Wallfahrtskirche ihre Erfüllung findet und aus einer so berühmten und nahegelegenen Wallfahrt wie der zur »Schönen Maria« in Regensburg religiöse Impulse und bildliche Anregungen bezieht. Diese kultisch bedingte Traditionsbildung und der damit verbundene Rückgriff auf die andachtsbildlichen Ursprünge der Wallfahrt ist ein typisch spätmittelalterliches Phänomen, das auch bei Leinbergers »Schöner Maria« und ihrem Verhältnis zum Vorbild der »Lukasmadonna« in der Alten Kapelle zu Regensburg nachgewiesen ist.[185] Die ikonographische Tradition der Muttergottes in St. Kastl basiert auf der Stilstufe um 1480, deren Endphase sie vertritt. In stilistischer Hinsicht ist eine enge Verwandtschaft mit der Sitzfigur des hl. Wolfgang im Hochaltar der Wolfgangskirche von München-Pipping (um 1480) festzustellen.[186] Zum Zeitpunkt ihrer Einbeziehung in den Altarschrein mit den Hll. Ulrich und Wolfgang, d. h. um oder kurz nach 1520, kann daher eine kultische Tradition der Marienverehrung in St. Kastl angenommen werden, die aus den oben erwähnten geschichtlichen Tatsachen hervorgeht und durch die beiden heiligen Bistumspatrone als Zeugen bestätigt wird. Mit dieser »historisch reflektierten Perspektive auf die eigene Vergangenheit« im Rahmen des Wallfahrtskultes von St. Kastl ist die Situation am Beginn der Reformationszeit als Verteidigung der »letzten Bastion des mittelalterlich-repräsentativen Bilderkults« gekennzeichnet.[187] Der Einfluß Hans Leinbergers bei den Figuren der beiden Bistumspatrone als bildliches und künstlerisches Merkmal dieser kultischen Traditionsbildung ist nur aus dem Zusammenhang mit dem Ka-

[183] Gg. Brenninger (wie Anm. 169), S. 4.
[184] Steichele, Bistum Augsburg 4, S. 823.
[185] B. Decker (wie Anm. 178), S. 261, Abb. 122.
[186] Philipp Maria Halm, Erasmus Grasser, Augsburg 1928, S. 72, Tafel LXII.
[187] B. Decker (wie Anm. 178), S. 294.

stulusstift in Moosburg und mit Regensburg als dem Schauplatz der Verehrung der »Schönen Maria« zu erklären.

Diese kultgeschichtliche Perspektive im Hinblick auf die Muttergottes, die von den beiden Bistumspatronen in feierlicher Form bezeugt wird, findet in St. Kastl auch in der nachmittelalterlichen Zeit ihre Fortsetzung. Wie Bernhard Decker nachgewiesen hat, geht die um 1620 entstandene Figur des hl. Kastulus in der Wallfahrtskapelle auf das Vorbild einer spätgotischen Plastik des Kirchenpatrons (um 1480/90) am Hochaltar der Wallfahrtskirche zurück.[188] Die Benennung dieser Hochaltarfigur als hl. Martin ist unhaltbar,[189] da der barettförmige Fürstenhut eindeutig auf den hl. Kastulus hinweist und die andere Hochaltarfigur, die hl. Ursula, sich auf die Ursulakapelle am Moosburger Kastulusmünster bezieht.[190] Die Nachbildung der spätgotischen Kastulusfigur um 1620 bildet eine Parallele zur Einbeziehung der spätgotischen Plastiken in das frühbarocke Hochaltarretabel aus der Deggendorfer Stadtpfarrkirche (1624), die den bewußten Rückgriff auf die mittelalterliche Bild- und Kulttradition in der Zeit der Gegenreformation kennzeichnet. Die Wiederverwendung der spätgotischen Plastiken in den Altarretabeln aus der zweiten Hälfte des 17. Jahrhunderts von St. Kastl steht daher völlig in der kultischen Tradition, die bereits um 1520 sichtbar wird.

Die Beispiele für die Einbeziehung spätgotischer Schnitzfiguren in die Altarausstattungen aus der zweiten Hälfte des 17. Jahrhunderts sind in Altbaiern sehr zahlreich. Auf ein besonders interessantes Beispiel dieses kultischen und geschichtlichen Traditionsbewußtseins am Ende des Mittelalters und seine Wiederbelebung im Barock sei hier wegen seiner Lage im geschichtlichen Raum des westlichen Altbaiern kurz hingewiesen: Die Kirche Beatae Mariae Virginis in Oberwittelsbach bei Aichach (Lkr. Aichach-Friedberg). Das Marienheiligtum auf dem Platz, wo bis 1209 der Stammsitz der Wittelsbacher stand, birgt in seinen Barockaltären drei spätgotische Schnitzfiguren, welche die Muttergottes mit dem Jesuskind darstellen.[191] Am südlichen Seitenaltar (1652) zwei Muttergottesplastiken aus der Zeit um 1420 bzw. um 1470/80.[192] Der Hochaltar (1687) umschließt im zentralen Schrein das Gnadenbild der Kirche, die großartige Muttergottesfigur (um 1500), die mit vollem Recht als ein Meisterwerk des Augsburger Bildschnitzers Gregor Erhart bezeichnet wird.[193] Ihre jetzige typologische Gestaltung als »Maria vom Siege« durch die Anbringung der Weltkugel mit der Schlange hat sie erst in der Barockzeit, wahrscheinlich bei ihrer Aufstellung im jetzigen Hochaltar,

---

[188] B. Decker (wie Anm. 178), S. 215, Abb. 83 und 84.
[189] Gg. Brenninger (wie Anm. 169), S. 8. – Dehio München–Oberbayern, S. 1057 (beide Male fälschlich hl. Martin).
[190] Dehio München–Oberbayern, S. 646.
[191] Dehio Schwaben, S. 826f.
[192] Volker Liedke, Zur Bau- und Kunstgeschichte der Kirche Beatae Mariae Virginis in Oberwittelsbach, in: Grad, Wittelsbacher, S. 268, 272, Abb. S. 273 und 274.
[193] V. Liedke, in: Grad, Wittelsbacher, S. 268ff., Abb. S. 266.

erhalten. Ob das Gnadenbild ursprünglich für die Oberwittelsbacher Kirche geschaffen wurde oder erst durch die Benediktiner von St. Ulrich und Afra in Augsburg, als sie im Jahre 1537 aus der Reichsstadt vertrieben wurden und nach Unterwittelsbach ins Exil gingen, in die Kirche kam, kann nicht mit letzter Sicherheit entschieden werden.[194] Als Wallfahrtsziel ist die Oberwittelsbacher Kirche bereits zu Beginn des 15. Jahrhunderts belegt.[195] Die außerordentlich große Ähnlichkeit der Oberwittelsbacher Muttergottes, d. h. ihrer Gesichtszüge und des Jesuskindes, mit der Plastik Gregor Erharts in der Augsburger Stadtpfarrkirche St. Ulrich und Afra schließt, streng genommen, das Vorhandensein zweier im wesentlichen identischer Muttergottesfiguren in der Augsburger Benediktinerabtei aus.[196] Man kann daher, übereinstimmend mit Volker Liedke,[197] davon ausgehen, daß um oder kurz nach 1500 Gregor Erhart in Augsburg für die Oberwittelsbacher Kirche ein Schreinretabel mit der Muttergottes als neuem Gnadenbild nach dem Vorbild seiner Marienfigur in St. Ulrich und Afra geschaffen hat. Die Bestattung des 1548 im Exil zu Unterwittelsbach verstorbenen Abtes Simon Goll von St. Ulrich und Afra vor den Stufen zum Hochaltar weist eindeutig in die Richtung eines derartigen Sachverhalts.[198] Die Bestimmung der Oberwittelsbacher Muttergottes als neugeschaffenen Gnadenbildes stellt daher ohne Zweifel eine Parallele bzw. eine Vorläuferin des Gnadenbildes der »Schönen Maria« von Hans Leinberger dar. Das vorangehende Gnadenbild in Oberwittelsbach könnte die »Schöne Madonna« aus der Zeit um 1420 gewesen sein, die heute in der Predella des rechten Seitenaltars steht.[199] Die kultgeschichtliche Entstehung der Oberwittelsbacher Wallfahrt und ihrer Gnadenbilder erweist sich durch die Erneuerung des Gnadenbildes einer »Schönen Madonna« zu Beginn des 16. Jahrhunderts als eine Vorläuferin der Wallfahrt zur »Schönen Maria« in Regensburg. Einen wenigstens mittelbaren Beweis liefert der barocke Hochaltaraufbau (1687) von Oberwittelsbach, dessen dreiteiliges Hauptgeschoß dem architektonischen Typus des Gnadenaltars der »Schönen Maria« (um 1520/21) entspricht, der im Holzschnitt von Albrecht Altdorfer überliefert ist.[200] Die unmittelbaren Voraussetzungen für diesen Altartyp erscheinen zu Beginn des 17. Jahrhunderts. In der benachbarten Benediktinerinnen-Klosterkirche von Kühbach zeigt der um 1610/20 entstandene Hochaltar der alten Kirche denselben architektonischen Aufbau und wird nach dem Neubau (1687/88) als Altar der Skapulierbruderschaft (Bruderschaftsbild von 1713) wiederverwendet.[201] Derselbe dreiteilige Ädikulatyp tritt als Bekrönung des

---

[194] V. Liedke, in: Grad, Wittelsbacher, S. 270.
[195] V. Liedke, in: Grad, Wittelsbacher, S. 267 f.
[196] Gertrud Otto, Gregor Erhart, Berlin 1943, Tafel 52.
[197] Wie Anm. 193.
[198] V. Liedke, in: Grad, Wittelsbacher, S. 270, Abb. S. 277.
[199] V. Liedke, in: Grad, Wittelsbacher, Abb. S. 273.
[200] Toni Grad, Ikonographische Beschreibung des Hochaltars in der Kirche Oberwittelsbach, in: Grad, Wittelsbacher, Abb. S. 284. – B. Decker (wie Anm. 178), Abb. 125.

doppelgeschossigen Altaraufbaus beim Hochaltar von Bartholomäus Steinle in der Stiftskirche von Polling bei Weilheim (1623–1628/29) auf, der die monumentale Umrahmung für das Kultbild des Pollinger Kreuzes bildet.[202] Abgesehen von den stilgeschichtlich bedingten Veränderungen in Detailformen, erweisen sich die Auswirkungen des dreiteiligen Retabeltypus des Gnadenaltars der »Schönen Maria« als ein Prototyp dieser Altargattung, der bis in den Barock hinein unlösbar mit dem Wallfahrtskult verbunden ist. Beim Oberwittelsbacher Hochaltar läßt sich in der figürlichen Gestaltung des Mittelschreines mit dem Gnadenbild eine weitere Gemeinsamkeit mit dem Altar der »Schönen Maria« feststellen. Die Ergänzung der Gruppe mit der Muttergottes und den beiden musizierenden Engeln, die ebenfalls aus der Werkstatt Gregor Erharts stammen, durch weitere vier Engel bei der Aufstellung des Hochaltars im Jahre 1687 ergibt eine Gruppierung des Gnadenbildes mit sechs Engeln,[203] die mit derjenigen des Gnadenaltars der »Schönen Maria« völlig übereinstimmt. Es kann daher mit fast völliger Sicherheit angenommen werden, daß in Oberwittelsbach nach dem Ende des Dreißigjährigen Krieges mit Förderung durch die Deutschordenskommende Blumenthal die Marienwallfahrt als bewußte Wiederbelebung der erloschenen Wallfahrt zur »Schönen Maria« in Regensburg wiederaufgenommen wurde.[204] Die Stiftung des südlichen Seitenaltars im Jahre 1652 durch den Blumenthaler Landkomtur Bernhard von Metternich (1636–58) mit den beiden älteren Muttergottesfiguren, deren eine vermutlich das erste Gnadenbild war, bekundet zweifelsfrei die Wiederaufnahme der Wallfahrtstradition nach dem Ende des Dreißigjährigen Krieges.[205] Damit greift der baierische Barock auf eine vorreformatorische Kult- und Bildtradition zurück, die in der zweiten Hälfte des 15. und vor allem im ersten Viertel des 16. Jahrhunderts die »Schönen Madonnen« des Weichen Stils als Gnadenbilder und künstlerische Vorbilder übernimmt.[206] Ihren Höhepunkt in der künstlerischen Gestaltung dieser kultischen Vorbilder findet diese Traditionsbildung, die auf die Gnadenbilder der »Schönen Madonnen« und der »Lukasmadonna« zurückgreift, bei Hans Leinberger mit der Muttergottes des Moosburger Hochaltars und der »Schönen Maria« in Regensburg. Die Verbindung mit Hans Leinberger tritt am Oberwittelsbacher Hochaltar bei den Figuren der beiden hll. Johannes,

---

[201] Karl Kosel, Pfarrkirche Kühbach. Ehem. Benediktinerinnen-Klosterkirche (= Schnells Kunstführer 993), München–Zürich 1973, S. 10f., Abb. S. 16.
[202] Heinz-Jürgen Sauermost, Die Weilheimer. Große Künstler aus dem Zentrum des Pfaffenwinkels, München 1988, Abb. S. 13.
[203] T. Grad (wie Anm. 200), in: Grad, Wittelsbacher, Abb. S. 286.
[204] Hans Schmid-Aichach, Die Wittelsbacher und der Deutsche Orden, in: Grad, Wittelsbacher, S. 156f.
[205] Gustav Euringer, Auf nahen Pfaden. Ein Augsburger Wanderbuch, Augsburg ²1910–15, S. 598 (Stifter: Bernhard v. Metternich). – V. Liedke, in: Grad, Wittelsbacher, S. 270 (irrtümlich: Jakob v. Kaltenthal).
[206] Vgl. B. Decker (wie Anm. 178), S. 140–162, 293ff.

des Täufers und des Evangelisten, in Erscheinung. Ihre Abhängigkeit in der physiognomischen Charakterisierung und Gewandbehandlung von den entsprechenden Figuren des Moosburger Hochaltars, des Täufers als linken Schreinwächters und des Evangelisten von der Kreuzigungsgruppe im Gesprenge,[207] ist eindeutig zu erkennen. Die kultische Ursache für diese Zusammenhänge mit den Bildwerken Hans Leinbergers ist vor allem in der Tatsache zu erblicken, daß seine Muttergottesfiguren in Moosburg und Regensburg als »Lukasmadonnen«, die durch ihre hohepriesterliche Kleidung einen besonderen liturgischen Bildrang beanspruchen, gewissermaßen eine Vorwegnahme der Immaculata im Sinne der gegenreformatorischen Marienverehrung bedeuten.[208]

Aus diesen kultgeschichtlichen Zusammenhängen, die zu Beginn des 16. Jahrhunderts unmittelbar vor der Reformation entstanden sind, erklären sich die kultischen, bildlichen und kunstgeschichtlichen Gemeinsamkeiten dieser kleineren Wallfahrten im altbaierischen Gebiet zwischen Donau, Isar und Paar und ihre ungeschmälerte Wirksamkeit im Barock. Die bildliche und künstlerische Großartigkeit der Gnadenmuttergottes Gregor Erharts in Oberwittelsbach, die den Vergleich mit Hans Leinbergers »Lukasmadonnen« in Moosburg und Regensburg nicht zu scheuen braucht, hat im Barock bei ihrer Wiederaufstellung auf dem Hochaltar völlig folgerichtig im Sinne der barocken Marienverehrung diese Umgestaltung zur Immaculata als »Maria vom Siege« erfahren. – Die thronende Muttergottes am Marienaltar von St. Kastl hat wahrscheinlich schon um 1520 bei ihrer Einbeziehung in einen Altarschrein den Rang eines zweiten Gnadenbildes in dieser dem hl. Kastulus geweihten Wallfahrtskirche erhalten. Die assistierenden Figuren der beiden heiligen Bischöfe Wolfgang und Ulrich betonen als Träger der höchsten priesterlichen Würde den hohepriesterlichen Rang der Muttergottes im gleichen Sinne wie bei der »Lukasmadonna« des Moosburger Hochaltars. Die Verflechtung der Muttergottes- und Heiligenverehrung mit dem Wallfahrtskult, die am Vorabend der Reformation bis in die abgelegensten Gegenden Altbaierns und Schwabens vordrang und in herausragenden Künstlerpersönlichkeiten, wie Hans Leinberger, Gregor Erhart und Albrecht Altdorfer, eine außerordentliche religiöse und künstlerische Ausstrahlung erreichte, bildet die Grundlage für die Wiederaufnahme im Barock, der in seinen Anfängen durch die kultisch motivierte Integration dieser mittelalterlichen Bildwerke geprägt ist.

Die Auswirkungen der dargestellten kult- und kunstgeschichtlichen Entwicklungstendenzen sind im Bistum Regensburg während der zweiten Hälfte des 17. Jahrhunderts vielfach, vor allem auch in den Ulrichskirchen und bei den Darstellungen des Augsburger Bistumspatrons, zu beobachten. Der um 1680 entstandene Hochaltar der Ulrichskirche in Gisseltshausen

Gisselts-hausen

---

[207] B. Decker (wie Anm. 178), Abb. 87 und 95.
[208] B. Decker (wie Anm. 178), S. 251.

bietet ein anschauliches Beispiel hierfür (Abb.).²⁰⁹ Sein dreiteiliger Retabelaufbau stimmt völlig mit dem Hochaltar in Oberwittelsbach überein und zählt daher zu den typologischen Nachfolgern des Gnadenaltars der »Schönen Maria«. Die Ornamentansätze neben den Außensäulen des Mittelgeschosses sind mit denjenigen des Oberwittelsbacher Hochaltars völlig identisch, so daß beide Altäre wahrscheinlich aus der gleichen Werkstatt hervorgegangen sind. Die drei Gemälde im Mittelgeschoß stellen die beiden Bistumspatrone St. Ulrich und St. Wolfgang zusammen mit dem hl. Sebastian dar. Bemerkenswert ist diese bildthematische Zusammenstellung insofern, als hier dieselben Heiligen wie bei den Seitenaltären in St. Kastl bei Langenbruck erscheinen.²¹⁰

Die Innenausstattung der Kirche bietet ein gut erhaltenes Bild eines gewachsenen Barockensembles aus dem 17. und 18. Jahrhundert, das die Regensburger Jesuiten – seit 1593 Besitzer der Hofmark – mit Sorgfalt und Geschmack betreuten.²¹¹ Die Einbeziehung gotischer Bildwerke ist dabei ebenso zu beobachten wie auch die Ausschmückung des Chorgewölbes durch eine zierliche Stuckdekoration im Bandelwerkstil aus der Zeit um 1730 (Abb.). In offenkundiger Anlehnung an die Stuckdekoration Ägid Quirin Asams in der Stiftskirche von Rohr (1720/21), vor allem derjenigen am Langhausgewölbe,²¹² hat ein unbekannter Stukkator eine sehr originelle und phantasievolle Gestaltung des Ulrichsattributs in das Zentrum des Chorgewölbes gesetzt. Umgeben von einem geschweiften Rahmen und Bandelwerkkartuschen, ganz nach dem Asamschen Vorbild in Rohr, erscheinen auf der Mittelachse Mitra und Bischofsstab mit dem verdoppelten Fischattribut des hl. Ulrich inmitten einer reichen Blattranken- und Bandelwerkkomposition. Angesichts der unbefangenen Frische und originellen Interpretation der Symbolik darf man dieser Stuckdekoration Einmaligkeitswert im Rahmen der Ulrichsikonographie zuerkennen. Die Meisterfrage kann zwar nicht mit völliger Eindeutigkeit beantwortet werden, doch ist mit Sicherheit anzunehmen, daß die Stuckdekoration von einem Mitglied der Wessobrunner Maurer- und Stukkatorenfamilie Bader stammt, die Ende des 17. Jahrhunderts nach Rohr und Rottenburg a.d. Laaber auswanderte. In Frage kommen ein Sohn und ein Verwandter des Joseph (1) Bader (1695 Heirat in Rohr, 1721 dort gestorben), der die Bauleitung der Stiftskirche von Rohr innehatte:²¹³

1. Dessen Sohn Martin (2) Bader (1704–55), der als Baumeister und Stukkator mehrfach im niederbayerischen Donaugebiet nachgewiesen ist.²¹⁴
2. Dessen Neffe (?) Joseph (2) Bader. 1717 Heirat in Rohr, 1736 dort gestorben; Arbeiten unbekannt.²¹⁵

---

[209] J. Mayerhofer (wie Anm. 73), S. 10, Abb. S. 12 (Hochaltar nicht im Originalzustand). – Dehio Niederbayern, S. 170.
[210] Gg. Brenninger (wie Anm. 169), S. 8 ff.
[211] J. Mayerhofer (wie Anm. 73), S. 9.
[212] Norbert Lieb, Barockkirchen zwischen Donau und Alpen, München ⁵1984, S. 153, Taf. 26.

Das Mittelbild des Gisseltshausener Hochaltars mit der ganzfigurigen Darstellung des hl. Ulrich veranschaulicht ein grundlegendes Element der Ulrichsikonographie im 17. und 18. Jahrhundert (Abb.), das im Bistum Regensburg vor allem in der zweiten Hälfte des 17. Jahrhunderts sehr prägnant auftritt: Die wechselseitige Abhängigkeit von Malerei und Andachtsgraphik. Der zum Vergleich abgebildete Stich mit dem hl. Ulrich (Regensburg, Bischöfl. Zentralarchiv, Sammlung Hartig, Nr. 201) kann zwar nicht als direkte Vorlage für das Gemälde bezeichnet werden (Abb.), doch im figürlichen Typus und in der architektonischen Staffage ist die Verwandtschaft mit dem Gemälde und die ungefähr gleichzeitige Entstehung um 1680 unverkennbar. Stilistisch steht das Gisseltshausener Ulrichsgemälde dem Landshuter Barockmaler Johann Franz Raimund Scherrich sehr nahe und dürfte zusammen mit den beiden anderen Hochaltargemälden aus dessen Werkstatt hervorgegangen sein. Scherrich hat im Jahre 1671 das Hochaltargemälde für die Ulrichspfarrkirche in Aich mit dem Tod des hl. Ulrich geschaffen.[216] Genau genommen stellt es die letzte Kommunion, d. h. die Wegzehrung des hl. Ulrich dar, und beweist damit zum wiederholten Male, welche Seltenheiten der Ulrichsikonographie im Bistum Regensburg beheimatet sind.

Ein charakteristisches Beispiel für die Wechselbeziehung von Malerei und Graphik ist das Altargemälde der Kapelle St. Wolfgang und Ulrich in Tiefenthal (Abb.), das auch eine überdurchschnittliche künstlerische Qualität aufweist und außerdem von erheblichem bistumsgeschichtlichem Interesse ist.[217] Der künstlerische Anspruch des Tafelgemäldes ist allein schon daraus zu entnehmen, daß es auf eine Blechtafel – wahrscheinlich auf eine Kupferplatte – gemalt ist.[218] Das Gemälde stellt auf einer dreistufigen Bühne drei Bischofsgestalten in ihrem Ornat dar: In der Mitte den hl. Wolfgang mit dem Kirchenmodell und dem Beil zu seinen Füßen; rechts den hl. Ulrich mit dem Fisch auf dem Buch. In der linken Bischofsfigur wird der hl. Albert der Große vermutet.[219] Gewiß kann diese Identifizierung nicht grundsätzlich bestritten werden, doch läßt der Vergleich des Altargemäldes mit dem Titelkupferstich des »Rituale Ratisbonense« von 1662, den Bartholomäus Kilian (1630–96) nach Vorlage von Burkhard Schramman ausführte, noch eine andere Deutungsmöglichkeit zu (Abb.).[220] Laut Forsters Matrikel von 1665, die in der Ka-

---

[213] Hugo Schnell und Uta Schedler, Lexikon der Wessobrunner. Künstler und Handwerker, München–Zürich 1988, S. 57.
[214] H. Schnell und U. Schedler (wie Anm. 213), S. 58.
[215] H. Schnell und U. Schedler (wie Anm. 213), S. 57.
[216] Dehio Niederbayern, S. 11.
[217] Dehio Regensburg-Oberpfalz, S. 733.
[218] Gütige Mitteilung von Herrn Restaurator Fromm, Parsberg.
[219] Die Kunstdenkmäler des Königreichs Bayern II, Regierungsbezirk Oberpfalz und Regensburg 21, Bezirksamt Regensburg. Bearb. v. Felix Mader, München 1910, S. 165–169.
[220] Karl Hausberger, Geschichte des Bistums Regensburg II: Vom Barock bis zur Gegenwart, Regensburg 1989, Abb. S. 47.

pelle von Tiefenthal zwei beschädigte Altäre angibt,[221] kann der bestehende Altar mit seinem Gemälde erst nach 1665 aufgestellt worden sein. Der Titelkupferstich von Bartholomäus Kilian, der daher älter ist als das Gemälde, stellt die Regensburger Diözesanheiligen St. Rupert, St. Wolfgang, St. Emmeram und St. Erhard in einer Komposition dar, die derjenigen des Gemäldes unmittelbar vergleichbar ist. Als auffälligste Gemeinsamkeit ist die völlige physiognomische Identität des hl. Ulrich auf dem Gemälde mit dem hl. Erhard des Stiches festzustellen. Der hl. Wolfgang des Gemäldes weicht völlig von den Bischofsgestalten des Stiches ab. Dagegen zeigt die linke Bischofsfigur des Gemäldes in der Charakterisierung der Gesichtszüge und in der Drapierung des Pluviales ebenfalls eine unmittelbare Abhängigkeit vom hl. Erhard des Stiches. Eine Identifizierung mit dem hl. Erhard kann daher nicht völlig ausgeschlossen werden.

Die Beschreibung der zur Pfarrei Pondorf gehörigen Filialkirche Hofdorf samt der zugehörigen Kapelle in Tiefenthal von 1859 berichtet, daß diese zwei Glocken besitzt, die am 26. Februar 1666 geweiht wurden.[222] Diese Nachricht erlaubt den sicheren Schluß, daß um 1665 der heute vorhandene Dachreiter über der Apsis errichtet wurde und die barocken Veränderungen des Innenraumes einschließlich des Altars mit seinem Gemälde vorgenommen wurden. Die Baumaßnahmen an der Tiefenthaler Kapelle und die Aufstellung ihres Altars fallen daher in die Amtszeit des Erzdechanten Gedeon Forster als Pfarrers von Pondorf (1644–75).[223] Obwohl Forster als Sekretär der Diözesansynode seit 1660 in Regensburg wohnte und die Seelsorge seiner Pfarrei einem Pfarrvikar und Kooperator überlassen mußte,[224] blieb er Pfarrherr von Pondorf und hat sich gewiß um die Instandhaltung und Ausstattung der Gotteshäuser seiner Pfarrei gekümmert. Forsters Initiative als Auftraggeber ist beim Tiefenthaler Altarretabel samt Gemälde mit Sicherheit anzunehmen, da die Altararchitektur und Malerei eindeutig Regensburger Charakter tragen. Die Rahmenarchitektur des Retabels leitet sich vom Hochaltar der ehemaligen Klosterkirche der Kartause Prüll her, den Hans Krumper im Jahre 1607 entworfen hat.[225] Als Schöpfer des Altargemäldes könnte Johannes Selpelius in Frage kommen, der in Regensburg mit Altargemälden in St. Emmeram (1658, 1663) und einem Wandgemälde im Chor der Kartäuserkirche Prüll vertreten ist.[226] Der Tiefenthaler Altar und sein Gemälde können daher als ein kostbares künstlerisches Vermächtnis und als

---

[221] Heim, Matrikel, S. 19.
[222] BZAR, Pfarrakten Pondorf/Donau, Signatur 22: Beschreibung der Filialkirche Hofdorf, in der kathol. Pfarrei Pondorf, nebst der zum Filialbezirk Hofdorf gehörigen Kirche in Tiefenthal – zufolge oberhirtl. Ausschreibens vom 10ten Okt. 1859. Tiefenthal: »5. Das Kirchlein hat 2 Glocken, welche am 26. Febr. 1666 pro Capella Sanctorum Wolfgangi et Udalrici in Tiefenthall per Rvd. Franciscum Epis. Liodensem Suffrag. etc. geweiht wurden.«
[223] Heim, Matrikel, S. XIf.
[224] Heim, Matrikel, S. XII.
[225] H.-J. Sauermost (wie Anm. 202), Abb. S. 74.

ein Denkmal der persönlichen Frömmigkeit Gedeon Forsters bezeichnet werden, dessen Name unmittelbar nach Bischof Franz Wilhelm von Wartenberg (1649–61) zu nennen ist, wenn über die religiös-sittliche Erneuerung im Bistum Regensburg des 17. Jahrhunderts gesprochen wird.[227]

Auf den ersten Blick mag die Feststellung etwas eigenartig anmuten, daß in Straubing die Zeugnisse der Ulrichsverehrung und -darstellungen etwas spärlich vertreten sind. Doch müßte eine solche Betrachtungsweise als oberflächlich bezeichnet werden, nachdem die alte Pfarrkirche St. Peter als Mittelpunkt des Besitzes des Augsburger Domkapitels zweimal im 19. und 20. Jahrhundert radikal purifiziert wurde.[228] Es ist wohl kaum vorstellbar, daß sich in der Zeit, als sie noch dem Augsburger Domkapitel unterstand, keine Darstellung des hl. Ulrich in der Peterskirche befand. Im Zusammenhang mit dem Neubau der Pfarrkirche St. Jakob in der Neustadt treten die ersten Zeugnisse der Ulrichs- und Afraverehrung in Straubing auf. Als Pfarrherr von St. Jakob bei Beginn des Neubaus stiftete der Augsburger Domherr Dr. Magnus von Schmiechen die erste Kapelle im Chorschluß, die heutige Annakapelle, die ursprünglich den Augsburger Bistumspatronen St. Ulrich und St. Afra geweiht war.[229] Im Jahre 1418 wurde Magnus v. Schmiechen in dieser Kapelle beigesetzt, wovon die eindrucksvolle Rotmarmorgrabplatte mit der Stifterfigur Zeugnis gibt.[230] Den Höhepunkt der künstlerischen Beziehungen zwischen Augsburg und Straubing in der Spätgotik unter der Grundherrschaft des Augsburger Domkapitels, die 1535 zu Ende ging,[231] bilden die Glasgemälde mit den vier Szenen aus dem Leben der Hll. Ulrich und Afra im nördlichen und südlichen Chorfenster von St. Jakob, deren Entwürfe Hans Holbein d. Ä. zugeschrieben werden: im südlichen Fenster das Fischwunder und die Messe des hl. Ulrich; im nördlichen Fenster die Bekehrung und der Feuertod der hl. Afra.[232]

Die Erinnerung an Straubings »Augsburger« Zeit und die damit verbundene Ulrichsverehrung hatte offenbar in der seit 1250 bestehenden »Priesterbruderschaft zum allerheiligsten Erlöser« einen besonderen Rückhalt.[233] Dies

Straubing

---

[226] Thieme-Beckers Künstlerlexikon 30, Leipzig 1936, S. 482. – Dehio Regensburg–Oberpfalz, S. 492, 519.

[227] Heim, Matrikel, S. XIII.   [228] Dehio Niederbayern, S. 677.

[229] Franz Forchheimer, Die spätgotische Hallenkirche St. Jakob, in: Festschrift Straubing, S. 124ff.

[230] Alfons Huber, Die Pfarrer von St. Jakob in Straubing, in: St. Jakob zu Straubing. Erhebung zur Basilika. Kirche und Pfarrei St. Jakob in Vergangenheit und Gegenwart. Festschrift anläßlich der Erhebung der Stadtpfarrkirche St. Jakobus und Tiburtius zur päpstlichen Basilika am 23. Juli 1989, Straubing 1989, S. 53, 58, Abb. S. 56 (zitiert als: Festschrift St. Jakob).

[231] F. Forchheimer (wie Anm. 229), in: Festschrift Straubing, S. 106f.

[232] Christian Beutler und Gunther Thiem, Hans Holbein d. Ä. Sie spätgotische Altar- und Glasmalerei (= Abhandlungen zur Geschichte der Stadt Augsburg, Band 13), Augsburg 1960, S. 204ff., 234f., Abb. 50 (Ortsangaben der Chorfenster seitenverkehrt). – Dehio Niederbayern, S. 685f.

[233] Helmut Wagner, Die Straubinger Priesterbruderschaft, in: Festschrift St. Jakob, S. 219–238.

ergibt sich allein aus dem ungefähren Gründungsjahr – um 1250 – und wird durch die Nachricht bei Joseph Peißinger bestätigt, wonach die Bruderschaftsgottesdienste und die Jahrtagsmessen für verstorbene Mitglieder bis gegen die Mitte des 16. Jahrhunderts in der alten Pfarrkirche St. Peter zelebriert wurden.[234] Seit 1450 hat die Priesterbruderschaft ihren Sitz an der Veitskirche, und im Jahre 1470 wurde das Benefizium SS. Pauli, Dionysii, Aegidii et Ruperti an St. Jakob mit der zugehörigen Bruderschaftskapelle errichtet.[235] Nach der Verlegung des Stiftes Pfaffmünster an die Jakobskirche zu Straubing und der damit verbundenen Errichtung des Kollegiatstiftes St. Jakob und St. Tiburtius im Jahre 1581 waren mehrere Stiftspröpste Mitglieder der Priesterbruderschaft.[236] Unter diesen befindet sich auch Stiftspropst Wolfgang Christoph Freiherr von Clam (1676–1701), der zugleich Domherr und Scholaster in Regensburg war.[237] Als Regensburger Domkapitular stiftete er unter dem 16. Dezember 1697 ein einfaches Benefizium in der Dreifaltigkeitskapelle der Dompfarrkirche St. Ulrich, die er selbst ausschmükken ließ.[238] Leider ist diese Kapelle der Demolierung der Ausstattung nach der Profanierung der Ulrichskirche zum Opfer gefallen. Seine damit belegte besondere Beziehung zur Regensburger Ulrichskirche und seine Mitgliedschaft bei der Straubinger Priesterbruderschaft dürfte für die Barockisierung der Veitskirche 1702/03, die unmittelbar nach seinem Tod im Jahre 1701(?) einsetzte,[239] und für das Bildprogramm der Seitenaltargemälde von Bedeutung gewesen sein. Die Thematik der Seitenaltargemälde von Johann Caspar Sing (1651–1729) und Cosmas Damian Asam (1686–1739) veranschaulicht nämlich die kirchengeschichtliche Entwicklung in Straubing seit dem Mittelalter sehr genau.[240] Die Seitenaltäre an der südlichen Langhauswand mit der Feuerprobe der hl. Kunigunde in Gegenwart von Kaiser Heinrich II. und mit den drei Bistumspatronen, den Hll. Ulrich, Rupert und Wolfgang, repräsentieren die früh- und hochmittelalterliche Bistums- und Stadtgeschichte im allgemeinen.[241] Der Augsburger Einfluß tritt mit dem hl. Ulrich und dem hl. Kaiser Heinrich II. als dem Bruder des Augsburger Bischofs Bruno, der Straubing dem Augsburger Domkapitel übereignete, in Erschei-

[234] H. Wagner (wie Anm. 233), in: Festschrift St. Jakob, S. 221.
[235] H. Wagner (wie Anm. 233), in: Festschrift St. Jakob, S. 221, 223.
[236] Hans Agsteiner, Das kurfürstliche Kollegiatstift St. Jakob und St. Tibertius zu Straubing, in: Festschrift St. Jakob, S. 136.
[237] H. Agsteiner (wie Anm. 236), in: Festschrift St. Jakob, S. 153, 163 Anm. 45.
[238] BZAR, Pfarrakten Regensburg, Dompfarrei, Signatur 28: Ehem. Dompfarrkirche St. Ulrich. »... in ueteri Ecclia parochiali ad S. Udalricum hic Ratisbonae tres missae hebdomales in Sanctissimae Trinitatis Capella ibidem existente et ab ipso Dno Fundatore perquam decenter ornata ...«
[239] H. Agsteiner (wie Anm. 236), in: Festschrift St. Jakob, S. 163 Anm. 45 (Epitaph mit Todesdatum: 3. Februar 1703).
[240] Hans J. Utz, Die Veitskirche in Straubing (= Schnells Kunstführer 1198), München–Zürich 1979, S. 6. – Dehio Niederbayern, S. 695 f.
[241] H. J. Utz (wie Anm. 240), S. 6.

nung. Die Seitenaltäre an der nördlichen Langhauswand mit der Feuerprobe des hl. Tiburtius und dem Martyrium des hl. Andreas stehen in Beziehung zur Stadtpfarr- und ehemaligen Stiftskirche St. Jakob und St. Tiburtius, deren Filiale die Veitskirche ist.[242] Das Altarpatrozinium des Apostels Andreas dürfte im Zusammenhang mit der Haunspeckkapelle bei St. Jakob stehen, die dem hl. Andreas geweiht ist.[243]

Das Gemälde des südwestlichen Seitenaltars, das Johann Caspar Sing um 1704 schuf, stellt die drei heiligen Bischöfe Ulrich, Rupert und Wolfgang dar (Abb.). Die stereotyp aus dem Kunstdenkmälerinventar von Felix Mader abgeschriebenen Namen der drei heiligen Bischöfe – Rupert, Benno und Ulrich[244] – verunklären nicht nur die Reihenfolge auf dem Gemälde, sondern wiederholen mit Ausdauer hinsichtlich des hl. Benno einen Irrtum. Die Kirchenrechnung von St. Veit für das Jahr 1702 gibt mit ihrem Bericht über die Weihe der sieben Altäre in der Veitskirche am 19. Oktober 1702 durch den Regensburger Weihbischof Albert Ernst Graf von Wartenberg eindeutigen Aufschluß über die Altarpatrozinien.[245] Bezüglich der südlichen Seitenaltäre lautet der Text: »Den Ersten seithen Altar rechter handt hinfür, dem heyl: Erz Engl Michael, den anderen daran neben der Canzl dem heyl: Kayser Heinerico, vnd der auch heyl: Kayserin Cunigundis, den driten den heyl: drey Bischöffen Udalrico, Wolfgango vnd Ruperto.«[246] Die Hll. Ulrich und Rupert sind durch ihre jeweiligen Attribute, Fisch und Salzfaß, deutlich gekennzeichnet. Beim hl. Wolfgang, der die Gruppe nach oben abschließt, ist das einem Fischmaul gleichende Motiv, das unter dem Mantel hervorschaut, in Wirklichkeit der drachenförmige Rachen des Teufels, den er vor dem Bau der Einsiedelei und der Kirche am Wolfgangsee gebannt hatte. Die Kirche des hl. Wolfgang ist unterhalb des Teufelsrachens eindeutig zu erkennen. Die Darstellung der Bistumspatrone von Augsburg, Salzburg und Regensburg auf dem Straubinger Altargemälde bildet daher eine thematische Parallele zum Hochaltar in Marzill (um 1680)[247] und in mehreren anderen Kirchen des Grenzgebietes der Bistümer Regensburg und Augsburg. Der verwandtschaftliche und kirchengeschichtliche Zusammenhang zwischen dem Augsburger Bischof Bruno und seinem Testamentsvollstrecker Udalschalk von Elsendorf erweist sich hier als der geschichtliche Hintergrund der programmati-

---

[242] Wie Anm. 241.
[243] F. Forchheimer (wie Anm. 229), in: Festschrift Straubing, S. 135.
[244] Die Kunstdenkmäler von Bayern IV, Regierungsbezirk Niederbayern 6, Stadt Straubing. Bearb. v. Felix Mader, München 1921, S. 257 f., Abb. 211.
[245] Pfarrarchiv St. Jakob Straubing: Sancti Viti: vnd Ioannis / Gottsheuser Rechnung. / Churfürstl: Haubt Statt / Straubing de anno / 1702. – Mein besonders herzlicher Dank gilt Herrn Oberstudienrat Alfons Huber, Stadtheimatpfleger von Straubing, für seine liebenswürdige Hilfe bei meinen Archivforschungen und H. H. Stadtpfarrer Georg Dobmeier für die gastfreundliche Aufnahme in seinem Hause.
[246] Pfarrarchiv St. Jakob Straubing: Kirchenrechnung St. Veit 1702, pag. 57 r+v, No. 82.
[247] Wie Anm. 88.   [248] Wie Anm. 59.

schen Konzeption, die offensichtlich vom Geschichtsbewußtsein der Priesterbruderschaft geprägt ist.[248]
Die Komposition des Gemäldes verbindet das diagonal angeordnete Hochoval der Bischofsgruppe mit der Engelsgruppe in einer Wolke links oben zu einer S-Form, die mit erstaunlicher Virtuosität aus der manieristischen Grundform des Ovals die S-Form des Spätbarocks entwickelt. Die Ausgewogenheit der Komposition geht vor allem von der monumentalen und feierlichen Ruhe der Sitzfigur des hl. Ulrich im Bildvordergrund aus, der zusammen mit dem Engel als Träger seines Attributs die Gesamtkomposition des Bildes beherrscht (Abb.). Die gemessene Feierlichkeit seiner Erscheinung und die Ruhe des visionären Gesichtsausdrucks machen deutlich, daß Johann Caspar Sing hier eine der großartigsten barocken Darstellungen des Augsburger Bistumspatrons geschaffen hat. Die physiognomische Charakterisierung der drei Bischöfe steht auch hier, wie bereits am Tiefenthaler Altargemälde festgestellt, im Zusammenhang mit der Stichgraphik Bartholomäus Kilians, der im Auftrag der Straubinger Priesterbruderschaft den Titelkupferstich für das Bruderschaftsbuch von 1665 geschaffen hat.[249] Die Gesichtszüge der Hll. Ulrich, Rupert und Wolfgang zeigen eine unmittelbare Abhängigkeit vom Kupferstich des Kopfteiles eines Augsburger Hochstiftskalenders unter Bischof Alexander Sigismund von Pfalz-Neuburg (1690–1737) von Bartholomäus Kilian (Stift Göttweig/Niederösterreich, Graphisches Kabinett. Abb.).[250] Der Engel mit dem Fisch zu Füßen des hl. Ulrich beweist durch seine weitgehende Indentität mit dem Putto links vom Wappen Alexander Sigismunds, daß Johann Caspar Sing den Stich Bartholomäus Kilians als Vorlage benützt hat. Die Datierung des Stiches ist durch den Regierungsantritt Alexander Sigismunds als Augsburger Fürstbischof im Jahre 1690 und den Tod Kilians im Jahre 1696 auf diesen Zeitraum festgelegt.

172

10/11

Die Bedeutung der Druckgraphik als motivische Anregung und als Mittel zur Verbreitung von Bildideen, gerade im Bereich der barocken Altarblattmalerei, braucht nicht besonders betont zu werden. Gerade für die Ulrichsikonographie ist die Aufarbeitung dieses Themas wegen der Vielzahl der Darstellungen und ihrer weiträumigen Verbreitung ein mühsames und schwieriges Unterfangen. Ein Musterbeispiel für diese Schwierigkeiten ist das behandelte Altargemälde von Johann Caspar Sing.

Sittling In der Generation nach Johann Caspar Sing hat der Prüfeninger Maler Johann Gebhard (1676–1756) das Hochaltargemälde der Filialkirche St. Ulrich und Wolfgang zu Sittling (Lkr. Kelheim) geschaffen (Abb.).[251] Die Komposition

154

---

[249] Gütige Mitteilung von Herrn Stadtheimatpfleger Alfons Huber, Straubing.
[250] P. Dr. Gregor Martin Lechner OSB, Ausstellungskatalog »Das barocke Thesenblatt. Entstehung – Verbreitung – Wirkung. Der Göttweiger Bestand«, Benediktinerstift Göttweig/NÖ. 1985, S. 161 f. m. Abb., Nr. 68. – Für die gütige Hilfsbereitschaft bin ich H. H. Pater Dr. Gregor Martin Lechner zu herzlichem Dank verpflichtet.
[251] Im Dehio Niederbayern, S. 665, ist das Gemälde nicht erwähnt, obwohl die Signatur auch im

mit den beiden Kirchenpatronen wird durch die zentrale Gestalt des Evangelisten Markus zur Dreiecksform zusammengeschlossen. Auf dem rechten Blatt des aufgeschlagenen Evangelienbuches hat der Maler signiert: Gebhard fecit/in Prifling 1715. Die Entstehung des Sittlinger Hochaltargemäldes fällt daher in die Zeit, als Johann Gebhard an der Innenausstattung der Karmelitenklosterkirche in Abensberg maßgeblich beteiligt war.[252] Die Gruppierung des hl. Ulrich mit dem Engel, der sein Fischattribut hält, auf dem Sittlinger Gemälde zeigt engste Verwandtschaft mit der gleichen Gruppe auf Sings Straubinger Altargemälde. Der hl. Wolfgang des Sittlinger Gemäldes ist in seiner Kopfhaltung, der Gestik seiner Hände und der Drapierung des Pluviales unmittelbar von Sings hl. Rupert abhängig. Die kompositionelle Gesamtanlage des Sittlinger Gemäldes mit der diagonal zusammenfassenden S-Form, die vom Engel des hl. Ulrich ausgeht und über den rechten Arm und den Kopf des hl. Wolfgang zur Engelsgruppe über dem hl. Markus geleitet wird, beweist ein Maß an struktureller Übereinstimmung mit dem Gemälde Johann Caspar Sings, das zusammen mit den genannten Gemeinsamkeiten die unmittelbare Abhängigkeit Johann Gebhards offenkundig macht.

Die Entwicklung von den klassischen Figuren- und Kompositionstypen zu den raumgreifenden S-Kompositionen des Spätbarocks vollzieht sich in der bayerischen Barockmalerei und -graphik in der Generationsfolge der behandelten Künstler zwischen 1630 und 1680: Bartholomäus Kilian (geb. 1630), Johann Caspar Sing (geb. 1651), Johann Gebhard (geb. 1676).[253] Der letztere leitet bereits zu der Malergeneration über, die ganz im Zeichen Cosmas Damian Asams steht. Die führende Künstlerpersönlichkeit in der Entwicklung

---

ungereinigten Zustand ohne weiteres erkennbar war. Für das großzügige Entgegenkommen, womit mir während der Innenrestaurierung der Zutritt zur Kirche und durch die Reinigung des Gemäldes die Klärung wesentlicher Fragen der Identifizierung ermöglicht wurde, bin ich vor allem H. H. Pfarrer Harald Kamhuber, Bad Gögging, zu herzlicher Dankbarkeit verpflichtet. Mein Dank gilt auch den Mitarbeitern der Kirchenmalerfirma Baier und Orthgieß, Regensburg, und Herrn Architekt Fischer, Neustadt a. d. Donau, für die gütige Hilfsbereitschaft bei diesem interessanten Vorhaben, der Sittlinger Kirche ihren geistigen und bildlichen Mittelpunkt zurückzugeben. Die dadurch ermöglichte Identifizierung des Evangelisten Markus veranschaulicht eine scheinbar ungewöhnliche thematische Zusammensetzung im Rahmen der Ulrichs- und Wolfgangsikonographie. Die Beziehung der Hll. Ulrich und Wolfgang zum hl. Markus bzw. zu dessen Reliquien ist aber durch die seit dem 10. Jahrhundert handschriftlich tradierte Aufbewahrung der Markusgebeine im Benediktinerkloster auf der Insel Reichenau eindeutig belegt (vgl. dazu: Theodor Klüppel, Reichenauer Hagiographie zwischen Walahfrid und Berno, Sigmaringen 1980, S. 84f., 139). Die Zugehörigkeit der Sittlinger Kirche zur Benediktinerabtei Weltenburg dürfte für diese Themenverbindung maßgeblich gewesen sein.

[252] Dehio Niederbayern, S. 3.f.
[253] Sibylle Appuhn-Radtke, Das Thesenblatt im Hochbarock. Studien zu einer graphischen Gattung am Beispiel der Werke Bartholomäus Kilians, Weißenhorn 1988, S. 37–41 (Biographie B.K.). – Götz Adriani, Deutsche Malerei im 17. Jahrhundert, Köln 1977, S. 192. – Alois J. Weichslgartner, Eine Malerfamilie des 18. Jahrhunderts. Die Gebhards aus Prüfening, in: Herbert Schindler (Hg.), Bayern im Rokoko. Aspekte einer Epoche im Umbruch, München 1989, S. 32ff.

zum Spätbarock ist der zum Venezianer gewordene Münchener Johann Carl Loth (Carlotto, 1632–98), dessen späte Altarbilder in München und Venedig um 1680 die Dynamik der S-förmigen Komposition voll entfalten.[254] Unter seinem beherrschenden Einfluß steht die um 1650 geborene Münchener und Salzburger Malergeneration: Johann Caspar Sing (1651–1729), Johann Andreas Wolff (1652–1716) und Johann Michael Rottmayr (1654–1730).[255] Ihre Bedeutung als Altarblattmaler verdanken sie nicht zuletzt dem anspruchsvollen Auftrag, den sie zwischen 1693 und 1698 mit den Seitenaltargemälden des Passauer Domes – gemeinsam mit Johann Carl Resler von Reslfeld (1658–1735) – ausführten.[256] Johann Caspar Sings Altargemälde »Anbetung der Hll. Drei Könige« (1697)[257] erweist sich durch die diagonal angeordnete Ovalkomposition der Gruppe mit der hl. Familie und den anbetenden Königen und mit der daraus aufsteigenden S-förmigen Komposition, die in der Engelsgruppe gipfelt, als das unmittelbare Vorbild für die Komposition des Straubinger Altargemäldes. Die Komposition des Kupferstiches von Bartholomäus Kilian für den Augsburger Hochstiftskalender, der zwischen 1690 und 1696 entstand, besitzt in der Gruppierung der Muttergottes mit dem Jesuskind und in der ellipsenförmigen Anordnung der flankierenden Heiligengruppen viel Verwandtschaft mit Sings Passauer Gemälde, doch die Bindung der Gesamtkomposition an die zentralen Dreiecksformen kennzeichnet die ältere Generationsstufe Kilians. Johann Gebhards Sittlinger Hochaltargemälde zeigt zwar den Versuch zur harmonischen Verbindung der geometrischen Kompositionsgrundlage mit der dynamischen S-Form, doch das Übergewicht der geometrischen Grundstruktur verhindert die Entfaltung einer dynamischen und dramatischen Bildräumlichkeit. So bleibt hier Johann Gebhard angesichts der Entstehungszeit im Jahre 1715 auf der Stilstufe des Stiches von Bartholomäus Kilian, d.h. im wesentlichen vor 1700, wenngleich nicht unbeeinflußt vom Stilwandel um die Jahrhundertwende.

Die Auswirkungen der Tätigkeit führender Künstlerpersönlichkeiten, wie Johann Caspar Sing, Johann Andreas Wolff und Johann Michael Rottmayr, im altbairischen und österreichischen Donaugebiet sind bis über die Mitte des 18. Jahrhunderts im Schüler- und Stilkreis dieser Meister zu beobachten. Die in diesem Umkreis entstandenen Ulrichsdarstellungen geraten nach der Befreiung Wiens von der Türkenbelagerung im Jahre 1683 unter den Einfluß des mächtig aufblühenden Reichsstils: vor allem diejenigen Ulrichsgemälde mit der Darstellung der Ungarnschlacht auf dem Lechfeld.[258] Die hier wirk-

---

[254] G. Adriani (wie Anm. 253), S. 147–150, 186, Abb. 147 und 148.
[255] G. Adriani (wie Anm. 253), S. 190, 192, 197.
[256] Dehio Niederbayern, S. 505.
[257] Herbert Schindler, Der Dom zu Passau (= Die Blauen Bücher), Königstein im Taunus 1981, Abb. S. 64.
[258] Kosel, Ungarnschlacht 1: Ulrichsjb., S. 325f.

samen Verbindungen zwischen dem bayerischen und österreichischen Donaugebiet, das am unmittelbarsten von der Türkeninvasion bedroht war, bilden vor allem in der Zeit, als die Habsburger und Wittelsbacher politische und militärische Verbündete waren, d. h. vor dem Spanischen Erbfolgekrieg (1701–14), die Voraussetzung für das frühe Auftreten der Ungarnschlachtdarstellungen im Bistum Regensburg. Die Bedeutung der um 1650 geborenen Malergeneration als der großen Wegbereiterin der Spätbarock- und Rokokomalerei ist in den beiden Generationen zwischen 1720 und 1780 auf den Gebieten der Decken- und Altarblattmalerei besonders auch in unserem Themenbereich zu beobachten, wobei die Übernahme des Ungarnschlachtthemas durch die monumentale Deckenmalerei um 1720 auch erhebliche Auswirkungen auf die Altarblattmalerei hatte.

Eines der Hauptwerke der österreichischen Altarblattmalerei aus dieser Zeit des Stilwandels um 1720 ist das Hochaltargemälde in der Pfarrkirche St. Ulrich von Ebenfurth a. d. Leitha (N. Ö.), das der Wiener Johann Georg Schmidt im Jahre 1721 schuf (Abb.).[259] Johann Georg Schmidt (1694–1765), gen. Wiener Schmidt, zählte im 2. und 3. Jahrzehnt des 18. Jahrhunderts in Wien und Klosterneuburg zum engsten Mitarbeiterkreis von Johann Michael Rottmayr.[260] Das Ebenfurther Hochaltargemälde stellt die Verherrlichung des hl. Ulrich mit der Ungarnschlacht als Nebenszene dar. Die Komposition wird von einer stürmisch bewegten S-Form mit dem von Engeln umgebenen hl. Ulrich im Zentrum und der Dreifaltigkeitsgruppe als Bekrönung beherrscht, die sich links unten in einem Blick auf das Lechfeld mit dem Kampfgeschehen der Ungarnschlacht öffnet. Die unmittelbare Abhängigkeit der S-förmigen Gesamtkomposition, der einzelnen Gruppen und zahlreicher Details der Gestik und Gewandbehandlung von den Altarbildern Johann Michael Rottmayrs und Johann Caspar Sings im Passauer Dom und in Straubing verdeutlicht die Stilquellen Johann Georg Schmidts. Der hl. Ulrich des Ebenfurther Gemäldes und sein Verhältnis zum Buch mit dem Fischattribut und zu den Engeln mit der Lanze zeigt trotz der stärkeren räumlichen Entfaltung der Gruppenkomposition eine grundsätzliche Verwandtschaft mit der Ulrichsgruppe in Sings Straubinger Gemälde, die sich auch auf die Gewanddrapierung und die Charakterisierung der Engelsfiguren erstreckt. Bezieht man den hl. Ulrich von Bartholomäus Kilians Augsburger Hochstiftskalender in diesen Vergleich ein, so werden von dieser frühesten Darstellung aus gesehen die grundsätzliche Verwandtschaft des dreiecksförmigen figürlichen Aufbaus mit der zunehmenden Betonung der Diagonalachse und die enge physiognomische Verwandtschaft der Ulrichsdarstellungen bei Kilian, Sing und Schmidt ersichtlich. Die fortschreitende rhythmische Auflockerung des Dreiecksumrisses, die schon bei Kilian zu beobachten ist, setzt sich bei Sing und Schmidt in einer rautenförmigen Umrißbildung fort, wobei die stoffliche Behandlung der Falten an den Eckpunkten des dreiecksförmigen Figurenaufbaus bei Sing und Schmidt eindeutige Analogien zu Kilians Ulrichsfigur

aufweist. Die Kenntnis Johann Georg Schmidts von den Stichen Bartholomäus Kilians läßt mindestens einen mittelbaren Einfluß Johann Caspar Sings als möglich erscheinen. Der Augsburger Einfluß bzw. derjenige Bartholomäus Kilians auf das Ebenfurther Hochaltargemälde, den ich bereits 1974 vermutete,[261] kann jedenfalls als gesichert gelten, da in der nächsten Umgebung von Ebenfurth, in der Pfarrkirche von St. Lorenzen am Steinfeld, seit 1727 ein Ölgemälde mit der Darstellung der Ungarnschlacht archivalisch nachgewiesen ist.[262] Dieses Gemälde in der Pfarrei St. Lorenzen, die dem Neukloster in Wiener Neustadt inkorporiert ist, stellt eine Replik nach dem Ungarnschlachtgemälde aus dem Augsburger Dom – dorthin im Jahre 1696 gestiftet; jetzt Augsburg, Bischöfliches Ordinariat – dar, das auf eine Stichvorlage von Bartholomäus Kilian für ein Thesenblatt von 1664 nach Zeichnung von Johann Christoph Storer zurückgeht.[263] Die Gelegenheit, an Ulrichs- und Ungarnschlachtdarstellungen in gemalter oder gestochener Form heranzukommen, war daher für Johann Georg Schmidt ohne weiteres gegeben. Der stilgeschichtliche und generationelle Zusammenhang dieser großen Meister der bayerischen und österreichischen Spätbarockmalerei um Johann Michael Rottmayr und Johann Caspar Sing im Donauraum am Ende des 17. und im ersten Viertel des 18. Jahrhunderts und die Vermittlerrolle der Augsburger Stichgraphik bilden die Grundlage für die künstlerische Blüte dieser monumentalen Malerei, vor allem auch für die Verherrlichung des hl. Ulrich als »Erretters des Vaterlandes« in ihrer religiösen, politischen und kunstgeschichtlichen Bedeutung.[264] Unabhängig von der Frage, welche Bedeutung man dem Einfluß Rottmayrs oder Sings auf Johann Georg Schmidt beimißt, kann das Ebenfurther Hochaltargemälde als eines der Hauptwerke der österreichischen spätbarocken Altarblattmalerei in offenkundiger Parallele zu Cosmas Damian Asams gleichzeitigen Schöpfungen auf diesem Gebiet und als eine der bahnbrechenden Leistungen der Ulrichsikonographie des 18. Jahrhunderts bezeichnet werden.
Die weiträumige Ausstrahlung der Ebenfurther Kompositionsform und der Ulrichsglorie daselbst belegt auf frappante Weise das Hochaltargemälde von Johann Anwander (1715–70) aus Lauingen in der Pfarrkirche von Rettenbach (Lkr. Günzburg) aus den sechziger Jahren des 18. Jahrhunderts.[265] Die physiognomische Identität von Schmidts und Anwanders Ulrichsdarstellungen

---

[259] Kosel, Ungarnschlacht 2: JVAB 8, 1974, S. 147 ff., Abb. 13.
[260] Erich Hubala, Johann Michael Rottmayr (= Große Meister, Epochen und Themen der österreichischen Kunst: Barock), Wien–München 1981, S. 59, 85.
[261] Kosel, Ungarnschlacht 2: JVAB 8, 1974, S. 148 f.
[262] Karl Kosel, St. Ulrich und die Schwaben in Österreich, in: JVAB 4, 1970, S. 44 f. – Kosel, Ungarnschlacht 1: Ulrichsjb., S. 328.
[263] Karl Kosel, Tätigkeitsbericht des Diözesankonservators, in: JVAB 4, 1970, S. 205, Abb. 12. – S. Appuhn-Radtke (wie Anm. 253), S. 248 ff., Kat. Nr. 60, Abb. 125.
[264] Müller, Schlachtendarstellungen, S. 17 f.
[265] Kosel, Ungarnschlacht 2: JVAB 8, 1974, S. 146 f., Abb. 12.

und die weitgehende Übereinstimmung der beiden Gruppenkompositionen legt den Schluß auf die Benützung der gleichen graphischen Vorlage nahe. – Die Langlebigkeit dieser typologischen, kompositionellen und physiognomischen Elemente der Ulrichsikonographie während des ganzen 18. Jahrhunderts veranschaulicht ein Spätwerk Bartolomeo Altomontes (1693[?]/ 1700–1783),[266] das mit 1780 datierte Hochaltarbild in der Pfarrkirche St. Ulrich von Haitzendorf bei Krems (Abb.). Abgesehen von der Reduktion der S-förmigen Komposition, sind die Gemeinsamkeiten mit den Gemälden Sings und Schmidts in Straubing und Ebenfurth immer noch beträchtlich. Dies gilt für die Gruppenkomposition des hl. Ulrich mit den beiden Engeln hinsichtlich derselben Gruppe des Ebenfurther Hochaltargemäldes, vor allem für das Verhältnis des hl. Ulrich zum Engel mit dem Bischofsstab. Noch enger ist die kompositionelle Verwandtschaft des hl. Ulrich mit dem sitzenden Engel beim Haitzendorfer Gemälde zur gleichen Gruppe in Sings Straubinger Gemälde. Die Komposition Altomontes erscheint hier bis zu einem gewissen Grad als spiegelbildliche Variante der Ulrichsgruppe Sings. Die weitgehende Übereinstimmung der Sitzhaltung beider Ulrichsfiguren ist bereits bei Kilians Augsburger Hochstiftskalender vorgebildet. Der Gesichtsschnitt und die Gewandbehandlung bei Altomontes Haitzendorfer Ulrichsdarstellung besitzt ein Maß an Detailübereinstimmungen mit derselben Gestalt Kilians, daß mindestens eine mittelbare Abhängigkeit angenommen werden kann.

Wenn auch diese stilistischen Gemeinsamkeiten nicht ausschließlich auf die Darstellungen des Augsburger Bistumspatrons bezogen werden können, so beweisen doch die Komplexität der aufgezeigten Zuammenhänge, ihre Verbindung mit den Werken führender Künstler des österreichischen und bayerischen Barocks sowie die Verdichtung dieser ikonologischen Grundlagen des »Reichsstils« im Rahmen der Ulrichsikonographie die zentrale Bedeutung unseres Themenbereichs für die Barockkunst im gesamten Donaugebiet von Schwaben bis zur damaligen Reichsgrenze an der Leitha. Die reichspolitische und kunstgeschichtliche Bedeutung des Donauraumes zwischen Wien, Passau und Regensburg findet in dieser Zeit einer epochalen Wende um 1690 bis 1720, die nochmals »die ausgleichende, friedensichernde Leistung dieses merkwürdigen Gebildes Reich« für ein Jahrhundert zur Geltung brachte,[267] ihre glanzvolle kultur- und kunstgeschichtliche Manifestation in den Werken des Friedens, die unter dem Begriff des »Reichsstils« zusammengefaßt werden. Es ist in diesem Zusammenhang sehr zu beachten, daß das bedeutendste kirchliche Gesamtkunstwerk des Donauraumes im letzten

---

[266] Brigitte Heinzl, Bartolomeo Altomonte und Herzogenburg, in: Herzogenburg. Das Stift und seine Kunstschätze, Herzogenburg/NÖ. (1962), S. 110.
[267] Gottfried Schramm, Deutschland in Europa. Rückblick und Ausblick, in: Bernd Martin (Hg.), Deutschland in Europa. Ein historischer Rückblick (= dtv-Taschenbuch 11499), München 1992, S. 281.

Drittel des 17. Jahrhunderts, die barocke Gestaltung des Passauer Domes (1668 ff.), in seinem Bildprogramm, vor allem bei den Deckengemälden des Langhauses (bis 1684) und bei den Seitenaltargemälden (1693-98), nicht den geringsten Hinweis auf die Türkengefahr und ihre Überwindung in diesem Zeitraum enthält.[268] Die unmittelbaren künstlerischen Zeugnisse der kriegerischen Auseinandersetzungen mit den Türken und der Befreiung Wiens im Jahre 1683 – z. B. das Votivbild des Wieners Andreas Khobaldt, eines Augenzeugen der Türkenbelagerung, in der Wallfahrtskirche auf dem Sonntagberg (N. Ö.) und das Wandgemälde von Georg Philipp Rugendas im Kaisersaal von Stift Heiligenkreuz (um 1691/92) bei Wien[269] – sind als Denkmale in kirchlichen und klösterlichen Räumen Ausnahmefälle, die aus dem persönlichen Erlebnis der kriegerischen Bedrohung und ihrer Überwindung hervorgegangen sind. Als künstlerische Leistungen von dokumentarischem Wert, die in unmittelbarer Nähe zum Kriegsschauplatz entstanden sind, finden sie im Schaffen von Georg Philipp Rugendas (1666–1742) ihre unmittelbare Fortsetzung und haben mit Sicherheit erheblichen Einfluß auf die Ulrichsgemälde mit der Darstellung der Lechfeldschlacht gewonnen. Die Konzentration der Gemälde aus diesem Themenkreis im Gebiet um Wien bis zur Reichsgrenze an der Leitha während der ersten Hälfte des 18. Jahrhunderts – das Hochaltargemälde in Ebenfurth (1721), das Ungarnschlachtgemälde in St. Lorenzen am Steinfeld (seit 1727 belegt) und das Hochaltargemälde der Ulrichskirche von Siegenfeld bei Heiligenkreuz (um 1740)[270] – steht gewiß im ursächlichen Zusammenhang mit Rugendas' monumentalem Gemälde im Zisterzienserstift Heiligenkreuz. Zugleich veranschaulicht diese Entwicklung im Laufe des 18. Jahrhunderts die Popularisierung und Umwandlung des »Reichsstils« im kirchlichen Bereich, der sich um 1720 aus der Beherrschung durch die kaiserliche Kunst, vor allem der Architektur, im politischen, symbolischen und ikonologischen Sinne löst und sich mit der gleichzeitigen Entfaltung der monumentalen kirchlichen Deckenmalerei einen völlig selbständigen Wirkungsbereich schafft. Hans Sedlmayr stellt zu dieser Entwicklung des Reichsstils fest: »Mit dieser Rückbindung an das Volkliche gewinnt der Stil neue frische Kräfte, zugleich entwächst er aber allmählich der politischen Bindung und verliert seine mythische Gewalt.«[271] Wenn Sedlmayr an gleicher Stelle im Zusammenhang mit der Nachfolge Ja-

---

[268] Dehio Niederbayern, S. 503 ff.
[269] P. Anton Unterhofer, Pfarr- und Wallfahrtskirche Sonntagberg/Niederösterreich (= Schnells Kunstführer 778), München–Zürich 1963, S. 5, Abb. S. 17. – Karl Kosel, Die Befreiung Wiens 1683. Kunstgeschichtliche und archivalische Studien zu den beiden Gemälden von Georg Philipp Rugendas aus dem Dom zu Augsburg und im Zisterzienserstift Heiligenkreuz bei Wien, in: JVAB 4, 1970, S. 111–115, Abb. 6 und 7.
[270] Kosel, Ungarnschlacht 2: JVAB 8, 1974, S. 147–150.
[271] Hans Sedlmayr, Die politische Bedeutung des deutschen Barock. Der »Reichsstil«, in: Ders., Epochen und Werke. Gesammelte Schriften zur Kunstgeschichte, 2. Band, Wien–München 1960, S. 155.

kob Prandauers von einem blühenden, innerlichen und in bestem Sinne provinziellen Stil spricht,[272] so trifft diese Definition genau auch auf die kunstlandschaftliche Situation im altbaierischen Donaugebiet, vor allem in der Diözese Regensburg, während des zweiten Viertels des 18. Jahrhunderts zu, die durch die wachsende Bedeutung der Deckenmalerei in den Kirchenräumen der Gebrüder Asam gekennzeichnet ist. Damit verbindet sich die stilgeschichtliche und ikonographische Trennung von Decken- und Altarblattmalerei, die im Rahmen der Ulrichsikonographie bei den Altargemälden die Darstellung der Ungarnschlacht nur noch als Nebenszene erscheinen läßt.[273]

Die Reichsthematik, die Ausstrahlung der Innenausstattung des Passauer Domes und der beginnende Aufstieg deutscher Künstler, der mit den Aufträgen für die dortigen Seitenaltarblätter beginnt, finden auch in der Innenausstattung der Straubinger Veitskirche ihren Niederschlag. Die bei der Altarweihe vom 19. Oktober 1702 genannten Patrozinien der drei südlichen Seitenaltäre – der hl. Erzengel Michael als Schutzherr des Heiligen Römischen Reiches, das heilige Kaiserpaar Heinrich und Kunigunde sowie die heiligen Bistumspatrone Ulrich, Wolfgang und Rupert – belegen eindeutig die programmatische Intention im Hinblick auf die sakrale Würde von Priestertum und Königtum als friedenstiftenden Mächten, ganz im Sinne der mittelalterlichen Auffassung von Gottesdienst und Reichsdienst.[274] Die bildliche Vergegenwärtigung der Reichsidee in der Auffassung, die zu Lebzeiten der dargestellten Heiligen Geltung besaß, kann daher mit Recht als feierliche Manifestation eines geschichtlichen und religiösen Bewußtseins gewertet werden, dessen aktuelle politische Grundlagen den Voraussetzungen des »Reichsstils« in dieser Zeit nach der Überwindung der Türkengefahr entsprachen. Die Verbindung mit dem Regensburger Domkapitel und mit der Stadt Regensburg als Sitz des Immerwährenden Reichstages bildet die Voraussetzung für diese ikonologisch und kunstgeschichtlich interessante Ausstrahlung des »Reichsstils« in die Diözese Regensburg.

Zu den kunstgeschichtlichen Wandlungsprozessen, die den Reichsstil und seine Ausstrahlung nach Österreich und Bayern kennzeichnen, zählt vor allem die allmähliche Zurückdrängung der Dominanz italienischer Künstler zugunsten deutscher Künstler um die Wende vom 17. zum 18. Jahrhundert, die mit den anspruchsvollen Aufträgen für die Seitenaltargemälde im Passauer Dom und für Georg Philipp Rugendas in Stift Heiligenkreuz in Erscheinung treten. Die Straubinger Aufträge Johann Caspar Sings für die Altargemälde in der Veitskirche und nachfolgend in der Schutzengelkirche sind wohl im wesentlichen aus dem Ansehen zu erklären, das er mit seiner Tätigkeit für den Passauer Dom gewonnen hatte.[275] Nicht nur im Hinblick auf die Geschlossenheit der thematischen Konzeption, sondern auch hinsichtlich des Zeit- und Generationsabstandes der Altargemälde und ihrer Meister, Johann Caspar Sing und Cosmas Damiam Asam, bleibt die großartige spirituelle und künstlerische Einheit ihrer Schöpfungen in der Veitskirche eine höchst bemerkenswerte Tatsache. Außer der oben behandelten Abhängigkeit des Gemäldes der Bistumspatrone von Sings »Anbetung der Könige« im Passauer Dom ist bei Asams »Feuerprobe der hl. Kunigunde« der Einfluß der dortigen Seitenaltargemälde festzustellen. Die enge kompositionelle Verwandtschaft mit dem Seitenaltargemälde Johann Carl Reslers von Reslfeld »Die mystische Vermählung der hl. Katharina von Siena« (1693) im Passauer Dom ist völlig eindeutig, wobei Cosmas Damian Asam in seiner hl. Kunigunde Reslfelds assistierende hl. Katharina von Alexandria spiegelbildlich übernimmt.[276] Die Verbindung mit der »stolzen Bilderfolge« deutscher Künstler im Passauer Dom zieht sich wie der sprichwörtliche rote Faden durch die Gemäldeausstattung der Straubinger Veitskirche[277] – im Zusammenhang mit der Reichsthematik ein Hinweis auf die bedeutende Schlüsselstellung der Kirche am Übergang zum Spätbarock im Bistum Regensburg, der von den Gebrüdern Asam geprägt ist. Neben diesen stilgeschichtlichen und ikonologischen Gesichtspunkten sind als die verbindende spirituelle Komponente dieser Schöpfungen Johann Caspar Sings und Cosmas Damian Asams die monumentale Feierlichkeit und die visionäre Vergeistigung ihrer Gestalten zu beachten, die diesen »blühenden, innerlichen und im besten Sinne provinziellen Stil« des bayerischen und österreichischen Spätbarocks als Popularisierung des »Reichsstils« kennzeichnen.[278]

Die Voraussetzungen auf dem Gebiet der Ulrichsikonographie im Bistum Regensburg sind die frühen Darstellungen der Ungarnschlacht, die noch vor 1700 entstanden sind: in der ehemaligen Burgkapelle auf dem Ulrichsberg bei Grafling, der Ulrichskapelle des Hutterhofes am Bogenberg und in der Ulrichskirche von Ainau.[279] Sehr auffällig ist das Auftreten dieses Themas in unmittelbarer Nachbarschaft zur Donau, was wahrscheinlich als eine Reaktion auf die akute Türkengefahr zu werten ist, vor allem am Ende des 17. Jahrhunderts. Zudem erscheint die Darstellung der Ungarnschlacht in Sittling – unmittelbar über der Donau gelegen – auf Johann Gebhards Hochaltargemälde (1715) als Nebenszene.

Die drei Ungarnschlachtgemälde in der Ulrichsbergkirche, der Hutterhofkapelle und in Ainau sind in künstlerischer Hinsicht sehr anspruchslos und durchwegs von Kupferstichvorlagen abhängig. Als ausgesprochen volkstümliche Darstellungen dürften sie kaum vor 1683 entstanden sein, wenn man

---

[272] H. Sedlmayr (wie Anm. 271), S. 156.
[273] Kosel, Ungarnschlacht 2: JVAB 8, 1974, S. 125.
[274] Siehe dazu: Manfred Weitlauff, Kaiser Otto I. und die Reichskirche. In diesem Band.
[275] Dehio Niederbayern, S. 699.
[276] H.J. Utz (wie Anm. 240), Abb. S. 7. – H. Schindler (wie Anm. 257), Abb. S. 63.
[277] Michael Brix, in: Dehio Niederbayern, S. 505.
[278] Wie Anm. 272.
[279] Kosel, Ungarnschlacht 2: JVAB 8, 1974, S. 123. – Dehio Niederbayern, S. 726. – Kosel, Ungarnschlacht 1: Ulrichsjb., S. 332f., Abb. 24.

die Befreiung Wiens von der Türkenbelagerung als Stichjahr, d. h. als terminus post quem für die Stiftung derartiger Votivbilder annimmt. Der Hochaltar in der Kirche auf dem Ulrichsberg bei Grafling, dessen Gemälde die Kommunion König Ottos I. mit der Ungarnschlacht im Hintergrund darstellt (Abb.), kann trotz seiner Knorpelwerkschnitzereien sehr wohl erst um 1685–90 entstanden sein.[280] Der 1687 datierte Hochaltar in Oberwittelsbach mit seinen vergleichbaren Knorpelwerkornamenten läßt eine solche zeitliche Einordnung als durchaus vertretbar erscheinen.[281] Das Altargemälde selbst wiederholt fast restlos detailgetreu den Kupferstich gleichen Themas aus Pater Bernhard Hertfelders »Basilica SS. Udalrici et Afrae Augustae Vindelicorum«, Augsburg 1627, der von Wolfgang Kilian nach Vorlage von Matthias Kager ausgeführt wurde.[282] Der einzige wesentliche Unterschied zur Stichvorlage ist die Engelsgruppe mit dem Siegeskreuz hoch über dem kriegerischen Geschehen auf dem Lechfeld. Der hl. Laurentius an derselben Stelle des Originalstiches weist darauf hin, daß die Lechfeldschlacht an seinem Festtag, dem 10. August, stattfand. Die nachhaltige Wirksamkeit derartiger Stichvorlagen in der provinziellen Kunsttätigkeit belegt die nochmalige Wiederholung des Kilianstiches im Hauptdeckengemälde der Kirche, das der Deggendorfer Maler Joseph Wilhelm Seidl im Jahre 1751(4?) schuf.[283]

Grafling

159

Das Altargemälde in der Ulrichskapelle beim Hutterhof (Pfarrei Bogenberg, Lkr. Straubing-Bogen) steht ebenfalls unter dem Einfluß des oben erwähnten Stiches von Wolfgang Kilian (Abb.).[284] Die Gestalt Ottos I. am rechten Bildrand übernimmt Gesichtsschnitt und Helmform des Bannerträgers in der linken unteren Bildecke des Stiches. Als ikonographische Besonderheit fällt der Engel auf, der dem hl. Ulrich an Stelle des Siegeskreuzes einen Lorbeerkranz überreicht. Dieser Engelstyp hängt mit der Klasse III A der Ulrichskreuze zusammen, die Joseph Maria Friesenegger in die Zeit des Gründungsjubiläums der Reichsabtei St. Ulrich und Afra im Jahre 1712 datiert.[285] Denselben Engelstyp und eine gleichartige zweiteilige Komposition des Kampfgeschehens findet man z. B. beim ehemaligen Hochaltargemälde in der Pfarrkirche St. Ulrich von Zell bei Eggenfelden (Lkr. Rottal-Inn) zu Beginn des 18. Jahrhunderts.[286] Die Übernahme dieses Motivs des Engels mit dem Lorbeerkranz von den Ulrichskreuzen kennzeichnet treffend den volkstümlichen Charak-

Hutterhof

158

---

[280] Dehio Niederbayern, S. 726 (um 1670).
[281] Wie Anm. 200.
[282] Kosel, Ungarnschlacht 1: Ulrichsjb., Abb. 20.
[283] Die Kunstdenkmäler von Bayern IV, Regierungsbezirk Niederbayern 17, Stadt und Bezirksamt Deggendorf. Bearb. v. Karl Gröber, München 1927, S. 302 (irrtümlich: Wolfgang Haindl). – Kosel, Ungarnschlacht 2: JVAB 8, 1974, S. 123 (irrtümlich: Wolfgang Andreas Haindl). – Dehio Niederbayern, S. 726 (Joseph Wilhelm Seidl). – Müller, Schlachtendarstellungen, S. 119f.
[284] Wie Anm. 282.
[285] Kosel, Ungarnschlacht 1: Ulrichsjb., S. 333.
[286] Kosel, Ungarnschlacht 1: Ulrichsjb., S. 335f., Abb. 26.

ter dieser Altargemälde, die mit der Ungarnschlacht als alleinigem Bildthema eine seltene Ausnahmeerscheinung sind.[287] Die Datierung des Altars mit diesem Gemälde in die Zeit um 1700 erscheint ebenfalls zweifelhaft,[288] da eine Stifterinschrift an der südlichen Außenmauer der Hutterhofkapelle »HANNS LOIBL 1690« eine solche um 1690 nahelegt, die mit dem Knorpelornament am Altaraufbau eher übereinstimmt.

Ainau und Sittling Die Gemälde in Ainau und Sittling mit der Ungarnschlacht als Nebenszene veranschaulichen in thematischer und stilistischer Hinsicht die Wandlung um und nach der Wende vom 17. zum 18. Jahrhundert. Der auf Wolken sitzende hl. Ulrich in der Glorie beim Ainauer Gemälde wiederholt spiegelbildlich die Darstellung des Augsburger Bistumspatrons von Bartholomäus Kilian aus dem Augsburger Hochstiftskalender.[289] Die Datierung des Ainauer Gemäldes kann daher um 1695–1700 angesetzt werden. Die damit eingeleitete Zurückdrängung des kriegerischen Geschehens zur Nebenszene erfolgt in Johann Gebhards Sittlinger Hochaltargemälde von 1715 zum gleichen Zeitpunkt, als das Ungarnschlachtthema in der monumentalen Deckenmalerei des 18. Jahrhunderts zur vollen Entfaltung gelangt. Die hinsichtlich ihres Umfangs geradezu winzige Nebenszene der Lechfeldschlacht auf dem Sittlinger Hochaltargemälde zeigt in sich selbst eine bedeutsame Akzentverlagerung auf eine isolierende Hervorhebung des hl. Ulrich. Beinahe einsam, nur in Begleitung von König Otto I., reitet er über das Schlachtfeld, während das Kampfgeschehen in den Hintergrund tritt. Eine eng verwandte Darstellungsform und kompositionelle Disposition erscheint bei Wolfgang Kilian (1581–1662) in einem Kupferstich mit der Überreichung des Siegeskreuzes an den hl. Ulrich (Stift Göttweig/N.Ö., Graphisches Kabinett. Abb.) aus Karl Stengels »Imagines sanctorum Ordinis S. Benedicti« (Augsburg 1625),[290] der den Heiligen mit Otto I. und einem Begleiter in ruhiger visionärer Entrückung über dem Kampfgetümmel zeigt. Die ruhevolle Erhabenheit der visionären Überreichungsszene und die machtvolle Entsprechung der Engelserscheinung und des hl. Michael auf dem Banner des Heiligen Römischen Reiches sichern dieser Gruppe das bildliche Übergewicht gegenüber der Darstellung des kriegerischen Geschehens. Die Akzentverlagerung auf die Darstellung der friedlichen Visionsszene und die damit verbundene Herauslösung des hl. Ulrich aus der Darstellung der Ungarnschlacht läßt in diesem Stich Wolfgang Kilians vorzeitig eine Tendenz erkennen, die auf die Altargemälde mit der Schlacht als Nebenszene vorausweist. Auch die Raum-

15

---

[287] Vgl. Müller, Schlachtendarstellungen, S. 22.
[288] Dehio Niederbayern, S. 227 (um 1700).
[289] Kosel, Ungarnschlacht 1: Ulrichsjb., Abb. 24.
[290] Signatur: K I/75. Blatt beschnitten. Maße: 12,3 × 8 cm. – Rudolf Frankenberger (Hg.), Vita Sancti Udalrici. Erlesene Handschriften und wertvolle Drucke aus zehn Jahrhunderten. Ausstellung zur 1000-Jahr-Feier der Kanonisation des hl. Ulrich, Augsburg 1993, S. 90–92, Nr. 57, Abb. 46.

aufteilung und Gruppenkomposition des Stiches nimmt wesentliche Elemente von Johann Georg Schmidts Ebenfurther Hochaltargemälde (1721) vorweg. In der Auffassung des Themas und in der bildlichen Erfindung kommt daher dem Stich Wolfgang Kilians eine erhebliche entwicklungsgeschichtliche Bedeutung zu. Unmittelbar damit vergleichbar in der bildlichen Dominanz der Visionsszene ist das Hochaltargemälde der ehemaligen Stiftskirche von Habach (Lkr. Weilheim-Schongau), das ein Mitglied der Mechelner Künstlerfamilie van den Bossche im Jahre 1672(77?) schuf.[291] Über der dramatischen Kampfszene in der unteren Bildhälfte erscheint die Überreichung des Siegeskreuzes an den hl. Ulrich entrückt in den Bereich des himmlischen Friedens. Die entrückte Schau des himmlischen Friedens in Gegenwart der Muttergottes mit dem Jesuskind und der Engel spielt hier ohne Zweifel auf die »visio pacis« im Sinne des »Himmlischen Jerusalem« an, die in typologischer Gegenüberstellung mit dem Kampfgeschehen auf die endzeitliche Vollendung vorausweist. Im Stich Wolfgang Kilians und in der Visionsszene des Habacher Hochaltargemäldes tritt daher ein thematischer und ikonologischer Strukturwandel innerhalb der Ulrichsikonographie auf, der vor der Übernahme des Ungarnschlachtthemas durch die monumentale Deckenmalerei in der Stichgraphik und in der Altarblattmalerei eine beherrschende Stellung einnimmt. Im Rahmen dieser Entwicklung der Ulrichsikonographie, die nach dem Ende des Dreißigjährigen Krieges anhebt, nehmen die Altargemälde Johann Caspar Sings in der Straubinger Veitskirche und Johann Gebhards in Sittling einen bedeutenden Rang ein, der durch ihre Auswirkungen auf die österreichische Altarblattmalerei im 18. Jahrhundert bestätigt wird. Den führenden Rang in künstlerischer und ikonographischer Hinsicht besitzen in der zweiten Hälfte des 17. und zu Beginn des 18. Jahrhunderts die Altargemälde mit dem Schwerpunkt auf den Visionsdarstellungen, wofür die Gemälde Sings und Gebhards besonders charakteristisch sind. In ihnen ist, wie oben dargestellt, die stilistische und ikonographische Entwicklung der Altargemälde mit der Darstellung des hl. Ulrich im österreichischen Donaugebiet während des 18. Jahrhunderts vorgebildet. Die Gemälde mit der ausschließlichen Darstellung der Ungarnschlacht spielen in der dargestellten Entwicklung eine untergeordnete Rolle.

Die Stichgraphik der Augsburger Familie Kilian, vor allem Vater und Sohn Wolfgang und Bartholomäus Kilian, besitzt, wie bereits gezeigt, für die Entwicklung der barocken Ulrichsikonographie im Bistum Regensburg zentrale Bedeutung. Dies gilt in besonderem Maße für den Stich Wolfgang Kilians mit der Überreichung des Siegeskreuzes, dessen Ulrichs-Otto-Gruppe für die Darstellungen der Ungarnschlacht in der zweiten Hälfte des 17. Jahrhunderts geradezu leitmotivische Bedeutung erlangt hat. Die Gruppe mit dem hl. Ulrich, König Otto I., dem Begleiter und den Fahnen dahinter erscheint nämlich mit nur geringfügigen kompositionellen Änderungen beim Stich von Bartholomäus Kilian für ein Thesenblatt von 1664 nach Vorlage von Johann Chri-

Habach

stoph Storer (Stift Göttweig/N.Ö., Graphisches Kabinett, Abb.).²⁹² Dieser *12/13* Stich bildete die Vorlage für das 1696 in den Augsburger Dom gestiftete Gemälde mit der Ungarnschlacht und die vier Repliken danach, die bis jetzt bekannt geworden sind.²⁹³ Die zeitlich nächstliegende Wiederholung der Ulrichs-Otto-Gruppe aus dem Stich von Bartholomäus Kilian ist im Habacher Hochaltargemälde festzustellen, in dem auch der einen Ungarn durchbohrende Reiterführer im Bildvordergrund übernommen wird. Die Stiche Wolfgang und Bartholomäus Kilians erweisen sich daher als die Voraussetzung für die weiträumige Ausbreitung der Darstellungen des Ungarnschlachtthemas.

Hohenfels Das Auftreten des Ungarnschlachtthemas als alleinigen Bildgegenstands in der monumentalen Deckenmalerei im östlichen Langhausfresko der Pfarrkirche St. Ulrich zu Hohenfels (Lkr. Neumarkt/Opf.),²⁹⁴ das wohl mit vollem Recht als Schöpfung Cosmas Damian Asams aus dem Jahre 1719 bezeichnet wird,²⁹⁵ erweist sich bei genauerer Betrachtung als ein ziemlich kompliziertes Gebilde in motivischer und ikonographischer Hinsicht (Abb.). Völlig eindeutig ist die Abhängigkeit der Bildanlage als Ganzer von Cosmas Damian *160* Asams Langhausfresko »Der hl. Jakobus als Heerführer gegen die Sarazenen« in der ehemaligen Klosterkirche von Ensdorf (1714–16).²⁹⁶ Vor allem das Zelt am linken Bildrand und die Trompetenbläser sowie die als Türken dargestellten Ungarn auf der rechten Bildseite sind vom Ensdorfer Fresko übernommen. Beim Hohenfelser Fresko mußte nun, abweichend vom offenbar ausdrücklich gewünschten Vorbild des Ensdorfer Deckengemäldes, im Rahmen der damit vorgegebenen begleitenden Kämpfergruppen eine radikale Umstellung vorgenommen werden – für Cosmas Damian Asam als »Anfänger« in der Deckenmalerei keine ganz einfache Aufgabe: Der hl. Apostel Jakobus Maior, der aus Himmelshöhen urplötzlich zum christlichen Heer herabkommt, mußte dem hl. Ulrich weichen, dem – gemäß der legendären Überlieferung – mitten im Schlachtgetümmel von einem Engel das Siegeskreuz überreicht wird. Die ausschließlich querformatige Komposition in Ensdorf mußte in Hohenfels durch ein wesentliches Kompositionselement in der Höhendimension ergänzt werden. Der Engel, der in einer Lichterscheinung über dem hl. Ulrich schwebt, erweist sich in seiner Armhaltung, wie er

---

[291] Kosel, Ungarnschlacht 2: JVAB 8, 1974, S. 124f., Abb. 4.
[292] S. Appuhn-Radtke (wie Anm. 263).
[293] Kosel, Ungarnschlacht 1: Ulrichsjb., S. 328. – Kosel, Ungarnschlacht 2: JVAB 8, 1974, S. 123f.
[294] Die Kunstdenkmäler des Königreichs Bayern II, Regierungsbezirk Oberpfalz und Regensburg 4, Bezirksamt Parsberg. Bearb. v. Friedrich Hermann Hofmann, München 1906, S. 129 (Johann Adam Letsch). – Kosel, Ungarnschlacht 2: JVAB 8, 1974, S. 139ff., Abb. 8 (J. A. Letsch). – Müller, Schlachtendarstellungen, S. 109f. (J. A. Letsch?).
[295] Dehio Regensburg-Oberpfalz, S. 217 (Cosmas Damian Asam zugeschrieben).
[296] Bruno Bushart und Bernhard Rupprecht (Hg.), Cosmas Damian Asam 1686–1739. Leben und Werk, München 1986, S. 200, Tafel 2.

das Siegeskreuz hält und seinen Kopf umschließt, in der Stellung seiner Flügel und in der Gewanddrapierung als eine teilweise spiegelbildlich gestaltete Variante des Engels aus derselben Szene im Stich von Bartholomäus Kilian für das Thesenblatt von 1664. Der hl. Ulrich selbst zeigt in seiner Kleidung eine wesentlich engere Anlehnung an das Vorbild im gleichen Stich und weicht davon insofern ab, als er nur einen Arm zum Empfang des Kreuzes emporhält. Der galoppierende Schimmel, auf dem er reitet, stimmt völlig mit dem Pferd überein, auf dem ein deutscher Reiterführer in der Bildmitte des Stiches reitet. Auch die Fahnengruppen über dem deutschen und ungarischen Heer stehen deutlich unter dem Einfluß des Stiches von Bartholomäus Kilian. Es dürfte damit zweifelsfrei erwiesen sein, daß Cosmas Damian Asam dieser Stich als Vorlage, vor allem für die zentrale Szene mit der Überreichung des Siegeskreuzes an den hl. Ulrich, gedient hat. Trotzdem ist im Vergleich zum Ensdorfer Fresko die Integration der Ulrichsszene als völlig harmonisch zu bezeichnen, die in der elementaren Gewalt des heranschwebenden Himmelsboten einen typisch spätbarocken illusionistischen Effekt von höchster Wirkungskraft empfängt. Die Bedeutung der Stichgraphik Wolfgang und Bartholomäus Kilians behält im Zusammenhang mit der Ungarnschlachtthematik auch bei der Übernahme in die monumentale Deckenmalerei des 18. Jahrhunderts ihre volle Gültigkeit. Die Betonung des visionären Charakters in der Szene der Überreichung des Siegeskreuzes, d. h. die Herauslösung aus dem Zeitablauf des dramatischen Kriegsgeschehens, bleibt auch in der Deckenmalerei als Erbe aus der Druckgraphik und der Altarblattmalerei erhalten.[297] Nur am Rande sei noch bemerkt, daß die behandelten Darstellungen der Ungarnschlacht aus der zweiten Hälfte des 17. und dem beginnenden 18. Jahrhundert in vielen figürlichen Details unter dem Einfluß einer Freskoausmalung der Gebrüder Jacques und Guillaume Courtois stehen, die sich in der Kapelle der Congregazione Mariana Prima Primaria bei S. Ignazio zu Rom befindet und ein Bildprogramm mit Schlachten christlicher Herrscher darstellt, die diese auf Fürbitte Mariens gewonnen haben.[298] Die im Jahre 1658 vollendete Ausmalung hat als eines der Hauptwerke von Frater Jacques Courtois S.J. (1621–75), der als Schlachtenmaler internationalen Ruf hatte, auf Georg Philipp Rugendas und die deutsche »Battaglien-Malerei« des Spätbarocks im profanen und kirchlichen Bereich einen großen Einfluß ausgeübt.[299] Eine ausführliche Behandlung der hier nur skizzierten Wechselbeziehungen zwischen Druckgraphik und Malerei in diesem Themenbereich muß einer späteren Arbeit vorbehalten bleiben.

Der Altar in der Ulrichskapelle von Großaich veranschaulicht mit seiner sehr originellen bildhauerischen Anlage und seinem reichen bildlichen Schmuck die enge Verbindung von volkstümlicher Wallfahrtsfrömmigkeit und Kunsttätigkeit (Abb.).[300] Der um 1730 entstandene Altaraufsatz gruppiert um das Ovalbild mit der Übergabe des Siegeskreuzes an den hl. Ulrich einen Akanthusrahmen mit sechs Engeln, der neun Ovalmedaillons mit Sze-

Großaich

nen aus dem Leben des hl. Ulrich umschließt, und wird von einem Baldachin mit Lambrequins bekrönt. Die figürlichen und ornamentalen Schnitzereien werden dem Straubinger Bildhauer Franz Mozart (1681–1732), aus Augsburg gebürtig,[301] zugeschrieben, die Gemälde dem Maler Joseph Anton Merz (1681–1750), ebenfalls aus Straubing.[302] Der Großaicher Altar findet seine weitgehend übereinstimmende Entsprechung in dem Gnadenaltar des hl. Kastulus im Moosburger Münster, dessen Aussehen durch einen 1745 datierten Kupferstich (Moosburg, kath. Pfarramt) überliefert ist.[303] Die dort wiedergegebene Umrahmung mit den Engeln, den Medaillons und dem Baldachin schließt jeden Zweifel an der typologischen Übereinstimmung mit dem Großaicher Ulrichsaltar aus. Da Moosburg keine selbständige bürgerliche Bildhauerwerkstatt im 18. Jahrhundert besaß,[304] muß der Kastulusaltar ein Importstück gewesen sein und könnte daher aus Landshut oder Straubing gekommen sein. In Frage kommt außerdem noch die Werkstatt von Anton Schnidtmann († 1725) in Neustadt a. d. Donau, die sein Sohn Balthasar nach 1725 weiterführte.[305] Die weiträumige Verbreitung der Akanthusaltäre im ostbayerischen Raum seit dem Ende des 17. Jahrhunderts und vor allem die 1696 gestifteten Marien- und Philipp-Neri-Altäre in der Wallfahrtskirche Maria Schnee zu Aufhausen (Lkr. Regensburg),[306] dem Pfarrsitz von Großaich, sind als die unmittelbaren Voraussetzungen für den dortigen Ulrichsaltar zu bezeichnen. Obwohl der Moosburger Kastulusaltar ein später Ableger dieses Altartyps ist, veranschaulicht er die Wirksamkeit der kultgeschichtlich bedingten Motivübertragung im Zusammenhang mit einer Wallfahrt, wie sie bereits im 16. und 17. Jahrhundert am Beispiel von St. Kastl bei Langenbruck festgestellt wurde. Die Verbindungen zwischen den Diözesen Augsburg, Regensburg und Freising finden in diesen ikonographischen und kunstgeschichtlichen Wechselbeziehungen ihrer volkstümlichen Heiligen einen besonders sinnfälligen Niederschlag.
Die Mittlerrolle der Druckgraphik tritt auch bei den Gemälden des Groß-

---

[297] Kosel, Ungarnschlacht 2: JVAB 8, 1974, S. 125.
[298] Walther Buchowiecki, Handbuch der Kirchen Roms, 2. Band, Wien 1970, S. 218f.
[299] G. Adriani (wie Anm. 253), S. 137.
[300] Die Kunstdenkmäler von Bayern IV, Regierungsbezirk Niederbayern 25, Bezirksamt Mallersdorf. Bearb. v. Josef Maria Ritz und Alexander Freiherr v. Reitzenstein, München 1936, S. 80. – Kosel, Ungarnschlacht 2: JVAB 8, 1974, S. 139, 141. – Wolf-Dieter Hamperl und P. Aquilas Rohner, Böhmisch-oberpfälzische Akanthusaltäre (= Schnells Große Kunstführer 123), München–Zürich 1984, S. 65.
[301] Herbert Schindler, Bayerische Bildhauer. Manierismus, Barock, Rokoko im altbayerischen Unterland, München 1985, S. 95–100 (Franz Mozart). – H.-J. Bösl (wie Anm. 57), S. 9.
[302] H.-J. Bösl (wie Anm. 57), S. 8 (Zuschreibung durch K. Tyroller).
[303] B. Decker (wie Anm. 178), S. 215, 347, Abb. 82.
[304] Volker Liedke, Die Bildhauerwerkstätten im Kurfürstentum Baiern zwischen 1715 und 1779, in: Bayerische Rokokoplastik. Vom Entwurf zur Ausführung, München 1985, S. 16.
[305] V. Liedke (wie Anm. 304), S. 22.
[306] W.-D. Hamperl und P. A. Rohner (wie Anm. 300), S. 26.

aicher Altars in Erscheinung. Der hl. Ulrich des Mittelbildes steht in seiner kompositionellen Anordnung, seiner Gestik und Gewandbehandlung noch unter dem Einfluß des Stiches von Bartholomäus Kilian für den Augsburger Hochstiftskalender. Noch enger ist aber die Abhängigkeit von der Ulrichsdarstellung Johann Caspar Sings auf dem Altargemälde in der Straubinger Veitskirche, das Joseph Anton Merz selbstverständlich kannte. Die Schlüsselstellung dieser großen, um 1650 geborenen Künstlergeneration in der ikonographischen Gestaltung des Andachtsbildes läßt sich beim Großaicher Altarbild an Hand der Überreichung des Siegeskreuzes feststellen. Der Typus und die Stellung des Engels, der das Siegeskreuz zum hl. Ulrich herabläßt, entspricht völlig einem Ulrichsgemälde mit derselben Szene von Johann Andreas Wolff (1702) in Kloster Benediktbeuern.[307] Die feierliche Ruhe der Visionsszene bei Wolffs Ulrichsgemälde und das Zurücktreten der Ungarnschlachtdarstellung kennzeichnet eindrucksvoll den andachtsbildlichen Stil dieser Malergeneration um Sing, Wolff und Gebhard, welche die Voraussetzungen für die Übernahme dieses Themenkomplexes in die monumentale Freskomalerei bei Cosmas Damian Asam schaffen und in der Altarblatt- und Tafelmalerei einen völlig andersartigen und selbständigen Weg gehen. Die Gestaltung des Andachtsbildes mit der Darstellung von Visionsszenen und von Ereignissen aus dem Leben des hl. Ulrich wird in der Generation vor und gleichzeitig mit Cosmas Damian Asam zu einer dritten wesentlichen Entwicklungskomponente der Ulrichsikonographie neben den großen Decken- und Altargemälden, welche die Lechfeldschlacht und die Verherrlichung des hl. Ulrich darstellen. Vor allem die Visionsdarstellung mit der Überreichung des Siegeskreuzes als selbständiges Tafelbild oder als Altargemälde erweist sich als eine konzentriertere Form des volkstümlichen Andachtsbildes, das sich aus den großen Altargemälden und aus der Druckgraphik entwickelt, wie dies beim Großaicher Altargemälde von Joseph Anton Merz anschaulich wird. Das Zurücktreten der Ungarnschlachtdarstellung als einer Randszene, wie es Johann Andreas Wolff im Benediktbeuerner Gemälde vorbildet, wird beim Großaicher Altar durch die Absonderung dieser Szene in ein Medaillon verwirklicht, das sich im Scheitel des Altars befindet und so die thematische Beziehung zum Hauptbild mit der Kreuzesvision bewahrt.

Eine interessante Vergleichsmöglichkeit mit Merz' Großaicher Altargemälde bietet ein solches gleichen Themas von Johann Georg Bergmüller (1688–1762), das sich in der ehemals zur Reichsabtei Ochsenhausen gehörigen Schloßkapelle St. Ulrich von Obersulmetingen (Lkr. Biberach an der Riß) befindet und um 1726 entstanden ist.[308] Abgesehen von der Darstellung des hl. Ulrich in kniender Stellung und der stärkeren räumlichen Distanzierung des Engels, der das Siegeskreuz überbringt, sind diese beiden Hauptfiguren der Komposition in den wesentlichen Details des vorgegebenen Darstellungstyps mit dem Großaicher Ulrichsbild unmittelbar verwandt. Dies gilt vor allem für die Armhaltung des Engels mit dem Siegeskreuz. Es ist aber

Obersulmetingen

nicht zu übersehen, daß Bergmüller im thematischen und kompositionellen Zentrum eine grundlegend andersartige Gestaltung im Vergleich zum Großaicher Gemälde vornimmt. Die dreiecksförmige Anordnung der Kopfstellung des hl. Ulrich, seiner zum Empfang geöffneten rechten Hand und des Siegeskreuzes in der rechten Hand des Engels gehen ohne Zweifel auf die verwandte Gruppierung dieser ikonographisch bestimmenden Elemente im Benediktbeuerner Ulrichsgemälde seines Lehrers Johann Andreas Wolff zurück. Sie ist zwar auch beim Großaicher Gemälde andeutungsweise vorhanden, aber nicht in der Prägnanz und zentralen kompositionellen Stellung wie bei Wolff und Bergmüller. Die andachtsbildliche Aussagekraft bei Wolff und Bergmüller beruht vor allem auf der aktiven Anteilnahme des hl. Ulrich am visionären Geschehen, die im Aufblick seines Gesichts und in der zum Empfang des Siegeskreuzes erhobenen rechten Hand zum Ausdruck kommt. Der damit verbundenen Ausrichtung des Bildaufbaus nach oben steht beim Ulrichsgemälde von Joseph Anton Merz eine solche nach unten gegenüber, die durch die überdimensionale Größe des herabsinkenden Siegeskreuzes und durch die völlig passive Entgegennahme desselben durch den hl. Ulrich verursacht wird. Somit stehen sich bei Johann Andreas Wolff und Johann Georg Bergmüller einerseits und bei Joseph Anton Merz andererseits zwei gegensätzliche Auffassungen desselben Themas gegenüber. Die Bereicherung der Gruppenkomposition bei Bergmüllers Obersulmetinger Gemälde durch die Engel als Träger des Attributs und der Insignien betont den Engel mit dem Fisch durch die Beleuchtung und seine kompositionelle Stellung. Seine Körperhaltung, die Lage des Fisches und die Profilstellung seines Kopfes stimmen mit dem Engel des hl. Ulrich auf dem Altargemälde Johann Caspar Sings in der Straubinger Veitskirche in einem Ausmaß überein, daß dessen Vorbildlichkeit als völlig eindeutig bezeichnet werden kann. Die Kenntnis Bergmüllers vom Gemälde Sings ist durch seine Tätigkeit für die Straubinger Jakobskirche, wo er im Jahre 1712 das Altargemälde der Katharinenkapelle schuf, als selbstverständlich vorauszusetzen.[309] Trotz der Verschiedenartigkeit der thematischen Auffassung und des Ranges der künstlerischen Konzeption, womit die vorgegebenen ikonographischen Elemente und die stilistischen Einflüsse zur Synthese gebracht werden, ist bei den behandelten Gemälden Wolffs, Bergmüllers und Merz' eine grundlegende Übereinstimmung in der religiösen und geistigen Durchdringung des volkstümlichen Andachtsbildes festzustellen, die von der monumentalen und feierlichen Gestaltung des Visionären wie bei Sings Ulrichsdarstellung gekennzeichnet ist. Der von den Altargemälden des Passauer Domes und der Straubinger Veitskirche ausgehende Stil erweist sich als die Grundlage des Andachtsbildes in

---

[307] Kosel, Ungarnschlacht 1: Ulrichsjb., S. 333 ff., Abb. 25.
[308] Oswald Läuterer, Die Künstler Türkheims, I. Teil: Johann Georg Bergmiller, o. O., o. J. [Landsberg 1953], S. 18.
[309] O. Läuterer (wie Anm. 308), S. 14.

der nachfolgenden Künstlergeneration, die bei Joseph Anton Merz durch den Einfluß Wolffs und durch die häufige Benützung von Bergmüllers Stichvorlagen zur Auswirkung kommt.[310]

Die neun Medaillonbilder des Großaicher Altars stellen im Rahmen der barocken Ulrichsikonographie ohne Zweifel eine seltene Kostbarkeit dar (Abb.). Ihre bildliche Veröffentlichung ist daher nicht nur thematisch gerechtfertigt, sondern soll auch dazu anregen, die von Joseph Anton Merz benützten Stichvorlagen ausfindig zu machen, was hier nur in begrenztem Umfang erfolgen kann. Die Bildthemen: 1. Die Geburt Ulrichs, 2. Ulrich vor dem Papst, 3. Ulrich als Prediger, 4. Ulrich deckt die Unschuld auf, 5. Ulrich in der Ungarnschlacht, 6. Ulrich vor einem offenen Grab, 7. Die Fürbitte Ulrichs vertreibt Ratten, 8. Ulrich segnet Kranke, 9. Die hl. Afra zeigt dem schlafenden Ulrich ihre Grabstätte.[311] Das erste Bild mit der Geburt Ulrichs geht im wesentlichen auf den Stich gleichen Themas im ersten Band von Matthäus Raders (S.J.) »Bavaria Sancta« (München 1615) zurück, den Raphael Sadeler d. Ä. nach Vorlage von Matthias Kager schuf (Abb.).[312] Die wesentlichsten Veränderungen gegenüber der Vorlage sind der Wegfall der Vorstellungsszene im Hintergrund und die Hinzufügung der Mutter Ulrichs im Wochenbett. – Das Thema des vierten Bildes mit dem unschuldig Verurteilten erscheint annähernd gleichzeitig in einem Deckengemälde von Johann Heel in der Pfarrkirche St. Ulrich von Unterpinswang/Tirol (1729).[313] – Das fünfte Medaillon mit der Ungarnschlacht zeigt den hl. Ulrich in der verhältnismäßig seltenen Darstellung mit dem Siegeskreuz in der ausgestreckten rechten Hand. Das früheste bekannte Beispiel dieser thematischen Variante ist das Habacher Hochaltargemälde, wo – wie in Großaich – die Überreichung des Siegeskreuzes getrennt von der Kampfdarstellung erfolgt. Die beiden anderen Vergleichsbeispiele mit dieser ikonographischen Besonderheit befinden sich im Bistum Eichstätt. Das eine ist das älteste erhaltene Deckengemälde mit der Darstellung der Ungarnschlacht in der Filialkirche St. Andreas zu Pfalzpaint (Lkr. Eichstätt), das um 1707–10 entstanden ist und dem Eichstätter Matthias Zink zugeschrieben wird.[314] Mit seiner tafelbildartigen Bildanlage, der Glorie des hl. Ulrich als Hauptthema und der Un-

---

[310] Gerhard Luber, Joseph Anton Merz, in: Remigius Bäumer und Leo Scheffczyk (Hg.), Marienlexikon, 4. Band, St. Ottilien 1992, S. 427f.

[311] H.-J. Bösl (wie Anm. 57), S. 8 (Reihenfolge z.T. unzutreffend. »Tod Ulrichs« nicht dargestellt).

[312] Carsten-Peter Warncke, Bavaria Sancta – Heiliges Bayern. Die altbayerischen Patrone aus der Heiligengeschichte des Matthäus Rader (= Die bibliophilen Taschenbücher 280), Dortmund 1981, Abb. S. 77.

[313] Gert Ammann, Das Tiroler Oberland. Die Bezirke Imst, Landeck und Reutte (= Österreichische Kunstmonographie, Band IX), Salzburg 1978, S. 287. – Müller, Schlachtdarstellungen, S. 114.

[314] Kosel, Ungarnschlacht 2: JVAB 8, 1974, S. 141f. – Dehio München–Oberbayern, S. 967. – Müller, Schlachtendarstellungen, S. 22, 109.

garnschlacht als Nebenszene steht es in unverkennbarem typologischem Zusammenhang mit dem Gemälde in Ainau. Annähernd gleichzeitig mit dem Großaicher Medaillonbild erscheint das Motiv des hl. Ulrich mit dem Siegeskreuz in der erhobenen Rechten beim Deckengemälde von Carl Prauneck aus Rennertshofen (1736) in der Pfarrkirche zu Gundelsheim (Lkr. Weißenburg-Gunzenhausen), die der Benediktiner-Reichsabtei St. Ulrich und Afra in Augsburg inkorporiert war.[315] – Das letzte Medaillonbild mit dem Traumgesicht des hl. Ulrich belegt den Einfluß Bergmüllers auf Joseph Anton Merz. Das zauberhafte Figürchen der hl. Afra steht eindeutig in unmittelbarem stilistischem Zusammenhang mit Bergmüllers Radierungsfolge »Die sieben Gaben des Heiligen Geistes«, deren genaue Datierung noch nicht ermittelt ist und zwischen 1730 und 1740 angesetzt wird.[316] Dies betrifft vor allem die Gesamtanlage der Figur, Zeichnung und Gewandbehandlung. Die sensible Eleganz der Afrafigur verweist aber auch auf Merz' und Bergmüllers genialen Mitarbeiter Johann Evangelist Holzer (1709–40), der 1729/30 in Straubing tätig war.[317] In engster Verwandtschaft steht die hl. Afra zu einer hl. Katharina von Alexandria in einem signierten Ölgemälde Holzers von 1736 mit der mystischen Vermählung der hl. Katharina (Wien, Privatsammlung).[318] Holzers Zusammenarbeit mit Joseph Anton Merz bei der Ausmalung der Klosterkirche von Oberaltaich (1727–30) führte aus Anlaß der Jahrtausendfeier der Klostergründung im Jahre 1731 zu einem Entwurf für eine Radierung (Augsburg, Städtische Kunstsammlungen), der die Gründungslegende darstellt.[319] Der Bildaufbau Holzers um die Erscheinung des Muttergottesgnadenbildes vom Bogenberg zeigt mit den von Engeln gehaltenen Medaillons, die für die Aufnahme von bildlichen Darstellungen bestimmt waren, eine unverkennbare typologische Verwandtschaft mit dem Großaicher Altaraufbau. Die »romantische« Stimmung des Landschaftshintergrundes bei Holzers Entwurf läßt sich durchaus mit der Wolkenstimmung der Traumszene des Großaicher Medaillons vergleichen. Eine Beteiligung Holzers an den Medaillonbildern des Großaicher Ulrichsaltars kann jedenfalls nicht völlig ausgeschlossen werden. In stilistischer und ikonographischer Hinsicht ist er ein beachtenswertes Denkmal der künstlerischen Beziehungen zwischen Augsburg und Straubing im 18. Jahrhundert.

[315] Kosel, Ungarnschlacht 2: JVAB 8, 1974, S. 141ff., Abb. 9 (irrtümlich: 1735). – Müller, Schlachtendarstellungen, S. 22, 115.
[316] Karl-August Wirth, »Septem Dona Spiritus Sancti«. Eine Folge von Radierungen Johann Georg Bergmüllers, in: Münchner Jb. der bildenden Kunst, 3. Folge XXIX, 1978, S. 149–209 (vor allem Titelblatt, Abb. 1a, Figur links unten).
[317] Ernst Wolfgang Mick, Johann Evangelist Holzer (1709–1740). Ein frühvollendetes Malergenie des 18. Jahrhunderts (= Schnell- & Steiner-Künstlerbibliothek), München–Zürich 1984, S. 9.
[318] E.W. Mick (wie Anm. 317), S. 101, Abb. S. 54.
[319] E.W. Mick (wie Anm. 317) S. 22ff., 98, Abb. S. 24. – Hans Bleibrunner, Der Bogenberg, ein altes Heiligtum in Niederbayern, Landshut 1962, Abb. S. 77 (ausgeführte Radierung Holzers).

Die Typologie der Altarretabel besitzt im Zusammenhang mit der Heiligenikonographie und dem Wallfahrtskult eine erhebliche Bedeutung, wie aus den oben behandelten Beispielen des 17. und 18. Jahrhunderts ersichtlich ist. Der Umfang und die Vielschichtigkeit dieses Themas erlaubt im Rahmen dieser Veröffentlichung keine ausführliche Behandlung, zudem der barocke Altarbau in Bayern von der einschlägigen Forschung geradezu sträflich vernachlässigt wird.[320] Aufgrund dieses mangelhaften Forschungsstandes können hier nur regional begrenzte Zusammenhänge festgestellt werden.

Der Hochaltar in der Ulrichskirche von Unterempfenbach bei Mainburg (Lkr. Kelheim) bietet wegen seiner beachtlichen künstlerischen Qualität ein gutes Beispiel für die schon mehrmals beobachteten Wechselbeziehungen im Grenzgebiet der Diözesen Regensburg und Augsburg.[321] Der elegante dreiteilige Rokokoaufbau empfängt seine besondere Charakteristik durch die steile Proportionierung des Mittelteiles, die durch die freistehenden flankierenden Säulen betont wird, und durch das Motiv des verdoppelten Lambrequinbaldachins, das über der Nische mit der Figur des Kirchenpatrons und als Bekrönung des Auszuges erscheint (Abb.). Das Baldachinmotiv klingt in den geschweiften Rankenumrahmungen über den seitlichen Durchgängen an, welche die spätgotischen Relieffiguren der Hll. Nikolaus und Barbara umfassen. Der beschriebene Retabeltyp tritt um die Mitte des 18. Jahrhunderts in Niederbayern beim Hochaltar der Wallfahrtskirche Mariä Heimsuchung (1749) in Anzenberg bei Massing (Lkr. Rottal-Inn) auf, dessen figürliche und ornamentale Dekoration Wenzel Jorhan aus Griesbach schuf.[322] Obwohl der Anzenberger Altaraufbau wesentlich reicher instrumentiert ist, so ist in der Ausbildung der Gnadenbildnische und im verdoppelten Baldachinmotiv auf der Mittelachse eine unmittelbare typologische Übereinstimmung mit dem Unterempfenbacher Hochaltar gegeben. Mit seiner monumental ausgebildeten Exedraform und ihrer Betonung durch Baldachine entspricht daher der Unterempfenbacher Hochaltar dem Typus eines Gnadenaltars. Mit dieser typologischen Übereinstimmung ist selbstverständlich noch nichts über die künstlerische Herkunft des Altars ausgesagt. Die stilistischen Zusammenhänge verweisen eindeutig auf den Schreiner und Bildhauer Anton Wiest (1717–97) aus Schrobenhausen, der seit 1750 dort tätig ist.[323] Das ornamentale Formenrepertoire des Unterempfenbacher Hochaltars stimmt völlig mit demjenigen der großen Seitenaltäre der Pfarrkirche von Sandizell (Lkr. Neuburg-Schrobenhausen) überein, die Anton Wiest 1751–53 schuf.[324] Vor allem die Ornamentierung der Sockel für die Figurengruppen der Sandizeller Seitenaltäre zeigt die völlige Identität mit dem Auszug und den Umrahmungen der Seitenfiguren beim Unterempfenbacher Hochaltar. Am eindeutigsten erweist sich die Autorschaft von Anton Wiest aufgrund der restlosen Übereinstimmung des architektonischen Altaraufbaus einschließlich des Auszuges mit den Kapellenaltären von 1760 in der Wallfahrtskirche St. Leonhard zu

Inchenhofen (Lkr. Aichach-Friedberg), die für den Schrobenhausener Meister archivalisch gesichert sind.[325] Vor allem der Sebastians- und Petrus-Paulus-Altar stellen in ihrer Architektur, Proportionierung und in der ornamentalen und figürlichen Gestaltung eine unmittelbare Parallele zum Unterempfenbacher Hochaltar dar.[326] Für seine Datierung dürfte der Zeitraum zwischen 1755 und 1760 in Frage kommen.

Was der Unterempfenbacher Hochaltar als ein überdurchschnittliches Werk bayerischer Altarbaukunst des Rokokos bestätigt, ist die außerordentlich fruchtbare kirchen- und kunstgeschichtliche Wechselbeziehung zwischen den Bistümern Augsburg und Regensburg, die im gemeinsamen Grenzgebiet seit dem 15. Jahrhundert mit zunehmender Dichte nachweisbar wird. Als das tragende Fundament durch die Jahrhunderte erweist sich die Verehrung und Darstellung der beiden Bistumspatrone, so daß mit einer gewissen Berechtigung festgestellt werden kann: Wo Wolfgang ist, da ist auch Ulrich! Mit dieser vereinfachten Formel verbindet sich die ganze Vielschichtigkeit einer gewachsenen kultischen und ikonographischen Tradition, die in der Spätgotik und vor allem im Barock zu einer künstlerischen und ikonologischen Homogenität von erstaunlicher Geschlossenheit führt, wie sie aus den Zusammenhängen mit der Augsburger Druckgraphik hervorgeht. Die Darstellung der Ungarnschlacht in Malerei und Graphik spielt in diesem Zusammenhang gewiß eine auffällige Rolle, aber eine zentrale Bedeutung im Rahmen der Ulrichsikonographie erlangt dieses Thema nur in der Zeit zwischen 1680 und 1720 während der »heißen Phase« der Türkenkriege. Hier erwiesen sich die Ungarnschlachtdarstellungen im Donauraum des Bistums Regensburg als wesentliche Bindeglieder der Ulrichsikonographie zwischen dem Bistum Augsburg und Österreich. Die künstlerisch und ikonographisch vorrangigen Leistungen der Ulrichsdarstellungen im Bistum Regensburg liegen auf dem Gebiet der Vision und der Verherrlichung des Augsburger Bistumspatrons. Zu den wesentlichen Voraussetzungen für diese Entwicklung der barocken Ulrichs- und Wolfgangsikonographie ist das Tiefenthaler Hochaltargemälde zu rechnen, das mit seiner feierlichen Versammlung der heiligen Bischöfe den tiefen religiösen Ernst der Reformzeit unter Bischof Franz Wilhelm von Wartenberg und seinem Erzdechanten Gedeon Forster eindrucksvoll vergegenwärtigt. Die ein volles Jahrhundert übergreifende Wirksamkeit dieser

---

[320] Eine rühmliche Ausnahme bildet die Publikation über die Akanthusaltäre (siehe Anm. 300).
[321] Dehio Niederbayern, S. 728.
[322] E. Eder und A. Hochholzer (wie Anm. 173), Abb. 98. – Dehio Niederbayern, S. 39.
[323] V. Liedke (wie Anm. 304), S. 22.
[324] Joseph Wörsching, Sandizell/Obb. Ehem. Hofmarkskirche (= Schnells Kunstführer 237), München ²1960, S. 6, Abb. S. 6 und 7.
[325] Georg Paula, Die Wallfahrtskirche St. Leonhard, in: Wilhelm Liebhart (Hg.), Inchenhofen. Wallfahrt, Zisterzienser und Markt, Sigmaringen 1992, S. 409f.
[326] Gg. Paula (wie Anm. 325), Abb. 16 und 17.

ikonographischen Tradition wird an den Ulrichsdarstellungen des Tiefenthaler Hochaltargemäldes, Johann Caspar Sings in der Straubinger Veitskirche und Anton Wiests am Unterempfenbacher Hochaltar ersichtlich (Abb.). Die trotz des zeitlichen Abstandes erheblichen physiognomischen Gemeinsamkeiten der drei Ulrichsdarstellungen erfahren als Typus, der vom Zeitstil abhängig ist, ihre individuelle Differenzierung durch die Gestaltung und den Ausdruck des Visionären. Das Pathos und die Repräsentation der barocken Erscheinungsform ist bei diesen Ulrichsdarstellungen des 17. und 18. Jahrhunderts beherrscht durch eine Schau nach innen, d. h. durch eine völlig verinnerlichte Form der Vision. Die Grundvorstellung für diese verinnerlichte Auffassung der Vision ist ohne Zweifel in der Szene mit der Überreichung des Siegeskreuzes an den hl. Ulrich beschlossen, wie sie als Schau des himmlischen Friedens im Habacher Hochaltargemälde erscheint.[327] Mit dieser Verinnerlichung des Visionsthemas aus der spätmittelalterlichen Ulrichsikonographie vollzieht sich im Barock ein grundlegender Wandel in der religiösen und künstlerischen Vorstellung vom hl. Ulrich: Die »Crux Victorialis Sancti Udalrici« wird zur »Visio Pacis«. Die Schau des himmlischen Friedens, die in der Vision des »Himmlischen Jerusalem« und im Gleichnis vom Schoß Abrahams bildliche Gestalt annimmt, erscheint nun am Ende der dargestellten Entwicklung der Ulrichsikonographie als eine Wiederaufnahme der typologischen und ikonologischen Grundlagen aus dem hohen Mittelalter. Der Unterempfenbacher Hochaltar nimmt in seiner architektonischen und bildlichen Gestaltung die symbolischen und programmatischen Grundlagen des Ainauer Portals wieder auf und unterzieht sie – mit dem hl. Ulrich als Mittelpunkt – einer geradezu genialen Metamorphose. Das Bild von der »heiligen Stadt Jerusalem, wie sie von Gott her aus dem Himmel herabkam«, erscheint mit dem monumentalen Säulenpaar und dem Auszug mit dem bekrönenden Baldachin, der die Gestalt Gottvaters umschließt. Der zentrale Säulenbaldachin mit Gottvater als Mittelpunkt und den Engeln als Wächtern über den Säulen nimmt das Thema der Tür als Eingang zum ewigen Leben und der Engel als Wächter des himmlischen Jerusalems völlig übereinstimmend mit der Grundkonzeption des Ainauer Portalprogramms auf. Der bekrönende Baldachin als volkstümliches Zeichen für den »Himmel« setzt das abstrakte architektonische Symbol – in Ainau die Portalumrahmung, bezogen auf den thronenden Christus – in eine anschauliche bildliche Form um. Die vereinfachte Wiederholung des Türmotivs im Mittelteil des Altars durch die volutenartigen Pfeiler zu seiten des hl. Ulrich erfährt durch die Einsetzung eines zweiten Baldachins eine Gestaltung als Exedra und als bühnenartig gestaffeltes Portalgewände. Die Überleitung zur Himmelszone mittels des Baldachins stimmt hier strukturell und ikonologisch mit den Archivolten des Ainauer Portals in ihrem Verhältnis zum thronenden Christus überein. Als zeichenhafte Vergegenwärtigung des Himmels versetzt der Baldachin die Gruppe mit dem hl. Ulrich, der von einem Engel emporgetragen wird, in eine unmittelbare transfigurierende Beziehung zum visionär entrückten Bild des »Himmlischen Jerusalem« in der Bekrönung mit der Dreiergruppe Gottvaters und der beiden Engel. Die visionäre Entrückung des hl. Ulrich in das »Himmlische Jerusalem« als Hauptthema des Unterempfenbacher Hochaltars entspricht daher in ihrer räumlichen Anordnung, der architektonischen Symbolik und der hierarchisch gegliederten Typologie völlig dem gleichnishaften Bild des Schoßes Abrahams als typologischen Vorbilds des »Himmlischen Jerusalem«, wie es im Ainauer Portaltympanon und am Verduner Altar auftritt: »Den Heiligen wirst du die höchste Ruhe, o Schau des Friedens.«[328] Die typologische Vorbildlichkeit des Schoßes Abrahams erweist sich bei der Ulrichsgruppe sogar noch im kompositionellen Verhältnis der beiden Figuren, wie der Engel den emporschwebenden hl. Ulrich unterstützt und damit seine Entrückung in den Schoß Gottvaters sinnfällig macht. Die grundsätzliche ikonographische und kompositionelle Übereinstimmung mit dem Typus des Schoßes Abrahams im Ainauer Portaltympanon ist hier offenkundig. Gleichermaßen bieten sich bei den architektonischen Formen des Unterempfenbacher Hochaltars, Säulen und Baldachinen, Vergleichsmöglichkeiten mit den Bildrahmen des Verduner Altars an.[329]

Die Wiederaufnahme dieser visionären Themen im Rahmen der barocken Ulrichsikonographie, die im Bistum Regensburg mit besonderer Prägnanz auftritt, ist durch die hochmittelalterlichen Voraussetzungen ihres ikonologischen Stils – in Klosterneuburg und Ainau – als ein kunst- und kirchengeschichtliches Phänomen des altbaierischen und österreichischen Donauraumes ausgewiesen. Die frühe Verbreitung der Ulrichsverehrung durch den hl. Wolfgang ist die Grundlage für die Dichte und Geschlossenheit dieser Entwicklung durch die Jahrhunderte und für die Verknüpfungen mit den geschichtlichen und politischen Konstellationen der Reichsgeschichte in Bayern und Österreich unter den Ottonen, Wittelsbachern und Habsburgern. Ulrich und Wolfgang, die so häufig gemeinsam Dargestellten, waren Reichsbischöfe und in diesem besonderen Verständnis von Priestertum und Herrschertum Reichs-Heilige. In diesem kirchengeschichtlichen und bildprogrammatischen Sinne ist es zu verstehen, daß in einem kirchenpolitisch offiziellen Werk wie Matthäus Raders »Bavaria Sancta«, dessen Veröffentlichung Herzog Maximilian I. von Bayern veranlaßte, die Hll. Ulrich und Wolfgang in zwei unmittelbar aufeinander folgenden Bildern (Nr. 35, 36) dargestellt sind.[330] Die Dillinger Neuauflage dieses Werkes aus dem Jahre 1704 und die erste deutschsprachige Edition durch den Jesuiten Maximilian Raßler, die 1714 in Augsburg erschien, haben mit Sicherheit zur Benützung der Kupferstichillustrationen als Vorlagen für die Ulrichs- und Wolfgangsdarstellungen im 18. Jahrhundert wesentlich beigetragen.[331] Derselbe Grundge-

[327] Wie Anm. 291.
[328] Wie Anm. 113.
[329] Röhrig, Verduner Altar, Abb. 2–52.
[330] C.-P. Warncke (wie Anm. 312), Abb. S. 77 und 79.
[331] C.-P. Warncke (wie Anm. 312), S. 295.

danke kultischer Repräsentation und geschichtlicher Legitimation war mit Sicherheit bereits am Vorabend und zu Beginn der Reformation bei diesen erstaunlich gleichartigen Ulrichs- und Wolfgangsdarstellungen in St. Kastl und Kleinreichertshofen wirksam. Die Betrachtungsweise der beiden Bistumspatrone im kirchengeschichtlichen Sinne als einer Person war in der volkstümlichen Heiligenverehrung auf bildliche Weise gegenwärtig. Die Konzentration auf einfache und allgemeinverständliche Darstellungsformen der Heiligenleben in Malerei und Graphik, die seit der Spätgotik in Erscheinung treten, z. B. beim Ulrichszyklus in der Blasiuskapelle von Kaufbeuren, führt zur Ausbildung jener bildlichen Kerngestaltungen, die, wie die Überreichung des Siegeskreuzes an den hl. Ulrich, zwar das Hauptmotiv der Ungarnschlachtdarstellungen sind, aber als Grundlage dieses Themas und seiner späteren darstellerischen Entfaltung eine völlig selbständige Entwicklung als reines Visionsbild erfährt. Die Ausprägung dieser ersten Bildidee in einer einfachen und volkstümlichen Gestaltungsform läßt gerade diese visionären Szenen als die unmittelbaren Voraussetzungen für die reiche Entfaltung dieses Themenkreises im Barock erscheinen. Die Darstellungen der Afravisionen des hl. Ulrich in Kaufbeuren und Großaich aus dem 15. und 18. Jahrhundert veranschaulichen durch die verblüffende Gleichartigkeit der Bildidee und der angewandten Gestaltungsmittel eine Identität in der Poesie des Erzähltones, welche die epochenübergreifende Einheit in diesem Themenbereich der Ulrichsikonographie verdeutlicht.[332] Die Bedeutung und Betonung der visionären Themen, z. B. der Überreichung des Siegeskreuzes und der Erscheinung der Dextera Domini bei der Messe des hl. Ulrich, im Zusammenhang mit der Ungarnschlacht geht eindeutig auf die hagiographische und liturgische Tradition des Hochmittelalters über den hl. Ulrich zurück. In diesem Zusammenhang sei hier nur auf das Ulrichsoffizium des Abtes Berno von Reichenau († 1048) hingewiesen, in dem die Erscheinung der rechten Hand Gottes, die Afravisionen und der Hinweis auf eine Vision des Sieges im Kampf gegen die Ungarn enthalten sind.[333] Diese ältesten Traditionen der Ulrichsverehrung, die in die Zeit unmittelbar nach seiner Kanonisation zurückreichen, weisen diesen visionären Themen die Schlüsselstellung als Grundlagen der Ulrichsikonographie zu, wenn auch die Gestaltung der endgültigen Bildidee erst später nachweisbar ist. Diese genetische Schichtung und Rangfolge der ikonologischen und ikonographischen Tradition, in der hagiographische, liturgische und bildliche Überlieferung zusammengefaßt ist, bildet den Maßstab für die Bewertung dieser zentralen Bildideen, von denen die Entwicklung der späteren erzählerisch reich entfalteten Darstellungen, wie die der Ungarnschlacht, ausgeht. Dieser geschichtliche Aspekt der Ikonologie und seine Auswirkungen auf die ikonographische Entwicklung des Verhältnisses dieser visionären Szenen, Überreichung des Siegeskreuzes und Ulrichsmesse, zur Darstellung der Ungarnschlacht ist in der Arbeit von Mechthild Müller nur unzureichend berücksichtigt und führt vor allem hinsichtlich der Bedeutung der Ulrichsmesse in der Decken- und Altarbildmalerei des 17. und 18. Jahrhunderts zu einer unverständlichen Fehlinterpretation.[334] Gerade die Ulrichsmesse, die zum ältesten Bestand der Ulrichsikonographie zählt, behält im 17. und 18. Jahrhundert ihre beherrschende Bedeutung, vor allem als Gegengewicht zur Darstellung der Ungarnschlacht.[335]

Die zunehmende Bedeutung dieser visionären und liturgischen Themen der Ulrichsikonographie, die um die Mitte und in der zweiten Hälfte des 18. Jahrhunderts festzustellen ist, läßt sich daher auf die ältesten Traditionen der Ulrichsverehrung und -ikonographie in den Diözesen Regensburg und Augsburg beziehen. Die zweite ikonographische und kunstlandschaftliche Komponente ist die im 12. und 13. Jahrhundert nachweisbare Beziehung im bayerischen und österreichischen Donaugebiet, die vom hl. Wolfgang ausgeht und im dargestellten Zusammenhang zwischen dem Ainauer Portalprogramm und dem Verduner Altar in Klosterneuburg deutlich wird. Die unverminderte Bedeutung dieser Beziehung zwischen dem Bistum Regensburg und Österreich im 18. Jahrhundert hinsichtlich der Ulrichsikonographie veranschaulicht das Hochaltargemälde Paul Trogers in der Ulrichspfarrkirche von Wien (1750), das der berühmte österreichische Barockmaler im Auftrag des Wiener Schottenstiftes schuf.[336] Das Thema der Ungarnschlacht ist in diesem Gemälde, das zu den bedeutendsten Leistungen der österreichischen Spätbarockmalerei zählt, fast zur Bedeutungslosigkeit herabgesunken. Die Kampfszene im Hintergrund bildet nur noch die Staffage für die Darstellung der Visionsszene mit der Überreichung des Siegeskreuzes an den hl. Ulrich als dem eigentlichen Hauptthema. Die Verbindung dieser Visionsszene mit der Verherrlichung des hl. Benedikt in der oberen Bildhälfte ergibt einen kompositionellen Gesamtaufbau, der unverkennbar vom Ebenfurther Hochaltargemälde Johann Georg Schmidts (1721) abhängig ist. Mit dieser Konzentration auf die Visionsthematik, der kompositionellen Bildanlage und dem Helldunkel als Mittel der visionären Gestaltung steht Troger völlig in der Tradition

---

[332] Ulrichsjb., Abb. 9.
[333] Theodor Wohnhaas, Zur Frühgeschichte der Ulrichsliturgie, in: Ulrichsjb., S. 77f.
[334] Müller, Schlachtendarstellungen, S. 24, 30, 95. – Vor allem die Passage auf S. 24 (oben) verkennt die Tatsache, daß das Bildprogramm in Eresing von 1756/57 das Hochaltarbild mit der Ulrichsmesse von 1687 als gleichwertiges eucharistisches Gegengewicht zur Ungarnschlachtdarstellung in die Neugestaltung des Kirchenraumes einbezieht. Diese ikonographische Entwicklung bestätigt die Anschaffung von 22 auswechselbaren Heiligenbildern für den Eresinger Hochaltar beim Oberfinninger Maler Kaspar Scheffler (1751/52), worunter sich die Darstellung der Kreuzesvision des hl. Ulrich für das Kirchenpatrozinium befindet (Ausstellungskatalog »Der heilige Ulrich. Seine Darstellung und Verehrung im Bistum Augsburg vom 14. bis zum 19. Jahrhundert«, Augsburg 1973, S. 21f., Nr. 17, Abb. 10).
[335] Eine weitere Darstellung der Ulrichsmesse mit der Ungarnschlacht als Nebenszene zeigt das Hochaltargemälde von J. G. Weyland (1798) in der Ulrichskapelle zu Egling (Kosel, Ungarnschlacht 2: JVAB 8, 1974, S. 160).
[336] Wanda Aschenbrenner und Gregor Schweighofer, Paul Troger. Leben und Werk, Salzburg 1965, S. 111, 196, Abb. 110. – Kosel, Ungarnschlacht 2: JVAB 8, 1974, S. 147, 150f., Abb. 14.

jener bayerischen und österreichischen Künstlergeneration, die am Ende des 17. Jahrhunderts mit den Altargemälden des Passauer Domes die Blütezeit der Spätbarockmalerei einleitet. Trogers Ulrichsgemälde steht nicht nur in stilistischer Hinsicht, sondern auch in der spirituellen Durchdringung des Themas dem Gemälde Johann Caspar Sings in der Straubinger Veitskirche sehr nahe. Das Wiener Schottenstift als Auftraggeber, dessen Gründung vom Regensburger Kloster ausging, hat damit einen späten Höhepunkt der Ulrichsikonographie hervorgebracht und eine Bildtradition vollendet, die von Regensburg und Augsburg ausging.

Die Rückbesinnung auf die Ursprünge der Ulrichsverehrung und -ikonographie um die Mitte des 18. Jahrhunderts trägt die Merkmale einer Synthese aus der Fülle einer reichen Tradition, die im Lauf der Jahrhunderte aus dem schwäbischen, altbaierischen und österreichischen Donauraum als Geschichts- und Kunstlandschaft erwachsen ist. Die Lebendigkeit und Fülle dieser Tradition entstand aus den Wechselbeziehungen zwischen der hohen monumentalen Kunst, vor allem im Hochmittelalter, und der volkstümlichen Entfaltung der Heiligenikonographie im Spätmittelalter, die in Verbindung mit dem Wallfahrtskult in den Barock hineinwirkt. Spätgotik und Barock haben dann in der personellen Gemeinsamkeit der Ulrichs- und Wolfgangsverehrung die Grundlage für die außerordentliche Vielzahl ihrer Darstellungen geschaffen. Am Beginn ihrer gemeinsamen Ikonographie stehen jene monumentalen Darstellungen des 13. und 14. Jahrhunderts in der Regensburger Ulrichskirche: Die Aussegnung des hl. Ulrich durch seinen Freund, den hl. Wolfgang, und der Schlußstein mit dem thronenden hl. Ulrich. Schließlich das Ainauer Portal: Die Vision des »Himmlischen Jerusalem«, Abrahams Schoß als Schau des ewigen Friedens und der Palmsonntag mit dem Einzug des friedfertigen Königs. Alle Grundthemen der Ulrichsikonographie sind in diesen Kunstwerken und Bildprogrammen der Frühzeit vorgebildet. Im Vordergrund stehen die Themen eines messianischen und königlichen Priestertumes, der Vision als Verheißung der heilsgeschichtlichen Vollendung und der Sehnsucht nach dem unvergänglichen Frieden im volkstümlichen Bild der Palmprozession. Mit der Darstellung dieser Begnadungen und Hirtentugenden der beiden Bistumspatrone, St. Ulrich und St. Wolfgang, hat das Bistum Regensburg der Freundschaft beider Heiliger ein großartiges Denkmal gesetzt.[337]

---

[337] Mein aufrichtiger Dank gilt schließlich Herrn Professor Dr. Manfred Weitlauff, München, für das außerordentliche Maß an Geduld und die wissenschaftlichen Auskünfte sowie Herrn Dr. Hermann Reidel, Leiter des Diözesanmuseums Regensburg, für die vielfache Unterstützung und Förderung meiner Forschungen. Für die Unterstützung bei der Beschaffung des Bildmaterials bedanke ich mich herzlich beim Pfarramt St. Martin in Deggendorf und bei Herrn Wilkin Spitta, Loham. Von den vielen Hilfen und Helfern, die hier leider nicht genannt werden können, sollen mit einem herzlichen Vergelt's Gott meine getreuen und hilfreichen Fahrer bedacht werden, die mit mir auf den Spuren der beiden heiligen Bistumspatrone unterwegs waren.

Elgin Vaassen

Ulrichsdarstellungen in der Glasmalerei vom 15.–20. Jahrhundert

Mit der Darstellung des hl. Ulrich in der bildenden Kunst haben sich bisher am ausführlichsten Karl Haupt (1955) und Norbert Lieb (1973) beschäftigt – abgesehen von Karl Künstle (1926) und den auf seinen Recherchen fußenden übrigen Lexika zur christlichen Ikonographie.[1]

An Wiedergaben aus dem Bereich der Glasmalerei verwies Künstle auf Straubing sowie in Österreich auf Scheffau, die Filialkirche von Golling an der Salzach. Die Stadt Augsburg erhielt keine Erwähnung, obwohl damals, laut Josef M. Frieseneggers Führer durch die Ulrichskirche, noch einige Darstellungen des Namenspatrons unter den mittlerweile zerstörten Glasgemälden existiert haben müssen.[2]

Karl Haupt nannte in seiner ausführlichen Betrachtung mittelalterlicher Ulrichs-Bilder an Glasmalereien ebenfalls nur die Straubinger Fenster.

1973 zählte Ferdinand Grell in seinem Beitrag über die Verehrung des heiligen Ulrich in Österreich und Südtirol unter »Verschiedenes« außer den Glasfenstern in Scheffau solche in Weitau bei St. Johann in Tirol, in den nahe beieinandergelegenen Kirchen St. Leonhard bei Tamsweg und Mariapfarr, beide im Lungau, sowie in den niederösterreichischen Gotteshäusern Friedersbach in der Diözese St. Pölten und St. Stephan in Weiten auf.[3] Davon sind die Scheiben in Tamsweg und Weitau wohl auszuscheiden; in ersteren ist ein Heiliger ohne Attribut dargestellt, in letzteren tritt ein Bischof mit dem Namen Ulrich als Stifter von Fenstern auf.[4] – Von Mariapfarr war mir leider kein Foto zugänglich.

[1] Karl Haupt, Die Ulrichsvita in der mittelalterlichen Malerei, in: Zeitschrift des Historischen Vereins für Schwaben 61, 1955, S. 1–159. – Norbert Lieb, Der hl. Ulrich in der Kunst, Augsburg 1973 (Vortrag in der kathol. Akademie). – Karl Künstle, Ikonographie der Heiligen, Freiburg/Br. 1926, Bd. II, S. 564. – Lexikon der christlichen Ikonographie Bd. 8, 1990 (Sonderausgabe), Sp. 507–510 (Friedrich Zoepfl).
[2] Künstle schreibt zwar »Passau«, seine Literatur-Angabe (Kunstdenkmäler Bayerns) bezieht sich aber eindeutig auf Straubing. – Josef M. Friesenegger, Die St. Ulrichskirche zu Augsburg, Augsburg 1900 (2. Aufl. 1914).
[3] Ferdinand Grell, Die Verehrung des hl. Ulrich in Österreich und Südtirol, in: Bischof Ulrich von Augsburg und seine Verehrung. Festgabe zur 1000. Wiederkehr des Todestages (= Jahrbuch des Vereins für Augsburger Bistumsgeschichte 7), Augsburg 1973, S. 134–162.

Das nach den Kunstdenkmäler-Inventaren und/oder den bisher erschienenen Bänden des Corpus Vitrearum Medii Aevi erstellte Standort-Verzeichnis mittelalterlicher Glasmalereien, das Bayern, Baden-Württemberg, Niedersachsen und Schleswig-Holstein umfaßt,[5] nennt für diese Gebiete neben Straubing nur drei Kirchen mit Ulrichsfenstern: Freiburg im Breisgau, Stadlern (Landkreis Rosenheim) und Sallach bei Geiselhöring (Landkreis Straubing-Bogen). Die ostdeutschen Corpus-Bände führen keine Ulrichs-Glasgemälde auf, auch diejenigen der Schweiz nicht.

Diese recht magere »Ausbeute« ist zum Teil auf die mit dem Jahre 1530 gewählte obere zeitliche Grenze des Corpus zurückzuführen: Scheiben wie die des ehemaligen Klosters Urspring oder des Bayerischen Nationalmuseums in München aus dem Anfang des 17. Jahrhunderts werden dort nicht katalogisiert.[6]

Nicht nur zum Aufbessern der kurzen Liste mittelalterlicher Glasmalereien, die Ulrich zum Thema haben, sondern auch und vor allem, um den Blick auf eine immer noch geschmähte Kunstepoche zu lenken, seien hier gleichrangig Scheiben des 19. Jahrhunderts, soweit bekannt, aufgenommen.

Trotz vieler Kirchenpatrozinien und trotz der Beliebtheit des hl. Ulrich sind Szenenabfolgen, wie man sie für andere volkstümliche Heilige in der mittelalterlichen Glasmalerei kennt, selten. Das mag damit zusammenhängen, daß seine Vita erst sehr spät Eingang in die verbreitetste Sammlung von Taten heiliger Männer und Frauen, die Legenda Aurea des Jakobus de Voragine, gefunden hat.

Am häufigsten sieht man Ulrich als Einzelfigur, zumeist in bischöflicher Kleidung, seinen Fisch auf einem Buch oder in der Hand haltend. Ebenso dargestellt finden wir ihn zusammen mit einem Stifter dieses Namens oder mit dessen Wappen, mit der hl. Afra oder mit anderen Heiligen, speziell mit seinem Freund, dem Konstanzer Bischof Konrad.

Wie Karl Haupt nachwies, wurde Ulrich zunächst ohne den später fast obligatorischen Fisch wiedergegeben; die mittelhochdeutsche Versübertragung seiner Vita, die um 1230 ein Geistlicher namens Albertus schrieb, kennt noch kein Fisch-Attribut. Ulrich erhielt es im Laufe des 13. oder 14. Jahrhunderts in seiner Eigenschaft als Wasserpatron. Ebenso findet sich für das Fischwunder kein Beleg in den alten Viten-Texten, es wird erst in den jüngeren

---

[4] Frdl. Mitteilung von Frau Dr. Elisabeth Oberhaidacher-Herzig vom Bundesdenkmalamt Wien, der ich auch für diverse Fotos herzlich danken möchte.

[5] Bearbeitet von Eva Fitz-Ulrich, in: Die Einwirkung von Luftverunreinigungen auf ausgewählte Kunstwerke mittelalterlicher Glasmalerei. Hrsg.: Bundesminister des Innern in Zusammenarbeit mit dem Deutschen Museum (Forschungsbericht 106 08 002), o.J. [1984].

[6] Markus Otto, Die Glasgemälde aus dem ehemaligen Benediktinerinnenkloster Urspring, Urspring 1964, S. 35 Nr. 21. – Johannes Schinnerer, Katalog der Glasgemälde des Bayer. Nationalmuseums (Kataloge des BNM IX), München 1908, S. 57 Nr. 236 und 237: Ulrich und Afra, Rundscheiben 1609/10.

Handschriften der »Berno«-Fassung von Ulrichs Lebensgeschichte erwähnt.

Zu den ältesten Glasgemälden mit Darstellung eines hl. Ulrich – sofern er tatsächlich gemeint ist – gehört dasjenige aus der Pfarrkirche gleichen Namens zu Ebenfurt/Niederösterreich (heute im Museum von Wiener Neustadt), vom Anfang des 15. Jahrhunderts. Es zeigt den Heiligen bei einer für ihn eher ungewöhnlichen Beschäftigung, einer Teufelsaustreibung.[7] Doch war eine solche Tätigkeit – nach mittelalterlichem Verständnis – jedem Heiligen »zuzutrauen«; die Szene ließe deshalb, schon wegen des für Ulrich unspezifischen Tuns, auf das frühere Vorhandensein weiterer Scheiben schließen.

Wie Eva Frodl-Kraft nachgewiesen hat,[8] gehen vier Glasfensterzyklen in Niederösterreich (Zelking, Weiten, Innerochsenbach und Euratsfeld), die im ersten Drittel des 15. Jahrhunderts entstanden, auf gemeinsame (Musterbuch-) Vorlagen zurück – ein im Mittelalter, dem der Begriff des Originals fremd war, und ebenso im 19. Jahrhundert gebräuchliches Vorgehen.[9] In Weiten (nordwestlich von Melk, Pfarrkirche St. Stephan) steht Ulrich zusammen mit dem hl. Wolfgang unter einer von Wimpergen und Fialen gekrönten Architektur, die wohl als Kirchenschiff zu »lesen« ist. Mit der für die Figur etwas groß geratenen Linken hält er dem »Nachbarn« einen prächtigen Fisch hin. Für Innerochsenbach (Filialkirche St. Martin) benutzten die Glasmaler denselben Typus, aber in veränderten Proportionen, für einen hl. Martin sowie für einen hl. Wolfgang.[10]

Der im Chor der Pfarrkirche St. Lorenz zu Friedersbach im Waldviertel befindliche Ulrich gehörte in seinem ursprünglichen Zusammenhang wahrscheinlich als begleitender Namenspatron zu einem Stifter namens Ulrich Öder[11] und entstand 1479. Die Farbgläser dieser Standfigur sind stark nachgedunkelt, was zusammen mit den vielen Notbleien (zum Zusammenhalten gesprungener Gläser), die Wirkung der Scheibe stark beeinträchtigt.

Die Filialkirche zum hl. Ulrich in Scheffau enthält im südöstlichen zweibahnigen Chorfenster in fünf Feldern übereinander einzelne Heilige sowie die Darstellung einer Kreuzigung, einer Ölbergszene und – offenbar bei der »Renovierung« von 1886 zu einem Feld vereinigt – eines hl. Josef aus einem

---

[7] Abbildung in: R. Geyling – A. Löw (Text von K. Lind), Meisterwerke der kirchlichen Glasmalerei, Wien 1897, Taf. 16, 32. – Vgl. Eva Frodl-Kraft, Die mittelalterlichen Glasgemälde in Niederösterreich Teil I (= CVMA Österreich II), Wien 1972, S. 225. Aus dem Bestand hat sich sonst nur noch eine Kreuzigung erhalten. Nach Auskunft von Frau Dr. Oberhaidacher-Herzig/Bundesdenkmalamt Wien kommt Ulrich als Dargestellter nicht in Betracht.

[8] Eva Frodl-Kraft (vgl. Anm. 7) S. XLIVf. und 157ff.

[9] Eva Frodl-Kraft, Zur Frage der Werkstattpraxis in der mittelalterlichen Glasmalerei, in: Glaskonservierung. Historische Glasfenster und ihre Erhaltung (= Arbeitsheft 32, Bayer. Landesamt für Denkmalpflege), München 1985, S. 10–22.

[10] Eva Frodl-Kraft (vgl. Anm. 7) Abb. 524, 512.

[11] Eva Frodl-Kraft (vgl. Anm. 7) S. 34ff., bes. S. 51 und Abb. 122 und 126.

Weihnachtsbild zusammen mit einer Maria aus einer »Verkündigung«. Während die Szenen sicher zu Recht in die zweite Hälfte des 15. Jahrhunderts gerückt werden, scheinen mir die – leider nicht gut erhaltenen – Heiligenfiguren, darunter Bischof Ulrich mit seinem Fisch in Feld 2b, früher entstanden zu sein. Vermutlich hat sie der »Restaurator« zu Ende des vorigen Jahrhunderts mit den übrigen Resten eines ehemals größeren Zyklus in einem Fenster zusammengefaßt.

In Stadlern (Landkreis Rosenheim) hängt die Wiedergabe des hl. Ulrich im Fenster der kleinen Kirche wiederum mit dem Patrozinium zusammen. Die 70 × 33 cm große Scheibe aus der Mitte des 15. Jahrhunderts zeigt Ulrich in grünem Ornat, mit Pedum und Fisch.[12]

In der Straubinger Jakobskirche entsprechen zwei Szenen der Ulrichslegende im nördlichen Chorfenster zweien aus dem Leben der hl. Afra im südlichen (Bekehrung der Heiligen; sie ist zusammen mit ihrer Mutter Hilaria und einer Dienerin, dem Bischof Narcissus und dem Diakon Felix wiedergegeben. Den Feuertod Afras in der zweiten Szene beobachten Richter Gajus und sein Szepterträger). Bei der Darstellung des Fischwunders sehen wir Ulrich mit Bischof Konrad bei Tisch sitzend. Ein Bote des bayerischen Herzogs, kenntlich durch den Rautenschild auf dem Rücken seines Wamses, kommt von links dazu.[13] Die zweite Begebenheit schildert die Ulrichsmesse, als Meßdiener fungieren zwei Diakone. Die vier Bilder, Teil einer noch relativ umfangreichen Verglasung, wurden früher als eigenhändige Arbeiten Hans Holbeins des Älteren aus der Zeit um 1500 angesehen, heute betrachtet die Kunstgeschichte sie als Schöpfungen des Hans Wertinger (um 1465–1533).[14] Die Pfarrkirche zu Straubing unterstand im Mittelalter dem Augsburger Domkapitel, was das Vorkommen von Schilderungen aus dem Leben des Augsburger Bischofs in einer niederbayerischen Kirche verständlich macht.[15]

Als begleitender Namenspatron eines Stifters, des Ulrich Mermoser, tritt der Heilige in Sallach auf. Eine zweite Scheibe zeigt die Frau Mermosers, Anna, ebenfalls mit ihrer Fürsprecherin gleichen Namens. Beide Ehepartner führen ihre Wappen mit sich.

1481 bestellte der Abt des Benediktinerklosters St. Ulrich und Afra in Augs-

---

[12] KDM Oberbayern. I, 3, S. 2060. Stadlern gehört als Nebenkirche zur Pfarrei St. Leonhard am Buchat (Gde. Kling, Lkr. Rosenheim). Abb. der Scheibe in der MKKZ (Münchner kathol. Kirchenzeitung) vom 29. 7. 1973.

[13] Auf einem Flügel des Katharinen-Altares (Staatsgalerie Augsburg, Inv. Nr. 5296; Abb. 55 im Katalog: Hans Holbein d. Ä. und die Kunst der Spätgotik, Augsburg 1965 Nr. 55), der dieselbe Szene zeigt, ist des Boten Umhang an der rechten Schulter ebenfalls mit einem bayer. Wappen gekennzeichnet.

[14] Hans Wentzel, Meisterwerke der Glasmalerei, Berlin 1951, S. 74. – Christian Beutler und Gunther Thiem, Hans Holbein d. Ä. Die spätgotische Altar- und Glasmalerei (= Abhandlungen zur Geschichte der Stadt Augsburg. Schriftenreihe des Stadtarchivs Augsburg Bd. 13), Augsburg 1960, S. 203 und S. 222. – Zu Hans Wertinger: Kat. H. Holbein d. Ä. (Anm. 13) S. 150 und Nr. 159.

[15] Lieb (Anm. 1) S. 8.

burg, Fryeß, für das neue Refektorium, wie wir aus der bis 1497 reichenden Chronik des Frater Wilhelm Wittwer wissen, »sex fenestras de preciosis lignis et circulis vitreis, in quibus fieri iussit subscriptas figuras...«: sechs Fenster aus kostbaren Hölzern (= Holzrahmen) mit runden (= Butzen-?) Scheiben, in die er folgende Figuren einsetzen ließ: einen Englischen Gruß, die Bildnisse der Patrone Ulrich und Afra, ferner Darstellungen aus der Leidensgeschichte Christi, Papst Gregor, die Bischöfe Narcissus und Simpertus, die Ordensheiligen Benedikt und Scholastika.[16] Erhalten hat sich davon leider nichts.

In seiner Dissertation über Holbein den Älteren und die Augsburger Glasmalerei um 1520[17] führte Gunther Thiem eine Beschreibung von Pius Dirr aus dem Jahre 1909 über damals noch in Schiff-Fenstern von St. Ulrich und Afra befindliche Teile alter Scheiben an: »Man braucht nur aufmerksamen Auges die Kirchenfenster abzusuchen, um mitten unter den im altertümlichen Stil gehaltenen modernen Glasgemälden, die in den 90er Jahren des vorigen Jahrhunderts angebracht worden sind, alte Flügel... zu finden. Manche bedurften... mehr oder weniger der Restauration. Andere aber, besser erhaltene, sind lediglich nebensächlicher Ausbesserung und Reinigung unterzogen worden.« Dirr zählte an Standfiguren einzelner Heiliger auf: über dem Hauptportal Jakobus und Barbara, über dem südlichen Ausgang Petrus und Paulus, im südlichen Seitenschiff ein Fenster mit Georg in Rüstung und ein Fenster mit Ulrich und einem weiteren Jakobus. Im nördlichen Seitenschiff nannte er noch eine allerdings stark erneuerte Muttergottes aus einer Verkündigung.

Dirr kam, wie es scheint, nicht auf den Gedanken, die von ihm erwähnten »Überbleibsel« mit den Glasfenstern des Refektoriums in Verbindung zu bringen (offenbar verwechselte er auch Wittwers Angaben zu ihnen mit den um 1496 in die Abtskapelle über dem Simpertuschore eingesetzten Fenstern, die 1898 in die Sakristei verbracht worden waren: eine Madonna mit Kind, ferner Johannes Baptist, Johannes Evangelist und die Halbfiguren eines Benedikt und Andreas); sie gingen alle im Krieg zugrunde.

Auch Thiem glaubte, die »Standfiguren einzelner Heiliger« ließen sich nicht mit Wittwers Beschreibung verbinden und beklagte, daß sie »nicht einmal in Abbildungen auf uns gekommen« seien. Beides nicht ganz zu Recht, denn Friesenegger und Dirr erwähnten im nördlichen Seitenschiff eine Maria aus einer Verkündigung, und auch Ulrichs-Scheiben sind genannt (und zum Teil abgebildet). Beide Darstellungen gehörten aber laut Wittwer zum »Programm« der Refektoriums-Ausstattung.

---

[16] Zitiert nach Beutler-Thiem (Anm. 14) S. 143 ff. – »Fr. Wilhelmi Wittwer Catalogus Abbatum monasterii SS. Udalrici et Afrae Augustensis« hrsg. von A. Steichele, in: Archiv für die Geschichte des Bisthums Augsburg, III. Band. 1. Heft, Augsburg 1859.

[17] Gunther Thiem, Hans Holbein d. Ä. und die Augsburger Glasmalerei um 1520, Diss. (Mschr.) Freiburg 1952.

Abbildungen von den bei Friesenegger bzw. Dirr aufgezählten Scheiben mit alten Teilen (und anderen Fenstern) befinden sich in der »Vorbildersammlung« des »kgl. Generalkonservatoriums«, des heutigen Bayerischen Landesamtes für Denkmalpflege.[18] Sie tragen alle den Vermerk: »Geschenk des Herrn Direktor Zettler«, was besagt: die ehemalige kgl. bayer. Hofglasmalerei F. X. Zettler in München, die die Scheiben Ende des vorigen Jahrhunderts »restaurierte«, ließ diese – entsprechend den damals existierenden Weisungen des Generalkonservatoriums – fotografieren, jedoch leider erst nach den erfolgten Ergänzungen und Veränderungen.

Das erste Foto zeigt ein vierbahniges Maßwerkfenster, das im Abschluß des Spitzbogens die Jahreszahl 1892 trägt. Seine beiden äußeren Lichte sind mit Butzen verglast, in die je eine kleine Vierpaßeinlage (Hirsch an der Quelle, zwei Tauben am Brunnen: »Embleme«, im Sprachgebrauch der Zeit) eingefügt war. In den beiden inneren stehen unter reich mit Säulchen, Figuren und Astwerkbaldachinen »skulpierten« Gehäusen, die spätmittelalterliche Altarschreine mit ihren Gesprengen imitieren, links der hl. Ulrich, rechts ein »Jakobus« mit Stab und aufgeschlagenem Buch auf seinem rechten Arm, unter dem linken trägt er ein weiteres Buch. Die »graue« Partie an Hals und Brust weist auf eine noch nicht erfolgte Ergänzung hin – der Kopf wurde bereits erneuert – weswegen auch der helle Mantel/Umhang auf der rechten Seite keine Verbindung zur Gestalt hat. Ob sie immer ein Jakobus war?

Im zweiten Foto begegnen wir einer ähnlichen Anordnung wie im Ulrich-Jakobus-Fenster, nur sind hier alle vier Bahnen mit Figuren besetzt: mit einer hl. Hedwig, einem Georg in Rüstung, dem Bischof Maximilian und einer hl. Augusta. »Gestiftet von der Familie von Bieber« besagt ein Schriftband, das ein Engel in der unteren Felderreihe trägt, daneben steht ein »redendes« Wappen.[19] Daß die heiligen Frauen »Kinder« des 19. Jahrhunderts sind, ist eindeutig. Georg und der Bischof (mit Stab und Schwert) dagegen scheinen in Teilen Originale des späten 15. Jahrhunderts zu sein. Auffallend ist z. B. der hochgeklappte Helm des Ritterheiligen; ebensolche Formen kommen mehrfach auf der »Grauen Passion« des älteren Holbein vor.[20] Auf dem Foto ist unten vermerkt: »4 Heilige, größtenteils neu«.

Wenn Dirr lediglich einen hl. Georg – statt alle vier Figuren – nannte, so mag das bedeuten, daß er diesen noch als »alten Flügel« ansah, die übrigen Gestalten dagegen als komplette Neuschöpfungen betrachtete.

Der Fotobestand enthält auch die Abbildung der Verkündigung; der englische Bote allerdings war ganz »made by Zettler«. Sowohl dieses Fenster als

---

[18] Ich danke Frau Patellis und Frau Schmidt vom Fotoarchiv des Bayer. Landesamtes für Denkmalpflege für ihre Hilfe.

[19] Der Wappen- oder Inschrift-haltende Engel in der unteren Zone eines Glasfensters ist um diese Zeit geradezu ein Markenzeichen der Firma Zettler.

[20] Abb. 16, 19 und Kat. Nr. 14–25 und S. 68 ff. im Kat. H. Holbein d. Ä. (Anm. 13): Altar in Donaueschingen, Fürstl. Fürstenbergische Gemäldegalerie, um 1495.

auch die beiden weiteren mit Darstellungen der Heiligen Petrus und Paulus sowie Jakobus Major und Barbara waren – abgesehen vom Wappensockel – aufgebaut wie das mit Ulrich und »Jakobus«. An Stelle von »Emblemen« waren in die seitliche Butzenverglasung Rundscheiben mit Wappen eingefügt.

Da Dirr nur an »Holbein«-Scheiben interessiert war, erwähnte er die späteren Glasmalereien in der Kirche nicht. Fotografien davon befinden sich ebenfalls in der Vorbildersammlung und sind wie die übrigen als Geschenke Zettlers dorthin gelangt. Auch hier ist wieder Neues und Altes gemischt. Gemäß der späten Entstehungszeit der Fenster, am Ende des 16. oder zu Beginn des 17. Jahrhunderts, glaubte man wohl, sie in »Tapeten«-Bahnen mit einem dem Bandelwerk verwandten Muster fassen zu müssen. Man fügte sie in Aufbauten ein, die denen der berühmten Degler-Altäre nachempfunden waren.

In einem ebenfalls vierteiligen Fenster sind die gotischen Gehäuse durch solche im Stil der Neo-Renaissance ersetzt, entstanden 1892. Im unteren »Geschoß« stehen Ulrich und Afra zu Seiten einer Wiedergabe der Klosteranlage aus der Vogelperspektive, nach dem Kupferstich des Daniel Manasser von 1626.[21] Beide haben neben sich ihre Wappenschilde stehen; Afra ist hier als Königstochter, mit Krone auf dem Haupt, dargestellt. Über der Klosteransicht stehen zwei weitere Heilige: Narcissus und Hilaria.[22]

Die übrigen Fotos geben dreibahnige Fenster wieder, eines ist bezeichnet »Seitenchor«.

Auf dem ersten sieht man eine Madonna mit Kind, umgeben von den beiden Johannes', zu ihren Füßen kniet ein Abt; sein Wappen weist ihn als Johannes Merk (1600–1632) aus.

Im zweiten Fenster stehen die Heiligen Ulrich, Afra und Simpert, ebenfalls mit ihren Wappenschilden; die Köpfe der beiden letzteren Figuren sind erneuert.

Das dritte Fenster gibt oben eine Beschneidung Christi, unten die Darstellung im Tempel wieder; es befindet sich als einziges noch in der Kirche, allerdings an anderer Stelle als im 19. Jahrhundert.

Im vierten Fenster sieht man sechs Szenen aus der Ulrichs-Legende, auch sie wieder vermischt mit modernen Teppich- und Architekturformen: oben wird Ulrichs Traum am Ende seines Lebens, in dem ihm zwei Engel erschienen (die späte Viten-Version spricht von »zwen hübsch jünglinge«), geschildert, daneben die Gründonnerstagsmesse, bei der Ulrich die Hand Gottes, die »dextera Dei«, während der Wandlung sah, und rechts die Krankenheilung,

---

[21] Abb. im Katalog: Welt im Umbruch. Augsburg zwischen Renaissance und Barock, Bd. I, Augsburg 1980, Nr. 250, Abb. S. 285.
[22] Narcissus mit einem Drachen (= Teufel), Hilaria mit brennendem Hanfbündel; laut Friesenegger (Anm. 2, Abb. 9) befand sich dieses Fenster in der Michaelskapelle, wurde 1892 von der Familie Stötter gestiftet und kostete 2500 Mark. Die Figur der Hilaria modern.

als dem Bischof auf seiner Reise nach Ingelheim ein Mann begegnete, »der truoc daz inner teil seines libes vor ime« – wie es die mittelhochdeutsche Versdichtung des Albertus beschreibt.[23] Die unteren drei Felder sind einem weiteren Traum des Heiligen gewidmet, in dem Afra ihm das »Konzil auf dem Lechfeld« vor Augen führt, das der Betrachter durch die drei Bogenstellungen, die das Gemach als Fenster aufweist, in der Ferne ebenfalls miterleben kann. Die beiden übrigen Szenen sind dem »Fischwunder« vorbehalten. Rechts sitzt Ulrich mit Bischof Konrad beim Mahle und überreicht dem vor dem Tisch stehenden Boten ein Stück Fleisch, im mittleren Bild weist eben dieser Bote das zu einem Fisch gewordene Bratenstück seinem Herrn vor.

Wie Haupt darlegte, war für das Fischwunder kein alter Viten-Text vorhanden, es wird nur in den jüngeren Handschriften der Berno-Fassung erwähnt; zuerst wurde es im »Wenzelspassional« (= Legenda Aurea) von Johannes Bämler 1480 in Augsburg im Druck verbreitet.

In der Afra-Vision liest man auf dem Fußboden neben dem Bett des Ulrich »L. H. 1874«. Dieses Monogramm ist aller Wahrscheinlichkeit nach aufzulösen als »Liberat Hundertpfund«. Hundertpfund (1806–1878), zu den führenden Malern in Schwaben gehörend, war an der Münchner Akademie Schüler von Cornelius gewesen und seit 1835 in Augsburg ansässig. Man weiß, daß er für etliche Fenster die Kartons zeichnete, doch ließ sich bisher nur ein erhaltenes ausgeführtes Fenster auffinden.[24]

Es sieht so aus, als habe Hundertpfund für den Engel-Traum nur die Figur des Bischofs übernommen; alles übrige, auch die Architektur (die sich im Mahl Ulrichs mit Konrad spiegelbildlich wiederholt), scheint auf seine Ergänzung zurückzugehen.

Vorbild war ihm – auch für die drei unteren Szenen – ein Tafelgemälde des sog. Ulrichsmeisters, um 1455 entstanden, das sich heute noch in der Kirche befindet, und das er ziemlich getreu übernommen hat.[25]

Nach dem Formenkanon der übergreifenden Architektur und der Teppichbahnen zu urteilen, erfuhren die sechs Szenen um die Jahrhundertwende (durch die Firma Zettler) eine weitere Veränderung bzw. Zusammenfassung.

---

[23] Vgl. Haupt (Anm. 1) Anhang IV, S. 115. – Nach Friesenegger (Anm. 2) S. 34 befanden sich diese Fenster neben dem Ulrichsaltar an der Südwand in Teppichmustern von 1893. Er hielt sie für jünger als »die Flügel ... aus der Zeit des Abtes Joh. Merk«. Ob ihm die Jahreszahl 1874 entgangen ist?

[24] Elgin Vaassen, Bemerkungen zur schwäbischen Glasmalerei des 19. Jahrhunderts, besonders zu Ludwig Mittermaier (1827–1864) aus Lauingen, in: Katalog Nazarener in Schwaben, Günzburg/Dillingen 1990, S. 220–240, bes. S. 221 und Abb. 2 = Fenster in Eisleben; ebenda: Peter Fassl, Liberat Hundertpfund, S. 24–33. – Derselbe: Führende Nazarener in Schwaben, in: Jahrbuch des Vereins für Augsburger Bistumsgeschichte 24, 1990, S. 312–315.

[25] Eine Wiedergabe bei Haupt (Anm. 1) Abb. 42 und 43, ebenfalls bei Friesenegger (Anm. 2) Abb. 4 und 5.

Zurück zu mittelalterlichen Glasgemälden:

Das vierbahnige Fenster N IV im Hochchor des Freiburger Münsters füllen die Figuren der Heiligen Nikolaus, Ulrich, Sebastian und Kaiser Heinrich; dazugeordnet sind darunter Wappen, bei Ulrich das des Ulrich Riederer. Der Heilige und seine »Kollegen« stehen in einer imitierten Steinnische vor damasziertem Hintergrund. Den Entwurf lieferte Hans Gitschmann, der zusammen mit Jakob Wechtlin auch die Übertragung auf Glas besorgte. Nach den Angaben von Ingeborg Krummer-Schroth[26] steht auf dem Kaselsaum der Figur zu lesen: »A(N)NO D(OMIN)I MV DO WART DIS FENST(ER) GEMOLT UF OSTERN«, ferner unter dem Fisch das Datum 1512 sowie auf dem Manipel: »JACOB WECHTLIN«.

In den Gesamtentwurf für das Kaiserfenster der Nürnberger Sebalduskirche hatte der Maler Hans von Kulmbach auch die Darstellung eines hl. Ulrich eingeplant, wie eine Skizze im Berliner Kupferstichkabinett zeigt;[27] in der veränderten Ausführung, die die Figuren und Wappen (ähnlich denen im Freiburger Hochchor) in »steinerne« Nischen stellt, fehlt Ulrich allerdings.

Das Schweizerische Landesmuseum in Zürich erwarb 1895 eine Wappenscheibe des Abtes zu Kreuzlingen, Petrus I. Babenberg,[28] die 1521 datiert ist. Gerahmt von zwei Säulen, auf denen ein Blätterbogen aufliegt, stehen Ulrich und Afra vor blauem bewölktem Himmel als »Schildhalter« neben dem von einer prächtigen Inful mit Mariendarstellung gezierten und vom Pedum überhöhten Schild. Ulrich trägt über der weißen Albe eine gelbe Dalmatik und ein rotes Pluviale; der Fisch liegt, wie gewöhnlich, auf einem Buch, das er mit der Rechten hält, während er die Linke wie beschützend an die Mitra des Abtes legt. Afra, durch die Krone als Königstochter gekennzeichnet, ist in einen weiten gelben Mantel gehüllt, unter dem das blaue Kleid nur wenig sichtbar wird. Sie steht auf Flammen, die die Art ihres Martyriums andeuten.

Als »Augsburger Schule« bezeichnete Johannes Schinnerer[28] zwei Rundscheiben von je 26 cm Durchmesser, die zu den Beständen des Bayer. Natio-

---

[26] Ingeborg Krummer-Schroth, Glasmalereien aus dem Freiburger Münster, Freiburg 1978 (2. Aufl.), S. 96 ff. Sie gibt die Maße der Figuren auf (je zwei Scheiben) mit ca. 1,10 × 0,60 m an. – Vgl. demnächst ausführlich: Rüdiger Becksmann, in: CVMA Deutschland II,2.

[27] Berlin, Staatl. Museen Preuß. Kulturbesitz, Kupferstichkabinett, vgl. Friedrich Winkler, Hans von Kulmbach, Leben und Werk eines fränkischen Künstlers der Dürerzeit, in: Die Plassenburg, Bd. 14, 1959 (Stadtarchiv Kulmbach), S. 55 f. – Ausführlich über Kulmbachs Entwürfe für das Kaiserfenster: Hartmut Scholz, Entwurf und Ausführung. Werkstattpraxis in der Nürnberger Glasmalerei der Dürerzeit, Berlin 1991 (= Bd. 1 der Reihe »Studien« der deutschen CVMA), Abb. 203. Ich danke Herrn Dr. Scholz, daß er mich auf diese Darstellung aufmerksam gemacht hat.

[28] Jenny Schneider, Glasmalerei. Katalog der Sammlung des Schweizer. Landesmuseums Zürich, Bd. I, S. 68 und Abb. 163: Inv. LM 1477, 58 × 49,8 cm. – Zum Folgenden: J. Schinnerer (Anm. 6) S. 57.

nalmuseums in München zählen und Ulrich und Afra wiedergeben. Ulrich, wie meistens, im Bischofsornat, Buch und Fisch auf dem linken Arm, befindet sich in einem Raum mit gefliestem Boden, hinter ihm halten auf einer Ballustrade zwei Engel einen Brokatvorhang. Im umlaufenden Randstreifen ist zu lesen »Sanctus Vdalricus Anno MDCX Domini«. Afra, in einen roten Mantel gehüllt, steht auf dem rauchenden Scheiterhaufen; ihre Hände sind an einen Baum gebunden. Auch hier nennt die Umschrift Namen und gleiches Datum.

Im Vergleich zu den bisher besprochenen mittelalterlichen Scheiben wurden hier – der Zeit gemäß – neben in der Masse gefärbten Gläsern auch auf Weißglas aufgetragene (und eingebrannte) Malfarben benutzt. Seit dem Ende des 15. Jahrhunderts treten diese vermehrt auf: sie boten dem Glasmaler eine Fülle zusätzlicher Möglichkeiten, wie sie vorher mit der »klassischen« Technik (in der zunächst nur Schwarzlot, später auch Silbergelb verwendet wurde) nicht zu erreichen gewesen war.[29]

Darin einen »Niedergang« der Glasmalerei zu sehen, wie seit dem 19. Jahrhundert Kunstschriftsteller und Kunsthistoriker nicht müde werden zu behaupten, läßt sich nur als Unsinn bezeichnen. Die Vorstellung, »echte« Glasmalerei dürfe nur Schwarzlot und Silbergelb als Malfarben benutzen, geht auf Thesen der Neogotik-Theoretiker zurück, die allen Kunstzweigen eine Entwicklung zubilligten – nur der Glasmalerei nicht. Da das Interesse an großformatiger Verglasung in Deutschland (und anderswo) seit Aufkommen der Renaissance zunehmend schwächer wurde, weil helle Räume modern und »in« waren, verlegten sich die wenigen verbleibenden Glasmaler auf kleine »Kabinettscheiben«,[30] die – auf Nahsicht berechnet – andere Ansprüche an die Malweise stellten als Kirchenfenster, die in 10 oder 20 Meter Höhe angebracht sind. Außerdem wollten die Glasmaler nicht hinter den Errungenschaften der Tafel- und Wandmaler zurückstehen: auch sie verwendeten Perspektive, Landschaften, Architekturen ihrer Zeit; sie versuchten, das Nebeneinander von Farben auch mit Hilfe aufgetragener Malfarben zu erreichen anstatt, wie bisher notwendig, durch trennende Bleistege.

Aus dem ehemaligen adeligen Benediktinerinnen-Kloster Urspring bei Schelklingen kam 1806 ein ikonographisch höchst seltener Zyklus von Kabinettscheiben in die kgl. württembergische Glasmalerei-Sammlung nach Stuttgart, später in das kgl. Sommerschloß Friedrichshafen, von dort 1938 nach Schloß Altshausen.[31] Gestiftet wurden die ca. 32 × 21 cm großen Bild-

---

[29] Eva Frodl-Kraft, Die Glasmalerei. Entwicklung, Technik, Eigenart. Wien/München 1970 (1979).

[30] Daß es auch großformatige Ausnahmen gibt, zeigen die Fenster in den Nürnberger Kirchen St. Lorenz und St. Sebald von 1601, vgl. Gottfried Frenzel, Zwei monumentale Nürnberger Fensterschöpfungen des Amalisten und Glasmalers Jacob Sprüngli aus Zürich, in: Bau- und Bildkunst im Spiegel internationaler Forschung. Festschrift zum 80. Geburtstag von Prof. Dr. Edgar Lehmann, Berlin 1989, S. 234–246.

chen im Jahre 1600 von Konventualinnen des Klosters. Dargestellt sind die »Sieben Fälle Christi«. Markus Otto hat sich in seiner Arbeit über diese Glasgemälde ausführlich damit beschäftigt.[32] Hier interessiert die Scheibe, die den »Sturz Christi auf das Kreuz« wiedergibt und die von »Fraw EVPHROSINA spätin von Zwifalde« gestiftet wurde. Über und unter der Szene sind – als Ahnenprobe – die Wappen ihrer Abstammung eingefügt, seitlich stehen als »Säulenheilige« die Namenspatrone ihrer Eltern (Ulrich Späth von Zwiefalten und Ursula), »S. VLRICH« und »S. VRSLA«. Der Fisch Ulrichs hat leider durch ein Notblei einen Teil seines Volumens eingebüßt.

Die Scheibe ist unter weitgehender Verwendung von Schmelzfarben gemalt (Blau, Grün, Silbergelb, Braunlot), die Sockel der Heiligen-»Statuen« und die Kartusche oben in der Mitte scheinen aber noch aus rotem Überfangglas geschnitten zu sein.

Nicht nur wegen des sich nach dem Dreißigjährigen Krieg, in der zweiten Hälfte des 17. Jahrhunderts, rasch ausbreitenden Barock mit seiner Tendenz zu »geführtem«, »weißem« Licht, sondern ebenso weil während vieler Jahrzehnte Glashütten brachlagen oder zerstört worden waren, war Farbglas für profane und kirchliche Bauten nicht mehr erforderlich bzw. erhältlich.

Der Niedergang der Glasmalerei in dieser Zeit, später meist als ein (fortschreitender) Niedergang im qualitativen Sinne gesehen (was auch mit der Theorie des späteren 19. Jahrhunderts vom Aufkommen, Blühen und Vergehen eines jeden Stiles in Zusammenhang steht),[33] verleitete vielfach dazu, zu glauben, die Ausübung der Glasmalerei sei verlorengegangen – eine werbewirksame »Story« für alle diejenigen, die um 1800 die »Wiederentdeckung« des »Geheimnisses der Alten« für sich reklamierten.

Romantische Strömungen, die eine Besinnung auf die eigene Kunst früherer Jahrhunderte verstärkten, führten zu einer »Renaissance«, die sich erstmals nicht an der Kunst der Griechen und Römer orientierte, sondern am »deutschen« Stil, der Gotik.

Auch wenn überall, in allen Ländern, laboriert wurde – die Vorreiter-Rolle übernahm für die deutschsprachigen Länder, zeitweise weit darüber hinaus, München. Gefördert durch König Ludwig I. entstand hier 1827 die kgl. Glas-

---

[31] Rüdiger Beckmann, Die mittelalterlichen Glasmalereien in Schwaben von 1350–1530 (= CVMA Deutschland I,2), Berlin 1986, S. 3; ausführlich zu den Urspringer Scheiben: Markus Otto (Anm. 6). Eine Scheibe aus dem Zyklus heute auf Schloß Lichtenstein, vgl. Otto S. 35 Nr. 20.

[32] M. Otto (Anm. 6) S. 21 ff. und Abb. 21 sowie Farbtafel auf der Innenseite des Umschlages. Text S. 35 Nr. 21.

[33] Vgl. z. B. Konrad Weiß, Augustin Pacher, in: Die christliche Kunst 4, 1907/08, S. 145–174, hier S. 149: »die Blüte dieses Kunstzweiges« – der Glasmalerei – fiel »mit der Blüte einer Stilperiode wie der Gotik« zusammen. – Für Geoffrey Scott, The Architecture of Humanism. A Study in the History of Taste, New York 1956, stellt dieses Phänomen des Wachsens und Vergehens eines Stiles eine »biological fallacy« dar – man könnte es auch als »Schubkasten-Denken« bezeichnen.

malereianstalt als Staatsinstitut, im Verbund mit der Nymphenburger Porzellanmanufaktur, mit eigener Glashütte in Benediktbeuern.[34]
Der damals »gültige« Nazarenerstil galt hier wie fast in ganz Europa (Ausnahmen sind selten, und auch Frankreichs »archäologisch-korrekte«, kopierende Glasmalereien sind nicht vor den 1840er Jahren entstanden) als Maßstab und ging mit Ornament- und Architekturformen der Spätgotik – Fenster des Peter Hemmel vor allem[35] – eine Synthese ein, die zu einem piktoralen (später arg geschmähten und – da »verwässert« durch diverse Generationen von Epigonen – »verwaschenen«, in süßlichen Kitsch ausartenden) Stil führten, der aber zu Beginn, etwa in den Fenstern des Regensburger oder des Kölner Domes, grandiose eigenständige Leistungen hervorbrachte.
Da aber unter »Kunstkennern« immer noch die Meinung vorherrscht, diese Glasgemälde müßten an den Fenstern der »Hochblüte« der Glasmalerei, denen der »klassischen« Kathedralgotik (Frankreichs! In Deutschland galten eigentlich immer andere »Gesetze«), gemessen werden, blieb/bleibt ihnen die Anerkennung als selbständige Kunstwerke – nicht Kunsthandwerk – versagt.
Die Glasmalerei knüpfte (schon wegen ihrer »Abstammung« um 1800 von der Porzellanmalerei: beide verwenden dieselben Malfarben, die aber, wegen unterschiedlicher Brenntemperaturen, verschieden »eingestellt« sind; als man im frühen 18. Jahrhundert in Deutschland begann, Porzellan zu bemalen, entlehnten die »Arcanisten« die notwendigen Farben von der damals noch ausgeübten Schmelzfarbenmalerei auf Glas) dort an, wo ihre große Zeit zu Ende gegangen war: als Mangel an Farbglas und auch der Versuch, es der Tafelmalerei gleich zu tun, zur Verwendung von Schmelz-/Glasmalfarben geführt hatten.
Im Laufe der zweiten Hälfte des 19. Jahrhunderts kehrte man, da in der Masse gefärbtes Glas wieder wie bei den »Alten« verfügbar war, und da die Neogotik Fenster im »wahren Wesen der Glasmalerei«, nämlich der Zeit zwischen 1250 und 1350, forderte, zu einfacherer Behandlung unter weitgehendem Verzicht auf die breite Palette von aufgemalten Farben zurück – nicht zuletzt aus kalkulatorischen Gründen, denn geringerer Aufwand kostete auch weniger, und man blieb damit beim aufkommenden »Boom« der Gründerjahre konkurrenzfähig, da die Glasmaler-Ateliers begannen, sprichwörtlich »wie die Pilze aus dem Boden zu schießen«.
Routiniert, »gekonnt«, aber noch weitgehend in der piktoralen Technik der ersten Jahrhunderthälfte[36] ist der erste uns bekannte Ulrich des Glasmalers Josef Scherer, den dieser 1848 für die ehemalige Hl. Kreuzkapelle der Burg Zusameck bei Dinkelscherben malte. Scherer (1814–1891), Schüler der

---

[34] Elgin Vaassen, Die ersten Fenster für den Regensburger Dom aus der kgl. Glasmalereianstalt, Gründung König Ludwigs I., aus dem Jahre 1828, in: Diversarum Artium Studia. Festschrift für Heinz Roosen-Runge zum 70. Geburtstag. Wiesbaden 1982, S. 165–184.

[35] Paul Frankl, Peter Hemmel, Glasmaler von Andlau. Berlin 1956.

Münchner Akademie unter Schlotthauer und Heinrich Maria von Hess, unterhielt mit seinen Brüdern Leo und Alois ein Atelier in München; die Glasmalerei hatte er von einem der »Männer der ersten Stunde«, Wilhelm Voertel, erlernt, und auch zur Glasmalereianstalt König Ludwigs I. hatte er gute Beziehungen.[37]

Zwei weitere, ähnliche Figuren aus der Scherer-Werkstatt vom Ende der 1870er Jahre befinden sich noch in situ: in der Pfarrkirche zu Ettelried, dem Heimatort der Brüder (dort zusammen mit einer Afra sowie einer Madonna mit Kind und einem hl. Josef), und im Nachbarort Fleinhausen (dort im zweiten Chorfenster der hl. Nikolaus). Es sind typische, an die Hess-Schule bzw. an Johann Schraudolph erinnernde Figuren.[38] Während sich der »Ulrich« von Burg Zusameck sowie der aus Fleinhausen noch in rein gotischen Architekturformen stehend präsentieren, zeigen die Ettelrieder Fenster – je zwei Heilige unter gemuschelten Rundbogen-Arkaden, die von einem größeren Rundbogen mit der gleichen Muschelform zusammengefaßt werden – bereits die Übernahme von Renaissance-Formen, die das Ende der Neogotik-Vorherrschaft anzeigen.

Aus einer zweiten Schwaben-Werkstatt, der Mittermaierschen Anstalt in Lauingen, gingen Ulrichs-Fenster hervor für Gempfing bei Rain am Lech 1869 (zerstört?), Bischofszell in der Schweiz (nordwestlich von St. Gallen, 1869, zerstört?) sowie für den Chor der Lauinger Martinskirche, wo Ulrich und Afra mit einer Vielzahl weiterer Heiliger in zweibahnigen Fenstern unter gotischen Architekturbaldachinen stehend dargestellt sind. Skizzen dazu haben sich bei Nachkommen in Lauingen erhalten.

Unter den ebenfalls zum Teil noch vorhandenen 1:1-Kartons der Mittermaier-Werkstatt gibt es fünf arg beschädigte Teilstücke, die eine Szene aus dem Leben des jungen Ulrich und die Taufe der hl. Afra zeigen; sie waren für die Augsburger Kirche St. Ulrich und Afra bestimmt und befanden sich dort zu Seiten des Hochaltares;[39] laut Friesenegger kosteten sie 5580 Gulden. Er bemängelte »das grelle Gelb der Architekturteile«, die verhinderten, »daß

---

[36] Über die Malweisen des piktoralen Stiles vgl. Elgin Vaassen und Peter van Treeck, Das Görresfenster im Kölner Dom. Geschichte und Wiederherstellung, in: Kölner Domblatt 46, 1981, S. 21–62.

[37] Über Scherer vgl. Festgabe des Vereins für christliche Kunst in München 1910, S. 58; Vaassen, Bemerkungen (Anm. 24), S. 224f. mit weiterer Literatur.

[38] Die Scheiben in Fleinhausen wurden bereits »geschrubbt« bei einer unfachmännischen »Restaurierung«; die Ettelrieder – sofern ihnen nicht ein ähnliches Schicksal erspart bleibt, bei der die ganze lose und mürbe Bemalung im wahrsten Sinne des Wortes weggewischt würde – befinden sich leider in einem sehr schlechten Zustand.

[39] LG 10: Ich danke Herrn Hans Mittermaier in Lauingen für die Freundlichkeit, die Kartons und Skizzen durchsehen zu dürfen. Die Lauinger Glasfenster entstanden unter Bernhard Mittermaier, einem Vetter des Gründers dieser Anstalt, Ludwig. Über beide vgl. Vaassen, Bemerkungen (Anm. 24) bzw. ebenda: Ludwig Springer, Die Glasmalerei-Anstalt Mittermaier in Lauingen, S. 241–254. – Friesenegger (Anm. 2) S. 43.

die Konturen des Altares zur Geltung kommen«. Alte Fotos[40] lassen seine Schilderung erkennen, daß – in je vier Medaillons untereinander – links oben die Taufe der hl. Afra, darunter ihr Feuertod, ferner zwei Halbfiguren, ihre Mutter Hilaria und ihr Onkel, der hl. Afer, dargestellt waren. Rechts sah man die Unterweisung des Knaben Ulrich durch die Klausnerin Wiborada, im Hintergrund Mönche von St. Gallen, darunter die Überbringung des Kreuzes durch einen Engel, sowie als Halbfiguren die Bischöfe Narcissus und Dionysius, letzterer ein Onkel der hl. Afra und erster Bischof von Augsburg.

Friesenegger erwähnte für die Kirche St. Ulrich und Afra ein weiteres Ulrichs-Fenster, das 1873 entstanden war, doch verschweigt er den Verfertiger. Als solcher kämen zu diesem Zeitpunkt sowohl Hundertpfund als auch Mittermaier in Frage. Es befand sich – als große Rosette mit einem Durchmesser von 4,50 Metern – unter der Orgel und hatte den Tod Bischof Ulrichs zum Thema: Ulrich, auf dem Boden liegend, wird von seinem Freund, Bischof Wolfgang von Regensburg, »ausgesegnet«. Ulrichs Neffe, Fürst Richwin, und der Viten-Schreiber Gerhard sowie Priester und Mönche knien zu Seiten des Sterbenden.

Zu der großen Deutschen Glasmalerei-Ausstellung, die 1901 in Karlsruhe stattfand, schickte die ehemalige Münchner Hofglasmalerei F. X. Zettler ein Rundfenster, das in der Mitte die sitzende Patrona Bavariae mit Kind zeigte, darum herum in acht Okuli die bayerischen Bistumspatrone,[41] beginnend oben mit Corbinian und einer Ansicht der Münchner (sic!) Frauenkirche, anschließend folgten Valentin (Passau), »Stephanus Papa« (Speyer; hier irrte sich wohl der Entwerfer, Franz Zettler jr., denn Speyers Bischofskirche »untersteht« dem Erzmartyrer Stephanus), Wolfgang (Regensburg), Heinrich (Bamberg), Willibald (Eichstätt), Kilian (Würzburg) und Ulrich. Statt eines Fisches hält Ulrich hier das »Ulrichskreuz«.

Ein weiteres Fenster mit dem Thema »heilige bayerische Bischöfe«, ca. 1905 nach dem Entwurf des Münchner Malers Augustin Pacher (1863–1926) ausgeführt von der ehemaligen Münchner Firma J. P. Bockhorni für die Kirche St. Johann Baptist im Münchner Stadtteil Haidhausen, stellt im Gespräch beieinander stehend und sitzend die Heiligen Willibald, Otto, Kilian, Wolfgang, Valentin, Maximilian, Ulrich und Rupert vor.[42] Ulrich, von der mächtigen

---

[40] Eine alte Abbildung befindet sich in der Jahresmappe der Deutschen Gesellschaft für christliche Kunst für 1932.

[41] Abb. im Tafelband, der zur Ausstellung erschien: Meisterwerke aus der deutschen Glasmalerei-Ausstellung in Karlsruhe 1901, hrsg. von Franz Sales Meyer, Taf. 29; ebenso in: Josef L. Fischer, 40 Jahre Glasmalkunst. Festschrift der k. b. Hofglasmalerei F. X. Zettler, München 1910, Taf. 27. – Ausgeführt wurde das Fenster schon ein paar Jahre vorher, da es – laut Katalog – bereits 1896 in Nürnberg die goldene Staatsmedaille erhalten hatte: Kat. S. 20 Nr. 201. – Papst Stephan I. lebte um die Mitte des 3. Jahrhunderts.

[42] Abb. bei K. Weiß (Anm. 33), S. 156 und 159. – Bischof Otto steht für Bamberg; Maximilian für Passau, Rupert hat das Speyerer Wappen bei sich!

Gestalt des Salzburger Kollegen fast verdeckt, hält, entsprechend grimmig blickend, diesem seinen Fisch hin.

Pacher zeichnete 1907 weitere, kleinformatige Bistums-Patrone-Fenster für die Pfarrkirche Mariä Himmelfahrt in Bittenbrunn bei Neuburg an der Donau. Auch für sie übernahm Bockhorni die Ausführung; sie befinden sich noch in situ.

In der Biburger Pfarrkirche, westlich von Augsburg, hat man die Glasfenster offenbar bei der letzten Renovierung der Kirche aus ihrem ursprünglichen Zusammenhang herausgelöst. Heute sitzen »gotische« Medaillons mit Einzelfiguren in klarer Rundscheibenverglasung – ein für das 19. Jahrhundert in dieser Form absolut unübliches Bild. Außer Ulrich und Afra erscheinen noch die vier lateinischen Kirchenväter, Anna mit der jungen Maria und Johannes der Täufer. Über Entwerfer und ausführende Firma ließ sich noch nichts ermitteln; die Scheiben dürften um 1870–80 entstanden sein.

1862 wurde in Linz an der Donau der Grundstein für den neuen Maria-Empfängnis-Dom gelegt; Anlaß war die Dogmen-Verkündigung 1854 durch Papst Pius IX. gewesen. Die Einweihung des gesamten, überaus reich ausgestatteten Baues konnte allerdings erst 1924 erfolgen.[43]

Im sog. Priesterfenster, das sich im rechten Querschiff neben dem Herz-Mariä-Altar befindet, ist die Übergabe der Weihegewalt an die Apostel (Joh. 20,22) das Hauptthema; darunter sieht man bei der Ausübung priesterlicher Tätigkeiten die Heiligen Severin, Franz Xaver, Carl Borromäus und Ulrich. Letzterer weiht den hl. Wolfgang zum Priester.

Laut Eintragungen in den alten Kommissionsbüchern der bayerischen Hofglasmalerei Gustav van Treeck in München entstanden im dortigen Atelier zwischen 1893 und 1908 sechs Fenster mit Ulrichsbildern. Das älteste, für die Martinskirche in Staufen (Gde. Syrgenstein, Lkr. Dillingen) ist erhalten.[44] Ulrich steht hier neben dem Kirchenpatron.

1894 bestellte der Augsburger Dompropst Alexander Soratroy für seine Hauskapelle zwei Fenster mit Ulrich- und Afra-Figuren und den Apostelfürsten Petrus und Paulus.

1895 verlangte man für die Pfarrkirche in Dillingen »Kniestücke« eines Schutzengels, der Heiligen Michael, Joachim und Anna, Franziskus und Elisabeth sowie Ulrich und Afra im »Zopfstil«. Die Figuren, in Kartuschen, waren in Butzenscheiben eingefügt, die ihrerseits seitlich ein gemustertes Band rahmte – wie eine alte gläserne Fotoplatte aus dem van Treeckschen Archiv erkennen läßt.

Ebenfalls im »Zopfstil« waren 1896 die Medaillons mit Büsten von Ulrich und Afra für das Schiff der Kirche von Steinheim bei Dillingen gehalten.

1899 fertigte Gustav van Treeck die »Entwurfsskizze Nr. 583« für die

---

[43] Balthasar Scherndl, Führer durch den Maria-Empfängnis-Dom in Linz, Linz 1902, S. 103.
[44] Für frdl. Auskunft und Recherchen im Archiv habe ich Herrn Pfarrer Metzger von Syrgenstein zu danken.

Ulrichskirche zu Heubach (zwischen Schwäbisch Gmünd und Aalen): in dem zweiteiligen Fenster befinden sich der Patron und ein kniender Engel mit einer Stiftertafel in Händen einander gegenüber in einem spätgotischen schreinartigen Gehäuse. Die Farben ihrer in Rot, Blau und Weiß gehaltenen Gewänder »spiegeln« sich im Fußboden, in den rundbogigen Öffnungen des Hintergrundes und im Fond des Gesprenges.

Einlagen in Kathedralglas bestellten 1908 die Englischen Fräulein in Krumbach/Schwaben. Neben Ulrich und Afra wurden Wiedergaben der Heiligen Gertrud (als Benediktinerin), Franz von Sales, Theresia, Anna sowie ein Herz Jesu und ein Herz Mariä gewünscht. Die 1:1-Karton-Stücke von Ulrich und Afra, die allein erhalten blieben, verraten Spuren des – von der Kirche ungeliebten – ausklingenden Jugendstils.

Weitere Ulrichs-Darstellungen sind mir noch bekannt in Weitnau bei Kempten (Landkreis Oberallgäu; dort zusammen mit Afra, in den beiden Chorfenstern; Ausführung Firma Eichleitner und Lipp?, Augsburg), sowie in der Galluskirche in Fremdingen (Landkreis Donau-Ries; ebenfalls im Chor, zusammen mit den Heiligen Wendelin, Katharina von Alexandrien und Anna mit Maria, ausgeführt von der Münchner Firma Steinicken und Lohr, um 1905). Da die Kirche eine vereinfachte »Ausgabe« der Benno-Kirche in München ist, ebenfalls vom Architekten Leonhard Romeis entworfen, sind die Fenster möglicherweise in Anlehnung an die Münchner Vorbilder entstanden; der hl. Ulrich ist wohl ein »Duplikat« eines hl. Benno, des Münchner Stadtpatrons, der ebenfalls einen Fisch als Attribut hat, jedoch meist zusätzlich mit einem Schlüssel.

Während die frühen Glasgemälde Ulrich als »alterslosen« Heiligen wiedergaben, bevorzugte das 19. Jahrhundert eindeutig den älteren, »väterlichen« Typus voller Würde und Gemessenheit.

Am »lebendigsten« ist jedoch zu jeder Zeit das Attribut, der Fisch, gestaltet worden. Offensichtlich machte es den Glasmalern Vergnügen, die verschiedenen, ihnen geläufigen Flußfische zu präsentieren: Waller, Felchen, Forelle, Rutte..., jeder Angler müßte seine Freude daran haben.

175 Ehemals Augsburg, St. Ulrich und Afra: Fenster mit den Heiligen Ulrich und Jakobus, um 1500, mit Ergänzungen von 1898

176 Ehemals Augsburg, St. Ulrich und Afra: Fenster mit den Heiligen Ulrich, Afra und Simpert, Anfang 17. Jahrhundert, mit Ergänzungen um 1898 (Ornamentbahnen und zwei Köpfe)

177 Ehemals Augsburg, St. Ulrich und Afra: Fenster mit Szenen aus der Ulrichslegende. Oben: Anfang 17. Jahrhundert, mit Ergänzungen von 1874; unten: 1874. Ornamentbahnen von 1898

180, 181

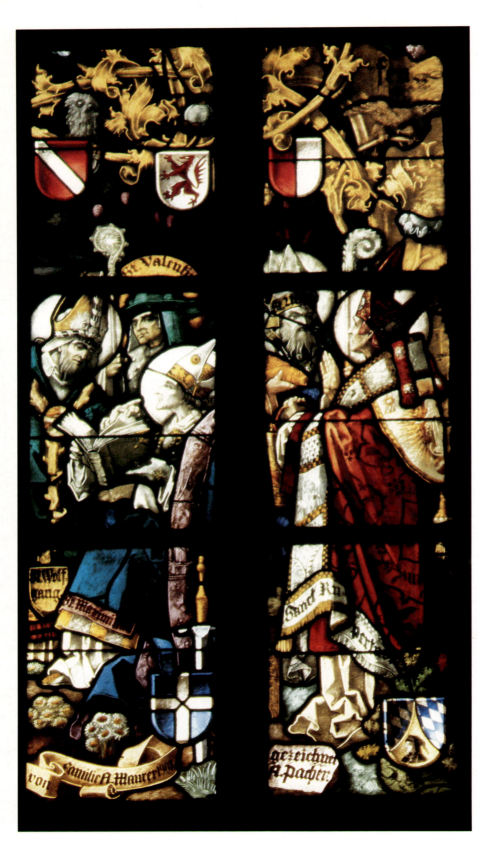

Bildlegenden zu:
Elgin Vaassen, Ulrichsdarstellungen in der Glasmalerei

175 Ehemals Augsburg, St. Ulrich und Afra: Fenster mit den Heiligen Ulrich und Jakobus, um 1500, mit Ergänzungen von 1898

176 Ehemals Augsburg, St. Ulrich und Afra: Fenster mit den Heiligen Ulrich, Afra und Simpert, Anfang 17. Jahrhundert, mit Ergänzungen um 1898 (Ornamentbahnen und zwei Köpfe)

177 Ehemals Augsburg, St. Ulrich und Afra: Fenster mit Szenen aus der Ulrichslegende. Oben: Anfang 17. Jahrhundert, mit Ergänzungen von 1874; unten: 1874. Ornamentbahnen von 1898

178 Dillingen/Donau, ehemals Stadtpfarrkirche: Fenster mit St. Ulrich nach Entwurf Gustav van Treeck/München, 1895

179 Dinkelscherben, Heimatmuseum (ehemals Heilig-Kreuz-Kapelle der Burg Zusameck): Ulrichsfenster von Josef Scherer, 1848

180/181 München, Bayerisches Nationalmuseum: Rundscheiben mit Ulrich und Afra, 1609/10, augsburgisch

182 Gustav van Treeck/München: Skizze für ein Ulrichs-Fenster in Heubach bei Mögglingen, 1899 ausgeführt

183 München-Haidhausen, Pfarrkirche St. Johann Baptist, Ausschnitt aus Fenster mit bayerischen Bistumspatronen nach Entwurf Augustin Pachers, um 1905 ausgeführt

Fidel Rädle

Der heilige Ulrich auf dem Jesuitentheater
Mit ausgewählten Partien des Dillinger Ulrich-Dramas vom Jahre 1611

Das Nachleben des heiligen Ulrich als Theaterfigur ist von Adolf Layer in zwei kurzen Aufsätzen aus den beiden Ulrichs-Jahren 1955 bzw. 1973 kundig dargestellt worden.[1] Die seither erzielten Fortschritte in der Erforschung des Jesuitentheaters haben unser Wissen, auch was den äußerst bunten und nur schwer übersehbaren Bereich der literarischen Stoff- und Motivgeschichte angeht, zwangsläufig beträchtlich erweitert. Die Bilanz dieser Forschung hat Jean-Marie Valentin bibliographisch komprimiert in einem zweibändigen Répertoire[2] vorgelegt. Gleichzeitig sind zahlreiche Periochen (d. h. volkssprachige oder auch bilingue Inhaltsangaben) der grundsätzlich in lateinischer Sprache gespielten Jesuitendramen von Elida Maria Szarota erstmals gesammelt und im Neudruck allgemein zugänglich gemacht worden.[3]
Beide Werke verbessern in entscheidendem Maße die Möglichkeit, sich auf einem weiten und bedeutenden Feld der katholischen Barockkultur zurechtzufinden, und beide betreffen auch den hier in Frage stehenden Gegenstand. So verzeichnet Valentin drei Ulrich-Dramen der Jesuiten, die Layer noch nicht kennen konnte (Amberg 1676, Luzern 1681, Klagenfurt 1682; neu hinzuzuzählen wäre Hall 1699), und bei Szarota sind immerhin vier Periochen solcher Stücke abgedruckt. Da originale Periochen in der Regel zu den Rara der wenigen Bibliotheken gehören, in denen sich jesuitisches Theaterschrifttum überhaupt erhalten hat, kann man diese nun kürzeren Wege nur dankbar begrüßen.
Die bisherigen Arbeiten über Ulrichs Rolle auf dem Jesuitentheater beruhten ausschließlich auf der Auswertung der Periochen. Es ging dabei vor allem

---

[1] Adolf Layer, Der hl. Ulrich auf schwäbischen Jesuitenbühnen, in: Bischof Ulrich und der Augsburger Religionsfriede, Zeitschrift des Historischen Vereins für Schwaben 61, 1955, S. 193–199 (im folgenden zitiert als »Layer 1955«), bzw. ders., Der hl. Ulrich in der Musik- und Theatergeschichte, in: Bischof Ulrich von Augsburg und seine Verehrung, Jahrbuch des Vereins für Augsburger Bistumsgeschichte 7, 1973, S. 275–299 (»Layer 1973«).
[2] Jean-Marie Valentin, Le Théâtre des Jésuites dans les Pays de Langue Allemande, Répertoire chronologique des pièces représentées et des documents conservés (1555–1773), I–II (Hiersemanns Bibliographische Handbücher 3. I–II), Stuttgart 1983/4.
[3] Elida Maria Szarota, Das Jesuitendrama im deutschen Sprachgebiet. Eine Periochen-Edition, 4 Bände, München 1979–1987 (Band IV, von Peter Mortzfeld bearbeitet, enthält die Indices).

darum, diese kostbaren Dokumente zu sichten und durch ein knappes Referat ihrer Handlung zu charakterisieren. Der vorliegende Beitrag möchte sich nicht damit begnügen, die neu gefundenen Zeugnisse über Aufführungen von Ulrich-Dramen zu verzeichnen und den Inhalt der Stücke noch einmal einzeln auf der Basis ihrer Periochen nachzuerzählen. Stattdessen soll, nach einer kurzen Auflistung aller nachweisbaren Inszenierungen von Ulrich-Dramen durch die Jesuiten, zunächst die Entwicklung dieser Stücke im Verlauf von über 150 Jahren exemplarisch überprüft und nach ihren geistigen und politischen Bedingungen erklärt werden. Im Zentrum aber wird stehen die *Comoedia de Sancto Udalrico Episcopo Augustano*, die am 3. Oktober 1611 in Dillingen aus Anlaß der feierlichen Grundsteinlegung der neuen Kirche (bzw. des Altars dieser Kirche) aufgeführt wurde und die das früheste Exempel in der Reihe der Ulrich-Dramen darstellt. Von dieser *Comoedia* nämlich besitzen wir, was bisher offenbar übersehen wurde, den in zwei Handschriften überlieferten kompletten Text, nicht etwa nur eine Perioche wie im Falle der übrigen Stücke. Außerdem kennen wir ungewöhnlich genau die politischen und sogar die theatertechnischen Umstände der Dillinger Aufführung von 1611.

Verzeichnis der von den Jesuiten aufgeführten Ulrich-Dramen

Zur Aktualisierung und Ergänzung des von Layer gegebenen Überblicks folgt hier zunächst eine (gewiß noch immer nicht vollständige oder gar endgültige) Liste, die in chronologischer Reihenfolge und mit knappen bibliographischen Angaben[4] alle verbürgten Aufführungen von Ulrich-Dramen auf dem Jesuitentheater verzeichnet:

Dillingen, 3. Oktober 1611: *Comoedia de Sancto Udalrico Episcopo Augustano* (Valentin Nr. 652; Layer 1955, 193f., ders. 1973, S. 292). Das Stück ist als einziges mit vollständigem Text erhalten in zwei Handschriften der Studienbibliothek Dillingen: cod. XV 222, fol. 3r–70r (im folgenden mit der Sigle A zitiert), und cod. XV 245, fol. 190r–251r (Sigle B). Die Perioche ist abgedruckt bei Szarota, Band III, 2, S. 1209–1219 (Nr. III,VI,2).

Augsburg, 3. und 5. September 1663: *Innocentia a Zelotypia condemnata a S. Udalrico Augustanorum Episcopo prodigiosè vindicata Virginisque Matris obsequiis consecrata. – Die liebe Unschuldt wie sie von der Eyffersucht verdambt von dem H. Ulrich Augspurgerischen Bischoffe wunderthätiger massen errettet und dem Dienst Mariae der Mutter Gottes ist auffgeopffert*

---

[4] Zu den Abkürzungen: Valentin vgl. Anm. 2; Layer vgl. Anm. 1; Szarota vgl. Anm. 3; Sommervogel = Bibliothèque de la Compagnie de Jésus ... par les Pères Augustin et Aloys de Backer. Nouvelle Edition par Carlos Sommervogel, Bruxelles – Paris 1890–1900 (9 Bände).

... *worden* (Valentin Nr. 2005; Layer 1955, S. 195 f., ders. 1973, S. 292 f.). Die Perioche ist abgedruckt bei Szarota, Band III, 2, S. 1605–1612 (Nr. III, VIII, 17).

Burghausen, 3. und 5. September 1670. Das Stück war, nach Auskunft der Perioche, nahezu identisch mit der Augsburger *Innocentia a Zelotypia condemnata* ... von 1663 (Valentin Nr. 2233; Layer 1955, S. 197, ders. 1973, S. 292 f.).

Dillingen, 5. Februar 1674: *Symbola hospitalis, quam Udalricus Episcopus Augustanus Sanctissimus Ariovisto Rheni Comiti, brevis hospes, miraculosè numeravit* (Valentin Nr. 2387; Layer 1955, S. 194 f.; ders. 1973, S. 293 f.). Die Perioche dieses Stücks, das zu Fastnacht im Schloß des Fürstbischofs gegeben wurde, ist abgedruckt bei Szarota, Band II,1, S. 175–182 (Nr. II, I, 14).

Amberg, 2. und 4. September 1676. *Die Unschuld von der Eifersucht verdammt und durch den hl. Ulrich gerettet* (Valentin Nr. 2445. Sommervogel, Band VIII, Sp. 1624, Nr. 60, der als Quelle angegeben ist, verzeichnet unter diesem Datum allerdings folgenden Titel: »Ludwig der Strenge und Maria von Brabant (Par le P. Christ. Offenhausen).«

Luzern, 1681. *Innocentia in S. Ida Toggenburgensi pressa calumniis, a S. Udalrico liberata prodigiis asserta* (Valentin Nr. 2641; Sommervogel, Band IX, Sp. 616, Nr. 126).

Klagenfurt, 1682. *Innocentia prodigiose manifestata Nobilis cuiusdam equestris ordinis ex sinistra violati thori suspicione jussu cuiusdam comitis Rhenani capite plexi, quod e collo pendulum tamdiu conjunx innocens gestare coacta est: donec a Divo Udalrico Augustano Antistite decollatus vitae, uxor honori pristino et amori consortis sui reddita est* (Kurt Wolfgang Drozd, Schul- und Ordenstheater am Collegium S. J. Klagenfurt (1604 bis 1773), Buchreihe des Landesmuseums für Kärnten, X. Band, Klagenfurt 1965, S. 218, Nr. 133; Valentin Nr. 2677).

Graz, September 1694: *Innocentia coelo vindice propugnata. Spectaculum tragicum...* (Valentin Nr. 3154; Layer 1955, S. 197; ders. 1973, S. 294; Sommervogel, Band III, Sp. 1700, Nr. 246 und IX, Sp. 434, Nr. 573).

Hall, 2. und 4. September 1699: *Melinda Rinaldi Comitis Ad Rhenum Conjunx innocentissima. Die Liebe Unschuld Von der Eyffersucht grausamb gepeyniget / Aber Von dem H. Ulrich Bischoffen zu Augspurg Wunderthätig errettet.* (Bei Valentin, Nr. 3383, nicht als Ulrich-Drama identifiziert. Das Stück ist ein reines Eifersuchts- und Intrigendrama. Die Wundertaten Ulrichs werden nicht mehr in der Aktion vorgeführt, nur noch ganz diskret angedeutet.)

Augsburg, 2. und 6. September 1707. *Miles in toga sive S. Udalricus Episcopus Augustanus urbis et orbis patrii olim servator. Das ist: Der heilige Udalricus Augspurgischer Bischoff, dieser Stadt und gantzen Vatter=Lands Erretter* (Valentin Nr. 3690; Layer 1955, S. 196; ders. 1973, S. 294). Die Perioche ist abgedruckt bei Szarota, Band II,1, S. 319-326 (Nr. II, I, 27).

Augsburg, 1769. *Augusta liberata. Melodrama* (Valentin Nr. 7445; Layer 1955, S. 195; ders. 1973, S. 295).

Zur Entwicklung der Ulrich-Dramen zwischen 1611 und 1769

Die hier registrierten Stücke sind ihrem Inhalt nach - auch was die rein quantitativ gemessene Verwertung von Stoff aus der Ulrichs-Vita angeht - wie vor allem ihrer politischen Tendenz und ihrer künstlerischen Struktur bzw. Stimmung nach von höchst unterschiedlicher Art und Qualität. Einzig das Dillinger Ulrich-Drama von 1611, auf das noch ausführlich einzugehen ist, umspannt und entfaltet das ganze Leben des Heiligen vom gesundheitlich bedenklichen Zustand des Säuglings bis zum verklärten Tod des geistlichen Führers. Wenn man von dem zeitlich letzten Melodrama *Augusta liberata* (aufgeführt in Augsburg 1769, d. h. vier Jahre vor der Auflösung des Ordens) absieht, das dem Prinzen von Sachsen und neuen Bischof von Augsburg, Clemens Wenzeslaus, huldigte, indem es die in der Abwehr der Ungarn vereinte Großtat des Sachsen Otto und des Augsburger Bischofs Ulrich theatralisch aus der Vergangenheit heraufbeschwor, bleiben noch zwei weit voneinander entfernte Varianten übrig: zum einen - mitten im Spanischen Erbfolgekrieg - das Kriegsstück *Miles in Toga*, eher ein Schicksalsdrama der Stadt Augsburg als ein Ulrichs-Spiel im engen Sinn, zum andern die zahlreichen zeit- und ortlosen Dramen von der durch unseren Heiligen wunderbar bewiesenen Unschuld der Frau des Rheingrafen.

Diese letzteren beruhen auf einem spät in die Ulrichs-Legende aufgenommenen Kapitel,[5] das den heiligen Ulrich als einen menschlich und gerecht empfindenden großen Wundertäter zeigt: Die grundlos des Ehebruchs verdächtigte und *zu den Hunden*[6] verstoßene Gräfin wird in ihrer Ehre dadurch wiederhergestellt, daß auf Ulrichs Gebet hin das abgeschlagene Haupt des vermeintlichen Ehebrechers, das sie auf Befehl ihres Mannes an ihrem Halse

---

[5] Es nahm offenbar seinen Ausgang von der Ulrichs-Vita der im Jahre 1516 anonym in Augsburg erschienenen *Gloriosorum Christi confessorum Vdalrici et Symperti, necnon beatissimae martyris Aphrae, Augustanae sedis patronorum ... historiae* und gelangte u. a. in das *Breviarium Augustanum* sowie in die Sammlung der *Iudicia Divina* (Ingolstadt 1651, liber III, cap. 34) des aus Augsburg gebürtigen Jesuiten Georg Stengel.

[6] Vgl. die Inhaltsangabe der Perioche *Innocentia a Zelotypia condemnata*, Augsburg 1663, bei Szarota (wie Anm. 3), Band III, 2, S. 1606.

tragen mußte, wunderbarerweise redend ihre Unschuld bezeugt und der Geköpfte wieder bei integrem Leibe ins Leben zurückkehrt. Die Szene ist bereits im Dillinger Ulrich-Drama von 1611 breit und übrigens auf eine – was Geschmack wie auch szenische Realisierung betrifft – nicht unbedenkliche Weise dargestellt. Das Legendenmotiv von der ehelicher Untreue verdächtigten hohen Frau war den Jesuiten wohl vertraut und offensichtlich kostbar, wie ihre zahlreichen Dramen über Genovefa, Hildegard (die Gemahlin Karls des Großen), die heilige Kaiserin Kunigunde und Ida von Toggenburg beweisen. Es ist schwer zu entscheiden, was, außer dem zweifellos zu unterstellenden Sensationsinteresse des Stoffes, dazu geführt hat. Vermutlich aber lag den Jesuiten grundsätzlich daran, stets möglichen Verdächtigungen des Ehelebens bei Hofe im Volk vorzubeugen, und ganz sicher dienten die durchweg brutalen Eifersuchtsgeschichten auch ganz alltäglicher Ehedidaxe.[7]

Der Epilog des Dillinger Stücks von 1611 sagt, dem entsprechend, zu den Zuschauern:

> Didicistis etiam, suspicionibus locum
> Non temerè dandum, cum mala innumera ferant,
> Esse et suum locum innocentiae integrum,
> Ubi integra fuit ipsa confisaque Deo.

(A, fol. 69v – 70r; B fol. 248v. »Ihr habt in diesem Stück auch lernen können, daß man Verdächtigungen nicht blind Raum geben darf – denn sie verursachen unendliches Übel – und daß sich die Unschuld sicher fühlen kann, wo sie wirklich untadelig war und auf Gott vertraute.«)

Um den Wirklichkeitsgrad dieser Mahnung und die diesbezügliche Hellhörigkeit der Zuschauer zu verdeutlichen, empfiehlt es sich, hier eine Stelle aus der handschriftlich erhaltenen Geschichte des Dillinger Jesuitenkollegs *(Historia Collegii Dilingani Societatis Jesu)* zu zitieren, die das Phänomen der Verdächtigung möglicherweise unschuldiger Frauen auf einem sehr konkreten und nicht gar zu weit entfernten Feld belegt. Kurz nach dem Eintrag über die erfolgreiche Aufführung des Dillinger Ulrich-Dramas von 1611 *(Postridie in theatrum productus fuit Sanctus Udalricus Episcopus Augustanus, ad quem etiam venit episcopus Bambergensis Johannes Godefridus ab Aschausen. placuit haec actio plurimum*[8]) liest man auf der Verso-Seite desselben Blattes: *Coepta hoc anno* (scil. 1612) *inquisitio in veneficas, quarum octo id criminis morte luerunt nostris assistentibus et ad pie obeundum disponentibus. Elwangae toto anno manserunt duo de nostris ad supplicium disponentes veneficas et veneficos. Id subierant non pauciores quam centum*

---

[7] Das gleich noch näher zu erörternde Dillinger Stück *Symbola hospitalis* vom Jahre 1674 enthielt eine eigens diesem Thema gewidmete Szene, die in der Perioche wie folgt zusammengefaßt ist: *Vier Hoffjuncker deß H. UDALRICI erzehlen die Ubel / so sich bißweilen in dem Ehestand befinden.* (Vgl. Szarota, wie Anm. 3, Band II, 1, S. 178.)
[8] Handschrift in Fribourg, Bibliothèque Cantonale et Universitaire L 89, fol. 44r.

sexaginta septem. (»In diesem Jahre begann die Verfolgung der Hexen, von denen acht dieses Verbrechen mit dem Tode büßten, wobei ihnen unsere Patres beistanden und sie zu einem frommen Tod vorbereiteten. Zwei unserer Patres blieben das ganze Jahr über in Ellwangen und bereiteten dort die Hexen und die Hexer auf ihre Todesstrafe vor. Diese Strafe erlitten dort nicht weniger als 167 Personen.«)
Das Zitat mag die Atmosphäre kennzeichnen, in der die Jesuiten mit besonderem Erfolg die in ihrem Theater manifeste geistliche Zuflucht und religiöse Sicherheit anbieten konnten und in der auch ein Bedürfnis nach legitimierter Entspannung durch die Komödie übermächtig werden mußte.[9]
Es überrascht nicht, daß die schaurige und blutrünstige Geschichte von der unschuldigen Gräfin und dem Heiligen, der ein abgeschlagenes, halbverfaultes Haupt zum Reden bringt und den Geköpften wieder zusammensetzt und lebendig macht, auch bei den Jesuiten die Epoche der Aufklärung nicht mehr passiert hat. Dafür waren ihre ästhetischen und intellektuellen Zumutungen zu groß. Auch wenn wir für die späteren Jesuitendramen dieses Sujets nur auf Periochen angewiesen sind, kann man deutlich sehen, daß der grobe Realismus der Wunderdarstellung, wie er im Dillinger Stück von 1611 noch begegnet, bereits im Laufe des 17. Jahrhunderts reduziert wird. Die beiden Ulrich-Dramen aus dem 18. Jahrhundert verzichten gänzlich auf dieses Wunder.
Ein für die Entwicklung bezeichnendes Beispiel ist das oben genannte Dillinger Drama *Symbola hospitalis* vom Jahre 1674. Zwar wird auch hier die ganze Wundergeschichte in allen Details vorgeführt, aber nicht mehr als eine Glauben fordernde Vergegenwärtigung der Wunderkraft eines Heiligen, sondern als musikalisches, wenn auch frommes, Spektakel, als Oper. Wunderbares, Unglaubliches, ist das Spezifikum der Oper, deren Handlung wie in Anführungszeichen erscheinen darf, nur noch mit dem Anspruch, die Herzen anzurühren und die Phantasie zu befriedigen, nicht mehr mit dem Anspruch, die Menschen den rechten katholischen Glauben zu lehren.
Der (wiederum unbekannte) Autor dieses sehr »höfischen« Stücks äußert sich dazu in der Vorrede, dem *Argumentum,* der Perioche wie folgt:
Non aggredimur hoc Thema tragicâ gravitate, ut mereretur, sed propè infra comicam facilitatem, ad Musicae convivalis modum, tempori Liberalium accommodatum.[10] (»Wir fassen dieses Thema nicht mit tragischem Ernst an, wie es eigentlich angefaßt zu werden verdiente, sondern auf eine Weise, die beinahe noch unterhalb der Leichtigkeit der Komödie liegt, nämlich nach Art einer Tafelmusik, die zur Fastnachtszeit paßt.«)
Der ausdrücklich theatralische Charakter des Stücks ist an mehreren Stellen sehr deutlich erkennbar. Als »Spiel im Spiel« wird in der 2. Szene des dritten

---

[9] Es ist die Zeit der großen Stücke Jakob Bidermanns, deren Komik vom Publikum besonders geschätzt wurde.
[10] Vgl. die Perioche bei Szarota (wie Anm. 3), Band II, 1, S. 176.

Teils eine musikalische Gerichtsverhandlung über die Sache der Gräfin[11] veranstaltet:

Caussa illius voce modulatâ discutitur jussu S. Episcopi. Magnoaldo Capellano, Judicis; Idâ Actricis, Bartholo Comitis Secretario Defensoris, partes sustinentibus. – Ida widerholet vor dem H. UDALRICO jhr Unschuld / vnd führet jhr Klag; Bartholus, Secretarius haltet die Parthey seines Herrn Graffen / vnd Magnoaldus S. Ulrichs Capellan / die statt / vnd stell deß Richters.[12]

Die Inhaltsangaben der beiden letzten Szenen seien wenigstens noch in ihrer deutschen Fassung zitiert:

In deme die Anwesende sich zu dem Grab deß Innocentii begeben / zieren vnderdessen die vier Edlknaben deß Herrn Graffen das wunderthätige Haupt dises Ritters / waschen es / vnd krönen es mit Blumen / als welches bald widerumben von newem blühen / vnd grünen solle. (III, 6)

Das innerliche Theatrum eröffnet sich / vnd haltet menniglichen den außgegrabenen Cörper vor / welchem die Edlknaben gemeldtes Haupt auffsetzen / darbey wird durch das Gebet vnsers heyligen Bischoffs der todte Leichnam aufferweckt / vnd jhme durch Göttliche Krafft ein newes Leben mitgethailt. In dem nun diser lebhaffte Ritter S. Ulrichen / als seinen Gutthäter / mit Lieb / vnd Lob verehrt / wird vnder frölichen Glückwünschungen das Theatrum, vnd die gantze Action geschlossen. (III, 7)

An die Stelle todernster religiöser Verbindlichkeit, wie sie das Dillinger Stück von 1611 noch beherrscht hatte, ist hier ein theatralisch-musikalisches Fest getreten, dem das Wunder möglicherweise nur noch als Quelle der ästhetischen Qualität des Wunderbaren wichtig war.

Weit stärkeren Bezug zur Wirklichkeit, nämlich zur aktuellen politischen Lage der schwer geprüften Stadt Augsburg im Spanischen Erbfolgekrieg, hatte der bereits oben erwähnte Augsburger *Miles in Toga* vom Jahre 1707. Nach der handschriftlichen Eintragung des Franciscus Lang auf der Titelseite der Münchener Perioche[13] stammt das Stück von Georg Schilcher.[14] In der Inhaltsangabe deutet der Autor selber einen Zusammenhang an zwischen seinem Gegenstand, der im Jahre 955 durch Ulrichs Eingreifen gelungenen

---

[11] Ihr Name ist in diesem Stück Ida, der Graf heißt Ariovistus, der zu Unrecht enthauptete Ritter Innocentius. In der Augsburger *Innocentia a Zelotypia condemnata* von 1663 lauten die entsprechenden Namen Susanna, Leontius und Joseph, im Haller Stück von 1699 Melinda, Rinaldus und Gildorus.

[12] Perioche (wie Anm. 10), S. 180.

[13] Sie ist abgedruckt bei Szarota (wie Anm. 3) im Band II, 1, S. 319–326.

[14] Schilcher ist 1672 in Raisting in der Diözese Augsburg geboren. Nach seinem Studium der Philosophie in Ingolstadt lehrte er von 1706 bis 1708 in Augsburg, von 1708 bis 1712 in München, wo er zwischen 1715 und 1722 das Gregorianum leitete und später als Beichtvater und Prediger wirkte. Er starb im Jahre 1740. (Vgl. Valentin, Répertoire, wie Anm. 2, Band II, S. 1108.)

Rettung der Stadt bzw. der Vernichtung der Hunnen, und den kriegerischen Verwicklungen seiner eigenen Zeit:

BEy disen allgemeinen Kriegs=Empörungen soll uns erlaubt seyn / auch einen Soldaten auf die Bein und Bühn zu bringen / nit gewaffnet mit Dolch und Degen / sonder mit Priesterlichen Stolen umbgeben; nit mit Becklhauben und Sturm=Hut / sonder mit Bischöfflicher Inful bedecket: Nemlich das Grosse Liecht und Zierd deß gantzen Rieß= und Schwaben=Lands / den H. Bischoff Ulrich / weiland einen Vatter deß Vatter=Lands / so Er beschürmet / als einen wahren Hirten seiner Schäflein / die Er mit Leib= und Lebens=Gefahr erhalten.

Die Perioche schließt mit folgenden Worten:
Gewißlich ist der Glor=reiche heilige Bischoff eines so ungemeinen Sigs meistens Urheber je und alle Zeit / so wohl seiner als unserer Zeiten nächst GOtt gehalten worden / der Nach=Welt zum Bericht / daß die Heiligkeit und Gerechtigkeit mehr / dan die Stärcke der Waffen im Krieg außwürcken und vermögen / da man nit umb ein Stuck Erdreich / sonder umb GOttes Ehr und Heil der Unterthanen zu Feld gehet.[15]

Trotz dieser ausdrücklichen Aktualisierung verrät der Autor in seinem Stück keine politisch eindeutige Tendenz oder gar offene Parteinahme, wie man sie sonst aus Jesuitendramen kennt, im Gegenteil: er ächtet den Krieg der Waffen, der um politische Macht (*umb ein Stuck Erdreich*) geführt wird, und verweist auf die in Bischof Ulrich exemplarisch verkörperte geistliche Macht, die den einzig überzeugenden Kampfwert eines Krieges, *GOttes Ehr und Heil der Unterthanen*, zu verteidigen weiß. *Miles in Toga* zeugt in seiner defensiven und politisch unentschiedenen Haltung von der ausgesprochen delikaten Situation jener Jesuitenkollegien, die während des Spanischen Erbfolgekrieges im Machtbereich des bayerischen Kurfürstentums lagen. Im Gegensatz zum Dreißigjährigen Krieg waren die Fronten diesmal konfessionell nicht mehr eindeutig: in der Großen Allianz stand das traditionell jesuitenfreundliche Habsburg gemeinsam mit protestantischen Mächten gegen die mit Ludwig XIV. verbündeten Wittelsbacher.[16]

Das Stück schildert in drei Teilen (*Pars I. Augusta obsessa. Augspurg wird vom Feind berennet; Pars II. Augusta ad extremum deducta. Die belägerte Stadt Augspurg begunt in die Zügen zu greiffen; Pars III. Augusta liberata. Augspurg vom Feind völlig befreyet*) den dramatischen Kampf um Augsburg, der, mit Ulrichs Hilfe, in den endgültigen Sieg über die Hunnen mündet.

---

[15] Perioche (wie Anm. 13), S. 320f.
[16] Es wäre interessant, in einem systematischen Vergleich zu klären, welche politischen Themen (und mit welcher Tendenz) während des Spanischen Erbfolgekrieges auf den österreichischen und auf den bayerischen Jesuitenbühnen behandelt wurden. Es hat zumindest den Anschein, daß zu dieser Zeit »affirmative« Herrscherdramen in Wien und Innsbruck weit häufiger waren als etwa in München.

Ulrichs Rolle ist, verhältnismäßig unspezifisch, die eines jeder Situation gewachsenen geistlichen und politischen Führers. Die vom Kriegsgeschäft bestimmte Handlung wird nur einmal durch eine *Scena intercalaris* unterbrochen, in der Ulrich als Heiliger, d. h. in seiner besonderen gnadenhaften Verbindung zum Himmel, erscheint. Nach der 5. Szene der *Pars II* liest man in der Perioche:

S. *Udalricus in Ecstasi futurum Ecclesiae suae Augustanae statum cognoscit.* – *Dem heiligen Bischoff Ulrich wird in Verzuckung der künftige Stand seiner Augspurgerischen Kirchen geoffenbahret.*[17]

Es ist bemerkenswert und spricht für den ganz un-hagiographischen Charakter des Stücks, daß von den zahlreichen Visionen der Ulrichs-Vita, bei denen in der Regel die hl. Afra in Erscheinung tritt, allein diese »ekstatische« Szene übriggeblieben ist. Afra spielt, im Gegensatz zum Dillinger Stück von 1611, hier buchstäblich keine Rolle mehr, und auch die Verleihung des Siegeskreuzes aus der Hand eines Engels wird nicht mehr wie dort auf der Bühne dargestellt, sondern nur, in der Schlußszene, als geschehen konstatiert:

S. *Udalricus à conflictu redux prodigiosa coelitus Cruce donatus sibi applaudi vetat: Coelesti Cruci, Caesarique triumphum parari jubet.* – *Der heilige Bischoff Ulrich mit seinem Wunder=Creutz von Himmel beschenckt / erfreuet die Stadt mit seiner Widerkunft: weigert sich alles Sig=Gepräng s / welches Er zu Ehren GOttes / und deß Käysers allein will gewidmet haben.*[18]

Zum ersten Mal auch tauchen in diesem Stück Personen als maßgebliche Handlungsträger auf, die sich sonst in der Ulrichs-Tradition, wie es scheint, nicht finden: zwei Juden, die das belagerte Augsburg an die Hunnen verraten. Allein sechs Szenen sind den *proditores Judaei* vorbehalten. Sie bringen dramaturgisch das notwendige Maß an Bewegung in das an sich eher statische Geschehen innerhalb der eingeschlossenen Stadt. Der Autor zeichnet und richtet diese Juden ohne Erbarmen: *Denen Verräthern wird ohne Verschub das Hoch=Gericht zubereitet.* – *Die Stadts=Verräther bekommen ihr verdienten Lohn am Galgen.*[19]

Zwar sind antijüdische Themen bzw. Motive dem Jesuitentheater nicht fremd, aber es ist doch auffallend, daß derselbe Autor Georg Schilcher fünf Jahre später in München ein Drama mit dem Titel *Conscientia Theodorico Tyranno Tyrannus* auf die Bühne brachte, in dem, wiederum gegen die sonstige Überlieferung des Stoffes, erneut zwei Juden gemeinsam mit den *Arianischen Prädicanten* (!) gegen die Christen und insbesondere gegen die gefangenen Boethius und Symmachus ihr verräterisches Unwesen treiben: *Judaei proditoriam parant operam in Christianos.* – *Zeit der verfolgten Christen*

---

[17] Perioche (wie Anm. 13), S. 322.
[18] Ebenda, S. 324.
[19] Ebenda, S. 323.

fischen zween Juden in trüben Wassern / vnd suchen den Beutl zu spicken.[20]
Auch diese Juden enden am Galgen.

Es wäre von kompetenterer Seite zu prüfen, ob diese antijüdische Polemik mitten im Spanischen Erbfolgekrieg, der das bayerische Kurfürstentum fast in den finanziellen Ruin führte, ihre tiefere Ursache vielleicht sogar in der aktuellen politischen Situation hatte: die Gläubiger des hochverschuldeten Bayern nämlich waren zu einem erheblichen Anteil jüdische Bankiers.[21]

Das Dillinger Ulrich-Drama von 1611

1. Zur historischen Situation

Am dritten Oktober des Jahres 1611 führten die Jesuiten an der Universität Dillingen ein lateinisches Schauspiel auf, dem in den *Acta Universitatis Dilinganae*[22] ungewöhnlich große Aufmerksamkeit gewidmet ist. Normalerweise werden Theaterereignisse, die den Jesuiten als Teil ihres Lateinunterrichts und als besonders repräsentative Specimina ihrer pädagogisch-humanistischen Leistungsfähigkeit durchaus wichtig waren, mit einem einzigen Satz registriert. In der Regel sind uns auch die Spieltexte nicht erhalten. Im vorliegenden Fall aber haben wir nicht nur genaue Nachrichten über die Umstände der Aufführung, über ihren Anlaß sowie über das Publikum und sein Urteil, auch der Text des Stücks ist, wie oben bereits gesagt, in zwei Handschriften überliefert,[23] ganz abgesehen von einer gedruckten Perioche in deutscher Sprache,[24] mit deren Hilfe sich die nicht so lateinkundigen Zuschauer in der Handlung zurechtfinden konnten.

---

[20] Vgl. die Perioche bei Szarota (wie Anm. 3), Band III, 1, S. 623.
[21] Vgl. Peter Claus Hartmann, Die wirtschaftlichen Initiativen und die Finanzpolitik des Kurfürsten Max Emanuel, in: Kurfürst Max Emanuel. Bayern und Europa um 1700, Band I. Zur Geschichte und Kunstgeschichte der Max-Emanuel-Zeit, hg. von Hubert Glaser, München 1976, S. 88–94, bes. S. 91 f., mit weiterführender Literatur. Vgl. auch Karl Bosl, Bayerische Geschichte, München 1971, S. 193.
[22] Studienbibliothek Dillingen, cod. XV 226, hier S. 214–216.
[23] Studienbibliothek Dillingen, cod. XV 222, fol. 3r–70r, und cod. XV 245, fol. 190r–251r (im folgenden mit der Sigle A bzw. B zitiert). Beide Codices sind von jeweils drei verschiedenen Händen geschrieben. Der Text der beiden Handschriften differiert an einigen wenigen Stellen. So ist z.B. die 3. Szene des I. Akts in B von anderer Hand unerheblich erweitert: *Luctus* tritt hier nicht allein, sondern mit zwei Söhnen auf, von denen jeder einen neuen Vers spricht. Dafür entfällt in B ein Vers, der in A zum Part von *Duladelphus* gehört. Eine stärkere Erweiterung des Texts hat B in der weiter unten edierten 7. Szene des V. Akts. – In jedem Fall scheint A die primäre Fassung zu haben; die vielen Verbesserungen sprechen dafür, daß hier der Text noch im Entstehen war. In B sind diese Korrekturen spurlos übernommen. Mehrere evidente Hörfehler deuten darauf hin, daß der Text nach Diktat geschrieben worden ist: In II, 6 haben beide in Vers 11 *Desiderio satis fieret ita ut meo* statt des eindeutig richtigen *ita* ein (durch Elision beim Lesen verursachtes) sinnloses *it*. In II, 10, Vers 8, *Namque aut ferus Mars atra vel Mors turbida*, hat B die Variante *Nunquam aut verus Mars ...*, die sich nur aus einem Hörfehler erklären läßt und ausschließt, daß A an dieser Stelle die Vorlage für B war.

Diese Handlung war in ihren großen Zügen sicher nicht schwer zu verstehen. Zumindest in Dillingen, in der Augsburger Diözese, kannte jeder die Geschichte oder wenigstens die Figur des heiligen Ulrich, des Bistumspatrons. In den Handschriften trägt der Text keine originale Überschrift, dafür ist der Titel der Perioche wie gewöhnlich recht informativ und deutlich: *Comoedi Vom Tugentlichen Leben vnnd löblichen Thaten deß heyligen Augspurgischen Bischoffs UDALRICI, vom Stammen vnd Geschlecht der Grauen von Küburg vnd Dillingen.* Die *Acta* verzeichnen das Stück unter dem 3. Oktober als *Comoedia de S(ancto) Udalrico*, wobei von anderer Hand *Episcopo Augustano* (abgekürzt) nachgetragen ist (S. 216).

Das genannte Datum war nicht der Termin für die übliche Theateraufführung zur Eröffnung des neuen Schuljahres. Diese folgte damals, im Jahre 1611, erst 18 Tage später, und sie wird in den *Acta* nur beiläufig erwähnt: *21.* (scil. *Octobris) Praemia distributa omissis Vesperis sed cantatis Litaniis et habito dialogo de Studioso Parisiensi ob superbiam damnato. Spectavit Reverendissimus.* (S. 216. »Am 21. Oktober wurden die Prämien für die besten Schüler verteilt. Die Vesper fiel aus, dafür wurde aber die Litanei gesungen und außerdem ein Stück aufgeführt über den Gelehrten von Paris, der wegen seines Hochmuts verdammt worden ist. Unter den Zuschauern war auch unser Hochwürdigster Bischof.«) Es handelt sich hier zweifellos um eine bisher übersehene Aufführung des *Cenodoxus* von Jakob Bidermann.

Dafür, daß *S. Udalricus* dem *Cenodoxus* in diesem Fall den Rang ablief, gab es einen einsehbaren Grund. Am 2. Oktober hatte der für Dillingen zuständige und hier auch gerne residierende Augsburger Bischof Heinrich von Knöringen, ein tatkräftiger Förderer der Gegenreformation, feierlich den Altarstein der neuen Dillinger Kirche gelegt, und es bot sich an, der dazu gehörenden Theateraufführung am folgenden Tag einen spezifisch Dillingisch-Augsburgischen Stoff zugrundezulegen. Derselbe Heinrich von Knöringen hatte erst im voraufgegangenen Jahr, 1610, die Ulrichsbrüderschaft in Augsburg offiziell erneuert.[25] An dieses neubelebte Interesse für den heiligen Ulrich konnten die Dillinger Jesuiten bequem anknüpfen.

Nach Auskunft der *Acta* war am 26. März 1610 mit der Vermessung und am 29. März mit der Aushebung des Fundaments der Kirche begonnen worden. Bereits am 5. April desselben Jahres hatte der Rektor »ohne Feierlichkeit, die später vom Hochwürdigsten Bischof vorgenommen werden soll« (*sine solennitate, quae posthac adhibebitur a Reverendissimo,* S. 203), den Grundstein für den gesamten Bau gelegt. Die hier angedeutete aufgeschobene Feierlichkeit hat sich möglicherweise durch die politischen Ereignisse verzögert und

---

[24] Erhaltene Exemplare dieser Perioche verzeichnet Valentin (wie Anm. 2) Nr. 652. Abgedruckt ist sie bei Szarota (wie Anm. 3), Band III, 2, S. 1209–1219 (Nr. III,VI,2).

[25] Vgl. dazu Engelbert Maximilian Buxbaum, Ulrichsverehrung und Ulrichstraditionen im Umkreis des Petrus Canisius, in: Bischof Ulrich und seine Verehrung (wie Anm. 1), S. 191 und 218f.

fällt offenbar zusammen mit der Errichtung des Altares, die der Bischof am 2. Oktober des folgenden Jahres feierlich vollzog[26] und die durch unser Ulrich-Drama ihre kulturelle Auszeichnung erhielt.

Der Verfasser des Stücks, das hier erstmals vorgestellt und in ausgewählten Teilen ediert und übersetzt werden soll, ist uns namentlich nicht bekannt. Es war im Jesuitenorden üblich, das Theater als eine Angelegenheit der ganzen Schule zu betrachten und den Autor, der als sog. *Choragus* auch die Inszenierung zu besorgen pflegte, in der Öffentlichkeit nicht eigens zu erwähnen. Hingegen wurden die Schauspieler in den Periochen gerne mit Namen genannt. Im vorliegenden Fall sind diese Namen wenigstens im Anhang der Handschrift B (fol. 250r–251r) aufgeführt. Insgesamt 78 Rollen waren zu besetzen, und die Darsteller, vom Anfänger der Grammatik-Klasse des Gymnasiums (*Principista*) bis zu den *Baccalaurei* der Universität, stammten nach Auskunft dieser Liste nicht nur aus der engeren Dillinger Umgebung, sondern z. B. aus Speyer, Thann im Elsaß, Bregenz, Feldkirch, Brixen oder Trient. In der Regel oblag es dem Lehrer der Rhetorik-Klasse, der in Kollegien mit Universitäten übrigens den akademischen Professoren zugerechnet wurde, die repräsentativen Theaterstücke zu verfassen. Für die beiden Schuljahre von Oktober 1610 bis Oktober 1612 erwähnen die *Acta* den bzw. die Rhetorik-Lehrer nicht ausdrücklich. Von Oktober 1607 bis Oktober 1609 versah dieses Amt Christoph Ostenberger, der am 15. Oktober 1609 in den *Acta* zum letzten Mal namentlich erwähnt ist, und zwar als *auctor et choragus* eines lateinischen Schauspiels über den Kampf zwischen Tugend und Laster.[27] Wer ihn vom Oktober 1609 an abgelöst hat, wird in den *Acta* nicht gesagt. Fest steht jedenfalls, daß in den beiden Schuljahren von Oktober 1610 bis Oktober 1612, also in der Zeit, in die das Ulrich-Drama fällt, der Rheto-

---

[26] Die Eintragungen der *Acta* lauten: *1. (scil. Octobris) Magna crux in area inter fundamenta novi templi fixa, erectum tentorium et altare. 2. (scil. Octobris) Positus primus lapis eiusdem à Reverendissimo Episcopo nostro Henrico à Knöringen, ritu solenni, et cantatum officium ab eodem, praesentibus Reverendissimo Elwangensi Johanne Christophoro à Westerstetten, qui posuit secundum lapidem cum insignibus Praepositurae et familiae suae, et ad structuram templi contribuit 600. florenos, facta spe etiam maioris subsidii; Decano Cathedralis Ecclesiae Augustanae, qui posuit tertium cum insignibus Dioecesis, et Capituli; item Canonicis aliquibus, et Abbatibus, S. Udalrici Augustano, Caesariensi, S. Crucis Donawerdensi, Fuldenbachensi, Deckingensi, Elchingensi, Nereshaimensi; et Praeposito S. Crucis Augustano; et externis secularibus honoratis. Episcopo ministrarunt Comes Eutelius Fridericus ab Hohenzollern; Barones, Vitus Ernestus à Rechberg, et duo fratres à Grafeneck, Wilhelmus et Godfridus. Praedictos fere omnes Episcopus noster lauto convivio excepit in nostro Collegio. Orationem habuit M. Thomas Merman de templorum structura, ornatu, et magnificentia.* (*Acta*, S. 215f.) Obwohl sich in dem Satz *Positus primus lapis eiusdem...* das Demonstrativpronomen eindeutig auf *altare* bezieht, galt dieser feierliche Akt offenbar als Grundsteinlegung der ganzen Kirche: am oberen Rand der betreffenden Seite 215 der *Acta* ist von anderer Hand nachgetragen: *lapis primus templi nostri*.

[27] *Acta* (wie Anm. 22), S. 173. Nach Valentin (wie Anm. 2), Teil II, S. 1091, lehrte Ostenberger nur 2 Jahre lang Rhetorik in Dillingen. Am 27. September 1609 hat er dort seine Gelübde abgelegt (*Acta*, ebenda).

rik-Lehrer derselbe geblieben ist: *reliqui professores mutati non sunt*, liest man in den *Acta* (S. 210) zum Herbst 1610. Erst im Oktober 1613 übernimmt Magister Bernhardus Wil (Wyl) in Dillingen die Rhetorik-Klasse (S. 222).
Die *Comoedia de Sancto Udalrico Episcopo Augustano* fällt in eine sehr produktive Phase des Dillinger Jesuitentheaters, die allerdings von politisch bedingten Störungen keineswegs frei war, wie eine Revue der Aufführungen aus den beiden für uns interessanten Schuljahren 1609 bis 1611 ausweist: Zu Fastnacht, am 19. Februar 1610, gab man das *Duellum Horatiorum et Curiatiorum*, eine, wie es scheint, in der Geschichte des Jesuitentheaters nirgendwo sonst belegte dramatische Bearbeitung dieses antiken Stoffes.[28]
Unter dem 5. Juli 1610 findet sich in den *Acta* folgender Eintrag: *Per vacationes occupato in scribenda comoedia Rhetore docuit Humanista Plauti Capteivos* (!) *et Martialem*. (»Während der Rhetorik-Lehrer in den Ferien mit der Abfassung eines Dramas beschäftigt war, behandelte der Lehrer der Poetik-Klasse die *Captivi* des Plautus und den Martial.«)[29]
Das Stück, über dem der Rhetorik-Lehrer hier während der Hundstage schwitzte, konnte dann wegen der politischen Wirren, auf die gleich noch zurückzukommen ist, im Jahre 1610 nicht mehr aufgeführt werden. Der Studienbeginn nämlich verzögerte sich, die Preisverleihung an die besten Schüler aus Anlaß ihrer Versetzung (*ascensus*), zusammen mit dem Herbstdrama normalerweise der feierliche Höhepunkt der *Renovatio studiorum*, wurde erst zum Nikolaustag (6. Dezember) nachgeholt: *In S. Nicolai post Officium habita oratio, quae in Renovatione studiorum fuerat intermissa; post vesperas data praemia, sed sine Actione, ne studia nonnullam iam antea iacturam passa, denuo interrumperentur.* (S. 211. »An St. Nikolaus wurde nach dem Gottesdienst die Rede gehalten, die bei der Eröffnung des Schuljahres ausgefallen war. Nach der Vesper verteilte man die Preise, allerdings ohne eine Theateraufführung, damit der Schulbetrieb, der bereits vorher erheblich beeinträchtigt worden war, nicht erneut gestört würde.«)
Im folgenden Jahr gab man, außer dem Ulrich-Drama und dem bereits erwähnten *Cenodoxus*, in Dillingen noch zwei weitere Schauspiele:
Am Karfreitag, im Anschluß an eine Bußprozession, deren Teilnehmer sich rücksichtslos geißelten, wurde in der Jesuitenkirche am Heiligen Grab ein »Dialog« aufgeführt, in dem Engel gegen die Laster und gegen »den Sünder«

---

[28] *Acta* (wie Anm. 22), S. 186. In Valentin's Répertoire (wie Anm. 2) fehlt diese Dillinger Aufführung.
[29] Die Ferien (bzw. die Zeit des hitzebedingt reduzierten Unterrichtspensums) dauerten in Dillingen für die oberen Klassen vom St. Ulrichstag (4. Juli) bis zum Fest der hl. Afra (7. August); vgl. Bernhard Duhr, Geschichte der Jesuiten in den Ländern deutscher Zunge im XVI. Jahrhundert, Freiburg i. Br. 1907, S. 264. Im voraufgegangenen Jahr hatte der Visitator des Ordens, Theodor Busaeus, u. a. bestimmt, daß an den Hundstagen die Rhetorik-Klasse mit der Poetik-Klasse gemeinsam unterrichtet werden sollte: *In Canicularibus ... Rhetores audiant lectiones cum humanistis.* (*Acta*, wie Anm. 22, S. 174.)

auftraten: *Habitus in nostro templo ad sepulchrum dialogus ab Angelis contra vitia et peccatorem* (S. 212).

Am Dienstag nach Ostern folgte ein weiterer »Dialog« zwischen Christus, Magdalena und Engeln: *Post vesperas habitus dialogus inter Christum, Magdalenam et Angelos* (ebenda).

Was aus dem vom Rhetorik-Lehrer im Sommer 1610 vorbereiteten Stück geworden ist, läßt sich nicht sagen. Es ist aber nicht unwahrscheinlich, daß es bereits im Hinblick auf die (zunächst aufgeschobene) feierliche Grundsteinlegung der neuen Kirche geschrieben war und somit identisch ist mit dem Ulrich-Drama, um das es uns hier geht. Der Epilog dieses Stücks beginnt mit folgenden Versen:

> *Ideo poeta dedit sacram comoediam,*
> *Sciens quod aures et oculos etiam sacros*
> *Esset habiturus, queîs placitura essent sacra.*

(A, fol. 69v; B, fol. 248v. »Der Verfasser hat deshalb ein Drama mit religiösem Inhalt gegeben, weil er wußte, daß er Zuhörer und Zuschauer aus dem Bereich des Klerus haben würde, denen religiöse Stoffe gefallen.«)

Gegen Schluß des Epilogs ist im Hinblick auf das erwartete anspruchsvolle Publikum noch einmal der »schriftstellerische« Ehrgeiz des unbekannten Verfassers betont:

> *Valde laboravit Magister Scenicus*
> *Ut tam politis se probaret auribus.*

(A, fol. 70r; B, fol. 249r. »Der für die Aufführung verantwortliche Lehrer hat sich große Mühe gegeben, um sich vor so gebildeten Ohren zu bewähren.«)

Mag nun das Drama vom heiligen Ulrich, dem Retter des christlichen Europa vor den Ungarn, bereits in den erwähnten Sommerferien des Jahres 1610 geschrieben worden und für die Aufführung im Herbst vorgesehen gewesen sein oder aber erst in das Jahr 1611 gehören, der Stoff erscheint jedenfalls denkbar aktuell und für die politische Situation dieser Jahre passend: Gerade in den Sommer- und Herbstmonaten des Jahres 1610 befand sich die katholische Kirche des Herzogtums Bayern in großer Gefahr, und man rechnete mit einer entscheidenden militärischen Auseinandersetzung zwischen den Truppen der Protestantischen Union und der durch Maximilian I. von Bayern und die geistlichen Reichsfürsten von Augsburg, Ellwangen, Kempten, Konstanz, Passau und Regensburg im Jahre 1609 gegründeten Katholischen Liga.

Die *Acta* der Dillinger Universität vermitteln ein sehr genaues Bild der Verhältnisse:

Am 24. und 29. August sowie am 5. und 8. September 1610 hielt man Zehnstundengebete »für die Kirche in ihrer Notlage« (*pro necessitatibus Ecclesiae*, S. 209) ab, am 4. und 20. September fanden Bittprozessionen zu den Dillinger Kirchen statt. Kurz vor Mitte Oktober mehrten sich die schreckenden Gerüchte, das Heer der Protestanten bewege sich von Oberschwaben her auf Dillingen zu, das besetzt werden solle. (*Paulò ante medium Octobris allati sunt frequenter et terrore pleni rumores de exercitu Haereticorum per superiorem Sueviam descendente ad Dilingam obsidendam.* S. 209.) Die reicheren Bürger begannen, ihre Habe zusammen mit ihren Frauen und Kindern aus der Stadt zu schaffen und den Studenten Kost und Logis aufzukündigen. Der Studienbetrieb wurde eingestellt, da der Augsburger Bischof, der oben genannte Heinrich von Knöringen, von Seiten des feindlichen Heeres vor allem für den Klerus Schlimmes befürchtete. Auf seine Bitten verlegte der Bayerische Herzog zweihundert Soldaten in die Stadt, für deren Unterbringung z. T. Angehörige der Universität, wie der Notar und der Buchdrucker, ihre Häuser zur Verfügung stellen mußten. Tatsächlich blieb Dillingen dann doch verschont, weil die protestantischen Truppen die ständig wachsende Zahl des katholischen Heeres fürchteten, das teils in Augsburg teils in Straubing lag. Vielleicht aber, so vermutet der Verfasser der *Acta*, haben die protestantischen Fürsten selber einen entsprechenden Befehl gegeben: »zur gleichen Zeit nämlich kam eine Gesandtschaft von ihnen nach München, um von der Katholischen Liga und ihrem Führer, dem Bayerischen Herzog, Frieden zu erbitten.« (... *nam eodem tempore Legatio ab eis Monachium venit, pacem à Liga Catholica et eius capite Duce Bavariae petitura.* S. 210.)

Am 25. Oktober 1610 wurde in Dillingen das normale Studium wieder aufgenommen. Am 6. Dezember holte man, wie bereits erwähnt, die ausgefallene Feier der *Renovatio studiorum* in bescheidenem Rahmen, ohne Theateraufführung, nach. Die politische Lage scheint sich, soweit sie das Dillinger Kolleg betraf, in der Folgezeit normalisiert zu haben. Zum 22. Juli 1611 findet man allerdings noch eine Notiz in den *Acta*, nach der am Fest der heiligen Maria Magdalena und an den zwei folgenden Sonntagen Litaneien »für die Kirche in ihrer Notlage und ganz besonders gegen die drohende Pestgefahr« (... *pro necessitatibus Ecclesiae, et maximè contra pestem imminentem*, S. 213) gebetet wurden.

a) Die Inszenierung

Ein – freilich internes – Unglück steht auch am Beginn der Ereignisse, die unsere *Comoedia de Sancto Udalrico Episcopo Augustano* betreffen. Unter dem Datum des 24. September 1611 liest man in den *Acta: Theatrum nimis serò fieri coeptum pro tanta comoedia, 6. ferè horarum, diebus scilicet tantum decem ante actum. Unde factum, ut imperfecto theatro actores ascenderint, et aliqui cum parte theatri corruerint, sed pauci tantum, iique leviter, laesi: et nunquam potuerit tota comoedia probari in theatro. Nimis etiam sero actores coepti exerceri, tribus scilicet hebdomadis ante actum.* (S. 214. »Die Errichtung der Bühne für ein so gewaltiges Schauspiel von etwa

6 Stunden ist zu spät in Angriff genommen worden, nämlich erst 10 Tage vor der Aufführung. So kam es, daß die Schauspieler die Bühne bestiegen, obwohl sie noch nicht fertig war, und einige von ihnen zusammen mit einem Teil der Bühne abstürzten, wobei allerdings nur wenige – und diese lediglich leicht – verletzt wurden, und daß nie das ganze Stück auf der Bühne geprobt werden konnte. Auch mit dem Einüben der Schauspieler ist zu spät begonnen worden, nämlich erst drei Wochen vor der Aufführung.«)

Schwierigkeiten gab es auch mit der Beschaffung der Kostüme: *Nimis serò petitae vestes à Fuggeris pro comoedia, et non obtentae ab ipsis, sed postea à Geizigkoflero.* (S. 215. »Zu spät hat man sich bemüht, von den Fuggern die Kostüme für die Theateraufführung zu bekommen, und man hat sie auch nicht von ihnen direkt, sondern später von Geiz(ig)kofler erhalten.«)[30]

Am 3. Oktober also konnte das Ulrich-Drama in Szene gehen:

3. Octobris, Comoedia de Sancto Udalrico Episcopo Augustano habita, cui praeter omnes praedictos intervenit ipso die Reverendissimus Episcopus Bambergensis Gottfridus ab Aschhausen, qui spem praebuit liberalis contributionis ad structuram templi. Placuit comoediae argumentum, tractatio, actio. Reverendissimus Elwangensis actoribus donavit 30. florenos. Actores nobiles et alii praecipui, in universum circiter 40., excepti lauto convivio in Collegio nostro; reliqui merenda liberali in Convictorio ad 57. quibusdam non comparentibus, nam ad 70. invitati fuerant.

(S. 213. »Am 3. Oktober wurde das Schauspiel vom hl. Ulrich, Bischof von Augsburg, aufgeführt. Neben allen bereits weiter oben Genannten[31] kam am selben Tage auch noch der Hochwürdigste Bischof von Bamberg, Gottfried von Aschhausen, dazu, der einen großzügigen Beitrag zum Bau der Kirche in Aussicht stellte. Sowohl der Gegenstand des Schauspiels wie seine poetische Behandlung wie auch die Darbietung auf der Bühne fanden Beifall. Der Hochwürdigste (Fürstpropst) von Ellwangen spendete den Schauspielern 30 Gulden. Die adligen Schauspieler und die anderen, welche die wichtigeren Rollen gespielt hatten, insgesamt etwa 40, wurden zu einem prächtigen Mahl in unserem Kolleg empfangen, die übrigen erhielten im Konvikt eine kosten-

---

[30] Daß für die besonders prächtigen Theateraufführungen bei den Fuggern Kostüme entliehen wurden, war nichts Neues: schon im Jahre 1583 hatten die Augsburger Jesuiten zu dem Schauspiel über den Ägyptischen Joseph, mit dem sie sich erstmals der Öffentlichkeit vorstellten, kostbare Gewänder von Wilhelm V. von Bayern und von Johannes Fugger erhalten: *Vestes Guilhelmus Boiariae princeps suppeditavit; Johannes Fuggerus suas non negavit*... (vgl. *Historia Collegii Augustani*, Fribourg, Bibliothèque Cantonale et Universitaire, L. 95, S. 240f.). Offenbar wurde im vorliegenden Dillinger Fall der Weg über den (protestantischen) Anwalt und Rat der Fugger, Lucas Geizkofler (1550–1620), gewählt. Zu seiner humanistisch-irenischen, um Ausgleich zwischen den Konfessionen bemühten Rolle in Augsburg vgl. Alois Schweizer, Lucas Geizkofler (1550–1620). Bildungsweg, Berufstätigkeit und soziale Umwelt eines Augsburger Juristen und Späthumanisten. Diss. Tübingen 1976, bes. S. 163f. Über die besondere Beziehung der Fugger zum hl. Ulrich vgl. Buxbaum, Ulrichsverehrung (wie Anm. 25), S. 188.

[31] Vgl. dazu Anm. 26.

lose Brotzeit, 57 an der Zahl, wobei einige nicht erschienen waren, denn es waren 70 eingeladen worden.«)

2. Zur Charakteristik des Stücks

Im folgenden sollen, mit Hilfe der hier zum ersten Mal edierten ausgewählten Textpartien, der Handlungsverlauf des Dillinger Ulrich-Dramas verfolgt und seine literarische Struktur wie auch seine ideologische Tendenz dargestellt werden.

Was das Verhältnis zur Ulrichstradition betrifft, so verrät der Autor eine bemerkenswerte Unbekümmertheit. Es ging ihm erkennbar nicht darum, das Leben des Heiligen im strikten Einvernehmen mit den Quellen, seien sie historisch oder legendär, auf der Bühne nachzuerzählen. Vielmehr wählte er aus der großen Stoffmasse diejenigen dramatisierbaren Ereignisse aus, die einerseits dem festlichen Anlaß gemäß waren, andererseits aber vor allem den aktuellen politischen und pädagogischen Interessen der Jesuiten entsprachen und dazu auch das einfache Publikum noch zu belehren und zu unterhalten vermochten. »Didaktik und Fest«[32] ist die paradox klingende Formel der Jesuitendramatik.

Das Leben des in seinem Amt welttüchtigen, aber persönlich weltverachtenden Bischofs Ulrich war ein Modell mit vielfältigen und bedeutenden aktuellen Analogien. Es zeigte einen geistlichen Führer, der sich mit der weltlichen Macht auf heilsame Weise gegen die Feinde der Kirche verbündet und der gleichzeitig als Person die asketischen Ideale der katholischen Lehre verwirklicht. Dies war Appell und Mahnung genug für die geistlichen Führer der Gegenreformation. Das schwankende Schiff der Kirche, das in unserem Drama mehrfach angesprochen wird, war all denen eine vertraute Vorstellung, die eben noch *pro necessitatibus Ecclesiae* gebetet hatten oder hatten beten lassen.

Lebens- und Glaubenslehre auch für das einfache Volk enthält das ganze Stück implizit auf jeder Seite, indem es ein grundsätzliches Vertrauen zu Gott und zu den Heiligen vermittelt und die Macht des Gebets vorführt. Zu dieser Art religiös wohltätiger Didaktik gehört auch der Einsatz allegorischer Figuren (z.B. des Schutzengels, des *Amor Dei* oder des *Auxilium Dei*, neben *Discordia* u.a.), durch die sich jedem Zuschauer die Existenz und Präsenz der übernatürlichen Welt manifestiert. Eine besondere Lektion bildet hier die einzige Wundergeschichte des ganzen Stücks, die stupende Rettung der unschuldigen Frau des Rheingrafen (IV, 3–5), die auf der Bühne in ihrer ganzen Monstrosität rücksichtslos ausgespielt wird.

Gleichberechtigt neben der Verkündigung des Glaubens stand für die Socie-

---

[32] So der treffende Untertitel des Buches von Ruprecht Wimmer: Jesuitentheater. Didaktik und Fest. Das Exemplum des ägyptischen Joseph auf den deutschen Bühnen der Gesellschaft Jesu, Frankfurt a.M. 1982.

tas Jesu die pädagogische Bemühung um die Jugend. Es trifft sich gut, daß bereits in der ältesten *Vita Sancti Oudalrici* Gerhards von dem »mit Wissenschaft und Religion doppelt gemästeten«[33] jugendlichen Ulrich die Rede ist. Bildung und Frömmigkeit, *litterae* und *pietas*, sind ein den entschieden humanistisch gesinnten Jesuiten sehr sympathisches Paar, und so ist nur zu verständlich, daß in unserem Drama die St. Galler Schulzeit Ulrichs Anlaß zu ausführlicher Reflexion über die Erziehung der Jugend und zu massiver Propaganda für die Gymnasien und Universitäten des Ordens geboten hat, wobei gleichzeitig von dem in Mode gekommenen Auslandsstudium dringend abgeraten wird.

In jedes Jesuitendrama gehört eine Portion Komik, die der Ulrichs-Vita ursprünglich ganz und gar fremd ist. Unser Autor hat einige gemütliche bzw. witzige Szenen und auch komische Personen neu erfunden und nicht ohne Geschick mit der großen Handlung verknüpft (vgl. z. B. das Examen des unbegabten Bauernjungen, der sich um ein Stipendium Ulrichs bemüht, oder die Person des *Misogynus* bei der Werbung von Kriegern für den Kaiser).

a) Die äußere Form des Textes

Vorbemerkung zur Form: Das Stück besteht aus 5 Akten. Dazu kommen ein dialogisierter Prolog und ein Epilog (beide fehlen in der Perioche). Durchgehendes Versmaß ist der jambische Senar der antiken Komödie, der allerdings in auffallender und sonst nicht gewohnter Weise von einzelnen Hexametern unterbrochen ist. Mehrere metrisch regulierte Cantica in Sapphischen Strophen bzw. in anapästischen Dimetern (nach dem Modell der Tragödien Senecas) belegen den schulmäßig-klassischen formalen Ehrgeiz des Verfassers, der auch in zahlreichen Anklängen an Vergil oder Horaz zum Ausdruck kommt.

Der in den beiden Handschriften überlieferte Text ist, abgesehen von einigen evidenten Verschreibungen, die im Variantenapparat nicht eigens verzeichnet werden, zuverlässig und unproblematisch. Lediglich die stellenweise unklare oder gar irreführende Interpunktion ist in den hier edierten Partien sparsam modernisiert; desgleichen ist die Orthographie etwas reguliert (z. B. entfällt Großschreibung im Text).

Unmittelbar unter den lateinischen Textzitaten sind die Lesarten verzeichnet. Der Einfachheit halber steht die Sigle A für cod. XV 222, B für cod. XV 245.

Die Prosaübersetzung versucht, getreu, gleichzeitig aber auch verständlich (notfalls verdeutlicht) und lesbar zu sein.

---

[33] *duplici sagina scientiae ac religionis repletus*, vgl. Gerhardi Vita S. Oudalrici episcopi Augustani, in: Vitae quorundam episcoporum saeculorum X, XI, XII, ed. Hatto Kallfelz (Ausgewählte Quellen zur deutschen Geschichte des Mittelalters, Freiherr vom Stein – Gedächtnisausgabe, Band XXII), Darmstadt 1973, S. 54.

3. Paraphrase des Handlungsverlaufs und ausgewählte Textpartien

Der Prologus Aspasius (wörtlich: »Willkommen«; fast alle Namen des Stücks sind sprechend und oft vom Griechischen abgeleitet) begrüßt die hohen Gäste und beschreibt den Inhalt des Stücks:

    ... Sed ut negotii quod impositum est mihi
    Tandem exequar, quaeso, faventes discite,
    Haec apparata quid velint mediocriter.
    Udalricus prodibit in proscenium,
5 Ille Udalricus, Sueviae sol unicus,
    Parentibus Hupaldo et Dietberga satus
    Illustribus, natale cuius hoc solum,
    Cuius sacra hic visuntur incunabula,
    Vir comparandus cum viris sanctissimis
10 Et ante secula sena datus episcopus
    Ecclesiae Augustensium: cui praefuit
    Olympiadas ipsas decem, prudentia
    Rerum gerendarum secundus nemini,
    Amator egenorum et pater, ditissimus
15 Miraculis vitaeque sanctimonia
    Mortalibus, superis, Deo gratissimus.
    Tandem piis meritis ita exigentibus
    Caeloque maturus choris caelestium
    Insertus est, decus poli, auxilium soli.
20 Non ergo mirum, si hoc Udalricus loco
    Primo in theatrum prodeat, quo prodiit
    Primo has in auras et initia vitae dedit.
    Sed iam est locus dandus aliis actoribus.
    Auribus adeste nunc, adeste et mentibus!

    18 maturus – maturius B.
    (A, fol. 6rv; B, fol. 191v–192r)

»Doch um nun endlich die mir gestellte Aufgabe zu erfüllen: seid bitte so freundlich und vernehmt, was diese bescheidene Zurüstung hier bedeutet. Ulrich wird auf die Bühne kommen, Ulrich, die einzigartige Sonne Schwabens, Sohn erlauchter Eltern, Hupalds und Dietbergas, der hier geboren ist und dessen heilige Wiege man hier noch sehen kann. Er war ein Mann, der sich mit den heiligsten Männern vergleichen läßt, und er ist vor 600 Jahren Bischof der Kirche von Augsburg geworden. Diese Kirche führte er 40 Jahre lang. An Klugheit in der Ausübung seines Amtes stand er keinem nach; er war ein Freund und Vater der Armen, überreich an Wundertaten und wegen der Heiligmäßigkeit seines Lebens eine Freude für die Menschen, für die Himmlischen und für Gott. Auf Grund der Verdienste seines frommen Lebens war er schließlich reif für den Himmel und wurde in die Chöre der Heiligen eingereiht, eine Zierde des Himmels und Hilfe seines Heimatlandes. Es ist also nicht verwunderlich, wenn Ulrich hier an diesem Ort zuerst auf die Bühne kommt, da er hier ja auch auf die Welt kam und sein Leben begann. – Doch jetzt muß ich den Platz den übrigen Akteuren überlassen. Hört jetzt gut zu, und paßt genau auf!«

I, 1–5: Die ersten fünf Szenen des ersten Akts erzählen die bereits aus Gerhards *Vita* bekannte Geschichte von der gefährlichen Erkrankung des Säuglings Ulrich. Zwei Ärzte aus München bzw. Augsburg, die sich ansonsten ihrer Kunst rühmen, gestehen ihre Ohnmacht ein. Das Kind bleibt schließlich nur dadurch am Leben, daß es nach dem Rat eines seherisch begabten unbekannten Geistlichen (Agnostus) sofort der Brust seiner Amme entwöhnt wird.

I, 6: Genius bonus bestreitet dem Genius malus dessen Ansprüche auf das gerettete Kind:

> Cresce ergo, Udalrice puer, vivito diu,
> Gratus Deo, gratus tuis, patriae utilis!
> (A, fol. 12v; B, fol. 197r)

»So wachse denn, kleiner Ulrich, und lebe lang als eine Freude für Gott und die Deinen und als ein Segen für deine Heimat!«

I, 7: Ulrichs Vater Hupaldus beschließt im Gespräch mit seinem »wohlratenden« Freund Eubulus,[34] den inzwischen gesunden und begabten Knaben Ulrich guten Lehrern anzuvertrauen:

> ... Non hinc procul habitant religiosi viri,
> Qui sub Benedicto militant sancto duce,
> Quos et pietas commendat et eruditio.
> Quorum studium id est unicum, summo Deo
> 5 Totis diebus ut vacent et noctibus,
> Ut se, ut alios secum simul ad bonum incitent.
> Istis animus est credere meum filium,
> Ut litteras unà pietatemque imbibat.
> (A, fol. 14v; B, fol. 198v – 199r)

»Nicht weit von hier wohnen fromme Männer, die unter ihrem heiligen Führer Benedikt dienen und die sowohl ihre Frömmigkeit wie ihre Gelehrsamkeit empfiehlt. Ihr einziges Bestreben ist, sich Tag und Nacht dem allerhöchsten Gott zu weihen, um sich selbst und damit auch andere zum Guten anzutreiben. Ihnen möchte ich meinen Sohn anvertrauen, damit er zugleich Bildung und Frömmigkeit in sich aufnehme.«

II, 1: Die humanistische Formel *litteras unà pietatemque* aus der letzten Szene bildet den Ausgangspunkt für eine Erörterung der weiter oben angedeuteten Erziehungsfragen. Das Gespräch zwischen Eparchus (»Vorgesetzter«) und Philogonus (»seine Kinder liebend«) ist eine unverhüllte Reklame für das vom Lateinischen dominierte Schulsystem der Jesuiten.
Die Szene wird hier vollständig ediert:

---

[34] Eubulus heißt auch der Freund des Vaters in dem klassisch gewordenen Bibeldrama *Acolastus* (Der Verlorene Sohn) des Guilelmus Gnapheus (erstmals gedruckt Antwerpen 1529).

II, 1: Eparchus, Philogonus.

Eparchus
    Magna haec Dei clementia est, stirpis suae et
    Spem posteritatis cernere posse in filiis:
    Ast maior est habere filios bonos,
    Qui non modo spem posteritatis, sed magis
5 Virtutis eximia documenta praebeant.
    Hinc optime faciunt parentes, qui suos
    Gnatos viris credunt religiosis bene ac
    Pie educandos.

Philogonus
              Crediderim facere id eos,
    Qui filios cupiunt religioni dare
10 Nomen, ut humeros assuefaciant Christi iugo,
    Sed qui cupit eos progredi in scientiis
    Aut instrui moribus aliarum gentium,
    Praeesse consiliis virorum principum,
    Urbes regere, patriae et aliis esse utiles,
15 Nunquam monachis tradunt alendos filios.

Eparchus
    Sane doleo vicem tuam, mi Philogone,
    Qui, cum ingenio et summa valeas prudentia,
    Adeo tamen fallaris in re tam gravi:
    Quae tam bene domino meo, Comiti, suo
20 Cum filio successit, ut quam plurima
    Praeclaraque audiat bona de ipsius indole,
    Integritate morum et innocentia.
    Nec mirum, ego ipsemet oculis vidi meis
    Quam plurimos iuvenes illic lectissimos.
25 Quam stulta porro consilia et periculi
    Plenissima illorum parentum, qui suos
    Vix uberibus et lacte matrum filios
    Pulsos, priusquam annos pueritiae exeant,
    Quasi non satis alioqui futuri sint mali,
30 Mittunt ad aulas principum atque ad exteras
    Provincias, ut Galliam, Italiam et alias
    Orbis plagas lustrent, nihil certe aut parum
    Pensi interea habentes, gradus in litteris
    Quosnam faciant, modo peregrina loqui
35 Lingua valeant, mores licet sint pessimi.

PHILOGONUS
>>>>>>Nunquam tamen negabis esse nobili
Dignissimum ac utile variis linguis loqui.

EPARCHUS
Scilicet agri plus afferunt fructus boni,
Quando inspiciuntur a sciente Gallicam,
40 Hispanicam vel Italicam quam a rustico
Agros colendi artis perito ac industrio!
Tu si sapis, facias idem gnato tuo:
Ad educandum ipsum religiosis dato,
Dum tenera adhuc aetas regi ac flecti potest.
45 Baculum facilius fregeris quam flexeris.

PHILOGONUS
Deliberabo, quid sit opus, maturius
Communicatis consiliis tecum meis
Domi meae aut tuae, velut videbitur.

4 spem fehlt B; 10 assuefaciunt B; 27 Vix – Vi et B; 36 esse – te B; 46 quid sit opus – de hoc domi B (so auch A vor der Korrektur)

(A, fol. 15r – 16r; B, fol. 199r – 200r)

EPARCHUS
»Es ist eine große Gnade des gütigen Gottes, in seinen Söhnen das Weiterbestehen seines Geschlechts gesichert sehen zu können. Aber es ist eine noch größere Gnade, gute Söhne zu haben, die nicht nur Aussicht auf die Fortdauer des Geschlechts, sondern noch mehr herausragende Beweise ihrer moralischen Tüchtigkeit bieten. Deswegen handeln diejenigen Eltern am besten, die ihre Söhne den Männern eines Ordens anvertrauen, damit sie dort eine gute und fromme Erziehung erhalten.

PHILOGONUS
Das trifft, glaube ich, auf jene zu, die ihre Söhne für einen geistlichen Beruf bestimmt haben, damit sie auf diese Weise ihre Schultern schon an das Joch Christi gewöhnen. Die aber möchten, daß ihre Söhne in der Wissenschaft Fortschritte machen oder die Sitten anderer Völker kennen lernen, dem Rat der Fürsten vorstehen, Städte regieren, dem Vaterland und anderen Menschen von Nutzen sind, all jene übergeben ihre Söhne niemals Mönchen zur Erziehung.

EPARCHUS
Ich bedaure nun doch, was du da äußerst, mein Philogonus, da du dich, obgleich du ein so begabter und kluger Mann bist, in einer so schwerwiegenden Frage derart täuschst. Die Sache ist bei meinem Herrn, dem Grafen, mit seinem Sohn so wohl geglückt, daß er nur höchstes Lob hört über dessen Begabung und seinen vollkommenen und untadeligen Charakter. Und es ist auch gar nicht verwunderlich: ich selbst habe dort mit eigenen Augen zahllose ganz außergewöhnliche Jünglinge gesehen. Wie töricht und überaus gefährlich sind dagegen doch die Entscheidungen jener Eltern, die ihre Söhne, kaum von der Mutterbrust vertrieben, noch bevor sie dem Kindesalter entwachsen sind, als wenn sie in Zukunft nicht ohnehin noch genug verdorben würden, an die Fürstenhöfe und ins Ausland schicken, damit sie Frankreich, Italien und andere

Regionen der Welt kennen lernten, und denen es nicht oder doch nur wenig darauf ankommt, welche Fortschritte ihre Söhne in der Wissenschaft machen, wenn sie nur eine Fremdsprache sprechen, mag der Charakter auch völlig verdorben sein.

PHILOGONUS
Du wirst aber doch niemals leugnen wollen, daß es für einen Sohn aus vornehmem Hause höchst ehrenvoll und auch nützlich ist, verschiedene Sprachen zu sprechen.

EPARCHUS
Ja natürlich: die Äcker bringen einen besseren Getreideertrag, wenn einer, der Französisch, Spanisch oder Italienisch kann, nach ihnen sieht, als wenn das ein Bauer tut, der sein Geschäft versteht und fleißig ist! Wenn du klug bist, mache es mit deinem Sohn genau so wie der Graf: gib ihn den Mönchen zur Erziehung, solange sich das zarte Alter noch lenken und biegen läßt. Einen Stab wirst du eher brechen als biegen.

PHILOGONUS
Ich will es überdenken, was zu tun ist, und werde bald meine Überlegungen mit dir gemeinsam beraten, bei dir oder bei mir zu Hause, ganz wie es beliebt.«

Es verdient in unserem Zusammenhang erwähnt zu werden, daß auch der bereits weiter oben genannte Lucas Geizkofler, der die Herausgabe der Fugger-Kostüme für die Aufführung bewilligt hatte, in einem noch unedierten Traktat *De miseriis studiosorum*[35] die allgemeine Überbewertung des Auslandsstudiums zu seiner Zeit rügt. Er schreibt u.a.: *Quemadmodum enim negotiatores et venalitii mercium emendarum gratia longe lateque peregrinantur: sic etiam studiosi in oras a patriis laribus remotissimas tamquam ad mercatum bonarum artium ire coguntur, si modo multorum vituperationem vitare et ab aliis magnifieri voluerint. Popularis enim haec est opinio, neminem doctrina et auctoritate valere, nisi et in Galliis et in Italia studiorum ergo fuerit commoratus. Quae licet etiam in Germania, viris doctis et discendi occasione caeteris nationibus haudquaque inferiore commode colere possemus: tamen his temporibus quia mores peregrinorum magnifiunt et plurimum apud plerosque valet vulgi existimatio: huic satisfacere coacti Parisios, Romam, Aurelias ... proficiscuntur ...* (S. 13. »Wie nämlich die Geschäftsleute und Händler weit und breit herumreisen, um Waren zu kaufen, so werden auch die Studenten gezwungen, von der Heimat fort in die entlegensten Länder zu ziehen, gleichsam wie auf den Markt der Wissenschaften, wenn sie dem Tadel vieler Leute entgehen und bei den anderen in hohem Ansehen stehen wollen. Es ist nämlich eine weitverbreitete Meinung, daß keiner die wahre Bildung und Autorität besitze, wenn er nicht zum Studium sowohl in Frankreich als auch in Italien gewesen sei. Obwohl wir dies auch in Deutschland bequem pflegen könnten, das ja an gelehrten Männern und an Möglichkeiten zu studieren den übrigen Nationen keineswegs nachsteht, gehen in unserer Zeit trotzdem, weil die ausländischen Manieren so hoch angesehen sind und bei den meisten die Meinung der großen Masse

---

[35] Erhalten in Innsbruck, Mus. Ferd. Ms. 1117.

am meisten gilt, viele aus dem Zwang, eben dieser Meinung Genüge zu tun, zum Studium nach Paris, Rom, Orléans ...«).

II, 2: Hupaldus und Eubulus besprechen einen Brief des St. Galler Abts, in dem dieser empfiehlt, den erfolgreichen und zu Höherem berufenen Schüler Ulrich nach Augsburg zurückzuholen und ihn als Kanoniker dem Bischof Adalbero zu unterstellen.

II, 3: Eparchus (in der Perioche: Eubulus) berichtet von der Weissagung der St. Galler Inklusin Wiborada:

> ...De illo iuvene virgo Wiberacta nomine
> Praescia futuri numinis instinctu sacri
> Praesagiit, aliquando episcopum fore
> Certo in loco Germaniae, simul monens,
> 5 Per vota ne se religioni obstringeret.
> Haec vaticinatio, ut initia sese hactenus
> Dedere, casura haud videtur irrita.
> Eventum igitur tantae rei exspectabimus.
>
> 1 Wiberacta – Biberacta B; 2 instincta B.
> (A, fol. 17v; B, fol. 202r)

»Über ihn weissagte eine Jungfrau mit Namen Wiborada, der durch göttliche Eingebung die Zukunft bekannt ist, daß er einmal an einem bestimmten Ort in Deutschland Bischof werde, und sie ermahnte ihn zugleich, er solle sich nicht durch die Gelübde an den Orden binden. Diese Weissagung wird sich, so wie sich der Anfang bisher entwickelt hat, offenbar erfüllen. So wollen wir also den Ausgang dieser gewaltigen Sache abwarten.«

II, 4: Der hochbetagte Bischof Adalbero beklagt die Last seines Amtes:

> Me labor adeo non territat, sed tempora,
> In quae incidi, tam calamitosa atque misera,
> Ubi luporum omnia videas plenissima.
> Quotum invenias, qui faciat officium suum
> 5 De subditis, cum commodis quilibet suis
> Intentus est, ut maxime, alia negligens.
>
> (A, fol. 18v; B, fol. 202v)

»Mich schreckt nicht so sehr die Arbeit, vielmehr schreckt mich diese schlimme und mörderische Zeit, in die ich geraten bin, da man alles voll sieht von lauter Wölfen. Wo wird man wohl noch einen finden, der denen gegenüber seine Pflicht tut, die ihm untergeben sind, da doch jeder ganz und gar auf seinen eigenen Vorteil bedacht ist und sich um nichts anderes mehr kümmert!«

Hupaldus übergibt dem Bischof seinen Sohn Ulrich, und dieser verspricht (bei seinem ersten Auftritt) als neuer *canonicus* Gehorsam.

II, 5: Zwei Adlige sind überrascht von der Berufung Ulrichs und erkennen, daß nur Tugend und Bildung zu so hoher Stellung führen.

II, 6: Monolog Ulrichs (hier vollständig wiedergegeben) über den »Stress« des Hoflebens und seinen Wunsch, nach Rom zu pilgern:

II, 6: UDALRICUS
    Beatus ille, qui procul negotiis[36]
    Est aulicis: quisquis sibi vacare vult
    Et rebus intendere animum spectantibus,
    Meo monitu sit cautior et aula exeat,
5   Ubi plurimum negotii, nihil otii,
    Ubi diem absumit labor, noctem, ubi quies
    Nulla datur, ubi mercede sine labor est omnis.
    Quicunque volet, stet lubrico, certum est mihi
    Aulam relinquere et tuto insistere loco.
10 Quas, Christe, tibi grates agam pro gratia hac,
    Desiderio satis fieret ita ut meo?
    Unica videbatur mihi iniecta remora,
    Scilicet meus praesul, sed is plenissimam
    Ultro lubens dedit abeundi copiam:
15 Unum est adhuc, quod saepe animum versat meum,
    Et quod habui deliberatum iam diu,
    Nec dubito, quin mentem hanc Deus suggesserit,
    Invisere nimirum sacra illa limina
    Apostolici quondam chori quae principes
20 Suis pedibus trivere sanguineque suo
    Sic irrigata, fructuosa posteris
    Contradiderunt optimis successibus
    Mihi bene precari suis ut moris est.
    Sed antequam me dem viae, praesul mihi
25 Adalbero est adeundus, ut dicam vale,
    Incertus, an rediturus ad eundem siem.

      11 ita – it AB; 12 iniecta mihi B; 26 eundem – eum B.
               (A, fol. 21rv; B, fol. 205rv)

---

[36] Wörtlich Horaz, Epode 2, 1.

ULRICH
»Glücklich, wer weit entfernt ist von den Geschäften des Hofes! Wer für sich selbst frei sein und sich den geistigen Dingen zuwenden will, der sollte durch meine Mahnung gewitzigt den Hof verlassen. Denn hier gibt es unendlich viel zu tun und keine Muße, hier verzehrt die Arbeit den Tag und die Nacht, hier hat man keine Ruhe, und jegliche Anstrengung bleibt ohne Lohn. Wer will, mag sich auf diesen glatten Boden begeben, für mich steht fest: ich werde den Hof verlassen und einen sicheren Platz wählen. Wie soll ich dir danken, Christus, für diese Gnade, daß sich meine Sehnsucht so erfüllte! Ein einziges Hindernis für meinen Plan sah ich noch vor mir: nämlich meinen Bischof. Doch dieser gab mir von sich aus und gerne völlige Freiheit zu gehen. Es ist ja nur dieses eine, das mir ständig im Kopf herum geht und worüber ich schon so lange nachgedacht habe, – und ich zweifle nicht, daß Gott mir diesen Gedanken eingegeben hat, nämlich: jene heiligen Stätten zu besuchen, über die einstmals die Fürsten der Apostelschar mit ihren eigenen Füßen geschritten sind und die sie mit ihrem Blut getränkt und fruchtbar an die Nachwelt übergeben haben, sowie mit bestem Erfolg für mich zu beten, wie es die Seinen zu tun pflegen. Doch bevor ich mich auf den Weg mache, will ich zu Bischof Adalbero gehen, um ihm Lebewohl zu sagen, denn ich weiß nicht, ob ich noch einmal zu ihm zurückkehren werde.«

II, 7: Ein Straßenräuber überfällt einen Rompilger.

II, 8: Zwei verkommene Höflinge, Hilarus (sic) und Oenochous (»der Heitere« und »der Weinschenk«), freuen sich, daß der allzu strenge *Praefectus aulae* Ulrich den Hof verläßt.

II, 9: Adalbero begleitet Ulrich aus der Stadt und entläßt ihn mit seinem Segen nach Rom. Unterwegs trifft Ulrich den (in II, 7) ausgeraubten Pilger und gibt ihm von seiner Habe. Am Ende der Szene sieht er Rom bereits vor sich:

> Tandem aspicio diu cupita culmina
> Urbem et video septem notatam collibus ...
> (A, fol. 24v; B, fol. 208v)

»Endlich erblicke ich die lang ersehnten Höhen und die Stadt, die man an ihren sieben Hügeln erkennt ...«.

II, 10: Papst Marinus beklagt die Gefährdung der Kirche und trauert über den Tod des Augsburger Bischofs Adalbero:

> Nunquam ut fretum ita placidum est, careat ut fluctibus,
> Nunquam ut ratis curvae gubernator vacat
> Cura, licet Zephyris vehatur lenibus,
> Ita navicula Petri adeo nunquam mitibus
> 5 Ventis agitans, ut non siet, quod Pontifex
> Vel corrigat vel provideat, ne muneri
> Minus satisfecisse videatur suo.
> Namque aut ferus Mars atra vel Mors turbida
> Ecclesiae tempora faciunt; securitas

10 Nulla est ab his duobus, ad diem, hostibus.
   Germaniae res (quae Dei est clementia!)
   Sat commode se nunc habent, contra lupos
   Satis vigilant ipsique pugnant praesules.
   Augusta sola, urbs celebris, gravissimis
15 Periculis est exposita propter sui
   Adalberonis praesulis tristem necem!
   Cui providendum, ne malum gravius ferat.

   8 Namque aut ferus – Nunquam aut verus B
   (A, fol. 25r; B, fol. 209r)

»Wie das Meer niemals so beruhigt ist, daß es gar keine Wellen mehr hätte, und wie der Steuermann eines Schiffes niemals ganz ohne Sorge sein kann, auch wenn es im sanften Zephyr dahintreibt, so verhält es sich mit dem Schiff Petri, das niemals bei so leichten Winden fährt, daß es nicht doch etwas gäbe, was der Papst zu bessern oder zu besorgen hat, will er nicht in den Verdacht kommen, sein Amt vernachlässigt zu haben. Denn entweder verursacht der wilde Krieg oder der schwarze Tod unruhige Zeiten für die Kirche: vor diesen beiden Feinden gibt es bis auf diesen Tag keine Sicherheit. Deutschland befindet sich jetzt (wie groß ist doch Gottes Güte!) in einer guten Lage; die Bischöfe sind sehr wachsam gegenüber den Wölfen, und sie ziehen selber in den Kampf. Nur Augsburg, die berühmte Stadt, ist schwersten Gefahren ausgesetzt wegen des beklagenswerten Todes ihres Bischofs Adalbero. Dieser Stadt muß man Fürsorge zukommen lassen, damit sie nicht noch ein schlimmeres Übel erleidet.«

II, 11: Marinus teilt Ulrich den Tod seines Bischofs mit und sagt voraus, daß er, nach der Amtszeit des Hiltinus, dessen Nachfolger werde:

MARINUS
                    Crede, fili, desiit
   Vivere hominibus, ast apud superos vivit Deo,
   Caelestibus semper fruiturus gaudiis.
   Et, ut Dei summi voluntatem scias:
5 Ecclesiae eius te gubernacula manent,
   Non iam statim quidem, ast annis labentibus.
   Hiltinus interea oneri opponet humeros.

UDALRICUS
   Sancte Pater, absit omen huic verbo tuo!
   Hoc faxit arbiter ille maximus Deus,
10 Ut me prius impositum audias feretro, Pater,
   Quam conspicuum mitra, cathedra vel episcopi.

MARINUS
   Et cur Dei mandata, fili, repudias?
   Quodsi gubernacula haec mari placidissimo,
   Dum summa rerum est omnium tranquillitas,

15 Suscipere renuis, tunc austris furentibus,
   Cum summa erit rerum omnium confusio,
   Suscipere cogeris: nec absque laboribus
   Et sumptibus deiecta rursus eriges
   Nunc, fili, abi et animo ista perpendas tuo!

4 Et – Est AB; 13 haec – Dei B; 18 eriges – erigis B.
(A, fol. 25v – 26r; B, fol. 209v – 210r)

MARINUS
»Glaube mir, mein Sohn, er (Adalbero) hat aufgehört, für die Menschen zu leben, dafür aber lebt er im Himmel für Gott, ewig im Genuß himmlischer Freuden. Und, damit du die Absicht des höchsten Gottes kennst: auf dich wartet die Leitung seiner Kirche, zwar noch nicht sofort, sondern im Laufe der Jahre. Inzwischen wird Hiltinus die Bürde übernehmen.

ULRICH
Heiliger Vater, dieses dein Wort soll nicht in Erfüllung gehen! Gott, der höchste Lenker, möge es fügen, daß du eher vernimmst, ich läge auf der Bahre, als, ich sei mit der Mitra und Cathedra des Bischofs ausgestattet.

MARINUS
Und warum verweigerst du dich Gottes Auftrag, mein Sohn? Wenn du es ablehnst, das Steuer bei ganz ruhiger See, solange alles ruhig und ungestört ist, zu übernehmen, dann wirst du einstmals gezwungen werden, es zu übernehmen, wenn die Stürme toben und alles im Chaos versinkt, und du wirst nur mit großer Anstrengung und viel Aufwand wieder aufrichten können, was am Boden liegt. Geh nun, mein Sohn, und bedenke das alles wohl!«

II, 12: Die drei Allegorien Amor Dei, Amor Proximi und Auxilium Dei (Gottesliebe, Nächstenliebe, Gottes Hilfe) stärken Ulrich und veranlassen ihn, in die Heimat zurückzukehren.

II, 13: Unterwegs erfährt Ulrich von zwei Kaufleuten, daß Hiltinus in Augsburg Bischof geworden ist. Er begibt sich zu seiner verwitweten Mutter, um dort im Dienste Gottes und Mariae fromm zu leben.

Am Schluß dieses zweiten Akts ist ein CHORUS vorgesehen, allerdings ohne eine Textgrundlage. Möglicherweise wurde hier ein Ulrichs-Lied gesungen.

III, 1: In der Zwischenzeit ist Hiltinus gestorben. Ein Gesandter teilt dem Augsburger Dekan mit, daß Kaiser Otto der Große dringend die Wahl Ulrichs zum neuen Bischof von Augsburg empfiehlt. Die engen Verbindungen zwischen Otto und Ulrich sind auch in den folgenden Akten besonders betont. Die Szene wird hier vollständig ediert.

III, 1: Decanus Augustanus, Angelius Episcopus, Legatus Ottonis
Imperatoris.

Decanus Vicarius
    Quam nulla rerum speranda est constantia
    Mortalium, quas stare dum putas, cadunt!
    Ecclesia haec nam nostra nuper floruit
    Sub praesulibus duobus, Alberone, tum
5   Hiltino, ast mors nobis utrumque sustulit.
    Ut fluctuat scopuloque ratis illuditur,
    Cum fertur undis derelicta a nauticae
    Artis magistro, nostra sic ecclesia
    Varie agitatur impetiturque fluctibus
10 Periculorum hinc inde concurrentium!

Angelius
    Non absque causa ecclesiae sortem tuae
    Defles: periculum satis magnum equidem
    Est, ne quid mali aut damni ferat.
    Capite sine corpus hoc nequit consistere,
15 Rectore sine navis nequit feliciter
    Cursum tenere tanto rerum turbine.
    Haec Imperator Otto, qua prudentia est,
    Vestrae timens ecclesiae pericula
    Futura cogitat malis occurrere
20 Temporibus, ut ne, dum medicina serius
    Adhibetur, augeant morae periculum.
    Quae et causa ventionis ad vos est meae.
    Nam sollicitum tenet imperatorem salus
    Ecclesiae vestrae reique publicae,
25 Ac propterea, quantum potest, vos admonet,
    Imò et precibus contendit etiam maximis,
    Ut ne propria vos torpor in causa occupet,
    Sed ut boni vestri studiosi atque cupidi
    Eum eligatis, ei gubernacula sacra
30 Regenda committatis, omnium bono
    Suoque qui prodesse possit ac velit,
    Terror malis, amor bonis, honor Deo
    Et utilitas ex quo veniat ecclesiae.

Decanus
    Facile quidem dictu, facile suasu est quoque
35 Quis praefici tantis queat laboribus,
    Sed talem hominem invenire non ita facile est.

ANGELIUS
    Multi latent, quos esse tales quoque latet,
    Quales requirimus, sed inquirere decet.
    Est et quidem notus, vir haud ignobilis
40 Genere, Imperatori meo charissimus,
    Cuius pietas virtusque nota est omnibus:
    Udalricus, comitis Hupaldi filius,
    A consiliis Adalberoni episcopo
    Qui primus extitit: in eum suffragia
45 Vult ire vestra et praesulem hunc legi cupit.
    Nunc abeo, caeteris ut canonicis idem
    Persuadeam, Imperatori ut fiat satis.

DECANUS
    Facile erit hoc suadere, quod cuncti volunt,
    Atque eligent omnes facile, quem omnes amant.

17 Haec – Hoc AB.

(A, fol. 29r – 30r; B, fol. 213rv)

DEKAN
»Ach, es ist kein Verlaß auf die irdischen Dinge: wenn man meint, sie stünden sicher, stürzen sie zusammen! Diese unsere Kirche stand noch vor kurzem in Blüte unter ihren zwei Bischöfen, Adalbero und Hiltinus, aber der Tod hat uns beide entrissen. So wie ein Schiff schwankt und auf Klippen stößt, wenn es ohne einen kundigen Steuermann auf den Wellen dahintreibt, so auch wird unsere Kirche auf verschiedene Weise getrieben und gepeitscht von den Wellen der Gefahren, die von allen Seiten herandringen!

GESANDTER
Du hast wirklich guten Grund, das Los deiner Kirche zu beklagen, und es besteht größte Gefahr, daß sie irgendein Übel erleidet oder Schaden nimmt. Ohne Haupt kann dieser Körper nicht bestehen, und das Schiff kann in einem solchen Sturm der Zeit ohne Steuermann keinen erfolgreichen Kurs halten. Da Kaiser Otto in seiner Klugheit solche Gefahren für eure Kirche kommen sieht, gedenkt er, dem Unglück entgegenzutreten, damit nicht, wenn die Arznei zu spät angewendet wird, der Aufschub die Gefahr vergrößert. Und deshalb bin ich zu euch gekommen. Denn der Kaiser macht sich Sorgen um das Heil eurer Kirche und eures Gemeinwesens, und darum ermahnt er euch dringend, ja er bittet sogar inständig darum, daß ihr in eurer eigenen Sache nicht zu nachlässig seid, sondern, eifrig bemüht um euer Bestes, einen solchen Mann zum Bischof wählt und ihm die geistliche Führung anvertraut, der dem Wohle aller und seiner selbst zu dienen in der Lage und bereit ist, – einen Mann, von dem Schrecken für die Bösen, Liebe für die Guten, Ehre für Gott und Heil für die Kirche kommen soll.

DEKAN
Es läßt sich leicht mit Worten sagen und auch plausibel machen, was für ein Mann zur Bewältigung so gewaltiger Aufgaben bestimmt werden könnte, doch einen solchen zu finden, ist nicht so einfach.

GESANDTER
Viele leben im verborgenen, die gar nicht ahnen, daß sie von der Art sind, wie wir sie brauchen. Doch man sollte nach ihnen suchen. Mein Kaiser kennt da nämlich einen Mann von vornehmer

Herkunft, und er schätzt ihn sehr, einen Mann, dessen Frömmigkeit und moralische Tüchtigkeit allen bekannt ist: Ulrich, der Sohn des Grafen Hupaldus, der bei Bischof Adalbero erster Ratgeber war. Der Kaiser möchte, daß ihr diesen wählt und zu eurem Bischof macht. – Ich gehe jetzt, um den andern Kanonikern dasselbe zu empfehlen, damit dem Willen des Kaisers entsprochen wird.

Dekan
Es wird nicht schwer sein, ihnen das zu raten, was ohnehin alle wollen, und alle werden gerne den wählen, den alle lieben.«

III, 2: In Augsburg wartet man auf die Wahl Ulrichs zum Bischof. Zwei auswärtige Besucher, Exspectantius und Morinus, erfreuen sich unterdessen an der Schönheit Augsburgs:

Exspectantius
> Tertius ab adventu meo sol occidit
> Nec longa tamen hora mihi visa unica,
> Adeo placent, quae in civitate hac conspicor:
> Sacrae, profanae aedes, plateae, vici, fora,
> Et quicquid obiicitur oculis, ridet oculis.

(A, fol. 30r; B, fol. 213v – 214r)

»Ich bin nun schon drei Tage hier, und trotzdem habe ich noch keine Stunde Langeweile gehabt, so schön ist alles, was ich in dieser Stadt sehe: Kirchen, profane Bauten, Straßen, Gassen, Marktplätze und alles, was einem in die Augen springt, lacht einen an ...«

Morinus
> Cur non placeat, quando omnia
> Tam grata sunt, tam pulchra, tantoque ordine
> Constructa, ut quot domus, totidem palatia
> Videre te putes. Simile nil in mea
> Est urbe ...

(A, fol. 30v; B, fol. 214r)

»Natürlich gefällt es mir hier: alles ist so angenehm, so schön, und alles ist so planvoll gebaut, daß einem jedes Haus wie ein Palast vorkommt. In meiner Heimatstadt gibt es nichts Vergleichbares.«

III, 3: Der Gesandte des Kaisers (Angelius Episcopus) verläßt voller Befriedigung die Stadt, um Otto die Wahl Ulrichs zu melden. Am Ende der Szene ist wiederum ein beliebiger Chorus (d. h. ohne spezifizierten Text) vorgesehen.

III, 4: Ulrich, ob seiner Wahl verzagt, wird gestärkt durch den Zuspruch der bereits oben (II, 12) eingeführten Allegorien Gottesliebe, Nächstenliebe und Gottes Hilfe. Die Szene schließt wie folgt:

UDALRICUS

    Ad te, supreme orbis bipatentis arbiter,
    Confugio, Christe! Da, voluntatem tuam
    Intelligam, intellectae adhaerescam, et quia
    Sum constitutus pastor a te, pascere
5 Fac possim oves meas animamque ponere,[37]
    Quando necessum: mitte robur servulo
    Inutili, mitte auxiliares copias!

AUXILIUM DEI

    Audacter ea, quae sunt tui muneris, age!
    Nam me iuvante, quae voles, ea poteris,
10 Tuis ego nunquam deero conatibus.

UDALRICUS

    O me beatum tot stipatum comitibus!
    Iam quiescit animus, his virtutibus
    Adiutus officio satisfaciam meo,
    Et pro virili mea operam dabo sedulam,
15 Ne, quod fuerit necesse, ovibus desit meis.
    Sed nunc, quoniam sacri faciendi hora imminet,
    Intro recipiam me vacaturus aliis
    Postea, Deo pensa sua cum persolvero.

14 mea – meo B

                            (A, fol. 33v; B, fol. 216v – 217r)

ULRICH
»Bei dir, Christus, du höchster Lenker der zweigeteilten (d. h. der himmlischen und irdischen) Welt, suche ich meine Zuflucht! Gib, daß ich deinen Willen erkenne und dann an ihm festhalte, und da ich nun von dir zum Hirten bestellt bin, bewirke du, daß ich meine Schafe zu weiden und, wenn es nötig ist, mein Leben für sie hinzugeben vermag. Schicke deinem unnützen und schwachen Diener Kraft, schicke ihm Hilfe!

GOTTES HILFE
Fasse mutig an, was deines Amtes ist! Denn mit meiner Hilfe wird dir alles gelingen, was du willst. Was auch immer du beginnst, ich werde dich niemals im Stich lassen.

ULRICH
O welch ein Glück, daß ich von solchen Gefährten umgeben bin! Jetzt beruhigt sich mein Gemüt, von diesen Kräften unterstützt, werde ich meinem Amt Genüge tun, und ich will mich nach Kräften mühen, daß meinen Schafen nichts mangelt, was sie brauchen. Nun aber, da die Stunde für den Gottesdienst bevorsteht, ziehe ich mich zurück und gehe hier hinein. Später, wenn ich das, was ich Gott schulde, abgeleistet habe, stehe ich auch anderen wieder zur Verfügung.«

[37] Vgl. Joh. 10, 15.

III, 5: Zwei Kleriker rühmen den heiligmäßig lebenden Bischof Ulrich.

III, 6: Ulrich wird von Armen aufgesucht, unter die sich auch zwei Betrüger mischen.

III, 7: In einer zunächst wiederum für die schulische Ausbildung der Jugend werbenden Szene erhalten wartende Väter Bescheid über die Bewilligung von Stipendien des Bischofs für ihre Söhne.[38] Am Schluß wird einem *alten betagten Mändlin ... die Spital Gnad angebotten*, der aber *will lieber bettlen / dann die Bett vnd Beichtordnung deß Spitals eingehen*.[39] Der Verfasser hat sich hier die Gelegenheit für Komik nicht entgehen lassen. Für die komische Eröffnungssituation mit dem von seinem Vater überschätzten unbegabten Schüler hat man ein zeitlich früheres Modell in Nicodemus Frischlins *Priscianus vapulans*.[40]
Im folgenden werden Anfang und Schluß der Szene wiedergegeben:
(Erneut begegnen sprechende Namen: Eupaedius ist der »Wohlerziehende«, Stolo ist der »Dummkopf«, Stologenes ist dessen Vater.)

ELEEMOSYNARIUS
    Accedite, qui ante supplices episcopo
    Vestros libellos obtulistis, omnibus
    Factum est satis, quantum potuit et debuit.
    Pro filio tuo in Seminario petis
5   Stipendium: praesul tuo voto annuit.
    Frugi bonae speratur hic puer fore.
    Sed hac super re fusius tecum loquar.

EUPAEDIUS
    Grates ago ipsi praesuli et tibi, domine.
    Laetare, fili: Maecenatem nactus es!

NARCISSULUS
10 Faxo, parens, concepta spes ne vana sit.

---

[38] Zum Stipendienwesen und seiner Verbindung mit dem Jesuitentheater vgl. Fidel Rädle, Jacobus Pontanus: ›Dialogus de connubii miseriis‹. Kritische Edition und Kommentar, in: Virtus et Fortuna. Festschrift für Hans-Gert Roloff, hg. von Joseph P. Strelka und Jörg Jungmayr, Bern – Frankfurt / M. – New York, 1983, S. 293 mit Anm. 10.

[39] So die Perioche, bei Szarota (wie Anm. 3), Band III, 2, S. 1215.

[40] Vgl. zu diesem Komplex Fidel Rädle, Einige Bemerkungen zu Frischlins Dramatik, in: Acta Conventus Neo-Latini Guelpherbytani, Proceedings of the Sixth International Congress of Neo-Latin Studies, ed. by Stella P. Revard, Fidel Rädle, Mario A. Di Cesare, Binghamton – New York 1988, S. 295.

ELEEMOSYNARIUS
   Ad filium vero tuum quod attinet,
   Episcopus negat daturum, quod petis.

STOLOGENES
   Et cur negat?

ELEEMOSYNARIUS
               Merito negat, quia studiis
   Ita aptus est, ut ad lyram est aptus asinus.[41]

STOLOGENES
15 An non sit aptus litteris filius meus?

ELEEMOSYNARIUS
   Rem acu, nimis nodosus est filius tuus.
   Mercurius ex trunco simili fieri nequit.[42]
   Stivae potius ipsum tenendae accommoda
   Aut opificio applica!

STOLOGENES
                  Ast ineptus est ad haec!

ELEEMOSYNARIUS
20 Longe ergo ineptior ad studia!

STOLOGENES
                        Domine, scholas
   Quinquennio iam visitat![43]

---

[41] Sprichwörtlich aus dem Griechischen, vgl. A. Otto, Die Sprichwörter und sprichwörtlichen Redensarten der Römer, Leipzig 1890, s. v. *asinus* Nr. 5; vgl. ferner *Asinus ad lyram* bei Hans Walther, Proverbia Sententiaeque Latinitatis medii ac recentioris aevi, Nova Series, hg. von Paul Gerhard Schmidt, Göttingen 1982, Nr. 34949.

[42] Sprichwörtlich, vgl. *Non ex omni ligno debet Mercurius exsculpi* bei Otto (wie Anm. 42), s. v. *Mercurius*. Vgl. dazu auch die ganz ähnliche Verwendung im *Udo* des Jesuiten Jakob Gretser, V. 66 (in: Lat. Ordensdramen, wie Anm. 43, S. 380).

[43] Zu diesem und den folgenden komischen Schüler-Topoi vgl. den großen Schimpfmonolog des Helden gegen die Schule im *Stratocles* des Jacobus Pontanus, der 1590 in Dillingen aufgeführt wurde: Lateinische Ordensdramen des XVI. Jahrhunderts, mit deutschen Übersetzungen hg. von Fidel Rädle (Ausgaben Deutscher Literatur des XV. bis XVIII. Jh., Reihe Drama VI), Berlin – New York 1979, S. 301 ff., bes. V. 27 ff.

[44] Der falsche Casus (statt *pileum*) verrät den schwachen Schüler.

ELEEMOSYNARIUS
>>>Ferme asserem
Trivit sedendo una in schola, ita ingeniosus est!

STOLOGENES
Ex memoria novit recitare plurima,
Quae vel sacerdos in sacro vel Vesperis
25 Latina dicit.

ELEEMOSYNARIUS
>>>Audiamus modo aliqua!

STOLOGENES
Recita, puer, quaecunque scis, ede specimen!

STOLO
Tene, parens, mihi pileus!⁴⁴

STOLOGENES
>>>Perge alacriter!

STOLO
Pater nuster quies ... ficetur ... ficetur ... rignum ... panem
Panem ... da panem ...

STOLOGENES
>>>Optime! Dic etiam
30 Alterum: Magnifificat etc.

ELEEMOSYNARIUS
>>>Satis est!

STOLOGENES
>>>Nunquid bene?

ELEEMOSYNARIUS
Adeo bene, ut dicere melius ipse nequeat!
Hunc ergo si vis applicare opificio,
Sumptus dabit praesul . . . .
>>>(A, fol. 35v – 36v; B, fol. 218v – 219r)

ELEEMOSYNARIUS
»Tretet näher! Ihr habt vorher eure Bittschriften dem Bischof vorgelegt: soweit es möglich und richtig war, ist dem Gesuch eines jeden stattgegeben worden.

Du beantragst für deinen Sohn ein Stipendium im Seminar: der Bischof hat es genehmigt. Man kann nämlich erwarten, daß aus diesem Jungen etwas wird. Doch darüber muß ich noch ausführlicher mit dir reden.

EUPAEDIUS
Ich danke dem Bischof und auch dir, Herr. Freue dich, mein Sohn, du hast einen Mäzen gefunden!

NARCISSULUS
Ich will dafür sorgen, Vater, daß die Hoffnung, die man in mich setzt, nicht enttäuscht wird.

ELEEMOSYNARIUS
Was aber deinen Sohn angeht, so lehnt der Bischof eine Bewilligung deines Antrags ab.

STOLOGENES
Und warum das?

ELEEMOSYNARIUS
Mit gutem Grund. Dein Sohn ist nämlich für das Studium genauso gut geeignet wie der Esel für die Leier.

STOLOGENES
Sollte mein Sohn etwa nicht für die Wissenschaften taugen?

ELEEMOSYNARIUS
Da hast du den Nagel auf den Kopf getroffen: dein Sohn ist viel zu knorrig, aus einem derartigen Klotz läßt sich keine Herme schnitzen. Gewöhne ihn lieber daran, den Pflug zu führen, oder laß ihn ein Handwerk lernen!

STOLOGENES
Aber dafür ist er nicht geeignet!

ELEEMOSYNARIUS
Dann aber doch noch viel weniger zum Studieren!

STOLOGENES
Herr, er geht doch schon fünf Jahre zur Schule!

ELEEMOSYNARIUS
Der hat ja schon fast die Schulbank durchgesessen, weil er immer in derselben Klasse sitzen geblieben ist, – so gescheit ist dieser Junge!

STOLOGENES
Er kann eine Menge auswendig hersagen, was der Pfarrer in der Messe oder in der Vesperandacht auf lateinisch spricht.

ELEEMOSYNARIUS
Dann laßt uns gleich mal etwas hören.

STOLOGENES
Sag alles her, Bub, was du weißt, zeig, was du kannst!

STOLO
Halt mal meine Mützen, Vater!

Ulrich auf dem Jesuitentheater

STOLOGENES
Nur frisch drauf los!

STOLO
Pater nuster quies ... ficetur ... ficetur ... rignum ... panem
Panem ... da panem ...

STOLOGENES
Ausgezeichnet! Sag auch noch das andere: Magnifificat und so weiter.

ELEEMOSYNARIUS
Das genügt jetzt!

STOLOGENES
War das nicht gut?

ELEEMOSYNARIUS
Das war schon so gut, daß er es gar nicht mehr besser machen kann! Wenn du diesen Jungen ein Handwerk lernen lassen willst, wird dir der Bischof Unterstützung gewähren.«

Die Szene endet mit folgendem Beispiel volkstümlichen pastoralen Humors:

ELEEMOSYNARIUS
 ... Et tu, senicule, quid futurum te putas?

GERON
 Sortem bonam spero.

ELEEMOSYNARIUS
     Bene speras, nec tua
 Spes te fefellit. Namque episcopus tuo
 Desiderio annuit lubens, in posterum ut
5 In aede possis hospitali vivere,
 Sed lege tamen hac, singulis post mensibus
 Errata animi confessione ut expies,
 Et ferculo Christi sacro te reficias.

GERON
 Prô, dura conditio nimis est ista, domine,
10 Ad usque canos hos mea aetas me tulit
 Nec saepius quam singulis annis semel
 Haec sacra obii, sufficiat ergo in posterum
 More veteri obire ista semel!

ELEEMOSYNARIUS
     Aut dicta facies
 Aut gratia carebis hac facta tibi.

GERON
15 Istud priusquam fecero, carebo potius
Domo hospitali gratiaque episcopi.

ELEEMOSYNARIUS
Abi, ast vide, ne paeniteat facti, senex!
Quam difficiles etiam senes sunt ad bonum!
Prô, quam bonum, a teneris bono consuescere!
20 Haec nunciabo, gesta quae sunt, praesuli.

18 bonum – bona B.
(A, fol. 37rv; B, fol. 219v – 220r)

ELEEMOSYNARIUS
»Und du, altes Männchen, was glaubst du, was mit dir wird?

DER ALTE
Ich erhoffe mir ein gutes Los.

ELEEMOSYNARIUS
Dafür hast du allen Grund. Deine Hoffnung hat dich nicht getrogen. Der Bischof erfüllt gerne deinen Wunsch, daß du künftig im Spital wohnen kannst, allerdings mit der Auflage, daß du von jetzt an jeden Monat einmal deine Sünden beichtest und dich am heiligen Mahl Christi stärkst.

DER ALTE
O weh, das ist eine gar zu harte Bedingung, Herr! Nun bin ich schon so alt und grau geworden, und niemals bin ich öfter als einmal im Jahr zu den Sakramenten gegangen. Also mag es auch in Zukunft genug sein, es nach alter Gewohnheit nur einmal im Jahr zu tun.

ELEEMOSYNARIUS
Entweder du tust, was man dir sagt, oder aber du verlierst diese Vergünstigung!

DER ALTE
Bevor ich das tue und gehorche, verzichte ich lieber auf das Spital und die Gnade des Bischofs!

ELEEMOSYNARIUS
Fort mit dir! Aber sieh zu, daß du das nicht noch bereust, Alter! O wie schwer sind sogar die alten Leute zum Guten zu bewegen! Fürwahr, es ist wirklich ein Segen, wenn man sich schon in zarter Jugend an das Gute gewöhnt. Ich will dem Bischof berichten, was hier vorgefallen ist.«

III, 8: Ein Diener klagt, daß er am Tisch des Bischofs so viele Arme bedienen muß, die ihm kein Trinkgeld geben.

III, 9: Ein Parasit, ein Hofnarr (Morosophus) und ein Possenreißer (Hilarus) sind unzufrieden mit der asketischen und allzu seriösen Atmosphäre des bischöflichen Hofes.

[45] Vgl. Mt. 24, 1–12.

IV, 1: Diese zentrale, auch in ihrem sprachlichen Ausdruck bemerkenswerte Szene, die hier vollständig wiedergegeben wird, enthält einen Monolog Ulrichs (Zeitklage), einen Hymnus an die hl. Afra und die berühmte »Lechfeldvision« Ulrichs (vgl. Kapitel 3 in Gerhards *Vita*).

IV, 1: UDALRICUS, S. AFRA, CHORUS.

UDALRICUS
  Heu, mole quanta me premunt negotia,
  Dum vix potestas recipiendi spiritum
  Conceditur, ita aliud mihi ex alio venit!
  Heu mitra, quot curis onusta me gravas!
5 Litue, quam crebras mihi vigilias paris!
  O annule, quibus me tenes angustiis!
  O crux, quot es molestiarum fertilis!
  In quae incidi tempora! Deus, Deus meus,
  Quanta omnium confusio iam cernitur
10 Rerum atque statuum quanta perturbatio!
  Si, Christe, verbis fidem adhibeo tuis,
  Ut firmiter credo, haud procul abest amplius
  Fatalis ille toti hominum generi dies,
  Ut machina haec mundi soluta corruat.
15 Tu namque in hanc locutus es sententiam,
  Instante mundi fine crudelissima
  Bella fore gentemque unam ituram in alteram,
  Raram quoque fore charitatem inter homines,
  Sed criminum segetem extituram uberrimam![45]
20 An ista non sunt foeta bellis tempora?
  Non exulat totis hominum cordibus amor?
  Nunquid vitiorum mundus est plenissimus?
  Armis ubi Mars non furit, rumoribus
  Ibi panicis et bellicis omnia replet.
25 Sed tu, Deus ter maxime et ter optime,
  In his mediis Martis feri tumultibus,
  Quando omnia armis et tubis circumstrepunt,
  Servare digneris dioecesin meam
  Hanc integram, sed maxime te deprecor,
30 Augustam ut urbem cultui iam deditam
  Tuo velis a militum violentia
  Salvam tueri, praeda ne siet hostibus.
  Quodsi meis sceleribus exigentibus
  Has sumere poenas cogitas de me, Deus,
35 Saltem da, ne mea luat hoc ecclesia,

Sed subiectis parce, ducem me percute!⁴⁶
Et tu, Afra Martyr, aeviterno splendicans
Serto, fruens complexibus castissimis
Christi tui sponsi, viridem dextra tenens
40 Victoriae ac insigne pacis aureae
Palmam, cui tempestas dolorum omnis abiit,
Quam grando nulla, nullus aut turbo ferit,
Cui spirat aeternos in aula caelica
Iam ver odores, aeviterna cui quies,
45 Patrona, quae a caelitibus huic urbi data es,
O Diva, nobis impetra precibus tuis
Tranquilla tutaque tempora, ut cunctis procul
Bellis fruamur pace, caelesti bono!

CHORUS
Hoste devicto superûm beatam
50 Possides aulam, rutilas et inter
Caeteros Divos, velut inter orbes
Luna minores.

Nulla perturbant mala te quietam,
Sed nec admittit locus hic dolores,
55 Nulla securis furiosa caelo
Bella moventur.

Tu vides nostras miserata pugnas,
Praevides, quae olim mala sint futura,
Tu vales nostros precibus levare,
60 Afra, labores!

Hoc Udalricus sacer iste praesul
Pro suo pastor grege deprecatus
Iam piis votis precibusque puris,
Afra, meretur.

AFRA
65 Non ideo, quia secura sim, idcirco mali
Ignara, miseris negligo succurrere:
Sed modis, queis possum, moneo, praenuncio
Mala, quae futura sunt, ne incautos obruant.
Huc ergo, Udalrice, advertito animum tuum
70 Et, quae tibi nunc refero iussu Numinis,
Ea in futurum procura, ne excidant!
Circumfer oculos et metire, quem vides,

Campum, qua se in longum latumque porrigit!
Isthoc loco ingenti cohortes praelio
75 Binae legiones explicabunt horridas.
Directae acies toto coibunt agmine,
Pelletur umbone umbo, cuspis cuspide,
Haerebit ensis ense, pes pede, vir viro.[47]
Hinc barbari sese explicabunt Pannones,
80 Timenda gens arcu et bellis aspera,
Quae quasi mare aestuans, decumanis fluctibus
Pulsabit ac inundabit Germaniam.
Hinc Imperator Otto suas pandet aquilas,
Utrimque praelio ancipiti pugnabitur
85 Et non nisi plurimo cruore fumigans
Tandem favebit Christicolis Victoria,
Qua pax tibi et ecclesiae parabitur,
Nec postea periculis quatietur talibus!
Tu vero canis tandem et annis obsitus
90 Vitam dabis fatis placide urgentibus!
Haec me Deus, praesul, tibi praedicere
Voluit, ut, ubi clangent tubae, cum tympana
Sonabunt, barbarorum et clamor panicus
Complebit auras auresque audientium,
95 Otto Imperator animum ne despondeat,
Verum tuo hortatu monitus audentior
Contra hos eat, fisus certo auxilio Dei.
Illique polliceberis victoriam,
Quam te comite de Pannonibus ipse auferet,
100 Nulla memoria temporum delebilem!

UDALRICUS

O summe caelorum arbiter, quanta est tua
In nos pietas paternaque vigilantia,
Quos tam fideliter futurorum admones,
Praevisa minus ut nos iacula saeva feriant,
105 Sed impetum contra intrepidis stemus animis,
Pericula imminentia nobis detegis!
Ergo, Domine, qui consilium istud suggeris,
Nobis, precamur, auxilium praesta quoque!

17 alteram – aliam B; 24 pannicus AB; 36 parce subiectis B (nach Vergil, Aeneis VI, 853?); 57 nostras – nostra A; 71 procura – profutura AB; 81 mari A; 93 pannicus AB; 97 certo fehlt B; 102 Quos – Qui B.

(A, fol. 40r – 42r; B, fol. 222r – 223v)

[46] Vgl. Mt. 26, 31; Mc. 14, 27.
[47] Vgl. Vergil, Aen. 10, 361: *haeret pede pes densusque viro vir.*

ULRICH
»Ach, wie drückt mich die Last der Geschäfte: man hat kaum Zeit zum Atemholen, so kommt für mich eines zum andern. Ach, meine Mitra, mit wieviel Sorgen belädtst du mich! Mein Bischofsstab, wie viele schlaflose Nächte bescherst du mir! Mein Ring, wie schlimm beengst du mein Leben! Mein Kreuz, wie reich ist dein Ertrag an Mühsal! In was für eine Zeit bin ich nur geraten! Gott, mein Gott, überall ist jetzt nichts als Unordnung zu sehen und Verwirrung! Wenn ich mich, Christus, an deine Worte halte, so ist, wie ich fest glaube, der letzte Tag für die ganze Menschheit nicht mehr fern, da dieses Weltgebäude zerbricht und zusammenstürzt. Du hast nämlich gesagt, wenn das Ende der Welt nahe sei, brächen grausame Kriege aus, ein Volk erhebe sich gegen das andere und es gebe keine Liebe der Menschen mehr untereinander, vielmehr gehe in reichem Maße die Saat der Sünde auf. Nun, sind dies nicht etwa Zeiten, schwanger von Kriegen? Ist nicht die Liebe verbannt aus den Herzen aller Menschen? Ist nicht die Welt erfüllt von Lastern? Wo Mars noch nicht mit Waffen wütet, dort erfüllt er alles doch schon mit schreckenden Gerüchten vom bevorstehenden Krieg. Doch du, allerhöchster Gott, bewahre gnädig inmitten dieses wilden Kriegsgetümmels, da alles ringsum dröhnt von Waffenlärm und Trompeten, die zum Kampfe rufen, diese meine Diözese unversehrt! Besonders aber bitte ich dich, du wollest die Stadt Augsburg, die nun sich deinem Dienst verschrieben hat, vor der Gewalt der Soldaten schützen, damit sie den Feinden nicht zur Beute werde. Wenn du, o Gott, wegen meiner Sünden mich so zu strafen gedenkst, gewähre wenigstens die Gnade, daß es nicht meine Kirche büßen muß, vielmehr: verschone meine Untergebenen, und schlage mich als ihren Führer!
Und du, Märtyrin Afra, die du erstrahlst in deinem ewigen Kranz und die keuschesten Umarmungen deines Bräutigams, Christus, genießest und in der Rechten die grüne Siegespalme und das Zeichen des goldenen Friedens trägst, die verschont ist von jeder Heimsuchung des Leids, die kein Unwetter, kein Sturm treffen kann, der im Saal des Himmels der Frühling nie vergehende Düfte zuweht, der ewige Ruhe beschieden ist, die du von den Himmlischen dieser Stadt zur Patronin gegeben worden bist, du Heilige, erwirke uns durch deine Bitten ruhige und sichere Zeiten, damit wir, fern von allen Kriegen, das himmlische Gut des Friedens genießen können!

CHOR
Du hast den Feind besiegt und bewohnst nun den seligen Himmelssaal, du erstrahlst unter den übrigen Heiligen wie der Mond unter den geringeren Zeichen des Himmels.
Kein Übel stört dich in deiner Ruhe, an diesen Ort dringen keine Schmerzen, und keine Kriege gibt es für die sorglos im Himmel Lebenden.
Du siehst voll Mitleid unsere Kämpfe, du siehst voraus, welche Übel einst noch kommen werden, du hast die Macht, durch deine Bitten unser Leiden zu lindern.
Solches verdient dieser heilige Bischof Ulrich, nachdem er als Hirt für seine Herde gebetet hat, jetzt als Lohn für seine frommen Gelübde und reinen Gebete, von dir, Afra!

AFRA
Ich habe nicht etwa, weil ich selber von jeder Sorge befreit bin, darum auch die Not der Welt vergessen und lasse die Elenden im Stich. Vielmehr ermahne ich die Menschen auf jede mögliche Art und weise im voraus auf das kommende Unglück hin, damit es nicht über Ahnungslose hereinbricht.
Wende mir also deinen Sinn zu, Ulrich, und sorge dafür, daß dir das, was ich dir jetzt auf Gottes Geheiß verkünde, in Zukunft nicht wieder entfällt. Blicke um dich, und ermiß das Gelände, das du vor dir siehst, wie es sich in die Länge und Breite erstreckt: An dieser Stelle werden zwei Legionen ihre schreckenerregenden Kohorten zu einer gewaltigen Schlacht aufmarschieren lassen. Die Schlachtreihen werden geradeaus mit voller Wucht aufeinandertreffen, und es wird Schild auf Schild, Speer auf Speer stoßen, und es wird Schwert an Schwert, Fuß an Fuß und Mann an Mann haften. Von hier werden sich die barbarischen Ungarn ausbreiten, ein Volksstamm, der mit seinen Bogenwaffen zu fürchten und im Kampf unerbittlich ist, und er wird wie ein brandendes Meer in ungeheuren Wogen Deutschland bestürmen und überschwemmen. Daraufhin wird Kaiser Otto sein Heer aufziehen lassen, und es wird auf beiden Seiten mit unentschiedenem Erfolg gekämpft werden, und erst nachdem sehr viel Blut vergossen ist, wird die von diesem Blut

dampfende Siegesgöttin schließlich den Christen günstig sein. Damit wird für dich und die Kirche der Friede gewonnen, und sie (die Kirche) wird danach nicht wieder von derartigen Gefahren heimgesucht werden. Du selber aber wirst, alt und grau geworden, dein Leben sanft dem unerbittlichen Tod hingeben. Dies, Bischof, wollte Gott durch mich dir prophezeien lassen, damit, wenn die Kriegstrompeten ertönen und die Trommeln dröhnen und das furchterregende Geschrei der Barbaren die Lüfte und die Ohren erfüllt, Kaiser Otto den Mut nicht aufgebe, sondern, durch deinen Zuspruch ermuntert, tapfer ihnen entgegenzutreten wage im Vertrauen auf die sichere Hilfe Gottes. Ihm sollst du den Sieg versprechen, den er gemeinsam mit dir über die Ungarn davonträgt und der ewig im Gedächtnis der Zeiten haften wird.

ULRICH
O höchster Lenker des Himmels, wie groß ist deine Güte gegen uns und deine väterliche Fürsorge, da du uns so treu an das erinnerst, was die Zukunft bringen wird! Damit uns die Pfeile, mit denen wir rechnen, weniger schlimm treffen und wir vielmehr mit mannhaftem Mut uns dem Angriff entgegenstellen, entdeckst du uns die Gefahren, die uns drohen. Nun also, Herr, da du uns diesen warnenden Rat zugedacht hast, verweigere uns jetzt auch nicht deine Hilfe, darum bitten wir.«

IV, 2: Die allegorischen Figuren Invidia (Neid) und Discordia (Zwietracht) beschließen, Ulrichs und Augsburgs Frieden zu stören.

IV, 3–5: Dramatisch ganz unvermittelt wird über drei lange Szenen die weiter oben beschriebene Geschichte von der unschuldigen Frau des Rheingrafen erzählt. Die handelnden Personen sind: Palimbius (»der Wiederbelebte«, der angebliche Ehebrecher), Comes, Cathara (»die Reine«, die zu Unrecht verdächtigte und grausam bestrafte Frau des Grafen), die beiden allegorischen Figuren Suspicio (Verdacht) und Innocentia (Unschuld), Ulrich und einige Diener.
Bemerkenswert ist, daß der wiederbelebte Palimbius in einem kurzen Jenseitsbericht von der Bestrafung spezifischer Sünder (der Faulen, der Säufer und Fresser, der Verleumder und der Venusdiener) erzählt.

IV, 6: Ein Dux (Hauptmann) mit einem Praeco (Herold) wirbt für das Heer des Kaisers Krieger an. Hier ist wieder etwas Platz für Komik: ein »Frauenfeind« läßt sich anwerben, um seinem zehnjährigen Ehekrieg zu entkommen. In der älteren Handschrift A ist diese kleine Episode, die wir hier wiedergeben, erkennbar nachträglich eingefügt; sie trägt die Überschrift: *Inserenda Scenae 6 Actus 4.*

DUX
    Quae causa te ad bellum eiicit, vir optime?
    Videris haud adeo tenuis domi tuae!

MISOGYNUS
    Nulla quidem egestas militiae nomen dare
    Me cogit, ast uxorem habeo talem domi,

     5 Pigram, voracem, multibibam, merobibam,
       Quam bilis agitat atra, fel merissimum,
       Scylla et Charybdis Sicula contorquens freta.

Dux
       Non fustibus iratam subinde mitigas?

Misogynus
       Nil proficio, multo fit efferatior!
    10 Quae altera Megaera noctes et dies
       Instat mihi! Illâ mortuâ Styx quatuor
       Furias numerabit!

Dux
                 Non es assuetus feri
       Martis laboribus.

Misogynus
                     Decimus hic annus est,
       Quotidiana bella cum coniuge mea
    15 Quod gero, stipendia meritus, quot sunt dies!
       Post tot labores, post tot ego pericula
       Bello gerendo idoneus non censear?

Dux
       Probata tua est virtus, miles eris strenuus!

Cerevisarius
       Domine, quaeso, hunc ne recipias in militum
    20 Numerum tuorum, donec ex fide data
       Satisfaciat, nam nomina fecit plurima.

Dux
       Quantum aeris est, quod debet hic?

Cerevisarius
                          Est aureus.

Dux
       Tantisper exspecta, domum dum reveniat
       Ex praelio; tum creditoribus satis
    25 Omnibus faciet; tute interea domum redi! ...

       7 freta – fera AB; 10 Quae – Quam B;
               (A, fol. 49rv; B, fol. 230v – 231r)

Hauptmann
»Was veranlaßt dich denn, in den Krieg zu ziehen, guter Mann? Du siehst doch gar nicht so ärmlich aus.

Frauenfeind
Allerdings, Armut zwingt mich nicht, mich werben zu lassen, aber ich habe ja eine solche Frau zu Hause, faul, verfressen, versoffen, ein Weinschlauch, von der schwarzen Galle getrieben, das pure Gift, eine Scylla und Charybdis, die das Sizilische Meer in Aufruhr bringt!

Hauptmann
Wenn sie so zornig und hart ist, prügelst du sie denn nicht bisweilen weich?

Frauenfeind
Damit richte ich nichts aus, da wird sie nur noch wilder. Wie eine andere Megära setzt sie mir Tag und Nacht zu. Wenn die einmal tot ist, gibt es in der Unterwelt vier Furien!

Hauptmann
Du bist aber doch nicht an den harten Kriegsdienst gewöhnt.

Frauenfeind
Nun sind es zehn Jahre, daß ich mit meiner Frau täglich Krieg führe, – und ich war im Dienst, soviel es Tage waren! Nach so viel Leiden und Gefahren soll ich nicht für kriegstauglich gelten?

Hauptmann
In der Tat, deine Tauglichkeit ist erwiesen. Du wirst ein tüchtiger Soldat.

Bierbrauer
Herr, bitte, nimm diesen da nicht auf unter deine Soldaten, bevor er nicht alles, was er anschreiben ließ, beglichen hat! Er hat nämlich schrecklich viel Schulden gemacht!

Hauptmann
Wieviel ist er dir schuldig?

Bierbrauer
Einen Goldgulden.

Hauptmann
Warte nur ein wenig, bis er aus der Schlacht zurückkommt: dann wird er allen Schuldnern Genüge tun. Geh du erst einmal nach Hause!«...

IV, 7: Discordia und Bellona (Göttin des Krieges) berichten vom Erfolg ihrer zerstörerischen Bemühungen, nämlich dem Zerwürfnis zwischen Otto und seinem Sohn Luitolph bzw. seinem Bruder Heinrich, Herzog von Bayern.

IV, 8: Ulrich erfährt nach seinem Besuch beim Kaiser von der Plünderung Augsburgs durch Arnulph.

IV, 9: Bürger und Soldaten schildern die Plünderung der Stadt.

V, 1: Kaiser Otto beklagt den Abfall seines Sohnes. Ulrich schaltet sich gemeinsam mit Hardobert, dem Bischof von Chur, vermittelnd ein und erreicht die Aussöhnung zwischen Vater und Sohn.

V, 2: Invidia und Bellona gestehen ihr Scheitern ein, hoffen aber, gemeinsam mit Idololatria (Götzendienst), auf die große Katastrophe durch den Ungarneinfall.

V, 3: Razomizus, der Abgesandte der Ungarn, sagt Otto den Krieg an.

V, 4: Ulrich stärkt den verzagten Kaiser, und beide verbünden sich zur gemeinsamen Schlacht.
Die Szene wird hier vollständig wiedergegeben:

V, 4: OTTO, UDALRICUS, POLEMARCHUS, CELER.

OTTO
    I, Celer, Udalricum voca ad me episcopum,
    Qui rebus in dubiis mihi est pro oraculo!

CELER
    Eo, Caesar, et iussa tua promptus exequor.

OTTO
    Subsiste, turba, non eget res arbitris,
5 Quam solus expedire statui cum Deo.
    O caelites, ut me malum ex malo premit!
    Ad te revertor, Christe, praesidium meum
    Et fortitudo: tu tyranni disiice
    Temeraria ausa, frange fastus, impetum
10 Retunde, bellum hoc, fac, ipsi exitium ferat!
    Opem nisi mittis caelitus, succumbimus!
    Humana desunt auxilia, Christe, adiuva!

UDALRICUS
    Surge, Otto, frustra ne macera te questubus
    Nimioque lessu: praepotentis Numinis
15 Tibi favorem nuncio certissimum.
    Arma indue, bellum interritus bello excipe!

OTTO
    Sed multitudo hostium et meorum paucitas
    Retro animum flectunt.

UDALRICUS

                    Si tuis victoriam
Metire viribus, merito quidem times,
20 Sed Christo et ipsius auxilio si niteris,
Vano timori parce! Nec te paucitas
Turbet tuorum, multa nec te millia
Quatiant labefactum partis adversae metu.
Deo perinde est, vincere in paucis: memor
25 Animo revolve exempla sacrae paginae!
An non Abramus cum trecentis vernulis
Praedam revexit, quam tulerunt gentium
Reges quaterni?[48] Anne minore exercitu
Virtus Gedeonis castra, quae Madianidum
30 Fortissimos complexa cepit, terruit,
Stravit, fugavit?[49] Fasce uno ut colligam,
Quae sparsa passim: debili quoties manu
Populique parvis copiis in copias
Machabaeus ausus invehi innumerabiles?[50]

OTTO

35 Nimium insolescit hostis ex tot iam victoriis.
Vix est medicina huic vulneri.

UDALRICUS

                    Quo res magis
In lubrico malumque desperatius,
Tanto exerit divina se gloria magis!

OTTO

Sed quam putas belli viam tutissimam?

UDALRICUS

40 Ne concidat vultus tuus, Caesar! Oculos
In me tuos defige: tecum ego ipsemet
Praesens in hostes ibo, me periculis
Tecum obiiciam omnibus; meliorem concipe
Spem, certa te victoria victorem manet.
45 Nec vana tibi denuncio, hoc olim Deus
Mihi per Afram Martyrem quondam suam

---

[48] Vgl. Gen. 14, 14–16.
[49] Vgl. Judic. 8, 11–12.
[50] Vgl. 2 Mac. 10ff.

>Dignatus est praedicere, indigno licet:
Hostem aggredere spei optimae plenissimus:
Videbis adspirare coeptis caelites!

OTTO

50 Victoriae spes me erigit, nulla amplius
Dubitatio. Tympana, heus ministri, perstrepant
Tubaeque! Ad arma, ad arma certatim ruant,
Qui ferre possunt arma! Me praecedito,
Praesul sacer, demisse caelitus mihi!
55 Accingar egomet ipse tecum praelio!

11 mittis – mittas B; 26 cum – eam B; 46 Mihi – Mi AB.
(A, fol. 61v – 62v; B, fol. 241v – 242r)

OTTO

»Geh, Läufer, und ruf den Bischof Ulrich zu mir, der in schwieriger Lage für mich ja stets wie ein Orakel ist!

LÄUFER

Ich gehe, Kaiser, und tue augenblicklich, was du befiehlst.

OTTO

Halt, meine Begleiter: es bedarf keiner Beobachter, was ich allein mit Gott auszumachen beschlossen habe. – O Himmel, wie kommt doch ein Übel nach dem andern über mich! An dich wende ich mich, Christus, mein Schutz und meine Stärke: mache zunichte das freche Wagnis dieses Tyrannen, brich seinen Stolz, schlag seinen Angriff zurück, gib, daß dieser Krieg ihm selbst das Ende bringt! Wenn du nicht Hilfe vom Himmel schickst, unterliegen wir! Es gibt keine Hilfe von seiten der Menschen: du, Christus, mußt helfen!

ULRICH

Erhebe dich, Otto, und martere dich nicht unnötig mit Klagen und unangebrachtem Totengesang: ich kann dir die allersicherste Unterstützung des allmächtigen Gottes verkünden! Zieh die Waffenrüstung an, und nimm unerschrocken den Kampf auf!

OTTO

Wenn ich aber die Übermacht des Feindes und die geringe Zahl meiner Soldaten bedenke, verliere ich allen Mut.

ULRICH

Du fürchtest dich mit Recht, wenn du den Sieg nur von deinen eigenen Kräften abhängig machen willst. Baust du jedoch auf Christus und seine Hilfe, kannst du von deiner unsinnigen Angst lassen. Auch die geringe Zahl deiner Truppen braucht dich nicht zu bekümmern, und die Tausende des Gegners sollen dich nicht schrecken. In Gottes Macht steht es, auch mit geringer Truppenstärke zu siegen. Denke daran, und führe dir die Beispiele aus der Bibel vor Augen! Hat nicht Abraham mit seinen dreihundert Haussklaven die Beute zurückgebracht, die vier Könige entführt hatten? Hat nicht die Tapferkeit Gedeons, der das Lager einnahm, in dem sich die Stärksten der Midianiter befanden, mit einem kleineren Heer den Feind in Schrecken versetzt, niedergeworfen und in die Flucht geschlagen? Um von den überall verstreuten Beispielen noch ein einziges zum Abschluß anzuführen: wie oft hat der Makkabäer es gewagt, mit einer schwachen Kriegsmacht und geringen Kampfkräften seines Volkes die unzähligen Truppen der Feinde anzugreifen!

Ulrich auf dem Jesuitentheater

OTTO
Aber der Feind wird allmählich allzu frech nach so viel Siegen. Für diese Wunde gibt es kaum eine Arznei.

ULRICH
Je bedenklicher die Lage und je hoffnungsloser das Übel, um so sichtbarer erweist sich Gottes Glorie.

OTTO
Doch wie, meinst du, ist der Kampf am sichersten zu führen?

ULRICH
Daß dir jetzt nicht das Gesicht zusammenfällt, Kaiser! Richte deine Augen auf mich: ich selber will mit dir zusammen gegen die Feinde ziehen und mich mit dir allen Gefahren entgegenstellen. Schöpfe neue Hoffnung, der sichere Sieg harrt deiner, du wirst die Schlacht gewinnen! Und ich verkünde dir hier keine Phantastereien: Gott selbst hat vor langer Zeit geruht, mir dies durch seine Märtyrin Afra vorherzusagen, auch wenn ich es nicht verdiene. Also, stelle den Feind, und sei ganz zuversichtlich: du wirst sehen, daß der Himmel deinem Tun günstig ist!

OTTO
Die Aussicht auf den Sieg richtet mich wieder auf, nun zögere ich nicht mehr! Wohlan, meine Helfer, laßt die Trommeln rühren und die Trompeten ertönen: zu den Waffen, zu den Waffen soll alles um die Wette stürmen, was Waffen tragen kann! Schreite du mir voran, heiliger Bischof, der mir vom Himmel herabgesandt ist! Ich will mich gemeinsam mit dir zur Schlacht rüsten!«

V, 5: Idololatria, der Schutzengel Augsburgs sowie der Schutzengel Ulrichs und der böse Geist (Genius malus) erwarten mit sich widerstrebenden Interessen die bevorstehende Schlacht.

V, 6: Militärisches Personal (Polemarchus, Explorator, Tympanista, Tubicen, Praeco) schildert in Form eines dialogischen Botenberichts die Vorbereitungen zur Schlacht.

V, 7: Die Entscheidungsschlacht zwischen Otto, Luitolph und Ulrich auf der einen und dem Ungarnkönig Geysa auf der anderen Seite wird, nach Ablehnung eines erpresserischen Friedensangebots des Ungarn, geschlagen.
Im folgenden ist der Beginn der Szene mit der Überreichung des »Ulrichs-Kreuzes« wiedergegeben und zwar in der erweiterten Fassung der Handschrift B (mit einem dramaturgisch hilfreichen Dialog zwischen dem Engel und Ulrich). Der Autor hat den feierlichen Akt formal durch den Einsatz des grundsätzlich ehrwürdigen Hexameters in den ersten drei gebetsartigen Versen Ulrichs (V. 12–14) ausgezeichnet.

OTTO
      Divide aciem, Polemarche, dextrum mihi
      Cornu ac Udalrico et Luitolpho filio.
      Praesulis sacri latera cingemus nos duo.

ANGELUS
    Udalrice, huc dirige oculos, me conspice!

UDALRICUS
  5 Haec unde vox meas ad aures accidit?

ANGELUS
    Viden', Udalrice, caelitus missam crucem?

UDALRICUS
    Video, Aliger Sanctissime. Ast unde hoc mihi?

ANGELUS
    Hanc accipe hoc in praelio, quod numinis
    Clypei utere atque ensis loco. Haec tutabitur,
  10 Certissimam victoriam crux haec tibi
    Et imperatori pariet! Fidas Deo!

UDALRICUS
    Quanta, Deus, tibi cura mei est et quanta meorum,
    Qui cruce de caelo missa das signa favoris
    Atque ex hoste iubes certos sperare triumphos!
  15 Nunc, Imperator, signum pugnae dare iube!
    En pignus hoc certae a Deo victoriae!

    4–10 Udalrice ... haec tibi – Adspice, Udalrice, caelitus missam crucem! / Hanc accipe, haec victoriam certam tibi A.

                                A, fol. 63v – 64r; B, fol. 243rv)

OTTO
»Teile die Front auf, Polemarchus, und überlaß mir, Ulrich und meinem Sohn Luitolph den rechten Flügel: wir zwei werden den heiligen Bischof schützend zwischen uns nehmen!

ENGEL
Ulrich, schau hierher, sieh mich an!

ULRICH
Woher drang diese Stimme an mein Ohr?

ENGEL
Ulrich, siehst du dieses Kreuz, das vom Himmel herabgesandt wurde?

ULRICH
Ja, heiligster Engel. Doch, warum geschieht mir das?

ENGEL
Nimm es an dich in dieser Schlacht, und nutze es als Schild und Schwert, von Gott geschenkt! Es

wird dich schützen, und es wird dir und dem Kaiser den allergewissesten Sieg erringen! Vertraue nur auf Gott!

ULRICH
Gott, wie sehr sorgst du dich um mich und die Meinen, der du uns in dem vom Himmel gesandten Kreuz ein Zeichen deiner Gunst schenkst und uns sicheren Triumph über den Feind versprichst. Nun, Kaiser, laß den Befehl zum Kampf geben: denn hier, sieh, haben wir von Gott das Unterpfand unseres Sieges!«

V, 8: Nach dem in der vorigen Szene schließlich errungenen und besungenen Sieg folgt hier eine dramatisch eindrucksvoll kontrastierende Szene: Ulrich, von Todesahnungen heimgesucht, beauftragt einen Maurer (Caementarius), ihm sein eigenes Grab zu bauen.

V, 9: Der Tod (Mors), mit Pfeilen und Sanduhr, kündigt im Monolog das Ende Ulrichs an, das dieser im Unterschied zu anderen Menschen ohne Angst erwartet.

V, 10: Ulrich stirbt, von seinem Schutzengel getröstet, in Gegenwart des Gerardus und anderer Kanoniker. Die Anwesenheit des Schutzengels und der Freunde im Sterbezimmer ist für die Jesuitendramatik typisch. Sie entspricht den von der »Ars moriendi« geprägten spätmittelalterlichen Vorstellungen. Hier wird der Schluß dieser Szene mit den Abschiedsworten Ulrichs wiedergegeben:

GERARDUS
    Ergo, venerande pater, ita nos deseres?
    Parum morare!

UDALRICUS
        Parcite lamentis! Ego
    Spondeo patronum me futurum ecclesiae,
    Si gratiam, quam spero facilem, invenero
5   Coram Deo. Vos charitatem mutuam
    Alite propriisque commodis ecclesiae
    Studete commoda anteferre. Quod unum adhuc
    Superest: valete! Nos iterum videbimus
    In arce caeli! Surgite, me comitamini
10 Ad templum, ut hymnis muniatis transitum!
            (A, fol. 67r; B, fol. 246rv)

GERHARD
»Willst du uns denn, ehrwürdiger Vater, so allein lassen? Bleib doch noch ein wenig bei uns!

ULRICH
Hört auf zu klagen! Ich verspreche euch, daß ich der Schutzpatron eurer Kirche sein werde, wenn

ich vor Gott Gnade finde, die mir, wie ich hoffe, leicht zuteil wird. Ihr aber nährt die Liebe untereinander und bemüht euch, dem Wohl der Kirche euren eigenen Vorteil unterzuordnen. Nun bleibt mir nur noch, euch Lebewohl zu sagen. Wir werden uns in der Burg des Himmels wiedersehen! Erhebt euch jetzt, und begleitet mich zur Kirche, damit ihr dort mein Hinscheiden mit euren Hymnen stärken könnt!«

V, 11: Engel feiern singend Ulrichs Ankunft im Himmel. Der böse Geist (Genius malus) gesteht voller Verzweiflung seine Niederlage ein und entschwindet in die Hölle.

V, 12: Vier Kleriker betrauern, in schönem Kontrast zu V, 11, den Tod Ulrichs und trösten sich im Vertrauen auf seine künftige Fürsprache.

V, 13: Drei Bürger beklagen den Verlust des Wohltäters ihrer Stadt.

V, 14: Ulrich wendet sich vom Himmel aus an den versammelten Klerus. Die Szene wird hier vollständig wiedergegeben:

V, 14: CHORUS CLERICORUM, UDALRICUS.

UDALRICUS
>   Heus filii, tandem, mihi charissimi,
>   Vestro modum planctu lachrymisque ponite!
>   Non mortuus vobis ego, ast vivo magis!
>   Nec, ut putatis, pectori omnino meo
>   5 Nunc excidistis, cura vel vestri mihi
>   Nulla insidet: ante mole corporis gravi
>   Multum impeditus, quae volebam peragere
>   Bona, haud potui; sed nunc solutus omnibus
>   Molestiis, periculis fidissimam
> 10 Curam omnium vestrum geram, quando Deo
>   Coniunctior, quae petiero, facillime
>   Iam consequar. Si quae premat necessitas
>   Quemcunque vestrum, confugite ad fidem meam:
>   Gravia, levia quaecunque erunt, deponite!
> 15 Non vos inauditos patiar discedere!
>   Sed te mea nunc, Heinrice praesul optime,
>   Oratio petit, monitum qua te volo,
>   Tuarum ovium curam geras, ut hactenus
>   Meam insides sedem, mea et vestigia
> 20 Insistis exemplo omnium utilissimo.
>   Verum tene, quod iam tenes, age, quod agis,
>   Constanter et nec ante vitae terminum
>   Incepta tua opera destitue, donec, ut ego,

>   Tandem gravi solutus onere corporis
> 25   Aeterna mecum apud superos dona capias!
>
>   6 mole – moli A; 23 Incepta – Suscepta B.
>   (A, fol. 69r; B, fol. 248rv)

ULRICH
»O meine über alles geliebten Söhne, setzt endlich eurer Trauer und euren Tränen ein Maß! Ich bin für euch ja nicht tot, vielmehr lebe ich für euch noch mehr als vorher. Und es ist nicht etwa so, wie ihr meint: daß ihr aus meinem Herzen gefallen wäret und ich mich nicht mehr um euch sorgte. Früher, als ich noch von der schweren Last meines Körpers sehr behindert wurde, konnte ich das Gute, das ich wollte, nicht wirken. Nun aber bin ich befreit von aller Mühsal und Gefahr und werde so die treueste Sorge für euch hegen, und da ich nun näher mit Gott verbunden bin, kann ich alles, worum ich bitte, sehr leicht erreichen. Wenn einer von euch in Not ist, – wendet euch nur vertrauensvoll an mich, und legt bei mir alles ab, schwere wie leichte Kümmernisse: ich werde euch nicht unerhört fortgehen lassen!
Doch nun wende ich mich an dich, bester Bischof Heinrich, und ich möchte dich ermahnen, daß du weiterhin für deine Schafe sorgst, so wie du bisher auf meinem Bischofsstuhl sitzt und in meine Fußstapfen trittst und ein für alle sehr heilsames Beispiel gibst! Doch halte fest an dem, was du schon getan hast, und verfolge dein Werk unbeirrt, und laß vor deinem Lebensende nicht ab von dem, was du begonnen hast, bis du, so wie ich, zuletzt befreit von der schweren Last des Körpers gemeinsam mit mir im Himmel die ewigen Gaben in Empfang nehmen kannst!«

Dies sind die letzten Worte unseres Ulrich-Dramas, bevor der Epilog noch einmal auf recht banale Weise die Anliegen des Stücks zusammenfaßt. Obwohl der historisch auf Ulrich folgende (übrigens durchaus umstrittene) Bischof ebenfalls Heinrich hieß, ist evident, daß in der vorliegenden Schlußszene der Heilige seinen aktuellen Nachfolger anspricht: Heinrich von Knöringen. Er wird hier von der denkbar höchsten Autorität – einem heiligen Bischof, der die Christenheit vor ihren barbarischen Feinden gerettet hatte – ermutigt, in seinem kämpferischen Wirken für die Gegenreformation nicht nachzulassen. Wenn es noch eines Beweises bedurft hätte, daß die Dillinger *Comoedia de Sancto Udalrico Episcopo Augustano* vom Jahre 1611 eine politische Botschaft verkündet, spätestens hier wäre er erbracht. Aber das Publikum der Jesuiten, vor allem das gebildete, war es ohnehin längst gewohnt und auch dazu erzogen, genau hinzuhören und sich das Seine zu denken, wenn auf der Bühne die Gestalten der Vergangenheit in die Gegenwart traten.

Friedrich Dörr, Karlheinz Schlager, Theodor Wohnhaas

Das Ulrichsoffizium des Udalschalk von Maisach.
Autor – Musikalische Gestalt – Nachdichtung

I.

Aus dem Jahre 1130 ist ein Schreiben des päpstlichen Legaten überliefert, in dem er die dem Abte Udalschalk von St. Ulrich und Afra »durch den Bischof Hermann von Augsburg zuteil gewordene Investitur und Weihe für rechtens erklärt«.[1] Im gleichen Schreiben ordnet der apostolische Legat an, »daß der Gesang (cantus), den Udalschalk auf Bitten des verstorbenen (venerandi memorie) Bischofs Udalrich I. von Konstanz und der Mönche von St. Ulrich und Afra zu Ehren des Patrons, des hl. Udalrich von Augsburg, verfaßte, in dessen Kirche feierlich gesungen werde«.[2]

Abt Udalschalk, als »poeta celeberrimus nec non artis musicae peritissimus« gepriesen, gehörte »zu den interessantesten Persönlichkeiten seiner Zeit«.[3] Er entstammte nicht dem Edelgeschlecht der Maisacher, obwohl er häufig mit dem Zunamen »von Maisach« zitiert wird.[4] Als Mönch der Abtei St. Ulrich und Afra begab er sich 1118 zusammen mit seinem Abt Egino auf eine Romreise. Anlaß der Reise waren die Auseinandersetzungen des Abtes mit dem Augsburger Bischof, der 1118 die Abtei besetzen und die Mönche nach Thierhaupten vertreiben ließ. Abt Egino »kämpfte nicht nur gegen den exkommunizierten Bischof Hermann (1096–1131) und für die päpstliche Sache, sondern auch um die Freiheit seiner Abtei und ihre Reform«.[5] Auf der Rückreise

---

[1] Wolfgang Peters, Die Gründung des Prämonstratenserstifts Ursberg, in: Zeitschrift für bayerische Landesgeschichte 43, 1980, S. 580.

[2] Die Regesten der Bischöfe und des Domkapitels von Augsburg. Erster Band. Von den Anfängen bis 1152. Bearbeitet von Wilhelm Volkert. Mit einer Einleitung von Friedrich Zoepfl (†), Augsburg 1985, S. 276, Nr. 467.

[3] Rudolf Stephan, Einige Hinweise auf die Pflege der Mehrstimmigkeit im frühen Mittelalter in Deutschland, in: Kongreßbericht der Gesellschaft für Musikforschung Lüneburg 1950, hrsg. v. Hans Albrecht, Helmut Osthoff, Walter Wiora, Kassel (1950), S. 69f.; vgl. dazu auch Friedrich Zoepfl, Udalschalk, in: LThK 10, ²1965, Sp. 444 und Heinrich Hüschen, Udalschalk, in: MGG 13, 1966, Sp. 1017.

[4] Norbert Hörberg, Udalschalk, in: Augsburger Stadtlexikon. Geschichte, Gesellschaft, Kultur, Recht, Wirtschaft. Hrsg. v. Wolfram Baer, Josef Bellot u.a., Augsburg 1985, S. 382.

[5] Wilhelm Liebhart, St. Ulrich und Afra zu Augsburg. Studien zu Besitz und Herrschaft (1006–1803), München 1982, S. 26f.

von Rom starb Abt Egino am 15. Juli 1120 in Pisa. Da die Auseinandersetzungen in Augsburg zwischen der kaiserlichen und der päpstlichen Partei fortbestanden, ging Udalschalk nach Konstanz zu Bischof Udalrich ins »Exil«.
Im Auftrag des Konstanzer Bischofs verfaßte Udalschalk die »Historia S. Cuonradi.«[6] Anlaß für dieses Offizium war die Heiligsprechung des Bischofs Konrad von Konstanz († 975), die 1123 erfolgte. In Konstanz schrieb Udalschalk auch die Geschichte des Kampfes zwischen Bischof Hermann und Abt Egino. 1124 wählten die Mönche von St. Ulrich und Afra in Augsburg Udalschalk zum Abt. Bischof Hermann hatte wohl keine Einwände gegen diese Wahl erhoben.[7] Udalschalk aber wollte weder die Wahl annehmen noch sich vom Augsburger Bischof weihen lassen. Er gab aber schließlich den Widerstand auf und erhielt am 4. September 1124 von Bischof Hermann die Abtweihe. Da wohl Zweifel an der Gültigkeit der Wahl und der Investitur geäußert wurden, ließ Udalschalk diese kirchenrechtlichen Fragen in Rom entscheiden. Dies führte zu der eingangs erwähnten Bestätigung der gültigen Wahl und Weihe durch den Kardinallegaten Gerhard und zur Approbation des Ulrichsoffiziums, das nach Meinung Walter Berschins 1125 entstanden ist, als »der Konstanzer Bischof das Augustinerchorherrenstift St. Ulrich und Afra vor Konstanz (Kreuzlingen) gründete«.[8]
Hundert Jahre vor Udalschalk († 1151) dichtete Abt Berno von Reichenau († 1048) im Auftrag von Abt Fridebold ein Ulrichsoffizium.[9] Im Gegensatz zu Bernos Dichtung ist die Udalschalks mit Noten überliefert.
Den Text von Udalschalks Ulrichsoffizium nach der ältesten Quelle hat jüngst Walter Berschin in einer Neuedition vorgelegt.[10] In unserem Beitrag bringen wir eine Edition der Melodieüberlieferung sowie eine Übertragung des lateinischen Textes ins Deutsche. Die Übersetzung stützt sich auf den Text der Analecta Hymnica V, 235–237; die Korrektur dieser Edition, die Berschin im zitierten Beitrag vorgenommen hat, ist berücksichtigt worden.

---

[6] Norbert Hörberg, Die geistesgeschichtliche Bedeutung von St. Ulrich und Afra im 11. und 12. Jahrhundert, in: Miscellanea Suevica. Der Stadt Augsburg dargebracht zur 2000-Jahrfeier 1985. Hrsg. v. Pankraz Fried (= Augsburger Beiträge zur Landesgeschichte Bayerisch-Schwabens, Bd. 3), Sigmaringen 1985, S. 58f.
[7] Friedrich Zoepfl, Das Bistum Augsburg und seine Bischöfe im Mittelalter, München und Augsburg 1955, S. 109ff.
[8] Walter Berschin, Uodalscalc-Studien III: Historia S. Udalrici, in: Tradition und Wertung. Festschrift für Franz Brunhölzl zum 65. Geburtstag, hrsg. v. Günter Bernt, Fidel Rädle, Gabriel Silagi, Sigmaringen 1989, S. 155–164.
[9] Theodor Wohnhaas, Zur Frühgeschichte der Ulrichsliturgie, in: Jahrbuch des Vereins für Augsburger Bistumsgeschichte 7, 1973, S. 75ff.
[10] Berschin (wie Anm. 8).

II. Kommentar und Übertragung

Die Übertragung des Offiziums folgt der ältesten erhaltenen Quelle mit Notation, der Handschrift 573 der Österreichischen Nationalbibliothek Wien, einer Sammelhandschrift mit Einträgen aus dem 11. bis 13. Jahrhundert, die W. Berschin und N. Hörberg als »hagiographisches Hausbuch« der Abtei St. Ulrich und Afra in Augsburg ausführlich beschrieben haben.[11]

Das nach W. Berschin wahrscheinlich 1125 entstandene Ulrichsoffizium (fol. 19–25v) gehört zu den Einträgen des 12. Jahrhunderts und könnte demnach noch zu Lebzeiten des Abtes Udalschalk aufgezeichnet worden sein, da die Pergamenthandschrift ihre endgültige Form vermutlich zwischen 1133/34 und 1150 erhalten hat.[12] Der Aufzeichnung kommt deshalb ein hohes Maß an Authentizität zu, das in den späteren Quellen des 14. bis 16. Jahrhunderts nicht mehr gewährleistet ist.[13] Dichtung und Musik dieses Offiziums sind demnach in einer frühen Niederschrift als poetisch-musikalische Einheit dokumentiert. Es sind keine Eingriffe, Irrtümer oder Veränderungen zu erwarten, mit denen im Laufe einer Rezeptionsgeschichte zwischen der Entstehung, der Aufzeichnung und der Abschrift des Offiziums zu rechnen wäre. Die jüngere Überlieferung des Offiziums findet sich überwiegend in Brevieren ohne musikalische Notation; soweit Melodien erhalten sind, zeigen sie, z.B. in Kürzungen von Melismen, Spuren spätmittelalterlicher Choralreformen.[14]

Die Übersicht zeigt, daß von den veränderlichen Gesängen für die Gebetszeiten von der ersten bis zur zweiten Vesper die folgenden Antiphonen und Responsorien in die Hexameter-Dichtung und die Komposition einbezogen worden sind: die Canticum-Antiphon der ersten Vesper, die Antiphon zum Invitatorium der Matutin, die Antiphonen und Responsorien der Matutin, die fünf Antiphonen und die Canticum-Antiphon der Laudes sowie eine Antiphon und die Canticum-Antiphon zur zweiten Vesper.

Diese Auswahl und Anordnung der Gesänge entspricht der Norm eines neuen Offiziums, wobei die Zahl der Antiphonen und Responsorien im Nachtgottesdienst auf einen monastischen Cursus schließen läßt.

---

[11] Walter Berschin, Historia S. Konradi, in: Freiburger Diözesan-Archiv, 95. Bd., Dritte Folge, 27. Bd., 1975, S. 85 ff.; Norbert Hörberg, Libri S. Afrae, Göttingen 1983, S. 78 f.

[12] Hörberg (wie Anm. 11), S. 79.

[13] Neben der genannten Wiener Handschrift können noch folgende Quellen zitiert werden: aus dem 14. Jahrhundert die Handschriften HB I 52 der Württembergischen Landesbibliothek in Stuttgart, 53 c 7 des Wiener Schottenklosters und Cgm 94 der Bayerischen Staatsbibliothek in München; aus dem 15. Jahrhundert die Handschriften p. 12 der Seminarbibliothek Linz, Clm 4302 und Clm 11902 der Bayerischen Staatsbibliothek in München und 4° 218 der Stadtbibliothek Augsburg; aus dem 16. Jahrhundert die Handschriften 1588 (1.5.1. Aug. fol.) der Herzog August-Bibliothek in Wolfenbüttel, Gl. Kgl. Saml. 3449 der Königlichen Bibliothek in Kopenhagen und Mus. 2° I 63 der Württembergischen Landesbibliothek in Stuttgart – die Codices des 16. Jahrhunderts mit Notation.

[14] So z.B. in der Wolfenbütteler Quelle 1588 aus Augsburg, fol. 2v–12.

Liturg. Zeit	Textincipit	Gattung	Text	Kirchenton (Ambitus)
1. Vesper	Inclita devotis colimus	Magnif.-Antiphon	9 Hexameter	D (A–f) = 1/2
Matutin	Regis ut intremus	Invitatorium	2 Hexameter	E (C–c) = 4
1. Nokturn	Lignum vivarum	Antiphon	2 Hexameter	D (C–d) = 1
	Hic specula dignus	Antiphon	2 Hexameter	D (A–c) = 2
	Gloria vera salus	Antiphon	2 Hexameter	E (D–f) = 3
	Victima justicie cor	Antiphon	2 Hexameter	E (C–c) = 4
	Clamans hic orat	Antiphon	2 Hexameter	F (F–g) = 5
	Lune stellarum fundator	Antiphon	2 Hexameter	F (C–d) = 6
	Transitus ad portum Vs. Ista dies celebris	Responsorium	2 + 1 Hexameter	G (C–f) = 8
	Nobilibus natus genitoribus Vs. Spe redolens morum	Reponsorium	2 + 1 Hexameter	G (F–^a_a) = 7
	Hic solido verbi Vs. Ne cibus infantis	Responsorium	2 + 1 Hexameter	F (C–d) = 6
	Jam pueri flores Vs. Non minor hic Josue (Doxologie)	Responsorium	2 + 1 Hexameter	F (F–g) = 5
2. Nokturn	Vera loquens nullumque	Antiphon	2 Hexameter	G (D–g) = 7/8
	Ut petiit semper	Antiphon	2 Hexameter	G (D–d) = 8
	Corde manu mundus	Antiphon	2 Hexameter	G (F–g) = 7
	Lucis ut in vere	Antiphon	2 Hexameter	F (D–d) = 6
	Exultat collis pinguescit	Antiphon	2 Hexameter	F (F–g) = 5
	Palma triumphanti cedrus	Antiphon	2 Hexameter	E (C–c) = 4
	Omnibus acceptus pater Vs. Celitus eligitur	Responsorium	2 + 1 Hexameter	E (A–c) = 4
	Dum sacra perpetue Vs. Unde gubernatur	Responsorium	2 + 1 Hexameter	E (C–e) = 3
	Hec super egrotis Vs. Credulus accedens (Doxologie)	Responsorium	2 + 1 Hexameter	D (Γ–c) = 2
(3. Nokturn)	Civibus iste sacra Vs. Petrus adest magno	Responsorium	2 + 1 Hexameter	D (C–d) = 1
	Thesaurus operum dives Vs. Deposita carnis	Responsorium	2 + 1 Hexameter	F (F–g) = 5
	Presul sancte Dei Vs. Optineas miseris (Doxologie)	Responsorium	3 + 1 Hexameter	D (A–d) = 1/2
Laudes	Christe tibi gratum	Antiphon	2 Hexameter	D (C–d) = 1
	Hunc fore sacra virum	Antiphon	2 Hexameter	D (Γ–a) = 2
	Fungitur ergo gregis	Antiphon	2 Hexameter	E (D–e) = 3
	Doctrina triplici commisso	Antiphon	2 Hexameter	E (C–c) = 4
	Iste vocante Deo	Antiphon	2 Hexameter	F (F–g) = 5
	Clarus in istarum caligine	Bened.-Antiphon	4 Hexameter	F (C–f) = 6
2. Vesper	O pater Udalrice	Antiphon	3 Hexameter	D (A–d) = 1/2
	Vespera lucescit	Magnif.-Antiphon	6 Hexameter	G (C–e) = 8

Die Wiener Handschrift enthält keine Rubriken, doch kann die Abgrenzung der einzelnen Gebetsstunden aufgrund der wechselnden Antiphonen und Responsorien sicher vorgenommen werden; in der Matutin geben auch die Doxologien (Gloria patri ...) Anhaltspunkte für die Zäsur von Nokturn zu Nokturn.

Ungewiß bleibt nur die Zuordnung der Antiphon ›O pater Udalrice‹. In der Regel enthält ein Offizium für die zweite Vesper nur die Magnificat-Antiphon, hier der folgende Gesang ›Vespera lucescit‹. In der Textedition, die in den Analecta Hymnica nach den Ende des 19. Jahrhunderts bekannten Quellen des 14. und 15. Jahrhunderts vorgenommen wurde,[15] steht ›O pater Udalrice‹ als Canticum-Antiphon in der dritten Nokturn. In dieser Funktion findet sie sich auch in der Wolfenbütteler Handschrift 1588,[16] die den Herausgebern der Analecta Hymnica noch nicht bekannt war. In der älteren Wiener Quelle ist dagegen kein Anzeichen für eine Canticum-Antiphon in der dritten Nokturn erkennbar, und die dem Text ›O pater Udalrice‹ vorausgehende Antiphon ›Clarus in istarum caligine‹ ist am Rand als Benedictus-Antiphon gekennzeichnet und markiert damit das Ende der Gebetszeit der Laudes. Da die kleinen Horen des Tages, die zwischen den Laudes und der Vesper liegen, in der Regel keine neue größere Antiphon erhalten, bleibt nur die Zuweisung zur zweiten Vesper – abweichend von der späteren Überlieferung.

Beachtenswert erscheint die strenge und konsequent durchgeführte äußere Form der Dichtung.[17] Der Umfang der einzelnen Gesänge ist abgestimmt auf die einzelne Choralgattung und auf die Stellung der Gattung innerhalb des gesamten Offiziums. Die Canticum-Antiphonen, deren Gewicht die Theoretiker der Zeit auch mit der Empfehlung eines getragenen und feierlichen Vortrags betonen,[18] sind mit vier bis neun Hexametern die umfangreichsten Gesänge. Hervorgehoben werden die Magnificat-Antiphonen der Vespern, wobei die erste Vesper, mit der der Zyklus des liturgischen Tages beginnt, reicher ausgestattet ist als die zweite Vesper, mit der das Offizium schließt. Mit neun Hexametern gegenüber sechs Hexametern spiegelt sich dieses Verhältnis in der Länge der Antiphonen. Die Benedictus-Antiphon der Laudes

---

[15] Analecta Hymnica Medii Aevi, Bd. 5, Leipzig 1889 (Nachdruck Frankfurt/M. 1961), Nr. 86, S. 235 ff.

[16] Vgl. Anm. 13 und 14.

[17] Vgl. Teil III dieses Beitrags von Friedrich Dörr.

[18] Im Rahmen der Empfehlungen des ›differentialiter cantare‹ wird in mittelalterlichen Gesangslehren, angefangen von den im benediktinischen Geist geschriebenen ›Instituta patrum de modo psallendi sive cantandi‹, die in einer Abschrift des 13. Jahrhunderts bekannt sind, bis zu ›De modo bene cantandi‹ des Conrad von Zabern im 15. Jahrhundert, ein nach liturgischen Zeiten und Choralgattungen abgestufter Choralvortrag gelehrt. Vgl. Karlheinz Schlager, Ars cantandi – Ars componendi. Texte und Kommentare zum Vortrag und zur Fügung des Chorals (10.–15. Jh.), in: Geschichte der Musiktheorie, Bd. 4, Darmstadt 1993 (im Druck).

liegt mit vier Hexametern noch über den sonstigen Gesängen, wird jedoch gegenüber den Magnificat-Antiphonen geringer gewichtet. Alle Psalm-Antiphonen sowie das Invitatorium bestehen einheitlich aus zwei Hexametern, die Responsorien, mit einer Ausnahme, aus drei Hexametern, von denen der dritte jeweils den Vers bildet. Die in anderem Zusammenhang schon aufgefallene Antiphon ›O pater Udalrice‹ nimmt mit drei Hexametern auch in Hinsicht auf den Umfang der Dichtung eine Sonderstellung ein.

Diese Bilanz ist nicht als bloße Zahlenspielerei zu bewerten, denn dahinter steht eine Ordnungsvorstellung, die Einheit in der Vielfalt stiftet und das Gefüge der Dichtung wie die Struktur der Gebetszeiten gleichermaßen stützt und umfängt.

Zu ähnlichen Beobachtungen gibt auch die Betrachtung der Tonalität Anlaß. Die melodische Tonalität der liturgischen Monodie des Mittelalters geht bekanntlich von einem diatonischen Tonsystem aus, das zwei Oktaven und einige darüberliegende Töne umfaßt und seit Guido von Arezzo (* um 992, † nach 1033) mit folgenden Tonbuchstaben bezeichnet wird (die auch in der Tabelle gebraucht werden):

Acht Oktavausschnitte, von denen je zwei auf die Finaltöne D, E, F und G bezogen werden müssen, bilden die Tonordnung, die sich mit den Kirchentönen 1–8 systematisch beschreiben läßt.

Viele Melodien des jüngeren Choralrepertoires überschreiten den Oktavambitus um ein bis drei Töne; zwischen dem tiefsten und dem höchsten Ton der Melodie ergibt sich manchmal ein Abstand, der den zwei über eine gemeinsame Quinte verschränkten Oktavskalen entspricht, die zu einem Grundton gehören – die Theoretiker sprechen in diesem Fall von einem ›tonus mixtus‹.[19]

Es wird nicht überraschen, daß die Magnificat-Antiphon der ersten Vesper auch durch einen großen Tonumfang ausgezeichnet ist, der dem ersten und dem zweiten Kirchenton entspricht. Mit einer weiten Melodieführung sind auch die folgenden Gesänge hervorgehoben: das erste Responsorium der ersten und die beiden letzten Responsorien der zweiten und dritten Nokturn, d.h. Gesänge, die an Gliederungspunkten des Nachtgottesdienstes stehen; ferner die Benedictus-Antiphon der Laudes. Die Psalm-Antiphonen bewegen

---

[19] Vgl. Klaus Wolfgang Niemöller, Die Theorie des gregorianischen Gesangs, in: Geschichte der katholischen Kirchenmusik, hrsg. v. Karl Gustav Fellerer, Bd. I, Kassel 1972, S. 324 ff.

184　*Ulrichsoffizium des Udalschalk von Maisach.*
　　Österreichische Nationalbibliothek Wien, Cod. 573, fol. 19

Helita ve votis co limus follempnia
uo tis Pa tris δναλαιει diuine le gis amici. Cuius opes
nactus dum vox transfertur inactus vogmatis argentum
cumulat sim plumq; talentum. Sed tulit istarum lucra
secum diuiciarum. Cum sibi tantorum laus asseribit tuit ho
norum. Quot peum nati xpycoo meruere beati. Ergo sui
memores me ritis licet inferiores. Huius a more precum
precum deus an nue vi uere tecum.
Re gis ut intre mus requiem aug sti do rogemus.

die Grundlage für die Nachdichtung (Teil III) abgab, ergeben sich mehrfach Differenzen.

Die in der Notation angezeigten Liqueszierungen abwärts sind in der Übertragung gekennzeichnet. Übernommen wurde auch der am Ende von Tongruppen häufig auftretende ›Oriscus‹, eine Zierneume, mit der vielleicht eine kurz abspringende Sekunde gemeint war. Die b-Vorzeichen dürften original sein; sie werden in der Handschrift nach Schlüsselwechsel wiederholt.[23]

Die Textunterlegung bereitet im allgemeinen keine Schwierigkeiten. In zweifelhaften Fällen zeigen gelegentlich Haarstriche zwischen den Neumen die Abstimmung zwischen den Silben und den Melodiegliedern an.

Die angedeutete Psalmodie ist in der Übertragung nicht berücksichtigt worden, d.h. es fehlen die am Rande stehenden ›differentiae‹ (euouae = seculorum amen), die den Übergang von der Psalmformel zur Antiphon regeln, und die Textincipits der Psalmen, die den Antiphonen folgen.

---

[23] Vgl. Peter Wagner, Einführung in die Gregorianischen Melodien, Zweiter Teil, Neumenkunde, Leipzig ²1912, S. 139 ff.; Solange Corbin, Die Neumen, in: Palaeographie der Musik, hrsg. v. Wulf Arlt, Bd. I, 3, Köln 1977, S. 3.8 f. und 3.189 f.

sich in der Regel im Rahmen oder im erweiterten Rahmen eines einzigen Kirchentons; als Ausnahme sind nur die erste Antiphon der zweiten Nokturn und die schon mehrfach angesprochene Antiphon ›O pater Udalrice‹ zu erkennen.

Die Untersuchung des Ambitus und des Finaltons der einzelnen Gesänge führt zur Bestimmung des Kirchentons. Wie aus der Zusammenstellung ersichtlich wird, ergeben sich auch in diesem Punkt geordnete Verhältnisse. So sind in der ersten Nokturn die Antiphonen aufsteigend in den Kirchentönen 1–6, die Responsorien absteigend in den Kirchentönen 7/8–5 gereiht. In der zweiten Nokturn folgen sich sowohl Antiphonen wie Responsorien in absteigenden Kirchentönen, und die fünf Laudes-Antiphonen sind wiederum nach aufsteigenden Kirchentönen angeordnet.

So stellt sich dieses Offizium im Hinblick auf die Dichtung wie die Komposition als eine Art ›Gesamtkunstwerk‹ dar, zumindest als ein in sich geordneter und abgestimmter Mikrokosmos, der in Metren und Reimen bzw. Assonanzen, in Tonumfängen und Kirchentönen Einheit und Vielfalt, Beständigkeit und Wechsel spiegelt: »Sensus delectatur in rebus debite proportionatis, sicut in sibi similibus« (Sinnliches Wohlgefallen entsteht aus verbindlich geordneten Dingen, die sich zu gleichen scheinen), wird Thomas von Aquin etwa ein Jahrhundert nach der Entstehung dieses Offiziums erklären.[20]

Die Übertragung von Text und Melodie kann sich auf eine Handschrift stützen, in der Neumen, die man mit der Metzer Notation in Verbindung bringen kann, in einem mit vier Tonbuchstaben geschlüsselten Liniensystem stehen, vergleichbar der Handschrift 807 der Universitätsbibliothek in Graz, einem Graduale des 12. Jahrhunderts aus Klosterneuburg.[21]

Die Notation verrät eine sorgfältig disponierende Hand, die auch nach den häufigen Schlüsselwechseln die Lage der Melodie korrekt bewahrt. Die Diastematie, d.h. die Kennzeichnung der Intervalle, ist im allgemeinen gesichert – in wenigen Zweifelsfällen ist die Aufzeichnung in der genannten Wolfenbütteler Quelle herangezogen worden, in der das Offizium mit gotischer Notation versehen ist.[22]

Um die Struktur der Dichtung zu bewahren und um sie anschaulich darzustellen, ist die Übertragung so angelegt, daß pro Zeile ein Hexameter steht. Alle Psalm-Antiphonen umfassen demnach zwei, die Responsorien in der Regel drei Zeilen. Die Hexameter sind jeweils durch ein punctum abgeschlossen, in Anlehnung an die Praxis in der Handschrift. Die Orthographie entspricht dem Original; Abkürzungen wurden aufgelöst. Zum lateinischen Text der jüngeren Quellen, der in den Analecta Hymnica nachzulesen ist und

---

[20] Zitiert nach Rosario Assunto, Die Theorie des Schönen im Mittelalter, Neuausgabe Köln 1982, S. 229.
[21] Faksimile-Edition in: Paléographie Musicale XIX, Berne 1974.
[22] Vgl. Anm. 13 und 14.

Das Ulrichsoffizium des Udalschalk von Maisach

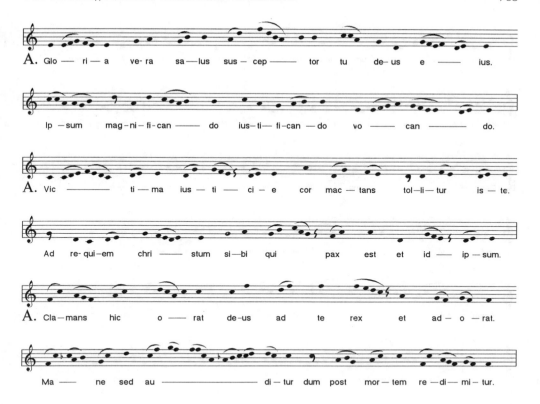

Friedrich Dörr, Karlheinz Schlager, Theodor Wohnhaas

Das Ulrichsoffizium des Udalschalk von Maisach

Friedrich Dörr, Karlheinz Schlager, Theodor Wohnhaas

Das Ulrichsoffizium des Udalschalk von Maisach

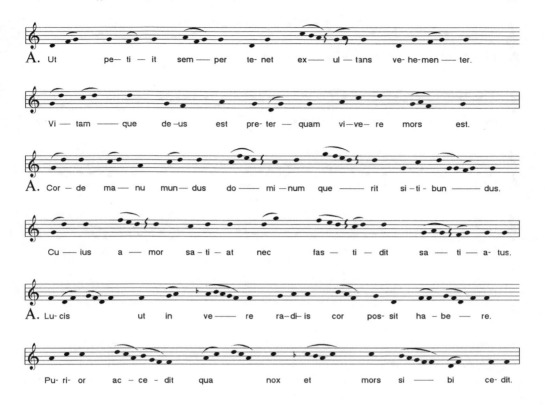

Das Ulrichsoffizium des Udalschalk von Maisach

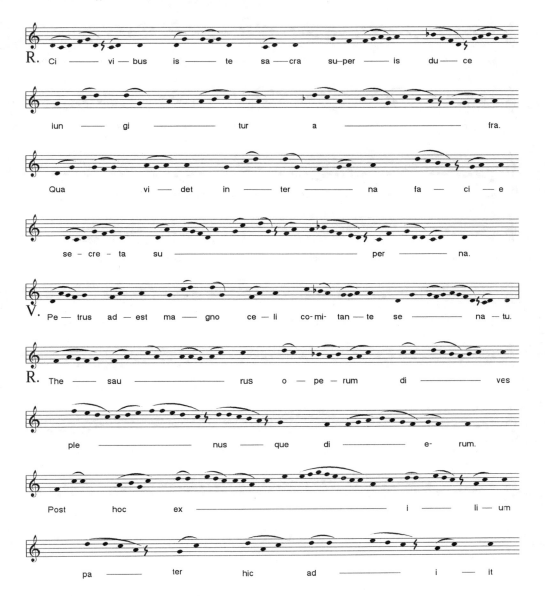

772 Friedrich Dörr, Karlheinz Schlager, Theodor Wohnhaas

Das Ulrichsoffizium des Udalschalk von Maisach

Friedrich Dörr, Karlheinz Schlager, Theodor Wohnhaas

Das Ulrichsoffizium des Udalschalk von Maisach

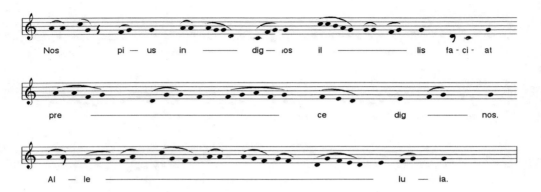

III. Zum heiligen Ulrich
Reimoffizium des Udalschalk von Maisach

I. Vesper

Zum Magnifikat

A. Laßt uns mit inniger Andacht die festliche Feier begehen
unseres Vaters Ulrich, des Freundes des heilgen Gesetzes:

seinen Gehalt ergreifend, mit der Stimme es kraftvoll entfaltend,
faßt er das Silber des Glaubens zusammen im schlichten Talente;

schuf er doch reichen Gewinn aus jenen göttlichen Schätzen.

Ihm gebührt doch der Ruhm so vieler heilsamer Werke:
Viele, durch ihn für Christus geboren, sind selig geworden!

Seiner laßt uns gedenken, obwohl wir im Guten ihm nachstehn.
Hör seine Bitten, o Gott: laß uns innig vereint mit dir leben!

Matutin

Invitatorium

Einlaß zur seligen Ruh erflehn wir wachend vom König,
der auf dem Sternenthron dir, Ulrich, den Platz angewiesen.

I. Nokturn

Antiphonen

1. Wie ein Baum sich erhebt am Strom lebendigen Wassers   (Ps 1,3),
   wuchs Sankt Ulrich empor und trug reiche Frucht für den Himmel.
2. Würdiger Wächter der Zionsburg, zugleich gütiger Herold (Ps 9,12),
   kündet der Welt er den Weg, dem göttlichen Zorn zu entgehen.
3. Du, Gott, warst sein wirklicher Ruhm und sein steter Betreuer
   (Ps 9,3–5):
   du hast ihn machtvoll erhöht, gerecht gemacht und ihn berufen.
4. Opfernd sein Herz als Gabe, wird er zu Christus erhoben (Ps 5,4),
   findet Ruhe in ihm, dem Hort des ewigen Friedens.
5. Betend ruft er, o Gott, dich an und verehrt dich als König (Ps 5,3–4);
   »morgens« wird er erhört, wenn er nach seinem Tode gekrönt wird
   (Ps 5,4; 59,17).

6. Der den Mond und die Sterne erschuf und die Kirchen gegründet
(Ps 8,4),
hat die Himmel geschmückt, da er ihn zu den Heiligen zählte.

Responsorien

1. Tod ist die Einfahrt zum Hafen, der birgt den Aufgang zum Leben:
strahlend war dieser Tag für Ulrich, den seligen Bischof.
V. Ruhmvoll bleibt dieser Tag, getrübt durch keinerlei Schatten.

2. Schon durch seine Geburt ein Sproß hochadliger Eltern,
ward er des Stammes Stolz, bewährt durch Sitte und Tugend.
V. Vorbild durch seine Haltung für alle später Gebornen.

3. Der, dem als Stärkung bestimmt war das Brot des himmlischen Wortes,
wird von der Brust der Mutter entfernt auf göttliche Weisung,
V. daß nicht die kindliche Kost des Herzens Liebesdrang hemme.

4. Edle Priestergestalt, gib das Volk, durch die Taufe gereinigt,
seinem Schöpfer zurück, guter Vater, im schimmernden Glanze,
V. denn es soll nicht mißfallen dem Bräutigam heiliger Seelen.

II. Nokturn

Antiphonen

1. Wahres nur sprechend und niemand verletzend, wirkt er Gutes bei allen,
ruhte er selbst doch in dir, o Jesus, Quell allen Guten.

2. Was er beharrlich erstrebte, umfängt er in innigem Jubel:
seliges Leben in Gott – ohne das alles Leben nur Tod ist.

3. Rein war sein Herz, seine Hand, nach Gott ging der Durst seiner Seele,
dessen Liebe uns ganz erfüllt und doch nie übersättigt.

4. Um sein Herz in die Strahlen des wahren Lichtes zu halten,
tritt er reiner hinzu, als es Nacht und Tod ihm erlauben.

5. Freudig jubelt der Berg und das Tal füllt sich an mit Gewächsen
(Ps 65,13f.),
wenn durch sein lehrendes Wort dem Volk reiche Ernte zuteil wird.

6. Er triumphiert wie die Palme, wie die Zeder strebt er zur Höhe
(Ps 92,13):
beides erfüllt sich in ihm dank der Gnaden, die Christus ihm schenkte.

Responsorien

1. Schon im Knaben geht auf der Duft liebreizender Tugend,
   als ihm sein Auftrag ward kund, des Volkes Führer zu werden.
V. Nicht steht er Josue nach, dem mit Gedeon Vorausgesagten.

2. Allen Menschen erwünscht, erreicht er den Rang eines Vaters,
   dessen Beruf es war, das ruhmreiche Augsburg zu führen,
V. vom Himmel erwählt und gerüstet.

3. Während er feiert des ewigen Lebens heilges Geheimnis,
   ward die zu wirkende Tat vom Himmel her ihm eröffnet.
V. So hat mit göttlicher Kraft er vollbracht, was der Himmel ihm auftrug.

4. Heilkraft ward ihm zuteil über alle Arten von Kranken.
   Nach seines Glaubens Kraft sollte niemand Hilfe versagt sein:
V. Glaubensstark oder -schwach – geheilt ging er freudig von dannen.

III. Nokturn

Zu den Cantica

A. Heiliger Vater Ulrich, steh gnädig bei deinen Dienern,
   die, unwürdig zwar, auf deine Hilfe vertrauen,
   daß sie auf dein Gebet das ewige Leben erlangen.

Responsorien

1. Zu den Himmelsbürgern gesellt, geführt von Sankt Afra,
   sieht er, dreifaltig im Bild, verhüllte Geheimnisse Gottes.
V. Petrus steht ihm zur Seite inmitten des himmlischen Rates.

2. Reich war der Schatz seiner Werke und voll die Zahl seiner Tage,
   als nach der Erdenzeit das Paradies er glücklich erreichte
V. und ablegen konnte die drückende Hülle des Leibes.

3. Lob sei dir, gütiger Gott, Gestalter und Herr aller Dinge   (Ps 9,14),
   daß du Sankt Ulrich befreit von den Pforten des irdischen Todes,
V. daß er dich freudig lobpreist in den Toren des himmlischen Sion
                                                              (Ps 9,15).

4. Heiliger Bischof des Herrn, schütz uns durch deine Gebete,
   uns, die lobpreisend dich feiern und voll Vertrauen dich bitten,
   daß ihnen werde zuteil die Zeit zur Reue und Umkehr:
V. Das erwirke uns Armen, denn du bist unsere Hoffnung.

Laudes

Antiphonen

1. Christus, als gute Gabe bringt Dietbirg, die adlige Mutter,
   Udalrich zur Welt, der Stadt zukünftige Leuchte.
2. Ihn künden an als bedeutsamen Mann beachtliche Zeichen:
   schon verheißen dem Kind, gehn sie später dem Mann in Erfüllung.
3. Treubesorgt hat er acht auf das Wohl seiner gläubigen Herde
   und wehrt von ihr ab die Mäuler gehässiger Wölfe.
4. Mit dreifaltiger Kraft belehrte er sorgsam die Seinen,
   holte Verirrte zurück durch Worte und Werke und Wunder.
5. Von Gott gerufen, verläßt er die Welt, vom Fleische entbunden,
   lebt voll seligen Jubels in ewiger Freiheit und Freude.

Zum Benedictus

A. Helle Gestalt in jenem finsteren Nebel der Schatten,
   strahlt er gleich einem Stern durch den leuchtenden Glanz seiner Sitten,
   nährt sich vom Tau des Morgens, der reiche Freuden ihm einflößt,
   bis ihn zuletzt überströmt der Lichtglanz der ewigen Sonne.

II. Vesper

Zum Magnificat

A. Hell bricht der Abend an, dem fremd sind nächtliche Wolken,
   denn er schenkt ewige Ruhe, weil kein Anlaß zum Weinen mehr da ist,
   sondern ewig erstrahlt des Gottesreichs leuchtender Morgen.
   »Abends« und »morgens« bedeuten das erste und folgende Festkleid.
   Ulrich, gütiger Bischof, der unser sich annahm voll Hoffnung,
   mach uns durch dein Gebet des ewigen Lichtreiches würdig!

IV. Beobachtungen zu den Antiphonen

1. Die dichterische Form

Die Grundform ist der gereimte Hexameter (nur einmal schleicht sich ein Pentameter ein). Der Reim vollzieht sich durchwegs zwischen dem Trochäus der dritten Hebung und der sechsten, der Endhebung, wodurch sich eine deutliche und gewollte Gliederung des Hexameters in zwei Hälften ergibt. Der Reim ist öfters »unrein«, d.h. er begnügt sich mit einem Gleichklang in den Vokalen, mit einer »Assonanz«. Ein gewisser Bruch im Ablauf des Hexameters ist bei der Deklamation deutlich spürbar, wird aber (vermutlich) durch die musikalische Gestaltung überspielt. Der Kontrast zwischen dem an sich flüssigen Lauf des Hexameters und der (»hinderlichen«) Hemmung durch den Reim verleiht dem Reimoffizium Farbe und Originalität. Dabei wird die musikalische Hinführung auf den Toncharakter des Psalms zielstrebig verfolgt.

2. Inhaltliche Eigentümlichkeiten

Aber auch inhaltlich kommt der Antiphon eine Hinführungsfunktion zu: sie soll den Beter oder Sänger auf das Tagesgeheimnis einstimmen, indem sie, vorausschauend auf den Inhalt des Psalms, bereits seinen Grundgedanken oder wenigstens daran anklingende Motive anstimmt und so den Psalm zu einer gleichsam sakralen Aussage über den betreffenden Heiligen macht.
Das kann durch direkte Anwendung eines Psalmverses auf den Heiligen geschehen, aber noch häufiger durch den Aufweis von Ähnlichkeiten, also durch Analogien und symbolische Deutung der Inhalte. So entsteht ein reiches Feld von Vergleichen, Allegorien, bildhaften Auslegungen, die sich teils von selbst anbieten, teils auch bewußt gesucht und ausgedacht werden.
Als natürliche Symbole bieten sich etwa an der Baum (Ps 1,3), der sich erhebt am Strom lebendigen Wassers und reiche Frucht trägt für den Himmel; oder (Ps 92,13) die Zeder, die sich in die Höhe des Himmels emporreckt; dann das frühlingshafte Heranreifen der Natur in Berg und Tal (Ps 65,13), das Bild und Symbol sein kann für die reiche Ernte, die das lehrende Wort des Priesters im Volk hervorbringt.
Mit Vorliebe werden allegorisch-mystische Bezüge hergestellt, wo es um den zeitlichen Tod und das ewige Leben geht, so im Ps 9,14ff. der Aufbruch »von den Pforten des irdischen Todes« zu den »Toren des himmlischen Sion«. Der Übergang beginnt schon in diesem Leben: von Gott wird der Heilige erhöht, gerecht gemacht und berufen; im Meßopfer bringt er sein eigenes Herz als Gabe dar und wird zu Christus erhoben, dem Hort des ewigen Friedens. Alles Beten ist Zubereitung und bereits ein Anfang des mystischen Lebens der Ewigkeit. Das gilt besonders für den »Morgen«: der Morgen ist die Zeit des

Gebetes, des Morgenopfers und der Erhörung durch Gott. Gilt das schon für jeden Morgen, dann erst recht in einem höheren Sinn für den »Morgen« des ewigen Lebens, der nach dieser Zeitlichkeit anbricht: »morgens« wird er erhört, wenn er nach seinem Tode »gekrönt« wird (Ps 5,4; 59,17). Dieser »Morgen« wirft sein Licht schon voraus auf den Abend des Heimgangs, »dem fremd sind nächtliche Wolken« (Magnifikatantiphon zur Vesper), so daß man von zwei Stufen der gnadenhaften Erhöhung sprechen kann, symbolisch von einem zweifachen »Festkleid«, das der Seele zuteil wird.

Bei jeder Gelegenheit wird in den Antiphonen »der Lichtglanz des ewigen Lebens« beschworen, der zwar erst nach dem Tode uns in überwältigender Fülle aufleuchtet, der aber auch in dieser Welt schon durch Fugen durchschimmert und uns beglückt und ermuntert. Das Stundengebet gibt uns die Möglichkeit, wenn auch nur flüchtig und vorübergehend, unser »Herz in die Strahlen des wahren Lichtes zu halten«.

Helmut Gier

Neues Schrifttum zum heiligen Ulrich seit 1973

Die vorliegende, an der Staats- und Stadtbibliothek in Augsburg erarbeitete Bibliographie der Literatur zum heiligen Ulrich schließt an die beiden umfassenden Verzeichnisse von Adolf Layer »Neueres Schrifttum über den heiligen Ulrich« in der Festgabe »Bischof Ulrich von Augsburg und seine Verehrung«, = Jahrbuch des Vereins für Augsburger Bistumsgeschichte, 7. Jahrgang (1973), S. 361–371, und »Veröffentlichungen zur Geschichte des hl. Ulrich im Jubiläumsjahr 1973« im Jahrbuch des Vereins für Augsburger Bistumsgeschichte, 8. Jahrgang (1974), S. 173–176, an. In diesen beiden Bibliographien bereits erfaßte Literatur ist in der vorliegenden Zusammenstellung der Ulrichsliteratur nicht verzeichnet. Abgekürzt zitiert wird nur das Jahrbuch des Vereins für Augsburger Bistumsgeschichte = JVAB.

Althoff, Gerd: Amicitiae und Pacta: Bündnis, Einung und Gebetsgedenken im beginnenden 10. Jahrhundert. Hannover: Hahn, 1992. – (Schriften / Monumenta Germaniae Historica; Bd. 37). – Darin: Personengruppen mit den Verwandten des Bischofs Ulrich von Augsburg, S. 295–306

Die Ausgrabungen in St. Ulrich und Afra in Augsburg: 1961–1968. Hrsg. von Joachim Werner. München: Beck, 1977. – (Münchner Beiträge zur Vor- und Frühgeschichte; 23)

Baer, Wolfram: Der hl. Ulrich – Bischof und Reichsfürst. Zur Geschichte des Verhältnisses von Kirche und Staat im Frühmittelalter. In: Zeitschrift für bayerische Landesgeschichte 39 (1976), 1, S. 251–263

Berschin, Walter: Gloriosissime ad dei servicium paratus. Über den Ruhm des hl. Ulrich. Aus Anlaß des tausendsten Todestages am 4. Juli 1973. Köln: Papst Johannes–Burse, 1973

Berschin, Walter: Uodalscalc-Studien I–II. Uodalscalcs Vita S. Kônradi im hagiographischen Hausbuch der Abtei St. Ulrich und Afra. Historia S. Kônradi. – Freiburger Diözesan-Archiv 95 (1975), S. 82–128

Berschin, Walter: Uodalscalc-Studien III: Historia S. Uodalrici. – In: Tradition und Wertung. Festschrift für Franz Brunhölzl zum 65. Geburtstag. Sigmaringen: Thorbecke, 1989, S. 155–164

Beumann, Helmut: Laurentius und Mauritius. Zu den missionspolitischen Folgen des Ungarnsieges Ottos des Großen. – In: Festschrift für Walter Schlesinger. Hrsg. von Helmut Beumann. Bd. 2. Köln: Böhlau, 1974, S. 238–275

Borgolte, Michael: Salomo III. und St. Mangen. Zur Frage nach den Grabkirchen der Bischöfe von Konstanz. – In: Churrätisches und St. Gallisches Mittelalter. Festschrift für Otto P. Clavadetscher zu seinem 65. Geburtstag. Hrsg. von Helmut Maurer. Sigmaringen: Thorbecke, 1984, S. 195–223

Borst, Arno: Mönche am Bodensee: 610–1525. Sigmaringen: Thorbecke, 1978

Bosl, Karl: Ulrich. – In: Biographisches Wörterbuch zur deutschen Geschichte, bearb. von Karl Bosl, ... Bd. 3. München: Francke, 1975, Sp. 2955–2957

Brandt, Hans Jürgen: Der hl. Bischof Ulrich (890–973) – Patron der Gaukirche. – In: Die Gaukirche St. Ulrich in Paderborn: 1183–1983. Hrsg. von Hans Jürgen Brandt und Karl Hengst. Paderborn: Verlag Bonifatius-Druckerei, 1983, S. 108–133

Bühler, Heinz: Die Herkunft des Hauses Dillingen. – In: Die Grafen von Kyburg. Kyburger-Tagung 1980 in Winterthur. Olten und Freiburg i. Br.: Walter-Verlag, 1981. – (Schweizer Beiträge zur Kulturgeschichte und Archäologie des Mittelalters; 8), S. 9–30

Dorn, Ludwig: Die Verehrung des hl. Ulrich im Allgäu. – In: JVAB 8 (1974), S. 85–95

Eccardus »Sangallensis«: Sankt Galler Klostergeschichten, übers. v. Hans F. Haefele. Darmstadt: Wissenschaftliche Buchgesellschaft, 1980. – (Ausgewählte Quellen zur deutschen Geschichte des Mittelalters, Freiherr vom Stein–Gedächtnisausgabe; 10)

Engels, Odilo: Der Reichsbischof (10. und 11. Jahrhundert). – In: Der Bischof in seiner Zeit. Bischofstypus und Bischofsideal im Spiegel der Kölner Kirche. Festgabe für Joseph Kardinal Höffner, Erzbischof von Köln. Im Auftrag des Kölner Metropolitankapitels hrsg. von Peter Berglar und Odilo Engels. Köln: Bachem, 1986, S. 41–94

Engels, Odilo: Der Reichsbischof in ottonischer und frühsalischer Zeit. – In: Beiträge zu Geschichte und Struktur der mittelalterlichen Germania sacra. Hrsg. von Irene Crusius. Göttingen: Vandenhoeck u. Ruprecht, 1989. – (Veröffentlichungen des Max-Planck-Instituts für Geschichte; 93) (Studien zur Germania sacra; 17) S. 135–175

Finck von Finckenstein, Albrecht Graf: Ulrich von Augsburg und die ottonische Kirchenpolitik in der Alemannia. – In: Früh- und hochmittelalterlicher Adel in Schwaben und Bayern. Hrsg. von Immo Eberl. Sigmaringendorf: regio-Verlag Glock und Lutz, 1988. – (Regio; 1) S. 261–269

Finck von Finckenstein, Albrecht Graf: Bischof und Reich. Untersuchungen zum Integrationsprozeß des ottonisch-frühsalischen Reiches (919–1056). Sigmaringen: Thorbecke, 1989. – (Studien zur Mediävistik; 1)

Fischer, Joseph A.: Das Zeitalter des hl. Ulrich. – In: Beiträge zur altbayerischen Kirchengeschichte 28 (1974), S. 81–95

Fischer, Joseph A.: Die Freisinger Bischöfe von 906–957. München: Seitz, 1980. – (Studien zur altbayerischen Kirchengeschichte; 6)

Foster, Michael: Der Meister der Ulrichslegende und die Malerei in Augsburg im 15. Jahrhundert. München, Universität, Philosophische Faktultät, Schriftliche Hausarbeit zur Erlangung des Magistergrades 1979

Gerardus ⟨Augustanus⟩: Vita sancti Oudalrici episcopi Augustani auctore Gerhardo, hrsg. u. übers. v. Hatto Kallfelz. – In: Lebensbeschreibungen einiger Bischöfe des 10. bis 12. Jahrhunderts. Darmstadt: Wissenschaftliche Buchgesellschaft, 1973. – (Ausgewählte Quellen zur deutschen Geschichte des Mittelalters, Freiherr vom Stein-Gedächtnisausgabe; 22), S. 35–167

Giese, Wolfgang: Zur Bautätigkeit von Bischöfen und Äbten des 10. bis 12. Jahrhunderts. – In: Deutsches Archiv für Erforschung des Mittelalters 38 (1982), S. 388–438

Goez, Werner: Bischof Ulrich von Augsburg. – In: Ders.: Gestalten des Hochmittelalters. Personengeschichtliche Essays im allgemeinhistorischen Kontext. Darmstadt: Wissenschaftliche Buchgesellschaft 1983, S. 25–40

Grill, Leopold: Die historische Bedeutung der St. Ulrichsverehrung in der Erzdiözese Wien. – In: Auftrag und Verwirklichung: Festschrift zum 200jährigen Bestand der kirchenhistorischen Lehrkanzel seit der Aufhebung des Jesuitenordens 1773. Hrsg. vom Vorstand des Instituts für Kirchengeschichte und Patrologie Franz Loidl. Wien: Wiener Domverlag, 1974, S. 134–145

Das große Ulrichslob 1973: Erinnerung und Vermächtnis. Hrsg. von der Diözese Augsburg. Schriftleitung: Peter Rummel. Augsburg, 1974.

Hahn, Wolfgang: Moneta Radasponensis. Bayerns Münzprägung im 9., 10. und 11. Jahrhundert. Braunschweig: Klinkhardt und Biermann, 1976

Hahn, Wolfgang: Numismatische Zeugnisse zur Großen Rebellion 953–55. – In: Commentationes Numismaticae 1988. Festgabe für Gert und Vera Hatz. Hrsg. von Peter Berghaus ... Hamburg: Tietjen, 1988, S. 73–79

Heinze, Stephan: Die Verehrung des hl. Ulrich in Tirol. – In: Schwaben/Tirol. Historische Beziehungen zwischen Schwaben und Tirol von der Römerzeit bis zur Gegenwart; Augsburg, Ausstellung, 1989. Hrsg. von Wolfram Baer, Pankraz Fried... Rosenheim: Rosenheimer Verlagshaus 1989. Band 1: Katalog, S. 84f.

Hörberg, Norbert: Libri sanctae Afrae. St. Ulrich u. Afra zu Augsburg im 11. und 12. Jahrhundert nach Zeugnissen der Klosterbibliothek. Göttingen: Vandenhoeck und Ruprecht, 1983. – (Veröffentlichungen des Max-Planck-Institutes für Geschichte; 74) (Studien zur Germania Sacra; 15)

Hörger, Hermann: Die »Ulrichsjubiläen« des 17. bis 19. Jahrhunderts und ihre Auswirkungen auf die Volksfrömmigkeit in Ulrichspfarreien. – In: Zeitschrift für bayerische Landesgeschichte 37 (1974), 2, S. 309–357

Horn, Michael: Zur Geschichte der Bischöfe und Bischofskirche von Augsburg. – In: Die Salier und das Reich. Sigmaringen: Thorbecke. Bd. 2: Die Reichskirche in der Salierzeit, 1991, S. 251–266

Karpf, Ernst: Gerhards Vita Oudalrici. – Ders.: Herrscherlegitimation und Reichsbegriff in der ottonischen Geschichtsschreibung des 10. Jahrhunderts. Wiesbaden, Stuttgart: Steiner, 1985, S. 105–114

Kosel, Karl: Die Darstellungen der Ungarnschlacht im 18. Jahrhundert. – In: JAVB 8 (1974), S. 121–161

Kosel, Karl: Bildprogramm und Bildtradition in der Augsburger Domkrypta. – In: JVAB 15 (1981), S. 140–168.

Kreuzer, Georg: Augsburg in fränkischer und ottonischer Zeit (ca. 550–1024). Bischof Ulrich von Augsburg. – In: Geschichte der Stadt Augsburg von der Römerzeit bis zur Gegenwart. Hrsg. von Gunther Gottlieb ... Stuttgart: Theiss, 1984, S. 115–121

Kreuzer, Georg: Ulrich. – In: Augsburger Stadtlexikon. Geschichte, Gesellschaft, Kultur, Recht, Wirtschaft. Hrsg. von Wolfram Baer ... Augsburg: Perlach-Verlag, 1985, S. 383

Layer, Adolf: Verschwundene Ulrichsheiligtümer. – In: Jahrbuch des Historischen Vereins Dillingen an der Donau. 78 (1976), S. 77–79

Layer, Adolf: Heiliger und Adelssippe: Zur Ausbreitung des hochmittelalterlichen Ulrichskultes. – In: Land und Reich, Stamm und Nation: Probleme und Perspektiven bayerischer Geschichte; Festgabe für Max Spindler zum 90. Geburtstag. Im Auftrag der Kommission für Bayerische Landesgeschichte hrsg. von Andreas Kraus. München: Beck, 1984, Band 1, S. 355–377

Layer, Adolf: St.-Ulrichs-Orte im deutschen Sprachraum: Eine namens- u. siedlungsgeschichtliche Studie. – In: JVAB 8 (1974), S. 107–120

Layer, Adolf: Musikgeschichte der Fürstabtei Kempten. Kempten: Verlag für Heimatpflege, 1975. – (Allgäuer Heimatbücher; 76). – Darin: Der hl. Ulrich und die Musik, S. 9

Layer, Adolf: Wittislingen und die Familie des hl. Ulrich. – In: Jahrbuch des Historischen Vereins Dillingen an der Donau 78 (1976), S. 73–76

Liebhart, Wilhelm: Die Reichsabtei St. Ulrich und Afra zu Augsburg. – (Historischer Atlas von Bayern. Teil Schwaben. Reihe 2, hrsg. von der Kommission für bayerische Landesgeschichte), München 1982.

Lorenz, Johannes: Die Verehrung des hl. Ulrich in Rulle. – In: Osnabrücker Mitteilungen. Mitteilungen des Vereins für Geschichte und Landeskunde von Osnabrück. 92 (1987), S. 217–223

Maurer, Helmut: Bischof Konrad von Konstanz in seiner ottonischen Umwelt. – In: Freiburger Diözesan-Archiv 95 (1975), S. 41–55

Mezler-Andelberg, Helmut J.: Zur Ulrichsverehrung in den österreichischen Ländern. Anläßlich des tausendsten Todestages des Bischofs Ulrich von Augsburg. – In: Bericht über den 12. Österreichischen Historikertag in Bregenz ... 2. bis 5. 10. 1973. Wien, 1974, S. 95–102

Münchenbach, Siegfried: Bischof Ulrich von Augsburg – Skizzen zu Person und Zeit. – In: Krumbacher Heimatblätter H. 9, 1990, S. 39–64

Oexle, Otto Gerhard: Bischof Konrad von Konstanz in der Erinnerung der Welfen und der welfischen Hausüberlieferung während des 12. Jahrhunderts. – In: Freiburger Diözesan-Archiv 95 (1975), S. 7–40

Ott, Hugo: Probleme um Ulrich von Cluny. Zugleich ein Beitrag zur Gründungsgeschichte von St. Ulrich im Schwarzwald. – In: Alemannisches Jahrbuch, Bühl/Baden, 1970 (1971), S. 9–29

Pörnbacher, Karl: Augsburgs heiliger Bischofspatron. Vor 1000 Jahren starb St. Ulrich. Friedensstifter und Seelsorger. – In: Unser Bayern 22 (1973) Nr. 6, S. 45–46

Pötzl, Walter: Die Ulrichsverehrung in Augsburg während der Stauferzeit. – In: JVAB 8 (1974), S. 66–84

Pötzl, Walter: Eine zweisprachige Ausgabe der Ulrichsvita Gerhards. – In: JVAB 8 (1974), S. 162–164

Pötzl, Walter: Die Beiträge des Historischen Vereins für Schwaben zum Ulrichsjahr 1973. – In: JVAB 8 (1974), S. 165–172

Pötzl, Walter: St. Ulrich als Volksheiliger. – In: Ulrichsblatt. Kirchenzeitung für die Diözese Augsburg 34 (1979), Nr. 26, S. 16–17

Prinz, Friedrich: Der hl. Ulrich, Reichsbischof und Adeliger. Oder: Die Verbindung von Kirche und Politik im hohen Mittelalter. Ms. – München: Bayer. Rundfunk, 1978

Prinz, Friedrich: Der hl. Ulrich von Augsburg: Adeliger, Bischof, Reichspolitiker. – In: Ders.: Gestalten und Wege bayerischer Geschichte. München: Süddeutscher Verlag, 1982, S. 35–48

Prinz, Friedrich: Hagiographie als Kultpropaganda. Die Rolle der Auftraggeber und Autoren hagiographischer Texte des Frühmittelalters. – In: Zeitschrift für Kirchengeschichte 103 (1992), S. 174–194

Rummel, Peter: St. Ulrich, ein Sohn Augsburgs? – In: JVAB 8 (1974) S. 53–65

Rummel, Peter: Ulrich von Augsburg. Bischof, Reichsfürst, Heiliger. Augsburg: Sankt Ulrich-Verlags-GmbH, 1992

Sage, Walter: Die Ausgrabungen in der Krypta des Augsburger Domes in den Jahren 1979 und 1980. – In: Ars Bavarica 23/24 (1981), S. 13–40

Sage, Walter: Ausgrabungen in der Krypta des Domes zu Augsburg. – In: Archäologisches Korrespondenzblatt 9 (1979), S. 435–441 (auch in: Denkmalpflege-Information / B, hrsg. vom Bayerischen Landesamt für Denkmalpflege, 35 [1979], S. 12–17)

Sage, Walter: Die Ausgrabungen in der Krypta des Augsburger Domes. – In: JVAB 15 (1981), S. 115–139

Schantel, Hans: Der heilige Ulrich, seine Zeit und Obersulmetingen. – In: Laupheim. Hrsg. von der Stadt Laupheim in Rückschau auf 1200 Jahre Laupheimer Geschichte 778–1978. Weißenhorn: Konrad, 1979, S. 374–396

Schlager, Karlheinz und Theodor Wohnhaas: Ein Ulrichsoffizium aus Mailand. – In: JVAB 16 (1982), S. 122–158

Schmid, Alois: Das Bild des Bayernherzogs Arnulf (907–937) in der deutschen Geschichtsschreibung von seinen Zeitgenossen bis zu Wilhelm von Giesebrecht. Kallmünz: Laßleben, 1976. – (Regensburger historische Forschungen; 5)

Schmidt, Rolf: Legitimum ius totius familiae. Recht und Verwaltung bei Bischof Ulrich von Augsburg. Protokoll Nr. 56 der Fachsitzung des Alemannischen Instituts Freiburg i. Br. vom 7. 2. 1975

Schmidt, Rolf: Zur Überlieferung von Abt Bernos Ulrichsvita und den Viten des hl. Konrad von Konstanz in Augsburg. – In: Ders.: Reichenau und St. Gallen. Ihre literarische Überlieferung zur Zeit des Klosterhumanismus in St. Ulrich und Afra zu Augsburg um 1500. Sigmaringen: Thorbecke, 1985. – (Vorträge und Forschungen / Konstanzer Arbeitskreis für mittelalterliche Geschichte: Sonderband; 33) S. 86–89

Schmidt, Rolf: Legitimum ius totae familiae. Recht und Verwaltung bei Bischof Ulrich von Augsburg. – In: Aus Archiven und Bibliotheken. Festschrift für Raymund Kottje. Hrsg. von Hubert Mordek. Frankfurt a. M. u. a.: Lang, 1992. – (Freiburger Beiträge zur mittelalterlichen Geschichte; 3)

Schnith, Karl: Gerhard von Augsburg. – In: Lexikon des Mittelalters Band 4. München; Zürich: Artemis-Verlag, 1989, S. 1315

Steinbauer, Gaby: St. Ulrich – Patron des Bistums Augsburg. Untersuchungen zur Ulrichslegende. – In: Ulrichsblatt. Kirchenzeitung für die Diözese Augsburg 35 (1980), Nr. 27, S. 4–5, Nr. 28, S. 14, Nr. 29, S. 4, Nr. 30, S. 4

Steinbauer, Gaby: St. Ulrich, Patron des Bistums Augsburg. Untersuchungen zur Ulrichslegende. St. Ottilien: Eos-Verlag, 1981

Stolla, Hubert: Der Ulrichstag – das Ende des heidnischen Mittsommerfestes. – In: JVAB 14 (1980), S. 171–188

Strehler, Heinz: Erde vom Grab des hl. Ulrich in Augsburg, zum Schutz vor Ratten und Mäusen. Ein Beitrag zum Volksglauben in Altbaiern im 17./18. Jahrhundert. – In: Ars Bavarica 9 (1978) S. 57–58

Thummerer, Hilda: Der heilige Ulrich, die heilige Afra und der heilige Simpert – die Patrone des Bistums Augsburg. – In: Bistumspatrone in Deutschland. Hrsg. von August Leidl. München, Zürich: Schnell und Steiner, 1984, S. 137–148

Die Traditionen und das älteste Urbar des Klosters St. Ulrich und Afra in Augsburg. Bearb. von Robert Müntefering. München: Beck, 1986. – (Quellen und Erörterungen zur bayerischen Geschichte: Neue Folge; 35)

Tüchle, Hermann: Ulrich und Konrad, zwei bischöfliche Freunde. – In: Ders.: Aus dem schwäbischen Himmelreich. Religiöse Gestalten des Schwabenlandes. Ulm: Süddeutsche Verlagsgesellschaft, 1977, S. 28–43

Ulrichsjahr 973 bis 1973. Diözese Augsburg. – Augsburg: Kommission für Öffentlichkeitsarbeit H. P. Röthlin, 1973

Vita sancti Vdalrici. Erlesene Handschriften und wertvolle Drucke aus zehn Jahrhunderten. Katalog zur Ausstellung der Universitätsbibliothek Augsburg anläßlich der 1000-Jahr-Feier der Kanonisation des Hl. Ulrich. Bearb. von Günter Hägele und Anton Schneider. Mit einem Beitrag von Walter Berschin. Hrsg. von Rudolf Frankenberger. Augsburg: Universitätsbibliothek, 1993

Volkert, Wilhelm: Die Regesten der Bischöfe und des Domkapitels von Augsburg. Augsburg: Schwäbische Forschungsgemeinschaft, 1985. – (Veröffentlichungen der Schwäbischen Forschungsgemeinschaft; Reihe IIb. Band 1), S. 62–66 und S. 327–335

Weißenberger, Paulus Albert: Die St. Ulrichsreliquien in der Abtei Neresheim. – In: JVAB 8 (1974) S. 96–106

Weitlauff, Manfred: Geb(e)hard von Augsburg. – In: Die deutsche Literatur des Mittelalters. Verfasserlexikon. 2. völlig neu bearb. Aufl., hrsg. von Kurt Ruh. Band 2. Berlin–New York: Walter de Gruyter, 1980, Sp. 1131–1132

Weitlauff, Manfred: Gerhard von Augsburg. – Ebenda, Sp. 1225–1229.

Zoepfl, Friedrich: Ulrich von Augsburg. – In: Lexikon der christlichen Ikonographie, hrsg. von Engelbert Kirschbaum und Wolfgang Braunfels, Band 8. Rom, Freiburg, Basel, Wien: Herder, 1976, S. 507–510.

Personenregister
Bearbeitet von Thomas Groll

Abkürzungen

A = Abt; B = Bischof; DH = Domherr; DP = Dompropst; EB = Erzbischof; FB = Fürstbischof; G = Graf; Gm. = Gemahlin; hl. = heilig; Hz. = Herzog; K = Kaiser; Kd. = Kardinal; KF = Kurfürst; Kg. = König; MG = Markgraf; P = Papst; PG = Pfalzgraf; Pt. = Patriarch; sel. = selig; WB = Weihbischof

Abbt, Benedikt, DH in Augsburg 306
Abegg (Stiftung) 398 402
Abraham, B v. Freising 203
Abundus, hl. 109f. 147
Achatius, hl. 359
Adalbero, EB v. Reims 213
Adalbero (Adalpero), B v. Augsburg, sel. 88f. 91f. 95f. 99 105 170 175 184f. 240f. 253f. 259 302 312 720–727
Adalbero, Sohn Hz. Adalberos v. Kärnten, B v. Bamberg 585
Adalbero (Adalpero), Neffe B Ulrichs, A v. Ottobeuren 77 81f. 92 130–138 175–177 190 233 236 254–256
Adalbero, Hz. v. Kärnten 585
Adalbero, G v. Kühbach 583
Adalbert, EB v. Magdeburg 16
Adalbert, B v. Prag, hl. 414f.
Adalbert, G v. Marchtal 116f. 173
Adalbold, Gärtner 226 240
Adalind, Gründerin des Klosters Buchau 81
Adelheid, 2. Gm. K Ottos I. 13f. 16 78 80 115f. 121 132 172f. 176 188 190 210 212f. 215 552
Adelmann v. Adelmannsfelden, Bernhard 277
Adilbert, Prior v. St. Ulrich und Afra in Augsburg 471 473
Afra, hl. 73 78 89 97 121 127 182 199 201 205 212 226 231f. 240 246 249 250 254 259 264 276 289f. 301f. 312 348 370 380 394f. 401 470 476f. 481 497 499 501f. 505–507 520 522 526 528f. 531 544 546f. 562f. 629 642 662f. 668 672

Afra, hl.
  674f. 677–680 683–686 705 735–738 743 745 779 *Abb. 19/20* 65 119 176 *180f.*
Agatha (Agathe), hl. 343 394 396
Ägidius, hl. 328 350 396 506 643
Alberich I., MG v. Spoleto 61
Alberich II., MG v. Spoleto, Sohn Marozias, Patricius 58f. 61f. 109
Albertus Magnus, hl. 639
Albert v. Toerring, FB v. Regensburg 318
Albert(us) v. Augsburg, Verfasser einer dt. Ulrichsvita 195f. 261 471f. 672 678
Albrecht V., Hz. v. Bayern 331
Alewich, A v. Reichenau 110
Alexander III., P 150 211
Alexander Sigismund, PG v. Neuburg, FB v. Augsburg 645 *Abb. 10/11*
Alkuin 109
Altdorfer, Albrecht 633 636 638
Altomonte, Bartolomeo 525 650 *Abb. 156*
Amberger, Christoph 501
Ambrosius, B v. Mailand, hl. 29f. 146 185 628
Andreas, Apostel 384 394 496 507 517 529 553 630 644 662 675 *Abb. 134*
Anian, hl. 343 360 *Abb. 50*
Anna, hl. 323f. 394 495 642 685f.
Anniso, B v. Cerveteri 221
Antelami, Benedetto 592 594f. *Abb. 138 140f.*
Antonius v. Padua, hl. 162 326 370 393f. 402 630

Anwander, Johann 524 649
Apollonia, hl. 508
Arbeo, B v. Freising 364
Arbo v. Sittling-Biburg 584
Ariovist, Rheingraf 699 703 713
Arn, EB v. Salzburg 31
Arnolf, B v. Orléans 63 214
Arnulf (Arnolf) v. Kärnten, K 4 60 170
Arnulf, hl. 493
Arnulf, EB v. Reims 213–216
Arnulf der Böse, Hz. v. Bayern 6f. 9 36 75 97f. 117f. 139 232 395 495 502 526
Arnulf, PG v. Bayern (Regensburg) 14 116 124 172 240 741
Arnulf, Sohn PG Arnulfs 116 173
Asam, Egid Quirin 639 652
Asam, Cosmas Damian 643 646 649 652f. 657f. 660 Abb. 160
Aschhausen, Johann Gottfried v., FB v. Bamberg 701 712
Athanasius, Pt. v. Alexandrien, hl. 144
Ato, Inkluse in Ottobeuren 138
Auer, Matthias 347
Augusta, hl. 676
Augustinus, B v. Hippo, hl. 63 145 360 628
Augustus, K 24

Babylas, hl. 146
Bach, Georg v. 381
Bader der Ältere, Joseph 639
Bader der Jüngere, Joseph 639 Abb. 150
Bader, Martin 639
Balderich, B v. Speyer 129
Bämler, Johannes 678
Barbara, hl. 328 348 371 393f. 396 664 675 677
Barbara v. Frundsberg, geb. v. Rechberg 495
Baronius, Caesar, Kd. 53 56
Bartholomäus, Apostel 497
Basolus (Saint Basle), hl. 63
Bauerreiss, Romuald 421
Baxandall, Michael 632
Beat, hl. 402
Beck, Georg 287 476
Beck, Leonhard 287 475 494 496
Beda Venerabilis 102
Beierlein, Hans 500
Benedikt IV., P 60
Benedikt VIII., P 58f. 64
Benedikt IX., P 59 64f.
Benedikt XIV., P 150 211
Benno, B v. Meißen, hl. 374 493 644 686
Benedikt, B v. Priverno 221
Benedikt, Kd. 221

Benedikt, Archidiakon 222
Benedikt, Diakon 222
Benedikt v. Nursia, hl. 102 106 134 176 197 199 312 497 669 675 716
Benedikt, Magister und Mönch 131
Berchtold, Sohn PG Arnulfs 124
Berengar v. Ivrea, Kg. v. Italien 16 115 172
Berengar v. Friaul, Kg. v. Italien 60
Berg, Marquard v., FB v. Augsburg 477
Bergmüller, Johann Georg 660–663
Bern(o), A v. Reichenau 195 235 237f. 250–253 255–257 259–262 264f. 294f. 299 425 469 471–474 482–484 518 bis 520 668 673 678 752 Abb. 61
Bernauer, Agnes 346
Bernhard, B v. Halberstadt 16
Bernhart, Joseph 142
Bernward, B v. Hildesheim 46f. 55
Berschin, Walter 752f.
Bertha v. Ratzenhofen 584
Berthold (Alaholfinger) 80
Bidermann, Jakob 702 707
Bieber, Familie v. 676
Bild, Veit 297
Birgitta v. Schweden, hl. 166
Blasius, hl. 504 520 542 668 Abb. 7f. 19/20
Bockhorni, J. P. (Glasmalerfirma) 684
Böhl (Bohel), Ebold v., Domkustos in Speyer 380f.
Boethius 705
Boleslaw I. Chrobry, Hz./Kg. v. Böhmen 419
Boleslaw II., Hz./Kg. v. Böhmen 203
Bollstatter, Konrad 480f.
Bonaventura, hl. 163 166
Bonifatius (Winfrid), EB v. Mainz, hl. 212 270 553
Bonifaz VI., P 60
Bonifaz VII. Franco, P 62f.
Bonifaz IX., P 166
Bonizo, Erzpriester, Kd. 221
Borromäus, Carl, EB v. Mailand, hl. 685
Bossche, van den (Künstlerfamilie) 656
Brandes, August 522
Braun, Placidus 299
Brosig, Fritz 347
Brun(o) I., EB v. Köln, Hz. v. Lothringen, hl. 14 18 25 38–40 42 44–46 73 114 131 139–141 187 189 198 234 414
Brun(o), B v. Augsburg, Bruder K Heinrichs II. 250 375 421 561 584 643f.
Bruno, B v. Toul (= P Leo IX.) 48 65 551
Bruyn der Ältere, Barthel 496
Bühler, Albert 418
Bulcsu, Befehlshaber (Horka) der Ungarn 117 121 125

Burchard, B v. Worms 41 47
Burchard I. (II.), Hz. v. Schwaben 7 10 80 93 171 232f. 241 253
Burchard II. (III.), Hz. v. Schwaben 14 42 75 121 173 177
Burchard, MG der Ostmark und Burggraf v. Regensburg 75
Burgkmair der Ältere, Hans 496
Burgkmair, Thoman 287
Burkard, B v. Würzburg, hl. 150

Celsus, B v. Trier, hl. 149
Chlodwig I., Kg. der Franken 30
Christian, Joseph 532 Abb. 122
Christophorus, hl. 393 396 557
Christophorus, P 60 90
Chrodegang, B v. Metz, hl. 106
Cicero 180
Clam, Wolfgang Christoph Freiherr v., Stiftspropst, DH in Regensburg 643
Clemens II., P 48 65
Clemens Wenzeslaus v. Sachsen, FB v. Freising und Regensburg, KF v. Trier, FB v. Augsburg 306 700
Cölestin II., P 126
Conrad v. Zabern 755
Cornelius, Peter 678
Courtois, Guillaume 658
Courtois, Jacques 658
Craloh, A v. St. Gallen 111f. 116
Crescentius, B v. Silva Candida 221
Crescentius I., Sohn Theodoras der Jüngeren 58
Crescentius II. Normentanus (Numentanus) 58 64 217
Crescentius III., röm. Patrizier 58
Crescentius, Kd. 222
Cutubilla (Kakubilla), hl. 496 Abb. 5
Cyprian, B v. Karthago, hl. 63 145

Damasus II., P 48 65
Daniel, B in Armenien, hl. 239
Decker, Bernhard 635
Degler, Johann 358 677 Abb. 52
Dehio, Georg 494
Deutinger, Martin v. 330f.
Dietbald (Dietpald), Bruder B Ulrichs, G 80f. 91f. 116 121 125f. 136 173
Dietbirg (Dietberga, Dietpirch), Mutter B Ulrichs 79 81 170 173 715 724 778 780
Digna, hl. 301f. 305 313
Diokletian, K 110
Dionysius, B v. Augsburg, hl. 684
Dionysius, hl. 367 643
Dirr, Pius 675–677

Dominikus, hl. 162
Dominikus, B v. Ferentino 221
Dominikus, B v. Sabina 214
Dornberg, Ulrich v., Stiftspropst v. St. Johann in Regensburg 553f.
Drächsel, Marquart 360
Drozd, Kurt Wolfgang 699
Dürer, Albrecht 493f.

Eberhard, A v. Einsiedeln 129
Eberhard, Bruder Kg. Konrads I. 5
Eberhard, G v. Ebersberg 563
Eberhard II., G v. Sempt-Ebersberg 563
Eberhard, Johann Richard 542
Ebersberg (Sempt-Ebersberg), G v. 341 356 364 375 563 583
Ebold v. Böhl (Bohel), Domkustos in Speyer 380f.
Eckher v. Kapfing und Liechteneck, Johann Franz, FB v. Freising 332
Edgith(a), angelsächsische Königstochter, 1. Gm. K Ottos I. 11 14 17 114 172
Egbert, EB v. Trier 46 149
Egilbert, B v. Freising 347
Egino, A v. St. Ulrich und Afra in Augsburg 259 751f.
Eichleitner (Firma) 686
Ekkehart I., Mönch und Dekan in St. Gallen 87
Ekkehart IV., Mönch in St. Gallen 81 111 195 240
Eleusinia (Himiltrud, Hiltrud), Schwester B Ulrichs 81
Eligius, B v. Noyon, hl. 393 402
Elisabeth v. Thüringen, hl. 161 685
Ellenhard, B v. Freising 358
Ellensind, Äbtissin v. St. Stephan in Augsburg 130
Ellinger, A v. Tegernsee 375
Embriko, B v. Augsburg 290
Emmeram, B v. Regensburg, hl. 22 27 198 361 415 417f. 420–424 550 559f. 583 585 641 Abb. 1
Enderle, Johann Baptist 546
Erasmus, hl. 494 504
Erchanger (Alaholfinger) 80
Erchenbald (Erkanbald), B v. Straßburg 129 195
Erdle, Albert 408 411
Erhard, B v. Regensburg, hl. 641
Erhart, Gregor 494 501 508 635–638
Erhart, Michel 502 504f. 631
Erlinger, Johannes 479
Etzel, Vizedom 138
Eugen III., P 149

Eusebius, B v. Caesarea 293
Evurcius, B v. Orléans 243

Falkenstein, G v. 366
Faller, Max 314
Faustus v. Byzanz 239
Felix, Diakon 674
Felix, B v. Genua 243
Felizitas, hl. 144f.
Ferdinand Maria, KF v. Bayern 318
Finck v. Finckenstein, Albrecht G 43
Fischer, Johann Michael 541
Fleckenstein, Josef 43
Flitzing zu Haag, Heinrich v. 352
Florian, hl. 507
Fontanini 209
Formosus, B v. Porto, P 60
Forster, Gedeon, Erzdechant 317–321 552f. 558 560f. 584f. 630 640–642 665
Fortunatus, B 253f.
Frangipani (römisches Adelsgeschlecht) 58
Frank, Johannes 300
Franz v. Assisi, hl. 162 500 685
Franz v. Sales, B v. Genf, hl. 163 686
Franz Wilhelm v. Wartenberg, FB v. Osnabrück und Regensburg, Kd. 318f. 321
Franz Xaver, hl. 685
Fraunhofen, Freiherren v. 354
Freundorfer, Joseph, B v. Augsburg 314
Fri(e)debold, A v. St. Ulrich und Afra in Augsburg 250f. 425 482 752 Abb. 61
Fridolin, hl. 393f.
Friedrich, EB v. Mainz 14 115 172
Friedrich I. Barbarossa, K 3 66 196 210 261 544
Friedrich II., K 49
Friedrich, G v. Zollern, FB v. Augsburg 151 496f. 500
Friedrich III., FB v. Chiemsee 368
Friedrich der Ältere, Jakob Andreas 545
Friesenegger, Joseph Maria, Domdekan in Augsburg 293 310 312f. 654 671 676 683f.
Frischlin, Nicodemus 729
Fritz, Otto Alfred 406
Frodl-Kraft, Eva 673
Frodobert, A v. Moutier-la-Celle, hl. 147
Froumund, Mönch in Tegernsee und Feuchtwangen 99 375
Frundsberg, Barbara v., geb. v. Rechberg 495
Frundsberg, Ulrich v. 495 501
Fryeß (Frieß, Fries), Heinrich, A v. St. Ulrich und Afra in Augsburg 675
Fugger, Johannes 712

Galgano, hl. 152
Gallus, hl. 212 235 480 506
Geb(e)hard, B v. Augsburg 79 83 195 248–250 259 265 552
Gebhard I., B v. Regensburg 421 550
Gebhard II., B v. Regensburg 583
Gebhard, Johann 645–647 653 655f. 660 Abb. 154
Geiz(ig)kofler, Lucas 712 719
Gelasius I., P 63
Gemmingen, Johann Otto v., Domdekan, FB v. Augsburg 477
Genovefa, hl. 701
Georg, hl. 87 326 350 393 500–504 542 630 675f.
Gerald, hl. 150
Gerberga, Tochter Kg. Heinrichs I. 8
Gerbert v. Aurillac, EB v. Reims, EB v. Ravenna (= P Silvester II.) 64 188 214 216
Gerbl, Joseph 365
Gerhard, Kardinallegat 752
Gerhard, Augsburger Priester, wahrscheinlich Verfasser der Ulrichsvita und DP in Augsburg 70f. 78 134 138 148 169–177 179 181–183 191 195 200f. 204 207 223 234 236–240 245 248–250 253–255 257–261 263–265 294 299 375 477 483 517f. 520 550 555 684 714 735 747
Gerhard, B v. Toul, hl. 209
Gero, MG 14
Gertrud, hl. 238 312 500 686
Gervasius, hl. 146
Gerwin, Josef 407
Geysa, Kg. v. Ungarn 745
Gielsdorf, Franz 500
Giltinger, Gumpolt 500
Gilt(l)ingen, Johannes v., A v. St. Ulrich und Afra in Augsburg 269–271 276 476 498 520
Gisela, Mutter K Heinrichs III. 418
Gisela, Tochter Heinrichs des Zänkers, sel. 128
Giselbert, Hz. v. Lothringen 8
Gitschmann, Hans 679
Glück, Paul 500
Godehard, B v. Hildesheim, hl. 47 55 207
Goerge, Rudolf 345
Goll, Simon, A v. St. Ulrich und Afra in Augsburg 636
Gottfried v. Aschhausen, FB v. Bamberg 701 712
Götz, Karl 314
Gozbert, A v. Tegernsee 99 248 250 375
Gregor I., der Große, P 62f. 189 191 255 508 628 675

Gregor V., P 64
Gregor VI., P 65
Gregor VII., P 48 50 67
Gregor IX., P 150 161 211
Gregor, B v. Tours, hl. 255
Grell, Ferdinand 671
Gruber, Gerhard 333
Guido v. Arezzo 756
Günther, Ignaz 361 Abb. 50

Hadrian, K 58
Hadwig, Gm. Hz. Burchards 75 121
Hageln, Marquard v., A v. St. Ulrich und Afra in Augsburg 292 473
Haller, Conrad 498
Haller, Johannes 55f. 66
Haller, Ulrich III. 498
Haller, Wolfgang 498
Hamberger, Josef 373
Hannappel, Martin 406
Hans v. Kulmbach (Maler) 498 679
Hartmann (V.), G v. Dillingen, B v. Augsburg 82
Hartmann der Jüngere, Mönch 84
Hartmann, Adam 559
Hartpert (Hatbert, Hardobert), B v. Chur 118 123 173 252 742
Hartwig I. v. Sponheim, B v. Regensburg 551
Hathumoda (Hadumod), Äbtissin, hl. 181
Hatto I., EB v. Mainz 88
Hatto II., EB v. Mainz 129
Haupt, Karl 425 477 671f. 678
Hausberger, Karl 167
Hedwig, hl. 676
Heel, Johann 662
Heilrich, Priester 243
Heinrich I., Kg. 1–13 18 26 32 36 43 46 69 93f. 98 113 128 140 171 187f. 197 232 241 253
Heinrich II., K, hl. 21 24 27 36 40 42 58 64 149 198 250 413–424 426 482f. 518 520 527 550 559 561 643f. 652 679 684 Abb. 1–3 60
Heinrich III., K 43 45 48 54 56 65 185 418
Heinrich IV., K 290 380
Heinrich I., Bruder K Ottos I., Hz. v. Bayern 14 25 114–118 121 125 172 174 187
Heinrich, Sohn K Ottos I. 115
Heinrich II., der Zänker, Hz. v. Bayern und Kärnten 42 128 423
Heinrich IV., Hz. v. Bayern 550
Heinrich, Hz. v. Schwaben 741
Heinrich I., B v. Augsburg 42f. 75f. 82 111 139 176 182f. 200 223 231 236–238 254 562

Heinrich v. Knöringen, FB v. Augsburg 707f. 711 748f.
Helena, hl. 10
Helmstatt, Heinrich v., DP in Speyer 385
Hemmel, Peter 682
Henschen, Gottfried 298
Herewig, Kaplan 239 243 478 518
Heribert, EB v. Köln 420 422
Heriger, EB v. Mainz 6 94
Hermann, Hz. v. Schwaben 10
Hermann, Bruder PG Arnulfs 117
Hermann, B v. Augsburg 259 751f.
Hermann der Lahme, Mönch in der Reichenau 70 182 237 250–252
Herold, EB v. Salzburg 14 36 116 121
Herrad v. Landsberg, Äbtissin von Hohenburg (Elsaß) 586
Hertfelder, Bernhard, A v. St. Ulrich und Afra in Augsburg 311 546 654
Hess, Heinrich Maria v. 683
Hieronymus, hl. 144 220 469f. 497 628 Abb. 65
Hilaria, Mutter Afras, hl. 674 677 684
Hildebert, EB v. Mainz 12
Hildebrand (= P Gregor VII.) 50
Hildegard, Gm. K Karls des Großen 701
Hildegard, Gm. Riwins 555
Hildeward, B v. Halberstadt 129
Hiltine (Hiltinus), B v. Augsburg 91–93 171 240 254f. 476 723–726 Abb. 82
Hiltine, Kämmerer 138
Hiltrud (Himiltrud, Eleusina), Schwester B Ulrichs 81
Hoffmann, Hartmut 55f.
Hofmann, Hans 350
Holbein der Ältere, Hans 287 495 498 501 642 674–676
Holzer, Johann Evangelist 663
Honorat, B v. Amiens, hl. 243
Honorius Augustodunensis 628f.
Horaz 714
Hörberg, Norbert 753
Hörwarth, Herren v. 344
Hubel, Achim 553 555 557 591
Hugo Capet, Kg. v. Frankreich 213–215
Hugo, B v. Würzburg 150
Hugo, MG v. Tuszien 215
Hundertpfund, Liberat 678 684
Hupald(us), Vater B Ulrichs 79 81 92 170f. 715f. 720f. 726.
Hupald, Neffe B Ulrichs, G 76 80–82 137
Hupold, Zeuge 81

Ida v. Toggenburg 699 701
Ignatius, Pt. v. Konstantinopel, hl. 57

Immo, A v. Reichenau 251
Innocentius, hl. 110
Innozenz III., P 63 152 211
Irmingard, Gm. Wenhers 418
Israhel v. Meckenem 288
Ivo, Priester, hl. 239

Jakobus (Jacobus, Jago), Apostel 243f. 342 353 363 365 384 393–396 402 471f. 498 553 642–644 657 661 674–677 *Abb. 67 175*
Jakobus de Voragine 672
Joachim, hl. 685
Jodocus (Jodok, Jost), hl. 243 358 393 495
Johannes der Täufer 129 138 185 191 343 362 392 506 552–558 637f. 675 677 684f. *Abb. 183f.*
Johannes, Evangelist 102 323 362f. 380 587–593 630 637f. 675 677
Johannes, hl. (unbestimmt) 268f. 335 345 472 671
Johannes VIII., P 59 61
Johannes IX., P 60
Johannes X., P 61
Johannes XI., P 61
Johannes XII., P 16 58 63 67
Johannes XIV., P 62f.
Johannes XV., P 63f. 78f. 149 181 195 205f. 209 212 214f. 217 219 221f.
Johannes XIX., P 59 64
Johannes XXII., P 562
Johannes Tzimiskes, K v. Byzanz 17
Johannes Chrysostomus, Pt. v. Konstantinopel, hl. 144f.
Johannes, B v. Anagni 222
Johann Gottfried von Aschhausen, FB v. Bamberg 701 712
Johann Otto v. Gemmingen, Domdekan, FB v. Augsburg 477
Johannes, B v. Nepi 206 221
Johann Theodor v. Bayern, FB v. Freising, Regensburg und Lüttich, Kd. 332
Johannes (4 Kardinäle) 221f.
Johannes Crescentius (Numentanus) 63
Johann(es) v. Gilt(l)ingen, A v. St. Ulrich und Afra in Augsburg 269–271 276 476 498 520
Johannes Klesatel 479 493
Johannes v. Neapel, Dominikaner 163
Johannes, Oblationar 222
Johannes, Diakon 222
Jorhan, Wenzel 664
Joseph Clemens v. Bayern, FB v. Freising, Regensburg, Lüttich, KF v. Köln 332
Joseph, hl. 335 359 396 592 673 683

Joseph, Landgraf v. Hessen-Darmstadt, FB v. Augsburg 289
Jost: Siehe unter Jodocus
Judith, Gm. Hz. Welfs I. 350

Kager, Matthias 311 522 546 654 662 *Abb. 16*
Kalixt II., P 209
Kappel, I. (Maler) 348
Karl I., der Große, K, hl. 1 3 18 30 45 58 62 67 73 109 148 414 423 701
Karl II., der Kahle, K 419
Karl III., K 184
Karl Martell 232
Karl, Hz. v. Niederlothringen 213
Kassian, hl. 632
Kastulus, hl. 335 631f. 634f. 638 659 668 *Abb. 144f.*
Katharina v. Alexandria, hl. 497f. 653 663 686
Katharina v. Siena, hl. 653
Katharina, hl. (unbestimmt) 324 328 348 386 393 395f. 495 501 661
Kauffmann, Georg 594
Kel der Ältere, Hans 506
Kempf, Friedrich 218
Khamm, Corbinian 302 309 311
Khobaldt, Andreas 651
Kilian, hl. 366 684
Kilian, Bartholomäus 640f. 645–650 655 bis 658 660 *Abb. 10/11 12/13 S. 404*
Kilian, Wolfgang 311f. 546 654–658
Kistler, Romanus 311 546
Klara, hl. 162
Klesatel, Johannes 479 493
Klotz, Leonhard, A v. Schäftlarn 368
Knuba, Kg. v. Dänemark 9
Knut, Kg. v. Schweden 150
Koler, Josef 505
Konrad I., Kg. der (Ost-)Franken 5f. 8 23
Konrad II., K 64f. 379 561
Konrad, Kg. v. Burgund 110
Konrad der Rote, Hz. v. Lothringen 14 38 114f. 118 124 172f.
Konrad v. Wittelsbach, EB v. Salzburg, Kd. 152
Konrad, B v. Konstanz, hl. 46 209 239 255 259 262 391 413f. 494f. 508 519 541 672 674 678 752 *Abb. 6*
Konrad I., B v. Freising 350
Konrad III., der Sendlinger, B v. Freising 330 334f. 341f. 344 349f. 354f. 357 360 362–364 375
Konrad IV. v. Haimburg, B v. Regensburg 553 559

Konrad v. Sittling-Biburg 584
Konstantin I., der Große, K 10 26 28–31 122 293 530
Kopp v. Saulheim, Johann 384
Korbinian, B v. Freising, hl. 329 355 357 361 364 369 530 684
Kosel, Karl 500 504 529
Kriechbaum, Martin 630 *Abb. 136*
Krummer-Schroth, Ingeborg 679
Krumper, Hans 641
Kuen, Franz Martin *Abb. 125*
Kühner, Johann Kaspar, WB in Freising 357
Kunigunde, Gm. K Heinrichs II., hl. 151 211 418 643f. 652f. 701
Künstle, Karl 671
Kurze, Pfarrer 411
Kuttner, Stephan 211

Lambert v. Spoleto 60
Lang, Franciscus 703
Lapök, Georg 365
Laurentius, hl. 15 124f. 145 350 630 654 673
Laurentius, P 256
Lavater, Johann Caspar 299
Layer, Adolf 697–700
Lechner, Joseph 365
Lederer, Jörg 496 504
Leinberger, Hans 631–634 636–638 *Abb. 145f.*
Leiningen, G zu 386
Leo I., der Große, P 62f.
Leo III., P 414
Leo IV., P 414
Leo V., P 60 90
Leo VI., P 61
Leo IX., P 48 65 551
Leo (2 Kardinäle) 221
Leo, A v. SS. Bonifacio ed Alessio in Rom 214f.
Leonhard, hl. 325 335 357 360 503 507 532 541 664 671
Lieb, Norbert 518 520 543 671
Liedke, Volker 636
Lindtmayr, Philipp Franz 332
Lipp (Firma) 686
Liudger, hl. 212
Liudolf (Luitolph, Rudolf, Ruedolph), Sohn K Ottos I., Hz. v. Schwaben 14 16 37f. 114–118 121 123f. 128 131 170 172 bis 174 226 231 239–241 252 355 370 528 556f. 741 745f. *Abb. 131*
Liudprand (Liutprand, Luitprand), B v. Cremona 10 25 55 61f.

Liutgard, Schwester B Ulrichs 81 92 121 130 175
Liutold (Liudolf), B v. Augsburg 78f. 149 181 207 210 212 215–219 248 250
Lodron zu Haag, Guidobald Albrecht Joseph G v. 352
Lohr (Firma) 686
Loibl, Hanns 655
Loth, Johann Carl 647
Lothar I., K 8
Lothar, Kg. v. Italien 115 172 213
Ludmilla, Gm. Hz. Ludwigs I. 562
Ludolph, hl. 504
Ludwig der Fromme, K 148
Ludwig der Deutsche, Kg. 45
Ludwig IV., das Kind, Kg. 4f. 83 88 170f. 184f.
Ludwig XIV., Kg. v. Frankreich 704
Ludwig I., Kg. v. Bayern 681 683
Ludwig I., der Kelheimer, Hz. v. Bayern 562
Ludwig II., der Strenge, Hz. v. Bayern 699
Lukas, Evangelist 630
Lusignan, Herrscher auf Zypern 277

Mabillon, Jean 70 199 206
Mader, Felix 644
Mader, Wilhelm, WB in Augsburg 634
Magnus, hl. 87 212 235 251 402 480 496
Magnus v. Schmiechen, DH in Augsburg 642
Mair (Augsburger Bildhauerfamilie) 309 502
Mâle, Émile 628
Manasser, Daniel 311 546 677
Manegold, Bruder B Ulrichs 80 82 92
Manegold, Neffe B Ulrichs 76 81 92 137
Mantegna, Andrea 287
Margaretha, hl. 325 328 342 362 369 382 393 396
Maria Magdalena, hl. 359f. 471f. 478 504 710f. *Abb. 67*
Maria v. Brabant 699
Marinus, hl. 360
Marinus I., P 90
Marinus II., P 90
Marinus, P (unbestimmt) 59 80 89f. 171 240f. 258 722
Markus, Evangelist 646 *Abb. 154*
Marozia, Tochter Theophylakts 57–59 61 90
Marquard v. Berg, FB v. Augsburg 477
Marquard v. Hageln, A v. St. Ulrich und Afra in Augsburg 292 473
Martin, B v. Tours, hl. 122 146 164 175 242f. 254 264 323–325 328 335 345 357 360 364 385 393 406 505 507f. 541 544 630f. 635 673 683 685 *Abb. 142*

Maternus, B v. Köln, hl. 551
Matthias, Apostel 396
Mathilde, Gm. Kg. Heinrichs I. 11 187–189
Mathilde, Äbtissin v. Quedlinburg 189 215
Mauritius, hl. 110 114 129 402 418f. 422
Maxentius, K 122 530
Maximilian, B v. Lorch an der Enns, hl. 676 684
Maximilian I., K 493f. 520
Maximilian I., Hz. v. Bayern 317 667 710f.
Maximinian, B v. Syrakus, hl. 239
Mayer, Anton 333
Mayr, Gottfried 356 365 375
Meinwerk, B v. Paderborn, hl. 47
Meisterlin, Sigismund 264 274 288 295–297 476 480–482 493
Melinda Rinaldi, Gm. des Rheingrafen Ariovist 699f. 702f. 713
Merk, Johannes, A v. St. Ulrich und Afra in Augsburg 547 677
Mermoser, Ulrich 674
Merz, Joseph Anton 659–663 *Abb. 161–170*
Mesi, Kleriker 519
Metternich, Bernhard v. 637
Michael, B v. Regensburg 175
Michael, hl. 324 361f. 517 655 685
Mieszko I., Hz. v. Polen 64 203
Miller, Albrecht 500 503
Mittermaier (Glasmalerwerkstatt in Lauingen) 683f.
Mörlin, Konrad (II.), A v. St. Ulrich und Afra in Augsburg 271 277 497
Motz, Johann Michael 547
Mozart, Franz 659 *Abb. 161*
Mülich, Georg 480 482 493
Mülich, Hektor 480–482 493
Müller, Mechtild 668

Napoleon I. Bonaparte 557
Narcissus, B v. Gerona, hl. 259 674f. 677 684
Nerdinger, Eugen 314
Neri, Philipp, hl. 659
Nicolai, Friedrich 299
Nidgar(ius), B v. Augsburg, hl. 302 312
Nikolaus, B v. Myra, hl. 357 362 368f. 374 393f. 472f. 494 504 506–508 553–555 559 664 679 683 709 *Abb. 70*
Nikolaus I., P 57 59f. 62 66
Nikolaus v. Verdun, Goldschmied 587 594 596
Norbert, hl. 407
Notker, B v. Lüttich, hl. *Abb. 66*
Notker Balbulus (der Stammler), Mönch in St. Gallen, sel. 70 83 470

Oberstadion bei Munderkingen *Abb. 4*
Octavian, Johannes, Sohn Alberichs (= P Johannes XII.) 16 58 63 67
Öder, Ulrich 673
Odilo, A v. Cluny 188
Offenhausen, Christoph, Jesuit 699
Ortolf, G 583
Ortwin v. Aufhausen 560
Ostenberger, Christoph 708
Oswald, Johann 373
Othloh, Mönch in St. Emmeram 203 238 251 550
Othmar, Silvan 264 297
Otmar, hl. 480
Ott, Norbert H. 481
Otto I., der Große, K 11–18 25–27 32 36–40 42 44 46f. 49 54 57f. 62 67 69 78 80 111–118 124–126 128–135 137 140 172f. 175f. 187 190–192 198 214 226 231 252 254 274 355 370 408 414 421–423 518 522f. 525 528 530 545 556f. 654–657 700 724–727 737 739 741–747 *Abb. 131 157*
Otto II., K 16f. 26 42f. 62 75 82 133f. 138 192 551
Otto III., K 24f. 58 62 64 208 210 212–217 420 423
Otto, B v. Bamberg, hl. 584 591 684
Otto I., B v. Freising 1–3 350f.
Otto, Markus 681

Pacher, Augustin 684f. *Abb. 183f.*
Pader, Konstantin 346 *Abb. 51*
Papebroch, Daniel 298
Paravicini, Ottavio, Nuntius in Luzern, Kd. 397
Pascal, Blaise 141
Paschasius, Diakon 255f.
Paulus, Apostel 89 109 132 191 335 342 345 357f. 360 418 504 517 541 643 665 675 677 685 *Abb. 52*
Paur, Ignaz 526
Peiere, G 81
Peißinger, Joseph 643
Perpetua, hl. 144f.
Perpetuus, B v. Tours, hl. 146
Petrus, Apostel 11 57 64 66–68 89 91 97f. 109 132 191 209 217 221 232 256 360 394f. 418 502 504 517 519 526f. 541 586 642f. 665 675 677 685
Petrus Canisius 264
Petrus I. Babenberg, A v. Kreuzlingen 679
Peuscher, Wilhelm 501
Philipp, PG bei Rhein, FB v. Freising 331
Philippus, Apostel 187

Photios (Photius), Pt. v. Konstantinopel 57
Pierleoni (römisches Adelsgeschlecht) 58
Pilgrim, Neffe Ortwins 560
Pippin III., der Jüngere, Kg. 31 57f.
Pius IX., P 685
Plautus 709
Polykarp, B v. Smyrna, hl. 144 238
Popp, Willibald, A v. St. Ulrich und Afra in Augsburg 305
Poppo, B v. Brixen (= P Damasus II.) 48 65
Pötzl, Walter 549 558
Prandauer, Jakob 651f.
Prauneck, Carl 663
Prinz, Friedrich 76 141
Priscian 594
Protasius, hl. 146
Pythagoras 594

Quirin, hl. 335

Radegundis, hl. 151
Rader, Matthäus 662 667
Rambert (Rampert), Kleriker 96 254
Raminger, Melchior 493
Raßler, Maximilian 667
Ratzenhofen, Bertha v. 584
Rechberg, G v. 495
Rechberg, Ulrich G v. 501
Reginbald, A v. St. Afra in Augsburg, B v. Speyer 250 379f.
Reginbald, Neffe B Ulrichs 81 92 121 125f.
Regino, A v. Prüm 100f.
Rehm (Raem, Rhem) v. Kötz, Wolfgang Andreas, DP in Augsburg 477
Reinle, Adolf 531
Resler v. Reslfeld, Johann Carl 647 653
Richer v. Reims, Geschichtsschreiber 215
Rieder, Johann Michael 369
Riederer, Ulrich 679
Riegg, Ignaz Albert v., B v. Augsburg 306
Riemenschneider, Tilman 632
Riepp, Balthasar 526
Rintelen, WB in Magdeburg 407
Riwin (Richwin), Neffe B Ulrichs, Sohn Dietpalds, G 80 126 136–139 179 192 555 684
Robert II., Kg. v. Franzien 214
Rochus, hl. 166 325 357 393f.
Ro(u)dung, A v. Ottobeuren 130 137 255
Rogier van der Weyden (Maler) 502
Röhrer, Hofrat 547
Röhrig, Floridus 589 628
Romanus, B v. Rouen 243
Romanus, P 60
Romeis, Leonhard 686

Rotbert, Armer 257
Rotbert, A v. Ebersberg 356
Rottmayr, Johann Michael 647–649
Rouzo, Gelähmter 138
Rudolf II., Kg. v. Burgund 10 26
Rugendas, Georg Philipp 651f. 658
Ruland, Hans 500
Ruotger, Verfasser der Vita EB Brunos v. Köln 25 38f. 45 139
Rupert, B v. Salzburg, hl. 371 374 584f. 641 643–646 652 684 *Abb. 152*
Rupert, EB v. Mainz 129
Rupert, Bruder Ortwins 560

Sadeler der Ältere, Raphael 662 *Abb. 16*
Sailer, Konrad 480
Salomo I., B v. Konstanz 190
Salomo II., B v. Konstanz 190
Salomo III., A v. St. Gallen, B v. Konstanz 4 83 87–89 170f. 190 240
Sappho 714
Schädler, Alfred 497
Schäfer, Georg 496
Schaufert, Ludwig Rudolf 383
Scheller, Christoph 503
Scherer, Alois 683
Scherer, Josef 682f. *Abb. 179*
Scherer, Leo 683
Scherrich, Johann Franz Raimund 640 *Abb. 149*
Schiele, Michael, A v. Fultenbach 306
Schilcher, Georg 703 705
Schindler, Herbert 631
Schinnerer, Johannes 679
Schlotthauer (Glasmaler) 683
Schmidt, Franz Joseph Anton 330–333 335f. 341–348 350–352 355–359 362–364 367–369 375
Schmidt, Johann Georg (gen. Wiener Schmidt) 524 648–650 656 669 *Abb. 155*
Schmidtner, Johann Georg Melchior 526 *Abb. 118*
Schnidtmann, Anton 659
Schnidtmann, Balthasar 659
Schnyder, Edmund, A v. St. Urban 398
Scholastika, hl. 312 497 675
Schongauer, Martin 288
Schramman, Burkhard 640 *Abb. 404*
Schraudolph, Johann 683
Schrenk, Nikolaus 360
Schwaiger, Johann 372
Schwarz, Georg 355
Schwarz, Ulrich 496
Sebach, Peter, A v. Selz 384
Sebaldus, hl. 498 679

Sebastian, hl. 212 323–325 353 357 381 639 665 679
Sedlmayr, Hans 651
Seidl, Joseph Wilhelm 546 654
Seld, Hans 277
Seld, Jörg 270–273 275–278 287f. 290 296f. 300 305f. 311 313f. 498
Seld, Nicolaus (Nikolaus) 277f. 287 290 296f. 300 302 305f. 311 313f. 481 498 520 Abb. 22–24
Selmair, Johann 350
Selpelius, Johannes 641 Abb. 151
Sempt-Ebersberg: Siehe unter Ebersberg
Seneca 714
Sergius III., P 60f. 90
Severin, hl. 146 685
Siegfried, B v. Augsburg 421
Siegfried, B v. Regensburg 556
Siegfried, A v. Engelbrechtsmünster 559
Silvester I., P 342 494
Silvester II., P 64 188 214 216
Silvester III., P 65
Simeon v. Syrakus (v. Trier), hl. 209
Sing, Johann Caspar 643–650 652f. 656 660f. 666 670 Abb. 152 172
Sintpert (Simpert), B v. Augsburg, hl. 127 205 226 259 264 290 497 503 546 675 677 Abb. 176
Snabel, Ulrich 370
Sokrates 180
Sommervogel, Carlos 699
Soratroy, Alexander, DP in Augsburg 685
Speth (Späth) v. Zwiefalten, Euphrosina, Ulrich u. Ursula 681
Sprandel, Peter 500
Stahleder, Helmuth 331
Starchand, B v. Eichstätt 129
Steichele, Antonius v., EB v. München und Freising 583 633
Steingräber, Erich 477
Steinicken (Firma) 686
Steinle, Bartholomäus 637
Stengel, Georg 700
Stengel, Karl 655
Stephan(us), hl. 130 324 342 347 354 362 366 495 503–505 508 523 630 671 673 684
Stephan I., Kg. v. Ungarn, hl. 128
Stephan I., P 684
Stephan VI., P 60
Stephan VII., P 61
Stephanus, Notar und Skriniar 206 221
Stetten der Ältere, Paul v. 545
Stimpfle, Josef, B v. Augsburg, EB 289 333
Stippeldey, Caspar Xaver 288 Abb. 47

Storer, Johann Christoph 649 656f. Abb. 12/13
Stöttner, Hans 352
Straub, Johann Baptist 532
Strauss, Caspar 547
Strigel, Bernhard 495
Strigel, Ivo 503
Suidger, B v. Bamberg (= P Clemens II.) 48 65
Sulpicius Severus 122 175
Sunderndorfer, Stephan 331 334 336 344 347f. 354 358–360 362 364 369 375
Symmachus, P 256
Symmachus (römischer Redner) 705
Syrus, Schüler des B Felix v. Genua 243
Szarota, Elida Maria 697–700

Tassilo III., Hz. v. Bayern 563
Theobaldinus, Einsiedler 209
Theoderich der Große (Theodorico), Kg. der Ostgoten 256 705
Theodor, hl. Abb. 122
Theodor, B v. Octodurus (Martigny), hl. 146
Theodor II., P 60
Theodora die Ältere, Gm. Theophylakts 57 61 90
Theodora die Jüngere, Tochter Theophylakts 57f. 61 90
Theodosius, K 145
Theodul, hl. 394
Theophanu, Gm. K Ottos II. 17 213f.
Theophylakt (römischer Adeliger) 57 61 90
Theresia, hl. 686
Thiem, Gunther 675
Thierry v. Chartres 595
Thietmar v. Merseburg, Chronist 197 210
Thomas v. Aquin, hl. 163 166 757
Thomas Becket, EB v. Canterbury, hl. 209
Thosso, B v. Augsburg, hl. 302 312
Tiburtius, hl. 643f.
Treeck, Gustav van 685 Abb. 178 182
Troger, Paul 669f.
Türk, Jakob Ritter v., Stiftspropst 310
Tuskulum, Grafen v. 58

Udalrich (Ulrich) I., B v. Konstanz 259 751f.
Udalschalk v. Elsendorf 561 563 644
Uhlirz, Mathilde 215 423
Ulrich v. Dornberg, Stiftspropst v. St. Johann 553f.
Ulrich, G v. Ebersberg 341
Ulrich v. Frundsberg 495 501
Ulrich v. Rechberg 501
Ulrich v. Winterstetten und Katzenstein, DH in Augsburg 498
Ulrich der Ältere v. Wilgartswiesen 384

Uodalrich, Bruder des B Adalbero v. Bamberg 585
Uodalscalc (Udalschalk v. Maisach), A v. St. Ulrich und Afra in Augsburg 195 259 751–753 *Abb. 184*
Urban, hl. 359 394 396 631 *Abb. 147*
Urban I., P 494 508
Urban II., P 150
Urban VIII., P 211
Ursula, hl. 360 635 681

Valentin, hl. 684
Valentin, Jean-Marie 697–700
Veit (Vitus), hl. 366f. 374 643f. 652f. 656 660f. 666 670 *Abb. 152 172*
Venantius Fortunatus, B v. Poitiers 254f.
Verena, hl. 394
Vergil 714
Verhelst, Aegidius 547
Verhelst, Placidus 532 543 547 *Abb. 123f.*
Victor II., P 65
Victor, Mönch in St. Gallen 111f.
Viktor, B v. Neapel 146
Vinzenz, hl. 470
Vitus: Siehe unter Veit
Voertel, Wilhelm 683
Vogler, Anton 333
Vogt, Christian 547

Wagner, Leonhard 287 476 495
Wagner, Petrus 271f.
Waitz, Georg 206
Walahfrid Strabo, A v. St. Gallen 235
Walburga, hl. 126 277f. 472
Walther, B v. Straßburg 552
Waninc, Mönch in St. Gallen 84
Wartenberg, Albert Ernst G v., WB in Regensburg 644
Wartenberg, Franz Wilhelm G v., FB v. Osnabrück und Regensburg, Kd. 318f. 321 642 665
Wazo, B v. Lüttich 65
Wechtlin, Jakob 679
Weiditz, Hans 297
Welf I., Hz. v. Bayern 350
Welser, Marcus (Markus) 70 205f. 222 265
Welser, Veronika 498
Wendelin, hl. 396 559f. 584 686
Wenher, Gemahl Irmingards 418
Wenzeslaus, hl. 414 478
Werinhar, A v. Fulda 75 129 138f. 176
Wertinger, Hans 674
Westermayer, Georg 333
Wetter, Friedrich, EB v. München und Freising, Kd. 373

Wiborada (Wiberat), Reklusin, hl. 87–90 95 171 190 201 232f. 240 248 258 480 684 720 *Abb. 92*
Wicfrid (Wicfred), Propst v. St. Afra in Augsburg 182f. 247
Wichmann II. (Billunger), Hz. v. Sachsen 14
Widl, Michael 365
Wido, MG v. Tuszien 60
Widukind v. Corvey 5 11–13 17 121 124f. 128 189
Wiest, Anton 664 666 *Abb. 171 173*
Wigfried, EB v. Köln 12
Wikterp (Wigpertus), B v Augsburg, hl. 302 312 504
Wil (Wyl), Magister Bernhardus 709
Wilgartswiesen, Ulrich der Ältere v. 384
Wilhelm, EB v. Mainz 14 16
Wilhelmi, Valentin 383
Willibald, B v. Eichstätt, hl. 541 684
Willigis, EB v. Mainz 46 213 215 420
Wiltrudis, Schwester G Ortolfs 583
Winterstetten und Katzenstein, Ulrich v., DH in Augsburg 498
Witgar, B v. Augsburg 184
Wittwer, Wilhelm 270f. 277f. 288 296 300f. 475 675
Wolferat v. Altshausen 237
Wolff, Johann Andreas 359 647 660–662
Wolfgang Andreas Rehm (Raem, Rhem) v. Kötz, DP in Augsburg 477
Wolfgang, B v. Regensburg, hl. 46 55 129 139 192 195 199 202 238 322 327 348 350 369f. 414f. 420 482 493 501 543 549–551 555 559 561 584f. 629–634 638–641 643–646 652 665 667 669f. 673 684f. *Abb. 130 133 144 147 151–154 174*
Wolfgang Wilhelm, PG v. Neuburg 317

Yves, hl. 152 165

Zeckel, Johann Karl 543 *Abb. 123f.*
Zeiller, Johann Jakob 541
Zeitblom, Bartholomäus 494 *Abb. 5*
Zeller v. Leibersdorf, Johann Sigmund, WB in Freising 332
Zettler, Franz Xaver 676–678 684
Zettler, Franz der Jüngere 684
Zimmermann, Harald 55f. 206 215f.
Zink, Matthias 662
Zoepf, Ludwig 235f.
Zoepfl, Friedrich 174 474
Zollern, Friedrich G v., FB v. Augsburg 151 496f. 500
Zuccalli, Domenico Cristoforo (II.) 563

Ortsregister

Bearbeitet von Thomas Groll

Aachen 3 12f. 16 24 214
Aalen 685
Aargau (Kanton) 391
Aarhus 13
Abensberg 584 646
Achelstädt (bei Erfurt) 406
Adelberg 496 *Abb. 5f.*
Agaunum (Saint-Maurice) 110
Aich (bei Vilsbiburg) 323 562 629 640 *Abb. 9*
Aichach 503 505 508 583 635 665
Aichen (bei Thannhausen in Schwaben) 500
Aiglsdorf 363 375
Ainau 323 585–597 628f. 653 655 663 666f. 669f. *Abb. 135–137 139*
Ainring 371
Aitingen (Großaitingen) 203
Alach (bei Erfurt) 406
Alexandria (Alexandrien) 144
Altendorf (bei Nabburg) 325
Altenerding 358
Altenhohenau (Kloster) 373
Altenmarkt an der Alz 365
Altensteig (bei Mindelheim) 500
Altfraunhofen 348
Altheim (bei Landshut) 321
Altomünster 371
Altötting 373 527 562 *Abb. 114*
Altshausen 182 680
Amberg 321 326 561 797 799
Amendingen 137
Amiens 242f.
Ampfing 373
Anagni 60 221
Andechs 530
Ansbach 317
Antiochia 146
Anzenberg 664
Anzhofen 334
Anzing 357
Aquileja 115

Arezzo 756
Arnstadt (Thüringen) 14f. 118 121 173
Asbach (Thüringen) 406
Ascholding 357
Ascholtshausen 326 560
Ast (bei Landshut) 353
Attel (Kloster) 360 375
Attenkirchen 342 363
Aubing (München) 344 346
Aufhausen (bei Regensburg) 327 559f. 659
Aufkirchen (bei Erding) 368
Aufkirchen (bei Maisach) 335
Aufkirchen (am Starnberger See) 355
Augsburg 1 15f. 22 27 42f. 46 55 63 69f. 74–78 80 82 88–94 96f. 99 101f. 110 112 114–117 121 123–125 128 130 132 134–137 139 142 147 149 151 169–177 179 181–184 187 190 192 195 197 200–203 205 207–213 215–217 219 223 226 231f. 234f. 237 239–242 244–251 253f. 258f. 261f. 263–265 267–271 274–276 278 287–289 293–302 306f. 309 311f. 314 318 329 335 346 351 355f. 370 375 379f. 383 392–394 397f. 401f. 408 411–413 420f. 424–426 469 472–477 479–484 493 495–506 517f. 520–523 525 527 529–532 541–553 555 557f. 560–563 583–585 631 633–636 638 642 643–645 647–650 654–657 659f. 663–665 667 669–671 674f. 678f. 683–686 698–701 703–705 707 709f. 711f. 715f. 720 722–724 727 735 738f. 741 745 748f. 751–753 779 *Abb.6 10/11 22–36 39–48 82 84 121 123 124 175 bis 177*
– Haunstetten 542
– St. Afra (Kirche, später auch Kloster) 107f. 121 127 136 139 182–186 192 199 258f. 392 401

Augsburg
- St. Ulrich und Afra (Kloster) 184 195f. 205 210 250 258–261 263–265 267 271 276f. 289 291f. 296 298f. 306 334 336 348 375 379 420 424f. 470f. 473 476 479 493 495–498 501f. 525 529 531 543 546f. 558 563 636 654 663 674f. 677 683 751–753 *Abb. 21f.* 48 61 119 121 123f. 175–177
- St. Katharina (Kloster) 495 497f.
- St. Moritz (Stift) 250 305
- St. Stephan (Stift) 130 191 523 532

Aurillac 214
Autun 628
Avignon 562
Avolsheim (Elsaß) 551–553 593

Babensham 369
Bachern 341
Bad Aibling 334f.
Bad Bergzabern 385
Bad Buchau 81
Bad Dürkheim 384–387
Bad Endorf 366f.
Bad Gögging 584
Bad Krozingen 182
Bad Lauchstädt 405
Bad Reichenhall 372
Bad Tölz 343 357 365
Bamberg 21 24 27 36 43 48 198 417 584f. 590f. 684 701 712
Bärenweiler (bei Kißlegg) 542
Barr (Elsaß) 552
Basel 10 36
Baumburg (bei Altenmarkt an der Alz) 333 365 369 374
Baumgarten 360
Bayreuth 317
Benediktbeuern 97 127 660f. 682
Benevent 16
Berganger 334f. 356 363f. 375
Berge (Kloster) 419
Bergen (bei Neuburg an der Donau) 541
Berghausen 325
Bergkirchen 336
Berlin 481 496 679
Bern 144 398 401
Besançon 36
Bettbrunn 321 325
Beyharting 335 364
Biberach an der Riß 660
Biberg 334f. 356
Bibertal 503 508
Biburg (bei Abensberg, Kloster) 324 584
Biburg (bei Augsburg) 685

Bischofszell 683
Bittenbrunn 685
Blainthal 363f.
Blaubeuren (Kloster) 494
Blickenberg (Plickenberg, bei Altenmarkt an der Alz) 365 377
Blumenthal 637
Bobingen 203
Bockhorn 373
Bogen 559f. 672 *Abb. 158*
Bogenberg 326 654 663
Bollstadt 502
Bourges 596
Brabant 699
Brandenburg 9 13 16
Bregenz 708
Breisach 115
Breitenstein (Oberpfalz) 561
Bremen 13 36 42f.
Brixen 48 708
Bruck (bei Glonn, Landkreis Ebersberg) 357
Bruckberg 335 350
Buch (bei Wasserburg am Inn) 343 348 359 362
Buchau (Kloster) 81
Buchdorf 524
Büchel (Thüringen) 406
Buchhausen 326 560
Burgberg 523 529f.
Burghausen (Salzach) 699
Burgheim (Bourgheim, Elsaß) 552
Burgrain (bei Haag in Oberbayern) 343 359
Bursthof 395
Byzanz 17 23 56f. 63 239

Caere 59
Cambrai 36
Canterbury 209
Capua 16
Cerveteri 221
Cham 317f. 320f. 323 326f.
Chartres 591–596
Chiemsee 368
Chur 81 118 173 252 257 291 742
Cluny (Kloster) 54 61 107 188
Corvey (Kloster) 5 11 13 36 121 124f. 128
Cotrone 182
Cremona 10 25 55 61f.

Dachau 336
Dahn (Pfalz) 381 *Abb. 53*
Daphne (bei Antiochia) 146
Darmstadt 289
Daxmating 364

Register

Deggendorf 321 326–328 530 546 561 629f. 635 654 *Abb. 142f.*
Deidesheim 381 387 *Abb. 54*
Diedenhofen 148
Dietrichsstetten 325
Dillingen an der Donau 80 82 92 136 170 177 233 259 264 276 318 494 505f. 508 541 667 685 697–703 705–711 713 715 749 *Abb. 178*
Dinkelsbühl 502
Dinkelscherben 682 *Abb. 179*
Dompeter (Elsaß) 551
Donaustauf 320f. 328
Donauwörth 124 502 530 532
Dorfen 336 343 359 362 364
Dörrenbach (bei Bad Bergzabern) 385–387
Dorschhausen 503
Dürkheim 384–387
Dürnseiboldsdorf 335

Ebenfurth an der Leitha 524 648–651 656 669 673 *Abb. 155*
Ebenhausen (bei Pfeffenhausen) 326
Ebersberg 341 351 356f. 362–364 375 563 583
Eching (bei München) 350 353
Echternach 144 418
Eger 317 321 324
Eggenfelden 325 327 524 654
Egling (bei Wolfratshausen) 358
Egmating 341 356f.
Ehingen (Landkreis Augsburg) 503 *Abb. 112*
Ehingen am Ries 503
Ehrenberg (bei Pfaffenhofen an der Ilm) 583
Eichstätt 36 129 240 277f. 287 529 541 662 684
Eichtling 357
Einsbach 334
Einsiedeln 92 129 398 477 521 550
Eisingersdorf 526
Eitting 327
Ekeghikh (Armenien) 239
Ellerstadt 384
Ellgau 532 541
Ellwangen (Jagst) 250 701f. 710 712
Elsenbach 374
Elsendorf 321 326 561 563 584 644
Elvira 144
Emmen (bei Luzern) 398
Emmenhausen 503
Endorf 366f.
Engelberg (Kloster, Kanton Obwalden) 292
Engelberg (bei Vilsbiburg) 325
Engelbrechtsmünster 326 559 585

Engelsberg (bei Garching an der Alz) 369 *Abb. 114*
Eggstätt 367
Englertshofen 335
Ensdorf 657f.
Erding 349 357f. 368 370 373 *Abb. 52*
Eresing 502f. 526 529f. *Abb. 118 125 Fig. S. 168*
Eresried 503
Erfurt 12 14 113
Ergertshausen 358
Erharting 365
Erkheim 503
Eschelbach 585
Essing 321
Ettal (Kloster) 530 532
Ettelried 683
Ettenbeuren 503
Etterzhausen 326
Ettiswil (Kanton Luzern) 392
Ettlishofen 503
Euernbach 583
Euratsfeld 673

Fahlenbach (Feilenbach, bei Wolnzach) 583 634
Falkenstein 366
Feldkirch (Vorarlberg) 708
Feldkirchen (bei Straubing) 321 327
Feldmoching (München) 354 372
Ferentino 221
Feuchtwangen (Kloster) 96 102 250 375
Fischbach (Pfalz) 381–384 387 *Abb. 53*
Fleinhausen 683
Forstinning 362
Frankfurt am Main 92 148 481
Fraunhofen 354
Freiburg im Breisgau 672 679 753
Freising 1f. 81 203 329–334 336 341–347 349–358 362–364 367 369 373–377 530 659
– St. Andrä (Stift) 332 336 344 347 358
– St. Johann Baptist (Stift) 343 358 363
– St. Veit (Stift) 357
– Vötting 341f.
Fremdingen 686
Friaul 60 115 172
Fribourg 701
Friedberg 503 505 508 583 635 665
Friedersbach 671 673
Friedrichshafen 680
Fritzlar 6 114f.
Frontenhausen 321 325 327f.
Fuhrn (Oberpfalz) 323
Fulda 36 42 59 75 129 138f. 177

Fultenbach 306
Fürholzen 343f. 346
Fürstenfeld (Kloster) 367
Fürstenfeldbruck 334f.
Fußberg 335f.
Füssen 96 102 235 475 496 504
  Abb. 105–107

Gailling (bei Glonn, Landkreis Ebersberg) 364
Gammelsdorf 335 350
Gandersheim (Stift) 181 Abb. 18
Garching 354 372 527
Gars 333 365 371 373
Gasseltshausen (bei Mainburg) 561
Gauting 344
Gebensbach 336
Geiselhöring 325 560 629 672
Geisenfeld an der Ilm 321 323 326 563 583–585 631f. 634
Geisenhausen 232 336 348 353–355 374 562 585
Gelona 347
Gempfing 683
Genua 243
Gerlhausen 353
Gersthofen 583
Gisseltshausen (bei Rottenburg an der Laaber) 325 563 638 640 Abb. 148–150
Glöcklehof (bei Bad Krozingen) 182
Glonn (Landkreis Ebersberg) 351 364
Gmund am Tegernsee 361
Golling 671
Göppingen 496 Abb. 5f.
Gorze (Kloster) 106 250 375
Goslar 182
Gosseltshausen (bei Wolnzach) 585
Gotha 406 470
Göttweig (Kloster) 645 655 657
Graben 530 546
Grafing 334 357 363 365
Grafling 328 561 653f.
Grasbrunn 334 336f. 356
Graz 699 757
Greißing (bei Geiselhöring) 325 560 629
Grenoble 215
Griesbach 664
Griesham 326
Großaich 327 559f. 658–663 668
  Abb. 161–170
Großaitingen (Aitingen) 203
Großdingharting 367
Großhartpenning 351 375
Grub 341 356 377

Gundamsried (bei Pfaffenhofen an der Ilm) 583
Gundelfingen (an der Donau) 541
Gundelsheim 529f. 663
Gündlkofen 350
Gungolding 529
Günzburg 124 500 503 507f. 517 524 649
Gunzenhausen 529 663
Günzlhofen 334f. 348
Guttenberg (bei Kemnath) 327

Haag an der Amper 352f.
Haag in Oberbayern 348 373
Habach 96 102 656f. 662 666
Haidhausen (München) 684 Abb. 183
Haidstein (bei Kötzting) 327
Hainhofen 504
Haitzendorf (bei Krems) 525 650 Abb. 156
Halberstadt 16 78 129 212 218
Haldenburg (Burg bei Schwabegg) 116
Hall in Tirol 697 699
Halle (Saale) 405
Hamburg 13 36 43
Hampersberg (bei Mühldorf am Inn) 365f.
Hartenburg (Grafschaft) 385f.
Hartpenning 352 369
Härtsfeld 531
Haßloch 381f. 387
Haunertsholzen 366 375
Haunstetten (Augsburg) 542
Hausen 494
Havelberg 13 16
Hebertshausen 345
Heidelberg 478
Heiligenkreuz (Kloster) 651f.
Heiligenstadt (bei Gangkofen) 631
Heimstetten (bei München) 363 366
Heinrichs (Thüringen) 406
Heißprechting 325
Hemau 321 326
Hemleben 406
Herrenchiemsee 367 372
Herrenweg (bei Ruswil, Kanton Luzern) 394
Hersfeld (Kloster) 36 50
Heubach 685 Abb. 182
Hexenagger 325
Hildesheim 42f. 46f. 55 207
Hinterskirchen 354f.
Hippo Regius (Nordafrika) 145
Hirschau (Oberpfalz) 321
Hochdorf (Thüringen) 406
Höchstädt an der Donau 309
Hofdorf (bei Wörth an der Donau) 327 641
Hofkirchen (Dorfen) 364
Hög (bei Langenbruck) 583

Register

Hohenaltheim 23 97
Hohenaschau 372
Hohenbachern 341 f.
Hohenbrunn (bei München) 341
Hohenfels (Oberpfalz) 323 657 *Abb. 160*
Hohenkammer 345 *Abb. 51*
Hohenwart 563 583
Holzhausen (bei Schweitenkirchen) 342
Holzkirchen (Landkreis Miesbach) 369
Hopfen am See 504
Horgauergreut 504
Hörgertshausen 362
Hunderdorf 327
Hundsholz 496 *Abb. 6*
Hutterhof am Bogenberg 653–655 *Abb. 158*

Icking 343
Illertissen 118 123 173 252 556
Illkofen 328
Imberg 507
Inchenhofen 655
Indersdorf 348 371
Ingelheim 13 77 133 135 142 176 190 f.
 212 215 237 254 257 631 678
Ingolstadt 324 332 584 700
Innerbittlbach 343
Innerochsenbach 673
Innsbruck 558
Irschenhausen 343 376 f.
Isen (Stift) 343 359
Ismaning 345
Istrien 115 172
Ivois 10
Ivrea 16 115 172

Jolling (bei Bad Endorf) 366

Kap Colonne 75
Kapfing 332
Kapswey(h)er 381 f. 387
Karlsruhe 684
Karlstein (bei Regenstauf) 327
Karthago 145
Kastl (bei Kemnath) 321 327
Katharinazell (bei Gammelsdorf) 350
Kaufbeuren 502 504 f. 520 668 *Abb. 7 f. 19/20 102*
Kefermarkt 630
Kelheim 321 324 561 f. 584 629 645 664
Kemnath 321 323 327
Kempten 129 f. 138 191 244 507 686 710
Kicklingen 502 505 *Abb. 115*
Kirchberg (Niederbayern) 325 f.
Kirchberg (bei Regenstauf) 327
Kirchdorf (bei Haag in Oberbayern) 348

Kirchheim bei München 366
Kissing 505
Kißlegg 542
Klagenfurt 697 699
Kleinnöbach 343 f. 377
Kleinreichertshofen 505 583 585 631–633
 668 *Abb. 114, 146 f.*
Kleinweichs 327
Klosterneuburg (Stift) 587 594 596 648 667
 669 757
Kollbach 346
Köln 12 14 36 38 f. 42 f. 73 114 131 139
 187 189 198 213 233 290 414 420 496
 682
Königsdorf 357 365
Königswiesen (bei Gauting) 344
Konstantinopel 56 145
Konstanz 4 46 81 83 89 102 170 190 209
 239 255 259 262 292 391 394 413 f. 495
 541 672 710 751 f. *Abb. 6*
Konzell 323
Kopenhagen 475
Körner (Thüringen) 406
Kötzting 323
Krems 525 650
Kreuzberg 529 f.
Kreuzholzhausen 336
Kreuzlingen 259 679 752
Krumau (Český Krumlov) 428 f. 482
Krumbach (Schwaben) 685
Kühbach (Kloster) 583 636
Kulmbach 498 679
Küssnacht 391
Kyburg 276 707

Laim (München) 346 f. 363 368
Lam 323
Landsberg am Lech 503 506 524 529 f. 586
 Abb. 112 119
Landsham 341
Landshut 232 335 348 350 353 f. 358 f.
 562 f. 629 631 633 640 659
– St. Martin und Kastulus (Stift) 232 335
 353
– Seligenthal (Kloster) 350 562 629
Langenbach 347
Langenbruck 631 639 659 *Abb. 138 f.*
Langenneufnach 505
Langenpreysing 349
Langenzenn 118 173
Langerringen 506 *Abb. 116*
Lanzenhaar 344 f.
Laon 596
Lauben 506
Lauingen (Donau) 649 683

Leiningen(-Hartenburg, Grafschaft) 385 f.
Leipzig 528
Lengdorf 362
Lern (Vislern) 348 354 f. 376
Leuchtenberg 324
Liechteneck 332
Lille 418
Limburg (Bad Dürkheim, Kloster) 379 384
Lindach (bei Hohenwart) 583
Lindenberg (bei Buchloe) 506
Linz an der Donau 685
Lohkirchen 373
Loiching 321 323–325
London 426 476 f.
Lorsch (Kloster) 379
Luhe (Oberpfalz) 321 324
Lungau 671
Luthern (Kanton Luzern) 401 f.
Lüttich 43 65
Luzern 391–393 395 f. 401 526 531 697 699 Abb. 55/56 f. 113

Magdeburg 16 f. 36 42 f. 113 f. 129 213 405 407 f. 419
Mailand 30 146
Mainbach 327
Mainburg 326 584 664
Mainz 6 12–14 16 23 36 43 46 88 94 115 129 172 211 213 379 413 419–421 423
Maisach 334 751
Mallershofen 354
Mantahinga: Siehe unter Schwabmünchen
Maria Rain 506
Maria-Medingen (Kloster) 505
Mariapfarr 671
Marklkofen 328
Markt Schwaben 341
Martigny (Octodurus) 146
Marzill 584 f. 644 Abb. 133
Massenhausen 343
Massing 664
Mauern (bei Moosburg an der Isar) 335
Mecheln 656
Meerssen (bei Mastricht) 8
Meißen 16 408
Melk 375 473 673
Memleben 12 137
Memmingen 495
Merseburg 16 43 197 210 406–408 Abb. 58 f.
Metz 106 379 470 757
– St. Vinzenz (Kloster) 470
Michaelbeuren 471 473
Michlbach 629
Michldorf 324

Miesbach 351 361 f. 367 369 Abb. 49
Mindelheim 495 497 530
Mittbach 359
Mittenkirchen 363 367
Mitterfels 323 326
Mondsee (Kloster) 551
Montecassino (Kloster) Abb. 3
Moosburg an der Isar 325 335 347 350 352 360 363 631 633 635 637 f. 659
Moosthann 328
Mücheln (bei Merseburg) 405
Mühldorf am Inn 365 f. 371 373 629 Abb. 51
Mühldorf (bei Hohenkammer) 345 f. 352 376 Abb. 51
Mühltal (bei Schäftlarn) 363 367 f. 375 f.
München 205 314 320 329–331 333 344 346 348 351 354 358–360 366 374 376 f. 413 469–471 474 f. 479 481 483 493 497 550 647 662 672 678 680 f. 683– 686 703 705 711 716 753
– Aubing 344 346
– Bayerisches Nationalmuseum Abb. 180 f.
– Feldmoching 354 372
– Haidhausen 684 Abb. 183
– Laim 346 f. 363 368
– Nymphenburg 682
– Pasing 344 347
– Pipping 634
– Sendling 330
– Trudering 366
Münchsmünster 326
Münster (bei Rottenburg an der Laaber) 563
Münsterschwarzach (Kloster) 530

Nabburg 321 323 325
Nals (bei Meran) 557
Nansheim (bei Markt Schwaben) 341
Natternberg 327
Neapel 146 163
Nepi (bei Rom) 206 222
Neresheim (Kloster) 92 530 f.
Neu-Ulm 507 517
Neuburg an der Donau 317 323 541 664 685
Neuenkirch (bei Luzern) 391
Neuhäder 506
Neukirchen (bei Weyarn) 367
Neukirchen am Teisenberg 368
Neumarkt in der Oberpfalz 657
Neumarkt-St. Veit (Kloster) 374 629
Neusäß (bei Augsburg) 504 506
Neustadt an der Donau 659
Neustadt an der Waldnaab 561
Neustadt an der Weinstraße 385 387
Nicaea 29

Niederaschau 372
Niederhornbach (bei Pfeffenhausen) 326
Niedertaufkirchen 366
Niederumelsdorf 324 584
Nittendorf 326
Nördlingen 192
Notzing 363 368f.
Nürnberg 262 494f. 498 679
Nymphenburg (München) 682

Oberaltaich (Oberalteich) 323 663
Oberbach (bei Freising) 347 377
Oberbachern 341
Oberbergkirchen 374
Oberdietfurt 327
Ober-Dillingen: Siehe unter Dillingen
Oberfinningen 506 *Abb. 117*
Obergangkofen 348
Oberhaching 345
Oberhummel 347
Oberlauterbach 559f. 584 *Abb. 134*
Obermehler (Thüringen) 406
Oberndorf (bei Haag in Oberbayern) 348
Obernnebach: Siehe unter Kleinnöbach
Oberpframmern 356
Oberstadion *Abb. 4*
Obersulmetingen 80f. 92 137 660f.
Obertaufkirchen 371
Oberthürheim 506
Oberumbach 348f. 375
Oberviehbach 325
Oberwittelsbach 635–639 654
Ochsenhausen 525 660
Octodurus (Martigny) 146
Odelsham 369
Orléans 63 214 243 719f.
Osnabrück 43
Osterwarngau 369
Ottering 321 325f. 328
Ottobeuren 130f. 137f. 191f. 254f. 530 532 541 *Abb. 122*
Ottobrunn 336
Otzing 321 327

Paderborn 47
Padua 162
Paris 419 596 707 719f.
Parma 592–596 *Abb. 138 140f.*
Pasing (München) 344 347
Passau 128 331 630 647f. 650–653 661 670 684 710
Patmos 588
Pavia 64
Pemmering 343 359
Perach 372

Pesenlern 349
Pestenacker 506 *Abb. 110*
Petersbächel (Pfalz) 382
Pfaffenhofen an der Glonn 348
Pfaffenhofen an der Ilm 505 559 583 585 631
Pfaffmünster (Stift) 643
Pfalzpaint 529 662
Pfuhl 507
Pipping (München) 621
Pisa 752
Plauen 408
Poing 341
Poitiers 254
Polling (Kloster, Stift) 97 420 423 637
Pondorf an der Donau 318–321 323 326f. 641
Porto 60
Prag 414
Priel (bei Moosburg an der Isar) 335
Prien am Chiemsee 372
Prüfening 591 645
Prüll (Kartause, Regensburg) 641
Prüm (Eifel) 31 36 100 250
Puch (bei Langenbruck) 583
Pulling 349f.
Putzbrunn 336

Quedlinburg 11 17 188f. 215

Rain am Lech 683
Rainertshausen (bei Pfeffenhausen) 321 325f.
Ramerberg (bei Wasserburg am Inn) 360
Ramsau 373
Ratzenhofen 584
Ravenna 16 132 176 190 216 254
Rechbergreuthen 507
Rechtis 507 529 *Abb. 104*
Regensburg 16 21f. 27 46 55 70 75 114 116 123–125 129 139 172 175 192 195 198f. 202 239f. 317–322 324 327 331 336 349 355 413–415 420f. 423 477f. 483 518 543 549f. 552f. 555–563 583–585 591 628–644 648 651 653 656 659 664f. 667 669f. 682 684 710 *Abb. 1–3 128–132 S. 404*
– Obermünster (Stift) 349
– Prüll (Kartause) 641
– St. Emmeram (Kloster) 21 36 70 203 413 421 423 483 550 559f. 563 583–585 641
– St. Johann (Stift) 553f.
Reichenau (Kloster) 36 70 83 92 110 182 195 250f. 255 257 259 261f. 265 294 417f. 425 476 483 518 668 752 *Abb. 61*

Reichenkirchen 349
Reichersdorf 350
Reims 13 36 63 188 213–216 596
Reisensburg 124
Remshart 507
Rennertshofen 663
Rettenbach 524 649
Rettgenstedt (Thüringen) 406
Reutte in Tirol 529 f.
Riade 9 128
Ribe (Dänemark) 13
Ribémont 8
Riggisberg (Bern) 398 402
Ripen: Siehe unter Ribe
Ritterswörth 323
Roding 326
Roggersdorf 363 369 375
Rogglfing 631
Rohr (Stift) 639
Rom 1 3 11 16 f. 29 35 41 53 56–68 78 80 89–91 109 122 129 132 141 145 147 149 151 161 171 175 181 f. 190 208 212–217 237 240 256 258 300 f. 423 519 658 719 f. 721 f. 751 f.
– Lateran 63 66 141 149 151 181 197 201 205 f. 208 211 215
– SS. Bonifacio ed Alessio 214
Rorschach 112
Rosenheim 559 672 674
Roßhaupten 507 *Abb. 109*
Roth (Kloster) 323
Rott am Inn (Kloster) 360 f. 375 530 *Abb. 50*
Rottal-Inn (Landkreis) 631 654 664
Rottenbuch 292 331 350 f. 376 f.
Rottenburg an der Laaber 325 328 563 639
Rouen 243
Runding 327
Ruswil 393 395 526 *Abb. 55/56 119*

Sabina (bei Rom) 214
Saint-Denis 591 594
Saint-Maurice (Agaunum) 110
Sallach 672 674
Salzburg 14 31 36 43 116 121 152 213 331 f. 341 363 366 368–372 376 471 484 585 629 644 647 685
San Leo di Montefeltre 129 131
Sandelzhausen 326 584
Sandizell 664
Sangerhausen 405
Santiago de Compostela 394
Sarching 328 561
Sauerlach 344
Schaching (Deggendorf) 630
Schaftlach 361 375 *Abb. 49*

Schäftlarn 343 367
Scheffau 671 673
Schelklingen 680
Scheyern 342
Schierling 321
Schierstein 215
Schleswig 13
Schlingen 507 *Abb. 113*
Schmiechen 642
Schnabling 369 f. 527 *Abb. 120*
Schnaitsee 371
Schönau (bei Ebersberg) 334 364
Schongau 507 529 656
Schrobenhausen 664 f.
Schwabegg 116
Schwaben (Markt Schwaben) 341
Schwäbisch Gmünd 685
Schwabmünchen 116 123 172 530 546
Schwandorf 321 323 327
Schwarzach bei Nabburg 325
Schweinfurt 496
Sedan 10
Seeg 507 *Abb. 108*
Seeon (Kloster) 417 426
Seifriedswörth 374
Seligenthal: Siehe unter Landshut
Selz (Seltz, Kloster) 384 552
Sendling (München) 330
Senlis 214
Siegenfeld (Wienerwald) 651
Siena 653
Siglfing (bei Erding) 363 370
Sigmaringen 475
Silheim (Bibertal) 508
Silva Candida 221
Sittling (bei Neustadt an der Donau) 584 629 645 f. 653 655 f. *Abb. 154*
Smyrna 144
Sollern (bei Altmannstein) 325
Sonnenhausen (bei Glonn, Landkreis Ebersberg) 334 351 356 377
Sonntagberg (Wallfahrtskirche bei Waidhofen an der Ybbs) 651
Sonthofen 523 529 f. 542 544
Sparr (Hofmark) 327
Speyer 129 290 379–381 383 385 387 684 708
Spoleto 60 f.
Sponheim 551
St. Gallen (Kloster) 4 36 70 81–84 87–89 92 95 105 107 111 f. 116 125 128 170 189 190 195 197 201 233 240 244 248 250–253 258 355 370 392 480 521 527 546 683 f. 714 720 *Abb. 19/20*
St. Johann in Tirol 671

Register

St. Kastl (bei Langenbruck) 631–635 638f. 659 668 Abb. 144f.
St. Lorenzen am Steinfeld (bei Wiener Neustadt) 649 651
St. Paul im Lavanttal 413
St. Pölten (Niederösterreich) 671
St. Urban (Kloster, Kanton Luzern) 396–398 401f. 531 Abb. 57
St. Veit (Kloster): Siehe unter Neumarkt-St. Veit
St. Veit (Stift, Freising) 357
St. Wolfgang in der Schwindau (Stift) 348
Stadlern 371 672 674
Staffelsee (St. Michael) 96 102 137
Staufen (bei Dillingen an der Donau) 685
Steinakirchen am Forst (Niederösterreich) 551
Steindorf (bei Mering) 508
Steinfeld (Pfalz) 382
Steingaden 529
Steinheim (bei Dillingen an der Donau) 685
Steinkirchen (bei Obertaufkirchen) 371
Steinweiler (Pfalz) 384
Stetten (im Remstal) 495
Stetten vor der Röhn 406
Stiefenhofen 544
Straßburg (Elsaß) 129 195 379 478 552 590
Straubing 321 327 498 560–563 642–648 650 652–654 656 659–661 663 666 670–672 674 711 Abb. 152 172
– St. Jakob und St. Tiburtius (Stift) 643
Stumpfenbach (bei Altomünster) 363 371
Stuttgart 477 480 494 680 753
Sufferloh (bei Holzkirchen) 352
Sulmetingen: Siehe unter Obersulmetingen
Sulzbach (Oberpfalz) 317 561
Sulzemoos 348f.
Sünzhausen (bei Schweitenkirchen) 342
Surental (Kanton Luzern) 395
Sutri (bei Rom) 56 65
Syrakus 209
Syrgenstein (bei Dillingen an der Donau) 685

Taiting 583
Tamsweg 671
Taufkirchen 325
Tegernsee (Kloster) 99 248 250 260 351f. 361f. 369 375f. Abb. 49
Teisbach 325 328
Teisendorf 368 371
Thann (Elsaß) 708
Thann (bei Holzkirchen) 351f. 375
Thann (bei Zolling) 352f. 376
Thanning 358
Thaur 558 Abb. 127

Thierhaupten (Kloster) 97 751
Thumstauf: Siehe unter Donaustauf
Tiefenbach (bei Landshut) 353
Tiefenthal (bei Wörth an der Donau) 327 561 586 640f. 645 665f. Abb. 151 153 174
Tirschenreuth 321 324
Tölz 343 357 365
Tölzkirchen 361f.
Torcello 586
Toul 48 209
Tours 146 164
Treidlkofen 324 629
Treunitz (Egerland) 324
Tribur 195
Trient 115 332 708
Trier 36 43 46 149 213
Triptis (Thüringen) 406
Trub (Kloster, Kanton Bern) 401
Trudering (München) 366
Tussa: Siehe unter Illertissen

Überacker (bei Maisach) 335
Ulm 124 494f.
Ulrichsberg (bei Deggendorf) 328 530 561 654 Abb. 157 159
Ulrichsberg (bei Donaustauf) 328 561
Ulrichschwimmbach (bei Frontenhausen) 328
Ulrichshögl (bei Freilassing) 371f. 376
Ulrichsried (bei Pfeffenhausen) 325
Umrathshausen 372
Unterbissingen (Landkreis Dillingen an der Donau) 508
Unterempfenbach 326 584 664–667 Abb. 171 173
Unterknörigen 508
Unterpinswang (bei Reutte in Tirol) 526 529f. 662
Unterröhrenbach 328
Unterschleißheim 354 363 371f.
Unterschwillach 362
Unterstrogn (bei Erding) 363 373 376
Unterwittelsbach 636
Urbich (bei Erfurt) 406
Urspring (Kloster) 672 680
Urtl (bei Gars am Inn) 373

Vachdorf (bei Meiningen) 406
Velden 336
Venedig 647
Verdun 4 587 590 594 596 667 669
Verona 115 592
Verzy (bei Reims) 214
Vilgertshofen 524 530
Vilsbiburg 323–325 563

Vilslern (Lern) 348 354f. 376
Vötting (Freising) 341 f.
Vogging (bei Mühldorf am Inn) 373 f. 376
Vogtareuth 559
Vohburg 324
Vorderburg 542

Waakirchen Abb. 49
Wald (Ostallgäu) 508 Abb. 103
Waldeck (bei Kemnath) 327
Waldkraiburg 348 373
Waldsassen 317
Wall (bei Miesbach) 362 375
Wangen (bei Starnberg) 355 f.
Warmisried (bei Mindelheim) 530
Warngau (bei Holzkirchen) 362 369
Wartenberg 318 349 642 644 665
Wasserburg am Inn 343 348 359 f. 362 369 371 508 559
Watzling 362
Wegelnburg (Pfalz) 382
Weihenstephan 342 f. 345 349 354 375 f.
Weilheim 637 656
Weischlitz (bei Plauen) 408 411
Weißenburg (Elsaß) 16 144 382
Weißenburg in Bayern 529 663
Weißenhorn 502 517
Weitau (bei St. Johann in Tirol) 671
Weiten (Wachau) 671 673
Weitnau 686
Wellenburg (Augsburg) 151
Weltenburg (Kloster) 584
Wessobrunn 97 131 639
Westernach (bei Mindelheim) 517 Abb. 111
Westerwarngau (Warngau, bei Holzkirchen) 362
Wetterfeld 326
Weyarn 367

Wien 10 259 424 477 483 587 647 f. 650 f. 654 663 669 f. 753 755
Wiener Neustadt 649 673
Wiesbaden 215
Wieselburg (Niederösterreich) 550 f. 553 593 Abb. 126
Wiesensteig 96 102
Wilchenreuth (bei Weiden in der Oberpfalz) 561 586
Wilihof (Kanton Luzern) 395
Willisau (Kanton Luzern) 391 f. 531
Winternheim (Pfalz) 385 f.
Winzingen (Pfalz) 385 f.
Wittislingen 80 82 92 137 170
Wolfenbüttel 473 753 755
Wolfersberg 334 356
Wolfersdorf 342
Wolfratshausen 343 355 358 367
Wolnzach 559 584 f. Abb. 134
Worms 10 16 35 41 43 47 49 138 f. 213 379
Wörth an der Donau 319 327 561
Wurmsham (bei Vilsbiburg) 374
Würzburg 43 150 406 684

Zeitz(-Naumburg, Bistum) 16 43
Zelking (bei Melk) 673
Zell (bei Eggenfelden) 524 585 654
Ziemetshausen 517
Zinneberg (bei Glonn, Landkreis Ebersberg) 351
Zolling (bei Freising) 352 f. 376
Zorneding 356
Zürich 679
Zusameck (Burg bei Dinkelscherben) 682 f. Abb. 179
Zwiefalten (Kloster) 477

Bildnachweis

Archiv des Bistums Augsburg 25–30 32 35–46 84   Archiv des Bistums Speyer 53 54   Bayerisches Landesamt für Denkmalpflege München 175–177   Bayerisches Nationalmuseum München 31 33 34   Prof. Dr. Walter Berschin 17 18   Bischöfliches Zentralarchiv Regensburg 9 14   The British Library London 62 63   Corpus der barocken Deckenmalerei München 125   Fürstlich Hohenzollernsche Hofbibliothek Sigmaringen 79   Herzog August Bibliothek Wolfenbüttel 71 72   Kantonale Denkmalpflege Luzern (Photo Peter Ammon) 57 119   (Urs Bütler) 55 56   Kath. Stadtpfarramt St. Ulrich und Afra Augsburg 21 22   Anton H. Konrad Verlag 50   Det Kongelige Bibliotek Kopenhagen 80   Dr. Karl Kosel 120 126 127 138 140 141 154 155 156 157   Kreisarchiv Göppingen 5 6   Dr. Albrecht Miller 102–109   Wolf-Christian von der Mülbe 4 7 8 19/20 47 49 51 52 110–117 118 125 128–137 139 144–153 157–173   Foto Neuhofer Deggendorf 142 143   Werner Neumeister 23   Österreichische Nationalbibliothek (Bildarchiv) Wien 61 184   Dr. Josef Pilvousek 58 59   Max Seidel 122   Staatliche Museen zu Berlin Kupferstichkabinett (Photo Jörg P. Anders) 101   Staatsbibliothek Bamberg 60   Staats- und Stadtbibliothek Augsburg 15 16 65 77 81 82 95 98 99   Städelsches Kunstinstitut Frankfurt am Main 100   Städtische Kunstsammlungen Augsburg 24 121 123 124   Stift Göttweig/Niederösterreich, Graphisches Kabinett 10 12   Stiftsbibliothek Einsiedeln (Photo Franz Kälin) 85   Stiftsbibliothek St. Gallen (Photo C. Seltrecht) 92   Werkstätten Gustav van Treeck München 178–183   Universitätsbibliothek Augsburg 70   Universitätsbibliothek Heidelberg 88 89   Victoria & Albert Museum London 83   Württembergische Landesbibliothek Stuttgart 86 87 93 94